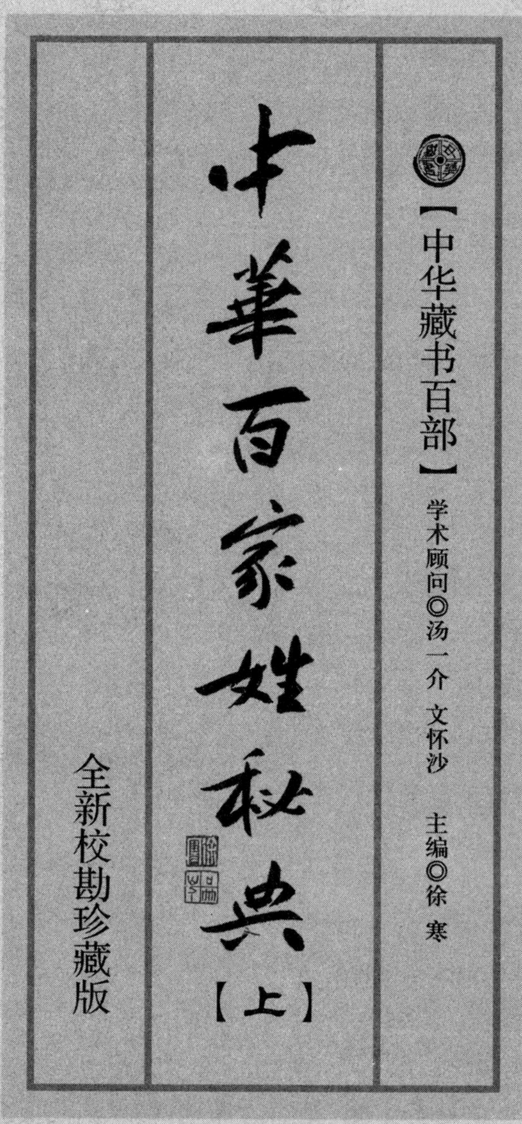

【中华藏书百部】

中華百家姓秘典

【上】

学术顾问◎汤一介 文怀沙

主编◎徐 寒

全新校勘珍藏版

中国書店

图书在版编目(CIP)数据

中华百家姓秘典 / 徐寒主编. —北京：中国书店，2010.5

(中华藏书百部)

ISBN 978-7-80663-810-1

I. 中… II. 徐… III. 姓氏－研究－中国 IV. K810.2

中国版本图书馆CIP数据核字（2010）第055446号

书　　名：**中华百家姓秘典**

责任编辑：袁　瀛

封面设计：藏典阁圖書 CANGDIANGETUSHU

出版发行：中国书店

地　　址：北京市宣武区琉璃厂东街115号

邮　　编：100050

总 经 销：全国新华书店

印　　刷：北京德富泰印务有限公司

开　　本：787 × 1092　1/16

印　　张：75

字　　数：1430千字

版　　次：2010年6月第1版 第1次印刷

书　　号：ISBN 978-7-80663-810-1

定　　价：485.00元（上中下册）

总 序

中华民族的传统文化，源远流长，博大精深，而又影响深远。“富贵利达，朝荣夕萎；而著述行世，可以不朽”，无疑已成为了中国历代知识分子重要的人生理念。由于中国知识阶层往往具有的集知识分子与官僚阶层于一身的双重身份，从而带来了巨大的示范效应，逐步放大成为全社会普遍认可的道德规范。一段传世文字，一篇精彩文章，一本经典著作，蕴含并体现着他们毕生所追求的“文章经国之大业，人生不朽之盛事”的人生理念。一代一代的文人学者们孜孜不倦地投身于著书立说的事业之中，他们藏之名山的著述，传之后世，泽被后代，已成为中华文明重要的文化精神财富。

继春秋战国学术繁荣之后，汉代刘向、刘歆曾将古代典籍概括为六略，即六艺、诸子、诗赋、兵书、术数、方技。此后，历经各种新的组合和分化，逐步形成了以经、史、子、集四部为主导的分类体系。总之，中华国学数千年积淀的学术文化典籍，大致可归纳为经学、史学、佛教、道教、兵家、科技、小学、类书、丛书等九个方面。

我国历代藏书，通常分为“官藏”、“公藏”和“私藏”三大类。官藏类藏书是我国古代最早出现的图书典籍收藏体系。官藏又称古代国家藏书，主要分为皇室藏书和官府藏书两种，但二者在级别、体制、功能等方面都有明显的区别。公藏类藏书是历代中华藏书三大体系的重要组成部分之一。公藏又称古代公共藏书，主要分为书院藏书和寺观藏书两种。公藏类藏书基本呈现了中华藏书文化分布的自然状况。私家藏书是中国历代藏书中官藏、公藏和私藏三大系统的重要组成部分，是一种以私人收藏的方式来保存书籍的藏书形式。其收藏者是广泛性的，从皇宫贵族、官宦权贵到士、农、工、商无所不包；其藏书的内容也是多角度、全方位的，经、史、子、集无不涉及。因此，私家藏书是中华藏书中传统典籍积累、保存、整理、再造的重要系统之一。私藏类藏书又可细分为五种：藏书楼藏书，以藏书地闻名而藏书成就较高；藏书家藏书，是私藏的主流，不仅数量多、版本精，而且其藏书活动带有专业性和职业性；名家藏书是以历代各阶层的社会名流为藏书主体，其藏书一般带有明显的个人特色，而且数量可观；民间藏书是以朝代划分的，这类藏书集中反映了历代统治者对书籍的查抄禁毁情况，所选大都为禁毁书目；海外藏书是指因为各种原因而流失海外的中华典籍，其中有很多珍本、善本甚至是孤本，是私家类藏书不得不涉及的一个重要组成部分。

为了使这些中华藏书传世经典的价值和魅力在流光岁影里永不褪色、历久弥新；

同时也是为了在古代经典和现代经验之间架起一座沟通的桥梁，中国书店出版社与北京藏典阁图书有限责任公司合作推出了这套“中华藏书百部”大型系列丛书。这套丛书定位为中华传统文化经典的普及本，遴选中华藏书经典中的传世之作，辅之以精注今译和全新校勘，并约请国内文史哲领域的专家学者把关，引领大家系统地阅读历代中华藏书的经典名篇。这套丛书所推书目为100种，以展现中国历代藏书文化特点为宗旨，以弘扬中华藏书文化为目标，特邀专家学者对历代中华藏书的代表性篇目精挑细选，并进行研究整理，加以分类编排。内容分别有：中华国学藏书经典；中国古典文学名著；中国古典诗词文章精选；中华传统文化读本精选；中国历代奇书、私家藏书精选；世界文化精选读本；历代人物传记系列；历代文学名著鉴赏系列；中华传统保健养生系列等。本套丛书不是对古代典籍的简单拼凑和编辑，而是将中华藏书分门别类，形成一个有机的整体，力求全方位、立体化地展现中华藏书的整体风貌。编者在编写过程中尤其突出家庭藏书的理念，依据市场需求分批出版，所列书目无不遵循从“基础”到“拓展”的延伸，体现由浅入深的特点，展现出家庭藏书的丰富层次。

回顾数千年的中华藏书史，“书于竹帛，传遗后世子孙”的价值观念，让人们清醒地认识到，藏书是能够传遗后世子孙的，是值得后人继承和借鉴的。胡锦涛总书记在十七大报告中指出：“要全面认识祖国传统文化，取其精华，去其糟粕，使之与当代社会相适应，与现代文明相协调，保持民族性，体现时代性。加强中华优秀文化传统教育，运用现代科技手段开发利用民族文化丰厚资源。加强对各民族文化的挖掘和保护，重视文化和非物质文化遗产保护，做好文化典籍整理工作。”温家宝总理曾在哈佛大学做过一个很有名的演讲，他说，中华民族的祖先曾追求这样一种境界——“为天地立心，为生民立命，为往圣继绝学，为万世开太平。”今天我们正处在社会急剧大变化的时代，回溯文明源头，传承文化命脉，相互学习，开拓创新，是弘扬中华民族优秀文化传统的明智选择。所以整理出版我国优秀的古代藏书典籍，培育中华文化的传人，使中华文明薪火代代相传，是我们义不容辞的责任。

中宣部、新闻出版总署最近联合发出《关于进一步推动做好全民阅读活动的通知》，通知指出，希望各地结合实际，设计和实施推动本地区全民阅读活动的具体安排。同时要努力探索、不断创新全民阅读活动的方式，充分利用广播、电视、期刊、报纸、网络、手机等多种载体、多种途径，加大宣传力度，进一步扩大全民阅读活动的社会影响，吸引更多群众参与全民阅读。在国家和政府进一步加快文化产业化建设和大力倡导开展全民阅读，鼓励多读书、读好书的大背景下，“中华藏书百部”大型系列丛书将陆续出版，编者努力体现其集成古代藏书典籍，传承中华灿烂文明的核心价值，力争掀起新一轮的“中华藏书”阅读和收藏热潮，为和谐社会精神文明建设做出贡献。

作为炎黄子孙，中华传统文化是我们共同的骄傲和共同的身份，也是每一个中国人都无法抹去的生命“痕迹”。

《中华藏书百部》编委会

探炎黄族群之源　寻家族姓氏之根

——《中华藏书百部》之《中华百家姓秘典》全新校勘珍藏版出版前言

姓氏文化，作为人们进行社会交往的先决条件，深深植根于人类社会日常生活之中。它不仅涉及千家万户，关系到每个社会成员，同时还体现了一个民族繁衍生息、演化变迁的过程，成为整个民族文化的一个缩影。因此，探究姓氏渊源，追溯民族历史之根，不仅是每个炎黄子孙共同的话题，而且对全面了解中华民族悠久的历史文化也能提供有益的帮助。

华夏之邦文明昌盛，炎黄子孙诸姓争妍。姓氏是一个人、家族、族系系统称号的标志，是人们进行社会交往的先决条件。民族文化涉及千家万户，关系到每个社会成员。究其姓氏渊源，不仅是寻根问祖，也是每一个人颇为关心的一个话题。作为世界民族之林中最古老的民族之一，中华民族纵横十万里，上下五千年，历经千百年的繁衍生息，至今人口已达十二亿之多，各族姓氏逾百越千。其演化变迁的历史过程犹如中国传统文化中的一朵艳丽的奇葩，光照万代，辉映九州。

为了帮助海内外中华儿女实现寻根敬祖的夙愿，增强民族自尊心与自豪感，使每个炎黄子孙在世界民族之林中继承和发扬先辈的优良传统，在各自岗位上发挥自己的聪明才智，团结一致，创造辉煌，锐意进取，昂首阔步迈向新世纪，为伟大的中华民族增光添彩作出更大的贡献。我们从浩如烟海的史料中爬梳剔抉，筛选出翔实、全面的中华姓氏史料，并吸取当代有关课题的最新研究成果，编纂成这部《中华百家姓秘典》，并谨以此书献给十三亿中国人。

本书的主要编纂特色有如下两个方面：

首先是，“百家姓常用姓氏解密大寻踪”：集录了当今我国最常用的100个大姓，围绕“解密寻踪”、“名人集粹”和“风流撷英”三个方面内容进行深入浅出的说明阐述。其中，“解密寻踪”还详细阐述了各姓氏的“起源发展”、民族的“宗堂郡望”、“家谱寻踪”、“字行辈份”、“迁徙繁衍”和“适用楹联”等方面的内容。通过这些内容纵贯系统地讲述，让你在举案阅读过程中，深切地感受到先辈们在漫长的历史长河中同自然界作顽强而卓绝的斗争，繁衍生息、生生不止的艰辛。同时，通过对各姓氏中古今名人创业、生活等方面历程的具体介绍和叙述，使你对本姓家族那些名人大家、风流卓绝之辈在浩瀚的氏族文化河流中激发出光辉灿烂的浪花，使整个氏族乃至中华民族焕发出绚丽斑澜的色彩而赞不绝口，啧啧称奇。

本部分内容从各姓氏的“起源发展”、氏族的“宗堂郡望”，各姓的“家谱寻踪”、“字行辈份”、“迁徙繁衍”、“适用楹联”等方面，告诉您姓源何来，先祖是谁，祖籍何处，发祥地(郡望)在哪？本姓“名人集粹”还将全面地向您讲述各姓氏中古今名人创业、生活，繁衍生息的漫长历程，讴歌先祖们的丰功伟绩和闪光思想，深入地向您揭示各姓氏文化的内核和它与中华民族文化的联系、风格及特点，进而从历史承袭和传统文化的角度全面展示本姓风范，激励后代。

其次是，“百家姓氏族文化秘考大博览”，内容涵盖命名艺术探秘、家法族规揭秘、宗祠故居纵览、姓氏字频考证等融知识性、趣味性、实用性于一体的氏族文化精华，让你在寻根溯祖、究本求源的同时，全面掌握中华姓、氏、名、字等有关历史知识以及为后代取名命号方面应具备的基本常识。通过对那些弥散着浓郁氏族文化气息的宗庙祠堂等普通建筑的全方位介绍，让你深切地体会到从那些被打上历史烙印的宗庙祠堂中折射出来的中华儿女敬奉先祖的深厚爱憎情感。

本部分从“命名艺术探秘”、“家法族规揭秘”、“宗祠故居纵览”、“姓氏字频考证”四个方面加以科学阐述，由表及里，深入浅出。

了解中华姓氏的产生和由来，掌握取名命号的必备基本常识，本部分内容融知识性、趣味性、实用性于一体，广大读者将在“命名艺术探秘”中获益匪浅；历朝历代各姓各族大有家法严明、族规森严者，指导言行，规范举止，一方面既起着安家定国的积极作用，另一方面又含压抑人性、残害生灵持阴暗血腥之气……对此，广大读者可以在“家法族规揭秘”中揭开千年历史神秘面纱，以辩证唯物史观为指导思想，取其精华，去其糟粕；华夏大地数不清的宗祠故居，历经岁月沧桑和历史的烙印，无不弥散着浓郁的氏族文化气息，折射出中华儿女不忘本源、敬奉祖先的优良传统和淳朴深厚的爱憎情感，这是“宗祠故居纵览”要向广大读者传达的信息；“姓氏字频考证”介绍了全国七大地区一些有代表性的姓氏用字使用频率的有关资料，从科学的统计数字中，可以平中见奇，发人深思。

在这部分我们还去粗取精，遴选出各姓氏的传世家法族规加以具体介绍，从中可以详细了解自古以来林林总总的家规族章在规范各姓各氏家庭生活、行为举止方面所起的举足轻重的作用。除此之外，通过对一些地区姓氏用字频率统计资料的分析，也可清楚该地区某姓氏的人口分布情况。

在全书编撰过程中，我们从大量丰富的史料出发，围绕中华姓氏经历的漫长复杂的衍化过程，姓氏的起源和演变这一中心，对众多相关著述进行了全面细致的对比研究，力求做到去伪存真，使本书体例新颖，史料翔实可靠，内容丰富生动。

姓氏氏族文化是中国传统文化的重要组成部分，是华夏子孙在漫长的历史长河中同自然界顽强斗争、生生不止、自强不息、发展壮大，直至今天昂首屹立于世界民族之林这一伟大生命历程的深厚积淀。

由于中华姓氏涉及历史学、地名学、社会学、民俗学等诸多学科知识，且姓源浩繁庞杂，我们深感探究之艰难，加之掌握的资料仍是有限，舛误和疏忽遗漏之处在所难免。我们诚恳希望有关专家和广大读者予以指正，并提出宝贵意见。

《中华藏书百部》编委会

目　录

中华百家姓

赵 钱 孙 李 周 吴 郑 王 冯 陈 蒋 沈 韩 杨
朱 秦 许 何 吕 张 孔 曹 金 魏 姜 谢 邹 苏
潘 范 彭 韦 马 方 任 袁 史 唐 薛 雷 贺 汤
罗 郝 常 于 傅 康 余 顾 孟 黄 尹 姚 邵 汪
毛 戴 宋 熊 董 梁 杜 贾 江 郭 林 钟 徐 邱
高 夏 蔡 田 胡 万 卢 丁 邓 石 崔 龚 程 陆
段 侯 武 刘 龙 叶 黎 白 赖 乔 谭 阎 易 廖
文 曾

赵姓

——姓字源起封造父，西汉望出天水郡

赵氏解密寻踪

（一） 姓氏字源

《说文》："赵，趋赵也。从走，肖声。"赵字本义当作疾行、超腾。《穆天子传》卷二云："天子北征，赵行□舍。"郭璞注："赵，犹超腾。"

赵（趙）字，字形是走在小月前，意思是赶超。不论什么事，只有赶超，才能达到捷足先登的目的。

（二） 寻根溯祖

赵姓有以下来源：

1. 流传较广的出自嬴姓，其始祖为造父。据《唐书·宰相世系表》等所载，相传远古时帝颛顼（传说中古代部族首领，号高阳氏，相传生于若水，居于帝丘〈今河南濮阳东南〉）有个裔孙叫伯益（古代嬴姓各族的祖先），帝舜时赐以嬴姓。传 13 世孙造父，为周穆王的驾车大夫，他曾奉命到桃林（在今陕西华山一带）为周穆王挑选了 8 匹千里马，驯好后便献给了周穆王，穆王就用这 8 匹马配备了一辆华丽的马车，让造父驾驭西行，至昆仑见西王母。后来传闻东南方的徐偃王起兵造反，穆王急忙乘坐造父驾的车，日夜兼程车返，及时赶到了镐京（西周国都，故址在今陕西长安县韦曲西北），发兵打败了徐偃王。造父因在这次平叛中有功，于是穆王便封他于赵城（今山西洪洞县北赵城），造父的子孙就以封邑为氏，称赵氏。穆王传至幽王时，因幽王无道，造父的7世孙叔带去周仕晋（今山西太原一带）文侯，从此赵氏子孙世代为晋大夫。到战国初年，叔带的12世孙赵襄子联合魏氏、韩氏三家分晋，建立赵国（建都晋阳〈今山西太原市〉，其疆域有今山西中部、陕西东北角、河北西南部），至他的孙子赵籍（烈侯）时，正式获得了周烈王的承认，与韩、魏两家并列为诸侯。后来赵籍之子赵章（敬侯）又把国都东迁邯郸（今属河北），再经赵章曾孙赵雍（武灵王）推行“胡服骑射”，终于使赵国成为“战国七雄”中最强大的诸侯国之一。赵姓人所建立的赵国在赵武灵王以后很快走向衰落，后终于为秦国所灭（公元前222年）。赵国被秦灭以后，其国王室和赵国百姓都纷纷以国名为姓氏，称赵氏。正如《通志·氏族略》所云：“赵宗散处者皆以国为氏”。是为山西赵氏。

2. 出自他族改姓。①据《汉书》所载，赵安稽，本匈奴人；②据《旧唐书》所载，赵曳天，本南蛮人；③据《五代史》所载，赵国珍，本牂牁（今广西、贵州一带）蛮族之裔。

（三） 宗堂郡望

堂号 1. “半部堂”：五代后周时，赵普帮赵匡胤发动“陈桥兵变”，使赵匡胤当了皇帝，就是宋太祖。宋太祖因赵普这一大功，就封他当了宰相。他又建议皇帝削减地方武装，集权中央，又来个“杯酒释兵权”，巩固了宋朝的统治，想方设法，把天下治理得很好。宋太祖高兴地问他：“爱卿！你怎样把国家治得这么好的？”——意思说你凭的什么本事？赵普回答说：“启奏万岁，我没有什么本事，只不过靠了半部《论语》罢了！”赵普死后，家人整理他的书箱，果真什么宝贝也没有，只有他活着的时候常读的一部《论语》。

2. “琴鹤堂”：自古人民最喜欢清官，不贪污、不怕恶势力。宋朝时候殿中侍御史赵忭，就是这样一个清廉爱民的好官。不论奸臣权多么大，位多么高，他都敢当朝检举，人都夸他是铁面御史。他当成都知府的时候，四川是天府之国，尽是发财的差事。俗话说：“三年清知府，十万雪花银。”可赵忭一清如水，只知道减轻人民负担。他看到人民安居乐业，就高兴地弹琴取乐。他养了一只鹤，时常用鹤毛的洁白勉励自己不贪污；用鹤头上的红色，勉励自己赤心为国。他穷得什么东西都没有，只有一琴一鹤。

3. 其他堂号：“天水”、“孝思”、“谷治”、“萃涣”等。

郡望 赵姓郡望主要有天水郡、涿郡、南阳郡、下邳郡、颍川郡等。其中以天水郡、涿郡最有名望。

1. 天水郡。西汉时置郡，治所在平襄（今甘肃通渭西北）。西晋移治上邽（今甘肃天水。）北魏相当今甘肃天水、秦安、甘谷等市、县地。此支赵氏，尊晋赵襄王太子、代王赵嘉（迁之兄）为开基始祖。

2. 涿 郡。汉高帝置郡，治所在涿县（今属河北）。平帝时相当今北京市房山以南，河北易县、清苑以东，安平、河间以北，霸县、任丘以西地区。此支赵氏为颍川赵氏分支，其开基始祖为西汉颍川太守赵广汉之后裔。

3. 南阳郡。战国时秦置郡，治所在今河南南阳市。汉相当今河南熊耳山以南叶县、内乡间和湖北大洪山以北应山、郧县间地。此支赵氏为天水赵氏分支，其开基始祖为东汉太傅赵嘉。

4. 下邳郡。东汉永平十五年（公元72年）将临淮郡改为下邳国，治所在下邳（今江苏睢宁西北）。南朝宋改为郡，相当于江苏省西北部地区，为南阳越氏分支。

5. 颍川郡。秦时置郡，谐所在今河南禹县。相当今河南登封、宝丰以东，尉氏，郾城以西，密县以南，叶县、舞阳以北县地，此支赵氏，其开基始祖为赵王迁后裔西汉京兆君尹赵广汉。

（四） 家谱寻踪

全国·赵氏宗藩庆系录□□卷

藏地：国家图书馆（存二十二卷）

宋内府钞本

全国·油麻村赵氏宗谱六卷

藏地：河北大学

（清）赵龙生修

清光绪二十九年（1903）孝思堂木刻

全国·赵氏族谱四卷

藏地：南京大学

清宣统二年（1910）赵尔巽四川刻本

北京密云·天水郡赵氏族谱三卷

藏地：北京密云县档案馆

石刻本

河北满城·玉川赵氏宗谱不分卷

藏地：美国

（民国）赵述诚等修

1928年钞本 一册

河北迁安·泺阳赵氏东门统谱六卷

藏地：吉林大学 美国

（民国）赵云路等修

1932年唐山泰石印局石印本

河北丰润·赵氏西门统谱七卷

藏地：华东师范大学 日本 美国

（民国）赵庶蕃 赵春林增纂

1932年唐山同泰刷印局石印本七册

山西洪洞·赵氏族谱二十卷

藏地：美国

（清）赵晨等辑

清雍正四年（1726）边贻斋刊本四册

山西洪洞·赵氏族谱四卷

藏地：国家图书馆

（民国）赵景宸汇编

1942年济南茂文斋印刷局铅印本四册

山西·阳林赵氏家谱

藏地：台湾

清嘉庆十年（1805）钞本 一册

辽宁本溪·赵氏谱册一卷

藏地：辽宁本溪市城厂镇九龙口村

（清）赵永连纂

复印清康熙间刊本

辽宁本溪·赵氏分清谱册一卷

藏地：辽宁本溪市碱厂镇厂西街

（民国）赵永顺纂

1912年铜刻本

辽宁本溪·赵氏谱册一卷

藏地：辽宁本溪市清河城满族乡小市五七街

（民国）赵芳贵纂

复印本

辽宁本溪·赵氏谱册一卷

藏地：辽宁本溪市清河城乡清河村

赵振锋纂

辽宁辽阳·赵氏家谱

藏地：国家图书馆

（清）赵宏恩辑

清乾隆二年（1737）赵氏刻本一册

上海·忠诚赵氏支谱二卷附一卷

藏地：吉林大学　哈尔滨师范大学　美国

（民国）赵锡宝编

1922年上海彩文协记印刷公司美术

江苏·宿迁县赵氏家谱四卷

藏地：江苏泗洪县公安局档案室（缺卷4）

（民国）赵培心　赵光启整理

1935年半部堂重修本

江苏兴化·赵氏念初族谱不分卷

藏地：吉林大学

（清）赵恭生等修

清同治十二年（1873）活字本八册

江苏南通·崇川赵氏祚德堂宗谱不分卷

藏地：江苏南通市图书馆

（清）赵国祯修

清同治十三年（1874）刻本六册

江苏镇江·大港赵氏重修宗谱不分卷

藏地：国家图书馆

（明）邵颛纂

明钞本

江苏镇江·润州赵氏宗谱不分卷

藏地：日本　美国

明崇祯十七年（1644）刊本四册

江苏镇江·大港赵氏族谱六卷

藏地：北京大学　吉林大学　日本　美国

（清）赵紫瑜续修

清康熙二十八年（1689）刻本

江苏镇江·大港赵氏增删构正重修家史八卷

藏地：吉林大学

（清）赵中道　赵克全续修

清雍正八年（1730）刻本　十册

江苏镇江·大港赵氏族谱十二卷

藏地：日本　美国

清乾隆四十四年（1779）刊本十二册

江苏镇江·古润洪溪赵氏族谱十卷

藏地：中国科学院图书馆（缺卷6）

（清）王文沼　赵明礼撰

清乾隆四十七年（1782）刊本

江苏镇江·大港赵氏族谱不分卷

藏地：美国

（清）赵元勋等修

清乾隆五十三年（1788）刊本十四册

江苏镇江·大港赵氏族谱十卷

藏地：日本（存卷7—10）　美国（存四册）

（清）赵廷芝续修

清嘉庆十四年（1809）刊本

江苏镇江·大港赵氏斗星分宗谱十卷

藏地：吉林大学

（清）赵书田续修

清道光三年（1823）刻本　十册

江苏镇江·梅巷赵氏宗谱八卷

藏地：日本　美国

（清）赵彦等修

清道光九年（1829）惇叙堂刊本　八册

江苏镇江·大港赵氏分谱六卷

藏地：日本　美国

（清）赵方栋等修

清道光十年（1830）木活字本　六册

江苏镇江·大港赵氏分谱八卷

藏地：日本　美国

（清）赵沣　赵棫等修

清咸丰元年（1851）木活字本　十六册

江苏镇江·大港赵氏第八大分大二公支下屏翰分宗谱十四卷

藏地：日本　美国（存卷7—14）

（清）赵存高等修

清同治六年（1867）木活字本

江苏镇江·洪溪赵氏庆三公支下分谱三卷

藏地：吉林大学

（清）赵念祖修　赵增复续辑

清同治十二年（1873）活字本　四册

江苏镇江·梅巷赵氏重修宗谱十二卷

藏地：江苏苏州市图书馆　美国

（清）赵时芬修

清光绪七年（1881）活字本　十四册

江苏镇江·大港赵氏斗星分宗谱十二卷

藏地：国家图书馆

（清）赵雨三主修

清光绪八年（1882）活字本　十二册

江苏镇江·大港赵氏分谱六卷

藏地：江苏镇江市博物馆

清光绪三十四年（1908）木活字本

江苏镇江·古润洪溪赵氏族谱十六卷

藏地：吉林大学

（清）赵明俊修

清宣统二年（1910）活字本　二十册

江苏镇江·大港赵氏第四大分仁三公裔下煜载分续修宗谱四卷

藏地：中国社会科学院历史研究所图书馆

（民国）赵赓元纂

1911年活字本　十一册

江苏镇江·大港赵氏文翕分谱十卷

藏地：中国社会科学院历史研究所图书馆

（民国）赵蓉曾纂

1913年活字本　十册

江苏镇江·大港赵氏族谱十四卷

藏地：河北大学

（民国）赵文麟修

民国四年（1915）木刻本　十四册

江苏镇江·梅巷赵氏重修宗谱十七卷

藏地：美国

（民国）赵桐　赵衡辑

民国六年（1917）惇叙堂刊本　五十册

江苏镇江·大港赵氏迁居住驾庄重修族谱十卷

藏地：日本　美国

（民国）赵治中主修

1927年木活字本　三十册

江苏·丹徒赵氏支谱二卷首一卷

藏地：美国

（清）赵楫等修

清道光三十年（1850）活字本　二册

江苏·丹徒赵氏支谱二卷

藏地：吉林大学　上海图书馆

（清）赵邦翰重纂

清光绪十二年（1886）活字本　四册

江苏扬中·赵氏家谱

藏地：江苏扬中县

民国间木刻本　六册

江苏丹阳·赵氏宗谱

藏地：中央民族大学

（明）赵廷桂编

明万历四十六年（1618）衍庆堂活字本　二册

江苏丹阳·云阳赵氏重修宗谱六卷

藏地：国家图书馆　吉林大学

（清）赵学曾重修

清光绪三十三年（1907）排印本　六册

江苏丹阳·云阳鸥溪赵氏家乘三十二卷

藏地：中国社会科学院历史研究所图书馆

（民国）赵儁纂

1942年穀治堂铅印本　三十五册

江苏句容·华阳赵氏宗谱

藏地：江苏句容县夫王乡赵巷

1917年木活字本　十三册

江苏常州·观庄赵氏分支小谱四卷

藏地：美国

（清）赵味辛等修

清同治二年（1863）活字本　四册

江苏·常州观庄赵氏支谱十六卷首一卷末一卷

藏地：辽宁图书馆　江苏常熟市图书馆　日本　美国

（清）赵烈文辑

清光绪二年（1876）木活字本

江苏·常州观庄赵氏支谱二十一卷

藏地：国家图书馆　江苏常州市图书馆　江苏苏州市图书馆

1928年活字本　十二册

江苏常州·寺庄赵氏宗谱十二卷

藏地：吉林大学

（清）赵昉等纂

清光绪十年（1884）敦睦堂刻本　十二册

江苏常州·寺庄赵氏宗谱十六卷

藏地：国家图书馆

1917年敦睦堂活字本　十六册

江苏常州·赵氏近支人丁册

藏地：江苏常州市图书馆

（民国）赵毓森编订

1916年石印本　一册

江苏常州·赵氏族谱

藏地：江苏常州市图书馆

清稿本　一册

江苏武进·焦溪河口赵氏族谱四卷

藏地：美国

（清）赵端恩等修

清光绪十一年（1885）敦睦堂刊本　四册

江苏武进·西盖赵氏族谱十二卷

藏地：上海图书馆　美国

（清）赵洪良等修

清光绪十二年（1886）永思堂重刻本十二册

江苏武进·蒋林赵氏宗谱十卷

藏地：中国社会科学院历史研究所图书馆

（民国）赵书文主修

1925年绵远堂活字本　九册

江苏武进·韩区赵氏宗谱十二卷首一卷

藏地：美国

（民国）赵多荣等修

1926年永思堂木活字本　十二册

江苏·武进青山门赵氏支谱六卷首一卷

藏地：福建省图书馆　日本　美国

（民国）赵堉修

1928年崇礼堂刻本

江苏无锡·赵氏宗谱十六卷

藏地：吉林大学

（清）赵棨重修

清光绪八年（1882）活字本　十六册

江苏无锡·赵氏黄桥支甘露世谱四卷附赵氏

藏地：中国社会科学院历史研究所图书馆

（清）赵士奎纂修

清光绪三十二年（1906）活字本　五册

江苏无锡·锡山赵氏宗谱十四卷

藏地：国家图书馆

（清）赵寅恭　赵协卿纂

清宣统元年（1909）活字本　十八册

江苏江阴·赵氏宗谱八卷

藏地：美国

（清）赵洪等修

清同治十一年（1872）宝玉堂木活字本　八册

江苏江阴·暨阳章卿赵氏宗谱三十卷

藏地：哈尔滨师范大学　日本　美国

（清）赵晋封等修

清光绪九年（1883）木活字本　三十四册

江苏江阴·暨阳南门赵氏宗谱不分卷

藏地：美国

（清）赵炜等序

清光绪二十年（1894）永思堂活字本　八十册

江苏常熟·街上赵氏十修宗谱□□卷

藏地：江苏常熟市图书馆（存卷2、5）

清钞本　一册

江苏昆山·赵氏家乘十六卷

藏地：中国科学院图书馆　中国社会科学院历史研究所图书馆　中国历史博物馆人民大学　中央民族大学　天津市图书馆河北大学　山西图书馆　吉林大学　哈尔滨师范大学　上海图书馆　华东师范大学　南京市博

物馆　江苏泰州图书馆　江苏苏州图书馆　江苏苏州博物馆　苏州大学　江苏常熟市图书馆　江苏昆山县图书馆　浙江嘉兴市图书馆　湖北省图书馆　西南师院　云南省图书馆　日本　美国

(民国) 赵诒琛等辑

1919年刻本

江苏昆山·浦阳赵氏家乘十卷

藏地：美国

(民国) 赵诒琛等跋

1914年刊本　四册

江苏昆山·新阳赵氏清芬录三卷

藏地：国家图书馆　中央民族大学

(清) 赵诒琛编

1917年义庄重修刻本　一册

江苏昆山·赵氏清芬录再续题辞

藏地：国家图书馆

(民国) 赵诒琛编

1923年刻本　一册

江苏太仓·璜泾赵氏宗谱不分卷

藏地：中国科学院图书馆

(明) 赵璧纂　(清) 赵封补修

清钞本

江苏·赵氏支谱十二卷

藏地：中国科学院图书馆

(清) 赵书　赵祖培修纂

清光绪二十五年(1899) 刊本十四册

浙江杭州·武林赵氏家乘一卷

藏地：上海图书馆

(清) 赵德煃修

稿本　一册

浙江杭州·赵洪氏宗谱附祖先坟墓碑记图考不分卷

藏地：美国

(民国) 赵洪绳武修

1936年铅印本　一册

浙江建德·凤市赵氏宗谱五卷

藏地：国家图书馆　中国社会科学院历史研究所图书馆

(清) 赵埰麒纂

清光绪七年(1881) 沐恩堂活字本　四册

浙江·萧山赵氏庆源类谱五卷首一卷末一卷

藏地：中国科学院图书馆　辽宁图书馆(存卷首、1)

(清) 赵王言重修

清雍正十一年(1733) 钞本

浙江萧山·赵氏家谱十卷首一卷

藏地：日本　美国

(清) 赵引修编

清光绪二十二年(1896) 追远堂刊本

浙江宁波·四明赵氏宗谱九卷首二卷末二卷

藏地：浙江宁波天一阁文物保管所

(清) 赵有深　赵有和等纂

清同治八年(1869) 乐善堂木活字本六册

浙江宁波·四明赵氏宗谱十卷首二卷末二卷

藏地：浙江宁波天一阁文物保管所

(民国) 赵有丁　赵毓麒等纂

1924年乐善堂木活字本　六册

浙江宁波·镇北赵氏宗谱六卷

藏地：浙江宁波天一阁文物保管所

(民国) 赵学晋　赵有信等纂

1917年积善堂木活字本　二册

浙江余姚·宋澹仪赵氏庆源图不分卷

藏地：美国

（清）赵霈等重订

清道光十一年（1831）刊本　四册

浙江余姚·澹仪赵氏玉牒世谱十二卷

藏地：美国

（清）赵维善等修

清咸丰十年（1861）孝思堂木活字本十二册

浙江余姚·澹仪赵氏族谱十一卷

藏地：吉林大学

（清）赵惟善重修

清光绪七年（1881）江楼祠活字本　十八册

浙江余姚·澹仪赵氏玉牒世谱十四卷

藏地：上海图书馆

（民国）赵庆昌等纂

1913年刻本　十四册

浙江余姚·澹仪赵氏宗谱□□卷

藏地：浙江兰溪县文管处

1931年刻本

浙江余姚·长冷澹仪赵氏续修宗谱二十二卷

藏地：浙江图书馆

（清）赵炳纲续修

清道光二十七年（1847）敦本堂木活字本　十五册

浙江余姚·长冷澹仪重修赵氏宗谱二十八卷

藏地：国家图书馆　浙江图书馆（缺卷3）

（清）赵东林　赵凤珊修

清光绪二十二年（1896）敦本堂木活字本

浙江余姚·姚江赵氏宗谱十卷首一卷

藏地：国家图书馆　中国社会科学院历史研究所图书馆

（民国）赵正标　赵全序等修

1923年铅印本　六册

浙江·慈溪鸿庄赵氏宗谱

藏地：河北大学

（清）赵一荣　赵思前纂

清光绪二十三年（1897）爱日堂木刻本　十二册

浙江奉化·赵岙赵氏宗谱不分卷

藏地：浙江奉化县文管会

（清）孙丹枫修

清光绪二十九年（1903）写本　一册

浙江奉化·白水赵氏宗谱

藏地：浙江奉化县文管会（存二册）

民国间重修木活字本

浙江象山·灵严赵氏宗谱四卷

藏地：浙江象山县文管会（残）

（民国）赵永绣纂

1928年木刻本

浙江绍兴·山阴华舍赵氏宗谱十八卷

藏地：国家图书馆　中国社会科学院历史研究所图书馆　杭州大学　日本　美国

（清）赵寿棋辑

清光绪十年（1884）萃涣堂活字本

浙江绍兴·山阴华舍赵氏宗谱二十四卷

藏地：国家图书馆　浙江图书馆　日本　美国

（民国）赵琯　赵德基编

1916 年萃渔堂活字本

浙江绍兴·绍县天乐赵氏宗谱十二卷

藏地：吉林大学

（民国）赵啓英修　赵允孚纂辑

1919 年庆源堂活字本　十二册

浙江诸暨·清门福泉赵氏宗谱十二卷

藏地：南开大学

（清）赵伟猷等编辑

清道光九年（1829）永思堂刻本　六册

浙江诸暨·莼塘赵氏宗谱不分卷

藏地：日本　美国

（清）赵炳文等修

清同治七年（1870）敬睦堂木活字本

浙江诸暨·暨阳柴严赵氏宗谱十六卷

藏地：南开大学

（清）赵子鼎编辑

清宣统二年（1910）孝义堂木活字本十六册

浙江上虞·富峰赵氏续修宗谱八卷

藏地：吉林大学

（清）赵淞续修

清同治四年（1865）日生堂活字本　四册

浙江上虞·镇龙赵氏宗谱十卷首一卷末一卷

藏地：浙江图书馆

（民国）赵长钦修　胡显曾纂

1930 年文杏堂木活字本

浙江嵊县·剡溪赵氏宗谱不分卷

藏地：河北大学

（清）赵伯周纂

清雍正四年（1726）木刻本

浙江嵊县·剡城赵氏宗谱□□卷

藏地：浙江嵊县图书馆（存卷 3—5）

清光绪元年（1875）木活字本

浙江嵊县·剡城赵氏宗谱□□卷

藏地：浙江嵊县文管会（存卷 4）

清光绪二十一年（1895）木活字本

浙江嵊县·剡源三石赵氏宗谱十一卷

藏地：吉林大学

（清）赵智间修

清光绪二十八年（1902）活字本　二册

浙江嵊县·剡城赵氏宗谱六卷

藏地：浙江嵊县文管会（存卷 1、2）

（民国）赵礼宗修

1935 年木活字本

浙江嵊县·赵氏宗谱七卷首一卷末一卷

藏地：浙江嵊县明溪乡湖头（存卷首）

（民国）赵佩蓉修

1936 年木活字本

浙江·兰溪南阳赵氏宗谱五十卷

藏地：浙江兰溪县高潮乡（五部）

1928 年木刻本

浙江兰溪·南阳赵氏宗谱六十卷

藏地：浙江兰溪县灵洞乡（一部缺二卷，又一部缺五十六卷）

1928 年木刻本

浙江兰溪·南阳赵氏行谱五十二卷

藏地：浙江兰溪县文管处　浙江兰溪县新周乡（三部）

1928 年木刻本

浙江兰溪·永昌赵氏宗谱十六卷

藏地：浙江兰溪县永昌乡

（民国）赵阿赞　赵植西等修

1931 年木刻本

浙江·东阳巍山赵氏宗谱七十二卷

藏地：浙江东阳县巍山镇三村（缺四卷）

清光绪三十四年（1908）木活字本

浙江东阳·赵氏家乘

藏地：浙江东阳县六石乡西厚里（存卷 15—20）

1931 年木活字本

浙江常山·赵氏宗谱二卷

藏地：浙江常山县招贤乡汪家圩村

（民国）赵伯安增修

1947 年木刻本

浙江临海·宋赵重修族谱一卷

藏地：浙江临海县博物馆

（清）张余纂

清康熙二十八年（1689）写本

浙江临海·台临赵氏宗谱四卷

藏地：浙江临海县博物馆

（民国）赵嵩望纂

1925 年木活字本

浙江温岭·关圫赵氏房谱一卷

藏地：浙江临海县博物馆

清光绪十一年（1885）木活字本

浙江仙居·赵王合谱六卷

藏地：浙江兰溪县文管处

清光绪六年（1880）木刻本　十册

浙江仙居·赵王合谱□□卷

藏地：浙江临海县博物馆（存卷 19）

1926 年木活字本

浙江缙云·北坑赵氏宗谱三卷

藏地：浙江缙云县方溪乡北坑村

（民国）赵桂林总理

1917 年木活字本

浙江缙云·赵氏总祠志四卷

藏地：浙江缙云县档案馆

（民国）赵学斋　赵喜清等纂

1940 年木活字本

浙江缙云·天水赵氏宗谱□□卷

藏地：浙江缙云县档案馆（存六卷）

1948 年木活字本

安徽宿县·赵氏族谱六卷首一卷

藏地：中国社会科学院历史研究所图书馆

（清）赵志淦主修

清宣统元年（1909）活字本　十二册

安徽灵璧·赵氏家乘十卷

藏地：安徽灵璧县档案馆（缺卷 4、7、9）

（民国）赵安润修

1915 年钞本

安徽旌德·旌阳赵氏宗谱十卷

藏地：国家图书馆

（民国）赵宗锜修

1923 年活字本　九册

安徽桐城·赵氏支谱十二卷末一卷

藏地：人民大学

（清）赵后亿等修

清光绪五年（1879）明德堂活字本　十二册

安徽桐城·桐陂赵氏宗谱二十八卷首一卷

藏地：人民大学　辽宁大连市图

书馆

(存卷 6—16) 台湾 日本 美国

(清) 赵立方等修

清光绪九年 (1883) 明宗堂活字本 二十册

安徽桐城·赵氏宗谱十三卷首一卷末一卷

藏地：日本 美国

(清) 赵绍康 赵国祥等重修

清光绪十年 (1884) 木活字本 十四册

安徽怀宁·武陵赵王氏宗谱八卷首一卷末一卷

藏地：美国

(清) 王绳武等修

清同治四年 (1865) 忠恕堂木活字本

安徽怀宁·赵王氏宗谱十卷首一卷末一卷

藏地：安徽博物馆

(民国) 王璧成 王脱颖纂

1946 年木活字本 十三册

安徽贵池·龙坦赵氏宗谱二十五卷

藏地：日本 美国

(清) 赵世标等修

清光绪十九年 (1893) 木活字本 二十六册

福建漳州·赵氏族谱

藏地：台湾

(明) 赵守旺序

1933 年钞本

江西南昌·赵氏族谱

藏地：河北大学

(清) 赵学积修

清康熙十二年 (1673) 木刻本 二册

江西铜鼓·赵氏宗谱

藏地：江西铜鼓县带溪乡红群村南坪赵庄

山东淄博·淄川胡氏族谱四卷

藏地：山东淄博市博物馆山区图

(民国) 胡永年纂修

1917 年般阳顺和堂石印本

山东益都·青郡赵氏宗谱不分卷

藏地：中央民族大学

旧写本 四册

山东掖县·赵氏家乘二十六卷

藏地：国家图书馆 中国社会科学院历史研究所图书馆 北京师范大学 中央民族大学 南开大学 河北大学 吉林大学 山东掖县档案馆 美国

(民国) 赵琪等辑

1935 年永厚堂铅印本

山东栖霞·赵氏谱书一卷

藏地：山东栖霞县大庄头乡新庄

(清) 赵琳纂修

清光绪十年 (1884) 钞本

山东黄县·赵氏东支族谱八卷

藏地：辽宁大连市图书馆

(清) 赵星源编

清光绪三十四年 (1908) 石印本

山东·黄县赵氏西支族谱八卷

藏地：辽宁大连市图书馆 日本 美国

(民国) 赵丙辰 赵焕谟等辑

1915 年石印本

山东·黄县赵氏族谱

藏地：山东蓬莱县五十堡乡草泊村

1935 年石刻本

山东金乡·赵氏家谱一卷

藏地：山东金乡县卜集乡赵庄村

（清）田森纂
清宣统二年（1910）铅印本
山东金乡·赵氏家谱七卷
藏地：山东金乡县鱼山乡赵台子村
（清）赵中显　赵守威纂
清道光二十七年（1847）修　一九五三年铅印本
山东德州·赵氏家谱不分卷
藏地：山东德州市图书馆
（民国）赵长福　赵芝田修
1931 年木刻本　一册
山东齐河·赵氏族谱四卷
藏地：中国社会科学院历史研究所图书馆　吉林大学
（民国）赵景宸汇编
1942 年茂文斋铅印本
山东沂水·琅琊赵氏家谱不分卷
藏地：日本　美国
（清）赵方伊等修
清光绪十六年（1890）赵氏家祠刊本
山东莒县·城阳赵氏族谱不分卷
藏地：山东省图书馆
（清）赵锡琨　赵子蕃修
稿本
山东莱阳·天水郡赵氏合编族谱十三卷首一卷末一卷
藏地：辽宁图书馆
（民国）赵之文　赵云章等编
1915 年莱阳成文堂石印本
山东·笼水赵氏世谱五卷
藏地：山东淄博市博物馆山区图（残）
河南鲁山·楼张赵氏家谱一卷
藏地：河南鲁山县文管会
（民国）赵时行修
1917 年钞本
河南项城·赵氏族谱四卷
藏地：河南项城县档案馆
（民国）赵如葑纂
1936 年刊本
河南郏县·赵氏世谱
藏地：河南郏县城关镇赵户部巷
（清）赵珽
清乾隆二十九年（1764）木刻本
河南渑池·赵氏族谱四卷
藏地：河南渑池县档案馆
（清）赵叶象等纂
清雍正六年（1728）钞本
湖北武昌·赵氏宗谱一卷
藏地：武汉市图书馆
民国间稿本　一册
湖北新洲·赵氏宗谱三卷
藏地：湖北新洲县旧街乡旧街村
（民国）赵宗煜修
1948 年墨谱本
湖南浏阳·赵氏族谱三十卷首一卷
藏地：湖南省图书馆（存卷首，二部）
（民国）赵蓉生序
1947 年天水堂木活字本
湖南宁乡·赵氏族谱八卷
藏地：湖南省图书馆（存卷 1—7）
（清）赵城壁　赵连城修
清咸丰十一年（1861）爱畏堂刻木
湖南宁乡·赵氏六修族谱八卷
藏地：湖南省图书馆（存卷 1）
（清）赵士美修
清光绪二十年（1894）活字本
湖南宁乡·赵氏族谱十七卷首一卷
藏地：湖南省图书馆（存卷首、2）

（民国）赵长春等修　赵景福等纂

1928 年活字本

湖南湘潭·中湘衡汜赵氏族谱三十卷

藏地：河北大学

（清）赵寅廷修

清光绪十二年（1886）敬彝堂木刻本三十四册

湖南湘潭·中湘赵氏三修族谱十二卷

藏地：河北大学

（清）赵傅彩　赵家藩纂修

清宣统二年（1910）裕后堂木刻本　十二册

湖南湘潭·中湘衡汜赵氏族谱二十二卷首一卷

藏地：国家图书馆

（民国）赵东衍等纂

1923 年敬彝堂活字本　二十四册

湖南湘潭·中湘赵氏六修族谱十九卷末一卷

藏地：广东中山图书馆

（民国）赵泽烨　赵绳璧等修

1930 年双砚堂刻本　二十册

湖南湘乡·界硕赵氏族谱四卷

藏地：湖南省图书馆（存卷 1—4）

（清）赵洪琛等修　赵洪栋等纂

清嘉庆二十年（1815）爱日堂活字本

湖南湘乡·赵氏续修族谱□□卷

藏地：湖南省图书馆（存卷末）

清道光二十七年（1847）畏爱堂刻木

湖南湘乡·月城赵氏五修族谱二十二卷首三卷

藏地：湖南省图书馆（共三部，一部存卷首、13、14、19—21，一部存卷首 1—3，一部存卷首 1）

（民国）赵兴霙　赵昌珪等修　赵先钟等纂

1916 年爱敬堂活字本　二十五册

湖南湘乡·月城赵氏支谱四卷

藏地：国家图书馆

（清）赵兴啓修

清光绪二十年（1894）敦睦堂活字本四册

湖南衡山·赵氏七修族谱二十卷

藏地：北京大学

（清）赵牧心等修

清咸丰八年（1858）琴鹤堂刻本二十册

湖南衡山·赵氏八修族谱二十四卷

藏地：湖北大学

（清）赵廉　赵禄纂

清光绪十三年（1887）琴鹤堂木刻本二十五册

湖南衡山·赵氏九修族谱

藏地：浙江宁波天一阁文物保管所（存二卷）

（民国）赵恒尧　赵果等纂修

1929 年木活字本

湖南邵阳·邵陵桐江赵氏族谱十五卷首一卷

藏地：中国社会科学院历史研究所图书馆

（清）赵厚田主修

清嘉庆二十一年（1816）活字本十一册

湖南邵阳·邵陵桐江赵氏三修族谱十四卷首一卷

藏地：国家图书馆　河北大学

（清）赵氏族人修

清同治元年（1862）活字本

湖南邵阳·邵东赵氏四修族谱十二卷首二卷

藏地：河北大学

（清）赵昌镕纂

清光绪十三年（1887）琴鹤堂木刻本十四册

湖南邵阳·八卷首二卷末一卷

藏地：中国社会科学院历史研究所图书馆

（民国）赵禄说纂

1924年铅印本　十册

湖南益阳·书堂赵氏四修族谱

藏地：湖南省图书馆（存卷首、末）

（清）赵辉廷等修　赵钰辉等纂

清道光十七年（1837）琴鹤堂刻本　二册

湖南益阳·书堂赵氏七修族谱二十一卷首二卷末三卷

藏地：湖南省图书馆

（清）赵显治　赵达泰等纂

1929年活字本　二十四册

湖南安化·赵氏四修族谱十六卷首二卷

藏地：湖南省图书馆（存卷首上）

（民国）赵云蕚　赵笃生等修

1914年活字本

广东番禺·赵氏家谱不分卷

藏地：广东中山图书馆

钞本　一册

广东斗门·赵氏族谱七卷

藏地：广东斗门县南门乡（缺卷1、7）

（民国）赵判三　赵锡年编

1930年石印本

广东开平·赵氏宗谱十卷

藏地：人民大学

（清）赵宝珍等修

清光绪二十九年（1903）活字本十册

广东台山·清溪赵氏家谱一卷

藏地：台湾

（清）赵荣华修

清光绪十九年（1893）刊本二册

广东台山·清溪赵氏家谱五卷

藏地：广东中山图书馆

（清）赵常荣　赵英华编

清光绪三十二年（1906）报本堂刊本五册

广东新会·西外赵氏家乘十二卷

河北大学　广东中山图书馆（存卷2）

藏地：（清）赵季盟编辑

清康熙四十年（1701）创基堂木刻本

广东新会·赵氏族谱不分卷

藏地：广东中山图书馆

清光绪十七年（1891）钞本一册

广东新会·赵氏族谱不分卷

藏地：广东中山图书馆

（清）赵善庭修

清宣统三年（1911）钞本　一册

广东新会·赵氏族谱不分卷

藏地：广东中山图书馆

（清）赵善庭修

清宣统三年（1911）铅印本一册

广东新会·慈溪房赵族家谱不分卷

藏地：日本　美国

（民国）赵尚绶编

1930年香港铅印本　一册

广东新会·赵氏族谱二卷

藏地：中国社会科学院历史研究所图书馆　广东中山图书馆　广东博物馆　广东新会县档案馆　美国

（民国）赵士松修

1937年香港赵扬名阁石印局石印本

广东新会·赵氏族谱不分卷

藏地：广东中山图书馆

（民国）赵锦泉纂修

1937年钞本　一册

广东新会·赵氏族谱不分卷

藏地：广东中山图书馆

钞本　一册

广东新会·三江续修赵氏家谱一卷

藏地：广东新会县修志会

（清）赵帝德修

钞本

广东·赵氏玉牒家谱不分卷

藏地：广东中山图书馆

（清）赵古祯重订

清道光十六年（1836）钞本　一册

广西平乐·天水赵氏族谱不分卷

藏地：吉林大学

（清）赵珠奎修

清道光九年（1829）钞本　十二册

四川·蒲江县复兴乡赵氏族谱不分卷

藏地：四川蒲江县大塘镇信用社

（民国）赵昌煦等修

1914年木刻本

四川绵竹·赵氏家乘不分卷

藏地：四川省图书馆

（民国）赵邠纂

民国排印本　一册

四川内江·赵氏族谱二卷

藏地：四川内江县四合乡

（清）赵鹤舫修

清道光二十八年（1848）木刻本

四川宜宾·蜀南宜宾赵氏家谱不分卷

藏地：四川省图书馆（存一册）

（民国）赵清熙述　赵钺熙校

1914年叙府大同书局排印本

四川温江·赵氏族谱不分卷

藏地：四川省图书馆

（民国）赵心奕纂

1941年油印本　一册

云南腾冲·赵氏谱系钞本不分卷

藏地：江苏苏州市博物馆

（民国）赵敬业补修

1930年钞本　一册

云南大理·龙关赵氏族谱不分卷

藏地：云南博物馆

（明）赵汝源纂　（清）赵登瀛修稿本

云南大理·龙关赵氏族谱一册

藏地：云南大理州图书馆

云南大理·太和赵氏族谱

藏地：云南大理州图书馆

稿本　六册

云南大理·太和赵氏家乘一卷

藏地：云南省图书馆

清钞本　一册

云南剑川·剑川州土官百户赵元将历代履历宗图结报不分卷

藏地：云南省图书馆

（清）赵日宣等撰

稿本

云南·剑川赵氏家谱

藏地：云南大理州图书馆

稿本 一册

甘肃天水·赵氏族谱不分卷

藏地：甘肃礼县燕河乡阳山村

（明）张梯纂

明嘉靖至万历间稿本

甘肃庄浪·赵氏宗谱四卷

藏地：甘肃庄浪县水洛乡陈杨家

（清）赵献玉纂修

清同治六年（1867）钞本

甘肃礼县·天嘉赵氏族谱四卷

藏地：甘肃礼县永坪乡牌里村

（清）赵兰璧纂

稿本

赵氏族谱一卷

藏地：山东省图书馆

（清）赵涛 赵玉藻纂

清初刻本

白杨山下赵氏宗谱十卷

藏地：国家图书馆

（清）赵西白等修

清同治十三年（1874）永思堂活字本十册

打鱼楼屯赵氏谱书不分卷

藏地：吉林市图书馆

（清）赵录庆 赵和春纂

清光绪六年（1880）修 一九八五年据钞本复印本 一册

赵氏家谱

藏地：上海奉贤县档案馆

清光绪十八年（1892）德厚堂刊本

赵氏世族志三卷

藏地：上海图书馆

（清）赵多祝辑

清光绪三十二年（1906）刊本一册

赵氏族谱八卷

藏地：江苏吴江县图书馆

（清）赵宝坛 赵宗堡辑

清钞本 三册

赵氏家谱四卷首一卷

藏地：天津市图书馆

清钞本 二册

赵氏家谱不分卷

藏地：宁夏博物馆

清钞本

箭山赵氏宗谱十九卷首一卷末一卷

藏地：浙江余姚梨洲文献

（民国）赵宗元纂

1918年永思堂刻本 八册

凤观里赵氏迁常家谱一卷

藏地：人民大学

（民国）赵震修

1921年铅印本 一册

富峰赵氏续修宗谱八卷

藏地：国家图书馆 北京大学

（民国）赵旦 赵圣清编

1923年文杏堂活字本 六册

赵氏谱

藏地：美国

1945年刊本 一册

赵氏族谱四卷

藏地：人民大学

民国间刻本 四册

赵氏宗谱一卷

藏地：湖北罗田县志办

木刻本

（五） 字行辈份

据清同治重修《天水堂赵低族谱》，甘肃天水赵姓老辈份派语字行为："以洪壬万庭，为子若卿成，荫望必显单，立良应之文。"续修派语字行为："添心常祐善，人贵自光宗，世业

开宏远，英华庆国隆。”又据《赵低族谱》，山西沁水县赵姓一支派语字行为：“忠和树德，孝友传芳。”又《赵氏家乘》，江苏昆山赵姓一支派语字行为：“成栋煜坦铉，乾扬廷遇文，以于风鹤锡。”又清雍正十一年赵伦纂《赵低宗谱》，浙江萧山赵姓一支派语字行为：“齐圣广渊，明允笃诚，忠肃恭懿，宣慈惠和。”

（六） 迁徙繁衍

造父的 6 世孙叫奄父，号公仲，在周宣王伐戎时曾为其驾驭车马。奄父的儿子叔带，因周幽王无道，离开周王室去晋国，事晋文侯，从此赵氏子孙世代为晋大夫。叔带的 5 世孙叫赵夙，因晋献公灭霍、魏、耿时有功，公元前 661 年晋献公将耿国（在今山西河津县东南）之地赐给赵夙。赵夙的孙子叫赵衰，曾随重耳逃亡到国外 19 年，重耳得以回国为晋文公，主要是靠赵衰的计策，因此赵衰便成为晋国的执政大臣。赵衰的 6 世孙赵襄子联合韩氏、魏氏，三家瓜分晋国，至赵烈侯（名籍）时正式建立赵国，于公元前 403 年被周威烈王承认为诸侯，成为战国七雄之一。赵国先建都晋阳（今山西太原市东南），前 386 年迁都邯郸（今属河北），疆域有今河北西部、西南部，河南北部，陕西东北角，山西中部、北部和河套地区，至公元前 222 年为秦所灭，历时 180 余年。所以，赵氏早期主要是在北方发展繁衍。其中，赵国末代君主代王嘉的儿子公辅，受秦国之命主西戎，世居陇西天水西县（在今甘肃天水县西南），在此发展成大族，故赵氏以“天水”为堂号。公辅的 12 世孙赵融，东汉时为右扶风、大鸿胪。融的 17 世孙赵瑶，北魏时任河北太守。瑶的 5 世孙赵仁本，唐高宗时任宰相；8 世孙赵憬，唐德宗时任宰相。此外，还有居住在南阳、新安（今属河南）、颍川（今河南许昌一带）、敦煌（今属甘肃）等地的赵氏。其中新安赵氏后徙京兆奉天（今陕西乾县），南阳赵氏后徙平原（今属山东）。

秦代，真定（今河北正定）人赵佗任南海郡龙川县令，后为南海尉，于秦末兼并桂林、南海和象郡三郡，建立南越国，汉高祖十一年（前 196 年）受封为南越王。此后，赵佗的子孙繁衍于今广东、广西一带。东汉末年，京师遭董卓之乱，洛阳人赵达避难迁居江东。唐高宗总章年间，中原人赵端随陈政、陈元光父子入闽开辟漳州。五代时，河南上蔡人刘龑在广州建立南汉，洛阳人赵光裔、光逢、光胤兄弟三人因此而在南海安家；开封人赵廷隐、赵崇韬父子因仕后蜀而在四川成都安家。南宋初，开封人赵用贤随宋高宗赵构南逃，移居江苏常熟，郑州人赵蕃移居江西上饶。元兵攻陷杭州后，南宋末代皇帝帝昺迁于崖山（在广东新会县南大海中），不久师溃，帝沉海而亡，南宋宗室赵氏散逃至澎湖，潮阳等地，后在闽、粤一带发展繁衍。从清康熙年间开始，闽、粤赵氏陆续有人迁居台湾，后又有不少人移居海外，分布于欧美及东南亚一些国家和地区。

由于秦汉以来尤其是唐宋以后赵氏遍布江南、岭南各地，加之南宋赵氏政权统治淮河、秦岭以南的半壁河山长达150多年，所以，目前赵姓在南方人中所占比例较高。赵氏不仅是汉族大姓，而且在长期、多次的民族大融合中还有不少人融入北方的匈奴族和南方的一些少数民族中。

在中国历史上，赵氏最显赫的时期是宋代。五代末，掌握后周兵权的河北涿县人赵匡胤，于公元960年在陈桥驿发动兵变，即帝位，国号宋，都开封，史称北宋。至宋钦宗靖康元年（1126年）金兵攻入开封，北宋亡。北宋的9个皇帝，除徽、钦二帝被金军虏走囚死漠北外，其余7帝连同宋太祖赵匡胤的父亲赵宏殷，均葬于今河南巩义市境的邙岭上，总称宋陵，为全国重点文物保护单位。1127年，钦宗之弟赵构在南京（今河南商丘）称帝，后建都临安（今浙江杭州），史称南宋，至1279年为元所灭。两宋共历18帝，统治320年。赵宋王朝的建立，结束了安史之乱以来200年变乱相寻的局面，成为一统，比较长期地保持了国内局势的稳定，使农业生产不断增长，工商业相应地得到了发展，城市经济日趋繁荣，城市人口日益集中。在这种情况下，萌芽于隋唐时期的词这一古典诗歌形式，至宋代呈现出极其繁荣昌盛的新局面，成为最有创造性、最能表现人的真情实感和最流行的一种文学样式。“词以宋称”，概括出宋朝特殊的历史条件导致词空前发展与提高这一史实，也说明了宋词在文学史上的重要地位。从这种意义上说，赵氏对中国文学的发展与进步是有突出贡献的。唐末五代，又有洛阳人赵光裔兄弟三人在南汉政权任职，举家迁居广州。至宋末开始才得到迅速繁衍，并有赵氏再迁居广东等地。据《台北县志·氏族志》所载，以宋太祖赵匡胤为始祖，元兵攻陷杭州后，赵若和承太后之使，奉帝昺迁于有崖山，不久师溃帝崩，赵若和为避兵祸，隐姓为黄，历3代，至明洪武十八年，赵惠官始复赵姓。其后支派繁衍，或迁广东潮阳、江西新丰，或迁居福建同安各处。同时，北方的赵姓也在东北三省得到了播迁。自宋代以后，赵姓遍布全国各地。

（七） 适用楹联

□虽有周亲，不如我同姓[①]；
谁为宋远，率乃祖攸行[②]。

□金城标美[③]；玉池流徽[④]。

□常山骄子英雄胆[⑤]；
松雪道人绝妙书[⑥]。

□建宋兴邦为雄主[⑦]；
工书擅画洵名家[⑧]。

□陛锡铜符，京兆之风裁风振[⑨]；
门迎珠履，平原之声誉昭宣[⑩]。

□跨虎执鞭号元帅[⑪]；
舍身抗日称英雄[⑫]。

□手持半部论语[⑬]；
胸罗数万甲兵[⑭]。

□江上飞云来北固；
湖连沧海欲东游[⑮]。

□乃祖曾将半部论语治天下[⑯]；
后人当以千秋俎豆祭堂前。

□灵爽永护江原父老；
忠魂犹壮蜀国山河[⑰]。

□但愿民安若堵；
何妨署冷如冰[⑱]。

□积善有徵，受德之佑；
笃心自守，与道合符[⑲]。

□古为帝王华胄[⑳]；

今有琴鹤世家[21]。

注释：

①周穆王封造田父于赵城，赵姓由此而生。

②宋朝开国皇帝是赵姓。

③西汉大将赵充国（前137—前52年），武帝时以假司马从贰师将军击匈奴有功，拜为郎中。西羌叛，充国时年已七十余，受诏至金城。招降罕幵，击破先零，罢兵屯田，寓兵于农，为后人所宗。

④唐僖宗（874—889年在位）时进士赵光逢，以文知名，时人称其方直温润，谓之玉界尺（池）。

⑤三国蜀名将赵云（？—229年），字子龙，祖籍常山（今河北省）人。累迁镇军将军。有"子龙一身都是胆"之誉。

⑥指元代杰出画家赵孟頫（1254—1322年），他的号为松雪道人。

⑦宋太祖赵匡胤（927—976年），涿州（今河北省涿县）人，开创大宋江山。

⑧元代书画家赵孟頫。

⑨赵广汉（？—前65年），颍川太守执法不避权贵，迁京兆尹，后被杀。

⑩平原君赵胜（？—前251年），战国时人，任赵相，门下食客众多。赵孝成王七年（前259年），秦军围困赵都邯郸，他组织力量坚守城池达三年之久，后经魏、楚联手救援，将秦军击退。

⑪指赵公明，相传秦时得道于终南山，道教尊之为"正一玄坛元帅"，其像黑面浓须，头戴铁冠，手执铁鞭，身跨虎，故又称"黑虎玄坛"。据说，他能驱雷役电，除瘟禳灾，主持公道，求财如意，人称之为"赵公元帅"，被奉为"财神"。

⑫指赵一曼（1905—1937年），四川宜宾人，革命烈士。长期与日本侵略军英勇作战1936年10月受伤被捕，在狱中受尽折磨，坚贞不屈。1937年7月5日，在珠河（今黑龙江尚志）被杀害。

⑬指赵普，字则平，蓟人宋朝人，曾任太师。初事太祖为书记，能以天下事为己任。太宗时拜太师，封魏国公。任两朝宰相，判的案子不计其数。太祖劝以读书，自是手不释卷。尝谓太宗曰："臣有《论语》一部，以半部佐太祖定天下，以半部佐陛下致太平。"卒封韩王，谥忠献。

⑭指赵鼎，字元镇，闻喜人南宋名相。崇宁进士，对策斥章惇误国，随高宗南渡，累官殿中侍御史等，陈四十事，协心以图兴复之功。有《忠正德文集》。

⑮清代书画兼篆刻家赵之谦（1829—1884年）撰书联。赵之谦，浙江会稽（今绍兴）人，曾作《梅阁集》。

⑯同⑬。

⑰赵云（？—229年），三国时蜀国将，这是他的庙联，赵云庙，又叫子龙庙。

⑱清代康熙进士、文学家赵申乔（1644—1720年）自题联。

⑲清代金石学家赵魏（1746—1825年）自题联。

⑳指宋代皇帝的后裔。

㉑清代赵翼《奉命出守镇安诗》：

"剧郡剑牛觇吏绩，傅家琴鹤本官箴。"现代无产阶级革命家赵世炎故居中堂门额匾上书有"琴鹤世家"四字，琴鹤相伴可表品行高洁之意。

赵氏名人集粹

赵声 (1881—1911）江苏丹徒人，我国近代著名民主革命者，曾与黄兴领导广州起义。

赵之琛 (1781—1852）浙江杭州人，清代"西泠八家"之一。

赵之廉 浙江绍兴人，杰出书画家、篆刻家。其书、画、篆刻对后世都有一定影响，与任伯年、吴昌硕并称为"清末三大画家"。

赵翼 明代史学家、文学家。今江苏武进人。长于史学，考据精赅，其诗与袁枚、蒋士铨齐名，并称"江右三大家"或"乾隆三大家"。

赵左 明代画家。字文度，华亭（今上海市松江）人。工山水，受业于宋旭，宗董源，兼学黄公望、倪瓒，曾为董其昌代笔。善用于笔焦墨，长于烘染。是"松江派"主要画家之一。

赵南星 河北元氏人，明代政治家、文学家。曾官至中尚书，为东林党的重要人物。

赵丘 上海市松江人，工画山水，明代"松江派"的主要画家。

赵孟頫 浙江吴兴人，元代杰出书画家。其人精于正、行书和小楷，其笔法圆转遒丽，人称"赵体"。现存书迹碑版甚多，许多已是今人习字练笔的摹本，对后世甚有影响。其子赵雍也是当时较有影响的画家。

赵原 山东莒县人，元末明初著名画家。

赵秉文 河北磁县人，金代著名文学家，曾官至礼部尚书。

赵孟坚 浙江人，南宋著名书画家，以画水仙花著称。

赵伯驹 南宋著名画家，以画金碧山水著称。

赵幹 江宁（今属江苏）人，南唐画家。

赵普 天津蓟县人，北宋名相，有以"半部《论语》治天下"之美名，北宋名相，为北宋的建立立下了汗马功劳。

赵昌 广汉（今属四川）人，画家，擅画花果，多作折枝花，兼工草虫等。

赵明诚 金石考据家，密州诸城（今山东）人，其妻为当时有名的词作家李清照，并与妻同好金石图书。所藏商周彝器及汉唐石刻拓本甚富。他曾著有《金石录》30卷。

赵忭 浙江衢县人，曾有官至殿中侍御史弹劾不避权贵，京师号称"铁面御史"。

赵匡 河东（郡治今山西永济）人，宋代学者怀疑经传风气的经学家，官至洋州刺史。

赵德 被大文豪韩愈视为士子师的"天水先生"。

赵匡胤 河北涿县人，"陈桥兵变"后，代周为帝，建立宋朝，立国320年之久，使赵姓的宗族声望达到了最为辉煌的时期。

赵世模、赵元淑 颍川人，父子二人，隋代开国元勋其中赵元淑曾官至骠骑将军、柱国、颍川太守。

赵隐 平原（今属山东）人，曾仕北齐，七朝为官，以处事恭慎见称，后官至司徒，封宜阳王。

赵文渊 北周著名书法家，擅长楷、隶书，笔势可观。当时碑文多出其手，又在西魏时奉命编定了一部六体书法字典。

赵云 常山真定（今河北正定南）人，蜀汉名将初从公孙瓒，后归刘备。刘备得益州，任为翊军将军，并从取汉中。他曾以数十骑拒曹操大军，被誉为“一身是胆”。

赵熹 西汉末因功官拜五威偏将军，至光武帝光复汉室，累迁太尉、太傅，封节乡侯。其后，诸子之中有7人先后被擢拔为郎史。

赵岐 京兆长陵（今陕西咸阳东北）人，早任并州刺史，后任议郎、太常等职。撰有《孟子章句》，收入《十三经注疏》中。辞赋家赵苞，甘陵东武城人，辽西太守。

赵充国 陇西上邽（今甘肃天水西南）人曾在西北建立屯田制度，任营平侯，一代名将。

赵禹 禨（今陕西武功西南）人，官至御史、太中大夫、廷尉等职。

赵广汉 涿郡蠡吾（今河北博野西南）人，颍川太守、京兆尹，执法不避权贵。

赵高 赵国人，初任中车府令，兼行符玺令事。始皇死后，与李斯伪造遗诏，逼使始皇长子扶苏自杀，立胡亥为二世皇帝。任郎中令、中丞相，控制朝政，掌握大权，前后20余年。

赵佗 真定（今河北正定）人，秦时为南海郡龙川县令，后为南海尉。秦末，兼并桂林、南海和象三郡，建立南越国。汉高祖时受封为南越王，吕后时自称南越武帝，景帝时附于汉。

赵奢、赵括 系父子二人。战国时著名将领。其父甚望，善用兵，因功封马服君。

赵衰（叔带6世孙）、**赵盾**（赵衰之子） 春秋时任晋执政大臣，是最早见于史书的赵氏名人。其7世孙襄子就是战国七雄之一赵国的建立者，其都设在晋阳，即今山西省太原的北面。

赵胜 平原君，以“食客数千人”而著称，是赵氏有史以来最负盛名的人物。

赵氏风流撷英

姓字源起封造父，
西汉望出天水郡。①
宣法而治铸刑鼎，
胡服骑射创骑兵。②
南越受招归顺汉，
逐鹿西北建功勋。③
智勇双全数越云，
半部论语辅匡胤。④
汝适首开访外先，
赵体书法天下传。⑤
考史名著留芳世，
三多举义保华夏。⑥
赵钱孙李周吴郑，
权钱当为万事首。⑦
走在月前意赶超，
捷足先登谓为超。⑧

注释：

①据《唐书·宰相世系表》记载，

上古东夷族首领伯益的第十三世孙造父（嬴姓），在周穆公时，替周穆王驾车，日驱千里，因平息徐偃王反叛有功，被封于赵城，西汉元鼎三年（前114年）设置天水郡，于今甘肃天水市，此为赵氏发祥地。

②春秋末晋国正卿，赵简子（生卒不详）把范宣子所著《刑书》铸成刑鼎，宣法而治，按军功赏田封官，提高庶人身价，使私家势力日盛。战国时，赵国国君赵雍即赵武灵王（？—前295年），提倡胡服骑射，始创骑兵，这是中国军事史上的一大进步，他的政绩也颇为显著。

③秦二世时南海郡县公，赵陀（？—前137年），河北正定人。据南海、桂林、象郡建立南越国。西汉文帝时，经陆贾招抚，归汉称臣。西汉大将赵充国（前137—52年），甘肃天水人，他击匈奴、驱羌人，屯田西北，促进了西北地区的开发。

④赵云（？—229年），三国时期蜀国名将，河北正定人。以智勇双全著称。赵普（922—992年），北宋宰相，河南洛阳人。他辅佐赵匡胤建立北宋，有"半部论语安天下"之称谓。

⑤赵汝适（音kuò），（生卒不详），南宋地理学家，太宗八世孙。他首创采访中外商人的先例，为研究宋代中期外交、贸易和亚非各国历史提供了重要史料。赵孟頫（音fǔ）（1254—1322年），元朝著名书画家、文学家，浙江湖州人。其能书篆、籀、分、隶、真、行、草，世有"赵体"之称。

⑥赵翼（1727—1814年），清朝史学家、诗人，江苏常州人。所著《二十二史札记》与钱大昕《二十二史考异》、王鸣盛《十七史商榷》并称清代三大考史名著。赵三多（1841—1902年），义和团首领，河北威县人。

⑦赵指权，世间万事"权"是比较重要的问题，这个是有它一定的道理的。

⑧赵（趙）字，字形是走在小月前，意思是赶超。

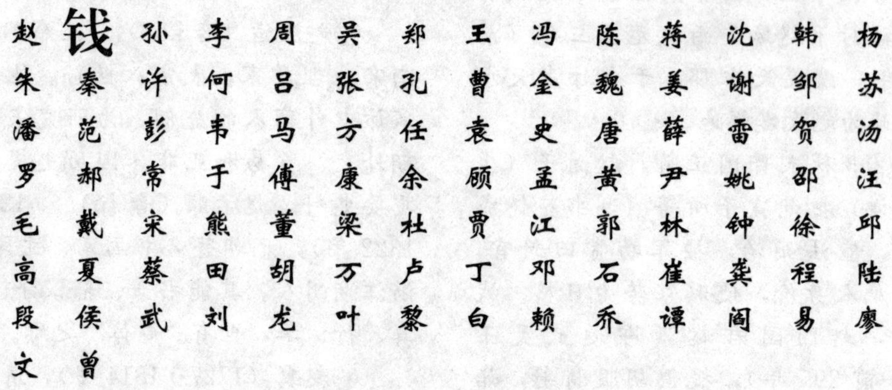
中华百家姓

赵 钱 孙 李 周 吴 郑 王 冯 陈 蒋 沈 韩 杨
朱 秦 许 何 吕 张 孔 曹 金 魏 姜 谢 邹 苏
潘 范 彭 韦 马 方 任 袁 史 唐 薛 雷 贺 汤
罗 郝 常 于 傅 康 余 顾 孟 黄 尹 姚 邵 汪
毛 戴 宋 熊 董 梁 杜 贾 江 郭 林 钟 徐 邱
高 夏 蔡 田 胡 万 卢 丁 邓 石 崔 龚 程 陆
段 侯 武 刘 龙 叶 黎 白 赖 乔 谭 阎 易 廖
文 曾

钱姓

——周有钱府上士官，子孙以官钱姓出

钱氏解密寻踪

（一） 姓氏字源

《说文》：“钱，铫也，古田器。从金，戋声。”段玉裁注：“云古田器者，古谓之铫，今则但谓之铫，谓之臿，不谓之钱。而钱以为货泉之名。”严可均校议云：“古布如铲，像田器之形，是货也。”钱字本义当指古农具，类似今之铁铲，后引申为金属货币，特指铜钱。

（二） 寻根溯祖

宋代编写的《百家姓》，以国姓“赵”开头，将钱姓排在第二位，说明钱姓在当时是一个非常显贵的姓氏。如今，在按人口多少排次序的中国姓氏中，钱姓居于第89位。那么，钱姓产生于何时，又是怎样形成的呢？

宋人郑樵《通志·氏族略》将钱氏列入“以官为氏”类，说：“颛帝曾孙陆终生彭祖，裔孙孚，周钱府上士，因官命氏焉。”据《史记·楚世家》记载，陆终是帝颛顼的玄孙，而不是“曾孙”。因为“高阳（即颛顼）生称，称生卷章，卷章生重黎”帝喾诛重黎，“而以其弟吴回为重黎后，复居火正”，

"吴回生陆终"。陆终的妻子女嬇怀孕三年，剖腹产，生出6个儿子，"三曰彭祖"。彭祖是著名的大寿星，《世本》说他"姓篯（jiān尖），名铿，在商为守藏史，在周为柱下史，年八百岁"。《史记·五帝本纪》说"禹、皋陶……彭祖自尧时而皆举用"。彭祖被封于彭（今江苏徐州市），建大彭氏国，后被商高宗武丁所灭，子孙以国为氏，称为彭氏。彭祖的后裔有个叫彭孚的人，在西周任钱府上士（钱府，掌管钱财的官署；上士，官名，周代士有上士、中士、下士），彭孚以官职为姓氏，就是钱氏。因西周建都于镐京（今陕西西安），而彭孚任官必然在京城，故钱姓形成于今陕西。

（三） 宗堂郡望

堂号 "吴越堂"。钱镠是五代吴越的开国君王。他在后唐时只是一个偏将。但是他深通兵法，很会打仗，打败了王郢，消灭了黄巢，剿平了刘汉宏。皇帝因他战功累累，升他为镇海节度使。这时董昌造反，他又剿平了董昌，皇帝就封他为越王，后来再封他为吴王。到了梁太祖的时候，封他为吴越王。

郡望 钱姓郡望主要有下邳郡、彭城郡、吴兴郡等。

1. 下邳郡。东汉永平十五年（公元前72年）改临淮郡置国，治所在下邳（今江苏睢宁西北）。辖地北至江苏新沂、邳县，南至盱眙和安徽嘉山，东至江苏涟水、淮安和清江市。南朝宋及隋大业时改为郡。

2. 彭城郡。西汉地节元年（公元前69年）改楚国为彭城郡，不久复为楚国。东汉章和二年（公元88年）又改为彭城国，治所在彭城（今徐州市）。相当今山东微山县、江苏徐州市、铜山县、沛县东南部、邳县西北部及安徽濉溪县东部。

3. 吴兴郡。三国吴宝鼎元年（公元266年）置郡，治所在乌程（今浙江吴兴南，晋义熙初移今吴兴）。相当今浙江临安、余杭、德清一线西北，兼有江苏宜兴县地。

（四） 家谱寻踪

全国·溧阳广德钱氏家谱不分卷

藏地：美国

（民国）钱又选撰

1938年刊本

河北·保阳钱氏宗谱

藏地：中国科学院图书馆

（清）钱漱泉修

清咸丰八年（1859）钞本 二十册

江苏南通·崇川钱氏世谱不分卷

藏地：江苏南通市图书馆

（清）钱华辑

清钞乾隆二十八年（1763）辑本 一册

江苏南通·崇山钱氏世谱十卷首一卷末一卷

藏地：辽宁图书馆

（清）钱兆鹏修

清乾隆四十八年（1783）修 嘉庆二十五年（1820）至道光七年（1827）惇叙堂刻本

江苏南通·崇川钱氏世谱十二卷首二卷附钱氏一家言十二卷末一卷

藏地：美国

（清）钱元焕修

清同治五年（1866）惇叙堂刊本

江苏南通·钱氏宗谱七卷首一卷

藏地：江苏南通市图书馆

（清）钱炳垣修清光绪十四年（1888）锄经堂刻本　八册

江苏镇江·吴越钱氏宗谱十二卷首一卷末一卷

藏地：美国

（清）钱志遥等跋

清乾隆十二年（1747）活字本　十二册

江苏镇江·吴越钱氏京江分支六修宗谱十二卷首二卷

藏地：日本　美国

（清）钱铭盘　钱之善等修

清道光二十八年（1848）活字本　十二册

江苏镇江·吴越钱氏京江分支七修宗谱十六卷首四卷末一卷

藏地：中国社会科学院历史研究所图书馆

（清）钱正庸　钱之淦等纂修

清光绪六年（1880）活字本　十六册

江苏镇江·润州南朱钱氏族谱十卷

藏地：美国

（民国）邵凤翔等序

1913年射潮堂活字本　十册

江苏镇江·吴越钱氏京江分支宗谱十六卷首四卷末一卷

藏地：中国社会科学院历史研究所图书馆　哈尔滨师范大学　上海图书馆　苏州大学

（民国）钱乃勤纂

1921年活字本

江苏句容·钱氏宗谱四卷

藏地：日本　美国

（清）钱昌贵　钱道成等修

清光绪六年（1880）佩文堂活字本　四册

江苏常州·段庄钱氏族谱十二卷

藏地：江苏常州市图书馆

（清）钱澔斯纂

清咸丰五年（1855）钱氏锦树堂木活字本

江苏常州·郭村钱氏宗谱十六卷

藏地：美国

（清）钱继盛主修

清同治十年（1871）致严堂木活字本十六册

江苏常州·钱氏宗谱十二卷

藏地：日本　美国

（清）钱潮海等修

清光绪七年（1881）北湖草堂木活字本十二册

江苏常州·毗陵钱氏宗谱十四卷

藏地：江苏常州市图书馆（存卷1、2、5—8、10—10）

（清）钱世坤　钱德行等汇稿

清光绪十九年（1893）钱氏伯仲堂木活字本

江苏常州·钱氏菱溪族谱十八卷首一卷

藏地：日本　美国

（清）钱履荣等六修

清光绪三十二年（1906）惇彝堂木活字本　十二册

江苏常州·钱氏菱溪族谱二十六卷首一卷

藏地：南开大学　吉林大学　苏州大学

（民国）钱增伟等修

1929年惇彝堂刊本

江苏·溧阳钱氏家谱二十八卷

藏地：人民大学

（民国）钱亨等修

1915年锦林堂活字本　三十二册

江苏无锡·金匮吴越钱氏宗谱

藏地：中央民族大学

（清）钱维城等编

清嘉庆十六年（1811）刊本　四册

江苏无锡·吴越钱氏五修流光宗谱十二卷

藏地：四川重庆市图书馆

（清）钱人麟等修

清道光四年（1824）蔗川钱氏念修堂活字本　十二册

江苏无锡·吴越钱氏清芬志十种首一卷末一卷

藏地：国家图书馆　中国社会科学院历史研究所图书馆　吉林大学　日本　美国

（清）钱日煦纂

清光绪四年（1878）栞实行榭去阁活字本

江苏无锡·堠山钱氏宗谱六卷首一卷世谱二十二卷

藏地：国家图书馆　美国

（清）钱逸楼　钱子栞等修

清同治十三年（1874）锦树堂活字本

江苏无锡·堠山钱氏宗谱十卷世谱三十卷

藏地：国家图书馆　日本　美国

（清）钱熙元等修

清光绪三十三年（1907）锦树堂活字本

江苏无锡·堠山钱氏丹桂堂家谱四卷

藏地：国家图书馆　吉林大学　苏州大学　浙江图书馆　浙江嘉兴市图书馆　湖北省图书馆　武汉大学　华中师院

（民国）钱基博编

1948年铅印本　一册

江苏无锡·钱氏湖头宗谱上卷八卷下卷十卷首一卷末一卷

藏地：上海图书馆

（清）钱邵霖辑

清光绪七年（1881）义堂刊本　二十四册

江苏无锡·钱氏湖头宗谱上卷八卷首一卷下卷一百〇九卷首一卷末一卷

藏地：国家图书馆（二部）日本　美国

清光绪十三年（1887）锦树堂刻本

江苏无锡·钱氏湖头宗谱二卷

藏地：日本　美国

（清）钱士炳等修

清光绪十八年（1892）刊本　四十八册

江苏无锡·文林钱氏宗谱十六卷

藏地：国家图书馆

（民国）包齐之等辑

1943年射潮堂活字本　十六册

江苏无锡·钱氏湖头分支马桥宗谱六卷首一卷末一卷附遗芳略二卷

藏地：中国社会科学院历史研究所图书馆　吉林大学

（清）钱承康纂

清光绪二十三年（1897）锦树堂活字本

江苏无锡·钱氏宗谱八卷
藏地：中央民族大学
（清）钱承康修
清光绪间锦树堂刻本　十六册
江苏无锡·钱氏宗谱三卷
藏地：云南省图书馆
（民国）钱一珠编
1925年锦树堂刻本　三册
江苏无锡·锡山钱王祠神牌谱
藏地：中央民族大学　苏州大学
（民国）钱一璜等编
1928年庆系堂铅印本
江苏无锡·锡山钱氏宗祠志二卷附支派撮录
藏地：云南省图书馆
钱一珠等编　钱鸿申辑附　钱王禾增订
刻本　一册
江苏江阴·钱氏宗谱四卷
藏地：吉林大学
（清）钱德荣修
清光绪二十七年（1901）射潮堂活字本
四册
江苏·江阴北门五保钱氏宗谱八卷首一卷
藏地：美国
（民国）钱叙森等修
1931年射潮堂木活字本　八册
江苏宜兴·新渎钱氏续修宗谱八卷
藏地：中国社会科学院历史研究所图书馆
（民国）钱俊彩修
1942年治燕堂活字本　八册
江苏苏州·彭城钱氏支谱
藏地：国家图书馆　南开大学　河北大学　四川省图书馆
（民国）钱寿崧等修
1934年排印本　一册
江苏常熟·海虞钱氏家乘八卷
藏地：国家图书馆　上海图书馆
（明）钱岱纂
明万历二十八年（1600）刻本
江苏常熟·海虞钱氏家乘不分卷
藏地：中国科学院图书馆　山西文物局　浙江图书馆　日本　美国
（清）钱谦益撰
钞本
江苏常熟·海虞钱氏秀峰公支世谱图一卷
藏地：上海图书馆　江苏常熟市图书馆　浙江临海县博物馆
（清）钱禄泰纂
清光绪元年（1875）修　光绪二十四年（1898）木刻本
江苏常熟·海虞禄图钱氏振鹿公支世谱六卷
藏地：江苏常熟市图书馆
（民国）钱昌谷　钱昌运等纂
1930年石印本　六册
江苏常熟·彭城钱氏世谱文傅八卷首一卷
藏地：美国
（民国）钱时棣等修
1913年刊本　八册
江苏吴县·彭城钱氏宗谱不分卷
藏地：美国
（清）钱家汉等修
清同治十三年（1874）钞本四册
江苏吴县·安山钱氏宗谱二卷
藏地：美国
（清）钱元怡等修

清光绪二十二年（1897）锦树堂刊本二册

江苏吴县·彭城钱氏支谱不分卷

藏地：美国

（清）钱庆戴等修

清光绪二十六年（1900）刊本四册

江苏太仓·彭城钱氏谱一卷图像二卷履历二十卷实录六卷文传八卷

藏地：上海图书馆

（民国）钱泰阶等编

1912年木活字本　十四册

浙江·文安钱氏宗谱三卷

藏地：浙江金华市文管会

（清）钱元观等纂

清光绪四年（1878）木刻本

浙江·文安钱氏宗谱三卷

藏地：浙江金华市文管会

（民国）钱思岳等纂

1946年木刻本

浙江·钱氏家乘六卷

藏地：浙江宁波市档案馆

（民国）张謇纂

1924年刊本

浙江杭州·钱氏家乘不分卷

藏地：广东中山图书馆

（清）钱云冲纂

清康熙十一年（1672）修　嘉庆五年（1800）钞本

浙江杭州·钱武肃王集附录四卷

藏地：美国

（清）钱槐等编辑

清嘉庆十六年（1811）钞本四册

浙江·临安钱氏庆系谱十一卷

藏地：哈尔滨师范大学（存卷1、2、11）

（清）钱学文等修

清乾隆四十九年（1784）刻本

浙江·临安钱氏宗谱四卷

藏地：上海图书馆

（民国）钱佐用纂

1918年小锡堂重修本　四册

浙江临安·钱氏家乘十四卷附录一卷

藏地：浙江图书馆

（民国）钱文选辑

1939年铅印本　一册

浙江宁波·甬东钱氏宗谱九卷

藏地：国家图书馆

（民国）钱抚惠等修

1921年县庆堂活字本　十二册

浙江余姚·武林钱氏宗谱一卷

藏地：日本　美国

（清）钱惟辑　钱泳校

清乾隆五十九年（1794）表忠观刊本

浙江鄞县·鄞东华家岙钱氏宗谱不分卷

藏地：浙江宁波天一阁文物保管所

（清）何守梅　钱礼敬等纂

清咸丰十一年（1861）四喜堂木活字本　一册

浙江鄞县·鄞东华家岙钱氏宗谱不分卷

藏地：浙江宁波天一阁文物保管所

（清）王怀忠　钱全木等纂

清光绪三十一年（1905）表忠堂木活字本　一册

浙江鄞县·鄞东月宫山钱氏宗谱十卷首一卷

藏地：浙江宁波天一阁文物保

管所

(民国) 黄宝琮　钱礼明等纂

1931 年表忠堂木活字本　六册

浙江慈溪·钱氏正宗谱不分卷

藏地：美国

(清) 钱尚志等纂

清乾隆五十四年 (1789) 傅钞本　三册

浙江奉化·横山钱氏宗谱不分卷

藏地：浙江奉化县文管会

(清) 叶敏斋辑

清光绪五年 (1879) 写本　一册

浙江象山·吴越钱氏象派宗谱六十卷首一卷

藏地：国家图书馆　中国社会科学院历史研究所图书馆　浙江省图书馆　浙江宁波天一阁文物保管所　浙江象山县文管会

(民国) 史翰章纂　钱鸿纪修

1926 年活字本

浙江嘉兴·钱氏家谱一卷

藏地：日本

清道光六年 (1826) 刊本　一册

浙江·嘉善钱氏家传四卷恩纶三卷

藏地：天津市图书馆

(清) 钱以垲撰

清康熙五十八年 (1719) 研云堂刻本二册

浙江海宁·钱氏考古录十二卷补遗一卷

藏地：国家图书馆 (二部)　中央民族大学　辽宁大连市图书馆

(清) 钱保塘　钱国鍱编

1917 年海宁钱氏清风室刻本

浙江海宁·华园钱氏家乘不分卷

藏地：浙江嘉兴市图书馆

(民国) 钱德桢辑

1937 年铅印本　一册

浙江海盐·钱氏家谱十一卷

藏地：日本　美国

(清) 钱臻等修

清道光六年 (1826) 显忠祠木活字本四册

浙江海盐·庐江钱氏年谱六卷续编二卷

藏地：上海图书馆

(清) 钱仪吉辑

稿本

浙江海盐·庐江钱氏年谱六卷续编六卷

藏地：国家图书馆　中国科学院图书馆　中国社会科学院历史研究所图书馆　南开大学　辽宁图书馆　吉林大学

(清) 钱仪吉撰　钱骏祥补辑

清宣统三年 (1911) 钱氏排印本

浙江海盐·钱氏延泽家乘不分卷

藏地：上海图书馆

(清) 钱仪吉辑

稿本

浙江湖州·吴兴钱氏家乘三卷

藏地：国家图书馆　浙江常熟市图书馆

(民国) 钱恂纂

1921 年铅印本　一册

浙江绍兴·吴越钱氏续庆系谱十六卷首一卷附一卷

藏地：南开大学　日本　美国

(清) 钱林辑

清康熙九年 (1670) 序刊本

浙江绍兴·武林钱氏宗谱一卷

藏地：日本　美国

(清) 钱秀辑　钱永校

清乾隆五十九年（1794）刊本　一册

浙江绍兴·山阴项里钱氏宗谱九卷首一卷末一卷

藏地：国家图书馆　浙江图书馆

（清）钱桂芳　钱枝康修

清光绪三十二年（1906）忠孝堂木活字本

浙江绍兴·漓渚钱氏宗谱

藏地：日本　美国

（民国）钱从善　钱显曾等修

1922年昭德堂木活字本　四册

浙江诸暨·暨阳钱氏宗谱不分卷

藏地：国家图书馆

清道光间焕文堂活字本　四册

浙江·上虞通明钱氏宗谱八卷首一卷

藏地：吉林大学

（清）钱纪勋辑

清咸丰四年（1854）刻本　六册

浙江·上虞通明钱氏衍庆谱八卷首一卷

藏地：国家图书馆　中国社会科学院历史研究所图书馆　天津市图书馆

（清）钱崑元修

清宣统元年（1909）活字本

浙江·上虞通明钱氏谱十卷首一卷末一卷

藏地：国家图书馆　中国社会科学院历史研究所图书馆　南开大学　辽宁图书馆吉林大学　浙江图书馆

（民国）钱纯纂

1916年活字本

浙江上虞·虞西蒋桥钱氏支谱十二卷

藏地：国家图书馆

（民国）钱钟瑜纂

1927年射潮堂铅印本　十二册

浙江嵊县·剡西长乐钱氏宗谱□□卷

藏地：浙江嵊县图书馆（存卷5—7、13、15—17、19、20）

清光绪六年（1880）木活字本

浙江嵊县·吴越钱氏大宗庆系谱三十六卷首一卷

藏地：浙江嵊县图书馆（存卷首1、4—17、19—25、27、28、32）

（民国）张崇简纂

1919年木活字本

浙江嵊县·剡北钱氏宗谱六卷

藏地：美国

（民国）钱以法纂

1925年忠义堂木活字本　六册

浙江嵊县·剡北钱氏宗谱不分卷

藏地：国家图书馆

1926年钞本　一册

浙江兰溪·双溪钱氏宗谱一卷

藏地：浙江兰溪县长陵乡

1933年木刻本

浙江兰溪·彭城钱氏宗谱二卷

藏地：浙江兰县高潮乡黄公埠

1935年木刻本

浙江兰溪·钱氏宗谱六卷

藏地：浙江兰溪县钱村乡钱村

（民国）祝宗尧纂

1942年木刻本

浙江兰溪·钱氏宗谱二十八卷

藏地：浙江兰溪县白沙乡

1942年木刻本

安徽广德·钱氏家乘不分卷

藏地：国家图书馆　首都图书馆　中国科学院图书馆　中国社会科学院历史研究所图书馆　北京师范大学

人民大学　天津市图书馆　南开大学　河北大学　辽宁图书馆　吉林大学　哈尔滨师范大学　上海图书馆　复旦大学　上海师范大学　南京大学　江苏常州市图书馆　江苏苏州市图书馆　苏州大学　江苏常熟市图书馆　江苏吴江县图书馆　浙江图书馆　浙江宁波天一阁文物保管所　安徽图书馆　安徽师范大学　福建省图书馆　河南省图书馆　湖北省图书馆　四川省图书馆　云南省图书馆　陕西省图书馆

（民国）钱文选纂

1924年铅印本　六册

安徽广德·钱氏家乘不分卷

藏地：国家图书馆　中国科学院图书馆　中国社会科学院历史研究所图书馆　中央民族大学　吉林市图书馆　哈尔滨师范大学　上海图书馆　上海师范大学　江苏镇江市博物馆　苏州大学　浙江图书馆　杭州大学　暨南大学　美国

（民国）钱文选纂

1925年铅印本　一册

安徽屯溪·彭城钱氏宗谱五卷

藏地：安徽图书馆

（清）钱坤修

清光绪刻本　六册

安徽绩溪·唐昌钱氏宗谱八卷

藏地：安徽绩溪县老屋下

（清）钱能左　钱德才纂

清光绪三十三年（1907）木刻本　六册

江西永新·钱氏家乘六卷

藏地：福建省图书馆

（清）钱柏园修

清雍正间刻本　二册

江西万载·福溪钱氏重修族谱□□卷

藏地：江西省图书馆（存卷4、卷末）

清同治间木活字本

江西新余·钱氏分房支谱□□卷

藏地：江西省图书馆（存卷1）

（清）钱戟门等修

清嘉庆十八年（1813）崇本堂刊本

江西新余·马坡钱氏重修族谱四卷首一卷

藏地：江西省图书馆

（清）钱国瑞等纂

清光绪三十一年（1905）崇本堂木活字本　四册

湖南·钱氏三修族谱□□卷

藏地：湖南省图书馆

清道光间刻本

湖南·续修钱氏族谱十一卷首二卷

藏地：中国社会科学院历史研究所图书馆

（清）钱序事纂

清同治六年（1867）彭城堂活字本　十二册

湖南·钱氏五修族谱十三卷首三卷

藏地：中国社会科学院历史研究所图书馆

（清）钱永青　钱永志等纂

清光绪三十四年（1908）彭城堂活字本　十六册

湖南·钱氏六修族谱十五卷首四卷

藏地：湖南省图书馆（存卷首）

（民国）钱锡理纂

1944 年彭城堂活字本

广西兴安·昌安钱氏支谱三卷附会稽祠堂志三卷

藏地：中国社会科学院历史研究所图书馆

（清）钱泰纂

清同治九年（1870）刻本　六册

云南昆明·钱氏族谱二卷

藏地：国家图书馆　首都图书馆　北京师范大学　人民大学　南开大学　辽宁图书馆　复旦大学　江苏苏州市图书馆　湖北省图书馆　四川重庆市图书馆　云南省图书馆

（清）钱沣撰

清乾隆间修　民国二十三年刊方树梅编

盘龙山人丛书本　一册

吴越钱氏宗谱全乘

藏地：国家图书馆

（明）钱氏族人纂

明钞本　一册

钱氏世谱

藏地：国家图书馆

（清）钱培桢辑

清乾隆十三年（1748）锦树堂刻本二册

钱氏宗谱十卷首一卷末一卷

藏地：国家图书馆

（清）钱曜纂

清道光七年（1827）锦树堂刻本十册

吴越钱氏宗谱□□卷

藏地：江苏苏州市图书馆

（清）钱文元　钱廷梅修

清同治钞本　二册

钱氏宗谱十三卷首一卷

藏地：国家图书馆

（清）钱钧主修

清光绪六年（1880）射潮堂活字本十六册

茶亭钱氏宗谱六卷

藏地：国家图书馆　吉林大学

（清）钱士培主修

清光绪十四年（1888）思本堂活字本六册

钱氏宗谱十六卷

藏地：国家图书馆

（清）钱廷济纂

清光绪二十六年（1900）贻忠堂活字本　十六册

吴越钱氏宗谱八卷

藏地：国家图书馆

（清）钱氏族人修

清光绪间活字本　八册

江藻钱氏宗谱

藏地：北京大学

（清）钱承祐修

清光绪十七年（1891）贻燕堂刻本六册

江藻氏钱氏宗谱

藏地：杭州大学

（民国）钱氏公修

民国间木活字本　七十册

张泽桥钱氏宗谱八卷首二卷

藏地：国家图书馆

（清）钱洪泉等增修

清宣统三年（1911）世恩堂活字本　十二册

吴越钱氏凤林派宗谱不分卷

藏地：国家图书馆

（清）钱经一纂

清钱氏远释堂钞本

吴越钱氏家乘四卷

藏地：国家图书馆

（清）钱循燮辑

清钞本　四册

钱氏宗谱备要不分卷

藏地：南京图书馆

（民国）钱宗濂编

1922年木活字本　一册

钱氏宗谱二卷

藏地：南开大学

（宋）林禹　范垌撰

1930年贻忠堂刻本　二册

（五）　字行辈份

清光绪十八年钱广生等修《钱氏族谱》，江苏常熟钱姓一支派语字行为："世宏泽远，书启康昆。"又公元1934年钱丰纂《钱氏族谱》，云南昆明钱氏一支派语字行为："铸本广济选，宏以宜泰人。"

（六）　迁徙繁衍

钱姓就其具体播衍情形，据《钱氏家谱》等资料所载，大致繁衍的情况是这样的：钱氏最早大致在汉以前聚居在下邳，今江苏徐州附近一带，故钱姓后成为此地一大望族。古时的徐州又称彭城，两地非常接近，可见钱、彭两姓最初的密切关系。汉代开始，钱姓便向邻近的省境大批繁衍，向北发展，繁衍于今山东彭城一带，又为当地一大望族。不过，钱姓的后裔大都南迁，所以时至今日，江南的浙江吴兴、江苏武进一带的钱姓聚居最为繁盛，以致钱姓后成为一个典型的江南大姓之一。钱姓称盛大致于五代十国、宋代之际，主要繁衍于中原的河南、山东、安徽等省及江南的浙江、江苏等省。如钱文奉、钱元瓘、钱弘倧等，宋代的钱俶、钱惟演、钱俨均为浙江吴兴人钱镠的后裔。宋代以后，钱姓遍布全国各地。

（七）　适用楹联

□彭城阀阅；兰水衣冠①。

□银麋瑞角；锦树仙枝②。

□才多隽永诗名重；③
学有渊源道脉长④。

□江上峰青⑤，才藻何如太白⑥；
州中蠏紫⑦，啸吹不让次山⑧。

□述古堂中藏万卷⑨；
绛云楼里备千家⑩。

□仙凤玉露争飘洒；
密竹疏松斗志苍⑪。

□名标鼎甲，门闾代代⑫；
秀毓钱塘，兄弟怡怡⑬。

□学如牛毛，成如麟角；
言不文典，暮不作经⑭。

□启匣尚存归国诏；
解弢时拂射潮弓⑮。

□墨花点毫晓云湿；
芝草入帘春雨香⑯。

注释：

①、②指钱姓名门世代多出自彭城。五代时的政治家钱镠（852—932年），是吴越国的创立人，公元907至932年在位。居梁时被封为吴越王。在位期间，曾征发民工，修建钱塘江海塘。又在太湖流域，普造堰闸，以时蓄泄，不畏旱涝，并建立水网圩区的维修制度，有利于发展这一地区的农业经济。

③唐代大诗人钱起（约710—780），字仲文，吴兴人。天宝年间考中进士，官至考功郎中，为"大历十

才子”之一，与郎士元齐名，世称“钱郎”。有《钱考功集》。

④彭祖姓篯名铿，传说他生于夏代。到商殷末年已八百余岁，长于导引按摩健身之道。《庄子·刻意》说：“导引之士，养形之人，彭祖寿考者之所好也。”

⑤唐代诗人钱起，传说他在赴考途中，夜闻空中歌云：“曲终人不见，江上数峰青。”

⑥此处的“太白”，系指北宋钱姓成名最早的名人钱易，浙江人，十七岁时考取进士，时人称他“有李白（李太白）才”。

钱氏名人集粹

钱大昕 江苏嘉定（今属上海市）人，清代学者，博览群书，综贯六艺，尤精音韵训诂。在历史研究方面，对校勘考订古籍颇有成绩。撰有《廿二史考异》。又重修元史，补《艺文志》、《氏族表》。

钱大昭 钱大昕之弟，清代历史学家，专治史学，用力精勤，对四史之学颇有研究。撰《迩言》，考证成语、俗谚的源流。

钱塘 钱大昕之侄，清代大学者，精于音韵、文字、律吕、历算之学。

钱沣 云南昆明人，清代著名书画家，曾官通政司副使。工书，正楷气势开张，行书亦刚劲多姿。清中叶以后学颜字的往往取法于他。著有《南园先生遗集》。

钱坫 江苏嘉定（今属上海）人，清代书法家，官至乾州州判。对地理和文字钻研颇深。善篆书，宗李斯，取法李阳冰，沉着苍劲。著有《说文解字斠诠》、《十六长乐堂古器款识考》等。

钱杜 仁和（今浙江杭州）人，清代著名书画家。

钱松 浙江钱塘（今杭州）人，清代篆刻家，为“西泠八家”之一。

钱澄之 桐城（今属安徽）人，明末清初著名文学家，又通经学。

钱肃乐 浙江鄞县人，南明大臣，崇祯进士，累官刑部员外郎。后清军破杭州，鲁王监国，他加右副都御史，后继续拥鲁王抗清，官东阁大学士兼兵部尚书。

钱谷 临安（今属浙江）人，明代画家，从文征明习诗文、书画，曾手抄不少稀见的书籍。擅画山水，笔墨疏朗稳健。

钱德洪 余姚（今属浙江）人，明代哲学家，王（王守仁）学的传播者，曾官至刑部郎中，是王守仁的得意弟子。

钱选 今浙江吴兴人，宋末元初著名画家，擅长人物、花鸟、蔬果和山水。笔致柔劲，着色清丽，自成风格。他也讲求“士气”，摆脱南宋院体，参酌北宋、五代及唐人之法，赵孟頫早年曾向他请教画法。

钱惟演 临安（今属浙江）人，宋代诗人，吴越王钱俶之子。曾官至保大军节度使。

钱乙 郓州（今山东东平）人，宋代医学家，曾任太医丞。所传《小儿药证真诀》，为其学生阎孝忠收集整理钱氏的医学论述而成。其辨证用药多根据藏象理论，书中载述的五脏补

泻诸方，后世颇多采用。

钱易 临安（今属浙江）人，文学家曾宫至司郎中、翰林学士。今存有《南部新书》10卷。

钱镠 杭州临安（今属浙江）人，吴越的开国之主。唐末起他曾为镇海节度使。后梁时被封为吴越王，建吴越国，为五代十国之一。建都今浙江杭州，有今浙江、江苏一部分。在位期间，他注意兴修水利，发展了当地农业经济。后由其孙钱镠继位，归宋朝，被封为邓王。

钱起 唐代江苏吴兴人，有名大才子，曾被誉为“大历十才子”之一。官至考功郎中、翰林学士等职。他博学多才，尤善作诗。其一句“曲终人不见，江上数峰看”，多年来在中国脍炙人口。

钱丹 **钱产** 是最早出现在史书上的两个钱氏名人，他们都是战国时代的人，钱丹是著名的隐士，钱产则是秦国的御史大夫。总而言之历史上，钱姓家族文人才子辈出。

钱氏风流撷英

周有钱府上士官，
子孙以官钱姓出。[①]
相传彭祖叫篯铿，
其孙去竹始为钱。[②]
元瓘纳贤诗千首，
钱乙精医创儿科。[③]
明代理学钱德洪，
周游四方讲理学。[④]
精易学家钱一本，
善诗博文钱谦益。[⑤]
大昕辞章冠七首，
参修大清一统志。[⑥]
钱沣则正不畏权，
一生清贫劾朋党。[⑦]
从金从戈钱通前，
贝字为首读作贱。[⑧]

注释：

①据《通志·氏族略·以官为氏》记载，周朝有官名曰：“钱府上士”，是掌管财政的官，以官为氏，遂为钱氏。

②传说颛顼氏的曾孙陆终，生彭祖，帝尧封之于彭城（徐州），彭祖，是中国古代养生气功的创始人，又名“篯铿”，后人去竹字头，为“钱”。

③五代十国时，吴越国的国王钱元瓘（guàn 灌）（887—941年），祖籍为浙江临安，一生好儒，招贤纳士，有诗千首。北宋医学家钱乙（约1032—1113年），山东东平人，以始创“颅囟方”（小儿科）而著名。他广博医学，精《本草》，有《伤寒指微》、《婴孩论》、《小儿药证真诀》等医著传世。

④明朝理学家钱德洪（1496—1574年），浙江余姚人。为普及理学，他周游四方，讲学近三十年。

⑤明朝易学家钱一本（1539—1610年），江苏常州人。潜研河图、洛书、《六经》，尤精于《易》，与顾宪成分东林书院讲席。明末清初诗人钱谦益（约1582—1664年），江苏常熟人。为文博赡，工词章，悉朝典，长于诗，与吴伟业、龚鼎孳并称“江左三大

家”。

⑥钱大昕（1728—1804 年），清朝考据学家，上海嘉定人。辞章为“吴中七子之”冠，因参修《大清一统志》等颇受乾隆帝赏识。

⑦钱沣（lǐ 礼）（？—1795 年），清朝官吏，云南昆明人。一生清贫、刚正不阿，不畏权势，弹谧贪官。

⑧钱（qián），从金从戈。意为见钱（金、贝）眼开，就会动起武来。如果一个人，把钱放到第一位，就成了“贱人”。

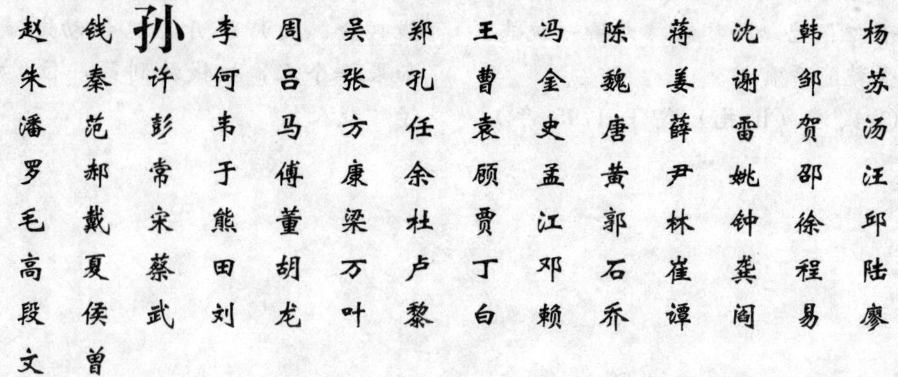

中华百家姓

赵 钱 孙 李 周 吴 郑 王 冯 陈 蒋 沈 韩 杨
朱 秦 许 何 吕 张 孔 曹 金 魏 姜 谢 邹 苏
潘 范 彭 韦 马 方 任 袁 史 唐 薛 雷 贺 汤
罗 郝 常 于 傅 康 余 顾 孟 黄 尹 姚 邵 汪
毛 戴 宋 熊 董 梁 杜 贾 江 郭 林 钟 徐 邱
高 夏 蔡 田 胡 万 卢 丁 邓 石 崔 龚 程 陆
段 侯 武 刘 龙 叶 黎 白 赖 乔 谭 阎 易 廖
文 曾

孙 姓

——姬姓之后孙仲乙，魏地濮阳属家居

孙氏解密寻踪

（一） 姓氏字源

《说文》：“孙，子之子曰孙。从子，从系。系，德也。”所谓孙，即儿子的儿子。

《尔雅·释亲》：“子之子为孙。”

（二） 寻根溯祖

孙姓来源有三：

1. 出自姬姓，为卫国国君康叔的后代。相传黄帝有25个儿子，分别得到姬、酉、祁、己等十二个姓，其中后稷承袭了姬姓，成为周族的始祖。据《新唐书·宰相世系表》及《元和姓纂》所载，周文王（姬姓，名发）第8子康叔（周武王之弟），因初封于康（今河南禹县西北），故称康叔。周公平定武庚之反叛后，便把原来商都周围地区和殷民七族分封给他，就是卫国，建都朝歌（今河南淇县东北朝歌城）。成王还命他为周的司寇。春秋时，康叔的8世孙卫武公和，因曾帮助周攻灭西戎，被周平王赐为公爵。武公有个儿子叫惠孙，惠孙生子名耳，做了卫国的上卿，食采于戚邑（今河南省濮阳市）。耳生子名乙，字武仲，武仲以王父（祖父）的字命氏，就是孙氏。因此他又叫孙仲。又据《唐书·宰相世系表》所载，孙仲的子孙“世居汲郡，晋有孙登（隐士）即其裔也。”是为河南孙氏。

2. 出于芈姓，为春秋时楚国令尹孙叔敖之后。相传帝颛顼的后裔陆终娶鬼方氏女嬇为妻，生下六个儿子，其中第6个儿子季连，赐姓芈。季连的后裔鬻熊曾孙熊绎在周康王时，被封于荆山（今湖北西部）一带，建立荆国。后熊通的儿子于公元前689年迁都于郢（今湖北江陵），改国号为楚。春秋时楚国成为“战国七雄”之一。据《新唐书·宰相世系表》所载，楚王蚡冒生蔿章，字无鉤，蔿章生蔿叔伯吕臣，蔿叔伯吕臣之孙叫蔿贾，其子蔿艾猎，即孙叔敖。孙叔敖（楚国期思〈今河南淮滨南期思乡〉人），字孙叔，在他任楚令尹时，因教化民众，曾在期思、雩类（今河南商城东）开发水利（又相传曾开凿芍陂〈今安徽寿县安丰塘〉）有功，而深得楚人的拥护，其子孙便以他的字命氏，也称孙氏。是为河南孙氏。

3. 出自妫姓。相传舜帝是颛顼帝的后代，因生在姚墟（今山东菏泽县东北）而得姚姓。又因舜曾住在妫汭河滨，所以后代又有妫姓。据《新唐书·宰相世系表》等所载，春秋时，陈（为周武王灭商后所封的妫姓国）厉公的儿子叫陈完，在任陈国大夫时，同御寇很要好，御寇被杀后他怕受株连，便逃到了齐国，于是他愿再用原来的国名为氏，就改称田氏（田和陈古音相同，又有说是因为封邑在田，所以称田氏）。田完的4世孙田桓子无宇有2个儿子，大儿子叫田常，后来杀简公独霸朝政；小儿子田书，字子占，在齐国为大夫，因为伐莒有功，齐景公（前547—490年）把他封在乐安（今山东博兴县北），赐姓孙氏。后来齐国发生内乱，孙书的后人出奔吴国（今江苏、浙江一带）。孙武为吴将，其后也。是为山东孙氏。

4. 出自子姓，为殷纣王叔父比干之后。相传帝喾有个妃子叫简狄，因捡到燕子蛋吃下而怀孕生契，后因辅佐大禹治水有功，被封于商（今陕西商县），并赐姓子。后14世孙汤推翻夏，建立商朝。据汉《孙根碑》所载，比干在朝歌（今河南淇县）被殷王杀害后，子孙避难隐姓，有的以本为王族子孙之故，改为孙姓。

5. 外姓有改孙姓的。据《汉书》记载有二：①夏侯婴为滕令奉军，号滕公，其曾孙颇尚主，主随外家姓号公主，故公子孙又为孙氏。②荀卿避汉宣帝刘询（名字的同音字）讳改孙卿，后又复为荀卿，但其子孙有一部分未改回，遂为孙氏。

6. 出自他族改姓。据《魏书·官氏志》所载，北魏孝文帝自平城（今山西大同市西北）南下迁都洛阳后，有一支鲜卑族复姓拓跋氏改汉字单姓孙氏。是为河南洛阳孙氏。

（三）宗堂郡望

堂号 1.“平治堂”：因为孙叔敖把楚国治理得民富国强（见孙氏姓源）。

2.“乐安堂”：因为田叔（后赐姓孙）伐莒有功，被封于乐安（见孙氏姓源）。

3.“富春堂”：大军事家孙武带着自己著的13篇兵法见吴王，吴王用他为将。他带兵西破强楚，北威齐、鲁，战功赫赫。吴王把他封到富春，因叫富春堂，和乐安堂同宗。

4.“映雪堂”：晋朝时候御史大夫孙康，幼时家贫，买不起油点灯，冬天下了大雪，他在院子里映着雪光读书，终于成就了大名。

郡望 孙姓郡望主要有汲郡、陈留郡、太原郡、乐安郡、富春县等。

1. 汲 郡。晋泰始二年（公元266年）置郡，治所在汲县（今河南汲县西南）。相当今河南新乡市和新乡、汲县、辉县、获嘉、修武等县地。此支孙氏，为孙氏世居之地，为晋名隐士孙登之族所在。

2. 陈留郡。西汉元狩元年（公元前122年）置郡，治所在陈留（今河南开封东南）。相当今河南东至民权、宁陵，西至开封、尉氏，北至延津、长垣，南至杞县、睢县地。

3. 太原郡。战国秦庄襄王始置郡，治所在晋阳（今山西太原市西南）。秦时相当今山西五台山和管涔山以南、霍山以北地区。此支孙氏为富春孙氏之分支，其开基始祖为孙明的11世孙福。

4. 乐安郡。东汉永元七年（公元95年）将原有的千乘郡改为乐安国，治所在临济（今山东高青县高苑镇西北）。相当于今山东省高青、博兴、广饶一带地区。三国魏时改郡，移治高苑（今山东博兴西南）。此支孙氏为兵家之圣孙武之族所在。

5. 富春县。秦置县，治所在今浙江富阳，三国吴曾为东安郡治所。晋太元中避郑太后讳，改名富阳。五代吴越时复名富春。此支孙氏为乐安孙氏之分支，其开基始祖为孙武次子孙明。

（四） 家谱寻踪

全国·孙氏宗谱三十卷首一卷

藏地：武汉市图书馆（存卷首、8—13、18—24）

（民国）孙振基 孙铁豪总修

1919年孙氏富春堂重修木活字本

河北·玉田县孙家鄁孙氏家谱不分卷

藏地：国家图书馆 首都图书馆 中国社会科学院历史研究所图书馆 山西大学日本 美国

（民国）孙焕仑重修

1926年石印本 四册

河北沧州·孙氏家谱四卷

藏地：中国科学院图书馆

（民国）孙宝山编辑

1932年石印本 四册

河北·宁晋孙氏族谱四卷

藏地：美国

（民国）孙兰森等修

1907年刊本 八册

河北高阳·孙氏家乘一卷

藏地：河北高阳城内

1936年钞本

山西雁门·孙氏家乘不分卷

藏地：中国科学院图书馆

（清）孙仟锦修

清乾隆七年（1742）钞本 一册

江苏·孙氏续修宗谱二十卷

藏地：中国社会科学院历史研究所图书馆

（清）孙维狱修

清光绪十五年（1889）敦叙堂活字本二十册

江苏·梁津孙氏家乘十四卷
藏地：日本　美国
（民国）孙庭荣等重修
1919年崇礼堂木活字本　十四册

江苏丰县·孙氏族谱六卷
藏地：江苏丰县博物馆
（清）孙励谦八修
清同治四年（1865）钞本

江苏丰县·映雪堂孙氏族谱十卷
藏地：江苏丰县赵庄乡孙庄
（民国）孙明标四修
1929年钞本

江苏丰县·孙氏家谱十三卷
藏地：江苏丰县常店乡常娄村
（民国）孙明焕　孙吉孔五修
1930年铅印本

江苏丰县·孙氏族谱□□卷
藏地：江苏丰县博物馆（存卷5）
木刻本

江苏江都·孙氏族谱十卷
藏地：日本　美国
（清）孙敬修　孙履成等十一修
清同治七年（1868）木活字本　十册

江苏江都·孙氏世谱十卷
藏地：辽宁图书馆
（清）孙肇绶纂辑
清光绪九年（1883）刻本

江苏·江都孙氏族谱四卷
藏地：上海图书馆
（民国）孙庭魁修
1913年木活字排印本　四册

江苏南通·孙氏迁通世系不分卷
藏地：江苏南通市图书馆
清光绪二十二年（1896）雪庐氏钞本一册

江苏南通·孙氏迁通本支宗系不分卷
藏地：江苏南通市图书馆
雪庐氏手钞本　一册

江苏南通·孙氏宗谱十二卷首一卷
藏地：国家图书馆　河北大学　南京大学　江苏南通市图书馆
（民国）孙汇沣等纂
1927年石印本

江苏南通·孙氏宗谱图咏十卷
藏地：国家图书馆（二部）　中国社会科学院历史研究所图书馆　人民大学　中央民族大学　南开大学　河北大学　山西大学　辽宁图书馆　吉林大学　哈尔滨师范大学　上海图书馆　江苏兴化县图书馆　江苏南市图书馆（二部）　江苏南通市博物馆　江苏苏州市博物馆　江苏常熟市图书馆　浙江图书馆　安徽图书馆　安徽博物馆　日本　美国
（民国）孙汇沣　孙汇龢同纂
1929年南通义生印刷所石印本　一册

江苏镇江·润州孙巷孙氏重修族谱四卷
藏地：美国
清嘉庆二年（1797）刊本　四册

江苏镇江·孙氏族谱四卷
藏地：中国社会科学院历史研究所图书馆
（清）孙盛云等修
清嘉庆十六年（1811）活字本　四册

江苏镇江·开沙孙氏宗谱四卷
藏地：国家图书馆
（清）孙家琪撰

清道光二十四年（1844）友于堂活字本　四册

江苏镇江·润州孙氏重修族谱六卷

藏地：中国社会科学院历史研究所图书馆

（清）王琮编纂

清光绪三十一年（1905）重修嘉会堂活字本　六册（一函）

江苏丹徒·富春孙氏宗谱十二卷

藏地：南开大学

（民国）孙明福　孙明谦主修　潘文义纂修

1917 年刻本　十二册

江苏无锡·孙氏宗谱十二卷

藏地：国家图书馆　中国社会科学院历史研究所图书馆

（民国）薛景瑄纂辑　孙翰臣等主修

1930 年重修映雪堂活字本　十二册

江苏宜兴·荆西孙氏宗谱十三卷首一卷末一卷

藏地：国家图书馆　中国社会科学院历史研究所图书馆

（民国）孙锁麟　孙竞远等纂修

1926 年乐安堂活字本　十二册

江苏常熟·海虞孙氏族谱一卷

藏地：上海图书馆

清初钞本

江苏·常熟孙氏宗谱不分卷

藏地：苏州大学

清光绪间惇叙堂木刻本

江苏吴江·甲山北湾孙氏宗谱六卷

藏地：吉林大学　江苏苏州市博物馆

（清）孙孝县统编

清道光二十七年（1847）刻本

江苏·沙洲孙氏宗谱十六卷

藏地：哈尔滨师范大学　江苏常熟市图书馆

（清）孙朝勇　孙鹤年等汇修

清光绪十五年（1889）积善堂刻本　十六册

江苏·沙洲孙氏宗谱十八卷补遗二卷

藏地：江苏常熟市图书馆（存卷1—3、5—18）

（民国）孙登瀛　孙鼎燮等修

1933 年积善堂活字本

浙江杭州·孙氏梅东家乘一卷

藏地：浙江图书馆

（清）孙彬士纂

稿本　一册

浙江杭州·孙氏宗谱不分卷

藏地：浙江图书馆（残）

（清）孙允重辑

清光绪十八年（1892）钞本三册

浙江富阳·富春王洲孙氏宗谱十一卷

藏地：浙江富阳县文管会

1946 年木刻本

浙江·余姚孙境世系谱□□卷

藏地：河北大学（存二卷）

（明）孙镗　孙如河纂修

明万历三十六年（1608）修钞本

浙江余姚·孙氏世乘三卷

藏地：辽宁图书馆

（清）孙兆熙　孙兆动等辑

清康熙间刻本

浙江余姚·孙氏世乘三卷

藏地：国家图书馆

（明）孙兆熙等辑

清康熙刻乾隆二十年（1755）孙际渭重修本

浙江余姚·姚江孙氏世乘□□卷

藏地：福建省图书馆（存卷1）

（清）孙兆熙等辑

清嘉庆十三年（1808）静远轩刻本

浙江·余姚孙境宗谱二十八卷首一卷

藏地：中国社会科学院历史研究所图书馆　河北大学　浙江余姚黎洲文献馆（二部皆残）

（清）孙仰唐主修

清光绪二十五年（1899）燕翼堂刻本二十八册

浙江·余姚孙境宗谱三十二卷首一卷

藏地：南开大学　浙江慈溪县档案馆（残存十四卷）

（民国）孙梁盛主修

1932年燕翼堂刊本　三十二册

浙江余姚·姚江孙氏世乘二卷

藏地：美国

（清）孙元杏等修

清嘉庆十二年（1807）静远堂刊本　六册

浙江余姚·洋溪孙氏宗谱六卷

藏地：河北大学

（清）孙飞鹏　孙儒珍修

清咸丰四年（1854）永思堂木刻本　七册

浙江余姚·洋溪孙宗谱

藏地：浙江余姚梨洲文献馆

（清）孙嘉善撰

清光绪二十年（1894）永思堂刻本　七册

浙江余姚·洋溪孙氏宗谱十卷

藏地：河北大学　浙江余姚梨洲文献馆（存三卷）

（民国）孙宝琳　孙文兴修

1940年永思堂木刻本

浙江·余姚朴树下孙氏宗谱二十卷首一卷末一卷

藏地：国家图书馆

（清）孙乾性纂修

清光绪二十二年（1896）绳武堂活字本十二册

浙江余姚·姚江孙氏族谱不分卷

藏地：中国科学院图书馆

（清）孙兰森修

清光绪三十三年（1907）刊本八册

浙江·余姚开元孙氏宗谱二十卷

藏地：河北大学

（民国）孙金鹤等修

1919年木刻本　八册

浙江·余姚兰风孙氏宗谱二十卷

藏地：国家图书馆　吉林大学

（民国）孙子荣等重修

1932年敦叙堂活字排印本　十四册

浙江·鄞县北渡孙氏宗谱十八卷首一卷末一卷

藏地：浙江宁波天一阁文物保管所

（民国）傅毓璇　孙礼彪等纂修

1919年可继堂木活字本　十七册

浙江鄞县·四明章溪孙氏宗谱十卷首一卷末一卷

藏地：浙江宁波天一阁文物保管所

（民国）周毓邠纂修

1928年敦本堂木活字本　八册

浙江鄞县·四明章溪孙氏越水公支谱六卷首一卷末一卷

藏地：江苏档案馆

（民国）周毓邠纂修

1929年木刻本

浙江鄞县·鄞东韩岭孙氏宗谱三卷

藏地：浙江宁波天一阁文物保管所

（民国）孙贤耿　孙可达等纂修

1930年思本堂木活字本　二册

浙江鄞县·鱼山孙氏宗谱十四卷首一卷

藏地：吉林大学

（民国）杨磨瑞续修

1931年报本堂活字本　四册

浙江慈溪·榕村孙氏家乘四卷首一卷

藏地：浙江宁波天一阁文物保管所

（民国）孙明经纂修

1922年慎德堂木活字本　一册

浙江慈溪·乐安厩山孙氏宗谱十卷

藏地：浙江慈溪县文管会（残存五册）

敦丘堂刻本

浙江奉化·高街孙氏宗谱三卷附卷首卷尾

藏地：浙江奉化县文管会

（清）孙光俊修

清光绪二十二年（1896）木活字本

浙江奉化·孙氏宗谱□□卷

藏地：浙江奉化县文管会

清光绪二十五年（1899）泉溪孙氏孟家编

浙江奉化·孙氏房谱不分卷

藏地：浙江奉化县文管会

（民国）孙教成撰

1927年本　一册

浙江奉化·孙氏房谱不分卷

藏地：浙江奉化县文管会

民国年间修　一册

浙江奉化·萧镇孙氏宗谱十六卷首一卷

藏地：浙江奉化县文管会

（民国）孙信　孙丕忠等纂修

1927年木活字本

浙江象山·下沈孙氏宗谱一卷

藏地：浙江象山县文管会

（清）周辅清纂

清道光十年（1830）纂钞本

浙江象山·下沈孙氏房谱一卷

藏地：浙江象山县文管会

（民国）孙祚基重修

1917年钞本　三册

浙江象山·下沈孙氏宗谱一卷

藏地：浙江象山县文管会

（民国）谢琦　赖桐重修

1945年手钞本　四册

浙江象山·中沙孙氏宗谱不分卷

藏地：浙江图书馆

清光绪钞本　一册

浙江象山·岙底孙氏宗谱一卷

藏地：浙江象山县文管会

（民国）史辅恩重修

1948年钞本

浙江嘉善·乐安孙氏支谱一卷

藏地：吉林大学

（民国）孙文嫯重修

1938年排印本　一册

浙江平湖·孙氏家乘六卷

藏地：国家图书馆　人民大学

上海图书馆

（民国）孙振麟重辑

1939年当湖孙氏桂兰堂　上海石印本　四册

浙江湖州·菱湖孙氏族谱第四支直齐公位下世系不分卷

藏地：日本　美国

清道光二十七年（1847）写本二册

浙江湖州·菱湖孙氏长支续谱不分卷

藏地：日本　美国

（清孙鸣鹤　孙镕等续修

清光绪二十八年（1902）序刊本二册

浙江长兴·孙氏宗谱十卷

藏地：浙江长兴县博物馆（缺卷3）浙江长兴县泗安中学

（清）孙锦镛总修　孙逢源协修

清光绪二十五年木刻本

浙江绍兴·阳川孙氏宗谱十一卷

藏地：日本

（清）孙俊渭等续修

清乾隆五十六年（1791）刊本六册

浙江绍兴·阳川孙氏宗谱十八卷

藏地：美国

清乾隆五十六年（1791）刊本十二册

浙江绍兴·阳川孙氏宗谱三十卷

藏地：浙江图书馆　日本　美国

（清）孙循诚增修　孙循镛等辑录

清道光十年（1830）敦彝堂木活字本十册

浙江绍兴·阳川孙氏宗谱三十卷

藏地：国家图书馆　河北大学　四川省图书馆　美国

（清）孙循诚增修

清道光十年（1830）增修原版1927年翻印敦彝堂铅印本　十册

浙江绍兴·会稽孙氏宗谱十六卷首一卷

藏地：北京大学　南开大学

（清）孙钧泰重修

清同治三年（1864）垂裕堂刊本八册

浙江绍兴·会稽孙氏宗谱二十四卷首六卷

藏地：南开大学　河北大学　辽宁图书馆　上海图书馆　日本　美国

（清）孙承训　孙镜清等重修

清光绪二十年（1894）重裕堂木刻本十四册

浙江东阳·吴宁婺东世家孙氏宗谱十六卷

藏地：浙江东阳县虎鹿乡东山村

（民国）孙纯甫纂

1947年活字本

浙江·义乌孙氏宗谱十卷

藏地：国家图书馆

（清）孙耀宗等重修

清宣统三年（1911）活字本十册

浙江黄严·方山孙氏宗谱十卷

藏地：中国科学院图书馆

（民国）孙炯修

1935年排印本　八十册

安徽·宣池富春孙氏宗谱十卷

藏地：河北大学

（清）孙溥霖修

清光绪三十一年（1905）木刻本十册

安徽南陵·孙氏宗谱三卷

藏地：安徽南陵县档案馆

1927年纂修本

安徽全椒·南谯孙氏重修本支世系谱不分卷

藏地：安徽图书馆

（清）孙保庶编

清光绪间钞本　三册

安徽徽州·新安孙氏重续宗谱不分卷

藏地：国家图书馆

（明）孙廷瑞纂修

清钞本　一册

安徽徽州·星源孙氏宗谱十四卷

藏地：安徽徽州地区博物馆（存六卷）

（清）孙有焘等修

清嘉庆二十一年（1816）刻本

安徽徽州·新安孙氏宗谱五卷

藏地：国家图书馆

（清）孙毓华纂修

清钞本

安徽徽州·新安孙氏支谱六卷

藏地：国家图书馆

（清）孙德照纂修

清钞本

安徽·休宁仙林孙氏本宗谱三卷

藏地：国家图书馆

（明）孙福生纂修

明正德八年（1513）家刻本　一册

安徽黟县·古筑孙氏家谱四卷

藏地：国家图书馆　河北大学（二部）

清嘉庆十七年（1812）木刻本

安徽黟县·孙氏家谱一卷

藏地：安徽图书馆

（清）孙式庚撰

钞本　一册

安徽·桐城孙氏家谱二十八卷首一卷

藏地：安徽图书馆

（清）孙脱颖等纂修

清同治十二年（1873）刻本　二十九册

安徽桐城·孙节愍公从后裔世系

藏地：吉林大学（残页十八页）

清刻残页

安徽桐城·苍基孙氏家谱三十二卷

藏地：国家图书馆　安徽图书馆（存十一卷）　安徽安庆市图书馆（存二卷）　日本　美国

（民国）孙荫　孙培同纂

1922年铅印本　一册

安徽桐城·苍基孙氏家谱二十六卷首一卷

藏地：日本　美国

（民国）孙贻谋　孙康等续修

1924年木活字本　十二册

安徽桐城·棠山孙氏宗谱十七卷首一卷末一卷

藏地：安徽图书馆

（民国）孙云卿等纂

1926年环兴堂刊本　十九册

安徽怀宁·孙氏宗谱六卷补一卷

藏地：日本　美国

（清）孙圣明等重修

清光绪十五年（1889）木活字本　六册

安徽潜山·孙氏族谱三十卷首二卷末二卷

藏地：安徽图书馆（存卷首卷末）　安徽安庆市图书馆（存十一卷、卷末下）

（民国）孙竹梅　孙桢编

1915年木刻本

安徽寿县·孙氏族谱六卷

藏地：吉林大学　安徽图书馆安徽博物馆

（清）孙恺元修　孙家怿编辑

清光绪十九年（1893）活字刻本六册

安徽寿县·寿州孙氏支谱十卷

藏地：中国社会科学院历史研究所图书馆　安徽博物馆（二部不全）

（清）孙傅栋编辑

清宣统三年（1911）重修石印本十册

福建连江·拱头孙氏族谱一卷

藏地：福建连江县档案馆

（清）陈敬本续修

清嘉庆二年（1797）稿本

福建连江·拱川鳌江富春孙氏族谱三卷

藏地：福建连江县档案馆

（民国）陈善忍修

1945年稿本

福建连江·拱川富春孙氏福仲房坤派下大者公支谱一卷

藏地：福建连江县档案馆

（民国）陈善忍缮修

1949年稿本

福建连江·连邑孙姓康房本派族谱一卷

藏地：福建连江县档案馆

福建泉州·禾山孙氏族谱不分卷

藏地：台湾

（清）孙鼎臣　孙应元纂修

清乾隆三十年（1765）钞本一册

江西婺源·湖溪孙氏宗谱八卷

藏地：安徽博物馆

（清）孙银显　孙银钰纂修

清同治十年（1871）木活字本八册

江西·万载田心孙氏族谱八卷

藏地：江西省图书馆（存卷1、5、6、8，又一部存一册）

（清）孙宸恩等纂修

清光绪二十六年（1900）富春堂活字本

江西·乐安孙氏宗谱十卷

藏地：国家图书馆

（民国）孙贻谋等纂辑

1929年活字本　十册

山东历城·孙氏族谱五卷

藏地：日本　美国

（清）孙榜　孙永吉等主修

清同治元年（1862）刊本　二册

山东·即墨孙氏宗谱不分卷

藏地：河北大学

（清）孙兆禧修

清康熙二十年（1681）修钞本二册

山东金乡·孙氏家谱三卷

藏地：山东金乡县卜集乡孙行村

（清）孙培远纂

清同治九年（1870）纂　光绪三年（1877）钞本

山东临沂·解梁孙氏族谱八卷首一卷

藏地：国家图书馆

（民国）孙殿枫撰修

1936年太原晋新书社铅印本二册

山东临沭·孙氏族谱

藏地：山东临沭县白毛乡沙窝村

钞本

湖北新洲·孙氏宗谱二十四卷

藏地：湖北新洲县徐古镇乌钵窑村

（民国）孙甚典三修

1947年木刻本

湖北新洲·孙氏宗谱

藏地：湖北新洲县前进乡杨岗村

（民国）孙正华　孙正启续修

1928年木刻本

湖南宁乡·孙氏重修族谱□□卷

藏地：湖南省图书馆（存一册）

（清）孙有科　孙有朝纂修

清乾隆九年（1744）刻本　一册

湖南宁乡·孙氏续修支谱九卷首三卷

藏地：湖南省图书馆（存卷首上）

清宣统三年（1911）江东堂活字本

湖南湘潭·韶山孙氏谱记十一卷

藏地：国家图书馆（存六卷）

清光绪二十三年（1897）永盛祠第五修

刻本

湖南湘乡·孙氏四修族谱十四卷首一卷

藏地：湖南省图书馆（存卷首）

（清）孙谋幹　孙谋湖修　孙燕宝纂

清同治十年（1871）映雪堂活字本

湖南湘乡·孙氏四修族谱□□卷

藏地：湖南省图书馆（存卷首上）

（民国）孙旭朗　孙德玺等纂修

1937年活字本

湖南祁阳·孙氏续修支谱□□卷

藏地：湖南图书馆（存卷中、下、9）

（清）孙枝茂修　孙骀　孙赞元纂

清宣统三年（1911）活字本

广东顺德·孙氏族谱四卷

藏地：美国

（民国）孙幹宁等修

1938年刊本　四册

广东三亚·崖县孙氏族谱三十卷

藏地：广东海南行政区档案馆（存卷1、2、3）

（民国）孙敏斌　孙毓铨等纂

1915年铅印本

四川仪陇·孙氏宗谱一卷

藏地：四川仪陇县档案馆

（清）孙大义　孙成悠修

清光绪二十年（1894）修钞本

四川开江·孙氏族谱六卷

藏地：四川开江县城庙镇（存卷1—3）

1948年孙繇修

四川宣汉·孙氏族谱一卷

藏地：四川宣汉县昆池区法庭

钞本

四川·阳川孙氏留川世系方谱二卷

藏地：四川省图书馆

（民国）孙兆槑纂修

1929年石印本　一册

四川·华阳孙氏家乘四卷

藏地：山东济南市博物馆

（清）孙筠竹修纂

清咸丰五年（1855）一本堂刻本　四册

孙氏世系不分卷

藏地：国家图书馆

（明）孙琏纂修

明刻本　一册

孙氏宗谱不分卷
藏地：河南省图书馆（残本）
明钞本
黄墅桥孙氏家乘六卷
藏地：国家图书馆
（清）孙裕松等六修
清同治八年（1869）崇德堂刻本　八册
官林孙氏家乘二十四卷
藏地：国家图书馆
（清）孙廷扬修
清光绪七年（1881）富春堂活字本　十二册
孙氏家谱三十七卷
藏地：吉林大学
（清）孙鼎烈重修
清光绪二十八年（1902）活字本　十二册
孙氏族谱六卷首一卷
藏地：国家图书馆
（清）孙松龄修
清宣统元年（1909）刻本　一册
孙氏家乘一卷
藏地：河北博物馆
（清）孙炳文等纂修
清钞本
孙氏宗谱四卷
藏地：国家图书馆
（民国）孙汉槎等修
1913 年留余堂活字本　四册
孙氏宗谱四卷首二卷
藏地：国家图书馆
（民国）孙远骐主修
1920 年映雪堂活字本　六册
孙氏万代世系表不分卷
藏地：国家图书馆　华东师范大学　南京图书馆
（民国）孙炳奎辑
1920 年寿松堂孙氏刻本　一册
竹园孙氏宗谱十六卷
藏地：国家图书馆
（民国）孙氏合族纂修
1921 年富春堂活字本　十六册
葛巷孙氏宗谱十六卷
藏地：国家图书馆
（民国）孙林法纂修
1922 年富春堂活字本　十六册
严庄孙氏宗谱二十四卷
藏地：国家图书馆
（民国）孙志儒等纂修
1941 年永锡堂活字本　二十四册
孙氏家乘不分卷
藏地：国家图书馆
孙仙锦纂辑
钞本　一册

（五）　字行辈份

公元 1932 年孙宝山修《孙氏家谱》，河北沧州孙姓一支派语字行为："书铭华锦，兰茂增馨，嘉祥永荫，世育俊英。"又公元 1935 年孙炯纂《孙氏宗谱》，浙江黄岩孙姓一支派语字行为："会际升平日，修绪衍新编，支图与翰典，光照启后贤。"又清光绪三十一年王综编纂《孙氏族谱》，江苏镇江孙姓一支字行辈份为："大永宏茂，元亨利贞，兴隆吉庆，昭远振武，承先启后，世代克昌，平治修齐，子嗣长守。"

（六）　迁徙繁衍

据宋人邓名世《古今姓氏书辨证》记载，出自姬姓的孙氏，世居汲郡

(治所在今河南卫辉市)，如晋代隐士孙登就是汲郡孙氏之后。出自乐安的孙氏，至孙书（即田书）之孙孙武时，因齐国发生内乱，孙武逃到吴国，为将军。孙武的二儿子孙明食采于富春(今浙江富阳)，发展繁衍，成为大族。孙明的13世孙孙福，西汉末任太原太守，因遇赤眉军起义，留居太原（今属山西)，后有一支徙居清河（今属河北)，还有一支徙居汝州郏城（今河南郏县)。孙福的堂祖父孙骐任安邑令，孙骐的小儿子孙息，东汉时任天水太守，徒居青州（治所在今山东淄博市东北临淄镇北)，后有一支徙居昌黎(今辽宁义县)，又因避难，移居武邑(今属河北)。又据《台湾省通志·人民志·氏族篇》记载，中原孙氏在唐代曾两次向福建移民，一次是唐高宗时期有河南孙氏族人随固始人陈政、陈元光父子入闽开辟漳州，在那里安家落户；一次是唐僖宗时又有河南孙氏族人随同王潮、王审知入闽，留居福建。另据广东《孙氏族谱》载，唐之前，孙氏世居河南陈留，至晚唐僖宗时，任中书舍人及两浙节度使的孙拙，有子曰孙诩，甚贤能，因“黄巢乱起”，以其才武被选为佰将，引兵游于闽、越、江右之间，以军功封东平侯，遂定居于虔州虔化县（今江西宁都)。孙诩传5世，至孙承事，迁居福建长汀河田。明永乐中，孙承事后裔孙友松再迁至广东东江上游紫金县的忠霸公馆背；又11传至孙鼎标，时值明清之际，孙鼎标随钟丁先起义抗清，兵败，族人多离散，其子连昌迁居增城。清康熙中，再迁至香山县涌口门村，二传至孙殿朝，又迁至翠亨村。孙殿朝是孙中山的高祖，他的儿子叫孙恒辉，孙子叫孙敬贤。孙敬贤有三个儿子：长子达成，次子学成，三子观成。达成娶杨夫人，生三子：长子德祐，次子德彰，三子德明。德明就是中国伟大的革命先行者孙中山。据有关资料记载，台湾的孙氏皆来自福建泉州，而泉州孙氏系唐末自光州(治今河南潢川）迁入。孙氏不仅在国内分布相当广泛，而且海外不少国家也有孙姓华人。

(七) 适用楹联

□芳传虞坂[①]；望出太原。

□兵法卓绝传后世[②]；
药方回春救苍生[③]。

□逸仙壮举搏辛亥[④]；
武略运筹定东吴[⑤]。

□三孙威振华夏[⑥]；
两赋名留神州[⑦]。

□正色持衡，良史传名于晋室[⑧]；
奇才搜藻，金声播誉于天台[⑨]。

□字词曲雅饶西汉[⑩]；
贤士高风冠北周[⑪]。

□愿乘风破万里浪；
甘面壁读十年书[⑫]。

□勾深索微，振纷理废；
破疑儆怒，节忧平矜[⑬]。

注释：

①春秋时孙阳，即通常所说的伯乐，善识马。据说，他过虞坂（在山西安邑县南三十里）时，有千里马伏盐车下，见阳而长鸣。阳（伯乐）下车泣之。于是千里马俯而喷，仰而鸣，声闻于天。

②指《孙子兵法》和《孙膑兵

法》。

③隋唐时著名医学家孙思邈，京兆华原（今陕西省耀县）人。有《千金要方》等著述。后人尊称他为“药王”。他生于公元581年，卒于公元682年，终年101岁。

④指孙中山（1866—1925），中国民主革命伟大的先行者，原名孙文，字逸仙，号明德，广东香山（今中山县）翠亨村人。公元1911年武昌起义（辛亥革命）后，在南京筹组中华民国临时政府，被推为临时大总统。

⑤、⑥指三国东吴富春人孙坚及孙策、孙权三父子。吴国王朝为孙权创建。公元229年始，历五王50年，后亡于晋。

⑦东晋著名女文学家孙琼，有《悼恨赋》、《箜篌赋》等传世。

⑧晋代著作郎孙盛，字安国，博学精文，著有《魏氏春秋》、《晋阳春》等，世称“良史”。

⑨晋代廷御卿孙绰，字公兴，会稽人。尝作《天台山赋》，辞致甚工。

⑩宋代翰林学士孙洙，字巨源，未冠举进士，韩琦叹为“今之贾谊”。文词典丽，有西汉风。

⑪明代贤士孙贯的事典。

⑫孙中山先生自勉题联。

⑬注同⑫。

孙氏名人集粹

孙诒让 浙江瑞安人，清代著名经学家、文学家。所撰《墨子间诂》，对此后先秦诸子研究风气的开展，有所影响。《契文举例》为考释甲骨文最早的著作。

孙家鼐 清代安徽寿州（今寿县）人，官至工部、礼部、吏部尚书等职，晚年从事企业活动，曾参与创办安阳广益钞厂。

孙毓汶 清代山东济宁人，官至总理各国事务，刑部、兵部尚书等职。

孙星衍 江苏阳湖（今江苏武进）人，清代著名学者，著书多部。

孙奇逢 直隶容城（今属河北）人，明清之际的学者，与黄宗羲、李颙并称“三大儒”。

孙慎行 常州武进（今属江苏）人，明代人，曾官至礼部右侍郎、礼部尚书。

孙承宗 明代保定高阳（今属河北）人，曾任兵部尚书。

孙复 晋州平阳（今山西临汾）人，北宋著名学者、经学家，官至殿中丞。其思想开宋代以义理解经之风气。

孙洙 广陵（今江苏扬州）人，宋代文学家，曾官至翰林学士。

孙爽 宋代博川博平（今山东茌平博平城）人，曾任兵部侍郎、龙图阁学士，以太子少傅致仕。

孙光宪 陵州贵平（今四川省仁寿县东北）人，五代著名词人。

孙思邈 京兆华原（今陕西耀县）人，唐代名医，著有《千金要方》和《千金翼方》，在我国传统的医学界享誉极高。

孙过庭 吴郡（今江苏苏州）人，唐代杰出的书法家、书法评论家，工正、行、草，尤以草书擅名。现存的《书谱·卷上》，阐述正草二体书法，有精辟见解。是一部书、文并茂的书

法理论著作。

孙位 会稽（今浙江绍兴）人，唐代著名画家，擅长人物、松石、墨竹和佛道宗教画，画水尤为著名。

孙安祖 清河漳南（今山东夏津）人，隋末农民起义首领。

孙楚 太原中都人，西晋文学家，官至冯翊太守。

孙绰 太原中都（今山西平遥西北）人，东晋文学家，家于会稽，官至廷尉卿，领著作。为诗宣扬玄学，是玄言诗的代表作者。

孙盛 太原中都人，东晋著名的无神论者，官至秘书监，加给事中。著有《魏氏春秋》。

孙恩 晋末农民起义领袖。

孙炎 乐安（今山东博兴）人，三国著名的经学家、训诂学家，郑玄弟子，当时称为"东州大儒"。所撰写的《尔雅音义》用反切注音，开中国反切之先河。

孙坚、孙策、孙权 吴郡富春（今浙江富阳）人，父子三人领兵用兵，在江东建立吴国，称雄一方达59年。

孙程 涿郡新城（今河北徐水）人，东汉宦官，封浮阳侯，任骑都尉。

孙膑 战国时齐国阿（今山东阳谷东北）人，名显天下的军事家，孙武的后代，齐威王时任军师。主张"战胜而强立，故天下服矣"，认为采取"营而离之（迷惑敌人，使之兵力分散），并卒（集中兵力）而击之"等方法，寡可以敌众，弱可以胜强。著作有《孙膑兵法》。

孙武 战国时齐国营丘（今山东淄博东北）人，著名兵家，著有《孙子兵法》，曾以《兵法》十三篇见吴王阖闾，被任为将，率吴军攻破楚国。他提出的"知彼知己，百战不殆"的名言，至今都被奉为军事上的法则，甚至已被今人发挥运用到生活中的各个领域。

孙阳 春秋时人，是最早在史书上出现的一位孙姓名人，因以善相马闻名，后世也就以"伯乐"两个字来表示一个人的知人之明。总之孙姓因历代来源庞杂，在我国历史上，其名士也相当不少，因历代军事名人较多，故孙姓被誉为兵家之姓。

孙氏风流撷英

姬姓之后孙仲乙，
魏地濮阳属家居。①
兵学鼻祖名孙武，
兵法生克藏玄机。②
孙膑身残志不残，
雄才大略孙仲谋。③
药王思邈千金方，
书谱理论见精辟。④
儒学名士孙奇逢，
光学先驱孙云球。⑤
士毅专心细编校，
四库全书成宝库。⑥
星衍严谨勤治学，
考据著述留后世。⑦
孙笋相通子系孙，
高风亮节有气节。⑧

注释：

①据《通志·氏族略·以字为氏》

记载，春秋时，姬姓之后卫康叔的九世孙叫惠孙，惠孙之孙以祖父字为氏，起名孙仲乙。

②孙武（生卒不详），春秋末期伟大军事家，齐国人，应用了五行相生相克的原理，编撰成《孙子兵法》，成为对当时乃至今后的战争具有指导意义的兵学圣典。

③孙膑（生卒不详），山东谷阳人。战国时期军事家，孙武后裔。受庞消暗害，受膑刑（去膝盖骨），故称孙膑，1972年临沂汉墓出土大宗竹简，《孙膑兵法》440片，11000字。孙仲谋即孙权（182—252年），三国时期吴国的建立者，浙江富阳人。具有雄才大略，骁勇无比，辛弃疾曾感叹“生子当如孙仲谋”。

④陕西耀县人孙思邈（miǎo）（约581—682年），唐初著名的医学家，著有《千金方》等，后人尊为药王。唐朝书法理论家孙过庭（生卒不详），江苏苏州人。对汉字书法理论有精辟独到的见解，著有《书谱》。

⑤孙奇逢（约1534—约1675年），河北容城人清初儒学名士，与李颙（yóng）、黄宗羲齐名，并称“清初三大儒”。著有《读易大旨》、《理学传心纂要》等。孙云球（生卒不详），江苏苏州人。清初科学家，他用透视、反射镜做成放大镜、夜明镜等光学器械数十种，著有《镜史》。

⑥孙士毅（？—1795年），清朝大臣，担任《四库全书》纂校。

⑦孙星衍（公元1753—1818年），清朝考据学家，江苏常州人。著述多种，对后世有一定影响。

⑧孙与笋音相同。孙，从子，从系。古人用“松柏梅竹”来比喻情操高尚的人。笋长大了就成为竹。竹风人格，就是“做人要讲气节”。

中华百家姓

赵 钱 孙 李 周 吴 郑 王 冯 陈 蒋 沈 韩 杨
朱 秦 许 何 吕 张 孔 曹 金 魏 姜 谢 邹 苏
潘 范 彭 韦 马 方 任 袁 史 唐 薛 雷 贺 汤
罗 郝 常 于 傅 康 余 顾 孟 黄 尹 姚 邵 汪
毛 戴 宋 熊 董 梁 杜 贾 江 郭 林 钟 徐 邱
高 夏 蔡 田 胡 万 卢 丁 邓 石 崔 龚 程 陆
段 侯 武 刘 龙 叶 黎 白 赖 乔 谭 阎 易 廖
文 曾

李 姓

——理徵之后理改李，曲阜发源陇西郡

李氏解密寻踪

（一） 姓氏字源

《说文》：“李，果也。从木，子声。”段玉裁注：“古李、理同音通用，故行李与行理并见。”李木果木名，即桃李之李。

（二） 寻根溯祖

李姓来源主要有三：

1. 出自嬴姓，为颛顼帝高阳氏之后裔。据《新唐书·宗室世系表》所载，相传远古时，帝颛顼（上古五帝之一，相传生于若水，居于帝丘〈今河南濮阳东南〉）高阳氏生有儿子大业，大业生子女华，女华再生子皋陶（yáo 音摇），因生在曲阜（今属山东）偃地，得偃姓。帝尧（因号陶唐氏，史称唐尧）时，皋陶曾担任大理（掌管刑狱的官）的职务，生有儿子伯益（古代嬴姓各族的祖先），被赐为嬴姓。伯益生恩成，后子孙历虞舜、夏、商三代世袭大理的职务，其子孙按照当时的社会习惯，以官为氏，称理氏。那么理氏何以改为李氏呢？据有关史料的记载，代表性说法有两种：一种说法，据《北史》、《元和姓纂》等所载，商末时，纣王暴虐无道，沉缅女色，使诸侯和百姓都很怨恨。皋陶后裔有叫理徵的人，在朝中为官，因敢于直谏，得罪了商纣王，而被处死，其妻陈国（今河南淮阳）契和氏便带着儿子利贞逃难于伊侯之墟（伊侯之墟因伊河而得名，故“伊侯之墟”应在今河南西部伊河流域）隐藏起来。因食木子（木子也即李子的果实）充饥，才得以活命。故而不敢称理，便改为李氏。利贞亦娶契和氏女生昌祖，为陈大夫，家于苦县（今河南鹿邑县）。可见，李氏是自利贞开始改理为李的；另一种说法，据《姓氏考略》记载：周之前未见有李氏，自从有老子姓李，名耳，因理、李两字古音相通，老子为利贞的裔孙，因祖上世代为理官，便也以李为氏。显然，李氏是始于李耳称姓的。因见于正史中记载的第一个李姓人物是李耳，故历代姓氏学者才会有众多说法不一的解释。到底李氏始于何时，仍是一个有待进一步考证的问题。

2．出自他族改姓。①据有关资料所载，三国时，诸葛亮平哀牢夷（湖南、贵州的僚族分支）后，赐当地少数民族赵、张、杨、李等姓。②据《魏书·官氏志》所载，代北（今山西、河北北部一带）鲜卑族有复姓叱李氏，自北魏孝文帝自平城（今属山西）南迁都洛阳后，实行汉化政策，改为汉字单姓李氏。是为河南洛阳李氏。

3．出自他姓改李氏。据有关资料所载，唐开国元勋有诸将徐（徐世勣〈今山东东明东南人〉）氏、邴（邴元纮）氏、安（安抱玉、河西〈今属甘肃〉人）氏、杜（杜伏成）氏、胡（胡大恩）氏、弘（弘播）氏、郭（郭子和，蒲城〈今属陕西〉人）氏、麻（麻延昌）氏、鲜于氏、张（张宝臣，本奚族，宝臣曾为张镆高养子，昌姓张氏，后赐姓李氏）氏、阿布（李茂勋，加鹘〈即回纥〉人）氏、阿跌（李光进，河曲〈今青海东南境黄河曲流处〉羌族）氏、舍利氏、珠邪（珠邪赤心，后改李国昌）氏、董（董忠臣，蓟〈今属河北〉人）氏、罗氏共16姓（其中五氏为复姓），并以立功从唐国姓，赐于李氏。

这么多的他族、别氏家族成员的注入，恐怕是李氏最终成为我国十大姓之一的一个重要原因。

（三） 宗堂郡望

堂号 “陇西堂”，因为李氏望出陇西郡（今甘肃的兰州、巩昌、秦州一带）故名。

郡望 历史上，李氏在漫长的繁衍过程中，形成了许多的郡望。据《广韵》所载，李姓的郡望有12个，即陇西郡、赵郡、顿丘郡、渤海郡、中山郡、襄城郡、江夏郡、梓潼郡、范阳郡、广汉郡、梁国、南阳郡等。

1．陇西郡。战国秦昭襄王置郡，治所在狄道（今甘肃临洮南）。西汉时相当今甘肃东乡以东的洮河中游、武山以西的渭河上游、礼县以西的西汉水上游及天水市东部地区。此支李氏，其开基始祖为秦司徒李昙长子李崇。

2．赵郡。汉时置郡，治所在邯郸（今河北邯郸市西南）。西汉末相当于今河北邯郸、邢台、沙河等市、县和隆尧、永年两县西部地区。此支李氏，其开基始祖为秦太傅李玑次子李牧。

3．顿丘郡。西晋泰始二年（公元

266年）置郡，治所在顿丘（今河南清丰西南）。相当于今河南清丰、濮阳、内黄、南乐、范县等县地。此支李氏为陇西李氏分支，其开基始祖为西汉名将李广（李宗6世孙）1世孙李忠。

4. 渤海郡。在今辽宁、河北、山东三省之间，渤海湾沿岸一带。唐玄宗先天二年（公元713年）唐朝封大祚荣为渤海郡王。此支李氏为陇西李氏分支，其开基始祖为西汉名将李广9世孙李恬。

5. 中山郡。汉高帝置郡，治所在卢奴（今河北定县）。相当于今河北狼牙山以南，保定市安国以西，唐县新乐以东和滹沱河以北地区。此支李氏为赵郡李氏分支，其开基始祖为李玑第三子李齐。

6. 襄城郡。晋泰始二年（公元266年）置郡，治所在襄城（今河南襄城县）。相当于今河南襄城、郏县、舞阳等县地。

7. 江夏郡。西汉高祖六年（公元前201年）置郡，治所在安陆（今湖北云梦）。相当于今湖北安陆、钟祥、潜江、沔阳、嘉鱼、蒲圻、崇阳以东，及河南光山、新县以西、信阳以东、淮河以南地。此支李氏为赵郡李氏分支，其开基始祖为汉颍川太守李秉5世孙东汉会稽太守李就（亦即东汉酒泉太守護次子昭，昭少子就）。

8. 梓潼郡。东汉建安二十二年（公元217年）刘备分广汉郡置郡，治所在梓潼（西魏改巴西，今四川梓潼）。相当于今四川江油、安县以东，绵阳、盐亭以北，广元，剑阁以西，陕西宁强、四川青川以南地区。此支李氏为陇西李氏分支，其开基始祖可能为李广孙李忠。

9. 范阳郡。三国魏黄初七年（公元226年）改涿郡置郡，治所在涿县（今河北涿县）。相当于今河北内长城以来，永清以西，霸县、保定市、紫荆关以北和北京市房山以南地区。此支李氏为陇西李氏分支，其开基始祖为李广之父李尚（李崇5世孙）。又据《新唐书》所载，此郡李氏自云常山愍王之后。

10. 广汉郡。汉高帝六年（公元前201年）分巴、蜀二郡置郡，治所在乘乡（今四川金堂东），东汉移治雒县（今四川六汉北）。西汉时相当于今甘肃文县、陕西宁强以南，四川旺苍、剑阁、蓬溪以西，潼南、遂宁、新都以北，什邡、北川以东地区。此支李氏为陇西李氏之后，其开基始祖为李尚（李广之父）。

11. 梁国。汉高帝五年（公元前202年）改砀郡为梁国，治所在睢阳（今河南商丘南）。相当于今河南商丘市和商丘、虞城、民权、安徽砀山等县地。

12. 南阳郡。战国秦昭王三十五年（公元前272年）置郡，治所在宛县（今河南南阳市）。汉相当于今河南熊耳山以南叶县、内乡间和湖北大洪山以北应山、郧县间地。

另据《新唐书》、《古今姓氏书辨证》列有李姓分支数十个，分布于30多个地方。其主要有：陇西郡、赵郡、范阳郡、顿丘郡、渤海郡、丹阳郡、安邑县、平凉郡、姑臧县、敦煌郡、绛郡、武陵郡、牛山郡、颍川郡、常山郡、平棘郡、辽东郡、江夏郡、广陵郡、汉中郡、柳城郡、略阳郡、鸡田州、武威郡、高丽郡、西戢郡、代北、河南郡、京兆郡等。

（四） 家谱寻踪

全国·陇西郡李氏族谱总谱不分卷

藏地：南京大学　四川重庆市图书馆

（清）李东元等继修

清光绪六年（1880）修 1927 年成都湖广馆街大同印刷局铅印本　一册

全国·李氏近房宗谱不分卷

藏地：美国

（清）李延强修

清乾隆四十六年（1781）刊本　一册

全国·李氏近房宗谱不分卷

藏地：国家图书馆（三部）　中国科学院图书馆　中国社会科学院历史研究所图书馆　人民大学　中央民族大学　吉林大学　日本　美国

（清）李长申重修

清嘉庆十六年（1811）刻本　一册

全国·李氏近房宗谱不分卷

藏地：国家图书馆

（清）李延强修

清乾隆刻本并附钞本　一册

全国·李氏族谱

藏地：国家图书馆

清钞本　一册

北京宛平·李氏家谱不分卷

藏地：中国科学院图书馆

（清）李文杞重修

清道光六年（1826）钞本　六册

天津·延古堂李氏族谱不分卷

藏地：吉林大学　华东师范大学　美国

（民国）李宝晋纂修　李钟瑨校订

1935 年天津延古堂李氏铅印本

河北泺县·泺邑李氏族谱四卷

藏地：日本　美国

（清）李惠苍等续修

清同治十二年（1873）刊本　四册

河北·泺县李氏族谱五卷

藏地：河北大学

（民国）李维祺修

1931 年铅印本　二册

河北庐龙·李氏家谱二卷首一卷

藏地：河北庐龙县文化馆

（清）李廷桢　李国钦等创修

胶卷复制清光绪二十二年（1896）钞本

河北高邑·李氏族谱不分卷

藏地：中国科学院图书馆

（清）李畿屏修

清光绪十一年（1885）刊本　二册

河北永年·李氏支谱二卷

藏地：中国科学院图书馆　美国

（民国）李士伟修

1922 年刊本　一册

河北唐县·李氏族谱不分卷

藏地：河北大学

（民国）李坦安　李子炎等修

1934 年铅印本　一册

河北蔚县·蔚州李氏家谱十卷

藏地：日本　美国

（清）李源重修

清乾隆四十年（1775）刊本　四册

河北青县·李氏家谱

藏地：河北青县王镇店乡北张庄

清光绪十二年（1886）钞本四册

河北南皮·李氏家谱不分卷

藏地：南开大学

（清）李鸿文修

清道光二十八年（1848）钞本一册

河北任丘·李氏张恕堂本支谱十卷

藏地：辽宁图书馆

清钞本

河北·任丘李氏四门支谱不分卷

藏地：辽宁图书馆

（清）李树道修

清光绪二十九年（1903）李氏钞本

河北·交河李氏八修族谱不分卷

藏地：国家图书馆（共四部） 中国历史博物馆 中国科学院图书馆（二部） 中国社会科学院历史研究所图书馆、北京大学 人民大学 天津市图书馆 南开大学 河北大学（二部） 辽宁图书馆 辽宁大连市图书馆 吉林大学（二部） 日本 美国

（民国）李桐文 李桐蔚等修

1937年交河马连坦睦堂铅印本三册

山西·榆社李氏世系谱不分卷

藏地：美国

（民国）李什洲等修

1915年太原撷华石印局石印本四册

山西介休·李氏家谱不分卷

藏地：美国

（清）李守和等修

清道光七年（1827）钞本 一册

山西·曲沃庄简公李氏家谱四卷

藏地：美国

（清）李念达等修

清道光二十三年（1843）尊制堂刊本二册

山西·洪洞李氏宗谱四卷

藏地：国家图书馆

（清）李逢纶等增修

清同治四年（1865）刻本 四册

辽宁海城·李氏宗谱不分卷

藏地：辽宁图书馆

清光绪二十七年（1901）刻本

辽宁铁岭·李氏谱系四卷

藏地：日本 美国

（清）李树德重修

清康熙六十一年（1722）写本二册

辽宁铁岭·长白山李佳氏族谱不分卷

藏地：美国

清乾隆二十九年（1764）写本四册

辽宁铁岭·长白李氏家谱

藏地：国家图书馆

清钞本 一册

上海·淞溪法华李氏族谱四卷

藏地：美国

清光绪七年（1881）钞本 六册

上海·淞溪法华李氏族谱六卷

藏地：古林大学 美国

（民国）李鸿翥续修

1919年秩伦堂刻本 五册

上海·李氏家乘一册

藏地：上海市文管会

（民国）李曾耀纂修

1925年铅印本

上海南汇·竹冈李氏族谱十卷首一卷

藏地：人民大学　中央民族大学　南京图书馆　日本　美国

（民国）李植民　李植纯等六修

1921年木活字本

上海松江·陇西［李氏］宗谱不分卷

藏地：河北大学　日本　美国

（民国）李祖佑　李树则等续修

1929年石印本　四册

江苏·镇江扬州李氏合谱不分卷

藏地：吉林大学

（清）李增孝纂修

清嘉庆二十四年（1819）钞本一册

江苏·夫椒李氏家乘八卷

藏地：美国

（清）李怡廷等修

清光绪十一年（1885）敦睦堂活字本

江苏南京·归德方山葛桥南李氏宗谱八卷

藏地：美国

（清）王薇堂等修

清同治元年（1862）载德堂木活字本四册

江苏·江宁李氏宗谱不分卷

藏地：中国科学院图书馆　日本　美国

（清）李嘉谋初修

清光绪二十八年（1902）赐廉堂刊本

江苏溧水·芝山李氏续修宗谱□□卷

藏地：江苏溧水县群力乡太尉庄（存卷16）

1948年永言堂木活字本

江苏沛县·李氏族谱二卷宗图一卷

藏地：南京市博物馆

民国间稿本

江苏丰县·李氏三房支谱四卷

藏地：江苏丰县黄娄乡大王娄村

（民国）李忠亮　李忠显纂

1916年铅印本

江苏丰县·李氏家谱□□卷

藏地：江苏丰县刘王娄乡王平娄村

（民国）李盘纂

民国间纂修本　十六册

江苏盱眙李氏·岐阳世家文物图像册不分卷附考述一卷

藏地：中国社会科学院历史研究所图书馆　北京大学　北京师范大学　中央民族大学　河北大学（二部）　苏州大学　中山大学　宁夏大学　美国

（民国）中国营造学社编辑

民国间印本　一册

江苏泰州·李氏家乘十卷

藏地：江苏泰州市图书馆

（清）李金台纂

清同治十一年（1872）木活字本

江苏泰州·李氏族谱十四卷

藏地：江苏泰州市图书馆

（民国）李岳恺纂

1913年木活字本

江苏·江都李氏族谱八卷

藏地：上海图书馆

（民国）李德森等修

1920年木活字本　八册

江苏江都·李氏族谱四卷

藏地：吉林大学

（民国）李明富等重修　余步云刊订

1923 年刊本　四册

江苏江都·李氏宗谱十二卷

藏地：吉林大学

（民国）李祚康等重修

1924 年立德堂石印本　十二册

江苏泰兴·李氏重修家谱□□卷

藏地：江苏泰兴县中华街一号（存卷 4、6）

活字本

江苏丹徒·新纂李氏宗谱四卷

藏地：中国社会科学院历史研究所图书馆

（清）李承霖纂修

清光绪四年（1878）活字本

江苏丹徒·新纂李氏续谱二卷

藏地：中国社会科学院历史研究所图书馆

（清）李慎观　李寿钱纂修

清光绪三十三年（1907）善庆堂活字本

江苏丹徒·陶裔山门李氏续修族谱二卷

藏地：吉林大学

（清）李镛金续修

民国间钞本　二册

江苏·丹徒陶裔李氏族谱二卷

藏地：美国

（民国）李永师等修

1913 年活字本　二册

江苏·丹徒李氏家乘六卷

藏地：南开大学　苏州大学

（民国）李培英编修

1917 年本立堂刻本

江苏·丹徒开沙李氏宗谱三十卷首一卷末一卷

藏地：国家图书馆　中国社会科学院历史研究所图书馆　日本　美国

（民国）李恭良　李锡纯等九修

1925 年介祉堂木活字本

江苏丹阳·云阳李氏宗谱十六卷

藏地：日本　美国

（清）李发忠等重修

清光绪八年（1882）萼辉堂木活字本十六册

江苏丹阳·李氏宗谱□□卷

藏地：江苏丹阳县松卜乡肇庄（存卷 1—5、7—16）

1931 年木刻本

江苏句容·李氏宗谱十卷

藏地：辽宁图书馆

（民国）李正瑾　李允垚等新修

1921 年铅印本

江苏常州·李氏迁常支谱八卷

藏地：美国

（清）李新畬等修

清咸丰四年（1854）活字本

江苏常州·李氏迁常支谱十卷

藏地：日本　美国

（清）李翼清　李麟图等续修

清光绪二十二年（1896）木活字本

江苏常州·昆陵殷薛镇李氏宗谱三十卷首一卷末一卷

藏地：江苏省档案馆（一部存卷 5，一部存卷 16—18）江苏苏州市图书馆　美国

（民国）李庭鸿修

1912 年李氏垂裕堂活字本　十二册

江苏常州·昆陵李氏宗谱十二卷

藏地：国家图书馆

（民国）李希白等纂修

1931 年源远堂活字本　十二册

江苏常州·昆陵辋川里李氏宗谱三十八卷首一卷末一卷

藏地：美国

（民国）李达刚等修

1933年衍庆堂木活字本　三十八册

江苏常州·昆陵李氏西里桥派支谱不分卷

藏地：江苏苏州市图书馆

（民国）李嘉翼修

1933年铅印本　一册

江苏常州·昆陵李氏西里桥派支谱不分卷

藏地：江苏苏州市图书馆

（民国）李嘉育增修

1949年铅印本　一册

江苏常州·莘村李氏宗谱十六卷

藏地：国家图书馆　南开大学

（民国）李瑞陀　李林宝等重修

1937年天叙堂木活字本　十六册

江苏武进·王堰桥李氏宗谱八卷

藏地：中国社会科学院历史研究所图书

（清）李傅明主修

清光绪二十七年（1901）衍庆堂活字本　十册

浙江象山·泊戈洋李氏宗谱六卷

藏地：浙江图书馆

（民国）李必坤修　王乃揖编辑

1925年稿本　一册

浙江·嘉兴梅会李氏族谱二十二卷

藏地：美国

（清）李宗潮等修

清乾隆三十三年（1768）钞本　六册

浙江嘉兴·梅会李氏族谱十二卷

藏地：国家图书馆

（清）李鹏飞等修

清嘉庆间刻本　二册

浙江嘉善·西塘李氏支谱六卷

藏地：国家图书馆　中国社会科学院历史研究所图书馆　吉林大学　哈尔滨师范大学　浙江嘉善县档案馆

（民国）李正墀纂辑

1923年铅印本

浙江海盐·苞溪李氏家乘二十卷

藏地：中国社会科学院历史研究所图书馆

（清）李汝覹纂修

清道光十五年（1835）祠堂刻本　十册

浙江海盐·苞溪李氏家乘二十卷

藏地：国家图书馆

（清）李洽纂修

清光绪十六年（1890）刻本　十二册

浙江长兴·李氏宗谱七卷

藏地：浙江长兴县博物馆

（清）李义发纂

清道光二十七年（1847）木刻本

浙江绍兴·山阴李氏家谱八卷首一卷

藏地：辽宁图书馆　浙江图书馆　日本　美国

（清）李世法　李建煦等编　十六世十七世孙续编

清末李氏永思堂刻本

浙江绍兴·山阴李氏家谱残稿

藏地：浙江图书馆

清钞本　一册

浙江绍兴·山阴天乐李氏宗谱二十四卷首一卷

藏地：吉林大学　浙江图书馆　美国

（清）李其鼇修　王雪艣　李继芳等纂

清同治九年（1890）芳庆堂木活字本

浙江·兰溪李氏宗谱八卷

藏地：浙江兰溪县孟湖乡下李

1940年木刻本

浙江·兰溪李氏宗谱十三卷

藏地：浙江兰溪县（缺二卷）

1940年木刻本

浙江兰溪·青严李氏宗谱四卷

藏地：浙江兰溪县白沙乡上李村

1946年木刻本

浙江·东阳瑞嘉李氏宗谱四卷

藏地：浙江东阳县巍山镇李村（存卷1、4）

（清）李福谦纂

清道光二年（1822）木活字本

浙江东阳·木香李氏家乘不分卷

藏地：日本　美国

1922年木活字本　一册

浙江东阳·庙口李氏宗谱二十卷

藏地：浙江东阳县左光乡右畈头

（民国）李春楼纂

1928年木活字本

浙江常山·李氏宗谱五十二卷

藏地：浙江常山县芙蓉乡西岭足村

清道光二十年（1840）木刻本

浙江常山·定阳李氏宗谱七卷首一卷末一卷

藏地：浙江常山县新昌乡犹村（不全）

（清）汤奕瑞重修

清光绪二十三年（1897）木刻本

浙江常山·陇西李氏宗谱四卷

藏地：浙江常山县新昌乡吴家村（存卷3）

清光绪三十年（1904）木刻本

浙江常山·李氏宗谱十卷

藏地：浙江常山县何家乡黄岗村

1919年木刻本

浙江常山·李氏六修宗谱一卷

藏地：浙江常山县东案乡庐家村

（民国）李迁钧重修

1925年木刻本

浙江常山·建宁李氏族谱不分卷

藏地：浙江常山县大桥头乡石村

1933年木刻本

浙江仙居·林下李氏宗谱□□卷

藏地：浙江临海县博物馆（存行状一册及卷8）

清光绪六年（1880）木活字本

浙江·黄严教善巷李氏家谱六卷首一卷末一卷

藏地：浙江图书馆

（民国）李仲千辑

1946年钞本　三册

浙江遂昌·李氏宗谱

藏地：浙江遂昌县上定乡黄沙腰村

1927年刊本

浙江遂昌·李氏宗谱

藏地：浙江遂昌县上定乡黄沙腰村

民国间纂修本　六册

浙江缙云·五云夏川李氏宗谱□□卷

藏地：浙江缙云县档案馆（存卷1、3、7、10）

（民国）李新昌等谱总　李品章等监谱

1938 年木活字本

浙江松阳·西坑李氏宗谱十卷

藏地：浙江松阳县谢村乡西坑村

（清）沂丽乡撰

清光绪二十三年（1897）木刻本

浙江松阳·李氏宗谱

藏地：浙江松阳县交塘乡余叶村

（民国）杨士堪撰

1923 年木刻本

浙江松阳·陇西李氏族谱四卷

藏地：浙江松阳县樟溪乡馒头山村

（民国）李廷辉主修

1937 年木刻本

浙江松阳·松川上杭李氏宗谱三卷

藏地：浙江松阳县斋坦乡斋坦村

（民国）李日淦　李日新总理

1936 年木刻本

浙江松阳·李氏宗谱十卷

藏地：浙江松阳县三都乡尹源村

1916 年木刻本

浙江松阳·大岭里李氏宗谱三卷

藏地：浙江松阳县谢村乡大岭里村

1936 年木刻本

安徽·合肥李氏宗谱二十二卷

藏地：中国社会科学院历史研究所图书馆　吉林大学　安徽图书馆

（民国）李国松等编辑

1926 年排印本　十二册

安徽芜湖·曲沃李氏迁燕支谱不分卷

藏地：安徽博物馆

（民国）李耀先纂

1926 年木活字本　一册

安徽繁昌·磕山李氏重修宗谱二十四卷

藏地：湖南省图书馆（存卷 1）

（民国）李蕴宸修　李燮尧　李灼坪等编

1915 年活字本

安徽无为·濡须李氏宗谱七卷

藏地：美国

（清）李有诸等修

清道光二年（1822）龙门堂活字本　七册

安徽徽州·三田李氏统宗世谱不分卷

藏地：国家图书馆

（明）李晖祥　李栋祥等纂修

明嘉靖四十三年（1564）家刻本

安徽徽州·三田李氏统宗谱不分卷

藏地：国家图书馆　中国社会科学院历史研究所图书馆　安徽博物馆

（明）李晖　李春等纂修

明万历四十二年（1615）刻本

安徽徽州·三田李氏统宗谱不分卷

藏地：国家图书馆

（明）李洪光　李瑞明等纂修

明钞本　一册

安徽徽州·李氏统宗谱不分卷

藏地：安徽博物馆

（清）李廷柳　李友棠等纂修

清乾隆十五的（1750（钞本　一册

安徽徽州·三田李氏重修宗谱四十八卷首一卷末一卷

藏地：国家图书馆

（清）李向荣等纂

清乾隆间刻本　五十册

安徽徽州·三田李氏宗谱五十一卷首一卷末一卷

藏地：安徽图书馆

（清）新田　严田　界田李氏合修

清光绪十一年（1885）活字本　五十四册

安徽桐城·龙河李氏宗谱十七卷

藏地：日本　美国

（清）李英秀　李兆隆等重修

清道光二十八年（1848）绵远堂木活字本　十七册

安徽桐城·龙河李氏宗谱二十九卷末一卷

藏地：河北大学　湖北省图书馆

清光绪三十年（1904）绵远堂刻本　三十册

安徽桐城·李氏宗谱十卷末一卷

藏地：人民大学

（清）李怀智纂修

清光绪十年（1884）敦本堂活字本　十二册

安徽桐城·延平李氏宗谱十二卷首一卷末一卷

藏地：日本　美国

（清）李荫川　李慎三等重修

清光绪二十二年（1896）木活字本　十四册

安徽桐城·鹿城李氏族谱五卷

藏地：安徽图书馆

（清）李卓斋等纂修

清光绪二十六年（1900）刻本　四册

安徽桐城·李氏族谱十八卷首一卷

藏地：人民大学

（民国）李荫秾等修

1916年慕义堂活字本　二十册

安徽怀宁·李氏重修宗谱五十卷首一卷

藏地：安徽安庆市图书馆（缺卷2上）

清同治十一年怀宁敦睦堂木活字本

安徽·怀宁李氏宗谱七卷首一卷末一卷

藏地：美国

（清）李子新等修清宣统三年（1911）允福堂刊本　八册

安徽·太湖县李氏族谱八卷首一卷末一卷

藏地：美国

（民国）李楷林等修

1924年五知堂活字本　十册

安徽潜山·潜阳李氏族谱五十卷

藏地：日本　美国

（清）李会芳　李时镛等续修

清同治十一年（1872）拥书堂木活字本　五十册

安徽潜山·潜阳李氏支谱十一卷首一卷

藏地：人民大学

（清）李会芳等修

清光绪十九年（1893）敦睦堂活字本十二册

安徽潜山·李氏族谱

藏地：安徽安庆市图书馆（存卷25、30、34）

敦睦堂木活字本

安徽潜山·李氏重修族谱二十五卷首一卷末一卷

藏地：安徽安庆市图书馆（缺卷4、8下、17、21）

（民国）李筱庄修

1921年潜山敦睦木活字本

安徽贵池·池城李氏宗谱四卷

藏地：安徽博物馆

（民国）李成煓　李涵纂修

1918年木活字本　四册

福建·李氏族谱三卷

藏地：上海图书馆

（清）李延基续修

清康熙四十三年（1704）帅礼堂刻本三册

福建·福州李氏支谱

藏地：福建省图书馆

（清）李宗言修

清光绪二十三年（1897）刻本一册

福建·平潭李氏族谱不分卷

藏地：国家图书馆

清磊砢山房活字本　二册

福建·同安兑山李氏族谱不分卷

藏地：台湾

（清）李光辉撰

清嘉庆二年（1797）写本　一册

福建同安·李氏续修族谱不分卷

藏地：台湾

清嘉庆二年（1797）写本　一册

福建宁化·李家族簿不分卷

藏地：台湾

（清）李士淳撰

清同治十二年（1873）写本一册

福建宁化·李氏簿序不分卷

藏地：台湾

（清）李宪章修

清光绪十三年（1887）写本一册

福建·泰宁李氏族谱八卷

藏地：国家图书馆

（民国）李嘉发等增辑

1914年广州中外印书馆铅印本八册

福建泉州·荣山李氏族谱不分卷

藏地：福建省图书馆　福建师范大学

（明）李广斋修

傅钞泉州李氏钞本

福建泉州·清源李氏宗谱

藏地：福建师范大学

傅钞泉州李氏钞本

福建泉州·李卓吾宗谱

藏地：福建师范大学

傅钞泉州李氏钞本

福建晋江·李氏族谱不分卷

藏地：台湾

清光绪四年（1878）写本　一册

福建·南安石井双溪李氏族谱

藏地：厦门大学历史系资料室

1935年印本

福建安溪·秀滨李氏族谱不分卷

藏地：台湾

（清）李钜东撰

清光绪十二年（1886）写本一册

福建安溪·澄瀛大□李氏族谱不分卷

藏地：台湾

（清）李朝谦纂修　李文周补修

清道光二十五年（1845）修　光绪十年（1889）补修　写本　一册

福建德化·李氏家谱四卷首一卷

藏地：人民大学

（清）李明墀修

清光绪十一年（1885）刻本四册

福建东山·李氏家谱一卷

藏地：福建东山县志办

李猷明纂

钞本

福建南靖·油坑李氏族谱不分卷

藏地：台湾

清道光十五年（1835）李慎潜钞本　一册

福建南靖·李氏族谱

藏地：台湾

清末钞本　一册

福建上杭·同安地山李氏家谱

藏地：台湾

（明）李志可撰

明万历六年（1578）写本　一册

福建上杭·李氏族谱

藏地：台湾

（清）叶君昂撰

清道光五年（1825）写本　一册

福建上杭·李氏族谱

藏地：台湾

清光绪十五年（1889）写本　一册

福建上杭·李氏族薄不分卷

藏地：台湾

1923年写本　一册

福建永定·李林氏族谱不分卷

藏地：台湾

（清）李傅兴撰

清光绪九年（1883）写本　一册

福建连城·文川李氏七修族谱□□卷首一卷

藏地：福建连城县档案馆（存卷首、卷1—22）

（民国）李瑞梁等修纂

1947年印本

江西·陇西李氏支谱四卷

藏地：中国科学院图书馆

（清）李贻堃　李贻坦同修

清咸丰六年（1856）金树堂刊本二册

江西南昌·李氏族谱不分卷

藏地：日本

（清）李善元　李捷元等续修

清道光十五年（1835）本　一册

江西南昌·深洞李氏大宗谱十二卷

藏地：日本　美国

（清）李祚彬　李俞勑等九修

清光绪二十七年（1901）世德堂木活字本　十二册

江西·新建李氏重修族谱不分卷

藏地：安徽图书馆（内有明跋）

（清）李廷模　李士桂纂修

清康熙十七年（1678）刻本一册

江西萍乡·萍北石源李氏家谱九卷末一卷

藏地：江西省图书馆（存卷2、4—9、末）

（清）李炳荪等纂修

清光绪三十四年（1908）报本堂木活字本

江西婺源·严田李氏会编世谱□□卷

藏地：国家图书馆（存卷2、3、5）

（明）李堂瑞纂修

明嘉靖三十四年（1555）刻本

江西·婺源严田李氏会编宗谱八卷

藏地：中国科学院图书馆（存卷1、2、8）

明嘉靖刻本

江西婺源·严田李氏宗谱□□卷

藏地：国家图书馆（残存一册）

活字本

江西婺源·星江严田李氏八修宗谱十六卷首一卷

藏地：国家图书馆

（清）李振苏等纂修

清道光二十六年（1846）活字本　十六册

江西婺源·星江严田李氏宗谱十六卷首一卷

藏地：河北大学　安徽徽州地区博物馆

（清）李元瑞修

清光绪七年（1881）木刻本

江西婺源·星江严田李氏宗谱十六卷首一卷

藏地：安徽徽州地区博物馆

（民国）李冬华等修

1922年刻本　十六册

江西婺源·理田李氏世谱十五卷

藏地：国家图书馆

（明）李寅宾　李斌贤等纂修

明万历三十三年（1605）钞本　五册

江西婺源·理田李氏宗谱□□卷

藏地：江西省图书馆（存卷4、5）

明万历间写刻本

江西婺源·理田李氏宗谱傅一卷

藏地：南开大学（残存人物传一册）

（明）李宗垣等撰

明刻本

江西婺源·甲椿李氏世系家谱六卷首一卷末一卷

藏地：国家图书馆

（清）李氏族人重修

清乾隆四十七年（1782）活字本　三册

江西婺源·甲椿李氏家谱十卷首一卷

藏地：日本　美国

（清）李朝�等重修

清道光二十八年（1848）木活字本　六册

江西·婺源五都黄连潭李氏源流不分卷

藏地：安徽徽州地区博物馆

清钞本　一册

江苏万载·高村李氏谱不分卷

藏地：江西省图书馆（二部）

（清）李荣院等纂

清嘉庆二年（1797）种德堂排印本　一册

江西·万载李氏续修族谱二十一卷

藏地：江西省图书馆（存卷1—18、11—18、20、21）

（清）李呈芳等纂修

清道光七年（1827）陇西堂木活字本

江苏万载·田背李氏族谱□□卷首一卷

藏地：江西省图书馆（存卷首、卷1、2）

（清）李舒芳纂修

清光绪十一年（1885）忠武堂木活字本

江苏万载·西平李氏族谱□□卷

藏地：江西省图书馆（存卷3、4）

清忠武堂刊本

江苏·万载李谱提要二卷

藏地：江西省图书馆（存卷下）

（民国）李振铎　李福祥等纂修

1921年陇西堂木活字本

江西铜鼓·李氏宗谱

藏地：江西铜鼓县带溪新丰村丁家道蓭里

江西上高·敖南孝友李氏三修谱□□卷

藏地：江西省图书馆（存卷2、3、6）

清道光二十一年（1841）敦睦堂木活字本

江西上高·敖西李氏族谱□□卷

藏地：江西省图书馆（存卷3—5）

清咸丰间世德堂木活字本

江西·上高东溪李氏东七房西三楼合谱□□卷

藏地：江西省图书馆（存卷8、9）

清同间敦叙堂木活字本

江西·上高东溪李氏宗谱□□卷

藏地：江西省图书馆（存卷2—5、15下、18）

民国初敦叙堂木活字本

江西·南昌丰城李氏族谱一卷

藏地：湖南博物馆

（明）李元选纂

明永乐三年（1405）修本

江西·南昌丰城李氏续谱一卷

藏地：湖南博物馆

（清）李赤云续纂

清雍正元年（1723）修纂本

山东·高密李氏家谱四卷首一卷

藏地：中国科学院图书馆

（清）李华国修

清嘉庆七年（1802）补刊本　四十册

山东·高密李氏家谱四卷首一卷

藏地：河北大学　美国

（清）李敦涝等辑

清同治十年（1871）木刻本　六册

山东·高密李氏家谱四卷首一卷末一卷

藏地：人民大学　美国

（清）李凌　李灵长等修

清光绪三十四年（1908）掠旧版增补印本　八册

山东·高密李氏家谱四卷

藏地：吉林大学

（民国）李书声续修

1933年石印本　十册

山东·高密李氏家谱四卷

藏地：黑龙江绥化市档案馆

山东诸城·李氏族谱不分卷

藏地：日本　美国

（清）李澍等编

清乾隆五年（1740）刊本　一册

山东诸城·李氏族谱不分卷

藏地：人民大学（二部）

（清）李文镶　李嵩等修

清乾隆五十二年（1787）刻本　四册

山东·海阳李氏家乘二卷

藏地：日本　美国

（清）李尔梅修

清道光二十九年（1849）刊本　二册

山东·楼霞名宦文毅夫子李氏族谱二卷

藏地：山东楼霞县扬础乡邢家庄

清雍正十一年（1733）重修钞本

山东楼霞·重修李氏家谱一卷

藏地：山东楼霞县扬础乡

（清）李黉儒重修

清嘉庆八年钞本

山东楼霞·李氏家谱一卷

藏地：山东楼霞县臧家庄镇东南庄

（清）李若兰　李启璐续修

清嘉庆二十五年（1820）钞本

山东临沭·李氏家谱

藏地：山东临沭县朱苍乡大黄峪

钞本

山东临沭·李氏宗谱

藏地：山东临沭县芦庄乡大坡村

钞本

河南开封·李氏世谱二卷

藏地：河南民权县档案馆

（清）李梦镐创修

1926年钞本

河南杞县·李氏族谱

藏地：河北大学

（民国）李国钧　李迎春等续修

1929年石印本　四册

河南·偃师李氏宗谱一卷

藏地：四川省图书馆

（民国）李金璞纂修

1938年石印本　一册

河南夏邑·李氏纪录十卷

藏地：中央民族大学

（清）李锡彤编

河南开封永丰印刷处石印本四册

河南夏邑·李氏族谱不分卷

藏地：人民大学

（民国）李绳曾续修

1922年石印本　十二册

河南·商水李氏族谱不分卷

藏地：美国

（清）李嘉湓等修

清光绪二十年（1894）刊本四册

河南太康·李氏族谱四卷

藏地：河南太康县档案馆

（民国）李国金纂

1919年钞本

河南襄城·李氏宗谱

藏地：河南襄城县颖桥乡

河南唐河·李氏族谱不分卷

藏地：中国社会科学院历史研究所图书馆

（民国）李子炎纂修

1934年铅印本　一册

河南唐河·李氏族谱不分卷

藏地：吉林大学

（民国）李焜墀重修

1936年铅印本　一册

河南唐河·李氏族谱

藏地：国家图书馆

（民国）李郥等重修

1936年铅印本　一册

河南卢氏·李氏家谱

藏地：河南卢氏县涧西村

清道光七年（1827）刊本

湖北·陇西郡李氏族谱一卷

藏地：吉林大学

（清）李咏诗续修

1927年排印本　一册

湖北·李氏宗谱十二卷首一卷

藏地：武汉市图书馆（缺卷5）

（民国）李春荣　李简臣等纂

1917年—1948年李氏陇西堂排印本

湖北·李氏宗谱□□卷

藏地：武汉市图书馆（存卷首3、4，卷1、3、5—7、9—14、17—23、25—27）

（民国）李学诗　李全来合修

1948 年三鉴堂排印本

湖北武昌·寿昌李氏宗谱八卷

藏地：美国

（清）李鸾等重修

清同治三年（1864）笃亲堂刊本 八册

湖北武昌·寿昌李氏宗谱十一卷

藏地：美国

（清）李和卿等修

清光绪十九年（1893）笃亲堂木活字本　十册

湖北黄陂·李氏宗谱□□卷

藏地：武汉市图书馆（存卷首 1、2，卷 1）

（民国）李瀛等纂

民国间李氏青莲堂刻本

湖北新洲·李氏宗谱□□卷

藏地：湖北新洲县前进乡李旻村（存卷 3、卷 19）

（民国）李春溪续修

1920 年木刻本

湖北新洲·李氏宗谱五卷

藏地：湖北新洲县贺桥乡松林村

（民国）李富厚　李荣校修

1921 年木刻本

湖北新洲·李氏宗谱二卷首二卷

藏地：湖北新洲县三店镇坨坑村

（民国）李保亨　李保光续修

1924 年木刻本

湖北新洲·李氏宗谱二十六卷

藏地：湖北新洲县新集乡三河口村

（民国）李美钧续修

1928 年木刻本

湖北新洲·李氏宗谱首一卷

藏地：湖北新洲县周河乡上大塘村

1934 年木刻本

湖北新洲·李氏宗谱四卷首二卷

藏地：湖北新洲县和平乡朱杨村

（民国）李善立　李家顺等创修

1945 年铜字本

湖北新洲·李氏宗谱四十八卷首六卷

藏地：湖北新洲县孔埠乡孔埠村

（民国）李孝钧　李发木等修

1946 年木刻本

湖北新洲·李氏宗谱七卷首三卷

藏地：湖北新洲县幸福乡扬桥村

1946 年木刻本

湖北新洲·李氏宗谱三十卷首六卷

藏地：湖北新洲县李集镇大游村

1947 年木刻本

湖北新洲·李氏宗谱三十卷

藏地：湖北新洲县白洋乡白洋村

（民国）李亮炯　李凤山等四修

1947 年木刻本

湖北新洲·李氏宗谱十五卷首三卷

藏地：湖北新洲县方扬乡前塆村

（民国）李立明续修

1948 年木刻本

湖南·长潭军营李氏四修族谱十六卷首一卷末一卷

藏地：湖南省图书馆（又一部缺卷 13）

（民国）李培瑛　李心怡修　李培俊　李福累等纂

1915 年甲秀堂木活字本

湖南·李千护公通谱十五卷

藏地：国家图书馆　吉林大学

民国间铅印本　十五册

湖南·富处塘头李氏族谱不分卷

藏地：吉林大学

（清）李典修　李向纂

清雍正十年（1732）活字本　一册

湖南·李氏支谱四卷首三卷

藏地：国家图书馆

（清）李仪谦修

清同治四年（1875）刻本　六册

湖南长沙·高陵李氏族谱八卷

藏地：广东中山图书馆

（清）李安傅纂修

清乾隆五十二年（1787）启后堂刻本四册

湖南长沙·尖山李氏宗谱二十五卷

藏地：湖南省图书馆（存卷1、24）

（清）李光在修　李大执纂

清嘉庆八年（1803）刻本

湖南长沙·城涧李氏三修族谱二十九卷首二卷

藏地：湖南省图书馆（存卷首上、下）

（清）李长枬　李家振修　李长机纂

清光绪三年（1877）活字本

湖南长沙·善邑军营李氏族谱十四卷首一卷末一卷

藏地：湖南省图书馆（存卷首、卷1—10、13、14、卷末）

（清）李心煌修　李培龄纂

清光绪六年（1880）甲秀堂活字本

湖南长沙·善邑李氏族谱十卷

藏地：湖南省图书馆（存卷1）

（民国）李遇鼎　李运鼎修　李景崇纂

1913年光裕堂活字本

湖南长沙·大路李氏五修族谱十七卷首三卷

藏地：湖南省图书馆

（民国）李集瑞　李延华等纂修

1917年活字本　二十册

湖南长沙·额塘李氏家谱八卷

藏地：湖北省图书馆

（民国）李永远等主修　李永鸿等纂修

1917年陇西堂刻本　八册

湖南长沙·李氏五修宗谱不分卷

藏地：广东中山图书馆（存五册）

（民国）李鸿骞等修

1930年钞本

湖南长沙·星沙李氏支谱十一卷首一卷

藏地：湖南省图书馆（存卷首、卷1、2）

（民国）李芳诚　李爱吾修　李沛华李文高等纂

1938年敦厚堂活字本

湖南长沙·李氏族谱八卷

藏地：吉林大学

（民国）李家琨重修

1947年排印本　三册

湖南宁乡·李氏重修族谱不分卷

藏地：湖南省图书馆

（清）李汉升修　李省山　李韶舞等纂

清乾隆十三年（1748）刻本　一册

湖南宁乡·李家坝李氏七修族谱二十卷首一卷末一卷

藏地：中国社会科学院历史研究所图书馆　河北大学

（清）李纶掌总修　李经生总纂

清道光三十年（1850）思孝堂木活字本十册

湖南宁乡·沩宁东城李氏八修族谱十八卷首三卷

藏地：湖南省图书馆（存卷首上、中、下）

（清）李祖辉　李远芳等纂

清光绪十五年（1889）木活字本

广东·雁洋李氏族谱节录不分卷

藏地：美国

清光绪二十九年（1903）写本一册

广东·道全李公祠族谱不分卷

藏地：美国

1917年新昌醒华印务书局铅印本一册

广东省李氏家谱不分卷

藏地：美国

（民国）李求恩纂

1936年刊本

广东广州·猎德房李氏家谱一卷

藏地：广东广州市档案馆

（清）李佩章辑

清光绪二年（1876）修　复印本

广东花县·李氏族谱不分卷

藏地：美国

清光绪十五年（1889）写本一册

广东番禺·李氏开族谱不分卷

藏地：广东中山图书馆

钞本　一册

广东·番禺李氏新修房谱不分卷

藏地：美国

（清）李之翰等修

清乾隆四十一年（1776）写本一册

广东番禺·李氏族谱不分卷

藏地：广东中山图书馆

（清）李善元纂修

清道光十五年（1835）刻本一册

广东番禺·李氏族谱不分卷

藏地：广东中山图书馆

（清）李德宽纂修

清光绪二十八年（1903）刻本四册

广东番禺·环滘乡应春公李氏族谱不分卷

藏地：广东中山图书馆

（清）李群生重修

清同治十年（1871）钞本　一册

广东番禺·李氏族谱不分卷

藏地：广东中山图书馆

（清）李维森　李嘉树重辑

清光绪十三年（1887）刻本

广东番禺·李氏族谱不分卷

藏地：广东中山图书馆

（清）李春华辑

清光绪十六年（1890）钞本二册

广东番禺·李氏族谱考不分卷

藏地：广东中山图书馆

（明）李鄂编　（清）李万青增补

1929年钞本　一册

广东南雄·李氏家谱不分卷

藏地：美国

（清）李镇昌撰

清光绪十九年（1893）钞本一册

广东英德·李氏族谱不分卷

藏地：广东中山图书馆

（民国）李英铨纂修

1930年修1938年钞本　一册

广东佛山·李氏族谱十卷

藏地：广东佛山市博物馆

（明）李侍问编

明崇祯三年（1623）编　明崇祯间木刻本

广东中山·泰宁李氏家谱八卷

藏地：中国科学院图书馆　南京大学历

史系资料室　广东中山图书馆

（民国）李喜发等增辑

1914年编者铅印本　八册

广东中山·香山西门歧阳李氏家谱不分卷

藏地：广东中山图书馆

（民国）李坤礼纂修

1917年钞本　一册

广东南海·李氏族谱不分卷

藏地：广东中山图书馆

（清）李应年编

清同治八年（1869）钞本

广东南海·李氏族谱不分卷

藏地：美国

（清）李全恩钞

清光绪十五（1889）钞本　一册

广东南海·广东广州府南海县黄鼎司华平乡丰华堡李氏族谱一卷

藏地：广东佛山市博物馆

（清）李锡廉重撰

清光绪三十一年（1905）钞本

广东南海·李氏家谱不分卷

藏地：美国

李达三修

仁本堂钞本　一册

广东顺德·李氏族谱不分卷

藏地：广东中山图书馆

（清）李龙榜　李配英修

清同治三年（1864）修　同治九年（1870）钞本　一册

广东·鹤山李氏宗谱二卷首一卷末一卷

藏地：国家图书馆

（民国）李世禄纂

1917年活字本　四册

广东台山·李文庄公家乘四十六卷

藏地：中国科学院图书馆　中国社会科学院历史研究所图书馆　广东中山图书馆

美国

（清）李萼荣　李燧功总纂

清光绪二十八年（1902）晋文堂刻本　十六册

广东台山·东坑李氏族谱三卷

藏地：广东中山图书馆　暨南大学　广

东台山县档案馆　美国

（民国）李润田编

1930年东坑修谱局铅印本　三册

广东新会·计洞李氏族谱不分卷

藏地：广东中山图书馆

（清）李景承修

清道光元年（1821）钞本　一册

广东新会·李氏家谱三卷

藏地：广东中山图书馆

（清）李邦庆纂辑

清光绪四年（1878）刻本　三册

广东新会·重修李氏少尹世纪不分卷

藏地：广东新会县修志会

（清）李邦庆纂辑

清宣统三年（1911）木刻本

广东新会·李氏族谱不分卷

藏地：美国

（清）李奕本　李仲卓编

清光绪二十四年（1899）李功蕴钞本　一册

广西贵县·镜湖李氏家谱不分卷

藏地：广西博物馆

（民国）李玉扉撰

1940年钞本　一册

四川·李氏族谱四卷

藏地：吉林大学

（民国）李赞霖等续修

1917年排印本　四册

四川灌县·李氏族谱一卷

藏地：四川省图书馆

（清）李文潮纂修

清光绪间刻本　一册

四川·蒲江县插旗乡李氏族谱不分卷

藏地：四川蒲江县托旗乡龙泉村

清同治三年（1864）辑1913年补辑稿本　七册

四川·崇庆李氏族谱一卷

藏地：四川省图书馆

（清）李镜蓉纂修

清光绪间刻本　一册

四川巴县·陇西李氏续修族谱八卷

藏地：中国社会科学院历史研究所图书馆

（民国）李春蓉　李肇松等纂修

1914年刻本

四川长寿·李氏族谱十卷

藏地：四川长寿县渡舟乡小桥村李家新

湾　四川长寿县沙石乡双滩村

（民国）李俊武续修

1946年石印本

四川江津·李氏家谱不分卷

藏地：人民大学

（民国）李镶廷修

1925年活字本　二册

四川荣昌·李氏族谱一卷

藏地：四川省图书馆

（民国）李仕齐纂修

1924年刻本　一册

四川泸县·李氏族谱不分卷

藏地：四川省图书馆（存一册）

（清）李馨修

清宣统三年（1911）刻本

四川·合江东乡中汇文篆洞园李氏族谱十卷首一卷

藏地：辽宁图书馆　上海图书馆　四川省图书馆　日本　美国

（清）李超元　李超琼编辑

清光绪二十一年木活字本

四川广汉·李氏宗谱不分卷

藏地：南开大学

（清）李式先重修

清同治间刻本　三册

四川威远·李氏族谱四卷

藏地：南开大学

（清）李光镇修

1947年石印本　四册

四川绵阳·李氏宗谱不分卷

藏地：四川省图书馆（存一册）

清道光间刻本

四川三台·李氏宗谱八卷

藏地：四川三台县菊河乡

（民国）李大玺修

1930年钞本

四川德阳·罗江李氏族谱一卷

藏地：吉林大学　四川省图书馆　四川重庆市图书馆

（民国）李继斌续修

1946年石刻本　一册

四川内江·李氏族谱一卷

藏地：四川内江县天官乡回龙村

（清）李根实修

清道光二十八年（1848）木刻本

四川资阳·李氏族谱不分卷

藏地：南京大学

（清）李绍文编

清光绪三十一年（1905）李氏木活字本　二册

四川简阳·李氏族谱不分卷

藏地：四川省图书馆

（清）李国云修

清光绪间刻本　一册

四川简阳·李氏族谱不分卷

藏地：四川省图书馆

（清）李郁文　李德宣续修

清光绪间刻本　一册

四川简阳·李氏宗谱一卷

藏地：四川省图书馆

（民国）李德允修

民国间石印本　一册

四川仪陇·陇西李氏宗谱一卷

藏地：四川仪陇县档案馆

（清）李遇合撰

清钞本

四川宣汉·李氏族谱一卷

藏地：四川宣汉县南坝镇

民国间钞本

四川宣汉·李氏族谱三卷

藏地：四川宣汉县溪乡四村

民国间钞本

四川·邻水李氏懋熙堂族谱

藏地：中国科学院图书馆　河北大学

（清）李准修

清宣统元年（1909）铅印本

云南晋宁·昆阳李氏族谱二卷

藏地：云南省图书馆

（清）李雍学撰

清嘉庆间刻本　四册

云南昭通·恩安李氏宗谱不分卷

藏地：国家图书馆　南京大学　四川重庆图书馆（二部）

（清）李正荣纂

清末中西书局铅印本

云南·腾冲青齐李氏宗谱五卷

藏地：国家图书馆　中国社会科学院历史研究所图书馆　中央民族大学　天津市图书馆　辽宁图书馆　吉林市图书馆　山西图书馆　上海图书馆　江苏苏州市图书馆　江苏吴江县图书馆　安徽图书馆　福建省图书馆　河南省图书馆　湖北省图书馆　四川省图书馆　陕西省图书馆　日本　美国

（民国）李学诗　李根源纂

1930 年李氏宗祠刊本

云南·腾冲叠水河李氏宗谱不分卷

藏地：中国社会科学院历史研究所图书馆　首都图书馆　辽宁吉林市图书馆　上海师范大学　河南省图书馆　广东中山图书馆　陕西省图书馆

（民国）李根源纂辑

云南大理·洱源李氏族谱不分卷

藏地：云南大理州图书馆

稿本　一册

陕西·高陵李氏续修族谱二十卷首一卷

藏地：北京大学

（清）李扬奏纂修

清光绪六年（1880）启后堂刻本　十七册

李氏族谱三卷

藏地：中国历史博物馆　吉林大学　上海图书馆

（清）李延基纂修

清康熙四十三年（1704）师礼堂刻本

陕西商县·李氏族谱不分卷

藏地：美国

（清）李懋修等修

清嘉庆十二年（1807）刊本　二册

陕西·汉中西乡李氏家谱三卷

藏地：美国

（清）李友植等修

清光绪十五年（1889）椿荫堂刊本　三册

甘肃庄浪·李氏世系宗派源流谱不分卷

藏地：甘肃庄浪县盘安乡

（清）李焆纂修

清同治十三年（1874）钞本

甘肃庄浪·李氏世系源流谱二卷

藏地：甘肃庄流县盘安乡岔李上庄

（清）李晋泮纂修

清光绪五年（1879）钞本

甘肃庄浪·李氏家谱不分卷

藏地：甘肃庄浪县盘安乡岔儿李

（民国）吴思礼增修

1926年钞本

台湾李氏家谱·不分卷

藏地：台湾

（清）李正华撰

清乾隆四十四年（1779）刊本　一册

香港·新界禾坑李氏族谱不分卷

藏地：美国

（清）李廷英纂修

清道光十四年（1834）钞本　一册

香港·深涌李氏族谱不分卷

藏地：美国

清光绪三十四年（1908）李廷爵钞本

香港·新界莲澳村三福堂李氏族谱不分卷

藏地：美国

1933年钞本　一册

香港新界南涌李氏族谱不分卷

藏地：美国

孔天培补辑

钞本　一册

重修李氏族谱五卷

藏地：国家图书馆

（明）李昺纂修

明嘉靖间刻本

李氏族谱十卷

藏地：广东佛山市图书馆

（明）李待问纂修

明崇祯十五年（1642）刻本

李氏家谱不分卷

藏地：河北大学

（清）李奇品纂志

清康熙六十年（1721）纂　清乾隆四十五年（1780）钞本　二册

李氏宗谱三十三卷首一卷末一卷

藏地：安徽徽州地区博物馆（存卷首）

（清）李弘彪等修

清雍正十三年（1735）刻本

朱方李氏纂修族谱三卷

藏地：国家图书馆

（清）舒熊纂修

清乾隆三年（1738）活字本

四册

李氏续修族谱

藏地：国家图书馆

清乾隆二十四年（1759）养德堂刻本三册

湖溪李氏支谱二卷

藏地：江西省图书馆（存卷首、卷下）

（清）李成菊等纂修

清嘉庆五年（1800）敬德堂木活字本

养门李氏上章宗谱八卷首一卷末一卷

藏地：安徽徽州地区博物馆（存卷首、卷末）

（清）李际道等修

清嘉庆十五年（1810）刻本

重修天岳李氏族谱

藏地：江西省图书馆（存一册）

清嘉庆间陇西堂木活字本

李氏世谱□□卷

藏地：江苏吴江县图书馆（存卷1、2）

（清）李钦辑

清道光八年（1828）钞本

李氏玉牒

藏地：台湾

（清）李乔蓝撰

清道光十二年（1832）本

夏庄李氏宗谱八卷

藏地：国家图书馆

（清）李圭纂

清道光十三年（1833）木活字本八册

李氏族谱不分卷

藏地：美国

（清）李善元等修

清道光十五年（1835）刊本一册

李氏族谱□□卷

藏地：江西省图书馆（存卷1、2）

（清）李福祥等纂修

清道光末陇西堂木活字本

李氏宗谱不分卷

藏地：四川省图书馆（存二册）

（清）李汝栋纂修

清咸丰间刻本

李氏族谱一卷

藏地：四川仪陇县档案馆

（清）饶清源撰

清同治二年（1863）钞本

李氏续谱八卷

藏地：吉林大学

（清）李星根续修

清同治二年（1863）洪雅祠石印本　二册

龙眠李氏宗谱十三卷末一卷

藏地：人民大学

（清）李炳南等续修

清同治三年（1864）敬爱堂活字本　十四册

李氏重修宗谱五十卷首一卷

藏地：国家图书馆

清同治十一年（1872）敦睦堂活字本　二十册

李氏族谱二卷

藏地：国家图书馆

（清）刘宗汉校补

清同治十二年（1873）利贞堂活字本　二册

陇西李氏族谱□□卷

藏地：福建明溪县档案馆（存卷1、6、7、15、17）

清同治十二年（1873）木刻本

李氏宗谱四十七卷首二卷

藏地：云南省图书馆

（清）李秉阳等纂

清光绪二年（1876）续修排印本二十五册

李氏族谱六卷

藏地：江苏丰县博物馆

（清）李汝典四修

清光绪二年（1876）石印本

李氏家乘杂录三卷五服世系图三卷通谱齿录八卷

藏地：国家图书馆

（清）李宴林等纂修

清光绪四年（1878）登龙堂活字本　十四册

李氏宗谱六卷

藏地：浙江象山县文管会（存卷6）

清光绪四年（1878）木刻本

李氏六修族谱□□卷

藏地：福建明溪县档案馆（存卷7）

清光绪五年（1879）木刻本

李氏五修宗谱稿钞一卷

藏地：美国

（清）李正荣

清光绪五年（1879）敦睦堂刊本

李氏族谱一卷

藏地：湖南道县档案馆

（清）李炳文纂

清光绪九年（1883）钞本

重修李氏家乘不分卷

藏地：湖南鄄鄢县档案馆

（清）李培春　李章柱等撰

清光绪十二年（1886）木刻本五册

李氏族谱不分卷

藏地：日本

清光绪十五年（1889）钞本一册

李氏家谱不分卷

藏地：日本

清光绪十九年（1893）李镇昌钞本　一册

李氏五修支谱七卷

藏地：国家图书馆

（清）李邦组等修

清光绪二十二年（1896）锦绣堂活字本　二册

李氏族谱二十七卷

藏地：江西省图书馆（存卷3、5、7、9、12、14、18、19、21—24、26、27）

（清）李培坤等纂修

清光绪二十四年（1898）笃庆祠木活字本

关门李氏支谱十一卷末一卷

藏地：国家图书馆

（清）李澄清等四修

清光绪二十九年（1903）敦本堂活字本　十二册

李氏族谱十五卷

藏地：国家图书馆

（清）李楚书等纂修

清光绪二十九年（1903）敦睦堂活字本　十五册

李氏宗谱八卷

藏地：国家图书馆

（清）李大兴等七修

清光绪三十一年（1895）源远堂活字本　八册

李氏家谱二卷

藏地：河北卢龙县档案馆

（清）李国荣　李宝珍创修
清光绪二十二年（1896）钞本
高村李氏和房祠主册六卷
藏地：江西省图书馆（存卷 4）
（清）李世缨等纂修
清光绪三十二年（1896）祢祭堂木活字本
李氏续谱二卷
藏地：吉林大学
（清）李慎观等纂辑
清光绪三十三年（1897）善庆堂活字本　二册
李氏家乘六卷
藏地：国家图书馆
（清）李佐贤编
清光绪间刻本　二册
李氏宗谱不分卷
藏地：浙江云和县文管会（存三册）
清光绪间刊本
李氏族谱不分卷
藏地：四川省图书馆（存三册）
清光绪间刻本
李氏族谱不分卷
藏地：四川省图书馆（存一册）
（清）李子馨纂修
清宣统三年（1911）刻本
陇西郡李氏族谱一卷
藏地：四川省图书馆
（清）李锡鹏纂修
民国间排印本　一册
李氏家乘□□卷
藏地：安徽徽州地区博物馆（存末一卷）
清刻本
李氏宗谱一卷
藏地：四川省图书馆
清李广成钞本　一册
李氏宗谱不分卷
藏地：四川省图书馆（存一册）
清敦睦堂刻本
李氏族谱六卷
藏地：广东海南行政区档案馆
（民国）李仕禄纂
1913 年木刻本
李氏续修族谱不分卷
藏地：吉林大学
（民国）李春蓉等续修
1913 年修本　八册
董庄李氏宗谱十六卷首一卷末一卷
藏地：上海图书馆
（民国）李洪宣等修
1914 年世德堂木活字本　十六册
李氏族谱
藏地：北京师范大学
（民国）李树森纂修
1914 年李氏木活字本　二册
李氏族谱十六卷首一卷
藏地：国家图书馆
（民国）李其昌纂修
1915 年刻本　八册
嘉蒲狮子李氏族谱十卷
藏地：人民大学
（民国）李含德等修
1915 年中山堂活字本　二十六册
华山李氏谱十八卷
藏地：广东茂名市档案馆
（民国）李卓才纂
1919 年重修刻本
檀林李氏家谱十六卷首一卷
藏地：吉林大学
（民国）李家均纂修
1921 年活字本　一册

李氏族谱十九卷首三卷

藏地：湖南临沣县档案馆

（民国）李云湘续修

1924 年木刻本

李氏宗谱茂九祖十三卷茂三祖一卷茂四祖一卷首一卷末一卷

藏地：国家图书馆

（民国）李大绅等修

1924 年三田堂活字本　十六册

南沙李氏家乘一卷

藏地：上海图书馆

（民国）李曾焘辑

1925 年铅印本　一册

李氏家乘

藏地：上海图书馆

（民国）李曾耀辑

1925 年铅印本　一册

陇西郡李氏族谱

藏地：国家图书馆

1927 年成都大同印刷局重印本一册

陇西李氏家谱四卷

藏地：国家图书馆

（民国）李兆丰编修

1927 年石印本　二册

李氏家乘四卷

藏地：湖北枝江县档案馆

（民国）李本鸿纂

1927 年陇西堂刊本

李氏族谱六卷

藏地：江苏丰县博物馆

（民国）李秉铨纂

1929 年钞本

陇西李氏・宗谱四卷

藏地：江苏苏州市图书馆

（民国）李祖佑　李修则等修

1929 年石印本　四册

李氏族谱十六卷

藏地：广东海南行政区档案馆案馆

（民国）李乾赑　李乾宝重修

1931 年木刻本

李氏宗谱四卷

藏地：国家图书馆

（民国）李寿恒纂修

1931 年活字本　四册

李氏四修宗谱天部三卷地部十三卷人部一卷附录三卷

藏地：国家图书馆

（民国）李先甲等纂修

1932 年登龙堂活字本　二十册

李氏族谱上编下编杂编

藏地：广西图书馆

（民国）李庆春纂修

1934 年铅印本

李氏分支宗谱

藏地：国家图书馆

（民国）李弈华修

1938 年石印本　二册

长薮李氏族谱十七卷末一卷

藏地：国家图书馆

（民国）李大鉴等六修

1941 年陇西堂活字本　十八册

李氏宗谱二卷

藏地：湖北罗田县志办

（民国）李涛环纂

1943 年木刻本

陇西李氏族谱二卷

藏地：福建将乐县档案馆

（民国）李鸿逵　李鸿纂

1943 年木刻本

衙前李氏家谱□□卷

藏地：江西省图书馆（不全）

1943 年衍庆堂木活字本

李氏宗谱十九卷首一卷

藏地：国家图书馆

（民国）李昌淼主修　李寿涵纂

1944年叙乐堂活字本　二十册

王祁李氏宗谱八卷

藏地：国家图书馆

（民国）李汝楫等修

1949年萼辉堂活字本　八册

龙江李氏族谱八卷附续编一卷

藏地：国家图书馆

（民国）李燕年　李卓英纂辑

1949年石印本　一册

李氏族谱一卷

藏地：湖北枝江县档案馆

（民国）李世贤纂

民国间大展石印局印本

李氏宗谱二十卷

藏地：国家图书馆（存卷7—20）

民国间叙乐堂活字本

李氏四房支派世系家谱稿

藏地：国家图书馆

钞本　一册

李氏宗谱

藏地：浙江遂昌县文管会

亮庵公李氏族谱□□卷

藏地：广西容县档案馆（存卷2）

石印本

李氏族谱一卷

藏地：四川筠连县档案馆

钞本

李氏考源一卷

藏地：广东潮阳县博物馆

李先任纂

钞本

李氏通谱□□卷

藏地：湖南蓝山县档案馆（存卷9）

李氏支谱□□卷

藏地：湖南江华县档案馆

复印本　二册

李氏通谱六卷

藏地：湖南江华县档案馆

石印本

（五）　字行辈份

据清光绪年间李几屏修《李氏族谱》，河北高邑李氏派语字行为：“发荣从晋，钟秀在高，世继昌盛，光裕永昭。”民国年间李士伟修《李氏支谱》，河北水年李姓一支字行为：“藩赓先德绪，经世重文章，永守传家业，延年毓庆昌。”清光绪年间李湘修《李氏家谱》，江苏昆山李姓一支派语字行为：“世以厚德传家，儒雅修身为本。”又据李鸿绪《湖北阳新李氏源流》一文，江西建昌（今南城）李姓一支派语字行为：“辂德宝弼，岑林松荣，义乾朝集，千端可夫，亭文本处，如吉士春，韶淑近日，开正大光，明显忠厚，传家鸿儒。”

（六）　迁徙繁衍

唐人林宝《元和姓纂》称李利贞的11世孙是李耳（宋人邓名世《古今姓氏书辨证》说，昌祖的5世孙李乾“为周上卿大夫，娶益寿氏女婴敷，生耳”）。李耳，字伯阳，外字聃，号为老子，生于苦县厉乡曲仁里，周平王时做过管理藏书的史官。这说明李氏自商末至东周初的二百多年间一直居住在豫东。据《新唐书·宗室世系》及《宰相世系》记载，李耳的8世孙李昙，字贵远，为赵柏人侯，入秦为御史大夫，葬柏人（今河北唐山）西。

昙有四子：崇、辩、昭、玑，因在外地任官、定居而分出两支。长子崇，字伯灶，任陇西守、南郑公，为陇西（在今甘肃境）房；四子玑为赵郡（在今河北境）房。后来，陇西房分为39房，赵郡房分为东、南、西三组，繁衍昌盛，人丁兴旺，都成为当地的名门望族。西汉时，李氏有一支迁往今山东境，即《史记·老子列传》中所云：老子后裔李假“仕于汉孝文帝，而假之子解为胶西王卬太傅，因家于齐焉”。大约自东汉开始，有李氏族人陆续徙居西南，分布于川、滇一带，历蜀汉、晋、唐、宋，都已发展成为当地的大族，其中有的融入于氐、白、苗、瑶、侗、壮、水、彝、傣、满、回、布依、仡佬、毛难、仫佬、土家、纳西等民族中。魏晋南北朝时，李氏已是全国的大姓，中原的崔、卢、李、郑并称四大名门望族，被视为最尊贵的士族；但在唐以前主要是在北方发展，在长江以南仅分布于部分地区。唐朝是中国封建社会的鼎盛时期，有天下近300年，李氏作为“国姓”，最为显贵，因之人口得到了极大的发展。仅就王室而言，唐高祖李渊有22子，分为15房，唐太宗李世民有14子，高宗李治有8子，中宗李显有4子，睿宗李旦有6子，玄宗李隆基有23子，肃宗李亨有14子，代宗李豫有20子，德宗李适有11子，顺宗李诵有22子，宪宗李纯有20子，穆宗李恒有5子，敬宗李湛有5子，文宗李昂有2子，武宗李炎有5子，宣宗李忱有11子，懿宗李漼有8子，僖宗李儇有2子，昭宗李晔有17子，共41房；另有宗室宰相12人，陇西李氏宰相10人，赵郡李氏宰相17人，又分出许多支脉。从此，凡唐初跟着李渊、李世民打天下的文臣武将，或有功于唐王朝的人，均被赐从唐朝国姓李氏。被赐为李姓的有徐、邴、安、杜、胡、弘、郭、麻、张、董、罗氏及少数民族的鲜于、阿布、阿跌、舍利、朱邪氏等，也大大地扩充了李姓人口。《广韵》载李氏的郡望有12个：陇西、赵郡、顿丘、渤海、中山、襄城、江夏、梓潼、范阳、广汉、梁国、南阳。唐代《新集天下姓望氏族谱》称，渭州陇西郡13姓之首为李氏，鄂州江夏郡7姓之首为李氏，冀州渤海郡28姓有李氏，赵州赵郡7姓之首为李氏。李氏支庶既蕃，子孙必众，于是便广泛地向各地播迁，继唐代的大发展之后，其子孙开始遍布全国。据《李氏族谱》记载，唐代李氏南迁主要有三次：一次是在唐朝初期，李氏部分人南迁，其中河南的李氏有的于唐高宗总章年间随陈政、陈云光父子入闽开辟漳州，是为李氏人福建最早者；第二次是“安史之乱”时，“中原鼎沸，衣冠南走”，又有不少李氏子孙迁往南方；第三次从唐末黄巢大起义至五代，因中原地区长期动乱，李氏有自长安转道开封再迁往福建者，也有直接自河南固始随王潮、王审知入闽，在莆田、晋江等地定居者的。从明末开始，闽、粤李氏陆续有人移居台湾。

李氏迁徙至海外，始于明朝初年，去琉球国的都是福建人，定居于今冲绳岛那霸市近郊的久米村一带。据《明会要》记载，明洪武25年，明朝曾赐给琉球国“闽人三十六姓善操舟者，令往来朝贡”，其中就有李姓。琉球国派往明、清的通事有许多人姓李，皆系自福建移居琉球的华人。清朝及民国时期，李氏族人移居海外者更多。

在中国历史上，李姓称帝称王者多达 60 余人，先后建立有大成、西凉、凉、吴、魏、唐、楚、后唐、南唐、大蜀、西夏和大顺等政权。东汉初，许昌人李宪称天子，历时 3 年而亡。十六国时，巴郡氐人李雄创建大成国，后又改称汉，历 5 王 41 年，被东晋所灭。公元 400 年，临洮人李暠建立西凉国，初都敦煌，后迁酒泉，历 3 王 21 年，为北京所灭。隋末，武威人李轨起义，称凉王，年号安乐，一年被杀；李子通在江淮地区起义，称吴帝，年号明政，建都扬州，历时 2 年亡；李密率瓦岗军起义，称魏公，年号永平，建都巩县，历时 2 年亡于唐；成纪人李渊灭隋建立唐朝，定都长安，历 24 帝 290 年，亡于后梁。唐德宗时，辽西人李希烈攻入汴州（今河南开封），称楚帝，年号武成，不久兵败被部将毒死。五代时，沙陀人李存勖创建后唐，定都洛阳，历 4 王 14 年，亡于契丹；徐州人李升创建南唐，建都金陵（今江苏南京），历 3 主 39 年，亡于北宋。宋代，川峡地区人李顺起义，入据成都，称大蜀王，年号应运，不久被杀；银州党项族人李继迁曾建立西夏国；李合戎于松滋起义，年号太平；李接起义，年号罗平。明代，钱塘人李珍起义，年号天顺；麻城人李添保起义称王，年号武烈；漳州李新起义，年号洪武；河南新郑人李原起义，称太平王；固原李文起义，年号真混；米脂人李自成率义军灭明，建立大顺政权，建都北京，年号永昌，不久亡于清。清代，云南李天极称帝，年号元兴；湖南李明先起义，年号洪顺；云南李永和起义，年号顺天。此外，唐太宗子曹王明的后裔李公蕴，建立安南国（今越南）李朝，都今河内，历 8 主 216 年；由辽东迁至朝鲜的李氏后裔李成桂，于 1392 年建立李氏朝鲜，建都汉城，传 26 代，历时 500 余年。

（七） 适用楹联

□陇西望族；北海名流[①]。

□木荣花绽展春色；
子孝孙贤传嘉风[②]。

□岷江水利千年颂[③]；
昌谷诗风万里香[④]。

□狂歌痛饮双仙骨[⑤]；
索句呕心一锦囊[⑥]。

□诗礼趋庭，人羡邺侯卷轴[⑦]；
忠贞体国，世瞻元礼肃墙[⑧]。

□世系考春秋，
御史名官、东鲁圣人曾问礼[⑨]；
渊源溯唐代，
翰林著绩、玄宗皇帝也求诗[⑩]。

□鸣凤朝阳，谏诤均推御史[⑪]；
宫袍带月，神气咸钦谪仙[⑫]。

□田可耕，桑可蚕，书可读，
袭誉传家至宝[⑬]；
战则胜，攻则取，守则固，文忠开国殊勋[⑭]。

□胪唱儿孙三百辈；
经传道德五千言[⑮]。

□楷模听松风，敢与龙门望第；
文章标花萼，莫忘鹿洞遗规[⑯]。

□玉炉修炼延年药；
真道兴诚益寿丹[⑰]。

□匡山怀哲士；青莲慕奇才[⑱]。

□新添十竹皆紫玉；

恰对九峰如画屏⑲。

□铁肩担道义；妙手著文章⑳。

注释：

①唐代书法家李邕（678—747），扬州都江人。玄宗时官北海太守，文名满天下，著有《李北海集》。

②这是一个析字联，联首“木”、“子”拼为“李”。

③战国时的水利家李冰，在任职蜀郡守期间，他在儿子二郎和王曌等人协助下，开凿了举世闻名的古代水利工程都江堰，为农业经济的发展以及我国的水利交通事业作出了贡献。被后世奉为“川王”。

④唐代诗人李贺（790—816），字长吉，河南福昌（今河南省洛宁东北）人。所作诗歌想象丰富，语言厚重华丽，艺术上富有创造精神，为著名的浪漫主义诗人。著有《昌谷集》。

⑤唐代大诗人李白（701—762），字太白，号青莲居士，祖籍陇西成纪（今甘肃秦安西北）。隋末，其先人流寓碎叶（今吉尔吉斯北部托克马克附近），他诞生于此。幼时随其父迁居绵州昌隆（今四川省江油南）青莲乡。所作诗歌热情奔放，才气横溢，是我国最有名的浪漫主义诗人。存诗九百九十余首，有“诗仙”之称。平生嗜酒，杜甫称其“李白一斗诗百篇”，故又有“酒仙”之称。

⑥唐代诗人李贺，七岁能解辞章，每天骑着弱马，背着锦囊，得句即投其中，不先立题。暮归，其母探囊见所书多，怒曰：“是儿要呕出心乃已耳！”

⑦唐代大臣李泌（722—789），字长源，玄宗时为皇太子供奉官。历仕肃宗、代宗、德宗，位于宰相，封邺侯。

⑧东汉司隶校尉李膺（110—169），颍川襄城（今属河南）人。字元礼。桓帝时，与太学生首领郭泰等结交，反对宦官专权，太学生赞曰：“天下模楷李元礼。”

⑨指春秋时候的思想家、教育家、儒学创始者孔子，潜心学习，曾问礼于道家创始者老子李聃之事。

⑩指唐玄宗李隆基求诗于大诗人李白之事。

⑪唐代御史李善感的事典。

⑫指唐代大诗人李白。李白有诗仙之誉，贺知章初见李白，便叹其为“天上谪仙人?。

⑬唐代江南巡察大使李袭誉的事典。唐时扬州俗喜商贾，不事农，袭誉为引雷陂水，筑勾城塘，溉田八百顷，民多归本，甚获其利。

⑭明代大都督府左都督李文忠，临敌蹈厉奋发，遇大敌胆气益壮。谥武靖，追封岐阳王。

⑮李氏祠联。

⑯注同⑮。

⑰终南山老子（李耳）说经台石刻联。

⑱李太白祠联。

⑲清代地理学家兼古文家李兆洛（1769—1841）撰书联。李兆洛江苏阳湖（今常州）人。著有《养一斋集》。

⑳中国最早的马克思主义者李大钊（1889—1927）撰书联。

李氏名人集粹

李鸿章 (1823—1901)，清安徽合肥人，字少荃。道光进士。改翰林院庶吉士、散馆授编修。咸丰三年(1853年)回籍办团练抵抗太平军。后入曾国藩幕，襄办营务。十一年奉命编练淮军。次年调上海，在英、法、美侵略者支持下参与镇压太平军，升任江苏巡抚，伙同戈登"常胜军"攻取苏、常。同治四年(1865年)署两江总督，先后镇压东、西捻军。九年继曾国藩任直隶总督兼北洋通商事务大臣，掌管清廷外交、军事、经济大权，成为洋务派的首领。历授武英殿、文华殿大学士。从六十年代开始，先后开办了一批近代军事工业和民用工业，主要有：江南制造总局、金陵机器局、轮船招商局、开平矿务局、漠河金矿、天津电报局、津榆铁路、上海机器织布局等企业，又建立北洋水师学堂和北洋海军。中法战争中，主张乘胜求和，与法国订立《中法新约》。中日甲午战争中奉行避战求和方针，惨败后签订《马关条约》。光绪二十二年(1896)前往俄国签订《中俄密约》，允许俄国在中国东北修筑铁路等。八国联军侵占北京后，与庆亲王奕劻代表清政府与各国签订《辛丑条约》。死后谥文忠。有《李文忠公全集》。

李塨 河北蠡县人，清代思想家，一生博学广猎，于礼、乐、兵、农、经、史都有论著。后人编有《颜李遗书》。

李汝珍 北京大兴县人，清代小说家，其人学问渊博，尤精通音韵学，著有《李氏音鉴》5卷。晚年完成了长篇小说《镜花缘》。

李渔 浙江兰溪人，清代戏剧理论家、作家，著有《闲情偶寄》，包括戏剧理论、饮食、营造、园艺等方面内容，在戏剧理论上有所丰富和发展。所著短篇小说集《十二楼》多写才子佳人的故事。

李绂 今江西临川人，康熙年间进士，历任内阁学士等职，雍正初任广西巡抚，后署直隶总督，乾隆初授户部侍郎。

李秀成 (1823—1864)，或作寿成。清广西藤县人，原名以文。贫农出身。初加入拜上帝会。咸丰元年(1851)，参加太平军。后为军帅、监军、指挥、检点、地官副丞相。六年，随军援镇江，破江北、江南大营，守安徽桐城，升地官正丞相、合天侯。次年，至六安、霍丘会各捻军，封副掌率、合天义，参与主军政。八年，为后军主将，参加再破江北大营与安徽三河之役。次年，封忠王。十年，又破江南大营，乘胜进取苏州等地，并三次进军上海。同治二年(1863)返京建议"让城别走"，为洪秀全所拒。天京陷落后，护送幼天王洪天贵福突围，失散被俘，写供词数万言，有投降之意。旋被曾国藩杀害。

李颙 陕西盩厔(今周至)人，明末清初哲学家，曾讲学江南，门徒甚众，与孙奇逢、黄宗羲并称三大儒。

李梦阳 庆阳(今属甘肃)人，明代著名的文学家。

李开先 今山东章丘人，明代戏

曲家、文学家，曾官至太常寺少卿。以诗文、散曲见称，为“嘉靖八才子”之一。作有传奇《宝剑记》和院本《园林午梦》等。今有《李开先集》。

李攀龙 今山东历城人，明代文学家，曾官至河南按察使，与王世贞同为“后七子”首领。

李贽 （1527—1602）泉州晋江（今属福建）人，明代著名思想家、文学家，曾官至云南姚安知府。主张重视功利，对封建传统教条和假道学进行了大胆的揭露。认定《六经》、《论语》、《孟子》等儒家经典只是当时弟子的随笔记录，并非“万世之至论”。并重视小说戏曲在文学上的地位，在当时颇有影响。著有《李氏梦书》等多种。

李时珍 （1518—1593）明代著名医药学家。字东璧，号濒湖，蕲州（治今湖北蕲春）人。世业医，继承家学，更着重研究药物，重视临床实践与革新。常上山采药，向农民、渔民、樵夫、药农、铃医请教，并参考历代有关书籍八百余种，对药物加以鉴别考证，纠正了古代本草书籍中药名、品种、产地等某些错误，并收集整理宋、元以来民间发现的药物，充实内容，经二十七年著成《本草纲目》，收录原有诸家《本草》所载药物一千五百十八种，新增药物三百七十四种，总结了16世纪以前我国人民丰富的药物学经验，对药物学的发展作出了巨大贡献，成为祖国医药学的一份宝贵遗产。还著有《濒湖脉学》、《奇经八脉考》流传于世，另有《五脏图论》、《三焦客难》、《命门考》等已佚。

李自成 （1606—1645年），今陕西米脂人，明末农民起义领袖。本名鸿基，初号闯将，后号闯王。出身农民家庭，童年时给地主牧羊，曾为圁川驿卒。崇祯三年（1630年）入不沾泥部。在起义军中号八队闯将，猛勇有胆路。六年，由渑池渡河，由晋入豫，转战豫、鄂、川、陕、甘边区。十一年在陕、川边界屡受挫折，部众损失惨重，转入陕、鄂、川大山中。十三年夏，由房县（今属湖北）取道陕东南进入河南，声势大振。其时中原灾荒严重，阶级矛盾极度尖锐。他提出“均田免赋”等口号，获得广大人民的欢迎，时有“迎闯王，不纳粮”的歌谣，部队发展到百万之众，连战皆捷，成为农民战争中的主力军。崇祯十六年（1643年）在襄阳称新顺王。同年，在河南汝州（今临汝）歼灭明陕西总督孙传庭的主力，旋乘胜进占西安。次年正月，建立大顺政权，年号永昌。不久攻克北京，推翻了明王朝。由于起义军领袖犯了胜利时骄傲的错误，失去警惕。明将吴三桂勾结满族贵族入关，联合进攻农民军。他迎战失利，退出北京，率军在河南、陕西抗击，兵败南下。永昌二年（1645年）在湖北通山九宫山被地主武装杀害（一说死于通城，也有说隐于石门为僧）。所部继续坚持抗清斗争。

李治 今河北栾城人，元代时期对于我国古代计数方法天元术有着重要的贡献。

李衎 蓟丘（今北京市丰台区北）人，元代画家，曾官至吏部尚书、集贤殿大学士。擅画墨竹，著有《竹谱详录》。

李恒 西夏国主后裔，著名大将，

曾官至中书左丞。

李纲 邵武（今属福建）人，南宋宰相。

李彦仙 宁州彭原（今甘肃庆阳南）人，著名将领。

李清照 （1084—约 1151）南宋女词人。号易安居士，齐州章丘（今属山东）人。父李格非为当时著名学者，夫赵明诚为金石考据家。早期生活优裕，与明诚共同致力于书画金石的搜集整理。金兵入据中原，流寓南方，明诚病死，境遇孤苦。所作词，前期多写其悠闲生活，后期多悲叹身世，情调感伤，有的也流露出对中原的怀念。形式上善用白描手法，自辟途径，语言清丽。论词强调协律，崇尚典雅、情致，提出词“别是一家”之说，反对以作诗文之法作词。并能诗，留存不多，部分篇章感时咏史，情辞慷慨，与其词风不同。有《易安居士文集》、《易安词》，已散佚。后人有《漱玉词》辑本。今人有《李清照集校注》。

李焘 眉州丹陵（今属四川）人，宋代史学家，历任地方官多年，后以主持修史工作最为长久。他熟悉当代典故，积 40 年，撰成《续资治通鉴长编》980 卷，对保存北宋一代史料有较大贡献。

李唐 河阳三城（今河南孟县）人，宋代杰出的画家，擅画山水，变“小斧劈”而创“大斧劈”，开创了南宋山水画的新画风。

李元昊 建立了与宋王朝对峙的西夏国（都在今宁夏银川）。曾制定了一系列的官制、军制、法律，还创立了西夏文字，对后来的历史有很大的影响。

李公麟 舒州舒城（今属安徽）人，北宋著名画家，官至朝奉郎。擅事人物、佛道像，多用线描，而不设色，人称“白描”。尤精画鞍马，亦工山水。论者谓其作画“以立意为先，布置缘饰为次”，鞍马胜过韩干，佛像近吴道子，山水似李思训，人物似韩滉，推为宋画第一。存世作品有《五马图》、《临丰偃牧放图》。

李昉 深州饶阳（今属河北）人，文学家，曾官至右仆射，中书侍郎平章事。曾参加编撰《旧五代史》，并主编《太平御览》、《太平广记》、《文苑英华》，此三书与《册府元龟》合称宋代四大书。在保存古代文献方面颇有贡献。

李成 上代居长安（今属陕西），后迁青州益都（今属山东），五代宋初的画家，擅画山水。笔势锋利，墨法清微，好用淡墨，画山石若云动，后人称之为“卷云皴”。与关仝、范宽形成五代、北宋间北方山水画的三个主要流派，学他的较多。

李靖 京兆三原（今陕西三原东北）人，唐代著名军事家。

李勣 曹州离狐（今山东东明东南）人，唐代著名的大将。

李义府 唐代瀛州饶阳（今属河北）人，官至大臣。

李林甫 唐代一代将相。

李泌 唐代京兆（治今陕西西安）人，原籍辽东襄平（今辽宁辽阳北）官至宰相。

李吉甫 唐代赵郡（治今河北赵县）人，宰相。

李白 （701—762）祖籍陇西成

纪（今甘肃秦安）人，后随父迁居今四川江油，唐代著名的诗人，他在中国文学史上占有着极重要的地位。其诗风雄奇豪放，想象丰富，语言流转自然，音律和谐多变。又善于描绘壮丽的自然景色，表达对祖国山河的热爱。一生创作甚多，现存有990余首，许多绝句佳唱，至今为人们所吟咏。其代表作有《蜀道难》、《行路难》、《梦游天姥吟留别》、《静夜思》、《早发白帝城》等。

李贺 福昌（今河南宜阳西）人，唐代诗人。

李商隐 怀州河内（今河南沁阳）人，唐代诗人。

李邕 扬州江都（今属江苏）人，唐代书法家，李善（学者）之子。官至汲郡、北海太守。工文、善书，尤擅以行楷写碑。取法二王（羲之、献之）而有所创造，笔力沉雄，自成面目，对后世影响较大。

李思训 陇西成纪（今甘肃秦安）人，唐代杰出画家，以其独特的风格与同时期兴起的水墨山水画，都为五代和北宋时期的山水画奠定了基础。

李翱 陇西成纪人，唐代哲学家、文学家，推崇儒家学说，并与韩愈一起开宋明理学的先河。

李渊 唐代陇西成纪（今甘肃秦安）人，后迁居山西太原，为李广23世孙。

李世民 建立唐朝，建都今陕西西安市，李氏前后称帝289年。总的说来唐代李氏家族的发展达到了前所未有的盛况。

李春 隋代工匠，他所创建的赵州桥（位于今河北赵县城南洨河上）是中国现存的著名古代大石拱桥。在世界桥梁史上，其设计与工艺之新，为石拱桥的卓越典范，跨度之大在当时亦属创举。

李轨 武威姑臧（今甘肃武威）人，河西大凉王，大业十三年（公元617年）起兵，攻据张掖、敦煌等河西五郡，次年称帝，年号安乐。

李雄 巴氐族，巴西宕渠（今四川渠县东北）人，十六国时在成都建立成国。

李暠 陇西狄道（今甘肃临洮）人，西凉的建立者。

李充 江夏（郡治今湖北安陆）人，东晋文学家。

李典 山阳巨野（今属山东）人，定至三国曹魏中郎将。

李膺 颍川襄城（今属河南）人，东汉时官至司隶校尉。

李育 扶风漆（今陕西彬县）人，东汉经学家，曾官至侍中。

李广 陇西成纪（今甘肃秦安）人，西汉时有“飞将军”之称，曾历仕文、景、武帝三朝。多次参加反击匈奴贵族攻扰的战争，作战大小70余次，以勇敢善战著称。在任右北平太守时，匈奴数年不敢攻扰，称之为“飞将军”。他的事迹不仅载入《史记》、《汉书》，而且广为后人传颂。

李悝 战国时实施变法使魏国（都城在今山西夏县西北）成为初期强国之一，他汇集当时各国法律编成的《法经》，是中国古代第一部比较完整的法典。

李牧 战国时抵抗匈奴的赵国名将。

李冰 在四川以兴办都江堰水利

工程而著称的水利家。

李兑 曾与苏秦联合五国攻秦的赵国大臣。

李斯 楚上蔡（今河南上蔡西南）人，对秦始皇统一六国起了较大作用的政治家。战国末入秦，初为吕不韦舍人，后被秦王政任为客卿。秦王政十年（公元前237年）以韩国水工郑国事件，当宗室贵族建议逐客时，他上书谏阻，为秦王政（秦始皇）所采纳，不久任廷尉。他建议对六国采取各个击破的政策，对秦始皇统一六国起了很大作用，秦朝建立后，李斯任丞相，反对分封制，主张焚《方》、《书》，禁私学，以加强专制主义中央集权的统治。他工书，有泰山、琅琊等刻石传世。他还曾以“小篆”为标准，整理文字，对中国文字的统一有一定贡献。

李耳 即老子，周时以著《道德经》而闻名古今。是见于史书记载的李姓第一人。历来李氏因其地位之显赫，人数之众多，分布之广，而被列为我十大姓氏之一。也许正因为这个缘故，载入史籍的李氏家族名人，真是多得不胜枚举。

据有关史料统计，在我国历史上，李姓称帝者多达60余人，这在中华姓氏中是比较少见的。可见，历代李姓其政治地位之显赫。

李氏风流撷英

理澂之后理改李，
曲阜发源陇西郡。[①]
崇尚自然创道家，
川祖治水留美名。[②]
秦相李斯辅嬴政，
赵州拱桥史第一。[③]
贞观之治出盛世，
诗仙李白浪漫诗。[④]
名将光弼彪史册，
李诫著有营造法。[⑤]
词人才女李清照，
天元术数数李冶。[⑥]
本草纲目世界扬，
可歌可泣李闯王。[⑦]
礼仪之帮李理通，
服从真理必胜利。[⑧]

注释：

①皋（gāo）陶（偃姓）是舜时掌管刑法的官，叫大理，山东曲阜人。据《管子·法法》记载：“皋陶为李”。其后代以官为氏，始有理姓。又据《唐书·宰相世系表》所载，商纣王时，皋陶之后理徵之子利贞，逃难到伊侯，靠吃李子保全了生命，为饮水思源，故改玉帝理为木子李。秦昭王时设陇西郡，在甘肃陇西一带，此乃李氏的发祥地。

②春秋末期思想家、哲学家李耳（即老子），道家的创始人。他认为：“人法地，地法天，天法道，道法自然”。提出“一阴一阳为之道”的辩证法和“天人合一”的系统论。川祖即李冰（生卒不详）战国时期蜀太守，他依法治水，修建了驰名中外的水利工程都江堰，为国家农业生产，水利工程作出巨大贡献，他也因此而名扬中外，被后世奉为川祖。

③李斯（？—公元前208年），河

南上蔡人，秦国宰相。辅佐秦始皇成就了封建帝业。李春（生卒不详），隋朝工匠，由他设计建造的赵州石拱桥，在世界桥梁史上堪称第一。

④唐太宗李世民（599—649 年），唐朝皇帝，初始以“玄武门事变”取得政权，后制订了一些对社会发展较为有利的措施，创造了“从谏如流，道不拾遗，夜不闭户”的贞观盛世。李白（公元 701—762 年），祖籍甘肃秦安，唐朝浪漫主义诗人，被世人誉为“诗仙”。

⑤李光弼（708—764 年），辽宁朝阳人，唐朝名将，军事家。他在平息安禄山、史思明的叛乱中，功勋卓著，表现了杰出的军事指挥才能，其功绩彪炳史册。李诫（约 1060—1110 年），河南新郑人，北宋建筑家。著有《营造法式》是我国古建筑史上的珍贵文献。

⑥李清照（1084—1151 年），山东济南人，南宋女词人。李治（1192—1279 年），河北栾城人，金元时期著名的数学家。他在总结前人经验的基础上，完善了“天元术”（用代数方法列方程），在世界数学史上树起了一座丰碑。

⑦李时珍（1518—1593 年），湖北蕲春人，明朝医学家。历经三十年，阅读了八百家医学药典籍，终于修订写成世界药物巨著《本草纲目》。李自成（1606—1645 年），陕西米脂人，明末农民起义军领袖。

⑧中国是礼仪之邦，唯理是从，服从真理，有理走遍天下，这是每一个炎黄子孙应遵循的行事原则。

中华百家姓													
赵	钱	孙	李	周	吴	郑	王	冯	陈	蒋	沈	韩	杨
朱	秦	许	何	吕	张	孔	曹	金	魏	姜	谢	邹	苏
潘	范	彭	韦	马	方	任	袁	史	唐	薛	雷	贺	汤
罗	郝	常	于	傅	康	余	顾	孟	黄	尹	姚	邵	汪
毛	戴	宋	熊	董	梁	杜	贾	江	郭	林	钟	徐	邱
高	夏	蔡	田	胡	万	卢	丁	邓	石	崔	龚	程	陆
段	侯	武	刘	龙	叶	黎	白	赖	乔	谭	阎	易	廖
文	曾												

周　姓

——行事周全创伟业，功成名就凯旋还

周氏解密寻踪

（一）　姓氏字源

《说文》：“周，密也。从用、口。周，古文周字，从古文及。”据《殷墟文字甲编》上说，甲骨文“周”字像田间植满禾稼之形，故其本义当训密，与《说文》释义同。《左传·昭公四年》：“其藏之也周。”杜预注：“周，密也。”

（二）　寻根溯祖

周姓来源主要有三：

1. 周姓的最早出现，可追溯到远古的黄帝轩辕氏（传说中中原各族的共同祖先）。据《姓氏考略》等所载，相传黄帝时就有一位叫周昌的大将，至商代又有一名叫周任的太史，这两个人的后代都以周为姓氏，分散于古时的汝南（今属河南及安徽一带）、庐江（今属安徽、湖北等省境）、浔阳（今属江西省境）、临川（今属江西省境）、陈留（今属河南省境）、沛国（今属安徽、河南、江苏等省）、泰山（今属山东省境）、河南（今属河南省境）等地。

2. 出自姬姓，其始祖为周文王。相传黄帝有 25 个儿子，分别得到姬、酉、祁、己、任、滕、箴、荀、僖、姞、儇、依12个姓，其中后稷承袭了姬姓。后稷，古代周族的始祖。据有关史料所载，相传黄帝生玄嚣，玄嚣生蟜极，蟜极生帝喾，喾有妻姜嫄（有邰氏，炎帝的后人），因在荒野踏到巨人足迹，怀孕而生后稷，因一度被弃，故名弃。弃从小就喜欢种植各种植物，长大以后曾在尧舜时代被任命为司农业的稷官，史称“后稷”。在他的管理下，农业连年丰收，尧很高兴，就封他为有邰氏的国君，居邰（今陕西武功县西南）。夏末时，传到公刘，迁到豳（今陕西彬县东北）。传至第12代孙古公亶父（即周太王，周文王的祖父），因戎、狄族所逼，由豳迁到岐山下的周原（今陕西岐山县东北），改国号曰周，从此称为周族。古公亶父为了发展周族，采取了一系列措施，建筑城郭家室，设立官吏，改革戎狄风俗，开垦荒地，发展农业生产，使周族逐渐强盛。周文王时，迁于丰邑（今陕西西安沣水西岸），作为国都，在位50年。到文王之子周武王时，终于灭掉商朝，建立周朝，建都于镐（今陕西西安沣水东岸）。周成王时，因其年幼，由其叔父周公（周武王之弟）摄政。周公东征胜利后，大规模分封诸侯，其中姬姓国就有53个。不过这些姬姓国的后人大多改以国名、地名及祖父名号为姓氏，所以到后来姬姓反而不多了。公元前256年被秦国所灭，其中有相当一部分周宗室子孙及周朝遗民以周为氏：①出自周平王之后。据《姓源》所载，平王（史称东周国王，因东迁洛邑〈今河南洛阳〉，史称东周）时，其少子烈，被封于汝川（今河南临汝），人们谓之为周家，因以为氏。又据《新唐书·宰相世系表》所载：“平王少子烈食汝坟，烈生懋，懋生文，文生升，升生兴，兴生晏，晏生安，安生弘，弘生明，明生隐，隐生寿，寿生容，容生休，休生雄，雄生晖，晖生宽，宽生员，员生成，成生邕。秦灭周，并基地，遂为汝南著姓”。这一支通常被认为是我国今天周姓来源的主要部分。②出自周赧王之后。据《通志·氏族略》所载，周王朝立国约800多年，至公元前256年，秦灭掉东周，将周赧王废为庶人，迁到惮孤（在今河南临汝县西北），时称赧王为周家，其后称为周氏。③出自周初周公旦之后。据《通志·氏族略》等所载，周公，西周初年政治家，名旦，周武王之弟，因采邑于周（今陕西岐山北），称为周公。曾助武王灭商，后又辅佐成王，平定叛乱，分封诸侯，为周朝的建立和巩固立下了汗马功劳。他去世后，名称周公。其后代也以“周公”为姓的。春秋时，周公旦的裔孙周公黑肩在周朝执政，他企图杀死周庄王，改立王子克，因事泄被杀，他的后代也称周氏。

由上可见，周氏的正式立姓应在秦灭周以后。显然周姓的发源地是今河南临汝一带。无疑这一带后不仅是周姓的发源地，也成为了周氏家族历史上最大的望族。故后来周姓的许多分支郡望几乎也就出自汝南望族。而在汝南郡望中，以周平王少子烈的这一支周氏繁衍最为旺盛。

3. 周氏来源，除上之外，还有他氏改姓或他族改姓为周的。其一，属他氏改姓，或赐姓。据《通志·氏族略》所载，唐玄宗（即李隆基）时，有姬氏因避帝名讳，故而改周氏；据《五代史》所载，唐末有叫成汭的，山东青州人，昭宗时为荆南留史，后梁时赐姓周氏；元时，又有苏氏改姓周的，如苏卓周因故改姓周，并以古时的“武功”为郡号。其二，属他族改姓。据《魏书·官氏志》所载，北魏时有鲜卑（东胡族的一支，长期活动于我国北方一带）皇族普氏（献文帝次兄）改姓周，是为河南洛阳周氏；南北朝时，代北（今山西、河北北部一带）复姓贺鲁氏自北魏孝文帝迁都洛阳后，改汉字单姓周氏；据《隋书》所载，周摇，初姓普乃氏，后改为周氏。

（三） 宗堂郡望

堂号 1.“细柳堂”：汉文帝六年冬，匈奴 6 万兵马侵犯汉朝。文帝闻警，急忙调出三路人马镇守三边；又令河内太守周亚夫驻兵细柳，宗正刘礼驻兵霸上，祝兹侯徐厉驻兵棘门，内外戒严。过了几天，御驾亲往慰劳官兵。先到霸上，次到棘门，文帝都是直人军营，不先通报，也没有任何阻挡。刘、徐两将军闻天子到来，慌忙出帐迎驾，只吓得战战兢兢。文帝对官兵安慰了一番，就转赴细柳。细柳守将是绛侯周勃的孙子周亚夫，他治军严谨。文帝走近军营，只见甲兵森严，官兵个个持刀执戟，张弓挟箭，如临大敌，文帝不禁暗暗称奇。当令门岗位传报，说是车驾到来。营兵却直挺挺地站着，一丝不动，并呵令车驾停住，说：“军中闻将令，不闻天子令！”文帝下了辇，亲自来到营门，又被哨兵挡住。文帝只好交出天子的符节，让哨兵进帐回报。亚夫验了证件，才下令开门放入车驾。一面嘱咐御车：“营内不准跑马。”车驾和随从骑兵只好按辔慢行。进入营门，亚夫才不慌不忙地出帐迎接，披甲佩剑，对着文帝作了一个长揖说：“甲胄之士不拜，臣照军礼施行。”文帝激动地哈腰扶着车子前的横木表示答礼。并令随员宣谕道：“皇帝敬劳将军！”亚夫率官兵恭立两旁，鞠躬称谢。文帝说了一番鼓励和安慰的话，然后出营。亚夫也未相送。文帝一出营门，兵士仍关上营门，严整如故。文帝回头看了看，高兴地说：“这才是真将军呀！那霸上、棘门的将士，如同儿戏，假使碰到敌人，他们的主将不被敌人俘虏才怪哩！像周亚夫这样的将军，和他练的兵，才使敌人无缝可钻呀！”后来提升他当了宰相。

2.“爱莲堂”：哲学家周敦颐，一生清正廉洁。他一生最爱莲花。把菊花比成道德高尚的隐士，不怕风霜折磨，不和百花争妍。耻笑牡丹是富贵花，鲜艳夺目，好像当大官的人只好看，没有什么值得歌颂的。他把莲花比成君子，夸它虽然从污泥里钻出来，但是一尘不染，虽然整天在清洁的水里洗濯，但是一点儿也不妖艳。它的香又清又远，它的直不会发枝或拖秧，我爱它的这君子的品质。

郡望 周姓郡望主要有 19 个：汝南郡、沛郡、陈留郡、浔阳郡、临川郡、庐江郡、泰山郡、淮南郡、永安郡、河间郡、临汝郡、华阴郡、河东郡、清河郡、江陵郡、长安、河南郡、昭州、武功郡等。

1. 汝南郡。汉时置郡，治所在今河南上蔡西南。相当今河南颍河、淮河之间、京广铁路西侧一线以东，安徽茨河、西淝河以西、淮河以北地区。此支周氏为周平王少子烈和周赧王的后代，其开基始祖为周平王少子姬烈裔孙周邕。

2. 沛郡。汉置郡，治所在今安徽濉溪县西北。相当今安徽淮河以北、西淝河以东，河南夏邑、永城及江苏沛、丰等县地。东汉改为国。此支周氏为周赧王之后，其开基始祖为汉代汾阴侯周昌。

3. 陈留郡。西汉置郡，治所在今河南开封东南。相当今河南东至民权、宁陵，西至开封、尉氏，北至延津、长垣，南至杞县、睢县地。此支周氏为汉代周仁之后，其开基始祖为晋代的周震。

4. 浔阳郡。唐时置郡，治所在今江西浔阳。相当今江西都昌、德安二县以北地区。此支周氏为周平王少子烈之后，其开基始祖为晋代梁州刺史周访。

5. 临川郡。三国吴置郡，治所在今江西南城县。相当今江西抚州市以南的内夔江及宜黄水流域，西至乐安县境。此支周氏为汝南周氏分支。

6. 庐江郡。楚汉之际秦置郡，治所在今安徽庐江西南。汉相当今安徽巢县、舒城、霍山以南，长江以北，湖北英山、广济、黄梅和河南商城等县地。此支周氏为周平王少子烈之后，为汉汝坟侯周仁后代迁居而成。

7. 泰山郡。楚、汉之际刘邦改博阳郡置郡，治所在今山东泰安以南。相当今山东淄博市、长清以南，肥城以东，宁阳、平邑以北，沂源、蒙阴以西地区。此支周氏为周平王少子烈之后，其开基始祖为周燕之子周忠。

8. 淮南郡。汉置淮南国，三国时改名为淮南郡，治所在寿春县（今安徽寿县）。相当今安徽淮河以南，巢湖、肥西以北，塘河以东，凤阳、滁县以西地区。此支周氏为周平王少子烈之后，为汉代周仁之后代所开基。

9. 永安郡。北魏时设置郡，治所在新城县（今河南光山县西）。相当于今河南南部及湖北北部一带地区。此支周氏为汉代周仁之后，其开基始祖为决曹掾周燕。

10. 河间郡。西汉高帝置郡，文帝二年（公元前 178 年）改为国，治所在乐成县（今河北献县东南）。平帝时相当今河北献县、交河、东光、阜城、武强各一部分地。唐代时，又改瀛州为河间郡，治所在河间县（今属河北）。其辖地文安县即为周氏世居之地。

11. 临汝郡。唐天宝初年改汝州置郡，治所在梁县（今河南临汝），乾元初又复名汝州。此支周氏为周仁的后代，开基始祖为唐代屯田员外郎周基。

12. 华阴郡。唐天宝元年（公元 742 年）改华州置郡，治所在郑县（今陕西华县），乾元元年（公元 758 年）复改华州。此支周氏出自丹阳周氏之后，开基始祖为周漠。

13. 河东郡。秦始置郡，治所在安邑（今山西夏县西北），东晋时移治蒲坂（今山西永济蒲州镇），今山西西南汾河下游至王屋山以西一角。此支周氏亦为周仁之后，其开基始祖为唐贞观年间的周昶。

14. 清河郡。汉高帝始置郡，治所在清阳（今清河东南）。元帝以后相当今河北清河及枣强、南宫各一部分，山东临清、夏津、武城及高唐、平原各一部分地。东汉改为国，移治甘陵（今临清东）。北齐移治武城（今清河西北），隋移治今清河。

15. 江陵郡。唐天宝初年改鄂州置郡，治所在江陵县（今属湖北），乾元元年（公元 758 年）复改鄂州。此支周氏，形成于唐代，其来源众多。

16. 长安。为许多朝代，特别是汉、隋、唐的都城。今陕西西安市一带。此支周氏，本为姬氏，后避讳改周氏。

17. 河南郡。汉时置郡，治所在今河南洛阳市东北。相当今河南黄河以南洛水、伊水下游，双洎河、贾鲁河上游地区及黄河以北的原阳县。此支周氏，为献文帝次兄普氏所改。

18. 昭州。贞观八年（公元 634 年）由乐州改。乐州，武德四年以始安郡平乐县改，治所在今广西平乐西。因昭州曾名乐州，这一支周姓人又被称为乐州周氏，开基始祖为唐代乐州刺史周孝练。

19. 武功郡。战国时秦孝公置武功县，治所在今陕西省眉县东 40 里，渭河南岸。北周建德三年（公元 574 年），另置武功县于中亭川（在今陕西省武功县西北武功镇）。

（四） 家谱寻踪

河北曲阳·银台周氏家乘不分卷

藏地：国家图书馆

（清）周斯亿辑

清光绪二十五年（1899）曲阳官廨刻本　一册

河北·故城周氏族谱不分卷

藏地：河北故城县档案馆

钞本　二册

山西代县·周氏族谱六卷

藏地：美国

（民国）周玳　周士志等创修

1928 年铅印本　一册

上海·周氏家世述不分卷

藏地：美国

（清）周琢新　周宗璜等修

清嘉庆二十二年（1817）修　爱莲书屋钞本　四册

江苏·周氏世系传不分卷

藏地：日本　美国

民国间钞本　二册

江苏丰县·周氏家谱十八卷

藏地：江苏丰县常店乡常娄村郭庄

（民国）周兰真纂

1921 年铅印本

江苏丰县·周氏族谱六卷

藏地：江苏丰县博物馆

（民国）周脉盛重修

1931 年石印本

江苏泰县·海陵丁家巷周氏支谱□□卷

藏地：江苏泰县图书馆

（清）周彝重修

清同治六年（1807）重修本

江苏江都·周氏家谱六卷

藏地：江苏泰州市图书馆

（清）周玉森　周文宽等纂修

清光绪十三年（1887）木活字本

江苏·江都周氏家谱六卷

藏地：国家图书馆（二部）　河北

大学　江苏泰州市图书馆　江苏江都县塘头乡周楼村

(民国) 周玉秀　刘嵩泉纂修

1924 年木刻本　六册

江苏江都·维扬江都周氏族谱四卷

藏地：吉林大学

(民国) 周庆沛等主修　陈兴正编辑

1949 年活字本　四册

江苏镇江·润州周氏重修宗谱十卷

藏地：国家图书馆　上海图书馆

(清) 周瀛等重修

清道光七年 (1827) 承敬堂活字本　十册

江苏镇江·润东洪溪周氏续修族谱六卷

藏地：中国社会科学院历史研究所图书馆

(清) 周舜全主修

清同治十一年 (1872) 活字本　六册

江苏镇江·润东周氏十二次重修族谱二十四卷

藏地：美国

(清) 周玉府等修

清光绪三十四年 (1908) 刊本　二十四册

江苏镇江·润东周氏族谱三十二卷

藏地：哈尔滨师范大学

(清) 周玉府　周志笃等重修

清光绪三十四年 (1908) 纂　清宣统元年 (1909) 刻本　三十二册

江苏丹阳·云阳周氏东分宗谱二十八卷首二卷末一卷

藏地：中山大学

(清) 周友松修

清光绪八年 (1882) 刻本　二十册

江苏常州·蒋湾桥周氏续修宗谱十卷

藏地：吉林大学

(清) 蒋龙顺纂修

清同治八年 (1869) 爱莲堂活字本　十册

江苏常州·蒋湾桥周氏续修宗谱十二卷

藏地：日本　美国

(清) 周济棠复修

清光绪十七年 (1891) 爱莲堂木活字本　十二册

江苏常州·蒋湾桥周氏宗谱十四卷

藏地：国家图书馆　人民大学　江苏常州市图书馆 (存五卷)　美国

(民国) 周履云　周国梁等九修

1915 年爱莲堂活字本　十四册

江苏常州·周氏宗谱十六卷

藏地：中国社会科学院历史研究所图书馆　哈尔滨师范大学

(民国) 周生荣　周兆荣等十修

1947 年爱莲堂刻本　十八册

江苏常州·临濠周氏宗谱十卷

藏地：江苏常州市图书馆

(清) 周等芳　周同毂纂修

清光绪七年 (1881) 木活字本

江苏无锡·锡山周氏宗谱十二卷首一卷

藏地：辽宁图书馆

(清) 周景濂续修

清光绪二十八年 (1902) 惇叙堂木活字本

江苏无锡·锡山周氏世谱九卷首一卷附光霁祠徵信录

藏地：国家图书馆　人民大学

（清）周耿坤等修

清光绪三十三年（1907）活字本　十三册

江苏无锡·周氏家谱一卷

藏地：复旦大学

（民国）周钟毓修

1937年石印本

江苏江阴·澄江华庄周氏宗谱六卷

藏地：中国社会科学院历史研究所图书馆

（清）周志云主修

清光绪元年（1875）爱莲堂活字本　六册

江苏江阴·澄江华庄周氏宗谱八卷

藏地：中国社会科学院历史研究所图书馆

（清）周维一主修

清宣统元年（1909）爱莲堂活字本　八册

江苏宜兴·黄干周氏宗谱八卷

藏地：中国社会科学院历史研究所图书馆

（清）周茂汜纂修

清光绪二十年（1894）集贤堂活字本八册

江苏宜兴·山溪周氏宗谱十卷首一卷末一卷

藏地：中国社会科学院历史研究所图书馆

（民国）周璜主修

1948年诵芬堂活字本　八册

江苏吴县·周元公世系遗芳集

藏地：日本　美国

（明）周与爵辑

明万历四十二年（1614）刊本一册

江苏吴县·周氏家谱十卷

藏地：上海松江县博物馆　苏州大学

（清）周德昂　周克豫等创修

清嘉庆元年（1796）木刻本

江苏吴县·吴氏家谱十卷

藏地：河北大学

（清）周德峨　周尚志续修

清道光十二年（1832）木刻本八册

江苏吴县·木渎周氏家谱二卷

藏地：中国科学院图书馆　美国

（清）周孝埰等修

清嘉庆二十一年（1816）伦叙堂刊本

江苏吴县·洞庭东山周氏支谱不分卷

藏地：中国社会科学院历史研究所图书馆　河北大学

（民国）周昌耆纂修

1916年石印本　四册

江苏吴县·周氏续修宗谱十三卷首一卷

藏地：吉林大学

（民国）周楚吉纂修

1938年仁厚堂活字本　二十九册

江苏吴江·周氏家乘二卷首一卷

藏地：南开大学

清嘉庆二十五年（1820）刊本二册

江苏·吴江周氏族谱九卷

藏地：江苏苏州市博物馆（存五卷）

（清）周永肩纂修

清钞本

江苏吴江·周氏家乘摘录不分卷

藏地：江苏吴江县图书馆

（清）周元理辑

清荷生钞本　一册

江苏吴江·周氏家乘四卷

藏地：江苏吴江县图书馆（存三卷）

（清）周元礼辑

1927 年印本

江苏吴江·周氏家乘四卷

藏地：江苏吴江县图书馆

（民国）孙岐纂

1927 年刻印本四册

江苏吴江·周氏家乘□□卷

藏地：苏州大学（存卷 2）

民国间铅印本

江苏吴江·周氏宗谱不分卷

藏地：江苏苏州市博物馆

钞本　二册

江苏吴江·周氏宗谱八卷

藏地：中央民族大学

周凤奇修

活字本　八册

江苏吴江·周氏族谱不分卷

藏地：上海图书馆

传钞本　四册

浙江·周氏家谱不分卷

藏地：人民大学

（清）周大棻编纂

清嘉庆十年（1805）刻本　十六册

浙江杭州·汝南周氏族谱十卷

藏地：浙江宁波天一阁文物保管所

（清）周恒　周祖濂纂修

清康熙二十七年（1688）木刻本五册

浙江杭州·周氏宗谱不分卷

藏地：日本　美国

（清）周之钥等重修

清乾隆五十二年（1787）写本一册

浙江杭州·武林周氏家乘不分卷

藏地：日本　美国

清光绪十六年（1890）纯德堂写本　二册

浙江杭州·汝南周氏家谱一卷

藏地：南京市博物馆

（清）周建权辑

清光绪间稿本

浙江杭州·汝南周氏信字支第七房小宗谱不分卷

藏地：浙江图书馆

民国钞本　一册

浙江临安·临水周氏宗谱四卷

藏地：美国（二部）

（清）周荫堂等修

清光绪六年（1890）汝南郡木活字本四册

浙江淳安·汝南周氏宗谱四卷

藏地：安徽图书馆

（清）周召棠纂修

清咸丰六年（1856）刻本　四册

浙江萧山·来苏周氏宗谱十四卷

藏地：浙江图书馆

（清）周秬尊等修纂

清道光二十年（1840）木活字本十四册

浙江余姚·余邑周氏宗谱三卷

藏地：浙江图书馆

（清）周士章　周孝元纂修

清道光七年（1827）继述堂木活字本二册

浙江余姚·余邑周氏宗谱六卷

藏地：国家图书馆

（清）周志廉等编辑

清光绪四年（1878）继述堂活字本　四册

浙江余姚·余邑周氏宗谱六卷

藏地：国家图书馆　中国社会科学院历

史研究所图书馆　北京大学

（清）周志坤总修　周绍奎等编辑

清光绪二十二年（1896）继述堂活字本　四册

浙江余姚·余邑周氏宗谱六卷

藏地：国家图书馆　南开大学　河北大学　吉林大学

（民国）周继堂　周凤宝续修

1914 年继述堂木刊本　四册

浙江余姚·姚江孝义周氏宗谱十四卷首二卷

藏地：河北大学

（清）周骏达修

清光绪二十六年（1900）排印本　十七册

浙江余姚·姚江孝义周氏宗谱十九卷首三卷末一卷

藏地：国家图书馆　河北大学

（民国）周幹济修

1933 年雍睦堂排印本　二十三册

浙江·余姚东蒲周氏续谱三十八卷

藏地：国家图书馆（存卷 20—38）

1921 年务本堂活字本

浙江·余姚丰山周氏谱十二卷首一卷末一卷

藏地：中国社会科学院历史研究所图书馆　河北大学

（民国）周大贵　周骏声续辑

1926 年木刻本　四册

浙江·余姚开元周氏宗谱二十四卷首一卷

藏地：中国社会科学院历史研究所图书馆　南开大学　浙江图书馆

（民国）周锡贵修　周缉熙　周世凤纂

1926 年大本堂木活字本　二十四册

浙江·余姚乐安周氏宗谱十卷

藏地：河北大学（二部）

（民国）周福来　周志龙修

1930 年木刻本　十册

浙江鄞县·瞻崎周氏宗谱四卷

藏地：浙江鄞县占岐南一乡

（清）张鹏飞纂

清嘉庆间木刻本

浙江鄞县·瞻岐周氏镇谱四卷

藏地：浙江鄞县文管会

（清）周冕重修

清咸丰七年（1857）木刻本

浙江鄞县·瞻崎周氏宗谱三卷

藏地：浙江鄞县占岐乡南一村

清光绪间木刻本

浙江鄞县·新河周氏宗谱十卷

藏地：南开大学

（清）周岳等修

清道光二十六年（1846）世德堂活字本　二册

浙江鄞县·周氏承志堂宗谱不分卷

藏地：浙江宁波天一阁文物保

管所

（清）周圣泉　崔良璲纂修

清同治八年（1869）钞本　一册

浙江鄞县·四明文嘉院周氏宗谱四卷

藏地：浙江鄞县古林乡文化站

清光绪二十年（1894）木刻本

浙江鄞县·周氏宗谱及附录十八卷首一卷

藏地：日本　美国

（清）周宏钜等续修

清光绪三十二年（1906）世德堂木活字本　十八册

浙江鄞县·鄞西周氏宗谱□□卷

藏地：浙江宁波天一阁文物保管所（存卷3、4、7）

民国初年云锦堂木活字本

浙江鄞县·四明前周周氏宗谱四卷

藏地：吉林大学

（民国）周德来续修　周成贵纂修

1918年维新堂排印本　四册

浙江·诸暨藏录周氏世谱三卷首一卷

藏地：人民大学

（清）周源赢修

清同治间萃亲堂活字本　四册

浙江·诸暨藏录周氏世谱六卷首三卷末二卷

藏地：人民大学

（民国）周源赢修

1926年萃亲堂活字本　十二册

浙江·诸暨藏录周氏世谱

藏地：国家图书馆

1934年萃亲堂活字本　一册

浙江诸暨·暨阳紫岩周氏宗谱不分卷

藏地：国家图书馆

（清）周连茂等二修

清光绪十四年（1888）余庆堂活字本二册

浙江诸暨·暨阳紫岩周氏宗谱不分卷

藏地：国家图书馆

（民国）周恒灿等三修

1928年余庆堂活字本　二册

浙江诸暨·暨阳周氏十年派宗谱十二卷

藏地：国家图书馆

周善培纂

1918年爱莲堂活字本　十二册

浙江绍兴·周氏家谱不分卷

藏地：日本　美国

（清）周建中　周勋等重修

清嘉庆十年（1805）活字本八册

浙江绍兴·周氏家谱不分卷

藏地：吉林大学

（清）周建中纂修

清刻本　六册

浙江诸暨·周氏家谱不分卷

藏地：国家图书馆（二部）　吉林大学　浙江图书馆

（民国）周建中重修

1926年活字本　十六册

浙江·上虞周氏宗谱十二卷首一卷末一卷

藏地：河北大学

（民国）周长和　张晋鉴纂修

1926年木刻本　十四册

浙江上虞·虞东浦前周氏宗谱五卷

藏地：南开大学　河北大学

（民国）周春贤续修

1948年敦叙堂活字本　四册

浙江嵊县·开元周氏宗谱□□卷

藏地：浙江嵊县图书馆（存一卷）

清乾隆五十二年（1787）木活字本

浙江嵊县·开元周氏宗谱□□卷

藏地：浙江嵊县图书馆（存八册）

清光绪五年（1879）重修木活字本

浙江嵊县·周氏开源派宗谱□□卷

藏地：浙江嵊县图书馆（存四卷）

1947年木活字本

浙江嵊县·剡西周氏宗谱十二卷

藏地：浙江嵊县图书馆

（清）周大镛纂

清同治六年（1869）木活字本

浙江嵊县·剡西周氏宗谱十二卷

藏地：浙江嵊县图书馆（残） 美国

（清）周翰臣等九修

清光绪二十一年（1895）报本堂活字本　十二册

浙江嵊县·剡西周氏宗谱三卷

藏地：浙江嵊县平山乡上王家

清光绪三十年（1904）木活字本

浙江嵊县·剡溪联桂周氏宗谱十六卷外卷一卷

藏地：国家图书馆

（清）周德元等续辑

清光绪十七年（1891）渊源堂活字本十二册

浙江嵊县·剡溪联桂周氏宗谱十六卷外一卷

藏地：浙江嵊县灵山乡塘头村

（民国）周详　周家修等重修

1915年木活字本

浙江嵊县·剡溪联桂周氏宗谱十六卷外一卷

藏地：浙江嵊县灵山乡塘头村

（民国）周承霖　周承宝等重修

1936年木活字本

浙江嵊县·剡溪联桂周氏宗谱

藏地：浙江嵊县新市乡周家村（存十一卷）

1937年木活字本

浙江嵊县·周氏宗谱（县字号）□□卷

藏地：浙江嵊县图书馆

1914年木活字本

浙江金华·安谷周氏宗谱三卷

藏地：吉林大学

（清）周桢重修

清乾隆四十六年（1781）活字本二册

浙江金华·周氏家谱不分卷

藏地：上海图书馆

（清）周勋编

清道光二十七年（1847）刊本十册

浙江兰溪·坦源周氏宗谱十七卷

藏地：浙江兰溪县新周乡（缺卷11）

清光绪三十三年（1907）木刻本

浙江兰溪·坦源周氏宗谱十二卷

藏地：浙江兰溪县建设乡垷坦村

1930年木刻本

浙江兰溪·汝南周氏宗谱四卷

藏地：浙江兰溪县高潮乡黄公埠（缺二卷）

1916年木刻本

浙江兰溪·上周汝南周氏宗谱四卷

藏地：浙江兰溪县圣山乡

（民国）周绍汉重纂

1929年木刻本

浙江·兰溪镇溪周氏宗谱三十六卷

藏地：浙江兰溪县长陵乡

1938年木刻本

浙江武义市心派衍香渠周氏宗谱三卷

藏地：浙江衢州市文管会

（民国）周彩桂　周家簠补修

1946年木活字本　二册

浙江东阳·清塘周氏宗谱十六卷

藏地：浙江东阳虎鹿乡龙回（残存卷1、2）

（清）周旭良纂

清光绪五年（1879）重修木活字本

浙江浦江·浦阳周氏宗谱□□卷

藏地：浙江浦江县档案馆（存二卷）

民国间刊本

浙江开化·铣溪周氏宗谱八卷

藏地：河北大学

（清）周瑞钟增修

清乾隆四十二年（1777）世德堂木刻本　六册

浙江缙云·长川周氏宗谱三卷

藏地：浙江缙云县档案馆

（民国）周炳多谱长　周缵文监谱

1917年木活字本

浙江缙云·周氏宗谱七卷

藏地：浙江缙云县档案馆

（民国）周樟水等监修　周唐尧等办理

1932年木活字本

浙江缙云·汝南郡周氏宗谱□□卷

藏地：浙江缙云县档案馆（存卷2、4）

1934年木活字本

浙江缙云·五云周氏宗谱七卷

藏地：浙江缙云县档案馆

（民国）周培丁总理

1943年木活字本

浙江缙云·项川周氏宗谱四卷

藏地：浙江缙云县档案馆

（民国）周景溪　周列星董事

1947年木活字本

浙江云和·周氏宗谱□□卷

藏地：浙江云和县文管会（存一册）

清道光二十七年（1847）刊本

浙江云和·周氏宗谱□□卷

藏地：浙江云和县文管会（存二册）

1924年刊本

浙江松阳·汝南周氏宗谱四卷

藏地：浙江松阳县板桥乡板桥村

（民国）叶恭撰序

1947年木刻本

浙江松阳·钟山周氏宗谱八卷

藏地：浙江松阳县三都乡周山头村

（民国）元蒙纂修

1926年木刻本

安徽徽州·周氏谱牒之图一幅

藏地：安徽旌德县档案馆

明隆庆间纂

安徽徽州·南北周氏族谱一幅

藏地：安徽旌德县档案馆

安徽徽州·龙颈周氏族谱不分卷

藏地：安徽屯溪市文物商店

（明）周尚士撰　（清）周德周腊补录

清乾隆五十六年（1791）周德腊

钞本

安徽徽州·西隅六甲周氏宗谱十卷

藏地：安徽徽州地区博物馆

（清）周开基等修

清光绪三十一年（1905）刻本　十册

安徽徽州·周氏宗谱□□卷

藏地：安徽徽州地区博物馆（存卷首）

（清）周公楼等修

清光绪三十一年（1905）刻本

安徽徽州·周氏宗谱□□卷

藏地：安徽徽州地区博物馆（存一卷）

1924 年刻本

安徽·续溪周氏族谱七卷首一卷末一卷

藏地：国家图书馆（又一部存七卷）

（明）周文化纂修

明嘉靖二十年（1541）家刻本　一册

安徽绩溪·周氏宗谱不分卷

藏地：安徽屯溪市文物商店（残存四册世系）

约清乾隆间刻本

安徽·绩溪城西周氏宗谱二十卷首一卷

藏地：国家图书馆

（清）周之屏等编

清光绪二十四年（1898）敬爱堂活字本　二十一册

安徽·绩溪城西周氏宗谱二十卷首一卷末一卷

藏地：中国社会科学院历史研究所图书馆　南开大学　吉林大学　安徽图书馆　安徽博物馆

（清）周之屏　周赞贤编辑

清光绪三十一年（1905）敬爱堂活字本　二十一册

安徽绩溪·周氏重修族谱正宗十三卷首一卷末一卷

藏地：国家图书馆　安徽图书馆（二部）

（清）周启海等修

1912 年叙伦堂活字本　十册

安徽绩溪·唐昌周氏宗谱五卷

藏地：安徽绩溪县三亩丘村

（民国）周发富　周声祥纂

1946 年铅印本　五册

安徽歙县·周邦头周氏族谱正宗十八卷

藏地：国家图书馆　浙江宁波天一阁文物保管所　日本　美国

（民国）周德灿等修

1930 年活字本　六册

安徽桐城·周氏宗谱四卷

藏地：日本　美国

（清）周广盛等重修

清嘉庆十年（1805）遵训堂木活字本四册

安徽桐城·周氏支谱八卷

藏地：人民大学　日本　美国

（民国）周启财等续修

1925 年遵训堂活字本　八册

安徽桐城·桐西周氏支谱七卷末一卷

藏地：人民大学

（清）周晴川等修

清同治十一年（1872）濂源堂活字本十二册

安徽·桐城鹞石周氏尚义堂支谱二十三卷

藏地：美国

（清）周月波等修

清光绪二十年（1894）木活字本　二十九册

安徽桐城·河湾周氏宗谱□□卷

藏地：安徽图书馆（存卷1）

清笃兴堂刊本

安徽·桐城练西周氏宗谱二十五卷末一卷

藏地：美国

（民国）周承先等修

1931年肇岐堂活字本　二十六册

安徽东至·建德县纸阮山周氏宗谱十六卷

藏地：山东济南市博物馆

（清）周馥纂修

清宣统二年（1910）周氏世德堂刻本十册

福建·周氏合修宗谱十一卷

藏地：福建师范大学

（清）周肇丰纂修

清同治十一年（1872）修刊

福建安溪·武功周氏族谱

藏地：台湾

清光绪十八年（1892）钞本　一册

福建·浦城周氏族谱六卷

藏地：福建省图书馆

（清）周炳麟纂修

清光绪二十六年（1900）刻本　六册

江西·九江濂溪周氏家谱不分卷

藏地：美国

（清）周正思等修

清康熙十年（1671）刊本　四册

江西南昌·凤山周氏族谱

藏地：江西档案馆（存一卷）

清光绪间活字本

江西萍乡·周氏族谱

藏地：江西省图书馆（存卷首一卷）

（民国）周一甫等纂修　钟秀川绘图

1938年维新堂石印本　一册

江西·萍乡岩岭周氏宗谱六卷

藏地：江西省图书馆（存卷5）

（清）周氏合族纂修

民国间木活字印本　一册

江西宜春·宜邑周氏族谱二卷首一卷末一卷

藏地：江西省图书馆

（清）周人兴等纂修

清道光十年（1830）濂溪堂木活字本五册

江西宜春·严溪周氏宗谱六卷附派世系三卷

藏地：江西省图书馆

（清）周机等纂修

清道光二十三年（1843）文保堂木活字本　七册

江西·万载银山周氏族谱

藏地：江西省图书馆（存卷1、5）

（清）周光笏等纂修

清光绪三年（1877）濂溪堂木活字本一册

江西·万载黄茅周氏义门录一卷

藏地：江西省图书馆

（清）周金华辑

清光绪二十三年（1897）爱莲家塾木活字本　一册

江西·万载田下周氏族谱□□卷

藏地：江西省图书馆

（民国）周氏合族纂修

民国间木活字本

江西铜鼓·周氏族谱一卷

藏地：江西铜鼓县温泉新塘周家祠堂

1943年纂修本

山西·周氏家谱四卷

藏地：曲阜师院

（清）周肇恭等修

清光绪三十三年（1907）刊刻本

山东·即墨周氏家乘一卷

藏地：山东即墨县博物馆

（清）周志讷纂集

清刻本

山东·即墨周氏族谱一卷

藏地：山东即墨县博物馆

山东·楼霞宋格庄周氏世谱一卷

藏地：山东楼霞县观里镇宋格庄

（清）周日海纂

清同治间钞本

河南汝南·桃源周氏宗谱六卷

藏地：吉林大学

（清）周鹤远修

清光绪二十七年（1901）世济堂活字本　五册

河南汝南·桃源周氏宗谱六卷

藏地：国家图书馆

（民国）周长明等修

1922年世济堂活字本　五册

河南信阳·周氏族谱三卷

藏地：河南信阳县档案馆

（清）周宗德　周原瑞纂

石印本

河南商城·周氏宗谱五卷

藏地：河南商城县档案馆

1943年木刻本

湖北·周氏宗谱十二卷

藏地：河北大学

（清）周先区　周先福等纂修

清光绪二十年（1894）叙伦堂木刻本十二册

湖北武昌·厚洲周氏宗谱四卷

藏地：中国社会科学院历史研究所图书馆

湖北·黄陂周氏宗谱十卷

藏地：国家图书馆　湖北省图书馆

周仲曾督修　周光明编辑

1923年教稼堂木活字本　十册

湖北新洲·周氏宗谱六卷首二卷

藏地：湖北新洲县和平乡阵方村

（民国）周以时　周善甫创修

1914年木刻本

湖北黄冈·周氏宗谱□□卷

藏地：武汉市图书馆（存卷1—12）

（清）周可礼　周传章等编辑

清同治十三年（1874）周氏世德堂刻本

湖北黄冈·楚黄周氏族谱二十五卷首六卷

藏地：辽宁图书馆

（清）周文采　周鉴藻续修

清光绪三十年（1904）敦本堂刻本

湖北黄冈·周氏宗谱□□卷

藏地：湖北黄冈县档案馆（存卷首、卷8、10）

（清）周登煜等纂修

清光绪三十一年（1905）爱莲堂木刻本

湖北黄冈·楚黄周氏宗谱四卷

藏地：湖北新洲县方杨乡周昭村

（民国）周宗悫　周定本创修

1932年木刻本

湖北黄冈·楚黄周氏宗谱六十卷首六卷

藏地：湖北新洲县高潮乡邱院子塆

湖北·黄冈周氏宗谱八卷首一卷

藏地：美国

（民国）周犹经等修

1924年用里堂木活字本　三十册

湖北黄冈·周氏宗谱二十卷首二卷

藏地：武汉市图书馆

（民国）周盛舒　周焕章等编纂

1945年周氏爱莲堂四修刊本　二十二册

湖北咸宁·周氏宗谱四卷首一卷

藏地：武汉市图书馆

（民国）周光藻　周德全重修

1916年周氏濂溪堂木活字本　五册

湖北崇阳·周氏宗谱□□卷

藏地：湖北崇阳县桂花泉乡东山村

（民国）周明清总修

1949年四修本　二十四册

湖北蒲圻·周氏宗谱六卷

藏地：南京大学

（清）周明阳等纂修

清同治六年（1867）蒲圻周氏汝南堂木活字本　六册

湖南·周氏续修支谱九卷首二卷

藏地：湖南省图书馆（存卷首上、下）

（清）周清兴　周续春等纂修

清同治七年（1868）刻本

湖南·薛家渡周氏续修族谱十七卷首一卷末一卷

藏地：湖北大学

清同治七年（1868）濂溪堂木刻本　十三册

湖南·湘宁周氏六修族谱十四卷

藏地：中国社会科学院历史研究所图书馆　湖南省图书馆（存一卷）

（民国）周昭渤总纂

1934年石印本　十四册

湖南·中湘沙塘周氏支谱十三卷

藏地：国家图书馆

（清）周裕拔纂修

清同治五年（1866）焕文堂活字本　十三册

湖南·中湘沙塘周氏六修族谱十二卷首一卷末一卷

藏地：国家图书馆

（民国）周裕曦等修

1941年活字本　四十一册

湖南·中湘青山周氏族谱十四卷

藏地：中央民族大学

周源体修

思永堂刻本　十四册

湖南长沙·高桥周氏族谱八卷

藏地：湖北省图书馆

（清）周自镐主修　周金这　周良舒纂修

清乾隆十三年（1778）修本　八册

湖南长沙（高桥周氏族谱□□卷首二卷

藏地：湖南省图书馆（存三卷）

（民国）周克顺纂修

1927年木活字本

湖南长沙·周氏族谱□□卷

藏地：湖南省图书馆（存卷1、卷首）

（清）周本性等修　周本昭　周尚琼等纂

清道光二十三年（1843）活字本

湖南长沙·周氏五修族谱□□卷

藏地：湖南省图书馆（存卷4、8、17）

清光绪十八年（1892）活字本

湖南长沙·善邑涧山周氏四修族谱十二卷首一卷末一卷

藏地：湖南省图书馆（存卷1、3—6卷首）

（清）周运宦　周明浚纂修

清光绪二十六年（1900）敦伦堂木活字本

湖南长沙·周氏三续族谱十二卷

藏地：日本　美国

清光绪三十三年（1907）汝南堂木活字本　十二册

湖南·长沙狮公桥周氏五修族谱八卷首四卷

藏地：国家图书馆

（民国）周伯元　周菊生纂修

1931年汝南堂活字本　十二册

湖南宁乡·新修周氏族谱十卷

藏地：湖南省图书馆（存卷1、7）

（清）周择枢修　周禧薄　周政勋纂

清雍正十一年（1733）刻本

湖南·宁乡涧西周氏族谱四卷首一卷

藏地：国家图书馆

（清）周宪临等纂

清乾隆十四年（1749）松竹轩三册

湖南宁乡·涧西周氏四修族谱二十六卷首一卷

藏地：河北大学

（民国）周菉滨　周石夔修

1916年汝南堂木刻本　二十册

湖南·湘乡华夏周氏四修族谱十四卷

藏地：湖南省图书馆

清光绪二十九年（1903）敦伦堂活字本　十二册

湖南湘乡·周氏族谱四卷

藏地：湖南省图书馆（存卷1、2）

（清）周贵训修　周梁峰纂

清乾隆五十四年（1789）忠厚堂刻本

湖南湘乡·上湘周氏族谱四卷

藏地：湖南省图书馆（存卷1）

（清）周建元　周敬典等纂

清嘉庆四年（1799）刻本

湖南·湘乡斗盐周氏族谱十卷

藏地：湖南省图书馆（存卷1、2，又一部存卷1、2）

（清）周宗麟纂序

清道光八年（1828）活字本

湖南·湘乡石柱周氏族谱

藏地：湖南省图书馆（存卷1）

清道光十年（1830）活字本

湖南湘乡·上湘东陈周氏族谱二卷首一卷末一卷

藏地：国家图书馆　中国社会科学院历史研究所图书馆　湖南省图书馆

（清）周相维　周相继纂修

清咸丰十一年（1861）活字本四册

湖南湘乡·上湘东陈周氏三修族谱十卷首一卷

藏地：河北大学

（清）周秉斌　周秉钧纂修

清光绪二十六年（1900）汝南堂木刻本　八册

湖南湘乡·周氏续修族谱八卷首一卷

藏地：湖南省图书馆（存卷首）

（清）周应湃修　周海南　周世盛等纂

清同治七年（1868）明经堂活字本

湖南湘乡·周乡续修族谱九卷首二卷

藏地：河北大学

（清）周顺益　周荣官纂修

清光绪二年（1876）上湘沙洲汝南堂辑木刻本　十一册

湖南湘乡·周氏先房支谱八卷首一卷

藏地：湖南省图书馆

（清）周兴怡修

清光绪十三年（1887）活字本　八册

湖南湘乡·周氏四修族谱□□卷首二卷

藏地：湖南省图书馆（存卷1、11、12、首下）

1924年活字印本

湖南·湘乡神泉周氏七修族谱四十卷首三卷

藏地：湖南省图书馆（存十九卷）

1926年活字本

湖南湘乡·思乐周氏三修族谱二十七卷首三卷末一卷

藏地：湖南省图书馆（存卷首上、中、下）

（民国）周宗枪修　周祖坤纂

1938年思孝堂活字本

湖南衡山·周氏族谱二十四卷

藏地：广东中山图书馆

（民国）周椽朝　周献朝等总理

1929年爱莲堂刻本　二十四册

湖南邵东·石牌周氏家谱三十卷首一卷

藏地：河北大学

（清）周殿封　周景阳纂修

清道光二十年（1840）忠厚堂木刻本十册

湖南岳阳·周氏族谱□□卷

藏地：湖南省图书馆（存卷首）

（清）周清甫纂

清光绪三十一年（1905）鲁文盛活字本

湖南岳阳·周氏宗谱四十五卷首一卷末一卷

藏地：广东中山图书馆（存卷1—5）

（民国）周朝桢纂修

1915年汝南堂刻本

湖南临湘·周氏族谱□□卷

藏地：湖南省图书馆（存卷首）

（清）周皋关修　周石关纂

清光绪十二年（1886）活字本

湖南临湘·沙塘周氏六修族谱□□卷

藏地：湖南省图书馆（存卷首）

（民国）周杨埈纂

1941年活字本

湖南湘阴·汾湖周氏族谱□□卷

藏地：湖南省图书馆（存卷44—58）

1943年活字本

湖南平江·鹤陇周氏谱四卷首一卷末一卷

藏地：吉林大学　南京大学

（民国）周光粲编

1929年鹤在堂铅印本　三册

湖南汨罗·周氏族谱□□卷

藏地：湖南省图书馆（存卷1—8、14，又一部存卷1—8）

民国间活字本

湖南郴州·周氏族谱不分卷

藏地：吉林大学

（清）周兴德纂修　周凤廷续修

清嘉庆三年（1798）刻本附同治间续修钞页　一册

湖南桂阳·周氏宗谱八卷首二卷

藏地：吉林大学

（民国）周修鑫主修　周国元编修

1925年青秀堂活字本　十二册

湖南道县·周氏宗谱□□卷

藏地：南京市博物馆

清据道洲旧谱重辑

钞本　三册

湖南·道县周氏族谱十一卷

藏地：湖南道县档案馆

（清）周世澍修　（民国）周世风等纂修

清光绪二十二年（1896）年修1949年续修铅印本

湖南道县·周氏五修支谱二十四卷

藏地：中央民族大学

周诗古修

光霁堂周氏刻本　二十四册

湖南江永·周氏家谱二十卷

藏地：湖南江永县档案馆

清同治十一年（1872）手写本

湖南江永·周氏宗谱二十五卷

藏地：湖南江永县档案馆

（清）杨衡九修

清同治十一年（1872）手写本

湖南江永·周氏族谱三十二卷

藏地：湖南江永县档案馆

清同治十一年（1872）石印本

湖南江永·周氏宗谱五卷

藏地：湖南江永县档案馆

（清）周晓卿修

清光绪元年（1875）刊本

湖南邵阳·周氏四修族谱十四卷首一卷

藏地：湖南省图书馆

（民国）周荣琇　周荣秩纂修

1924年双贤堂活字本　十四册

湖南邵阳·周氏续修族谱十卷

藏地：湖南省图书馆（存卷1）

（清）周昌华等修

清咸丰十年（1860）刻本

湖南临澧·周氏族谱三十一卷首一卷

藏地：湖南临澧县档案馆

（民国）周乃学纂

1947年木刻本

湖南益阳·周氏续修族谱九卷首一卷末一卷

藏地：湖南省图书馆（存卷首）

（清）周礼恒　周胜山等修　周纲惟周常益等纂

清道光五年（1825）活字本

湖南益阳·周氏三修族谱十二卷首二卷

藏地：湖南省图书馆（存卷首上、下）

（民国）周先炎修

1915年汝南堂活字本

湖南沅江·周氏支谱三卷首一卷

藏地：湖南省图书馆（存卷首）

（民国）周本才修

1913年活字本

广东·周氏族谱四卷

藏地：广东中山图书馆

（清）周天琛　周瑞生等总纂　周启业增补

清光绪七年（1918）修 1924 年增补钞本　一册

广东番禺·周氏族谱二卷

藏地：广东中山图书馆

（清）周道平重修

清光绪十年（1884）钞本　二册

广东番禺·茅冈周氏族谱二十卷

藏地：美国（残）

（清）周锦章等四修

清光绪二十三年（1897）永思堂刊本

广东番禺·周氏族谱不分卷

藏地：美国

（民国）周顺庆重修

1938 年写本　一册

广东东莞·石龙周氏家谱五卷首一卷末一卷

藏地：人民大学　广东中山图书馆　美国（二部）

（民国）周德辉总纂

1926 年铅印本　一册

四川·周氏宗谱不分卷

藏地：南开大学　吉林大学

周凤梧等纂修

1930 年仁厚堂石印本　一册

四川成都·周氏宗谱不分卷

藏地：四川省图书馆

（清）周辉有续修

清光绪刻本　一册

四川成都·周氏宗谱不分卷

藏地：四川省图书馆

清光绪钞本　一册

四川双流·周氏宗谱四卷

藏地：四川省图书馆

（清）周维新续修

清光绪刻本　二册

四川郫县·周氏族谱不分卷

藏地：四川省图书馆

（民国）周家相编修

民国石印本　一册

四川新都·周氏宗谱不分卷

藏地：南开大学

（民国）周煜南增修

1916 年木活字本　二册

四川长寿·周氏族谱十卷

藏地：四川长寿晏家乡高桥村

（民国）周立楷修

1929 年石印本

四川铜梁·安居乡周氏宗谱八卷

藏地：南开大学

（清）周昺纂修

清光绪十年（1884）刊本　八册

四川铜梁·周氏族谱四卷

藏地：四川重庆市图书馆

（民国）周鸿湘纂

1945 年排印本　四册

四川江津·周氏家乘十七卷首一卷

藏地：四川省图书馆

（民国）周绍信续修

民国石印本　六册

四川蓬溪·周氏族谱不分卷

藏地：四川重庆市图书馆

（清）周杨烈修

清光绪二十五年（1899）刻本　四册

四川·高县周氏族谱□□卷

藏地：四川高县北门外

手钞本　三册

四川仪陇·周氏宗谱一卷

藏地：四川仪陇县档案馆（不全）

钞本

四川仪陇·周氏家谱一卷
藏地：四川仪陇县档案馆
钞本
四川宣汉·周氏宗谱一卷
藏地：四川宣汉县档案馆
（清）周攀重修
清同治二年（1863）钞本
四川松潘·周氏家谱
藏地：国家图书馆
（清）周鸿恩编修
清钞本　一册
云南昆明·周氏族谱三卷首一卷
藏地：国家图书馆（传钞本）　云南省图书馆
（清）周樽撰
清乾隆五十八年（1793）刻本　一册
云南大理·龙关周氏家谱
藏地：云南大理州图书馆
稿本　一册
陕西·褒城周氏族谱二卷
藏地：南京大学
（民国）周荧编
1919 年铅印本　一册
台湾台北·武功周氏族谱不分卷
藏地：美国
清光绪十八年（1892）写本　一册
台湾桃园·周氏族谱不分卷
藏地：美国
1926 年铅印本　一册
周氏宗谱
藏地：浙江图书馆
（清）周襄绪编
清康熙十七年（1678）刊本　十册
谷阳周氏族谱十六卷首一卷
藏地：河北大学
（清）周纲　周观重修
清康熙三十六年（1697）修钞本　五册
周氏族谱不分卷
藏地：四川省图书馆（存一册）
（清）周尚冕　周尚功等纂修
清乾隆间活字本
销夏湾周氏重辑宗谱不分卷
藏地：国家图书馆
（清）周宏运纂修
清嘉庆二十二年（1817）活字本　二册
周氏族谱四卷
藏地：国家图书馆
（清）张元镗纂辑
清道光十年（1830）活字本　四册
周氏宗谱二十卷
藏地：国家图书馆
（清）周懋煌等纂修
清道光十二年（1832）刻本　二十册
周氏续修家谱十一卷首一卷
藏地：北京大学
（清）周大巍等修
清同治六年（1867）爱莲堂刻本　七册
周氏四修族谱十二卷
藏地：国家图书馆
（清）周氏族人汇纂
清光绪十一年（1885）世德堂活字本十二册
龛山周氏宗谱四卷
藏地：国家图书馆
（清）周绍谟等编纂

清光绪十八年（1892）继志堂活字本四册

周氏宗谱不分卷

藏地：四川省图书馆

清光绪二十年（1894）周三元钞本 一册

周氏宗谱十二卷

藏地：国家图书馆

（清）周鸿宝主修 周镜熙总纂

清光绪三十年（1904）活字本 十二册

蓉湖周氏宗谱二十八卷

藏地：国家图书馆

（清）周传射主修

清光绪三十一年（1905）爱莲堂活字本 二十八册

汤塘周氏家乘不分卷

藏地：人民大学

清光绪间刻本 十六册

周李合谱不分卷

藏地：国家图书馆

（清）周召棠撰 周李爕续

清道光间及光绪间续钞本 四册

周氏宗谱六卷

藏地：国家图书馆

（清）周鸣春等续修

清宣统元年（1909）源远堂活字本 六册

周氏族谱正宗十三卷首一卷末一卷

藏地：北京大学

1913年叙伦堂刻本 十册

茶梓山周氏四修族谱十三卷首一卷末二卷

藏地：国家图书馆

（民国）周忠鉴纂修

1915年活字本 十四册

国山周氏世谱六十卷首一卷末一卷

藏地：国家图书馆

（民国）周志靖等纂修

1915年立本堂活字本 四十四册

周氏宗谱十三卷

藏地：国家图书馆

（民国）周鸿逵主修

1924年垂裕堂活字本 八册

周氏宗谱十卷首一卷

藏地：国家图书馆

（民国）周登记等五修

1933年爱莲堂活字本 十三册

小云南周氏宗谱一卷

藏地：辽宁辽阳市水泉乡亩东村

（民国）周立丰纂

民国间稿本

周氏宗谱不分卷

藏地：江苏苏州市博物馆

钞本 二册

（五） 字行辈份

清光绪二十二年周志坤总修、周绍奎等编辑《周氏宗谱》，浙江余姚一支派语字行为："智仁圣义，中和道德，继体守义，传家以孝。"又岱支一脉另取辈字："孝友振家业，种德培祖恩，和睦致瑞祥，忠义永吉庆。"又清同治十一年周舜全等纂《周氏族谱》，江苏镇江周姓（诸暨南门宗支）派语字行为："祥仲慎伯，文元尚太，允义锦新，郁绍恭敬，庄严芳茂，端肃钦承，懿。"

（六） 迁徙繁衍

舜封于邰，别姓姬氏，是为周之始祖。后稷的裔孙古公亶父（即周太王）为狄所逼，率领族人自邰迁徙至陕西岐山下周原，从此称为周族。古公的曾孙姬发，继承其父姬昌的遗志，联合诸侯，攻灭商朝，建立周朝，史称西周。西周历 13 王，至周平王时，于公元前 770 年迁都洛阳，史称东周。周平王有个儿子叫姬烈，被另封于汝南（今属河南），被当地人称为周家，后来演化成周氏。平王以后，传至第 24 王周赧王时，于公元前 256 年被秦国灭掉，以赧王为首的王族，都被废为庶人百姓，迁到惮狐（今河南临汝县西北）。当地人亦称其为周家，于是他们就以“周”作为自己的姓氏。此即郑樵《通志·氏族略》所云：“赧王为秦所灭，黜为庶人百姓，号曰周家，因为氏焉。又，平王之子别封汝南者，亦为周氏。”此外，东周庄王时，周公姬旦的后代周公黑肩企图杀死庄王而改立王子克，事泄被杀，其后代亦称周氏，这也是出自姬姓之周。

周姓还有一支是少数民族改姓，即北魏献帝次兄原为普氏，孝文帝迁都洛阳后改鲜卑姓为汉姓，将其改为周氏。

周姓除上述来源外，北周、唐、后梁时又有因改姓、赐姓而形成的周氏，还有冒为王姓者。

据《古今姓氏书辩证》载，姬烈被封于汝南后，传至第 18 世孙邕，“秦灭周，并其地为汝南郡，遂姓周氏”，后发展成为名门大族，因此，周氏以“汝南”为郡号。西汉初，续周之嗣，封周邕之孙周仁为汝坟侯，赐号正公，后“以汝坟下湿，徙于安城”。汝坟在今河南叶县北，安城在今河南平舆县境。这说明此支周氏早期主要在河南发展繁衍。居住在河南临汝的周氏（即周赧王一支），部分人于秦代迁往沛郡（今江苏沛县），成为当地著姓，西汉初大臣周昌、周勃、名将周亚夫即属此支。东汉末年，京师（洛阳）遭董卓之乱，中原人民大批东移徐州，进而南渡，其中汝南安城周氏有一支迁居今安徽庐江。西晋永嘉年间，中原士族随晋室同渡，陈郡项（今河南沈丘）之周氏，有一支迁居姑熟（今安徽当涂）。唐高宗总章年间，陈政、陈元光父子闽开辟漳州，随行人员中有中原周姓将校，这当是周姓入福建最早者。唐僖宗时，河南周氏族人又有随王潮、王审知入闽的。五代前蜀帝王建之妻周氏为许州（今河南许昌）人，唐末与其弟周德权随王建入蜀。南宋大臣周必大，吉州庐陵（今江西吉安）人，自称其先祖为郑州管城人。另据汝南《周氏族谱》载，汝南周氏有一支直接迁往福建宁化石壁乡，还有一支徙居永定（治所在今广西横县西北）。从清朝康熙、乾隆年间开始，闽、粤周氏陆续有人移居台湾，后又有不少人到海外谋生。

周氏不仅分布相当广泛，而且在许多地方发展成为名门望族。据《元和姓纂》记载，唐代元和年间，周氏郡望多达 18 个，分别是：汝南安城、沛国、陈留、浔阳、临川、庐江、太山、淮南、永安、河间文安、临汝、华阴、河东汾阴、清河、江陵、长安、河南（今洛阳）、昭州。其中除沛国周氏、长安周氏为周赧王的后代、河南周氏为鲜卑族改姓外，大都是西汉汝坟侯周仁的后裔。周仁有 10 个儿子，其长子周球的玄孙周燕，子孙蕃盛，

分衍出许多支脉，如周燕之子周忠，因任太山太守而在当地定居，形成太山周氏，永安周氏亦出自周燕之后，唐代周氏有两人任相，即武则天时宰相周允元、唐宣宗时宰相周墀，都是周燕的裔孙。此外，陈留周氏与汝南周氏同祖，浔阳、临川、庐江、淮南、文安、汾阴等周氏的族谱上，均称是“周仁之后”。于此可见，周姓的祖根在河南。

（七） 适用楹联

□岐阳启姓[①]；濂水分源[②]。

□宗传姬旦家声远[③]；
学绍濂溪道脉长[④]。

□三军佐祖安刘室[⑤]；
一炬东风逞将才[⑥]。

□白练江帆浔阳景；
桃花芳草玉春楼。[⑦]

□顾曲有闲情，
不碍破曹真事业；[⑧]
饮醇原雅量，
偏嫌生亮并英雄。[⑨]

□沤心沥血干革命，殊勋盖世间，
无法磨灭；
鞠躬尽瘁为人民，英名满天下，
有口皆碑。[⑩]

□纬武经文，细柳营中令肃；[⑪]
风光霁月，爱莲池上名香。[⑫]

□武赠王公裔固始分支淡水；
功颂傅保终卓渊源移芦山。[⑬]

□望崦嵫而勿迫；
巩鹈鴂之先鸣[⑭]。

注释：

①指周太王古公亶父迁周部族于岐山建立周国，以国为氏。

②北宋哲学家周敦颐（1017—1073），道州营道（今湖南道县）人。曾任南康军。他开创了理学流派。有《周子全书》。晚年居庐山莲花峰下，有小溪，故名其居室为“濂溪书堂”。

③指周姓系出姬氏。

④指北宋哲学家、理学（即道学）创始者周敦颐。

⑤汉初大臣周勃（？—前169），沛（今江苏沛县）人。刘邦麾下著名大将，率军转战各地，以军功为将军，封绛侯。

⑥周瑜（175—210）字公瑾，三国东吴部将，庐江（今安徽庐江东南）人。出身士族，精于听乐。少与孙策友善，后归策，为建威中郎将，人称周郎。策死，与张昭同辅孙权，任前部大都督。建安十三年（208），曹操占领荆州后，统率水兵、步兵数十万，试图南下，一举消灭东吴。他和鲁肃审时度势，认定曹操冒险用兵有四患。于是亲帅吴军与刘备联军大破曹操于赤壁（今湖北蒲圻西北）。

⑦周德清，字挺齐，高安人，三国东吴部将有《中原音韵》传世。

⑧周邦彦（1056－1121），字美成，号清其居士，钱塘（今浙江杭州）人，北宋词人。因献《汴都赋》，受神宗赏识，官秘书监等职。他精音乐、辞赋，善创作新词调，为格律派词人推为“巨擘”。今存《片玉词》有词170余首。

⑨指三国东吴部将周瑜，精音乐，嗜酒，他与诸葛亮均善谋略，曾有“既生瑜何生亮”之叹。

⑩周恩来（1898－1976），中华人民共和国第一任总理，为了党和人民

的事业，鞠躬尽瘁，无私地献出自己的一切，建立了丰功伟绩，赢得了中国人民和世界人民的爱戴和尊敬。

⑪周亚夫（？一前143），西汉名将，文帝后元六年（前158），匈奴大入边，他以河内守将军之名，驻军细柳（今陕西咸阳西南）。文帝至细柳视察军情，见其治军谨严，倍加称赞。誉为“真将军”。后“细柳”、“细柳兵”成为诗文中常用典故。

⑫北宋哲学家周敦颐（1017—1073），晚年知南康军（今江西星子），居庐山莲花峰下。著有《爱莲说》。

⑬台北周氏大宗祠联。

⑭现代伟大文学家、思想家和革命家鲁迅（周树人）集屈原《离骚》诗句。

周氏名人集粹

周亮工　（1612—1672）今河南开封人，清代文学家。

周之琦　清河南祥符（今开封市）人，官至邢部右侍郎、广西巡抚。

周廷梅　江苏武进人，乾隆时象棋名手，著有棋谱《会诊阁》40卷。

周忱　吉水（今江西吉水）人，明代邢部侍郎。

周臣　吴（今江苏吴县）人，明代画家，擅长山水，笔法严整，格调稳健，亦兼工人物，唐寅、仇英曾向他学习。

周之冕　长洲（今江苏吴县）人，明代画家。

周德清　江西高安人，元代音韵学家，著有《中原音韵》，为北音韵书的创始。

周密　原籍济南人，后迁居浙江吴兴，南宋词人，曾任义乌令等职。

周必大　南宋吉州庐陵（今江西吉安）人，曾官至左丞相、益国公、词人。

周去非　永嘉（今属浙江）人，南宋民俗作家，曾在广南西路任官，撰有《岭外代答》10卷。

周敦颐　道州营道（今湖南道县）人，北宋著名哲学家，理学大师朱熹曾推崇他为理学的开创人。一生著书较多，其中《太极图说》对后世影响甚大。

周邦彦　钱塘（今浙江杭州）人，北宋著名词人，平生创制了许多新词调，旧时文人曾捧他为“词家之冠”。对后世影响很大，开南宋格律词派之先河。

周文矩　句容（今属江苏）人，五代南唐时画家，工人物，尤擅仕女，多以宫廷生活为题材。

周昉　京兆（治今陕西西安）人，唐代时期以画肖像、佛像著称的著名画家，出身显贵家族。其画风为“衣裳简劲，色彩柔丽，以丰厚为体”。宋代的米芾将他与顾恺之、陆探微、吴道子三人并称为“四大人物画家”。

周兴　唐雍州长安（今陕西西安）人，武则天时官至秋官侍郎、尚书左丞。

周瑜　庐江舒县（今安徽舒城）人，三国时吴（建都今江苏南京）之名将，以率吴军大破曹操于赤壁而显名。

周处　义兴阳羡（今江苏宜兴南）人，三国时曾为吴东观左丞，晋平吴后，曾官至御史中丞。

周颢　三国汝南安成（今河南平舆南）人，曾官至尚书吏部郎、镇军将军长史。

周勃　沛县（今江苏沛县）人，西汉丞相，其子周亚夫为当时名将。景帝后，还曾官至太尉、丞相等职。

周昌　沛县（今江苏沛县）人，秦朝御史大夫、汾阴侯。

周章　陈县（今河南淮阳）人，秦末农民起义军将领，战国末年曾在楚将项燕军中任职，陈胜领导的张楚政权建立后，他为将军，率主力军进攻关中，兵车千乘，战士数十万。后为秦将章邯所败。

因周姓正式立姓是始于秦灭周之后，所以见于史书记载周姓名人自然也就是秦代的事了。

周氏风流撷英

古公亶父帝喾后，
迁至岐山为祖嗣。[①]
穷探天人著周易，
武王伐纣封诸侯。[②]
治国平乱辅幼主，
周公兴礼制典章。[③]
周勃受托担大任，
效忠高祖还刘疆。[④]
英姿威武周督军，
连横抗曹烧赤壁。[⑤]
太极图说创理学，
词学巨擘周邦彦。[⑥]
达观远足柬埔寨，
济民复业仓廪实。[⑦]
行事周全创伟业，
功成名就凯旋还。[⑧]

注释：

①周太王古公亶父，出自姬姓，是帝喾之后裔。据《元和姓纂》记载，亶父率姬姓部落迁至陕西岐山，建立周国，为周氏之始祖。

②周文王，西周的奠基者。曾被商纣王囚于羑里（今河南汤阴），因重贿得免。传说他在囚禁羑里时，穷探天人之易，演《周易》。《易经》、《黄帝内经》、《山海经》是我国古传的三部奇书。周武王，文王次子，推翻了纣王的暴虐统治，建立周朝，分封八百诸侯。

③周公，西周初政治家。武王死，成王年幼，他辅佐幼成王，平定叛乱，加强国家经济基础。归政成王后，用功于制礼作乐，建立各项典章制度。

④周勃（？—前169年），西汉初大臣，江苏沛县人。他为人质朴敦厚，刘邦以为可托大事。“家贫思贤妻，国难念忠臣”。吕后死，诸吕欲叛，他与陈平合谋，谋杀诸吕，立刘恒为帝。

⑤周瑜（公元175—210年），三国时，东吴大都督，建安十三年（208年），联合刘备共同抵抗曹操数十万大军，火烧赤壁，大败曹军，创造了以弱胜强的著名战例。

⑥北宋哲学家周敦颐（公元1017—1073年）。根据陈抟的《无极图》著《太极图说》，是中国理学的创始人。周邦彦（公元1056—1121年），北宋词人，浙江杭州人。其词格律谨严，写法新颖，被词学界推誉为“巨

璧”。

⑦周达观（生卒不详），元朝旅行家，他去了柬埔寨，写了一本《真腊风土记》，成为研究古代柬埔寨的珍贵史料。周忱（公元 1381—1453 年）江西吉水人。明朝税粮总督，采取赈贷余资、济民复业的政策，使本来已经枯竭的粮源，得以复苏，国库储备丰实。

⑧周，意为周全，只有周全而圆，智圆而行方，方能功成名就，凯旋而还。

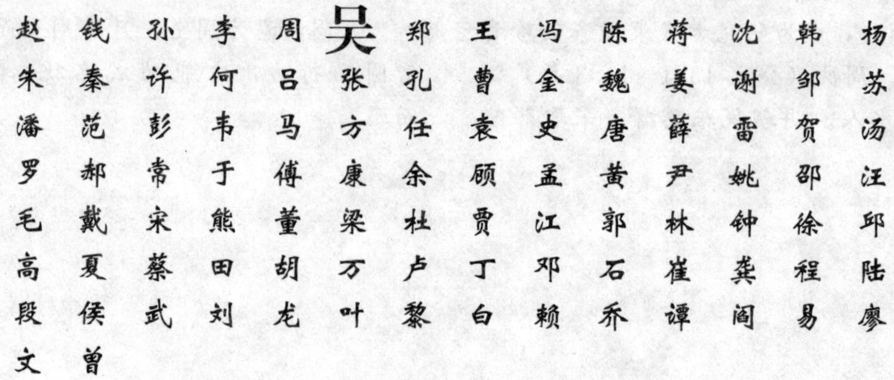
中华百家姓

赵 钱 孙 李 周 吴 郑 王 冯 陈 蒋 沈 韩 杨
朱 秦 许 何 吕 张 孔 曹 金 魏 姜 谢 邹 苏
潘 范 彭 韦 马 方 任 袁 史 唐 薛 雷 贺 汤
罗 郝 常 于 傅 康 余 顾 孟 黄 尹 姚 邵 汪
毛 戴 宋 熊 董 梁 杜 贾 江 郭 林 钟 徐 邱
高 夏 蔡 田 胡 万 卢 丁 邓 石 崔 龚 程 陆
段 侯 武 刘 龙 叶 黎 白 赖 乔 谭 阎 易 廖
文 曾

吴 姓

——口咏其言心惟义，天道人事不可违

吴氏解密寻踪

（一） 姓氏字源

《说文》：“吴，大言也。从矢、口。”段玉裁注：“大言之上，各本有‘姓也，亦郡也，一曰吴’八字，乃妄之所增，今删正。检《韵会》本，正如是。《周颂·丝衣》、《鲁颂·许水》，皆曰“不吴”，传、笺皆云：“吴，哗也。”言部曰：哗者，劝也。然则大言即谓哗也……大言者，吴字之本义也。”吴字本义渐废，今为姓氏所专。

（二） 寻根溯祖

吴姓来源有二：

1. 出自姬姓，以国为氏，为黄帝轩辕氏的直系后裔。据《通志·氏族略》、《史记·周本纪》、《元和姓纂》及《丹阳吴氏族谱》等有关资料所载，相传黄帝居于轩辕之丘（今河南新郑西北），生玄嚣，玄嚣生蟜极，蟜极生帝喾，帝喾有妻姜嫄，生弃，尧舜时，因功勋卓著，便任掌管农业的稷官，史称“后稷”，并封他于邰（今陕西武功西南）。由于他有开创之功，后业便被周人尊为始祖。商时，传至12代孙古公亶父（周文王的祖父）时，因戎、狄族威逼，便由豳（今陕西彬县东北）

迁到峻山下的周原（今陕西岐山北），建筑城郭家室，设立官吏，改革戎、狄风俗，开垦荒地，发展农业生产，使部族日臻强盛，周遂成为部落名。古公亶父故也称太王。周太王亶父有3子：太（泰）伯、仲雍和季历。其兄弟三人在太伯让位后便分为两支：一支成为后来周王朝的建立者即文王姬昌；另一支在东南吴越之地发展，成为吴姓的开基始祖。这三个兄弟之间，还有一段让贤的故事。据说太王的小儿子季历颇有才干，生一子姬昌，当姬昌出世的时候，就有圣瑞出现，古公就殷切地说："我世当有兴者，其在昌乎?"身为兄长的太伯和仲雍立刻明白，父亲的心意是打算让季历当继承人，以便将来再传位给姬昌（姬昌就是后来的周文王），就自动让贤，便一起由岐山南下于荆蛮（周人敌视楚国的称呼）的今江苏无锡县一带，并且纹身断发，表示让位于季历的决心。当时的江南还很落后，太伯和仲雍带来了中原先进的文化，当地土著就推举他们为君长，建都于梅里（今江苏无锡县东南），号称句吴。太伯死后无子嗣，由弟仲雍继位，并世代相袭。周武王克商后，仲雍的3世孙周章为诸侯，国号改称吴，并追封太伯为吴伯。至仲雍第19世孙寿梦称王，建都今江苏吴县。辖境相当今江苏、上海大部分和安徽、浙江的一部分。寿梦的第四子季札本该继承王位避而不受，逃到延陵（今江苏常州南淹城）以耕田为生，被人称为"延陵季子"。据有关学者考证，此后吴王寿梦的后裔也因此而分为两支：一支继续称孤道寡，出现了吴王僚、吴王阖闾、吴王夫差等著名国君；另一支则是季札及其后裔独立发展，人丁繁衍众多，以后便构成当今吴姓的绝大部分。故吴氏家族人士多以季札为始祖。春秋后期，吴国逐渐强大起来，公元前506年吴王阖闾任用伍子胥为相、孙武为上将，一度攻破楚国。传至他的儿子夫差（仲雍第21世孙），公元前494年出兵又打败了越国（相传始祖是夏朝少康的庶子无余，建都会稽〈今浙江绍兴〉），并战胜了齐（周分封的诸侯国，今山东北部）军，北上与晋（周分封的诸侯国，开国君主是周成王弟叔虞，在今山西的西南部）争霸，一度成为当时的强国。后来夫差因骄傲自大，结果反过来又被越王勾践于公元前473年所灭。吴国被灭后，其子孙便以国为氏，称吴氏。可见，吴姓汉族的第一世始祖应当是周代的泰伯。

2. 一支传为古帝颛顼时期吴权之后裔。一支出舜后，相传虞舜后裔有受封于虞，因虞与吴音近，故舜后有吴氏。一支为吴贺后裔，传说中夏少康时有吴贺，其后有吴氏。

（三） 宗堂郡望

堂号 "延陵堂"：太伯、仲雍相继为吴国国君，传到季札，季札又多次推让，只好把他封到延陵（今江苏常州），吴氏祖先这种避位让贤的高尚风格，对后世那些争权夺利、窃国谋权的人，是多么深刻的教育。（见《通志·氏族略》

郡望 1. 延陵县。古邑名。季札（又称公子札），春秋时吴国贵族，先封于此，后又封州来（今安徽凤台）。故址即今江苏常州市。又西晋太康二

年（公元 281 年）分曲阿县置县名，治所在今江苏丹阳西南。

2. 濮阳郡。晋咸宁三年（公元 277 年）改东郡置国，治所在濮阳（今县西南）。相当今河南滑县、濮阳、范县，山东郓城、鄄城等地。西晋末改为郡。此支吴氏属季札直系后裔，其开基始祖为广平侯吴汉（长淮吴芮 11 世孙）的裔孙吴遵，至西晋时，因家族成为晋朝的皇帝国戚，而显赫异常。

3. 渤海郡。西汉时（约公元前 2 世纪）从巨鹿、上谷二郡之地分出渤海郡，相当于今河北、辽宁省的渤海湾沿岸地区。唐玄宗先天二年（公元 713 年）封大祚荣为渤海郡王。渤海郡国在今松花江以南至渤海湾一带。此支吴氏亦为季札一宗，大概是东汉乐浪（今朝鲜平壤）太守吴凤和东汉大司徒吴雄之后所形成。此支吴氏属陈留吴氏和河南（洛阳）吴氏分支。

4. 陈留郡。西汉元狩元年（公元前 122 年）置郡，治所在陈留（今开封东南）。相当今河南东至民权、宁陵，西至开封、尉氏，北至延津、长垣、南至杞县、睢县地。北魏移治浚义（今开封市西北），仅相当今开封、封丘等县地。此支吴氏，世居今长垣县一带，亦为季札的后裔，为东汉吴恢之族所在。

5. 吴兴郡。三国吴宝鼎元年（公元 266 年）置郡，治所在乌程（今浙东吴兴南，晋义熙初移今吴兴）。相当今浙江临安、余杭、德清一线西北，兼有江苏宜兴县地。此支吴氏亦系季札之后裔，为吴氏多支族派迁居所形成。

6. 汝南郡。汉高帝四年（公元前 203 年）置郡。治所在上蔡（今河南省上蔡县西南）。相当今河南颍河、淮河之间，京广铁路西侧一线以东，安徽茨河、西淝河以西、淮河以北地区。东汉移治平舆（今河南平舆北）。此支吴氏亦为季札之后，其开基始祖为唐太常吴武陵 4 传孙吴无全。

7. 长沙郡。秦置郡，治所在临湘（今长沙市）。相当今湖南东部、南部和广西全州，广东连县、阳山等地。西汉改郡为国，东汉仍改为郡。隋初废，大业及唐天宝、至德时又曾改潭州为长沙郡。此支吴氏亦系季札之后，其开基始祖为西汉长沙王吴芮。

8. 武昌郡。公元 221 年，三国吴孙权把原来的江夏、豫章、庐陵三郡之地，分出一部分，设置武昌郡。相当今湖北省武汉市至江西省九江市一带地区。此支吴氏大概为季札裔孙吴申（6 世孙）之后。

（四） 家谱寻踪

全国·吴氏宗支蕃衍志不分卷

藏地：美国

杨继盛纂

写本　一册

全国·吴氏宗支世系图不分卷

藏地：美国

写本　一册

全国·吴王寿梦等四子季札公世系图不分卷

藏地：美国

吴如胜纂

写本　一册

全国·吴氏先代溯源引不分卷

藏地：美国

吴鸣凤撰

写本　一册

辽宁本溪·吴俄尔格氏家乘五卷

藏地：辽宁本溪市城子乡朴卜村

（清）吴守恩纂

清雍正间纂　写本

辽宁辽阳·吴守近家谱

藏地：国家图书馆

清钞本　一册

辽宁·辽阳吴氏族谱三卷

藏地：国家图书馆（二部）　中国社会科学院历史研究所图书馆　辽宁图书馆

（民国）吴恩培编

1940年辽阳兴亚印刷会社精印本

河北·泺南吴氏家谱四卷

藏地：河北泺南县档案馆

（清）吴优善　吴鸿盘纂

清道光三年（1823）纂　清光绪十八年（1892）铁板本

河北泺南·吴氏家谱三卷

藏地：河北泺南县文管会

（清）吴宝善纂

清光绪十二年（1886）纂　光绪二十五年（1899）刻本

河北河间·吴谱一幅

藏地：河北青县崇仟镇野兀屯

吴淑珍纂

钞本

上海松江·华亭张泽吴氏宗谱二卷

藏地：上海图书馆

（清）吴德达辑　吴应芝续辑

清嘉庆十四年（1809）仁泽堂刻本

上海松江·吴氏宗谱三卷

藏地：上海松江县博物馆

（民国）吴承祐纂

1929年1936年铅印本

江苏·吴氏宗谱三十六卷

藏地：中国社会科学院历史研究所图书馆　哈尔滨师范大学

（清）吴宗洛十一修

清咸丰元年（1851）至德堂铅印本　三十六册

江苏·吴氏族谱十二卷首一卷

藏地：上海图书馆

（清）吴瑞宗等修

清光绪三年（1877）至德堂木活字本　六册

江苏·吴氏族谱十卷

藏地：中国科学院图书馆

（清）吴丽生纂

清光绪十二年（1886）刊本十册

江苏·吴氏汇修宗谱十二卷

藏地：江苏苏州市图书馆（存卷1）

（民国）吴仲山纂修

民国吴氏至德堂活字本

江苏溧水·吴氏宗谱十五卷

藏地：江苏淋水县云合乡陈里坑屯竹窝里

清光绪二十一年（1895）三让堂木活字本

江苏溧水·吴氏宗谱四卷

藏地：江苏溧水县明觉乡向阳屯小吴家

（民国）吴祖起纂

1916年锦绣堂木活字本

江苏赣榆·吴氏宗谱长房卷不分卷

藏地：江苏赣榆县档案馆

（民国）吴怀镡重修

1937年至德堂油印本

江苏淮阴·南清河吴氏宗谱一卷
藏地：江苏镇江市图书馆
（清）吴昆田修
清光绪二十九年（1903）翻刻本
江苏·淮阴吴氏宗谱十四卷首一卷末一卷
藏地：美国
（民国）吴其稑等重修
1921年清江柏碧山堂刊本 二十六册
江苏·淮阴吴氏族谱八卷
藏地：江苏镇江市博物馆
（清）吴芸等纂
1935年石印本
江苏扬州·吴氏宗谱四卷
藏地：吉林大学
（清）吴引孙修
清光绪二十一年（1895）朱印本 四册
江苏仪微·古望亭吴氏家谱十一册
藏地：江苏仪徵县陈集乡工农屯
清道光间重印本
江苏泰州·富安吴氏重修族谱八卷
藏地：中国社会科学院历史研究所图书馆
（清）吴嘉珠纂修
清嘉庆十六年至德堂刻本 八册
江苏泰州·海陵南把塘吴氏族谱□□卷
藏地：江苏丹阳县图书馆（存爱字号卷6、忠字号卷1、2、4—6）
（民国）姚龙光重修
1919年木刻本
江苏·高邮吴氏宗谱六卷
藏地：江苏宝应县郭桥乡友映屯塘河队
（民国）吴金波重修
1924年石印本
江苏兴化·吴氏族谱六卷
藏地：南京市博物馆
（清）吴春元 吴占熊撰
清光绪二十五年（1899）木活字本
江苏如皋·吴氏家乘八十一卷
藏地：中国社会科学院历史研究所图书馆 哈尔滨师范大学
（清）吴章焕六修
清咸丰八年（1858）铅印本 二十八册
江苏·如皋吴氏重修家乘十五卷
藏地：吉林大学 日本 美国
（清）赵坤连纂辑
清光绪八年（1882）三让堂活字本 十六册
江苏·如皋吴氏家乘三十卷首一卷
藏地：日本 美国
（民国）吴江 吴杓等重修
1925年三让堂活字本 十四册
江苏镇江·古润吴氏重修宗谱八卷首一卷末一卷
藏地：日本 美国
（清）吴锡纯等重修
清光绪十二年（1886）均安堂刊本
江苏镇江·开沙吴氏三修宗谱三卷首一卷
藏地：中国社会科学院历史研究所图书馆 吉林大学
（清）吴国桢主修 解簠编辑
清光绪二十一年（1895）怡德堂刻本 四册

江苏镇江·延陵京江吴氏族谱不分卷

藏地：江苏镇江市博物馆　美国

（清）吴世铮等修

清光绪二十六年（1900）活字本

江苏常州·毗陵吴氏续修宗谱八卷

藏地：日本　美国

（清）吴富德　吴其贤等续修

清光绪十三年（1887）三让堂木活字本　八册

江苏常州·谭墅吴氏宗谱十六卷

藏地：上海图书馆

（清）吴川法修

清光绪二十七年（1901）思让堂木活字本　十六册

江苏常州·谭墅吴氏宗谱十六卷

藏地：中国社会科学院历史研究所图书馆　美国

（民国）吴祥鸿等修

1925年思让堂木活字本　十六册

江苏常州·吴氏宗谱十八卷

藏地：江苏常州市图书馆

（清）吴赓麟纂修清光绪二十九年（1903）诒安堂木活字本

江苏常州·延陵吴氏宗谱八卷首二卷

藏地：河北大学

（清）吴允祥　吴有章纂修

清光绪三十二年（1906）至德堂木刻本　六册

江苏常州·蓉湖吴氏族谱二十四卷

藏地：上海图书馆

（清）吴观周辑

清光绪三十二年（1906）至德堂木刻本　二十四册

江苏常州·蓉湖吴氏族谱续编□□卷

藏地：江苏档（存卷28）

民国间至德堂木刻本

江苏常州·毗陵西郊吴氏宗谱八卷

藏地：美国

（清）吴志尚等修

清光绪三十四年（1908）振宜堂刊本　八册

江苏常州·延陵吴氏续修宗谱十六卷

藏地：中国社会科学院历史研究所图书馆

（民国）吴世仁　吴培育等修

1913年至德堂铅印本　二十册

江苏常州·毗陵宣庄吴氏宗谱十六卷

藏地：河北大学

（民国）吴德洪　吴德兆纂修

1914年木刻本　十六册

江苏常州·吴氏统谱□□卷

藏地：江苏档（存卷2）

1916年至德堂刊本

江苏无锡·锡山延陵〔吴氏〕宗谱五卷

藏地：山西省文史馆

（清）吴人秀　吴世焜纂修

清康熙五十年（1711）刻本

江苏无锡吴氏宗谱·不分卷

藏地：台湾

（清）吴亭甫纂修

清乾隆二十四年（1759）钞本　二册

江苏无锡·吴氏族谱不分卷

藏地：四川省图书馆（存一册）

清同治间刻本

江苏·无锡吴氏宗谱十四卷首一卷

藏地：辽宁图书馆（存卷首、卷1—13） 美国

（清）吴振钧等修

清光绪八年（1882）至德堂木活字本

江苏无锡·锡山吴氏世谱六卷首二卷

藏地：国家图书馆 中国社会科学院历史研究所图书馆 日本 美国

（清）吴祥霖等修

清光绪十二年（1886）至德堂木活字本

江苏无锡·锡山吴氏统谱六卷首二卷

藏地：上海图书馆

清光绪二十二年（1896）至德祠木活字本 五册

江苏无锡·吴氏统谱六卷首二卷末三卷

藏地：中国社会科学院历史研究所图书馆 江苏苏州市图书馆 日本 美国

（民国）吴叔渭等修

1916年至德堂木活字本

江苏无锡·间江吴氏续修宗谱十八卷

藏地：复旦大学

（清）吴超然修

清光绪三十一年（1905）经远堂木活字本

江苏江阴·严渍吴氏宗谱四十卷

藏地：中国社会科学院历史研究所图书馆

（清）任震初纂修

清同治八年（1869）恩敬堂活字本 二十八册

江苏·江阴后底泾吴氏宗谱十九卷首一卷末一卷

藏地：美国

（清）吴翔九等修

清光绪十三年（1887）活字本 二十册

江苏江阴·后底泾吴氏宗谱二十五卷

藏地：江苏苏州市图书馆

（民国）吴增甲纂修

1949年源德堂铅印本 二十五册

江苏宜兴·吴氏宗谱二十一卷

藏地：河北大学

（民国）吴唱续修

1929年继述堂木刻本 二十四册

江苏宜兴·钟离吴氏重修忠义分谱八卷

藏地：中国社会科学院历史研究所图书馆

（民国）吴莲溪编纂

1947年恩敬堂铅印本 八册

江苏苏州·吴氏家乘三卷

藏地：江苏苏州市图书馆

（清）吴潮 吴文垲修

清据嘉庆六年（1801）源远堂本钞本二册

江苏常熟·新修丹阳分常熟吴氏支谱六卷

藏地：江苏常熟市图书馆

（清）吴焕文 吴焯等修

清光绪十四年（1888）修 稿本 五册

江苏常熟·海虞城东吴氏支谱一卷

藏地：江苏苏州市图书馆

民国间钞本 一册

江苏吴县·吴氏族谱不分卷

藏地：美国

清康熙间刊本　一册

江苏吴县·武山西金村吴氏世谱四卷

藏地：美国

（清）吴公肃等修

清康熙二十一年（1682）刊本　八册

江苏吴县·洞庭吴氏家谱六卷

藏地：国家图书馆（二部）　中国社会科学院历史研究所图书馆　人民大学　吉林大学　南京大学历史系

（清）吴永锡　吴定国等修

清乾隆七年（1742）洞庭祠堂刻本　六册

江苏吴县·皋庑吴氏家乘四卷

藏地：国家图书馆

（清）吴哲等纂修

清乾隆三十三年（1768）刻本

江苏吴县·皋庑吴氏家乘六卷

藏地：江苏苏州市图书馆（存卷2—6）

（清）吴经堃等纂修

清道光九年至十一年（1829—1831）刻本

江苏吴县·洞庭吴氏家乘不分卷

藏地：中国科学院图书馆

（清）吴懋煜辑

清光绪十六年（1890）钞本　六册

江苏昆山·徽州吴氏迁昆支谱

藏地：国家图书馆

（民国）吴鸿畴编辑

民国间苏州大苏印刷公司铅印本　一册

江苏·吴江吴氏族谱三十五卷

藏地：河北大学　福建省图书馆（存卷6、7）

（清）吴安国续辑

清乾隆四十一年（1776）木刻本　十六卷

吴氏·宗谱十八卷首一卷末一卷

藏地：国家图书馆　日本　美国

（清）吴近庄纂　吴祥霖补辑

清宣统元年（1909）活字本　六册

浙江杭州·吴氏家谱□□卷

藏地：河北大学（存六卷）

钞本

浙江杭州·吴氏族谱

藏地：中国历史博物馆

钞本

浙江·余杭吴氏宗谱二卷

藏地：日本　美国

（清）吴之梁　吴载有等续修

清光绪二十一年（1895）木活字本　二册

浙江·余杭吴氏宗谱八卷

藏地：吉林大学

（清）吴光煜续修

清光绪二十一年（1895）承善堂活字本　八册

浙江余杭·延陵吴氏宗谱八卷

藏地：浙江余杭县塑料厂

木活字本

浙江·萧山吴氏家谱四卷

藏地：日本　美国

（清）吴斐续修

清乾隆五十八年（1793）爱敬堂木活字本

浙江·萧山吴氏家谱四卷

藏地：日本　美国

（清）吴瑞芝等重修

清道光十二年（1832）爱敬堂木活字本　四册

浙江泰顺·九堍吴氏族谱四卷

藏地：浙江泰顺县文博

（清）蔡葆贞重辑

钞本

浙江嘉兴·吴氏族谱不分卷

藏地：浙江嘉兴市图书馆

（清）吴璠重修

清咸丰九年（1860）钞本　二册

浙江海宁·吴氏宗谱六卷

藏地：吉林大学　浙江图书馆

（清）吴芸孙　吴昌年续修

清光绪二十二年（1896）刻本二册

浙江桐乡·州钱吴氏宗谱五卷首一卷

藏地：美国

（清）吴学浚等修

清光绪五年（1879）永怀堂木活字本六册

浙江平湖·吴氏本支家谱不分卷

藏地：人民大学　辽宁图书馆

（清）吴若烺续修

清光绪十八年（1892）活字本二册

浙江·海监吴氏宗谱不分卷

藏地：美国

（清）吴本智等修

清咸丰九年（1859）写本　一册

浙江海监·吴氏族谱六卷

藏地：人民大学

（清）吴昌年　吴昌棋等续修

清光绪二十二年（1896）刻本二册

浙江湖州·菱湖吴氏族谱不分卷

藏地：中国社会科学院历史研究所图书馆

（清）吴衍麟纂修

清同治四年（1865）钞本　六册

浙江湖州·苕溪吴氏宗谱不分卷

藏地：国家图书馆

（清）吴容光续修

清同治十三年（1874）刻本四册

浙江湖州·下塘苕溪吴氏宗谱不分卷

藏地：国家图书馆　人民大学　上海图书馆　浙江图书馆　日本　美国

（清）吴孝诚等修

清光绪三十二年（1906）刻本

浙江湖州·苕溪吴氏宗谱不分卷

藏地：日本　美国

（民国）吴邦诠　吴孝诜等续修

1931 年刊本　六册

浙江湖州·皂湖吴氏宗谱八卷

藏地：河北大学

（民国）吴秋香　陈溶新重修

1933 年世德堂木刻本　四册

浙江长兴·吴氏宗谱十卷

藏地：浙江长兴县白阜乡大芥口村屯

（清）吴俊卿主修

清光绪二十四年（1935）凤林堂木刻本

浙江绍兴·会稽吴氏家谱不分卷

藏地：浙江图书馆

（明）吴鐩修　林乔纂

明嘉靖钞本　一册

浙江绍兴·山阴县州山吴氏族谱十五卷序状志铭一卷

藏地：国家图书馆

（明）吴有临纂修

明万历刻　天启六年（1626）重修本八册

浙江绍兴·山阴县州山吴氏族谱三十一部

藏地：国家图书馆　中国社会科学院历史研究所图书馆　人民大学　辽宁图书馆四川省图书馆（存十一部）　日本　美国

（清）吴国梁等修

清道光十九年（1839）活字本

浙江绍兴·山阴州山吴氏支谱不分卷

藏地：国家图书馆　辽宁图书馆　日本　美国

（民国）吴隐编订

1916 年活字本　一册

浙江绍兴·山阴州山吴氏支谱不分卷

藏地：国家图书馆　中国社会科学院历史研究所图书馆　北京师范大学　人民大学　浙江图书馆　日本　美国

（民国）吴善庆编

1919 年刻本　一册

浙江绍兴·山阴县州山吴氏族谱不分卷

藏地：国家图书馆　中国科学院图书馆　北京师范大学　吉林大学　浙江图书馆日本　美国

（民国）吴邦枢等纂修

1924 年刻本

浙江东阳·渤海郡鸡峰吴氏宗谱十二卷

藏地：浙江东阳县象岗乡

1926 年木活字本　一册

浙江义乌·椒山吴氏宗谱□□卷

藏地：浙江金华市文管会（存卷 1）

清道光十年（1830）木刻本

浙江义乌·椒山吴氏宗谱□□卷

藏地：浙江金华市文管会

清咸丰五年（1855）木刻本

浙江义乌·延陵吴氏宗谱二十四卷首一卷

藏地：国家图书馆

（民国）吴德洸等纂修

1925 年活字本　四十五册

浙江衢州·吴氏宗谱二卷首一卷

藏地：浙江衢州市文管会

（民国）吴礼荣重修

1917 年刻本　一册

浙江衢县·铜峰吴氏宗谱四卷

藏地：浙江衢州市文管会

民国间木活字本　一册

浙江衢县·延陵吴氏宗谱四卷

藏地：浙江衢州市文管会

（民国）吴长安　吴元骏等修

1948 年衢城北隅居士郑荫槐木活字本　四册

浙江常山·柏溪吴氏宗谱不分卷

藏地：浙江常山县大桥头乡连塘屯

明万历十八年（1590）木刻本

浙江常山·柏溪吴氏宗谱八卷首一卷

藏地：浙江常山县大桥头乡石村

杨瀚八修

木刻本

浙江常山·梧峰吴氏宗谱□□卷

藏地：浙江衢州市文管会（存卷 1）

（清）吴鉴　吴绍达等续修

清嘉庆二十二年（1817）木活字本

浙江常山·梧峰吴氏宗谱□□卷

藏地：浙江衢州市文管会（存卷1—3）

（清）吴可权修

清道光二十四木活字本

浙江仙居·厚仁吴氏宗谱□□卷

藏地：浙江临海县博物馆（存卷6、卷末）

清咸丰十一年（1861）木活字本

浙江仙居·吴氏宗谱二十九卷末一卷

藏地：浙江临海县博物馆（缺卷3、4、6、7、13、18、26）

清同治十年（1871）木活字本

浙江天台·吴氏宗谱略存不分卷

藏地：吉林大学

（清）吴志勤重修

清乾隆钞本　六册

浙江黄岩·黄邑凤洋湖头东吴氏宗谱九卷

藏地：浙江临海县博物馆（存卷1）

（清）吴际清纂

清光绪二十五年（1899）木活字本

浙江遂昌·吴氏宗谱不分卷

藏地：浙江遂昌县湖山乡大畈屯

清光绪十三年（1887）刊本　五册

浙江遂昌·平昌吴氏宗谱八卷

藏地：浙江遂昌县石练乡

1934年刻本

浙江遂昌·吴氏宗谱不分卷

藏地：浙江遂昌县对正乡山前屯

民国间刊本

浙江松阳·岗头吴氏宗谱三卷

藏地：浙江松阳县樟溪乡岗头屯

（民国）吴家斌主修

1921年木刻本

安徽·吴氏宗谱三十卷

藏地：安徽图书馆

（清）吴燮和等修

清光绪二十七年（1901）木活字本　三十四册

安徽·吴氏重修宗谱□□卷

藏地：安徽安庆市图书馆（存卷12）

民国间兴让堂木活字本

安徽合肥·东乡吴氏宗谱二十卷首一卷

藏地：日本　美国

（清）吴重仁　吴门南等修

清光绪六年（1880）刊本　二十册

安徽·芜湖吴氏宗谱□□卷首一卷

藏地：安徽博物馆（存卷首、卷1）

（民国）吴官生纂

1931年木活字本

安徽泾县·泾川茂林吴氏宗谱五卷

藏地：国家图书馆（缺卷4）　安徽图书馆　美国

（明）吴范道等纂

明万历八年（1580）刊本

安徽泾县·延陵吴氏宗谱十三卷

藏地：中国社会科学院历史研究所图书馆　河北大学

（清）吴一湫纂

清乾隆五十八年（1793）刻本　十二册

安徽泾县·石匮吴氏族谱正编六卷首一卷附旧编二卷首一卷附编二卷

藏地：河北大学

清道光二十八年（1848）木刻本

八册

安徽泾县·茂林吴氏四代钦旌五世同堂全图一卷

藏地：美国

（清）吴慎月编

清光绪十七年（1891）上海同文书局石印本

安徽泾县·吴氏始祖图不分卷

藏地：安徽博物馆

清钞本　一册

安徽泾县·茂林吴氏谱系不分卷

藏地：安徽博物馆

（民国）吴家骏手录

1932年写本　一册

安徽泾县·茂林吴氏支谱不分卷

藏地：安徽博物馆

（民国）吴家骏录订

1934年精钞本　一册

安徽徽州·新安吴氏族谱不分卷

藏地：国家图书馆

清钞本　二册

安徽徽州·新安世家梢云吴田氏族谱不分卷

藏地：国家图书馆

清钞本　一册

安徽徽州·梢云吴氏族谱十卷

藏地：国家图书馆（存卷8—10）上海图书馆（存1—3）

（明）吴大经纂

明钞本

安徽徽州·左台吴氏谱图续编不分卷

藏地：国家图书馆　北京师范大学

（明）吴钦仪等纂

明万历十五年（1587）刻本

安徽徽州·左台吴氏大宗谱不分卷

藏地：河北大学　安徽博物馆

（清）吴正遂汇纂　吴阀总辑

清乾隆二十九年（1764）木刻本二册

安徽徽州·左台吴氏大宗谱三编

藏地：国家图书馆（三部）　中国社会科学院历史研究所图书馆　河北大学　吉林大学　南京图书馆　江苏苏州市图书馆　安徽图书馆（二部）安徽徽州地区博物馆

（清）吴正遂编　（民国）吴洁华补订

1934年中华书局铅印本　二册

安徽徽州新安吴氏考系不分卷

藏地：安徽徽州地区博物馆（存三册）　美

（清）吴允文等修

安徽徽州·新安吴氏家乘世谱

藏地：江苏盐城市图书馆

（清）吴文炌纂

清光绪六年（1880）钞本　三册

安徽徽州·新安吴氏族谱不分卷

藏地：国家图书馆

（清）吴锡维纂维

清光绪间叙伦堂活字本　一册

安徽徽州·新安吴氏族谱不分卷

藏地：国家图书馆

清钞本

安徽·休宁商山吴氏族谱不分卷

藏地：安徽图书馆

（明）吴士信修

钞明化本　一册

安徽休宁·商山吴氏重修族谱二卷

藏地：国家图书馆

（宋）吴浩纂修　（明）吴士彦等续辑

明崇祯十六年（1643）家刻本

一册

安徽休宁·新安商山吴氏宗祠谱传一卷

藏地：国家图书馆

（明）吴应迁辑　（清）吴献吉等续辑

清康熙间刻本　一册

安徽·休宁县市吴氏本宗谱十卷

藏地：国家图书馆　美国

（明）吴银　吴兆等纂修

明嘉靖七年（1528）刊本

安徽休宁·新安休宁乾滩吴氏会通谱十二卷

藏地：国家图书馆

（明）吴爵　吴斌等纂

明嘉靖十一年（1532）刻本一册

安徽·休宁吴田吴氏分支统谱□□卷

藏地：南京图书馆（存卷1—5）

（明）吴显纂修

明嘉靖十七年（1538）吴奖刻本

安徽·休宁璜源吴氏族谱八卷

藏地：国家图书馆　安徽图书馆

（明）吴应期纂修

明万历七年（1579）保和堂刻本

安徽休宁·茗州吴氏家记十二卷

藏地：日本　美国

（明）吴瑞穀编

明万历十九年（1591）写本　八册

安徽休宁·茗州吴氏家典八卷

藏地：国家图书馆　中国社会科学院历史研究所图书馆　上海图书馆　日本　美国

（清）吴翟辑

清光绪十八年（1892）吴厚夫翻刻清雍正十三年（1735）紫阳书院刻本　五册

安徽休宁·海阳吴氏族谱一卷

藏地：安徽图书馆

（明）吴维东等修

明崇祯三年（1630）修　钞本一册

安徽·休宁吴氏族谱一卷

藏地：安徽图书馆

（明）吴维东等修

明崇祯三年（1630）修　钞本一册

安徽·休宁泰溪吴氏世谱不分卷

藏地：安徽图书馆

（明）吴怀敏重修

钞本　一册

安徽休宁·衡川吴氏家乘不分卷

藏地：北京大学

明钞本

安徽休宁·衡川吴氏宗谱聘公房摘支不分卷

藏地：安徽图书馆

清嘉庆八年（1803）钞本　一册

安徽歙县·新安歙南昌溪太湖坵吴氏宗谱十四卷

藏地：安徽图书馆　安徽徽州地区博物馆（缺一卷）

（清）吴念祖修

清光绪三十二年（1906）刊本二十册

安徽歙县·仟源邑氏宗谱八卷

藏地：中国社会科学院历史研究所图书馆　河北大学

（清）吴永凤　吴兴寿等修

清光绪五年（1879）活字本

安徽歙县·石潭吴氏叙伦祠宗谱不分卷

藏地：国家图书馆

（清）吴绍周纂

清光绪二十年（1894）活字本 十二册

安徽歙县·石潭吴氏宗谱十六卷

藏地：安徽徽州地区博物馆（缺一卷）

（民国）吴寿根等修

1930年刻本

安徽歙县·昌溪庠里吴氏宗谱八卷

藏地：美国

（清）吴景桓等修

清光绪二十六年（1900）恩成堂活字本 八册

安徽祁门·祁东福州吴氏宗谱不分卷

藏地：安徽徽州地区博物馆

清咸丰三年（1853）钞本 一册

安徽黟县·横岗吴氏会通宗谱不分卷

藏地：安徽博物馆

（清）吴世翔纂

清光绪三十四年（1908）种德堂刻本一册

安徽黟县·黟北吴氏族谱不分卷

藏地：国家图书馆

（民国）吴士恺修

1924年活字本 一册

安徽石台·吴氏宗谱

藏地：安徽石台县大寅乡

安徽·桐城吴家砦吴氏宗谱二十一卷首一卷末一卷

藏地：日本 美国

（清）吴灏 吴谦昀等续修

清光绪元年（1875）木活字本 八册

安徽桐城·吴氏宗谱三十二卷末二卷

藏地：人民大学

（清）吴友谦等续修

清光绪二十八年（1902）仁义堂活字本 三十四册

安徽·桐城高甸吴氏宗谱九十一卷首一卷

藏地：安徽图书馆（存90） 安徽博物馆（存首首、卷1—3、9—18、24—36、38—41、43、48—50、42、54—57、59—61、65、67、69、73、77、78、81、82、84—91） 安徽安庆市图书馆（存卷3—78、80—91）

（民国）吴健吾纂修

1936年安庆东方书局铅印本

安徽桐城·吴氏家乘小纪一卷

藏地：国家图书馆 中央民族大学

（民国）吴闿生撰

1936年油印本 一册

安徽怀宁·皖怀梅冲吴氏编修宗谱六卷首一卷末一卷

藏地：国家图书馆

（清）吴凤等撰修

清乾隆五十八年（1793）萃英堂活字本 八册

安徽怀宁·吴氏宗谱十卷首一卷末二卷

藏地：日本 美国

（民国）吴志强 吴祥森等重修

1914年木活字本 十三册

安徽怀宁·吴氏宗谱三十一卷首一卷末一卷

藏地：安徽图书馆（存卷首）

（民国）吴佩绅修

1921年观乐堂刊本 一册

安徽潜山·潜阳吴氏宗谱二卷

藏地：日本　美国

（清）吴承珂等修

清康熙三十九年（1700）刊本　十册

安徽潜山·吴氏宗谱六卷

藏地：国家图书馆

（清）吴邦辅等续修

清同治八年（1869）尚德堂活字本　六册

安徽·庐江潜川吴氏宗谱八卷

藏地：日本　美国

（民国）吴学廉　吴学藻等续修

1918年木活字本　八册

福建·延陵吴氏族谱十卷

藏地：中国科学院图书馆

（清）吴文炳修

清道光二十三年（1843）刊本　十册

福建·延陵吴氏重修家谱□□卷

藏地：福建省图书馆（存卷7）

民国吴氏有秩堂活字本

福建福州·世美吴氏族谱不分卷

藏地：福建省图书馆

（清）吴诚玉重修

清钞本　一册

福建连江·吴家路并竹兜吴氏族谱一卷

藏地：福建连江县档案馆

清嘉庆七年（1802）修刊本

福建连江·马鼻竹兜吴氏族谱一卷

藏地：福建连江县档案馆

（清）吴茂才　吴清光重修

清光绪二十三年（1897）稿本

福建同安·鹿港吴氏义二房族谱不分卷

藏地：台湾

（清）吴举纂修

清雍正八年（1730）钞本　一册

福建·同安庄江鼎汉石壁吴氏族谱不分卷

藏地：台湾

（清）吴道芳纂修

清雍正八年（1730）钞本　一册

福建安溪·清溪华地吴氏谱系不分卷

藏地：台湾

（清）吴鸣熙重修

清道光十二年（1832）钞本　一册

福建同安·矿溪吴氏家谱不分卷

藏地：台湾

（清）吴德功纂修

清光绪二十年（1894）辑　钞本　一册

福建晋江·潘径吴氏家乘不分卷

藏地：美国

（清）吴达法修

清咸丰间钞本　一册

福建·晋江灵水吴氏家谱二十七卷

藏地：广东中山图书馆　广东汕头市图书馆（卷1、9—21、23—27）美国

（清）吴梓材　吴绍莘等修

1912年广州留香齐刻本　九册

福建南安·整岱吴氏族谱不分卷

藏地：台湾

（清）吴淮光序

清乾隆五十八年（1793）钞本

福建南安·吴氏宗族谱不分卷

藏地：台湾

（清）吴廷栋梁又修

清道光三十年（1850）钞本

福建漳州大溪吴氏宗谱不分卷
藏地：台湾
（清）吴春茂纂修
清光绪十七年（1891）修　钞本一册

福建龙海·海澄梧贯吴氏家谱五卷
藏地：美国
（清）吴梓材　吕绍华等修
清宣统元年（1909）刊本　三册

福建·漳浦官詹山后吴氏家谱不分卷
藏地：台湾
（清）吴学海　吴焜耀纂修
清光绪二十一年（1895）钞本一册

福建浦城·西吴（吴氏）宗谱十二卷
藏地：福建师范大学（不全）
（清）吴懋基主修
清光绪十七年（1891）豫章集贤堂刊本

江西永修·吴氏重修谱不分卷
藏地：日本　美国
（清）吴建锟吴建公等重修
清道光二十八年（1848）木活字本　二册

江西婺源·环溪吴氏家谱四卷
藏地：首都图书馆　上海师范大学
（清）吴月楼纂修
清光绪二十九年（1903）宝诰堂刊本

江西婺源·旋海吴氏支谱五卷首一卷
藏地：日本　美国
（清）吴鸿晟　吴运嘻等修
清光绪三十二年（1906）敦睦堂木活字本　四册

江西金溪·疏溪吴氏家乘十一卷首一卷
藏地：美国
（清）吴廷相纂修
清乾隆三十年（1765）刊本八册

江西南城·东坪源头吴氏族谱十四卷首一卷末一卷
藏地：日本　美国
（民国）吴葆真　吴琦等八修
1922年木活字本　十七册

江苏·临溪荪圻吴氏支谱不分卷
藏地：上海图书馆
（清）吴师颜序
清乾隆十年（1805）写本　一册

山东陵县·吴氏族谱四卷首一卷
藏地：中国科学院图书馆
（清）吴莹等修
清道光二十六年（1846）刊本四十册

山东沾化·吴氏家谱七卷
藏地：人民大学　美国
（清）吴庆垣等纂修
清光绪二十二年（1896）刻本六册

山东临沭·吴氏支谱不分卷
藏地：山东临沭县曹庄镇曹庄
钞本

河南获嘉·吴氏家谱一卷
藏地：河南档
（清）吴太惠创修
清乾隆五十八年（1793）钞本

湖南获嘉·吴氏和谱四卷首一卷末一卷
藏地：河北大学

（清）吴大鸣　吴廷续修
钞本　三册

河南·睢县吴氏族谱一卷

藏地：河南民权县吴岗屯
（民国）吴乃建重修
1949年石印本

河南·固始吴氏家乘不分卷

藏地：上海图书馆　福建师范大学　河南省图书馆　日本　美国
（清）吴子健辑
清光绪七年（1881）铅印本　二册

河南固始·吴氏族谱一卷

藏地：台湾
（清）吴文世重修
清光绪九年（1883）钞本　一册

河南·固始吴氏秉义堂支谱不分卷

藏地：国家图书馆
（民国）吴华修编辑
1929年北平京城印书局铅印本　一册

湖北黄冈·吴氏宗谱□□卷

藏地：武汉市图书馆（存卷首）
（清）吴亮清　吴海卿等纂修
清宣统二年（1910）双合堂木活字本

湖北黄冈·吴氏宗谱三卷首一卷

藏地：湖北黄冈县档案馆
1946年三让堂木刻本

湖北黄冈·吴氏宗谱四十九卷

藏地：武汉市图书馆
（民国）吴心田　吴绍周等编
1948年冈邑五柳堂木活字本　四十九册

湖北广济·吴氏宗谱三卷首一卷

藏地：湖北广济县档案馆（缺卷首）
至德堂刊本

湖北通山·吴氏宗谱

藏地：中国社会科学院历史研究所图书馆
（民国）吴从周　吴柳屯等七修
1923年至德堂活字本　二十七册

湖北嘉渔·吴氏宗谱□□卷

藏地：武汉市图书馆（存卷1、2）
（民国）吴德明纂修
1913年嘉渔张怀卿木活字本

湖北崇阳·吴氏宗谱□□卷

藏地：湖北崇阳县大源乡大源屯（不全）
1939年直笔堂刊本

湖北崇阳·吴氏宗谱三卷

藏地：湖北崇阳县西庄乡拓田屯
（民国）吴元善总修　吴完生纂修
1939年延陵堂刻本

湖北·松滋吴氏宗谱四十六卷首一卷末二卷

藏地：辽宁图书馆
（清）吴庆扬续修
清光绪三十二年（1906）至德堂活字本

湖北来凤·万家塘吴氏支谱一卷

藏地：湖北来凤县志办
（民国）吴宝炬撰
1924年刊本

湖北·来凤吴家庄吴氏支谱不分卷

藏地：国家图书馆　吉林市图书馆　南京图书馆　福建省图书馆　河南省图书馆　四川省图书馆　云南省图书馆
（民国）吴国寿等修
1930年武昌铅印本　一册

湖南浏阳·水源吴氏四修族谱□□卷

藏地：湖南省图书馆（存卷首）

（民国）吴德时修　吴笃实纂

1915年延陵堂木活字本

湖南宁乡·吴氏六修支谱□□卷

藏地：湖南省图书馆（存卷11、12）

清光绪四年（1878）延陵堂木活字本

湖南宁乡·吴氏六修家谱十七卷首一卷末一卷

藏地：湖南省图书馆（存卷首、卷10）

（清）吴选鸿　吴选蓬纂修

清光绪二十九年（1903）活字本

湖南宁乡·吴氏续修族谱□□卷

藏地：湖南省图书馆（存卷2）

清光绪三十一年（1905）活字本

湖南·湘潭汜上吴氏房谱十卷

藏地：中国社会科学院历史研究所图书馆　河北大学

（清）吴文藻总纂

清同治三年（1864）端本堂刊本十册

湖南湘潭·扬泉吴氏家书十七卷

藏地：国家图书馆　中央民族大学　广东中山图书馆

（清）吴宏璋等修

清光绪二十六年（1900）庆余堂刻本十四册

湖南·湘潭扬泉吴氏家书二十二卷

藏地：河北大学

（民国）吴宏璋　吴琪纂修

1931年张百香木刻本

湖南·湘潭乌石吴氏四修族谱五十九卷

藏地：国家图书馆

（民国）吴肇源等撰修

1942年奉思堂活字本　十九册

湖南·湘乡吴氏韬系支谱十卷首二卷附先世迹容

藏地：河北大学　湖南省图书馆（存卷1）

（民国）吴耀理纂修

1928年延陵堂石印本　八册

湖南邵阳·吴氏八修族谱六卷首二卷

藏地：湖南省图书馆（存卷首二册，又一部存卷首上一册）

（清）吴芝园修　吴云纂

清光绪四年（1878）刻本

湖南岳阳·吴氏族谱十卷首一卷

藏地：湖南省图书馆

（清）吴旬葺修　吴前美纂修

清同治十年（1871）至德堂活字印本十一册

湖南湘阴·吴氏族谱不分卷

藏地：湖南省图书馆（存一册）

（清）吴翼行纂

清乾隆二十五年（1760）活字本

湖南湘阴·吴氏族谱□□卷

藏地：湖南省图书馆（存卷首）

（清）吴启瑛纂

清嘉庆十一年（1806）世德堂刻本

湖南湘阴·石版吴氏族谱八卷首一卷

藏地：河北大学

清宣统三年（1911）听彝堂石印本　六册

湖南平江·吴氏宗谱不分卷
藏地：美国
（清）吴赓泰等修
清咸丰十年（1860）昭德堂刊本七册

广东·吴氏庙家谱二卷
藏地：广东中山图书馆
民国间抄本二册

广东广州·吴姓族谱监步房不分卷
藏地：日本　美国
（清）吴德华修
清咸丰十一年（1861）抄本一册

广东珠海·吴氏谱牒十一卷
藏地：广东珠海市山场乡
清光绪十一年（1886）刊本

广东珠海·延陵吴氏世系表不分卷
藏地：广东珠海市翠眉乡
1947 年刊本　二册

广东潮州·陵海吴氏族谱十二卷
藏地：福建省图书馆　广东中山图书馆
广东汕头市图书馆
（民国）吴佐熙纂
1917 年刻本　十二册

广东潮州·银湖吴氏族谱十二卷首一卷
藏地：上海图书馆　广东中山图书馆　广东博物馆　广东汕头市图书馆
（民国）吴兆蓉主修　吴农　吴山等纂
1920 年汕头名利轩排印本

广东中山·延陵吴氏族谱十卷
藏地：广东中山图书馆
（清）吴天炳　吴据德等纂修
清道光二十三年（1853）刻本十册

广东中山·香山吴氏家谱不分卷
藏地：美国
民国间写本　一册

广东南海·吴氏族谱二卷
藏地：广东中山图书馆
（清）吴基选纂修
清光绪三十一年（1905）修 1930 年铅印本　二册

广东三水·吴氏家谱不分卷
藏地：广东中山图书馆
清光绪二十五年（1899）刻本一册

广东梅县·梅南吴氏族谱不分卷
藏地：广东中山图书馆
（民国）吴锡章纂修
1932 年铅印本　一册

广东·丰顺汤田吴氏敦伦堂族谱三卷首一卷末一卷
藏地：广东汕头市图书馆（存卷1）　广东汕头市档案馆　广东丰顺县档案馆　美国

广东丰顺县汤田吴氏简谱不分卷
藏地：美国
写本　一册

广东·高要县水坑吴氏家谱五卷附一卷
藏地：广东高要县档案馆
吴远基续修
1927 年抄本

广东·高要桂岭吴氏家谱七卷会一卷
藏地：广东高要县档案馆
吴远基续修
民国间抄本

广东四会·吴氏族谱不分卷
藏地：广东中山图书馆
（清）吴大猷纂修
清同治六年（1867）刻本　二册
广东·四会窑屯吴氏族谱六卷
藏地：日本　美国
（民国）吴大楠等续修　吴大韶等编校
1924年铅印本　二册
广西·桂平吴氏支谱七卷首一卷
藏地：美国
（清）吴邦棋等修
清光绪十三年（1887）家刻本　六册
四川金堂·吴氏族谱八卷
藏地：南京大学　四川省图书馆
（清）吴璋主修　吴明纂辑
清宣统元年（1909）云山祠刻本　八册
四川重庆·吴氏族谱不分卷
藏地：南京大学
（民国）吕德坤修
1927年重庆吕氏石印本　一册
四川·綦江吴氏族谱十卷
藏地：四川省图书馆（存一册）
（民国）吴廷桀　吴昌绪等纂修
1920年重庆石印本
四川江津·吴氏族谱四卷
藏地：四川重庆市图书馆
（民国）吴传芳修纂
1913年宗让祠排印本　四册
四川三台·吴氏族谱五卷
藏地：四川省图书馆
（民国）吴玉芝等续修
民国间成都排印本　五册
四川简阳·吴氏族谱不分卷
藏地：四川省图书馆
（清）吴永保纂修
清同治间木活字本　一册
四川简阳·吴氏族谱不分卷
藏地：四川省图书馆
（民国）吴通南　吴文巽纂修
民国间排印本　一册
四川仁寿·吴氏族谱十二卷
藏地：四川省图书馆
（民国）吴子中　吴天衡纂修
1938年仁寿隆山书局石印本　十二册
四川仁寿·吴氏族谱七卷
藏地：四川省图书馆
（清）吴溶江纂修
民国间刻本　二册
四川仪陇·吴氏宗支谱一卷
藏地：四川仪陇县档案馆（有手抄并有增补）
（清）吴愈先修
清乾隆二十四年（1759）木刻本
四川仪陇·吴氏家谱三卷
藏地：四川仪陇县档案馆
（清）吴德政编辑
清同治四年（1865）刻本
四川仪陇·渤海吴氏支谱一卷
藏地：四川仪陇县档案馆
清光绪五年（1879）钞本
四川仪陇·吴氏宗支公谱一卷
藏地：四川仪陇县档案馆
（清）吴道南修
清刻配钞本
四川仪陇·吴氏宗支谱一卷
藏地：四川仪陇县档案馆
吴道南编修
1921年木刻本（间有补续）
四川·迁建吴氏宗谱一卷
藏地：四川喜德县档案馆

（民国）吴光辉主修　吴光鉴分纂
1934年刊本
四川·吴氏家传谱汇初稿不分卷
藏地：四川喜德县档案馆
钞本
甘肃·泾川延陵吴氏宗谱□□卷
藏地：南开大学（存一卷）
旧钞本
彰化·岱阳吴氏族谱一卷
藏地：美国
台湾彰化吴氏钞本　一册
香港·吴氏重修族谱不分卷
藏地：美国
民国间钞本　一册
香港·新界元朗吴氏族谱不分卷
藏地：美国
（民国）张鸣球等修
钞本　一册
香港新界沙头吴氏族谱不分卷
藏地：美国
写本　一册
武峰吴氏家谱不分卷
藏地：国家图书馆　美国
（明）吴嘉誉纂修
明崇祯七年（1634）刻本
吴氏支谱不分卷
藏地：河北大学
钞本　一册
吴氏宗谱五卷
藏地：国家图书馆
（明）吴全等纂修
明钞本
吴氏世谱不分卷
藏地：国家图书馆
明刻本　二册
吴氏宗谱
藏地：国家图书馆
（清）吴可恂纂
清康熙三十六年（1697）活字本
吴氏正宗谱不分卷
藏地：国家图书馆
（清）吴允榕纂修
清乾隆十二年（1747）刻本
吴氏族谱不分卷
藏地：台湾
（清）吴梦孔撰
向果吴氏世纪四卷
藏地：北京大学
（清）吴我炽　吴我燕纂修
清乾隆二十七年（1762）刻本
吴氏族谱一卷
藏地：浙江泰顺县博物馆
清乾隆四十五年（1780）重修本
吴氏秉良公房谱二卷
藏地：国家图书馆
（清）吴氏族人续修
清乾隆四十六年（1781）活字本四册
吴氏家乘
藏地：国家图书馆
清乾隆吴光国校刻本　二册
奉川吴氏宗谱□□卷
藏地：国家图书馆（存卷1、2）
（清）吴启雷纂修
清嘉庆元年（1796）永思堂活字本
吴氏家谱三卷首一卷
藏地：国家图书馆
（清）吴鳌辑
清嘉庆二年（1797）刻本　四册
吴氏宗谱八卷首一卷末一卷
藏地：国家图书馆
（清）吴云悌等重修
清道光三年（1823）至德堂活字

本　十二册

吴氏宗族

藏地：广西三江县档案馆

清道光八年（1828）修　钞本

吴氏家乘

藏地：山西图书馆

清道光十四年（1834）谱系堂刻本　一册

渤海吴氏家谱

藏地：国家图书馆

（清）吴士琛编订

清道光十七年（1837）活字本　二册

东里吴氏族谱十二卷首一卷

藏地：国家图书馆

清道光十九年（1839）笃忠堂刻本　七册

蛟川吴氏宗谱

藏地：国家图书馆

（清）吴有容等重修

清同治四年（1865）贻燕堂活字本　一册

吴氏宗谱

藏地：浙江云和县文管会（存一册）

清同治八年（1869）刊本

吴氏族谱一卷

藏地：广东潮阳县博物馆

（清）吴锡勤纂

清同治九年（1870）刊本

石塔吴氏宗谱六卷

藏地：国家图书馆

（清）吴亨年等纂修

清同治十一年（1872）至德堂活字本　六册

录葭湾吴氏族谱十卷

藏地：上海图书馆

（清）吴兆贞编

清同治十一年（1872）刻本　四册

吴氏家谱

藏地：国家图书馆（又一部缺图像一册）

清光绪二年（1876）重刻本　二册

鸠江吴氏家谱四卷

藏地：国家图书馆

（清）吴益寿编辑

清光绪十一年（1885）世让堂活字本　四册

后底泾吴氏宗谱十九卷首一卷末一卷

藏地：国家图书馆

（清）吴鉴清等纂修

清光绪十三年（1887）活字本　二十册

吴氏族谱十四卷

藏地：北京大学

（清）吴炳贵修

清光绪三十年（1906）刻本　十四册

吴氏族谱一卷

藏地：广东琼山县档案馆

（清）吴廷春撰

复印清光绪三十三年（1909）刊本

南圩吴氏族谱不分卷

藏地：人民大学

清钞本　二册

吴氏家乘不分卷

藏地：美国

清光绪间刊本

吴氏族谱不分卷

藏地：四川省图书馆（存一册）

（清）吴明谦纂修
清光绪间刻本
吴氏宗谱八卷
藏地：安徽徽州地区博物馆
（清）吴宗录等辑
清宣统二年（1910）刻本　八册
吴氏族谱
藏地：四川省图书馆（存一册）
清刻本
吴氏族谱不分卷
藏地：国家图书馆
（清）吴槃等纂修
清钞本
孝义吴氏宗谱四十二卷
吴氏族谱十二卷
藏地：吉林大学
（民国）吴学潜等重纂
1913年活字本　十二册
吴氏宗谱十卷首一卷末二卷
藏地：国家图书馆
（民国）吴志强等纂修
1914年三让堂活字本　十三册
渤海吴氏族谱十一卷首一卷
藏地：福建连城县档案馆（存卷10、11）
（民国）吴琮等三修
1919年刊本
渤海西吴氏宗谱十二卷
藏地：国家图书馆
（清）吴望魁等纂修
清光绪十八年（1892）集贤堂活字本　十册
吴氏族谱十卷
藏地：四川省图书馆（缺卷1）
（民国）吴廷桀纂修
1920年重庆石印本
北岸吴氏支谱十四卷前编一卷外编一卷
藏地：安徽徽州地区博物馆
（民国）吴永滋等修
1921年刻本　十六册
吴氏家谱
藏地：国家图书馆
（民国）吴贞魁等纂修
1923年石刻本　一册
吴氏宗谱一卷
藏地：安徽南陵县档案馆
1924年纂修本
吴氏族谱三十五卷
藏地：吉林大学
（民国）吴正权重修
1928年渤海堂活字本　三十五册
吴氏宗谱三十六卷首二卷
藏地：国家图书馆
（民国）吴传篪等编修
1928年兰蕙堂活字本　三十八册
吴氏冯墅分宗谱十卷末一卷
藏地：国家图书馆
（民国）吴越材等纂修
1928年承启堂活字本　十二册
吴氏宗谱二十卷首一卷
藏地：国家图书馆
（民国）吴升荣等纂
1929年至德堂活字本　二十册
吴氏宗谱二十四卷
藏地：国家图书馆
1929年诒安堂活字本　二十四册
雪堰吴氏世谱三十卷首一卷
藏地：国家图书馆
（民国）吴治補主修　吴治鸠纂
1933年让德堂活字本　二十册
吴氏宗谱续刻十卷首一卷末一卷
藏地：国家图书馆

(民国)吴莘耕纂辑

1944年至德堂活字本　十二册

吴贺宗谱五十二卷

藏地:国家图书馆

(民国)吴人镜七修

1946年活字本　五十册

吴氏历代及德庆、广公派下迁西族谱一卷

藏地:湖北谷城县图书馆

(民国)吴冠凡编修

1948年石印本

吴氏宗谱□□卷

藏地:湖北秭归县档案馆(存卷2)

继述堂木刻本

渤海吴氏族谱□□卷

藏地:江西省图书馆(存卷3)木活字本

(五)　字行辈份

据清光绪三十一年《嵊城吴氏族谱》,浙江嵊县吴姓一支字行派语为:“天地君亲师,子丑寅卯,辰巳午未,申酉戌亥。”又清同治十年《至德堂吴氏族谱》载,湖南岳阳吴姓一支字行为:“祥肇起文新世泽,先勋自古远腾芳,传家之道惟仁让,懋德千秋载宠光。”又据吴谟修《吴氏族谱》,湖南洞庭吴姓一支字行为:“嘉时永定,克绍景从,懋光必应,继礼承宗。”又据《永定吴氏族谱》,福建永定思贤村吴氏派语为:“念万仕潭志,国以毓瑞集,其子仁光裕,乃昌宜宗礼,让德永振世,嘉兴绍贤良,衍庆发文武,显达。”

(六)　迁徙繁衍

清人张澍《姓氏寻源》及《姓氏考略》均认为吴氏不始于太伯的后代,而是在上古时已有吴姓,并引《山海经》说颛顼时有吴权,通阿女缘妇;引《史记索引》说,舜后封虞,虞音近吴,故舜后亦有吴氏;引《帝王世纪》说少康时有吴贺,与羿期射。但是,其引文所列人物均未世系资料可考,亦未说明成姓原因,所以,多数姓氏书及吴氏族谱一般都认为吴氏是以国为氏,称其是姬姓太伯、仲雍的后代。

吴国灭亡后,夫差的新太子吴鸿被流放到江西婺源,在此发展繁衍,后分为鄱阳吴氏、浮梁吴氏、余干吴氏、乐平吴氏、安仁吴氏、进贤吴氏等支派;夫差的家室有一部分隐居于江浙一带,一部分逃难至安徽歙县,后又分衍出一些分支;还有一部分逃至齐、鲁、卫等地(今山东、河南境内)安家落户。

在吴氏发展、播迁史上,有一个重要人物叫季札。季札是吴王寿梦的第四子,以贤德著称,寿梦想立他继承王位,他坚辞不受,为了回避王位,他逃以延陵(今江苏常州市南淹城),在乡下种田当农夫,他的三个哥哥诸樊、余祭、余昧先后为吴王,临死时要传位给他,他仍然不接受。因此,他曾被后世奉为“至德第三人”,又因其封邑为延陵,故时人称其为“延陵季子”。季札的孙子启蕃,曾任鲁国相国,因此在山东曲阜安家,其后代有一支因避难逃到山西;传至吴申,又南迁到楚国,官至大司马。当时正值战国末期,吴申预感到楚国必亡,秦国统一天下已成定局,于是激流勇退,携带家眷逃到江西庐山隐居起来。西

汉初，吴申的长子吴芮被封为长沙王，建都临湘（今湖南长沙），食邑三千户，因此这一支吴氏又自江西迁到湖南。吴芮的子孙5代为王，至6世孙吴千秋被免除封爵，被迫从湖南迁居蒲坂（今山西永济县西蒲州），繁衍昌盛，人丁兴旺，有一支东迁到今河南商丘，其后又有一支自商丘迁到南阳。此后，由于封爵、任官等原因，吴氏在大江南北的许多地方发展成为名门望族。隋唐时期，吴氏的郡望有濮阳郡、渤海郡、陈留郡、吴兴郡、汝南郡、长沙郡、武昌郡等7个，于此可见吴氏分布已相当广泛。吴氏徙居福建始于唐初。据《台湾省通志》记载，唐高宗总章年间，陈政、陈元光父子入闽开辟漳州，有中原吴姓军校随往；唐僖宗时，河南光州固始人吴祭字孝先随王审知入闽。据《吴氏宗族宝鉴序》云：吴孝先是太伯的62世孙，与他同去福建的还有他的堂兄弟5人，他们分居福州、泉州、漳州、莆田、汀州等地，称为吴氏六祖。”《四川总志》称：“吴氏入蜀，以唐左武卫兵曹参军为始祖。”宋、明以来，吴氏家族称盛于东南，最著名的一支是吴宣家族。吴宣是季札的53世孙，娶四川节度使孟知祥之女为妻，五代时孟知祥割据称王，建立后蜀，吴宣成为驸马，家族一时显盛。但是，吴宣淡泊名利，又对孟氏王朝颇为不满，于是在63岁时毅然抛弃荣华富贵，携妻孟氏、儿子吴纶、吴经、吴绍及长孙吴文福，举家东迁，辗转数千里，先在抚州临川石井里落足，不久，留吴经居此，自己同其他人再迁至建昌南丰青铜山定居，因而成为江西抚州、建昌地区吴氏的共同始祖。吴宣的后裔，不仅代有名人，而且又分出许多支脉。其中，吴宣的5世孙吴吉甫，南迁广东兴宁，成为吴氏入粤始祖；吴纶的第二子吴有从江西南丰竹家山迁居福建汀州府宁化县石壁村，其子孙又分迁到台湾、广东、广西、香港等地。

吴氏迁居台湾始于1291年，入台第一人是元朝礼部员外郎吴光斗，他和宣慰使杨祥奉命率6000人乘船“往使琉球”（即今台湾岛）。明朝末年以后，福建、广东沿海吴氏有许多人前往澎湖、台北、高雄等地谋生创业。发展至今，其中最显赫的一支是吴伯雄家族。吴伯雄是吴宥的后裔，现任台湾国民党中央常委、台北市市长等要职，其家族在交通、金融、贸易、医药等多种领域拥有庞大产业，族众财大，号称吴氏“全台第一家”。吴氏迁居香港地区，大约始于元代，至清代，又有吴宣的后裔从广东嘉应迁入，现居于香港新界榕树澳、三角咀、丹竹坑等地。

吴氏向海外拓展，最早是到日本。据日本学者鸟越宪三郎、日下恒夫等推定，吴人东渡日本在公元前450年左右，即越灭吴之后，其中有一支演变成日本皇室。现在，这一批吴姓族人已完全同化和融合到日本民族中，而且涌现出许多著名人物，如当代日本著名经济学家、日本大学经济学院院长吴文炳博士，日本统计学家、“国势普查之父”吴文聪，都是日本吴姓的佼佼者。吴氏在东渡日本的同时，还有大批人南迁，加入越人队伍，后由于任官或经商等原因，有更多的人迁入今越南。例如，唐朝中期，渤海吴氏有吴纳南任安州（今越南清化省）刺史，因而迁居于越南北部；延陵吴氏中季札的50世孙吴权，五代时为南汉静海军节度使杨廷艺的牙将和杨的女婿，937年杨被部将矫公羡杀害，吴权于次年从爱州（今越南清化省）起兵击杀公羡，接着又在白藤江打败南汉军队，于939年称王，建立起越南历史上最早的独立王朝——吴朝。此后的一千多年，越南的吴姓宗族不断发展壮大，孕育出许多著名人物，如南越政权最后一任总统吴庭艳即是这个家族中的成员。越南第一个皇帝姓吴，南越最后一个总统姓吴，这不仅是一件趣事，而且正反映出越南吴姓宗族兴旺发达的情况。现在越南有二百多姓，按人口数排列，吴姓为第六大姓。吴氏人朝鲜的历史也比较悠久，但见于史书记载最早的是东汉时陈留吴氏家族中的吴风，他因任汉乐浪郡（治所在今朝鲜平壤市）太守而迁到朝鲜。此后的各个历史时期，又有许多吴姓族人自中国东北地区东渡鸭绿江，到朝鲜开基立业，融入高丽民族，发展至今，吴氏在朝鲜的143个姓氏中已是最常见的20大姓之一。大约自明代开始，福建、广东等沿海地区的吴氏族人与其他姓氏一起移民南洋，迁至菲德宾、马来西亚、印尼、新加坡以及泰国、缅甸等国，后均发展成为所在国华人社会中有重大影响的一支，并在各行各业中涌现出许多杰出英才，此外，近代旅居欧美的吴氏，大都聚族而居，他们对当地的文明与进步，也都做出了不可磨灭的贡献。

（七） 适用楹联

□八闽孝子裔；三让帝王家。①

□延陵望族②；廷尉名官③。

□三让两家天下④；
一剑万世千秋⑤。

□楼危明月芭蕉翠⑥；
水涨白帆杨柳青⑦。

□持议刚方，坐席正讲官之体；⑧
风裁峻厉，飞帛书御史之名。⑨

□人称祖师号画圣⑩；
我恨王郎日萍香⑪。

□胄继缙绅，高出延陵鼎族；
政务宽厚，早标太守芳名。⑫

□系出延陵，溯先世家风，
芬流兰谷；
派沿绮里，缅当时儒术，
望重草庐。⑬

□至德启云礽，三让两家天下；
大宗绵雪堰，千秋一脉江南。

□吏部文章昭日月；
将军功业炳山川。⑭

□读书好，耕田好，学好便好；
创业难，守业难，知难不难。⑮

□秘义烟涵，瑰词雨散；
文章绮合，藻思罗开。⑯

注释：

①台南市吴氏大宗祠联。

②吴家望地延陵。

③汉文帝时河南太守吴公，治平为“天下第一”，征为廷御。

④周国古公亶父之长子太伯，让贤与小弟季历为王位的继承人。

⑤吴越春秋时，吴国寿梦少子季札。寿梦见季札贤德，想立他为王，季札不愿接受册立，寿梦将延陵属地

受封给他，所以取名号延陵季子。曾经被选去到鲁国观赏周乐表演，经过徐国时，徐群看中了他的佩剑又不便向季札开口要。季札心里也明白徐君的意思，却没有将佩剑赠献给他，等到返回徐国时，徐君去世了，于是季札来到徐君的墓地解下佩剑挂在徐君墓前的树上三拜后离去，被后世传为佳话。

⑥指南宋词人吴文英，字君特，号梦窗，庆元人。工于词，以研练见长。有梦窗甲、乙、丙、丁四稿。张炎讥其如七宝楼台。然其词实为南宋一大宗版。

⑦指明代小说家吴承恩（约1500—1582），字汝忠，少时家贫，年四十三岁始补岁贡生。曾任县丞，未几辞职归里，专意著作，有《西游记》和《射阳先生存稿》。

⑧宋代皇祐进士吴申，字景山，瓯宁人。为国子监说书。初宋室座序以爵自宾主，讲官位席设于东隅，申上疏争之。讲正席自申始。

⑨宋代景祐进士吴中复，官至殿中侍御史。为人雷厉风行，品行高洁。仁宗飞白书“铁御史”三字赐字。

⑩唐代著名画家吴道子，河南阳翟（今河南禹县）人。唐玄宗时任宫廷画师，他的绘画风格，对后世影响很大，被誉为“画圣”，民间绘塑艺人奉为“祖师”。

⑪清代女词人吴藻，字萍香，钱塘人。精绘事，工词翰，喜饮酒读离骚，“盖抱天壤王郎之恨。”有《花影帘词》。

⑫吴氏宗祠堂联。

⑬雪堰桥吴氏祠堂联。

⑭集吴天发碑字帖联。

⑮清代小说家吴敬梓（1701—1754）自题联。

⑯清代书法家、金石学家吴荣光（1773—1843）撰书联。吴荣光，字伯荣，号荷屋，别号白云山人。广东南海人。官至湖南巡抚，著有《辛丑消夏记》、《白云山人诗稿》。

吴氏名人集粹

吴樾　（1878—1905）清末安徽桐城人，字梦霞，又作孟侠。光绪二十七年（1901）人保定高等师范学堂肄业，广交志士。二十九年与杨笃生共同推进军国民教育会事，又发起创办两江公学与《直隶白话报》，自任教员、主笔，宣传反清革命。三十一年由东北潜入北京，携炸弹进入北京车站，谋炸出洋考察宪政五大臣，当场牺牲。有《吴樾遗书》刊入《天讨》。

吴大澄　今江苏吴县人，清末金石学家、文字学家，曾官至湖南巡抚。

吴汝纶　今安徽桐城人，散文家，曾官至冀州（今河北冀县）知州。曾师事曾国蕃，与张裕钧、黎庶昌、薛福成称“曾门四弟子”。又与李鸿章关系密切，为桐城派后期作家。论及时政之作，颇注意“洋务”。

吴沃尧　广东南海（今广州）人，清代著名小说家，所著小说影响最大的是《二十年目睹之怪现状》。

吴如孝　清代广东嘉应州（今梅县）人，太平天国将领因战功卓著被封为顾王。

吴昌硕　（1844—1927）浙江安

吉人，以后寓上海最久，清代著名的篆刻家、书画家，工诗和书法，尤精篆刻，雄浑苍老，独当一派。曾与同道在浙江杭州创立西泠印社，并任社长。社内今设“吴昌硕纪念室”。其艺术风尚，对后世影响颇大。

吴三桂 江苏高邮人，清代平西王。明末任辽东总兵，封为平西伯。驻防山海关，李自成克北京以后，招他归降，但不久却引清兵入关，受封为平西王。他曾奉清政府之命，镇守过云南。康熙十三年（1673 年）他曾举兵叛乱，自称周王。十七年（1678 年）在衡州（今湖南衡阳）称帝。

吴其濬 今河南固始人，清代著名政治家、科学家，嘉庆进士，初任翰林院修撰，后出为湖南、山西等省巡抚。写有被誉为 19 世纪中国重要的植物学著作《植物名实图考长编》22 卷和《植物名实图考》38 卷。

吴敬梓 清代安徽全椒人，以小说《儒林外史》而著称的杰出讽刺作家，其书从多方面揭露了当时士大夫的丑恶面目，成为我国古典讽刺小说中的杰出作品。

吴宏 清代江西金溪人，以“金陵八家”之一出名。

吴承恩 （约 1500—约 1582）山阳（今江苏淮安县）人，明代时以著《西游记》而流芳于世。

吴伟 明代江夏（今湖北武昌）人，以“江夏派”而著称画坛。

吴镇 嘉兴（今属浙江）人，元代杰出的画家，其山水宗巨然，墨竹效文同，俱臻妙品。其画以苍古沉郁取胜，常用披麻皴。与黄公望、王蒙、倪瓒齐名，并称“元四家”。

吴昌龄 山西大同人，元代戏曲作家。

吴玠 德顺军陇干（今甘肃静宁）人，南宋抗金名将，后迁居水洛（甘肃省庄浪县），因功，后官至四川宣抚使。

吴璘 南宋甘肃静宁人，后迁居甘肃省庄浪县，曾官至太傅，封新安（今大致属安徽省境）郡王。

吴潜 宣州宁国（今属安徽）人，南宋著名大臣，曾官至左丞相。

吴峦 卢县（今山东茌平西南）人，五代后晋时著名将领。

吴道子 河南阳翟（今河南禹县）人，唐代著名画家。他所作人物、鬼神、鸟兽、台阁都冠绝一世。作宗教壁画有 300 间之多，后人奉为“画圣”。其艺术风格为“落笔雄劲”、“敷粉简淡”。线条遒劲雄放，变化丰富，一变古来因袭的高古游丝描的细笔，发展了线描的艺术方法，故表现出的物象“高侧深斜、卷褶飘带之势”，富有运动感、节奏感，被人们称为“吴带当风”。还创出“于焦墨痕中，略施微染”的淡彩法，称做“吴装新格”。其画风对后世影响极大。

吴兢 汴州浚仪（今河南开封）人，唐代史学家，曾官至卫尉少卿兼修文馆学士，累迁太子左庶子。撰有《武后实录》、《贞观政要》等书。

吴均 吴兴故鄣（今浙江安吉）人，南朝梁时文学家，官奉朝请。通史学，其文工于写景，尤以小品书札见长，文辞清拔，时称“吴均体”。

吴质 济阴（郡治今山东定陶西北）人，三国魏时文学家，汉末以文才受知于曹丕，入魏，官振威将军，

后又入为侍中，封列侯。

吴汉　南阳宛县（今河南南阳）人，东汉大司马，为南阳吴氏的代表人物。在东汉光武帝起兵讨代王莽时，为偏将军，后在助刘秀消灭各地的割据势力时，立下汗马功劳，官至大司马，并封为广平侯。其后子孙封侯或袭侯爵者达 10 余人之多，功为东汉初吴姓中最为显赫的家族。

吴芮　西汉初诸侯王，为季札 7 世孙。秦时任番阳县（今江西番阳东）令，秦末率越人起兵，入汉后因助刘邦平定天下有功而被封为长沙王，建都临湘（今湖南长沙市）。

吴广　（？—前 208）秦末农民起义领袖。阳夏（今河南太康）人，字叔。秦二世元年（前 209 年），被征屯戍渔阳（治今北京密云西南），途径蕲县大泽乡（今安徽宿县东南刘村集），与陈胜发动同行戍卒九百人起义，建立张楚政权。陈胜以他为假王，率诸将西征，围攻荥阳（今河南荥阳东北）。后为部将田臧假借降胜命令杀害。

吴起　卫国左氏（今山东曹县）人，战国时著名的兵家，善于用兵，初为鲁将，继为魏将，后奔楚国，被楚悼王任宛（今河南南阳）宋，不久任令尹、主持变法，一度促进了楚国的富强，后被杀。

吴氏风流撷英

吴氏先祖建勾吴，
姑苏原为吴国都。[①]
吴起纵横南西北，
汉书录有平生事。[②]
自成一家画鬼神，
画圣道子美名扬。[③]
承恩才思冲九霄，
著有西游世人知。[④]
窘困潦倒著儒林，
敬梓外史抨时弊。[⑤]
月月小说述现实，
官场怪状现原形。[⑥]
争取民主鸿鹄志，
吴樾殉难留英名。[⑦]
口咏其言心惟义，
天道人事不可违。[⑧]

注释：

①传说吴氏是虞舜的后人，因“虞”和“吴”近音，后有吴氏。《通志·氏族略》有记载，周太王（姬姓）的长子太伯在梅里（今江苏无锡县）建立了勾吴。传至公元前 473 年，吴王夫差为越王勾践所灭时，夫差的吴国国都在姑苏（今江苏苏州），夫差之后遂称吴氏。

②吴起（？—公元前 381 年），战国时军事家，山东曹县人。他在楚为相，明法审令，裁减冗员，南收杨越，北并陈蔡，西伐秦，国势日昌。《汉书·艺文志》录《吴起》四十八篇，今传《吴子》六篇。

③吴道子（生卒不详），唐朝画家，河南禹县人。创中国山水画，自成一家，还画佛教、道教、人物及神鬼和龙，其画法对后世影响极大，被誉为“画圣”。

④吴承恩（约 1500—约 1582 年），明朝小说家，江苏淮安人。著有世界

名著《西游记》一书。

⑤吴敬梓（公元 1701—1754 年），清朝文学家，安徽全椒人。出身官僚地主世家，后因家道中衰，不善营生，窘困潦倒，他的长篇讽刺小说《儒林外史》，深刻地再现了封建社会末期的现实。

⑥吴趼人（公元 1866—1910 年），广州市人。近代谴责小说的代表作家，在上海创办《月月小说》，抨击时弊，深刻揭露了官场和社会的种种怪状。

⑦吴樾（音 yuè）（公元 1878—1905 年），安徽桐城人，近代民主革命者。著有《暗杀时代》一书，1905 年 9 月 24 日，谋划炸毁清政府五大臣专车，他身藏炸弹，只身前往，因震动爆炸，五大臣伤两人，自己殉难。

⑧吴字，从口从天，天口合一谓为吴。天道，犹言天理。人事，人力所能做到的事。天道人事不可违，就是任何事情都不能凭主观愿望、个人意志去办，必须依据自然规律，顺其自然。

中华百家姓

赵 钱 孙 李 周 吴 **郑** 王 冯 陈 蒋 沈 韩 杨
朱 秦 许 何 吕 张 孔 曹 金 魏 姜 谢 邹 苏
潘 范 彭 韦 马 方 任 袁 史 唐 薛 雷 贺 汤
罗 郝 常 于 傅 康 余 顾 孟 黄 尹 姚 邵 汪
毛 戴 宋 熊 董 梁 杜 贾 江 郭 林 钟 徐 邱
高 夏 蔡 田 胡 万 卢 丁 邓 石 崔 龚 程 陆
段 侯 武 刘 龙 叶 黎 白 赖 乔 谭 阎 易 廖
文 曾

郑 姓

——新郑荥阳始发祥，郑重行事事有成

郑氏解密寻踪

（一） 姓氏字源

《说文》："郑，京兆县，周厉王子友所封。从邑，奠声。宗周之灭，郑徙溍洧之上，今新郑是也。"郑为古国名，姬姓，为周西都畿内地，周宣王弟友采邑于此，故地在今陕西华县东。平王东迁，郑徙于溍洧之上，是为新郑，即今河南新郑县。

（二） 寻根溯祖

公元前 806 年，周宣王封小弟姬友（周厉王少子）于郑（今陕西华县东），建立西周的最后一个诸侯国。姬友死后谥号为桓公，所以史称郑桓公。周幽王时，郑桓公任周朝司徒，掌管教化，他眼见幽王宠幸褒姒、重用坏人、王室矛盾激化、内忧外患交织，预感将要发生变乱，便向太史伯请教避祸的办法。太史伯分析了当时的形势，说：位于洛水以东、黄河以南的虢（今河南荥阳东北）、郐（今河南密县东南）两国之间，土地富饶，交通方便，是个既比较安全、又可图日后发展的地方，可以把妻子儿女先安排到那里。郑桓公采纳太史伯的建议，于公元前 772 年把家属和重要财产安置在虢、郐之间一个叫"京"的地方

(今荥阳京襄城村)，史称“虢郐寄孥”。次年，西周王室发生了“犬戎之乱”，桓公为国捐躯，其子掘突袭位，是为郑武公。后来，郑武公乘护送周平王东迁洛阳之机，先后攻灭郐、虢，建立新的郑国，都新郑(今属河南)。郑国在春秋初年为强国，后渐衰弱，共历23君、431年，于公元前375年为韩国所灭，子孙播迁于陈(今河南淮阳)、宋(今河南商丘)间，以原国名为姓氏，就是郑氏。

对于上述情况，《新唐书·宰相世系》简要叙述为：“郑氏出自姬姓。周厉王少子友封于郑，是为桓公，其他华州郑县是也。生武公，与晋文侯夹辅平王，东迁于洛，徙溱、洧之间，谓之新郑，其地河南新郑是也。十三世孙幽公为韩所灭，子孙播迁陈、宋之间，以国为民。”按《史记·郑世家》，幽公被韩武子所杀，幽公弟骀立，是为繻公；繻公被弑，幽公弟乙立，是为郑君(一本云“立幽公弟乙阳为君，是为康公”)；郑君乙“二十一年，韩哀侯灭郑，并其国”。

(三) 宗堂郡望

堂号 1.“博经堂”：东汉郑玄，博览群经，几千人从远方来拜他为师。西汉时期的读书人大都专治一经，郑玄却独自力主博通。

2.“安远堂”：汉宣帝时，郑吉为侍郎，那时外侮屡屡来侵犯，郑吉打败了车师，使日逐投降。于是皇帝提他当司马。为了西方国境的安全，又派他为西域都护，封安远侯(《汉书》)。

郡望 郑姓郡望主要有荥阳郡、洛阳、高密郡、雍州、陇西郡、南阳郡、会稽郡。

1. 荥阳郡。三国魏正始三年(公元242年)分河南郡置郡，治所在荥阳(今河南荥阳县东北，北魏移今治)。相当今河南省黄河以南，东至朱仙镇、西至荥阳、南至密县、洧川，及黄河以北的原阳县地。

2. 洛 阳。我国古都之一。汉、魏故城在今洛阳市白马寺东汉水北岸；隋、唐故城在汉城西18里。

3. 高密郡。西汉时置郡，治所在高密(今县西南)。相当今山东高密一带。

4. 雍 州。东汉始置州，三国时治所在长安(今陕西西安市西北。)相当今陕西中部、甘肃东南部、宁夏南部及青海黄河以南的一部。

5. 陇西郡。战国秦置郡，治所在狄道(今甘肃临洮南)。西汉时相当今甘肃东乡以东的洮河中游、武山以西的渭河上游、礼县以西的西汉水上游及天水市东部地区。

6. 南阳郡。战国秦置郡，治所在宛县(今河南南阳市)。汉相当今河南熊耳山以南叶县、内乡间和湖北大洪山以北应山、郧县间地。

(四) 家谱寻踪

河北宁晋·郑氏族谱八卷

藏地：国家图书馆 中国社会科学院历史研究所图书馆 北京大学 河北大学 吉林大学

(民国)郑凌霄纂修

1930年铅印本 八册

山西·洪洞郑氏族谱二卷

藏地：美国

（清）郑止齐等辑

清康熙五十二年（1713）菊园刊本 四册

江苏溧水·郑氏宗谱一卷

藏地：江苏溧水县柘塘乡富塘村

（民国）郑谦纂

1924年启任堂木活字本

江苏·宝应郑氏家谱八卷

藏地：国家图书馆

（清）郑乾清辑

清康熙间刻本

江苏如皋·白蒲郑氏族谱十四卷首一卷末一卷

藏地：国家图书馆　中国社会科学院历史研究所图书馆　人民大学　河北大学　南京大学　美国

（民国）郑承霖主修　郑振万增纂

1926年铅印本

江苏丹阳·云阳郑氏宗谱二十卷

藏地：中国社会科学院历史研究所图书馆

（清）郑若兰主修

清同治十一年（1872）孝义堂活字本 二十册

江苏常州·兰陵郑氏宗谱三十卷

藏地：江苏常州市图书馆

（清）郑荣佳　郑钟莲等修

清光绪三年（1877）兰陵郑氏敦睦堂木活字本

江苏溧阳·溧邑古瑶义门郑氏宗谱十六卷

藏地：中国社会科学院历史研究所图书馆

（清）吕堃生纂修　郑曜烯协修

清光绪二十六年（1900）孔安堂活字本　十六册

江苏无锡·郑氏大统宗谱二十四卷首一卷

藏地：国家图书馆　中国社会科学院历史研究所图书馆　南开大学　吉林大学　苏州大学

（民国）郑炳泉纂修

1940年书带草堂活字本　二十四册

江苏宜兴·扶风郑氏宗谱四卷

藏地：美国

（民国）顾士华主修

1914年仁本堂活字本　四册

江苏常熟·虞山郑氏支谱十四卷首一卷

藏地：中国社会科学院历史研究所图书馆　人民大学　南京市博物馆　江苏常熟市图书馆（缺卷7—10）

（民国）郑浩文　郑铭孙校正

1915年活字本

江苏吴县·包山郑氏族谱不分卷

藏地：江苏苏州市图书馆

（清）郑伯兴　郑性学纂修

清康熙七年（1668）刻本　一册

江苏吴县·包山郑氏族谱二卷世谱一卷贞节录一卷

藏地：国家图书馆

（清）郑匡钜纂修

清乾隆十六年（1751）续修刻本　四册

江苏吴县·包山郑氏族谱十二卷

藏地：国家图书馆　吉林大学　江苏苏州市图书馆（缺卷5）

（清）郑谋琎重修

清光绪二十四年（1898）宗祠刻本　十二册

江苏吴县·东山郑氏世谱八卷首一卷

藏地：国家图书馆　吉林大学

上海图书馆

（清）郑栋修

清乾隆四年（1739）刻本　济美堂刻本　六册

江苏吴县·东山郑氏世谱八卷首一卷

藏地：国家图书馆（残缺）人民大学　日本　美国

（清）郑启俊等续修

清乾隆五十六年（1791）刻本　六册

浙江·萧山郑氏宗谱十二卷

藏地：美国

（清）郑思孝等续修

清咸丰十年（1860）木活字本　十二册

浙江·萧山郑氏宗谱十二卷

藏地：国家图书馆　日本　美国

（清）郑可宗等修

清光绪二十二年（1896）永思堂活字本　十二册

浙江·萧山郑氏宗谱十二卷

藏地：日本　美国

（民国）郑舒耀等增修

1924年永思堂木活字本　十二册

浙江宁波·半浦郑氏宗谱三卷首一卷

藏地：国家图书馆

（清）郑一夔等重修

清道光十九年（1839）佑启堂活字本　四册

浙江宁波·蛟川前灵绪乡郑氏宗谱三卷首一卷

藏地：浙江宁波天一阁文物保管所

（清）郑传澜　刘翥轩纂修

清光绪七年（1881）通德堂木活字本　十册

浙江宁波·镇北龙山郑氏宗谱十四卷首二卷末二卷

藏地：浙江宁波天一阁文物保管所

（清）余燮　朱宗燮纂修

清光绪二十八年（1902）通德堂木活字本　十六册

浙江宁波·天封里厥氏宗谱八卷

藏地：浙江宁波天一阁文物保管所

（民）郑烈承　郑述承纂修

1919年承志堂钞本　二册

浙江宁波·前绪乡郑氏宗谱四卷首一卷

藏地：辽宁图书馆

（民）郑一夔　郑瑾芳等重修

1920年郑氏通德堂木活字本

浙江余姚·姚江烛溪郑氏家谱三十卷首一卷

藏地：南开大学

（清）郑树森重修

清道光十九年（1835）锡类堂刻本　十二册

浙江余姚·姚江烛溪郑氏族谱三十卷首一卷

藏地：四川省图书馆　浙江余姚梨洲文献馆

浙江余姚·姚江烛溪郑氏宗谱三十三卷首一卷

藏地：河北大学

（民国）郑宝瑞　郑最慎重修

1948年木刻本　十六册

浙江鄞县·郑氏支谱不分卷

藏地：浙江宁波天一阁文物保管所

（清）郑述承　杨开棋纂修

清光绪十四年（1888）树德堂钞本　三册

浙江鄞县·万龄郑氏宗谱□□卷

藏地：浙江宁波天一阁文物保管所（存三卷）

清光绪二十九年（1903）通德堂木活字本　一册

浙江鄞县·章溪郑氏宗谱六卷

藏地：浙江宁波天一阁文物保管所（存卷1—4）

（民国）周振鹏　闻达纂修

1913年宏宣堂木活字本

浙江鄞县·殷湾郑氏支谱四卷

藏地：浙江图书馆　浙江宁波天一阁文物保管所

（民国）郑世潢　张崇廉纂修

1914年继序堂木活字本　二册

浙江鄞县·殷湾郑氏支谱不分卷

藏地：国家图书馆　浙江宁波天一阁文物保管所

（民国）郑怀柽　郑世彬纂修

1938年庆袭槐堂木活字本　一册

浙江鄞县·韩岭郑氏宗谱四卷首一卷

藏地：浙江宁波天一阁文物保管所（缺卷1）

（民国）戴廷祐　郑孝祚纂修

1915年崇德堂木活字本　三册

浙江慈溪·慈邑灌浦郑氏宗谱二十卷首一卷末一卷

藏地：河北大学　山东济南市博物馆

（清）郑养元修

清咸丰十年（1860）木刻本　二十册

浙江·慈溪鞍山郑氏重修宗谱二十四卷

藏地：南开大学

（清）郑帷堂续修

清光绪三年（1876）礼本堂序刊本　十册

浙江·慈溪郑氏宗谱七卷

藏地：国家图书馆　吉林大学

（清）郑显膺　郑显萃等重修

清光绪十八年（1892）佑启堂活字本七册

浙江·慈溪灌东郑氏宗谱十卷

藏地：国家图书馆

（民国）杨季眉　杨桐孙等重修

1921年佑启堂活字本　十册

浙江·慈溪灌浦郑氏宗谱二十四卷首二卷末二卷

藏地：浙江宁波天一阁文物保管所

（民国）郑彭龄纂修

1923年新昌石氏复训堂木活字本二十四册

浙江泰顺·荥阳郑氏宗谱

藏地：浙江泰顺县文物博物馆

1928年铅印本　二册

浙江泰顺·荥阳郑氏宗谱一卷

藏地：浙江泰顺县文物博物馆

（民国）张家腰　杨声等纂修

1946年铅印本

浙江湖州·双林义门郑氏家乘不分卷

藏地：浙江图书馆

（清）郑训慈纂

清同治四年（1865）纂　民国铅印本一册

浙江湖州·吴兴双林郑氏支乘不分卷

藏地：上海图书馆　浙江图书馆

（民国）郑坤飏续修

1929年孔安堂祠铅印本　一册

浙江绍兴·会稽雷峰郑氏宗谱四卷

藏地：河北大学

（清）郑瀚修

清乾隆五十一年（1786）木刻本　四册

浙江绍兴·郑氏重修宗谱三卷

藏地：中国社会科学院历史研究所图书馆

（清）郑本俊修

清光绪三年（1877）立本堂活字本　二册

浙江绍兴·郑氏宗谱三卷

藏地：美国

（清）郑玉炎纂修

清光绪十二年（1886）书带草堂木活字本　六册

浙江绍兴·稽剡郑氏总五房宗谱六卷

藏地：美国

（清）郑畴等纂修

清宣统元年（1909）贻清堂木活字本七册

浙江上虞·郑氏宗谱四卷

藏地：浙江图书馆

（清）郑春茂主修　郑恒生　郑春潮等同修

清光绪三十一年（1905）孝义堂木活字本　四册

浙江嵊县·江南珠溪义门郑氏图谱□□卷

藏地：浙江嵊县图书馆（存一卷）

木活字本

浙江兰溪·兰江荥阳郑氏宗谱三卷

藏地：浙兰江溪县姚塘下乡郑村

明嘉靖二十五年（1546）木刻本

浙江·兰溪郑氏宗谱十卷

藏地：浙江兰溪县赤溪乡郑麻车村

浙江·兰溪郑氏宗谱十九卷

藏地：浙江兰溪县高潮乡陈家里河（缺卷2）

清光绪十七年（1891）木刻本

浙江·兰溪郑氏族谱二十卷

藏地：浙江兰溪县灵洞乡龚塘

1927年木刻本

浙江·兰溪郑氏族谱二十卷

藏地：浙江衢州市文管会（存卷1—7、17—10）

（民国）郑品瑚重修

1930年重刊本　十册

浙江兰溪·郑氏宗谱二卷

藏地：浙江兰溪县永昌区扬塘乡

1931年木刻本

浙江·兰溪后郑荥阳郑氏宗谱十卷

藏地：浙江兰溪县和平乡

1946年木刻本

浙江浦江·浦阳郑氏宗谱八卷

藏地：浙江兰溪县白沙乡陶宅（共九部）

1929年木刻本　八册

浙江衢县·厚街郑氏宗谱不分卷

藏地：日本　美国

（清）郑启等修

清同治十二年（1873）刊本

浙江常山·连峰郑氏宗谱□□卷

藏地：浙江常山县青石乡九龙山

村（存卷 4）

（清）汪柄寅续修

清咸丰七年（1857）木刻本

浙江常山·上处郑氏宗谱□□卷

藏地：浙江常山县东案乡上处村（存卷 3、4）

清光绪三年（1877）木刻本

浙江常山·象湖郑氏宗谱十五卷

藏地：浙江常山县五里乡象湖村

（民国）徐震等重修

1917 年木刻本

浙江常山·秀川郑氏宗谱四卷

藏地：浙江常山县五里乡山底村溪头山

（民国）王逢图重修

1927 年木刻本

浙江常山·郑氏宗谱八卷

藏地：浙江常山县同弓乡赤阳江村叶姑岭

（民国）范兴宾重修

1927 年木刻本

浙江常山·定阳浮阳郑氏宗谱十一卷

藏地：浙江常山县大桥头乡浮河下楼村

（民国）刘斯盛重修

1939 年木刻本

浙江常山·郑氏宗谱五卷

藏地：浙江常山县阁底乡山溪边村

1943 年木刻本

浙江常山·官池郑氏宗谱二卷

藏地：浙江常山县金源乡高角村寺坪

浙江常山县金源乡汙里村　浙江常山县东案乡官塘坞村

（民国）毛文瑞修

1948 年木刻本

浙江常山·郑氏宗谱不分卷

藏地：浙江常山县古石乡九龙山村（残）

钞本

浙江常山·郑氏宗谱□□卷

藏地：浙江常山县东案乡田蓬村（存卷 2、3）

浙江仙居·乐安郑氏宗谱□□卷

藏地：浙江临海县博物馆（存卷 10）

清同治十一年（1872）木活字本

浙江遂昌·郑氏宗谱

藏地：浙江遂昌县泰源乡下村

1942 年刊本　五册

浙江遂昌·郑氏宗谱

藏地：浙江遂昌县三川乡东横

四册

浙江缙云·五云溪淤郑氏重修宗谱

藏地：浙江缙云县档案馆（存卷 2—6）

1937 年木活字本

浙江云和·郑氏宗谱□□卷

藏地：浙江云和县文管会（存一卷）

1934 年刊本

安徽徽州·新安郑氏族谱不分卷

藏地：安徽博物馆

明钞本　一册

安徽歙县双桥郑氏宗谱不分卷

藏地：安徽博物馆

（明）郑民瞻编　郑九夏绘图

明万历五年（1577）稿本　二册

安徽歙县·双桥郑氏续异姓谱不分卷

藏地：国家图书馆

（清）郑文然修
清钞本
安徽·歙县郑氏家谱不分卷
藏地：中国科学院图书馆
明钞本
安徽歙县·峰阳郑氏家谱不分卷
藏地：国家图书馆
明钞本
安徽祁门奇峰郑氏本宗谱四卷
藏地：国家图书馆　安徽图书馆
（明）郑岳纂修　郑维诚增补
明嘉靖四十三年（1564）家刻本　一册
安徽桐城·郑氏宗谱十三卷
藏地：人民大学
（清）郑养平等修
清同治五年（1866）活字本　二十二册
安徽桐城·郑氏宗谱十六卷首三卷
藏地：日本　美国
（清）郑心桂等修
清光绪二十三年（1897）治端堂木活字本　十九册
安徽·桐城郑氏宗谱□□卷
藏地：安徽图书馆（存卷1）
清松茂堂刻本　一册
安徽桐城·桐西郑氏宗谱□□卷
藏地：安徽图书馆（存卷首）
（民国）郑辅东修
1913年松茂堂刻本　一册
安徽怀宁·笃庆堂郑氏续修宗谱三十六卷
藏地：安徽安庆市图书馆（存卷1—7、17、18）
清道光二十五年（1845）木活字本
安徽怀宁·笃庆堂郑氏重修宗谱
藏地：安徽安庆市图书馆
木活字本
安徽怀宁·礼义堂郑氏宗谱
藏地：安徽安庆市图书馆（存卷首）
（清）郑继周　郑荣进等修
清光绪三十三年（1907）木活字本
安徽贵池·郑氏大成宗谱三十四卷首二卷
藏地：中国社会科学院历史研究所图书馆
（清）郑岳士　郑弘遇修纂
清康熙三十九年（1690）刻本　十六册
安徽·郑氏宗谱一卷
藏地：安徽徽州地区博物馆
明正德修　清重刻本　一册
福建连江·马鼻半山郑氏族谱一卷
藏地：福建连江县档案馆
（清）郑大敬　郑秉帮等续修
清宣统三年（1911）本
福建连江·溪东郑氏族谱五卷
藏地：福建连江县档案馆
（民国）邓长锦　陈古荣等续修
1943年稿本
福建莆田·郑氏大宗系不分卷
藏地：福建师范大学
（清）郑凤超编辑
南明隆武间钞本
福建莆田·南湖郑氏族谱十四卷
藏地：福建师范大学
（清）郑惠元纂
清道光二十八年（1848）刊本

福建莆田·南湖郑氏大宗谱四卷首一卷

藏地：福建师范大学

（清）郑邵勉　郑时敏等重修

清钞本

福建莆田·南湖郑氏族谱

藏地：北京大学　福建省图书馆　福建师范大学

（民国）南湖郑氏修谱办事处修

1949年铅印本　三册

福建南安·石井本郑氏宗族谱

藏地：中国历史博物馆　福建省图书馆　福建师范大学

（明）郑芝龙修

明崇祯十三年（1640）修　一九六一年厦门市博物馆筹备处据清道光十三年（1833）郑鹏程钞本翻印油印本

福建南安·郑氏世代谱

藏地：台湾

（清）郑叔仁修

清咸丰四年（1854）钞本　一册

福建南安·石井本宗族谱

藏地：台湾　美国

（清）郑名山等修

清嘉庆六年（1801）修　光绪二十一年（1895）重钞本　一册

福建南安·石井郑氏本宗族谱一卷　附伪册底　密奏

藏地：中国社会科学院历史研究所图书馆

（清）郑名山纂修

旧钞本　一册

福建南安·后山陂郑氏族谱

藏地：台湾

（清）郑维隆修

清光绪二十六年（1900）钞本　一册

福建永春·桃源郑氏族谱二卷

藏地：日本　美国

（清）李呈辉　李景炎等重修

清乾隆四十八年（1783）刊本　二册

福建永春·桃源郑氏族谱三卷

藏地：美国

（清）陆锡熊等序

清光绪十四年（1888）钞本　三册

福建永春·桃源郑氏族谱

藏地：国家图书馆

（清）郑锦和增辑

清仁德堂钞本　一册

福建永春·桃源郑氏族谱不分卷

藏地：上海图书馆

钞本　四册

福建永春·桃源郑氏族谱二卷

藏地：上海图书馆

钞本　二册

福建·东山祥瑞堂郑氏族谱

藏地：福建东山县志办

（民国）郑伯后　郑泽源等纂

1940年钞本　一册

福建南靖·四城郑氏家谱

藏地：台湾

清光绪二十七年（1901）钞本　一册

福建·浦城郑氏宗谱五卷

藏地：福建省图书馆

（清）郑玉麟撰修

清同治九年（1870）刻本　六册

福建·浦城郑氏宗谱六卷

藏地：福建省图书馆

（民国）郑玉麟等续修

1942年刻本　六册

福建上杭·荥阳堂郑氏族谱

藏地：台湾

（清）郑廷桦修

清光绪十七年（1891）钞本一册

江西萍乡·萍南赵家源郑氏族谱□□卷

藏地：江西省图书馆（存卷1）

木活字本

江西·东里郑氏重修家谱一卷

藏地：江西档案馆

山东乐陵·郑氏族谱

藏地：美国

（清）郑固等序

清道光十一年（1831）刊本一册

山东日照·郑氏家乘

藏地：山东日照市图书馆

（民国）郑作惠修辑

1924年石印本

河南太康·郑氏族谱七卷

藏地：河南太康县档案馆

（民国）郑重三纂

1935年铅印本

河南·郑氏宗谱附抑过轩主人年谱不分卷

藏地：国家图书馆　中央民族大学　山西图书馆　吉林大学　东北师范大学

（民国）郑值昌修　郑裕孚述

1944年铅印本　一册

湖北新洲·郑氏宗谱二十六卷

藏地：湖北新洲县潘塘乡郑楼村

（民国）郑由三　郑南山续修

1943年木刻本

湖北·沙市郑氏族谱不分卷

藏地：人民大学　江西省图书馆（存三册）

（民国）郑德耆修

1922年三秀堂石印本

湖北·通山郑氏家谱八卷首一卷

藏地：中国科学院图书馆　中国社会科学院历史研究所图书馆　辽宁图书馆　武汉市图书馆　美国

（民国）郑家清纂修

1921年翼经草堂活字本

湖北秭归·郑氏家谱世系录一卷

藏地：吉林大学　湖北秭归县龙口区

（民国）郑万瞻　郑昌思续修

1915年铅印本

湖南宁乡·郑姓三修族谱十八卷

藏地：湖南省图书馆（存卷1、11、17）

（清）郑梅生纂

清光绪十一年（1885）活字本

湖南衡山·郑氏五修族谱十六卷

藏地：中央民族大学

（清）郑阜康编

清光绪二十年（1894）荥阳堂活字本十六册

湖南桂阳·郑氏宗谱不分卷

藏地：吉林大学

（清）郑桐炳重修

清光绪二十三年（1897）活字本四册

湖南蓝山·郑氏宗谱

藏地：湖南蓝山县档案馆

一九四二年修

湖南益阳·郑姓续修族谱二十二卷

藏地：湖南省图书馆（存卷15—18、21、22）

清道光二十二年（1842）活字本

广东潮阳·郑氏受姓著代世系不分卷

藏地：广东中山图书馆

（民国）郑凤超著

钞本　一册

广东中山·义门郑氏家谱二十八卷

藏地：广东中山图书馆

（清）郑希桥　郑藻如修

清光绪十七年（1891）铅印本二十八册

广东中山·郑云西祖房谱牒四卷

藏地：美国

（清）郑朝举等序

清光绪三十一年（1905）郑荣远堂刊本　四册

广东东莞·郑太崖祖房谱□□卷

藏地：美国（存卷3—8）

清光绪二十一年（1895）青云堂刻本　一册

广东·程乡郑姓历代族谱

藏地：台湾

（清）郑竺亭序

清光绪十八年（1892）钞本

四川泸县·郑氏族谱不分卷

藏地：四川省图书馆

（民国）郑光中　郑恺瑞纂修

1928年泸县石印本　二册

四川资中·郑氏族谱二卷

藏地：四川省图书馆

（民国）郑中武纂

1943年资中郑氏石印兼排印本二册

四川·郑氏宗谱一卷

藏地：四川仪陇县档案馆

钞本

云南晋宁·郑和家谱考释

藏地：北京师范大学　人民大学　中央民族大学　吉林大学　浙江图书馆　福建省图书馆　美国

（民国）李士厚著

1937年云南崇文印书馆铅印本

云南蒙自·富江西山郑氏宗谱五卷

藏地：国家图书馆（存卷1—3、5）

（明）郑荣敬　郑存经纂修

明钞本

荥阳郑氏统宗谱不分卷

藏地：浙江图书馆

（明）郑仲纂修

明嘉靖九年（1530）钞本　一册

郑氏族谱不分卷

藏地：国家图书馆

（明）郑光觉　郑晦纂修

明隆庆元年（1567）郑崇健钞本

营前郑氏家谱五卷

藏地：国家图书馆

（明）郑周世　郑继世纂修

明万历九年（1581）家刻本一册

荥阳郑氏宗谱

藏地：曲阜师院

（明）郑应鸣重录

明崇祯元年（1628）本　二册

岩镇郑氏迁出宗谱一卷

藏地：上海图书馆

（明）郑冬老撰

钞本　一册

科井·郑氏宗谱一卷

藏地：福建仙游县档案馆

（清）郑□和重修

清康熙二十年（1681）修钞本

星源银川·郑氏宗谱六卷首一卷末一卷

藏地：国家图书馆

（清）郑永彬等纂辑

清乾隆四十年（1775）活字本四册

义门郑氏宗谱

藏地：浙江图书馆

（清）郑士祯编

清道光二十二年（1842）刻本五册

郑氏宗谱三十六卷首二卷

藏地：国家图书馆

（清）郑培先纂修

清咸丰十一年（1861）樵月齐活字本三十八册

瑞屏郑氏宗谱三卷

藏地：国家图书馆

（清）郑溱梁等重修

清光绪五年（1879）活字本二册

郑氏谱牒九卷

藏地：美国（缺卷7）

（清）郑家俊纂修

清光绪二十一年（1895）刊本九册

郑氏宗谱十八卷首一卷

藏地：国家图书馆

（清）郑尚宏等重修

清光绪二十八年（1902）活字本十册

郑氏传家簿

藏地：台湾

清光绪二十八年（1903）钞本

郑氏宗谱六卷

藏地：国家图书馆

（清）郑贤惠等修

清宣统三年（1911）雍睦堂活字本 六册

续修自华郑氏宗谱

藏地：安徽徽州地区博物馆（存八卷末一卷）

清末刻本

郑氏宗谱不分卷

藏地：湖南省图书馆

清钞本

尊阳郑氏族谱十二卷

藏地：国家图书馆 杭州大学

（民国）郑先贞等续修

1918年活字本 十二册

郑氏宗谱一卷

藏地：四川仪陇县档案馆

1927年钞本

五部郑氏宗谱六卷首一卷

藏地：浙江图书馆

（民国）王召棠修纂

1929年木活字本 四册

郑氏宗谱不分卷

藏地：吉林大学

（民国）郑继儴续修

1939年活字本 九册

增修郑氏族谱□□卷

藏地：四川省图书馆（存卷6—9）

民国刻本 一册

郑氏二修族谱不分卷

藏地：四川省图书馆（存一册）

民国石印本

郑氏族谱

藏地：美国

郑来禄等纂

写本 一册

郑氏族谱

藏地：美国

写本 一册

郑氏族谱

藏地：美国

写本　一册

郑氏族谱一卷

藏地：广东潮阳县博物馆

郑午楼主修

（五）　字行辈份

1921年郑家清修《郑氏家谱》，湖北通山郑氏一支字行为：“令嗣承家远，宗由通德传，永升泰运日，显达盛英贤。”又据民国残本《郑氏家谱》，安徽宿县郑姓一支字行为：“天禄仕志本，日文立国光。”

（六）　迁徙繁衍

郑氏最早发源地应是在今河南省的新郑县。在战国时因为韩国所灭，便散迁到河南东部及山东、安徽等地。因郑氏来源比较纯正，故历史上郑氏家族人士见于族谱及有关资料的记载其脉络也是比较清晰的。秦时，19世孙郑袭迁司州河南洛阳，是为洛阳始祖。汉时，郑氏传至27世郑奇，出任河南太守，出于怀念先祖勋业，便举族迁回荥阳，为荥阳始祖，其后世代繁衍，发展到“天下郑氏出荥阳”，故郑姓又有以“荥阳”为其堂号。荥阳也为郑姓早期繁衍中心，故后来的郑姓中国人也多出此地。可见，秦汉之际，郑姓已迁人邻近的地区，主要是以今山东、安徽、陕西、山西等为其分布的主要地区。其后又有29世汉光禄大夫郑宾居山东高密，是为高密始祖；31世后汉大司农郑众，其子安世，迁居咸阳，即为雍州（今属陕西）始祖。41世郑温有二子：涛、晔，涛居陇西，为西祖；晔居南阳，为北祖。郑氏南迁始于汉代，此时已有一支郑姓南迁到浙江等省。因汉武帝令“强宗大族，不得聚居”，有郑氏24世郑吉便与其侄郑远南迁至浙江会稽山阴，为迁浙始祖。郑姓大举南迁始于西晋“永嘉之乱”之时。据有关资料所载，南迁江南各地的郑姓多为仕曹魏为征东大将军、郑庄公35世郑泰之后。具体讲，是始于39世郑痒，因仕吴为车骑常史、东安太守，便举家南渡于扬州丹阳，是为南渡始祖。经魏晋南北朝至唐宋不断地繁衍迁徙，遍及我国南方广大地区。此时郑姓南迁已达福建省境，后发展成为入闽八姓（即胡、林、黄、陈、郑、丘、何、曾等八族）之一。据《通志》所载，西晋郑昭（郑氏40世），荥阳人，永嘉之乱，避地入闽，居永泰，曾游莆田葬基祖。故郑氏族谱以郑昭为入闽始祖。由郑昭至庄、露、淑（共传16世），子孙散处全闽，居仙游者为淑之后，居莆田者为露之后。至明朝弘治年间，仙游之郑氏始分居泉州、南安，为开泉州、南安之始祖。至隋唐，郑氏在我国北方的荥阳发展到了鼎盛时期，有多人在朝中官至相位，家族甚为显赫；在江南又有了进一步的发展，其主要分布于今湖南、浙江、福建等地。其中，以浙江、福建郑姓分布为最多。至宋、元之际，郑姓已遍及今华北及华东广大地区。明、清之际便广布于全国各地。

（七）　适用楹联

□家传诗教；系出荥阳[1]。

□北战南征收宝岛[2]；

船来帆往下西洋[3]。

□书画留三绝[4]；文史添五略[5]。

□谏草有千言，自信丹青能悟主；
归囊只一拂，
可知琴鹤亦妨人[6]。

□威震西域封安远[7]；
学传北海集大成[8]。

□三绝诗书画；一官归去来[9]。

□祈招诵歌，谏言忠直[10]；
霸桥风雪，诗思清新[11]。

□馆辟广文门旌通德诗礼绍前徽
聪听祖考彝训；
屏开大尉履识尚书簪缨绵世泽
思遗父母令名[12]。

□昭代启孙谟，经文纬武；
格言承祖训，移孝作忠[13]。

□养心莫善寡欲；
至乐无如读书[14]。

□石井满腔血；瀛台寸草春[15]。

注释：

①郑玄，东汉著名学者，不愿做官，在家乡传授与注解经学。

②指著名的民族英雄、明末名将郑成功（1624—1662）的事迹。他于公元1661年率将士进兵宝岛台湾，赶走了盘踞在台湾的荷兰殖民者，收复了台湾。

③指明代著名的航海家郑和（1371—1433）的事迹。郑和自1405年到1433年，奉命率领船队，7次下“西洋”，访问了30多个国家，促进了中国与亚非各国之间友好往来。

④郑虔，唐代书画家。擅长画山水，爱好书法。曾经自题诗配画献给皇帝，皇帝在其背面批注道：“郑虔三绝”。

⑤郑樵（1103—1162），南宋史学家，兴化军莆田（今福建莆田）人。著《通志》二百卷，计二十略，其中氏族、六书、七音、都邑、昆虫草木五略，是先前的史书所不具备的。

⑥郑侠，宋代进士，字介夫，福清人。有一年遇上旱灾，百姓扶老携幼背井离乡随时可见，于是便将这一情景作在画卷上奏皇帝，神宗皇帝看后不禁慨然长叹。晚年归隐后自号一拂居士。

⑦郑吉（？—前49），西汉会稽（今浙江绍兴）人。曾经率万人抵御匈奴，光复西汉，威震西域。宣帝嘉奖其功，任西域都护，封安远侯。

⑧郑玄，北海高密（今山东）人。其学说集汉代经学的大成，被称为“郑学”。

⑨指清代著名书画家、诗人郑燮（1693—1765）。郑燮，字克柔，号板桥，江苏兴化人，“扬州八怪”之一。其诗、画、书皆有成就，号称“三绝”。

⑩周代名人郑丹的事典。

⑪指唐代诗人郑綮。

⑫郑氏祠联。

⑬郑氏家庙联。

⑭郑燮自题联。

⑮瀛台，即台湾。本联为台南市郑成功祠联，沈葆祯撰。

郑氏名人集粹

郑贯一　（1881—1906），广东香山人，近代民主革命者。1904年后，相继创办《世界公益报》、《广东日

报》、《有所谓报》，对民主革命的宣传起过重大作用。

郑士良　(1863—1901)，广东惠阳人，近代民主革命者，曾参与策划广州起义，领导惠州三洲田起义，屡败清军。

郑板桥　清代书画家、文学家，乾隆进士，擅长兰竹，体貌疏朗，风格劲峭，亦工书法，所创“板桥体”独具风格，为“扬州八怪”之一。

郑国鸿　清末将军，曾任浙江处州镇总兵，鸦片战争中，率兵增援定海，抗击英侵略军，英勇战死。

郑光复　清代光学家，著有《镜镜冷痴》，专论光学原理和光学仪器制造方法，为我国当时最重要的光学著作。

郑义门　明朝时，浙江浦江县的郑宅镇上人，自北宋宣和年间，经元到明朝天顺三年，一户同居共炊达 340 余年。朱元璋曾亲题“江南第一家”匾额。

郑成功　(1624—1662) 明末名将。福建南安人，初名森，字大木。芝龙子。唐王赐姓朱名成功，授总统使、诏讨大将军，时人员“国姓爷”。顺治三年 (1646) 阻父降清无效，于十二月起兵抗清。次年，移父降清无效，于十二月起兵抗清。次年，移师南澳（今属广东），讲武于厦门。遣人朝桂王，遥封延平公。屡发兵袭击浙闽粤清军。十五年，进封延平郡王。次年，率师北伐，以张煌言为前驱，进围南京。兵败后，退守厦门。十八年，率军数万人，经澎湖，于台湾禾寮港登陆，围攻荷兰总督所在地赤嵌城，击溃敌人从巴达维亚派出的援军。康熙元年 (1662) 二月一日，迫使荷兰总督揆一投降。在台湾置承天府，分其地为天兴、万年二县，课耕积谷，招徕移民。不久病逝，郑经嗣位。郑信祖籍广东澄海县，是一位杰出的泰国华裔，曾经打败缅甸入侵军，收复泰国首都，被加冕为泰国国王，定都吞武里，执政 15 年，史称“吞武里王朝”。泰国人民在曼谷为他建立了纪念碑和塑像。

郑和　(1371 或 1375—1433) 明航海家，云南昆阳（今晋宁）人，本姓马，小字三宝，宝一作保，回族。明入宫为宦官，后从燕王（即成祖）起兵，有功，擢内官监太监，赐姓郑。从永乐三年 (1405) 至宣德八年 (1433)，奉命率舰队七次下西洋，途经三十余国，最远曾达非洲东岸、红海和伊斯兰圣地麦加。他所到的泰国、马来西亚、印度尼西亚等国，至今还有“三宝港”、“三宝垅”、“三宝庙”等遗迹。茅元仪《武备志》载郑和航海图二十幅，记录七次航行的航向、航程、停泊港口、暗礁浅滩，是中国第一部航海地图。

郑光祖　元代戏曲作家，有杂剧 20 余种。

郑樵　宋朝史籍专家，刻苦读书，一生著作丰富，计 80 余种，晚年编撰《通志》，颇具创见。

郑虔　盛唐时期广文博士，诗书画技冠京华。玄宗题赠“郑虔三绝”。

郑译　隋时荥阳人，有学识，知钟律，考校大东钟律，著《乐府歌辞》八卷、《乐府声调》九卷。

郑道昭　北魏书圣孝文帝时任国子祭酒，工文词书法，任光州刺史期间，曾在山东云峰山、天柱山上作摩崖石刻多处，笔力雄健，兼有隶意，被后人推崇为“魏碑之宗”。

郑浑　三国时曾被曹操召为掾，历邵陵令。魏文帝即位后，迁阳平、沛郡二太守，兴陂开田，民赖其利，名曰郑陂。

郑兴、郑众　系父子二人，东汉时期学者，对中国历史上的儒学进一步发扬，贡献巨大，世称“先郑”。

郑玄　（127—200）东汉北海高密（今属山东）人，字康成。世称“后郑”，以别于郑兴、郑众父子。曾入太学学今文《易》和公羊学，又从张恭祖学《古文尚书》、《周礼》、《左传》等，最后从马融学古文经。游学归里后，聚徒讲学，弟子众至数百千人。因党锢事被禁，潜心著述，以古文经说为主，兼采今文经说，融会贯通，遍注群经，成为汉代经学的集大成者，称郑学。在整理古代历史文献上颇有贡献。今通行本的《十三经注疏》中《毛诗》、《三礼》注，即采用郑注。著有《发墨守》、《箴膏肓》、《六艺论》、《驳五经异义》，均佚，清袁钧《郑氏佚书》、马国翰《玉函山房辑佚书》有辑本。孔广林《通德遗书所见录》、黄奭《高密遗书》也有辑载。

郑当时　西汉初大司农，以礼贤推士著称朝野，受其推荐，官至尚书以上的就有七人。他虽位居显官，但天性廉洁，不置产业，薪俸多赐给有困难者，死后家无余财，由亲友相助埋葬。

郑吉　西域都护，于宣帝神爵二年（前60）曾兵迎匈奴归汉，为汉设西域都护之始。

郑节　秦汉之交，农民起义军，忠于人民，曾起过重要作用。

郑国　桓公20世，韩灭郑后，郑氏后裔出任韩国“水工”，被派往秦国，游说秦国兴修水利，企图使秦国无暇东伐韩国。工程进行中，秦王察觉，欲杀郑国。郑国说：“始臣为间，然渠成，亦秦之利也。”因之得以继续施工。渠成后，“关中为沃野，无凶年，秦以富强，卒并诸侯，因名曰郑国渠。”

郑旦　春秋晚期，吴伐越到越灭吴（前493—前472）中的巾帼人物。《吴越春秋》：“勾践使相者国中，得苎萝山（今浙江诸暨南）鬻薪女，曰西施郑旦。三年学服而献于吴，吴王大悦。”郑旦经过训练，送到吴国作内应，越王勾践卧薪尝胆，得以“十年生聚，十年教训”，终于灭吴。

郑氏风流撷英

桓公武公郑国王，
新郑荥阳始发祥。①
开河浚水郑国渠，
注遍群经成郑学。②
郑虔三绝诗书面，
鹧鸪诗句流传广。③
郑樵倾才著通志，
思肖画技精墨兰。④
元曲四家有光祖，
成功驱虏收宝岛。⑤
扬州八怪郑板桥，
难得糊涂表心声。⑥

观应强国办实业，
盛世危言警后人。⑦
新郑荥阳始发祥，
郑重行事事有成。⑧

注释：

①郑恒公（？—前771年），（姬姓）西周末郑国的国王，初封于郑。郑武公，桓公之子，将郑国的国都东迁，叫新郑，在今河南新郑县。三国时，魏正始三年（公元242年），设荥（xíng）阳郡，现淮阳、商丘一带。荥阳，是郑氏的发祥地。

②郑国，战国时代的水利家，韩国人。出任关中史官，开凿灌溉渠，称为“郑国渠”。郑玄（127—200年），东汉著名经学家，山东高密人。他潜心著述，注遍群经，达百万余字，世称“郑学”。

③郑虔（生卒不详），唐朝学者、画家，河南莱阳人。诗词、书法、画俱佳，尤以山水画见长，玄宗皇帝为之题字“郑虔三绝”。七律诗《鹧鸪》传播四方，流传甚广，其作者为唐末诗人郑谷（生卒不详），江西宜春人。

④郑樵（公元1103—1162年），南宋史学家，福建蒲田人。著《通志》二百卷，计二十略，其中氏族、六书、七音、都邑、昆虫草木五略，为旧史所无。南宋诗人、画家，郑思肖（约1241—1318年），福建连江人，因其孑然一身，故自号“三外野人”，精墨兰，元后画墨兰均不画根，暗示失国之痛。今存《国香国卷》、《竹卷》。

⑤郑光祖（生卒不详），元朝著名剧作家，山西临汾人。他和关汉卿、马致远、白朴被誉为“元曲四大家”，有代表作《倩女离魂》。郑成功（1624—1662年），清初，民族英雄，福建南安人。1662年驱逐荷兰侵略军，收复祖国宝岛台湾。

⑥郑板桥（1693—1765年），清朝书画家，江苏兴化人。善画石竹，秀丽苍劲，号称“三绝”，是“扬州八怪”之一，他“难得糊涂”的名言，真实表述了当时自己无奈的心态。

⑦郑观应（公元1842—1922年），清末思想家、实业家，广东中山人。他开办纺织、船舶、铁路业，1894年写成《盛世危言》，唤醒朝野贤良，关心国家前途和命运。

⑧“郑”字，繁体字从奠从邑，奠是古代祭酒的官长，祭酒，是古代祭神的一种仪式，其场面庄重。做事都本着郑重的精神和态度，从不轻率，是炎黄子孙应有的处事原则。

中华百家姓

赵 钱 孙 李 周 吴 郑 **王** 冯 陈 蒋 沈 韩 杨
朱 秦 许 何 吕 张 孔 曹 金 魏 姜 谢 邹 苏
潘 范 彭 韦 马 方 任 袁 史 唐 薛 雷 贺 汤
罗 郝 常 于 傅 康 余 顾 孟 黄 尹 姚 邵 汪
毛 戴 宋 熊 董 梁 杜 贾 江 郭 林 钟 徐 邱
高 夏 蔡 田 胡 万 卢 丁 邓 石 崔 龚 程 陆
段 侯 武 刘 龙 叶 黎 白 赖 乔 谭 阎 易 廖
文 曾

王姓

——诸事一流王者风，百业第一可称王

王氏解密寻踪

（一） 姓氏字源

《说文》："王，天下所归往也。董仲舒曰：古之造文者，三画而连其中谓之王。三者，天、地、人也；而参通之者，王也。孔子曰：一贯三为王。"据《殷墟文字甲编》所载，甲骨文"王"字像斧形，斧者，权力之征也，故王之本义当谓最高统治者。《尔雅·释访》："王，君也。"

（二） 寻根溯祖

王姓来源主要有五：

1. 出自姬姓，为周文王之后。相传黄帝是少典的儿子，本姓公孙，因居姬水之滨，故而改为姬姓。黄帝早年活动于中原地区，生有25个儿子，分别得姬、酉、祁、己、滕、箴、任、荀、僖、儇、依12个姓。其中一子名玄嚣，承袭姬姓。玄嚣生蟜极，蟜极生高辛（即帝喾）。高辛生后稷（名弃），被周人尊为始祖。至后稷的12世孙古公亶父（即周太王）由豳（今陕西旬邑西）迁于今陕西岐山下周原，并在此建宫室城邑，从此称为周族。古公亶父二传于姬昌（周文王），三传于姬发（周武王），终于使周族的势力强大到可以灭掉商朝。其后，终于灭商建国，史称周朝。建都于镐（今陕西长安沣水以东）。源于黄帝姬姓后裔，也正是始于周代，开始分别衍生出后来构成王氏主体的三支姬姓族派。①据《通志·氏族略》及《新唐书·宰相世系表》所载，京兆郡、河间郡有王姓，为周文王15子毕公高的后裔。毕公高是周武王的弟弟，周初时，他被分封于毕（今陕西咸阳西北），为公爵，故史称为毕公高。春秋时，其裔孙毕万自毕国出奔晋国（建都今山西翼城东南），为司徒，并被分封于魏（今山西芮城北），传至魏文侯斯，与赵、韩三国瓜分晋国，才各自成为战国初期的强国。公元前225年为秦所灭，其子孙四散，因是王者之后，也都被称为王家。如魏昭王之子无忌（即信陵君），是当时著名的"四君子"之一，其孙卑子在秦灭魏国以后逃于泰山，至汉高帝时被封为兰陵（今山东苍山县西南兰陵镇）侯，因为是王族，亦称"王家"，此后改王氏。卑子生悼，悼生贤，为济南太守，汉宣帝时，迁居霸陵，遂为京兆人。贤7世孙党，上郡太守。卑子9世孙遵，为后汉河南尹。遵生鲂，鲂别孙景生均，均8世孙罴徙居汲郡。其后望出京兆、河间、高平、山阳等郡。②琅邪郡、太原郡有王姓，为周灵王太子晋的后裔。据《新唐书·宰相世系表》所载，周灵王太子晋因直谏被废为庶人，其子宗敬为司徒，其后人由洛阳迁居于太原、琅邪，时人号称王家，因以为氏。这一支源于太子晋的王氏，后成为了天下王氏的最主要的支派，魏晋南北朝之时最为显赫。③据有关资料所载，河东猗氏有王姓，为周平王太孙赤之后。西周末年，幽王因宠爱褒姒，便废申后和太子宜臼，于是申侯联合诸国攻杀了幽王，后拥立太子宜臼为王于申，后宜臼将国都从镐（今陕西西安）东迁成周（今河南洛阳），称周平王。平王在位50多年，他的太子泄父先他而死，泄父有子名赤，赤即周桓王的胞兄，平王去逝后，他继承王位，但终因势力不如胞弟强大，不久便被推翻，他不得已出奔晋国（建都今山西翼城东南）。其子孙也因是王者之族，改姓王姓。是为山西王氏。

2. 出自妫姓，为齐王田力的后代。相传上古五帝之一的舜是颛顼的后代，因生在姚墟（在今山东菏泽县东北）而得姚姓。他又曾住在妫汭河（在今山西永济南，源出历山，西流入黄河），所以后代又有妫姓。周武王灭商后，追封帝舜的后裔妫满于陈（今河南淮阳），建立陈国，让他奉守帝舜的宗祀。春秋时，陈国内部发生了一场争夺王位的斗争，陈厉公的儿子完自陈出奔齐国，以国为氏，称为陈氏。其5世孙陈桓子，仕齐为大夫，因食于田，遂改姓田。至7世孙田常时完全控制齐国政权，田常之孙田和在公元前404年终于废齐自立国君，于是姜姓齐国成了田氏的齐国。后齐国被秦国所灭。国灭后的齐国末帝齐王建居共（今河南辉县），生有三子：昇、桓、轸。昇生子名安，项羽反秦时被封为济北王，项羽灭亡以后，田安失去王位。其子孙为了纪念这一时的辉煌，从此便改姓王。西汉末年灭汉建国的王莽，就是出于这一支派。正如《通志·氏族略》所云："出于北海、陈留者则曰舜之后也，其先，齐诸田为秦所灭，齐人号为王家，此为妫姓之王也。"是为河南王氏。

3. 出自子姓，为殷商王子比干之后。相传商的始祖契，在帝舜时，因辅佐大禹治水有功，被封在商（今陕西商县），因他母亲吞燕卵生下他，故赐以子姓。商族后来迁徙了多次，夏末定居在亳（今河南偃师），后契的14世孙汤领导商族推翻夏桀的统治，建立商朝。据《通志·氏族略》所载，殷商王子比干（纣王的叔父），因屡次劝谏纣王，被剖心而死。王子比干被杀后，葬在当时的国都朝歌（今河南卫辉市北）附近，他的子孙世代为他守陵，同时为了纪念他，便改以"王"为氏。又因卫辉在晋时为汲郡所辖，故又称为汲郡王氏。是为河南王氏。

4. 由北方他族改王姓而来。据《通志·氏族略》及《古今姓氏书辨证》等有关史料所载，主要有：①有出自鲜卑族可频氏的，分布河南郡（郡治今洛阳）一带。②有出自西羌钳耳氏的，分布于冯翊郡（治今陕西大荔县东南）一带。③有出自高丽族的，分布于古时营州。④有出自乌桓族（又称乌丸）的，分布于太原郡祁县一带。南北朝时，乌桓族一支首领名为乌丸神念，初仕于北魏，后仕梁（建都建康〈今江苏南京〉），冒太原祁县王氏，改姓王。其后有王僧辨仕梁官至太尉，裔孙王珪、王涯都是唐代的宰相。⑤有出自唐代的回纥阿布思族的，是为冒姓，分布于古时安东，今辽宁省东南部。五代后梁越王王锐即其后。以上所列的他族改姓中，其中前4个是在南北朝时的北魏孝文帝改复姓为汉字，单姓时改王姓的。

5. 出自赐姓或冒姓的王姓。①据《汉书》所载，战国燕王丹的玄孙喜，西汉末王莽时因献符令，被赐姓王氏。②隋时有今陕西临潼东北人王世充，本姓支，其祖原本西域（今新疆大部、甘肃省西部一带）人。③朱明王朝也曾赐许多蒙古人姓王，此为冒姓，等等。

总之，王姓因来源不一，故分支也众多，但就数量来看，历史上以出自周灵王太子晋的那一支派，名气最大，后发展成王姓的主流。使王氏成为我国望族的，始于晋代中兴名臣王导，这一支派在山东繁衍。同时，王氏之所以成为我国人数最多的大姓之一，一个重要的历史原因，就是历来帝王之子孙多称王子、王孙，其后也有许多以王为姓。

（三） 宗堂郡望

堂号 王姓堂号有：1. "三槐"。2."槐阴"。其中"三槐堂"较为有名。

郡望 王姓因支派众多，子孙遍及全国，故望族也很多。据《广韵》所载，其著名的王氏郡望有21处。

1. 太原郡。战国秦庄襄王置郡，治所在晋阳（今太原市西南）。秦时相当今山西五台山和管涔山以南，霍山以北地区；北魏时相当今阳曲、交城、平遥、和顺间的晋中地区。此支王氏，出自周灵王太子晋之后。太原王氏是由祁县王氏及晋阳王氏构成，其中，祁县王氏以东汉司徒王允为始祖；晋

阳王氏以魏司空王昶为始祖。

2. 琅邪郡。秦置郡，治所在琅邪（今胶南县琅邪台西北）。西汉魏治东武（今诸城），相当今山东半岛东南部。此支王氏，亦为周灵王太子晋之后。其开基始祖为西汉谏议大夫王吉。

3. 北海郡。汉时置郡，治所在营陵（今山东昌乐东南）。相当今山东潍坊市及安丘、昌乐、寿光、昌邑等县。此支王氏，其开基始祖为妫姓齐王建之孙安。

4. 东海郡。秦置郡，治所以郯（今山东郯城北）。西汉时相当今山东费县、临沂、江苏赣榆以南，山东枣庄市、江苏邳县以东和江苏宿迁、灌南以北地区。此支为姬姓王氏，其开基始祖为东汉会稽太守王朗。

5. 高平郡。汉魏时属山阳郡，晋时复置郡，治所在昌邑（今山东巨野县南）。相当今山东独山湖、金乡、巨野、邹县之间。此支王氏，出自战国时魏国信陵君之后。

6. 京兆郡。即首都长安直辖区。汉武帝太初元年（公元前104年）设京兆尹，治所在长安（今陕西西安市西北），下辖十二县。三国魏时置郡名，相当今陕西秦岭以北、西安以东、渭河以南地。此支王氏，出自姬姓毕公高之后。

7. 天水郡。西汉置郡，治所在平襄（今甘肃通渭西北）。相当今甘肃通渭、静宁、秦安、定西、清水、庄浪、甘谷、张家川等县及天水市西北部、陇西东部、榆中东北部地。此支王氏，出自殷商王子比干之后。

8. 东平郡。汉晋置国，治所在无盐（今山东东平东）。南朝宋改称东平郡。相当今山东济宁市、汶上、东平等县地。此支王氏，出自殷商比干之后。

9. 新蔡郡。晋置郡，治所在新蔡（今河南新蔡县）。相当今河南新蔡、息县、淮滨、安徽临泉等县地。此支王氏，出自殷商王比干之后。

10. 新野郡。晋置郡，治所在新野（今河南新野县）。相当今河南新野、邓县一带。此支王氏，出自殷商王干之后。

11. 山阳郡。汉魏置郡，治所在今山东金乡县西北。晋时改高平郡。此支王氏，其开基始祖为东汉顺帝时太尉王龚。

12. 中山郡。汉置郡，治所在卢奴（今河北定县）。相当今河北狼牙山以南，保定市安国以西，唐县新乐以东和滹沱河以北地区。此支王氏为太原晋阳王氏分支，其开基始祖为北魏中山王王叡，亦即凉州参军王轨5世孙武威定王王桥之子。

13. 陈留郡。西汉元狩元年（公元前122年）置郡。治所在陈留（今河南开封东南）。相当今河南东至民权、宁陵，西至开封、尉氏，北至延津、长垣，南至杞县、睢县地。此支王氏，其开基始祖为妫姓齐王建之孙安。

14. 章武郡。晋置郡，治所在东平舒（今河北大城）。相当今河北大清河、海河以南，文安、大城以东，沧州市、海兴以北之地。此支王氏，出自殷商王子比干之后。

15. 东莱郡。汉置郡，治所在掖县（今山东掖县）。相当今山东胶莱河以东，峠嵎山以北和乳山河以东地。

此支王氏，出自殷商王比干之后。

16. 河东郡。秦置郡，治所在安邑（今山西夏县西北）。相当今山西沁水以西、霍山以南以区。此支王氏，出自商王子比干、周灵王太子晋及周平王太孙赤（以世居猗氏〈今山西临猗〉著称）之后。

17. 金城郡。汉置郡，治所在允吾（今甘肃永靖西北）。相当今甘肃兰州市（汉时也置金城县）以西，青海青海湖以东的河、湟二水流域和大通河下游地区。

18. 海汉郡。其出处不详。

19. 长沙郡。秦置郡，治所在临湘（今湖南长沙市）。相当今湖南东部、南部和广西全州，广东连县、阳山等地。

20. 堂邑郡。西晋置郡，治所在堂邑（今江苏六合北）。相当今江苏六合、安徽天长县西部地。

21. 河南郡。汉置郡，治所在雒阳（今洛阳市东北）。相当今河南黄河以南洛水、伊水下游，双洎河、贾鲁河上游地区及黄河以北原阳县。此支王氏，出自鲜卑族可频氏王氏之后。

其实，王姓远非这21个郡望，据《据今姓氏书辨证》所载，两宋时期的王姓郡望即达38个之多。下面再列举十几个郡望名称：河间郡、乌丸、冯翊郡、安东县、营州、华阴县、广陵郡、聊城县、长安县、高陵县、蓝田县、上党郡、郧郡等。

1. 河间郡。汉初置郡，治所在乐城（今河南献县东南）。相当今河南献县、交河、东光、阜城、武强各一部分地。此支王氏，出自毕公高之后。

2. 乌　丸。亦即乌桓族，是以族名命郡望的王氏，分布于太原郡祁县一带，亦即太原郡望的又一支。

3. 汲　郡。晋泰始二年（公元266年）置郡，治所在汲县（今河南汲县西南）。相当今河南新乡、卫辉市和新乡、汲县、辉县、获嘉、修武等县地。此去王氏，出自殷商王比干之后。也即西晋初此郡太守王宏之族所在，王宏曾在本郡开辟荒田五千顷。

4. 冯翊郡。三国魏置郡，治所在临晋（今陕西大荔县）。相当今陕西韩城、黄龙以南，白水、薄城以东和渭河以北地区。北魏移治高陆（今高陵）。此支干氏，出自羌族钳耳氏，为北魏孝文帝时始改姓王之后所开基。

5. 安东县。旧市、县名。在今辽宁省东南部。1965年安东市改名丹东市，安东县改名东沟县。此支王氏，出自唐回纥阿布思族王氏。五代时显赫。

6. 营　州。北魏时置，治所在龙城（隋改名柳城，今辽宁朝阳）。相当今辽宁大、小凌河流域、六股河流域、女儿河流域一带。此支王氏，出自高丽族王氏。

7. 华阴县。秦置宁秦县，汉改华阴县，亦即今陕西华县，县南有“西岳”华山。

8. 河内郡。楚汉之际置郡，治所在怀县（今河南武陟西南）。相当今河南黄河以北，京汉铁路（包括汲县）以西地区。西晋移治野王（今河南沁阳）。

9. 广陵郡。西汉置国，治所在广陵（今江苏扬州市）。东汉时改为郡。相当今江苏、安徽交界的洪泽湖和六合以东，泗阳、宝应、灌南以南，患

场河以西，长江以北地区。三国魏移治淮阴（今江苏清江市）。

10. 聊城县。秦置县，亦即今县，在今山东省西部。

11. 长安县。汉置县，亦即今县，在今陕西西安市南部、渭河平原南缘、秦岭北麓。

12. 高陵县。秦置县，亦即今陕西高陵县西南。

13. 蓝田县。秦置县，亦即今县灞河西岸，在今陕西西安市东南部。

14. 上党郡。战国时始置郡，治所在壶关（今山西长治市北）。相当今山西和顺、榆社以南，沁水流域东地。

15. 邺　郡。唐天宝元年（公元742年）改相州置郡，治所在安阳（今河南安阳市）。乾元元年（公元758年）仍改为相州。

（四）　家谱寻踪

全国·太原王氏会通世谱十三卷首一卷

藏地：国家图书馆

（明）王友瑄等纂

明弘治十四年（1501）刻本

全国·王谢世家三十卷

藏地：中央民族大学　华东师范大学　美国

（明）韩昌箕撰

明天启二年（1622）刻本

全国·太原王氏会通宗谱八卷首一卷

藏地：安徽徽州地区博物馆（存二卷）

明刻本

全国·瑯琊三槐王氏宗谱

藏地：国家图书馆

（清）王木梁修

清道光间槐清堂刻本　一册

全国·陇南王氏族谱

藏地：国家图书馆

钞本　一册

全国·王氏族谱不分卷

藏地：四川珙县下罗乡五星村

（清）王廷诗等总领　王廷麟等主修

清光绪四年（1878）刊本

全国·王氏通谱

藏地：国家图书馆　中国社会科学院历史研究所图书馆　中央民族大学　上海图书馆　吉林大学　美国日本

（清）王庸敬辑

清光绪二十年（1894）槐政堂活字本

全国·王氏宗谱

藏地：国家图书馆

（清）王国栋修

清抄本

全国·王谢世表

藏地：江苏苏州市图书馆　河南省图书馆　江西省图书馆　陕西省图书馆　美国

（民国）黄大华编

1934年铅印本　一册

全国·锹溪王氏宗谱十八卷首一卷

藏地：湖北黄冈县档案馆（缺卷1）

（清）王氏槐泉局重修

清宣统十年（1910）听笙堂木刻本

全国·瑯琊王氏宗谱七十卷首一卷

藏地：湖北黄冈县档案馆（缺卷

首、卷 4、6、11、13—16、19—24、26、27、29—31、33、34、36—39、43—46、48、49、60）

（民国）王志周　王彩国等续修

1912 年本刻本

全国·锹溪王氏宗谱不分卷

藏地：湖北黄冈县档案馆

（民国）三槐局重修

1936 年听笙堂木刻本　四十册

北京·宛平王氏宗谱不分卷

藏地：国家图书馆　人民大学　辽宁图书馆　吉林大学　美国　日本

（清）王惺　王元凤纂修清乾隆五十九年（1794）王氏青箱堂刻本

北京通县·中华民国河北省通县宁家庄王氏族谱一卷

藏地：北京市通县档案馆

（民国）王仟舫　王凤苞撰

1948 年钞本

天津·王氏宗谱不分卷

藏地：南开大学

（清）王振钧　王守恂等辑

清光绪二十年（1894）槐阴堂刻本　四册

河北保定·清苑王氏家谱九卷

藏地：国家图书馆

（明）王开纂修

明万历十一年（1583）钞本　四册

河北泺县·瑯琊王氏宗谱八卷

藏地：国家图书馆　中国科学院图书馆　吉林大学　日本　美国

（民国）王启森修

1919 年铅印本

河北·泺县王氏续修宗谱不分卷

藏地：河北唐山市档案馆　河北泺南县文管会　河北泺南县档案馆

（民国）王向荣续修

1935 年铅印本

河北·新城王氏世谱八卷

藏地：山东省图书馆

（清）王兆弘等纂修

清乾隆二十五年（1760）刻本

河北·新城王氏世谱不分卷

藏地：山东济南市博物馆

（清）王祖蕴修

清嘉庆十三年（1808）刻本　一册

河北抚宁·王氏家谱一卷

藏地：河北抚宁县墳坨乡旧县村（二部）

清雍正六年（1728）稿本

河北抚宁·王氏谱图一幅

藏地：河北抚宁县西张庄乡约和庄村写本

河北沧县·王氏家谱

藏地：河北青县陈嘴乡吴辛庄写本　三册

河北临漳·王氏家谱五卷

藏地：人民大学

（清）王辛祚等修

清乾隆四十三年（1778）刻本　五册

河北宁晋·王氏族谱十卷

藏地：中国科学院图书馆

（清）王明经修

清咸丰五年（1856）刊本　十册

河北宁晋·王氏族谱十卷

藏地：中国社会科学院历史研究所图书馆

（清）王淑修

清光绪十三年（1887）积德堂刻本　十册

河北宁晋·王氏族谱十卷

藏地：中国科学院图书馆　河北大学

（民国）王凤鸣　王树梅等续修

1917年天津华新印刷局铅印本　十册

辽宁本溪·王氏宗谱书一卷

藏地：辽宁本溪山城子乡硃石峪

清嘉庆二十五年（1820）纂　复印本

辽宁本溪·王氏宗族谱书一卷

藏地：辽宁本溪连山关镇石哈村

（民国）王振昌纂

民国间铜刻本

上海·王氏瑯琊世谱不分卷

藏地：浙江图书馆

（清）王镐主修　陆於鄗编

清乾隆五十六年（1791）修　钞本　一册

上海·王氏家谱六卷

藏地：国家图书馆　日本　美国

（清）王寿康纂

清咸丰十一年（1861）奉思堂重刻本

上海·王氏世谱四卷

藏地：上海图书馆（缺卷4）

1919年蓝格钞本　一册

上海王氏家谱六卷首一卷

藏地：河北大学　上海市文管会　日本　美国

（民国）王师曾等续修

1924年铅印本

上海·嘉定王氏续修支谱二卷

藏地：河北大学

（民国）王钧善　王为丰等续修

1948年油印本　一册

上海·南汇王氏宗谱不分卷

藏地：国家图书馆　中国科学院图书馆　辽宁图书馆　吉林大学　日本　美国

（民国）王广圻编

1931年铅印本　一册

上海松江·云间王氏族谱二十二卷

藏地：美国

（清）王兴尧等三修

清嘉庆六年（1801）遂高园刊本　十二册

江苏·王氏三沙全谱三卷首一卷

藏地：美国

（清）王大增等重修

清嘉庆十四年（1809）颐和堂刊本　八册

江苏·王氏三沙全谱不分卷

藏地：国家图书馆　中国社会科学院历史研究所图书馆　上海图书馆　哈尔滨师范大学　日本　美国

（清）王钟　王锡骥等编

清光绪二年（1876）三槐堂活字本

江苏·王氏三沙统谱不分卷

藏地：中国科学院图书馆

（清）王慰祖总辑　王同播协修

清宣统三年（1911）三槐堂刊本　六册

江苏南京·王氏族谱八卷

藏地：辽宁图书馆

（清）王明松　王有焕等续修

清嘉庆四年（1803）木活字本

江苏江宁·上元苏庄王氏宗谱八卷

藏地：美国

（清）王宗庸等修

清光绪三十二年（1906）孝思堂木活字本　八册

江苏江宁王李郁·三宗同家谱不分卷

藏地：日本　美国

（民国）王厚泉创修

1922年春森堂石印本　一册

江苏江宁·闸头王氏家乘十四卷

藏地：中国社会科学院历史研究所图书馆

（民国）王锡宏　王彬彦等主修

1935年燕翼堂活字本　十四册

江苏溧水·江左王氏宗谱十六卷

藏地：江苏溧水县群力乡东岗村

（民国）王瀣纂

1945年鹅书堂林活字本

江苏睢宁·王氏修族谱十二卷

藏地：江苏睢宁·县党史辨

（民国）王存质总理

1928年石印本

江苏丰县·王氏族谱一卷

藏地：江苏丰县套娄乡小王庄

清光绪四年（1878）钞本

江苏丰县·王氏族谱二卷

藏地：江苏丰县孙娄乡张庄村

（民国）王开璋重修

1917年写本

江苏丰县·王氏家谱三卷

藏地：灌输丰县顺河乡

（民国）王运伯纂

1932年钞本

江苏东海·王氏宗谱二卷

藏地：江苏东海县档案馆

（民国）王发英纂

1924年钞本

江苏镇江·金沙王氏大成宗谱四卷

藏地：美国

（清）王家义等重修

清光绪二十六年（1900）三槐堂木活字本　四册

江苏镇江·苦竹王氏宗谱三十二卷

藏地：中国社会科学院历史研究所图书馆

（民国）王振泽修

1913年宗德堂活字本　三十二册

江苏镇江·三槐王氏宗谱十二卷

藏地：日本　美国

（民国）王文琏　王宏章等重修

1915年木活字本　十二册

江苏镇江·王氏家乘三十卷

藏地：吉林大学

（明）王友谧纂　王汝诚等增修

1921年双柏堂刻本　三十册

江苏镇江·润州王氏族谱四卷

藏地：中国社会科学院历史研究所图书馆　吉林大学

（民国）王振文修

1929年活字本　四册

江苏镇江·京江王氏宗谱二卷首一卷

藏地：国家图书馆　中国科学院图书馆　中国社会科学院历史研究所图书馆　中国历史博物馆　人民大学　日本　美国

（民国）王延幹纂修

1935年活字本

江苏丹阳·云阳包港王氏族谱八卷

藏地：美国

（清）王瑞广等重修

清同治九年（1870）三槐堂木活字本八册

江苏丹阳·王氏宗谱□□卷

藏地：江苏丹阳县松卜乡宾村（存卷9—13）

1946年木刻本

江苏句容·王氏宗谱不分卷

藏地：江苏句容县夫王乡赵巷村

清光绪二十九年（1903）木活字本　二册

江苏句容·王氏宗谱

藏地：江苏句容县石狮乡城上村

（民国）雍傅喜撰

1946年续修木活字本　十四册

江苏句容·句曲白阳王氏家乘不分卷

藏地：上海松江县博物馆

（民国）王本伟纂

1946年铅印本　一册

江苏常州·毗陵王氏续修宗谱十卷

藏地：江苏常州市图书馆

（清）王裕坤主修　王灿发等纂

清光绪八年（1882）三槐堂木活字本

江苏常州·毗陵王氏续修宗谱十卷

藏地：江苏常州市图书馆

（民国）王景阳主修　王浩荣等纂

1921年毗陵王氏三槐堂木活字本

江苏常州·瓦屑坝王氏宗谱八卷

藏地：美国

（清）王茂根等重修

清光绪十二年（1886）三槐堂木活字本　八册

江苏常州·毗陵王氏族谱四卷

藏地：南开大学

（清）王向辰　王懋动等重修

清光绪十八年（1892）愿贻堂刊本　二册

江苏常州·延政郑墅王氏宗谱十四卷首一卷

藏地：江苏常州市图书馆

（清）王庆洪　王宇椿续修

清光绪二十五年（1899）毗陵雨宅活字本

江苏常州·尹沙王氏重修家乘十卷

藏地：国家图书馆

（民国）王朝仁等纂

1918年活字本　十册

江苏常州·晋陵王氏宗谱二十二卷

藏地：江苏常州市图书馆（存卷1—13、15、16、18—22）

（民国）王保和主修　王瑞金等纂

1937年敦厚堂木活字本

浙江·王氏族谱十四卷

藏地：浙江湖州市档

（民国）王树荣修

1936年刊本

浙江杭州·仁和王氏重订家乘不分卷

藏地：日本

（清）王为桢、王为幹等编

清光绪二十四年（1898）刻本一册

浙江杭州·王氏家乘

藏地：国家图书馆

民国间成都石印本　一册

浙江临安·璋溪王氏宗谱四卷

藏地：浙江临安县档案馆（存卷2）

（清）王晓等纂

清嘉庆八年（1803）刻本

浙江·萧山王氏族谱十四卷

藏地：美国

（清）王洪源等修

清乾隆二十年（1755）木活字本　十册

浙江萧山·王氏家谱四卷首一卷

藏地：美国

（清）王石渠修

清道光二十七年（1847）三槐堂木活字本　十四册

浙江萧山·苧萝后王氏宗谱四十四卷首二卷

藏地：中国社会科学院历史研究所图书馆

（清）王春蓉等总校

清咸丰十二年（1861）三槐堂活字本四十六册

浙江萧山·苧萝王氏宗谱四十八卷首二卷

藏地：浙江图书馆　日本　美国

（民国）王荇沚修纂

1915年三槐堂木活字本

浙江萧山·新发王氏宗谱八卷首一卷

藏地：上海图书馆（二部）　浙江图书馆　日本　美国

（清）王锡麟编

清光绪十年（1904）世德堂木活字本

浙江萧山·浙绍萧山县车里庄王氏家谱四卷首一卷

藏地：辽宁图书馆

（清）王寿椿　王吉人重辑

清光绪十二年（1886）三槐堂木活字本

浙江·萧山车里王氏家谱十二卷

藏地：中国科学院图书馆　浙江图书馆　美国

（民国）王庆洛　王纶重辑

1917年三槐堂木活字本　十二册

浙江·萧山西河王氏泰支瓜瓞谱六卷

藏地：国家图书馆（存卷4—6）

（清）王绍兰撰

清王氏知足知不足馆钞本　一册

浙江·萧山庙后王氏家谱不分卷

藏地：浙江图书馆

（民国）王乃锡辑

1927年三槐堂木活字本　五册

浙江桐庐·桐江王氏宗谱一卷

藏地：浙江桐庐县档案馆

（清）王正咸主修

清咸丰四年（1854）修1947年木活字本

浙江淳安·马山王氏宗谱六卷

藏地：安徽绩溪县王仟庄

（清）王发堃　王友士等纂

清光绪十六年（1890）木刻本　十一册

浙江·镇海东馆王氏宗谱二卷

藏地：浙江宁波天一阁文物保管所（存一卷）

（清）王景秀　王钦芳等纂修

清道光十九年（1839）木活字本

浙江镇海·蛟川王氏宗谱三卷首一卷

藏地：河北大学

（清）王世灯重修

清光绪七年（1881）三槐堂木刻本

浙江镇海·蛟川王氏家谱四卷

藏地：浙江宁波市档案馆

（民国）王祖纂

1915年纂修本

浙江·镇海五里牌王氏重修族谱十四卷首一卷末一卷

藏地：国家图书馆　吉林大学

四川省图书馆

(清)谢予谦等纂修

清光绪三十二年(1906)仰德堂活字本

浙江·镇海五里牌王氏宗谱十七卷

藏地:浙江宁波天一阁文物保管所

(民国)张琴纂修

1933年木活字本 十五册

浙江镇海·新添庙桥王氏家谱四卷首一卷

藏地:浙江宁波天一阁文物保管所

(民国)王钦瑞 王傅纲等纂修

1934年木活字本 四册

浙江余姚·姚江开元王氏宗谱十卷首一卷

藏地:浙江余姚梨洲文献馆(不全)

(清)王宗标修

清光绪二十九年(1903)存本堂刻本

浙江·余姚双雁乡王氏宗谱不分卷

藏地:浙江图书馆

(清)王聿豪等修纂

绳武堂钞本 一册

浙江·余姚官人宅王氏宗谱八卷

藏地:浙江图书馆 浙江余姚梨洲文献馆

(民国)王庆棠 王金生续辑

1913年三槐堂木活字本

浙江·余姚蓝风王氏宗谱四卷首一卷末一卷

藏地:国家图书馆 中国社会科学院历史研究所图书馆 南开大学 吉林大学 浙江图书馆

(民国)洪曰湄总纂 王尔雅主修

1929年思明堂铅印本

浙江·余姚上塘王氏宗谱十四卷首一卷末一卷

藏地:国家图书馆 中国社会科学院历史研究所图书馆 南开大学 河北大学 浙江图书馆

(民国)王钦安编修

1934年王嗣槐堂铅印本

浙江余姚·臧墅王氏家谱六卷首一卷

藏地:浙江图书馆

(民国)王德元 王傅豪编述

1947年油印本 一册

浙江鄞县·王氏重修宗谱四卷

藏地:浙江鄞县王家村

清乾隆六年(1741)重修钞本

浙江鄞县·王氏重修宗谱四卷

藏地:浙江鄞县王家村

清嘉庆三年(1798)重修 钞本

浙江鄞县·王氏重修宗谱四卷

藏地:浙江鄞县王家村(二部)

清道光十九年(1839)木刻本

浙江嵊县·天姥官塘王氏宗谱□□卷

藏地:浙江宁波天一阁文物保管所(存卷1、3、4)

(清)王初麒 王炳翰等纂修

清道光二十年(1840)木活字本

浙江嵊县·天姥官塘王氏宗谱□□卷

藏地:浙江宁波天一阁文物保管所(存卷1—3)

(清)王尚侯 王宏鹏等纂修

清同治十三年(1874)木活字本

浙江嵊县·剡邑王氏宗谱□□卷

藏地：浙江嵊县图书馆（存卷1）

（清）王行义　王宗博等重修

清道光十年（1830）木活字本

浙江嵊县·剡北灵芝乡续修宗谱十六卷

藏地：国家图书馆

（清）王利韬等纂修

清道光二十三年（1843）敦本堂活字本　八册

浙江嵊县·灵芝乡王氏宗谱十卷

藏地：国家图书馆

（清）王亨添等纂修

清光绪十年（1884）敦本堂活字本

浙江嵊县·剡南王氏宗谱三卷

藏地：浙江嵊县文管会

（清）王聿道等重修

清光绪四年（1878）木活字本

浙江嵊县·剡南王氏宗谱三卷

藏地：浙江嵊县文管会（存卷1、2）

清光绪三十四（1908）木活字本

浙江嵊县·剡南王氏宗谱四卷

藏地：浙江嵊县平山乡上王家村

（民国）尹濂　王明瑞重修

1933年木活字本

浙江嵊县·剡溪王氏宗谱八卷

藏地：国家图书馆

（清）王宝仁等纂修

清光绪六年（1880）活字本　八册

浙江嵊县·剡溪王氏宗谱八卷

藏地：国家图书馆

1917年敦伦堂活字本　八册

浙江嵊县·剡北枣树湾王氏宗谱十卷首一卷

藏地：国家图书馆

（清）王斯安等修

清光绪二十二年（1896）敦伦堂活字本　四册

浙江嵊县·剡北枣树湾王氏宗谱十卷首一卷

藏地：国家图书馆

（民国）王维宗等重修

1926年敦伦堂活字本　四册

浙江嵊县·王氏宗谱□□卷

藏地：浙江嵊县图书馆（存卷1）

（清）马兆龙纂

清光绪二十三年（1897）木活字本

浙江嵊县·王氏宗谱六卷

藏地：国家图书馆

（清）王正常等编

清光绪三十一年（1905）周德堂活字本　六册

浙江嵊县·瑯琊王氏图山姥合纂谱纲□□卷

藏地：浙江嵊县图书馆（存卷5）

1915年木活字本

浙江嵊县·瑯琊图山王氏宗谱□□卷

藏地：浙江嵊县图书馆（存卷1、4—6、10）

（民国）王延喜　王景清等纂

1940年木活字本

浙江嵊县·剡东王氏宗谱四卷

藏地：浙江嵊县灵乡东山王村

（民国）王黎青纂辑

1916年

浙江嵊县·则东王氏宗谱四卷

藏地：浙江嵊县灵山乡东山王村

（民国）王殿赓　王吉林重修

1948年木活字本

浙江嵊县·则西石璜王氏宗谱四卷

藏地：日本　美国

（民国）王祖锡　王祖福等重修

1917 年木活字本　四册

浙江嵊县·剡西王氏宗谱四卷

藏地：浙江嵊县剡北乡后朱村

（民国）袁希仲　王庆瑞重修

1938 年木活字本

浙江嵊县·东林王氏宗谱三卷

藏地：浙江嵊县灵山乡塘头村

（民国）王朝栋　王中招等修

1925 年木活字本

浙江嵊县·王氏宗谱六卷

藏地：浙江嵊县文管会

（民国）王潭彬　王雪波等修

1947 年木活字本

浙江·金华王氏世系表

藏地：苏州大学

（清）缪荃孙撰

清光绪二十六年（1900）刻《艺风堂文集》本

浙江金华·赤松王氏宗谱十三卷

藏地：国家图书馆

（民国）王金荣等重修

1947 年活字本　十三册

浙江兰溪·江东王氏宗谱七卷

藏地：浙江兰溪县芝堰乡

清宣统间木刻本

浙江兰溪·王氏宗谱二卷

藏地：浙江兰溪县（二部）

1918 年木刻本

浙江兰溪·双牌王氏宗谱四卷

藏地：浙江兰溪县黄店乡王家村

（民国）王世享等重修

1921 年木刻本

浙江兰溪·双牌王氏宗谱二十卷

藏地：浙江兰溪县文管处（存卷1、清道光十九年（1839）刻本

浙江兰溪·王氏宗谱三卷

藏地：浙江兰溪县芝堰乡下王村

1929 年木刻本

浙江·兰溪平川王氏宗谱八卷

藏地：浙江兰溪县女埠乡

（民国）王毓荣纂

1930 年木刻本

浙江兰溪·太原王氏宗谱七卷

藏地：浙江兰溪县黄店乡肥皂村

（民国）王新秀重修

1932 年木刻本

浙江兰溪·荷龙里王氏宗谱十六卷

藏地：浙江兰溪县圣山乡

（民国）王友梅重纂

1939 年木刻本

浙江兰溪·王氏宗谱五卷

藏地：浙江兰溪县黄店乡长连村

（民国）王景良重修

1940 年木刻本

浙江兰溪·慕源王氏宗谱十二卷

藏地：浙江兰溪县建设乡目圩村

（民国）王志光　王志敏重修

1946 年木刻本

浙江兰溪·太原王氏宗谱六卷

藏地：浙江兰溪县黄店乡

（民国）王赞章纂

1948 年木刻本

浙江永康·王氏宗谱十二卷

藏地：浙江衢州市文管会（存卷1、7）

（民国）吕凤鸣　王德普编

1917 年木活字本

浙江武义·东湄王氏宗谱□□卷

藏地：浙江衢州市文管会（存卷1—3、7、8）

（清）王美如　王能伏等修

清光绪九年（1883）木活字本

浙江东阳·太原厚里王氏宗谱六卷

藏地：浙江东阳县西后里

（民国）李福谦纂

1922年木活字本

浙江东阳·太原王氏龙降宗谱十二卷

藏地：浙江东阳县宅口乡大塘冈

（民国）吴英纂

1924年木活字本

浙江·义乌南陵王氏宗谱七卷

藏地：国家图书馆

（清）王宅心纂修

清光绪十五年（1889）活字本九册

浙江义乌·凤林王氏宗谱九卷

藏地：中国社会科学院历史研究所图书馆

（清）王宅心修

清宣统二年（1910）活字本十册

浙江义乌·凤林蒲潭王氏宗谱二十七卷

藏地：浙江图书馆

（民国）王秉中纂修

1936年木活字本　二十七册

浙江义乌·凤林王氏宗谱七卷

藏地：浙江兰溪县游埠乡

（民国）齐毓庆重纂

1938年木刻本

浙江常山·傅严王氏宗谱六卷

藏地：浙江常山县毛良坞乡严背村

（清）郑国基续修

清乾隆三十年（1765）木刻本

浙江常山·王氏重修族谱不分卷

藏地：浙江常山县招贤乡石井口村

（清）王赖嘉　王猷顿纂修

清道光三年（1823）木刻本

浙江常山·水南山兜王氏宗谱四卷

藏地：浙江常山县青石乡高铺村

（清）徐庚光续修

清光绪十七年（1891）木刻本

浙江常山·龙峰王氏宗谱三卷

藏地：浙江常山县毛坞乡

（清）徐炳星重修

清光绪二十七年（1901）木刻本

浙江常山·王氏六修宗谱□□卷

藏地：浙江常山县大桥头乡桥坑村（二部，存卷首）

清光绪三十年（1894）木刻本

浙江常山·王氏宗谱□□卷

藏地：浙江常山县桥头乡桥坑村（存卷首，四部）

1941年木刻本

浙江常山·王氏宗谱六卷首一卷末一卷

藏地：浙江常山县招贤乡古县村

（清）饶道源修

清光绪三十年（1904）木刻本

浙江常山·虹桥王氏宗谱十卷

藏地：浙江常山县毛良坞乡新桥村（存卷1、2）

（清）王利全　王贞元续修

清宣统二年（1910）木刻本

浙江常山·芙蓉王氏宗谱五卷

藏地：浙江常山县芙蓉对圩村

（不全）

（民国）王广荣修

1916 年木刻本

浙江常山·定阳王氏宗谱二卷

藏地：浙江常山县招贤乡李家圩村

（民国）王厚祥　王厚满修

1919 年木刻本

浙江常山·定阳能川宗谱十卷

藏地：浙江常山县芙蓉乡芙蓉村

（民国）王永禄重修

1924 年木刻本

浙江常山·定阳王氏宗谱五卷

藏地：浙江常山县辉埠镇山背村前棚

1948 年木刻本

浙江常山·定阳王氏宗谱□□卷

藏地：浙江常山县东鲁乡西张村（存卷 1）

（民国）王延浩　刘斯盛重修

1948 年木刻本

浙江常山·湖峰王氏宗谱十八卷

藏地：浙江常山县芙蓉乡岭上埂村　安徽徽州地区博物馆

（民国）钟学文　王炳章等重修

1923 年木刻本

浙江常山·金谷王氏宗谱七卷

藏地：浙江常山县龙尧乡王家村

（民国）庐世聪修

1931 年木刻本

浙江常山·富足山王氏宗谱三卷

藏地：浙江常山县狮子口乡富足山（二部）

（民国）王维洪　王维钲修

1939 年木刻本

浙江常山·毛良王氏宗谱四卷

藏地：浙江常山县毛良坞乡毛良坞村

（民国）占章杏修

1946 年木刻本

浙江常山·彭川王氏宗谱五卷首一卷末一卷

藏地：浙江常山县宋坂乡彭川村

（民国）刘斯茂修

1945 年木刻本

浙江常山·王氏宗谱□□卷

藏地：浙江常山县东鲁乡东湖村（存卷 1）

（民国）陈发林　王春松等修

1946 年油印本

浙江常山·横山王氏宗谱五卷首一卷

藏地：浙江常山县毛良坞乡横山路村

（民国）王文辉修

1946 年木刻本

浙江常山·长川王氏宗谱十卷

藏地：浙江常山县金源乡后宅村（二部）　东头村　高角村　梅树底村

（民国）王芳高续修

1948 年木刻本

浙江常山·长川王氏宗谱十二卷

藏地：浙江常山县金源乡后宅村（五部）　呈村（存一卷）

（民国）王芳高修

1948 年木刻本

浙江常山·王氏宗谱七卷

藏地：浙江常山县芳村镇芳村（二部）

1916 年木刻本

浙江常山·王氏族谱四十七卷首一卷末一卷

藏地：浙江常山县芙蓉乡泮源村

1940 年木刻本

浙江·临海蟾溪王氏宗谱□□卷

藏地：浙江临海县沿溪乡沿岸村

清咸丰九年（1859）重修本

浙江·临海蟾溪王氏宗谱五卷

藏地：浙江临海县沿溪乡沿溪村

（民国）王圣堂监修

1933年木活字本

浙江·临海北涧王氏宗谱□□卷

藏地：浙江临海海博

（清）王幹等修

清道光十年（1830）修　民国间钞本

浙江·临海北涧王氏宗谱十卷

藏地：浙江临海县北涧乡北涧村（存卷1—4　）

（民国）王祖通纂

1913年木活字本

浙江临海·岭跟王氏宗谱六卷

藏地：浙江临海县岭根乡岭根村

（清）陈肖虞纂

清光绪三十三年（1907）木活字本

浙江·临海西溪王氏宗谱□□卷

藏地：浙江临海县博物馆（存卷17）

1944年木活字本

浙江·仙居岐山王氏宗谱□□卷

藏地：浙江临海县博物馆（存卷2、3、5）

（清）王炳卓等序

清道光十八年（1838）刊本

浙江仙居·岐山王氏宗谱十三卷

藏地：浙江临海县博物馆

（清）朱树动纂

清同治十二年（1873）木活字本

浙江天台·太原王氏宗谱一卷

藏地：浙江东阳县档案馆

清宣统元年（1909）木活字本

浙江·天台王氏宗谱四卷首一卷末一卷

藏地：浙江象山县文管会

（民国）陈立树重修

1936年刊本

浙江黄岩·西桥王氏续修宗谱六卷

藏地：浙江临海县博物馆

（清）王修椿等纂

清嘉庆二十五年（1820）写本

浙江黄岩·南隅花厅王氏宗谱十卷首一卷

藏地：天津市图书馆　浙江图书馆　美国

（清）王笠舟修　王莺桥纂

清光绪十六年（1890）木活字本　十册

浙江黄岩·柔桥王氏家谱九卷

藏地：山西图书馆　浙江杭州市图书馆

（清）王荣纂修

稿本

浙江黄岩·柔桥王氏家谱八卷首一卷末一卷附编二卷

藏地：国家图书馆　吉林大学　苏州大学　浙江临海博

（民国）王元续修

1928年活字印本　六册

浙江遂昌·王氏宗谱

藏地：浙江遂昌县三仁乡叶坞村

安徽歙县·泽富王氏宗谱□□卷

藏地：安徽屯溪市文物商店（存卷1—5）

明成化六年（1470）木刻本

安徽·歙县泽富王氏宗谱八卷

藏地：安徽博物馆（缺卷5）　安

徽徽州地区博物馆

明隆庆六年（1572）王景象刻本

安徽歙县·泽富王氏宗谱八卷首一卷

藏地：美国

（明）王仁辅等修

明万历元年（1573）刊本

安徽歙县·新安泽富王氏家谱□□卷

藏地：国家图书馆（存卷1—10）

明刻本

安徽歙县·歙邑虹源王氏家谱四卷

藏地：国家图书馆

民国间墨栏钞本 四册

安徽祁门·高塘鸿溪王氏家谱六卷

藏地：安徽博物馆

（清）王信续编

清乾隆五十七年（1792）刻本六册

安徽祁门·祁邑苦竹王氏宗谱二十五卷

藏地：江苏常州市图书馆 美国

（清）道光二十七年（1847）宗德堂木活字本

安徽祁门·上箬瑯琊王氏重修家谱六卷

藏地：国家图书馆

（清）王应仕等修

清光绪二十一年（1895）正义堂活字本 八册

安徽·桐城王氏宗谱十卷

藏地：安徽图书馆

（清）王振鹍 王尔昌编

清乾隆五十二年（1787）木刻本四册

安徽桐城·东楼王氏宗谱九卷首一卷

藏地：美国

（清）王寿花等五修

清道光七年（1827）槐荫堂木活字本五册

安徽桐城·东楼王氏宗谱十九卷末一卷

藏地：辽宁大连市图书馆（存卷15—19、卷末） 日本 美国

（清）王动尊 王渔甫六修

清同治十三年（1874）木活字本

安徽桐城·东楼王氏谱二十三卷末一卷

藏地：美国

（民国）王动尊 王渔甫七修

1916年刊本 二十二册

安徽桐城·桐川王氏支谱四卷

藏地：中国科学院图书馆

（清）王国樾 王国荫等修

清咸丰九年（1859）攸叙堂刊本四册

安徽桐城·王氏重修宗谱二十卷

藏地：美国

（清）王承恩等修

清同治五年（1866）培槐堂木活字本二十一册

安徽桐城·王氏宗谱十卷首一卷

藏地：哈尔滨师范大学

（清）王承曾 王起尹等续纂

清同治七年（1868）三槐堂刻本六册

安徽桐城·皖桐王氏支谱六卷

藏地：人民大学

（清）王文爔等修

清光绪六年（1880）活字本六册

安徽桐城·王氏重修宗谱十卷

藏地：人民大学（二部）

（清）王立纲纂

清光绪八年（1882）三槐堂活字本　十册

安徽桐城·皖桐王氏宗谱八卷首一卷末一卷

藏地：日本　美国

（清）王培元　王道一等重修

清光绪二十一年（1895）木活字本　十二册

安徽怀宁·王氏宗谱□□卷

藏地：安徽安庆市图书馆（存卷2—12、16—19）

民国间三槐堂木活字本

安徽怀宁·柘涧山王氏系统不分卷

藏地：美国

清光绪十四年（1888）写本　一册

安徽潜山·潜阳瑯琊王氏三修谱十二卷

藏地：南开大学

（清）王运泰等修

清嘉庆十二年（1807）刊本　八册

安徽潜山·王氏宗谱八卷

藏地：安徽安庆市图书馆（存卷1—4、8）

（清）王昌盛重修

清嘉庆二十三年（1818）木活字本

安徽潜山·王氏九股全股四十八卷首二卷

藏地：安徽安庆市图书馆（缺烈股卷6、7，发股卷6）

（清）王邦肃修

清同治元年（1862）三槐堂木活字本

安徽潜山·王杨氏宗谱统首一卷末一卷

藏地：安徽安庆市图书馆

（清）王鉴修

清同治五年（1866）潜山双玉堂木活字本　二册

安徽潜山·王氏宗谱十六卷

藏地：安徽安庆市图书馆（存一卷）

（清）王三友重修

清光绪十七年（1891）刘善修堂木活字本

安徽潜山·王氏九股族谱四十卷首二卷

藏地：安徽安庆市图书馆（存6、7）

（清）王之轮续修

清光绪十七年（1891）潜山槐荫堂森活字本

安徽潜山·王杨宗谱四十卷首二卷末二卷

藏地：安徽安庆市图书馆

（民国）王治虞纂

1922年潜山槐荫堂木活字本　四十三册

安徽潜山·王杨支谱□□卷

藏地：安徽安庆市图书馆（存卷1—5、11）

（民国）王满吉续修

1945年潜山槐荫堂木活字本

安徽·王氏宗谱八卷一卷末一卷

藏地：辽宁图书馆

（清）王光容　王福缘等续修

清光绪二十六年（1900）三槐堂活字本

福建·王氏增修族谱不分卷

藏地：台湾

（清）王以镜序

清道光六年（1826）写本　五册

福建同安·珩厝王氏族谱不分卷

藏地：台湾

（清）王妈永纂

清光绪二年（1876）写本　一册

福建同安·灌口王氏族谱不分卷

藏地：台湾

（清）王荣业　王聪秀纂

清光绪十一年（1885）写本　一册

福建安溪·柑园田尾王氏家谱不分卷

藏地：台湾

（清）王观民编

清光绪二十一年（1895）写本　一册

福建安溪·树林镇山子脚溪埔王氏族谱不分卷

藏地：台湾

（清）王昆能编

清光绪二十五年（1899）写本　一册

福建安溪·岩岭王氏族谱不分卷

藏地：台湾

（清）王光裕　王大深等纂修

清同治四年（1865）写本　一册

福建浦城·深溪义门王氏宗谱十四卷

藏地：吉林大学

（清）王文炳重修

清光绪三十三年（1907）活字本　四册

江西·瑯琊王氏宗谱□□卷

藏地：江西档案馆（存卷3）

孝友堂活字本

江西萍乡·萍派王氏族谱

藏地：江西省图书馆

清精义堂石印本　一册

江西萍乡·小库村王氏族谱□□卷

藏地：江西省图书馆（存卷1、2）

清光绪二年（1876）三槐堂木活字本

江西萍乡·昭萍王氏族谱四卷

藏地：江西省图书馆（存卷2—4）

（民国）王本然等纂修

1924年精义堂木活字本

江西婺源·武口王氏统宗世谱不分卷

藏地：浙江宁波天一阁文物保管所　安徽图书馆　日本　美国

（明）王铣等修

明隆庆四年（1570）黄西园刻本

江西婺源·新安武口王氏重修统宗惇叙支图二十四卷

藏地：北京大学

（明）王铣等修

明末刻本

江西婺源·新安武口王氏重修统宗世谱□□卷

藏地：国家图书馆（存卷1—10）

明刻本

江西婺源·新安武口王氏统宗世谱十卷首一卷末一卷

藏地：安徽博物馆

（清）王祺纂

清雍正四年（1726）刻本　二十四

江西婺源·婺南中云王氏世谱八卷

藏地：中国社会科学院历史研究

所图书馆

(清)王作霖　王楫元编纂

清康熙四十五(1706)刻本　十册

江西婺源·太原郡派新安婺南云川王氏世谱

藏地：国家图书馆

清同治五年(1876)晋生氏钞本　一册

江西婺源·金源山头王氏支谱不分卷

藏地：上海图书馆

(清)王廷楚编

清道光五年(1825)刻本　八册

江西婺源·武口王氏金源山头派宗谱六卷

藏地：日本　美国

(清)王廷询等修

清光绪元年(1875)木活字本　六册

江西婺源·双杉王氏支谱十六卷首一卷

藏地：日本　美国

(清)王轩等修

清咸丰十年(1860)木活字本　十二册

江西婺源·双杉王氏支谱二十卷

藏地：中国社会科学院历史研究所图书馆　江西省图书馆

(民国)王申农等修

1946年孝睦堂活字本　十六册

江西婺源·武口王氏综谱□□卷

藏地：江西省图书馆(存首集卷1—4，甲集卷35—40、55—70，乙集卷12—15、丙集卷4)

清刊本

江西·万载王氏族谱□□卷

藏地：江西省图书馆(存卷末)

(清)王文杰等修

清道光十七年(1837)木活字

江西万载南田王族谱十三卷末一卷

藏地：江西省图书馆(存卷1、7、8、10—13、卷末)

1920年三槐堂木活字本

江西万载王氏族谱三卷

藏地：江西省图书馆(存卷3)

1920年三槐堂木活字本

江西奉新·新吴王氏宗谱二卷

藏地：江西省图书馆

(清)王斐等纂修

清嘉庆四年(1799)三槐堂木活字本二册

江西奉新·新吴王氏宗谱二卷

藏地：江西省图书馆

(清)王宇锦等纂修

清道光二十一年(1841)三槐堂木活字本　二册

江西奉新·新吴王氏宗谱四卷

藏地：江西省图书馆

(清)王瑞森等纂修

清光绪二年(1876)三槐堂木活字本四册

江西奉新·新吴王氏宗谱四卷

藏地：江西省图书馆(存卷1—3)

(清)王文耀等纂修

清宣统三年(1911)三槐堂木活字本

江西临川·三公王氏族谱二卷

藏地：江西临川高坪大板沱村

1919年刊本

江西临川·王氏族谱一卷

藏地：江西临川红旗桥车田

民国间刊本

山东淄博·淄川县丰泉乡王氏世谱

藏地：国家图书馆

（清）王持世等重修

清雍正十一年（1733）刻本　二册

山东淄博·淄川王氏世谱不分卷

藏地：人民大学

（清）王作畯　王延寿等修

清道光二十四年（1844）刻本　四册

山东淄博·颜山王氏家乘四卷

藏地：山东淄博市博物馆山区

（民国）王家俊重修

1920年博山新民书店石印本

山东桓台·大槐王氏念祖约言世纪二卷

藏地：美国

（明）王之坦　王象晋辑

明崇祯间刊本　二册

山东桓台·新城王氏家乘不分卷

藏地：美国

清刊本　四册

山东桓台·王氏世谱六卷

藏地：美国

（民国）王廷等六修

1933年奉先堂刊本　五册

山东昌邑·王氏族谱一卷

藏地：山东昌邑县石埠镇晴埠村

（清）王日芹王焕章等续修

清咸丰二年（1852）修　钞本

山东昌邑·王氏族谱十一卷

藏地：山东昌邑县石埠镇埠头村

（清）王云书修

清光绪二十八年（1902）修　钞本

山东·高密王氏族谱八卷

藏地：南开大学　河北大学

（民国）王言箴重修

1933年排印本

山东烟台·王氏家谱十七卷

藏地：国家图书馆　中国历史博物馆河北大学　山东烟台市图书馆

（清）王兆琛修

清道光二十六年（1846）刻本

山东烟台·王氏大司农本支谱书二卷

藏地：河北大学

（民国）王佑铨续修

1937年福邑广东印局石印本　二册

山东文登·王氏家谱书一卷

藏地：辽宁大连市井子区档案馆

（清）王秉成著

清光绪十八年（1892）修1941年王心德木刻本

山东·莱阳王氏九族支谱不分卷

藏地：吉林大学　山东烟台市图书馆

（民国）王垿续修

1922处石印本

山东栖霞·观东王氏家谱一卷

藏地：山东栖霞县山东观里镇观里村

（清）王成仁纂修

清嘉庆六年（1801）刻本

山东栖霞·王氏祖谱不分卷

藏地：山东栖霞县金山乡豹山口村

（清）王敏泰等修

清嘉庆二十五年（1820）修　复印本

山东栖霞·王氏谱书一卷
藏地：山东栖霞县金山乡豹山口村
（清）王敬芝　王日贞重修
清咸丰六年修　香港复印本
山东栖霞·王氏族谱四卷
藏地：山东栖霞县松山乡龙村
（清）王岱令撰
清道光五年（1825）刻本
山东栖霞·重修王氏族谱一卷
藏地：山东栖霞县松山乡龙村
（清）王中山纂修
清光绪五年（1879）修　钞本
山东栖霞·王氏家谱一卷
藏地：山东栖霞县占屹乡下门栖村
（清）王日贞纂修
清咸丰六年（1866）修　钞本
山东黄县·芝阳王氏族谱不分卷
藏地：日本　美国
（清）王敦寅编
清嘉庆二十一年（1816）木活字本
山东·黄县王氏族谱不分卷
藏地：山东省图书馆
（清）王镕经纂修
山东·黄县太原王氏族谱不分卷
藏地：人民大学　南开大学
（清）王次山编辑
清宣统元年（1909）刊本
山东黄县王氏族谱十一卷
藏地：吉林大学
（民国）王廷荫等重修
1933年印本　十册
山东黄县·王氏三代宗谱一卷
藏地：辽宁辽阳县甜水乡河沿村
（民国）王魁辅　杨继学纂
1941年铅印本
山东·黄县城内王氏族谱
藏地：山东省图书馆
山东金乡·王氏家谱二卷
藏地：山东金乡县卜集乡刑庄村
（清）王充纂
清光绪三十四年（1908）纂1919年钞本
山东滨县·王氏族谱不分卷
藏地：河北大学
（清）王裕垣重修
清道光二十一年修　清同治元年（1872）重叙振振堂钞本　四册
山东无棣·王氏族谱四卷附填图一卷
藏地：华东师范大学
（民国）王寿昌　王铭彝等纂修
1933年铅印本
山东冠县·馆陶王氏宗谱六卷
藏地：华东师范大学　美国
（民国）王子春等重修
1920年三槐堂铅印本
山东临沭·王氏族谱
藏地：山东临沭县白毛乡王庄村
钞本
山东临沭·王氏族谱
藏地：山东临沭县石门镇大峪子
钞本
山东临沭·王氏家谱
藏地：山东临沭县曹庄镇朱村
钞本
山东临沭·王氏宗谱
藏地：山东临沭县曹庄镇王贺村
钞本
山东临沭·王氏宗谱
藏地：山东临沭县南石镇大墩村
钞本

山东临沭·王氏重修宗谱

藏地：山东临沭县曹庄镇旺南庄

钞本

河南开封·大梁王氏世编一卷

藏地：吉林大学　美国

（民国）王曾俊等修

1916 年武昌亚新地学社石印本一册

河南·修武後马作王氏族谱四卷附录一

藏地：国家图书馆　美国

（民国）王兆喜等修

1935 年铅印本　四册

河南·汤阴王氏族谱四卷

藏地：美国

（清）王东皋等重修

清光绪十二年（1886）刊本四册

河南拓城·王氏家谱五卷

藏地：河南柘城县档案馆

1946 年钞本

河南西华·王氏族谱一卷

藏地：日本

（清）王锡国　王得时七修

清光绪十九年（1893）刊本二册

河南太康·王氏族谱三卷

藏地：河南太康县档案馆

（清）王士定纂

清嘉庆间刻本

河南太康·王氏族谱十一卷

藏地：河南太康县档案馆

（清）王统之纂

清道光三十年（1850）铅印本

河南郏县·王氏家乘

藏地：河南郏县王寨村

（民国）王琼

1934 年刊本

河南郏县·王氏家谱

藏地：河南郏县王集村

木刻本

河南·禹县角山王氏家谱十卷家训二卷

藏地：辽宁图书馆

（民国）王凤林　王维城等编辑

1927 年纂 1936 年菇古山房石印本

河南西平·王氏家谱不分卷

藏地：河南西平县文

（民国）王全信　王树德重修

1923 年油印本

河南光山·王氏族谱不分卷

藏地：台湾

清乾隆六年（1741）写本　一册

河南南阳·王氏族谱六卷

藏地：美国

（民国）王中蜂等修

1925 年石印本　六册

河南·嵩县王氏宗谱一卷

藏地：河南嵩县档案馆

（清）王相乾创修

清光绪二十年（1894）木刻本

湖北新洲·王马二宗谱四卷

藏地：湖北新洲县辛冲镇龙冈村（缺卷 2）

（清）王昌沅　王昌藻等续修

清同治五年（1866）木刻本

湖北新洲·王兴三宗谱三卷

藏地：湖北新洲县辛冲镇陈吕村

（民国）王辉海　王四箴等续修

1916 年木刻本

湖北新洲·王氏宗谱二十四卷

藏地：湖北新洲县聊合乡东港村

（清）王瀛山等续修

1916 年木刻本

湖北新洲·王氏宗谱三十卷首三卷

藏地：湖北新洲县孔埠乡王泗村

（民国）王子厚　王干甫四修

1921 年木刻本

湖北新洲·东溪王氏宗谱八卷

藏地：湖北新洲县新胜乡施杨村

（民国）王玉书　王子干续修

1921 年木刻本

湖北新洲·王氏宗谱

藏地：湖北新洲县孔埠乡王瓦村

1929 年木刻本

湖北新洲·王氏宗谱九卷

藏地：湖北新洲县桃源乡桃源村

（民国）王馨彬　王奶湘四修

1936 年木刻本

湖北新洲·王氏宗谱四十四卷

藏地：湖北新洲县利河乡利河村

（民国）王敬敷　王雪琴修

1947 年木刻本

湖南宁乡·王氏续修支谱四卷

藏地：湖南省图书馆（存 1、2，二部）

（清）王名理　王湘模修　王湘浦纂

清嘉庆十二年（1807）三槐堂木活字本

湖南宁乡·宁邑王氏重修族谱四卷首一卷

藏地：湖南省图书馆（存卷首，二部）

（清）王明涤纂

清嘉庆十四年（1809）文星堂刻本　一册

湖南宁乡·王氏支谱十九卷首一卷末一卷

藏地：广东中山图书馆

（清）王才宏　王盛晖等纂修

清道光二十一年（1841）太原堂刻本十八册

湖南宁乡·楚南沩宁东湖王氏四修族谱十四卷

藏地：湖南省图书馆（存卷 1、2、13、14）

（清）王定濂修　王定杰纂

清同治七年（1868）活字本

湖南宁乡·东湖王氏六修族谱十八卷

藏地：湖南省图书馆（存卷 1、18，又一部存卷 1）

（民国）王章永　王章煐修　王泰圩纂

1929 年孝友堂木活字本

湖南宁乡·楚南王氏四修族谱二十四卷

藏地：湖南省图书馆（存卷 1—3，23，24）

（清）王南陔纂

清光绪四年（1878）活字本

湖南宁乡·大冲氏续修支谱二十六卷首一卷

藏地：湖南省图书馆（存卷首）

（清）王初祖修　王廷杰纂

清光绪二十一年（1895）太原堂活字本

湖南宁乡·大冲王氏续修族谱□□卷

藏地：湖南省图书馆（存卷 23、24）

民国间活字本

湖南湘潭·王氏四修族谱不分卷

藏地：湖南省图书馆

（清）王承德纂

清康熙四十九年（1710）刻本

一册

湖南湘潭·衡湘王氏族谱十卷

藏地：中国社会科学院历史研究所图书馆

（清）王继慧　王继兴等主修

清咸丰五年（1855）瑯琊郡敦本堂活字本

湖南湘潭·中湘山塘王氏支谱六卷

藏地：广东中山图书馆

（清）王世臣　王世德纂修

清同治十二年听彝堂刻本　六册

湖南湘潭·中湘留田王氏五修族谱三十四卷

藏地：中国社会科学院历史研究所图书馆

（清）主序畲　王裕庆纂修

清光绪六年（1880）活字本　三十四册

湖南·湘潭石浦王氏六修族谱二十卷首一卷末一卷

藏地：湖南省图书馆

（清）王先哲修　王笃诚纂

清光绪十八年（1892）活字本　四十八册

湖南湘潭·中湘三界王氏五修支谱十卷

藏地：国家图书馆　广东中山图书馆

（民国）王大翥等纂修

1925 年太原堂活字本　十册

湖南湘潭·中湘王氏三修支谱八卷

藏地：广东中山图书馆

（民国）王德懋纂修

1926 年敬爱堂刻本　八册

湖南湘潭泉冲王氏五修族谱四十卷首一卷末一卷

藏地：国家图书馆　山西图书馆（摘印本）浙江图书馆（摘印本）　安徽图书馆（摘印本）　江西省图书馆（摘印本）　福建省图书馆（存卷首、1、4、21、卷末）河南省图书馆（摘印本）　湖北省图书馆（摘印本）　湖南省图书馆（存卷首）　四川省图书馆（存二册）

（民国）王振育　王道纯编

1934 年槐荫堂刻本

湖南·湘潭泉冲王氏五修族谱本原志一卷

藏地：北京师范大学　天津市图书馆华东师范大学　南京大学　苏州大学　河南省图书馆　湖北省图书馆　广东中山图书馆　中山大学　广西柳州市图书馆　云南省图书馆　陕西省图书馆　兰州大学

（民国）王道纯编

民国间槐荫堂铅印本

湖南湘潭·王氏族谱四十六卷

藏地：广东中山图书馆

（民国）王洪玺纂修

1947 年排印本　四十六册

湖北新洲·王氏宗谱五卷

藏地：湖北新洲县辛冲镇胡仁村

（民国）王觉明等修

1947 年铅印本

湖北新洲·王氏南泗公宗谱三十卷首四卷

藏地：湖北新洲县高潮乡万山村

1947 年木刻本

湖北·孝感王氏宗谱八卷

藏地：人民大学

（清）王祥徽修

沮同治八年（1869）望雪楼刻本八册

湖北汉川·王氏宗谱七卷首三卷

藏地：武汉市图书馆

（民国）王家宾　王家桎纂

1940年王氏三槐堂活字本　十册

湖北黄冈·王氏宗谱二十八卷

藏地：上海图书馆

（清）王一宇等修

清光绪十二年（1886）家祠刊本二十八册

湖北黄冈·王氏宗谱□□卷

藏地：武汉市图书馆（存卷首）

（民国）王义太　王仁寿纂

1927年王氏三槐堂活字本

湖北黄冈·王杨宗谱十一卷首二卷

藏地：中国社会科学院历史研究所图书馆

（民国）王世鸿等修

1947年三槐堂活字本　十二册

湖北红安·王氏宗谱□□卷

藏地：武汉市图书馆（存卷首）

（民国）王宝书　王文涛等纂

1913年王氏新刊活字本

湖北崇阳·王氏宗谱不分卷

藏地：湖北崇阳县西庄乡枫林村

（民国）王源祖修　王焕堂编

1947年刊本

湖北石首·王氏宗谱□□卷

藏地：湖北北石首县档案馆

木刻本

湖北·枝江县安福寺王氏族谱七卷

藏地：湖北枝江县安福寺区

清光绪间木刻本

湖南·王氏族谱七卷

藏地：中国社会科学院历史研究所图书馆

（清）王道同纂辑

清道光二十八年（1848）三槐堂活字本七册

湖南·王氏续修族谱十二卷

藏地：湖南省图书馆（存卷1、2）

（清）王浴庵　王道栋等纂修

清咸丰九年（1860）刻本

湖南·宁乡湘乡安化王氏续修族谱十二卷

藏地：湖南省图书馆（存卷1）

（清）王浴庵　王子仟等修

清咸丰九年（1860）木活字本

湖南·王氏族谱一卷

藏地：四川省图书馆

（清）王圣漠纂修

清光绪间王氏四川刻本　一册

湖南·王氏九修家谱□□卷

藏地：武汉市图书馆（存卷1）

（民国）王本璋总纂

1941年太原堂刊本

湖南长沙·重修奎山王氏族谱十二卷首一卷

藏地：中国社会科学院历史研究所图书馆　吉林大学

（清）王念修综纂

清光绪元年（1875）鳌峰宗祠活字本

湖南长沙·王氏四修族谱二十四卷

藏地：湖南省图书馆（存卷1）

（清）王继义　王国香等修　王艺国等纂

清光绪四年（1878）太原堂木活字本

湖南长沙·王氏星房支谱不分卷

藏地：湖南省图书馆

（清）王范纂

清光绪二十年（1895）钞本一册

湖南长沙·王氏族谱十卷

藏地：广东中山图书馆

（清）王梧端等纂

清光绪二十五年（1899）裔发堂刻本十册

湖南·长沙涧湖塘王氏六修族谱十一卷首三卷末一卷

藏地：国家图书馆　中国社会科学院历史研究所图书馆　中央民族大学　南开大学

（民国）王万澡纂

1949年听槐堂铅印本

湖南湘乡山涛王氏支谱八卷

藏地：河北大学

（民国）王光道　王荣春等纂修

1941年梓谊堂木刻本　九册

湖南湘乡·荆薮王氏蒂珍公支谱十二卷

藏地：湖南省图书馆（存卷1上、下）

（民国）王树庭修　王春庭纂

1943年金钧堂活字本

湖南衡阳·王氏四修族谱二十四卷

藏地：湖南省图书馆（存卷1、23、24）

（清）王澤護等纂修

清光绪四年（1878）活字本

湖南·衡阳渔溪王氏十四修房谱四集

藏地：湖南省图书馆（存延第一集）

1938年崇本堂活字本

湖南岳阳·王氏宗谱十八卷首一卷

藏地：河北大学

（清）王瑞堂重修

清光绪二十九（1903）锡类堂木刻本二十册

湖南湘阴·王氏谷贻续谱十一卷末一卷

藏地：湖南省图书馆（存卷1、2）

（民国）王世哲修　王贤考纂

1914年槐茂堂活字本

湖南永兴·高仓王氏族谱十卷

藏地：河北大学

（清）王左馆续修

清光绪二十二年（1896）三槐堂木刻本十册

湖南桂阳·王氏族谱不分卷

藏地：吉林大学

（清）王吉重修

清道光十二年（1832）刻本

湖南·桂阳王氏重修族谱五卷

藏地：广东仁化县档案馆

（清）王贯三纂

清光绪二十一年（1895）刊本

湖南桂阳·燕溪王氏宗谱不分卷

藏地：吉林大学

（清）王英堂续修

清宣统三年（1911）和亲堂活字本

湖南·东安王氏庚申宗谱一百五十四卷

藏地：国家图书馆

（民国）王葆心等纂

1921年—1930年铅印本　二十四册

湖南武冈·王氏总谱八卷首一卷

藏地：河北大学

（民国）王隆申　王兆虎等创修

1937年太原堂木刻本、八册

湖南澧县·王氏通谱二卷

藏地：湖南省图书馆

（民国）黄协武修　王楚南纂

1948年澧兰印刷局印本　二册

湖南沅江·复兴垸王氏三修支谱四卷

藏地：湖南省图书馆

（民国）王显柏纂

1930年太原堂活字本　四册

湖南沅江·王氏五修支谱二十一卷首二卷末二卷

藏地：湖南省图书馆

（民国）王恢先修

1948年印本　二十四册

湖南安化·永乐王氏七修族谱六十一卷首一卷末一卷

藏地：湖南省图书馆（存卷首、1、2）

（民国）王续熙　王毓嵩等纂修

1937年活字本

湖南永顺·龙塔王氏族谱九卷

藏地：湖南省图书馆

（民国）王选拔等修　王锡瀚纂

1933年铅印本　四册

广东·王氏家谱三卷

藏地：浙江图书馆

（民国）王安中　王会中修

1928年铅印本　二册

广东·新丰王氏族谱不分卷

藏地：北京师范大学

（清）王关动编

清光绪钞本　二册

广东饶平·太原堂王氏族谱世系不分卷

藏地：台湾

（清）王记立纂

清光绪二十九年（1903）写本一册

广东·东莞圆沙王氏家谱四卷

藏地：美国

（清）王裘纂

清乾隆三十九年（1774）写本四册

广东东莞·鳌台王氏族谱五卷

藏地：广东中山图书馆

（清）王瓒　王德长等修

清乾隆五十九年（1794）刻本五册

广东东莞·鳌台王氏族谱十五卷

藏地：南开大学　广东中山图书馆　广东东莞县厚街乡　美国

（民国）王应奎　王明等重修

1915年粤东广州市双底科学书局石印本

广东·东莞王氏家谱一卷

藏地：上海图书馆

王嘉祥编

铅印本　一册

广西柳州·王氏家谱三卷

藏地：上海图书馆　广东中山图书馆

（清）王赞中　王会中等纂修

清光绪十一年（1885）钞本一册

广西柳州·王氏家谱三卷

藏地：日本

（清）王安中　王赞中等修

清光绪三十年（1904）铅印本三册

广西柳州·王氏家谱三卷

藏地：中国科学院图书馆　美国

（清）王赞中等修　（民国）王纬和等续修

1928 年铅印本

广西博白·王氏家谱二十三卷附义子世次编

藏地：广西图书馆

（民国）王贞伦续修

1935 年石印本

四川·蒲江王氏族谱一卷

藏地：四川蒲江县长秋乡新建村

王照富编

稿本

湖北崇庆·蜀西崇阳王氏族谱十四卷

藏地：中国科学院图书馆　中国社会科学院历史研究所图书馆　河北大学　吉林大学　曲阜师院　日本　美国

（民国）王濬章修

1937 年铅印本

四川长寿·王氏族谱一卷

藏地：四川长寿县古佚乡小菩堤村

（民国）王植槐　王荫槐修

1929 年石印本

四川长寿·王氏族谱一卷

藏地：四川长寿县沙石乡兴光村税家坝

（民国）王卓成　王华齐修

1923 年钞本

四川泸州·王氏族谱四卷

藏地：南开大学

（民国）王家濬督　王守亨纂

1933 年石印本

四川·泸县王氏族谱十五卷

藏地：四川省图书馆（存卷 1、2、6—15）

（民国）王大用纂修

1914 年排印本

四川合江·王氏族谱一卷

藏地：四川合江县县尧乡中心小学（不全）

（清）王泽纂

清光绪三十三年（1907）铅印本

四川绵阳·王氏宗谱不分卷

藏地：四川省图书馆（存一册）

（清）王经统纂修

清光绪刻本

四川内江·王氏族谱一卷

藏地：四川省图书馆

（民国）王觐扬纂修

1924 年排印本　一册

四川内江·王氏族谱四卷

藏地：四川内江县郭北乡

（民国）王果续修

1940　年石印本

四川内江·龙桥王氏族谱四卷

藏地：四川省图书馆

1940 年古印本　一册

四川简阳·王氏宗谱四卷

藏地：中国社会科学院历史研究所图书馆　四川省图书馆

（清）王中羡纂修

清同治间简阳荣公家祠刻本

四川简阳·王氏族谱二卷

藏地：四川省图书馆

（清）王保衡纂修

清光绪简州瑞公木活字本　二册

四川简阳·王氏初修族谱不分卷

藏地：四川省图书馆（二部）

（民国）王寿廷纂修

1929 年石印本

四川简阳·王氏族谱一卷

藏地：四川省图书馆

（民国）王寿廷纂修

1929 年石印本　一册

四川仁寿·王氏农谱不分卷

藏地：四川省图书馆

（民国）王永泰纂修

民国间排印本　三册

四川·洪雅王氏家谱一卷

藏地：四川省图书馆

（清）王昶纂修

清道光十四年（1834）刻本　一册

四川高县·王氏族谱一卷

藏地：四川高县农械局

（清）王德铨撰

清咸丰十年（1860）撰　钞本

四川仪陇　王氏宗谱一卷

藏地：四川仪陇县档案馆

（清）王本立纂修

清同治八年（1869）木刻本

四川仪陇·王氏族谱一卷

藏地：四川仪陇县档案馆（残）

（清）王之楠　王之槐等撰

清同治十二年（1873）撰　钞本

四川宣汉·王氏族谱四卷

藏地：四川宣汉县档案馆（存卷 1、2）

1947 年铅印本

四川宣汉·王氏宗谱二卷

藏地：四川宣汉县档案馆

（民国）王禹成重修

1949 年木刻本

云南·镇彝威王氏族谱八卷

藏地：中央民族大学

（民国）王应炳等编

1932 年石印本　七册

云南晋宁·河西晋宁王氏族谱八卷

藏地：国家图书馆

（民国）王国铭修

1934 年支南王氏印本　二册

云南镇雄·王氏茁系家谱五十卷

藏地：四川�连县档案馆

铅印本

云南大理·洱源王氏族谱一册

藏地：云南大理州图书馆

民国间稿本

陕西鄠县·王氏族谱二卷

藏地：国家图书馆　南京大学（存世系一册）

（清）王必盛等七修

清道光十一年（1831）刻本

陕西·横山中湾王氏族谱不分卷

藏地：哈尔滨师范大学

（民国）王星灿续修

民国间王星灿钞本　一册

台湾台北·龙塘王氏族谱不分卷

藏地：美国

（民国）王观梓编

1915 年钞本　一册

王氏家谱不分卷

藏地：国家图书馆

（明）王舜兴纂修

明正统四年（1439）刻本

王系献公源流综系家谱不分卷

藏地：安徽屯溪市文物商店

明正统间钞本

王氏族谱六卷

藏地：国家图书馆

（明）王宾纂修

明成化十六年（1480）刻本

王氏族谱一册
藏地：广东汕头市档案馆
（明）王抚摇撰
明嘉靖四年（1525）撰　钞本
王氏家乘一卷附录一卷
藏地：上海图书馆
（明）王挺辑　附录（明）李沐辑
明嘉靖刻本（附录配清钞本）
王氏族谱八卷
藏地：国家图书馆
（明）王仁元等纂修
明天启五年（1625）家刻本五册
永昌王氏族谱六卷
藏地：国家图书馆
（明）王之纂修
明崇祯十六年（1647）活字本十四册
永昌王氏续修家乘不分卷
藏地：国家图书馆
（清）王巨源撰
清乾隆四十二年（1777）刻本六册
王氏宗谱□□卷
藏地：国家图书馆（存卷1—3）
明刻本
瑯琊王义之世系谱二卷图一卷
藏地：国家图书馆
（明）姜志邹撰　图（明）孙桢撰
明末刻本　二册
王氏家谱不分卷
藏地：安徽徽州地区博物馆
清康熙刻本　一册
王氏家谱一卷
藏地：天津市图书馆
（清）王潸撰
清雍正十二年（1734）精刻本一册
瑯琊王氏族谱四卷
藏地：国家图书馆
（清）王国修续编
清乾隆五年续修　清钞本　四册
生水王氏宗谱八卷
藏地：美国
（清）王懿
清乾隆二十七年（1762）续修钞本四册
太原（王氏）家谱二十卷首一卷末一卷
藏地：国家图书馆
（清）王奕祖　王言廷纂修
清乾隆三十六年（1771）刻本
圻村王氏族谱四卷首一卷
藏地：国家图书馆
（清）王臣锅等重修
清乾隆四十一年（1776）刻本四册
太原王氏宗谱□□卷
藏地：浙江兰溪县文管处（存一卷）
清乾隆四十四年（1779）修刊本
重修王氏宗谱六卷首一卷
藏地：安徽徽州地区博物馆
（清）王恩绂等修
清乾隆四十八年（1783）刻本六册
环溪王氏续修家谱二卷
藏地：国家图书馆
（清）王元瑞等纂修
清嘉庆五年（1800）履和祠活字本　二册
环溪王氏宗谱四卷首一卷末一卷
藏地：安徽徽州地区博物馆（存卷首）

（民国）王作霖等修

1929年刻本

王氏家谱四卷首一卷末一卷

藏地：北京大学

（清）王云连修

清嘉庆七年（1803）务本堂刻本 六册

王氏家谱一卷

藏地：辽宁绥中县档案馆

清嘉庆十一年（1806）纂 钞本

芦山上宅派王氏宗谱三卷

藏地：国家图书馆

（清）王凤鸣等纂修

清嘉庆十八（1813）树德堂活字本 三册

安成蠡湖王氏重修族谱一卷

藏地：江西省档案馆

（清）王培本等纂

清嘉庆二十五年（1820）活字本

义门王氏族谱十二卷

藏地：人民大学

（清）王润 王伯坝增修

清乾隆刻 道光三年（1823）补刻本 八册

璊村王氏族谱

藏地：国家图书馆

（清）王忱修 王汝严等续修

清道光十年（1830）滋德堂刻本 八册

梁邹王氏世谱五卷首一卷

藏地：国家图书馆

（清）王方濂纂修

清道光十四年（1834）谷贻堂活字本 五册

梁邹王氏族谱十卷首一卷

藏地：国家图书馆

清光绪三十年（1904）谷贻堂活字本 八册

上青王氏宗谱六卷首一卷末一卷

藏地：国家图书馆

（清）王煦堂等纂修

清道光十九年（1839）敦本堂活字本 九册

王氏族谱四卷

藏地：国家图书馆

（清）王湘等修

清道光二十一年（1841）活字本 四册

王氏宗谱

藏地：国家图书馆

（清）王耀琏等修

清咸丰四年（1854）王氏活字本 四册

槐溪王氏支谱六卷首一卷

藏地：国家图书馆

（清）李振苏纂修

清咸丰六年（1856）世贤堂活字本 四册

王氏族谱四卷

藏地：江苏丰县档案馆

（清）王曾荣 王居和等纂

清同治四年（1865）钞本

王氏宗谱□□卷

藏地：南京市博物馆（存卷9）

清崇义堂活字本

宁郡紫薇王氏家谱三卷首一卷

藏地：国家图书馆

（清）王世濬等编辑

清光绪元年（1875）留余堂活字本 一册

词源王氏宗谱十卷

藏地：国家图书馆

（清）王问源等续修

清光绪元年（1875）活字本

十册

珩厝王氏族谱

藏地：台湾

清光绪二年（1876）写本

宗阊王氏族谱十卷

藏地：上海图书馆

（清）王选等纂

清光绪二年（1876）刻本　十册

荆邑堰口王氏族谱

藏地：国家图书馆

（清）王佑元等纂修

清光绪二年（1876）三槐堂活字本　八册

王氏宗谱四卷

藏地：安徽绩溪县文

清光绪二年（1876）叙伦堂木刻本

王氏宗谱十八卷

藏地：吉林大学

（清）王骏纂修

清光绪八年（1882）敦睦堂活字本　十八册

太原王氏宗谱附墳图不分卷

藏地：美国

清光绪九年（1883）钞本

王氏宗谱

藏地：江西省图书馆（存七册）

（清）王贤杏等修

清光绪十一年（18850 龙泽堂刊本

琅琊王氏宗谱四卷首二卷

藏地：湖北黄冈县档案馆

清光绪十二年（1886）蛟溪局重订本刻本

琅琊王氏宗谱

藏地：湖北黄冈县档案馆

（清）王宗晚　王北绫纂

清光绪十二年（1886）木刻本

王氏宗谱四卷

藏地：美国

（清）王德阳修

清光绪十二年（1886）重刊清道光二十九年（1849）纂修本　四册

分阳珠村王氏宗谱十六卷

藏地：浙江桐庐县档案馆（缺卷15）

（清）王景耀　王步墉重修

清光绪十三年（1887）木活字本

沙堤王氏宗谱六卷

藏地：浙江泰顺县博物馆

清光绪十四年（1888）重修本

银澍王氏族谱□□卷

藏地：江西省图书馆（存卷首）

（清）王烈伶等修

清光绪十五年（1892）槐荫堂木活字本

银澍五子王氏宗族□□卷

藏地：江西（存 8、14—17）

精绍槐堂木活字本

太原王杨氏支谱三十一卷首一卷末二卷

藏地：国家图书馆

（清）王春之等纂修

清光绪十八年（1892）槐荫堂活字本三十四册

王氏宗谱十三卷

藏地：吉林大学

（清）王观懋等纂修

清光绪二十年（1894）三槐堂活字本十六册

檀岭王氏宗谱十八卷

藏地：国家图书馆

（清）王承波等纂修

清光绪二十年（1894）活字本

五册

檀岭王氏宗谱一卷

藏地：安徽泾县档案馆

木刻本

郡宁王氏支谱四卷

藏地：国家图书馆

（清）王者香等纂修

清光绪二十年（1894）希述堂活字本　四册

王氏宗十四卷首一卷

藏地：国家图书馆

（清）王礼陶等纂修

清光绪二十二年（1896）乐善堂活字本　十六册

砂山王氏宗谱十八卷

藏地：国家图书馆

（清）王照等修

清光绪二十三年（1897）三槐堂活字本　二十册

王氏家谱

藏地：上海奉贤县档案馆

清光绪二十六年（1900）纂修本

王氏宗谱六卷

藏地：国家图书馆

（清）三槐堂王氏编（清）光绪二十七年（1901）活字本　六册

瑯琊王氏谱略十卷首一卷

藏地：美国

（清）王景翰　王庆铨等增修

清光绪二十七年（1901）刊本四册

（五）　字行辈份

清光绪三十年王昌荣修《王氏族谱》，京江开沙王氏字行为："三原福寿，富通善庆，贤良方正，乾坤清泰，圣学新明，纪纲宏裕，礼制遵崇。"又1935年王集成修《王氏族谱》，安徽绩溪王氏字行为："玉大元祥兆，安邦维义诚，宏开能绍业，积德庆长春，俊杰辉光显，家声永茂庭，骅骝驹骥骕骦，龙凤麟麒麟，卜吉谦恒益，希贤智勇仁，俭勤忠信让，均正适时平。"

（六）　迁徙繁衍

王姓不同于仅仅出自某国、某地、某人的其他众多姓氏，而是一个源头众多、族派纷繁的姓氏。尽管如此，其形成还是有一些共同点的，即多数是以爵为氏，正如《姓氏考略》所说："大抵子孙以王者之后，号曰王氏。"具体地说，有出自周朝姬姓之王，有出自商朝子姓之王，有出自虞舜妫姓之王，还有出自少数民族中的王姓及赐姓、冒姓王氏。

出自姬姓之王有三支。一是周文王姬昌第15子毕公高的后裔，因本来是王族，所以他们以王为姓，主要居住在京兆（今陕西西安）、河间（今属河北）等地。二是东周灵王太子姬晋，因直谏被废为庶人，其子宗敬（一作宗恭）为司徒，世人称为"王家"，以后便以王为氏，主要居住在琅邪（今山东胶南县一带）、太原（今属山西）等地。三是战国时魏昭王彤生公子无忌，即历史上著名的"战国四公子"之一的信陵君，当魏国被秦灭掉后，无忌之孙卑子逃往泰山，后被汉高帝刘邦封为兰陵侯，当时人们以其出身王族，称其为"王家，后来卑子的后代也以王为姓。因魏国的祖先姓姬，所以这一支也出自姬姓。

出自子姓之王，是王子比干的后

代。比干是商王太丁之次子，为子姓，因苦心劝谏暴虐无道的昏君殷纣王而被剖腹致死，葬于汲郡（今河南卫辉），其留居汲郡守陵墓的子孙，以本为王族之故而改姓王氏。这一支王氏，除在汲郡发展繁衍外，又播迁至天水、东平、新蔡、新野、山阳、中山、章武、东莱、河东等地。

出自妫姓之王，实为田姓所改。周武王姬发兵灭商后，追封先贤遗民，封舜的后裔妫满于陈（今河南淮阳），传至公子完，完为避难逃到齐国，改姓田，至公元前386年，完的裔孙田和取代姜姓的统治地位而为齐国君主，史称“田氏代齐”，传8王，于公元前221年为秦所灭，子孙被废为庶民，但齐人仍称其为“王家”，后也以王为姓，主要居住在北海（今山东昌乐县东南）、陈留（今河南开封）等地。

少数民族中的王姓，宋人郑樵《通志·氏族略》说：“出于河南（今洛阳）者则为可类氏，出于冯翊（今陕西大荔）者则为钳耳族，出于营州（治所在今辽宁朝阳）者本同（一作高）丽，出于安东者本阿布思。”

此外，燕王丹之玄孙嘉，于王莽篡汉自立时献符令，被赐与王莽同姓，明朝曾赐给许多蒙古人姓王，此为赐姓之王。南朝梁将王僧辩，本为鲜卑族，姓乌丸氏，后冒姓王。隋朝王世充，本为西域胡支氏，入中原后冒姓王；五代时人刘去非，改姓名为王保义，其后子孙皆为王姓，此为冒姓之王。

凡此种种原因，使王姓成为蕃盛兴旺、分布广泛的姓氏，在全国许多地方发展成为名门望族。据《广韵》记载，王氏的郡望共有21个：太原、琅邪、北海、陈留、东海、高平、京兆、天水、东平、新蔡、新野、山阳、中山、章武、东莱、河东、金城、广汉、长沙、堂邑、河南。其中，最著名的是太原、琅邪和京兆。唐代王氏任宰相者共13人，出自太原者7人，出自琅邪者4人，出自京兆者2人。因此，以后的相当时间内，这三郡成为王氏的繁衍中心。

据《新唐书·宰相世系》及宋人邓名世《古今姓氏书辨证》记载，周灵王太子晋的8世孙王错，为魏将军；传9世，为武城侯王离，有二子：元、威。王元避秦乱，迁于琅邪，后徙临沂；四世孙王吉，任汉谏议大夫，定居于皋虞，后徙临沂都乡南仁里，在此发展成为名门望族。太原王氏出自王离次子、汉扬州刺史王威。王威的9世孙王霸，字儒仲，居住在太原晋阳，东汉时连聘不至。王霸的20世孙王泽，字季道，任雁门太守，生昶，为魏司空、京陵穆侯。王昶的10世孙王琼，为镇东将军，生4子：遵业、广业、延业、季和，号“四房五氏”，各为一支。河东王氏出自赵州司马、琅邪人王儒贤，其4世孙王缙，字夏卿，唐代宗时任宰相。王霸的长子王殷，东汉时任中山太守，食邑祁县，因称祁县王氏。王殷的11世孙王同（一作景），为度支尚书、护乌丸校尉、广阳侯，因号“乌丸王氏”。王同的九世孙王涯，字广津，在唐宪宗、唐文宗两朝任宰相。中山王氏亦出晋阳，永嘉之乱，凉州参军王轨因官安家，子孙居武威姑臧，6世孙王霰，封中山王，号“中山王氏”。王霰的7世孙王晙，唐玄宗时任宰相。唐汾州长史王满，也是太原晋阳人，其4世孙王播，唐文宗时任宰相；5世孙王铎，唐僖宗时任宰相。魏公子无忌之孙卑子生悼，悼生贤，为济南太守，西汉宣帝徙豪杰居霸陵，遂为京兆人。王贤的裔孙王德真，在唐高宗、武后两朝任宰相；裔孙王徽，唐僖宗时任宰相。河内王氏，其先为太原人，世居祁县，后徙平州，又迁至河内温县。

以上情况表明，王氏早期主要是在北方发展繁衍。

王氏迁往江南，始于西晋末年。据《晋书·王隐传》记载，陈郡陈（今河南淮阳）人王隐，博学多文，“建兴中过江”，仕晋为著作郎。又据《台湾省通志》记载，唐高宗总章年间，陈政、陈元光父子奉命入闽，随行者有三位王姓将佐，后均在福建落户；唐僖宗时，河南固始人王潮、王审知入闽，王审知受封为闽王，随其入闽的，还有一些王氏族人。此期，王氏又有迁居四川、安徽、江西者。北宋末、南宋初，中原人多次大规模南流，其中又有不少王氏族人迁徙至浙江、江苏一带定居。大约在宋末元初，居住在福建的王氏，有一支迁往广东，先定居于广东潮州，其后裔散处梅县、蕉岭、五华、大埔、陆丰、海丰、龙门、兴宁、从化、增城、惠阳、博罗、东莞、怀集、宝安及广西的一些地方。从明末开始，王氏陆续有人迁往台湾。

王姓移居海外，约始于明清之际，主要分布在欧美及东南亚一些国家和地区。

（七） 适用楹联

□三槐世泽[①]；两晋家声[②]。

□家传乌巷[③]；古继青箱[④]。

□传家节操同松竹[⑤]；
报国功勋并斗山[⑥]。

□黄槐绿竹宜新植[⑦]；
紫燕红鹅说旧家[⑧]。

□对联喜帖右军墨[⑨]；
春意乐赋摩诘诗[⑩]。

□秋水落霞惊四座[⑪]；
桐花栖凤报群贤[⑫]。

□碧纱笼护诗人草[⑬]；
金带围开宰相花[⑭]。

□千里荷花开世界[⑮]；
一杯美酒对湖山[⑯]。

□天下文章，莫大乎是；
一时贤士，多从游之[⑰]。

□手植庭槐，伫应三公佳兆[⑱]；
才称珠树，雄居四杰先班[⑲]。

□一经传旧德；五字耀英才[⑳]。

□天书运召沧江客；
兵气销为日月光[㉑]。

□秋月春花，当前佳句；
书法名画，宿世良朋[㉒]。

□语为吉祥滋厚福；
心缘谨慎历亨衢[㉓]。

□淡如秋水闲中味；
和似春风静后功[㉔]。

□继祖宗一脉真传，克勤克俭；
教子孙两行正路，惟读惟耕[㉕]。

□愿有两眼明，多交益友；
恨无十年暇，快读奇书[㉖]。

□德从宽处积；福向俭中求[27]。

□庭前刻玉称人瑞；
　阶上看槐庆德长[28]。

□笃宗族以昭雍睦；
　训子弟勿作非为[29]。

注释：

①王祐，字景叔，北宋兵部侍郎。有文名，宋太宗谓其文章"清节兼著"。王祐曾植三槐于庭，并预言说"吾子孙必有三公者"。时称"王氏三槐"。

②指晋代有"书圣"之称的书法家王羲之及其子书法家王献之。他们父子齐名，有"二王"之称。

③东晋王氏望族居乌衣巷。

④《宋书·王准之传》："家世相传，并诸江左旧事，缄之青箱，世人谓之青箱学。"因此"青箱"指世代相传的家学。"古继"：晋代简文帝死后，"群臣疑惑"，当时任廷尉的王彪之果断地说："君崩，太子代位，大司马何容得异?"朝议乃定。所以其后人将王彪之视为维护世袭制、贯彻"青箱学"的典范。

⑤王氏节义堂联。上联说王氏家族流传下松竹般的节操。

⑥下联说王氏家族中不少人为国为民建功立业，有斗岳般的功勋。

⑦指王祐植槐与王献之爱竹之事。

⑧指王谢抚燕和王羲之爱鹅的典故。

⑨王羲之曾任过右军将军。

⑩王维（701—760），字摩诘，唐代山水田园诗人，他一生写的山水田园诗很多。北宋苏轼称他"诗中有画，画中有诗"。

⑪唐代文学家王勃（650—676），为"初唐四杰"之一。其代表作《滕王阁序》中"落霞与孤鹜齐飞，秋水共长天一色"等语震惊四座，脍炙人口。

⑫此指清代诗人、刑部尚书王士祯（字贻上、号渔洋山人）的故事。参考注⑰。

⑬上联指唐代大臣王播（759—830）的故事。

⑭下联包纳宋代尚书左仆射、岐国公王珪及宋代政治家、文学家、荆国公王安石二人的故事。

⑮为唐代诗人王湾的诗句。

⑯为宋代诗人王庭珪的诗句。

⑰王士祯（1641—1711）擅古文，工诗。其诗以神韵为宗，被奉为清初数十年诗坛正宗。其文多有可传，师从者众。

⑱见注①。

⑲见注⑪。

⑳清代吏部员外郎、书法家王澍（1668—1743）所撰书联。王澍，字若林，号虚舟，江苏金坛人。有《古今法贴考》、《虚舟题跋》等。

㉑清代金石学家王懿荣（1845—1900）所撰书联。王懿荣，字正儒，又字莲生或廉生，山东福山人。他和刘鹗二人最早发现甲骨文。著有《天壤阁杂记》。

㉒清代云南临安知府、诗人、书法家王文治（1730—1802）所撰书联。

㉓清代乾隆进士、刑部右侍郎、学者兼文学家王昶所撰书联。

㉔、㉕王士祯所撰书联。

㉖历史名人王兰所撰联。

㉗清初画家王时敏（1592—1680）自题联。

㉘见注①。

㉙王氏名人王员常撰书座右铭。

王氏名人集粹

王夫之　（1619—1692）明末清初思想家，衡阳（今属湖南）人，字而农，号姜斋。晚年居衡阳之石船山，学者称船山先生。反对豪强大地主，主张“以夫计赋役”、“轻自耕之赋”。善诗文，也工词曲。论诗多独到见解。著有《船山遗书》。

王昶　今江苏青浦（今属上海市人），学者，乾隆进士，官至刑部右侍郎。好金石之学，收罗商周铜器及历代石刻拓本1500余种，编为《金石萃编》160卷。还曾参加纂修《大清一统志》、《续三通》等书。

王翚　江苏常熟人，著名画家，为“清初六家”之一。其画风格清新细丽，传其画法的很多，有“虞山派”之称。王鸣盛，江苏嘉定（今上海市）人，史学家、经学家，以汉学的考证方法治史，撰书多种。其中《十七史商榷》，为清代史学名著之一。

王守仁　（1472—1528），明哲学家。浙江余姚人，又名云，字伯安，尝筑室故乡阳明洞中，世称阳明先生。弘治进士。授刑部主事，转兵部，因疏劾权奸刘瑾，谪龙场（今贵州文县）驿丞。迁南赣巡抚，平定宸濠之乱。世宗时封新建伯，任两广总督，镇压断藤峡少数民族起义。官至南京兵部尚书。其学以良知良能为主，谓格物致知，当自求诸心，不当求诸事物，故于宋儒推崇陆九渊。在朗署与李梦阳交游，刻意为词章。其文博大昌达，诗秀逸有致。著有《传习录》、《大学问》、《王文成公全书》。

王廷相　仪封（今河南兰考）人，哲学家、文学家，官至南京兵部尚书。对前人的哲学点敢于提出自己的见解，并加以修正，著述多种。

王世贞　今江苏太仓人，著名文学家、戏曲理论家，官至南京刑部尚书。与李攀龙同为“后七子”首领。对戏曲颇有研究，撰有《文苑卮言》等。

王袆　义乌（今属浙江）人，文学家、史学家，明初征为中书省掾史。与宋濂同修《元史》，官翰林待制。

王履　江苏昆山人，杰出画家，博通群籍，深研医道。尤善绘画，用笔秀劲凝重，墨色苍郁、明阔，布置茂密，意境深邃。

王实甫　今北京市人，著名戏剧家，一生创作杂剧达14种之多。其最杰出的作品《西厢记》，在中国戏曲史上占有着极其重要的地位。

王蒙　湖州（今浙江吴兴）人，元杰出画家，以画山水著称，创“水晕墨章”法。为“元四家”之一。

王祯　今山东东平人，农学家及活版印刷术的改进者，撰有《农书》37卷。所著《造活字印书法》附载在《农书》之末，是最系统地叙述活字版印刷术的文献。

王安石　（1021—1086）北宋政

治家、文学家。抚州临川（今江西抚州）人，字介甫，号半山。庆历进士。初知鄞县，兴修水利，贷民以谷，严饬保伍，卓有治绩。后历任舒州通判、知常州等职。嘉祐三年（1058），移提点江东刑狱，人为三司度支判官。上万言书，主张改革政治，未被采纳。迁知制造，以母丧去职。神宗即位，起知江宁府，召为翰林学士兼侍讲。指出变风俗立法度，乃当务之急。熙宁二年（1069），被任为参知政事，在神宗支持下实行变法，设制置三司条例司，整军理财，以谋富国强兵。次年，拜相。所行新法有青苗法、均输法、市易法、免役法、农田水利法、置将法、保甲法、保马法等。又罢诗赋及明经等科，以经义、策论试进士，并立太学三舍法，改革科举与学校制度。因遭司马光、文彦博、韩琦等的强烈反对，七年罢相。次年，复相。九年，再罢相。出判江宁府，退居半山园。封荆国公，世称荆公。卒谥文。散文雄健峭拔，为“唐宋八大家”之一。诗歌遒劲清新。所著《字说》、《钟山日录》等，已散佚。现存《临存集》、《临川集拾遗》、《周官新义》残卷、《老子注》及《诗义钩沉》辑本。

王令　广陵（治今江苏扬州）人，诗人，王安石对其文章和为人皆甚推崇。南宋王柏，婺州金华（今属浙江）人，经学家，朱熹的三传弟子。

王审知　武后宰相王方庆第5子王晔的玄孙，光州固始（今属河南）人，闽国的建立者。唐末，从其兄王潮起兵，人据福建。王潮死后，他继任威武军节度使，很快统一了八闽之地。公元909年，受封为闽王，正式建立闽国。从此直到他去世，数年之间“一境晏然”，被认为是闽国的黄金时代。他去世后，由于他曾对闽国的开发和治理作出过巨大的贡献，被后人推崇为“开闽第一人”。

王建　许州舞阳（今属河南）人，前蜀国（都四川成都）的建立者。唐末，初为壁州（今四川通江）刺史，后又改取成都，占领四川全省。天复三年（公元903年）唐封为蜀王。后梁开平元年（907年）在成都自立为帝，国号蜀，史称前蜀。

王朴　东平（今属山东）人，后周官至枢密使兼东京留守。

王勃　绛州龙门（今山西河津）人，著名文学家，为“初唐四杰”之一。在“四杰”中成就最高，以一篇《滕王阁序》露绝世才华。

王维　太原祁县（今山西祁县南）人，著名诗人。

王昌龄　京兆长安（今陕西长安）人等，在中国文学史上都占有重要的一席。

王俭　琅邪临沂（今属山东）人，南朝齐著作家、目录学家，曾佐齐高帝即位，任侍中、尚书令、镇军将军等职。好读书，校勘古籍，明人辑有《王文宪集》。

王僧辨　太原祁（今山西祁县）人，梁时官至司徒，尚书令。

王僧孺　东海郯（今山东郯城）人，梁时文学家，曾官至尚书左丞、御史中丞、尚书吏部郎等职。

王猛　北海剧（今山东寿光东南）人，十六国前秦大臣，曾累官司徒、录尚书事、丞相等职。

王戎 琅邪临沂（今属山东）人，官至尚书令、司徒，为"竹林七贤"之一。

王衍 琅邪临沂人，官至中书令、司徒、司空等职。

王浑 太原晋阳人，官至司徒。

王祥 琅邪临沂人，官至大司徒、司空、太尉。

王导 琅邪临沂（今属山东）人，官至丞相，西晋末年，为琅邪王司马睿献策移镇建康（今江苏南京）。司马睿称帝后，任丞相。其堂兄王敦为大将军，掌握重兵，镇长江上游。当时称为"王与（司）马，共天下"。王导历仕元、明、成三帝，领导南迁士族，联合江南士族，稳定了东晋在南方的统治。

王羲之 琅邪临泊（今属山东）人。一变汉、魏质朴书风，创立了妍美流便的新体。其书迹为历代珍宝，影响之大，在书家中首屈一指，有"书圣"之称。与其子被世人称为"二王"。其作品以《兰亭序》、《十七帖》等最为著名。他还曾任会稽内史，官至右军将军，后人以官名尊称他为"王右军"。

王修 北海营陵（今山东昌东）人，曹魏时官至大司农、郎中令等职。

王凌 太原祁县人，曹魏太尉。

王弼 山阳（今河南焦作东）人，名士、玄学家，被认为是魏晋玄学的主要创始人。他认为"万物皆有道而生"，其主要著作有《周易注》、《老子注》等多种。

王肃 东海（治郡今山东郯城西南）人，经学家，曾官至中领军，加散骑常侍，为司马昭的妻父。曾遍注群经，不分今文、古文，对各家经义加以综合。与郑玄学派对立，称为"王学"。

王充 （27—约79）东汉哲学家。会稽上虞（今属浙江）人，字仲任。少孤。后至京师，受业太学，师事班彪，好博览而不守章句。后归乡里，屏居教授。历任郡功曹、治中等，后罢职家居，从事著述。同郡谢夷吾上书荐其才学，汉章帝特诏公车征，病不行。认为"天地合气，万物自生"，"气"本身的运动产生了万物。自然界的"灾异"是"气"变化的结果，与人事无关。人的生命和精神也以"精气"作为物质基础，"死而精气灭"。承认感官经验是知识的来源，批判"生而知之"。主张"不徒耳目，必开心意"，重视理性思维的作用，并强调"效验"、"证验"。认为个人的贵贱寿夭，国家的治乱安危，都受"时数"的支配。曾写出《问孔》和《刺孟》等篇，反对把儒家的经典变成教条。著有《论衡》。

王符 安定临泾（今甘肃镇原）人，东汉哲学家，著有《潜夫论》，其思想在当时有一定影响。

王逸 南郡宜城（今湖北宜城）人，东汉文学家，所作《楚辞章句》是《楚辞》最早的完整注本，颇为后世学者所重视。

王粲 山阳高平（今山东邹县）人，文学家，为"建安七子"之一。

王褒 蜀资中（今四川资阳）人，西汉赋辞家。

王陵　沛县（江苏沛县）人，封为安国侯、尔后为右丞相。

王凤　东平陵（今山东济南东）人，大臣。其妹王政君为元帝皇后，他初为卫尉，袭父爵阳平侯。成帝时，以外戚为大司马、大将、领尚书事。他专断朝政，内外官吏皆出其门下。其弟五人也都封侯。

王莽　西汉末年摄政王，后建立新朝，称帝15年。

王凤、王匡　西汉皆新市（今湖北京山）人，王莽末年绿林起义军首领。

王翦　频阳（今陕西富平县东北）人，秦时名将。辅佐始皇平定赵、燕、蓟、荆诸地。

王诩　战国苏秦、张仪的老师，人称“鬼谷先生”。

王氏风流撷英

王室后代多姓王，
郡望发祥晋太原。①
秦国良将两父子，
平定中原兴国邦。②
和亲出塞王昭君，
唯物高论数王充。③
书圣羲之琅琊人，
王弼释易冠古今。④
王祯农书绽异彩，
世间奇书劝农桑。⑤
昌龄之涣两诗人，
改革朝纲是安石。⑥
王冕学画传佳话，
阳明天之振理学。⑦
诸事一流王者风，
百业第一可称王。⑧

注释：

①王姓发端颇多，据《通志·氏族略》及《广韵》记载，帝王的后裔称王子、王孙，遂有王氏。有出自姒姓的夏禹之后，有出自子姓的商汤之后，有出自姬姓的文王之后等等。据《百家姓》记载望出太原郡，为秦庄襄王四年（前246年）所设，在今山西太原市西南。

②王翦、王贲（生卒不详），父子二人均为战国末期秦国名将，陕西富平人。他们统帅秦军，四处征战平定中原，秦王朝的建立，他们功不可没。

③王昭君（生卒不详），西汉元帝时宫女，湖北秭归人。为人正直贤贞。因不愿贿赂画工毛延寿，入宫数年不见帝。竟宁元年请嫁出塞，与匈奴和亲。王充（27—约79年），东汉思想家、文学理论家，浙江上虞人。著有《论衡》。

④王羲之（约321—379年），东晋书法家，山东琅琊临沂人。独创圆转流利的书法风格，被后人奉为“书圣”。王弼（226—249年），魏晋时期易学家，河南焦作人。他对周易的注释，义理充分，独冠古今。

⑤王祯（生卒不详），元朝农学家，山东东平人。著有《王祯农书》，包括《农桑通诀》、《百谷谱》、《农器图谱》，是一部关于我国古代农业生产技术成就记录完整的书籍。

⑥王之涣（688—742年），山西太

原人；王昌龄（698—756年），陕西西安人，他们都是唐代有名的诗人。王安石（公元1021—1086年），为“唐宋八大家”之一，北宋时期著名政治改革家、文学家，江西抚州人。他主张“变风俗，立法度”实行变法。其诗以雄健峭拔著称。

⑦王冕（1287—1359年），元末画家、诗人，浙江诸暨人。王阳明（1472—1528年）浙江余姚人。王夫之（1619—1692年），湖南衡阳人。王阳明、王夫之是明清理学家中的重要代表人物。

⑧参通天地人者当为王，不学无术，枉为王者。各行各业，第一名便可称王。王带白帽就是皇了。要树立“凡事一流，力争上游”的风范。

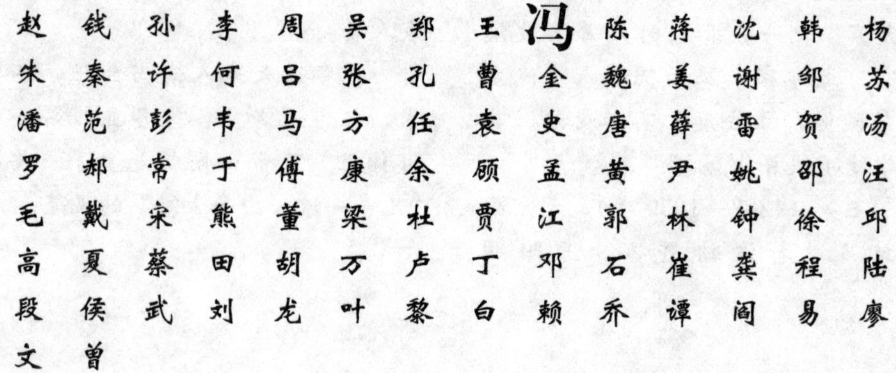

中华百家姓

赵 钱 孙 李 周 吴 郑 王 冯 陈 蒋 沈 韩 杨
朱 秦 许 何 吕 张 孔 曹 金 魏 姜 谢 邹 苏
潘 范 彭 韦 马 方 任 袁 史 唐 薛 雷 贺 汤
罗 郝 常 于 傅 康 余 顾 孟 黄 尹 姚 邵 汪
毛 戴 宋 熊 董 梁 杜 贾 江 郭 林 钟 徐 邱
高 夏 蔡 田 胡 万 卢 丁 邓 石 崔 龚 程 陆
段 侯 武 刘 龙 叶 黎 白 赖 乔 谭 阎 易 廖
文 曾

冯　姓

——文王后裔封冯邑，以邑为姓遂有氏

冯氏解密寻踪

（一）　姓氏字源

《说文》：“冯，马行疾也。从马，冫声。”段玉裁注：“马行疾冯冯然，此冯之本义也。”冯当为象声词，像马快速奔跑之声音。

（二）　寻根溯祖

冯姓来源有二：

1. 出自姬姓，为周文王昌之后。据《元和姓纂》、《后汉书》等所载，周文王（周武王之父，公元11世纪武王灭商后建立周朝，建都于镐〈今陕西长安沣水以东〉）第15子毕公高（毕公高因随其兄武王征伐殷纣〈商朝最后一位皇帝〉有功，取得天下后，被封毕〈今陕西长安县西北〉，因称毕公）后裔毕万，西周时，在晋国为大夫。当时晋国（周分封的诸侯国，建于唐〈今山西翼城西〉）刚被曲沃武公所统一，晋献公便迁都于绛（今山西翼城东南），陆续攻灭了周围许多小国，其中包括西周分封于今山西芮城北的诸侯国——魏，晋献公便把它封给毕万。春秋后期晋国六卿逐渐强大，互相兼并。公元前4世纪中叶毕万后代毕斯和赵、韩一起瓜分晋国，建立魏国，建都安邑（今山西夏县西北）。

公元前403年被周威烈王承认为诸侯，同时还将毕万的一支孙（即长卿）再封于冯城（今河南荥阳县西），其后子孙以邑为姓氏，称冯姓。史称冯氏正宗。是为河南冯氏。

2. 出自归姓，为冯简子之后，据《世本》等所载，春秋时郑国（开国君主为周宣王弟郑桓公〈名友〉。公元前806年先被分封于郑〈今陕西华县东〉，西周末年东迁至今河南境内，先定都于京〈今河南荥阳〉、密县，后定都于新郑〈今属河南〉）有大夫冯简子，因封邑在冯而得氏。后冯邑被晋国所夺，成为魏氏子弟长卿的封邑，长卿的后裔也称冯氏。是为河南冯氏。

（三）宗堂郡望

堂号 1. “同舆堂”或“三同堂”：根据《后魏书》记载，冯诞和后魏高祖同岁，幼同学，娶高祖妹安乐公主为附马都尉。他常和高祖同舆（同坐一车）而行，所以称“同舆堂”。又同案而食，同砚而学——同舆、同砚、同案，所以叫“三同堂”。

2. 又名“市义堂”：战国时冯谖，是孟尝君的食客。起初孟尝君对他只当一班门客对待。冯谖再三弹铗，唱出他心中的牢骚。孟尝君都满足了他的要求。后来孟尝君派他到薛地，他把所有账户叫来，宣布将债券烧掉，债主不再讨了。给所有账户解决了困难。冯谖回去以后，对孟尝君说：“讨来的钱我全部替您买了‘义’带回来，（市就是买）。孟尝君当时不懂这话的意义，糊里糊涂地算了。后来孟尝君罢了官到薛地去，薛人夹道欢迎，高呼万岁。这时孟尝君才省悟地感谢冯谖说：“今天我尝到了你替我买的珍贵物品——义，这可是万金难买呀！”

郡望 冯姓郡望主要有始平郡、杜陵县、颍川郡、上党郡、上乐郡、京兆郡、弘农郡及河间郡等。

1. 始平郡。晋泰始三年（公元267年）分扶风郡置郡，治所在槐里（今陕西兴平东南）。相当今陕西咸阳市、户县以西，宝鸡市、兴平以南，秦岭以北。北魏太平真君中废。

2. 杜陵县。西汉元康元年（公元前65年）改杜县置县，治所在今陕西西安市东南。三国魏复名杜县。此支冯氏，为上党冯氏分支，其开基始祖为冯唐之弟冯骞。

3. 颍川郡。秦王政十七年（公元前230年）置郡，以颍水得名，治所在阳翟（今河南禹县）。相当今河南登封、宝丰以东，尉氏、郾城以西，密县以南，叶县、舞阳以北县地。

4. 上党郡。战国韩置郡，其后入赵，入秦后仍置郡，治所在壶关（今山西长治市北），西汉移治长子（今山西长子西）。相当今山西和顺、榆社以南，沁水流域以东地。此支冯氏，其开基始祖为战国时韩上党太守冯亭。

5. 长乐郡。有二处：①后魏及随代所置长乐郡，在今河北省冀县一带：②唐代所置长乐郡，在今福建省闽侯县。

6. 京兆郡。汉太初元年（公元前104年）改右内史置京光尹，职掌相当郡太守，为三辅之一，治所在长安（今西安市西北）。相当今陕西秦岭以北、西安市以东、渭河以南地。三国魏辖区改称京兆郡。

7. 弘农郡。西汉元鼎四年（公元

前113年）置郡，治所在弘农（今河南灵宝北）。相当今河南黄河以南，宜阳以西的洛、伊、淅川等流域和陕西洛水、社川河上游、丹江流域。隋初废。

8. 河间郡。汉高帝置郡，文帝改国，其后或为郡，或为国，治所在乐城（今河北献县东南）。东汉时相当今河北雄县及大清河以南，南运河以西，高阳、肃宁以东，交河、阜城以北地区。

（四） 家谱寻踪

河北涿县·涿州冯氏世谱四卷

藏地：国家图书馆　河北涿县档案馆

（清）冯埏纂修

清乾隆四十三年（1778）快雪堂刻本

山西代县·代州道後冯氏世谱二卷

藏地：辽宁图书馆　美国

（清）冯廷正续修

清乾隆五十二年（1787）刻本　三册

山西代县·代州冯氏族谱四卷

藏地：国家图书馆　首都图书馆　中国科学院图书馆　中国社会科学院历史研究所图书馆　人民大学　山西图书馆　辽宁图书馆　辽宁大连市图书馆　吉林大学　上海图书馆　浙江图书馆　日本　美国

（民国）冯曦纂修

1933年铅印本　四册

上海崇明·冯氏支谱

藏地：中央民族大学

（清）冯泰松辑

清光绪刻本　二册

江苏宿迁·重修花溪上当冯氏近谱十一卷首一卷

藏地：哈尔滨师范大学

（民国）冯翼云重修

1931年上海蔚文印刷局铅印本　二册

江苏南通·冯氏族谱八卷

藏地：江苏南通市图书馆

（清）冯梦龙等辑

清乾隆四十年（1775）刻本　四册

江苏南通·冯氏族谱续编十卷首一卷

藏地：江苏南通图

（清）南通冯氏阖族重修

清道光二十七年（1847）大树堂刻本　六册

江苏·如皋冯氏宗谱十二卷首一卷

藏地：中国社会科学院历史研究所图书馆

（清）冯震　冯兆鳌等修

清同治二年（1863）活字本　十二册

江苏镇江·京口冯氏族谱一卷

藏地：江苏镇江市博物馆

（清）冯春纂

清同治元年（1862）稿本

江苏武进·毗陵冯氏宗谱十二卷首一卷

藏地：美国

（清）冯受恒主修

清道光十七年（1837）宝啬堂活字本　八册

江苏武进·毗陵冯氏宗谱十八卷

藏地：国家图书馆　中国社会科

学院历史研究所图书馆

（清）冯根奎等修

清光绪二十九年（1903）四德堂活字本　十六册

江苏武进·毗陵冯氏宗谱二十卷

藏地：国家图书馆　南开大学

（民国）冯汉南主修

1927年四德堂活字本　二十册

江苏无锡·锡山冯氏宗谱十八卷

藏地：河北大学　日本　美国

（清）冯惠芳修

清光绪四年（1878）大树堂木活字本　二十册

江苏无锡·冯氏宗谱二十四卷

藏地：美国

（清）冯锦标等修

清光绪三十二年（1906）伦正堂刊本　二十五册

江苏无锡·锡山冯氏宗谱二十四卷

藏地：吉林大学　美国

（民国）冯向荣主修

1914年大树堂活字本　二十四册

江苏江阴·澄江冯氏宗谱八卷

藏地：人民大学

（清）冯伯奇等修

清嘉庆十二年（1807）大树堂活字本　八册

江苏江阴·澄江冯氏宗谱十卷

藏地：中国社会科学院历史研究所图书馆

（清）冯汝翼纂修

清同治十一年（1872）大树堂活字本　十二册

江苏江阴·澄江君山冯宗谱十一卷首一卷末一卷

藏地：美国

（清）冯荣森等修

清光绪十八年（1892）大树堂木活字本　十三册

江苏江阴·澄江冯氏宗谱十六卷

藏地：哈尔滨师范大学

（民国）冯廷楠　冯邦彦修

1916年大树堂刻本　十五册

江苏常熟·冯氏家谱一卷

藏地：江苏常熟市图书馆

（清）冯大勋重修　冯国鑫增修

清乾隆四十八年（1783）重修　宣统二年（1910）增修　钞本　一册

浙江余杭·禹航饮德乡冯氏宗谱三卷首一卷

藏地：美国

（民国）冯乃文等序

1915年畲经堂刊本　三册

浙江鄞县·浣溪冯氏宗谱三十六卷首一卷末一卷

藏地：浙江宁波天一阁文物保管所

（民国）冯俊翰　冯圣谟纂修

1929年木活字本　八册

浙江鄞县·浣溪冯氏宗谱三十六卷首一卷末一卷

藏地：浙江宁波天一阁文物保管所

（民国）冯中玺　冯义法纂修

1948年铅印本　十册

浙江慈溪·冯氏福聚宗谱十卷

藏地：浙江图书馆

（明）冯绍功　冯文灿等同辑

明天启五年（1625）写本　四册

浙江·慈溪冯氏支谱不分卷

藏地：江苏常州市图书馆

（清）冯祖愿辑

清同治元年（1862）木刻本

一册

浙江奉化·吉奇冯氏宗谱四卷首一卷

藏地：浙江奉化县文管会

（民国）胡次乾纂修

1939 年木活字本

浙江海宁·大易冯氏谱不分卷

藏地：辽宁图书馆

（清）冯秉良等编

清雍正二年（1724）刻本

浙江海宁·赫山冯氏家谱十八卷

藏地：国家图书馆　河北大学

（清）冯锦堂纂修

清光绪元年（1875）树德堂活字本　十八册

浙江海宁·赫山冯氏家谱二十二卷

藏地：中国社会科学院历史研究所图书馆　北京师范大学　浙江图书馆

（清）冯奕瑞主修

清宣统元年（1909）树德堂木活字本　二十二册

浙江·桐乡冯氏重修支谱六卷

藏地：江苏苏州市图书馆

（清）冯浩等纂

稿本　四册

浙江绍兴·冯氏家谱不分卷

藏地：浙江图书馆

（清）冯锡曾修辑

清乾隆稿本　一册

浙江绍兴·山阴柯桥冯氏宗谱十二卷首一卷末一卷

藏地：国家图书馆　日本　美国

（清）冯文金等纂修

清光绪八年（1882）继孝堂活字本　六册

浙江绍兴·冯氏宗谱四卷

藏地：浙江图书馆　日本　美国

（清）冯焕等重修

清光绪十八年（1892）永思堂木活字本　四册

浙江绍兴·会稽王顾冯氏宗谱六卷

藏地：日本　美国

（清）冯宾敩　冯尧铨等重修

清光绪二十七年（1901）木活字本　六册

浙江兰溪·冯氏宗谱一卷

藏地：浙江兰溪县黄店乡长连村

（民国）冯金昌重修

1918 年木刻本

浙江义乌·赤岸孝冯氏宗谱二十三卷首一卷

藏地：中国社会科学院历史研究所图书馆

（民国）冯一枝纂修

1924 年铅印本　二十六册

浙江临海·湧泉冯氏族谱不分卷

藏地：浙江临海县博物馆（存弄傅三册，内集诗三册，文一册，外集诗一册，文一册）　浙江临海县湧泉村

（民国）冯志杰等

1914 年木活字本

浙江·临海庄头冯氏家乘四卷

藏地：浙江临海县博物馆

（民国）冯宾侯等纂

1937 年木活字本

安徽·绩溪东关冯氏家谱八卷首三卷末三卷

藏地：国家图书馆　中国社会科学院历史研究所图书馆　北京大学　安徽徽州市博物馆

（清）冯景坊等编辑

清光绪二十九年（1903）活字本　六册

安徽绩溪·冯川冯氏宗谱十二卷

藏地：安绩溪县冯村

（清）冯景铭纂

清光绪二十六年（1900）钞本　六册

安徽绩溪·冯川冯氏宗谱八卷

藏地：安徽绩溪县冯村

（民国）冯百川修

1949 年钞本

安徽绩溪·绩邑冯氏族谱十卷

藏地：安徽图书馆

（民国）冯景坡续修

清光绪至民国间钞写本　一册

山东栖霞·冯氏本分世谱一卷

藏地：山东栖霞县大柳家乡杅林村

（清）冯惠堂·冯绍周等重修

清光绪二十四年（1898）铅印本

山东栖霞·冯氏西族谱书一卷

藏地：山东栖霞县大柳家乡杅林村

（民国）冯义民纂修

1949 年钞本

湖北黄陂·冯氏宗谱

藏地：武汉市图书馆

（民国）冯氏瑞锦堂木活字本　八册

湖北新洲·冯氏宗谱一卷

藏地：湖北新洲县马河乡冯田反村

（清）冯镇金　冯镇文等续修

1944 年木刻本

湖北黄冈·冯氏宗谱十二卷首一卷

藏地：武汉市图书馆

（民国）冯功名主编

1944 年冯氏天宝堂活字本　十二册

湖北崇阳·冯氏宗谱

藏地：湖北崇阳县档案馆

（民国）冯君详主修　冯停科督修

1937 年刊本

湖北沔阳·冯氏宗谱二十一卷首一卷

藏地：武汉市图书馆

（民国）冯振邦·冯立志主编

1947 年沔阳冯氏三元堂木活字本　二十四册

湖南长沙·冯氏四修族谱十四卷首一卷末一卷

藏地：广东中山图书馆

（清）冯祖楪　冯芳楮等主修

清光绪二十八年（1902）树德堂刻本　十四册

湖南·长沙冯氏四山家谱二十九卷首一卷末一卷

藏地：河北大学

（民国）冯作安　冯孝周纂修

1937 年活字本　十四册

湖南长沙·善邑西湖冯氏三修族谱十二卷

藏地：中央民族大学

冯德锜等修

大树堂刻本　十六册

湖南湘潭·冯氏续修支谱八卷

藏地：湖南省图书馆

（清）冯开来纂

清同治元年（1862）凌云堂知字本　一册

湖南·湘潭冯氏三修族谱

藏地：河北大学

（清）冯泽煌修

清光绪八年（1882）木刻本

湖南湘潭·中湘石潭冯氏五修族谱三十三卷首一卷末一卷

藏地：湖南省图书馆

清光绪二十一年（1895）活字本一册

湖南湘潭·中湘石潭冯氏六修族谱三十七卷首二卷末一卷

藏地：广东中山图书馆　吉林大学

（民国）冯秩词　冯敦澍纂修

1920年大树堂刻本　四十册

湖南湘乡·山田冯氏族谱十卷首一卷

藏地：湖南省图书馆

（清）冯运开修　冯家典纂

清道光十二年（1832）活字本一册

广东广州·冯氏家谱不分卷

藏地：广东中山图书馆

1931年铅印本　一册

广东南海·冯氏家谱不分卷

藏地：广东中山图书馆

（清）冯文轩编

1922年钞本　一册

广东新会·冯氏本房世谱不分卷

藏地：广东中山图书馆

（清）冯章敩编

清乾隆四十八年（1783）钞本一册

广东新会·冯氏族谱不分卷

藏地：广东中山图书馆

（清）冯兆桂修

清光绪二年（1876）钞本　一册

广东新会·冯氏务滋堂家谱

藏地：日本　美国

（民国）冯昆霭编

1922年刊本　一册

广东阳江·南埠冯氏族谱一卷

藏地：广东阳江县南埠石潭寨村

（清）冯士芬续修

清光绪八年（1882）铅印本

四川华阳·冯氏族谱一卷

藏地：四川省图书馆

（民国）冯文端纂修

1923年刻本　一册

（五）　字行辈份

据民国手抄本《冯氏家乘》，山西大同冯氏一支字行辈份为："盛时天恕仕，绪云恩毕振。"又1933年冯智杰修《冯氏族谱》，河北定州冯姓一支字行为："百千万亿云，仍盛富贵荣，福禄增知仁，圣义和德中。"

（六）　迁徙繁衍

唐人林宝《元和姓纂》说冯姓是"周文王第十五子毕公高之后，毕万封魏，支孙食采于冯，遂氏焉"；同时又引用了《世本》的话。据《史记·魏世家》记载，毕公名高，为姬姓，被周武王封于毕（今陕西咸阳市东北），于是为毕姓。其后绝封，至春秋时，其后裔毕万，为晋国大夫。晋献公十六年（公元前661年），晋灭魏（今山西芮城东北），以魏封毕万，后称魏氏。又据《东观记》"魏之别封曰华侯，华侯孙长卿食采冯城，因以为氏"可知，毕万裔孙有个叫长卿的，封邑为冯城（在今河南荥阳县西），以邑为氏，就是冯氏。

战国时有冯亭，任韩国上党守，入赵，拒秦战死，其宗族分散，有的留上党潞县（今山西潞城东北），有的在赵（今河北境），子孙有许多为将相，如秦丞相冯去疾、御史大夫冯劫等都是冯亭的后裔。至西汉文帝时，车骑都尉冯唐徙居安陵（今陕西咸阳东北），其弟冯赛自上党徙京兆杜陵（今陕西西安东南）。此外，先秦时期，冯氏已有徙居今山东者；三国以前，冯氏还有迁至今四川的射洪、中江、渠县等地及湖北公安者，河南冯氏则分布于今内黄、宝丰、焦作、南阳、安阳及唐河湖阳等地，其中湖阳冯氏为当时著姓大族；东晋末，长乐信都（今河北冀县）冯氏又有徙居和龙（今辽宁朝阳）者。唐代的《元和姓纂》说，冯氏出颍川（郡治今河南许昌）者，东汉征西大将军冯异之后；出上党（今山西长治）者，西汉左将军冯奉世之后；出长乐信都者，汉宜都侯冯参之后；出京兆（今陕西西安）者，燕王冯弘之后；出弘农（今河南灵宝）者，冯弘之孙、西魏宁州刺史冯宁之后；出河间（今河北献县东南）者，唐监察御史冯师古之后。唐玄宗时著名宦官高力士，本为高州（今广东高州县东北）人冯盎之曾孙，后为宦官高延福收养，改姓高，此为冯姓改为高姓者。唐末黄巢起义时，中原冯氏有一支避乱南迁福建宁化石壁，宋代分出上杭、漳州、武平等支脉，至宋末元初，上杭冯氏有的又南迁至广东的平远、潮州、揭阳，后再迁至丰顺、梅州等地。清康熙至乾隆年间，广东、福建冯氏有数支移居台湾，此后，有的又远播海外。

（七） 适用楹联

□望出杜城为二马[①]；
名满西域号双星[②]。

□一绝惊秋鹤[③]；三言载梦龙[④]。

□才难自显方弹铗[⑤]；
位不稍迁老作郎[⑥]。

□威震边关，名传中外[⑦]；
义起金田，功耀古今[⑧]。

□杏娥列史册[⑨]；婉贞照汗清[⑩]。

□欲除烦恼须无我；
经历艰难好作人[⑪]。

□关内侯，因慈母而贵宠[⑫]；
门下客，得孟尝优隆[⑬]。

□道德可师，教育骊山之下[⑭]；
端凝若植，禁中瑞饰之呼[⑮]。

□道德几时曾去世；
舟车何处不过津[⑯]。

□但都方寸无诸恶；
虎狼丛中也立身[⑰]。

□救民安有息肩日；
革命方为绝顶人[⑱]。

□行而不舍，若骥千里；
纳无所穷，如海百川[⑲]。

□暂借荆山栖彩凤；
聊将紫水活蛟龙[⑳]。

□八骏传汉世[㉑]；三冯耀金溪[㉒]。

注释：

①马即“冯”。

②中国第一位女政治家、女外交家冯嫽。公元前101年，随西汉解忧公主远嫁和亲到了乌孙国（今伊犁河及伊塞克湖一带）。由于她多才多智，成为解忧公主的得力助手。后嫁给乌孙右大将。她在协助解忧公主加强汉朝同西域诸国之间的友好关系，作出了很大的贡献，深得西域各国的敬服。尊称她为“冯夫人”。后人把冯嫽和解

忧公主合称为西汉民族友谊史上的“双子星”。

③指清代画家冯秋鹤。

④指明代文学家冯梦龙，辑有《喻世明言》、《警世通言》、《醒世恒言》，世称“三言”。

⑤战国时孟尝君门下食客冯谖（驩），因食无鱼、出无车、无以为家，三为长铗归来之歌，孟尝君知道后，悉如所求。后为孟尝君收债于薛，得息钱十万，而把不能还息的债卷烧掉，为孟尝君争得了好名声。后孟尝君一度失去齐国相位，经过冯谖去游说秦王和齐王，又使孟尝君的相位得到恢复。

⑥指西汉郎中署长冯唐。辅佐朝政有功，深和得汉文帝和汉武帝信任。因冯唐年已九十，不能再为官，只好封其子为官，将唐举为贤良。

⑦指清末将领冯子材（1818—1903），字萃亭，广东钦州人。公元1884年中法战争时，他率兵扼守镇南关（今友谊关），大败法军，收复了谅山。

⑧指太平天国领导人冯云山（1822—1852），参加过著名的金田起义，被封为南王。他协助洪秀全制定了太平军官制、军制、律令、营规、天历等。使政权和军队建设，初具规模。

⑨革命烈士冯杏娥（1903—1940），湖南平江人。任过湖南省妇女部部长等职。1937年新四军开赴抗日前线，她被分配到农村做地下工作。1939年6月“平江惨案”发生，被捕入狱，1940年3月英勇就义。

⑩清代抗帝英雄冯婉贞（1842—?），原籍山东，随父三保居住在北京圆明园附近的文谢庄。婉贞自幼好武术，有胆识。咸丰十年（1860）一日，英军军官率百余名印度士兵来袭。婉贞决定“以我所长，击敌所短”，率众埋伏，出其不意，砍杀来犯之敌，共击毙敌人百余，保障了文谢庄的安全。

⑪近代爱国将领冯玉祥（1882—1984），字焕章，安徽巢县人。本联为其在1924年，给出国学习的儿子冯洪国临别赠联。

⑫东汉司徒冯勤，善计，有高能称，在事精勤，赐爵关内侯，中元初卒。

⑬注见⑤。

⑭东汉尚书冯豹，好儒术，以诗书春秋教骊山下，敬事后母，举孝廉为郎，后迁太守，官至尚书，卒官。

⑮后魏文帝冯后的事典。

⑯唐代诗人冯道《偶作》诗联句。

⑰注同⑯。

⑱近代爱国将领冯玉祥自题联。冯玉祥，1933年任抗日同盟军总司令，多次击败日寇，收复许多失地。建国前夕，因乘船失火，受伤身死。

⑲清代词人冯煦（1842—?）自题联。冯煦，字梦华，江苏金坛人。有江南才子之称。

⑳清代太平天国领导人之一冯云山自题联。冯云山，广东花县人。被封为南王、七千岁。

㉑东汉名人冯禧，山阳人，与张俭、檀杉、褚凤、张肃、薛兰、魏玄、徐乾号为“八俊”。

㉒清代开州知州冯咏，金溪人，姿性英迈，与兄谌、弟谦并称“三冯”。有《桐村诗集》。

冯氏名人集粹

冯班 今江苏常熟人，清初诗人。

冯金伯 南汇（今属上海）人，著名画家，他所纂辑板刻的《国朝画识》、《墨香居画识》两书，对艺苑的贡献很大。

冯子材 广东钦州（今广西钦县）人，清末著名的老将军，曾历任过广西、贵州两省提督等职。他曾1885年年近70岁时，在广西镇南关（今广西友谊关）、谅山等地大败法军，取得镇南关大捷，其名威震边关。

冯云山 今广东花县人，杰出的农民起义领导人，为太平天国领导人之一。

冯铨 顺天州（今河北涿县）人，明清时官至户部尚书、武英殿大学士等职。

冯国用 明代官至亲军都指挥使。

冯惟敏 山东临朐人，著名散曲家。

冯梦龙 长洲（今江苏苏州）人，杰出的文学家、戏曲家，他所搜集、编辑、改写和创作的通俗作品很多，包括戏曲、小说、民歌、散曲各个方面，尤其在小说方面的成就最大。所编辑宋元“话本”和明代“拟话本”小说120篇，分为3个选集，名为《喻世明言》、《警世通言》、《醒世恒言》，号称“三言”。“三言”在我国民间广为流传，对后世影响甚大。

冯子振 攸州（今湖南攸县）人，元代散曲家。

冯京 鄂州咸宁（今属湖北）人，北宋大臣，仁宗进士，历官翰林学士，知开封府。神宗时进参知政事，哲宗时以太子少师致仕。

冯道 瀛州景城（今河北交河东北）人，五代时历任四朝（后唐、后晋、后汉、后周）宰相，在相位20余年。他在后唐任宰相期间，倡议由田敏等人在国子监内校定《九经》文字，并组织刻工雕印，至后周完成，后世称“五代监本”。官府大规模刻书自此始。

冯延巳 五代十国之一南唐（建都金陵〈今江苏南京〉）宰相，也是著名的词人。

冯师古 河间（今属河北）人，唐代监察御史。

冯慈明 北魏人，隋时曾任尚书兵曹郎、朝请大臣等职。

冯跋 居长乐信都（今河北冀县）后迁居和龙（今辽宁朝阳），十六国时期北燕的建立者，曾任后燕（鲜卑一支慕容垂所建立的割据政权）中卫将官，灭燕称天王，在位21年。

冯宁 西魏（都长安〈今陕西西安〉）宁州（治所在定安〈今甘肃宁县〉）刺史。

冯奉世 上党潞县（今山西潞城东北）人，官拜左将军，曾出使大宛（今属哈萨克斯坦），率兵击破莎车，因功被封为关内侯。

冯嫽 后人广为称颂的中国第一位女政治家。她本为解忧公主的侍女，于公元前 101 年随解忧公主远嫁和亲来到乌孙国（最初在今甘肃祁连、敦煌间。公元前 161 年西迁到今伊犁河和伊塞克湖一带赫赤谷城，西汉时人口 63 万，从事游牧），因知书多才，成为解忧公主的得力助手，后嫁乌孙右大将。她协助解忧公主为加强乌孙及西域诸国同汉朝的友好关系作出了积极的贡献，被西域各国尊称为“冯夫人”。后人把解忧公主和冯嫽合称为西汉民族友谊史上的双子星。

冯异　颍川父城（今河南宝丰东）人，东汉征西大将军，还曾被封为阳夏侯。

冯绲　巴郡宕渠（今四川渠县东北）人，官拜车骑将军。

冯衍　京兆杜陵（今陕西西安东南）人，著名辞赋家，明人辑有《冯曲阳集》。

冯唐　祖籍上党人，徙安陵（今陕西咸阳东北）。西汉任车骑都尉，景帝时，还曾任楚相。

冯谖　战国时齐（战国七雄之一，为西周分封的诸侯国，建都营丘〈今山东淄博东北〉）之名士，谋略过人，是孟尝君门下食客，曾为孟尝君出过大力。

冯氏风流撷英

文王后裔封冯邑，
以邑为姓遂有氏。[①]
冯邑古地今夏县，
发迹兴平不忘嗣。[②]
冯唐逆鳞敢直言，
苦口良药利帝行。[③]
冯异好书人谦退，
论功退避品格高。[④]
矢志不渝平叛乱，
名臣冯盎护统一。[⑤]
三入中书居相位，
冯道首创镂印始。[⑥]
通经善诗冯梦龙，
醒世之作说三言。[⑦]
迎风飞驰马行疾，
不畏艰难勇向前。[⑧]

注释：

①见“冯氏解密寻踪”中的“寻根溯祖①”。

②冯姓祖籍地冯城，在今天的山西省夏县。郡望始平，在今省兴平县，此乃冯氏的发祥地。

③冯唐（生卒不详），西汉官吏，陕西咸阳人。他能当众指出文帝“赏太轻，罚太重”的过失，深受文帝、景帝、武帝的信任。

④冯异（？—34 年）东汉初将领，他好书，懂兵法，为人谦退不伐，当诸将并坐论功时，他即退避树下，人号“大树将军”。

⑤冯盎（？—646 年），唐初地方大臣，广东高州人。隋亡，他回岭南，逐步控制了岭南二十余州，地域二千里，他平定叛乱，召集各少数民族首领，维护国家统一。

⑥冯道（公元 882—954 年），五代大臣，河北献县人。他一生中，三入中书，居相位二十余年，提倡由国子监校定《九经》，镂版印行，创官府

刻印书籍之始。

⑦冯梦龙（公元1574—1646年），明末小说家，江苏苏州人。通经学，善诗文，尤以小说词曲见长，辑有时代话本集《喻世明言》、《警世通言》、《醒世恒言》，合称“三言”，这都是醒世之作。

⑧冯（féng），从冫从马，此寓冯者，马疾冰风，不怕困难，勇往直前。

中华百家姓

赵 钱 孙 李 周 吴 郑 王 冯 **陈** 蒋 沈 韩 杨
朱 秦 许 何 吕 张 孔 曹 金 魏 姜 谢 邹 苏
潘 范 彭 韦 马 方 任 袁 史 唐 薛 雷 贺 汤
罗 郝 常 于 傅 康 余 顾 孟 黄 尹 姚 邵 汪
毛 戴 宋 熊 董 梁 杜 贾 江 郭 林 钟 徐 邱
高 夏 蔡 田 胡 万 卢 丁 邓 石 崔 龚 程 陆
段 侯 武 刘 龙 叶 黎 白 赖 乔 谭 阎 易 廖
文 曾

陈 姓

——追封舜后满于陈，禹县发迹颍川陈

陈氏解密寻踪

（一） 姓氏字源

《说文》："陈，宛丘也。舜后妫满之所封。从阜、从木，申声"。南唐徐锴《系传》："陈之本义为陈列，故从阜、从木，申声。盖于平陆中布列之义。"清徐灏注笺亦云："陈之本义即谓陈列，因为国名所专，后人昧其义耳。"

（二） 寻根溯祖

陈姓来源主要有五：

1. 出自妫性，其始祖为妫满，也为虞舜之后裔。相传舜当天子之前，帝尧曾把两个女儿嫁给了他，让他们居住在妫汭河（在今山西永济南，源出厉山，西流入黄河）边，按照当时的习俗，其后子孙便有以地为姓的，称妫姓。据《通志·氏族略》所载，周武王灭商以后，追封前代圣王的后人妫满于陈（大致在今河南开封以东，安徽亳县以北一带），还把女儿太姬嫁给他，并以宛丘（今河南淮阳县）为都城。妫满为陈侯，称胡公满，武王让他奉守帝舜的宗祀。最早创立"陈"这个中国姓，不是在陈国，而是在齐国（同为周时所分封的诸侯国，姜姓，在今山东北部，建都营丘〈今山东淄博市东北〉），胡公满传至10世孙妫完，陈国内部发生了一场争夺王位的斗争，陈厉公的儿子害怕株连自己，便出奔到齐国，被桓公任命为工正（掌管制造器械的官），以国为氏，称陈氏。奔齐之后首先以国为陈的陈完，后来在齐国逐渐强大了起来，传5世孙陈桓子，仕齐为大夫，因食于田，遂改田氏。至7世孙田常时完全控制了齐国政权，田常之孙田和在公元前404年终于废齐君自立国君，于是姜姓齐国变成了田氏的齐国。这就是历史上所谓的“田齐”，并成为战国七雄之一。至15世孙田建时，齐国为秦所灭。国灭后的齐国末帝齐王建居共（今河南辉县），生有3子，即升、桓、轸。其中，桓称王氏；轸逃到楚国（建都于今湖北江陵西北纪南城），后来还做了楚国的丞相，被封为颍川侯，因举家迁到河南颍川（治在今河南禹县），而恢复陈姓。陈轸生陈婴，居大梁（今河南开封），为秦东阳令史；陈婴生陈余，为成安君。颍川陈氏于汉时自陈轸10世孙陈寔（颍川许昌〈今河南许昌东〉人）始，家族兴旺，满门显贵，其历代子孙多为朝廷重臣，后成为各地颍川陈氏分支的始祖，也是陈姓中最大的一支。这一支普遍被认为是陈姓人的共同祖先，史称陈姓正宗。可见，陈氏的真正发祥地应在今河南禹县一带。由上看来，我国的陈、田及姚（相传舜是颛顼的后代，因生在姚墟〈今山东荷泽县东北〉而得姚姓）、虞（相传舜在称以前先封在虞国〈今山西永济县蒲州镇〉，称帝后以虞作为国号，称为虞氏，其后裔也为虞姓）、胡（胡公满的后人以谥号为姓的，就是胡氏，其后裔也为胡姓）五姓因皆出自一源，故有“妫汭五姓”之称。

2. 出于陈国公族后裔。陈国在妫满死后，其子孙有以国为氏，就是陈氏。胡公满的子孙除陈完这一支主系之外，在陈国内乱至亡国期间，还有三支陈国公族后裔避居他乡，亦以国为氏姓陈。据有关资料所载：①居陈留者，出自陈哀公之子留。陈哀公三十四年（公元前535年），陈国内乱，楚灵王派公子弃疾伐陈，陈哀公之子陈君留出奔郑国，他避居的地方取名陈留，也即今河南开封县南陈留镇。②居阳武或颍川者，出自陈湣公之长子陈衍。陈湣公二十三年（公元前479年）楚灭陈，湣公长子陈衍避居于阳武户牖乡（今河南原阳县境），陈衍有二子：陈琏、陈玙，皆仕于齐，与田敬仲之后联宗。陈衍死后，陈琏复归阳武，陈玙融入到颍川陈氏支派当中。③居固始者，出自陈湣公次子全温之后陈孟琏。楚灭陈后，陈湣公次子全温奔晋，后又仕魏为大夫，传21世孙陈孟琏，任固始（今河南固始县）侯相，移家于固始。东汉时再传6世孙陈引奇因无子，便以颍川陈寔为嗣子，此后，这一支陈氏也融入到颍川陈氏支派之中。

3. 据《河南官氏志》所载，出自白永贵之后。隋初有白永贵改姓陈，其后裔也多改陈姓，是为万年（今陕西西安市）之陈氏。

4. 刘矫的后裔有改陈姓的。据《通志·氏族略》所载：“又广陵之陈（今江苏镇江东北），实刘氏，鲁相无子，以外孙刘矫嗣。”

5. 据《魏书·官氏志》所载，南北朝时，鲜卑族一支侯莫陈氏居于库斛真水，世代为渠帅，后随北魏孝文帝南迁洛阳后，实行汉化政策，改复姓为汉字单姓，称陈氏。是为河南洛阳陈氏。

（三） 宗堂郡望

堂号 “三恪堂”：恪是尊敬的意思，又是客人的意思。周武王灭纣后，把黄帝之后封于蓟，帝尧之后封于祝，帝舜之后封于陈。称为三恪。表示他们是周朝的客人，不是臣子，格外地尊敬他们。沛县没有姓蓟的，陈祝二姓号称一家，就是在周朝时同为三恪，并非说他同宗同源。

郡望 陈姓郡望主要有颍川郡、汝南郡、下邳郡、广陵郡、东海郡、河南郡、武当郡新安郡、庐江郡、冯翊郡、京兆郡等。

1. 颍川郡。秦置郡，治所在阳翟（今河南禹县）。相当今河南登封、宝丰以东，尉氏、郾城以西，密县以南，叶县、舞阳以北县地。此支陈氏，其始祖为齐王建三子陈轸，也是陈姓居住最集中的地方。

2. 汝南郡。汉时置郡，治所在上蔡（今河南上蔡西南）。相当今河南颍河、淮河之间，京广铁路西侧一线以东，安徽茨河、西淝河以西、淮河以北地区。东汉移治平舆（今河南平舆北）。

3. 下邳郡。东汉置国，治所在下邳（今江苏睢宁西北）。其他北至江苏新沂、邳县，南至盱眙和安徽嘉山，东至江苏莲水、淮安和清江市。南朝宋改为郡，相当今江苏西北地区。

4. 广陵郡。西汉置国，治所在广陵（今江苏扬州市），相当今江苏长江以北、射阳湖西南、仪征以东地区；东汉改郡，相当今江苏、安徽交界的洪泽湖和六合以东，泗阳、宝应、灌南以南，串场河以西，长江以北地区。此支陈氏，出自汉武帝之子刘胥之后所改陈姓后裔。

5. 东海郡。秦置郡，治所在郯（今山东郯城北）。西汉相当今山东费县、临沂、江苏赣榆以南，山东枣庄市、江苏邳县以东和江苏宿迁、灌南以北地区。

6. 河南郡。汉高帝置郡，治所在雒阳（今洛阳市东北）。相当于今河南省黄河以南的洛水、伊水下游，双洎河、贾鲁河上游地区及黄河以北原阳县。此支陈氏，出自匈奴族陈氏。

7. 武当郡。北魏置郡，治所在今湖北均县西北，隋、唐时屡兴屡废。这一支是出自陈寔之后。

8. 新安郡。晋代、东魏、隋代均曾置郡，但辖境不同，晋代相当今浙江，东魏相当河南新安、渑池一带，隋代则相当今安徽。

9. 庐江郡。楚汉之际置郡，治所在舒（今安徽庐江西南）。相当今安徽巢县、舒城、霍山以南，长江以北，湖北英山、广济、黄梅及河南商城等地。

10. 冯翊郡。汉武帝太初元年（公元前104年）设置左冯翊行政区，为三辅之一。三国时魏改左冯翊置郡，治所在临晋（今陕西大荔）。相当今陕西韩城、黄龙以南，白水、蒲城以东和渭河以北地区。此支陈氏，出自陈宣帝子沅陵王陈叔兴之后。

11. 京兆郡。汉太初元年（公元前104年）改右内史分置京兆尹，为三辅之一，职掌与郡太守同，治所在长安（今陕西西安市西北）。相当于今陕西秦岭以北、西安市以东、渭河以南、华阴县以西之地。三国曹魏改称郡。此支陈氏，出自唐代迁居京兆的陈寔后裔陈忠之后。

以上所列举的11个郡望，其多为颍川郡望的分支。在陈姓郡望中，以颍川、汝南、下邳、广陵、东海为其五大郡望。

陈姓的堂号，有以郡名命堂名的，如以上所列举的11个郡望亦即是陈姓的堂号；另外，还有取德泽传家或是勉励后世从武的，如有“德星”、“德聚”、“淝武”等。

（四） 家谱寻踪

河北阜平·陈氏宗谱

藏地：国家图书馆

（清）陈嘉谟修

清嘉庆十一年（1806）钞本 一册

河北阜平·陈氏宗谱不分卷

藏地：中国社会科学院历史研究所图书馆　人民大学　辽宁图书馆　日本　美国

（民国）陈继瑄　陈继祜等修

1935年铅印本

河北清苑·陈氏家乘搜遗不分卷

藏地：河南省图书馆

（清）陈永寿辑

清光绪三十三年（1907）陈氏铅印本

河北故城·甘陵陈氏族谱二卷

藏地：河北故城县档案馆

（民国）陈裕平纂

1932年石印本

河北冀县·陈氏家乘七卷

藏地：河北大学

（清）陈茂桂修

清同治十二年（1873）木刻本 四册

山西忻州·陈氏族谱二卷

藏地：吉林大学

（民国）陈敬棠修

1918年文蔚阁排印本　三册

山西灵石·陈氏家谱不分卷

藏地：人民大学

（清）陈允中等重修

清道光二十七年（1847）刻本 四册

辽宁凤城·陈氏谱书序

藏地：辽宁凤城县图书馆

清光绪三十四年（1908）写本

上海嘉定·南翔陈氏宗谱二卷

藏地：辽宁图书馆（存卷1）

（民国）陈家栋等修

1924年永誉堂铅印本

江苏南京·金陵陈氏谱略四卷附言一卷艺文略一卷艺文补遗四卷光誉集十四卷

藏地：国家图书馆

（民国）陈作仪　陈诒绂同编

民国间稿本　十四册

江苏溧水·琗山陈氏宗谱不分卷

藏地：江苏溧水县石湫乡山口村

（清）陈锡棋纂

清光绪二十年（1894）聚星堂木活字本

江苏溧水·环步陈氏宗谱十八卷

藏地：江苏溧水县云合乡孔家白石观

（清）陈傅富纂

清光绪三十四年（1908）聚星堂木活字本

江苏溧水·陈氏宗谱

藏地：上海图书馆（缺卷 2、3、5、7、8、11、15、24—26）

（民国）陈尤鳌纂

1922 年刻本

江苏赣榆·陈氏家谱

藏地：江苏赣榆县赣马乡陈三庄

江苏淮安·淮山陈氏族谱不分卷

藏地：江苏淮安县图书馆

民国钞本

江苏阜宁·陈氏宗谱二十二卷首一卷末一卷

藏地：中国科学院图书馆　美国

（民国）陈为轩　陈伯盟修

1933 年扬州犁头街浦聚成齐刊本

江苏扬州·潍邑陈氏族谱十二卷

藏地：国家图书馆

（清）陈翮纂

清道光十一年（1831）祠堂刻本十二册

江苏扬州·维扬安阜洲陈氏重修族谱十卷

藏地：国家图书馆　吉林大学

（民国）陈广州等修　刘嵩泉辑

1917 年活字本

江苏扬州·维扬州陈氏重修族谱□□卷

藏地：湖南省图书馆（存卷 1、2）

（民国）陈万林修　陈耿耀纂

1919 年活字本

江苏扬州·陈氏家谱

藏地：国家图书馆　吉林大学　广东中山图书馆　日本　美国

（民国）陈延祼修

1927 年北京和济印刷局铅印本一册

江苏扬文·维扬江都陈氏重修族谱八卷

藏地：国家图书馆　河北大学　哈尔滨师范大学

（民国）陈世炆等修

1927 年德星堂活字本

江苏泰州·陈氏家乘十一卷

藏地：吉林大学

（清）陈安策修

清嘉十一年（1806）刻本　二册

江苏泰州·延令陈氏族谱四卷首一卷

藏地：南开大学

（民国）李小山辑

1923 年刻本　四册

江苏靖江·陈氏族谱六卷首一卷

藏地：日本　美国

（清）陈楠等修

清道光十一年（1831）活字本

江苏江都·五洲陈氏宗谱四卷

藏地：上海图书馆

清光绪三十三年（1907）刻本四册

江苏·高邮奉西陈氏家谱不分卷

藏地：美国

（明）陈学礼修

明天启七年（1627）写本　二册

江苏高邮·平江继禹堂陈氏宗谱二卷

藏地：江苏高邮县一沟乡佛塔村

（清）陈大武修

清道光二十八年（1848）木刻本

江苏泰兴·陈氏族谱

藏地：江苏泰兴县珊瑚南洋村

（民国）周定三重整

1923年尚义堂刻本

江苏·如皋县东石家甸陈氏增辑宗谱二十八卷

藏地：辽宁图书馆　美国

（清）陈树猷　陈其堃等修

清光绪三十三年（1907）活字本

江苏如皋·陈氏宗谱二十六卷

藏地：国家图书馆

（民国）陈桂林等修

1935年如皋新明印刷社铅印本二十六册

江苏镇江·京口陈氏五修家谱二卷

藏地：美国

（清）陈萝原等撰

清嘉庆九年（1804）刊本　二册

江苏镇江·开沙陈氏九修宗谱十二卷

藏地：江苏镇江市博物馆

（民国）陈云辉等纂

1914年木活字本

江苏·丹徒陈氏族谱四卷

藏地：上海图书馆

（清）陈棋龄等修

清光绪五年（1879）贻安堂木活字本　四册

江苏·丹徒丰城东陈氏支谱二卷

藏地：美国

（民国）陈嵩龄等修

1917年活字本　二册

江苏丹徒·石城陈氏族谱二十三卷

藏地：中国社会科学院历史研究所图书馆

（民国）陈义有编修

1928年燕贻堂活字本　二十六册

江苏丹阳·云阳後分陈氏宗谱十八卷

藏地：中国社会科学院历史研究所图书馆

（清）陈燮堂纂修

清光绪二十年（1894）活字本十八册

江苏丹阳·云阳陈氏汇造宗谱九十四卷

藏地：日本　美国

（民国）陈树声等修

1931年有归木活字本　九十六册

江苏丹阳·吕城坝口陈氏宗谱十卷首一卷末一卷

藏地：江苏苏州市图书馆

（民国）陈淳湖　陈毓镐修

1943年笃庆堂活字本　十二册

江苏丹阳·云阳陈氏宗谱□□卷

藏地：江苏丹阳县图书馆（存卷1、4、5、7、11、12、14）

（民国）陈琦重修

1945年木刻本

江苏·句容达乡迁润陈氏支谱四卷

藏地：美国

（清）陈桂琛等修

清光绪十一年（1885）德星堂活字本　二册

江苏·句容陈巷张巷陈氏家乘七卷首一卷

藏地：吉林大学

（清）陈会璋修

清宣统元年（1909）慎远堂活字本　八册

江苏常州·陈氏宗谱十八卷

藏地：江苏常州市图书馆（存卷4、8、10、18）

（民国）陈垒纂修

1940年常州陈氏训行堂木活字本

浙江·萧山陈氏宗谱十卷

藏地：中国社会科学院历史研究所图书馆

（清）陈镜蓉纂

清光绪十三年（1887）世德堂活字本十册

浙江·绍萧陈氏宗谱十卷

藏地：中国社会科学院历史研究所图书馆　日本　美国

（民国）陈永鉴等修

1915年世德堂活字本

浙江余杭·西园陈氏家谱不分卷

藏地：浙江图书馆

（清）陈龙光　陈兆丰辑

清刻本　一册

浙江余杭·陈氏宗谱二卷

藏地：浙江余杭县文物馆

木活字本

浙江富阳·富春上馆陈氏宗谱三卷

藏地：浙江图书馆　美国

（民国）陈锡镳　陈正澜等修

1933年种德堂刊本

浙江富阳·富春上馆陈氏有八公派族谱二卷

藏地：美国

（民国）陈锦镳等修

1933年种德堂刊本　二册

浙江富阳·富春深里陈氏宗谱十二卷

藏地：浙江图书馆

（民国）陈侃　陈竹笙辑

1933年暨阳存心堂木活字本　十二册

浙江·颍川陈氏宗谱不分卷

藏地：南京大学

（清）陈之培修

钞本　三册

浙江建德·儒桥陈氏宗谱六卷

藏地：国家图书馆　中国社会科学院历史研究所图书馆　吉林大学

（清）陈楫总局　陈元章主修

清光绪十六年（1890）衍庆堂活字本

浙江萧山·涝湖陈氏宗谱十卷

藏地：国家图书馆　辽宁图书馆　日本　美国

（清）陈士朝　陈元阶等修

清道光六年（1826）推己堂木活字本

浙江萧山·涝湖西堡陈氏宗谱四卷

藏地：日本　美国

（清）陈兆英等修

清道光六年（1826）六顺堂木活字本

浙江萧山·唐里陈氏宗谱

藏地：国家图书馆

（清）陈粲等纂

清道光十六年（1836）六望堂活字本　十册

浙江萧山·唐里陈氏宗谱不分卷

藏地：国家图书馆　浙江图书馆

（清）陈应元等辑

清同治八年（1869）六望堂活字本

浙江萧山·唐里陈氏宗谱十四卷

藏地：日本　美国

（清）陈傅森等修

清宣统元年（1909）六望堂木活字本

浙江·萧山长浜陈氏宗谱八卷

藏地：国家图书馆　辽宁图书馆　吉林大学　日本　美国

（清）陈锡钧　陈钟颖等修

清同治十一年（1872）敬睦堂木活字本

浙江·萧山陈氏宗谱八卷

藏地：日本　美国

（清）陈宗元等修

清光绪二年（1876）敦睦堂木活字本

浙江萧山·萧邑陈氏宗谱十四卷

藏地：日本　美国

（清）陈连顺　陈浩然修

清光绪七年（1884）树德堂木活字本

浙江·萧山湘左陈氏宗谱十卷

藏地：吉林大学

（清）陈书修

清宣统元年（1909）崇本堂活字本　十册

浙江·萧山陈氏宗谱十四卷

藏地：美国

（民国）陈烺等修

1925年惇敬堂活字本　十五册

浙江淳安·遂安陈氏宗谱十六卷

藏地：国家图书馆

（民国）陈锡森等修

1919年世德堂活字本　十六册

浙江宁波·仓基陈氏宗谱旌忠录六卷

藏地：浙江宁波天一阁文物保管所

（清）陈祖確辑

清光绪五年（1879）遗忠堂木活字本一册

浙江宁波·宁城仓基陈氏家谱三十二卷首一卷

藏地：浙江宁波天一阁文物保管所

（清）陈隆泽　陈隆珽等纂清宣统二年（1910）遗忠堂活字本　十册

浙江宁波·四明仓基陈氏宗谱三十二卷首一卷附旌忠录二卷

藏地：国家图书馆　浙江宁波天一阁文物保管所　美国

（民国）陈贤凯　陈隆灃等纂

1934年遗忠堂木活字本　十四册

浙江宁波·鄞邑家塾陈氏宗谱一卷

藏地：南开大学

（民国）陈贤瀛等修

1913年世德堂刊本　三册

浙江宁波·鄞西陈氏宗谱二十八卷首一卷

藏地：浙江宁波天一阁文物保管所

（民国）陈际盛　陈仰尹等纂

1933年聚星堂木活字本　四册

浙江余姚·姚江鹦山陈氏宗谱不分卷

藏地：浙江图书馆

（清）陈九牧　陈鼎泰辑　陈德光续修

清嘉庆十年（1805）德星堂木活字本　十册

浙江余姚·姚江四堡陈氏宗谱六卷首一卷

藏地：国家图书馆　河北大学

（清）陈仁标　陈裕茂纂

清光绪三十一年（1905）地心堂活字本　六册

浙江余姚·姚江雪楼陈氏宗谱八卷

藏地：河北大学　浙江宁波天一阁文物保管所

（民国）陈福廷　陈占富等纂

1913年毓庆堂木活字本　八册

浙江余姚·姚江梅川陈氏家谱六卷首一卷末一卷

藏地：南开大学

（民国）陈锡成等编

1919年崇都堂排印本　六册

浙江·余姚竹山桥陈氏宗谱四卷

藏地：南开大学

（民国）陈启德修

1930年麟风堂刊本　四册

浙江鄞县·鄞东陈氏宗谱三卷

藏地：吉林大学

（清）陈世永纂

清道光二十二年（1842）光远堂活字本　一册

浙江鄞县·生姜漕陈氏宗谱六卷首一卷

藏地：中国社会科学院历史研究所图书馆

（清）陈华梾纂

清光绪四年（1878）崇本堂活字本　一册

浙江鄞县·生姜漕陈氏宗谱七卷首一卷

藏地：国家图书馆　中国社会科学院历史研究所图书馆　南开大学　吉林大学　苏州大学

（清）陈富教纂

清光绪三十年（1904）崇本活字本

浙江鄞县·慈东陈氏宗谱不分卷

藏地：浙江宁波天一阁文物保管所

（民国）陈君律　陈绍桐等纂

1927年德星堂木活字本　一册

浙江鄞县·鄞南十亩漕陈氏家谱不分卷

藏地：浙江宁波天一阁文物保管所

（民国）载彦硕　陈子梁纂

1930年木活字本　一册

浙江鄞县·鄞葑里村钞堂陈氏家乘二卷首一卷

藏地：浙江宁波天一阁文物保管所

（民国）张琴纂

1930年雨钞堂木活字本　一册

浙江鄞县·鄞东月浦陈氏家乘四卷首一卷

藏地：浙江宁波天一阁文物保管所

1931年遗忠堂木活字本　二册

浙江鄞县·鄞陈横楼后陈陈氏宗谱二卷

藏地：浙江宁波天一阁文物保管所

（民国）第琴纂修

1932年雨钞堂木活字本　一册

浙江鄞县·晴江陈氏宗谱四卷首一卷

藏地：浙江宁波天一阁文物保管所

（民国）陈本琅　陈文绍纂

民国二十四年（1935）垂裕堂木活字本　二册

浙江鄞县·鄞西北渡陈氏宗谱四卷首二卷末二卷

藏地：浙江宁波天一阁文物保管所

（民国）张傅保·鲍仁声等纂
1948年聚星堂木活字本　二册

浙江鄞县·月湖陈氏家乘草本二卷
藏地：浙江宁波市档案馆
（民国）陈祖檏纂
1948年）刊本

浙江鄞县·月湖陈氏宗谱
藏地：中央民族大学
德和堂陈氏稿本　二十二册

浙江慈溪·狮山陈氏宗谱二卷
藏地：吉林大学
清咸丰十一年（1861）郭本堂活字本二册
（清）陈良琮等修

浙江象山·下沈陈氏宗房谱一卷
藏地：浙江象山县文管会
（民国）赖凤鸣修
1932年钞本

浙江象山·象南东陈陈氏宗谱一卷
藏地：浙江象山县文管会
（民国）高振宵修
1922年钞本

浙江象山·杏墙陈氏宗谱□□卷
藏地：浙江象山县文管会（存卷1—6、9—12）
（民国）陈显伟修
1930年木刻本

浙江象山·胡家塽陈氏宗谱一卷
藏地：浙江象山县文管会
（民国）陈礼复修
1939年木刻本

浙江平阳·乡贤陈氏族谱不分卷
藏地：国家图书馆
（民国）陈世泽修
1937年铅印本　四册

浙江嘉兴·陈氏家乘十卷
藏地：上海图书馆
（清）陈遇撰
清康熙间刻本　十五册

浙江嘉善·陈氏宗谱七卷
藏地：北京大学　北京师范大学
（清）陈丰纂
清康熙十年（1671）刻本

浙江嘉善·枫泾陈氏家谱
藏地：美国
清宣统三年（1911）铅印本一册

浙江·海宁陈氏家谱二十卷
藏地：国家图书馆
（清）陈元龙纂修　陈邦直增订
清乾隆间刻本

浙江海宁·陈氏家谱六卷首一卷
藏地：人民大学
（清）陈应麟编
清嘉庆九年（1804）刻本　八册

浙江·海宁渤海陈氏家谱二十卷首一卷
藏地：日本　美国
（清）陈应麟编
清嘉庆十一年（1806）刊本

浙江·海宁渤海陈氏宗谱二十八卷首一卷
藏地：吉林大学　日本　美国
（清）陈敬懋修
清光绪二十三年（1897）刻本十六册

浙江·海宁渤海陈氏宗谱二十八卷首一卷终一卷
藏地：天津档案馆　辽宁图书馆　吉林大学　杭州大学　日本　美国
（民国）陈赓笙修
1913年—1918年陈氏义庄本

浙江平湖·乍浦东陈族谱稿一卷

藏地：中国科学院图书馆　北京师范大学　上海图书馆　浙江图书馆　中山大学

（民国）陈甸纂

1948 年排印本　一册

浙江海临·温陵陈氏分支海临宗谱一卷

藏地：国家图书馆　上海图书馆　江苏苏州市图书馆　浙江嘉兴市图书馆

（清）陈教远撰

清宣统元年（1909）文圃堂苏州刻本

浙江湖州·陈氏家谱不分卷

藏地：南京大学

（清）陈镇基纂

清光绪十八年（1892）木刻本　一册

浙江湖州·陈氏家谱不分卷

藏地：南京大学

（清）陈镇基纂

清光绪二十年（1894）木刻本　一册

浙江长兴·陈氏宗谱□□卷

藏地：浙江长兴县博物馆

（民国）陈作舟　陈惟主修

1917 年木刻本

浙江绍兴·会稽樊川陈氏宗谱五卷

藏地：美国

（明）陈棶　陈槚等修

明崇祯六年（1633）钞本　六册

浙江绍兴·会稽雷门陈氏农谱不分卷

藏地：美国

（清）陈升撰　陈锡禹等增修

清初钞本

浙江绍兴·山阴陈氏续修世谱四卷

藏地：美国

（清）陈奕亲等序

清康熙二十八年（1689）钞本　四册

浙江兰溪·富春陈氏宗谱三卷

藏地：浙江兰溪县下陈乡白九村

1925 年木刻本

浙江兰溪·金钟陈氏宗谱三卷

藏地：浙江兰溪县朱家乡

1930 年木刻本

浙江兰溪·颍川郡陈氏宗谱三卷

藏地：浙江兰溪县高潮乡

1933 年木刻本

浙江兰溪·松岩白沙陈氏宗谱三十卷

藏地：浙江兰溪县白沙乡白沙村

（民国）陈志祯　陈志穆纂

1934 年木刻本

浙江兰溪·颍川陈氏宗谱四卷

藏地：浙江兰溪县水亭乡水亭街

（民国）水铱纂

1935 年木刻本

浙江兰溪·芝堰陈氏宗谱七卷

藏地：浙江兰溪县芝堰乡（三部）

1947 年木刻本

浙江兰溪·社牛菖湖陈氏宗谱二十四卷

藏地：浙江兰溪县汪高乡

木刻本

浙江兰溪·颍川郡陈氏宗谱一卷

藏地：浙江兰溪县高潮乡

木刻本

浙江兰溪·陈氏宗谱十二卷

藏地：浙江兰溪县高潮乡皂洞口

木刻本

浙江永康·龙川陈氏宗谱八卷

藏地：浙江东阳县象岗乡

木活字本

浙江东阳·清溪陈氏宗谱八卷

藏地：中国社会科学院历史研究所图书馆

（清）陈海观纂

清光绪三十四年（1908）活字本八册

浙江东阳·路西陈氏宗谱三卷

藏地：浙江东阳县周公岭脚

（民国）斯国泰纂

1940年木活字本 一册

浙江东阳·西埒陈氏宗谱□□卷

藏地：浙江东阳县古光乡下信庄

1947年木活字本

浙江常山·陈氏大成宗谱六卷

藏地：浙江常山县龙尧乡三里江村

清同治十年（1871）木刻本

浙江常山·陈氏重修宗谱不分卷

藏地：浙江常山县钳口乡石坝村

清光绪六年（1880）刻本

浙江常山·陈氏大成宗谱二卷

藏地：浙江常山县龙尧乡三里江村

清光绪十九年（1893）木刻本

浙江常山·东鲁大成陈氏宗谱一卷

藏地：浙江常山县金源乡高角村

清光绪二十五年（1899）木刻本

浙江常山·颍川陈氏宗谱六卷

藏地：浙江常山县七里燮村

（民国）陈其仁修

1914年木刻本

浙江常山·安川陈氏宗谱五卷

藏地：浙江常山县芙蓉乡安坑村（二部）

（民国）王广楫续修

1915年木刻本

浙江常山·陈氏大成汇谱不分卷

藏地：浙江常山县龙尧乡三里仁村

（民国）陈惟馨修

1919年木刻本

浙江常山·陈氏宗谱八卷

藏地：浙江常山县宋板乡松香门米屯坝

（民国）陈顺和修

1924年木刻本

浙江常山·颍川陈氏宗谱二卷

藏地：浙江常山县狮子口乡渣濑湾

（民国）徐燮修

1932年木刻本

浙江常山·义门陈氏宗□□卷

藏地：浙江常山县东鲁乡东湖村（存卷1、2）

1941年油印本

浙江常山·定阳陈氏宗谱二卷

藏地：浙江常山县青石乡澄潭村

1946年木刻本

浙江常山·陈氏宗谱一卷

藏地：浙江常山县青石乡溪口村

（民国）徐燮修

1947年木刻本

浙江温岭·峨山陈氏宗谱八卷

藏地：浙江图书馆（存卷1、2）

清道光三十年（1850）木活字本

浙江温岭·泽国陈氏宗谱□□卷

藏地：浙江临海县博物馆（存卷2、3）

清咸丰九年（1859）木活字本

浙江温岭·峨山陈氏宗谱□□卷

藏地：浙江临海县博物馆（存卷1）

清同治十年（1871）木活字本

浙江仙居·黄梁陈氏宗谱三十二卷

藏地：浙江临海县博物馆（存卷2、5、8—10）

（清）陈继韶纂

清光绪七年（1881）木活字本

浙江仙居·乐安陈曹合谱□□卷

藏地：浙江临海县博物馆（存卷2、3）

1918年木活字本

浙江仙居·乐安陈氏宗谱二十卷首一卷补三卷

藏地：浙江临海县博物馆（缺6、10、16、17）

（民国）陈林荣等纂

1918年木活字本

浙江天台·左溪陈氏宗谱十一卷

藏地：浙江临海县博物馆（缺1、2）

（清）陈源等纂

清道光二十年（1840）木活字本

浙江天台·妙山陈氏宗谱六十九卷

藏地：浙江图书馆

（民国）陈恩蓉编

1929年铅印本　五十七册

浙江遂昌·陈氏宗谱

藏地：浙江遂昌县云峰乡刘坑村

民国间刊本

浙江松阳·浪树陈氏宗谱二卷

藏地：浙江松阳县四都乡椰树村

（民国）陈元修

1925年木刻本

浙江·陈氏重修宗谱不分卷

藏地：湖南省图书馆

1932年石印本　一册

安徽·萧县陈氏族谱二十五卷

藏地：安徽图书馆

（民国）陈春藻　陈履恭等编

1924年编1935年铅印本　六册

安徽庐江·陈氏四修宗谱十卷

藏地：人民大学

（清）陈畏三　陈靖辅修

清乾隆刻本　十册

安徽·宣城陈氏族谱一卷

藏地：山东省图书馆

（清）陈仕淳纂

稿本

安徽徽州·陈氏宗谱

藏地：安徽徽州地区博物馆（存一卷）

（清）陈光台等修

清光绪二十作年（1902）刻本

安徽黄山·桂城陈氏族谱八卷

藏地：安徽图书馆　河北大学

（民国）陈祖荫　陈宋寿修

1929年滋裔堂木刻本　十七册

安徽徽州·新安陈氏宗谱二卷附录一卷

藏地：国家图书馆

（明）陈靖　王宗植纂

明正德二年（1507）家刻本一册

安徽徽州·新安蜀川陈氏宗谱十二卷文翰五卷

藏地：国家图书馆

明刻本　四册

安徽徽州，新安陈氏宗谱二卷附录一卷

藏地：国家图书馆

（明）陈靖豐纂
明钞本　一册
安徽休宁·藤溪陈氏宗谱七卷
藏地：中国社会科学院历史研究所图书馆　安徽图书馆　安徽博物馆　美国
（清）陈沣编
清康熙十年（1671）刊本
安徽旌德·旌阳昌溪陈氏续修宗谱十二卷首一卷末一卷
藏地：国家图书馆
1938 年活字本
安徽祁门·陈氏大成宗谱八卷首一卷
藏地：国家图书馆　安徽图书馆　安徽博物馆　福建同安县文
（明）陈鉴纂
明嘉靖六年（1527）刻本
安徽祁门·陈氏宗谱四卷
藏地：河北大学
（明）陈祫修
清康熙三十二年（1693）木刻本　四册
安徽祁门·文堂陈氏宗谱六卷
藏地：国家图书馆　中国社会科学院历史研究所图书馆　河北大学　吉林大学
（清）陈淦纂
清道光八年（1828）活字本
安徽祁门·文堂陈氏家谱十四卷首一卷末一卷
藏地：国家图书馆　中国社会科学院历史研究所图书馆　河北大学　吉林大学　四川省图书馆
（民国）陈德祁纂
1928 年培德堂铅印本
安徽祁门·祁西桃源陈氏通公家谱四卷
藏地：国家图书馆
（清）陈正森等修
清同治元年（1862）崇正堂活字本　四册
安徽祁门·倦源百穴山陈氏重修族谱四卷
藏地：安徽博物馆
（民国）陈家务　陈廷柱纂
1926 年木活字本　二册
安徽桐城·陈氏宗谱六卷
藏地：美国
（清）陈廷赞等修
清嘉庆二十二年（1817）刊本　六册
安徽桐城·义门陈氏宗谱四卷
藏地：河北大学
（清）陈原杰　陈子钊等纂
清同治七年（1868）傅义堂木刻本　二册
安徽桐城·陈氏宗谱十五卷
藏地：安徽图书馆
（清）陈文炳　陈章甫等编
清同治七年（1868）木活字本　十六册
安徽桐城·陈氏支谱八卷首一卷末一卷
藏地：日本　美国
（清）陈美章　陈春盛修
清同治七年（1868）怀义堂木活字本　十册
安徽桐城·义门陈氏支谱八卷
藏地：日本　美国
（清）陈凤仪等修
清同治八年（1869）庆远堂刊本　八册

安徽桐城·陈氏宗谱十四卷首一卷末一卷

藏地：日本　美国

（清）陈善庆等修

清光绪三年（1877）木活字本十六册

福建福州·颍川陈氏族谱十卷

藏地：国家图书馆　吉林大学福建省图书馆　福建师范大学

（民国）陈尔履修

1917年铅印本

福建福州·金华陈氏重修族谱六卷首一卷

藏地：日本　美国

（民国）陈濬　陈培庆续修　陈籙增辑

1918年铅印本

福建福州·平阳乡贤陈氏族谱

藏地：福建省图书馆

（民国）陈世泽修

1937年铅印本　二册

福建连江·新歧陈氏族谱一卷

藏地：福建连江县档案馆

（清）林元星续修

清嘉庆二十年（1815）稿本

福建连江·新歧陈氏族谱一卷

藏地：福建连江县档案馆

（清）陈光猷修

清同治元年（1862）稿本

福建连江·新歧陈氏族谱一卷

藏地：福建连江县档案馆

（民国）吴廷漠修

1914年稿本

福建连江·回龙陈氏族谱一卷

藏地：福建连江县档案馆

（民国）郑紫　陈少香续修

1923年稿本

福建连江·馆渍陈氏族谱一卷

藏地：福建连江县档案馆

（民国）陈梅如　陈锡三续修

1923年稿本

福建连江·双泉陈氏族谱一卷

藏地：福建连江县档案馆

（民国）陈文修

1927年修1949年钞本

福建连江·龟峰陈氏族谱

藏地：福建连江县档案馆

（民国）陈覞修

1942年木刻本

福建莆田·陈氏宗谱不分卷

藏地：吉林大学

（清）陈友桯等修

清光绪二十五年（1899）刻本一册

福建莆田·兴化谷目村陈氏族谱不分卷旧钞本

藏地：福建师范大学

福建泉州·登瀛陈姓伯壹房私谱

藏地：台湾

（清）陈培镃修

清光绪二年（1876）钞本

福建晋江·溜江陈氏族谱一卷

藏地：台湾

清同治十二年（1873）钞本一册

福建南安·丰溪蓝园陈氏族谱

藏地：台湾

（清）陈高操修

清光绪十七年（1891）钞本一册

福建安溪·陈氏南坑四房流族谱

藏地：台湾

（清）陈廷朱修

清道光十七年（1837）修1948陈

炳英增修本

福建永春·重修桃源鸣琴陈氏族谱一卷

藏地：福建永春县文管会

（清）林美中修

清光绪十六年（1890）钞本

福建漳州·统领陈泽公族谱一卷

藏地：台湾

清乾隆二十六年（1761）钞本　一册

福建漳州·颍川［陈氏］开漳族谱不分卷

藏地：福建师范大学　广东中山图书馆

（民国）陈祯祥修

1916 年枟城缎罗申鸿文石印本

福建·漳浦沙港陈氏族谱

藏地：台湾

（清）陈睿思序

清康熙九年（1669）钞本

福建·东山颍川世泽陈家族谱

藏地：福建东山县志办

（民国）陈百禄纂

1937 年钞本

福建·七闽陈氏世系不分卷

藏地：国家图书馆（二部）

（民国）陈登澥著

1937 年七闽陈氏铅印本　一册

江西南昌·陈氏家乘不分卷

藏地：日本　美国

（民国）陈西岑等修

1924 年省垣宗祠木活字本　二册

江西宜春·陈氏大成宗谱二十四卷首六卷

藏地：江西省图书馆（存卷首 2—6、卷 6—9、13、16、19、20、22、23）

（民国）陈增荣等纂

1936 年德星堂石印本

江西弋阳·陈文正公家乘四卷首一卷

藏地：国家图书馆　江西省图书馆

（清）陈文典辑

清康熙二十九（1690）原订　道光三年（1823）活字本　一册

江西万载·锦衣坊陈氏族谱不分卷

藏地：江西省图书馆

（清）陈邦桥等纂

清嘉庆六年（1801）孝义堂木活字本　一册

江西万载·陈氏族谱□□卷

藏地：江西省图书馆（存卷 1、5）

（清）陈方铆等纂

清道光十四年（1834）德星堂木活字本

江西万载·镜山陈氏族谱□□卷

藏地：江西省图书馆（存卷 6、7）

（清）陈兆鳞等纂

清光绪二十五年（1899）德星堂木活字本

江西万载·镜山陈氏重修族谱十九卷首二卷末一卷

藏地：江西省图书馆

（民国）陈守正等纂

1937 年德星堂木活字本　一册

江西上高·敖阳陈氏族谱□□卷

藏地：江西省图书馆（存卷 8、9、12—14）

清光绪十五年（1926）白沙洲德星堂木活字本

江西金溪·陈氏六修族谱二十四卷

藏地：中央民族大学

（清）陈运昌修

清光绪三十年（1904）德星堂刻本　二十二册

山东寿光·陈氏宗谱四卷

藏地：吉林大学

（民国）王昌荣辑

1940 年活字本　四册

山东·蓬莱陈氏十四世简历不分卷

藏地：山东省图书馆

（清）陈驷门纂修

稿本

山东曲阜·陈氏族谱十二卷首一卷末一卷

藏地：河北大学

（清）陈聚奎　陈良英纂

清乾隆四十八年（1783）木刻本　六册

山东曲阜·仟源百樾山陈氏族谱四卷

藏地：国家图书馆

（民国）陈家务　陈廷柱辑

1926 年渐庆堂活字本　二册

山东曲阜·陈氏族谱六卷首一卷末一卷

藏地：哈尔滨师范大学

（民国）陈之澍等修

1927 年大字刻本　六册

山东临沭·陈氏支谱

藏地：山东临沭县周庄乡邢官庄

钞本

山东临沭·陈氏四言新谱

藏地：山东临沭县曹庄镇大哨村

钞本

河南开封·陈桥陈氏宗谱十卷末一卷

藏地：哈尔滨师范大学

（民国）周世球　周人佐等修

1948 年光裕堂刻本　十册

河南·淮阳陈氏祖谱不分卷

藏地：河南省图书馆

（民国）陈冠甲　陈殿英等修

1915 年石印本

河南许昌·颍川陈氏续修族谱十卷

藏地：吉林大学

（清）陈正心续修

清光绪二年（1876）司马堂活字本　十册

河南·西平县权寨镇陈氏家乘六续编二卷风土志一卷

藏地：国家图书馆　中国社会科学院历史研究所图书馆　河北大学　吉林大学　河南西平县档案馆　日本　美国

（民国）陈铭鉴纂

1920 年铅印本　一册

河南·正阳陈家楼陈氏宗谱四卷

藏地：国家图书馆　中国社会科学院历史研究所图书馆　吉林大学　杭州大学

（民国）陈守谦纂

1938 年上海国光印书局铅印四册

湖北武昌·湖北金口乡陈氏宗谱四卷

藏地：美国

（民国）陈长龄等修

1921 年木活字本　四册

湖北黄陂·陈氏宗谱序原五卷谱原四卷首一卷

藏地：武汉市图书馆

（民国）陈华珊等编

1924 年陈氏义门堂木活字本

湖北新洲·陈氏宗谱八卷

藏地：湖北新洲县前进乡郭玉村

（清）陈润生　陈玉书纂

清光绪二十年（1894）木刻本

湖北新洲·义陈宗谱十卷

藏地：湖北新洲县三店镇宋渡村

（民国）陈先枣　陈濬川等修

1915 年木刻本

湖北新洲·陈氏大成宗谱十二卷首三卷

藏地：湖北新洲县施岗乡施岗村

（民国）陈受先　陈毓鑫等修

1927 年木刻本

湖北新洲·陈氏宗谱十三卷首三卷

藏地：湖北新洲县和平乡曹田村

（民国）陈文一　陈文三等修

湖北新洲·义门陈氏宗谱四卷

藏地：湖北新洲县马河乡朱岗村

1930 年木刻本

湖北新洲·陈氏宗谱五卷

藏地：湖北新洲县新街乡新河村

（民国）陈朗珊修

1933 年木刻本

湖北新洲·陈氏宗谱六十五卷首二卷末一卷

藏地：湖北新洲县八里乡新畈村

（民国）陈爵封　陈本赐等修

1934 年木刻本

湖北孝感·澴东义门陈氏宗谱二十二卷首一卷末一卷

藏地：武汉市图书馆（缺卷首、卷 8、10）

1919 年陈氏刊本

湖北应城·陈氏宗谱□□卷

藏地：武汉市图书馆（缺卷 2）

1948 年陈氏义门堂石印本

湖北应城·陈氏宗谱六卷首一卷

藏地：武汉市图书馆

（民国）陈文开　陈孝轩等编

1949 年应城陈氏石印本

湖北黄岗·楚黄松山陈氏续编本宗谱三十卷首四卷

藏地：美国

（民国）陈受标等修

1918 年刊本　三十四册

湖北黄冈·陈氏宗谱三十卷首六卷

藏地：广东中山图书馆（缺卷 25）

（民国）陈伟公　陈畏三编

1931 年旌义堂刻本

湖北黄冈·义门陈氏宗谱七卷首二卷

藏地：湖北黄冈县档案馆

（民国）陈昌银总纂

1945 年义善堂木刻本

湖北黄冈·松湖陈氏宗谱三十卷首四卷

藏地：湖北新洲·县毛集乡牛塆

（民国）陈鹄人　陈润青等修

1947 年木刻本

河北蕲春·白鹤庄陈氏宗谱□□卷

藏地：湖北省图书馆（存卷首、卷 5）

一九八五年复印旧刻本

湖北江陵·陈氏族谱一卷

藏地：湖北江陵县档案馆

（民国）陈启富宇　陈祖佑等修

1917 年木刻本

湖北石首·陈氏族谱□□卷

藏地：湖北石首县档案馆

木刻本

湖南·陈氏环山支谱十二卷

藏地：广东中山图书馆

（清）陈伯梧　陈宜人纂

清咸丰十一年（1861）环山祠刻本　十二册

湖南·陈氏续修族谱五卷首一卷

藏地：湖南省图书馆（存卷首）

（清）陈阁连　陈惟贤等修

清光绪十八年（1892）通邑萧书堂印本

湖南·陈氏族谱十卷首四卷

藏地：湖北大学

（民国）陈名猷　陈天权纂

1937 年木刻本　二十册

湖南·陈氏三修族谱十一卷首一卷

藏地：湖南省图书馆（存卷首、卷 1）

（民国）陈成叔修

1916 年颍川堂活字本

湖南·雨湘陈氏续修族谱七卷首三卷

藏地：中国社会科学院历史研究所图书馆

（民国）陈心珞总纂

1930 年颍川堂石印本　十册

湖南·陈氏四修族谱

藏地：河北大学

（民国）陈名士修

1934 年三相堂木刻本　四十四册

湖南·长潭陈氏三修族谱十卷

藏地：湖南省图书馆

（民国）陈朝杰修　陈邦徽等编

1940 年木活字本　十册

湖南·长沙檀山陈氏支谱

藏地：美国

（明）陈萃麓等修

明万历间刊本

湖南长沙·陈氏族谱十七卷首三卷

藏地：湖南省图书馆（存卷 2、3，卷 1—7）

清光绪三十二年（1906）木活字本

湖南长沙·陈氏支谱十卷首一卷

藏地：中央民族大学

（清）陈启南等修

清光绪三十三年（1907）颍川堂刻本　十册

湖南长沙·颍川陈氏续支谱四卷首一卷

藏地：湖南省图书馆（存卷首 2、4）

（清）陈立鸾　陈立荣等纂

清宣统二年（1910）活字本

湖南长沙·湘陕氏七修通谱□□卷

藏地：湖南省图书馆（存卷首、卷 9 上、19 下）

（民国）陈树藩　陈家厚纂

1920 年活字本

湖南长沙·陈氏五修支谱□□卷

藏地：湖南省图书馆（存卷 6）

1925 年活字本

湖南长沙·梅溪陈氏四修支谱十卷

藏地：湖南省图书馆

（民国）陈正纲纂修

1947 年颍川堂木活字本　十八册

湖南浏阳·虎潭陈氏族谱十九卷首三卷末四卷

藏地：湖南省图书馆

（清）陈光荣纂

1920 年星聚堂活字本　十二册

湖南宁乡·陈氏三修支谱十四卷

藏地：中央民族大学

（清）陈福安等修

清光绪间聚星堂活字本　十四册

湖南宁乡·陈氏八修支谱□□卷

藏地：湖南省图书馆（存卷 2）

1914 年活字本

湖南湘潭·陈氏重修分谱十卷

藏地：广东中山图书馆（缺卷 2—5）

（清）陈德辉　陈盛敬汇编

清乾隆五十七年（1792）奎德堂刻本

湖南湘潭·旗头陈氏七修族谱十八卷

藏地：广东中山图书馆

（清）陈大枚纂修

清光绪二十五年（1899）奎焕堂刻本　十八册

湖南湘潭·白汑陈氏族谱十六卷

藏地：河北大学

（清）陈祖群修

清咸丰八年（1858）木刻本　十六册

湖南平江·义门陈氏通谱□□卷

藏地：湖南省图书馆（存卷 4）

1936 年活字本

湖南资兴·颍川陈氏重修族谱十卷

藏地：吉林大学

（清）陈富有等修

清道光二十六年（1946）刻本　八册

湖南江华·江邑陈氏族谱二十四卷

藏地：湖南江华县档案馆

1934 年木刻本

湖南新化·陈氏复修族谱不分卷

藏地：湖南省图书馆

（清）陈代宪　陈世桂等修

清道光四年（1824）敦本堂刻本　一册

湖南新化·陈氏续修族谱□□卷

藏地：湖南省图书馆（存一册）

（清）陈今望序

清道光二十年（1840）刻本

湖南新化·陈氏十三修宗谱三十一卷首三卷末三卷

藏地：湖南省图书馆（存首三卷、末三卷）

（清）陈明曦　陈扬枚纂

清光绪三十一年（1905）德星堂活字本

湖南新化·陈氏四修族谱九卷

藏地：广东中山图书馆

（民国）陈顺勇　陈顺桌撰

1931 年聚星堂刻本　八册

湖南慈利·陈氏支谱十卷

藏地：中央民族大学

（清）陈炳仁修

清光绪五年（1879）德星堂刻本　十册

湖南益阳·陈氏三修族谱□□卷

藏地：湖南省图书馆（存卷首）

（清）陈寅修

清光绪二十六年（1900）活字本

湖南益阳·陈氏八修支谱十四卷末一卷

藏地：湖南省图书馆（存卷首）

（清）陈三聘纂

1914 年德星堂活字本

湖南桑植·陈氏族谱

藏地：湖南桑植县档案馆

湖南郴州·陈氏族谱不分卷
藏地：国家图书馆
（清）陈起孝修
清同治三年（1864）郴州陈氏德星堂活字本　十三册
湖南郴州·陈氏族谱不分卷
藏地：人民大学
清光绪十九年（1893）活字本　十二册
广东广州·陈氏族谱
藏地：河北大学
（清）建业堂修纂
清光绪二十四年（1898）建业堂木刻本　一册
广东增城·陈氏族谱不分卷
藏地：广东中山图书馆
（清）陈庆新　陈圣等修
清乾隆四十三年（1778）刻本　三册
广东番禺·陈氏家谱九卷首一卷
藏地：中山大学（缺卷7、8）
（清）陈沣撰
清咸丰元年（1851）陈氏钞本
广东番禺·陈氏家乘旧谱序跋一卷
藏地：广东中山图书馆
（清）陈沣辑
稿本
广东清远·陈氏族谱不分卷
藏地：广东中山图书馆
（清）陈真勋修
清道光二十年（1840）钞本　一册
广东潮州·陈氏族谱六卷
藏地：广东揭阳县档案馆（存甲、乙、丁戊五卷）
（民国）陈泽生　陈卓然等纂
1925年铅印本
广东潮州·陈氏谱不分卷
藏地：广东中山图书馆
钞本　一册
广东潮州·陈氏族谱不分卷
藏地：广东中山图书馆
钞本　一册
广东饶平·陈氏世傳大族谱
藏地：台湾
（清）陈庆年修
清光绪十七年（1891）刊本　一册
广东饶平·陈氏族谱
藏地：台湾
（清）陈顶编
清光绪三十四年（1908）钞本　一册
广东饶平·陈氏族谱不分卷
藏地：广东中山图书馆　美国
（民国）陈步墀纂
1920年石印本　二册
广东饶平·陈氏族谱二卷
藏地：广东中山图书馆
（民国）陈沅辑
1934年钞本　二册
广东饶平·陈氏族谱不分卷
藏地：广东中山图书馆
钞本　一册
广东佛山·纲华陈氏族谱一卷
藏地：广东佛山市博物馆
清同治六年（1867）写本
广东中山·鸦岗乡陈氏族谱
藏地：美国
（民国）陈启蒙修
1921年承厚堂刊本　一册
广东南海·陈氏族谱四卷
藏地：国家图书馆　广东中山图

书馆

（民国）陈万豫　陈春发合编

1917年贻燕堂刻本　四册

广东·南海金鱼堂陈氏族谱

藏地：中国社会科学院历史研究所图书馆　广东中山图书馆　广东博物馆　广东佛山市博物馆

（清）陈其晖纂

清光绪二十三年（1897）刊本六册

广东顺德·陈氏族谱不分卷

藏地：广东中山图书馆

清道光二十八年（1848）钞本二册

广东顺德·马齐陈氏族谱二十四卷

藏地：日本　美国

（清）陈伯熊等编

清光绪二十一年（1895）崇本堂刊本　二十七册

广东顺德·陈氏族谱二十四卷

藏地：广东中山图书馆

（民国）陈乃珍修

1922年刻本　十四册

广东顺德·陈氏族谱四卷

藏地：广东中山图书馆

（民国）陈淡泉修

1914年紫光堂刻本

广东新会外海乡陈氏族谱稿不分卷

藏地：中山大学

（民国）陈云翥修

1937年上海仓颉公司铅印本一册

广东新会·陈氏世谱一卷

藏地：广东新会县修志会

（民国）陈保常修

1923年铅印本

广东新会·陈氏族谱不分卷

藏地：广东中山图书馆（存一册）

（民国）陈起龙修

1936年钞本

广东新会·陈氏世系不分卷

藏地：广东新会县修志会

（清）陈异赋述

民国铅印本

广东廉江·陈氏族谱十二卷

藏地：吉林大学（民国）陈焯忠修1931年梅菉同文印务书庄排印本十册

广东·化州乐岭陈氏族谱十三卷

藏地：广东化州县图书馆（存二册）

（民国）陈必大纂

1919年活字本

广东东莞·凤冈陈氏族谱十二卷

藏地：广东东垸县档案馆

（清）陈德心　陈枚丞修

清同治八年（1869）省城西湖街华文堂承印本

广东惠阳·陈氏族谱

藏地：美国

陈舜琴傅钞本　一册

广东陆丰·颍川［陈氏］谨笔登记

藏地：台湾

清光绪三十一年（1905）钞本一册

广东蕉岭·广东塘福岭［陈氏］族谱

藏地：台湾

（明）陈铁　陈镔修

明万历四十三年（1615）钞本一册

广东蕉岭·头份陈氏刚毅勤睦渡台始祖家谱

藏地：台湾

（清）陈国用修

清同治六年（1867）钞本

广东五华　陈姓草族谱

藏地：台湾

（清）陈群显修

清嘉庆十四年（1809）钞本一册

广东五华·陈氏族谱

藏地：台湾

（清）陈庆生钞

清同治七年（1868）钞本　一册

广东兴宁·陈氏族谱志

藏地：美国

1925 年钞本

广东·兴宁城内新街陈衷纯祠族谱五卷首一卷

藏地：广东中山图书馆

（民国）陈仙畴编

1931 年兴宁泰益印书馆铅印本五册

广东兴宁·陈祠族谱不分卷

藏地：广东中山图书馆

（民国）陈湘亭总纂

1936 年大昌印务公司铅印本五册

广东兴宁·陈姓族谱

藏地：美国

1946 年钞本　一册

广东高要·沙浦陈氏族谱十一卷

藏地：美国

（清）陈旦等修

清光绪元年（1875）刊本　三册

广东·颍川郡陈氏宗谱

藏地：美国

清光绪五年（1879）写本　一册

广西三江·陈氏宗谱

藏地：广西三江侗族自治县周坪县泗聊村

钞本

广西茂林·陈氏族谱六卷

藏地：广西图书馆

（民国）陈隆恩修

1917 年茂林城东明德堂刻本

广西容县·陈氏宗祠一卷

藏地：广西图书馆

（清）陈宪中纂

清光绪二十一年（1895）容城杨景云楼

承刻本一册

广西北流·陈氏族谱八卷

藏地：广西图书馆

（民国）陈世钦　陈嗣芹续修

1935 年北流华文石印本

广西贵县·陈氏族谱

藏地：日本　美国

（清）陈璠修

清光绪十八年（1892）写本一册

广西贵县·陈氏族谱一卷

藏地：广西博

1923 年陈乐善堂刊本

广西·绣川陈氏宗谱四十三卷

藏地：国家图书馆

（民国）陈锵纂修

1913 年活字本　四十三册

四川·陈氏族谱不分卷

藏地：四川省图书馆

（清）陈光祖纂

清道光刻本

四川成都·陈氏敦本堂族谱不分卷

藏地：南京大学

(民国）陈国常编

1924年铅印本　一册

四川成都·陈氏润周公派下支谱不分卷

藏地：国家图书馆　中国社会科学院历史研究所图书馆　人民大学　四川省图书馆　四川重庆市图书馆

(民国）陈国栋纂

1926年培德堂活字本　一册

四川成都·蜀成都陈氏族谱不分卷

藏地：四川省图书馆

(民国）陈庆钟纂

1928年成都石印本　一册

四川成都·陈氏族谱不分卷

藏地：四川省图书馆

(民国）陈照澜编

1945年成都石印本　二册

四川金堂·隐氏族谱不分卷

藏地：浙江图书馆　四川省图书馆

(民国）陈寿彤修

1914年铅印本　一册

四川金堂·陈氏绍德祠族谱不分卷

藏地：四川省图书馆

(民国）陈顺庚　陈宗航等纂

民国成都排印本　四册

四川郫县·陈氏由闽入蜀润周公派下支谱不分卷

藏地：南京大学

(民国）陈国栋编

1926年郫县陈氏培德堂刻本　一册

四川灌县·陈氏族谱不分卷

藏地：四川省图书馆

(民国）陈光观纂修

1934年四川崇宁县石印本　一册

四川蒲江·陈氏族谱四卷

藏地：四川省图书馆

(清）陈光祖纂

清道光二十九年（1849）陈氏刻本　四册

四川蒲江·陈氏族谱一卷

藏地：四川蒲江县松华乡

稿本

四川大邑·陈氏族谱不分卷

藏地：四川省图书馆

(民国）陈光觐辑

1944年钞本　一册

四川綦江·陈氏聚星谱五卷

藏地：四川重庆市图书馆

(民国）陈德音纂

1944年綦江颍川必胜祠石印本　五册

四川长寿·陈氏族谱二卷

藏地：四川长寿县档案馆　四川长寿县志办　四川长寿县沙石乡新寨村　四川长寿县沙石乡新滩村

(民国）陈夔飏扬修

1934年写本

四川荣昌·陈氏族谱

藏地：四川重庆市图书馆

(民国）陈悜吾纂

1924年荣昌陈氏排印本　一册

四川合江·陈氏族谱□□卷

藏地：四川合江县志办（存卷3、4）

陈国华　陈元湘等修　陈子诰编

四川广汉·陈氏支谱不分卷

藏地：四川省图书馆

清光绪间光远堂刻本　二册

四川内江·陈氏家乘一卷

藏地：四川省图书馆（存卷1、2）

（清）陈锡政　陈锡泰等纂
清咸丰四年（1854）刻本　一册
四川内江·陈氏家乘一卷
藏地：四川省图书馆
（清）陈大宾纂
清宣统三年（1911）木活字本二册
四川内江·陈氏族谱四卷
藏地：四川内江县安仁乡
（民国）陈明迪修
1931 年石印本
四川内江·陈氏星聚族谱十卷首一卷
藏地：国家图书馆
（民国）陈锡樟等编
1935 年内江仁义永铅石印刷局石印本　十四册
四川资阳·陈氏续修族谱二卷
藏地：四川省图书馆
（清）陈伯銮纂
清咸丰十年（1860）陈氏刻本一册
四川资阳·陈氏重续宗谱不分卷
藏地：四川省图书馆
（清）陈朝瑞等纂
清宣统三年（1911）资阳陈氏宗祠刻本　一册
四川简阳·陈氏族谱五卷
藏地：四川省图书馆
（清）陈辅治　陈世衡等纂辑
清光绪二十一年（1895）简州刻本　五册
四川简阳·陈氏族谱不分卷
藏地：四川省图书馆
（清）陈兆檏修
清光绪三十年（1904）简州昌後公祠刻本　一册
四川隆昌·陈氏族谱一卷
藏地：四川省图书馆
（民国）陈德骅等纂
1936 年内江排印本　一册
四川隆昌·陈氏族谱八卷
藏地：四川省图书馆（二部）
（民国）陈一璋纂
1936 年石印本　八册
四川仁寿·陈氏宗谱一卷
藏地：四川省图书馆
（民国）陈韶湘纂
1922 年石印本　一册
四川仪陇·陈氏族谱一卷
藏地：四川仪陇县档案馆
（民国）陈琦撰
1922 年木刻本
四川宣汉·陈氏族谱三卷
藏地：四川宣汉县档案馆（缺卷3）
（清）陈敏贞修
清同治十年（1871）木刻本
贵州平坝·黔南陈氏族谱不分卷
藏地：美国
（民国）陈文荣等修
1931 年铅印本　十二册
甘肃张掖·甘陈氏家谱十卷首一卷末一卷
藏地：国家图书馆
（清）陈倜修
清木活字本　十册
台湾台北·陈家族谱钞
藏地：美国
（清）陈维英编
清道光十三年（1833）钞本　一册
台湾台北·珍山［陈氏］通族大家谱
藏地：美国

（民国）陈甲捷志
1912年钞本　一册

香港·鹿颈村陈氏族谱不分卷
藏地：美国
（民国）陈秉均钞
1919年钞本　一册

陈氏增辑宗谱□□卷
藏地：国家图书馆（存卷1—4）
（明）陈雍纂
明嘉靖十九年（1540）陈孟庄刻本

石墅陈氏家乘二卷
藏地：国家图书馆
（明）陈椭纂
明钞本

陈氏世系图
藏地：台湾
（清）陈锦钝修
清乾隆三十三年（1768）钞本　一册

陈氏族谱十二卷
藏地：北京大学
清道光二年（1822）刻本　十二册

颍川陈氏宗谱六卷
藏地：上海图书馆
（清）陈果纂
清道光七年（1827）刻本　六册

陈氏宗谱
藏地：北京大学
（清）陈午峰修
清道光十八年（1838）刻本　一册

抱罕陈氏族谱五卷
藏地：国家图书馆
（清）陈鋆等修
清道光二十三年（1843）钞本

陈氏兆祥宗谱不分卷
藏地：河南省图书馆
（清）陈安榜　陈开锦等辑
清道光二十八年（1848）崇义堂木刻本

陈氏宗谱
藏地：美国
清道光间写本　一册

陈氏族谱不分卷
藏地：国家图书馆
（清）陈启汉等修
清咸丰元年（1851）活字本　四册

宅埠陈氏宗谱二十八卷
藏地：国家图书馆
（清）陈志域等修
清同治五年（1866）萃渔堂活字本　二十八册

河西陈氏家乘
藏地：国家图书馆
（清）陈锡棋编
清同治十年（1871）青田署齐刻本　一册

陈氏族谱四卷
藏地：国家图书馆
（清）卞金城辑
清光绪二年（1876）活字本　四册

陈氏宗谱十六卷
藏地：上海图书馆
（清）陈洪畴纂
清光绪三年（1877）刻本　十六册

陈氏宗谱六卷
藏地：吉林大学
（清）陈绍芳等修
清光绪七年（1881）遗忠堂知字

本　六册

陈氏族谱不分卷

藏地：国家图书馆

（清）陈荣琮等纂

清光绪十四年（1888）德星堂活字本　十册

陈氏族谱六卷

藏地：国家图书馆

（清）陈召南　陈之鼎主修　余致祥编辑

清光绪十五年（1889）德星堂活字本　六册

陈氏族谱

藏地：台湾

（清）陈为友修

清光绪十八年（1892）钞本　一册

陈氏宗谱八卷

藏地：国家图书馆

（清）陈天旸等纂清光绪十九年（1893）颍川活字本　八册

陈氏宗谱首编三卷前编七卷今编二十三卷续编一卷首一卷

藏地：国家图书馆

（清）陈曜湘编

清光绪二十一年（1895）报本堂活字本　二十册

南北陈氏宗谱十四卷

藏地：国家图书馆

（清）陈增森等修

清光绪二十二年（1896）光远堂活字本　十四册

陈氏族谱二十卷

藏地：北京大学

清光绪二十四年（1898）刻本　二十册

颍川支谱二十卷首一卷

藏地：国家图书馆　苏州大学

（清）陈焘纂

清光绪二十六年（1900）活字本　六册

陈氏宗谱四卷

藏地：人民大学　西南师范

（清）陈宏裕等修

清光绪二十八年（1902）绳德堂活字本　四册

义门陈氏宗谱八卷

藏地：辽宁图书馆

（清）陈生雄　陈德新等修

清光绪三十一年（1905）德星堂刻本

陈氏·家乘搜遗一卷

藏地：陕西省图书馆

（清）陈永寿辑

清光绪三十三年（1907）刻本

陈氏宗谱八卷

藏地：国家图书馆

（清）陈藩辑

清光绪三十四年（1908）崇德堂活字本　八册

陈氏族谱六卷

藏地：北京大学

（清）陈国仁修

清宣统元年（1909）刻本　六册

陈氏族谱五卷

藏地：湖南江永县档案馆

（清）陈学礼续修

清石印本

陈氏支谱三卷

藏地：国家图书馆

（清）陈以柏　陈有选纂

稿本

陈氏簇谱一卷
藏地：广东台山县档案馆
（清）陈炳烜纂
1912 年木刻本

阜湖陈氏宗谱六卷
藏地：国家图书馆
（民国）陈敬文等修
1913 年一本堂活字本　六册

陈氏宗谱十七卷首一卷末二卷
藏地：国家图书馆
（民国）陈济等修
1915 年德星堂活字本　二十册

义门陈氏宗谱十三卷首一卷末一卷
藏地：国家图书馆
（民国）陈晓山纂
1915 年树德堂活字本　十五册

儒慕陈氏宗谱十二卷首一卷末一卷
藏地：国家图书馆
（民国）陈金根等修
1918 年崇本堂活字本　十册

陈氏族谱三十八卷
藏地：山西图书馆
（清）陈逢泰编　陈鸿录校
1918 年文蔚阁铅印本　二册

陈氏六修族谱三十一卷末一卷
藏地：国家图书馆
（民国）陈咸韵等纂修
1921 年双桂堂活字本　五册

陈氏溥泉族谱四卷
藏地：吉林大学
（民国）陈光国　陈诗豪等修
1920 年溥泉坊活字本　四册

陈氏宗谱□□卷
藏地：江西铜鼓县地名办（存卷 14）
1921 年纂修本

敬爱堂陈氏·家乘一卷
藏地：上海图书馆
（清）陈钜昌编　陈道邦增
1921 年铅印本　一册

陈氏宗谱六卷
藏地：国家图书馆
（民国）陈盘庆等修
1922 年庆余堂活字本　六册

陈氏续修宗谱二十卷
藏地：国家图书馆
（民国）陈绳祖　陈念祖纂
1924 年三义堂活字本　二十册

陈氏族谱
藏地：国家图书馆
（民国）陈昌远修
1924 年铅印本　一册

陈氏家乘
藏地：国家图书馆
（民国）陈志喆纂
1924 年德星堂活字本　四册

鸦田陈氏八修族谱不分卷
藏地：四川省图书馆（存二册）
1926 年刻本

陈氏族谱十八卷
藏地：国家图书馆
（民国）陈贞祥等编
1929 年铅印本　一册

陈氏宗谱
藏地：北京大学
（民国）陈应煇修
1932 年刻本　一册

陈氏族谱二十四卷
藏地：广东海南行政区档案馆
案馆
（民国）陈大森　陈殿标等修
1933 年石印本

陈氏宗谱三十八卷首三卷
藏地：国家图书馆（缺卷38）
（民国）陈少梅等修
1934年敦叙堂活字本
陈氏族谱
藏地：广西容县档案馆
1934年钞本　一册
陈氏家谱二卷
藏地：东北师范大学
（民国）陈继淹修
1934年铅印本　二册
石家甸陈氏宗谱二十六卷
藏地：中国历史博物馆
（民国）陈桂林撰
1935年铅印本
义门陈氏家乘十二卷首一卷末一卷
藏地：江西省图书馆　湖北省图书馆陕西省图书馆
（民国）陈大斌纂
1937年聚星堂活字本
陈氏宗谱四卷
藏地：国家图书馆
（民国）陈盛海主修
1940年聚星堂活字本　四册
陈氏宗谱八卷
藏地：国家图书馆
（民国）陈献瑞等修
1940年德星堂活字本　八册
东城陈氏宗谱十卷
藏地：国家图书馆
（民国）陈钜总纂
1941年光裕堂活字本　十册
陈氏宗谱十五卷
藏地：浙江新昌县档案馆
1948年刊本
陈氏先德傅志
藏地：国家图书馆
（民国）陈三立等撰
民国刻本　一册
陈氏族谱
藏地：国家图书馆
（民国）陈光榕纂
民国钞本　二册
白龙洋陈氏家谱八卷首一卷
藏地：浙江图书馆
（民国）陈培源修
民国间树德堂知木活字本　四册
陈氏宗谱八卷
藏地：四川省图书馆
民国陈氏昭诚堂钞本　八册
陈氏家谱
藏地：江苏扬中县
民国间木刻本　十册
陈氏宗谱不分卷支谱不分卷
藏地：国家图书馆
清钞本
陈氏支谱
藏地：浙江慈溪县文管会（存一册）
民国间雨宜堂刊本
大汜陈氏宗谱四卷
藏地：国家图书馆（存一册）
清嘉庆五年（1800）活字本
陈族系谱三卷
藏地：广东海康县档案馆
陈氏族谱十九卷
藏地：广东惆山县档案馆
陈所拉四修
复印本
陈氏宗谱
藏地：江西铜鼓县纪念馆（二十六册）

陈氏宗谱

藏地：湖南蓝山县档案馆

义门陈氏宗谱□□卷

藏地：湖北浠水县博物馆（存卷24上）

（五） 字行辈份

据《岳阳陈氏支谱》，湖南岳阳剪刀池陈姓一支老字行派语为："青云其捷步，恢振赐书荣，义重传家远，修齐赞治平。"续修字行为："光华开复旦，万国庆常新，任巨资英俊，行成在礼仁，合群敦孝友，奕世绍文明，谟训承先泽，贤才望后昆，同宗隆爱敬，念祖倍尊亲，达道宜兼善，兴邦贵正伦，均权依宪法，笃志建洪勋，位禄偕名寿，千秋典策馨。"又清光绪二十七年陈旭修《义门陈氏宗谱》，安徽怀宁陈氏一支字行为："根深枝自茂，本立福攸绵，廉孝辉先烈，诗书启后贤，雅儒崇善庆，俊秀守纯全，盛业传家裕，隆思待诏宣。"又清光绪十六年陈宗浩等重修《陈氏世谱》，安徽合肥陈姓一支字行为："义信象假类，传宗惟孝友，华国在文章。"

（六） 迁徙繁衍

自妫满封陈到公元前479年陈闵公亡于楚，陈国其传20世、26代君王，历时588年。其间，妫满第12代孙陈完（即田敬仲）因避难于公元前672年逃到齐国，改姓田，其子孙世代任齐国的大夫、卿、相，至10世孙田和，夺取姜姓齐国政权，建立了田氏齐国，又传8君184年，至16世孙田建时，被秦始皇所灭。田建有三个儿子，长子升、次子桓先后改姓王氏，三子田轸出逃，后迁至颍川（今河南禹州、许昌、长葛一带），恢复陈姓。此后，陈氏在中原瓜瓞连绵，生齿甚众，发展成为名门巨族。

陈姓还有一支是少数民族改姓，也出自河南，即《魏书·官氏志》所载：北魏孝文帝自山西大同迁都洛阳后，于496将代北鲜卑族三字姓侯莫陈氏改为单姓陈氏。

据陈氏族谱及有关史书记载，自陈国发生内乱至亡国，陈氏有几次外迁，如公元前535年楚伐陈，陈君留避难迁至陈留（今属河南开封），楚灭陈，公子陈衍迁至阳武户牖乡（在今河南兰考县境），公子全温逃到晋（今山西）等，其中支系清晰、繁衍昌盛的是以陈轸为始祖的颍川陈氏。陈轸的儿子陈婴，秦时任东阳令史，孙子陈余为成安君，曾孙为陈轨。的4世孙陈愿有4子，第三子陈齐又有3子，其长子陈寔，字仲弓，东汉时人，在陈氏族系中是个很关键的人物。他曾入太学就读，后任太丘长，党锢之祸被连，为解脱别人，他自请囚禁，党禁解，居乡不仕，常人为排忧解难。有一年闹灾荒，有盗夜人其室，躲在屋梁上，他发觉后，喊来子孙，正色教训道："人不可不自勉，不善之人，未必本恶，习以性成，遂至于此，梁上君子者是矣!"行窃者大惊，自投于地，叩头请罪。他令送绢两匹放归，从此全县无盗窃案件。"梁上君子"的典故即出于此。陈寔的6个儿子也很有名望，尤其是长子陈纪、四子陈谌，与陈寔合称三君，曾作为封建道德的典范而图像百城。陈谌的玄孙陈伯眕，于西晋末建兴年间渡江，居曲阿（今江苏丹阳）新丰湖，其孙陈世达任长城令，徙居长城（今属浙江）下若里，传10世而有陈谈先、陈霸先（即陈武帝）、陈休先。陈霸先在南朝梁任征虏将军，受封陈王，于557年代梁称帝，国号陈，建都建康（今江苏南京），陈国历5帝33年，于589年为隋所灭。此期，陈国封了许多陈姓王，使陈氏子孙遍布长江与粤江之间，其中，宜都王陈叔明的10世孙陈环，在唐朝任临海令，为避难迁至福建泉州仙游县。陈环第五子陈伯宣隐居于江西庐山，其孙陈旺于唐文宗太和六年（832年）徙居江西德安县太平乡常乐里，成为江州义门陈氏开基祖。陈旺以孝治家，世代相传，历时230年，形成一个拥有3700多口人、300多处田庄，前后19代同居共炊的庞大家族，直到宋仁宗嘉祐七年（1062年）由皇帝派人协助拆迁，才分散于16个省的125个地方。

唐朝初期和中期，中原陈氏有两次南迁福建是影响深远的。唐高宗总章二年（669年），朝廷派河南固始人陈政（胡公满的68世孙）任岭南行军总管，率兵镇压福建南部的“蛮獠啸乱”，因寡不敌众，退守九龙山；朝廷又派陈政的哥哥陈敏、陈敷率领军校58姓组成援兵，去闽途中，陈敏、陈敷卒，其母魏氏代领其众入闽。仪凤二年（677年）四月，陈政卒，由其20岁的儿子陈元光代父领兵，经过九年战争，局势平定后，于垂拱二年（686年）报请朝廷批准，设置了漳州郡。陈元光“率众辟地置屯，招徕流亡，营农积粟，通商惠工”，使漳州一带“方数千里无桴鼓之警”（见《漳州府志》），因之被后人尊为“开漳圣王”，其子孙称为“开漳圣王派”，成为闽、粤、台及南洋诸岛陈姓最主要的一支。台湾现有陈圣王庙53所，这从一个方面表明了台湾同胞对陈元光的崇敬之情。再就是颍川陈寔后裔陈忠之子陈邕，唐中宗时进士，官至太子太傅，因受宰相李林甫排挤，迁至福建同安，又徙漳州南厢山；其子陈夷行，唐文宗时任宰相。陈邕的裔孙陈洪进，宋初曾任宰相，封南康郡王；其两个儿子文福、文灏分别任泉州刺史、漳州刺史，此后子孙兴旺，在福建发展成为“太傅派”陈氏，尊陈邕为“南院”始祖。

陈氏入粤，始于南宋。北宋末年，金兵南侵，中原士族大批南迁，陈寔后裔陈魁率族人93口移居福建宁化、上杭，至其曾孙二郎、三郎再迁至广东程乡（今梅州市），后散居大埔、兴宁、长乐、龙川等县。陈氏人台，始于明末。福建同安人陈永华，于明末随郑成功入台湾，郑经主台时官至东宁总制使，在台湾建立屯田制度，设立学校，被尊为陈氏人台始祖。自清初至新中国建立的300多年间，陈氏迁台人数很多，其中仅武荣诗山霞宅陈氏一支即有2000余口，因此使其成为台湾人口最多的首姓大族，与林姓共有“陈林半天下”之美誉。

陈氏迁入越南的历史比较久远，至宋代人数更多，有的成为安南（今越南）王朝的重臣。其中，李朝女皇李昭皇之夫陈煚（即陈日煚），于1228年创建越南陈朝，传8世13王，历时175年，促进了陈姓人口的发展。至今，陈姓仍被列为越南十大姓之首。

陈氏移居日本，始于明初，大都是由明太祖朱元璋派去的水手，此后有的在琉球群岛落户。明清以后，闽粤等沿海地区的陈氏，有许多人出海谋生。例如，福建永春人陈臣留，先于乾隆十八年（1753 年）到马来西亚经商，后又率领亲族百余人迁居马来西亚和新加坡。另有一些人分别迁至菲律宾、泰国、印度尼西亚和美、英、法、加拿大、澳大利亚等国家，分布相当广泛，他们对当地的繁荣与进步都做出了积极的贡献。

（七） 适用楹联

□太丘德望①；颍水渊源②。

□笔新墨奇避乱草③；
光远正大铺山中④。

□张楚开纪元⑤；文佳第一人⑥。

□同安出英豪⑦；集美献爱心⑧。

□鼎甲绵绵接武⑨；
春魁世世光宗⑩。

□高隐献诗，唐祖称善⑪；
少年博学，张华惜才⑫。

□天下太平无一事；
山中高卧有千年⑬。

□茶敬樽节退让；
康乐和系平安⑭。

□虚其心，实其腹，
骥之子，凤之雏⑮。

□水能性淡为吾友；
竹解心虚是我师⑯。

□亭台不落匡山后⑰；
策杖曾经工部来⑱。

注释：

①东汉太丘长陈实，他“修德清静，百姓以安”，年八十四卒，海内赴者三万余人。谥号文范先生。

②指陈姓望出颍川。

③明代国子监生、著名画家陈洪绶的事典。陈洪绶，诸暨人，字章侯，号老莲。书法道逸，善画老莲、山水、尤工人物，与北平崔子忠齐名，有“南陈北崔”之誉。

④近代民主革命家陈少白（1869—1934）的事典。陈少白，又名闻绍，字夔石，广东新会人。与孙中山同学，共创兴中会香港总会。1921年孙中山任非常大总统时，曾任总统府顾问。著有《兴中会革命史要》。

⑤秦末阳城农民起义领袖陈胜（？—前 208），字涉。秦二世元年（前 210），他被征屯戍渔阳（今北京密云西南），行致蕲县大泽乡（今安徽宿州东南），为大雨所阻，依秦法，失期当斩。遂与吴广发动同行戍卒九百余人揭竿起义，为我国历史上首次大规模的农民起义。起义军连战连捷，至陈县（今河南淮阳），已有车六七百乘，骑千余，卒数万人。攻下陈县后，他被推为王，国号张楚（张大楚国之意）。

⑥唐高宗时浙江农民起义女首领陈硕真（？—653），睦州（今浙江建德）人。永徽四年（653）与妹夫章叔胤在睦州组织农民起义，参加者数以万计，她称文佳皇帝，以叔胤为仆射。

⑦清末抗英杰出将领陈化成（1776—1842），字业章，号莲峰，福建同安人。曾任金门镇总兵、福建水师提督。1842 年 6 月 10 日，英国舰队进攻我国吴淞口，他乃率参将周世荣扼守西炮台。13 日，亲自挥旗督战，燃炮杀敌，击伤英舰数艘，致敌不敢

进。后身中弹七处，仍英勇搏斗，直至英勇殉难。

⑧近代爱国华侨领袖陈嘉庚（1874—1961）福建同安集美村（今厦门境内）人。早年在新加坡经商，1907年加入同盟会，曾以巨资资助辛亥革命。嗣后长期从事华侨和家乡的文化教育公益事业。历任中华全国归国华侨联合会主席等职。

⑨宋代名人陈文忠、陈文肃兄弟二人，先后皆中状元。

⑩指明代壮元陈安、陈循、陈谨等。

⑪五代南唐诗人陈贶，闽人，志操苦朴，不苟仕进，居庐山近四十年，苦思于诗，学者多师事之。因献景阳宫怀古诗景帝称善。授官固辞。

⑫指魏、晋间史学家陈寿（233—297）的事典。

⑬五代宋初道士陈抟（？—1089）华山庙联。陈抟，字图南，亳州真源人。生于唐末，后唐举进士不第，隐居华山四十年。宋太宗赐号希夷先生。好读易，其《龙图易》，为宋代象数学之始。

⑭清代嘉庆举人陈鳣（1753—1817）撰书联。

⑮陈姓名人陈方伯赠侄联。

⑯清代文渊阁大学士兼礼部尚书陈元龙自题联。

⑰此系唐代诗人陈子昂读书台联。匡山在四川江油县西，李白曾在此读书。

⑱策杖：柱杖。工部：指唐代大诗人杜甫。

陈氏名人集粹

陈子龙　上海市松江人，清代南明抗清将领、文学家，曾被前人誉为明诗殿军。

陈豫钟　今浙江杭州人，“西泠八家”之一的篆刻家，并与陈鸿寿齐名，人称“二陈”。

陈宏谋　今广西临桂县人，曾历任布政使、巡抚、总督等达30年，注重农田水利、冶铜等事业，均有成就。

陈奂　江苏长洲（今吴县）人，经学家。

陈澧　今广东番禺人，学者、文学家。

陈虬　今浙江乐清人，清末改良主义者，所著《治平通仪》8卷，主张“欲图百强，自在变法”。还提出设议院、兴制造、奖工商、开铁路等主张。戊戌之变后被通缉。

陈炽　今江西瑞金人，维新派人物，曾官至户部郎中、刑部郎中、军机处章京。著有《庸书》，刊行《续富国策》。

陈洪绶　诸暨（今属浙江）人，明末画家，以擅画人物、仕女著称。与崔子忠齐名，有“南陈北崔”之称。

陈瑄　著名水运工程专家，筑天津卫城，修海堤，建航标，浚运河，置水闸，设仓储，造货船。

陈确　今浙江海宁人，明清之际思想家，一生对宋明理学和佛教颇有研究。

陈忱　浙江乌程（今吴兴）人，著书多种著名小说家，撰有小说《水浒后传》。

陈日照 北宋，建立大越陈朝，共传8世13王，历时175年。写下了陈姓在越南最为显赫的篇章。

陈亮 婺州永康（今属浙江）人，南宋著名思想家、文学家，为永康学派的代表人物。

陈铎 今江苏邳县人，明时散曲家，能诗词，善绘画，散曲尤有名，当时南京教坊中人称为“乐王”。

陈第 今福建连江人，音韵学家，其观点对后世的音韵研究颇有影响。

陈诚 旅行家。以著《西域行程记》和《西域番国志》而著称。

陈抟 亳州真源（今河南鹿邑县）人，著名道士，著有《无极图》、《指玄篇》、《正易心法注》，对理学和道教的发展都有很大影响。

陈祎 即玄奘，洛阳缑氏（今河南偃师县）人，唐代高僧，13岁出家，博涉经论。贞观元年（627年）自长安西行求法，历尽艰辛，抵印度，学梵书，历17年而回。携回经论657部，亲自主持翻译73部，1330卷，并撰成《大唐西域记》12卷。

陈子昂 梓州射洪（今属四川）人，著名诗人，其文学理论对当世影响很大，为唐诗的发展开辟了道路。

陈稜 庐江襄安（今安徽巢县）人，隋代将军。

陈霸先 即陈武帝，吴光长城（今浙江长兴）人，代梁为帝，建立陈朝（建都建康〈今江苏南京〉），共历5帝，33年。589年为隋所灭。

陈寿 安汉（今四川南充北）人，西晋著名史学家，曾初任蜀汉（其都在今四川成都）观阁令史。蜀亡后仕晋，晋灭吴后，集合了三国时官私著作，纂成《三国志》65卷。书以三国并列，亦属首创。此外还撰有史学论著多种。

陈登 下邳（今江苏睢宁西北）人，伏波将军。

陈群 颍川许昌（今河南许昌）人，三国魏时尚书，曾建议选任官吏，实行九品中正制。这一制度，后来演变成为士族垄断政权的工具。

陈蕃 汝南平舆（今属河南）人，东汉大臣，官至太尉、太傅，封高阳侯。为人刚正不阿，高风亮节。

陈宠 沛国洨（今安徽灵璧南）人，著名法学家，世代传习法律，主张“严明”之后，“济之以宽”。

陈琳 广陵（今江苏扬州）人，汉末以“建发七子”之一称著的文学家。

陈寔 颍川许县（今河南许昌东）人，一代名士，汉桓帝时为太邱长，灵帝时大将军窦武辟为僚属。后因党锢之祸，冤狱20年，族人多逃亡。他出狱后，公府多次征辟，均不屈就。他以正直平和，誉满朝野。颍川陈氏自陈寔起，家族兴旺，历代都有人人朝为官。

陈平 阳武（今河南原阳东南）人，西汉丞相，曾六出奇计，佐刘邦定天下，以功任护军中尉，封典逆侯。惠帝时为左丞相。后与太尉周勃合力，尽诛诸吕，迎立文帝，使汉朝得以安定。

陈遵 杜陵（今陕西西安东南）人，初为京兆史、后为校尉。

陈牧 平林（今湖北随县东北）人，新莽末年有绿林起义将领。

陈胜　（？—前208）秦末农民起义领袖。阳城（今河南登封东南）人，字涉。雇农出身。秦末赋役繁重，刑政苛暴。秦二世元年（前209年），被征屯戍渔阳（治今北京市密云西南），途经蕲县大泽乡（今安徽宿县东南刘村集）与吴广发动同行戍卒九百人起义。起义军迅速发展到数万人，并在陈县（今河南淮阳）建立张楚政权，他被推为王。旋即派兵攻取赵、魏之地，又派周文率主力军进攻关中。后周文战败，秦将章邯以优势兵力反扑，进逼陈县。他迎战失利，退至下城父（今安徽涡阳东南），为御者庄贾杀害。

陈完　第一位值得提及的人物他奔齐后以陈为姓。他的子孙在齐改姓田后，世代都是齐国的大官，传至田和进一步强大起来，春秋末年，最终夺取了齐国政权，这就是历史上所谓的“田”。到齐威王，进行改革，国力强盛，打败魏国，开始称王，最终成为战国七雄之一。此后长期与秦国东西对峙。我国历史上，陈姓向来族大人众，或许，也正是这个缘故，历来陈姓的名人也相当不少。

陈氏风流撷英

追封舜后满于陈，
禹县发迹颍川陈。[①]
陈轸居相复陈姓，
禹县发迹颍川陈。[②]
陈胜揭竿开纪元，
陈平用计离险境。[③]
陈寿著就三国志，
三国演义依此传。[④]
唐僧取经众周知，
陈祎汉文载佛典。[⑤]
潜心思辨作太极，
笔新墨奇赛唐寅。[⑥]
擎天一柱陈玉成，
警世钟惊猛回头。[⑦]
陈诚相通意诚实，
凡事无诚则不成。[⑧]

注释：

①据《通志·氏族略》记载，周武王灭商后，找到舜的遗民胡公满（出自姚姓），武王封胡于陈国，今河南淮阳县。并将其女嫁给他，伺奉舜祠。其后人以国为氏，遂有陈氏。

②《魏书·官氏志》记载，战国时，纵横家陈轸（生卒不详），曾任楚国国相，封颍川候，在今河南禹县，古有“颍川陈”之称，颍川是陈氏的发祥地。

③陈胜（？一公元前208年），秦末农民起义领袖，河南登封县人。秦二世元年（前210年），他被征屯戍渔阳（今北京密云县西南），因大雨所阻误期，遂与吴广等同行戍卒九百余人揭竿起义，第一个翻开了封建社会农民起义的历史篇章。陈平（？—前178年），西汉大臣，河南原阳人。少时家贫，好读书，后旋归刘邦，他多次用计，使刘邦脱离逆境，转危为安，与张良齐名，史称“良平”。

④陈寿（公元233—297年），魏晋时期史学家，四川南充人。他著《三国志》，明初小说家罗贯中的《三国演义》，是由《三国志》演变

而来的。最初书名叫《三国志通俗演义》。

⑤唐僧取经的故事众所周知，唐僧的俗名陈祎（公元 602—664 年），他是佛教经典名著的翻译家，中国佛教唯识宗的创始人，河南偃师人。由于他的业绩，使佛教有了汉字记载的经典。

⑥陈抟（？一公元 989 年），宋初道士，四川安岳县人。是中国思想史上的重要人物，作《太极图》、《先天图》、《易龙图》、《正易心法·注》等。从这些图式中，可以推演出易学的一整套理论来。陈洪绶（公元 1593—1652 年），清初画家，浙江诸暨人。擅长画人物，所作仕女《水浒》、《西厢记》等乡像插图，笔墨新奇，史评者认为，他的画技在唐寅（伯虎）、仇英之上。

⑦陈玉成（公元 1837—1862 年），太平天国青年名将，广西藤县人。在太平天国濒于灭亡之时，他成了擎天柱。陈天华（公元 1875—1905 年），清末民主革命的先驱者，湖南新化人。他的著作《警世钟》、《猛回头》和他“难酬蹈海亦英雄”的行动，为中华民族的觉醒敲响了“警钟”，留下了醒世恒言。

⑧陈字，从阜从东。陈字通诚，意为诚实。任何过程，只有诚实的态度，才能获得成功。“精诚所至，金石为开”道理深刻。

中华百家姓

赵 钱 孙 李 周 吴 郑 王 冯 陈 **蒋** 沈 韩 杨
朱 秦 许 何 吕 张 孔 曹 金 魏 姜 谢 邹 苏
潘 范 彭 韦 马 方 任 袁 史 唐 薛 雷 贺 汤
罗 郝 常 于 傅 康 余 顾 孟 黄 尹 姚 邵 汪
毛 戴 宋 熊 董 梁 杜 贾 江 郭 林 钟 徐 邱
高 夏 蔡 田 胡 万 卢 丁 邓 石 崔 龚 程 陆
段 侯 武 刘 龙 叶 黎 白 赖 乔 谭 阎 易 廖
文 曾

蒋 姓

——伯龄受封到山亭，世泽绵长荫后人

蒋氏解密寻踪

（一） 姓氏字源

《说文》："蒋，苽蒋也。从艸，将声。"《广雅·释草》："菰，蒋；其米谓之彫胡。"蒋，当为古代植物专用名，今称之曰"茭白"。汉代文学家司马相如《上林赋》有"蒋芧青薠"之句。今为姓氏所专。

（二） 寻根溯祖

蒋氏出自姬姓，源于河南淮滨县，是用国名作为姓氏的。西周初期，周公姬第三子伯龄被封到蒋，建立蒋国，为周朝的一个小国，后来被楚国所灭，伯龄的后代就用原来的国名作为姓氏。此即《元和姓纂》记载的："周公第三子伯龄封蒋，子孙氏焉，国在汝南期思县。"期思县系春秋楚灭蒋国后置，因期思公复遂而得名，治所在今河南淮滨县东南 15 公里的期思乡一带，1951 年从固始县析出，因此，有的书上称蒋姓起源于固始。《唐书·宰相世系》也记有"蒋氏出自姬姓。周公第三子伯龄封于蒋，……为强国所灭（前 617 年被楚灭之），子孙因以为氏。"其他如《古今姓氏书辨证》、《姓氏急就篇》、《通志·氏族略》诸书都有相同的记载。

（三） 宗堂郡望

堂号 1.“钟山堂”：后汉秣陵尉蒋子文，在山中剿匪牺牲了。他生前说过“我的骨头贵，死后一定成神”。到了三国时代，吴国孙权在建康（今南京）建了国都。一天，孙权到钟山堂游览，果然看到死去好久的秣陵尉蒋子文，骑着白马，拿着鹅毛扇子。于是孙权就在钟山上给他盖了庙，封他为蒋侯，专门派人奉祀他。

2.“九侯堂”：西汉时蒋诩忠于汉室，王莽篡汉，要他做王莽的臣，他坚决不干，就被王莽杀了。中兴汉室，蒋诩已死，光武帝就把他九个儿子都封为侯。

郡望 蒋姓郡望主要有乐安郡。

乐安郡。东汉永元十年（公元96）改千乘郡置国，治所在临济（今山东青县高苑镇西北)。相当于今山东博兴高青、桓台、广饶、寿光等县地。三国魏改郡，移治高苑（今山东博兴西南)。

（四） 家谱寻踪

北京密云·蒋氏家谱八卷

藏地：美国

（民国）蒋士铜等序

1915年居易堂刊本 八册

河北博野·蒋氏家谱六卷

藏地：河北石家庄市图书馆

（清）蒋芳原续修

清同治十三年（1874）居易堂、亦政堂、慎枢堂刻本

河北博野·蒋氏家谱八卷

藏地：人民大学

（清）蒋士悦续修

清光绪二十年（1895）刻本·五册

河北博野·蒋氏宗谱八卷

藏地：吉林大学 河北石家庄市图书馆

（民国）蒋毓峰续修

1935年铅印本

上海·嘉定蒋氏族谱一卷

藏地：南京市博物馆

（清）蒋衔士辑

清道光年间钞本

上海青浦·蒋氏敦复堂家略四卷

藏地：河北大学

（清）蒋寿棋纂

清光绪三十二年（1906）木刻本一册

江苏·刘庄蒋氏宗谱四十卷

藏地：河北大学

（民国）蒋玉泉 蒋晋卿修

1915年惇叙堂木刻本 四十册

江苏扬州·邗东蒋氏族谱十二卷

藏地：吉林大学

（民国）蒋煜等重修

1914年三径堂活字本 十二册

江苏南通·崇川蒋氏世谱四卷首一卷

藏地：江苏南通市图书馆

（清）蒋宝琛辑

清光绪四年（1878）刻本 四册

江苏镇江·蒋氏重修族谱□□卷

藏地：日本（存二卷） 美国

（清）蒋徒宣等重修清道光二十九年（1849）木活字本 二册

江苏镇江·京江蒋氏宗谱四卷

藏地：国家图书馆 中国社会科学院历史研究所图书馆 河北大学

（清）蒋名甲 蒋素修

清咸丰元年（1851）活字本　四册

江苏·镇江蒋氏宗谱□□卷

藏地：江苏镇江市博物馆（存卷3、8、10）

1946年稿本

江苏·丹徒蒋氏宗谱八卷

藏地：日本　美国

（清）江为霖辑

清嘉庆二十四年（1819）活字本　六册

江苏·丹徒蒋氏宗谱六卷

藏地：日本　美国

（清）蒋学曾等重修

清光绪三十一年（1905）木活字本　六册

江苏丹徒·镇江丹徒县蒋氏族谱四卷

藏地：吉林大学　美国

（民国）蒋寿昌·蒋聘三修

1918年活字本　四册

江苏丹徒·蒋氏支谱八卷

藏地：吉林大学

（民国）蒋德彰重纂

1926年三径党活字本　六册

江苏丹阳·蒋氏九修宗谱十四卷

藏地：吉林大学

（清）蒋彦书主修

清光绪二十五年（1899）刻本　十二册

江苏常州·晋陵郡蒋氏族谱三集

藏地：四川省图书馆

（清）蒋显荣　蒋显霈纂辑

清咸丰七年（1857）刻本　一册

江苏常州·毗陵蒋氏重修宗谱

藏地：江苏常州市图书馆（存卷6）

三径堂木活字本

江苏常州·毗陵蒋氏世谱石八卷首一卷末二卷

藏地：国家图书馆

（清）蒋衡国修

清同治十三年（1874）三径堂活字本二十册

江苏常州·蒋氏宗谱四卷

藏地：昌本（卷1残）　美国

（清）华傅经辑　蒋朝洪　蒋朝秀等修

清光绪三年（1877）木活字本　四册

江苏常州·蒋氏宗谱□□卷

藏地：江苏常州市图书馆（存卷8）

一梅堂木活字本

江苏常州·毗陵蒋氏世谱□□卷

藏地：江苏常州市图书馆（存卷首之6）

一梅堂木活字本

江苏常州·新安蒋氏宗谱二十六卷

藏地：江苏常州市图书馆（缺卷5）

（清）蒋裕德　蒋兆福等修

清光绪二十三年（1897）三径堂木活字

江苏常州·新安蒋氏宗谱

藏地：江苏常州市图书馆（存卷10、11、15）

民国间三径堂木活字本

江苏常州·毗陵墅村蒋氏宗谱十卷

藏地：日本　美国

（清）蒋金川修

清光绪二十四年（1898）追远堂木活字本　十册

江苏常州·墅村蒋氏三修宗谱十二卷

藏地：中国社会科学院历史研究所图书馆 美国

（民国）蒋荣须修

1924年追远堂活字本　十二册

江苏常州·毗陵蒋氏世谱前编十卷首一卷末一卷後编九卷首一卷末一卷续修後编八卷首一卷

藏地：国家图书馆（存后编）　中国社会科学院历史研究所图书馆（清）蒋全林蒋爍全等修

清宣统三年（1911）前後雨编汇修三径堂活字本　三十册

江苏常州·毗陵蒋氏宗谱十二卷首一卷

藏地：南开大学

（民国）蒋金洪纂

1919年三径堂木活字本　十三册

江苏常州·蒋氏家乘十四卷首一卷末一卷

藏地：国家图书馆

（民国）蒋信大等续修

1928年三径堂活字本　十六册

江苏常州·晋陵蒋氏宗谱二十二卷首一卷末一卷

藏地：辽宁图书馆

（民国）蒋彦文修

1936年世恩堂刻本

江苏武进·孟河蒋氏宗谱□□卷

藏地：美国（存卷4、6、7）

（清）蒋文植编

清光绪二十三年（1897）刊本

江苏武进·灵堂蒋氏宗谱二十卷

藏地：中国社会科学院历史研究所图书馆

（民国）蒋文林主修　蒋有章纂修

1929年敦睦堂活字本　二十册

江苏武进·岑村蒋氏宗谱十卷

藏地：中国社会科学院历史研究所图书馆

（民国）蒋亚平　蒋锦绶修纂

1949年三径堂活字本　十册

江苏武进·蒋氏宗谱八卷

藏地：国家图书馆　中国社会科学院历史研究所图书馆　吉林大学

（民国）蒋佩锦编辑

1948年忠雅堂活字本　二册

江苏·溧阳城西蒋氏宗谱二十二卷

藏地：国家图书馆

（民国）蒋履棠等续修

1919年绳武堂活字本　二十四册

江苏无锡·锡山蒋氏宗谱不分卷

藏地：美国

（清）蒋钟修

清道光二十四年（1844）一梅堂刊本　十六册

江苏无锡·锡山蒋氏宗谱二十四卷首一卷末一卷

藏地：人民大学　河北大学

（清）蒋汝佶编辑

清光绪四年（1878）一梅堂活字本

江苏无锡·锡山蒋氏宗谱二十六卷首一卷

藏地：上海图书馆　日本　美国

（清）蒋士倜编

清宣统二年（1910）刻本

江苏无锡·锡山蒋氏宗谱三十卷首一卷

藏地：国家图书馆　日本　美国

（民国）蒋士松等纂修

1922年活字本　三十册

江苏无锡·蒋氏宗谱一卷

藏地：南开大学

（清）蒋炳章手录

钞本　一册

江苏·江阴蒋氏支谱六卷

藏地：美国

清咸丰元年（1851）刊本　十六册

江苏江阴·青旸蒋氏支谱六卷

藏地：美国

（民国）蒋念劬等修

1919年三径堂活字本　六册

江苏·江阴蒋氏支谱六卷

藏地：美国

（民国）蒋蔚文等修

1930年活字本　二册

江苏江阴·香山蒋氏续修支谱十二卷首一卷

藏地：中国社会科学院历史研究所图书馆

（民国）蒋湘源主修　蒋继暹编

1942年续辑　三径堂活字本　十册

江苏宜兴·茶亭蒋氏宗谱十二卷首一卷末一卷

藏地：中国社会科学院历史研究所图书馆

（清）蒋厚堃纂修

清光绪十三年（1887）追远堂活字本　八册

江苏宜兴·柯城蒋氏宗谱十六卷

藏地：日本　美国

（清）蒋九成等重修

清光绪三十年（1904）聚思堂藏木活字本　十三册

江苏苏州·蒋氏支谱十卷首一卷末一卷

藏地：吉林大学

（清）蒋铭篆　蒋承杰重修

清乾隆五十四年（1789）刻本　十一册

江苏苏州·邓巷蒋氏草谱不分卷

藏地：美国

（清）蒋忠总等修

清宣统元年（1909）油印本　二册

江苏苏州·邓巷蒋氏宗谱十卷

藏地：中国社会科学院历史研究所图书馆

（民国）蒋忠绘辑

1921年松义庄活字本　十册

江苏常熟·蒋氏族谱不分卷

藏地：吉林大学

清钞本　四册

江苏吴县·洞庭後堡蒋氏宗谱十二卷

藏地：日本　美国

（清）蒋用恒　蒋坤等续修

清乾隆五十年（1785）刊本　二十册

江苏吴县·娄关蒋氏本支录右编附录十二卷首一卷末一卷

藏地：美国

（清）蒋堃贤修

清道光二十六年（1846）刊本　十册

江苏吴县·娄关蒋氏本录右编十二卷首一卷末一卷

藏地：中央民族大学　苏州大学　美国

（清）蒋锡宝等辑

清光绪三十一年（1905）木刻本

江苏吴县·娄关蒋氏本支录

藏地：国家图书馆

蒋祖芬修

钞本　三册

江苏杭州·武林蒋氏族谱不分卷

藏地：浙江省图书馆

（清）蒋寿龄撰

清光绪七年（1881）钞本　二册

浙江萧山·蒋氏宗谱十八卷

藏地：日本　美国

（清）蒋景麒　蒋振芳等续修

清光绪二十七年（1901）木活字本　十八册

浙江·萧山临浦蒋氏宗谱八卷

藏地：美国

（清）蒋志圻等纂

清光绪三十四年（1908）忠雅堂活字本　八册

浙江余姚·兰风蒋氏宗谱十卷

藏地：国家图书馆　中国社会科学院历史研究所图书馆　吉林大学　浙江省图书馆　浙江余姚梨洲文献馆

（民国）蒋增煊　蒋国庆纂修

1919年三径堂活字本　六册

浙江·余姚蒋氏宗谱十二卷首一卷末一卷

藏地：南开大学　哈尔滨师大　浙江宁波天一阁文物保管所

（民国）蒋维翰　蒋毓赉等修

1922年余姚世德堂排印本　六册

浙江鄞县·鄞东蒋家潭蒋氏宗谱不分卷

藏地：浙江宁波天一阁文物保管所

（清）杜恒焕纂修

清光绪十四年（1888）慎德堂钞本　一册

浙江鄞县·鄞县蒋家潭蒋氏宗谱不分卷

藏地：浙江宁波天一阁文物保管所

（民国）王信谦纂修

1945年慎德堂续修木活字本　一册

浙江奉化·晦溪蒋氏宗谱六卷

藏地：浙江奉化县文管会

（清）王恭椿纂修

清乾隆五十九年（1794）修　手写本

浙江奉化·晦溪蒋氏宗谱六卷

藏地：浙江奉化县文管会

（清）江珍武修

清道光六年（1826）手写本　一册

浙江奉化·奉川蒋氏宗谱

藏地：浙江档案馆

（清）永恩堂编辑

清光绪十四年（1888）重修本　二册

浙江奉化·西蒋蒋氏宗谱三卷

藏地：浙江奉化县文管会

（清）蒋继浩　蒋斯水修

清光绪十六年（1890）木活字本

浙江奉化·塘头蒋氏宗谱

藏地：浙江奉化县文管会

清光绪间修　手写本　一册

浙江奉化·汇溪蒋氏宗谱二卷首一卷

藏地：浙江奉化县文管会

（民国）戴复礼重修

1920年手写本

浙江奉化·峨阳蒋氏宗谱四卷首一卷

藏地：浙江奉化县文管会

（民国）赖士龙重修

1934木活字本

浙江奉化·江口蒋氏宗谱六卷

藏地：浙江奉化县文管会

（民国）周孝成编修

1938年木活字本

浙江奉化·武岭蒋氏宗谱三十二卷首一卷

藏地：上海档案馆　浙江省图书馆　浙江档案馆　浙江宁波天一阁文物保管所　浙江宁波市档案馆　浙江奉化县文管会　浙江奉化县档案馆　浙江新昌县档案馆　福建省图书馆　江西省图书馆　广东中山图书馆四川省图书馆　四川重庆市图书馆　陕西图书馆

（民国）吴敬恒　陈布雷编

1948年上海中华书局仿宋排印本

浙江奉化·武岭蒋氏先系考一卷

藏地：吉林大学　东北师大　上海图书馆　江苏苏州市图书馆　浙江省图书馆　福建省图书馆　广东中山图书馆　美国

（民国）陈布雷等修

1948年铅印本　一册

浙江嘉兴·秀水闻谿蒋氏家乘不分卷

藏地：浙江省图书馆

（清）蒋长龄修纂

清咸丰七年（1857）钞本　一册

浙江海宁·蒋氏支谱二卷

藏地：国家图书馆　南开大学

（清）蒋学坚　蒋学培纂

清光绪间刻本　二册

浙江海宁·硖石蒋氏支谱不分卷

藏地：国家图书馆　中国社会科学院历史研究所图书馆（缺首册）　河北大学　南京大学　浙江嘉兴市图书馆　日本　美国

（民国）蒋述彭纂

1929年铅印本　二册

浙江绍兴·蒋氏宗谱四卷

藏地：中国社会科学院历史研究所图书馆

（民国）蒋书祥修

1915年观德堂活字本　四册

浙江诸暨·暨阳七里上马石蒋氏宗谱不分卷

藏地：中国社会科学院历史研究所图书馆

（清）蒋汝杰　蒋均恒主修

清乾隆十五年（1750）雍集堂活字本四册

浙江诸暨·暨阳蕺里上马蒋氏宗谱八卷

藏地：国家图书馆

（清）蒋殿魁等修

清光绪三十三年（1907）雍集堂续修活字本　八册

浙江诸暨·暨阳义安蒋氏宗谱八卷首一卷

藏地：美国

（清）蒋赞虞等修

清乾隆四十六年（1781）燕翼堂木活字本　八册

浙江诸暨·蒋氏宗谱八卷首一卷

藏地：日本　美国

（清）蒋廷元等重修

清嘉庆二十四年（1819）木活字本　服十四册

浙江·诸暨七里川堂蒋氏宗谱二十四卷

藏地：国家图书馆

（清）蒋鸿藻　蒋景耀纂修

清光绪十四年（1888）三治堂活字本二十六册

浙江诸暨·暨阳紫严蒋氏宗谱二十二卷

藏地：浙江省图书馆

（民国）蒋如璜　蒋汝琏修纂

1930年木活字本　二十二册

浙江新昌·重修後蒋氏宗谱四卷首一卷

藏地：浙江新昌县文管会

（清）蒋肇昇　蒋肇成等纂

清乾隆三十七年（1772）木活字本

浙江新昌·重修後岸蒋氏宗谱四卷

藏地：浙江新昌县文管会

（民国）蒋绪运　蒋本兰综理　蒋本兴等纂修

1918年木活字本

浙江嵊县·剡西蒋氏宗谱六卷

藏地：国家图书馆

（清）蒋元义等重修

清光绪二十九年（1903）活字本　六册

浙江兰溪·蒋氏宗谱一百二十卷

藏地：浙江兰溪县姚塘下乡大丘田

1931年木刻本

浙江兰溪·蒋氏宗谱六十四卷

藏地：浙江兰溪县水阁乡洪塘里

1931年木刻本

浙江·兰溪钱华龙蒋氏宗谱四卷

藏地：浙江兰溪县柏社乡金华垅村

1946年木刻本　七册

浙江东阳·泰里蒋氏宗谱二十一卷

藏地：浙江东阳县东白乡蒋村桥

（民国）蒋嘉正纂

1937年重修木活字本

浙江临海·西庄蒋氏房谱一卷

藏地：浙江临海县博物馆

（清）应守险纂

清嘉庆九年（1804）木活字间写本

浙江临海·蒋家山蒋氏宗谱三卷

藏地：浙江临海县博物馆

（民国）蒋士法等纂

1917年木活字本

浙江临海·盖竹山塴头蒋氏宗谱九卷

藏地，浙江临海县博物馆

（民国）蒋敏谦纂

1939年木活字本

浙江仙居·拓川蒋氏宗谱□□卷

藏地：浙江临海县博物馆（存卷4、10、12、19、卷末）

1935年木活字本

福建同安·蒋姓家谱世代薄、总钞簿

藏地：台湾

清乾隆七年（1742）钞本

河南睢县·睢阳蒋氏家谱十二卷

藏地：河南省图书馆

（清）蒋念学纂修

清光绪三十四年（1908）蒋氏木刻本

湖南宁乡·灰阳蒋氏族谱不分卷

藏地：美国

（清）蒋民奉等纂修

清乾隆五十五年（1790）刊本二册

湖南宁乡·湖南宁邑灰阳蒋氏支谱

藏地：中国科学院图书馆

（清）蒋先正纂修

清咸丰十一年（1861）刊本　六册

湖南宁乡·沩宁道林蒋氏十修族谱十七卷首一卷

藏地：河北大学

（民国）蒋本沩修

1922 年木刻本　十八册

湖南湘潭·蒋氏族谱二十五卷首一卷末一卷

藏地：广东中山图书馆

（民国）蒋隆秩等纂修

1927 年乐安堂刻本　二十八册

湖南·湘乡石龙蒋氏修族谱五十二卷首二卷

藏地：湖南省图书馆（存卷首、卷 17）

（清）蒋泽寰　将德钧纂修

清光绪二十三年（1897）活字本

（五）字行辈份

清咸丰十一年蒋先正纂修《灰汤蒋氏支谱》载，湖南宁邑蒋姓一支字行为："际忠成源河海兆，永朝世立国泰民，安湘启祖传嗣广，英贤恒守应昌荣。"续修派语字行为："原泉资必达，深造得常盈，孝友承先业，诗书建大名。"

（六）迁徙繁衍

蒋氏以河南为其最初的发祥地，而后的千百年间不断地繁衍到全国各地。蒋氏家族的大致播迁情形是这样的：自楚灭蒋后，除部分仍留居河南外，大部分外迁。其中，有一支首先于汉时已迁居陕西省境内，又一支于东汉末迁往山东东莱郡（汉高帝置郡，治所在掖县〈今属山东〉，相当今山东胶莱河以东岠嵎山以北和乳山河以东地），三国时曹魏的蒋济即其后裔。另一支于南朝宋时迁往义阳羡县（今江苏宜兴县）。据《唐书·宰相相世系表》等所载，西汉哀帝时，有杜陵（今陕西长安县东南）人蒋翊被封为兖州（今属山东）刺史，以廉直著名。传至 10 世孙休，自乐安迁徙至义阳羡县（今江苏农兴县），其子孙还有渡江散处各地的，或迁滆湖（今江苏境），或迁往浙江奉化之三岭。据《蒋氏宗谱》所载，东汉建武年间，蒋横佐光武帝讨赤眉有功，升为大将，封逡道侯，后遭谗害，其 9 个儿子避难四方，待帝省悟后，9 子皆随地封侯，即：公华侯颍、会稽（今属浙江）侯郑、临江（治所在今四川忠县）侯川、临湖侯曜、临苏侯浙、浦亭侯巡、九江（今属江西）侯稔、云阳（治今陕西淳化西北）侯默、函亭（今属江苏）侯澄。唐初，陈元光人闽开基漳州，其将佐有蒋氏者。南宋高宗时，有福建仙游人蒋雍教授于泉州。理宗时，有电白进士蒋科曾官至宜阳知县。可见，自蒋横之后，其子孙便多散居我国南方的浙江、四川、湖北、湖南、江西、江苏等地，并且成了开基当地的始祖。又据有关资料所言，东汉以后江南蒋氏多出自江苏宜兴始祖函亭侯蒋澄之后。唐代又有蒋氏自浙江天台移居浙江奉化。宋神宗时，又有蒋浚明诣阙上书，言动朝廷，死后累赠金紫光禄大夫。其子蒋琉仁至朝请朝议大夫。又三传至蒋岘，南宋宁宗进士，官至刑部尚书、殿中侍御史。元季，仕杰公始迁奉化武岭禽孝乡（即今溪口镇），此即蒋介石之先祖。宋以后，福建、广东蒋氏已盛。总之，蒋氏初期仍以河南为其繁衍中心。至秦汉之际，向西移于陕西关中一带，向东迁入山东省境，其中山东省境繁衍得最为旺盛，故蒋氏世代有以“乐安”为其堂号，并在今山东省博兴县、寿光县一带成为一大望族。蒋姓南迁比一般姓氏都早，始于汉代。在东汉之时，蒋姓已在今江苏省境内繁衍昌盛。故东汉以后，蒋姓名人也多出于此地。其后蒋姓也主要以浙江、江苏、福建、安徽、广东等为其繁衍地区。由此看来，在我国历史上蒋姓也是一个比较典型的南方姓氏。

（七） 适用楹联

□山亭绵世泽①；荆诸颂名流②。

□铜符鼎峙③；玉笋联斑④。

□邦显碧岩三绝画⑤；
　廷锡集成万卷书⑥。

□花色遍四封之丽⑦；
　竹阴留三径之清⑧。

□松竹犹存三径菊②；
　公琰自非百里才⑩。

□玉笋同班，丰姿可爱⑪；
　琼花直谏，赤胆堪嘉⑫。

□雅言诗书执礼；
　益友直谅多闻⑬。

□蜀中曾继如龙相；
　湘上今传伏虎名⑭。

注释：

①传说伯龄受封之地（蒋国）古有山亭。

②“名流”指明代荆州府教授蒋雷卿、宋代湖北仙居文学家蒋煜等。

③汉宣帝时上党令蒋满之子蒋万为北地都尉，宣帝认为二人“宜同日剖符”，即以满为淮南相，万为弘农守。

④唐代咸通进士蒋凝，字仲山，擅赋，及第时，为赋止及四韵，顷刻传播。后官至侍郎。据说他风姿特美，每到朝士家，人们都以为祥瑞，因此被号为水月观音。有赋三卷传世。玉笋，比喻才士众多。

⑤明代画家蒋时行，字邦显，长兴人。性好养生之术，曾经筑憩神楼于碧岩，三年之中不下山，自号水仙道人。蒋时行善图绘，新画的真武像尤为独绝，与《上庵图像》、《瀑布龙口圣像》合称三绝。

⑥蒋廷锡为清康熙文华殿大学士，字扬孙，号西谷，一号南沙，进士出身。工诗善画，尤精花卉，多用逸笔写生，点缀坡石，无不超绝。曾奉雍正皇帝命核定“古今图书集成”共一万卷。还撰有《尚书地理今释》、《青桐轩》、《秋风》、《片云》诸集。

⑦唐沇唐代监察御史，兄弟四人均为才吏。

⑧汉代兖州刺史蒋诩，字元卿，杜陵人。他在哀帝时以廉直闻名。曾经在自家舍前竹下开三径，惟故人求仲、羊仲从游之。王莽篡位时病归，卒于家。

⑨见注⑧。

⑩蒋琬，字公琰，为三国时蜀的大司马孔明称他有社稷之才，而不仅是“百里才”。

⑪见注④

⑬明代御史蒋瑶，归安人，官至工部尚书，敢直谏犯颜。

⑬清代书法家蒋衡新撰书联。蒋

衡，金坛人。

⑭蒋琬祠联，在湖南湘乡县。诸葛亮死后，蒋琬代亮执政，领益州刺史，迁大将军，录尚书事，封安阳亭侯，复加为大司马。

蒋氏名人集粹

蒋适锡 今江苏常熟人，清代杰出画家。

蒋宗梅 丹徒（今属江苏）人，书画金石家。

蒋植 江西铅山人，戏曲作家、文学家，曾任翰林院编修。作有杂剧、传奇16种。诗文负盛名，与袁枚、赵翼并称“江右三大家”。

蒋宝龄 今江苏常熟东人，画家、书画评论家。

蒋和 江西金坛人，著名画家。

蒋仁 仁和（今浙江杭州）人，篆刻家，为“西泠八家”之一，善书法。

蒋春霖 江苏江阴人，词人，曾为淮南盐官。

蒋福成 明代福建农民起义首领。

蒋捷 阳羡（今江苏宜兴）人，南宋词人。

蒋璨 北宋诗人、书法家。

蒋防 唐代义兴（今江苏宜兴）人，文学家、翰林学士。有传奇小说《霍小玉传》为其代表作，收入到《太平广记》之中。《全唐文》收有他的赋及杂文1卷。

蒋少游 北魏著名画家，今山东寿昌人。

蒋琬 零陵湘乡（今属湖南）人，三国时蜀汉著名大将军。初随刘备人蜀，后为诸葛亮所重，任丞相长史。诸葛亮攻魏时，他主持兵源粮饷的供应。诸葛亮称其为“社稷之器”，诸葛亮死后，他曾代亮执政，为大将军、录尚书事等职。

蒋子文 东汉时秣陵（治所在今江苏江宁南秣陵关）尉，死后葬于钟山（今江苏南京市），至三国时吴主孙权因避祖父讳钟，以蒋子文葬于钟山而改名为蒋山。

蒋诩 西汉时为以廉直著名的兖州（汉武帝所置十三刺史部之一，约当今山东省西南部，治所在昌邑〈今山东金乡西北〉）刺史。

蒋氏风流撷英

伯龄受封到山亭，①
世泽绵长荫后人。
社稷之器蜀中继，②
文武全才有令名。③
钟山留祀子文扇，④
三径竹青宴二宾。⑤
同日冲符父与子，⑥
四封在丽为弟兄。⑦
秋河一赋得丽女，⑧
仲山不愧为观音。⑨
邦显三绝难长生，⑩
球花直谏真贤臣。⑪
西谷南沙为扬孙，
万卷集成非为清。⑫
蒋氏本为周公胤，⑬
华夏万姓皆同宗。

注释：

①据《新唐书·宰相世系表》与《通志·氏族略·以国为氏》，周朝初年，周公第三子伯龄受封于蒋国，后亡于楚，其子孙遂以国为氏。

②蒋琬（？～246 年），三国时蜀汉零陵湘乡人。字公琰。诸葛亮称其为"社稷之器"，非"百里才"。

③蒋济，字子通，三国时魏国平阿人，封都乡侯，文能治国，武能杀敌。

④蒋子文，东汉广陵人，常自称骨青，死后当为神。后追忿子钟山，伤额而死。相传孙权建都后，子文常乘白马执羽扇出没。权追封其为中都侯，在钟山为其建庙祭祀。

⑤蒋诩，字元卿，汉杜陵人，以廉直名。王莽执政，诩病归乡里，于屋前竹下辟三径，惟与好友求仲、羊仲游。

⑥蒋满，西汉宣帝时上党令。其子万为北地都尉。宣帝同昭征满，万，曰："父子宜同日冲符。"连队满为淮南相，万为弘农太守。

⑦蒋治，唐时莱州人，与兄演、溶及弟清皆为官，且在各地均有新作为。四封，四境。

⑧蒋防，字子徵，唐义兴人。年十八作《秋河赋》，于简甚爱其才，以女妻之。

⑨蒋凝，字仲山，唐咸通进士，俊美风流，号水月观音。

⑩蒋时行，字邦显，明长兴人。善图绘，新画真武像与《上庵图像》、《瀑布龙口圣像》合称三绝。好养生术。

⑪蒋瑶，明归安人，官至工部尚书，敢犯颜直谏。

⑫蒋廷锡，字扬孙，号西谷，一号南沙，清康熙文华殿大学士。曾奉钦命核定古今图书集成万卷。

⑬同注①。《左传》云："凡蒋、邢、茅、胙、祭，周公之胤也。"

中华百家姓

赵 钱 孙 李 周 吴 郑 王 冯 陈 蒋 **沈** 韩 杨
朱 秦 许 何 吕 张 孔 曹 金 魏 姜 谢 邹 苏
潘 范 彭 韦 马 方 任 袁 史 唐 薛 雷 贺 汤
罗 郝 常 于 傅 康 余 顾 孟 黄 尹 姚 邵 汪
毛 戴 宋 熊 董 梁 杜 贾 江 郭 林 钟 徐 邱
高 夏 蔡 田 胡 万 卢 丁 邓 石 崔 龚 程 陆
段 侯 武 刘 龙 叶 黎 白 赖 乔 谭 阎 易 廖
文 曾

沈 姓

——沈沉同音比城府，处事老成万里行

沈氏解密寻踪

（一） 姓氏字源

《说文》：“沈，陵上滈水也。从水，冘声。”段玉裁注：“谓陵上雨积停潦也。”据《殷虚书契后编》上说，甲骨文“沈”像投牛羊于水形，故沈字本义盖指古祭名，引申之，凡一切投入水中之用牲方法，均谓之沈。《礼记·大传》注云：“祭水曰沈。”

（二） 寻根溯祖

沈姓来源有三：

1. 出自姬姓，以国为氏，为黄帝的后裔。沈本是上古国名，最早是夏禹子孙的封国。据《新唐书·宰相世系表》等有关资料所载，周初，武王死后，年幼的成王继位，周公旦摄政，此时，三监不服，武庚（商王纣之子，周武王灭商后，继续封他为殷君）乘机勾结三监（一说武王以邶封霍叔，以鄘封管叔，以卫封蔡叔，以监殷民，称为三监），联合东方夷族反抗，终为周公旦（周文王的第 4 子）所灭。季载（周文王第 10 子）因平叛有功，周公就把这位有才干的弟弟举为周天子的司空，后成王将其叔叔季载封于沈国，又名聃国。季载，又称冉季载。聃又写作冉、郍，古时冉、沈读音相同。春秋时，鲁成公八年（公元前583年）为晋（今属山西）灭掉。当时季载后代有子逞，逃奔楚国，子孙以国为氏，即为沈氏。关于沈国，《元和姓纂》也有同样的记载："周文王第十子聃季（或作季载），食采于沈，因氏焉。今汝南平舆沈亭，即沈子国也。"据近世学者考证，沈子国在今河南省平舆县北及安徽省阜阳县西北，沈亭即在今安徽阜阳县西北沈丘集东。是为河南、安徽沈氏。

2. 出自芈姓，为颛顼帝的后代。据《通志·氏族略》所载，春秋时"楚（芈姓，始祖鬻熊，西周时立国于湖北荆山一带）庄王之子公子贞封于沈鹿，故为沈氏。其地在今颍州沈丘"。据有关学者考证，沈丘，春秋时名寝丘属楚国，唐代属颍州。故城在今安徽临泉城西侧，后移至河南沈丘县境地。又一说沈鹿地在今湖北钟祥县东。是为河南或湖北沈氏。

3. 出自金天氏，以国为氏。据《左传·昭公元年》及《姓氏考略》所载，沈、姒、蓐、黄四国皆为少昊（金天氏）裔孙台骀（一作台胎）氏之后。沈国地在今山西汾河流域，为晋所灭，后以国为氏，有沈姓。后世沈姓多自称金天氏之后。此支沈氏，后无史料载其迁徙的情形。是为山西沈氏。

（三） 宗堂郡望

堂号 "梦溪堂"：宋朝时沈括，博学能文，累官翰林学士三司使。他对天文、历算、方志、音乐、医药无所不通。他开始制造了浑天仪、景表、浮漏等天文仪器。开创了隙机、浑圆两术和弧矢、割圆术的先河。著有《梦溪笔谈》。

郡望 沈姓郡望主要有吴兴郡、汝南郡等。

1. 吴兴郡。三国吴宝鼎元年（公元266年）置郡，治所在乌程（今浙江吴兴南，晋义熙初移今吴兴）。相当今浙江临安、余杭、德清一线西北，兼有江苏宜兴县地。

2. 汝南郡。汉高帝四年（公元前203年）置郡，治所在上蔡（今河南上蔡西南）。相当今河南颖河、淮河之间，京广铁路西侧一线以东，安徽茨河、西淝河以西、淮河以北地区。

沈姓因以吴兴为最望，故也以"吴兴"为其堂号。

（四） 家谱寻踪

天津·沈氏族谱六卷

藏地：日本　美国

（清）沈兆坛等修

清道光二十八年（1848）活字本一册

河北清河·沈氏族谱四卷

藏地：河北清河县沈儒林村

沈世远撰

钞本

上海宝山·罗阳沈氏家乘摘要不分卷

藏地：上海嘉定县博物馆

（民国）沈延台纂

1949年铅印本

上海松江·娄县沈氏家谱四卷

藏地：上海松江县博物馆

（清）学朗纂

清道光二年（1822）钞本

上海金山·枫经沈氏支谱三卷

藏地：河北大学　吉林大学　上海松江县博物馆

（民国）沈邦垣续修

1925年上海九亩地吴承记印书局铅印本　一册

上海·青浦南村沈氏族谱十四卷首一卷末一卷

藏地：上海松江县博物馆（存卷首、1—4）

（民国）沈乃嘉修

1934年铅印本

上海崇明·沈氏宗谱不分卷

藏地：中国社会科学院历史研究所图书馆

（清）沈世荣汇修

清道光间三易堂刻本　四十一册

上海·孝义旌门沈氏北支十三房上海支族谱

藏地：国家图书馆　上海文化管理委员会

（清）沈维桢辑

清咸丰九年（1859）刻本　一册

上海·重印孝义旌门沈氏北支十三房上海支族谱世德传

藏地：上海市文化管理委员会

（民国）沈庆侅编

1940年铅印本　一册

上海·沈氏家谱六卷

藏地：上海市文化管理委员会

（民国）潘翔麒等修

1935年木刻本

江苏淮安·迁淮沈氏宗谱八卷首一卷

藏地：江苏淮安图书馆

（明）沈绶编辑　（清）沈倩重修　潘培宽补修　沈徐行续修

清咸丰十年（1860）刻本　四册

江苏淮安·迁淮续修沈氏宗谱六卷

藏地：江苏淮安县图书馆

（清）沈联璋编辑

清光绪十一年（1885）刻本　二册

江苏南通·通州沈氏宗谱十卷首一首末一卷

藏地：国家图书馆　哈尔滨师大　日本　美国

（清）沈歧纂修

清咸丰十年（1860）刻本　六册

江苏南通·沈氏宗谱十卷首一卷末一卷

藏地：中国社会科学院历史研究所图书馆

（民国）沈来宜编辑

1922年铅印本　六册

江苏丹阳·云阳团洲沈氏族谱四卷

藏地：美国（民国）沈学义等修

1922年有余堂刊本　四册

江苏常州·沈氏续修宗谱十卷

藏地：日本　美国

（清）沈信储　沈濬源等修

清光绪八年（1882）务本堂刊本　十册

江苏常州·白洋桥沈氏宗谱二十二卷首一卷末一卷

美国

藏地：（清）沈保靖序

清光绪二十三年（1897）春晓堂刊本

二十册

江苏常州·兰港沈氏宗谱□□卷

藏地：江苏常州市图书馆（存卷3）

清金鹅堂木活字本

江苏武进·晋陵金台沈氏族谱八卷

藏地：国家图书馆

（清）沈龙元等纂

清康熙间刻本　八册

江苏武进·毗陵沈氏宗谱四卷

藏地：国家图书馆　日本　美国

（清）沈燮嘉纂

清光绪三十年（1904）九思堂活字本

江苏武进·毗陵沈氏宗谱五卷

藏地：国家图书馆　中国社会科学院历史研究所图书馆　云南图书馆

（民国）沈保宜纂修

1915 年九思堂活字本

江苏武进·毗陵沈氏宗谱五卷

藏地：国家图书馆　辽宁图书馆　吉林大学　日本　美国

（民国）沈保宜修

1930 年九思堂活字本

江苏武进·晋陵沈氏宗谱二十卷

藏地：上海图书馆

1915 年黄以霖刻本　十一册

江苏武进·晋陵塘田沈氏宗谱六卷

藏地：吉林大学

（民国）沈泮等修

1920 年中和堂活字本　六册

江苏武进·晋陵沈氏宗谱十卷

藏地：江苏常州图书馆（存卷 1—6、9）

（民国）沈友福　沈泉林等修

1928 年师俭堂木活字本

江苏无锡·梁溪沈氏宗谱十二卷

藏地：人民大学

（清）学惟康等修

清咸丰五年（1855）世徐堂活字本　十四册

江苏无锡·梁溪沈氏宗谱二十四卷首一卷

藏地：辽宁图书馆

（清）沈景德　沈炯等修

清光绪二十三年（1897）世余堂木活字本

江苏无锡·梁溪沈氏宗谱三十四卷首一卷

藏地：国家图书馆　美国

（民国）沈垣等修

1919 年世余堂活字本

江苏无锡·沈氏宗谱八卷

藏地：美国

（民国）沈荣康等修

1934 年世德堂刊本　八册

江苏江阴·澄江沈氏宗谱二十卷

藏地：中国科学院图书馆

（清）沈万端等修

清光绪二十年（1894）余庆堂刊本　十八册

江苏江阴·澄江沈氏宗谱二十卷

藏地：国家图书馆

（清）沈嗣绶纂

清宣统三年（1911）诵芳堂铅印本　二十册

江苏常熟·虞山沈氏宗谱十二卷

藏地：中国社会科学院历史研究所图书馆　南开大学　吉林大学　哈尔滨师大　南京市博物馆　南京大学　江苏南通市图书馆　苏州大学　江苏常熟市图书馆　四川省图书馆　日本　美国

（清）沈寿祺纂

清宣统三年（1911）刻本

江苏常熟·虞阳沈氏支谱八卷

藏地：吉林大学　江苏常熟市图书馆

（民国）沈汝谦辑

1923年同文社排印本　二册

江苏吴县·洞庭沈氏宗谱二卷

藏地：中国历史博物馆

（清）沈兆瑛编

清康熙五十七年（1718）刻本

江苏吴县·洞庭沈氏宗谱四卷

藏地：国家图书馆　江苏苏州市博物馆

（清）沈若鼎纂

清乾隆四十年（1775）刻本　四册

江苏吴县·沈氏族谱不分卷

藏地：人民大学

（清）沈鸿　沈鸣皋纂

清嘉庆间刻本　六册

江苏吴县·洞庭沈氏宗谱六卷

藏地：国家图书馆　人民大学江苏苏州博物馆

（清）沈诠　沈德培修

清道光十二年（1832）活字本　六册

江苏吴县·洞庭东山沈氏宗谱六卷

藏地：苏州大学

（民国）沈昌洪等编

1934年稿本

江苏·吴县沈氏绣谱一卷

藏地：上海图书馆

沈寿撰

近代武进陶氏石印本　一册

江苏·吴江沈氏家谱十卷首一卷末一卷

藏地：国家图书馆

（清）沈光熙修

1931年传钞清乾隆五十二年（1787）刻本　六册

江苏·吴江沈氏家传

藏地：国家图书馆

（清）沈桂芬辑

清同治六年（1867）刻本　一册

江苏吴江·沈氏宗谱沈氏老宗谱本支百世不分卷

藏地：江苏吴江县图书馆

（清）沈冠英订

清光绪十年（1884）吴江友善草堂钞本　三册

江苏·沈氏族谱五卷首一卷

藏地：广西柳州市图书馆

（民国）沈士璜撰　沈松林校

1945年铅印本　一册

浙江杭州·武林沈氏枝谱

藏地：国家图书馆（二部）

（清）沈植枢修

清嘉庆二十三年（1818）刻本

浙江杭州·钱唐沈氏家乘十卷

藏地：国家图书馆　首都图书馆　北京师大　中央民族大学　天津市图书馆　辽宁图书馆　吉林大学　哈尔滨师大　上海图书馆　华东师大　江苏苏州市图书馆　江苏常熟县图书馆　浙江省图书馆　日本　美国

（清）沈绍勋辑　沈祖绵增辑

1919年西泠印社铅印本

浙江建德·洋溪沈氏宗谱四卷

藏地：国家图书馆

（清）沈增荣纂

清光绪二年（1876）渊源堂活字本　四册

浙江·萧山长巷沈氏宗谱三十二卷首一卷

藏地：国家图书馆　中国社会科

学院历史研究所图书馆　河北大学　吉林大学　浙江省图书馆　日本　美国

（清）沈豫纂

清道光二十一年（1841）承裕堂活字本

浙江·萧山长巷沈氏宗谱四十卷

藏地：国家图书馆　中国社会科学院历史研究所图书馆　人民大学　辽宁图书馆吉林大学　福建省图书馆　中山大学

（清）沈荇纂

清光绪十九年（1893）承裕堂活字本

浙江·萧山沈氏族谱六卷

藏地：中国社会科学院历史研究所图书馆

（清）沈慈承纂

清光绪二十三年（1897）树本堂活字本

浙江萧山·萧邑航坞山沈氏宗谱十四卷

藏地：国家图书馆　中国社会科学院历史研究所图书馆　河北大学　吉林大学

（民国）沈海超等修

1916年永思堂活字本

浙江·萧山汀头沈氏宗谱十二卷

藏地：浙江省图书馆

（民国）沈顺根等修

1947年承萧堂木活字本　十二册

浙江宁波·四明沈氏宗谱世传二卷

藏地：浙江奉化县文管会

清康熙二十三年（1684）钞本

浙江宁波·四明车桥沈氏宗谱四卷首一卷

藏地：南开大学

（民国）沈孝廉编修

1927年世德堂钞本　四册

浙江宁波·镇海沈氏宗谱十卷首一卷附二卷

藏地：国家图书馆

（民国）沈德润等修

1937年清水浦沈三善堂铅印本

浙江宁波·甬上万寿坊沈氏谱徵世系世传考不分卷

藏地：浙江宁波天一阁文物保管所

沈嘉宷　沈杞纂修

钞本　一册

浙江余姚·兰风沈氏家谱六卷

藏地：河北大学

（清）沈鹏飞修

清乾隆四十九年（1784）木刻本　三册

浙江余姚·兰风沈氏家谱八卷

藏地：国家图书馆　中国社会科学院历史研究所图书馆　日本　美国

（清）沈承均纂

清道光十二年（1832）肃雝堂活字水

浙江余姚·续修兰风沈氏宗谱十三卷首一卷

藏地：国家图书馆　中国社会科学院历史研究所图书馆　河北大学　浙江省图书馆

（民国）沈沧纂

1897年肃雝堂活字本

浙江余姚·兰风沈氏宗谱十四卷首二卷

藏地：中国社会科学院历史研究所图书馆　北京大学　南开大学　河北大学　浙江宁波天一阁文物保管所

（民国）沈开基　沈庆林修

1935年肃雝堂活字本

浙江余姚·姚西沈氏宗谱五卷首一卷

藏地：河北大学

（清）沈作霖修

清光绪十七年（1891）木刻本 四册

浙江·余姚云楼沈氏宗谱六卷

藏地：国家图书馆

（清）沈荫轩辑

清光绪二十九年（1903）敦伦堂活字本 四册

浙江·余姚云楼沈氏宗谱四卷

藏地：国家图书馆（二部）

（民国）沈铭钢 沈宝钢等修

1931年敦伦堂活字本 四册

浙江余姚·沈氏宗谱四卷

藏地：中国社会科学院历史研究所图书馆

（清）沈英瑞总理

清光绪三十三年（1907）文肃堂活字本 四册

浙江徐姚·姚江沈氏宗谱三卷

藏地：国家图书馆 哈尔滨师大 四川省图书馆

（民国）沈培基纂

1918年聿怀堂活字本

浙江余姚·姚西沈氏宗谱五卷首一卷

藏地：河北大学

（民国）沈景炎修

1933年木刻本 六册

浙江·余姚半霖沈氏宗谱四卷首一卷

藏地：河北大学（二部） 四川省图书馆

（民国）沈绍荣修

1934年木刻本 四册

浙江余姚·虎潭沈氏宗谱□□卷

藏地：浙江余姚梨洲文献馆（存卷3、4、8、9、11、14、19、22、23）稿本 八册

浙江·慈溪沈氏宗谱不分卷

藏地：浙江省图书馆

（清）沈汝魁纂修 沈景旋续修

清乾隆五十七年（1792）初修光绪十三年

浙江慈溪·沈氏宗谱

藏地：国家图书馆

（清）沈景旋纂

清同治三年（1864）钞本 二册

浙江·慈溪师桥沈氏宗谱十五卷

藏地：国家图书馆 南开大学 河北大学上海图书馆 浙江宁波天一阁文物保管所浙江余杭县文管会 浙江慈溪县文管会 浙江慈溪县档案馆

（民国）沈嘉玱纂修

1913年铅印本

浙江慈溪·师桥沈氏宗谱明六房行字世系四卷

藏地：浙江宁波天一阁文物保管所

1917年木活字本 四册

浙江慈溪·师桥沈氏家谱

藏地：美国

1918年铅印本 一册

浙江奉化·沈氏小房谱一卷

藏地：浙江奉化县文管会

（清）陈瑞噂修

清光绪三十年（1904）写本

浙江奉化·沈氏耕心堂谱不分卷

藏地：浙江奉化县文管会

（民国）沈起凤修

1923年写本 一册

浙江奉化·沈氏孟西信房谱不分卷

藏地：浙江奉化县文管会

（民国）吴震亚修

1933年写本　二册

浙江奉化·沈氏宗谱

藏地：浙江奉化县文管会

（民国）裘士庄修

1934年写本

浙江奉化·沈氏上下堂前支谱不分卷

藏地：浙江奉化县文管会

（民国）吴震亚修

1946年写本　一册

浙江奉化·爵岙沈氏房谱四卷首一卷

藏地：浙江奉化县文管会

（民国）林岫亭修

1946年木活字本

浙江象山·潘家桥沈氏宗谱一卷

藏地：浙江象山县文管会

（民国）史翰章修

1940年钞本

浙江泰顺·沈氏族谱

藏地：浙江泰顺县文化博物馆

（民国）吴良烨撰

1946　年铅印本　二册

浙江·嘉兴蒋庄村沈氏家谱

藏地：美国

（民国）沈子旬等修

1918年铅印本　一册

浙江桐乡·柞溪沈氏世系宗谱二卷首一卷

藏地：国家图书馆　日本　美国

（清）沈炳垣纂

清咸丰五年（1855）刻本

浙江桐乡·柞溪沈氏家乘四卷

藏地：浙江省图书馆

（清）沈家鹗纂

清乾隆间刻本　一册

浙江桐乡·柞溪沈氏思源堂宗谱不分卷

藏地：国家图书馆　中国社会科学院历史研究所图书馆　吉林大学

（民国）沈家诒等修

1948年铅印本

浙江平湖·清溪沈氏家乘二十卷

藏地：国家图书馆　浙江省图书馆　中山大学　暨南大学　日本　美国

（清）沈应奎等修

清光绪十二年（1886）追远堂刊本

浙江平湖·武原沈氏始迁宗谱不分卷

藏地：江苏苏州市博物馆

清光绪钞本　一册

浙江·平湖乍浦沈氏支谱不分卷

藏地：日本　美国

（民国）沈颂清　沈翊清等编

1926年上海中华书局铅印本一册

浙江海临·沈氏家谱

藏地：中央民族大学

（清）沈拱枢编

清光绪二十三年（1897）刊本二册

浙江海临·沈氏家谱不分卷

藏地：国家图书馆　河北大学　辽宁图书馆　吉林大学　南京大学　日本　美国

（清）沈守谦重修

清光绪三十四年（1908）刻本

浙江湖州·马要沈氏族谱七卷

藏地：美国

（明）沈塾撰

明万历间刊本　六册

浙江湖州·重辑桃邑沈氏宗谱一卷

藏地：辽宁图书馆（不全）

（清）沈澄辑

清雍正九年（1731）钞本

浙江湖州·呈兴马要沈氏族谱□□卷

藏地：美国（存二十六卷）

（清）沈宸奎等修

清乾隆五十八年（1793）永思堂刊本

浙江湖州·沈氏族谱不分卷

藏地：国家图书馆

（清）沈景润增辑

钞本　四册

浙江湖州·吴兴沈氏宗谱五卷

藏地：浙江常山县毛良坞乡姜家村

（清）沈俊重修

清咸丰三年（1853）木刻本

浙江湖州·竹溪沈氏家乘二十卷首一卷

藏地：人民大学　日本　美国

（清）沈秉成等修

清光绪十年（1884）增印本

浙江湖州·吴兴竹溪沈氏家乘二卷首一卷

藏地：浙江省图书馆　日本　美国

（清）沈汝泰　沈汝和等修

清光绪十三年（1887）活字本　二册

浙江湖州·吴兴沈氏列代像传不分卷

藏地：浙江省图书馆

（民国）沈芝芳辑

1912年石印本　一册

浙江湖州·吴兴沈氏奉教宗谱一卷

藏地：上海图书馆

（民国）沈宰熙编

1917年铅印本　一册

浙江绍兴·山阴沈氏族谱不分卷

藏地：国家图书馆　浙江省图书馆

（明）沈级纂修

明万历七年（1579）钞本

浙江绍兴·皋部沈氏谱六卷

藏地：吉林大学　日本　美国

（清）沈耀祖　沈士杰等纂

清乾隆二十三年（1758）刊本　十二册

浙江绍兴·敦睦堂沈氏源流族谱

藏地：日本

（清）沈正逵修

清乾隆五十二年（1787）写本　四册

浙江绍兴·会稽後桑盆村沈氏族谱六卷

藏地：美国

（清）沈传泗等修

清道光十九年（1839）钞本　六册

浙江绍兴·敦睦堂沈氏源流族谱不分卷

藏地：美国

（清）沈正达修

清同治八年（1869）写本　四册

浙江绍兴·会稽中望坊沈氏家谱十卷首一卷

藏地：美国

（清）沈元夔修

清光绪五年（1879）敦睦堂刊本　六册

浙江绍兴·山阴浦阳沈氏四分宗谱十二卷首一卷

藏地：中国科学院图书馆　中国社会科学院历史研究所图书馆　浙江省图书馆　日本　美国

（清）沈福灏纂

清光绪二十三年（1897）活字本

浙江绍兴·皋埠沈氏老六房重修宗谱十卷

藏地：国家图书馆　江西师大（缺卷6、9、10）

（民国）沈先启等修

1918年活字本

浙江诸暨·暨阳沈氏支谱十卷首一卷

藏地：国家图书馆

（民国）沈肇基等续修

1930年西涯堂活字本　十册

浙江上虞·古虞童郭沈氏宗谱六卷

藏地：浙江省图书馆

（清）沈峇源　沈怡桂修

清咸丰十一年（1861）兰晖堂木活字本　五册

浙江上虞·古虞沈氏宗谱十二卷

藏地：南开大学

（民国）沈时雍纂

1925年兰晖堂刊本　七册

浙江上虞·虞山沈氏宗谱十二卷

藏地：国家图书馆

（清）沈寿棋等纂

清宣统三年（1911）活字本　五册

浙江嵊县·剡北沈氏宗谱三卷

藏地：日本　美国

（清）沈魁琭等编

清同治十三年（1874）世德堂木活字本　六册

浙江嵊县·石姥岭派沈氏宗谱五卷

藏地：浙江嵊县春联乡绕溪村

（清）沈锡庚修

清光绪二十九年（1903）木活字本

浙江嵊县·沈氏宗谱四卷

藏地：浙江嵊县城溪乡八里洋

1948年木活字本

浙江兰溪·庄湖沈氏宗谱六卷

浙江兰溪县新周乡（缺一卷）

清宣统元年（1909）木刻本

浙江·东阳沈氏续修宗谱八卷

藏地：吉林大学

（清）沈仕通修　沈光鉴纂

清光绪三十年（1904）宝忠堂活字本　八册

浙江·东阳白珏沈氏宗谱□□卷

藏地：浙江东阳巍山镇（存卷1）

（清）沈熙纂

清光绪三十年（1904）木活字本

浙江常山·沈氏宗谱二卷

藏地：浙江常山县芙蓉乡岭上埂村

1946年刻本

浙江临海·坊前沈氏宗谱□□卷

藏地：浙江临海县博物馆

清道光十七年（1837）木活字本

浙江临海·下沈沈氏宗谱□□卷

藏地：浙江临海县博物馆（存卷

首、2、4、5、8、9及艺文五册）

（清）沈元朗纂

清同治七年（1868）木活字本

浙江仙居·乐安沈氏宗谱□□卷

藏地：浙江临海县博物馆（存卷18）

清光绪十八年（1892）木活字本

浙江云和·沈氏宗谱

藏地：浙江云和县文管会（存二册）

清道光间刊本

安徽青阳·龙严沈氏五续世系谱十一卷

藏地：日本　美国

（清）沈起鹗修

清同治十三年（1875）活字本

安徽青阳·南洪沈氏宗谱八卷

藏地：河北大学

（民国）沈光国续修

1931年叙伦堂木刻本　十册

安徽五河·沈氏宗谱二卷

藏地：安徽五河县文化管

（民国）沈长庆　沈玉璜纂

1926年木刻本

福建闽侯·武进沈氏迁闽本支家谱

藏地：美国

（民国）沈黼清主编

1933年刊本

福建晋江·沈氏族谱

藏地：台湾

清光绪二十八年（1902）钞本一册

山东·武城沈氏宗谱十卷首一卷

藏地：国家图书馆

（民国）沈纪毓等修

1919年怀德堂活字本　十二册

河南商邱·睢阳沈氏家谱不分卷

藏地：中国社会科学院历史研究所图书馆

（清）沈士洛修

清道光二十七年（1847）刻本六册

湖北·孝感沈氏宗谱二十四卷首一卷

藏地：国家图书馆　美国

（民国）沈小蕃等修

1919年活字本　二十四册

湖北黄冈·楚黄沈氏宗谱五十卷

藏地：湖北新洲县周铺乡周铺村　湖北新洲县长岭乡长岭村

（民国）沈增祺　沈幼卿修

1948年木刻本

湖南·宁乡沈氏续修族谱十八卷

藏地：湖南省图书馆（存卷1、2）

（民国）沈子章修　沈俊朝等纂

1933年三善堂活字本

湖南湘潭·沈氏五修族谱□□卷

藏地：湖南省图书馆（存卷首下）

清道光二十六年（1846）活字本

湖南湘乡·湘西沈氏三修族谱不分卷

藏地：湖南省图书馆

（清）沈云阶　沈义辛等纂

清嘉庆二十五年（1820）八韵堂活字本一册

湖南湘乡·湘西〔岱山〕沈氏族谱不分卷

藏地：中国社会科学院历史研究所图书馆

（清）沈先觉纂

清咸丰九年（1851）敦伦堂活字本　二十册

湖南湘乡·沈氏五修族谱六卷

藏地：湖南省图书馆（存卷首上）

（清）沈嗣馨修　沈先迎纂

清咸丰十年（1860）吴兴堂刻本

湖南湘乡·湘西沈氏房谱□□卷

藏地：湖南省图书馆（存三册）

清光绪七年（1881）活字本

湖南湘乡·沈氏上祠族谱二十七卷

藏地：中国社会科学院历史研究所图书馆

（清）沈麓樵　沈吟初等纂

清光绪二十七年（1901）憩石堂活字本　二十四册

湖南湘乡·湘西岱山沈氏六修族谱不分卷

藏地：中国社会科学院历史研究所图书馆

（民国）沈永宣　沈永澄等纂

1920年敦伦堂活字本　三十六册

湖南·永宁沈氏宗谱十卷

藏地：国家图书馆

（民国）沈国凤等修

1926年声远堂活字本　十册

湖南·湘西沈氏族谱二卷

藏地：广东中山图书馆

刻本　二册

广东恩平·沈氏族谱不分卷

藏地：美国

（民国）沈鸿英修

1929年刊本　一册

广东恩平·陡门沈氏宗谱八卷

藏地：辽宁图书馆

（民国）沈荣康、沈泉春重修

1934年世德堂活字本

（五）　字行辈份

清光绪二十三年沈福澎等修《沈氏家谱》，浙江绍兴沈姓一支字行辈份为："恭伏良隆厚，福守正承先。"续修字行为："业贻谋启后，庆锡树维贤，积德嘉乃永，开宗寿益绵。"

（六）　迁徙繁衍

沈姓起源于今河南、安徽两省间地，其大致播迁情形，据《新唐书·宰相世系表》等有关资料所载，春秋时，沈国被蔡国灭掉以后，其王族子孙逃奔楚国，以国为氏称沈氏。当时逃奔于楚国的是季载的后代子逞，其孙沈尹戌，初隐居于零山，后仕楚为左司马。尹戌之子沈诸梁，世袭官左司马，并食采于叶（今河南叶县），号叶公。其后便世居于叶。秦时，至沈诸梁曾孙沈逞，召为丞相，不就，居沈丘，建沈亭于颍水之滨，游钓终身。逞子沈平，封竹邑（今安徽符离集）侯。平子沈遵，汉时为齐王太傅，徙居九江寿春（今安徽寿县）。其后子孙在东汉有多人入朝为官。东汉时有沈戎，任九江从事，因说降"巨贼"尹良有功，被光武帝封为海昏侯，辞不受，举家徙居会稽乌程吴兴（今浙江吴兴县），此为沈姓南迁之始。沈戎后代历魏晋南北朝，族派不断庞大，故沈姓后裔多以"吴兴"为堂号。魏晋南北朝之时，也是沈姓大举南迁之时，其间所形成的"吴兴"郡望，成了沈姓世代繁衍的中心。其后不断地向四周播衍。至唐代以前，沈姓已散居今江苏、浙江、江西、湖北、湖南、四川等地。沈氏人闽，始于唐初，据

《漳州府志》所载："唐初随陈元光开漳偏裨，有沈世纪从陈王政领军入闽……日与元光披荆棘，开村落，翼地数千里，子孙散处龙溪、漳浦、南靖、长秦、诏安等处。"其后入闽者增多。于唐末有沈氏入粤者。另外，唐时，沈姓在我国北方得到新的发展。至宋末，因金兵南下中原，宋室南迁临安（今浙江杭州），北方再一次遭受了空前的浩劫，迫使中原士族大举南迁，其中也有沈姓。南迁的结果，使沈姓族人在江南的分布更广。其中今福建、广东等地沈姓人口增加的最多。至明、清，沈姓遍及全国各地，并有沈姓开始由东南沿海向海外移居。由上我们也可看出，我国的沈姓历代也多是以江南为其主要的分布地区。关于这一点，我们也可以历代沈姓名人的分布状况窥见一斑。所以，从某种意义上讲，沈姓历代也是一个比较典型的南方姓氏。

（七） 适用楹联

□汝源流彩；玉渚分华。①。

□三善名世②；四韵家声③。

□创新声律永明体④；
　善作传奇不俗文⑤。

□匡正名贤，克驾修文之彦⑥；
　人伦师表，岂惟良史之才⑦。

□存中仗义争一统⑧；
　确士潜心选四诗⑨。

□清操过人，义伦图书数卷⑩；
　和气接物，零陵雅气一腔⑪。

□阿藏万汇凭吞吐；
　笔有千钧任歙张⑫。

□春兰早芳，秋菊晚秀；
　浊醪夕饮，素琴晨张⑬。

□渔艇到门青涨满；
　书堂归路晚山晴⑭。

注释：

①指汝南古代沈子国发源地。

②是指宋代兵部尚书沈度的字典。沈度，字公雅。善于执政。时人称其有三善：一曰无荒土；二曰无游民；三曰狱无积案。

③指南朝梁大臣、声律学家沈约（441—513），字休文，武康（今浙江德清西）人。刻苦好学，在宋和齐都做过官。累官至尚书令。有《四声谱》等书传世。提出"四声八病"的说法，指出如何运用声调变化，能使诗歌动听。在文学史上是一个重要的创新。

④指南朝声律学家沈约。

⑤是指唐代文学家沈既济的故事。他在自己所写《枕史记》中述到卢生在邯郸住旅馆的时候，借道士吕翁的枕头用，梦自己登科当了丞相，享尽荣华富贵，醒来店主所蒸黄粱尚未煮熟，因悟富贵功名不过是做了一个梦而已。这就是"黄粱梦"的出处。明代汤显祖写的杂剧《邯郸记》即以它为题材写成的。此外，沈既济还撰有传奇小说《任氏传》等。

⑥指唐代诗人沈佺期（？—713），字云卿，相州内黄（今河南内黄西）人。出身进士。官至太子少詹事等。他的诗与宋之问齐名，对律体诗的定型有很大的影响。有《沈佺期集》。

⑦指沈约、沈既济。

⑧北宋科学家、政治家沈括（1031—1095），字存中，杭州钱塘人。曾出使辽国，驳斥辽国的争地要求，维护了宋王朝版图的完整统一。

⑨清代诗人沈德潜，字确士，江苏长州人。官至内阁学士兼礼部侍郎。曾撰写了《古诗源》、《唐诗别裁集》、《明诗别裁集》、《清诗别裁集》等书。

⑩指宋代历史名人沈义伦。

⑪指晋代历史名人沈零陵。

⑫郭沫若撰赠茅盾（沈雁冰）联。

⑬当代著名书法家、诗人沈尹默（1883—1971）自题联。沈尹默，原名君默，浙江吴兴人。

⑭清代诗人、文学家沈德潜自题联。

沈氏名人集粹

沈家本　归安（今浙江吴兴）人，清代官至刑部侍郎、修订法律大臣、资政院副总裁等职。

沈德潜　江苏长洲（今吴县）人，诗人，乾隆进士，曾任内阁学士兼礼部侍郎。

沈钦韩　原籍浙江潮州（今吴兴）人，史学家、文学家，学问渊博，精史地之学，长于训诂考证。

沈铨　浙江德清人，画家，画花鸟走兽，工整浓丽，对后世有一定影响。

沈葆桢　福建侯官（今福州）人，清末两江总督，道光进士，1850 年初任九江知府，后随曾国蕃管营务。1861 年任江西巡抚，1866 年接替在宗棠任福建船政大臣，主办福州船政局，（光绪元年 1875 年）任两江总督兼南洋通商大臣。有《沈文肃公政书》。

沈荩　湖南善化（今长沙）人，维新派重要人物之一。

沈周　（1427—1509）明画家。长洲（今江苏苏州）人，字启南，号石田，又号白石翁。少学于陈孟贤，不应科举，隐居耕读于相城里。博览群书，文学左氏，诗拟白居易、苏轼、陆游，字仿黄庭坚。擅画山水，多江南山川、园林景物，师法董源、巨然、黄公望。兼工花卉、鸟兽、人物。为明吴门画派四家之一。有《江南春词》、《石田诗钞》、《石田杂记》、《石田集》。

沈仕　浙江仁和（今杭州）人，散曲家，能诗，善画花鸟山水，有散曲集《唾窗绒》。

沈璟　吴江（今属江苏）人，戏曲理论家、作家，曾官至吏部员外郎，光禄寺丞、行人司司正等职。

沈和　杭州（今属浙江）人，戏曲作家，所作杂剧时人称之为“蛮子关汉卿”。

沈万山　元末明初金陵（今南京市）巨富，曾助筑京城三分之一（从洪武门到水西门）。

沈括（1031—1095）北宋科学家。杭州钱塘（今浙江杭州）人，字存中。嘉祐进士。熙宁初，任馆阁校勘。赞助王安石变法，参与删定三司条例。熙宁四年（1071），任太子中允、检正中书刑房公事。次年兼提举司天监，荐卫朴人监造《奉元历》。六年，受命察访两浙等路农田、水利、差役等事。八年奉命使辽，驳斥辽的无理争地要求。次年，任翰林学士，权三司使，整顿陕西盐政，主张减免下户役钱。后知延州（今陕西延安），加强对西夏防御。元丰五年（1082），以永乐城（今陕西米脂西）为西夏攻陷，坐首议筑此城，被贬。晚年居润州梦溪园（今江苏镇江东）。举平生见闻，撰《梦溪笔谈》，所涉包括天文、地理、物理、化学、生物、数学、医药等。另有医药著作《良方》（传本附入苏轼所作医药杂说，改称《苏沈良方》）。还有《长兴集》传世。

沈佺期 相州内黄（今属河南）人，唐代著名诗人，与宋之问齐名，并称“沈宋”。曾官至太子少詹事、修文馆直学士。对律诗体制的定型颇有影响。

沈既济 吴（郡治今江苏苏州市）人，文学家，长于史学，又善作小说。撰有《建中实录》10卷及传奇小说《枕中记》、《任氏传》等。

沈传师 苏州（今属江苏）人，书法家，曾官至尚书右丞、吏部侍郎。工书法，米芾曾自称学大字以沈传师为主。今存正书《罗池庙碑》拓本。

沈千运 吴兴（今属浙江）人，诗人。

沈亚之 吴兴人，文学家，元和进士，曾投韩愈门下，善文辞，也能诗，为李商隐所推许。作有传奇小说《湘中怨辞》、《异梦录》、《秦梦记》等。有《沈下贤集》。

沈法兴 湖州武康（今浙江德清西）人，隋末梁王，世为郡豪强，有宗族数千家。隋末曾任吴兴郡守，公元618年以讨宇文化及为名，起兵攻据余杭、毗陵、丹阳等10余郡，称江南道大总管。不久称梁王。后被李子通击败。

沈约 吴兴武康（今浙江德清武康镇）人，南朝梁著名文学家、史学家，曾仕宋、齐二代，后助梁武帝登位，官至尚书仆射，封建昌县侯，后官至尚书令。撰有《宋书》，又著《四声谱》等多部。

沈庆之 吴兴武康人，南朝宋太尉，封始兴郡公，在娄湖（今南京市）广置田产，奴僮千计。

沈尹戌、沈诸梁 他们是最早见诸史籍的沈姓名人。

沈氏风流撷英

沈氏姓启古姬姓，
发祥之地在沈亭。[①]
竟陵八友梁沈约，
对仗押韵创四声。[②]
唐朝诗人沈佺期，
七言诗与问齐名。[③]
既济述记卢生梦，
参透世间黄粱人。[④]
梦溪笔谈沈括功，
留作后人指航灯。[⑤]
谕诫八条治军规，
沈周画风启吴门。[⑥]
拟古诗派沈德潜，
文理并重路可循。[⑦]
沈沉同音比城府，
处事老成万里行。[⑧]

注释：

①据《元和姓纂》记载，周文王的第十子季载（姬姓），食采于沈邑，在今河南汝南县东，其后裔以邑为氏，遂有沈氏。现今河南汝南仍有沈亭，汝南是沈氏的发祥地。

②沈约（公元441—513年），南

北朝梁文学家、史学家，浙江德清人。曾是萧子良“西邸”的“竟陵八友”之一。他首创“四声”之说，讲求声律对仗，推动诗歌走向格律化。撰《宋书》一百卷，有《晋书》、《齐纪》、《四声谱》等文史著作。

③沈佺期（公元？—713 年），唐朝诗人，河南内黄人。他擅长写七言诗，词藻华丽，律体严谨，对律体诗的定型有很大的影响。其诗与宋之问齐名，时称“沈宋”。

④沈既济（约公元 750—约 800 年），唐朝文学家，江苏长州人。他在小说《枕中记》中记述卢生在邯郸旅舍中住宿，借道士吕翁枕而眠，梦见自己登科拜相，享尽荣华富贵，醒来方知店主所蒸黄粱尚未蒸熟，因悟富贵功名只不过一场梦而已。这就是“黄粱梦”的典故。

⑤沈括（公元 1031—1095 年），北宋科学家，浙江杭州人。他所著《梦溪笔谈》三十卷，记载了他在天文、数学、矿业、医药、生物、物理多方面的成就，他这一著作对后世科学进一步发展，奠定了坚实的基础。他本人是一位博学多才的科学家。

⑥沈潜（生卒不详）明初大臣，官至兵部尚书，他为治军所制定的《谕戒》八条，《御制大诰》二十二篇，一直沿用至明亡。沈周（公元 1427—1509 年）明朝画家，江苏江州人，他是“吴门画派”的始祖。

⑦沈德潜（公元 1673—1769 年），清朝诗人，江苏长州人。他主张作诗应符合理学原理，是拟古诗派的代表。所选《唐诗别裁集》、《古诗源》，是研究古诗发展的重要著作，为广大学者研究古诗开创了一条可循之路。

⑧沈字，有深沉的意思。用于物，形容城府很深，用于人，形容深邃、处事老成。只有处事老成才不会轻易导致失败。“小心行得万里船”也就是这个意思。

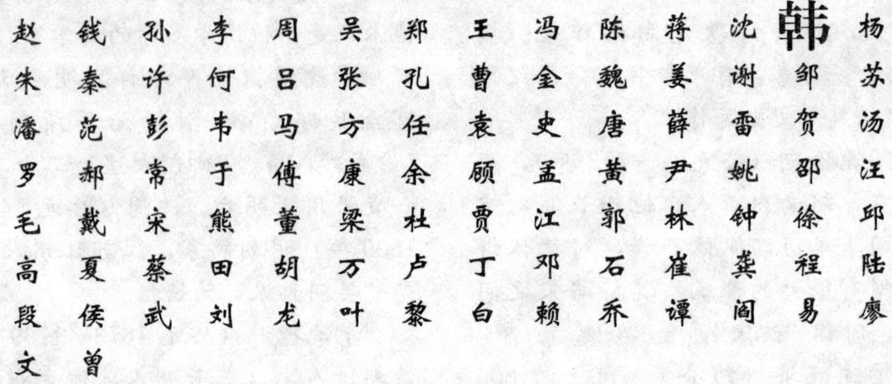

韩 姓

——韩涵同音修身性，淡泊明志求远知

韩氏解密寻踪

（一） 姓氏字源

《说文》：“韩，井垣也。从韦，取其帀也。倝声。”所谓韩，即指水井周围之栏圈。

（二） 寻根溯祖

韩姓起源主要有五：

1. 出自姬姓，以邑为氏或以国为氏，为唐叔虞（周成王之弟）之后裔。据《风俗通义》、《元和姓纂》及《新唐书·宰相世系表》等所载，西周初年，周公灭唐（今山西翼城西）后，把唐封给虞（周所分封的诸侯国之一），史称晋国，因都建在唐，故虞又称唐叔虞。春秋初期晋昭侯分封叔父成师于曲沃（今山西闻喜东北），造成分裂局面，后为曲沃武公统一。曲沃武公夺得晋国君位以后，灭掉了周成王之弟（名失传）所建立的韩国（也为周分封的诸侯国），封其小叔叔姬万于韩，称为韩武子，武子的曾孙韩厥以封邑为氏，称韩氏。当时的韩地，在今陕西省韩城县南的地方。韩氏一直在晋国列为公卿。至战国初，韩厥的7世孙韩虔同赵氏、魏氏一起瓜分晋国，建立韩、赵、魏三国，韩国也同为战国七雄之一。起初韩国建都于平阳（今山西临汾县），到公元403年被周威烈王承认为诸侯，建都阳翟（今河南禹县）。公元前375年韩哀侯灭郑国，迁都于新郑，疆域有今山西东南角和河南中部，介于魏、秦、楚三国间，成为军事上必争之地。历经8代，至韩襄王仓于前230年最终又被秦所灭。于是其宗室子孙复以国为氏，称韩姓，并大多聚居在古时的颍川郡。到西汉末年，河南尹韩骞因躲避王莽之乱，便移居古时的南阳郡。故韩姓望出有颍川郡、南阳郡两处。是为陕西、河南韩氏。

2. 是周代晋国的始祖唐叔虞的后代。唐叔虞是周成王的弟弟，周公灭唐（今山西翼城西部）后，就把唐封给了叔虞。因唐临晋水，叔虞的儿子燮（xiè音泄）继位以后，就被称为晋侯。晋侯的后代毕万，曾被封在韩原。毕万的后代就用封邑名“韩”作为姓氏。唐昭宗乾宁三年，《乾積墓志铭》载：“韩氏之始，本自先周，文王次子封于韩（今山西河津东北，为公元前11世纪的诸侯国），因地赐姓，故以韩为氏焉。”宋人郑樵撰《通志·氏族略》载，周“成王封叔虞于唐”，其子燮为晋侯，后代有毕万，成王“赐毕万韩原之地，其后遂为韩氏。”

3. 以国为姓。韩为战国七雄之一，开始君主是春秋时晋国大夫韩武子的后代虔。韩和魏、赵瓜分晋国以后，于公元前403年被周威烈王承认为诸侯，建都阳翟（今河南禹县），后又迁都新郑（今属河南）。公元前230年，韩被秦所灭，韩国国君的后代，有的就以国名“韩”为姓。

4. 以少数民族的复姓改为韩姓。《魏书·官氏志》载：后魏，鲜卑族有二字姓“大汗”氏，孝文帝改革时，以“汗”与“韩”音相近，改单姓韩。

5. 以人名为姓。传说，上古时黄帝有子昌意，昌意生子韩流，其后有韩经，尧时为仙人，韩经之后遂为韩姓。

（三） 宗堂郡望

堂号 1. “泣杖堂”：汉朝时候，韩伯愈最孝。一次他犯了过，母亲用拐杖打他，他的眼泪像下雨一样掉下来。母亲很奇怪地问：“我过去打你，你都是欢欢喜喜地接受，今天为什么掉泪呢?”伯愈哇地一声哭出了声，对母亲说：“娘呀！过去您打得疼，我知道母亲健康有力，所以喜欢；今天杖落在我身上，我一点儿感不到疼了，我知道母亲体力衰了，所以难过得掉泪。”

2. “昌黎堂”：唐朝大文学家韩愈，河北昌黎人。他一生从事古文运动，反对骈体文的华而不实，主张恢复秦、汉时的散文体。历史上称他“文起八代之衰”。唐、宋两代有八位著名的文学家，历史上称他们是唐宋古文八大家，韩愈是八家之首，著有《昌黎文集》。

韩姓堂号也为“颍川”、“南阳”。

郡望 韩姓郡望主要有颍川郡、南阳郡两处。

1. 颍川郡。秦王政时置郡，治所在阳翟（今河南禹县）。相当今河南登封、宝丰以东，尉氏、郾城以西，密县以南，叶县、舞阳以北县地。

2. 南阳郡。战国秦昭王三十五年（公元前272年）置郡，治所在今河南

南阳市。汉时相当今河南熊耳山以南叶县、内乡间和湖北大洪山以北应山、郧县间地。此支韩氏，其开基始祖为西汉末韩骞。

（四） 家谱寻踪

山西·汾阳韩氏支谱不分卷

藏地：国家图书馆　日本　美国

（清）韩钐敬重修

清咸丰九年（1859）刻　同治六年（1867）改福荫堂校刊本　一册

山西·汾阳韩氏支谱四卷

藏地：国家图书馆　中国社会科学院历

史研究所图书馆　山西师大　吉林大学　美国

（清）韩镇岳韩锡成纂修

清光绪十年（1884）恭寿堂刻本　四册

山西·洪洞韩氏家谱

藏地：中央民族大学

（明）韩景伶编

清乾隆年刻本　二册

山西·洪洞韩氏家谱不分卷

藏地：中国科学院图书馆

（明）韩文等纂修　（清）韩殿魁等续修

清咸丰七年（1857）钞本

山西·洪洞韩氏重修家谱二卷

藏地：人民大学

（清）韩有庆等修

清嘉庆二十年（1815）刻本　四册

上海·松江韩氏支谱二卷

藏地：上海松江县博物馆

（清）韩文衍重修

1915年钞本

上海松江·韩氏文若公支宗谱

藏地：上海松江县博物馆

1921年韩绮章钞杂本

江苏扬州·韩氏支谱　四卷

藏地：日本

清光绪十八年（1882）木活字本　四册

江苏泰兴·延令韩氏族谱八卷

藏地：国家图书馆

（清）韩长贵等重修

清光绪十七年（1891）活字本　八册

江苏镇江·润州韩氏家乘三卷

藏地：河北大学

（清）韩复纂修

清嘉二十年（1815）继锦堂木刻本

江苏镇江·韩氏宗谱二卷

藏地：美国

（清）韩有和主修

清同治七年（1868）广德堂刊本　二册

江苏镇江·金陵韩氏族谱录不分卷

藏地：国家图书馆　日本　美国

（清）韩印纂修

清光绪六年（1880）活字本　一册

江苏镇江·润州大沙韩氏宗谱二卷

藏地：吉林大学　美国

清宣统元年（1909）广德堂刻本　二册

江苏武进·毗陵韩氏宗谱

藏地：江苏常州市图书馆（存卷5）

原道堂木活字本

江苏金壇·韩氏家乘十二卷

藏地：吉林大学

（清）韩树榀重修

清光绪二年（1876）永思堂活字本　十二册

江苏无锡·锡山韩氏宗谱二十卷

藏地：美国

（民国）韩念祖等修

1920年敦伦堂活字本　二十册

江苏江阴·春晖韩氏宗谱十六卷首一卷

藏地：中国科学院图书馆　日本　美国

（清）韩勰修

清光绪八年（1882）画锦常木活本　八册

江苏苏州·云东韩氏家谱五卷

藏地：南京市博物馆

（清）韩奕辑

清嘉庆间刊本

江苏太仓·晋阳韩氏世谱

藏地：美国

（清）韩学韩等辑

清光绪二十八年（1902）刊本　一册

浙江·杭州韩氏谱不分卷

藏地：浙江嘉兴市图书馆

钞本　三册

浙江·萧山义桥韩氏家谱十卷

藏地：吉林大学

（清）韩乃建重修

清同治九年（1870）永思堂字本　十册

浙江·萧山义桥韩氏家谱十卷首一卷

藏地：中国社会科学院历史研究所图书馆　日本　美国

（民国）韩拜旒接修

1915年永思堂活字本　十四册

浙江萧山·湘南韩氏续修宗谱四十卷末一卷

藏地：中国社会科学院历史研究所图书馆

（清）韩家坤主修

清光绪元年（1875）重修画锦堂活字本　六十册

浙江萧山·湘南韩氏宗谱六十八卷

藏地：日本　美国

（清）韩殿扬等增修

清宣统三年（1911）画锦堂木活字本　六十八册

浙江·萧山一都韩氏家谱十六卷首一卷

藏地：中国科学院图书馆　中国社会科学院历史研究所图书馆　吉林大学　浙江省图书馆

（民国）韩沛金　韩嘉茂等修

1929年画锦堂活字本　十六册

浙江宁波·相韩家谱

藏地：浙江宁波天一阁文物保管所

清画锦堂木活字本　三册

浙江宁波·韩氏宗谱不分卷

藏地：浙江宁波天一阁文物保管所

（民国）周颂清　韩倬茂纂修

1927年画锦堂活字本　六册

浙江·余姚韩氏东岙支宗谱七卷

藏地：国家图书馆　浙江省图书馆

（清）韩明和修　韩明盛纂

清光绪三十一年（1905）木活字本　八册

浙江长兴·咸安韩氏宗谱十六卷
藏地：浙江长兴县博物馆
（民国）韩叔金　韩启仁主修　韩思溶纂修
1946 年大本堂木刻本

浙江绍兴·重编羊山韩氏宗谱不分卷
藏地：浙江绍兴市档案馆
（民国）韩迪周　韩百年重修
1931 年画锦堂铅印本　四册

浙江东阳·迁东阳高阳韩氏宗谱六卷
藏地：浙江东阳县巍乡新屋
（民国）葛树棠纂
1928 年木活字本

安徽徽州·韩氏宗谱不分卷
藏地：安徽徽州地区博物馆
清钞本　一册

安徽黟县·黟北南阳韩氏宗谱
藏地：河北大学
明万历二十四年（1596）钞本一册

安徽潜山·南阳郡韩氏族谱
藏地：四川重庆市图书馆
（清）韩家相　韩麟等纂
清嘉庆三年（1798）刻本

江西宜春·袁郡韩祠主谱三卷
藏地：江西省图书馆
（清）韩修五纂修
清道光二十一年（1841）南阳堂木活字本　三册

江西宜春·袁郡韩祠主谱三卷
藏地：江西省图书馆
（清）韩文蔚等纂修
清同治七年（1868）南阳堂木活字本三册

江西宜春·韩焕先祠主谱四卷
藏地：江西省图书馆
（清）韩毓淇等纂修
清光绪二年（1876）南阳堂木活字本　二册

江西宜春·韩焕先祠丁享谱四卷
藏地：江西省图书馆
（清）韩毓淇等纂修
清光绪二十三年（1897）南阳堂木活字本　四册

江西万载·韩氏世谱
藏地：江西省图书馆
（清）韩文祯等纂修
清康熙四十七年（1708）刊本一册

江西万载·韩氏族谱
藏地：江西省图书馆
清嘉庆六年（1801）南阳堂木活字本　一册

江西万载·韩氏族谱
藏地：江西省图书馆
清道光二十八年（1848）南阳堂木活字本　一册

江西万载·韩氏荣公支谱
藏地：江西省图书馆（存卷 5、7）
（清）韩联俊纂修
清光绪十五年（1889）南阳堂木活字本　三册

江西万载·韩氏族谱□□卷
藏地：江西省图书馆
清南阳堂木活字本　一册

山东淄博·淄川韩氏世谱
藏地：国家图书馆
（清）韩瀛州等修
清光绪十三年（1887）刻本四册

山东淄博·淄川韩氏邑乘五卷首一卷

藏地：国家图书馆

（民国）韩振铭续辑

1918年刻本　二册

山东楼霞·韩氏谱书不分卷

藏地：山东楼霞县苏家店乡大韩家村

（清）韩元英纂

清光绪二十六年（1900）钞本

山东临沭·韩氏宗谱

藏地：山东临沭县朱苍乡袁黄谷峪

钞本

湖北武汉·韩氏宗谱

藏地：武汉市图书馆

（清）韩洪蒝　韩国海总理兼纂修

清光绪三十三年（1907）韩氏南阳堂木活字本

湖北武昌·花山韩氏宗谱□□卷

藏地：武汉市图书馆

（民国）韩继海　韩绍亿等采辑

1947年画锦堂阖族同刊本活字本

湖北新洲·韩氏守谱三卷

藏地：湖北新洲县河东乡同心村

（民国）韩濬等续修

1908年木刻本

湖南长沙·韩氏南度支谱□□卷末四卷

藏地：湖南省图书馆（存卷末2—4）

（清）韩学志撰

清道光十五年（1835）刻本三册

湖南湘潭·云湖韩氏四修族谱十九卷首一卷

藏地：湖南省图书馆（存卷1—13、15—19）

（清）韩朝瀛修　韩承烈纂修

1926年活字本

湖南长沙·韩氏支谱

藏地：河北大学

（清）韩文龙　韩修纂修

清同治六年（1867）南阳堂木刻本十二册

湖南长沙·韩氏支谱六卷

藏地：河北大学

（民国）韩开锡纂修

1920年南阳堂刻本　六册

广东番禺·紫泥韩氏族谱不分卷

藏地：广东中山图书馆

（清）韩勉兹编

清咸丰九年（1859）钞本　一册

四川宣汉·韩氏宗谱一卷

藏地：四川宣汉县档案馆

（民国）韩艳如修

1912年木刻本

四川合川·合州南阳郡韩氏支谱一卷

藏地：四川重庆市图书馆

（民国）韩氏宗祠编

1925年世裔孙忠槐钞本　一册

甘肃·礼县韩氏家谱不分卷

藏地：甘肃礼县燕河乡韦家山村

清稿本

甘肃庄浪·韩氏世系源流四卷

藏地：甘肃庄浪县韩店乡东门村

（民国）唐维翰纂修

1928年钞本

韩氏宗谱二十三卷首一卷末一卷

藏地：国家图书馆

（清）韩寰康等修

清乾隆五十六年（1791）画锦堂木活字本　三十二册

韩氏宗谱十二卷
藏地：国家图书馆
（民国）韩国霖等纂辑
1913年有怀堂活字本　十四册

韩氏族谱
藏地：国家图书馆
（明）韩士鳌纂辑
钞本　四册

（五）　字行辈份

清光绪八年韩緦修《春晖韩氏宗谱》，江苏春晖韩姓一支字行辈份为："学以全为范，衷其慎是举，作求躬昉迪，遵集受敷宜。"又1929年韩文湘修《韩氏家谱》，浙江萧山韩姓一支通谱字行辈份为："心之言可山问日，世淳禾溥金信水，贞火明土永木茂竹承。"后支谱分宗，贵字派字行为："上贵华顺喜，谦雅敦纯古。"和字派字行为："上和启闻正，宽柔裕后昆。"平字派字行为："上平士弈卿，云辉景星见。"寅字派字行为："上寅夏森熊，仁义礼智信。"朝字派字行为："上朝宾文魁，诗家兆中鸣。"同谱又续另一宗支辈份派语字行为："丞明福观元，本宗洪鼎奎。"

（六）　迁徙繁衍

我国的韩姓是起源相当早的，最初得姓是在今陕西韩城这个地方，之后韩姓的繁衍发展主要有春秋战国秦汉、魏晋南北朝及唐宋这三个时期。其中战国秦之时，是韩姓最为主要的发展时期。自春秋末韩姓一直是晋国的座上客，到战国初，韩与赵、魏一起瓜分了晋国后，便一度成为了战国七雄之一。自三家分晋之后，韩国建都于平阳（今山西临汾县），韩景侯时，迁都于阳翟（即今河南禹县）。至韩哀侯时，又迁都于新郑（今河南新郑县）。韩姓多次迁都，从而使韩姓得以迅速繁衍，也使得韩姓在河南打下了坚实的基础，以至后来韩姓逐渐成当地的一大望族，并且成为韩姓历史上分布最集中的地区。至汉时，韩姓便在河南省境形成两个郡望，即颍川郡和南阳郡。与此同时，已有韩氏迁居江苏清江一带。魏晋南北朝之时，因中原多年战乱，多国林立，韩姓才有从河南等地大举南迁。自此以后，才是韩姓在江南一带重要的繁衍时期。同时，我们也可以看到，韩姓的繁衍迁徙，由最初在陕西，然后再扩到河南、山西、甘肃等地区。最后才广布于全国各地。唐宪宗时，韩愈贬潮州刺史，为韩姓人广东最早者。据有关资料可知，今天分布于广东的韩姓，多由南阳韩氏所迁。唐代，又有韩姓自颍川迁往陇西、安定（今属甘肃）等地。唐末已有韩姓迁至福建。据《固始县志》阶载："王审知……为泉州刺史……中原乱，乡人多来依之，如韩偓……等，赖以免祸。"又据有关学者证实，南宋建立以后，其浙江、江苏、湖北、安徽各地的韩姓，多为韩世忠支系子孙。从总的情形看，历史上，韩姓的主要繁衍分布地区仍以我国北方广大地区为主，主要分布于我国北方的河南、陕西、山西、甘肃、河北、辽宁等省地。而南方则以江苏、安徽、浙江、湖北、福建等省分布为主。

（七） 适用楹联

□南阳望族；北斗高明①。

□章台柳诗才子笔②；
夜照白图匠心功③。

□文价早归唐吏部④；
将坛今拜汉淮阳⑤。

□慷慨千金酬一饭⑥；
正严一表重千秋⑦。

□制不可草，凯徒争艳香奁⑧；
对至今留，自有传家云叶⑨。

□开汉将才，允矣无双国士⑩；
有唐相业，卓然第一文臣⑪。

□金殿传胪，云呈五彩之瑞⑫；
词场树帜，文起八代之衰⑬。

□金石文章空八代；
江山姓氏著千秋⑭。

□文明气运参天地；
殿墨万年贯古今⑮。

□汲古得修绠；文章大雅存⑯。

□八代名犹昔；三余课业新⑰。

注释：

①唐代文学家、哲家家韩愈(768—824)，字退之，河南河阳（今河南孟县南）人。因为他的郡望在昌黎（今辽宁义县），自称“昌黎韩愈”。故后人称之为“韩昌黎”。贞元进士。官至监察御史、邢部侍郎、吏部侍郎。他大力提倡儒学，是宋明理学的首倡者；反对佛教和道教，反对藩镇割据。在文学上，他是古文运动的倡导者，主张继承先秦两汉散文传统，反对专讲声律对仗而忽视内容的骈体文。他的文章气势雄伟，说理透彻，逻辑性强。在《师说》中，提出了“弟子不必不如师，师不必贤于弟子”的合理见解。有《昌黎先生集》，被尊为“唐宋八大家”之首。

②唐代诗人韩翃，字君平，河南南阳人。官至中书舍人。“大历十才子”之一。其集中有《章台柳》词。

③唐代画家韩干，蓝田人。擅长画名马。《照夜白图》为他的存世代表作。

④唐代文学家韩愈，官至吏部侍郎。

⑤汉初军事家韩信（？—前196），淮阳（今江苏清江西）人。著名军事家。秦末农民大起义中，开始投奔项羽，未被重用，后来又投奔刘邦，因官职小而离走。经萧何力荐，始得重用，任大将军。刘邦采用他的计策，攻占关中。出奇兵大败项羽，封为齐王。汉朝建立后，改封楚王。因有人告他谋反，降为淮阴侯。又被告谋反，被吕后所杀害。他善于将兵，自称“多多益善”。著有《兵法》三篇，现在已流失。

⑥宋代太子少傅韩亿，字忠魏，雍丘人。治家严谨。遇到贫困交加的人，就慷慨解囊。常给孤贫人家以婚葬。亿有八子，皆贵显，世称“桐树韩家”。

⑦唐代文学家韩愈，主张恢复儒家正统地位，坚决排斥佛老，对唐王朝诏迎佛指骨进宫，呈递了谏迎佛骨表的奏章，几乎被杀，谪贬潮阳，仍不后悔。

⑧唐末诗人韩偓（844—923），字致尧，京兆万年（今陕西西安）人。进士，官至兵部侍郎等职。“宰相韦贻范遭丧，李茂贞欲贻范还相，偓执不草麻曰：‘腕可断，麻不可草’。”他国

不愿阿谀奉承朱温，受排挤贬官。后携家入闽，依王审知而终。其早期诗歌多写宫廷生活及对皇恩的感激之情。被贬后，则转写一些怀旧的东西。所著《香奁集》，多描写闺中艳情及妇女服饰体态，有“香奁体”之称。

⑨北宋大臣韩琦（1008—1075）的事典。

⑩与⑤同。

⑪唐代名相韩休，擅于文辞，举荐贤良之才。敢于直言当时财政的得失，被誉为仁者之勇。官至工部尚书，有“笔头公”之称。

⑫宋代大臣韩琦，天圣中举进士时，正好点名的时候，太史奏有五色的云彩。

⑬与⑦同。

⑭湖南衡阳韩文公（韩愈）祠联。

⑮台湾台南市韩文公祠联。

⑯唐代文学家韩愈诗句联。

⑰与⑬同，指韩愈“文起八代之衰”。三余就是指：“冬者岁之余，夜者日之余，阴雨者时之余也。”

韩氏名人集粹

韩九龄　清代翰林院五经博士。

韩文宣　河南彭县人，明代吏部文选司掌印郎中诰授奉政大夫。

韩山童　栾城（今河北栾城）人。元末白莲教起义首领。

韩琦　相州安阳（今河南安阳）人，北宋宰相，仁宗时进士，任右司谏。曾一次奏罢宰相、参政 4 人。宝元三年，出任陕西安抚使，与范仲淹共同防御西夏，庆历三年西夏请和，被任为枢密副使，与范仲淹、宫弼等同时登用。后请出外。嘉祐年间重人政府，迭任枢密使、宰相，经英宗至神宗，执政 3 朝。王安石变法，屡上疏反对，他与司马光、富弼等同为保守派首脑。封魏国公。

韩世忠　（1039—1151）南宋名将。字良臣。延安肤施（今陕西延安）人，一说绥德人。北宋末参加镇压方腊。宋金战争起，力战河北，后收散卒泛海南下。建炎三年（1129），平定苗傅、刘正彦发动的兵变，有功。次年，率海船至镇江，邀截金军归路，转战至黄天汤荡（在今江苏南京附近），相持四十日，重创金兵。后镇压范汝为起义。绍兴四年（1134），在大仪（今江苏扬州西北）大破金、齐联军。后开府楚州（今江苏淮安），力谋恢复。十一年，任枢密使，解除兵权。抗疏反对和议，又以岳飞冤狱，面诘秦桧。为避迫害，自请解职，号清凉居士，口不言兵，闲居而卒。死后追封蕲王。

韩延徽　幽州安次（今河北安次）人，辽大臣，初属幽州藩镇刘守光，受命赴契丹，被耶律阿保机留为谋士。他建议阿保机发展农业，以稳定其对所属汉人的的统治。又草创制度，加强君权。历仕太祖、太宗、世宗、穆宗等朝，任政事令、南府宰相等职。

韩企先　燕京（今北京市）人，世为辽代贵官，人金后，官至尚书右丞相，创建金代各种典章制度，封为濮王。

韩道昭　今河北正定人。金有韵书与等韵学相结合的首创者。

韩令坤　磁州武安（今属河北）

人，五代后周侍卫马军都指挥使，宋初官至成德军节度使，充北面缘边兵马都部署。

韩愈 （768—824）唐代文学家。河南河阳（今河南孟县南）人，字退之。因郡望昌黎，称韩昌黎。早孤，由其嫂抚养。刻苦自学。贞元进士。累迁至监察御史，以言事贬阳山令，赦还后，任国子博士、刑部侍郎等职。元和十四年（819），谏宪宗迎佛骨，被贬为潮州刺史。不久，移袁州，召还为国子祭酒。后以吏部侍郎任京兆尹，六军畏惮，不敢犯法。卒谥文，世称韩文公。葬怀州修武县南阳（在今河南修武东北），后世或由此误为邓州南阳人。他尊儒排佛，以从尧舜至孔孟的道统继承人自居。文章反对骈偶，与柳宗元同为古文运动的倡导者。后世列为“唐宋八大家”之首。诗则力求新奇，以文入诗，有时流于险怪。有《昌黎先生集》。

韩干 长安蓝田（今属陕西）人，画家，工人物，尤擅画马。得骨肉停匀之法，兼画贵族人物，各臻其妙。今存《文苑图》、《五牛图》等。其中《五牛图》被赵孟頫称赞为：“神气磊落，希世名笔”。

韩滉 长安（今陕西西安）人，画家，以善画田家风俗、人物、水牛而著称。

韩翃 南阳（今属河南）人，诗人，官至中书舍人，大历十才子之一。

韩偓 京兆万年（今陕西西安市东南）人，曾官至翰林学士、中书舍人。

韩择木 昌黎（今属河北）人，书法家，曾官至工部尚书、散骑常侍。善八分正书，笔法清劲可爱。

韩擒虎 河南东垣（今河南新安）人，隋代大将军。

韩楼 北魏农民起义首领。

韩浩 河内（治今河南武陟西南）人，三国曹魏中护军。

韩暨 南阳堵阳（今河南城东）人，科学家，曹操任为监冶谒者。旧时冶铁多用马排和人排，他提倡水排（水力鼓风炉），利用水力转动鼓风机械，较马排的功用提高了3倍。在职7年，器用充实。后封南乡亭侯，官至司徒。

韩遂 金城（治今甘肃兰州西南）人，东汉与马腾割据凉州（今甘肃省境）。

韩信 淮阴（今江苏清江西南）人，汉初军事家，秦末农民起义时，最初跟随项羽，后来归顺刘邦。经萧何推荐，被任为大将。楚汉战争时，他率军抄袭项羽的后路，采用“陷之死地而后生”的战术，大破赵军20万。西汉建立后，被封为楚王。以善于用兵著称，自称“多多益善”。与张良、萧何并称“兴汉三杰”。著有《兵法》一书。

韩延寿 杜陵（今陕西西安东南）人；先后为颍川东郡、左冯翊太守、治学非常有名。

韩婴 战国时燕（郡治今北京市）人，今文诗学“韩诗学”的开创者。

韩安国 梁国成安（今河南临汝）人。汉武帝时官至御史大夫、后为卫尉。

韩非 （约前280—前233）战国末思想家。法家的代表人物。韩国贵族。与李斯同师事荀卿。曾建议韩王

安变法图强，不见用。所著《孤愤》、《五蠹》、《说难》等十余万言，得到秦王政的重视。后秦出兵攻韩，他被迫出使秦国。不久遭李斯、姚贾陷害，自杀于狱中。所著吸收道、儒、墨各家思想，主张“不务德而务法”，“刑过不避大臣，赏善不遗匹夫”，综合前期法家中商鞅的“法”治，申不害的“术”治，慎到的“势”治，提出以“法”为中以后“法”、“术”、“势”三者合一的君主统治术。在哲学上，认为“道”是事物运动的普遍规律，“理”是具体事物运动的特殊规律，提出“缘道理以从事”的思想，并主张“世异则事异”、“事异则备变”的历史观，又强调人口和社会财富的多寡是决定历史变动的原因。今存《韩非子》，主要为其所著。

韩氏风流撷英

韩氏姓启周王室，
江西韩城发祥址。①
战国韩君施仁政，
启任贤良强国治。②
法家先祖韩非子，
放眼纵观天下势。③
韩信点兵多益善，
运筹帷幄任骋驰。④
百代文宗唐韩愈，
八家之首理学师。⑤
抗金英雄韩世忠，
韩嶂义师勇济世。⑥
登举卫国败沙俄，
扬我国威外夷识。⑦
韩涵同音修身性，
淡泊明志求远知。⑧

注释：

①据《风俗通》、《通志·氏族略》记载。周成王（姬姓）的王室后裔名叫献子，其父毕万（武子）受赐于韩地，今山西同州韩城县南。献子在晋景公时任卿之位，其后遂有韩氏，韩地具体地点在今韩城县南十八里的故城。

②韩昭侯（公元前？一前 333 年），战国时，韩国国君。他任用申不害为相，施仁政，强治理。他在位的十五年里，社会发展，国势安定。

③韩非（约公元前 280—前 233 年），战国末期思想家，法家创始人韩国公族。他纵观天下形势，集法家思想之大成，提出“缘道理以从事”，实现：“法、术、势”合一，以收“道法万全”之效果，深得秦王嬴政的赏识。《汉书·艺文志》录《韩子》五十五篇。

④韩信（公元前？—前 196 年），西汉初期官至大将军，著名军事家，江苏清江人。他智勇双全，治军严明，辅佐刘邦平定天下，屡建奇功，运筹帷幄于千里之外，有“韩信点兵，多多益善”之颂。著《兵法》三篇，今佚。

⑤韩愈（公元 768—824 年），唐朝文学家，河南孟县人。“唐宋八大家”之首，首开宋明理学之先河。他还是古文运动的倡导者，他的文章气势雄伟，说理透彻，逻辑性强，历史上被尊为“百代文宗”。

⑥韩世忠（公元 1089—1151 年），

南宋大将，陕西延安人。他与岳飞同是南宋抗金民族英雄。先在河北屡败金兵，后驻镇江曾以八千兵迎击金兀术，激战黄天荡，金兵闻之胆寒。岳飞受害，他面奏赵佶曰：“‘莫须有’三字，何以服天下？”韩嶂（公元？—1351年），元末北方红巾军领袖，河北栾城人。白莲教教主，以“天下大乱，弥勒佛下生”为信，童谣传：“石人一只眼，挑动黄河天下反”。组织红巾军起义。

⑦韩登举（生卒不详），清末，东北正义军首领，山东烟台人。在吉林夹皮沟起兵，两次击败沙俄军队，大扫沙俄的威风。

⑧韩涵同音，涵，有内涵。一个人要想有内涵，必须得修身养性，不追求名利，树立远大的理想。

中华百家姓

赵 钱 孙 李 周 吴 郑 王 冯 陈 蒋 沈 韩 杨
朱 秦 许 何 吕 张 孔 曹 金 魏 姜 谢 邹 苏
潘 范 彭 韦 马 方 任 袁 史 唐 薛 雷 贺 汤
罗 郝 常 于 傅 康 余 顾 孟 黄 尹 姚 邵 汪
毛 戴 宋 熊 董 梁 杜 贾 江 郭 林 钟 徐 邱
高 夏 蔡 田 胡 万 卢 丁 邓 石 崔 龚 程 陆
段 侯 武 刘 龙 叶 黎 白 赖 乔 谭 阎 易 廖
文 曾

杨 姓

——杨字能扬扬正气，扬我国威顶天地

杨氏解密寻踪

(一) 姓氏字源

《说文》："杨，蒲柳也。从木，昜声。"段玉裁注："各本作'木也'二字。今依《艺文类聚》、《初学记》、《本草图经》、《太平御览》所引正。《释木》云：'杨，蒲柳'，许所本也。"杨，木名，为杨柳。

(二) 寻根溯祖

杨姓来源主要有三：

1. 出自姬姓。据《新唐书·宰相世系表》所载，周成王的弟弟唐叔，姬姓，名虞，字子平。周公灭唐（今山西翼城西）后，把唐地封给他，并赏给他怀姓九宗。唐叔的儿子燮继位以后，因唐地南有晋水，就改称晋侯。这样，唐叔就成了周代晋国的始祖。又据《通志·氏族略》所载，周宣王之子尚父，幽王时为杨侯，在今山西省洪洞县东南一带。再据《新唐书·宰相世系表》等所载，春秋时杨灭于晋国，成为晋国羊舌肸的封地。晋武公（唐叔虞之子燮的10世孙）时封次子伯侨于杨，称杨侯，是为杨姓人的受姓始祖。伯侨生文，文生突，食邑于羊舌，为羊舌大夫，是为羊舌氏。羊舌辖有铜鞮、杨氏、平阳三邑。突生职，职生赤、肸、鲋、虎、季风。其中第二子肸，字叔向，又称叔肸，是晋平公时的著名政治家，官居太傅之职，因戴晋有功，被分封于杨氏邑（今山西洪桐东南），其子伯石，字食我，以邑为氏，称杨氏。公元前514年，晋灭强宗祁氏、羊舌氏，食我有子逃于华山仙谷，遂居华阴（今属陕西），称为杨氏。其后开基各地，成为杨氏繁衍发展的主流，史称杨氏正宗。是为山西杨氏。

2. 出自赐姓。据《中国文化大博览》所载，三国时，诸葛亮平哀牢夷（湖南、贵州的僚族分支）后，赐当地少数民族为赵、张、杨、李等姓。

3. 他族改姓杨氏。①据《魏书·官氏志》记载，北魏孝文帝拓跋宏从平城南迁都洛阳后，因实施汉化政策，其中有一支原代北三字姓莫胡卢氏，改为杨氏。②据《晋书》所载，氏族有杨氏，世居仇池（东晋时仇池杨氏内附，置仇池郡，治所在洛谷城〈今甘肃成县西北洛谷镇〉，西魏时废）。

4. 出自他姓改为杨姓者。①广东梅州有杨氏，原为林姓，居福建宁化县石壁村，第7代祖远绍迁梅后易杨姓。②《北史》载，杨义臣本姓尉迟氏，后改杨氏，等等。

（三） 宗堂郡望

堂号 “四知堂”，又称“关西堂”，二者都是杨震的故事。东汉时关西人杨震，博览明经，时人称他是“关西孔子”。他当荆州刺史，非常清廉。有一次一个行贿的人给他送礼（包括黄金），并且是夜里送的。杨震冷若冰霜，坚决不受，并严厉地斥责了那人。那人还是不死心，笑着动员杨震说：“现在是深更半夜，地点在你的府上，决不会有人知道，请你收下吧！”杨震义正词严地说：“天知、地知、你知、我知，怎么说没人知道呢？赶快滚出去！”那人见这位关西孔子，果真像鲁国孔子一样，道德高尚，只好挟起贿物，夹起尾巴，灰溜溜地走了。

杨姓的堂号较多，大的宗支有堂号，小的宗支也有堂号。其堂号主要的还有“清白”、“衔鳝堂”、“三鳣”、“弘农”、“河东”、“栖霞”、“鸿山”、“秦和”、“鸿仪”、“安阳”、“新扬”、“道南”、“信海”、“北山”、“赐书”等。

郡望 杨姓郡望主要有弘农郡、天水郡、河内郡等。

1. 弘农郡。西汉元鼎四年（公元前113年）置郡，治所在弘农（今河南灵宝北）。相当今河南黄河以南，宜阳以西的洛、伊、淅川等流域和陕西洛水、社川河上游、丹江流域。东汉至北周，曾一再改名恒农郡。

2. 天水郡。西汉元鼎三年（公元前114年）置郡，治所在平襄（今甘肃通渭西北）。西晋移治上邦（今甘肃天水市）。北魏相当今甘肃天水、秦安、甘谷等市、县地。

3. 河内郡。楚汉之际置郡，治所在怀县（今河南武陟县西南）。相当今河南黄河以北，京汉铁路（包括汲县）以西地区。西晋移治野王（今河南沁阳）。

（四）家谱寻踪

江苏常州·安阳杨氏重修族谱十卷

藏地：南京大学

（清）杨方达修

清乾隆六十年（1795）刻本十册

江苏常州·安阳杨氏宗族谱二十四卷

藏地：国家图书馆　上海图书馆　江苏常州市图书馆　美国

（清）杨德周等纂修

清同治十二年（1873）常州杨氏敦睦堂木刻本

江苏常州·云山杨氏宗谱六卷

藏地：江苏常州市图书馆（存卷1.6）

（清）杨喜宝修

清光绪三年（1877）常州杨氏四知堂木活字本

江苏常州·罗巷杨氏宗谱十六卷

藏地：江苏常州市图书馆（存卷1）

（清）杨肇基主修　杨肇登主稿

清光绪二十二年（1933）常州杨氏敦本堂木活字本

江苏常州·缪贤杨氏宗谱八卷

藏地：江苏常州市图书馆

（清）杨顺成纂修

清光绪二十四年（1898）常州杨氏留耕堂木活字本

江苏常州·杨氏接修宗谱四卷

藏地：江苏常州市图书馆（存卷4）

敦本堂木活字本

江苏武进·毗陵杨氏宗谱十二卷

藏地：美国

（清）杨德馨主修

清光绪二十年（1894）四知堂活字本　十二册

江苏武进·武邑杨思桥杨氏宗谱八卷

藏地：国家图书馆　吉林大学

（民国）杨荣茂　杨顺泉纂修

1920年四知堂活字本　八册

江苏武进·毗陵杨氏宗谱十二卷

藏地：国家图书馆　哈尔滨师范大学

（民国）杨维荣等纂修

1931年四知堂活字本　十四册

江苏武进·毗陵杨氏宗谱十六卷

藏地：国家图书馆　吉林大学　江苏苏州市图书馆

（民国）杨培昌　杨孟懽重修

1947年四知堂刻本　十六册

江苏武进·毗陵前功杨氏族谱二十卷

藏地：中国社会科学院历史研究所图书馆

（清）杨开亨主修

清光绪二十一年（1895）铅印本　二十四册

江苏武进·毗陵镇塘桥杨氏宗谱十四卷

藏地：美国

（清）杨茂贤等修

清光绪三十年（1904）道南堂木活字本　十四册

江苏武进·毗陵镇塘桥杨氏重修宗谱十四卷

藏地：南开大学

（民国）杨祖德编修

1947年道南堂木活字本　十四册

江苏武进·毗陵杨氏宗谱十二卷首一卷末一卷

藏地：河北大学　江苏常州市图书馆

（民国）杨汉彬　杨文鼎等主修

1924年毗陵杨氏青白堂木活字本

江苏武进·毗陵邢村杨氏十修宗谱二十二卷

藏地：国家图书馆　中国社会科学院历史研究所图书馆

（民国）杨秉铨等修

1928年务本堂活字本　二十二册

江苏武进·毗陵邢村杨氏宗谱二十二卷

藏地：江苏常州市图书馆（存卷1—3，5—9，11—14，16—22）

（民国）杨履殿　杨喜培等纂修

1928年务本堂活字本　二十二册

江苏·溧阳沙谿杨氏宗谱二十卷

藏地：中国社会科学院历史研究所图书馆

（清）杨汝舟纂修

清光绪六年（1880）光裕堂活字本　二十册

江苏无锡·鸿山杨氏宗谱六卷

藏地：辽宁图书馆　吉林大学

（清）杨际昌　杨宜德续修

清同治九年（1870）天乐堂活字本

江苏无锡·鸿山杨氏宗谱九卷首一卷末一卷

藏地：国家图书馆　中国社会科学院历史研究所图书馆

（清）杨春池主修

清光绪二年（1876）活字本　二十八册

江苏无锡·鸿山杨氏宗谱十二卷首一卷

藏地：国家图书馆　人民大学　江西省图书馆　日本　美国

（民国）杨楫纂修

1917年活字本　四十八册

江苏无锡·杨氏寺头支谱六卷首一卷

藏地：日本　美国

（清）杨俦续修

清光绪五年（1879）活字本　四册

江苏无锡，赐书堂杨氏谱传□□卷

藏地：苏州大学　福建师范大学　日本　美国

（清）杨念祖等修

清光绪十三年（1887）赐书堂木活字本　二册

江苏无锡·锡山杨氏宗谱三十二卷首一卷

藏地：国家图书馆　人民大学　上海图书馆

（清）杨星烂等纂修

清光绪十四年（1888）道南祠活字本　三十四册

江苏无锡·锡山杨氏宗谱四十三卷首一卷

藏地：国家图书馆　中国社会科学院历史研究所图书馆

（民国）杨邦潘　杨孙涞修

1928年道南祠活字本　四十六册

江苏无锡·江陂杨氏宗谱十二卷首一卷末一卷

藏地：吉林大学　云南图书馆　日本美国

（清）杨熊飞　杨夙根续修

清光绪十八年（1892）教思堂活字本　十二册

江苏无锡·杨氏宗谱十二卷

（清）杨德荣主修

清光绪三十二年（1906）崇本堂活字本　十二册

江苏宜兴·缪墅杨氏宗谱六卷

藏地：中国社会科学院历史研究所图书馆　南开大学

（民国）杨九成缮稿　杨阿大主修

1937年四知堂活字本　六册

江苏吴县·弘农杨氏支谱不分卷

藏地：南开大学　江苏苏州市博物馆

（清）杨廷杲重修

清光绪三十年（1904）义庄刻本　四册

江苏吴县·重修湖田杨氏族谱不分卷

藏地：江苏苏州市图书馆

（清）杨同人纂修

稿本　一册

江苏沙州·杨氏家乘不分卷

藏地：上海图书馆　江苏常熟市图书馆

（清）杨沂孙　杨希钰等撰

钞本　一册

江苏·吴江杨氏宗谱□□卷

藏地：国家图书馆　中国科学院图书馆

中国历史博物馆　吉林大学　日本　美国

（民国）杨学沂等修

1917年明远堂活字本　一册

江苏太仓·杨氏娄城支谱□□卷

藏地：美国

（清）杨泰焕等纂

清宣统元年（1909）石印本　一册

江苏·金城杨氏家谱稿□□卷

藏地：国家图书馆

（清）杨德裕编

清光绪间钞本　一册

浙江宁波·西成杨氏宗谱九卷首一卷

藏地：浙江宁波天一阁文物保管所

（清）杨濂纂修

清同治十二年（1873）一本堂稿本　六册

浙江宁波·西成杨氏宗谱十六卷首一卷末一卷

藏地：浙江宁波天一阁文物保管所

（清）杨臣序　杨瑞臣等纂修

清光绪二十四年（1898）一本堂木活字本　四册

浙江余姚·杨氏宗谱四卷首一卷

藏地：国家图书馆

（清）杨绍炯修

清乾隆五十五年（1790）惇伦堂活字本　四册

浙江余姚·杨氏宗祠祭簿□□卷

藏地：国家图书馆

（清）杨绍炯等辑

清乾隆间惇伦堂活字本　一册

浙江余姚·姚江杨氏宗谱二卷

藏地：中国社会科学院历史研究所图书馆　浙江省图书馆

（清）叶鸿坤纂修　杨春芳采访

清光绪十三年（1887）绍先堂活字本　二册

浙江·余姚云楼杨氏宗谱二卷

藏地：浙江省图书馆

（清）杨志堂主修　杨福基总理谱事

清光绪二十五年（1899）四知堂木活字本　二册

浙江余姚·姚江云柯杨氏宗谱四卷首一卷

藏地：浙江省图书馆

（清）杨宝金修　杨水渠纂

清宣统二年（1910）诒清堂木活字本　五册

浙江·余姚汇头杨氏宗谱二十卷首一卷末一卷

藏地：河北大学

（清）杨振铎　杨鸿绪续修

清宣统三年（1911）端本堂木刻本　二十册

浙江·余姚杨氏宗谱十卷首一卷

藏地：南开大学　河北大学　浙江省图书馆

（民国）杨家侨杨荫宸　杨琪等编辑

1920年绍先堂刊本　八册

浙江·余姚云楼杨氏宗谱四卷

藏地：河北大学

（民国）杨志睦续修

1921年木刻本　四册

浙江·余姚马清杨氏宗谱十卷首一卷

藏地：国家图书馆

（民国）杨家茂等重修

1928年四知堂活字本　十册

浙江鄞县·四明栎鸡杨氏宗谱不分卷

藏地：国家图书馆

（明）杨应鹏纂修　杨如釲续修

明钞本

浙江鄞县·栎鸡杨氏宗谱五卷首一卷末一卷

藏地：浙江宁波天一阁文物保管所

（清）杨臣柱纂修

清道光二十九年（1849）一本堂木活字本　五册

浙江鄞县·栎鸡杨氏宗谱二十卷首一卷

藏地：浙江宁波天一阁文物保管所（有六册附世系三册）

（清）杨濂纂修

清同治十三年（1874）稿本

浙江鄞县·栎鸡杨氏宗谱二十卷首一卷

藏地：浙江宁波天一阁文物保管所

（清）杨邻和等纂修

清光绪二十三年（1897）一本堂木活字本　六册

浙江鄞县·镜川杨氏宗谱三卷

藏地：浙江宁波天一阁文物保管所

（清）杨永赞　杨伟烈等纂修

清乾隆六十年（1795）报本堂木活字本　四册

浙江鄞县·镜川杨氏宗谱二十六卷

藏地：浙江宁波天一阁文物保管所（有卷1—6，13—26）

（清）杨学栽　杨伟俸等纂修

清道光二十五年（1845）报本堂木活字本

浙江鄞县·镜川杨氏宗谱二十六卷

藏地：浙江宁波天一阁文物保管所

（清）杨习镜　杨存本等纂修

清光绪十年（1884）分教堂木活字本　十册

浙江鄞县·镜川杨氏宗谱二十七卷附闰谱

藏地：浙江宁波天一阁文物保管所

（民国）杨存淇等纂修

1943年分教堂木活字本　十三册

浙江鄞县·光鸡杨氏宗谱二十四卷

藏地：浙江宁波天一阁文物保管所

（清）杨克藩　杨克明等纂修

清光绪三十四年（1908）崇本堂木活字本　二册

浙江鄞县·杨氏支谱一卷

藏地：浙江鄞县大皎乡下严村

1928年木刻本

浙江·宁海亭旁杨氏宗谱十三卷

藏地：浙江三门县亭旁乡胜和村

（民国）杨典徽　杨寿增等重修

1930年木活字本

浙江·慈鸡赭山杨氏宗谱十二卷首一卷末一卷

藏地：国家图书馆　河北大学　浙江宁波天一阁文物保管所

（民国）杨增濂　周毓邠重纂

1931年敦睦堂活字本　十册

浙江奉化·杨氏支谱八卷

藏地：浙江奉化县文管会

（清）杨占亨修

清光绪二十五年（1899）木活字本

浙江象山·杭头杨氏宗谱一卷

藏地：浙江象山县文管会

（清）类鸿飞重修

清嘉庆二十四年（1819）钞本　二册

浙江象山·杭头杨氏宗谱六卷

藏地：浙江象山县文管会

（民国）类凤鸣重修

1933年钞本

浙江象山·方前杨氏宗谱一卷

藏地：浙江象山县文管会

（清）顾云峰撰

清光绪十六年（1890）钞本

浙江象山·李家弄杨氏宗谱一卷

藏地：浙江象山县文管会

（民国）徐沛禄重修

1914年钞本

浙江象山·方前杨氏宗谱一卷

藏地：浙江象山县文管会

（民国）陈炼芳重修

1940年钞本

浙江湖州·归安杨氏家乘四卷附杨氏宗祠义产事略一卷

藏地：复旦大学　南京市图书馆

（清）杨炳堃辑

清咸丰八年（1858）杨氏宝俭堂刻本

浙江湖州·杨氏宗谱二卷

藏地：浙江德清县清退办

（民国）杨玉祥　杨嘉贞等纂修

1925年木刻本

浙江德清·杨氏宗谱一卷

藏地：浙江德清县城关镇

浙江绍兴·山阴柯桥杨氏宗谱六卷

藏地：北京大学　吉林大学　杭州大学

（清）杨大礼等修清

道光十五年（1835）敦伦堂活字本　六册

浙江绍兴·山阴天乐杨氏宗谱十四卷

藏地：国家图书馆　浙江省图书馆

（清）杨秩铨　杨广熙等纂

清光绪八年（1882）四知堂木活

字本　十五册

浙江绍兴·山阴杨氏宗谱七卷

藏地：国家图书馆　浙江省图书馆

（清）杨学韩编辑

清光绪十八年（1892）四知堂木活字本　五册

浙江绍兴·山阴杨桥杨氏宗谱八卷

藏地：南开大学

（清）杨惟椿　杨惟一等修

清光绪二十年（1894）敦伦堂刻本　八册

浙江绍兴·山阴杨氏宗谱不分卷

藏地：浙江省图书馆

清白堂钞本　一册

浙江诸暨·暨阳杨氏宗谱□□卷

藏地：日本　美国

清同治八年（1869）活字本　四册

浙江诸暨·富春杨氏宗谱八卷首一卷

藏地：浙江省图书馆

（清）杨凤珠修　杨维南　杨明齐纂

清同治十一年（1872）四知堂木活字本　八册

浙江新昌·彩烟杨氏宗谱十六卷首一卷

藏地：浙江新昌县文管会（存卷首、1—6，8，12）

（清）杨鼎洛　杨爔　杨黼廷等纂修

清宣统元年（1909）木活字本

浙江新昌·杨氏家谱不分卷

藏地：浙江省图书馆

钞本　一册

浙江上虞·古虞岭仓杨氏续修宗谱六卷首一卷末一卷

藏地：吉林大学　南京市图书馆

（清）杨大礼　金敞续修

清咸丰九年（1859）四知堂活字本　四册

浙江·上虞沥海杨氏续修宗谱十卷首一卷

藏地：浙江省图书馆

（民国）杨苑　杨启璜修　程鹏纂

1925年孝义堂木活字本　三册

浙江上虞·新桥杨氏弘公房谱六卷首一卷末一卷

藏地：河北大学　河南郑州市图书馆

（民国）杨镇陶　杨乾锽纂修

1939年四知堂木刻本　九册

浙江·兰豁杨氏宗谱六卷

藏地：浙江兰豁县岩山乡（存卷1、4）

1920年木刻本

浙江兰豁·杨氏宗谱二卷

藏地：浙江兰豁县黄店乡金家塝头

（民国）杨樟秋　杨玉佩纂

1921年木刻本

浙江主乌·稠岩杨氏宗谱二十六卷

藏地：中国社会科学院历史研究所图书馆

（清）杨云峦等主修

清宣统元年（1909）活字本　三十二册

浙江·义乌稠严杨氏宗谱三十七卷

藏地：中国社会科学院历史研究所图书馆

（民国）杨德诰纂修

1929年活字本　五十三册

浙江义乌·枧畴杨氏宗谱□□卷

藏地：浙江金华市文化管理委员会

（民国）杨福余等修

1945年木刻本　二十一册

浙江浦江·浦阳人峰杨氏家乘五卷

藏地：美国

（清）杨德华等重修

清道光二十一年（1841）刊本　七册

浙江衢县·关西杨氏宗谱十八卷

藏地：浙江慈鸡县档案馆（存三卷）

（清）范宣璜纂

清光绪三十一年（1905）刊本

浙江衢县·关西杨氏宗谱□□卷

藏地：浙江衢州市文化管理委员会（存卷2、3）

民国间木活字本　一册

浙江衢县·东坑苍杨氏宗谱三卷

藏地：浙江衢州市文化管理委员会

（民国）杨氏四知堂续修

1943年四知堂刻本　一册

浙江常山·弘农杨氏宗谱二卷

藏地：浙江常山县球川镇东坑村

（清）姚德昇纂修

清光绪七年（1881）木刻本

浙江常山·屏麓杨氏宗谱十卷首一卷

藏地：浙江常山县狮子口乡圹底村（存卷首、1—3，7—9）清光绪二十二年（1896）木刻本

浙江常山·定阳杨氏宗谱三卷

藏地：浙江常山县狮子口乡久泰塀村

1918年木刻本

浙江常山·杨氏重修族谱十八卷首一卷

藏地：浙江常山县球川镇杨家村

1918年木刻本

浙江常山·弘农杨氏宗谱四卷

藏地：浙江常山县阁底乡江家四村

（民国）徐夔重修

1924年木刻本

浙江常山·湖埃杨氏家谱十二卷

藏地：浙江常山县毛良坞乡圩石坑

（民国）王文辉续修

1946年木刻本

浙江常山·弘农杨氏宗谱三卷

藏地：浙江常山县金源乡汙里村（存二部）

（民国）季萍纂修

1947年木刻本

浙江常山·锦滩杨氏宗谱□□卷

藏地：浙江常山县毛良坞乡新桥石岩圩（存卷6）

浙江临海·家亭杨氏宗谱一卷

藏地：浙江临海县卜芝乡伴山行政村亭村

（民国）杨浮甲重修

1917年木活字本

浙江黄岩·杨鸡杨氏文献一卷

藏地：浙江临海县博物馆

清钞本

浙江黄严·路桥三河西杨氏家谱一卷

藏地：浙江临海县博物馆

（民国）杨晨纂

1918年石印本

安徽·弘农杨氏宗谱四卷首一卷

藏地：南开大学

（清）杨月三等续修

清咸丰三年（1853）刻本　八册

安徽芜湖·太平府芜湖县杨氏宗谱八卷

藏地：安徽博物馆

民国间木活字本　八册

安徽南陵·关西杨氏宗谱十六卷

藏地：河北大学

（民国）杨三益　杨东海重修

1915年屏风园木刻本　十六册

安徽怀远·杨氏宗谱二卷

藏地：安徽怀远县图书馆　安徽怀远县城关镇顺河居委会

（民国）杨立濬纂

1930年钞本

安徽当涂·姑孰杨氏宗谱四卷

藏地：哈尔滨师范大学

（民国）杨运高　杨文兴等续修

1948年四知堂刊本　四册

安徽桐城·弘农杨氏家乘四卷

藏地：中国社会科学院历史研究所图书馆

（清）杨必达撰

清乾隆四十四年（1779）刻本　四册

安徽桐城·杨氏宗谱十卷

藏地：人民大学

（清）杨肃林等修

清嘉庆二十五年（1820）清白堂活字本　十册

安徽桐城·许杨氏支谱十卷

藏地：人民大学

（清）杨昌期重修

清道光二十八年（1848）耕福堂活字本　八册

安徽桐城·杨锺氏宗谱十二卷

藏地：美国

（清）钟朱藏等修

清同治八年（1869）世清堂活字本　十二册

安徽桐城·皖桐杨氏宗谱十六卷

藏地：美国

（清）刘秉璋等序

清同治十一年（1872）活字本　三十六册

安徽桐城·杨氏支谱十四卷

藏地：日本　美国

（清）杨世益等重修

清光绪二十年（1894）四知堂活字本　十四册

安徽桐城·杨王氏宗谱八卷

藏地：人民大学

（清）杨荣升修

清光绪二十六年（1900）弘太堂活字本　八册

安徽·休宁芳鸡杨氏宗支谱不分卷

藏地：江苏苏州市图书馆

（清）杨士杰　杨世俊等纂修

清顺治十四年（1657）刻本　一册

安徽安庆·杨氏宗谱六卷

藏地：中国社会科学院历史研究所图书馆

（清）杨淦纂修

清光绪二十六年（1900）四知堂活字本　六册

安徽怀宁·白麟杨氏宗谱十六卷首一卷末二卷

藏地：河北大学　安徽安庆市图

书馆安徽屯鸡市文化管

(清)杨春堂　杨岳生续修

清光绪三十年(1904)三鳣堂活字本

安徽怀宁·白麟杨氏六修宗谱六十二卷

藏地:安徽屯谿市文物商店(缺卷16、23)

1933年木刻本

安徽潜山·王杨氏家谱□□卷

藏地:安徽博物馆

(清)杨胜仲　杨正综等纂修

清康熙五十五年(1716)刻本一册

安徽潜山·四知堂杨氏支谱六卷首一卷末一卷

藏地:安徽安庆市图书馆(存卷处、2、4—6,卷末)

(清)杨安怀　杨翠轩三修

清咸丰十一年(1861)四知堂木活字本

安徽潜山·太原王杨氏支谱二十五卷首一卷末一卷

藏地:河北大学

(清)王春春隄　王履和纂修

清同治五年(1866)敦睦堂木刻本　二十八册

福建运江·马鼻杨氏族谱三卷

藏地:福建运江县档案馆

福建同安·杨姓族谱□□卷

藏地:台湾

一九八一年据清光绪二十年(1894)重钞本

福建晋江·杨氏沙宫四方族谱

藏地:台湾

清道光十二年(1832)钞本一册

福建晋江·芙容杨氏三房开基沧岑三房谱□□卷

藏地:台湾

(清)曾钟雄修

清同治九年(1870)钞本

福建南安·沧岑台湾杨氏长房族谱□□卷

藏地:台湾

(清)杨景周编

清光绪三十二年(1906)钞本

福建南安·沧岑台湾杨氏长房族谱□□卷

藏地:台湾

清钞本　四册

福建长泰·後庵杨谱略□□卷

藏地:台湾

(清)杨水编

一九五八年据清光绪二十年(1894)重钞本　一册

福建东山·杨氏族谱一卷

藏地:福建东山县方志办

(清)杨殿光纂

清嘉庆二十一年(1816)钞本

福建·建瓯新村杨姓族谱一卷

藏地:福建建瓯县档案馆

复制本

福建浦城·闽浦全章杨氏宗谱十二卷首一卷

藏地:福建省图书馆　福建师范大学

(民国)杨成遇主修　杨思顺纂修

1930年重修本

江西南昌·庄桥杨氏重修大成族谱六卷

藏地:日本　美国

(清)杨义清等重修

清光绪二十六年(1900)瑞雀堂

活字本　六册

江西·萍乡狮子岭杨氏七修族谱□□卷

藏地：江西省图书馆（存卷七）

（清）杨氏合族纂修

清宣统间木活字排印本　一册

江西上饶·新城四十七都河桥杨氏宗谱六卷

藏地：江西黎川县西城乡河樟村

（清）杨昭青纂修

清光绪二十四年（1898）活字本

江西宜春·北关杨氏族谱十卷首一卷

藏地：江西省图书馆（存卷首、1、2、4—6）

（清）杨锡辂等纂修

清嘉庆十二年（1807）四知堂刊本　三册

江西宜春·北关杨氏宗谱八卷首一卷

藏地：江西省图书馆（存卷首，7—8）

（清）杨锡彪等纂修

清道光二十九年（1849）道南堂木活字本　二册

江西宜春·北关五甲杨氏支谱八卷首一卷

藏地：江西省图书馆（存卷首，1—3，5，7—8）

（清）杨淑田等纂修

清光绪三十二年（1906）道南堂木活字本　七册

江西铜鼓·杨氏宗谱□□卷

藏地：江西铜鼓县带鸡乡红群村

江西清江·永滨杨氏三修族谱□□卷

藏地：国家图书馆

（清）杨如沄等修

清乾隆二十七年（1762）活字本一册有图

江西清江·杨氏四修族谱二卷

藏地：国家图书馆

（清）杨殿榑等修

清嘉庆七年（1802）活字本四册

江西清江·杨氏五修族谱不分卷

藏地：江西省图书馆　江西师范大学

（清）杨式站等纂修

清光绪二十三年（1897）木活字本　十八册

江西·杨氏重修族谱不分卷

藏地：江西省图书馆

（清）杨如伯等纂修

清道光二十二年（1842）园堂木活字本　二册

江西·桃溪杨氏先德禄二卷

藏地：国家图书馆　江西省图书馆

（清）杨希闵辑

清咸丰三年（1853）江西新城杨氏刻本　一册

山东·杨氏家谱六卷

藏地：南开大学

（民国）杨芝田编辑

1925年石印本　六册

山东·历城杨氏族谱不分卷

藏地：吉林大学

（清）杨龙泉　杨德明编辑

清乾隆五十九年（1794）教忠堂刻本

山东·历城杨氏三修族谱不分卷

藏地：吉林大学

（清）杨玠修辑

清道光二十二年（1842）见山堂钞本　三册

山东昌邑·杨氏族谱不分卷

藏地：山东昌邑县石埠镇葛庄

（民国）杨椿堂　杨述斑修

1936 年钞本

山东·招远杨氏族谱七卷

藏地：山东招远县招城镇

（民国）杨锦章续修

1932 年铅印本

山东金乡·杨氏族谱八卷

藏地：山东金乡县兴隆乡杨门楼

（明）杨勋纂

1927 年续修石印本

山东齐河·杨氏宗谱十卷首一卷末一卷

藏地：美国

（民国）杨允昇等修

1935 年石印本　十二册

山东即墨·即墨杨氏族谱不分卷

藏地：南开大学

（清）杨方杶续修

清道光二十八年（1848）承桂堂刊本　六册

山东·即墨杨氏族谱不分卷

藏地：南开大学

（清）杨考熠续修

清光绪三十年（1904）刊本六册

山东·即墨杨氏家乘不分卷

藏地：河北大学

（清）杨贵堡续修

清光绪三十年（1904）排印本四册

山东·即墨杨氏家乘四卷

藏地：山东即墨县博物馆

（清）杨贵堡　杨孝敉纂

清光绪三十年（1904）石印本

山东·即墨杨氏家乘不分卷

藏地：中国社会科学院历史研究所图书馆

（清）杨珍等纂修

清光绪三十年（1904）铅印本四册

山东·即墨杨氏族谱不分卷

藏地：中国社会科学院历史研究所图书馆

（清）杨可瑞　杨可诚主修

清光绪三十年（1904）承桂堂刻本　六册

山东·即墨杨氏家乘不分卷

藏地：南开大学　吉林大学　山东青岛市博物馆

（清）杨玠等续修

1936 年排印本　四册

山东·即墨杨氏族谱不分卷

藏地：国家图书馆

杨乃清等重修

1937 年承桂堂铅印本　十一册

河南信阳·杨氏族谱二卷

藏地：国家图书馆

（民国）杨荷恩纂　杨仁山校

1915 年石印本　二册

河南浙川·杨氏宗谱四卷

藏地：陕西图书馆

（清）杨永泰编

清同治十一年（1872）刻本

河南潢川·光州杨氏宗谱十卷

藏地：中央民族大学

（民国）杨绳武等修

乘裕堂铅印本　十册

湖北新洲·杨氏宗谱三卷

藏地：湖北新洲县马河乡朱岗村

1932 年木刻本

湖北黄冈·杨氏宗谱□□卷

藏地：湖北黄冈县档案馆（存卷首、1、3、4、6、8、9—14，又一部存卷首、1、3—11）（清）杨光祥督理、杨天照总理

清光绪二十八年（1902）四知堂木刻本

湖北黄冈·楚黄中和里土墩头杨氏族谱二十三卷首一卷

藏地：美国

（民国）杨舒甲等修

1915年四知堂活字本　二十八册

湖北黄冈·冈邑王杨氏宗谱十二卷首二卷

藏地：湖北新洲县和平乡杨垸村

（民国）巨鸿　业钧修

1947年木刻本

湖北·崇阳杨氏族谱不分卷

藏地：国家图书馆

明钞本

湖北崇阳·杨氏大同宗谱□□卷

藏地：湖北崇阳县西庄乡杨林村

（民国）杨增育总修

1949年刊本

湖北沔阳·杨氏宗谱□□卷

藏地：武汉市图书馆

（民国）杨光银　杨光炎修

1917年杨氏泰和堂刊石印本

湖南·衡湘杨氏族谱不分卷

藏地：南京大学

（清）杨世准修

清咸丰八年（1869）衡湘杨氏清白堂刻本　四册

湖南·衡湘杨氏族谱不分卷

藏地：南京大学

清嘉庆十年（1805）刻本　六册

湖南长沙·青山杨氏续修族谱四卷

藏地：湖南省图书馆（存卷1、2）

（清）杨彩辉纂（序）

清乾隆二十三年（1758）刻本

湖南长沙·上湘柘塘杨氏支谱五卷首一卷

藏地：河北大学

（清）杨高麓　杨思道纂修

清同治五年（1866）木刻本　六册

湖南长沙·上湘草萝巷杨氏续修族谱二十三卷首二卷末一卷

藏地：河北大学

（清）杨学浚纂修清同治十年（1871）清白堂刻本　十三册

湖南长沙·杨氏支谱十卷

藏地：河北大学

（民国）杨能泽　杨能醒纂修

1923年克勤堂木刻本　十册

湖南长沙·托上杨氏六修谱八卷

藏地：湖南省图书馆

（民国）杨兴权　杨兴艺修　杨大滦杨大昌纂

1931年石印本　八册

湖南·长沙杨氏东四房谱十二卷

藏地：湖南省图书馆（存卷1）

（民国）杨书钧　杨俊儒等纂修

1933年宏农堂木活字印本

湖南宁乡·靳江杨氏方修通谱十四卷

藏地：湖南省图书馆（存卷1、2）

（清）林炳伦　林编伟等纂修

清咸丰八年（1858）溯源堂刻本

湖南宁乡·靳江杨氏八修族谱三十卷首一卷末一卷

藏地：湖南省图书馆（1—15，

17—28，卷首，卷末）

（民国）杨世杰修　杨奕枞　杨豫章等纂

1945年白云祠活字印本

湖南宁乡·宁邑白石杨氏四修族谱十八卷首一卷末一卷

藏地：河北大学

（清）杨业玠修

清同治十年（1871）宏农堂木刻本　二十册

湖南·宁乡砌子口杨氏四修绍纶谱□□卷

藏地：湖南省图书馆（存卷9、12）清宣统三年（1911）活字印本

湖南宁乡·沩宁杨氏三修族谱十卷

藏地：广东中山图书馆

（民国）杨定韦　杨楚照等纂修

1915年承泽堂刻本十册

湖南湘潭·下营杨氏支谱十六卷首一卷

藏地：湖南省图书馆（存卷首、1、2）

（清）杨名声　杨名藻修　杨名湘　杨名汉纂

清道光十四年（1834）清白堂刻本

湖南·湘潭蝉塘杨氏五修族谱二十二卷

藏地：中国社会科学院历史研究所图书馆　河北大学　广东中山图书馆

（清）杨云亭纂修

清同治四年（1865）遗直堂活字本　二十二册

湖南湘潭·中湘蝉塘杨氏六修族谱三十二卷

藏地：国家图书馆　湖南省图书馆

（清）杨克烯等纂修

清光绪二十七年（1901）遗直堂活字本

三十册

湖南湘潭·中湘蝉塘杨氏七修族谱四十一卷

藏地：中国社会科学院历史研究所图书馆　河北大学　广东中山图书馆

（民国）杨笃培编修

1937年遗进堂活字本　四十一册

湖南湘潭·中湘杨氏五修族谱九卷首一卷末一卷

藏地：广东中山图书馆

（民国）杨立章纂修

1929年同志堂刻本　十册

湖南湘潭·中湘棠湾杨氏六修谱二十卷

藏地：中国社会科学院历史研究所图书馆

（民国）杨显愔纂修

1926年清白堂活字本　二十一册

湖南湘潭·雨湖杨氏五修族谱二十卷

藏地：国家图书馆　广东中山图书馆

（民国）杨先礼等纂修

1931年笃宗堂活字本　二十册

湖南湘乡·杨氏族谱□□卷首一卷

藏地：湖南省图书馆（存卷1、2、首，又一部存卷首1、2）

（清）杨居锡　杨万馔等修　杨仁书度纂

清道光二十一年（1841）宏农堂印本

湖南湘乡·上湘草萝巷杨氏续修族谱二十三卷首二卷末一卷

藏地：湖南省图书馆（存卷首）

（清）杨师彬　杨高迎修　杨显淦纂

清同治十年（1871）活字本

湖南湘乡·扶塘杨氏续修族谱二十八卷首三卷

藏地：湖南省图书馆（存卷首上、中）

（清）杨福备　杨海心等修　杨福菊杨福集等纂

湖南湘乡·扶塘杨氏原籍老谱□□卷

藏地：河北大学　湖南省图书馆

（清）杨仁国　杨万馔修

清道光二十六年（1846），宏农堂木刻本　二十八册

湖南零陵·梅溪杨氏族谱四卷

藏地：吉林大学

（清）杨秉谦纂辑

清光绪十八年（1892）刊本　四册

湖南邵阳·杨氏续修族谱十四册

藏地：湖南省图书馆（存卷1）

（清）杨代美　杨永结等修　杨永赞纂

清道光九年（1829），四知堂刻本

湖南邵阳·邵东杨氏续修族谱十四卷首一卷末一卷

藏地：河北大学

（清）杨护绲　杨国章纂修

清道光二十二年（1842），三鳣堂木刻本　十四册

湖南邵阳·杨氏新修支谱八卷

藏地：湖南省图书馆（存卷首）

（清）杨宗沛　杨宗浦修　杨宗岩纂

清光绪七年（1881）四知堂活字印本

湖南邵阳·邵东新桥杨氏四修族谱六十二卷首一卷末一卷

藏地：河北大学　湖南省图书馆

（民国）杨庾岭　杨乾騋纂修

1941年三鳣堂活字本　五册

湖南岳阳·杨氏族谱十二卷

藏地：中国社会科学院历史研究所图书馆

（清）杨盛春纂修

清光绪十七年（1891），三鳣堂活字本

十三册

湖南湘阴·杨氏族谱□□卷

藏地：广东中山图书馆（存卷2—26）

（清）杨大鹤　杨宗周纂修

清光绪六年（1880）太原堂排印本

湖南·新化杨氏族谱十八卷首三卷

藏地：湖南省图书馆（存卷首1—3）

（清）杨源懋　杨廷直修　杨光世杨光植纂

清宣统间活字本

湖南新晃·杨氏族谱□□卷首一卷

藏地：湖南省图书馆（存卷首）

（民国）杨得之　杨宗参等修　杨培之　杨玉衡等纂

1914年活字本　四册

湖南常德·武陵杨氏瑞芝室家传不分卷

藏地：河南省图书馆　四川重庆

市图书馆　美国

（清）杨琪光著

清光绪十一年（1885）杨氏木刻本

湖南桃源·杨氏联宗支谱□□卷

藏地：湖南省图书馆（存卷首、6）

（民国）杨南门　杨秉德纂

1931年石印本

湖南澧县·杨氏族谱□□卷首一卷

藏地：湖南省图书馆（存卷首）

（民国）杨日举　杨支福纂修

1917年生利万活字本

广东广州·杨氏家谱不分卷

藏地：广东中山图书馆

（清）杨道干重修

1919年刻本　五册

广东广州·正定杨氏家谱□□卷

藏地：日本　美国

（民国）杨嘉聪等纂

1934年铅印本　一册

广东广州·杨氏支谱不分卷

藏地：广东中山图书馆钞本一册

广东番禺·杨氏家谱不分卷

藏地：广东中山图书馆（民国）杨园清编

1934年香港永祥印务公司铅印本一册

广东中山·南关杨氏族谱十八卷

藏地：人民大学　广东中山图书馆　美国

（清）杨荫光等重修

清光绪二十五年（1899）重修石岐翰章印务局印本

广东中山·北山杨氏信海堂家谱不分卷

藏地：广东中山图书馆

（民国）杨桂清修

1918年石印本　一册

广东中山·杨氏族谱□□卷

藏地：美国

（民国）杨廷英等修

1933年石岐学文承印本

广东陆丰·杨姓族谱□□卷

藏地：台湾

清光绪二十七年（1901）钞本一册

广东梅县·杨氏族谱二十五卷首一卷

藏地：广东中山图书馆

（清）杨兆清等修

清宣统二年（1910）刻本　十二册

广东大埔·杨氏族谱□□卷

藏地：台湾

（清）杨国杰钞禄　杨永富补撰

清道光十七年（1837）钞本一册

广东·杨氏族谱□□卷

藏地：台湾

（清）杨金钟编

清光绪二十三年（1897）钞本一册

四川金堂·重修莲宅杨氏族谱四卷

藏地：四川省图书馆

（清）杨秉谦纂

清光绪十八年（1892）杨氏刻本四册

四川·新都杨氏家谱二卷首一卷

藏地：南京大学

（民国）杨崇焕纂

1932 年新都普利寺杨氏石印本二册

四川蒲江·杨氏族谱不分卷

藏地：四川省图书馆　四川蒲江县鹤山镇

（民国）杨建章　杨毓中续修

1916 年木刻本

四川·浦江县成佳乡名山县联江乡杨氏族谱不分卷

藏地：四川名山县联江乡

（民国）杨大廷撰

1931 年稿本　一册

四川长寿·西川杨氏族谱一卷

藏地：四川长寿县晏家乡龙山村

（清）杨精一重修

清康熙三十三年（1694）写本

四川长寿·晏家杨氏家谱一卷

藏地：四川长寿县晏家乡龙山村

（清）杨敬心修

清咸丰十年（1860）写本

四川长寿·杨氏族谱一卷

藏地：四川长寿县沙石乡钟鼓村

（民国）杨敬心修

清咸丰十年（1860）写本

四川荣昌·杨氏族谱□□卷

藏地：四川省图书馆（存卷 1、2）

（清）杨於亭纂修

清光绪九年（1883）杨铭文刻本

四川射洪·杨氏族谱不分卷

藏地：四川省图书馆

（民国）杨志先纂修

1921 年杨氏味堂石印本　一册

四川内江·杨氏族谱六卷

藏地：四川内江县凌家乡

（清）杨声中续修

清光绪十七年（1891）木刻本

四川资中·杨氏祠续修族谱不分卷

藏地：四川省图书馆

（民国）杨成枢等续修

1917 年排印本　五册

四川资阳·杨氏宗谱不分卷

藏地：国家图书馆　人民大学　四川重庆市图书馆

（民国）杨启化撰

1917 年铅印本　二册

四川简阳·杨氏族谱不分卷

藏地：四川省图书馆

（清）杨毓亮等纂修

清光绪十年（1884）杨氏梅溪堂刻本一册

四川简阳·杨氏族谱□□卷

藏地：四川省图书馆（存卷 2、4）

清光绪间刻本

四川简阳·杨氏族谱不分卷

藏地：四川省图书馆

清杨士荣纂修

清宣统元年（1909）简州刻本一册

四川简阳·杨氏宗谱二卷

藏地：四川省图书馆（存一卷）

（民国）杨家驹纂修

1914 年排印本

四川仁寿·杨氏族谱□□卷

藏地：四川省图书馆（存卷 1）

（清）同治间刻本　一册

四川犍为·杨氏续修族谱不分卷

藏地：四川省图书馆

（民国）杨继统等续修

1932 年成都石印本　四册

四川万县·万邑杨氏族谱八卷首二卷

藏地：中国社会科学院历史研究

所图书馆

（民国）杨兴夔主修

1917年活字本　十册

四川仪陇·杨氏家谱一卷

藏地：四川仪陇县档案馆

（清）杨高模撰

清咸丰元年（1851）钞本

四川仪陇·杨氏族谱一卷

藏地：四川仪陇县档案馆

（清）杨荣　杨天巡　杨大序造修　杨荣编订

清咸丰十年（1860）钞本

四川天全·杨氏家乘不分卷

藏地：南京大学

（清）杨寿伯等编

清宣统三年（1911）刻本　一册

四川·弘农郡杨氏续造族谱不分卷

藏地：吉林大学

（清）杨陈亮续修

清光绪二十七年（1901）稿本　一册

四川·杨氏重修宗谱三卷

藏地：南京大学

（民国）杨守驹编

1914年铅印本　三册

贵州平越·重修杨氏小宗祠谱五卷

藏地：日本　美国

（清）杨裕深重修

清咸丰七年（1857）清白堂刊本　十二册

云南·蒙自杨氏宗谱稿本□□卷

藏地：福建省图书馆

（清）杨学周修

清同治间钞本　一册

云南保山·杨氏世谱不分卷

藏地：江苏苏州市博物馆

（民国）李学诗编修

1924年石印本　一册

云南大理·喜城中和邑杨氏族谱□□卷

藏地：云南大理州图书馆

稿本　一册

云南宾川杨氏·盘古汇编四卷

藏地：南开大学　云南大学

（民国）杨如轩编

1938年开智公司代印铅印本　一册

陕西华阴·杨氏族谱三卷

藏地：陕西图书馆

（清）杨昌邠纂修

清光绪二十六年（1900）刻本

陕西朝邑·西野杨氏壬申谱不分卷

藏地：国家图书馆　人民大学　哈尔滨师范大学　浙江嘉兴市图书馆　陕西图书馆

（清）杨树椿纂

清光绪十六年（1890）杨氏刻本　二册

（五）　字行辈份

清光绪二十四年杨文翰修《弘农杨氏家谱》钞本，河南嵩县杨姓一支字行为："用瞻廷文元，永世彰业堂。"

（六）　迁徙繁衍

杨姓的发源地，应该是在今山西省境，后为晋所灭，其子孙因避乱，至秦汉之际，有的迁居河内，有的迁居冯翊（三国魏置郡，治所在今陕西大荔)。可见，起源于山西境的杨姓，为晋所灭后，便向西发展繁衍，首先是迁入陕西境，后再迁入山西省汾水中游的霍县一带，尔后繁衍至今河南境，此后便在河南、陕西两省间地形成了杨姓历史上第一个郡望，即“弘农”。据有关资料所载，该郡杨姓族人，最早居住在华阳县潼乡习仙里，即今陕西华阳卫山保凤凰岭一带历史上著名的“四世三公（杨款、杨彪、杨修)”、西晋“三杨（杨骏、杨珧、杨济)”及北魏雍州刺史杨播家族等都出在这一地方。这里实际上成为了天下杨姓人最重要的圣地之一，也是后世杨姓发展的主流。至汉时杨姓已广泛分布于我国北方大部分地区。杨姓入川也于此时，则多由湖北、陕西境内迁去。其具体播迁情形，据《新唐书·宰相世系表》等有关资料所载，居华阴有杨章，开始向各地播迁。杨章生有 3 子，分别为苞、朗、款。苞为韩襄王将，开基河内（今河南武陡、沁阳、济源一带)；朗为秦将，封临晋君，开基凤州（今属陕西)；款为秦上卿，开基扶风（今陕西)、和顺（今属山西)、广武（今属河南)；款生硕，从沛公（汉高祖刘邦）征伐，为太史。杨硕有 8 子：鸰、奋、䞪、倏、熊、喜、鹯、雎。其中第6子杨喜，西汉时封赤泉严侯，杨喜生子杨敷，封赤泉定侯。杨敷其孙杨敞，字君平，任丞相，封安平敬侯，是著名史学家司马迁的女婿，敞生 2 子：忠、恽。杨忠的曾孙就是一身正气、清正廉洁的杨震，居于弘农华阴县（今属陕西)。因以“四知堂”（天知、地知、你知、我知）名闻天下，以至后世杨氏多言出自杨震之后。杨震 10 世孙杨珍的这一支杨氏，后成为原武（今河南原阳）一带望族。杨震之子杨牧的 11 世孙杨孕，其后裔发展成为扶风（今属陕西）一带望族。杨震 21 世孙杨惠嘏，任太原郡守；杨惠嘏的玄孙就是隋文帝杨坚。至于杨姓南迁，春秋战国之时，已有杨氏族人迁江汉地区（今湖北潜江一带)，后因楚国势力不断加强，迫使他们再向东南迁至江西。与此同时，又有自山西迁至江苏和安徽省境的杨氏，便散布于长江中下游地区。晋、唐这一时期，是杨姓在南北方繁衍的重要时期，尤其以南方的繁衍最为突出，此时期，多因西晋末年的“永嘉之乱”和唐代的“安史之乱”而引发的中原杨氏大举南迁的。至宋代起，杨姓已广布江南广大地区，并以福建为其播迁的中心。总之，杨姓族人在隋唐以前，除集中繁衍于今河南、陕西、山西三省间地以外，还有以甘肃天水为中心的一线，以湖南、江西为中心的又一线。此后便逐步向今河北、山东、内蒙、安徽、湖南、浙东、福建、广东、四川、贵州、云南、广西等地发展，直至遍及全国各地。

（七） 适用楹联

□神童列四杰[①]；进士第一名[②]。

□木兰花馥三春瑞；
　易俗移风万户新[③]。

□四知清操渐贪吏[④]；
　千古文坛重草玄[⑤]。

□鳣堂集庆[⑥]；崔馆开祥[⑦]。

□文体擅西昆之美；
　图书生东壁之光[⑧]。

□河洛传真，程门立雪[⑨]；

章坛华胄，清白传家[10]。

□系出弘农，俎豆馨香传百世；
传家清白，箕裘继述振千秋[11]。

□业炳关西，继世簪缨留旧泽；
学源河北，传家诗礼焕新声[12]。

□佳气生朝夕；清言见古今[13]。

□眼里有余闲，登山临水解咏；
身外无长物，布衣素食琴书[14]。

□铁肩担道义；辣手著文章[15]。

□是何意态雄且杰；
不露文章世已惊[16]。

□鲁冠千军称无敌；
声威万代佩长城[17]。

□载福勋名垂宇宙；
云中旭日吊英贤[18]。

□忌我何堂非赏识；
欺人毕竟不英雄[19]。

注释：

①唐代诗人杨炯（650—692），华阴（今属陕西）人。十岁时被称为神童，特制弘文馆，二十七岁应制举，授权书郎、崇文馆学士，后官至盈川令，为“唐初四杰”之一。

②明代文学家杨慎（1488—1559），字用修，号升庵，四川新都人。正德间试进士第一，授翰林修撰。擅诗、词、曲、文，著作达一百余种，后人辑其重要的著作编为《升庵集》。散曲有《陶情乐府》。

③此为杨姓“杨”的析字联。上联“木”、下联“昜”（昜），合而为“杨”。即杨姓专用对联。

④东汉大臣杨震（？—124），字白起，弘农华阴（今陕西华阴东）人。当他升迁赴任道经昌邑时，王密夜怀金十斤遗震，震不受。密曰：“暮夜无知者。”震曰：“天知、地知、我知、子知，何谓无知？”密愧而出。

⑤西汉著名辞赋家、哲学家、语言学家扬（杨）雄（前53—后18），字子云，蜀郡成都（今四川成都）人。少好学，博览群书。为人简易佚荡，口吃不能剧谈，默而好深湛之思。年四十余，始出川，游于京师。成帝时，以文相见，任为郎，给事黄门。后仕于王莽。晚年研究哲学，仿《论语》作《法言》，仿《易经》作《太玄》。另有《训篡编》、《方言》等，为研究古代语言文学学的重要资料。

⑥东汉大臣杨震，少好学，博览经书，当世誉为“关西孔子”。年五十始仕州郡。据《后汉书·杨震传》：“后有冠雀衔三鳣鱼，飞集堂集。都讲取鱼进曰：“蛇鳣者，卿大夫服之象也；数三者，三法台也。先生自此升矣”。鳣堂：讲学之所。

⑦后汉学者杨宝，习《欧阳尚书》，隐后不仕，以教授为业。传说，他曾在华阴山北，见一黄雀为鸱枭所搏，坠树下。宝取归置巾箱中。食黄花百余日，毛羽成，乃飞去。其夜有黄衣童子向宝再拜，曰：“我西王母使者，感君仁爱救拯，以白环四枚为谢，令君子孙洁白，位登三事，当如此环。”宝子孙后果显贵。

⑧北宋文学家杨亿（974—1020），字大年，建州浦城（今福建浦城）人。七岁能文，十一岁时太宗遣人试其诗斌，他下笔即成。淳化进士。真宗时参与修《太宗实录》、《册府元龟》等。历任翰林学士、工部侍郎等职。与刘筠、钱惟演等相善，其唱和之诗合辑为《西昆酬唱集》，又称“西昆体”。

⑨北宋哲学家杨时（1053—1135），曾就学于二程，得理学真传，有“程门立雪”的典故。

⑩注见⑥。

⑪杨姓祠联。

⑫杨姓祠联。

⑬清代书法家杨宾（康熙时人）撰书联。杨宾，浙江山阴人。著有《大瓢偶笔》等。

⑭清代书法家杨沂孙自题联。杨沂孙，字舆，道光举人。善篆书。

⑮清代兵部右侍郎杨继盛自题联。杨继盛（1516—1555），容城人，因弹劾严嵩被害。

⑯注同⑮。

⑰节录杨家祠堂联。

⑱台湾苗栗县清代抗日名将杨载云庙联。

⑲清代名将杨芳自题联。

杨氏名人集粹

在我国历史上，杨氏在汉代以前就是一个出人头地的显赫家族，出了不少历史上知名的人物。

杨秀清 今广西桂平人，清代太平天国起义主将。

杨名时 今江苏江阴人，学者，曾官至云南巡抚、礼部尚书兼国子监祭酒。

杨文会 安徽石棣（今石台）人，佛教学者，在南京创“金陵刻经处”，刊印佛经，并于刻经处设抵酒精舍、佛学研究会，开中国佛学院的先河。

杨锐 四川锦竹人，清末维新派，曾官至内阁中书，为“戊戌六君子”之一。

杨深秀 （1849—1898）清末山西闻喜人，原名毓秀，字漪村，号耷耷子。光绪进士。曾行山东道监察御史。光绪二十四年（1898）创立关学会，参加保国会。上疏请定国是，宣布维新之意，痛斥守旧之弊。复以废八股为救中国第一事，上书请更文体。又严劾阻挠新政的礼部尚书怀塔布、许应骙，激赏湖南巡抚陈宝箴“锐意整顿，为中华自强之嚆矢”。戊戌政变发生，与谭嗣同等同时被害，为“戊戌六君子“之一。有《杨漪村侍御奏稿》、《雪虚声堂诗钞》。

杨宏胜 （1886—1911）清末湖北谷城人，字益三。光绪二十九年（1903）投军，从湖北防营到新军，由列兵升正目，立志革命。宣统三年（1911）三月加入文学社。旋离营，从事联络工作。七月湖北革命军总指挥部成立，拟发动武装起义，任交通，负责运送军火。八月十八日被捕，次日晨遇难。

杨宇霆 辽宁法库人，北洋奉系军阀。

杨慎 今四川新都人，明代文学家，其著作达100余种，后人辑其重要的为《升庵集》。

杨士奇 在英宗时同辅朝政，并称“三杨”。

杨继盛 保定容城（今属河北）人，弹劾权相严嵩10大罪。

杨涟 湖广应山（今属湖北）人，上疏弹劾魏忠贤24大罪，受迫害致死，可谓不畏权奸的英雄。

杨东明 虞城（今属河南）人，学者，万历进士，曾官至刑部侍郎。

学宗王守仁，为北方王学的代表人物。

杨维桢 诸暨（今属浙江）人，元代文学家、书法家。

杨梓 海盐澉川（今浙江澉浦镇）人，戏曲作家，曾官至嘉议大夫、杭州路总管。所作杂剧今知有3种。

杨万里 吉水（今属江西）人，南宋诗人，其诗与尤袤、范成大、陆游齐名，称南宋四家。

杨简 慈溪（今属浙江）人，哲学家，曾官至宝谟阁学士。

杨辉 钱塘（今浙江杭州）人，数学家。

杨么 龙阳（今湖南汉寿）人，洞庭湖地区农民起义首领。

杨业 （？—986）北宋名将。麟州（治今陕西神木北）人，初名重贵，又名继业。仕北汉至建雄军节度使、侍卫都虞候，赐姓刘。与契丹对垒三十余年，谙练边事。北汉亡后归宋，复姓杨氏，迁知代州兼三交驻泊兵马都部署，曾败契丹十万之众于雁门关。雍熙三年（986），宋大举攻辽，他助潘美领西路出雁门，收复云、应、寰、朔四州（都在今山西北部）。不久，宋军主力在河北战败，奉命撤退。他被迫接受主帅潘美和监军王侁之命，孤军奋战于陈家谷口（今陕西朔县南），终以众寡不敌，身陷绝地，伤重被俘，不食而死。年约六十左右。其事迹后世演为《杨家将演义》。

杨延昭 （958—1014）北宋麟州（今陕西神木北）人，本名延朗。杨业子。随父出战，为先锋，历保州缘边都巡检使、高阳关（今河北高阳东）副都部署等职。戍边二十余年，号令严明，驭军有方，屡破契丹军，号称杨六郎。

杨亿 浦城（今属福建）人，北宋文学家，淳化进士，曾任翰林学士兼史馆修撰。其文以骈文著名，现存《武夷新集》。

杨时 南剑州将东（今属福建）人，学者，曾官至龙图阁直学士。朱熹之学和他有间接的师承大系，著有《龟山集》。

杨行密 庐州合淝（今安徽合肥）人，五代时，淮南节度使、合肥据扬州，受唐封为吴王。公元919年杨行密之子杨隆演称吴国王，建都扬州，历4主36年。

杨凝式 华阴（今属陕西）人，书法家，历任梁、唐、晋、汉、周五朝，官至太子太保，人称“杨少师”。其行草，笔势雄劲，有破方为圆，削繁为简之妙。

杨炎 凤翔天兴（今陕西凤翔）人，德宗时宰相，曾议定改革税赋制度，称为“理财家。”

杨国忠 蒲州永乐（今山西永济）人，权相，杨贵妃堂兄，天宝初年因贵妃为玄宗所宠。他由监察御史升侍御史等职，身兼十五使职，权倾内外。

杨炯 华阴（今属陕西）人，著名诗人，被称为“初唐四杰”之一；学者杨士勋。可见唐代是杨氏发展多么重要的一个时期。

杨素、杨玄感 弘农华阴人，父子，隋代大臣。到了唐代杨姓变成了一个宰相辈出的姓族，同时还造就了盛极一时的杨贵妃之家。据有关资料统计，在整个唐代，杨姓中共出了11位宰相，他们大多是出自汉太尉杨震之后，亦即弘农杨氏的这一支。

杨坚 弘农华阴（今属陕西）人，南北朝北周的丞相，杀周静帝自立，建立隋朝，父子两代称帝37年。

杨衒之 北平（今河北满城）人，北魏散文家，著有《洛阳伽蓝记》一书。

杨大眼 氐族，武都（今属甘肃）人，骁勇善战号称平东将军。

杨骏 弘农华阴人，西晋时号称车骑将军。

杨泉 梁国（治今河南商丘南）人，魏晋哲学家、科学家，著作有《物理论》16卷。

杨修 弘农华阴（今属陕西）人，汉末文学家，累世为汉大官，任丞相曹操主簿。曾积极为曹植谋划，欲使曹植取得魏太子地位。后被曹操借故杀掉。

杨震 弘农华阴（今属陕西）人，东汉太尉，其人勤奋好学，博览群经，教学20年。从游者千余人，时称为“关西孔子”，常有鹳雀衔三鳣鱼飞集讲堂。后历任涿郡太守、荆州刺史、司徒等职。其子孙世代任大官僚。“弘农杨氏”成为东汉有名的世家大族。

杨雄 蜀郡成都（今属四川）人，西汉哲学家、文学家，王莽时，官为大夫。曾作《太玄》、《法语》，主张儒家的伦理学说。学者杨何（淄川〈治今山东寿光东南〉人），武帝时，曾任中大夫。著有《易传杨氏》2篇。

杨朱 魏国（今在山西省境）人，战国时道家学派的思想家，反对墨子的“兼爱”和儒家的伦理思想。关于他的片断史料，散见于《孟子》、《庄子》、《韩非子》、《吕氏春秋》等书中。

杨氏风流撷英

杨氏姓启尚父姬，
襄阳乃为发祥地。①
杨雄太玄奥理深，
关西孔子荣美誉。②
杨修三国一才子，
杨坚隋朝开国帝。③
唐初四杰有杨炯，
贵妃绝世一佳丽。④
程门弟子有杨时，
七岁神童数杨亿。⑤
明初名儒杨维贞，
抗金名将杨无敌。⑥
杨儒外交不屈挠，
吴中四杰有杨基。⑦
杨字能扬扬正气，
扬我国威顶天地。⑧

注释：

①据《广韵》记载，周宣王（公元前827—782年在位）的最小的儿子名叫尚父（姬姓），受封于杨邑，在今湖北襄阳一带，号称杨侯，他的后代以杨为氏。襄阳是杨氏的祖籍。

②杨雄（公元前53年—公元18年），西汉辞赋家、哲学家、语言学家，四川成都人。他仿《论语》作《法言》，仿《易经》作《太玄》，另有《方言》等。《太玄经》以九九八十一图的三进制，提出了一种数理模型，至今尚待研究。杨震（？—公元124年），东汉司徒（教育部长），他重视教育，被誉为“关西孔子”。

③杨修（公元175—219年），东汉末文学家，陕西华阴人。他博学能文，才思敏捷，是三国文坛上的一颗明星。杨坚（公元541—604年），隋朝的开国皇帝，他制订一系列改革措施，施仁政，在他当政的一段时间里，呈现出一片天下太平的景象。

④杨炯（公元650—692年），唐朝初诗人，陕西华阴人，十二岁被称为神童，官至崇文馆学士，与王勃、卢照邻、骆宾王齐名，并称为“唐初四杰”。杨贵妃（公元716—756年），唐玄宗贵妃，山西芮城人。她以容貌美丽闻名于世，而且通晓音律。

⑤杨时（公元1053—1135年），北宋哲学家、福建将乐人。官至龙图阁直学士，与游酢、吕大临、谢良佐并称“程门四大弟子”。杨亿（公元974—1020年），北宋文学家、史学家，福建浦城人。七岁时能作文，十一岁太宗遣人测试其诗赋，下笔成文，令人惊叹。

⑥杨维贞（公元1296—1370年），明初诗人，浙江绍兴人。明初名儒，不慕官禄，善吹铁笛。洪武三年，召至京师，纂书叙例，百日乞归。宋濂称他“不受君王五色诏，白衣宣至白衣还”。杨业（？—公元986年），宋代抗金将领，山西太原人。他率宋军抵抗金兵入侵。屡建战功，号称“杨无敌”，在山西朔县身陷重围，绝食而死。其子杨延昭，孙子杨文广，均为北宋抗金名将。后人根据史实和传说，创作出了“杨家将”的名剧。

⑦杨儒（？—公元1902年），清末外交官，江苏无锡人。他不畏强暴，很有骨气。杨基（公元1326—1378年），明初文学家，江苏苏州人。他与高启、张羽、徐贲，并称“吴中四杰”。

⑧杨通扬，意思是说得弘扬正气，弘扬国威，做一个顶天立地的人。

中华百家姓

赵 钱 孙 李 周 吴 郑 王 冯 陈 蒋 沈 韩 杨
朱 秦 许 何 吕 张 孔 曹 金 魏 姜 谢 邹 苏
潘 范 彭 韦 马 方 任 袁 史 唐 薛 雷 贺 汤
罗 郝 常 于 傅 康 余 顾 孟 黄 尹 姚 邵 汪
毛 戴 宋 熊 董 梁 杜 贾 江 郭 林 钟 徐 邱
高 夏 蔡 田 胡 万 卢 丁 邓 石 崔 龚 程 陆
段 侯 武 刘 龙 叶 黎 白 赖 乔 谭 阎 易 廖
文 曾

朱 姓

——朱门喜庆日子火，举国同庆庆丰收

朱氏解密寻踪

（一） 姓氏字源

《说文》："朱，赤心木，松柏属。从木，一在其中。"郭沫若《金文丛考》云："朱乃株之初文。与本、末同意……金文于木中作圆点以示其处，乃指事字一佳例。其作一横者，乃圆点之演变，作二横者谓截去上下端而存其中段也。"

（二） 寻根溯祖

朱姓来源主要有四：

1. 出自曹姓，为帝颛顼（传说中古代部落首领。居于帝丘〈今河南濮阳东南〉）之后裔。据《新唐书·宰相世系表》及《通志·氏族略》所载，相传帝颛顼有个孙子叫吴回，在帝喾时为火正祝融。吴回的儿子陆终娶鬼方氏的女儿女嬇为妻，生有 6 个儿子。其中，第 5 个儿子名安，曹姓，封在曹（在今山西东定陶县西南）。周武克商后封弟弟振铎在曹国，称为曹叔振铎；改封曹安的苗裔曹挟在邾国（今山东曲阜东南南陬村），称邾子挟。附庸于鲁国（在今山东西南部，建都曲阜〈今属山东〉）邹县，春秋时，传至仪父，见齐桓公称霸诸侯，便附从于齐，进为子爵之国，亦称邾娄，后来改称为邹，有今山东费、邹、滕、济宁、金乡等县地。公元前614年邾文公迁都于绎（今山东邹县东南纪王城）。战国时，邾国被楚（西周时立国于今湖北西部荆山一带，建都丹阳〈今湖北秭归东南〉）宣王所灭，其遗族就“去邑以朱为氏”。当然，也有部分族人未改，仍以邾字为氏。此支朱氏世居沛国相县。是为江苏朱氏。

2. 出自朱虎的后裔。据《姓氏急就篇·颜师古注》所载，朱虎，舜帝时的大臣，其后裔也有以朱为氏的。

3. 出自宋微子启的后裔。据《姓氏急就篇·王应麟补注》所载，后汉有朱晖，是为先世宋微子（为商王纣的庶兄，是宋的开国君主，宋建都商丘〈今河南商丘南〉）的后裔，原以国名为氏，称宋氏。春秋时，诸侯灭宋，其后裔有逃至砀（今江苏砀山县），改宋氏为朱氏。是为江苏朱氏。

4. 出自外族改姓。据《魏书·官氏志》所载，南北朝时，有鲜卑族复姓浊浑氏、朱可浑氏，于北魏孝文帝南迁洛阳后，皆改汉字单姓朱氏。是为河南洛阳朱氏。

（三） 宗堂郡望

堂号 1.“居敬堂”，2.“白鹿堂”，3.“折槛堂”4. 凤阳堂。宋朝时候的大理学家朱熹，历史上称他是孔老夫子的继承人，他曾在白鹿洞书院讲学，所以称为“白鹿堂”。现在白鹿洞书院是国家级历史文物。他在讲学时主张“循序渐进、居敬持志”八个字的教学原则。循序渐进是在教学方法上先易后难，由浅入深。居敬持志是教师不但教书，还要育人；不但言教，还要身教，教师的一言一行都要以身作则，做学生的榜样，所以叫“居敬堂”。“折槛堂”的由来是汉代槐里令朱云，犯颜直谏的故事。当时奸臣张禹，欺君害民，作恶多端。但因为皇帝信任他，谁也不敢惹他。朱云却上朝奏本，请杀张禹。这一下触怒了皇帝，立即叫刽子手拉朱云到午朝门外去杀。朱云却面不改色，侃侃地向皇帝摆出张禹的罪恶事实，大讲诛奸臣才能保社稷的道理。刽子手来拉他去执刑，朱云却双手攀着金殿的门槛，道理还是讲个不完。像拔萝卜一样，刽子手用力拉朱云，朱云牢牢地攀着殿槛不松，结果把殿槛板断了，刽子手和朱云都倒在地上。皇帝被朱云的忠心和不怕强权的精神感动得醒悟过来，释放并奖励了朱云，把张禹交大理寺查办。过后大臣要派工人修理殿槛，皇帝意味深长地说：“别修了！留着他可以使我时刻检讨自己，也勉励大家都要像朱云一样敢于向我提意见。

郡望 朱姓郡望主要有吴郡、沛郡、河南郡、凤阳、丹阳郡、太康县、钱塘县等。

1. 吴郡。东汉永建四年（公元129年）置郡，治所在吴县（今江苏苏州市）。相当今江苏上海长江以南，大茅山以东，浙江长兴、吴兴、天目山以东，与建德以下的钱塘江两岸。此支朱氏，为沛郡一世祖朱诩之后。

2. 沛郡。汉高帝改泗水郡置郡。治所在相县（今安徽濉溪县西北）。相当今安徽淮河以北、西淝河以东，河南夏邑、永城及江苏沛、丰等县地。东汉改为国，东晋复为郡，北齐废。

此支朱氏，其开基始祖为西汉大司马朱诩。

3. 河南郡。汉高帝二年（公元前205年）改秦三川郡置郡。治所在雒阳（今河南洛阳市东北）。相当今河南省黄河以南洛水、伊水下游，双洎河、贾鲁河上游地区及黄河以北原阳县。此支胡氏，主要为北魏时期浊浑氏、朱可浑氏所改的朱氏的后代。

4. 凤阳郡。隋开皇二年（公元582年）在此地改西楚州置濠州，治所在钟离（今凤阳东）。明洪武七年（1374年）又改中立府置府名，治所在凤阳（今安徽凤阳）。相当今安徽天长、定远、霍丘以北地区。此支朱氏，为沛郡一世始祖朱诩之后。

5. 丹阳郡。西汉元狩二年（公元前121年）改鄣郡置，治所在宛陵（今安徽宣城），相当今安徽长江以南，江苏大茅山及浙江天目山脉以西及浙江新安江支流武强溪以北地区。三国吴移治建业（今江苏南京市）。此支朱氏为沛郡朱氏分支，其开基始祖为西汉司隶校尉朱禹。

6. 太康县。秦置阳夏县，隋改太康县。在今河南东部、涡河上流。此支朱氏，为沛郡朱氏分支。

7. 钱塘县。秦置钱塘县，治所在今杭州市西灵隐山麓，西汉时，为会稽郡西部都尉治所，南朝陈为钱塘郡治所。隋移治所今杭州市。

（四） 家谱寻踪

北京·大兴朱氏家乘五卷

藏地：上海图书馆

（清）朱锡庚撰

河北抚宁·朱氏谱图一幅

藏地：河北抚宁县上庄坨乡未村

清道光九年（1829年）稿本

河北抚宁·朱氏谱图一幅

河北抚宁县上庄坨乡北未庄

写本

上海·朱氏族谱六卷

藏地：日本 美国

（清）朱朝坤等修

清嘉庆七年（1802年）刊本四册

上海·朱氏族谱六卷

藏地：上海图书馆

（清）朱文忻修

清道光七年（1827年）刊本四册

上海·朱氏族谱六卷

藏地：美国

（清）朱文烈等修

清道光十九年（1839年）刊本四册

上海·朱氏家谱三卷

藏地：上海图书馆

（清）朱朝栋纂

清道光间刻本三册

上海·朱氏族谱八卷

藏地：国家图书馆 中国科学院图书馆中国社会科学院历史研究所图书馆 辽宁图书馆 吉林大学 苏州大学 日本 美国

（民国）朱澄俭续修

1928年年活字本

上海南汇·周浦朱氏家谱不分卷

藏地：国家图书馆 辽宁图书馆 吉林大学 上海文化管理委员会江苏镇江市博物馆 美国

（民国）朱世杰 朱惟恭修

1926年年铅印本

上海宝山·罗阳朱氏重修家谱四卷

藏地：人民大学　吉林大学　上海图书馆　美国

（民国）朱诒彬续修朱世贤纂

1934年排印本四册

江苏南京·金陵朱氏家谱不分卷

藏地：上海图书馆

（清）朱嘉龄编

清光绪三年（1877年）钞本四册

江苏南京·金陵朱氏新谱稿二卷

藏地：国家图书馆　日本　美国

（清）朱朝柱纂

清光绪二十年（1894年）树滋堂木活字本二册

江苏盱眙·朱氏八支宗谱十卷

藏地：美国

（民国）朱兆藩等修

1929年务本堂木活字本十册

江苏扬州·朱氏族谱四卷

藏地：江苏苏州市博物馆

（清）严达春编　朱云龙等修

清光绪十二年（1886年）活字本四册

江苏邗江·邗东朱氏宗谱十卷

藏地：国家图书馆

（清）朱上斌等编

清光绪二十三年（1897年）白鹿堂活字本十册

江苏·靖江资善堂朱氏支谱十卷

藏地：复旦大学

（民国）朱一凤等纂

1941年文华斋石印本

江苏·宝应朱氏家乘□□卷

藏地：江苏宝应县图书馆（存卷5—7）

清刻本

江苏·宝应朱氏支谱一册

藏地：江苏宝应县图书馆

民国初钞本

江苏·宝应朱氏家谱二卷

藏地：江苏宝应县下舍乡顾家村

（民国）朱思襄主修

1924年石印本

江苏江都·维阳江都朱氏十二修族谱八卷

藏地：国家图书馆

（清）朱泽林等重修

清光绪七年（1881年）余镜堂活字本八册

江苏江都·维阳都朱氏族谱十二卷

藏地：美国

（清）朱步南等十修

清光绪七年（1881年）活字本十四册

江苏·江都朱氏宗谱六卷

藏地：上海图书馆

（清）朱治卿修

清光绪十四年（1888年）木活字本六册

江苏·江都朱氏重修族谱十四卷

藏地：中国社会科学院历史研究所图书馆

（民国）朱承业主修

1920年铅印本十四册

江苏·泰兴朱氏宗谱八十四卷

藏地：南京市图书馆

（清）朱铭盘修

清光绪十三年（1887年）刊本十二册

藏地：南京市图书馆

江苏南通·崇川朱氏宗谱不分卷

藏地：河北大学（二部）　江苏南

通市图书馆

(民国)朱大森　朱阳生纂

1917 年南通翰墨林书局铅印本八册

江苏·如皋范湖洲朱氏族谱十六卷首一卷末一卷

藏地:中国社会科学院历史研究所图书馆　哈尔滨师范大学

(民国)朱祖荣总纂

1920 年铅印本十二册

江苏镇江·月潭迁润朱氏支谱四卷

藏地:日本　美国

(清)朱淑续编

清道光七年(1827 年)序刊本二册

江苏镇江·润东朱氏族谱十二卷

藏地:人民大学　美国

(清)朱淳高等修

清道光十九年(1839 年)活字本十二册

江苏镇江·润东彪林朱氏宗谱二十四卷

藏地:日本　美国

(清)华锦章等修

清道光二十六年(1846 年)世德堂木活字本二十四册

江苏镇江·顺江洲朱氏重修族谱十二卷

藏地:中国社会科学院历史研究所图书馆

(清)朱琳　朱洪文七修

清道光二十八年(1848 年)注经堂铅印本十二册

江苏丹徒·朱氏宗谱八卷

藏地:吉林大学

(清)朱锡九修

清嘉庆二十一年(1816 年)敬岭堂活字本八册

江苏丹徒·朱氏九修族谱十六卷

藏地:中国社会科学院历史研究所图书馆

(民国)朱永煦修　丁德昌辑

1921 年活字本二十册

江苏扬中·朱氏家谱

藏地:江苏扬中县

民国间木刻本六册

江苏扬中·朱氏家谱

藏地:江苏扬中县(二部)

民国间木刻本十册

江苏扬中·朱氏家谱

藏地:江苏扬中县

民国间木刻本十二册

江苏丹阳·云阳朱氏重修族谱十六卷

藏地:国家图书馆

(民国)朱克导修单景云纂

1919 年活字本十六册

江苏丹阳·云阳观东朱氏重修宗谱十二卷

藏地:国家图书馆　中国社会科学院历史研究所图书馆

(民国)朱从金朱之兰经修

1919 年在兹堂铅印本十二册

江苏常州·兰东朱氏宗谱八卷

藏地:江苏常州市图书馆

(清)朱兆荣修

清光绪十年(1884 年)宗正堂木活字本

江苏常州·毗陵朱氏宗谱四卷

藏地:中国历史博物馆

(清)朱鹤皋撰

清道光二十九年(1849 年)凝祉堂刻不

江苏常州·毗陵韩枢朱氏续修谱十二卷

藏地：国家图书馆

（清）朱裕昌等纂

清光绪四年（1878 年）崇道堂活字本十二册

江苏常州·古歙潭渡朱氏迁常支谱八卷

藏地：美国

（清）朱鲁堂等修

清光绪二十四年（1898 年）义安堂活字本八册

江苏常州·毗陵朱氏宗谱八卷

藏地：国家图书馆

（清）朱长松修

清光绪二十八年（1902 年）怀淳堂活字本八册

江苏常州·毗陵朱氏宗谱十卷

藏地：中国社会科学院历史研究所图书馆

（民国）朱景元朱景昌等修

1920 年紫阳堂刻本十册

江苏常州·毗陵朱氏宗谱二卷

藏地：江苏常州市图书馆

（民国）朱润培编

1931 年石印本

江苏武进·马鞍墩朱氏宗谱六十一卷首一卷末一卷

藏地：日本　美国

（清）朱光勋　朱有德等修

清光绪元年（1875 年）绍文堂木活字本八册

江苏·武进颜塘桥朱氏宗谱六卷

藏地：美国

（清）朱邦英等修

清光绪四年（1878 年）遗直堂活字本六册

江苏·武进颜塘桥朱氏宗谱八卷

藏地：江苏常州市图书馆

（民国）吴文盛修

1944 年遗直堂木活字本

江苏武进·硕乔朱氏宗谱八卷

藏地：中国社会科学院历史研究所图书馆

（清）朱顺德修

清光绪十三年（1887 年）敬义堂铅印本八册

江苏武进·灵台朱氏族谱十六卷

藏地：中国社会科学院历史研究所图书馆

（清）朱光耀修

清光绪二十四年（1898 年）彝伦堂活字本十六册

江苏武进·灵台朱氏宗谱十二卷

藏地：国家图书馆　河北大学

（清）朱百昭　朱绪曾修

清宣统元年（1909 年）木刻本十二册

江苏武进·灵台朱氏宗谱十四卷

藏地：江苏堂州市图书馆（存卷 2—7、9—12、14）

（民国）朱永炳修　朱炳坤纂

1947 年诒善堂木活字本

江苏无锡·朱氏宗谱四十八卷首一卷

藏地：国家图书馆

（清）朱友仁等纂

清咸丰三年（1853 年）听彝堂活字本二十四册

江苏无锡·朱氏宗谱十卷首一卷

藏地：上海图书馆

（清）朱元标修

清同治十一年（1872 年）听彝堂活字本

江苏无锡·紫阳朱氏家谱二十五卷首一卷

藏地：国家图书馆　中国社会科学院历史研究所图书馆　南京大学　福建师范大学

（民国）朱继祖修朱祖镐辑

1924年听彝堂刊本

江苏无锡·朱氏宗谱二十四卷首一卷补刻四卷

藏地：国家图书馆　南京大学

（清）朱恩沐纂

清光绪二十四年（1898年）注书堂活字本二十六册

江苏江阴·池墩朱氏宗谱十卷

藏地：河北大学

（民国）朱晋松修

1947年木刻本十册

江苏宜兴·宜荆朱氏宗谱十一卷

藏地：浙江省图书馆　吉林大学

（清）朱人鑑纂

清光绪三十四年（1908年）树滋堂活字本十二册

江苏宜兴·古临津朱氏宗谱二十卷首二卷末二卷

藏地：国家图书馆

（清）朱壎等纂

清宣统三年（1911年）怀新堂活字本二十册

江苏宜兴·七修扮里朱氏宗谱十二卷

藏地：国家图书馆　中国社会科学院历史研究所图书馆　吉林大学

（民国）朱良英修

1940年白鹿堂铅印本十二册

江苏苏州·古吴朱氏族谱二十卷

藏地：国家图书馆　吉林大学　日本美国

（清）朱瑛编

清嘉庆四年（1799年）敦伦堂刻本三十二册

江苏苏州·古吴朱氏宗谱四卷

藏地：江苏苏州博物馆　美国

（清）朱必荣等辑

清道光二十七年（1847年）敦伦堂刊本二十册

江苏苏州·古吴朱氏宗谱七十卷

藏地：国家图书馆　日本　美国

（清）朱凤衔等修

清光绪九年（1883年）惠山宗祠叙伦堂活字本七十册

江苏苏州·古吴朱氏宗谱十二卷

藏地：国家图书馆

（清）朱必江修

清光绪间追远堂活字本十册

江苏苏州·古吴朱氏宗谱不分卷

藏地：国家图书馆　中国社会科学院历史研究所图书馆　河北大学　吉林大学　日本　美国

（民国）朱述祖等修

1915年惠山宗祠叙伦堂活字本八十册

江苏苏州·紫阳[朱氏]家谱不分卷

藏地：江苏苏州博物馆

民国钞本一册

江苏常熟·虞山朱氏宗谱十五卷首一卷末一卷

藏地：国家图书馆

（清）朱昌凤　朱泰云主修　朱绂纂修

清道光十六年（1836年）惠迪堂刻本十五册

江苏常熟·朱氏先世事实录一卷

藏地：江苏常熟市图书馆

（清）翁心存　邵斋熊等撰

民国间徐兆玮钞校本一册

江苏吴县·朱氏家谱八卷

藏地：日本　美国

（清）朱荣珍朱书传等续修

清乾隆五十八年（1793年）刊本五册

江苏吴县·紫阳朱氏家谱不分卷

藏地：美国

（清）朱熊飞等修

清咸丰六年（1856年）钞本二册

江苏沙洲·杨库朱氏宗谱二十四卷

藏地：江苏常熟市图书馆

（民国）朱叙　全沈清耀等纂

1925年宗德堂活字本四册

浙江杭州·紫阳朱氏武林派宗谱十二卷首二卷

藏地：国家图书馆　南京市图书馆　浙江省图书馆（存卷1—4、9—12）

（清）朱封修

清嘉庆八年（1803年）刻本

浙江杭州·武林朱氏世谱不分卷

藏地：人民大学

（清）朱廷庆原辑

清钞本

浙江余杭·唐楼朱氏家谱

藏地：中国科学院图书馆

（清）朱执庵修

清光绪二十九年（1903年）刊本一册

浙江富阳·富春灵桥朱氏副谱

藏地：日本

清乾隆间写本六册

浙江富阳·富春灵桥朱氏副谱一卷首一卷末一卷

藏地：美国

（清）朱鼎武等补辑

清道光十四年（1834年）介锡堂木活字本六册

浙江富阳·东安朱氏宗谱四卷

藏地：浙江富阳县南津乡南四村

（清）光绪二十七年（1901年）木刻本

浙江萧山·朱家坛朱氏宗谱文集四卷系图六卷行传六卷

藏地：日本　美国

（清）朱振麟等修

清嘉庆十七年（1812年）敦伦堂刊本四册

浙江萧山·朱家坛朱氏宗谱文集五卷系图七卷行传八卷

藏地：浙江省图书馆　日本　美国

（清）朱锤　朱凤标等纂

清道光二十五年（1845年）敦伦堂活字本十八册

浙江·萧山朱家坛朱氏宗谱文集五卷系图六卷行传九卷

藏地：中国社会科学院历史研究所图书馆　上海图书馆　浙江宁波天一阁文物保管所　日本　美国

（清）朱耀纂

清同治八年（1869年）活字本

浙江萧山·黄阁河朱氏家谱八卷

藏地：美国

（清）朱永等修

清嘉庆三年（1798年）木活字本四册

浙江·萧山黄阁河朱氏家谱八卷

藏地：美国

（民国）朱妙助等修

1932年木活字本十册

浙江·萧山翔凤村朱氏家谱十六卷

藏地：日本　美国

（清）朱城等修

清同治九年（1870 年）敬爱堂木活字本十六册

浙江·萧山翔凤朱氏宗谱十六卷

藏地：国家图书馆　日本　美国

（清）朱大烰纂

清宣统元年（1909 年）敬爱堂木活字本十六册

浙江·萧山桃源朱氏宗谱六卷

藏地：浙江萧山县志办公室

1921 年重修本

浙江宁波·蛟川东管朱氏宗谱十四卷首一卷

藏地：河北大学

（清）朱声榜编

清光绪三十年（1904 年）木刻本八册

浙江宁波·镇海朱氏运石浦家乘一卷

藏地：吉林大学　浙江省图书馆

（民国）朱传型编

1934 年铅印本一册

浙江·余姚朱氏宗谱十六卷

藏地：国家图书馆　中国社会科学院历史研究所图书馆　南开大学　辽宁大连市图书馆　吉林大学　浙江余姚黎洲文献馆　美国

（清）朱兰总修

浙江·余姚朱氏宗谱二十卷首一卷

藏地：国家图书馆　中国社会科学院历史研究所图书馆　南开大学　河北大学

（清）朱九畴总修

清光绪三十年（1904 年）一本堂铅印本二十册

浙江·余姚朱氏谱二十卷首一卷

藏地：国家图书馆　中国社会科学院历史研究所图书馆　南开大学　河北大学　浙江省图书馆　浙江余姚梨洲文献馆

（民国）朱元树总修

1931 年一本堂活字本

浙江·余姚长丰朱氏宗谱四卷首一卷

藏地：浙江省图书馆

（民国）朱志炎　朱志园修

1927 年树德堂木活字本四册

浙江鄞县·四明藕桥朱氏宗谱四卷首一卷

藏地：浙江宁波天一阁文物保管所

（清）朱学山　朱学宜等纂

清同治五年（1866 年）木活字本五册

浙江鄞县·四明藕桥朱氏宗谱四卷首一卷

藏地：国家图书馆　中国社会科学院历史研究所图书馆

（清）朱充炽纂

清光绪二十五年（1899 年）继述堂活字本五册

浙江鄞县·四明藕桥朱氏宗谱四卷首一卷

藏地：国家图书馆　浙江宁波天一阁文物保管所

（民国）朱善晋纂

1929 年继述堂木活字本六册

浙江鄞县·四明章溪朱氏宗谱四卷

藏地：浙江鄞县章村乡朱汤村

清光绪三年（1877 年）木刻本

浙江鄞县·四明章溪朱氏宗谱六卷

藏地：浙江宁波天一阁文物保管所　浙江鄞县章村乡朱汤村

（民国）朱久来　徐廷璋等纂

1919 年人和堂木活字本二册

浙江鄞县·四明朱氏宗谱三卷

藏地：浙江鄞县古林乡文化站（残）

清宣统元年（1909 年）木刻本

浙江鄞县·鄞江朱氏宗谱十二卷首一卷

藏地：浙江宁波天一阁文物保管所

（民国）朱炳蕃纂

1914 年木活字本四册

浙江鄞县·四明鄞江新安朱氏宗谱七卷首一卷

藏地：浙江宁波天一阁文物保管所

（民国）沈济川　朱志浮等纂

1933 年木活字本二册

浙江鄞县·光溪朱氏宗谱八卷首一卷

藏地：浙江宁波天一阁文物保管所（存卷首、1—7）

（民国）朱远萍纂

1937 年木活字本

浙江·慈谿潘江朱氏宗谱三卷首二卷末二卷

藏地：浙江宁波天一阁文物保管所

（民国）朱凤翔　周毓邠纂

1928 年钞本一册

浙江象山·关山朱氏宗谱一卷

藏地：浙江象山县文管会

（清）洪文中修

清嘉庆十年（1805 年）钞本二册

浙江象山·关山朱氏宗谱一卷

藏地：浙江象山县文管会

（清）翁有基修

清同治十年（1871 年）钞本二册

浙江象山·关山朱氏宗谱一卷

藏地：浙江象山县文管会

（清）丁谦修

清宣统二年（1910 年）钞本八册

浙江象山·关山朱氏宗谱一卷

藏地：浙江象山县文管会

（民国）王九维修

1946 年钞本

浙江象山·唐翰朱氏宗谱二十七卷

藏地：浙江象山县文管会

（清）马丙书修

清道光八年（1828 年）木刻本

浙江象山·唐翰朱氏宗谱二十七卷

藏地：浙江象山县文管会

（民国）鲍谦修

1914 年木刻本

浙江象山·朱氏大二四房房谱一卷

藏地：浙江象山县文管会

清光绪二十八年（1902 年）钞本

浙江象山·朱氏人房房谱一卷

藏地：浙江象山县文管会

民国钞本

浙江嘉兴·秀水朱氏家乘不分卷

藏地：浙江嘉兴市图书馆

（清）朱嵩龄　朱守葆补辑

清乾隆二十八年（1763 年）刻本一册

浙江嘉兴·秀水朱氏家谱

藏地：国家图书馆（存一册）

（清）朱荣修

清咸丰间刻本

浙江嘉兴·秀水朱氏家乘

藏地：浙江嘉兴市图书馆（存卷4）

（清）朱建子辑　朱德遴重修

清钞本

浙江嘉兴·朱氏宗谱一卷

藏地：人民大学

清光绪六年（1880年）刻本一册

浙江嘉兴·朱氏世系家谱不分卷

藏地：吉林大学

（清）朱守葆修

清钞本一册

浙江海宁·紫阳朱氏统宗世谱十卷

藏地：国家图书馆

明万历二十七年（1599年）家刻本一册

浙江海宁·紫阳朱氏宗谱八卷

藏地：浙江省图书馆（存卷1、2）

（清）朱山音辑

清康熙五十四年（1715年）刻本

浙江海宁·朱氏花园支家乘□□卷

藏地：浙江省图书馆（存卷首、卷1—3）

（清）朱一是辑

清顺十七年（1660年）刻本

浙江·海宁花园朱氏宗谱二十四卷首一卷末一卷

藏地：日本　美国

（清）朱存宗等修

清道光八年（1828年）奕载堂刊本七十六册

浙江·海宁花园朱氏宗谱二十四卷

藏地：浙江省图书馆（存卷2上、3下、9下、10、19上）

（清）宋家珍　朱仁寿纂

清光绪二年（1876年）刻本

浙江·海宁花园朱氏宗谱二十四卷首一卷末一卷

藏地：吉林大学

（清）朱维行纂

清光绪三十三年（1907年）奕载堂刻本四十册

浙江海宁·花山朱马氏家乘八卷

藏地：上海图书馆　美国

（清）朱昌颐　马惟阳编

清咸丰七年（1857年）惇远堂刊、民国间增补印本

浙江海宁·海昌朱氏宗谱二十卷首一卷末一卷

藏地：国家图书馆　上海图书馆　日本　美国

（清）朱昌燕等修

清光绪十年（1884年）哲延堂刊本

浙江平湖·新安月潭朱氏族谱十卷

藏地：河北大学

（清）朱国兰修

清康熙四十六年（1707年）木刻本五册

浙江·海监澉浦朱氏家乘六卷

藏地：浙江省图书馆（存卷1）

（清）朱毓文　朱文骧辑

清道光间思成堂刻本

浙江海盐·朱氏宗谱九卷首一卷

藏地：上海图书馆　辽宁图书馆

（清）朱元翰修　朱寿均等辑

清光绪十三年（1887 年）至十五年（1889 年）刻本

浙江海监·澉川朱氏家乘不分卷

藏地：浙江省图书馆（存世系表一册）

民国间钞本

浙江湖州·荻谿紫阳朱氏家乘不分卷

藏地：美国

（清）朱丙熙等修

清道光二十九年（1829 年）惠均堂刊本六册

藏地：美国

浙江湖州·菱塘朱氏族谱不分卷

藏地：河南省图书馆

（清）朱希孔辑

清道光二年（1822 年）诚敬堂木刻本

浙江湖州·菱塘朱氏族谱不分卷

藏地：美国

（清）朱士纯等修

清光绪二年（1876 年）诚敬堂刊本六册

浙江湖州·竹墩朱氏族谱不分卷

藏地：日本 美国

（清）朱彤书增修 朱纶补

清光绪三年（1877 年）思成堂刊本六册

浙江长兴·紫阳朱氏宗谱□□卷

藏地：浙江长兴县博物馆（第三册）

（民国）朱景仰 朱思缙纂

1920 年木刻本

浙江绍兴·朱氏宗谱不分卷

藏地：日本 美国

（清）朱承仁钞

清乾隆三十六年（1771 年）写本二册

浙江绍兴·松林朱氏宗谱一卷

藏地：日本 美国

（清）朱登瀛订

清嘉庆间玉泉堂刊本二册

浙江绍兴·朱氏谱中传文

藏地：日本

清道光十八年（1838 年）写本一册

浙江绍兴·朱氏谱中传文不分卷

藏地：美国

（清）朱焕祖等撰

清咸丰六年（1856 年）写本一册

浙江绍兴·山阴天乐朱氏族谱十八卷首一卷

藏地：日本 美国

（清）朱王印 朱滁生等修

清光绪十二年（1886 年）木活字本四十八册

浙江绍兴·山阴柯山朱氏本支宗谱二卷

藏地：浙江省图书馆 日本美国

（清）朱伟轩编

清光绪十六年（1890 年）木活字本

浙江绍兴·朱氏宗谱

藏地：日本 美国

（清）朱沛然修

清光绪十八年（1892 年）写本二册

浙江绍兴·山阴陡亹朱氏宗谱六卷

藏地：国家图书馆 中国社会科学院历史研究所图书馆 河北大学 吉林大学 南京市图书馆 日本美国

（清）朱福青纂

清光绪二十年（1894 年）思成堂活字本

浙江绍兴·山阴白洋朱氏宗谱三十二卷首一卷

藏地：国家图书馆　中国科学院图书馆　中国社会科学院历史研究所图书馆　人民大学　天津市图书馆　河北大学　辽宁图书馆　吉林大学　上海图书馆　浙江省图书馆

（清）朱增修

清光绪二十一年（1895 年）朱氏五泉堂木活字本

浙江绍兴·山阴嵩临朱氏世谱不分卷

藏地：浙江省图书馆

（清）朱光庭

清钞本一册

浙江绍兴·绍县白洋朱氏宗谱三十二卷首一卷

藏地：国家图书馆　中国社会科学院历史研究所图书馆　北京大学　河北大学　杭州大学　日本　美国

（民国）朱庆祓等编

1926 年玉泉堂活字本

浙江·绍兴渔後村朱氏宗祠草谱一卷

藏地：上海图书馆

（民国）朱广润辑

浙江绍兴·会稽赏家村朱氏宗谱不分卷

藏地：浙江省图书馆

钞本一册

浙江诸暨·紫岩镇山朱氏宗谱八卷

藏地：国家图书馆

（清）朱禹甸等修

清光绪元年（1875 年）文裔堂活字本

浙江诸暨·紫岩镇山朱氏宗谱二十卷

藏地：国家图书馆

（民国）朱师忠等修

1949 年文裔堂活字本二十册

浙江诸暨·暨阳紫岩朱氏宗谱二十卷

藏地：四川省图书馆

（民国）朱化敦修

民国间木活字本二十册

浙江·上虞桂林朱氏族谱六卷首一卷

藏地：国家图书馆

（清）朱观光等修

清康熙四十二年（1703 年）德源堂刻本四册

浙江上虞·虞邑宝堰朱氏宗谱六卷

藏地：浙江省图书馆

（清）朱廷伦修

清道光二十三年（1843 年）垂堂木活字本六册

浙江上虞·虞邑宝堰朱氏宗谱九卷

藏地：日本　美国

（清）朱允昌　朱乙圭等修

清光绪二十六年（1900 年）垂裕堂木活字本　九册

浙江上虞·古虞朱氏宗谱十四卷

藏地：中国社会科学院历史研究所图书馆

（清）朱士黻等修

清光绪十六年（1890 年）同本堂铅印本十四册

浙江上虞·重修朱氏宗谱十卷

藏地：中国社会科学院历史研究所图书馆

（民国）朱立秀总纂

1915年绍文堂活字本八册

浙江·上虞大庙胡同朱氏家谱八卷首一卷

藏地：美国

（民国）朱鸿儒等修

1917年同本堂活字本四册

浙江上虞·虞北兰皋朱氏宗谱四卷

藏地：国家图书馆

（民国）朱绍光等纂

1918年余庆堂活字本四册

浙江嵊县·剡北朱氏宗谱五卷

藏地：国家图书馆　中国社会科学院历史研究所图书馆　河北大学

（民国）朱廷献总纂

1913年余庆堂铅印本五册

浙江嵊县·剡溪朱氏宗谱二十三卷首一卷

藏地：中国社会科学院历史研究所图书馆

（民国）朱忠汉修

1927年铅印本二十六册

浙江嵊县·朱氏宗谱□□卷

藏地：浙江嵊县图书馆（存卷1、4）

（民国）朱方治朱正修等修

1931年木活字本

浙江金华·潭溪朱氏宗谱□□卷

藏地：浙江金华市文化管理委员会（存卷21）

清光绪五年（1879年）木刻本

浙江金华·潭溪朱氏宗谱□□卷

藏地：浙江金华市文化管理委员会（存卷16下）

清宣统元年（1909年）修1947年续修木刻本

浙江金华·梅陇朱氏宗谱十六卷附蒲墟朱氏大宗祠主谱二卷

藏地：中国社会科学院历史研究所图书馆

（民国）朱若寿　朱厚钦等修

1948年铅印本二十二册

浙江兰豀·西徐坞朱氏宗谱四卷

藏地：浙江兰豀县圣山乡

（清）永大重纂

清光绪三年（1877年）木刻本

浙江兰豀·上朱紫阳郡朱氏宗谱四卷

藏地：浙江兰豀县圣山乡

（民国）方镜澄纂

1912年木刻本

浙江兰豀·珠打式朱氏宗谱四卷

藏地：浙江兰豀圣山乡

（民国）璩佩兰修

1940年木刻本

浙江·兰豀朱村朱氏宗谱二十四卷

藏地：浙江兰豀县永昌乡朱家村（不全

1947年木刻本

浙江兰豀·朱氏宗谱二十四卷

藏地：浙江兰豀县朱家乡

1948年木刻本

浙江·兰豀朱氏宗谱十五卷

藏地：浙江兰豀县游埠区朱家山背村（缺二卷）

（民国）祝谏朱道南纂

浙江兰豀·紫阳朱氏宗谱六卷

藏地：浙江兰豀县新周乡

木刻本

浙江东阳·蒲墟朱大宗祠主谱二卷谱像十二张

藏地：浙江东阳县潦谿村浙江东阳县後塓村

（民国）朱献文纂

1923年木活字本

浙江义乌·山盘朱氏家谱十九卷

藏地：浙江衢州市文化管理委员会（存卷4、9、19）

浙江义乌·剡溪朱氏宗谱二十一卷首一卷

藏地：国家图书馆

（民国）朱虞卿编

1939年活字本二十九册

浙江阴县·文林朱氏宗谱四卷

藏地：浙江衢州市文化管理委员会

（民国）朱克孟修

1946年继开堂木活字本三册

浙江衢州·三衢朱氏宗谱二卷

藏地：浙江衢州市文化管理委员会

（民国）朱奎荣续修

1925年木活字本二册

浙江龙游·盈川朱氏宗谱四卷

藏地：浙江衢州市文化管理委员会

（民国）朱裕椿修

1928年木活字本二册

浙江常山·溪安朱氏宗谱一卷

藏地：浙江常山县东鲁乡西垳山（不全）

清光绪三十年（1904年）木刻本

浙江常山·南丰朱氏族谱二卷

藏地：浙江常山县大桥头乡水年坞村

1914年木刻本

浙江常山·定阳朱氏宗谱一卷

藏地：浙江常山县阁底乡胡头村

（民国）徐爕修

1930年木刻本

浙江常山·定阳朱氏宗谱二卷

藏地：浙江常山县阁底乡胡头村

（民国）徐爕修

1936年木刻本

浙江常山·朱氏宗谱十卷

藏地：浙江常山县芳村镇桐板岗村（存七卷）

1931年木刻本

浙江常山·朱氏宗谱六卷首一卷

藏地：浙江常山县新昌乡达塘村（存卷首、卷1）

（民国）徐宝森修

1931年木刻本

浙江常山·朱氏宗谱不分卷

藏地：浙江常山县芙蓉乡古谿村

1931年木刻本

浙江常山·町昌朱氏宗谱四卷

藏地：浙江常山县芙蓉乡前旺村

（民国）刘宗盛修

1940年木刻本

浙江常山县五里乡大堺村（存卷1、3、4）

浙江常山·朱氏宗谱一卷

藏地：浙江常山县芙蓉乡修书村（不全）

（民国）孙基明修

1942年木刻本

浙江常山·谿安朱氏宗谱一卷

藏地：浙江常山县东鲁乡西垳山（不全）

（民国）王有明朱必法等修

1945年油印本

浙江常山·清谿紫阳朱氏宗谱□□卷

藏地：浙江常山县招贤乡渔谿村（存卷11—16）

1948年木刻本

浙江常山·朱氏宗谱十三卷

藏地：浙江常山县东案乡卢家村後黄

浙江临海·竹岙朱氏宗谱一卷

藏地：浙江临海县博物馆

（清）郑联辉纂

清同治十一年（1872年）木活字本

浙江临海·台临朱冯复姓家乘二卷

藏地：浙江临海县博物馆

（清）冯鸿纂

清光绪二十五年（1899年）木活字本

浙江·临海大石殿前朱氏宗谱三编

藏地：浙江临海县博物馆

（民国）朱湛林纂

1913年稿本

浙江·临海大石殿前朱氏宗谱三易稿十四卷首一卷

藏地：浙江临海县博物馆

浙江朱湛林纂

1923年稿本

浙江·临海大石殿前朱氏本支谱十四卷

藏地：浙江临海县博物馆

（民国）朱湛林纂

1929年石印本

浙江临海·阜头朱氏宗谱十四卷

藏地：浙江临海县博物馆（存卷1）

（民国）朱捌良等纂

1919年木活字本

浙江遂昌·朱氏宗谱

藏地：浙江遂昌县柘岱口乡柘岱口村

民国间修

浙江遂昌·奕山朱氏宗谱二十七册

藏地：浙江遂昌县湖山乡奕山村

浙江缙云·棠谿朱氏宗谱二十二卷

藏地：浙江缙云县唐市乡中村

（民国）朱锦昭总纂

1928年木刻字本

浙江缙云·河阳朱氏宗谱二十四卷

藏地：浙江缙云县档案馆

（民国）朱德善修

1942年木活字本

浙江缙云·名山朱氏宗谱不分卷

藏地：浙江缙云县档案馆

（民国）朱士云总理　朱庆廷副理

1948年木活字本三册

安徽南陵·界山朱氏重修宗谱四卷

藏地：安徽博物馆

（清）朱永炣纂

清光绪十二年（1886年）木活字本四册

安徽滁州·菱溪朱氏族谱不分卷

藏地：美国

（清）朱绍基等修

清嘉庆十五年（1810年）澹远堂钞本三册

安徽滁县·婺源茶院朱氏世谱不分卷

藏地：人民大学

（清）朱绍镒修

清道光十三年（1833 年）修旧钞本三册

安徽滁县·菱溪朱氏族谱不分卷

藏地：远宁图书馆

民国澹远堂钞本

安徽·凤阳朱氏续修宗谱不分卷

藏地：美国

（民国）朱煜勋修

1914 年原钞本三册

安徽·泾县张香朱氏家谱七卷

藏地：国家图书馆

（明）游北涯纂修

明嘉靖十九年（1540 年）家刻本一册

安徽泾县·泾川朱氏宗谱七卷

藏地：南京市图书馆

（明）朱爵纂修

明嘉靖刻本

安徽泾县·泾川朱氏宗谱十六卷首一卷末一卷

藏地：国家图书馆　北京大学　河北大学

（清）朱世润等修

清乾隆三十年（1765 年）刻本十五同

安徽泾县·泾川朱氏支谱八卷首一卷末一卷

藏地：国家图书馆　北京大学

（清）朱武放　朱月庭等纂修

清乾隆三十九年（1774 年）刻本

安徽泾县·泾县朱氏支谱十卷首一卷末一卷

藏地：河北大学安徽博物馆

（清）朱武江朱炳等纂修

清乾隆四十四年（1779 年）刻本四册

安徽泾县·泾川朱氏支谱四卷

藏地：安徽博物馆

（清）朱一赐纂

清乾隆四十五年（1780 年）刻一册

安徽泾县·泾川朱氏支谱□□卷

藏地：安徽徽州地区博物馆（存二卷）

（清）朱绂等修

清乾隆四十三年（1778 年）刻本

安徽泾县·泾川张香都朱氏支谱三十三卷首一卷末一卷

藏地：中国社会科学院历史研究所图书馆　北京大学　安徽省图书馆　美国

（清）朱琦纂修

清道光五年（1825 年）刻本八册

安徽泾县·新修张香都朱氏支谱六卷

藏地：国家图书馆

（清）朱一彬纂修

清道光六年（1826 年）刻本六册

安徽泾县·泾川朱氏支谱十二卷首一卷末一卷

藏地：中国社会科学院历史研究所图书馆

（清）朱益斋　朱益商等修

清光绪二十八年（1902 年）刻本六册

安徽泾县·朱氏一线谱不分卷

藏地：中山大学

清钞本四册

安徽徽州·新安朱氏族谱十卷

藏地：国家图书馆　中国历史博物馆

（宋）朱熹编　朱汝贤续　（明）朱长宗等重编

明成化元年（1465年）刻本

安徽徽州·新潭朱氏族谱不分卷

藏地：吉林大学

（清）朱承锡钞录

清道光二十年（1840年）钞本八册

安徽徽州·新安朱氏宗谱二十卷

藏地：安徽省图书馆

（清）朱元标修

清同治十年（1871年）刻本二十册

安徽徽州·新安朱氏宗谱十七卷首一卷末一卷

藏地：人民大学

（民国）朱碧成等续修

1920年虹瑞堂活字本二十册

安徽·休宁霓湖朱氏族谱四卷

藏地：南京市图书馆

（明）朱金　朱桂纂修

明钞本

安徽·休宁率口溪朱氏支谱不分卷

藏地：日本　美国

清光绪元年（1875年）写本二册

安徽旌德·旌川西溪朱氏家谱五卷

藏地：国家图书馆　安徽省图书馆

（明）朱真兴重修

明正德十三年（1518年）刻本四册

安徽旌德·旌阳朱氏宗谱十八卷首一卷末一卷

藏地：国家图书馆　安徽博物馆

（清）朱氏萃涣堂统修

清乾隆五十一年（1786年）刻本二十册

安徽旌德·旌阳凤山朱氏宗谱十卷首一卷末一卷

藏地：河北大学　安徽博物馆

（民国）朱德懽　朱家穆等纂修

1919年木活字本十二册

安徽歙县·徽城朱氏世谱

藏地：中国社会科学院历史研究所图书馆

据明嘉靖三十四年（1695年）朱世恩刻本钞本一册

安徽歙县·紫阳朱氏建安谱不分卷

藏地：复旦大学　南京大学　江苏苏州市图书馆　浙江省图书馆　福建师范大学四川省图书馆　云南图书馆

（明）朱莹编订

一九八三年福建省博物馆据明万历本复印本

安徽歙县·朱氏家乘不分卷

藏地：安徽博物馆（一册）

（清）朱嘉祚　朱云编辑

清康熙二十二年（1683年）稿本

安徽歙县·碣溪派朱氏家谱不分卷

藏地：安徽博物馆（一册）

（清）朱轮　朱元濒等纂修

清乾隆四十年（1775年）修钞本

安徽歙县·义成朱氏宗谱十卷首一卷末一卷

藏地：国家图书馆

（清）汪菊如等纂修

清宣统二年（1910年）存仁堂活字本十二册

安徽歙县·朱氏宗谱十卷

藏地：吉林大学

（民国）朱嘉福重修　刘嵩泉纂

1921年百鹿堂刻本十册

安徽歙县·歙东叶祈朱氏宗谱六卷

藏地：国家图书馆

（民国）朱光碟纂修

1930年叙伦堂钞本六册

安徽歙县·朱氏本支百世不分卷

藏地：安徽博物馆

钞本一册

安徽歙县·朱氏统宗世系不分卷

藏地：安徽省图书馆

民国钞本一册

安徽黟县·屏山朱氏重修宗谱八卷

藏地：国家图书馆　中国社会科学院历史研究所图书馆　河北大学

（民国）朱懋麟纂修

1920年活字本八册

安徽·桐城紫阳朱氏重修宗谱二十卷首一卷末一卷

藏地：湖南省图书馆

（清）朱伯平纂修

清同治六年（1867年）活字本二十三册

安徽桐城·皖桐柳峰朱氏宗谱十五卷

藏地：日本　美国

（清）朱儒鸿等修

清同治十二年（1873年）敦睦堂木活

字本十五册

安徽潜山·潜邑朱氏宗谱十二卷首一卷末一卷

藏地：人民大学

（清）朱振纪等续修

清光绪三十二年（1906年）敦睦堂活字本十四册

安徽·霍邱朱氏五修宗谱定本八卷

藏地：安徽省图书馆

（清）朱点黠　朱瑞墀纂修

清宣统三年（1911年）刻本六册

安徽寿县·朱氏续修支谱八卷

藏地：安徽博物馆

（清）朱天庆纂

清光绪十九年（1893年）木活字本八册

安徽寿县·残本睢阳朱氏家乘续集篇次草目一卷

藏地：江苏苏州市图书馆

（清）朱胤　朱凤喈纂

1936年吴慰祖油印本一册

安徽·朱氏宗谱不分卷

藏地：安徽徽州地区博物馆（二册）

（明）朱世恩重修

明嘉靖刻本

安徽·朱氏正宗谱□□卷

藏地：安徽徽州地区博物馆（存五卷）

清乾隆刻本

安徽·朱氏宗谱二十四卷末一卷

藏地：安徽徽州地区博物馆

（清）朱盛性等修

清道光二十九年（1849年）刻本二十五册

安徽·亮景堂朱氏宗谱

藏地：安徽安庆市图书馆（存卷1）

民国间木活字本

安徽·惠迪堂朱氏宗谱

藏地：安徽安庆市图书馆（存卷16、18）

民国间木活字本

福建平和·朱家族谱

藏地：台湾

（清）朱进琳纂修

清光绪十七年（1891年）钞本一册

福建建阳·考亭朱氏文献全谱

藏地：日本　美国

（明）朱钟文续修

明万历四十八年（1620年）刻本六册

福建·建阳朱氏家谱

藏地：中国科学院图书馆

（清）朱诒泰等修

清光绪二十九年（1903年）刊本八册

福建·紫阳朱建安谱

藏地：北京大学

福建龙景县文化馆据明万历刻本影印二十册

江西景德镇·浮梁朱氏本宗世系图表一卷

藏地：可鹿方伯巡海图

上海图书馆

（民国）朱启铃撰

1949年钞本一册

江西萍乡·萍北朱氏族谱三卷

藏地：江西省图书馆

（清）朱照萱等纂修

清光绪二十年（1894年）木活字本四册

江西婺源·徽婺紫阳朱氏正宗重修统谱九卷

藏地：国家图书馆　浙江省图书馆

（明）朱幫相　朱幫校纂修

明天启四年（1624年）家刻本十册

江西·婺源茶院朱氏家谱二卷

藏地：国家图书馆

明刻本一册

江西婺源·考订朱子世家一卷

藏地：中国社会科学院历史研究所图书馆

（清）江永撰

清同治十三年（1874年）泾县朱氏重刻本一册

江西弋阳·朱氏弋阳支谱一卷

藏地：江西省图书馆

（清）弋阳朱氏合族纂修

清道光六年（1826年）光裕堂木活字本一册

江西南城·朱氏通谱三十卷

藏地：吉林大学

（民国）朱吉祥等重修

1936年鼎兴堂活字本三十八册

山东·平阴朱氏谱十五卷首一卷

藏地：美国

（民国）朱衍依等修

1917年继述堂刊本九册

山东单县·古单朱氏族谱六卷附忠烈公尽节录一卷

藏地：人民大学

（民国）朱五信　朱五岭等续修

1935年忠孝堂铅印本七册

山东单县·古单朱氏族谱六卷

藏地：辽宁图书馆

民国燕贻堂铅印本

山东临沭·朱氏族谱

藏地：山东临沭县周庄乡西河口

钞本

河南新安·朱氏宗谱一卷

藏地：辽宁辽阳县水泉乡台子村

（清）朱凤成纂

清道光上年（1824年）稿本

河南安阳·彰德朱氏家谱不分卷

藏地：国家图书馆　美国

（清）朱宽纂修

清光绪三十二年（1906年）彰德朱氏刻本一册

河南·禹县朱氏家谱

藏地：河南省图书馆　河南大学　美国

（民国）朱迪瑞修

1929年刻本

河南安阳·南成朱氏族谱不分卷

藏地：国家图书馆　南京大学

（清）朱洪谥撰序

清康熙五十六年（1717年）修十五世孙朱垂绅钞本一册

湖北武昌·朱氏宗谱十卷首一卷

藏地：吉林大学

（清）朱晓峰续修

清宣统二年（1910年）紫阳堂活字本十三册

湖北新洲·朱氏宗谱六卷

藏地：湖北新洲县三店镇三店村

（民国）朱存金　朱心坦等创修

1925年木刻本

湖北新洲·朱氏宗谱三十八卷

藏地：湖北新洲县幸福乡长塘村

（民国）朱左卿朱华臣等创修

1947年木刻本

湖北·黄冈朱氏支谱八卷首一卷

藏地：美国

（清）朱本炎等修

清光绪二十二年（1896年）积善堂木活字本九册

湖北黄冈·朱氏宗谱四十卷首六卷

藏地：湖北新洲县余集乡青松村（缺十八卷）

（民国）朱怀冰朱文华等续修

1930年木刻本

湖北·黄冈朱氏宗谱□□卷

藏地：湖北武汉市图书馆（存卷6）

1931年刻本一册

湖北崇阳·朱氏家谱十八册

藏地：湖北崇阳县石城乡肥田村圳背

（民国）朱平元重修　朱金安纂修

1948年刊本

湖北咸丰·朱氏家乘六卷

藏地：湖北咸丰县档案馆

（清）朱劭村　朱劭杰　朱迪群续修

清道光六年（1826年）石印本

湖北·朱氏支谱八卷

藏地：中国科学院图书馆

（清）朱德桢纂

清光绪二十六年（1900年）积喜堂刊本九册

湖北·朱氏家谱□□卷

藏地：广东中山图书馆（存卷15、17）

紫阳堂刻本

湖南湘潭·中湘朱氏三修族谱九卷

藏地：湖南省图书馆

（清）朱佑学纂修

清光绪十八年（1892年）活字本九册

湖南湘潭·唐兴湾朱氏托上房九修支谱十二卷首一卷末一卷

藏地：国家图书馆

（民国）朱德经等编修

1930年沛国堂活字本十四册

湖南湘乡·朱氏重修族谱三十五卷

藏地：湖南省图书馆（存三卷：1、2、首）

（清）朱建辅　朱国恒修

清光绪元年（1875年）观文堂活字本三册

湖南桂阳·蓝田朱氏通谱十卷首二卷末一卷

藏地：中国社会科学院历史研究所图书馆　福建师范大学

（清）朱映圭纂修

清光绪二十年（1894年）鼎兴堂铅印本二十二册

湖南桂阳·朱氏通谱二十八卷首一卷末一卷

藏地：吉林大学

（民国）朱瑞乡重修

1936年鼎兴堂活字本三十八册

湖南·桂阳廊木朱氏族谱不分卷

藏地：吉林大学

（清）朱咸亨　朱敷化修辑

清光绪二十二年（1896年）活字本三册

湖南·慈利朱氏族谱三十七卷首一卷

藏地：湖南省图书馆

（民国）吴弹赦　朱熙铸纂

1936年铅印本十二册

湖南益阳·丰城杨湖朱氏重修族谱八卷首一卷

藏地：湖南省图书馆（存卷1、2、3、首）

（明）朱学礼修

明万历刻本一册

广东番禺·朱氏族谱不分卷

藏地：广东中山图书馆

（明）朱时豫纂修

明嘉靖二十三年（1544年）修钞本一册

（五）　字行辈份

清光绪二十六年朱德祯纂《朱氏支谱》，湖北随州朱姓一支字行辈份为："绣赜一言鼎，师朝之俊，祖德本绵长，家声思丕振。"续修字行为："久大规模定，流传万世盛，华国有文章，经济从先圣。"又1925年朱云章编《朱氏族谱》，广东两岳朱氏字行为："明儒业以训世传家，诚正修斋，徽国清芬贻泽远；仰祖谟之承先启后，名贤忠义，岳山光大肇基弘。"又1928年朱澄俭修《朱氏族谱》，上海朱姓一支字行为："铉国岳承德，铭之朝文增，锡澄树耀培。"又清光绪二十年朱朝检修《朱氏新族谱》，江苏金陵朱姓字行为："耀云廷日国慎家，肇启朝岳方庆德。"又清光绪二十九年朱贻泰修《朱氏家谱》，江苏建阳朱姓一支字行为："世应国云德，明律敬滋松，浩棠潮朴勋，绍仁贻荣圣。"

（六）　迁徙繁衍

朱姓发源地有两个，即今河南、安徽间地及江苏省境。其中江苏省境的这一支朱姓，后来成为了我国南方朱氏家族的主要来源，故朱姓以吴郡为最旺。朱姓历史上实际一直就是我国南方的大姓之一，故朱氏家族历代名人也多出于此地区。朱氏家族繁衍迁徙有两个重要时期，即魏晋南北朝及元明。魏晋以前，朱姓已繁衍到北方河南、山东、安徽等主要地区。

西汉大司马长史朱诩之子朱浮，

为大司马、大司空、新息侯，其子朱永，为下邳太守。朱永的9世孙朱尚，为吏部尚书，其子朱质，任司徒。朱质有二子：朱禹、朱卓。朱禹官司隶校尉、青州刺史，因遭东汉后期的党锢之祸而被杀，子孙避难逃到丹阳（一作丹杨，治所即今安徽当涂县东北小丹阳），至南北朝时期发展成为名门巨族，与张、顾、陆姓并称江南四大姓。朱卓的后裔，由于任官的原因，主要是在今陕西、河南、湖北等省境内发展繁衍。唐朝元和年间，朱氏的郡望主要有吴郡（今江苏苏州）、钱塘（今浙江杭州）、沛国相县、永城谯郡（治所在今河南商丘东北）、义阳（今河南信阳）、丹阳、太康（今属河南）、河南（今河南洛阳）等。据《十国春秋》卷75载，唐末有朱葆光，其先京兆人，徙家南阳，朱温代唐称帝后，他携家到湖南，侨居潭州（今长沙），30年后又迁至衡山安家。又据广东兴宁《朱氏族谱》载，东晋建武元年，朱玮任南康郡刺史，自河南南阳徙居南康（今属江西），传7世至朱宽，于南朝梁普通七年由南康徙居吉安府（治今江西吉安），又传12世到朱继贤，于唐代任徽州府正堂，立基婺源（今属江西）。朱继贤传11世有朱熹，侨寓建阳（今属福建）。朱熹之孙朱铨回迁庐陵（今江西吉安），朱铨的5世孙朱章甫于南宋末年因避战乱徙居吉安府安福县（今属江西），后又迁至广东兴宁宁中乡竹丝湖立业，成为朱氏兴宁竹丝派一世祖。朱章甫的三儿子朱泗于元代徙居罗浮（今广西东兴各族自治县东）徐田，此后，子孙繁衍，分布于今广西、广东的许多地方。居住在闽、粤等沿海地区的朱氏，从明代开始陆续有人移居台湾，进而又有人远徙东南亚及欧美一些国家和地区。

（七）适用楹联

□紫阳世泽[①]；白鹿家声[②]。

□一统江山明社稷[③]；
　四书精典宋圣贤[④]。

□爱民良吏称千载[⑤]；
　治学珠功注五经[⑥]。

□太行浩气传千古；
　猛士如云唱大风[⑦]。

□道通阐新传，洙泗真源今未坠；
　儒型重梓社，沧州精舍此从开[⑧]。

□玉海金山，表彦和器宇[⑨]；
　琼林黄榜，大会状文章[⑩]。

□爱士礼贤，名戴太守[⑪]；
　淑人君宁，帝表司农[⑫]。

□千树梅花百壶酒；
　一庄水竹数房书[⑬]。

□几阁文墨暇；园林春景深[⑭]。

□但得夕阳无限好；
　何须惆怅近黄昏[⑮]。

□傍百年树；读万卷书[⑯]。

□千古正学开河洛；
　万世斯文接鲁邹[⑰]。

□山河奄有中华地；
　日用重开一统天[⑱]。

□无贤不是朱门客；
　有子皆如玉树枝。[⑲]

注释：

①南宋理学家朱熹（1130—1200），字元晦，号晦庵，另号紫阳。

②朱熹在他祖居的地方创建了白鹿书院。南宋淳熙六年（1179）朱熹

为南康（今星子县）军守，在庐山五老峰下，重建白鹿洞书院，为宋代四大书院之一。

③指明代开国皇帝朱元璋。

④朱熹有《大学》、《中庸》、《论语》、《孟子》集注，合称《四书集注》，被视为儒学精典。

⑤汉代大司农朱邑，任过北海太守等官。“廉平不苛，治行第一，吏民爱敬之。”

⑥朱熹有《诗集传》、《周易本义》等儒家五部经典的注释。“五经”指《诗》、《书》、《礼》、《易》、《春秋》五部儒家经典。

⑦集朱德（1886—1976）句联。

⑧林则徐撰朱熹祠联。

⑨梁代散骑常侍朱异，字彦和，遍鉴五经，尤明礼易，甚为武帝所重。

⑩明代朱缙、朱希周、朱国祚三人，先后皆中状元，登金榜。

⑪指明代名人朱大志的事典。

⑫见注⑤。

⑬清初学者、词人朱彝尊（1629—1709）自题联。朱彝尊，秀水（今浙江嘉兴）人。有《词综》、《经义考》等。

⑭清初画家朱耷（1626—1705）撰书联。

⑮现代著名散文家朱自清（1898—1948）自题联。

⑯朱熹题白鹿洞书院联。

⑰朱熹祠联。

⑱朱元璋题联。

⑲唐代诗人朱庆余《送浙东陆中丞》诗联句。朱庆余，名可久，宝历进士。有诗二卷。

朱氏名人集粹

朱素臣 吴县（今江苏）人，清代戏曲作家。

朱柏庐 清初居乡教授学生，治学用程、朱为本，提倡知行并进。其《治学格言》，世称《朱子家训》，被后世视为中国传统的启蒙教育读本，影响深远。

朱耷 （1626—约1705）清初画家。江西南昌人，谱名统銎，字雪个，号人屋，驴屋、书年、驴汉、八大山人等。明宁王后裔。为诸生。入清后一度为僧，又尝为道士，曾在南昌建青云谱道院。工绘事，擅水墨花鸟木石，笔墨简略苍劲，生动尽致，亦作山水，意境冷寂，精密妙绝。所画鱼鸟每作“白眼向人”状，题款八大山人，联写似“哭之”、“笑之”，寄寓故国之痛。兼工行楷，取法王献之，纯朴圆润，自成一格。

朱彝尊 浙江秀水（今嘉兴）人，著名的文学家，康熙年间，他以布衣长人选博学鸿词科，深得康熙皇帝赏识，称他和姜宸英、严绳孙为“海内三布衣”。他通经史，擅长诗词古文，为浙西词派创始人。

朱纨 苏州长洲（今江苏吴县）人，明代提督浙闽海防军务。

朱载堉 律学家、历学家，为明宗室郑恭王厚烷之子，对天文、算术、乐律、历学等无所不精。

朱有敦 明太祖朱元璋之孙，戏曲作家。

朱权 明太祖第17子，戏曲理论

家、剧作家、古琴家。

朱之瑜 余姚（今浙江余姚）人，明清之际思想家。

朱元璋 （1328－1398）濠州钟离（今安徽凤阳）人，元末农民起义，他参加了郭子兴领导的红巾军，后统领了这支起义军。1368 年，率军攻克大都（北京），推翻元朝，建立明朝，号称明太祖。在位期间，普查人口，丈量土地，兴修水利，革除敝政，加强了皇帝的权力，促进了社会经济的发展。其后共传 12 代 17 帝，立国 277 年。

朱升 安徽休宁人，朱元璋的著名谋士，所建议实行的“高筑墙，广积粮，缓称王”政策，为朱元璋采纳，后官至翰林学士。

朱德润 原籍睢阳（今河南商丘）人，元代著名画家。

朱思本 今江西临川人，地理学家，所绘成的《舆地图》，其精确度远过前人，在我国制图史上是一个杰出的创造。

朱熹 （1130—1200）南宋哲学家。徽州婺源（今属江西）人，侨居建阳（今属福建）考亭。字元晦，一字仲晦，号晦庵，晚号晦翁，别称紫阳。绍兴进士。任泉州同安县主簿。淳熙时，知南康军，改提举浙东茶盐公事，所至救荒革弊，有惠政。光宗时，历知漳州、秘阁修撰等。宁宗初，以焕章宫待制提举南京鸿庆宫。庆元二年（1196），为御史所劾，落职罢祠。卒后追谥“文”。淳祐中从祀孔庙，受学于二程三传弟子李侗，集周敦颐、邵雍、张载、二程等北宋以来理学之大成，主持白鹿洞书院、岳麓书院，教授五十余年，弟子众多。毕生著述讲学，对经学、史学、文学、乐律都有贡献，影响极大。其学派被称为程朱学派，或“闽学”、“考亭学派”。曾被韩侂胄视为伪学，加以禁止。认为太极是天地万物之理的总和，“天地之间，有理有气”，理在气先，气依理而变化，成阴阳五行四时，化生万物。主张“去人欲、存天理”，“格物致知”，以“穷理尽性”。曾与陆九渊激烈争辩。著有《四书章句集注》、《伊洛渊源录》、《名臣言行录》、《资治通鉴纲目》、《诗集传》、《楚辞集注》等，后人编其遗文为《朱子语类》、《朱文公文集》。

朱繇 五代画家，以画道释人物而著称，因得吴道子笔法之妙，故难为世人评定其优劣。

朱温 （852—912）即后梁太祖。五代梁王朝建立者。公元 907—912 年在位。宋州砀山（今属安徽）人，小名朱三。少孤，随母寄傭。唐乾符四年（877）参加黄巢起义军，由士卒补队长，渐为大将。中和二年（882），取同州（今陕西大荔），任防御使，与华州并为长安犄角。旋以同州降唐，受任河中行营招讨副使，赐名全忠，与沙陀李克用部鸦军配合，联兵镇压黄巢起义军。三年，任宣武节度使，自此以汴州（今河南开封）为基地，逐步扩大割据地域，兼并秦宗权，朱瑄、朱瑾、时博等，成为中原最强大的军阀，与李克用长期争夺河北地区。天复三年（903），加梁王。天祐四年（907）代唐称帝，改名晃，建都汴，国号梁。后为其子友珪所杀。

朱敬则 亳州永城（今属河南）

人，唐代著名宰相。

朱宽 隋代大陆通台湾的第一人。

朱燮 吴郡（治今江苏苏州）人，隋末江南农民起义首领。

朱世卿 南北朝陈时无神论思想家。

朱序 义阳（今河南桐柏西）人，东晋名将。

朱士行 颍州（治今河南禹县）人，三国时第一个去西域（今新疆一带）求法的僧人），中国僧人讲经往往从他开始。

朱应 吴（今属江苏）人，中国早期到海外的旅行家之一撰有《扶南异物志》。

朱买臣 吴县（今属江苏）人，西汉名臣。

朱诩 沛国相县人，官任大司马，其子为东汉大司空、大司马朱浮。朱浮生朱永，为下邳（今属江苏）太守。

朱家 鲁（今属山东）人，汉初侠士，以“任侠”闻名，大量藏匿豪强和亡命之徒，在关东势力很大。

朱亥 战国勇士，魏国（建都今山西夏县西北）人。朱姓最早出人头地的人物。据说，他力大无穷，勇气过人，曾经凭着40斤重的铁锥，保存了情势危急的赵国（建都在晋阳〈今山西太原东南〉）。

朱氏风流撷英

朱氏本为曹挟后，
发祥之地山东邹。①
两岸关系自宽始，
敬则修史载国忧。②
阴阳理学朱熹论，
雕金刻银艺永留。③
凤阳天子朱元璋，
开创明朝帝业久。④
音津大师朱载堉，
以数划音传千秋。⑤
八大山人作画奇，
亡国之痛记心头。⑥
彝尊研词先行者，
骏声说文多成就。⑦
朱门喜庆日子火，
举国同庆庆丰收。⑧

注释：

①据《元和姓纂》和《通志·氏族略·以国为氏》记载，朱出自曹姓，以国为氏转换而来。周武王封占帝颛顼高阳氏的后裔曹挟于邾国，今山东邹县一带，曹挟之后，以国为氏，去邑为朱。

②邾宽（生卒不详），隋朝大将，他奉炀帝之命，与何蛮前往琉球（台湾），是建立台湾与大陆关系的先驱者。朱敬则（公元635—709年），唐朝大臣、史学家，河南永城人。他秉笔修史，著有《十代兴亡论》等书。

③朱熹（公元1130—1200年），南宋理学家，江西婺源人。他将程颢、程颐的理学思想发展成为完整的理学体系，论述了阴阳二气的宇宙演化论，后人辑有《朱子大全》等。

朱碧山（生卒不详），元明银匠，浙江嘉善人。以雕金刻银著称，作品有昭君出塞、达摩像、蟹杯、虾杯等。技艺精湛，今还有银槎等六件存留。

④朱元璋（公元1328—1398年），

明朝开国皇帝，安徽凤阳人，牧童出身，后来功成名就，登上了大明皇帝的宝座。

⑤朱载堉（公元 1536—?），明朝音律学家、数学家。他用数学之等比级数来划分音律的方法，首开音乐史上的先河。

⑥朱耷（dā）（生卒不详），清初画家，江西南昌人。作画喜用水墨，苍劲简略，生动尽致。多画芭蕉、怪石、花竹。鸟兽多“白眼向人”，署款“八大山人”，似笑似哭，隐晦亡国之痛。

⑦朱彝尊（公元 1629—1709 年），清初学者、词人，浙江嘉兴人。他纂辑《词综》，为词研究的先行者。

朱骏声（公元 1788—1859 年），清朝文字学家，江苏苏州人。著有《说文通训定声》一书。

⑧朱，是大红的颜色。朱门即是红门，红是喜庆的象征。象征日子过得红红火火，希望诸多的人家生活逐日提高，日趋富有。这是社会进步，民族兴旺的象征，到时再举国同庆，共同分享丰收的喜悦。

中华百家姓

赵	钱	孙	李	周	吴	郑	王	冯	陈	蒋	沈	韩	杨
朱	秦	许	何	吕	张	孔	曹	金	魏	姜	谢	邹	苏
潘	范	彭	韦	马	方	任	袁	史	唐	薛	雷	贺	汤
罗	郝	常	于	傅	康	余	顾	孟	黄	尹	姚	邵	汪
毛	戴	宋	熊	董	梁	杜	贾	江	郭	林	钟	徐	邱
高	夏	蔡	田	胡	万	卢	丁	邓	石	崔	龚	程	陆
段	侯	武	刘	龙	叶	黎	白	赖	乔	谭	阎	易	廖
文	曾												

秦姓

——秦琴同音通音韵，琴棋诗画代文明

秦氏解密寻踪

（一） 姓氏字源

《说文》：“秦，伯益之后所封国，地宜禾。从禾，舂省。一曰秦，禾名。”徐锴《系传》云：“舂禾为秦，会意字也。”据《殷虚书契后编》下三七·八，甲骨文“秦”上部左右似两手，中间为木杵，下部为两禾，象两手举杵舂谷形，故左安民先生《汉字例话》以为，秦之本义当训粮食。

（二） 寻根溯祖

秦姓来源有三：

1. 出自嬴姓，为颛顼帝的后裔，以国名为氏。据《元和姓纂》及《史记·秦本纪》所载，相传帝颛顼有个孙女叫女修，有一天，她捡到一只燕子蛋，吃下去以后就怀孕了，生下儿子大业（即皋陶）。大业娶少典氏女子女华为妻，生下了大费（伯益）。伯益辅佐大禹治水有功，帝舜赐他姓嬴，并把本族姚姓女子嫁他为妻。姚女生下两个儿子，小儿子若木是费姓的祖先。大儿子名叫大廉，因为继承了父亲调驯鸟兽的技业，所以又称鸟俗氏。鸟俗氏后来受到商帝太戊的赏识，被封为诸侯。商纣王（商朝最后一个帝王）时，鸟俗氏的后人有叫飞廉的，在周武王灭商以后，飞廉的后裔大骆被周穆王封在犬丘（今陕西兴平县，一说今甘肃礼县东北）。大骆有个庶子叫非子，以善于畜牧而出名。他为周孝王在桃林（今陕西华山一带）养育良种马，深得孝王欢心，就封他在陇西秦亭（今甘肃张家川之东）为附庸国（地位低于诸侯国），让他恢复嬴姓，称为秦嬴。传3世孙秦仲时，被周宣王命为大夫。后秦仲被犬戎杀死，其长子庄公又把犬戎打败。至庄公之子秦襄公，因护周平王东迁（公元前770年）有功，被周升为诸侯。襄公子文公再度击退犬戎，占有岐山以西地。秦始建国于雍（今陕西凤翔东南），其后国都屡次迁徙，先后迁鄜邑（今陕西洛川县东南）、平阳邑（今陕西宝鸡县东南）、雍（今陕西凤翔南）、栎阳县（今陕西临潼县东北）等地。秦穆公攻灭12国，称霸西戎。战国初期因经济落后，又常发生内乱，国力衰弱，被魏攻占河西（今北洛水和黄河间地）。秦孝公时任用商鞅变法，国力富强，并再迁都咸阳（今陕西咸阳东北），成为战国七雄之首。秦惠王时夺回河西，攻灭巴蜀，夺取楚的汉中。秦昭王时不断夺得魏、韩、赵、楚等国地。公元前221年，秦王政攻灭六国，统一天下，建立了中国历史上第一个统一的中央集权的封建王朝，即秦朝，嬴政自称秦始皇，建都咸阳，并进一步统一了东南、西南地区。秦传2代15年，由于施政苛暴，于公元前206年被刘邦推翻，而代之以西汉王朝。秦王子婴被项羽所杀。秦灭后，王族子孙以国名作为姓氏，称为秦氏。是为陕西秦氏。

2. 出自姬姓，为文王的后裔，以邑为氏。据《古今姓氏书辨证》所载，周武王时，把少昊之墟曲阜（今山东曲阜县东北古城）赐给其弟周公旦，封他为鲁公。因后留周都（今河南洛阳）辅佐周王，儿子伯禽（亦称禽父）便去接封鲁国（在今山东西南部，建都曲阜〈今属山东〉），其裔孙以公族为大夫，食采于秦邑（今河南范县旧城南），其后有以邑为姓，称秦氏，望出太原。史称秦姓正宗。像鲁国有秦非、秦冉等，为孔子弟子。战国时燕国（战国七雄之一，在今河北北部和辽宁西端，建都蓟〈今北京城西南〉）有大将军秦开；楚国（西周时立国于湖北荆山一带的古国）有秦商，均为鲁国秦氏后裔。是为河南或山东秦氏。

3. 古代大秦人来中国，有的就以“秦”为氏。如三国时有秦论。大秦即罗马帝国。公元97年，东汉西域都护班超曾遣甘英出使大秦，至条支（今伊拉克境内），临海而归。公元166年，大秦皇帝遣使来中国；晋武帝时，大秦再次遣使来中国通好。秦论是古大秦商人，公元226年经由海道至吴国，曾谒见孙权，谈及大秦风土民俗，后回本国。大秦人有留居不归者，以“秦”姓传也。同时，古时西域称中国为秦，后来西方国家通称中国为支那，即“秦”音之变。

（三） 宗堂郡望

堂号 1. “三贤堂”。

2. “乐善堂”。

3. “养真堂”。

4.“忠孝堂”。

5.“淮海堂”、6.“五礼堂”等。

“三贤堂”：因孔门七十二大贤中有秦祖、秦商、秦非、秦冉四位。三，不是普通地说一二三，而是指多数的意思。孔子因为看到七十二大贤中，姓秦的竟占四个位子，夸奖秦氏好道乐善，所以又叫“乐善堂”。孔学的继承人孟子主性善说，他说“人之初，性本善，性相近，习相远”。秦氏好道乐善，能著重养真（本性的善），所以又叫“养真堂”。以上三个堂号都是有代表性并且为秦氏广泛使用的。还有因人另名的，如秦琼的后人因为秦琼是唐朝开国元勋，封胡国公，既忠又孝，因名“忠孝堂”。宋代词人秦少游的后人，因秦少游著有《淮海集》传世，所以叫“淮海堂”。又有清刑部尚书秦蕙田，立朝30年，刚介自守，著有《五礼通考》，因名“五礼堂”。

郡望　秦姓郡望主要有天水郡、太原郡等。

1. 天水郡。西汉元鼎三年（公元前114年）置郡名，治所在平襄（今通渭西北）。相当今甘肃通渭、静宁、秦安、定西、清水、庄浪、甘谷、张家川等县及天水市西北部、陇西东部、榆中东北部地。

2. 太原郡。战国秦庄襄王四年（公元前246年）置郡，治所在晋阳（今山西太原市西南）。秦时相当今山西五台山和管涔山以南、霍山以北地区。

（四）　家谱寻踪

上海陈行秦氏支谱初稿

藏地：上海文化管理委员会

（民国）秦之济辑

1946年铅印本

上海嘉定·练川秦氏宗谱十二卷

藏地：江苏苏州市博物馆

（清）秦惟堉补辑

清咸丰八年（1858）世善堂钞本　四册

上海松江·泗泾秦氏宗谱四卷

藏地：上海松江县博物馆（存卷1—3）

（民国）秦钟骏志

1917年纂修石印本

江苏·盱眙秦氏族谱不分卷

藏地：南京大学

（民国）秦其增纂

1928年盱眙秦氏铅印本　一册

江苏高邮·秦氏支谱六卷

藏地：江苏高邮县文管会

（清）秦兆儒　秦兆阳等重修

清光绪二十九年（1903）木刻本

江苏泰兴·秦氏宗谱四卷

藏地：江苏泰兴县焦荡杨菊村

（民国）秦元盛等重修

1933年木刻本

江苏武进·毗陵洛阳秦氏族谱十二卷

藏地：国家图书馆

（清）秦熙福等续修

清光绪七年（1881）顺德堂活字本　十四册

江苏武进·锡山秦氏宗谱二卷

藏地：吉林大学

（民国）秦渤然重修

1934年世德堂活字本　二册

江苏无锡·锡山秦氏宗谱十二卷

藏地：南开大学

江苏无锡·锡山秦氏宗谱十二卷首二卷

藏地：中国社会科学院历史研究所图书馆

（清）秦瀛纂修

清嘉庆二十四年（1819）刻本　十二册

江苏无锡·锡山秦氏宗谱十二卷首一卷

藏地：国家图书馆　中国历史博物馆　人民大学　辽宁图书馆　苏州大学（残）　日本　美国

（清）秦兰枝秦尧曦等重修

清同治十二年（1873）活字本

江苏无锡·锡山秦氏宗谱十二卷首三卷末一卷

藏地：中国社会科学院历史研究所图书馆　河北大学

（民国）秦光磊　秦敦世纂修

1926 年活字本　十七册

江苏无锡·锡山陡门秦氏宗谱十卷

藏地：日本　美国

（清）秦世镤秦世铨编

清光绪三年（1877）（跋）木活字本　十六册

江苏无锡·锡山陡门秦氏宗谱三十二卷

藏地：日本　美国

（民国）秦世铨等修

1921 年归厚堂木活字本　二十七册

江苏·无锡陡门秦氏宗谱十卷

藏地：吉林大学

（民国）秦世铨续修

1921 年归厚堂活字本　九册

江苏·无锡陡门秦氏宗谱二十二卷补五卷

藏地：吉林大学

（民国）秦世铨纂修

1921 年归厚堂活字印本　二十册

江苏无锡·锡山陡门秦氏宗谱十卷世系图表二十四卷

藏地：苏州大学

（民国）秦世铨　秦曙村编纂

1921 年归厚堂木刻本

江苏无锡·锡山陡门秦氏宗谱旧谱十卷续增二十二卷

藏地：人民大学

（民国）秦世荣等修

1922 年归厚堂活字本　二十七册

江苏·无锡陡门秦氏辛酉宗谱补遗五卷附徵信录

藏地：辽宁图书馆　江苏苏州市图书馆　浙江省图书馆　日本　美国

（民国）秦世铨　秦以铨纂辑

1926 年铅印本

江苏无锡·秦氏宗谱八卷

藏地：吉林大学

（清）秦玉川续修

清宣统二年（1910）世德党活字本　八册

江苏吴县·洞庭秦氏七修宗谱五卷首一卷末一卷

藏地：国家图书馆　中国社会科学院历史研究所图书馆

（清）秦承基　秦元琫等修

清道光五年（1825）咏烈堂活字本　十六册

江苏吴县·洞庭秦氏八修宗谱五卷首四卷末一卷

藏地：国家图书馆　中国社会科学院历史研究所图书馆　吉林大学

(二部) 哈尔滨师范大学 上海图书馆 江苏苏州市 博湖南 日本 美国

(清) 秦锦等修

清同治十二年 (1873) 咏烈堂刻本 十六册

浙江·慈溪秦氏宗谱不分卷

藏地: 国家图书馆 浙江省图书馆

(明) 秦应鹫纂修

明万历二十一年 (1593) 刻本

浙江慈溪·慈水秦氏宗谱九卷

藏地: 浙江宁波天一阁文物保管所 (存四卷)

(清) 秦昴 秦鹗等纂修

清乾隆三十八年 (1773) 裕宗祠钞本

浙江慈溪·慈水秦氏宗谱六卷首一卷

藏地: 吉林大学

(清) 秦近水纂修

清嘉庆十九年 (1814) 钞本 六册

浙江·慈溪秦氏宗谱二十八卷

藏地: 国家图书馆 中国社会科学院历史研究所图书馆 浙江宁波天一阁文物保管所 美国

(民国) 秦祖泽纂修

1926 年活字本 二十八册

浙江绍兴·会稽秦氏族谱不分卷

藏地: 北京大学 美国

(清) 秦启烶修

清乾隆十六年 (1751) 秦氏石研斋钞本

浙江绍兴·会稽秦氏宗谱不分卷

藏地: 国家图书馆 辽宁图书馆 吉林大学 南京大学 浙江省图书馆 杭州大学 日本 美国

(清) 秦基续纂

清宣统三年 (1911) 石印本 二册

浙江常山·定阳秦氏宗谱三卷

藏地: 浙江常山县龙尧乡棋盘山村

(民国) 秦新 喜金淘等重修

1920 年木刻本 (序)

浙江·临海後街秦氏宗谱

藏地: 浙江临海县博物馆 (存卷首、1)

清光绪六年 (1880) 木活字本

安徽·潜山秦氏族谱十四卷

藏地: 安徽省图书馆

(清) 秦延奎等修

清道光十八年 (1838) 重刻本 十四册

安徽舒城·秦氏族谱二十一卷

藏地: 吉林大学

(清) 秦斗斋等重修

清光绪二十一年 (1895) 三义堂活字本 二十册

安徽霍山·秦氏族谱二十五卷末一卷

藏地: 中国社会科学院历史研究所图书馆

(民国) 秦铮纂修

1924 年敦伦堂活字本 二十六册

福建·温陵秦氏族谱

藏地: 台湾

(清) 秦金生纂修

清光绪三十三年 (1907) 钞本 一册

福建安溪·秦氏谱牒

藏地: 台湾 (二部)

(清) 秦永旭纂修

清嘉庆二十四年（1819）钞本　一册

山东·东阿秦氏族谱十二卷

藏地：山东东阿县档案馆

（民国）秦本端纂

1935年重修刊本

湖北·荆南秦氏族谱

藏地：湖北石首县档案馆（存一卷）

木刻本

湖北黄冈·秦氏族谱十卷

藏地：辽宁图书馆

（清）秦道济秦兰陔等重修

清光绪十五年（1889）继述堂木活字本

湖北·黄冈秦氏宗谱十八卷

藏地：美国

（民国）秦玉田等八修

1935年继述堂木活字本　十八册

湖北黄冈·秦氏族谱十卷

藏地：辽宁图书馆

（清）秦道济秦兰陔等重修

清光绪十五年（1889）继述堂木活字本

湖北·黄冈秦氏宗谱十八卷

藏地：美国

（民国）秦玉田等八修

1935年继述堂木活字本　十八册

湖北咸丰·曲江秦氏家谱二卷

藏地：湖北咸丰县档案馆

（民国）秦秀彰　秦秀選撰

1921年木刻本

湖南宁乡·秦氏三修支谱□□卷

藏地：湖南省图书馆（存卷2）

湖南宁乡·秦氏四修支谱九卷首一卷

藏地：湖南省图书馆（存卷首、5）

清光绪十八年（1929）刻本

湖南宁乡·秦氏四修支谱□□卷

藏地：湖南省图书馆（存卷5）

清末活字印本

湖南衡阳·秦氏续修支谱□□卷

藏地：湖南省图书馆（存卷4）

清道光年间活字本

广西桂林·秦氏宗谱十三卷首二卷

藏地：吉林大学

（清）秦业登重修

清光绪十八年（1892）刻本　十七册

广西博白·秦氏家谱十六卷

藏地：广西容县云山乡仁勇村

（清）秦维略等纂修

清木刻本

四川崇庆·秦氏族谱不分卷

藏地：四川省图书馆

1937年崇庆石印本　一册

四川广汉·秦氏族谱一卷

藏地：四川省图书馆

（清）秦兴廷纂修

清咸丰十年（1860）刻本　一册

四川忠县·忠州秦氏家乘十八卷

藏地：四川忠县档案馆　四川万历县档案馆

（民国）秦旭总理

1934年忠县石印本

秦氏宗谱七卷

藏地：国家图书馆

（清）秦忠等重修

清咸丰二年（1852）友鹿堂活字本　八册

（五）　字行辈份

清光绪十四年秦振生修《秦氏家

谱》，陕西户县秦姓一支字行为：“德富乐顺，树圣祥荣，振春承宗。”又1920年秦启泰等修《秦氏族谱》，河南随州秦姓一支字行为：“明信舒淳英，铭启胜乾贵。”

（六） 迁徙繁衍

中国的秦姓主要有两支，其中，西北的一支，是颛顼嬴姓的后代；东部及东南部的一支，则是黄帝姬姓的后代。前支发源地是在甘肃省天水的故秦地。自秦灭后，其公族以国名为氏，其后裔多居陕西；后一支发源地是在今河南范县及山东曲阜一带，后发展成为我国秦姓的主流，从一开始就向陕西省境及湖北省播迁。战国时，秦姓又北上发展到今河北省境。春秋战国时，秦姓已分布于河南、山东、河北、陕西、湖北等地。西汉初，为清除各地旧贵族及豪强势力，维护汉朝统治，汉高祖采纳娄敬（刘敬）的建议，迁徙六国贵族后裔和关东的豪族于关中，置于中央政府监视之下，大约有20万之众，其中就有山东秦姓的一支豪族迁居扶风茂陵（今陕西兴平县东北），后发展成为大族。与此同时，已有秦姓或迁入甘肃、或迁入江苏、或迁入四川、或迁入北京等地。大约在汉末或三国时，源自姬姓后裔的秦姓有一支迁往山西，后也形成一大郡望，即太原郡。南迁始于秦代以前，魏晋南北朝时，因北方连年战乱，秦姓再度南迁。同时，在今甘肃省境又形成一大郡望，即天水郡。魏晋以后，已分布于江南许多地方，以江苏、浙江为主，其中江苏以无锡，浙江以会稽、山阴、宁波最为集中。唐宋时期，已遍及江南大部分地区。明、清以后，广布全国各地。

（七） 适用楹联

□三贤世胄；万石家门。①

□创立天元法，芳名长留世；②
发明切脉术，妙手俱回春。③

□巾帼一人骁将略；
锦袍帛带仰官仪。④

□词章隽爽，多棣萼才名之美；⑤
忠谠清贞，高后先直节之风。⑥

□博学宏才，俊逸诗名传奕世；⑦
老年豪气，清新雅韵破长城。⑧

□嫩寒锁梦因春冷；
芳气笼人是酒香。⑨

□金印夙传三世将；
绣旗争认四川营。⑩

□汉室将军甲第；明朝都督人家。⑪

□意将画地成幽沼；
势拟驱山近小台。⑫

注释：

①东汉骑都尉秦彭，字伯平，茂陵人。北征匈奴屡立战功。后为太守，治政有方。本联是当时的人对他的称誉。

②南宋数学家秦九韶，字古道，四川人。著有《数书九章》，创立天元法等。后在历学方面有突出的成就而被朝廷重用。

③战国时名医秦越人，即扁鹊。渤海郡郑人，首创用切脉查探病情，精通医术，遍游各地行医，医名甚著，后和秦太医妒忌而被害。

④明末巾帼英雄秦良玉（1574或1584—1648），四川忠州人。能文善武。她的丈夫马千乘死后，代统所辖

兵众，所部号白杆兵。天启元年，率兵北上抗击后金，立下了汗马功劳。

⑤唐崇贤馆学士秦景通，晋陵人。与弟暐俱有文名，皆精汉书。号大秦君、小秦君。当时治汉书，多是他的门下。

⑥指明代进士秦结、秦鳌正直敢言，不畏权贵的事典。

⑦汉代郡上计掾秦嘉，陇西人，字士会，博学宏才，善于作诗，为东汉著名诗人之一。他曾以诗与妻徐淑相赠答。

⑧唐代居士秦系，字公绪，会稽人。天宝末，避乱剡溪，后结庐于泉州南安九日山。号南安居士，亦号东海钓客。注《老子》，与刘长卿是很好的朋友，以诗赠答。后又东渡秣陵，年八十余卒，见《唐书》。“长城”指刘长卿，号“五言长城”。

⑨北宋太学博士、国史院编修官秦观（1049—1100）卧房联。

⑩清代教育家李西讴《吊秦良玉四川营遗址》诗联句。四川营为秦良玉兵营驻地，在今北京市内。

⑪秦良玉丈夫马千乘，石柱马氏宗祠联。上联指汉马援将军；下联指明代巾帼英雄、大都督秦良玉。

⑫唐代工部侍郎秦韬玉《亭台》诗联句。秦韬玉，京兆人，有诗一卷。

秦氏名人集粹

秦日纲　广西贵县人，太平天国将领，早年加入拜上帝会，金田起义后任天官正丞相。1854 年封顶天侯，曾率部攻克武昌、汉阳，破清军江北大营及江南大营，军功显赫。后在杨韦事件中追随韦昌辉，参与屠杀，不久被处死，并革除封号。

秦力山　湖南长沙人，民主主义革命者。戊戌政变发生后，流亡日本。1901 年在日本编《国民报》，从事革命活动，后病死于云南干崖。

秦仪　江苏无锡人，清代著名画家，人称“秦杨柳”，名噪一时。

秦祖永　梁溪（今江苏无锡）人，清代书画理论家。

秦蕙田　清代江苏金匮（今无锡）人，曾任礼部侍郎、工部尚书、刑部尚书、署翰林院掌院学士等职。所作的《五礼通考》，是研究中国古代礼制的重要参考书。

秦良玉　忠州（今四川忠县）人，明代著名女将，本石砫宣抚使马千乘妻，马死，代领其众，所部号“白杆兵”。天启元年（1621 年）率兵北上御后金（清）。崇祯三年（1630 年）又入援京师（今北京），有战功。

秦简夫　大都（今北京市）人，元代戏曲家，所著杂剧现存有《东堂老》、《赵礼让肥》、《翦发待宾》3 种。

秦九韶　今四川人，南宋著名数学家，南宋著名数学家，著有《数学九章》18 卷，对大衍求一术和正负开方术等，有较深入的研究，为具有世界意义的创造。

秦少游　今江苏高邮人，北宋时著名词人，曾被迁为国史院编修官。文辞被苏轼赏识，他和张耒、晁补之、黄庭坚同为“苏门四学士”。又和黄庭坚被称为“当代词手”。他的词清婉秀丽，多写男女恋情和身世感伤之事，历来被推为婉约派的代表作家。有

《淮海集》、《淮海居士长短句》传世。

秦叔宝 齐州历城（今山东济南）人，唐时名将，我国民间流传的“秦琼买马”一故事中的秦琼正是其人。他以骁勇善战，志节完整而闻名。后被民间奉为“门神”之一。

秦宗权 秦姓在历史上唯一称帝者，唐末人，他为蔡州上蔡（今属河南）人，僖宗时割据蔡州（今河南汝南），为奉国军节度使。中和三年（883年）因战败投降黄巢起义军，黄巢失败后，称帝。

秦宓 广汉绵竹（今四川德阳北）人，三国时蜀汉大臣，其父秦朗，在魏时任骁骑将军。

秦嘉 陇西（今甘肃临洮东北）人，东汉著名诗人，因赴洛阳任黄门郎，与妻不能面别，便作诗以赠而作为美名。

秦袭 扶风茂陵（今陕西兴平东北）人，西汉时任颍川太守，因其宗同时为二千石，被三辅人号称“万石秦氏”。其后几代在当朝为官。秦同，薛（今山东滕县西南）人，官至弩将、都尉，为高祖功臣，封为彭侯，食邑千户。彭在今江苏徐州市境内。秦恭，少从夏侯胜受《尚书》，治《尚书》颇有成就。

秦开 燕国（周时分封的诸侯国，今河北北部及辽宁西端）的一位名将，曾为人质于东胡，后回燕，率军打败东胡（匈奴族的一支），使燕的领土得以向东北扩展千余里，燕因此设置了上谷、渔阳、右北平、辽西、辽东等郡。

秦越人 渤海郡鄚（今河北任丘）人，亦为燕人，是当时被誉为“扁鹊”的一名良医。据说，他治病以诊脉为名，创立了望、闻、问、切“四诊法”，用“针”、“石”、“熨”等简单的医具治疗，并通内、妇、儿、五官各科。太史公司马迁在所著《史记》中，曾特别为他列传，把他跟黄帝的良医扁鹊相提并论，足见其医术之高明。

秦堇父 鲁国（今山东省境）大夫，勇力过人，后孟孙氏用之为戎右。孔丘的众多门徒中，也有楚（今属湖北）人秦商，鲁国人秦非，秦国（今属陕西）人秦祖、秦冉等。

秦始皇 （前259—前210）即嬴政。战国时秦国国君、秦王朝的建立者。秦庄襄王之子。公元前246—前210年在位，即位时年仅十三岁，吕不韦和太后宠信的宦官嫪毐专权用事。前238年亲政后，镇压嫪毐叛乱。次年，免吕不韦相职。旋任用李斯，并派王翦等大将继续进行统一战争。由前230年灭韩开始，到前221年灭齐，十年之间，消灭割据称雄的六国，建立了中国历史上第一个统一的中央集权的封建国家。分全国为三十六郡，郡下设县；确定最高统治者的称号为皇帝，国家一切重大事务由皇帝决定，中央和地方的重要官吏直接由皇帝任免；统一法律、度量衡、货币和文字；拆毁战国时各国边邻地区的城防工事，并修建驰道、直道和在今云南、贵州地区通“五尺道”，以加强全国陆路交通。又派兵北击匈奴，筑长城，南定百越，设置闽中、南海、桂林、象郡。这助于巩固统一和推动经济、文化的发展。为加强统治，销毁民间兵器，焚烧过去各国的史书和民间所藏的儒家经典及诸子书籍，坑死以古非今的方士和儒生四百六十多名。实行专制主义，严刑苛法，租役繁重，加以连年用兵，广大人民痛苦不堪。数出巡视，公元前210年病死于沙丘（今河北广宗西北大平台），不久即爆发大规模的农民起义。

在我国历史上，秦姓人士成名相当早，就拿秦始皇这一家人来说，在一部《史记》上就占有很大的篇幅，当时这一家人虽然还没有秦为姓，他们却是以后一部分秦姓中国人的祖先。开始以秦为姓。

秦氏风流撷英

秦姓源出非子门，
故址重游在秦亭。①
救国得赐岐西地，
穆公图强变风云。②
变法修刑孝公盛，
神医扁鹊秦越人。③
昭王任贤精图治，
破除合纵根基稳。④
嬴政一统中原定，
是非功过后人评。⑤
苏门学士有秦观，
秦嘉夫妇诗传情。⑥
九韶杰出数学家，
良玉明末女将军。⑦
秦琴同音通音韵，
琴棋诗画代文明。⑧

注释：

①据《元和姓纂》记载，伯益裔孙非子（嬴姓），居于犬丘（甘肃礼县），善养马。周孝王封非子于秦，在今甘肃张家川之东，陇西秦亭就是秦姓郡望所留下来的历史遗迹。

②秦襄公（？—前766年），春秋初时秦国的国君。在犬戎攻杀周幽王的时候，他派兵救周。平王东迁后，以岐西之地赐给他。秦穆公（？—前621年），秦国国君，他重用百里奚（姜子牙之后人）、蹇叔等贤能之士，奋发图强，因东进中原失利，转为西进，扩地千里，最后终于称霸于西戎。

③秦孝公（公元前381—前338年），战国时，秦国国君。任用商鞅变法修刑，国势日盛。扁鹊，真名为秦越人（生卒不详），战国时医学家，河北任邱人。他善用针灸，汤药等方法，并通过望色和听声查探病情，医道高明，有“神医”之誉。今流传有《难经》一书。

④秦昭王（前325—前251年），秦国国君。在位45年，以魏冉、范雎为相，司马错、白起为将，破六国合纵，势力扩至黔中。为后来秦始皇统一中国奠定了基础。

⑤秦始皇（公元前259—前210年），他创建了中国第一个统一的封建中央集权制国家。取消分封，实行郡县制，统一法律，度量衡、货币和文字，修驰道，筑长城，虽有“焚书坑儒”的历史错误，但也有不朽的历史功勋，他的是非功过只有让后人来评说了。

⑥秦观（公元1049—1100年），北宋词人，江苏高邮人。与黄庭坚、晁无咎、张耒并称“苏门四学士”。秦嘉（生卒不详）东汉诗人，他与妻子徐淑以诗表示眷恋之情，留下了历史

中华百家姓

赵	钱	孙	李	周	吴	郑	王	冯	陈	蒋	沈	韩	杨
朱	秦	许	何	吕	张	孔	曹	金	魏	姜	谢	邹	苏
潘	范	彭	韦	马	方	任	袁	史	唐	薛	雷	贺	汤
罗	郝	常	于	傅	康	余	顾	孟	黄	尹	姚	邵	汪
毛	戴	宋	熊	董	梁	杜	贾	江	郭	林	钟	徐	邱
高	夏	蔡	田	胡	万	卢	丁	邓	石	崔	龚	程	陆
段	侯	武	刘	龙	叶	黎	白	赖	乔	谭	阎	易	廖
文	曾												

许 姓

——许姓源出今许昌，郡望后迁至高阳

许氏解密寻踪

（一） 姓氏字源

《说文》：“许，听也。从言，午声。”据杨树达《积微居小学述林》卷一《释许》云：“许君以听释许，非朔义也。今谓：许从午声，午即杵之象形字。字从言从午，谓舂者送杵之声也。……举杵劝力有声，许字之本义也。……舂者手持物而口有声，故许字从言从午。口有言而身应之，故许之引申义为听。许君以引申义为朔义，则失文从午声之故矣。”

（二） 寻根溯祖

许姓来源有二：

1. 传说帝尧时许由的后代也称许氏。许由一作许繇，相传是尧舜时期的高士贤人，尧曾有意把帝位让给他，他固辞不受，逃至箕山之下，农耕而食；后尧又请他做九州长官，他到颍水边洗耳，表示不愿听到。他死后被葬于箕山，后人称为许由山。四千多年以前活动于颍水流哉的箕山之下，正是当年许国之地。可见，后世许氏人士以许由作始祖，是有一定的根据的。

2. 出自姜姓，以国为氏，为炎帝（传说中上古姜姓部族首领。相传少典

□掬泉洗耳辞尧禅；[②]
解字成书费段笺。[③]
□说文解字古经典；
山雨满楼唐律诗。[④]
□整理鲁迅全集，
岂止妇女运动旗手；[⑤]
争奈闽中宝地，
实为畲民起义英雄。[⑥]
□兄弟六登科甲；[⑦]
父子四为尚书。[⑧]
□知人其难九德贵；
闻过则喜百世师。[⑨]
□训诂传经千古业；
说文解字万世师。[⑩]
□摸索贤才，自明幽暗可识；[⑪]
品题人物，咸推月旦公评。[⑫]
□但有余闲惟学帖；
即逢佳客莫谈天。[⑬]
□出岫且从龙；萦空宁触石。[⑭]

注释：

①尧帝时，贤人许由，字武仲，槐里人。尧予天下不受，逃至箕山下，农耕而食。

②尧予许由天下不受，又授其为九州长，愤而洗耳于颍水之滨。

③东汉经学家、文学家许慎著《说文解字》，清代文字训诂学家段玉裁为其注释，有《说文解字注》。

④唐代诗人许浑诗作中有“山雨欲来风满楼”名句。

⑤中国妇女运动先驱许广平（1898—1968），广东番禺人，笔名景宋。参加过“三·一八”反帝大示威。1927年考入中山大学，担任鲁迅的助教，同年10月与鲁迅结婚，后长期协助鲁迅工作。抗战初期，参加抗日救亡活动。1938年整理鲁迅著作，编辑出版了600万字的《鲁迅全集》。1941年曾被日本宪兵总部逮捕，备受酷刑而坚贞不屈。解放战争时期献身于和平民主和妇女运动，曾任《民主》周刊编辑。建国后，任过全国妇联副主席、民主促进会中央副主席等。1960年加入中国共产党。

⑥元初畲民起义女英雄许夫人，至元十五年（1278），联合建宁（今属福建）人黄华起义。此时，元军已入福建，宋臣蒲寿庚降元。抗元将领张世杰转战至闽西南，在她的支持下，讨伐蒲寿庚及元军，屡次获胜。十七年，陈桂龙、陈吊眼在漳州起义，被元军镇压，退至畲洞与她联合，壮大了力量，十九年，黄华再次起义，又得到她的支持。她领导的畲民起义，保卫漳、泉、邵武、建宁各地山寨。

⑦时代巡抚许进，八子六登科甲。

⑧许进及子诰、论、赞等四人，皆为尚书。

⑨清道光进士许信臣撰书联。

⑩河南偃城许慎祠联。

⑪唐代大臣许敬宗（592—672），字延族，杭州新城（今浙江富阳西南）人。阴附武后，谋逐褚遂良，杀长孙无忌等。

⑫东汉名士许劭（150—195），字子将。汝南人。初为郡功曹，深受敬重。他好评论人物，每月更换一名，时称汝南“月旦评”。曾评曹操为“治世之能臣，乱世之奸雄”。

⑬清代书法家许庚自题联。许庚，字文恪。

⑭唐代礼部尚书许康佐《日暮碧云合》诗中联句。

许氏名人集粹

许景澄（1845—1900）清末浙江嘉兴人，原名癸身，字竹筼。同治进士。光绪十年（1884），为驻法、德、意、荷、奥五国公使。次年，又兼任驻比公使。十三年回国。十六年，任驻俄、德、奥、荷四国公使。十八年，沙俄出兵侵占帕米尔地区萨雷阔勒岭以西中国领土，他被派为谈判代表，据理力争。二十四年，任总理各国事务衙门大臣兼工部左侍郎。二十六年义和团运动起，力主镇压。各国联军进攻大沽，朝议和战，与袁昶反对围攻使馆和对外宣战，忤慈禧太后等人。与袁昶等同时被杀。有《许文肃公遗稿》等。

许鼎霖（1857—1915）江苏赣榆人，祖籍安徽歙县，字久香。光绪举人。清光绪十九年（1893）任驻秘鲁卡亚俄领事。回国后历任庐州、凤阳等县知事，荐为安徽候补道署理芜湖道。二十九年调浙江，任洋务局总办。自此投资实业，计有：镇江开成笔铅公司、海州海丰面粉厂、上海大连船公司、江西瓷业公司、徐州耀徐玻璃公司等。同时积极从事立宪运动，参加组织预备立宪公会、江苏谘议局，发起国会请愿活动。武昌起义爆发，任奉天交涉使，后赴北京任资政院总裁。1913年任江苏省议会议员。后任江北苇荡营督办。曾主持江北水灾赈务。

许振祎（？—1899）清末江西奉新人，字仙屏。同治进士。历任国史馆协修、陕甘学政、武英殿纂修、河南彰卫怀道。光绪十一年（1885）升任河南按察使，次年任江宁布政使。十四年徐淮被水，筹赈救灾，贷民耕种。十六年任东河河道总督。清除河道积弊，修筑荥阳等处堤坝，颇有政绩。

许应骙（？—1903）清末广东番禺人，字筠庵。道光进士。累迁工部尚书，调礼部尚书。光绪二十四年（1898），御史宋伯鲁、杨深秀严劾其守旧迂谬，阻挠新政。光绪帝命其明白回奏，他设词掩饰，蒙混了事。时礼部主事王照上书陈转移观听之法，疏请光绪帝游历日本等国，他不肯代递，并退而作折，称日本多刺客，请游日本，是置皇上于险地，请加惩治。光绪帝以其阻格言路，下令革职。戊戌政变后，擢闽浙总督。

许庚身（1825—1893）清末浙江仁和（今杭州）人，字星叔，一字吉珊。同治进士。累官鸿胪寺少卿。光绪四年（1878）授太常寺卿。擢礼部侍郎。中法战争时，任军机大臣，兼总理各国事务大臣。十年升兵部尚书。为官有通达谙练之称。

许善长（1823—约1889）清末浙江仁和（今杭州）人。戏曲作家。同治年间曾在江西河口镇牙厘局、湖口牙厘局任职，光绪年间升任江西建昌知县、广信府知府。著有传奇《瘗云岩》、《风云会》、《灵娲石》、《神山引》、《胭脂狱》、《茯苓仙》，合称《碧声吟馆六种》。另有笔记《谈麈》。

许乃普（？—1866）清末浙江钱塘（今杭州）人，字季鸿、经崖，号滇生。嘉庆进士。道光三年（1823）

入直南书房。历任贵州学政、侍讲学士、刑部侍郎、兵部尚书等职。咸丰元年（1851）仍入直南书房，力陈考覈各地学官等事。次年授内阁学士。继援兵部侍郎。太平军进军皖北，奏调东三省马队入关助战，迁刑部侍郎。寻擢工部、刑部尚书。四年缘事降级。未几，迁礼部侍郎，擢左都御史。六年授工部尚书。九年调吏部尚书。英法联军进犯北京，督办京城团防事宜。

许宗扬（约1816一?）清广西人。加入太平军，初封御林侍卫。咸丰三年（1853），在天京（今南京）升指挥，奉命北伐，受阻回京，随石达开赴皖。后封丞相。次年同陈仕保等率北伐援军自安庆出发，进山东，占临清。复撤出，反对北进，全军南退江苏丰县废黄河边覆灭。他侥幸过河，后回京，人东牢。六年，随韦昌辉杀杨秀清。后不详。

许乃济（1777—1839）清浙江仁和（今杭州）人。字叔舟，号青士。嘉庆进士。曾任广东按察使，庇护鸦片走私。道光十六年（1836），在太常寺少卿任内，奏陈鸦片无害，禁烟无用，建议弛禁鸦片，按药材课税，并放宽内地栽种罂粟之禁。遭严禁派驳斥，不久被降职。

许松年（1767—1827）清浙江瑞安人，字蓉隽。乾隆末以武举效力温州水师镇标，补黄岩镇标左营参将，升镇海水师营守备。嘉庆间从李长庚镇压蔡牵海上武装，擢金门镇总兵。后掌管闽洋、金门、厦门防务。道光间晋广东陆路提督，调福建水师提督。道光六年（1826）以治理台湾械斗案不力，被褫职留台效力，乞病归。

许宗彦（1763—1818）清浙江德清人，字积卿，号周生。嘉庆进士。援兵部主事，旋引疾归，居杭州，以读书为事。通经史，善属文，对典章、地理、文字、缴纬、算法等都有研究。尤精天文，用西方推步法，自制浑金球。又推知东汉以前用赤道不用黄道。著有《礼论》、《治论》等。

许鸿磐（约1762—?）清山东济宁人，字渐逵，号云峤。乾隆进士。历任安徽同知、泗州知州。著有《方舆考证》、《六观楼遗文》及杂剧《西辽记》、《雁帛书》等（总称《六观楼北曲》）。

许三礼（1625—1691）清河南安阳人，字典三，号西山。顺治进士。授浙江海宁知县。筑塘濬河，救灾储粟，教民以务本。又立书院，延黄宗羲主讲。康熙八年（1669），授福建道御史，迁大理寺卿，擢右副都御史。参奏徐乾学、徐元文招摇纳贿，与高士奇勾结等罪。师事孙奇逢，有《圣学直指》、《易贯》等。

许天锡（1461—1508）明福建闽县（今闽侯）人，字启衷，号洞江。弘治进士。任吏科给事中，与言官何天衢、倪天明并负时望，人称“台省三天”。正德初，奉使封安南，在道进给事中，还朝后，见朝事大变，敢言者皆贬斥，而刘瑾肆虐加甚，特疏发刘瑾侵匿内库财物数十事，然后自经尸谏。有《黄门集》。

许孚远（1535—1604）明浙江德清人，字孟中，号敬庵。嘉靖进士，授南京工部主事，因讲学遭尚书杨博忌，称疾辞归。隆庆初起考功主事，出为广东佥事，万历时累官至南京兵部左侍郎。学宗良知，为王阳明正传。受学于唐枢，为学以克己为要，以反身寻究为功。有《敬和堂集》。

许应逵 明浙江嘉兴人，字伯渐，号鸿川。隆庆进士。由东平知州、刑部员外郎调工部员外郎，司榷清江。时王公堤溃，以石筑堤，解除河患。宝应河险，倡导以疏浚为主，议开越河，以顺水性，延袤四十里。又于瓜州创屯船埚，使船自江人，得避险。后以太仆少卿出为参政道，督苏松水利，发留都帑金治水，开吴淞江七十里及其支河。以病归。

许自昌 明吴县（今江苏苏州）人，字元祐，号梅花墅。以赀授中书舍人，好奇文异书，搜求后手自校勘。工乐府，作传奇《水浒记》、《桔浦记》、《灵犀佩》、《节侠记》、《种玉记》等。另著有《樗斋诗钞》、《樗斋漫录》、《捧腹编》，校刻《太平广记》。天启三年（1623）母卒，不久哀伤而逝。

许有壬 元代有著名的政治家。汤阴（今河南汤阴县）人，他前后历官7朝，近50年，官至中书参知政事、集贤殿大学士。在任期间，劾治不法官僚豪强，颇有政声。

许夫人 元初畲民起义女领袖。至元十五年（1278），联合建宁（今属福建）人黄华起兵反之。时宋将张世杰转战至闽西南，在她支持下攻泉州已降元的蒲寿庚，并抗击元军，屡获胜。十七年，陈桂龙、陈吊眼据漳州起义，为元军镇压，退至畲洞与她联合。十九年，她支持黄华再次起义，时畲民起义遍及漳、泉、邵武、建宁各地山寨。不久，被元军次第镇压。

许道宁 宋代有画家。长安（今陕西西安）人，一作河间（今属河北）人，以擅写林木、平远、野水三景为名。张士逊曾赠诗有“李成谢世范宽死，惟有长安许道宁”之句，以赞其作。

许叔微 医学家真州（治今江苏仪征）人，所著《伤寒发微论》等，对汉张仲景的《伤寒论》的内容有较大的发挥。

许衡 宋元之际有著名理学家、教育家。河内（今河南沁阳）人，曾与姚枢、窦默等一起讲授程朱理学。忽必烈（即元世祖）为亲王时，任京兆提学，于今陕西关中大兴学校。世祖即位后，与刘秉忠等定朝仪官制，为元统治者策划“立国规模”，官至集贤大学士兼国子祭酒。主要著作被后人编为《鲁斋遗书》。

许月卿（1216—1285）南宋徽州婺源（今属江西）人，字太空，后字宋士，号泉田子。淳祐进士。授濠州司户参军。数上疏斥丁大全、贾似道奸邪误国。后提举江西常平。宋亡，深居一室，数年不言。谢枋得甚重其气节，时人称为“山屋先生”。著有《先天集》、《百官箴》。

许应龙（1168—1248）南宋福州闽县（今福建闽侯）人，字恭甫。嘉定进士。累迁太学博士，迁宗学博士。理宗即位，首陈正心为治国纲领。出知潮州，调军分扼要害，协助陈铧镇压陈三枪起义。后权兵部尚书，时楮币贬值，奏请节用从民便。仕至签书枢密院事。著有《东涧集》。

许景衡（1072—1128）南宋温州瑞安（今属浙江）人，字少伊。远祐

进士。宣和末，为殿中侍御史，反对以童贯为帅攻燕云，极论诛求繁急、吏兵冗滥及和买、和籴、盐法之害，被罢逐。高宗即位，召为御史中丞，力为宗泽辩诬，迁尚书右丞，请高宗幸建康，以抗金人。后为黄潜善等排挤，提举宫观。著有《横塘集》。

许及之（？—1209）南宋温州永嘉（今浙江温州）人，字深甫。隆兴进士。宁宗时，累迁吏部尚书兼给事中。庆元党禁起，谄事韩侂胄，以两年不迁，跪陈知遇之恩，诉衰迟之状，涕泪横溢，得迁同知枢密院事，时有"屈膝执政"之讥，嘉泰二年（1202），进参知政事。次年，知枢密院事兼参政。赞侂胄北伐，及命太守建康，托故辞免。侂胄败死，贬泉州居住。著有《涉斋集》。

许亢宗　北宋饶州乐平（今属江西）人。政和进士。历司封员外郎、著作郎、起居舍人。靖康初，因受叶梦得牵连被贬，出知州郡。宣和七年（1125），受命使金，贺金太宗继位。记出使里程及见闻为《宣和乙巳奉使行程录》，有今人校补本。

许敬宗（592—672）唐杭州新城（今浙江富阳西南）人，字延族。隋大业中举秀才，旋依李密为记室。唐初为秦王府十八学士之一。贞观时由著作郎官至中书舍人。高宗时迁礼部尚书与李义府等支持高宗立武后，升任侍中，监修国史。又助武后逐褚遂良，逼杀长孙无忌、上官仪等。显庆三年（658）任中书令。曾参加编撰《武德实录》、《贞观实录》、《晋书》等。

许德勋　唐末五代蔡州朗山（今河南确山）人。事马殷为大将。开平二年（908）楚攻朗州（今湖南常德）雷彦恭时，击败淮南援军。天成二年（927）马殷建楚国，任为右丞相。次年，在于君山御吴军，俘获吴帅苗璘、王彦章。旋加侍中。卒年七十余。

许景先　唐常州义兴（今江苏宜兴）人，后徙居洛阳。举进士，授夏阳尉。神龙初，拜左拾遗，进扬州兵曹参军。开元时历官中书舍人、虢州刺史、吏部侍郎。以文翰见称。其诗今存五首，文存二篇。

许孟容（743—818）唐京兆长安（今陕西西安）人，字公范。大历进士。贞元时，任兵部郎中、给事中，曾上疏反对提升贪暴敛财之官吏。元和初，任尚书右丞、京兆尹，拒绝宪宗的干预，拘捕借民钱不还的神策军吏，迫令偿还。后为吏部侍郎、东都留守。

许宣平　唐歙县（今属安徽）人。景云中，相传隐居南阳，以卖薪为生，李白曾访之不遇。近人谓许氏有拳术名三十七，为太极拳之祖，其说并无根据。

许尧佐　唐贞元、元和间人。贞元十年（794）登进士第，又举宏辞及贤良方正直言极谏科，官太子校书郎。和十一年（816），以左赞善大夫使南诏。位终谏议大夫。有传奇小说《柳氏传》。《全唐文》录其文六篇。

许叔牙（？—649）唐润州句容（今属江苏）人，字延基。少精《毛诗》、《礼记》，尤善讽咏。太宗时，累授晋王文学兼侍读，迁太常博士。后升春宫，迁太子洗马，兼崇贤馆学士。著有《毛诗纂义》。

许善心（558—618）隋高阳北新

城（今河北徐水西南）人，字务本。生子南方。少孤，家有旧书万余卷，皆遍读，被称为“神童”。初仕陈，举秀才，对策高第，授度支郎中，转侍郎，补撰史学士。入隋，拜通直散骑常侍，后为秘书丞，整理宫廷藏书，仿阮孝绪《七录》，撰《七林》。炀帝时转礼部侍郎，位至通议大夫。大业末，为宇文化及所杀。曾续成父亨所撰《梁史》，又有《方物志》、《灵异记》等。

许智藏 隋高阳（今河北高阳东）人。祖传医术。少以医术入仕。初仕陈，隋灭陈，以为员外散骑侍郎。大业初致仕。炀帝患病时常延之治疗。卒年八十。

许劭 三国魏大名士汝南平舆（今属河南）人，与从兄许靖因喜评论人物而有名于世。曹操曾以汉室丞相的名义，挟天子以令诸侯，一时还真蒙蔽了天下人，而头一个揭穿曹操真面目的就是当时以评时局知名的平舆人许劭。许劭对曹操所下的评语是：“清平之奸贼，乱世之英雄”（一作“治世之能臣，乱世之奸雄”），这句话后几乎成为曹操一生的定论，“一代奸雄”也成了曹操的代名词。许劭的知人之明，叫人不能不服。

许褚 以勇力知名、官至卫武将，谯（治今安徽亳县）人。

许杨 东汉水利家（汝南平舆〈今属河南〉人），西汉末年曾任酒泉都尉。王莽称帝后，他隐姓埋名为巫医。光武帝建武八年（公元 42 年），汝南太守邓晨得知他精通水利，辟他为都水掾，负责修复鸿郤陂。他根据地势高下，在 400 多里的地区内，修建了许多陂塘，灌溉农田达数千顷。

许慎 我国第一部字典的作者、著名的经学家、文字学家。汝南召陵（今河南郾城）人，博通经籍，有“五经无双许叔重”之评，所著《说文解字》14 卷并叙目为 15 卷，共收入汉字 9353 个，重文 1163 个，是集古文经学训诂之大成。为后代研究文字及编辑字书最重要的根据。

许毗 西汉官至侍中、太常（汝南平舆〈今河南平舆〉人），许猗曾孙。

许猗 秦末高士，汝南人。

许行 最早出现于史籍的许姓著名人物，是战国时农家楚国（都今湖北江陵西北纪南城）人，主张“贤者与民耕而食，饔飧（自理炊事）而治”，反映了古代社会中农民的一种理想，有学生数十人。

许氏风流撷英

许姓源出今许昌，
郡望后迁至高阳。[①]
许由洗耳隐君子，
淡泊名利不为官。[②]
许行思想倡平等，
治水修渠颂许杨。[③]
说文解字许慎创，
兼通五经世无双。[④]
许劭评人针见血，
许褚三国魏猛将。[⑤]
许浑唐诗传名句，
许衡理学散芬芳。[⑥]

畲民起义女英雄，
高举义旗惩豪强。[⑦]
天地交舞言午许，
许应易变皆吉祥。[⑧]

注释：

①据《元和姓纂》及《通志·氏族略·以国为氏》记载，周武王时，封伯夷之后文叔于许国（在今河南许昌），后遂有为许氏。春秋时，族人迁于容城。《百家姓》注郡望为高阳郡，今河北高阳。出自嬴姓。

②许由（生卒不详），传说中的隐君子。他淡泊功名，不争名利，躬耕而食，尧请他出山做官，他认为尧的话弄脏了他的耳朵，去颍水洗耳，以示清高。相传许氏乃许由的后代。

③许行（生卒不详），战国时思想家，楚国人。农家代表，学者数十，皆穿粗布，搓绳编鞋，主张人人平等，提倡兼爱。许杨（生字不详），东汉水利家，河南平舆人。修复鸿却陂，渠长四百，良田千顷。

④许慎（约公元前58—约147年），东汉经学家、文字学家，河南郾城人。人称“五经无双许叔重”，著《说文解字》，为我国字典之首创。

⑤许劭（公元150—195年），东汉名士，河南平舆人。好评论人，而且每评一人皆能一针见血，入木三分，如评曹操为：“治世之能臣，乱世之奸雄”。许诸（生卒不详），三国时，魏国的猛将，安徽亳县人。他以勇猛知名，号称为“虎痴”。

⑥许浑（生卒不详），唐朝诗人，江苏丹阳人。他的名句：“山雨欲来风满楼”广为传诵。许衡（公元1209—1281年），元朝理学家，河南沁阳人。他认为：理是所以然，象是所当然。天有命，人有义，天命决定一切。他与刘因、吴澄并称为元朝三大理学家。

⑦许夫人（生卒不详），元初畲民起义的女英雄，福建建宁人。

⑧“许”字，从言从午。午，是天发交舞于午时，言午为许，是允许，认可，即天地相许。“许应易变”，是万物顺其自然的大法则。人若能达到认识自然规律，审时度势，应易变而变，那就可以收到万事呈祥的结果。

中华百家姓

赵 钱 孙 李 周 吴 郑 王 冯 陈 蒋 沈 韩 杨
朱 秦 许 何 吕 张 孔 曹 金 魏 姜 谢 邹 苏
潘 范 彭 韦 马 方 任 袁 史 唐 薛 雷 贺 汤
罗 郝 常 于 傅 康 余 顾 孟 黄 尹 姚 邵 汪
毛 戴 宋 熊 董 梁 杜 贾 江 郭 林 钟 徐 邱
高 夏 蔡 田 胡 万 卢 丁 邓 石 崔 龚 程 陆
段 侯 武 刘 龙 叶 黎 白 赖 乔 谭 阎 易 廖
文 曾

何 姓

——何氏望出庐江郡，远祖韩室落江淮

何氏解密寻踪

（一） 姓氏字源

《说文》：“何，儋也。从人，可声。”徐铉注：“儋何即负何也。借为谁何之何。”据《殷虚书契后编》下二二·三，甲骨文“何”像人肩负戈形，故何字本义当训负荷、担荷。

（二） 寻根溯祖

何姓来源有三：

1. 出自姬姓，为周文王之后。相传黄帝是少典之子，本姓公孙，因居姬水之滨，故而改为姬姓。传至玄嚣，承袭姬姓，后再传帝喾，生后稷，被周人尊为始祖。后稷传15世孙周武王姬发终于灭商建周，建都于镐（今陕西西安丰水以东）。据《广韵》及《元和姓纂》所载，周成王（文王之子）弟唐叔虞裔孙韩王安为秦所灭，子孙避难逃亡到江淮一带，当地人因“韩”“何”音不分，后误写为何，子孙沿用，遂为何氏。由上可见，何姓的演变是这样来的：战国七雄之一的韩国，开国君主韩景侯（名虔）是春秋晋国大夫韩武子后代，和魏、赵瓜分晋国，于公元前403年被周烈王承认为诸侯，初都在阳翟（今河南禹州市），后灭郑国，又迁都新郑（今属河南），公元前

230年，韩被秦国灭掉，韩姓子孙散居各地，其中有一支逃至江淮一带，因当地口音之缘故，就演变成何姓。史称何姓正宗。是为安徽、江苏一带何氏。

2. 唐代的“昭武九姓”之一有何氏。隋唐西域阿姆河、锡尔河流域各氏族统称为“昭武九姓”，即康、史、安、曹、石、米、何、火寻和戊地。

3. 出自冒姓或赐姓。①据《汉书·五行志》所载，汉时有叫何苗的，其本姓朱，冒姓何。何苗为何地人氏，已不得而知。其后繁衍昌盛，遂成望族，形成何氏一支。②据《魏书·官氏志》所载，北魏孝文帝迁都洛阳后，改鲜卑姓为汉姓，将代北（今山西、河北以北地带）复姓贺拔氏改为单姓何氏。③据《五代史》所载，五代吐谷浑亦有何氏。吐谷浑，亦作吐浑，原为鲜卑的一支，曾游牧于今辽宁锦县西北。西晋末（公元4世纪），首领吐谷浑率所部西迁今甘肃、青海间。五代时余部散处蔚州（今河北省西北部，壶流河斜贯，邻接山西省）。显然，五代之时吐谷浑中的何姓，是分布于今河北省西北部一带。④据《兰州府志》所载，元末吐蕃（公元7—9世纪在青藏高原建立的中国古代藏族政权）宣慰使锁南，其子铭为河州卫指挥同知，朝廷赐姓何氏，其后也有以何为姓的。河州卫在今甘肃临夏东北一带。

以上这些何氏的形成，都为何氏家族增添了新的血液，也是何氏很快发展的一个重要原因。

（三） 宗堂郡望

堂号 “水部堂”：南朝何逊，官尚书水部郎，诗文很有名，著有《何水部集》。

郡望 何姓郡望主要有庐江郡、东海郡、陈郡、郫县、扶风郡等。

1. 庐江郡。秦代九江郡在楚汉之际分出一部分为庐江郡。相当于今安徽省庐江一带长江以北地区。

2. 东海郡。秦置郡，治所在郯（今山东郯城北）。西汉时相当今山东费县、临沂、江苏赣榆以南，山东枣庄市、江苏邳县以东和江苏宿迁、灌南以北地区。

3. 陈郡。秦置郡，西汉改为淮阳国，东汉改为陈国，治所在陈县（今河南淮阳）。相当今河南淮阳、太康、西华、鹿邑、柘城等县地。献帝时改为陈郡。

4. 郫县。今四川成都西北的郫县。秦始置县。此支何氏，其开基始祖为西汉大臣何武。

5. 扶风郡。汉武帝太初元年（公元前104年）置右扶风，为三辅之一。三国魏改扶风郡，治所在槐里（今陕西兴平东南）。相当今陕西麟游、乾县以西，秦岭以北地区。西晋移治池阳（今陕西泾阳西北），唐时又曾改岐州为扶风郡。此支何氏，其开基始祖为汝阴（今安徽阜阳）何氏6世孙何比干及平舆（今属河南）汉吏何并以世居平陵为望。

（四）家谱寻踪

河北青县·何氏族谱□□卷

藏地：吉林大学

（清）何耀光等修

清光绪十七年（1891）钞本 二册

河北正定·何氏族谱不分卷

藏地：河北石家庄市图书馆

（民国）何文龙续修

1931年铅印本 八册

山西录石·何氏族谱十卷首一卷末一卷

藏地：人民大学 中央民族大学 日本 美国

（清）何思忠等编修

清道光十四年（1834）序刻本 六册

上海青浦·何氏家谱一卷

藏地：江苏常熟市图书馆

（清）王芑孙辑

清刻本 一册

上海青浦·竿山何氏族谱不分卷

藏地：吉林大学上海市文化管理委员会

（清）何廷璋重修

1924年铅印本 四册

江苏·宿迁何氏族谱□□卷

藏地：江苏宿迁县图书馆

1927年手写本

江苏靖江·黄桥迁靖何氏族谱十四卷

藏地：江苏靖江县影剧公司

（民国）姚龙光撰

1926年木刻本

江苏江都·何氏族谱四卷

藏地：江苏江都县郭村镇东进村五一队

（民国）张旭东三修

1934年木刻本

江苏·泰兴何氏家乘十四卷首一卷

藏地：吉林大学

（清）何檀重修

清光绪十九年（1893）刻本 十二册

江苏镇江·京江何氏家乘二卷

藏地：日本 美国

（清）何佳琛何佳琪等纂辑

清道光十六年（1836）无违堂刊本

江苏镇江·京江何氏家乘十五卷首一卷末一卷

藏地：国家图书馆 中国社会科学院历史研究所图书馆 日本 美国

（清）何志庆等纂

清光绪十三年（1887）无违堂木活字本

江苏镇江·京江何氏家乘十四卷

藏地：国家图书馆 河北大学 江苏镇江市图书馆（存十三卷）美国

（民国）何思浩纂修

1922年无违堂活字本 十二册

江苏·丹阳何氏重修家乘二十卷

藏地：上海市图书馆

（清）何宝箴编

清同治十三年（1874）刻本 十二册

江苏常州·晋陵何氏家乘八卷

藏地：吉林大学

（清）何晋昇纂修

清道光五年（1825）尚仪堂钞本 六册

江苏常州·何氏家乘十二卷

藏地：日本 美国

（清）何善培修

清光绪三年（1877）永富堂木刻

本　二十二册

江苏常州·何氏家乘十三卷

藏地：吉林大学

（清）何国璋重修

清宣统元年（1909）思敬堂活字本　十四册

江苏常州·晋陵何墅何氏家乘三十二卷

藏地：河北大学

（民国）何廷望等纂修

1927年木刻本　三十三册

江苏常州·毗陵何氏家乘八卷

藏地：江苏常州市图书馆（存卷8）

（民国）何殿瑾何留成主修

1930年木活字本

江苏无锡·何氏家乘四卷

藏地：日本

（清）何保初重修

清光绪十七年（1891）刊本　四册

浙江杭州·云山何氏九修族谱一卷

藏地：江西档案馆

（清）刘育等纂

清道光五年（1825）木刻本

浙江杭州·云山何氏十一修族谱一卷

藏地：江西档案馆

（清）李其光等撰

清光绪末年木活字本　一册

浙江富阳·富春横槎何氏宗谱八卷

藏地：浙江省图书馆（存1—7）

（清）何兆履修　何上宪　何兰臺纂

清同治九年（1870）木活字本

浙江富阳·宁善何氏宗谱二卷

藏地：中国社会科学院历史研究所图书馆

（清）应步云纂修

清光绪二十八年（1902）永庆堂活字本　二册

浙江·萧山何氏宗谱十二卷首一卷

藏地：人民大学

（清）何源重修

清乾隆十六年（1749）刻本　四册

浙江·萧山何氏宗谱十五卷首一卷

藏地：美国

（清）何永介等增修

清嘉庆十九年（1814）世恩堂刊本　二十四册

浙江·萧山芹沂何氏宗谱十五卷首一卷

藏地：国家图书馆　日本　美国

（清）何鲲、何培等重修

清道光二十八年（1848）世恩堂木活字本　十二册

浙江·萧山芹沂何氏宗谱二十卷首一卷

藏地：人民大学　日本　美国

（清）光绪十九年（1893）世恩堂木活字本　十四册

浙江桐庐·桐江高畈义门何氏宗谱六卷

藏地：浙江桐庐县档案馆

（民国）何万钟纂

1948年木活字本

浙江余姚·姚江何氏草宗谱不分卷

藏地：浙江余姚梨洲文献馆

手写本　一册

浙江鄞县·何氏宗谱二卷

藏地：浙江鄞县古林乡文化站（残）

清光绪二十年（1894）木刻本

浙江奉化·泉溪何氏宗谱六卷

藏地：浙江奉化县文管会

1925年手写本

浙江嘉兴·何氏支谱不分卷

藏地：浙江嘉兴市图书馆

（清）何廷模等辑

清嘉庆至道光间刻本　一册

浙江嘉兴·何氏家谱不分卷

藏地：中国科学院图书馆　美国

（清）何曾禧修

清光绪十七年（1891）刊本　一册

浙江安吉·何氏宗谱五卷

藏地：浙江余姚县文管会

木活字本

浙江绍兴·续修家山何氏车门裡里宗谱一卷

藏地：中国社会科学院历史研究所图书馆

（清）方以浩纂辑

清雍正八年（1730）福庆堂木活字本　一册

浙江绍兴·山阴陕山何氏家谱二十二卷首一卷附世系略一卷

藏地：日本　美国

（清）何经文重修　何焆补

清乾隆十五年（1750）序刊本　二十二册

浙江绍兴·峡山何氏三修续谱四卷首二卷

藏地：中国社会科学院历史研究所图书馆

（清）何士祁　何士基纂修　何凤仪抄录

清光绪九年（1883）手写本　四册

浙江绍兴·峡山何氏六房谱十四卷

藏地：吉林大学

（清）何士基纂修

清咸丰元年（1851）刊本　四册

浙江绍兴·会稽何家楼何氏宗谱不分卷

藏地：南开大学

（清）何宽纂辑

钞本　一册

浙江绍兴·山阴何氏私乘不分卷

藏地：浙江省图书馆

清钞本　一册

浙江诸暨·暨阳家山何氏宗谱二卷

藏地：南开大学

（清）何旺等续修

清嘉庆二年（1797）福庆堂刊本　二册

浙江诸暨·暨阳家山何氏宗谱四卷

藏地：四川省图书馆

（清）何胜茂等重编

清光绪间木活字本　三册

浙江诸暨·暨阳家山何氏宗谱七卷首一卷

藏地：国家图书馆

（清）何荣烈等重修

清光绪三十三（1907）缵绪堂活字本　八册

浙江诸暨·暨阳家山何氏宗谱四卷

藏地：河北大学

（民国）何顺富修

1913年木刻本　四册

浙江诸暨·暨阳西何何氏宗谱十八卷

藏地：国家图书馆　吉林大学

（清）何学均等重修

清光绪二年（1876）仁义堂活字本

浙江诸暨·暨阳西何何氏宗谱十八卷

藏地：国家图书馆　河北大学

（清）何学安　何学均重修

清光绪二十七年（1901）木刻本　十八册

浙江诸暨·暨阳金岭何氏宗谱八卷

藏地：国家图书馆

（清）何鹤皋等修

清光绪六年（1880）清源堂活字本　八册

浙江诸暨·金陵何氏宗谱八卷

藏地：中国科学院图书馆

（清）何成定修清

宣统三年（1911）清源堂刊本　八册

浙江诸暨·暨阳佳山何氏宗谱四卷

藏地：南开大学

（清）何真海　何祯贤等续修

清光绪三十一年（1905）麟趾堂刊本　四册

浙江诸暨·暨阳佳山何氏宗谱八卷

藏地：南开大学

（民国）何长定何章照等续修

1934年麟趾堂刊本　八册

浙江诸暨·暨阳佳山何氏宗谱十卷

藏地：中国社会科学院历史研究所图书馆

（民国）何锡龄纂修

1931年缵绪堂铅印本　十册

浙江诸暨·暨阳和爨何氏宗谱□□卷

藏地：浙江省图书馆（存卷1、2）

（民国）何志翰修何萝蛟纂

1930年木活字本

浙江上虞·崧里何氏宗谱八卷

藏地：浙江省图书馆

（清）何洵何简等纂修

清乾隆十九年（1754）钞本　三册

浙江上虞·崧里何氏宗谱十六卷首一卷末一卷

藏地：中国社会科学院历史研究所图书馆

（清）何谿纂修　何允昇主修

清道光三年（1823）庆远堂活字本　六册

浙江上虞·崧镇何氏宗谱十六卷首一卷末一卷

藏地：国家图书馆（二部）　中国社会科学院历史研究所图书馆北京大学　南开大学　河北大学

（民国）何立道何其良修

1921年庆远堂木刻本　十二册

浙江新昌·何氏宗谱十卷

藏地：浙江新昌县文管会（存卷1、2、4—7、9、10）

1915年木活字本

浙江·兰谿莲湖何氏宗谱

藏地：浙江兰谿县厚仁乡（共四部，一部完整、三部残）

1930年木刻本

浙江·兰谿何氏宗谱七卷

藏地：浙江兰谿县甘谿乡清圹

1941年木刻本

浙江兰谿·何氏宗谱十卷

藏地：浙江兰谿县登乡

木刻本

浙江兰谿·何氏宗谱六卷

藏地：浙江兰谿县钱村乡（缺卷5、6）

清光绪二十二年（1906）木刻本

浙江兰谿·芦江何氏宗谱一卷

藏地：浙江兰谿县官圹乡（缺三册）

木刻本

浙江兰谿·何氏宗谱三卷

藏地：浙江兰谿县黄店乡范宅

（民国）何福良重修

1919年木刻本

浙江永康·双泉何氏特祠宗谱□□卷

藏地：浙江衢州市文化管理委员会（存卷2、5）

（民国）吴从周写本陈松龄校正

1922年永邑徐正心堂木活字本

浙江东阳·庐江郡何氏桓松宗谱八卷

藏地：浙江东阳县古光乡（存卷1、8）

1926年木活字本

浙江·东阳何氏第三十三次修谱纪念刊不分卷

藏地：日本　美国

（民国）何绍韩编

1934年铅印、影印本　一册

浙江·义乌西金何氏宗谱二卷

藏地：国家图书馆　中国社会科学院历史研究所图书馆　吉林大学

（民国）何道潮总理

1922年活字本　二册

浙江常山·绣谿何氏宗谱七卷首一卷

藏地：浙江常山县何家乡何家村

（清）何士鼎何士谦等纂

清光绪十二年（1886）木刻本

浙江临海·何氏宗谱一卷

藏地：浙江临海县博物馆

（清）何其饶修　郭性昆续修

清道光三年（1823）修道光十七年（1837）续修写本

安徽·淮南何氏宗谱二卷

藏地：河北大学

（清）何维楷何维栋纂辑

清同治十二年（1873）木刻本　二册

安徽·淮南何氏宗谱二卷

藏地：河北大学（二部）

1922年石印本　二册

安徽无为·何氏宗谱四卷

藏地：安徽博物馆

（清）何烺编纂

清乾隆四十八年（1783）刻本　四册

安徽庐江·何氏宗谱□□卷

藏地：中国科学院图书馆

（清）何秀倬续修

清同治六年（1867）钞本　四册

安徽·庐江何氏宗谱三卷首一卷末一卷

藏地：江苏苏州市图书馆

（清）何大海修

清光绪二十八年（1902）崇本堂活字本　五册

安徽庐江·何氏三修族谱十六卷首一卷

藏地：河北大学（二部）

（民国）何惠轩何吉甫纂修

1914 年木刻本　十八册

安徽庐江·何氏族谱不分卷

藏地：人民大学

（民国）何振沣修

1926 年石印本　一册

安徽宣城·凤洲何氏宗谱十二卷

藏地：安徽博物馆

（清）何茂春何培增纂修

清同治六年（1867）木活字本　十册

安徽·休宁县率口何氏族谱十二卷

藏地：北京师范大学（存卷 1—11）

（清）何於岷纂修

清康熙九年（1670）钞本

安徽绩溪·古校头周氏宗谱十六卷首一卷

藏地：安徽绩溪县文化管

（清）周原纂

清光绪六年（1880）木刻本　七册

安徽绩溪·唐昌何氏宗谱十三卷末一卷

藏地：安徽绩溪县梅树下泮

（清）何周煜何承先等纂

清光绪十年（1884）木刻本　十四册

安徽桐城·何氏家谱十六卷末一卷

藏地：安徽省图书馆

（清）何玉堂续修

清宣统二年（1910）余庆堂刊本　十八册

安徽·桐城何氏族谱四十九卷

藏地：河北大学

（民国）何荫松修

1914 年木刻本　三十册

安徽怀宁·何氏重修宗谱三十卷首二卷末一卷

藏地：安徽安庆市图书馆

（清）何思察六修

清咸丰二年（1852）惇叙堂木活字本

安徽怀宁·何氏重修宗谱□□卷

藏地：安徽安庆市图书馆（存卷 1、10、18、19 下、24）

清道光三年（1823）木活字本

福建福清·龙田何氏台石派五房家谱不分卷

藏地：福建省图书馆（三部）

（民国）何咸德修

1917 年何氏铅印本　一册

福建福清·龙田何氏台石派六有谱不分卷

藏地：福建省图书馆（三部）福建师范大学

（民国）何心埙修

1919 年何氏铅印本　一册

福建福清·龙田何氏支谱不分卷

藏地：南京市博物馆　福建省图书馆（一部四册，另一部存三册）福建师范大学

（民国）何氏台石派各房重修何刚德编辑

1934 年铅印本

福建云霄·和地何氏族谱十七卷

藏地：美国

清乾隆二十一年（1756）刊本　十二册

福建平和·何氏手抄族谱不分卷

藏地：台湾

（清）何子祥纂修

清乾隆二十年（1755）钞本　一册

福建平和·何氏家谱不分卷

藏地：台湾

（清）何子祥纂修

清乾隆二十年（1755）序 1928 年翻印本　十册

江西·薄萍乡何氏三修族谱□□卷

藏地：江西省图书馆（存卷 1、4、6、8、10）

（民国）何古遗等纂修

1944 敦本堂木活字本

江西·万载何氏族谱八卷一卷

藏地：江西省图书馆（存卷首 1、2、4、5、7、8）

（清）何廷燮等纂修

清道光元年（1821）庐江堂木活字本

江西·万载坛下何祠牌位谱不分卷

藏地：江西省图书馆

（清）何钧纂辑

清道光十九年（1839）活字本　一册

江西·万载何祠牌谱不分卷

藏地：江西省图书馆

（清）何钧纂辑

清同治六年（1867）庐江堂活字本　一册

江西·万载何氏族谱八卷首一卷

藏地：江西省图书馆（存卷首、2—4、6、8）

（清）何定昇等纂修

清同治六年（1867）庐江堂活字本

江西·万载何氏族谱□□卷

藏地：江西省图书馆（存卷首、1—5）

（清）何亦洪纂修

清光绪三十一年（1905）庐江堂活字本

江西崇仁·坻溪何氏九修族谱不分卷

藏地：江西师范大学

（民国）何润编辑

1927 唐朴卿李高发木刻本

河南·怀庆府何氏族谱□□卷

藏地：河南大学

（明）何瑭修（清）何长庆续修

一九八五年河南沁阳县新华复印社影印清钞本　五册

河南扶沟·何氏族谱六卷

藏地：安徽省图书馆

（民国）何荫棠何朝宗等编

1925 石印本　七册

河南信阳·商邑何氏宗谱四卷

藏地：美国

（民国）何佑宸等修

1935 年承启堂铅印本　四册

河南固始·白石何氏族谱不分卷

藏地：河南固始县档案馆

（清）何建志序

清光绪十六年（1890）钞本　一册

河南商城·何氏宗谱四卷

藏地：河南商城县档案馆

1936 年木刻本

湖北新洲·何氏宗谱三卷首三卷

藏地：湖北新洲县红旗乡董椿村（缺卷 1、卷首中）

（民国）何世兴何宗仪等创修

1922 年木刻本

湖北黄陵·何氏宗谱□□卷

藏地：武汉市图书馆（存卷 1—5、7、8）

（民国）何学琛督修兼编辑

1947 年何氏积善堂刊黄冈陶毓坤刻木活字本

湖南·何氏宗谱一百零九卷末一卷

藏地：湖南省图书馆（存卷 3—7、末）

（民国）何明澍纂跋

1923 年庐江堂木活字本

湖南长沙·黄龙山何氏族谱□□卷

藏地：湖南省图书馆（存卷 1、2、4、6、7、10）

清光绪三十三年（1907）活字本

湖长沙·乌山何氏支谱十一卷

藏地：中央民族大学

（民国）何邦丙　何光第修

1938 年尊敬堂何氏刻本　八册

湖南宁乡·宁邑黄村何氏续修族谱□□卷

藏地：湖南省图书馆（存卷 5）

（清）何有锦纂跋

清嘉庆十八年（1813）刻本

湖南宁乡·宁邑造钟何氏七修族谱十三卷首一卷末一卷

藏地：湖南省图书馆（存卷首）

（清）何贤宋纂序

清道光十五年（1835）刻本一册

湖南宁乡·宁邑造锺何氏八修宗谱□□卷

藏地：湖南省图书馆（存卷 19）

（清）何星平等纂

清同治四年（1865）庐江堂活字本

湖南宁乡·宁邑何氏谱六卷首一卷末一卷

藏地：中央民族大学

（清）何寿朋等修

清咸丰间荷花堂何氏刻本　六册

湖南宁乡·沩宁何氏绩修族谱三十三卷首三卷

藏地：湖南省图书馆（存卷首上、中、下）

（民国）何赐麟　何玉衡等纂

1921 年沩宁何氏活字印本

湖南宁乡·沩宁何氏四修支谱九卷首一卷

藏地：湖南省图书馆（存卷首）

（民国）何煦藩何纹彩等纂修

1923 年活字本

湖南·醴陵衙後何氏支谱三卷首一卷

藏地：湖南省图书馆

（清）何天衡辑

清雍正十二年（1734）敦伦堂刻本　一册

湖南·湘潭银圹四甲何氏支谱十五卷

藏地：广东中山图书馆

（民国）何敦惥　何叙笃纂修

1929 年继述堂刻本　十五册

湖南湘潭·青山何氏支谱十卷首一卷末一卷

藏地：河北大学（二部）

（清）何显谅　何三楚修

清同治十年（1871）木刻本六册

湖南湘潭·青山何氏三修族谱十四卷首一卷

藏地：中国社会科学院历史研究所图书馆

（清）何玉琪纂修

清光绪二十七年（1901）广後堂活字本　十二册

湖南·湘乡城前何氏族谱四十二卷首二卷末一卷

藏地：南开大学　河北大学

（民国）何允提修辑

1921年礼拜堂刻本　四十四册

湖南湘阴·何氏续修宗谱□□卷首一卷

藏地：湖南省图书馆（存一册）

清光绪十七年（1891）活字本

湖南华容·何氏重修族谱□□卷

藏地：湖南省图书馆（存卷10—12）

1913年活字本

湖南资兴·何氏重修族谱不分卷

藏地：吉林大学

（清）何劝贤　何思福重修

清嘉庆十二年（1807）刻本二册

湖南资兴·何氏六修族谱五卷

藏地：吉林大学

（清）何海晏等主修

清光绪二十六年（1800）刻本五册

湖南·汝城何氏大同宗谱□□卷

藏地：湖南省图书馆（存卷4、5）

民国间石印本

湖南·桂阳西门何氏族谱不分卷附列传世系表

藏地：湖南省图书馆

（民国）何全庸撰

1948年钞本　三册

湖南零陵·何氏宗谱七卷（编）

藏地：河北大学

（清）何国相　何国增纂修

清道光二十年（1840）敦睦堂木刻本　七册

湖南江永·永明何氏族谱五卷

藏地：湖南江永县档案馆

（民国）何光裕重修

1920年印本

湖南邵阳·何氏族谱不分卷

藏地：湖南省图书馆

（清）何廷宪　何殷魁等纂序

清乾隆五十年（1785）刻本一册

湖南武冈·何氏续修族谱□□卷首三卷末一卷

藏地：湖南省图书馆（存卷首上、中、下、末）

（民国）何竟成纂修

1946年思礼堂活字印本

湖南汉寿·何氏族谱□□卷

藏地：湖南省图书馆（存卷首下）

1917年石印本　一册

湖南汉寿·古塘何氏七修族谱□□卷

藏地：湖南省图书馆（存卷末）

1942年印本

湖南益阳·何氏续修族谱八卷首一卷

藏地：湖南省图书馆

（清）何满盛修　何梅敏纂修

清咸丰十一年（1861）四知堂活字本　十册

广东·何氏家谱不分卷

藏地：广东中山图书馆

（清）何氏维新堂编

清光绪二十三年（1897）钞本三册

广东·何氏族谱不分卷

藏地：广东中山图书馆

（民国）何琼林修

1942年铅印本　一册

广东广州·何氏全谱不分卷

藏地：广东中山图书馆

（清）何麟角堂众值事编

清光绪二十年（1894）刻本二册

广东广州·何氏族谱不分卷

藏地：广东中山图书馆

（清）何朝彦纂修

清光绪二十年（1894）广州富文斋刻本　二册

广东广州何氏·羊城庐江书院全谱不分卷

藏地：日本　美国

1916年广州富文斋刊本　二册

广东番禺·何氏族谱不分卷

藏地：广东中山图书馆

清嘉庆二年（1797）钞本　一册

广东中山·何氏璟堂重修族谱四卷

藏地：中国科学院图书馆（存卷2—4）日本　美国

（清）何钟灵　何国璋等修

清光绪三十三年（1907）鹳璟堂刊本　四册

广东中山·香山小览何氏九郎族谱八卷

藏地：日本　美国

（民国）何蕚　何朝淦等重修

1925年香港湾仔美伦印务书局铅印本

广东·南海烟桥何氏家谱九卷首一卷

藏地：广东中山图书馆　日本美国

（民国）何毓桢　何绍庄等续修

1924年刊本　八册

广东·南海县荷溪乡何垂裕堂族规族谱合刊不分卷

藏地：广东中山图书馆

（民国）何钜钊　何永祥等重修

1929年广州兴隆印务局铅印本一册

广东南海·何氏家谱□□卷

藏地：中国科学院图书馆

（民国）何文绮修

1934年刊本　八册

广东顺德·何氏族谱六卷

藏地：广东中山图书馆　美国

（民国）何氏厚本堂编

1923年广州精华印务局铅印本

广东顺德·何氏瓜瓞图不分卷

藏地：美国

厚本堂刊本　一册

广东新会·尚书坊何氏族谱五卷

藏地：广东新会县档案馆

（清）何英华纂

清同治九年（1807）刊本

广东新会·何氏世原□□卷

藏地：广东新会县修志会（存卷1）

（清）何英华重修

清同治九年（1870）木刻本

广东新会·何氏家谱一卷

藏地：广东新会县修志会

清修手钞本

广东·新会大塘派何氏家谱一卷

藏地：广东新会县档案馆

（民国）何宽大纂

1945年铅印本

广东·东莞大汾何萃涣堂族谱六卷首一卷

藏地：广东中山图书馆中山大学（存卷首）

（清）何廷蛟　何孚衡纂修

清乾隆二年（1737）重修民国1937年东莞养和书局铅印本

广东·兴宁何氏族谱八卷

藏地：广东兴宁县档案馆

1925年刊本

广西·何氏宗谱不分卷

藏地：吉林大学

（清）何胜惠等续修

清乾隆三十二（1767）活字印本　一册

广西藤县·何寿谦族谱朱卷不分卷

藏地：广西图书馆

（清）何寿谦辑

清光绪间刻本　一册

四川郫县·何氏族谱不分卷

藏地：四川省图书馆

（清）何端清　何朝品纂修

清光绪间木活字印本　一册

四川梓潼·何氏族谱不分卷

藏地：四川省图书馆

（清）何玉麟等修

清同治间刻本　一册

四川剑阁·何氏族谱一卷

藏地：四川剑阁县志办

（清）何珖海续修

清光绪末修钞本

四川黄中·何氏族谱不分卷

藏地：四川省图书馆（存七册）

（清）何维彩纂修

清光绪二十五年（1899）刻本

香港新界·庐江群何氏宗谱不分卷

藏地：美国

（清）何子常编清

光绪十五年（1889）序钞本　二册

土糯何氏族谱不分卷

藏地：北京大学

（清）何绍杰等纂修

清乾隆三十一年（1766）刻本

何氏四修族谱十卷首一卷

藏地：北京大学

（清）何思秩修

清道光十一年（1831）敦本堂刻本　十册

何氏宗谱□□卷

藏地：国家图书馆

（清）何高峰等重修

清咸丰元年（1851）活字本　二册

何氏宗谱八卷

藏地：上海图书馆

（清）何裕兴编

清同治十三年（1874）刻本　四册

何氏宗谱□□卷

藏地：吉林大学

（清）何高才纂修

清光绪九年（1883）刻本　二册

何氏族谱二卷

藏地：湖南江永县档案馆

（清）击文韬重修

清光绪十年（1884）印本

何氏族谱十二卷

藏地：湖南江永县档案馆

清光绪十年（1884）石印本

何氏宗谱不分卷

藏地：吉林大学

（清）何聚奎重修

清光绪十年（1884）刻本　五册

何氏四修宗谱不分卷

藏地：吉林大学

（清）何霞洲编修

清光绪十四年（1888）展亲堂活字本　十四册

何氏家乘四卷

藏地：美国

（清）何保初等重修

清光绪十七年（1891）刊本　四册

何氏宗谱十二卷

藏地：安徽徽州地区博物馆（存九卷）

（清）何永配等修

清光绪二十五年（1899）刻本

宁善何氏宗谱二卷

藏地：国家图书馆

（清）应步云纂

清光绪二十八年（1902）活字本　二册

宛东何氏宗谱六卷

藏地：国家图书馆

（民国）何言仪等纂修

1918年三魁堂活字本　六册

（五）　字行辈份

清光绪三年何咸定修《何氏宗谱》，金陵何姓一支字行为："礼义齐宗秩，诗书昌茂昆，芳名永远播，恭敬奕常新。"又1921年何毓琪等修《何氏大同宗谱》，安徽庐江何姓一支字行辈份为："允隆笃信修成果，瑞欣嘉宠敞祯休，恽督邵歆佟比敌，廷煌成宪宾洁宏，美沚钺时显陛循志，坚积亘昌永金钺，昭泰。"同谱另一支宗字行为："忠孝荣永文章庆。"续修字行辈份为："祥令国锡泽树勋。"又1934年何文绮修《何氏家谱》，广东南海何姓一支字行辈份为："绪业荣宗祖，经纶耀国家。"

（六）　迁徙繁衍

何姓发源应当为江淮流域的江苏、安徽两地，而这两个地方及邻省山东、河南境内，何姓人家也最多。其后，在山东的东海，安徽的庐江、合肥，河南的淮阳及四川的郫县，何姓成为当地望族。其大致播衍情形：何姓早期主要分布于江淮流域及江淮流域以北广大区域。汉至魏晋南北朝之时，何姓已从此地或迁入山东、河南、河北、山西、陕西、四川等地。换言之，隋唐之前何姓主要是以我国北方为其主要繁衍地带的，故这段时期所出现的何姓名人也主要分布于我国北方。据《后汉书·何敞传》所载，敞，字文高，扶风平陵人，其先家于汝阴（今安徽阜阳），6世祖比干徙居平陵（汉昭帝筑陵置县，治所在今咸阳市西北，三国魏改名始平）。何姓南迁始于晋代，有何姓南迁远至福建，与胡、林、黄、陈、郑、丘、曾等7姓合为入闽八族。隋唐之时，何姓在我国南北都有了很大的发展。尤其以南方各地繁衍为盛。五代及元朝时，在我国西北地区（主要指甘肃、青海两地）和河北省境由于他族冒姓或赐姓何的加入，使得何姓再次庞大起来。至于何姓再次大举南迁福建，是始于唐时。据《清河丹凤何氏源流纪略》所载，何氏先人，本河南光州固始（今县）人，唐高宗时，何嗣韩从陈元光人闽；至唐末王潮人闽，恐众人不归附，故征求固始县人先世对闽有功者，以慰民望，且表授何之先祖为安抚使，分田划地，安插族人，其时众人极信赖他。至宋朝淳佑年间，何氏祖先逖基，由螺阳迁居温陵浔江（均在漳州），后隐居清源间。逖基有五子，次子元钊，移居惠安埔崎；三子元钲，四子元镛，迁移漳州岳口连花。三子元钲为诏安之祖，长子元镇为和地之祖。而迁人广东省境则要稍晚一些。又据《兴宁何氏族谱》所载，其先世原为南京直隶庐江郡（治今安徽庐江西南）人，后世子孙繁衍，有迁闽者，有迁南京者，亦有留居江西者。至宋末元初，有一支由福建武平经江西寻乌、定南、龙南入广东翁源；另一支由福建武平入广东蕉岭、大埔、梅县，再分支各地。明、清时，何姓已遍及全国各地。

（七） 适用楹联

□庐江出望族；淮水育贤孙。

□人物西东晋[①]；声名大小山。

□世擅文明，雅重庐山之韵[②]；
　家传将略，克收石岭之功[③]。

□堂构溯先声，庆衍双双兄弟[④]；
　诗书绵世泽，祥符九九簪缨[⑤]。

□水部梅青，祖灵穆乎不远[⑥]；
　中丞山峻，旧德煌茗其新[⑦]。

□子贞书艺水放彩[⑧]；
　香凝画集长留芳⑨。

□善长老庄，著才名于幼岁[⑩]；
　雅号书剑，挺英气于少年[⑪]。

□炳吾精诚惟一语；
　挺身天地足千秋[⑫]。

□鹏栖长日近；虬卧欲为霖[⑬]。

□鹏鹗厉羽翼；龙鸾炳文章[⑭]。

□轻舟动明日；流水当有涯[⑮]。

□但把此身高处立；
　一生何日不重阳[⑯]。

□人来人往门庭旺；
　可喜可歌事业兴[⑰]。

□历历珠星疑拖珮；
　冉冉云衣似曳罗[⑱]。

注释：

①西晋郎陵侯何曾及其子东晋左仆射何劭，他们父子俩均以博学擅文著称。

②南齐余杭令何敬叔的典故。敬叔为官清廉，不受礼仪。

③宋代建武节度使何继筠，深沉有智略，前后备边二十年，与士卒同甘共苦，擅揣边情，敌人畏伏。

④明代翰林院孔目何俊及其弟嘉靖礼部郎中何傅，兄弟二人皆负俊才。

⑤西晋何曾及其子何劭，既当高官，又擅诗文。本联多用作何氏祠联。

⑥梁代尚书水部郎何逊，字仲言。在扬州时，廨宇有梅盛开，逊曾吟咏其下。后居洛阳，思梅不得，固请再往扬州。既至，适梅花盛发。

⑦南朝尚书祠部郎、御史中丞何承天，性刚愎，博览群书，有文集行世。

⑧清代著名书法家何绍基(1799—1873)，字子贞，道州（今湖南道县）人。草书为一代之冠。

⑨近代革命家何香凝（1878—1873），女，国画家，有《何香凝诗画集》等传世。

⑩三国魏侍中尚书何宴，字平叔，

宛人。善长老庄之学，尝作《道德论》及诸文赋数十篇，传于世者有《论语集释》。

⑪明代湖广布政使何真，字邦佐，东党人。少英伟，好书剑，元时历广东行省右丞，在官颇著声望。

⑫明代礼部尚书何吾驺撰书联。何吾驺，万历进士，香山人。

⑬清代著名书法家何绍箕撰书联。

⑭同⑬。

⑮清代嘉庆进士何云门撰书联。

⑯中国无产阶级革命家何叔衡(1875—1935)自题联。何叔衡，又名瞻岵，湖南宁乡人。

⑰何姓"何"字的析字联。

⑱唐代武德、贞观间诗人何仲直《七夕赋咏成篇》诗中联句。

何氏名人集粹

何焯　长州（今江苏吴县）人，清代著名校勘家。

何绍基　今湖南道县人，诗人、书法家，为晚清诗派作家。

何桂清　云南昆明人，官至两江总督。

何如璋　广东大埔人，洋务派官吏、曾任福建船政大臣。

何景明　明代著名文学家，今河南信阳人，曾官至中书舍人、陕西提学副使等职。居官清廉，敢直论时政，当时宦官刘瑾弄权，他曾憎恶而辞官。与李梦阳并为"前七子"的首领，倡导文学复古运动，在当时影响很大。

何良俊　今上海市松江人，刻苦好学，曾考中进士。

何心隐　永丰（今江西永丰）人，思想家，为泰州学派代表人物之一。

何真　东莞（广东东莞县）人，历官江西行省、山西右布政使、浙江布政使。

何乔新　江西广昌人，历官福建副使、按察按察使、湖广布政使、刑部右侍郎、刑部尚书。

何福　凤阳（今安徽凤阳）人，初为大将，旋即拜征卤将军、封宁远侯。

何荣祖　广平（今河北永年东南）人，元代官至御史中丞、中书右丞。

何执中　今浙江龙泉人，历官尚书右丞、尚书左丞、宰相、太傅。

何进滔　灵武（今宁夏永宁县西南）人，曾官至同中书门下平章事。其子何弘敬亦官至同中书门下平章事，兼中书仅，封楚国公。

何瓒　闽（今属福建）人，唐末进士，五代后唐时为谏议大夫、行军司马。

何妥栖凤西城人，为国子祭酒。其侄何稠为光禄大夫。

何逊　南北朝时，东海郯（今山东郯城）人，南朝梁著名诗人，曾任安成王参军事、兼尚书水部郎，他为庐陵王记室。其诗较长于写景及炼字。今有《何记室集》。

何承天　东海郯（今山东郯城县西南）人，南朝宋时无神论思想家、天文学家，曾官衡阳内史、御史中丞等。博通经史，精历算，曾考定"元嘉历"，使月食与朔望相符。

何尚之　庐江（今属安徽）人，官至中书令。其子何偃官至吏部尚书。

何夔　陈郡阳夏（今河南太康县）

人，官至魏文帝太子少傅，其子何曾，好学博闻，西晋武帝时，被封为太尉。

何攀　西晋时期，蜀郡郫（今四川郫县）人，以功受封为西城侯，官拜扬州刺史、兖州刺史。莅官整肃，为后人敬仰。

何充　庐江灊（今安徽霍山县）人，曾祖父何祯为三国时魏光禄大夫，祖父何恽为豫州刺史，父何叡为安丰太守。晋穆帝时何充为宰相，以公正廉洁著称于世。

何晏　三国时魏南阳宛（今河南南阳）人，玄学家，汉大将军何进之孙，娶魏公主，累官尚书，典选举。与夏侯玄、开弼等为魏晋玄学的主要创始者之一。倡导玄学，典选举。与夏侯玄、王弼等为魏晋玄学的主要创始者之一。倡导玄学，崇尚清谈，开一时风气。

何休　任城樊（今山东曲阜）人，东汉的大学者，曾官至拜议郎、谏议大夫。是历来备受敬仰的人物。他的成就，是在六经的精辟研究上，对于六经的造诣，当时的学者是无人能及的。

何进　南阳宛县（今河南南阳）人，大将军、太傅，其妹为汉灵帝皇后。

何敞　扶风平陵（今陕西咸阳西北）人，官至侍御史、尚书，在任汝南太守时，曾修治鲖阳旧渠，垦田三万顷。

何武　蜀郡郫县（今四川郫县）人，西汉大臣，曾官至廷尉、太司空等。

何氏风流撷英

何氏望出庐江郡，
远祖韩室落江淮。①
东汉经学数何休，
笃志好学有奇才。②
元嘉历法革新朔，
劳苦功高世人怀。③
四杰七子荣登榜，
诗宗盛唐复古派。④
英雄莫比圣人论，
道学名教心隐裁。⑤
明末泉州何乔隐，
史学遗著传后代。⑥
抗英救国何玉成，
草书之冠绍基排。⑦
何乃疑惑为不知，
莘莘学子创未来。⑧

注释：

①据《广韵》及《元和姓纂》记载，战国时，（公元前230年），周武王之弟叔虞的韩国被秦国所灭。韩王室之孙韩王安，为避难逃到江淮一带。因当地方言，“韩”读若“何”，遂有何氏。出自姬姓。《百家姓》载，何氏郡望为庐江郡。

②何休（129—182），东汉杰出经学家，山东兖州人。自小笃志好学，精研六经，诸儒莫及。历十七年，作《春秋公羊解诂》（称“何氏学”），注《孝经》、《论语》等。

③何承天（370—447），南朝宋科

学家，山东郯城人。精通天文、数术。制《元嘉历》，改平朔为定朔，使日月食必在朔望，对后世历法变革有很大的影响。

④何景明（1483—1521），明朝文学家，河南信阳人。与李梦阳主张文仿秦汉，诗宗盛唐，称“复古派”。与梦阳、边贡、徐祯卿并称“四杰”。“四杰”与康海、王九思、王廷相合称“七子”。

⑤何心隐（1517—1579），明朝思想家，江西永丰人。从学于泰州颜山农，弃举子业，公开批判道学和名教，清代李贽称他为“圣人”，“英雄莫比”。

⑥何乔远，明末史学家，福建泉州人。学识渊博，辑明朝十三代遗事成《名山藏》，又纂《闽书》一百五十卷。

⑦何玉成，清代广州三元里人民抗英斗争中平英团首领，广州人。何绍基（1799—1873），清代文学家，书法家，湖南道县人。其草书冠绝当时。

⑧何即为有疑惑，不知之意。有惑当解之，不知当求知。莘莘学子不断求知，排难解惑，都是为了开创美好的未来，为国家的繁荣昌盛而漫漫求索。

中华百家姓

赵	钱	孙	李	周	吴	郑	王	冯	陈	蒋	沈	韩	杨
朱	秦	许	何	吕	张	孔	曹	金	魏	姜	谢	邹	苏
潘	范	彭	韦	马	方	任	袁	史	唐	薛	雷	贺	汤
罗	郝	常	于	傅	康	余	顾	孟	黄	尹	姚	邵	汪
毛	戴	宋	熊	董	梁	杜	贾	江	郭	林	钟	徐	邱
高	夏	蔡	田	胡	万	卢	丁	邓	石	崔	龚	程	陆
段	侯	武	刘	龙	叶	黎	白	赖	乔	谭	阎	易	廖
文	曾												

吕姓

——吕氏姓启炎帝后，南阳以西是源头

吕氏解密寻踪

（一） 姓氏字源

《说文》：“吕，脊骨也。象形。昔大岳为禹心吕之臣，故封吕侯。”段玉裁注：“吕象颗颗相承，中象其系联也。”据《殷墟文字乙编》一九八〇，甲骨文“吕”作上下两小方吕，表示人或动物之脊椎骨块块相连，与《说文》释义同，故本义当训脊骨。

（二） 寻根溯祖

吕姓来源有三：

1. 出自姜姓，以国为氏，其始祖为吕侯即吕尚，又称姜子牙。据《元和姓纂》及《世本》、《说文》所载，相传上古部族首领神农氏炎帝，因先居姜水（在今陕西省岐山之东，是渭河的一条支流）流域，因以之为姓，称姜姓。后向东发展到中原地区。尧舜（尧为传说中父系氏族社会后期部落联盟领袖。他死后，即由舜继位）时，由姜姓羌人发展出来的四支胞族即“四岳”，吕部族就是其中一支，最早活动在今甘肃、山西中部一带，由羌人分出以后，就东迁到淮海一带与黄帝族杂居。该部落的首领、炎帝之后伯夷，因助夏禹（舜的继承人）治水有功，等到夏禹继位部落联盟首领后，传到太岳又为禹心吕之臣（心腹重臣），故封为吕侯。夏朝有姜姓诸侯国吕（在今河南南阳西董吕村），经商、周两代都是诸侯国。春秋初年（公元前680年），吕国被楚国（西周时立国于今湖北荆山一带，建都丹阳〈今湖北秭归东南〉）所灭。其后子孙以国为氏，称吕氏，散居韩、魏、齐、鲁间地。史称吕姓正宗。是为河南吕氏。据有关学者考证，古时，在今河南新蔡，又有一吕国，史称东吕，实为南阳吕国分出的一支。春秋时，新蔡吕国为宋国所灭，所为蔡平侯所居。被灭的新蔡吕国后裔，也以国为氏，称吕氏。

2. 出自魏氏。据《姓源》及《通志·氏族略》所载，春秋时晋国（周分封的同姓诸侯国，在今山西西南部，建都于唐〈今山西翼城西〉）有吕氏，系从魏氏分化而来。晋有大夫吕锜、吕相，皆出自魏氏，其子孙也为吕氏。是为山西吕氏。

3. 出自少数民族改姓。据《魏书·官氏志》及《通志·氏族略》所载，南北朝时北魏（公元4世纪初，鲜卑族拓跋部在今山西北部、内蒙古等地所建立的代国，改称为魏，史称北魏，建都在今山西大同）鲜卑族原有代北复姓叱吕氏、叱丘氏，自孝文帝迁都洛阳后，实行汉化，改为汉字单姓吕氏；五代后周（建都在汴〈今河南开封〉，960年为宋太祖所灭）时又改代北三字姓候吕陵氏为汉字单姓吕氏。皆为河南吕氏。

(三) 宗堂郡望

堂号　1. “渭滨堂”：商朝末年，吕尚（又名姜子牙）在渭水滨钓鱼隐居。周文王访贤聘他为宰相。他帮助周文王、周武王打下了周朝八百多年基业的基础。

2. “东莱堂”：南宋吕祖谦，官著作郎兼国史馆编修，著《东莱博议》，较春秋三传有独到的见解。

郡望　吕姓郡望主要有河东郡、东平郡、淮南郡、金华县、晋江县等。

1. 河东郡。秦置郡，治所在安邑（今山西夏县西北）。相当今山西沁水以西、霍山以南地区；东晋义熙十四年（公元418）年移治蒲坂（今山西永济蒲州镇）。其地缩小至今山西西南汾河下游至王屋山以西一角。此支吕氏，为春秋晋国大夫吕锜之后。

2. 淮南郡。汉高帝五年（公元前202年）以九江、衡山、庐江、豫章四郡置淮南国，治所在寿春（今安徽寿县）。三国魏时，改淮南郡。相当今安徽淮河以南，巢湖、肥西以北，塘河以东，凤阳、滁县以西地区。隋时在其境设寿州，大致相当今安徽寿县、六安、霍山、霍丘等地。此支吕氏以寿县吕氏著称，其开基始祖为吕谦。

3. 东平郡。汉甘露二年（公元前52年）改大河郡为东平国，治所在无盐（今山东东平东），相当今山东济宁市、汶上、东平等县地。宋宣和元年（1119年）改郓州为东平府，治所在须城（今东平）。相当今山东汶上、平阴、东平、梁山、肥城、阳谷、东阴等县地。此支吕氏以寿张（今阳谷）吕氏著称，大概为吕尚19世孙康公吕贷之后。

4. 金华县。东汉设长山县，隋改金华县，为婺州治所，1358年朱元璋改婺州为宁越府，1360年改名金华府，治所仍在金华，相当今浙江金华、兰溪、东阳、义乌、永康、武义等地。此支吕氏为淮南寿县吕氏分支。

5. 晋江县。唐置县，在今福建省东南沿海、晋江下游。

（四） 家谱寻踪

山西临晋·吕氏家谱不分卷

藏地：日本　美国

（清）吕一纶　吕汇常等修

清康熙三十六年（1697）木活字本　四册

江苏武进·毗陵吕氏谱十八卷

藏地：国家图书馆　辽宁图书馆

清道光二十年（1840）活字本

江苏武进·毗陵吕氏族谱二十二卷首一卷末一卷

藏地：中国社会科学院历史研究所图书馆　苏州大学　日本　美国

（清）吕赞庭　吕继午纂修

清光绪四年（1878）活字本　十三册

江苏武进·毗陵吕氏族谱二十四卷首一卷末

藏地：江苏常州市图书馆（存卷3、4）　日本　美国

（清）吕金诚　吕绩熙续修

清光绪三十一年（1905）木活字本

江苏武进·塘洋吕氏族谱十卷

藏地：南开大学

（民国）吕荣桂修

1926年文献堂木活字本　十二册

江苏江都·甘泉吕氏宗谱六卷

藏地：江苏江都县双沟乡吕庄村

（民国）吕勷国三修

1932年木刻本

江苏无锡·白沙圩吕氏宗谱二十一卷首一卷末一卷

藏地：日本　美国

（清）吕洪裕　吕正兴等重修

清同治九年（1870）木活字本

江苏江阴·暨阳开化吕氏宗谱二十二卷

藏地：国家图书馆

（民国）吕挹清总纂

1928年维则堂活字本　四十二册

江苏宜兴·吕氏宗谱三十卷首一卷

藏地：吉林大学

（清）吕精法等重修

清宣统二年（1910）活字本　二十四册

安徽旌德·吕氏宗谱不分卷

藏地：安徽博物馆

钞本　一册

浙江杭州·楼溪吕氏家谱不分卷

藏地：浙江省图书馆

（清）吕文华　吕学贤

清乾隆五十年（1785）修　吕学贤钞本　二册

浙江宁波·宁城木栏桥吕氏宗谱二十二卷首一卷

藏地：吉林大学　浙江宁波天一阁文物保管所

（清）吕蜚雯编辑

清光绪二十五年（1899）扶雅堂活字本　六册

浙江·余姚新河吕氏家乘十二卷附录一卷

藏地：国家图书馆（存卷4—9，12）

（明）吕本撰

明刻本

浙江余姚·吕氏家谱不分卷

藏地：国家图书馆

（清）吕治平纂修

清康熙三十二年（1693）家刻本　四册

浙江·余姚吕氏宗谱八卷首一卷

藏地：中国社会科学院历史研究所图书馆

（清）吕铭纂修

清光绪二十四年（1898）敬和堂活字本　八册

浙江鄞县·木阜吕氏宗谱四卷

藏地：浙江鄞县勤江镇蓉峰村

（清）光绪元年（1876）木刻本

浙江鄞县·木阜吕氏宗谱□□卷

藏地：浙江宁波天一阁文物保管所（存卷2、4）

民国间文献堂木活字本

浙江鄞县·上木阜吕氏宗谱三卷首一卷

藏地：浙江宁波天一阁文物保管所

（民国）吕元宾　吕承烈等纂修

1937年慎德堂木活字本　二册

浙江·平湖吕氏世系不分卷

藏地：日本　美国

（民国）吕懋荣修

1918年铅印本　一册

浙江奉化·登溪吕氏宗谱五卷首一卷

藏地：浙江奉化县文管会

（民国）毛宝清修

1927　年木活字本

浙江奉化·狮山吕氏家谱不分卷

藏地：浙江奉化县文管会

（民国）庄崧甫纂修

1937年钞本　一册

浙江绍兴·山阴新和里吕氏宗谱不分卷

藏地：美国

（清）吕德森修

清道光三年（1823）钞本　五册

浙江新昌·吕氏宗谱十八卷

藏地：人民大学

（清）吕邦树等原修　佚名续修

清嘉庆二年（1797）刻本　十八册

浙江新昌·吕氏宗谱二十四卷

藏地：浙江新昌县文管会（存卷1—4、9、10、13、16—20、22）

（清）吕氏合族修

清同治间木活字本

浙江新昌·吕氏友睦宗谱□□卷

藏地：南开大学（存卷11—15）

清明礼堂刊本

浙江新昌·吕氏宗谱三十卷首一卷

藏地：国家图书馆　南开大学

（民国）吕庆荣　吕闻杨等续

1930年明礼堂活字本　三十册

浙江新昌·吕氏宗谱□□卷

藏地：浙江新昌县文管会（存卷7、23）

明礼堂修活字本

浙江新昌·吕氏宗谱□□卷

藏地：浙江新昌县文管会（存卷7、12—14）

1931年明礼堂木活字本

浙江上虞·虞邑西乡吕氏宗谱不分卷

藏地：国家图书馆　美国

（清）吕相道等修

清道光二十七年（1847）斯祐堂木活字本

浙江上虞·虞邑西乡吕氏宗谱十卷

藏地：国家图书馆

（清）吕开荣等修

清光绪十一年（1885）斯祐堂活字本　八册

浙江嵊县·贵门氏宗谱十卷

藏地：国家图书馆

（清）吕载赓等重修

清咸丰八年（1858）明礼堂活字本　十册

浙江嵊县·贵门吕氏宗谱十卷

藏地：中国社会科学院历史研究所图书馆

（清）吕岳孙等修

清光绪十三年（1887）明禮堂活字本　十册

浙江嵊县·吕氏宗谱□□卷

藏地：浙江嵊县图书馆（存卷18）

清同治八年（1869）木活字本

浙江嵊县·吕氏宗谱二十八卷

藏地：浙江嵊县图书馆（存卷4、7、8、10、12、13、16、17、21、22）

清光绪二十七年（1901）木活字本

浙江·东阳象冈吕氏宗谱二十二卷

藏地：浙江东阳县档案馆（存世传一册）　浙江东阳明冈乡上湾（存卷1）

（清）卢正衍纂

清同治十三年（1874）木活字本

浙江·东阳齐光东平吕氏宗谱

藏地：浙江东阳象冈乡前冈

（民国）卜文纂

1918年木活字本　三册

浙江东阳·东平瑞山吕氏宗谱十九卷

藏地：浙江东阳徐宅乡水丰村

（民国）吕甲初纂

1941年重修木活字本

浙江常山·吕氏宗谱十四卷首一卷

藏地：浙江常山县狮子口乡塘底村上张（存卷首、卷1—7，9）

清光绪二十三年（1897）木刻本

浙江常山·吕氏宗谱二十卷

藏地：浙江常山县狮子口乡塘底村上张

浙江临海·台临吕氏宗谱一卷

藏地：浙江临海县博物馆

清嘉庆三年（1798）木活字本

浙江缙云·壶溪吕氏务本公派已谱不分卷

藏地：日本　美国

清光绪十年（1884）木活字本四册

浙江缙云·壶溪吕氏三才公房谱三卷

藏地：浙江缙云县档案馆

（民国）吕钜仁缵修1936年木活字本

浙江缙云·壶溪道福公房谱四卷

藏地：浙江缙云县档案馆

（民国）吕显西总理　吕仲信纂修1936年木活字本

浙江缙云·壶溪吕氏家乘二十一卷

藏地：浙江缙云县档案馆（缺卷1、6、9—15）

1936年木活字本

浙江缙云·壶溪吕氏文球公房谱五卷

藏地：浙江缙云县档案馆

（民国）吕正帆编修

1947年木活字本

浙江缙云·壶溪吕氏仁化公派己谱十卷

藏地：浙江缙云县档案馆

（民国）吕椿年总纂

1946年木活字本

浙江缙云·壶溪吕氏起操公派房谱七卷

藏地：浙江缙云县壶镇镇高潮村

（民国）吕立循总理　吕访君等编修

1948年木活字本

浙江缙云·谷前吕氏宗谱三卷

藏地：浙江缙云县档案馆

（清）吕志道　吕国盛纂

清光绪十二年（1886）木活字本

安徽·旌德吕氏续印宗谱十四卷首一卷

藏地：国家图书馆　中国社会科学院历史研究所图书馆　人民大学　南开大学　河北大学　吉林大学　四川省图书馆

（民国）吕朝熙编订

1917年铅印本　十四册

江西·婺源沣溪吕氏续修举要世谱四卷

藏地：国家图书馆

明刻本　二册

山东诸城·东武吕氏家乘

藏地：山东日照市图书馆

清光绪二十三年（1897）刻本　十二册

山东邹平·吕氏宗谱四卷

藏地：日本　美国

（民国）吕际庚　吕鹏等续修

1916年刊本　四册

河南固始·吕家族谱

藏地：台湾

清咸丰五年（1855）写本　一册

湖北武汉·吕氏族谱□□卷

藏地：武汉市图书馆（存卷1—5、7、8、11、卷末）

民国初吕氏三相堂木活字本

湖北蕲州·吕氏重修宗谱六卷首一卷

藏地：中国社会科学院历史研究所图书馆

（民国）吕光琦主修

1921年铅印本　六册

湖南湘乡·白龙吕氏支谱十卷首二卷末一卷

藏地：湖南省图书馆

（清）白鸿福等修　白家斋等纂

清同治三年（1864）河东堂活字本

湖南常宁·吕氏宗谱□□卷

藏地：湖南省图书馆（存卷首上）

（民国）吕声清纂

1921年活字本

湖南零陵·吕氏宗谱四卷

藏地：广西图书馆（存五册）

民国初年守正堂刻本

湖南零陵·吕氏族谱□□卷

藏地：广西图书馆（存卷首、卷1）

（民国）吕尚彬纂

1921年钞本

湖南武冈·吕氏续修族谱□□卷

藏地：湖南省图书馆（存卷首）

（民国）吕惟寅　吕锡鉴等纂修

1916年文献堂活字本

湖南武冈·吕氏创修族谱□□卷

藏地：湖南省图书馆（存卷首、

卷1)

(清) 吕典镩　吕典谐等纂

清同治二年(1863)光裕堂活字本

广东广州·岭南吕氏家谱一卷

藏地:美国

(清) 吕绰宽纂修

清咸丰九年(1859)刊本　一册

藏地:广东中山图书馆

清光绪二十二年(1896)钞本

广东潮洲·吕氏族谱一卷

藏地:台湾

(清) 吕钟锈撰

清乾隆九年(1744)写本　一册

四川隆昌·吕氏世谱

藏地:国家图书馆

(民国) 吕忍太等修

1933年隆昌文宝斋石印本　二册

四川隆昌·吕氏族谱不分卷

藏地:四川省图书馆

(民国) 吕奉轩纂

民国石印本　三册

四川宜宾·吕氏宗谱不分卷

(民国) 吕平原　吕平林等纂

民国石印本　一册

四川仪陇·吕氏宗谱一卷

藏地:四川仪陇县档案馆

(民国) 吕献忠录

1928年钞本

四川宣汉·吕氏族谱一卷

藏地:四川宣汉县档案馆

清同治五年(1866)钞本

陕西泾阳·船头村吕氏族谱六卷

藏地:国家图书馆

(民国) 吕日知编辑

1948年石印本　一册

河东吕氏谱□□卷

藏地:国家图书馆(存卷1、3—27)

(清) 吕鸣恭　吕懿历等纂

清康熙刻本

南渡吕氏族谱十二卷

藏地:北京大学

(清) 吕志曾等纂

清乾隆五十四年(1789)刻本

吕氏重修宗谱二卷

藏地:国家图书馆

(清) 吕楷等重修

清嘉庆十四年(1809)刻本二册

河东吕氏支谱二卷

藏地:江苏吴江县图书馆

(清) 吕克淳辑

清嘉庆十六年(1811)吕修模钞本　二册

吕氏重修族谱四卷

藏地:美国

(清) 吕光修

清道光十七年(1837)三居堂刊本　八册

吕氏族谱

藏地:山东日照市图书馆

(清) 吕学让等辑

清光绪二十三年(1897)辑钞本

吕氏族谱

藏地:国家图书馆

(民国) 吕德坤编辑

1927年石印本　一册

(五)　字行辈份

清光绪十二年吕国泰纂《吕氏族谱》,山东章丘吕姓一支字行为:"巩

丰仕贤，树桂诒玖，怀国安邦。”

（六） 迁徙繁衍

吕姓发源地应在今河南南阳西一带。无疑吕侯太岳，是后世所公认的中国吕姓的始祖。西周春秋战国时期，吕姓繁衍应当是在今陕西镐京（今西安。吕侯曾在周穆王时因封司寇之卿，帮穆王制《吕刑》，其后裔有居镐京的）、河南南阳，及东平寿张（今山东阳谷县）一带，今安徽寿县、凤台县等地。秦时，便向北及西再度播迁。其中以山西西南部的蕃衍最为旺盛，后成为当地一大望族，故吕姓后有以“河东”为其堂号。其开基始祖为春秋时晋国大夫吕锜。至汉代吕姓已主要分布于今河南、山西、山东、陕西、内蒙南部及甘肃、安徽等地，并散居于我国长江中下游部分地区。其中，繁衍于古时山东东平及安徽淮南一带的吕氏，到了魏晋南北朝时，也遂成当地一大望族，到唐宋时，最为著称。吕姓南迁始于汉代，或迁浙江，或迁江苏，或迁湖北，或迁云南、四川一带（吕不韦为此地开基始祖）。吕姓大举南迁始于魏晋南北朝之时，其后主要在我国南方形成了两大望族，据《新竹县大溪镇吕氏族谱》等有关资料所载：1. 金华吕氏，奉吕谦为始祖，世居淮南寿州（治今安徽寿县），西晋末年，因避乱南迁，迁居浙江之金华，至唐宋已成为当地一大望族，故称为金华吕氏。其后裔广布于苏、浙一带。此后不断分迁，由浙江入婺（婺江，在今江西），由婺迁人漳州（今属福建），由漳州迁入泉州（今属福建），再迁入广东等地。2. 晋江（今属福建）吕氏，自北宋以后，即为大族。其先祖于北宋以前移入福建南部。隋唐至宋代，据有关学者考证，吕姓在江南主要聚居在今浙江金华、绍兴、台州、山阴、无锡、余姚、嘉兴、杭州、永康；江苏镇江、南京、丹徒、武进；江西大余、九江；湖南零陵；福建晋江、漳州、泉州、福州、长乐；广西桂林；广东梅州、惠州等地。元、明之际，吕姓便遍及全国大部分地区。今天吕姓在全国的分布以安徽、河南、山西、山东、浙江、江苏、福建为最，河北、陕西、甘肃、广东、广西、台湾等次之。

（七） 适用楹联

□老弃钓竿荣佐帝[①]；
　少交中散喜多才[②]。

□岳阳仙客[③]；渭水耆英[④]。

□字林千古典[⑤]韵集五卷书[⑥]。

□夹袋储贤，推圣功之雅量[⑦]；
　立朝正色，懔晦叔之遗风[⑧]。

□春秋既成，难增减一字[⑨]；
　阴阳刻定，悉参订五经[⑩]。

□视富贵如浮云，人间清福[⑪]；
　寄耕渔以笑咏，隐逸高风[⑫]。

□天地入胸臆；文章生风雷[⑬]。

□万山来天际；一石压江流[⑭]。

□九霄离海峤；一息到天池[⑮]。

注释：

①西周吕尚，字子牙，俗称姜太公。相传钓于渭水之滨，文王出猎相遇，同载而归。初官太师，后辅佐武王灭商，封于齐，为周代齐国的始祖。

②三国魏东平人吕安，有济世之念。少时与才子、中散大夫嵇康友善。

③唐代京兆人吕洞宾，号纯阳子，两举进士不第，浪游江湖，修道于终南山，有剑术，百岁童颜。传为八仙之一。

④见注①。

⑤晋代文学家吕忱，字伯雍。作《字林》，增补《说文》。

⑥晋代音韵学家吕静，为吕忱之弟，仿李登《声类》编有《韵集》五卷。

⑦北宋大臣吕蒙正（944—1011），字圣功，河南洛阳人。太平兴国进士第一。以敢言著称，曾三任宰相，知人善荐。辞官回乡时还以“弭兵省财，古今上策”为言。

⑧北宋大臣吕公著（1018—1089），字晦叔。寿州（今安徽寿县）人。进士出身，与司马光并为宰相。司马光死后，独秉朝政，续废王安石新科举法。

⑨战国末秦国大臣吕不韦（？—前235），尝著《吕氏春秋》，置于咸阳之城门，曰：“有能增损一字者予千金”。

⑩唐代太常博士吕才，受诏删定阴阳家书，诏颁天下。

⑪见注③。

⑫宋代隐士吕徵之，居石山中，以耕渔自给。

⑬明代名人吕留良自题联。

⑭当代历史学家吕振羽（1900—1980）自题联。

⑮宋代状元吕溱诗。仁宗曾对此诗大加赞赏，特点为状元。

吕氏名人集粹

吕天俵 剿灭了张格尔叛乱、官迁乌鲁木齐提督。

吕天成 浙江余姚人，明代著名戏曲理论家，戏曲论著《曲品》保存了不少明代戏曲史料。

吕柟 陕西高陵人，世宗时曾官至南京礼部侍郎。

吕纪 浙江鄞县人，著名的花鸟画家，曾官至锦衣卫指挥，为明代花鸟画的主要作家之一。

吕坤 著名学者。宁陵（今属河南）人，曾官至刑部左、右侍郎。

吕留良（1629—1683）明末清初浙江崇德（今桐乡）人，名光纶，字庄生、用晦，号晚村。与黄宗羲、高斗魁等结识。明亡，散家财结客，图谋复兴。事败，家居授徒。康熙年间誓死拒应博学鸩词试。后剪发为僧，名耐可。卒前作《祈死诗》六篇。雍正十年（1732）因曾静案，被剖棺戮尸，著述焚毁，但民间仍有流传。学宗程朱，特别表扬朱熹的种族思想，认为“华夷之辨”大于“君臣之伦”。精通医学，曾注《医贯》。著有《吕晚村文集》、《东庄吟稿》。又与吴之振等合辑《宋诗钞》。

吕思诚 官至光禄大夫、大司农等。

吕祖谦 婺州（州治今浙江金华）人，著名的哲学家、文学家、浙东学派的先驱者，曾任著作郎兼国史院修官。和朱熹、张栻齐名，时称“东南三贤”。

吕本中 寿州（今安徽寿县）人，诗人，被后人列入江西诗派。

吕蒙正 今河南洛阳人，在太宗、真宗时三次出任宰相，以敢言著称。

吕夷简、吕公著 二人开寿州（今安徽寿县）闻人之先河。吕夷简曾权知开封府，仁宗朝宰相，封申国公；吕公著为仁宗、英宗时宰相，神宗朝御史中丞，后又独当国政，位于司空、同平章军国事。吕夷简次子公绰为翰林侍诗学士，孙吕希道官少府监，希哲、希绩、希纯皆为当时名士。

吕大防 官至尚书左仆射，其先汲郡（今河南汲县）人，后迁居京兆蓝田（今属陕西）；其弟吕大临，蓝田人，为北宋著名金石学家、程门四弟子之一，其著作《考古图》为中国最早而较有系统的古器物图录。

吕惠卿 泉州晋江（今属福建）人，曾参与王安石变法、官至参知政事。

吕端 幽州安次（今河北安次）人，历官知成都府、蔡州，枢密直学士，太宗年间继吕蒙正为宰相，太宗曾称他“小事湖涂，大事不糊涂”。

吕洞宾 河南府（今山西永济县）人，一说京兆（今陕西西安）人，唐代八仙之一，曾隐终南山等地修道，后游历各地，自称回道人。被道教全真道尊为北五祖之一。

吕才 博州清平（今山东聊城）人，哲学家、音乐家，曾官至太常博士、太常丞。其人博学多才，其天文、历算、历史、舆地、军事、医药等学术均有所擅长，尤精于乐律。

吕向 今甘肃泾川北人，书法家、学者，善草隶，能一笔写百字，称“连绵书”。又与吕延济、刘良、张铣、李国翰注解《文选》，名为“五臣注本”。

吕渭 河中（今山西永济县）人，进士、官礼部侍郎。吕渭子吕恭官岭南府判官。

吕肃 河东（今山西）人，开元进士，曾任荆州以下五州节度。

吕无膺 东平（今属山东）人，官吏部侍郎、太子宾客等。

吕永吉 隋文帝时官至上柱国太尉、封刘郡公。

吕文显 临安（今浙江杭州）人，官至尚书右丞。

吕僧珍 南北朝时东平（今属山东）人，官至南兖州刺史。

吕洛 河北人，文成帝时成武侯。

吕光 略阳（治今甘肃庄浪西南）人，十六国时后凉（建都今甘肃武威）的建立者，辖地相当今甘肃西部和宁夏、青海、新疆一部分，在位13年。其子吕绍、吕纂、吕隆也先后称帝。

吕忱 晋时文字学家，著有《字林》。

吕蒙 汝南富陂（今安徽阜南东南）人，三国时东吴名将，是个文武双全的人物，以致鲁肃见他时，曾称赞其“学识英博，非复吴下阿蒙”。先在赤壁大战中和周瑜、程普等大破曹军，后又袭破关羽，夺回荆州，威震四方，封南郡太守，孱陵侯。

吕范 西阴（今湖北黄冈）人，为孙策谋。

吕岱 海陵（江苏泰县）人，为孙权统事。

吕凯 不韦（今云南保山县）人，官云南太守。

吕布　今内蒙古包头西北人，东汉末年名将，善弓马，力大无穷，时称“飞将”，号奋威将军，封温侯，割据徐州（今山东南部及江苏北部一带），为一代枭雄。后在下邳（今江苏睢宁西北）为曹操所败，被擒杀。

吕臣　秦末农民起义军将领，初为陈胜部下，陈胜牺牲后，他在新阳（今安徽界首北）组织苍头军，收复陈县（今河南淮阳），并重建了张楚政权。后归项梁，与项羽同屯军彭城。后楚怀王乘机夺取他和项羽的兵权，改任他为司徒。后又佐刘邦平天下，封宁陵侯。到了刘邦所建的汉朝，吕氏再度显赫。当时汉高祖所封的吕姓功臣有：阳信侯吕青、中水侯吕马童、涅阳侯吕腾；吕后兄弟亲戚吕禄、吕产，分别封为赵王、梁王；吕泽，及子吕台，封吕王；还有扶柳侯吕平、赘其侯吕胜、滕侯吕更始、吕成侯吕忿、祝兹侯吕莹。汉高祖死后，有吕后，名雉，字娥姁，汉高祖皇后，专政达 16 年之久，她娘家的人权倾当朝，刘家的天下，差一点被吕姓夺去。后为太尉周勃平定诸吕叛乱后，吕氏被杀者数万人，对吕姓是一次沉重的打击。

吕不韦　卫国（都今河南淇县）人，战国时秦丞相，初为阳翟（今河南禹州）大商人，后在秦几朝为相国，并被封为文信侯，称为“仲父”。食有蓝田（今陕西蓝田西）12 县、河南洛阳 10 万户。曾招贤纳士，门下有宾客三千，并让他们编著有《吕氏春秋》，汇集了先秦各派学说，故有杂家之称。后被嬴政贬到今云南保山县一带，汉武帝时，曾在此地置不韦县。不韦的子孙宗族遂成为今云南、四川一带吕氏祖先。

吕氏风流撷英

吕氏姓启炎帝后，
南阳以西是源头。[①]
战国秦臣吕不韦，
著书立说吕春秋。[②]
吕后辅帝定天下，
吕蒙擒将破荆州。[③]
吕才辅帝定天下，
气乃本源论刚柔。[④]
吕端心中有天地，
大临考古垂千秋。[⑤]
经世致用吕祖谦，
山水画技吕纪优。[⑥]
百家精华我所用，
吕坤才学高八斗。[⑦]
六吕阴津察国风，
杜靡倡明消国忧。[⑧]

注释：

①《世本》载，神农炎帝居姜水，其后有齐、甫、申、吕、纪、许、向、芮等分支。吕氏出自姜姓。古吕国传为四岳之后，在今河南南阳西。

②吕不韦（？—前 235），战国末秦臣，河南濮阳人。曾招宾客著书立说，所著《吕氏春秋》又名《吕览》，二十六卷，是杂家的代表作。

③吕后名吕雉（前 241—前 180），汉高祖皇后。曾辅佐刘邦平定天下，前 195 年刘邦死后代理朝政。吕蒙

(178—219)，三国时吴国名将，安徽阜阳人。鲁肃死后，他代理鲁肃的职务，破荆州，擒关羽，立下赫赫战功，被封为孱陵侯。

④吕才（600—665），唐初哲学家，山东临清人。奉旨刊订《阴阳书》，认为气为万物之本源，阐述乾坤刚柔的对立统一。

⑤吕端（935—1000），北宋大臣，河北安次人。处事能观大局，轻重取舍，心里有数。宋太宗称他："小事糊涂，大事不糊涂"。吕大临（约1042—1090），北宋哲学家、金石学家，陕西蓝田人。有《考古图》十卷，著录铭文，摹写铜器图像及尺寸大小，注明收藏与出土地点，是研究我国古物图像的珍贵资料。

⑥吕祖谦（1137—1181），南宋学者，浙江金华人。主张经世致用，创立金华学派。吕纪（1477—?），明朝宫廷画家，浙江宁波人。擅长山水花鸟画，与边景照、林良齐名。

⑦吕坤（1536—1618），明朝学者，河南宁陵人。以讲学、著述为务，能博众家之所见，提出自己独到的见解。

⑧我国古乐十二律中阴律有六种，称六吕。古人认为通过音乐，可考察社会民俗国风的变化。靡靡之音，腐败之世，旋律鲜明，昌盛之世。只有杜绝靡靡之音，改腐败之世为昌盛之世，国家方无国忧，从而加快前进的步伐。

中华百家姓

赵 钱 孙 李 周 吴 郑 王 冯 陈 蒋 沈 韩 杨
朱 秦 许 何 吕 **张** 孔 曹 金 魏 姜 谢 邹 苏
潘 范 彭 韦 马 方 任 袁 史 唐 薛 雷 贺 汤
罗 郝 常 于 傅 康 余 顾 孟 黄 尹 姚 邵 汪
毛 戴 宋 熊 董 梁 杜 贾 江 郭 林 钟 徐 邱
高 夏 蔡 田 胡 万 卢 丁 邓 石 崔 龚 程 陆
段 侯 武 刘 龙 叶 黎 白 赖 乔 谭 阎 易 廖
文 曾

张 姓

——少昊子挥造弓箭，姓源启自黄帝赐

张氏解密寻踪

（一） 姓氏字源

《说文》：“张，施弓弦也。从弓，长声。”段玉裁注：“张、弛本谓弓施弦、解弦。”所谓张，即把弦绷在弓上，与“弛”相对。

（二） 寻根溯祖

在我国古代，张姓一直是一个大姓，其历史悠久，族大支繁，恐怕很少有姓氏能与它相比。但就其来源而言，主要有三：

1. 出自黄帝之后挥。据《新唐书·宰相世系表》所载：“黄帝子少昊青阳氏第五子挥为弓正，始制弓矢，子孙赐姓张氏。”又据《元和姓纂》所载：“黄帝第五子青阳生挥，为弓正，观弧星，始制弓矢，主祀弧星，因姓张氏。”由上这两条史料的记载可看出，曾经是重要武器弓的发明者挥，其后有以张为姓氏的。这一支由黄帝直接传下来的张姓，最初发源于尹城国的青阳，亦即清阳，其后望族也出于这一带。是为河北张氏。

2. 出自黄帝姬姓的后代，据《通志·氏族略》所载，春秋时，晋国（在今山西西南部，建都于今山西翼城西）有大夫解张，字张侯，其子孙以字命氏，也称张氏。又载，张氏世仕晋，公元前 403 年韩、赵魏三家瓜分晋国后，除部分留原地外，大部分随着三国迁都而迁移。其中，以迁居韩国的张氏影响较大，历代都有人朝为官的。韩国始都平阳（今山西临汾西南），后南迁宜阳（今河南宜阳县韩城），又迁阳翟（今河南禹州），最后迁至郑（今河南新郑）。赵国初都晋阳（今山西太原西南），后迁中牟（今河南鹤壁市西），最后又迁邯郸（今属河北）。魏国始都安邑（今山西夏县西北），后迁大梁（今河南开封市）。是为山西、河北、河南之间张氏。

3. 出自赐姓或他姓、他族改姓。①据《读史方舆纪要》所载，世居云南的南蛮酋长龙佑那，于三国时被蜀相诸葛亮赐姓张，以后其子孙便以张为氏。②据《三国志·魏志》所载，魏国大将、晋阳侯张辽本姓聂，后改为张氏，世居雁门马邑（今山西朔县），所成为大姓。③出自一些少数民族改姓张氏的。据有关资料所载，汉末三国时，乌桓族中张姓是贵姓；十六国时期由羯族建立的后赵政权中，就有许多羯族张姓，如张季即是；金有辽阳人张浩，本姓高，为东明王之后，元末有蒙古族将领伯颜帖木儿，英勇善战，后归明朝后，明太祖便赐姓张氏；女真族人咎卜，任女真千户，以武勇善战著称，明成祖也赐他姓张。另外，女真族中的颜盏氏、赤盏氏等在此时也有改张氏的，等等。这些支族的改姓，使得张氏支派更加庞大，新的成员增加。

在我国历史上，“张、王、李、赵”通常因其影响之大，分布之广，数量之多，曾被称为我国四大姓氏，而张姓列为其首，可见张姓曾是我国的第一大姓氏。

（三） 宗堂郡望

堂号 “百忍堂”：唐朝的时候，张公艺九世同居，这对当时的世风影响很大。唐高宗亲到他家请张公介绍九世和睦相处不分家的经验。张公拿起笔来写了 100 个“忍”字呈给高宗。高宗很佩服，奖励了张公 100 尺绸缎。

张姓堂号还有“清河”、“金鉴”（属始兴张氏）、“孝友”、“亲睦”、“冠英”、“燕贻”、“敦睦”、“宗岳”、“敬谊”、“源流”等。

郡望 历代史籍对张姓的郡望列举不一，其中以《元和姓纂》列举得最多，达 43 个郡望：《广韵》列举的郡望有 14 个，但总的来讲，张姓郡望主要有 26 处，即为：清河郡、范阳郡、太原郡、京兆郡、南阳郡、敦煌郡、安定郡、襄阳郡、洛阳、河东郡、始兴郡、冯翊郡、吴郡、平原郡、河间郡、中山郡、魏郡、蜀郡、武威郡、犍为郡、沛郡、梁郡、汲郡、河内郡、高平郡、上谷郡等。其各郡望具体相当地域大体如下：

1. 清河郡。汉时置郡，治所在清阳（今河北清河东南）。相当今河北清河及枣强、南宫各一部分，山东临清、夏津、武城及高唐、平原各一部分地。此支张氏，世居武城，其开基始祖为汉留侯张良裔孙司徒张歆。

2. 范阳郡。三国魏黄初七年（公元 226 年）改涿郡置郡，治所在涿县（今属河北）。相当今河北内长城以东，永清以西，霸县、保定市、紫荆关以北和北京市房山以南地区此支张氏，其开基始祖应为东汉司空张皓之子张宇。

3. 太原郡。战国秦庄襄王四年（公元前 246 年）置郡，治所在晋阳（今太原市西南）。相当今阳曲、交城、平遥、和顺间的晋中地区。此支张氏，为北魏平东将军、营州刺史张伟之族所在。

4. 京兆郡。汉太初元年（公元前 104 年）改右内史置京兆尹，为三辅之一，治所在长安（今陕西西安市西北）。相当今陕西秦岭以北、西安市以东、渭河以南地。三国魏辖区改称京兆郡。此支张氏，其开基始祖为西汉御史大夫张汤。

5. 南阳郡。战国秦置郡，治所在宛县（今河南南阳市）。相当今河南熊耳山以南叶县、内乡间和湖北大洪山以北应山、郧县间地。此支张氏，其开基始祖为西汉大臣张良 6 世孙张彭。

6. 敦煌郡。汉时置郡，治所在敦煌县（今甘肃敦煌县西）。相当今甘肃疏勒河以西及以南地区。此支张氏，为东汉太常张奂之族所在。

7. 安定郡。西汉置郡，治所在高平（今宁夏固原）。相当今甘肃景泰、靖远、会宁、平凉、泾川、镇原及宁夏中宁、中卫、同心、固原等县地。东晋时移治安定（今甘肃泾川北）。此支张氏，出自西汉赵王张耳之后，亦即前凉国的创建人张轨之族所在。

8. 襄阳郡。东汉置郡，治所在襄阳（今湖北襄樊市）。相当今湖北襄阳、南漳、宜城、当阳、远安等县地。此支张氏，其开基始祖为南北朝宋濮阳太守之子张安之。

9. 洛阳。我国古都之一。汉、魏故城在今洛阳市白马寺东洛水北岸；隋、唐故城在汉城西 18 里。此支张氏，多为晋散骑常侍张甝 6 世孙隆之后。

10. 河东郡。秦置郡，治所在安邑（今山西夏县西北）。相当今山西沁水以西、霍山以南地区。东晋移治蒲坂（今山西永济蒲州镇）。此支张氏，世称临猗，为范阳张氏分支，其开基始祖为西晋司空张华裔孙隋河东郡丞张吒子。

11. 始兴郡。三国时置郡，治所在曲江（今广东韶关市南）。相当今广东连江、滃江流域以北地区。此支张氏，出自西晋司空张华之后。随晋南迁至君政，因官居于韶州曲江。

12. 冯翊郡。三国魏改左冯翊置郡，治所在临晋（今陕西大荔）。相当今陕西韩城、黄龙以南，白水、蒲城以东和渭河以北地区。此支张氏，其开基始祖为后汉司空张皓少子张纲（广陵太守）其曾孙张翼，为冀州刺史，后子孙自犍为徙下邽（今属甘肃）。

13. 吴郡。楚汉之际置郡，治所在吴县（今江苏苏州市）。相当今江苏上海长江以南，大茅山以东，浙江长兴、吴兴、天目山以东，与建德以下的钱塘江两岸。此支张氏，其开基始祖为东汉张嵩第四子张睦（蜀郡太守，张良 6 世孙）。

14. 平原郡。西汉置郡，治所在平原（今山东平原县西南）。相当今山东平原、陵县、禹城、齐河、临邑、商河、惠民、阳信等县。

15. 河间郡。汉时置郡，治所在乐

城（今河北献县东南）。相当今河北献县、交河、东光、阜城、武强各一部分地。此支张氏，出自西汉赵王张耳之后。世居鄚县，隋唐时显赫。

16. 中山郡。汉时置郡，治所在卢奴（今河北定县）。相当今河北狼牙山以南，保定市安国以西，唐县新乐以东和滹沱河以北地区。此支张氏，出自汉北平文侯张仓之后，世居中山义丰。

17. 魏郡。汉初置郡，治所在邺县（今河北临漳西南）。相当今河北大名、磁县、涉县、武安、临漳、肥乡、魏县、丘县、成安、广平、馆陶，河南滑县、浚县、内黄及山东冠县等县地。此支张氏，出自繁水（今河南南乐西北）张氏之后。即唐宰相张大安之族所在。

18. 蜀郡。战国秦置郡，治所在成都（今属四川）。西汉时相当今四川松潘以南，北川、彭县、洪雅以西，峨边、古棉以北，邛崃山、大渡河以东，以及雅砻江之间康定以南，冕宁以北地。此支张氏，其开基始祖应为战国秦时蜀郡守张若。

19. 武威郡。汉时置郡，治所在武威（今甘肃民勤县东北）。相当今甘肃黄河以西，武威以东及大东河、大西河流域地区。

20. 犍为郡。西汉置郡，治所在敝邑县（今贵州遵义市西）。相当今四川简阳和新津以南，大足、合江、贵州绥阳以西，岷江下游、大渡河下游和金沙江下游以东，云南会泽、贵州水城以北地区。此支张氏，其开基始祖为张嵩长子张壮（亦即张良6世孙）。

21. 沛郡。东汉置郡，治所在相县（今安徽濉溪县西北）。相当今安徽淮河以北、西淝河以东，河南夏邑、永城及江苏沛、丰等县地。此支张氏，其开基始祖为西汉大臣张良6世孙张睦。

22. 梁郡。汉置郡，治所在睢阳（今河南商丘南）。相当今河南商丘市和商丘、虞城、民权、安徽砀山等县地。

23. 汲郡。晋时置郡，治所在汲县（今河南汲县西南）。相当今河南新乡市和新乡、汲县、辉县、获嘉、修武等县地。此支张氏，出自平原郡张氏之后，即唐宰相张镐之族所在。

24. 河内郡。楚汉之际置郡，治所在怀县（今河南武陟县西南）。相当今河南黄河以北，京汉铁路（包括汲县）以西地区。

25. 高平郡。晋置郡，治所在昌邑（今山东巨野县南）。相当今山东独山湖、金乡、巨野、邹县之间地。

26. 上谷郡。战国燕置郡，秦代治所在沮阳（今河北怀来东南）。相当今河北张家口、小五台山以东，赤城、北京市延庆县以西，及内长城和昌平县以北地。

（四） 家谱寻踪

河北·南皮张氏东门家谱不分卷

藏地：美国

（清）张元果等修

清道光十七年（1837）永恩堂刊本 二册

河北·南皮张氏族谱

藏地：河北大学

（清）张晚畴修

清道光三十年（1850）钞本

一册

河北·南皮张氏西门家谱

藏地：河北大学

（清）张佩训修

清光绪九年（1883）木刻本一册

河北·南皮张氏族谱二卷

藏地：吉林大学

（民国）张新善等重修

1925年天津源泰印字馆铅印本二册

河北·南皮张氏四门第十八支家谱

藏地：国家图书馆　吉林大学

（民国）张厚光等编辑

1938年北平铅印本　一册

河北·献县垛庄张氏家谱二卷

藏地：吉林大学　日本　美国

（民国）张濂修

1929年排印本　一册

河北景县·张氏族谱不分卷

藏地：人民大学

（清）张殿甲修

清嘉庆二年（1797）刻本　一册

河北景县·张氏族谱不分卷

藏地：日本　美国

（清）张荫江续修

清宣统三年（1911）序石印本一册

河北景县·景州枣林张氏族谱不分卷

藏地：美国

张鸿熙等修

1922年刊本　四册

山西平定·张氏族谱不分卷

藏地：国家图书馆　人民大学　辽宁图书馆　美国

（清）张文选等修

清道光二十八年（1848）刻本（序）

山西平定·张氏家谱不分卷

藏地：国家图书馆　美国

（清）张学鲁等修

清咸丰七年（1857）刊本　一册

山西五台·张氏家谱一卷

藏地：山西五台县五级村

（民国）张忠立纂

1933年写本

山西介休·宗阳张氏族谱四卷

藏地：美国

张清政等修

清嘉庆十八年（1813）活字本四册

山西介休·定阳张氏族谱四卷

藏地：中国社会科学院历史研究所图书馆　河北大学　山西大学　辽宁大学　辽市图书馆　日本　美国

（清）张清谟修

清道光二十五年（1846）木刻本四册

内蒙古喀剌沁·三韩张氏世系谱不分卷

藏地：辽宁大连市图书馆

（清）张承恩修

清同治、光绪间写本

辽宁北镇·张氏家谱一卷

藏地：中国社会科学院历史研究所图书馆

（清）张朝璘重修

清康熙十八年（1679）刻本一册

辽宁北镇·张氏家谱不分卷

藏地：复旦大学

（清）张任在增修

清嘉庆八年（1803）张博重钞稿本

辽宁北镇·张氏家谱不分卷

藏地：日本　美国

（清）张博等修

清道光十四年（1834）写本一册

辽宁北镇·广宁张氏家谱不分卷

藏地：辽宁图书馆

（清）张溥撰

清咸丰间钞本

辽宁·顺天张氏家谱不分卷

藏地：人民大学

（清）张安常续修

清道光七年（1872）序　清钞本一册

辽宁辽阳·张氏家谱不分卷

藏地：美国

（清）张安常等修

清道光二十三年（1843）钞本一册

辽宁辽阳·张氏家谱不分卷

藏地：美国

清道光三十年（1850）写本一册

吉林双阳·张氏家谱六卷附篇三卷

藏地：辽宁图书馆

（民国）张文房　张树棠修

1928年铅印本

上海·申浦张氏宗谱六卷

藏地：美国

（民国）张克昌等修

1928年上海九如堂活字本　六册

上海·奉贤张氏家谱□□卷

藏地：上海奉贤县档案馆

清光绪三年（1877）刊本

上海·奉贤张氏家谱六卷首一卷

藏地：国家图书馆

（民国）张忠裁等重修

1917年崇本堂铅印本　二册

上海松江·云间张氏族谱四卷

藏地：上海松江县政协

（清）张谦　张廷柱　张世瑛重辑

清同治十三年（1874）纂钞本

上海松江·云间张氏族谱续卷一卷

藏地：上海松江县政协

张宗祐补辑

手写本

上海松江·云间张氏世表一卷

藏地：南京市博物馆

清写本

上海松江·南塘张氏族谱八卷

藏地：上海松江县博物馆（残存上、中册）

（清）张飞均重修

清光绪十三年（1887）木刻本

上海松江·南塘张氏前族谱二卷

藏地：上海师范大学

（清）张观吉续修

清光绪十九年（1893）刊本

上海松江·南塘张氏族谱八卷

藏地：上海师范大学

（清）张观吉重修

清光绪十九年（1893）刊本

上海松江·南塘张氏族谱不分卷前族谱二卷首一卷

藏地：上海图书馆

（清）张德刚等纂

清光绪十三至二十一年（1887—1895）刻本　四册

上海青浦·张氏族谱不分卷

藏地：国家图书馆（残）

（清）张为寿修辑

清道光二十三年（1843）家刻本四册

上海青浦·汇溪张氏支谱二十六卷首二卷末一卷

藏地：上海青浦县档案馆　美国

（民国）张瑛照增修

1916年知本堂铅印本

江苏·瓜诸张氏宗谱四卷

藏地：国家图书馆　南京市图书馆

（清）张锝增续

清道光八年（1928）活字本四册

江苏江浦·张氏宗谱十卷

藏地：国家图书馆　日本　美国

（民国）张嗣钊编纂

1920年得宜堂活字本　六册

江苏溧水·义台张氏家乘十六卷首一卷

藏地：江苏溧水县群力乡蒲杆村

清同治十一年（1872）木活字本

江苏徐州·彭城张氏族谱□□卷

藏地：江苏铜山县张氏

清道光五年（1825）刊本　五册

江苏铜山·张氏族谱□□卷

藏地：江苏铜山县张氏

（清）康熙五十七年（1777）重刊本六册

江苏·铜山张氏家传

藏地：国家图书馆

（民国）张德广辑

民国石印本　一册

江苏丰县·张氏族谱二卷

藏地：江苏丰县孙娄乡张庄村

（民国）张连瑞　张金铭重修

1923年石印本

江苏丰县·张氏家谱六卷

藏地：江苏丰县顺河乡张口村

（民国）张兰裙纂

1929年石印本

江苏赣榆·张氏支谱不分卷

藏地：江苏赣榆县档案馆

钞本

江苏赣榆·张氏家谱一幅

藏地：江苏赣榆系档案馆

百忍堂白布钞本

江苏淮阴·张氏宗谱不分卷

藏地：日本　美国

（清）张光藻等重修

清同治九年（1870）序写本二册

江苏·淮阴张氏宗谱九卷

藏地：上海图书馆

（清）张效颜等修

1927年石印本　九册

江苏省宿迁县张氏族谱三卷

藏地：江苏宿迁县图书馆

（民国）张霁光　张殿佑总修　张浩沁撰文

1919年世铭堂石印本

江苏·泗阳张氏支谱六卷

藏地：上海图书馆

（清）张印心修

1935年横梁堂石印本　四册

江苏·泰县张氏家乘一卷

藏地：江苏泰州市图书馆　日本美国

（民国）张锡蕃纂

1929年铅印本　一册

江苏·靖江张氏宗谱二十卷

藏地：河北大学

（清）张绩金　徐鸿江纂修

清光绪十三年（1887）木刻本

二十册

江苏靖江·张氏族谱

藏地：江苏靖江县文化管

（民国）张氏三凤堂编辑　何民俊撰

1937年木刻本

江苏扬州·义台张氏分迁邵伯支谱六卷

藏地：日本　美国

（清）张庆堂　张春雷等重修

清嘉庆十六年（1811）上海居易堂木活字本　十册

江苏扬州·张氏族谱四卷

藏地：国家图书馆

（清）张薰等修

清咸丰四年（1854）木活字本　四册

江苏扬州·维扬浦头张氏族谱不分卷

藏地：国家图书馆　人民大学

（清）张铬修

清同治八年（1869）活字本

江苏江都·维扬江都张氏十四修族谱八卷

藏地：中国社会科学院历史研究所图书馆　吉林大学

（清）张绍泰主修　张巨川编订

清光绪十一年（1885）敦善堂活字本

十册

江苏江都·张氏族谱六卷

藏地：美国

（清）张亮臣等十四修

清光绪十一年（1885）金鉴堂木活字本　六册

江苏扬州·丁沟张氏族谱四卷

藏地：日本　美国

（清）张珪　张纯仁等重修

清光绪二十三年（1897）木活字本　四册

江苏·江都张氏宗谱四卷

藏地：美国

（清）张以岱等重修

清光绪十五年（1889）木活字本四册

江苏·江都张氏族谱十八卷

藏地：美国

（清）张永连编辑

清光绪十七年（1891）活字本二十二册

江苏江都·张氏宗谱六卷

藏地：南京市图书馆

（民国）刘嵩泉纂辑

1919年孝友堂木活字本　六册

江苏江都·维阳张氏族谱十二卷

藏地：吉林大学

（民国）张政熬等重纂

1922年孝思堂活字本　十二册

江苏江都·张氏宗谱四卷

藏地：国家图书馆

张万福等主修　刘嵩泉纂辑

1923年活字本　四册

江苏江都·维阳张氏老四房第十五次续修族谱六卷

藏地：吉林大学

（民国）张政钜修

1949年刻本　六册

江苏泰兴·张氏三修家谱十四卷

藏地：江苏泰兴县古楼西街（缺一册）

（清）张行俭续修

清光绪二十年（1894）木刻本

江苏泰兴·张氏家谱六卷

藏地：江苏泰兴县焦荡陆元村

(缺卷 2)

(民国) 张进寿重修

1946 年木刻本

江苏泰兴·张氏景贤支谱□□卷

藏地：江苏泰兴县古楼西街（存一册）

木刻本

江苏南通·通州张氏宗谱二十卷图一卷

藏地：江苏南通市图书馆

(清) 张憘增等修　张謇总纂

清光绪二十九年（1903）敦伦堂刻本十二册

江苏南通·张氏宗谱

藏地：江苏南通市图书馆（存卷 4）

清孝友堂刻本

江苏·南通张氏常乐支谱一卷

藏地：中国社会科学院历史研究所图书馆　吉林大学　江苏南通市图书馆　江苏南通市博物馆

(民国) 张謇修纂

1921 年序铅印本　一册

江苏如皋·张氏宗谱十五卷

藏地：河北大学

(清) 姜春煦　张大庚纂修

清道光八年（1828）木刻本　二十册

江苏丹阳·张氏宗谱十卷

藏地：国家图书馆

(清) 张昌绶等修

清光绪二十一年（1895）孝友堂活字本　十二册

江苏镇江·京江张氏家乘十六卷

藏地：山西大学

(清) 张长钰汇编

清道光五年（1825）刻本

江苏镇江·张氏族谱四卷

藏地：日本　美国

(清) 张元等重修

清道光十七年（1837）木活字本四册

江苏镇江·京江张氏家乘六卷

藏地：江苏镇江市博物馆

(清) 张口等纂

清道光二十五年（1845）刻本

江苏镇江·润州开沙张氏族谱□□卷

藏地：江苏宿迁县图书馆（存卷 2、13）

清道光间木刻本

江苏镇江·京江张氏宗谱六卷

藏地：国家图书馆　江苏泰州市图书馆　日本　美国

清光绪五年（1879）木活字本

江苏镇江·润城张氏五修族谱十卷

藏地：中国科学院图书馆　吉林大学日本　美国

(清) 张绶青刊修

清光绪十八年（1892）二铭堂木活字刊本

江苏镇江·润州开沙张氏族谱六卷

藏地：中国社会科学院历史研究所图书馆　美国

(清) 张昌定纂修

清宣统三年（1911）活字本　十二册

江苏·丹徒张氏族谱八卷首一卷

藏地：中国社会科学院历史研究所图书馆　河北大学

(清) 张福璜纂修

清光绪六年（1880）刻本　四册

江苏丹徒·京江张氏宗谱六卷

藏地：南开大学　江苏镇江市博物馆

（民国）张宗樨　张崇本修

1941年孝友堂刻本　六册

江苏丹阳·云阳张氏宗谱十卷

藏地：美国

（清）张飞渚等修

清光绪十三年（1887）亦政堂木活字本　十册

江苏丹阳·张氏重修族谱十卷

藏地：日本　美国

（清）张灿禄　张仪铭等重修

清光绪二十七年（1901）木活字本　三十册

江苏丹阳·张氏家乘□□卷

藏地：江苏丹阳县松卜乡麦溪村

（民国）张龙子重修

1944年木刻本

江苏·常州文成里张氏宗谱十六卷首一卷

藏地：南京大学

（清）张利贞等修

清道光二十四年（1844）孝友堂刻本十二册

江苏常州·毗陵城南张氏宗统谱十卷附一卷

藏地：人民大学

清光绪元年（1875）百忍堂活字本　十四册

江苏常州·张家坝张氏宗谱八卷

藏地：江苏苏州市博物馆

（清）张义经修纂

清光绪四年（1878）书忍堂活字本　八册

江苏常州·张家坝张氏宗谱十卷

藏地：国家图书馆　江苏苏州市博物馆

（民国）张仲康修纂

1918年书忍堂活字本　十册

江苏常州·毗陵张氏宗谱四卷

藏地：南京市图书馆

（清）张永源编

清光绪十九年（1893）慎德堂木活字本

江苏常州·毗陵张氏宗谱

藏地：江苏常州市图书馆（存卷19）

敦睦堂木活字本

江苏常州·毗陵张氏宗谱三十四卷

藏地：上海图书馆　日本　美国

（民国）张玉钢　张瑞元等修

1915年木活字排印本　二十八册

江苏常州·毗陵张氏宗谱十二卷首一卷

藏地：国家图书馆

（民国）张灿铉主修

1929年垂裕堂活字本　十册

江苏常州·毗陵泰村张氏宗谱二十三卷

藏地：吉林大学

张美林续修

1930年得一堂活字本　十六册

江苏常州·毗陵张氏宗谱六卷

藏地：南京市图书馆

（民国）张烂根等编

1942年慎德堂木活字本

江苏常州·张氏宗谱四十二卷

藏地：江苏常州市图书馆（残）

（民国）张廷耀主修　张文焕主稿

1947年常州城南书院木活字本

江苏常州·毗陵前坟荡张氏宗谱二十八卷首一卷

藏地：江苏常州市图书馆

（民国）张根法主修　严有翼主稿

1948年积庆堂木活字本

江苏常州·毗陵张氏宗谱□□卷

藏地：江苏常州市图书馆（存卷2—9、12上）

（民国）怀远堂木活字本

江苏武进·张氏宗谱八卷

藏地：美国

（清）张祯禧等续修

清同治九年（1870）百忍堂刊本　八册

江苏武进·毗陵张氏宗谱九卷首一卷

藏地：美国

（清）张锦坪等修

清光绪二年（1876）垂裕堂活字本　八册

江苏武进·天井里张氏宗谱十六卷

藏地：江苏常州市图书馆（残）日本　美国

清光绪四年（1878）敬惜堂木活字本十六册

江苏武进·丁堰张氏宗谱十卷首一卷

藏地：日本　美国

（清）张衡芳　张兆魁等重修

清光绪十三年（1887）二铭堂木活字本　十二册

江苏武进·丁堰张氏宗谱十六卷首一卷后编八卷

藏地：美国

（民国）张增裕等修

1914年二铭堂木活字本　十六册

江苏武进·罐塘张氏宗谱四卷

藏地：日本　美国

（清）张希白等修

清光绪十七年（1891）百忍堂木活字本　四册

江苏武进·张氏世谱录编三十四卷

藏地：日本　美国

（清）张忠乾　张光灿等重修

清光绪二十一年（1895）城南书院木活字本　三十六册

江苏·武进张氏二修宗谱四卷

藏地：中国社会科学院历史研究所图书馆　日本　美国

（清）张彬主修

清光绪三十年（1904）贻德堂活字本二册

江苏武进·毗陵张氏族谱四卷

藏地：人民大学　美国

清宣统二年（1910）惇叙堂活字本　四册

江苏武进·韦庄张氏重修宗谱十八卷首二卷

藏地：中国社会科学院历史研究所图书馆

（清）张坤照主修

清宣统三年（1911）承德堂活字本　二十四册

江苏武进·毗陵前坟荡张氏宗谱三十卷首一卷

藏地：美国

张存睦等修

1914年积庆堂木活字本　二十六册

江苏武进·毗陵城南张氏宗谱十五卷

藏地：南开大学

张方玉　张起鹗等修

1914年百忍堂刊本　十六册

江苏武进·常州张氏宗谱九卷首一卷

藏地：美国

张仲芬等修

1918年百忍堂木活字本　十二册

江苏武进·毗陵张氏宗谱十四卷

藏地：国家图书馆

（清）张川秀等五修

清光绪十六年百忍堂活字本　十六册

江苏武进·南望张氏宗谱十六卷

藏地：国家图书馆　中国社会科学院历史研究所图书馆

（民国）张川秀等重辑

1919年常郡丫河南望百忍堂活字本十六册

江苏武进·张氏宗谱十卷

藏地：日本　美国

（民国）张希载等续修

1919年百忍堂木活字本　十册

江苏武进·张氏宗谱十卷

藏地：美国

（民国）张怀奇等修

1922年二铭堂活字本　十册

江苏武进·石莲圩张氏宗谱八卷

藏地：日本　美国

（民国）张逢吉等重修

1926年序百忍堂木活字本　八册

江苏·武进张氏宗稿三卷

藏地：上海图书馆

（民国）张文郁等修

1928年亦政堂木活字排印本二册

江苏武进·开井里张氏族谱底稿

藏地：国家图书馆

墨栏钞本　二册

江苏武进·毗陵天井里张氏圣经公支谱十卷

藏地：中国社会科学院历史研究所图书馆　南开大学

（民国）张秉衡　张赞先修

1948年振群印书局排印本　二册

江苏无锡·安阳张氏宗谱十二卷

藏地：国家图书馆

（清）张应轸等修

清同治十一年（1872）孝思堂活字本十二册

江苏无锡·锡山张氏续修宗谱

藏地：中国历史博物馆

（清）朱福基编修

清同治十一年（1872）三知堂刻本

江苏无锡·张氏宗谱不分卷

藏地：日本　美国

（清）张富扬　张尔寿等重修

清同治十二年（1873）序木活字本　十册

江苏无锡·张氏宗谱十二卷

藏地：江苏苏州市图书馆（缺卷8、9）

（清）张殿栋修　张棻　张寿基校

清光绪四年（1878）资敬堂活字本

江苏无锡·蓉湖张氏宗谱十四卷

藏地：美国

（清）张中美等修

清光绪四年（1878）孝友堂木活字本二十一册

江苏无锡·蓉湖张氏宗谱十六卷

藏地：吉林大学

（民国）张履廷主修　吴承圭纂辑

1914年孝友堂活字本　十六册

江苏无锡·锡山张氏宗谱二十卷

藏地：国家图书馆

（清）张嘉谟等修

清宣统二年（1910）福人堂活字本　二十册

江苏无锡·梁溪张氏宗谱十六卷

藏地：美国

（清）张子才等四修

清光绪二十七年（1901）萃雅堂活字本　十六册

江苏无锡·梁溪张氏宗谱二十卷

藏地：中国社会科学院历史研究所图书馆

（民国）张兰福　张慎安等纂修

1949年萃雅堂活字本　二十一册

江苏无锡·锡山张氏宗谱十二卷

藏地：哈尔滨师范大学

（清）张浩发　张渭川续修

清光绪二十七年（1901）永思堂木活字本　十四册

江苏无锡·锡山张氏宗谱十六卷

藏地：辽宁图书馆

（清）张彦昭　张选等重修

清宣统二年（1910）三知堂木活字本

江苏无锡·锡山张氏统谱八卷

藏地：美国

（民国）张国仪等六修

1922年寿康堂木活字本　三十二册

江苏无锡·张氏家乘

藏地：国家图书馆（存附录）吉林大学

（民国）张轶欧编撰

民国间活字本

江苏无锡·锡山张氏统谱

藏地：国家图书馆

（民国）张轶欧修

1922年寿康堂活字本　三十六册

江苏无锡·锡山张氏（十修）统谱四十二卷

藏地：中国社会科学院历史研究所图书馆

（民国）张轶欧　张洪基等重修

1923年寿康堂活字本　七十四册

江苏无锡·胶南张氏宗谱二十四卷

藏地：江苏苏州市图书馆

（民国）张益寿　张士亮纂修

1935年资敬堂活字本　十四册

江苏无锡·张氏宗谱十四卷

藏地：中央民族大学

（民间）张光祖等修

近代源远堂活字本　十四册

江苏江阴·暨阳张氏会谱十卷

藏地：吉林大学

（清）张允恭汇修

清同治十二年（1873）孝友堂刻本　十册

江苏江阴·暨阳花园张氏宗谱六卷

藏地：吉林大学

（清）张小年重修

清光绪二年（1876）活字本　六册

江苏江阴·暨阳花园张氏宗谱六卷

藏地：国家图书馆

（民国）张心知校修

1921年活字本　六册

江苏江阴·暨阳流璜张氏宗谱三十三卷首一卷

藏地：美国

（清）张步斋等修

清光绪三十年（1904）活字本　三十三册

江苏江阴·钦贤张氏宗谱二十卷

藏地：美国

（民国）张链等修

1914年光裕堂木活字本　二十册

江苏江阴·澄口璜村张氏宗谱七卷首一卷

藏地：江苏江阴档案馆

（民国）张有九　张福金等纂

1928年木刻本

江苏江阴·暨阳张氏会谱十四卷

藏地：美国

（民国）张桂芳等修

1929年孝友堂活字本　十四册

江苏江阴·暨阳蒋湖张氏宗谱十六卷

藏地：国家图书馆

（民国）张绣绅等续修

1949年芝泉堂活字本　十六册

江苏宜兴·阳羡张氏宗谱二十四卷一卷末一卷

藏地：国家图书馆

（民国）张瑞之等纂修

1918年一本堂活字本　三十四册

江苏苏州·东山张氏族谱不分卷

藏地：河北大学

（民国）张文均纂修

1917年石印本　一册

江苏常熟·南张世谱不分卷

藏地：江苏苏州市图书馆

（清）张敦培等纂修

清乾隆六十年（1795）至嘉庆元年（1796）张氏刻本　五册

江苏常熟·南张世谱

藏地：国家图书馆

（清）张氏递修

清乾隆年刻本　四册

江苏常熟·南张世谱不分卷

藏地：辽宁图书馆　华东师范大学　江苏苏州市图书馆　江苏常熟市图书馆

（清）张廷桂重修

清光绪六年至九年（1880—1883）卷葹草庐刻本

江苏常熟·古虞张氏宗谱三卷

藏地：河北大学

（民国）张盛法　张运奇续修

1920年木刻本　二册

江苏常熟·清河张氏支谱

藏地：国家图书馆　中国社会科学院历史研究所图书馆　河北大学　吉林大学

近代铅印本　二册

江苏常熟·清河张氏支谱不分卷

藏地：国家图书馆　复旦大学　吉林大学　哈尔滨师范大学　美国

1931年铅印本　二册

江苏·吴县张氏家乘一卷

藏地：辽宁图书馆

（清）张世堉议辑　张茂镛编纂

清光绪二十五年（1899）刻本（序）

江苏·吴县张氏家谱七卷

藏地：江苏常州图书馆

（民国）张廷治增修

1928年铅印本

江苏常熟·张氏清河世系不分卷

藏地：江苏档案馆　江苏苏州市图书馆

（民国）张逊修　张晋昭续纂

1919年刻本　一册

江苏·吴江张氏族谱不分卷

藏地：江苏苏州市图书馆　江苏苏州市博物馆　美国

（民国）张一廖　张一爵纂修

1928年上海著易堂铅印本　一册

浙江杭州·钱塘张氏家乘不分卷

藏地：中国科学院图书馆　河南省图书馆　浙江省图书馆

（清）张曜修辑　张昱　张其昆校

清同治六年（1867）贻谷堂刻本

浙江杭州·清河张氏支谱不分卷

藏地：中国科学院图书馆　浙江省图书馆　日本　美国

（清）张其昆纂修　张曜校阅

清同治十三年（1874）刻本　光绪三年（1877）跋

浙江杭州·清河张氏家乘

藏地：国家图书馆　浙江省图书馆　日本　美国

（清）张振河等编　张景云续编

清光绪二十七年（1901）世美堂刻本

浙江余杭·张氏宗谱六卷

藏地：浙江余杭县文管会

1928年重修木活字本

浙江余杭·张氏宗谱八卷

藏地：浙江余杭县文管会

钞本

浙江富阳·富春张氏宗谱

藏地：国家图书馆

（清）张起嵩等重修

清嘉庆二十四年（1819）活字本　二册

浙江富阳·富春王洲张氏宗谱不分卷

藏地：日本　美国

（清）张思尧等重修

清光绪二年（1876）序燕翼堂木活字本　二册

浙江富阳·富春常安张氏宗谱十二卷

藏地：浙江富阳县东阁乡

1925年木刻本

浙江·萧山衡河张氏家谱十二卷

藏地：人民大学

（清）张贵续修

清嘉庆二十一年（1816）孝友堂活字本　二十册

浙江·萧山张氏宗谱六卷

藏地：日本　美国

（清）张思裕等重修

清道光十五年（1835）百忍堂木活字本　六册

浙江萧山·义门张氏宗谱六卷

藏地：日本　美国

（清）张斯来等编

清光绪二年（1876）六顺堂木活字本十二册

浙江·萧山孔湖张氏宗谱四卷

藏地：浙江省图书馆

（清）张启高修　张惟圣纂

清光绪十五年（1889）孝友堂木活字本　四册

浙江萧山·萧邑苧萝张氏宗谱四卷

藏地：美国

（清）张成高等纂修

清光绪十五年（1889）木活字本　四册

浙江萧山·肃清张氏宗谱十六卷

藏地：人民大学　河北大学

（民国）张金坤　张庆培重辑

1918年木刻本　十六册

浙江·萧山张氏宗谱六卷

藏地：浙江省图书馆

1928年崇德堂木活字本　六册

浙江宁波·张氏家谱一卷

藏地：浙江宁波市档案馆

（清）张尚冶纂

清康熙二十一年（1682）刊本

浙江宁波·殷湾张氏家谱四卷

藏地：浙江宁波市档案馆（存卷1、3）

（清）郑彬瑞纂

清光绪二十年（1894）刊本

浙江宁波·甬东张氏家谱二十四卷

藏地：浙江宁波天一阁文物保管所

（清）张广文　张翊让等纂修

清宣统二年（1910）听彝堂木活字本十二册

浙江宁波·大步东张氏夏房谱四卷

藏地：浙江宁波天一阁文物保管所

（清）张世训纂修

清光绪二十七年（1901）月洲东舍木活字本　二册

浙江宁波·甬上张氏宗谱

藏地：浙江宁波市档案馆

1926年本　七册

浙江余姚·张氏家谱七卷首一卷末一卷

藏地：浙江省图书馆

（清）张国圡续修

清乾隆五十九年（1794）裕裔堂木活字本　六册

浙江余姚·姚江逊桥张氏宗谱十四卷

藏地：日本　美国

（清）张春林等续修

清光绪二年（1876）裕裔堂木活字本八册

浙江余姚·姚江历山张氏七修宗谱十二集

藏地：中国社会科学院历史研究所图书馆　浙江慈溪县文管会

（清）张谦总纂　张衡　张霱祥等纂修

清光绪十年（1884）历山敦伦堂活字本　十二册

浙江余姚·云柯张氏宗谱十集十二卷首一卷

藏地：浙江省图书馆

（清）张守误续修

清光绪二十年（1894）木活字本十册

浙江余姚·白鹤桥张氏宗谱四卷首一卷末一卷

藏地：河北大学

（清）张知清　张祖江续辑

清光绪十三年（1887）木刻本四册

浙江余姚·姚江白鹤桥张氏宗谱六卷首一卷终一卷

藏地：河北大学

（民国）张锡能　张纯粹修

1938年木刻本　六册

浙江·余姚张氏宗谱八卷

藏地：河北大学　哈尔滨师范大学

（清）张锡恩修

清光绪三十年（1904）亲睦堂木刻本八册

浙江余姚·姚江三墙张氏六修宗谱二十八卷

藏地：中国社会科学院历史研究所图书馆　河北大学　浙江省图书馆

（民国）张振鹭总纂

1916年树德堂活字本　二十八册

浙江·余姚禾山张氏宗谱四卷

藏地：河北大学

（民国）张福善　张烈炀修

1921年木刻本　二册

浙江勤县·张氏宗谱一卷

藏地：浙江鄞县大皎乡下严村

清光绪二年（1876）木刻本

浙江鄞县·云龙碶张氏地房谱六卷首一卷末一卷

藏地：浙江宁波天一阁文物保管所

（清）张世训纂修

清光绪三十一年（1905）明义堂木活字本　二册

浙江鄞县·桃江张氏宗谱八卷首一卷

藏地：浙江宁波天一阁文物保管所

（清）袁政襄　张济棠等纂修

清光绪二十一年91895）大本堂木活字本　四册

浙江鄞县·鹤颈漕张氏宗谱十六卷

藏地：中国社会科学院历史研究所图书馆　浙江宁波天一阁文物保管所

（民国）黄宝琮纂修

1916年追远堂活字本　十二册

浙江鄞县·鄞南华山张氏宗谱六卷首一卷

藏地：浙江宁波天一阁文物保管所

（民国）谢作庸　张为珣等纂修

1922年年贞忠堂木活字本　六册

浙江鄞县·甬上青石张氏家谱四卷

藏地：国家图书馆　吉林大学　哈尔滨师范大学　浙江省图书馆　四川省图书馆日本　美国

（民国）张美翊　张世绅修

1925年味芹堂铅印本　四册

浙江鄞县·鄞东咸祥张氏宗谱四卷首一卷

藏地：浙江宁波天一阁文物保管所

（民国）张礼龭纂修

1935年恒德堂木活字本　一册

浙江鄞县·石路头张氏宗谱四卷首一卷末一卷

藏地：浙江省图书馆　浙江宁波天一阁文物保管所

（民国）张宪曾　张大同等纂修

1935年名教堂木活字本　四册

浙江鄞县·槎湖张氏宗谱十四卷首一卷

藏地：浙江宁波天一阁文物保管所

（清）张子渊　陈康黼纂修　（民国）张琴续订

1938年种德堂木活字本　八册附一册

浙江鄞县·梅墟张氏宗谱十二卷首一卷末一卷

藏地：浙江宁波天一阁文物保管所

（民国）张龙章　张载楙等纂修

1947年孝友堂木活字本　四册

浙江慈溪·慈后张氏宗谱四卷

藏地：浙江兰溪县圣山乡

清宣统二年（1910）木刻本

浙江慈溪·慈东张氏宗谱五卷首一卷

藏地：国家图书馆　浙江宁波天一阁文物保管所

（民国）张德祖等续编

1924年观敬堂活字本　四册

浙江慈溪·慈东马径张氏宗谱十卷首一卷末一卷

藏地：浙江宁波天一阁文物保管所

（民国）张宏订　张锡尧等纂修

1926年永思堂木活字本　十册

浙江·慈溪支溪岙张氏家谱七卷附采访一册

藏地：浙江余姚梨洲文献馆

（民国）石之英纂

1927年敦本堂用新昌石氏质行轩木活字本　五册

浙江奉化·华山张氏宗谱不分卷

藏地：浙江奉化县文管会

（清）吴佑庭纂修

清咸丰十年（1860）手写本一册

浙江奉化·峨阳张氏宗谱二卷

藏地：浙江奉化县文管会

（民国）石绍棋修辑

1925年木活字本

浙江奉化·凤山张氏重修宗谱三卷

藏地：浙江奉化县文管会

（民国）张孝瑾修

1927年木活字本

浙江奉化·许岸张氏宗谱六卷

藏地：浙江奉化县文管会（存卷1—4）

（民国）毛觉悟纂修

1948年木活字本

浙江奉化·土埭张氏宗谱六卷

藏地：浙江奉化县文管会

（民国）张耀乘纂修

1948年铅印本

浙江象山·沙地张氏宗谱十卷

藏地：浙江象山县文管会

（清）董小韭重修

清嘉庆十六年（1811）钞本

浙江象山·沙地张氏宗谱十卷

藏地：浙江象山县文管会

（清）丁谦纂

清光绪十六年（1890）钞本

浙江象山·张氏新屋房谱一卷

藏地：浙江象山县文管会

（民国）张存禄重修

1924年钞本

浙江象山·张氏踏步房谱一卷

藏地：浙江象山县文管会

（民国）张存禄重修

1925年钞本

浙江象山·龙山张氏宗谱十卷

藏地：浙江象山县文管会

（民国）张存禄重修

1925年钞本

浙江象山·张氏六分头房谱一卷

藏地：浙江象山县文管会

（民国）吴焕重修

1946年钞本

浙江嘉兴·槜李梅溪双桂张氏宗谱不分卷

藏地：中国科学院图书馆　美国

（清）张琴等纂修

清乾隆三十三年（1768）刊本二册

浙江嘉兴·乌镇张氏宗谱

藏地：吉林大学

（清）乌程　张桂森修

清咸丰十年（1860）刻本　二册

浙江海宁·半海张氏宗谱不分卷

藏地：中国科学院图书馆

（清）张渔璜续修

清光绪三年（1877）铅印本　十六册

浙江·海宁半海张氏宗谱四十四卷首一卷

藏地：哈尔滨师范大学　美国

（民国）张同楣等序

1919年铅印本　十六册

浙江平湖·张氏家乘十卷附录一卷

藏地：国家图书馆

（清）张浩纂修

清乾隆五十九年（1794）稆洲山庄刻本二册

浙江平湖·当湖张氏三修家乘五卷

藏地：浙江省图书馆

（清）张显周纂修

清咸丰十年（1884）修序钞本一册

浙江平湖·张氏家乘十卷

藏地：中央民族大学　南开大学　日本美国

（民国）张元善编

1914年稆洲山庄刊本　四册

浙江·海盐张氏宗谱十卷附录不分卷

藏地：上海图书馆

（民国）张元勋纂

1934年刻本　六册

浙江湖州·横山张氏西支墓图记不分卷

藏地：浙江省图书馆

（民国）张兆镛辑　张宗祥　张宗成校

1930年跋铅印本　一册

浙江绍兴·山阴白鱼潭张氏族谱六卷

藏地：美国

（明）张元淑撰

明崇祯元年（1628）序钞本六册

浙江绍兴·续修绍兴张氏宗谱一卷

藏地：浙江省图书馆

（清）张赉庵纂修

清乾隆十二年（1747）钞本一册

浙江·绍兴张氏宗谱不分卷

藏地：浙江省图书馆

（清）张廷楠纂修

清乾隆间钞本　一册

浙江绍兴·珏芝遗派沈忝张氏宗谱不分卷

藏地：日本　美国

（清）张国器　张泰年等重修

清道光十八年91838）序存心堂木活字　一册

浙江绍兴·重修登荣张氏族谱二十四卷首一卷

藏地：中国科学院图书馆　辽宁图书馆　吉林大学　哈尔滨师范大学　日本　美国

（清）张景焘重修

清道光二十一年（1841）活字本四册

浙江绍兴·山阴张氏宗谱六卷

藏地：国家图书馆　日本　美国

（清）张一鸣等重修

清道光二十一年（1841）孝友堂活字本　六册

浙江绍兴·山阴张氏家谱七卷首一卷

藏地：日本　美国

（清）张方理等重修

清嘉庆六年（1801）缵承堂木活字本六册

浙江绍兴·庄头张氏族谱不分卷

藏地：人民大学

（清）张烈重修

清嘉庆（序）钞本　三册

浙江绍兴·张氏宗谱十六卷

藏地：日本　美国

（清）张国本辑录　余柯合纂

清同治十一年（1872）序叙慎堂写本十六册

浙江绍兴·金鱼墺张氏宗谱五卷

藏地：上海图书馆

（清）张大纲等修

清光绪八年（1882）百忍堂木活字本五册

浙江绍兴·金鱼墺张氏宗谱六卷

藏地：浙江省图书馆

（民国）张大昂修　张悌宝纂

1919年孝友堂木活字本　六册

浙江绍兴·山阴小步张氏宗谱三十六卷

藏地：日本　美国

（清）张学醇等续修

清光绪五年（1879）木活字本四十册

浙江绍兴·张氏宗谱不分卷

藏地：人民大学　日本　美国

（清）张澜　张沆等续修

清钞本　二册

浙江绍兴·山阴天乐岳山张氏宗谱十五卷首一卷

藏地：吉林大学

（清）张绍良重修

清光绪十八年（1892）活字本二十册

浙江绍兴·山阴天乐岳山张氏宗谱十六卷首一卷

藏地：浙江省图书馆

（民国）张绍良修　张楚珍汇稿

1926年木活字本　二十二册

浙江绍兴·浙绍山阴张氏家谱三卷

藏地：人民大学　美国

（清）张如梁修

清宣统三年（1911）刻本

浙江诸暨·暨阳张氏宗谱十二卷

藏地：中国社会科学院历史研究所图书馆

（清）周逢曙主修

清咸丰五年（1855）敦睦堂活字本　十二册

浙江新昌·夏洲张氏宗谱□□卷

藏地：浙江新昌县文管会

清嘉庆十二年（1807）萃英堂木活字本

浙江新昌县文管会（存卷4、5）

浙江新昌·张氏宗谱十二卷

藏地：浙江新昌县文管会

（清）张蔼然纂跋

清光绪四年（1878）木活字本

浙江新昌·中溪张氏十三卷补一卷

藏地：浙江新昌县文管会

（民国）张佳祥　张荣桥　张良科等编辑

1949年木活字本

浙江新昌·九峰张氏宗谱□□卷

藏地：浙江新昌县文管会（存卷3、4）

世德堂木活字本

浙江新昌·树本堂张氏宗谱□□卷

藏地：浙江新昌县文管会（存卷

3、4)

木活字本

浙江上虞·古虞张氏宗谱十卷

藏地：日本　美国

（清）张先能等续修

清光绪十四年（1888）孝友堂活字本十二册

浙江·上虞槐花张氏宗谱八卷首一卷末一卷

藏地：国家图书馆

（民国）张鸿翥编纂

1930年馨德堂活字本　四册

浙江嵊县·珏芝张氏宗谱□□卷

藏地：浙江省图书馆（存卷1—3）

（清）张宗让修　张惟善　张惟登等纂

清雍正十一年（1733）序木活字本　一册

浙江嵊县·剡西珏芝张氏宗谱四卷

藏地：国家图书馆

（清）张益之等重修

清嘉庆十五年（1810）诚心堂活字本二册

浙江嵊县·剡西珏芝张氏宗谱二卷

藏地：日本　美国

（清）张鸣皋等六修

清嘉庆十六年（1811）亲宗堂木活字本一册

浙江嵊县·剡西张氏宗谱四卷

（清）张光瑾编辑

崇本堂刊本　二册

浙江嵊县·剡西珏芝张氏宗谱五卷

藏地：国家图书馆

（清）张氏族人纂修

清道光十九年（1839）活字本三册

浙江嵊县·剡西富润张氏宗谱

藏地：浙江嵊县图书馆（存一卷）

（清）张宏江　张联奎等重修

清道光二十七年（1847）木活字本

浙江嵊县·剡西张氏宗谱三卷

藏地：浙江省图书馆

（清）张仁焕修　张义方纂

清同治八年（1869）履厚堂木活字本六册

浙江嵊县·高峰张氏宗谱六卷

藏地：河北大学

清光绪十一年（1885）木刻本一册

浙江嵊县·黉院张氏宗谱六卷

藏地：河北大学

（清）张柏梓　张永恺纂修

清光绪十四年（1888）三叙彝堂木刻本　六册

浙江嵊县·剡北张氏六修宗谱□□卷

藏地：浙江嵊县图书馆（存卷7、8）

清光绪二十八年（1902）重修木活字本

浙江嵊县·剡北张氏宗谱不分卷

藏地：国家图书馆（蛀甚）

（清）张浩纂修

清光绪三十年（1904）济美堂活字本二十册

浙江嵊县·剡北张氏宗谱七卷

藏地：浙江嵊县城关乡沙园村

（民国）张远结　张诗耀重修

1928年木活字本

浙江嵊县·剡源张氏宗谱五卷

藏地：浙江省图书馆

（民国）张达赓修　张述安　郭瑛纂

1929年木活字本　四册

浙江金华·龙山张氏宗谱二十卷

藏地：浙江衢州市文化管理委员会

（清）张锡暡编次

清光绪二十二年（1894）木活字本　四册

浙江金华·龙山张氏宗谱□□卷

藏地：浙江衢州市文化管理委员会（存卷5、10、12）

浙江金华·莲池张氏宗谱六卷

藏地：浙江金华市文化管理委员会（存三卷）

（清）张同兴　张炳洪等纂修

清宣统三年（1911）重修木刻本

浙江金华·莲池张氏支谱提纲六卷

藏地：浙江金华市文化管理委员会（存卷2、4—6）

（民国）张畲纂辑

1926年永思堂木刻本

浙江金华·莲池张氏宗谱四卷

藏地：浙江兰溪县白沙乡上李塘下张（缺卷4）

1941年木刻本

浙江·金华莲池张氏宗谱三卷首一卷

藏地：国家图书馆

张同元等辑修

浙江兰溪·张氏重修族谱四卷首一卷附增补

藏地：浙江省图书馆

（清）张开运重修

清乾隆六十年（1795）孝友堂刻本　四册

浙江兰溪·新埠张氏宗谱四卷

藏地：浙江兰溪县文管处

清道光十三年（1833）重修木刻本　三册

浙江兰溪·清河张氏宗谱三卷

藏地：浙江兰溪县文管处（共二部）

1918年重修木刻本　三册

浙江兰溪·西张清河张氏宗谱四卷

藏地：浙江兰溪县圣山乡

（民国）朱凤梧重纂

1919年木刻本

浙江兰溪·高元张氏宗谱六卷

藏地：浙江兰溪县金湖乡高元张

1922年木刻本

浙江兰溪·兰溪张氏宗谱四卷

藏地：浙江兰溪县文管处

1924年重修木刻本　四册

浙江·兰溪三阜张氏宗谱六卷

藏地：浙江兰溪县云洞乡耕头畈瓦窑头

1928年木刻本

浙江·兰溪张氏三阜宗谱二十三卷

藏地：浙江兰溪县甘溪乡高井

1928年木刻本

浙江兰溪·兰江张氏三阜宗谱三十五卷

藏地：浙江兰溪县汪高乡

木刻本

浙江兰溪·清河张氏宗谱二十二卷

藏地：浙江兰溪县高潮乡大洋畈下紫华

1931年木刻本

浙江兰溪·张氏宗谱五卷

藏地：浙江兰溪县云洞乡洞源茶山（缺二册）

1937年木刻本

浙江·兰溪张氏宗谱五卷

藏地：浙江兰溪县游埠区中洲邵家

（民国）章镗纂修

1940年木刻本

浙江·东阳西坡张氏宗谱十二卷

藏地：浙江东阳县宅口乡上头畈

清光绪十一年（1885）木活字本一册

浙江东阳·西坡张氏宗谱十二卷

藏地：南开大学

（民国）张礼仁　张诗耀重修

1915年刊本

浙江东阳·楼下宅张氏宗谱十六卷首一卷

藏地：浙江省图书馆

（民国）张国勋修　张锦彪纂

1916年木活字本　二十册

浙江东阳·迁东阳鹿峰张氏宗谱三卷

藏地：浙江东阳县虎鹿乡西坞塘

（民国）斯致泰纂

1931年木活字本　一册

浙江东阳·吴宁张氏托塘重修宗谱八卷

藏地：浙江东阳县巍屏乡新屋

（民国）盛有光纂

1931年木活字本　一册

浙江东阳·迁东阳锦溪张氏宗谱八卷

藏地：浙江东阳县虎鹿乡石孔塘

（民国）张鸿仙纂

1946年木活字本　一册

浙江东阳·吴宁龙潭张氏宗谱八卷

藏地：浙江东阳县亭塘乡前院（存卷1—6、8）

（民国）张英兰纂

1948年木活字本

浙江浦江·浦龙溪张氏十甲人房宗谱□□卷

藏地：浙江浦江县档案（存卷5、7—9）

1914年刊本

浙江浦江·浦阳平安张氏宗谱□□卷

藏地：浙江浦江县档案（存卷2）

1914年重修刊本

浙江开化·清河张氏宗谱十三卷首一卷

藏地：河北大学（缺卷6、7）

（清）张廷辉　张廷杰纂修

清光绪四年（1878）庆余堂刻本四册

浙江衢县·清河张氏宗谱三卷

藏地：浙江衢州市文化管理委员会

（民国）张子华编修

1929年木活字本　一册

浙江常山·定阳张氏宗谱四卷

藏地：人民大学

（清）张燮修

清乾隆五十一年（1786）修　嘉庆十八年（1813）刻本　四册

浙江常山·张氏八修族谱正宗不分卷

藏地：浙江常山县招贤乡箬溪村

（清）张大瑨重修

清嘉庆十八年（1813）木刻本

浙江常山·张氏九修族谱不分卷

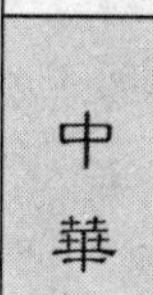

藏地：浙江常山县招贤乡箬溪村

清同治十三年（1874）木刻本

浙江常山·张氏十修族谱不分卷

藏地：浙江常山县招贤乡箬溪村

（民国）张佑晖重修

1915年木刻本

浙江常山·张氏宗谱二十卷首一卷

藏地：浙江常山县青石乡马东村下姜山（存卷首、1）

浙江常山县何家乡黄岗村大叉坞

清光绪五年（1879）木刻本

浙江常山·张氏宗谱不分卷

藏地：浙江常山县青石乡马东村下姜山（不全）

清光绪三十年（1904）木刻本

浙江常山·濛淤张氏宗谱二卷

藏地：浙江常山县大桥头乡永旺村

（民国）汪连燧续修

1913年木刻本

浙江常山·濛淤张氏宗谱二卷

藏地：浙江常山县大桥头乡濛淤村

（民国）字康　瞻林续修

1939年木刻本

浙江常山·清河张氏宗谱四卷

藏地：浙江常山县青石乡天井头村彭家山

（民国）毛兆乐重修

1924年木刻本

浙江常山·张氏宗谱十四卷

藏地：浙江常山县芳村镇岭后田村

1927年木刻本

浙江常山·定阳张氏宗谱不分卷

藏地：浙江常山县金源乡后里村（共四部）

（民国）王逢图重修

1930年木刻本

浙江常山·张氏宗谱七卷

藏地：浙江常山县芳村镇石壁底村

（民国）张天令重修

1942年序木刻本

浙江常山·登塘张氏宗谱四卷

藏地：浙江常山县青石乡澄潭村

（民国）徐燮重修

1945年序木刻本

浙江常山·张氏宗谱不分卷

藏地：浙江常山县招贤乡游林村培底（不全）

浙江常山·平西张氏族谱不分卷

藏地：浙江常山县青石乡天井头村彭家山（不全）

浙江台州·台郡清河嫡派炭行张氏戊宾重修宗谱总目录一卷

藏地：浙江临海县博物馆

（民国）张镜潭纂

1938年木活字本

浙江临海·章安厦门张氏重修宗谱四卷

藏地：浙江临海县博物馆（存卷1、2）

（清）张古来纂

清嘉庆六年（1801）木活字本

浙江临海·帜下张氏宗谱

藏地：浙江临海县博物馆（存卷首）

清嘉庆八年（1801）木活字本

浙江·临海黄沙张氏宗谱十二卷

藏地：浙江临海县博物馆（存四卷）

（清）张凤翔纂

清光绪五年（1879）木活字本

浙江·临海黄沙张氏宗谱四卷

藏地：浙江临海县博物馆

（民国）张芝芳纂

1912年木活字刻本

浙江临海·台临厦门张氏宗谱

藏地：浙江临海县博物馆（存卷1）

（民国）张泗群纂

1929年木活字本

浙江温岭·青阳张氏宗谱□□卷

藏地：浙江临海县博物馆（存卷32）

清光绪十三年（1887）木活字本

浙江仙居·邑西张氏宗谱□□卷

藏地：浙江临海县博物馆（存五卷）

清乾隆五十二年（1787）木活字本

浙江仙居·邑西张氏宗谱□□卷

藏地：浙江临海县博物馆（存卷1、9）

清道光二十四年（1844）木活字本

浙江仙居·张氏金鉴宗谱□□卷

藏地：浙江临海县博物馆（存十一卷）

清光绪二十五年（1899）木活字本

浙江·黄岩土墺张氏宗谱二十九卷首一卷

藏地：浙江临海县博物馆（缺卷16）

（民国）张宗峰纂

1930年源远堂木活字本

浙江遂昌·重梓遂邑纯峰张氏宗谱一卷

藏地：北京师范大学　南京市图书馆

（明）张邦聘纂修

明万历三十九年（1601）活字本一册

浙江缙云·潘余张氏宗谱四卷

藏地：浙江缙云县档案馆

（民国）张拱墀纂

1947年木活字本

浙江云和·张氏宗谱

藏地：浙江云和县文管会（存一卷）

1932年本

浙江松阳·张氏宗谱三卷

藏地：浙江松阳县岗寺乡山下阳村

（清）张朝男主修

清光绪元年（1874）木刻本

安徽·合肥张氏族谱五卷首一卷末一卷

藏地：日本　美国

张树声等重修

清光绪二年（1876）惇叙堂木活字本四册

安徽·合肥张氏族谱八卷

藏地：安徽省图书馆　日本　美国

（清）张绍棠纂修

清光绪十三年（1887）绍忍堂刻本　八册

安徽合肥·张氏宗谱十卷

藏地：上海图书馆　华东师范大学

（民国）张士煐编

1921年合肥张绍忍堂木活字本

安徽芜湖·张氏续存名录六卷

藏地：吉林大学　美国

（清）张兆才续修

清光绪二十五年（1899）孝友堂活字本六册

安徽天长·秦栏张氏家谱四卷

藏地：安徽天长县秦楠乡档案室

1935年纂修本

安徽五河·张氏宗谱一卷

藏地：安徽五河县教育局

（清）张师望　张子静等重修

清同治七年（1868）手钞本

安徽无为·濡须张氏（二修）宗谱八卷

藏地：中国社会科学院历史研究所图书馆

（清）张传禄纂修

清道光二年（1822）活字本二册

安徽泾县·泾川张氏宗谱三卷

藏地：国家图书馆　河北大学

（明）程文绣　张冲等纂修

明万历四十六年（1618）木刻本三册

安徽徽州·新安张氏续修族谱十卷

藏地：安徽省图书馆（存卷1、2）

（明）张琏纂修

明成化十二年（1476）刻本一册

安徽徽州·新安王弼张氏家谱十二卷文翰不分卷

藏地：国家图书馆　北京大学

（明）张一桂　张玄镐纂修

明万历四十年（1612）家刻本二册

安徽徽州·新安张氏续修族谱

藏地：安徽徽州地区博物馆（存一卷）

明天启刻本

安徽徽州·张氏统宗世谱二十一卷

藏地：河北大学

（明）张宪　张永晔纂修

明嘉靖九年（1530）修钞本十册

安徽徽州·张氏统宗世谱

藏地：安徽徽州地区博物馆（存四卷）

明刻本

安徽徽州·新安张氏续修宗谱三十卷

藏地：国家图书馆　中国科学院图书馆　安徽博物馆　安徽徽州地区博物馆

（清）张习礼　张士麟纂修

清顺治十六年（1659）家刻本

安徽徽州·张氏宗谱十二卷

藏地：安徽徽州地区博物馆（存三卷）

（清）张孔成等重修

清乾隆刻本

安徽徽州·张氏宗谱二卷

藏地：安徽徽州地区博物馆

（清）张棐恭等修

清道光三年（1823）刻本　二册

安徽徽州·张氏宗谱二卷

藏地：安徽徽州地区博物馆

（清）张国范等修

清道光二十五年（1845）刻本四册

安徽徽州·张氏宗谱十八卷

藏地：安徽徽州地区博物馆

（清）张昌奕等重修

清光绪十二年（1886）刻本　十八册

安徽徽州·怀玉张氏宗谱六十一卷首一卷末一卷

藏地：安徽徽州地区博物馆

（清）张其淮等修

清光绪十三年（1887）刻本　十三册

安徽徽州·张氏宗谱十四卷首一卷末一卷

藏地：安徽徽州地区博物馆

（清）张文秀等修

清光绪刻本　十六册

安徽徽州·张氏宗谱□□卷

藏地：安徽徽州地区博物馆（存四卷）

清刻本

安徽徽州·清河张氏宗谱四卷

藏地：安徽徽州地区博物馆

（民国）张以惠等纂修

1944年刻本　四册

安徽徽州·清河张氏宗谱四卷

藏地：安徽徽州地区博物馆

（民国）张守度等纂修

1944年刻本　四册

安徽徽州·张氏会通谱外纪内纪不分卷

藏地：日本　美国

明嘉靖十二年（1533）序刊本　四册

安徽·休宁荪田山上张氏家谱不分卷

藏地：浙江嘉兴市图书馆

（明）张应光修

清钞本　一册

安徽·旌德张氏统宗世谱十卷

藏地：安徽博物馆

（明）张宪纂修

明嘉靖十四年（1535）刻本

安徽旌德·旌阳张氏宗谱三卷

藏地：国家图书馆　中国科学院图书馆　吉林大学　安徽省图书馆　四川省图书馆

（清）张庆彬　张书绅等纂修

清光绪二十六年（1900）永思堂活字本　二十册

安徽·绩溪县城北城后巷张氏宗谱八卷首一卷末一卷

藏地：美国

（民国）张永年等修

1930年叙伦堂木活字本　六册

安徽祁门·张氏统宗世谱十卷

藏地：河北大学　安徽博物馆

（明）张阳辉修

明嘉靖十四年（1535）木刻本　一册

安徽桐城·皖桐张氏宗谱十三卷末一卷

藏地：日本　美国

（清）张鲁山等续修

清道光七年（1827）书鉴堂木活字刊本　十二册

安徽桐城·皖桐张氏宗谱二十卷末一卷

藏地：美国

（清）张联元等修

清光绪五年（1879）书鉴堂活字本　二十册

安徽·桐城张氏宗谱三十二卷首一卷

藏地：安徽省图书馆　日本　美国

（清）张绍华纂修

清光绪十六年（1890）刻本　二十四册

安徽桐城·张氏宗谱二十八卷末

一卷

藏地：安徽省图书馆　日本　美国

（清）张士端　张焕之等重修

清光绪二十八年（1902）木活字本　二十九册

安徽桐城·桐城南乡姥山张氏五修谱二十六卷

藏地：张廷镇　张泽辛纂修

1915年木活字本　二十六册

安徽桐城·横峰张氏宗谱二十八卷

藏地：中国社会科学院历史研究所图书馆

（民国）张宗铎等辑

1915年笃亲堂活字本　二十八册

安徽桐城·连城张氏双河股宗谱二十四卷

藏地：安徽博物馆

张光麟　张光廷等纂修

1922年木活字本　二十四册

安徽桐城·皖桐南湾张氏重修宗谱十四卷

藏地：日本　美国

（清）张惕依等重修

1924年一本堂重刊本　十四册

安徽桐城·连城张左塘公支谱十二卷首一卷末一卷

藏地：江苏苏州市图书馆（缺卷12）

（民国）张贤藩　张维藩等纂

1931年活字本

安徽桐城·张氏宗谱三十五卷首一卷

藏地：国家图书馆　人民大学　安徽省图书馆　安徽安庆市图书馆　美国

（民国）张开枚等续修

1933年铅印本　二十八册

安徽·怀宁留余堂张氏宗谱□□卷

藏地：安徽安庆市图书馆（存卷7）

怀宁留余堂木活字本

安徽·太湖怀宁三治堂张氏宗谱十卷首一卷

藏地：安徽安庆市图书馆（存四卷）

（清）张琮醇　张学魁纂

清嘉庆十八年（1813）三治堂木活字本

安徽·太湖三治堂张氏宗谱十四卷首一卷

藏地：安徽安庆市图书馆（存八卷）

（清）张新炽重修

清同治五年（1866）三治堂木活字本

安徽·太湖三治堂张氏宗谱二十卷首一卷末一卷

藏地：安徽安庆市图书馆

（清）张新炽三修

清光绪二十三年（1897）三治堂木活字本　二十一册

安徽·太湖张氏宗谱九卷首二卷

藏地：国家图书馆

（民国）张泰升　张元顺纂修

1912年孝友堂活字本　十册

安徽·太湖孝友堂张氏宗谱六卷首一卷

藏地：国家图书馆

（民国）张仪甫纂修

1940年孝友堂活字本　六册

安徽潜山·灊阳张氏宗谱十一卷

首一卷末一卷

藏地：国家图书馆

（清）张炳荣等续修

清光绪二十年（1894）绍渠堂活字本十八册

安徽潜山·张氏家谱十五卷首一卷末一卷

藏地：日本　美国

（清）张必玺等八修

清光绪二十九年（1903）百忍堂木活字本　十七册

安徽·潜山百忍堂张氏宗谱二十四卷

藏地：安徽安庆市图书馆（存七册）

（民国）张文彬续修

民国元年百忍堂木活字本

安徽·潜山百忍堂张氏宗谱

藏地：安徽安庆市图书馆（存卷2、14、20）

1935年百忍堂木活字本

福建·清河张氏家乘宝录不分卷

藏地：福建师范大学

（民国）张秉奎录

1916年序铅印本

福建连江·土坎中山张氏族谱一卷

藏地：福建连江县档案馆

（民国）陈鸿枢续修

1938年稿本

福建同安·稻江张氏族谱

藏地：台湾

明天顺七年（1463）钞本　一册

福建同安·金门青屿张氏族谱

藏地：台湾

（清）张以义序

清道光三十七年（1847）钞本一册

福建·同安下边社迁台郡福安官张氏族谱

藏地：台湾

（清）张以义序

清道光二十七年（1847）钞本一册

福建同安·张氏族谱

藏地：台湾

（清）张涂成修

1951年张坤长补修钞本　一册

福建宁化·清河张氏家谱

藏地：福建省图书馆（残存一册）

合族同编

1930年宁化活字本

福建晋江·鉴湖张氏世谱

藏地：台湾

（清）张源德　张源仁　张源义全序

清乾隆三十年（1765）钞本一册

福建晋江·万华张得宝家所藏张姓族谱

藏地：台湾

（清）张鸿谋纂修

清同治元年（1862）钞本　一册

福建南安·贤坂张家族谱

藏地：台湾

（清）张锡文序

清道光三年（1823）钞本　一册

福建南靖·竹山张家族谱

藏地：台湾

（清）张铨茂修

清光绪二十一年（1895）钞本一册

福建平和·源籍张家宗谱

藏地：台湾

（清）张鸿儒修

1971年张景镃补钞本　一册

江西·张氏族谱□□卷

藏地：江西省图书馆（存卷首）

（清）张士元等纂修

清嘉庆十五年（1810）孝友堂木活字本　一册

江西·张氏族谱不分卷

藏地：江西省图书馆

（清）张福远等纂修

清道光十八年（1838）孝友堂木活字本　五册

江西·张氏重修族谱十二卷

藏地：江西省图书馆（缺卷2）

（清）张杰等纂修

清道光二十三年（1843）孝古堂木活字本　十一册

江西·张氏族谱五卷

藏地：江西省图书馆（存卷1、4）

（清）张家启等纂修

清道光二十九年（1849）留候堂木活字本

江西·张氏倡修上世坟谱一卷

藏地：江西省图书馆

（清）张善钦等纂修

清道光五年（1825）木活字本　一册

江西·环溪张氏族谱八卷首一卷末一卷

藏地：江西省图书馆（存卷8、卷末）

（清）张和璧等纂修

清光绪元年（1874）清河堂木活字本

江西·张氏重修族谱六卷

藏地：江西省图书馆（存卷1、6）

（清）张文奎等纂修

清光绪二十九年（1903）清河堂木活字本

江西·螺山张氏族谱□□卷

藏地：江西省图书馆

（民国）张口口纂修

1916年木活字本　三册

江西·张氏族谱

藏地：江西省图书馆（存二十九册）

（民国）张燊云等修

1946年刊本

江西南昌·洪洲张氏世系不分卷

藏地：福建师范大学

（明）张经纂

明嘉靖二十九年（1560）修　一九六四年传钞本

江西南昌·凤岐岸湖张氏义房支谱三卷首一卷尾一卷

藏地：中国科学院图书馆　辽宁图书馆

（清）张善坦　张方俊等续修

清光绪八年（1882）孝友堂活字本

江西新余·汾阳张氏族谱三卷

藏地：江西新余市司法局

（民国）蓝秉钧总纂

1937年济美堂木活字本

江西黄溪·重修留侯天师世家张氏宗谱九卷首一卷

藏地：江西上饶市图书馆

（清）张仁晸纂修

清光绪十六年（1890）刻本

江西婺源·张氏宗谱十五卷

藏地：日本　美国

（清）张继盛　张士仁等重修

清康熙十三年（1674）序　八册

江西婺源·甲道张氏宗谱四十二

卷续编二卷

藏地：河北大学　安徽徽州地区博物馆

（清）张图南　张元沣修

清乾隆二十八（1763）年修　乾隆四十七年（1782）重修木刻本　四十四册

江西婺源·甲道张氏宗谱六十卷

藏地：国家图书馆　江西省图书馆（存九册）

（清）张翼先等修

清道光十九年（1839）活字本　六十册

江西婺源·甲道张氏宗谱六十四卷

藏地：安徽绩溪县文（存卷1、64）

（清）张景良　张英锋等纂

清光绪二十五年（1899）木刻本

江西玉山·怀玉张氏宗谱十四卷首一卷末一卷

藏地：国家图书馆

（清）张守勋等编纂

清光绪十四年（1888）活字本　十六册

江西波阳·张氏宗谱二十三卷首一卷末一卷

藏地：中国历史博物馆

（清）张昌统编辑

清光绪二十七年（1901）刻本

江西·宜春东隅张氏族谱二卷首一卷

藏地：江西省图书馆

清道光十八年（1838）百忍堂木活字本一册

江西万载·张氏六支谱八卷

藏地：江西省图书馆（存卷1—3、5—8）

（清）张子琼等纂修

清乾隆八年（1743）文献堂木活字本

江西万载·张氏六支合谱八卷

藏地：江西省图书馆

（清）张作屏纂次

清嘉庆十三年（1808）木活字本　七册

江西万载·张氏六支族谱二卷首一卷

藏地：江西省图书馆

（清）张映笏等纂修

清道光二十二年（1842）木活字本　十二册

江西万载·云峰张氏族谱十卷首一卷末一卷

藏地：江西省图书馆

（清）张士斡等纂修

清同治八年（1882）清间堂木活字本十册

江西万载·茭湖张氏牌位谱二卷

藏地：江西省图书馆

（清）张高胜等纂修

清同治十三年（1874）孝友堂木活字本二册

江西万载·张氏六支族谱二卷首一卷

藏地：江西省图书馆（缺卷5、11）

（清）张滖等纂修

清光绪三年（1877）木活字本

江西万载·张氏六支族谱二卷首一卷

藏地：江西省图书馆（存十五册）

（清）张禄申等纂修

清光绪三十三年（1907）木活

字本

江西万载·云峰张氏族谱十三卷首一卷末一卷

藏地：江西省图书馆（存九册）

（清）张逢都等纂修

清宣统元年（1909）清河堂木活字本

江西铜鼓·张氏宗谱一乘

藏地：江西铜鼓县带溪西村良源石桥头（残）

江西丰城·张氏重修族谱三卷

藏地：江西档案馆

（民国）张凌云纂修　张思亨等主修

1931年孝友堂活字本　三册

江西吉安·永和张氏家谱

藏地：江西省图书馆（存四册）

刊本

江西于都·雩都平溪张氏族谱不分卷

藏地：美国

（清）张鸣皋序

清光绪九年（1883）刊本　二册

山东平阴·西门张氏家乘不分卷

藏地：日本　美国

（清）张儒志等重修

清道光二十五年（1845）序刊本　四册

山东淄博·张氏宗谱不分卷

藏地：人民大学　辽宁大连市图书馆

（清）张务振　张务瀚述次

清光绪九年（1883）序　刻本　一册

山东滕县·古滕张氏宗谱四卷首一卷

藏地：日本　美国

（清）张采旃等修

清道光十八年（1838）　四册

山东滕县·古滕张氏族谱六卷首一卷

藏地：日本　美国

（清）张凤台　张尚鼎等续修

清光绪十八年（1892）刊本　六册

山东昌邑·张氏族谱一卷

藏地：山东昌邑县石埠镇西村

（清）张元秀　张征吉等续修

清同治十二年（1873）钞本

山东昌邑·张家寨张氏族谱五卷

藏地：山东昌邑县东冢乡张家寨村

（清）张恩典纂修

1920年钞本

山东昌邑·张氏族谱一卷

藏地：山东昌邑县东冢乡大窑村

（民国）李照普修

1936年稿本

山东·安丘张氏族谱六卷

藏地：美国

（清）张杞园等修

清康熙十三年（1674）刊本　二册

山东·安丘张氏家乘不分卷

藏地：国家图书馆　上海图书馆

清雍正间刻本　四册

山东·续安丘张氏家乘不分卷

藏地：国家图书馆　上海图书馆

清刻本　一册

山东·安丘张氏家乘不分卷附续安丘张家乘不分卷

藏地：中国社会科学院历史研究所图书馆　河北大学　吉林大学

（清）张铭训辑

清光绪间黑红刻本并有手钞四册

山东昌乐·张氏族谱不分卷

藏地：日本　美国

（清）张彬文　张秀文等重修

清光绪二十六年（1900）序刊本　四册

山东烟台·福山张氏图谱不分卷

藏地：辽宁大连市图书馆

（清）张健纲　张芳藻编

清光绪间钞本

山东烟台·福山张氏谱书八卷

藏地：山东烟台市图书馆

（清）张氏合族合修纂

清宣统三年（1911）石印本

山东荣成·不夜张氏宗谱不分卷

藏地：山东荣城县崖头镇

（民国）张树湘续修

1931年钞本

山东莱阳·张氏谱书十卷

藏地：国家图书馆　河北大学

（民国）张承乾续修

1931年东鲁印刷局铅印本　十册

山东掖县·张氏宗谱一卷

藏地：辽宁辽阳市吉洞乡吉洞村

清光绪三十三年（1907）稿本

山东·黄县张氏族谱

藏地：中国科学院图书馆　山东黄县乡城乡东村

（清）张允选等修

清光绪十三年（1887）刊本　四册

山东·蓬莱张氏族谱

藏地：国家图书馆

（清）张康泉等重修

清嘉庆二十年（1815）百忍堂刻本　四册

山东蓬莱·张氏族谱不分卷

藏地：山东栖霞县庙谷乡回龙夼村

（清）张兰　张纯五续修

山东蓬莱·张氏族谱

藏地：山东蓬莱县淳于乡张家窑村

（清）张贻裳重修

清光绪三十一年（1905）手钞本

山东蓬莱·重修登州张氏族谱十卷

藏地：山东栖霞县庙谷乡回龙夼村

山东泰安·张氏族谱三卷

藏地：中国科学院图书馆

（民国）张锡九等修

1934年石印本　二十册

山东·乐陵张氏族谱九卷

藏地：美国

（清）张紫峰增辑

清乾隆三十九年（1774）　二册

山东·乐陵张氏族谱八卷

藏地：中国科学院图书馆　美国

（清）张曾耆修

清道光十一年（1831）诒谷堂刊本　四册

山东乐陵·张氏族谱□□卷

藏地：辽宁图书馆

清刻本

山东高青·楼村披阳张氏宗谱五卷首一卷附一卷附后卷

藏地：日本　美国

（清）张泳祚　张心潜等重修

清嘉庆二十四年（1819）世德堂木活字本　十册

山东无棣·海丰张氏家乘十卷首一卷末一卷

藏地：国家图书馆　日本　美国
（清）张映房编
清嘉庆二年（1797）张氏敬身堂刻本　四册
山东·无棣张氏家乘十二卷首二卷文存一卷
藏地：日本　美国
（民国）张守炎　张守宣等续纂
1914 年敬身堂石印本
山东临清·张氏族谱十卷
藏地：南开大学
1913 年篆文斋石印本　十册
山东日照·太平桥张氏族谱
藏地：山东日照市图书馆
张氏辑刻本
河南·廖家杂簿
藏地：台湾
（清）张逢荣修
清光绪七年（1881）钞本　一册
河南兰考·仪封张氏家谱五卷
藏地：河南兰考县档案馆
（民国）张澜栋
1941 年新飨
河南新乡·张氏族谱不分卷
藏地：人民大学
（清）张世恭续修
清同治十一年（1872）刻本　二册
河南浚县·张氏家谱
藏地：河南档案馆
（明）张自白修
河南浚县·张氏家谱
藏地：河南浚县档案馆
河南·汤阴张氏族谱不分卷
藏地：辽宁大连市图书馆
（清）张伟编
清嘉庆二十三年（1818）刻本
河南·汤阴张氏族谱不分卷
藏地：辽宁大连市图书馆
（清）张伟编
清嘉庆二十三年（1818）刻本
河南·汤阴张氏族谱不分卷
藏地：辽宁大连市图书馆
（清）张锡贞编
清光绪十五年（1889）刻本
河南·长垣於陵张氏族谱五卷
藏地：美国
（清）张濬川等修
清光绪九年（1883）刊本　五册
河南·宁陵张氏族谱不分卷
藏地：美国
（民国）张雅诗等修
1933 年石印本　六册
河南·扶沟县张氏族谱
藏地：北科　美国
（民国）张继善　张秉彝编
1931 年石印本　二册
河南太康·张氏族谱八卷
藏地：河南太康县档案馆
（清）张殿一纂
清同治四年（1865）铅印本
河南·项城张氏族谱十二卷
藏地：南开大学　河北大学　吉林大学　日本　美国
（民国）张拱宸　张宗孟等纂修
1936 年天津文岚簃印书局铅印本　十二册
河南·项城张氏族谱
藏地：河南项城县档案馆
（民国）张淑训纂
1936 年　四十五册
河南襄城·张氏家乘不分卷
藏地：河南省图书馆
（清）张氏辑修

清河南襄城张氏木刻本

河南郏县·张氏家谱

藏地：河南郏县张店村

（清）张崇纂

清光绪十四年（1888）木刻本

河南·上蔡张氏家谱不分卷

藏地：河南上蔡县方志办

（清）张沐撰

清顺治三年（1647）木刻本

湖北·汉阳张氏宗谱五卷首四卷末一卷

藏地：美国

（民国）张庆云等修

1921年活字本　二十册

湖北·吴楚合修张氏七续宗谱十四卷

藏地：武汉市图书馆（缺五卷）

（民国）张昌灼　张相熬编纂

1948年张氏都会堂木活字本

湖北武昌·张廉卿先生家谱

藏地：台湾

（清）张廉卿修

清道光二十一年（1841）钞本一册

湖北武昌·张廉卿先生家谱不分卷

藏地：美国

（清）张裕钊撰

清咸丰十年（1860）张善准钞本一册

湖北武昌·江夏白沙洲张氏宗谱六卷

藏地：美国

（清）张锦藻等修

清光绪二十九年（1903）浣锦堂刊本　一册

湖北武昌·张氏宗谱四十四卷首一卷末一卷

藏地：日本　美国

（清）张鲁璠等修

清宣统元年（1909）敦义堂木活字本四十六册

湖北·武昌葛店张氏宗谱

藏地：武汉市图书馆（存卷首、2）

约清末张氏金鉴堂木活字本

湖北武昌·张氏宗谱十一卷首五卷

藏地：美国

（民国）张佩华等修

1939年敦本堂活字本　二十册

湖北汉阳·张氏三修家谱十四卷首一卷

藏地：武汉市图书馆（缺卷2）

（清）张行简总纂　张行度　张仁英等协纂

清光绪二十年（1894）刊本

湖北汉阳·张氏四修宗谱一卷

藏地：武汉市图书馆

（民国）万宗林编撰

稿本　一册

湖北汉阳·张氏影贤支谱

藏地：武汉市图书馆

（民国）张□□撰

一册

湖北黄陂·张氏宗谱十八卷

藏地：武汉大学

（清）张□□等纂

清雍正元年（1723）修刻本　十九册

湖北新洲·张氏宗谱二卷

藏地：湖北新洲县辛冲镇龙岗村

1915年木刻本

湖北新洲·张氏宗谱三十二卷

藏地：湖北新洲县联合乡东港村
1915 年木刻本

湖北新洲·张氏宗谱十卷
藏地：湖北新洲县黄林乡段山村
（民国）张远传　张远场三修
1944 年木刻本

湖北新洲·天流泉张氏宗谱二十二卷首一卷
藏地：湖北新洲县红旗乡施庙村（不全）
（民国）张志鑫　张华东等四修
1946 年木刻本

湖北新洲·张氏宗谱
藏地：湖北新洲县徐古镇张塆村
（民国）张先斌重修
1946 年木刻本

湖北新洲·张氏宗谱十三卷首四卷
藏地：湖北新洲县施岗乡棋架山村
（民国）张允中　张士俊等续修
1947 年木刻本

湖北新洲·张氏宗谱三十一卷
藏地：湖北新洲县大渡乡
（民国）张定周　张少堂合修
1947 年木刻本

湖北新洲·张氏宗谱三十二卷
藏地：湖北新洲县三店镇宋渡村
（民国）张文卿　张凤翔合修
1947 年木刻本

湖北新洲·张氏宗谱三十六卷首三卷
藏地：湖北新洲县高潮乡万山村
（民国）张星衢　张庆之续修
1948 年木刻本

湖北新洲·张氏宗谱十六卷
藏地：湖北新洲县八里乡柏树村
（民国）张绍良　张桂籍等四修
1949 年木刻本

湖北孝感·澴北张村［张氏］宗谱十卷首二卷
藏地：武汉市图书馆
（民国）张培壬编辑
1922 年孝友堂刊聚贤斋全印馆活字刻本

湖北孝感·张氏宗谱六卷首二卷
藏地：人民大学
（清）张仕忠修
旧钞本　七册

湖北·汉川张氏宗谱十六卷
藏地：美国
（民国）张开桂等修
1924 年笃本堂木活字本　十六册

湖北·黄冈张氏宗谱十卷
藏地：上海图书馆
（清）张其善等纂
刻本　七册

湖北黄冈·张氏宗谱二十一卷
藏地：湖北新洲县毕铺乡
（民国）张永兴　张良逐等修
1946 年木刻本

湖北广济·刊水张氏宗谱五十五卷首一卷
藏地：湖北广济县档案馆（缺卷首）
1944 年椎孝堂刊本

湖北广济·张氏宗谱二卷
藏地：湖北广济县档案馆
1932 年重修刊本

湖北崇阳·张氏宗谱
藏地：湖北崇阳县高见乡义元村
（民国）张德存总修
1946 年刊本

湖北·枝江县白洋张氏族谱五卷

藏地：湖北枝江县顾家店区

钞本

湖北来凤·土堡张氏族谱一卷

藏地：湖北来凤县志办

（清）张思绪修

清嘉庆二十一年（1816）钞本

湖北来凤·城南张氏支谱一卷

藏地：湖北来凤县志办（缺卷1）

（清）张翎修

清咸丰三年（1853）木刻本

湖北来凤·土堡张氏族谱四卷

藏地：湖北来凤县志办

（清）张玙卿　张有璠续修

清光绪二十六年（1900）木刻本

湖北江陵·张氏宗谱

藏地：湖北江陵县档案馆（存一卷）

湖南·张氏族谱不分卷

藏地：湖南省图书馆

（清）张卓五修　张福望　张文五纂

清乾隆四十年（1775）活字本一册

湖南·张氏族谱八卷首一卷

藏地：湖南省图书馆（存卷首）

（清）张宗奎纂序

清同治十二年（1873）怡忍堂木活字本

湖南·张氏通谱八卷

藏地：中国社会科学院历史研究所图书馆

（清）张而昌编辑

清光绪二年（1876）刻本　八册

湖南长沙·善化星沙张氏支谱八卷

藏地：安徽博物馆

（清）张锡荣　张江崃纂修

清咸丰八年（1858）木活字本二册

湖南长沙·坪塘张氏族谱四卷

藏地：河北大学

（清）张明上　张元弼纂修

清同治七年（1868）嘉言堂木刻本

湖南长沙·张氏族谱八卷首一卷末一卷

藏地：湖南省图书馆（存卷首）

（清）张心杜　张正阳等纂

清同治八年清河堂木活字本

湖南长沙·张氏族谱八卷首一卷末一卷

藏地：湖南省图书馆

（清）张必珏修　张成睦纂

清宣统三年（1911）清河堂木活字本九册

湖南长沙·张氏续修族谱十二卷首一卷

藏地：中国社会科学院历史研究所图书馆

（清）张登坑　张立恭等纂修

清光绪十四年（1888）孝友堂活字本　十册

湖南长沙·洋湖张氏续修族谱十一卷末一卷

藏地：湖南省图书馆

（清）张为贽等纂

清光绪十五年（1889）清河堂活字本十二册

湖南长沙·善化张氏族谱六卷

藏地：广东中山图书馆

（清）张生璩纂修

清光绪二十年（1894）孝友堂刻本　四册

湖南长沙·阅田张氏续修家谱八

卷首三卷

藏地：湖南省图书馆（存三卷）

（清）张永言纂（序）

清光绪二十八年（1902）活字本

湖南长沙·赤山张氏谱□□卷

藏地：湖南省图书馆（存五卷）

清宣统元年（1911）木活字本五册

湖南长沙·善化张氏四修族谱十卷首一卷

藏地：辽宁图书馆

（清）张希仲　张丰运等纂

1914年张氏清河堂铅印本

湖南长沙·张氏三修族谱□□卷

藏地：湖南省图书馆（存五卷）

1928年活字本

湖南·长沙小桥张氏四修族谱十卷

藏地：湖南省图书馆（缺卷3）

（民国）张湘琥修　张楚辅纂

1949年稿本配活字本

湖南浏阳·张氏八修族谱十卷

藏地：湖南省图书馆

（清）张湘崇纂

清嘉庆二十四年孝友堂木活字本十一册

湖南浏阳·浏西张氏九修族谱十三卷末一卷

藏地：湖南省图书馆（存卷1）

（清）张珂益修　张贤珏纂

清同治五年（1866）孝友堂活字本

湖南浏阳·张氏族谱□□卷

藏地：江西省图书馆（存五十八卷）

（民国）张□□等纂修

1937年孝友堂铅印本

湖南宁乡·宁邑长桥张氏族谱八卷

藏地：湖南省图书馆（存卷1）

（清）张重山　张桂林修　张翼如张百泉纂

清道光元年（1821）活字本

湖南宁乡·张氏续修族谱八卷

藏地：湖南省图书馆（存卷8）

（清）张竹溪　张益新修　张鸿春张品珖等纂

清道光三年冠英堂刻本　一册

湖南宁乡·张氏续修族谱十五卷首一卷末一卷

藏地：湖南省图书馆（存十二卷）

（清）张星瑞　张德介修　张思瞵等纂

清道光七年（1827）活字本

湖南宁乡·张公南轩族谱十二卷

藏地：湖南省图书馆（缺卷7、8）

（清）张锡启修

清道光八年（1828）刻本

湖南宁乡·张氏重修族谱十二卷

藏地：湖南省图书馆（存1、2）

（清）张泽月纂跋

清道光八年（1828）谭铁耕活字本

湖南宁乡·沩宁山底张氏族谱十卷

藏地：湖南省图书馆（存卷1、12，又一部存卷12）

（清）张锡钰　张泽雨修　张泽起张起城纂

清道光十年（1830）活字本

湖南宁乡·沩宁张氏支谱□□卷

藏地：湖南省图书馆（存卷7、8）

清道光十三年（1833）活字本

湖南宁乡·张氏续修支谱十五卷

首一卷末一卷

藏地：湖南省图书馆（存二卷，又一部存二卷）

（清）张曜卿　张获帆纂修

清咸丰八年（1858）活字本

湖南宁乡·张氏宗谱□□卷首一卷

藏地：湖南省图书馆（存卷首）

（清）张铣纂

清同治二年（1863）冠英堂活字本

湖南宁乡·沩宁山底张氏族谱五卷

藏地：湖南省图书馆（存卷1、2）

（清）张锡酩修　张新鼎纂

清同治三年（1864）活字本

湖南宁乡·张氏续修族谱□□卷首一卷

藏地：湖南省图书馆（存卷首）

（清）张美龙　张传武等修　张美友张合凤纂

清同治十一年（1872）两全各堂活字本

湖南宁乡·张氏通谱□□卷

藏地：湖南省图书馆（存卷5、7）

清同治十二年（1873）印本

湖南宁乡·宠塘张氏续修支谱十二卷

藏地：湖南省图书馆（存卷1、12）

（清）张泳甫纂序

清光绪十一年（1885）冠英堂活字本

湖南宁乡·沩宁张氏续修支谱□□卷

藏地：湖南省图书馆（存卷1）

（清）张主忠修　张宝岩　张笔云等纂

清光绪二十二年（1896）活字本

湖南宁乡·张氏六修支谱□□卷

藏地：湖南省图书馆（存卷6）

清光绪二十三年（1897）刻本

湖南宁乡·张氏六修族谱二十一卷

藏地：河北大学

（清）张贤甫　张笔铨纂修

清光绪二十三年（1897）冠英堂木刻本　二十册

湖南宁乡·宠塘张氏六修支谱八卷首一卷

藏地：湖南省图书馆（存卷首）

（清）张普源修　张克明等纂

清光绪二十四年（1898）活字本

湖南宁乡·沩宁长桥张氏饶房支谱八卷

藏地：湖南省图书馆（存卷1、首）

清光绪三十三年（1907）长桥孝友堂活字本

湖南宁乡·石坝张氏四修族谱八卷首一卷

藏地：湖南省图书馆（存卷1、8首）

（民国）张复菖修　张复籛纂

1914年活字本

湖南宁乡·沩宁官山张氏贵文房支谱二十卷

藏地：湖南省图书馆（存卷1）

（民国）张莲炬　张馥森等修　张俊昌　张茂钧纂

1921年燕贻堂活字本

湖南宁乡·沩宁张氏续修支谱十六卷

藏地：湖南省图书馆（存三卷，

又一部存卷 12）

（民国）张石泉纂修

1921 年活字本

湖南宁乡·沩宁宠塘张氏续修支谱十七卷末一卷

藏地：湖南省图书馆（存五卷，又一部存二卷）

（民国）张大泽　张大瑶等修　张干春　张云秋等纂

1923 年冠英堂活字本

湖南宁乡·沩宁水口先儒裔张氏七修谱十二卷

藏地：广东中山图书馆

（民国）张荣寅　张荣坤等撰修 1924 年四益堂刻本　十二册

湖南宁乡·沩宁汤溪张氏九修族谱　十六卷

藏地：湖南省图书馆

（民国）张朝乐主修　张朝俊纂

1924 年源远堂活字本　十四册

湖南宁乡·长桥张氏六修支谱九卷首一卷

藏地：湖南省图书馆（存卷首）

（民国）张溢东纂序

1933 年孝友堂活字本

湖南宁乡·沩宁张氏瑄房族谱□□卷

藏地：湖南省图书馆（存卷后二、附录）

1937 年孝友堂活字本

湖南宁乡·张氏五修族谱十二卷

藏地：湖南省图书馆（存卷 12）

1939 年活字本

湖南·醴陵河溪张氏家谱不分卷

藏地：广东中山图书馆

（清）张聿鲲　张先畴修

清光绪十六年（1890）敦伦堂刻本　一册

湖南醴陵·张氏江公房谱四卷首一卷末一卷

藏地：广东中山图书馆

（清）张先霖纂修

清光绪二年（1876）刻本　四册

湖南醴陵石塘张氏三修族谱

藏地：广东中山图书馆（存卷 12—14）

敦伦堂修刻本

湖南湘潭·湖上张氏族谱十四卷

藏地：广东中山图书馆

（清）张履道　张绍九等汇纂

清嘉庆二年（1797）孝友堂刻本　十四册

湖南湘潭·张氏族谱三十一卷末一卷

藏地：广东中山图书馆

（清）张晋闻总纂

清咸丰九年（1859）刻本

湖南湘潭·中湘张氏四修族谱十卷

藏地：广东中山图书馆

（清）张先导　张先遇等汇辑

清同治三年（1864）四益堂刻本　十册

湖南·湘潭六都张氏支谱二卷

藏地：河北大学

（清）张传馗　张以栗续修

清同治七年（1868）曾三省堂木刻本二册

湖南·湘潭杨樟张氏家谱二十六卷首一卷末一卷

藏地：河北大学

（清）张今镇　张德翎修

清光绪二十四年（1898）木刻本　二十二册

湖南·湘潭杨樟张氏六修家谱二十九卷首一卷末一卷

藏地：国家图书馆　中国社会科学院历史研究所图书馆　广东中山图书馆

（民国）张绍潜　张绍箕纂修

1948年序志合堂铅印本　二十五册

湖南湘潭·中湘云湖张氏三修族谱十卷

藏地：中国社会科学院历史研究所图书馆

（清）张顺连　张顺联主修

清宣统三年（1911）雨铭堂活字本　十册

湖南湘潭·花芬洲张氏族谱十九卷

藏地：广东中山图书馆（缺卷19）

（民国）张安城总纂

1914年刻本

湖南湘潭·中湘六都张氏四修支谱十卷

藏地：中国社会科学院历史研究所图书馆

（民国）张以麟纂修

1913年忠恕堂活字本　十册

湖南·湘潭六都张氏五修支谱十卷

藏地：河北大学

（民国）张以麟　张厚贵等纂修

1945年忠恕堂木字刻本　十册

湖南·湘潭六都张氏五修族谱三十六卷首一卷

藏地：中国社会科学院历史研究所图书馆　河北大学

（民国）张畯田主修　张傅懋总纂

1925年活字本　三十五册

湖南湘潭·张氏五修族谱十六卷

藏地：广东中山图书馆

（民国）张书文总纂

1944年金鉴堂刻本　十六册

湖南湘乡·中湘张氏支谱六卷

藏地：河北大学

（清）张荣琛　张显勋修

清道光四年（1824）木刻本　六册

湖南湘潭·潭台张氏族谱二卷

藏地：湖南省图书馆（存卷1）

（清）张辅臣　张藩镇纂修

清道光七年（1827）活字本

湖南湘潭·上湘大富张氏续修族谱不分卷

藏地：湖南省图书馆（存一册）

（清）张名择修　张名燡纂

清道光十五年（1835）活字本　一册

湖南湘乡·上湘城北张氏三修族谱不分卷

藏地：湖南省图书馆

（清）张秋礼修　张秋沄　张秋楷等纂

清咸丰四年（1854）活字本　一册

湖南湘乡·张氏三修族谱四卷首一卷

藏地：中国社会科学院历史研究所图书馆

（清）张秋沄　张鉴松等纂修

清咸丰四年（1854）金鉴堂活字本　六册

湖南·湘乡张氏四修叔房支谱五卷

藏地：国家图书馆　中国社会科学院历史研究所图书馆

（清）张旦才纂修

清光绪二十四年（1898）金鉴堂活字本　四册

湖南湘乡·上湘张氏四修全房支谱五卷

藏地：中国社会科学院历史研究所图书馆

（清）张鹤寅纂修

清光绪二十五年（1899）金鉴堂活字本　五册

湖南·湘乡张氏五修族谱十卷

藏地：湖南省图书馆（存卷1）

（清）张懋荧纂

清光绪三十二年（1906）活字本

湖南湘乡·张氏续修族谱□□卷

藏地：湖南省图书馆（存卷2）

清咸丰六年（1856）清河堂刻本

湖南湘乡·上湘张氏家谱六卷

藏地：北京大学　湖南省图书馆（存卷1）

（清）张兴濬纂序

清咸丰七年（1857）宗岳堂活字本　六册

湖南湘乡·上湘张氏族谱十二卷首一卷

藏地：湖南省图书馆

（清）张宗若　张祖坝等纂

清光绪十九年（1893）宗岳堂活字本十二册

湖南湘乡·上湘赫门楼张氏四修族谱九卷首一卷

藏地：北京大学

（民国）张大中修

1938年宗岳堂刻本　十册

湖南湘乡·上湘长岭张氏族谱十四卷首一卷

藏地：湖南省图书馆（存卷首）

（清）张吉英修　张扳英　张东英纂

清光绪十一年（1885）文星堂活字本一册

湖南·湘乡长岭张氏四修族谱十二卷首一卷末一卷

藏地：湖南省图书馆

（民国）张家淖　张日堡等纂修

1915年活字本　十四册

湖南·湘乡长岭张氏族谱一元琦支政宪房草谱不分卷

藏地：湖南省图书馆

民国钞本　二册

湖南·湘乡大湖张氏四修族谱十卷

藏地：湖南省图书馆（存四卷）

（清）张高侑　张人宠修　张发钰　张发镛纂

清光绪三十三年（1907）活字本

湖南·湘乡大湖张姓五修族谱十二卷

藏地：湖南省图书馆（存卷12）

1935年聚星楼活字本

湖南湘乡·中湘十亩丘张氏五修支谱二十卷

藏地：国家图书馆　河北大学

（民国）张选格　张万遂修

1913年大忍堂木刻本

湖南·湘乡花桥张氏四修族谱二十卷

藏地：国家图书馆　中国社会科学院历史研究所图书馆

（民国）张效良纂修

1928年孝友堂活字本　二十册

湖南·湘乡张氏四修族谱二十卷

藏地：国家图书馆

（民国）张正颐　张荣鋆纂

1928 年孝友堂活字本　二十册

湖南邵阳·张氏三修族谱十卷首一卷末一卷

藏地：湖南省图书馆（存六卷）

（清）张朝燿纂序

清光绪十六年（1890）源流堂活字本

湖南·湘阴张氏家谱十卷首一卷

藏地：河北大学

（清）张功治修

清光绪三十三年（1907）木刻本　六册

湖南郴州·张氏族谱不分卷

藏地：美国

（清）张震泰等修

清光绪三十二年（1906）木刻本　六册

湖南永兴·张氏族谱十二卷首一卷

藏地：国家图书馆

（清）张万楷等纂修

清咸丰十一年（1861）金鉴堂活字本十二册

湖南永兴·金陵罗塘张氏族谱十九卷

藏地：国家图书馆　中国社会科学院历史研究所图书馆

（民国）张琴治纂修

1929 年金鉴堂活字本　十四册

湖南新化·张氏重修族谱不分卷

藏地：湖南省图书馆（存一册）

（清）张采芹　张静文纂修

清道光十一年（1831）孝友堂刻本

湖南临澧·张氏三修族谱十五卷

藏地：湖南临澧县档案馆

（民国）张南凯纂

1926 年木刻本

湖南桃源·张氏族谱十四卷

藏地：湖南桃源县档案馆（不全）

1944 年木刻本

湖南益阳·资阳张氏四修支谱十五卷首一卷末一卷

藏地：湖南省图书馆（存三卷）

（民国）张启元修　张俊才纂

1921 年活字本　三册

湖南沅江·张氏族谱六卷首一卷

藏地：湖南省图书馆

（清）张番陔　张吉堂修　张紫垣　张晓订纂

清同治十三年（1674）清河堂活字本八册

湖南龙山·张氏续修族谱□□卷

藏地：湖南省图书馆

（清）张心　张心镛纂修

清宣统元年（1909）活字本

湖南龙山·张氏三修族谱十二卷首一卷

藏地：湖南省图书馆

（清）张心鉴修　张安悆　张安玙纂

1921 年怀德堂活字本　十三册

广东·清河族谱五卷

藏地：广东中山图书馆

（清）张华椿等纂修

清光绪六年（1880）刻本　四册

广东·张氏家谱一卷

藏地：广东佛山市档案馆

（民国）张海基纂

1922 年刊本

广东广州·张氏族谱不分卷

藏地：广东中山图书馆

钞本　一册

广东番禺·张氏文献公裔屯田使

谱二卷

藏地：广东中山图书馆

（清）张成宾编

清乾隆三十八年（1773）刻本　二册

广东番禺·张孝友堂宗谱十一卷

藏地：广东中山图书馆　中山大学

（清）张德明编

清光绪二十三年（1897）刻本　一册

广东番禺·林塘张氏族谱四卷

藏地：广东中山图书馆

（清）张以纶总纂

清宣统元年（1909）刻本　二册

广东番禺·广州番禺沙湾司岐山张氏族谱

藏地：国家图书馆　广东中山图书馆

（民国）张炳楠续辑

1915年铅印本　一册

广东番禺·张氏族谱不分卷

藏地：广东中山图书馆

（清）张祥桑纂修

1918年重修钞本　一册

广东番禺·张氏克慎堂家谱不分卷

藏地：广东中山图书馆　美国

（民国）张锡麟编

1933年钞本

广东曲江·张氏宗谱八卷

藏地：辽宁图书馆

（民国）张逢吉　张谦尊等续修

1926年百忍堂序刻本

广东宝安·西溪张氏族谱不分卷

藏地：美国

（民国）张本良等重修

影印1913年述善堂刊本　一册

广东珠海·张氏谱牒□□卷

藏地：广东珠海市南屏乡政府（存卷5）

铅印本

广东潮州·清河族谱（张氏）

藏地：台湾

清光绪十年（1884）钞本　一册

广东饶平·永思堂张氏族谱

藏地：台湾

（清）张鸿章修

清光绪二十年（1894）钞本　一册

广东饶平·张氏一派宗支

藏地：台湾

清光绪二十一年（1895）钞本　一册

广东中山·张氏族谱三卷

藏地：美国

（清）张建孚等编

清咸丰八年（1858）铁城思袁堂刊本四册

广东中山·张氏谱牒十卷

藏地：美国

（民国）张光永等四修

1931年香山积厚堂梓刊本　十册

广东中山·香山铁城张氏族谱四卷

藏地：美国

（民国）张家赐等修

1934年铅印本　四册

广东·南海城西堡张氏家谱一卷

藏地：中山大学　日本　美国

（清）张正纪订　（民国）张屏续修

1930年广州排印本　一册

广东新会·张氏族谱五卷

藏地：广东中山图书馆　美国
（清）张灿奎撰
清光绪六年（1880）刻本　二册

广东新会·张氏家谱不分卷
藏地：广东中山图书馆
（民国）张炳光重修
1935年钞本　一册

广东文昌·迁琼张氏家谱十一卷首一卷
藏地：广东文昌县翁田区博文乡北坑北村（存三卷）
（民国）张腾鹍　张步程纂
1918年木刻本

广东东莞·张氏家谱不分卷
藏地：中央民族大学　广东中山图书馆
（清）张伯桢纂
清宣统三年（1911）铅印本（跋）四册

广东东莞·篁溪家谱一卷附录二卷
藏地：北京师范大学　中央民族大学上海师范大学　南京大学　广东中山图书馆　云南大学
（清）张伯桢撰
1915年东莞张氏刻《沧海丛书》

广东·东莞张氏族谱
藏地：广东博物馆
（民国）张其淦总纂
1922年东莞福文堂排印本

广东·东莞张氏如见堂族谱三十二卷
藏地：广东中山图书馆
（民国）张其煌总纂　张鸿安纂修
1922年铅印本　三十二册

广东梅县太平乡张氏族谱不分卷
藏地：美国
（民国）张淦宏编
1975年铅印本　一册

广东大埔·高碑大甫县坑脚霸张氏族谱
藏地：台湾
（清）张本生修
清光绪十四年（1888）修1955年张东荣补钞本　一册

广东大埔·赤山树德堂张家族谱
藏地：台湾
清光绪十年（1884）钞本　一册

广东大埔·赤山树德堂张家族谱
藏地：台湾
清光绪十六年（1890）钞本一册

广东大埔·赤山张氏族谱
藏地：台湾
（清）张丽俊修
清光绪三十四年（1908）钞本一册

广东·丰顺建桥张氏族谱不分卷
藏地：美国
1931年写本　一册

广东五华·张氏族谱一卷
藏地：广东五华县档案馆
手钞本

广西·桂林张氏族谱一卷
藏地：上海图书馆
（清）张增墉纂
清光绪十八年（1892）刻本一册

广西·桂林张氏家乘十五卷首一卷附录义高千古集二卷
藏地：国家图书馆（二部）　中国科学院图书馆　辽宁图书馆　吉林大学　福建师范大学　湖国家图书馆

日本　美国
（民国）张崇基　张克厚等重修
1921年铅印本　十二册
广西·桂林张氏族谱七卷首一卷末一卷
藏地：国家图书馆　中国科学院图书馆　中国社会科学院历史研究所图书馆　吉林大学　杭州大学　日本　美国
（民国）张其㙗等纂修
1933年排印本　九册
广西容县·张氏家谱十四卷
藏地：广西图书馆（存卷1—7）
（民国）张荫元　张汝光续修
1945年石印间铅印本
四川·华阳张氏族谱六卷
藏地：四川省图书馆（存卷1—4）
（清）张继辕纂修
清光绪十四年（1888）刻本三册
四川·张氏族谱不分卷
藏地：四川省图书馆
（民国）张鼎编辑
1925年钞本　一册
四川·张氏应西公支谱不分卷
藏地：河北大学
（民国）张金元　张宗奎修
1930年石印本　一册
四川·丹棱新津张氏族谱不分卷
藏地：四川省图书馆
（民国）张鼎编辑
1930年石印本　一册
四川·成都君平张氏家谱不分卷
藏地：国家图书馆　南京大学
（清）张仁声编
清光绪三十一年（1905）东湖刻本一册
四川双流·张卢族谱四卷
藏地：四川省图书馆
（民国）卢德昭增修
1922年排印本　四册
四川双流·张氏族谱十二卷首一卷
藏地：中国社会科学院历史研究所图书馆　人民大学
（民国）张炳贤　张维云等纂修张继修　张文德增修
1919年纂修1927年增修1941年成都觉文石印社石印本　十二册
四川·郫县张氏族谱不分卷
藏地：四川省图书馆
（民国）张成基等修
1929年刻本　一册
四川长寿·张氏宗谱一卷
藏地：四川长寿县八颗乡勤俭村
（清）张培勋撰
清咸丰四年（1854）木刻本
四川长寿·张氏族谱一卷
藏地：四川长寿县文化管
（清）张绍芝修
一九六六年钞清光绪二十六年（1906）写本
四川璧山·张氏族谱五卷
藏地：四川重庆市图书馆
（民国）张鸿澜纂
1930年璧山张氏宗祠排印本五册
四川璧山·清河张氏分谱二卷
藏地：四川重庆市图书馆
（民国）张震涛纂
1931年璧山张氏宗祠排印本一册
四川荣县·张氏荣锦世谱不分卷
藏地：南京大学
（民国）张铭忠等修
1918年荣县张氏铅印本　一册

四川绵竹·张氏家乘不分卷
藏地：四川省图书馆
（民国）张玉铉纂修
民国石印本　一册

四川广汉·益兰祠续修张氏族谱六卷首一卷
藏地：四川省图书馆
（清）张履端　张履亨等纂修
清同治八年（1869）刻本　六册

四川广汉·汉州张氏祠族谱二十三卷首一卷
藏地：南京大学
（民国）张树荣等修
清宣统元年（1909）汉州张氏刻本　十册

四川·绵阳张氏族谱□□卷
藏地：四川省图书馆（存卷1—3）
（民国）张隆骘纂修
1917年中坝石印本

四川绵阳·绵西张氏五修族谱四卷首一卷
藏地：中国社会科学院历史研究所图书馆　四川省图书馆
（民国）张焕堂纂修
1922年美升祠刻本　五册

四川剑阁·江口张氏族谱一卷
藏地：四川剑阁县江口县
1929年钞本

四川剑阁·鸯溪张氏族谱一卷
藏地：四川剑阁县志办
（民国）张爔纂
1939年钞本

四川·遂宁张氏族谱四卷
藏地：南京大学　四川遂宁县文管会
（民国）张崇阶等编
1924年刻本　八册

四川·内江张氏族谱八卷
藏地：四川省图书馆（存卷1—7）
（清）张鼎彝　张耀武续修
清光绪三年（1877）刻本

四川·内汇报恩寺张氏家谱四卷
藏地：四川内江县杨家乡
（民国）张有荣续修
1927年石印本

四川·内江资家乡张氏族谱十二卷
藏地：四川内江县凌家乡街村
（民国）张正荣续修
1930年石印本

四川·内江张氏族谱不分卷
藏地：四川省图书馆（存一册）
民国间石印本

四川资中·张氏族谱不分卷
藏地：四川省图书馆
（清）张树垣纂修
清同治五年（1866）木活字本一册

四川简阳·简州张氏蜀谱不分卷
藏地：南京大学
（清）张守鉴编
清光绪十四年（1888）张氏刻本二册

四川简阳·张氏续谱不分卷
藏地：南京大学　四川省图书馆
（清）张仙州纂修
清光绪二十三年（1897）刻本

四川仁寿·张氏续修宗谱二卷
藏地：四川省图书馆
（民国）张盛河续修
1911年刻本　二册

四川仁寿·张氏续修宗谱三卷
藏地：四川省图书馆
（民国）张盛河　张立赞纂修

1921 年石印本　三册

四川仁寿·张氏续修宗谱三卷

藏地：四川省图书馆

（民国）张盛河纂修

民国石印本　三册

四川峨眉·张氏族谱不分卷

藏地：四川省图书馆

（清）张绍周续修

清道光十四年（1834）刻本　一册

四川彭山·张氏族谱一卷

藏地：四川省图书馆

（民国）张元盛纂修

1925 年钞本　一册

四川宜宾·叙州张氏宗谱二卷

藏地：四川省图书馆

（清）张濬源等纂修

清道光木活字本　一册

四川高县·张氏族谱二卷

藏地：四川高县石门乡宋家村

（民国）张富源编修

1925 年刊本

四川·高县张氏支谱不分卷

藏地：四川高县落润乡新民村

（民国）张继田修

1934 年钞本

四川·涪陵张氏宗谱一卷

藏地：四川长寿县沙石乡河清村

（民国）张登友　张明生等修

1929 年写本

四川仪陇·张氏宗谱一卷

藏地：四川仪陇县档案馆

（清）张玉彩纂修

清咸丰五年（1855）木刻本

四川仪陇·张氏宗谱一卷

藏地：四川仪陇县档案馆（残）

（清）张耀辰纂修

复制清咸丰六年（1856）木刻本

四川仪陇·张氏宗谱一卷

藏地：四川仪陇县档案馆（残）

钞本

云南·云龙张氏家谱

藏地：国家图书馆

（清）张从衔辑修

清道光三年（1823）明义堂活字本　六册

云南·世德堂张氏族谱

藏地：云南大理州图书馆

稿本　三册

云南·鹤庆张氏族谱

藏地：云南大理州图书馆

稿本　一册

陕西·秦州西厢里张五甲张氏族谱二卷

藏地：国家图书馆　河北大学　江苏南通市图书馆

（清）张世英纂修

清光绪三十四年（1908）渭南县署刻本　二册

陕西兴平·茂陵张氏宗谱二卷

藏地：哈尔滨师范大学　浙江省图书馆　美国

（民国）张鸿山　张元勋纂

1915 年刻本　二册

陕西潼关·张氏著存堂族谱八卷

藏地：中国科学院图书馆

（清）张澧中纂辑　张树荻荻续辑

清同治十一年（1874）续辑重刊道光二年（1822）本　一册

陕西潼关·张氏著存堂族谱八卷

藏地：陕西图书馆

（清）张沣中辑

清光绪三十四年（1908）铅印本

陕西平利·狮子坪张氏谱书一卷

藏地：陕西平利县档案馆
(清) 张蔚山　张恒山纂
清光绪十三年 (1887) 钞本

甘肃庄浪·张氏家谱三卷
藏地：甘肃庄浪县岳堡乡张家岔口
(民国) 张文炬纂修
1936年钞本

香港新界·围头乡张家族谱不分卷
藏地：美国
(民国) 张竞华修
1947年影自写本　一册

台湾台北·稻江张氏族谱不分卷
藏地：美国
清光绪二十二年 (1896) 钞本一册

台湾台北·艋舺张姓族谱不分卷
藏地：美国
(清) 张鸿谟重修
清同治元年 (1862) 钞本　一册

台湾台北·天山张氏宗谱摘钞本不分卷
藏地：美国
清乾隆四十六年 (1781) 钞本一册

台湾台北·鉴湖张氏世谱不分卷
藏地：美国
(清) 张源德　张源仁等修
清乾隆三十年 (1765) 序钞本一册

台湾南投·张姓世谱不分卷
藏地：美国
(民国) 张聪宪编
1928年台湾中南物产印刷公司铅印本　一册

张氏会修统宗世谱
藏地：台湾
明嘉靖十四年 (1535) 钞本一册

张氏统宗世谱十八卷文献十一卷
藏地：国家图书馆 (存三卷) 南京市图书馆
(明) 张士镐　张濬等纂修
明嘉靖刻本

张氏统宗世谱二十一卷文献不分卷
藏地：国家图书馆　湖南社科院
(明) 张维　张鸣凤纂修
明嘉靖刻本　九册

张氏统宗世谱
藏地：国家图书馆 (存一册)
(明) 张濬等纂
明嘉靖间刻本

张氏族谱不分卷
藏地：国家图书馆
明刻本配清钞本　五册

西宁张氏族谱不分卷
藏地：北京大学
(清) 张崇珩纂修
清康熙四十七年 (1708) 刻本

板桥派张氏族谱
藏地：台湾
清乾隆二十六年 (1761) 钞本一册

张氏宗谱
藏地：国家图书馆 (存十一卷)
(清) 张曾献等续修
清嘉庆十九年 (1806) 刻本

张氏续修支谱
藏地：国家图书馆
(清) 张河屿纂修
清道光十八年 (1838) 植德堂活字本九册

张氏家乘

藏地：日本

清道光间写本　一册

松林张氏家谱

藏地：国家图书馆

（清）张元楷等纂修

钞本　二册

江溪张氏支谱十四卷

藏地：上海图书馆

（清）张方增纂

铅印本　五册

张氏家谱

藏地：国家图书馆

（清）张金锡编辑

钞本　一册

张氏族谱不分卷

藏地：浙江省图书馆

钞本间稿本　二册

张氏原始谱不分卷

藏地：浙江省图书馆

（宋）张远猷纂辑　（清）张云程增订

清钞本　一册

清河张氏宗谱□□卷

藏地：哈尔滨师范大学

东桥张氏宗谱八卷

藏地：国家图书馆

（清）张士岳纂修

清同治九年（1870）孝友堂活字本　八册

东桥张氏族谱十二卷

藏地：哈尔滨师范大学

（民国）张广泰　张文梅等重修

1927年孝友堂重刻本　十二册

张氏宗谱二十八卷

藏地：国家图书馆

（清）张氏族人修

清同治十二年（1871）寿康堂活字本二十八册

张氏家乘不分卷

四川省图书馆（存七册）

藏地：（清）张鹄纂修

清同治刻本

张氏宗谱八卷

藏地：上海图书馆

清光绪十年（1884）刻本　一册

张氏宗谱二十六卷

藏地：国家图书馆

（清）张均纂辑

清光绪二十年（1894）寿康堂活字本四十二册

张氏七修族谱

藏地：国家图书馆

（清）张锦泰等修

清光绪二十五年（1899）活字本四册

张氏八修宗谱二十二卷首四卷

藏地：国家图书馆

（民国）张绍良等纂修

1941年百忍堂活字本　三十六册

清河张氏族谱一卷

藏地：山西大学　吉林大学

（清）张景云辑

清光绪二十七年（1901）刻本

湖都张氏谱五卷

藏地：吉林大学

（清）张先抢重修

清光绪三十年91904）念德堂活字本十二册

利造桥张氏宗谱

藏地：杭州大学

清光绪木活字排印本

张氏宗谱二卷

藏地：山西图书馆

（清）牛准濂编

清宣统三年（1909）尊经堂刻本

二册

（五） 字行辈份

清光绪十三年张允选等修《张氏族谱》，山东黄县张姓一支字行为："基业可久，名望常昭，衍庆为志，肇锡永超。"清光绪十八年张绶青刊修《张氏族谱》，江苏润城张姓一支字行为："好学用典，有文斯远，积庆之家，儒宗以衍，运际昌明，时乘光显。"清嘉庆二十年张光瑾编《张氏宗谱》，浙江鄞县张姓一支字行为："洪应文，承嘉光，积善家，有余庆，坤载学，乾建行，贞元会，世永昌。"另一宗支字行为："惟先德，福延长，致孝享，位同堂，萃聚上，涣来章，亿万祺，传芬芳。"民1935年张勉西修《张氏族谱》，广西桂林张姓一支字行为："增其心性学，器宇自温纯，积厚垂麻远，国恩申锡频。"1922年张焕堂纂修《张氏（五修）族谱》，四川绵西张氏一支字行为："国正崇文学，安邦本德能，永怀先世泽，绍述定昌荣。"清光绪二十六年《张氏续修族谱》，湖南长沙张姓一支字行为："大启圣贤嗣，永承宗祖继，治国思良相，安邦定泰平。"清同治三年《先儒张氏族谱》，湖南宁乡张姓一支字行为："枢炳培锡泽，新营起锦淇，恢先勖经济，光裕庆洪规，国兴人进瑞，本正日开枝，孝友家声振，中和祖绪垂。"

（六）迁徙繁衍

张姓在传说时代起源于清阳（亦即后来的清河郡治），春秋时，由周文王的姬姓后裔所建的晋国和韩国，有姬姓后人以张为姓，这一支张姓后来居上，繁衍很广，在京兆、太原等26处都形成望族。同时，也可知，张姓最初的发祥地，应当是在今天的河北、山西、河南省境。据《新唐书·宰相世系表》所载："周宣王时有卿士张仲，其后裔事晋为大夫。张侯生，老生趯　趯生骼，至三卿分晋，张氏仕韩。韩相开地，生平，凡相五君。平生良，字子房，汉留文成侯。良生侍中不疑。不疑生典，典生默，默牛大司马金。金生阳陵公乘千秋，字万雅。千秋生嵩。嵩五子：壮、赞、彭、睦、述。壮生裔，裔生皓，字叔明，后汉司空，世居武阳犍为。皓生宇，北平范阳太守，避地居万城。宇孙肥如侯孟成，生平，魏渔阳郡守。平生华，字茂先，晋司空、壮武公，二子：祎、韪。祎字彦仲，散骑侍郎。生舆，字公安，太子舍人，袭壮武公。生次惠，宋濮阳太守。二子：穆之、安之。安之之族，徙居襄阳……韪，晋散骑常侍，随元帝南迁，寓居江左。六世孙隆，太常卿，复还河东，后徙洛阳。"由上可见，战国秦汉时期，张姓族人已从祖居的河南段的以北地区，逐渐繁衍到黄河南北，他们的足迹遍布陕西、河南、山东、河北等地。其中，巴蜀地区，战国秦时已有张姓人人蜀郡为太守，至汉代，巴蜀地区张姓人士落籍增加。同时张姓先民也有迁入吴郡的。这其间张姓已是北方的一大姓氏，如京兆杜陵张氏仍然显贵，汝南细阳张氏三相汉室，敦煌酒泉张氏威震西北。汉末，由于董卓之乱，中原地区遭受严重破坏，北方的张姓族人被迫第一次南迁；西晋末年，因“永嘉之乱”，张姓也同其他士族一起大举南迁，以至后不久，吴郡张氏首先崛起，后成为了我国东南沿海张氏的繁衍中心。同时，张姓也有的迁往东北的辽宁、吉林和西北地区的甘肃、青海和新疆等地。最南已称盛于今广东韶关。唐至五代，张姓在南迁的同时，再创辉煌，在许多州郡的显姓望族中，都有了张姓的存在。到北宋末年，即金兵占领了黄河南北到蒙古军队南下期间，北方的张姓族人又一次大规模南迁。经过几次大规模的南迁，使得张姓至宋以后，已遍及全国各地。由于张姓历代族大人众，支系庞大，故在迁徙繁衍过程中也形成了许多望族，分布于我国大江南北各个区域，从而使张姓成为了我国一大姓氏之一，并居前列。

（七） 适用楹联

□弓力千钧东风劲；
　长空万里北斗明[1]。
□齐家公艺[2]；治国子房[3]。
□西都十策[4]；金鉴千秋[5]。
□阀阅传京兆[6]；声名重曲江[7]。
□渔阳惠政[8]；江左清才[9]。
□正色立朝，声重千秋金鉴[10]；
　懿文华国，名高万选青钱[11]。
□出使穷源，槎泛斗牛之畔[12]；
　劝农致富，民兴麦秀之歌[13]。
□一林松月多诗兴；
　千里云烟入画图[14]。
□将军更解神谶字；
　太史合书大有年[15]。
□落日平原纵马；
　秋风古道题诗[16]。
□梧雨凤苞润；松风鹤韵高[17]。
□诗成掷笔仰天笑，
　酒酣拔剑斫地歌[18]。
□雄猛让一人，武善提戈文握管；
□精英传万世，
　唐曾显姓宋留名[19]。
□泉源在庭户；世界接人天[20]。
□独爱诗篇超物象；
　只因山水与精神[21]。
□拣茶为款同心友；
　筑室因藏善本书[22]。
□文名旧许高清汉；
　仙籍新题近赤松[23]。
□八德忠列上；百忍孝为先[24]。
□宴列琼林之首[25]；
　胪传鼎用之中[26]。
□九居世泽传名选；
　百忍家声播惠长[27]。

注释：

①上下联句首嵌入“弓”、“长”二字，合而为张。

②唐代名人张公艺，寿张人。治家有方，九世同居。高宗封泰山，还亲自到他家里打听原因。张公艺写了一百多个“忍”字给高宗看，高宗称赞不已。

③汉初大臣张良，字子房，城父人。为了恢复韩国，狙击秦始皇，没成功，逃匿于下邳，遇黄石公，得《太公兵法》。后为刘邦谋士，佐其灭秦楚。汉朝建立，封留侯。

④宋代进士张齐贤，字师亮，冤句人。太祖幸西都，齐贤以布衣陈十策。帝归谓晋王曰：“他日可使辅汝相。”真宗时官至兵部尚书、同中书门下平章事。寻以司空致仕。

⑤唐初大臣、诗人张九龄（678—740），字子寿，曲江人。玄宗生日，百僚多献珍异，惟九龄进《千秋金鉴录》，具陈前古废兴之道。

⑥京兆：襄阳郡，旧治在今湖北襄阳西。为张姓望族所在地之一。

⑦唐代诗人张九龄，曲江（今广东韶关）人。

⑧东汉渔阳太守张堪，字君群，宛人。光武中拜郎中。任渔阳太守时，功课农桑，捕击奸猾，在郡八年，匈奴不敢犯塞。去职之日，乘折辕车布被囊而已，百姓歌之。

⑨晋代文学家张翰，字季鹰，吴郡人。性至孝，有清才，善属文，纵任不拘，时人号为“江东步兵”。

⑩注见⑤。

⑪唐代名人张旌，有《万选青钱》。

⑫西汉外交家张骞（？—前114）汉中人。建元二年（前139），奉汉武帝之命出使大月氏、大宛、康居和大夏等中亚国家。途中两次被匈奴拘留，积十一年。元朔三年（前126前），匈奴内乱，始脱身归汉。

⑬注见⑧。

⑭清代词画家张子祥撰书联。

⑮清代书法家、诗人张廷济（1768—1848）自题联。张廷济，字叔未，浙江嘉兴人。

⑯现代国画家张大千（1899—1983），1981年撰联。

⑰清代诗人张问陶（1764—1814）自题联。张问陶，字仲冶，号船山，善书画。四川遂宁人。

⑱现代国画家张大千自题联。

⑲张飞庙联。文握管：指张飞善书法。唐曾显姓：谓唐张巡与张飞同姓。宋留名：指岳飞与张飞同名。

⑳陕西留坝庙紫柏山张良庙联。

㉑宋代诗人张耒诗联句。张耒，熙宁进士，有《张右史文集》。

㉒清代书法家、诗人张廷济自题联。

㉓旧题张氏切姓联语。

㉔唐代郓州寿张（今属山东东平）人张公艺，九世同堂。麟德（公元664—665年）中，高宗祀泰山，路过郓州，至其宅，问其义由。公艺请以纸笔，但书百余“忍”字。（见《旧唐书·孝友传·张公艺传》）。后张姓常以“百忍”为堂名，本此。成语“百忍成金”（形容忍耐可贵），亦本此。

㉕指明代张信、张异、张怵、张懋修、张以诚五状元。

㉖指明代张显宗、张春、张修嗣三榜眼等。

㉗注见㉔。

张氏名人集粹

张之洞 直隶南皮（今属河北）人。两广总督、洋务派首领，曾任翰林院侍讲学士、内阁学士等职。一生中也做了许多有意义的事情。如在任两广总督期间，曾起用冯子材，在广西边境击败法军。后调任湖广总督时，开办汉阳铁厂，设立织布、纺纱、缫丝、制麻四局，并筹办了芦汉铁路。对发展民族工业在客观上起了一定的积极作用。

张居正 湖广江陵（今湖北江陵）人，明代著名政治家，明神宗时出任

宰相。针对当时军政败坏，财政破产的局面进行改革。大力整顿吏治、赋税，又任用名将戚继光练兵，加强边防，取得了一定的成效。先后主持国事达10年之久。

张路　著名画家，祥符（今河南开封）人。

张宏　吴郡（治今江苏苏州）人。

张凤翼　戏曲作家，长州（今江苏吴县）人，所作传奇有9种，均以词藻华丽著称。

张野塘　音乐家，寿州（今安徽寿县）人。

张溥　文学家，太仓（今属江苏）人。

张景岳　医学家今浙江绍兴人，一生著书甚多，在医学理论上有独到见解。

张献忠　今陕西定边东人，明末农民起义首领，在成都建立大西政权，即帝位，年号大顺，历时3年。

张中　江苏苏州人，明清之际有伊斯兰教学者，回族，通阿拉伯文，悉心研究宗教哲学。所著《归真总义》和《四篇要道》，流传至今。

张岱　文学家，浙江山阴（今绍兴）人。

张风　画家。上元（今江苏南京）人，经学家张尔岐，山东济阳人。

张养浩　元代散曲家。今山东济南人，其一生所写散曲100多首，以《山坡羊·潼关怀古》一首最为成功。

张可久　庆元路（今浙江宁波）人，一生创作散曲达800多首，为元代散曲作家中创作数量最多的。

张渥　著名画家，杭（今浙江杭州）人。

张国宾　作家，大都（今北京）人。

张浚　南宋大臣，汉州绵竹（今属四川）人。

张俊　将领，成纪（今甘肃天水）人，高宗即位，任御营前营统制。晚年封清河郡王，拜太师，极受高宗礼遇。

张珏　一代名将，凤州（治今陕西凤县）人。

张世杰　范阳（治今河北涿县）人。

张元干　著名词人，长乐（今属福建）人。

张孝祥　乌江（今安徽和县乌江镇）人。

张栻　学者。汉州绵竹（今属四川）人，迁于衡阳，官至右文殿修撰。和朱熹、吕祖谦齐名，时称“东南三贤”。著有《南轩集》。

张即之　书法家。历阳（今安徽和县）人，曾官至司农寺丞，授直秘书阁。

张载　凤翔郿县（今陕西眉县）人，北宋哲学家，一生讲学于陕西的关中，其弟子也多为关中人，故其学派被称为“关学”。他提出了“太虚即气”之学说，反对佛、道二教以虚无为本体的唯心论。他著有《正蒙》、《易说》等。

张择端　东武（今山东诸城）人，著名画家，尤善画舟车、市街、城郭、桥架，皆独具风格。以作品《清明上河图》最为珍贵。

张紫阳　道教南派初祖，天台（今属浙江）人，尊为紫阳真人，著有《悟真集》等。

张说 唐代名相，洛阳（今属河南）人。

张镐 相肃宗，汲郡（治今河南汲县）人。

张旭 杰出书法家，吴（治今江苏苏州）人，精通楷法，尤以草书最为知名，有“张颠”之称。其草书散见于历代集帖中。

张彦远 今山西永济人，杰出书画理论家、画家、书法家，善画，尤长于书法。撰有《彩笔诗集》、《历代名画记》、《法书要录》等。

张巡 邓州南阳（今属河南）人，以守睢阳（今河南商丘）、抗安禄山叛军而闻名。

张鷟 文学家，深州陆泽（今河北深县）人。

张读 小说家，深州陆泽人，曾官尚书左丞。撰有小说《宣室志》，又有《建中西狩录》10卷。

张萱 画家，京兆（治今陕西西安市）人。

张宾 十六国赵大臣。赵郡中丘（今河北内丘西）人。

张僧繇 今江苏苏州人，南朝梁杰出画家，以善画道释著称。在吸收传统艺术优点的基础上，总结得出了“点、曳、斫、拂”四个基本技法，又创“没骨山水”法。与顾恺之、陆探微、吴道子并称为我国古代的四大画家，或称“画家四祖”。

张子信 北齐天文学家，河内（郡治今河南沁阳）人。

张湛 高平（治今山东金乡西北）人，东晋学者，曾官至中书侍郎。

张华 西晋大臣、文学家。范阳方城（今河南固安南）人。

张翰 文学家，吴（治今江苏苏州）人。

张轨 凉州刺史。安定乌氏（今甘肃平凉西北）人，张耳17世孙。他曾联合汉族和少数民族统治阶级，稳定当地秩序，扩建姑臧（今甘肃武威）城，立学校，定币制。死后，其子张茂建立前凉国，为“十六国”之一。其子孙继续拥有凉州76年。

张绣 武威祖厉（今甘肃靖远西南）人，三国曹魏扬武将军。

张飞 涿郡（治今河北涿县）人，蜀汉大将。

张昭 彭城（今江苏徐州）人。

张纮 名臣、谋士，广陵（今江苏扬州）人。

张良 城父（今安徽亳县东南）人，战国以后，西汉刘邦的谋臣，为韩国旧贵族后代。于秦末农民起义时聚众归刘邦，成为刘邦的重要谋臣。辅佐刘邦建立汉朝，被封为留侯。今河南兰考县城西5公里曹新庄火车站西南侧有张良墓。

张骞 汉中成固（今陕西省城固）人，汉武帝时有出使西域的名将，他曾奉武帝之命，出使大月氏，亲历大宛国、康居国、大月氏国和大夏国等，在外长达13余年。为中西文化、经济的交流和发展作出了一定的贡献。武帝还曾封他博望（治所在今河南方城西南）侯。

张耳 诸侯王，魏国贵族后裔，大梁（今河南开封）人。

张敞 普官至太史大夫，河东平阳（今山西临汾西南）人。

张苍 历算家、名相阳武（今河南原阳东南）人。

张汤　御史大夫杜陵（今陕西西安东南）人。

张安世　大司马张汤子，杜陵人。

张释之　谁南相，南阳堵阳（今河南方城东）人。

张禹　丞相河内轵（今河南济源东南）人。

张纲　东汉御史、广陵太守，武阳（治今四川彭山东）人。

张嘉　司空，汝南（今安徽太和县东南）人。

张嵩　侍中，阳陵（今陕西咸阳西北）人。

张奂　敦煌酒泉（今属甘肃）人，官至拜议郎、大司农、太常（为九卿之一）。

张衡　河南南阳西鄂（今河南南阳市）人，科学家，文学家，他曾两度任执管天文的太史令，精通天文历算，创造了世界上最早利用水力转动的浑象和测量地震的地动仪。并第一次解释了月食的成因。在其著作《灵宪》里，明确提出了“宇之表无极，宙之端无穷”的宇宙思想。他还作了许多诗赋，其中最有名的为《西京赋》。

张道陵　沛国丰（今江苏丰县）人，顺帝时有在四川创立道派，为道教定型化之始，世称“张天师”。杰出家张芝（敦煌酒泉〈今属甘肃〉人），张奂之子。善章草。结合新兴楷法，省减章草点画波磔，创立“今草”，曾被韦诞称为“草圣”。晋代王羲之论汉魏书迹，惟推钟（繇）、张（芝）两家，而羲之草书，也深受其影响。

张仲景　南阳郡〈治今河南南阳市〉人，汉末著名医学家，一生致力于古医学的钻研，总结了汉以前的医疗经验，著有《伤寒杂病论》。对祖国医学的发展作出了重大的贡献。

张若　秦第一任蜀郡守，他曾迁关中民众万户于川东地区，开垦土地，发展生产，为巴蜀地区的经济繁荣和发展奠定了基础。

张仪　魏都大梁（今河南开封市）人，曾游说六国连横事秦，贵族后代，曾先后任秦相和魏相，其策略号称“连横”。

张氏风流撷英

少昊子挥造弓箭，
姓源启自黄帝赐。①
晋国卿士名解张，
河南南阳始发祥。②
张良智谋胜千里，
张骞出使贡献大。③
张衡数术穷天地，
天师张陵创道教。④
黄巾起义载青史，
造福人民送德高。⑤
和尚张遂测子年，
张颠草书称一绝。⑥
景岳理论扬中医，
德成御寇挥神拳。⑦
张弩搭箭箭似飞，
子孙后代遂宏愿。

注释：

①传说少昊的第五子挥，发明了弓箭，被黄帝赐为张姓，成为张氏

始祖。

②《通志·氏族略·以字为氏》记载，春秋晋国卿士解张，字张侯，姬姓，其后以张为氏。自古有“南阳张”之称，河南南阳乃张氏的发祥地。

③张良（？—前186），西汉谋臣，安徽亳县人。刘邦称他“运筹帷幄之中，决胜千里之外”；张骞（？—前114），西汉外交家，陕西城固人。两次出使西域，建立起了我国与中亚各国的友好往来。

④张衡（78—139），东汉科学家、文学家，河南南阳人。他在天文上一改“盖天说”，提出“浑天说”，绘制星象图，发明“浑天仪”、“地震仪”等。张陵（？—公元156年）江苏丰县人，东汉末年，在四川灌县创立了“五斗米”（道）教，被奉为“天师”。

⑤张角（？—公元184年），东汉末年黄巾军起义领袖，河北平乡人。张仲景（生卒不详），东汉医学家，河南镇平人。勤求古训，博采众方，著《伤寒杂病论》，造福人民，为后人尊为医圣。

⑥张遂（法名一行）（公元633—727年），唐朝天文学家，河南南乐人。他是世界上第一个测出子午线的人。张旭（生卒不详），唐代大书法家，江苏苏州人。他嗜酒，每大醉，呼叫狂走，而后乃下笔，逸势奇状，连绵回绕，也呼“张颠”。

⑦张景岳（公元1562—1639年），明朝中医理论家，浙江绍兴人。他阐发了医易相通的中医理论，对中医理论的发展，起了重大作用。张德成（？—公元1900年），清末，中国人民抗击八国联国的义和团首领，河北新城人。

中华百家姓

赵	钱	孙	李	周	吴	郑	王	冯	陈	蒋	沈	韩	杨
朱	秦	许	何	吕	张	孔	曹	金	魏	姜	谢	邹	苏
潘	范	彭	韦	马	方	任	袁	史	唐	薛	雷	贺	汤
罗	郝	常	于	傅	康	余	顾	孟	黄	尹	姚	邵	汪
毛	戴	宋	熊	董	梁	杜	贾	江	郭	林	钟	徐	邱
高	夏	蔡	田	胡	万	卢	丁	邓	石	崔	龚	程	陆
段	侯	武	刘	龙	叶	黎	白	赖	乔	谭	阎	易	廖
文	曾												

孔 姓

——商有成王子太乙，子乙合一有孔姓

孔氏解密寻踪

(一) 姓氏字源

《说文》：“孔，通也。从乙，从子。乙，请子之候鸟也。乙至而得子，嘉美之也。古人名嘉，字子孔。”郭沫若《金文丛考》云：“乃指示小儿头角上有孔也，故孔之本义当为囟，囟者象形文，孔则指事字。引申之，则凡空皆曰孔，有空则可通，故有通义。”

(二) 寻根溯祖

孔姓来源主要有五：

1. 出自子姓，为商汤王后裔。据《广韵》等所载，相传商代始祖契，为帝喾的次妃简狄因吞乙卵（玄鸟之卵）而生，契长大后，曾助禹治水有功，被舜任为司徒，掌管教化。居于商（今河南商丘县境），一说居于蕃（今山东滕县），赐姓子氏。契传14代有汤，汤以其祖吞乙卵而生契故名履，取字为太乙。汤成为商族首领后，与有莘氏通婚，任用伊尹执政，建都于南亳（今河南商丘县南），积聚力量，准备灭夏。他先后攻灭了领近的葛（今河南宁陵北），夏的联盟韦（今河南滑县东南）、顾（今河南范县）、昆吾（今河南许昌东）等国，经过11次征战，成为当时强国，最后一举灭夏，建立商朝，迁都西亳（在今河南偃师）。由于汤王是商朝的开国君主，深得殷人尊崇，故后代以“子”加“乙”为姓，遂为孔氏。是为河南孔氏。

2. 出自子姓，为春秋时宋国王族孔父嘉。据《通志·氏族略》及《史记·孔子世家》等所载，商朝至商王纣时，被周武王所灭，建立周朝，后封纣王之子武庚禄父于朝歌旧地，以奉其先祀勿绝。又令管叔、蔡叔、霍步（史称“三监”）监视武庚。武王死后，成王年幼，由叔父周公旦摄政，三监不服，乘机勾结武庚，联合东方夷族叛乱。周公旦（武王弟）以成王命率兵东征，平定反叛，杀武庚、管叔，放逐蔡叔。为了平定殷民的反抗情绪，周公又见商纣王的庶兄微子启正直贤明，就把他封在商丘（今河南商丘南），建立宋国，主持商族的宗祀。微子启死后由弟弟仲衍继位。仲衍的曾孙宋襄公有两个嫡子，大儿子弗父何把君位让给了弟弟宋厉公方祀。弗父何生宋父周，周生世父胜，胜生正考父，正考父历任戴公、武公、宣公三朝大臣，他的儿子名嘉、字孔父，宋穆公时任大司马，因华督作乱而被杀。当时孔父的儿子木金父年纪还小，由家人抱着逃到鲁国（公元前11世纪周分封的诸侯国，在今山东西南部，建都曲阜〈今属山东〉，公元前255年为楚所灭）。木金父长大后以父亲的字为姓，称为孔氏，从此就在鲁国定居。木金父生睪夷，睪夷生防叔，防叔为鲁国大夫。再传至5世孙叔梁纥是当时有名的大力士，任鲁国陬邑（今曲阜东南）大夫。叔梁纥晚年续娶颜氏女儿徵在为妻，生有一子就是后来在中国历史上很有名望的大思想家、教育家孔子（为孔父嘉的6世孙）。此后孔氏便发展成为一个显赫的家族。史称孔姓正宗。是为山东孔氏。

3. 出自郑国（姬姓。周时分封的诸侯国。封于郑〈今陕西华县东〉，郑武公时，先后灭郐和东虢，建立郑国，都新郑〈今属河南〉）姬姓孔氏。据《通志·氏族略》所载，春秋时，郑穆公有十三子，其二子皆为孔氏。宋子生子曰公子喜，字子孔，遂为孔氏，圭妫生子，曰公子志，字士子孔，亦为孔氏。后无闻。是为河南孔氏。

4. 出自卫国（为公元前11世纪周公旦平定武庚的反叛后，把原来的商都周围地区和殷民七族分封给周武王弟康叔所建的诸侯国。建都朝歌〈今河南淇县〉）姞姓孔氏。据《古今姓氏书辩证》所载，春秋时卫国有名臣孔悝，以是祖字为氏的，为黄帝姞姓子孙的后裔。是为河南孔氏。

5. 出自陈国（妫姓。开国君主为胡公〈名满〉，相传上舜的后代，周武王灭商后所封。建都宛丘〈今河南淮阳〉。公元前479年为楚所灭）妫姓孔氏。据《古今姓氏书辩证》等所载，春秋时陈国有公族大夫孔宁，后因避祸，子孙逃到楚国（今属湖北西北一带）。是为湖北孔氏。

孔姓的来源除上五支外，还有三个来源：①据《汉书·艺文志·杂家》所载；“黄帝之史，或曰夏帝孔甲，似皆非。”这是见于史载最早的孔姓；②据《尚书·皋陶谟》所载：“何畏乎巧言令色孔壬。”说明尧舜时已有人名孔壬。因其以巧言令色著称，后人遂将孔壬作为善进谗言和奸佞的代名词。

③清代张澍说："孔乃共工之氏，壬其名。"认为孔壬的的孔姓出自共工氏。

（三） 宗堂郡望

堂号 1."阙里堂"。2."至圣堂"：都是因孔子命名。孔子生于阙里，是历史上的"大成至圣"。

郡望 孔姓郡望主要有鲁郡、京兆郡、河南郡、会稽郡等。

1. 鲁郡。西汉初（公元前206年）改秦原有的薛郡置鲁国，治所在鲁县（今山东曲阜）。相当今山东曲阜、滕县、泗水等县地。三国魏及晋改为郡。

2. 京兆郡。汉太初元年（公元前104年）改右内史置京兆尹，因地属畿辅，故不称郡，治所在长安（今陕西西安市西北）。相当今陕西秦岭以北、西安市以东、渭河以南地。三国魏时改称京兆郡。

3. 河南郡。汉高祖二年（公元前205年）改秦三川置郡，治所在雒阳（今河南洛阳市东北）。相当今河南省黄河以南洛水、伊水下游，双洎河、贾鲁河上游地区及黄河以北原阳县。

4. 会稽郡。秦始皇二十五年（公元前222年）置郡，治所在吴县（今江苏苏州市）。相当今江苏省长江以南，浙江省仙霞岭、牛头山、天台山以北和安徽水阳江流域以东及新安江、率水流域地。

（四） 字行辈份

元朝孔氏第54代衍圣公孔思晦始用辈字，并定55代为"克"。56代到85代字行为："希言公颜承，宏闻贞尚衍，兴毓传继广，昭宪庆繁祥，令德维垂佑，钦绍念显扬。"1920年，孔氏第76代衍圣公孔令贻又续修第86到105代字行："建道敦安定，懋修肇益常，裕文焕景瑞，永锡世绪昌。"

（五） 迁徙繁衍

从史料记载分析来看，既然孔父嘉为春秋时宋国贵族，当时的宋国，国都在商丘（今河南商丘南），其辖地在今河南东部和山东、江苏、安徽间地一带。故孔姓最初的发源地之一应说是在今河南商丘一带。至孔父嘉的后代因避祸而逃奔鲁国，并且在鲁国定居了下来，这可算是孔氏家族第一次东迁。虽说是第一次东迁，但意义却很重大，以至后世鲁地竟变成了孔氏繁衍的居地。孔姓在秦汉之际，就已是鲁地一大望族，并不断地向四周邻近的省份迁徙繁衍。据有关史料记载，其具体播迁情形大致上是：两汉时期，孔子后代除有一支居鲁国（山东曲阜）祀奉孔子香火外，其他人因在朝中做官，子孙多居京兆长安（陕西西安）和洛阳（今属河南）一带。如孔子12世孙孔延年，汉武帝时为博士，后任少傅、大将军。其子孔霸，汉宣帝时为太中大夫，高密相，元帝时赐封关内侯，号褒成君。其后5代世袭关内侯，居于京师。东汉时，孔子18世孙孔损之后世袭侯爵10余代，多居洛阳一带。此时，孔氏后裔有居于河北下博（今河北深县东南）、常山（今河北正定一带）者。孔氏南迁较早，始于汉末。西晋末年的"永嘉之乱"后，因北方连年战乱，开始大举南迁。据有关史料所载，汉末，孔子后裔有一支从梁国（今河南商丘地区，治所在睢阳）徙居会稽山阴（今浙江绍兴）。此后，会稽孔氏兴旺发达，历两晋、南北朝，代有名人官宦，他们的子孙散居江浙各地，成为江南望族。唐宋年间，孔姓子孙除大部分仍居住在河南、陕西、山东、河北一带外，还有不少孔氏南迁落籍江南各地。到北宋末年，由于金兵南下，中原战靡，又有一支孔姓随宋王室南渡，辗转到达临安（今浙江杭州），其后逐渐分居到今江苏、浙江、江西等地，分别形成当地巨族。在元、明两朝，还有孔姓支族居于江夏（今属湖北）、临川（今属江西）、江宁（今南京市）、池州（今属安徽）等地，并陆续向四方徙居。明清之际，再迁入福建、广东、贵州、云南等地。清代以后，孔姓子孙已遍及全国各地。

（六） 适用楹联

□洙源萃秀；泰岳钟灵。[①]

□安富尊荣公府第；[②]
文章礼乐圣人家。[③]

□千秋绝唱桃花扇；[④]
万古奇文论语篇。[⑤]

□巢父钓珊瑚之树；[⑥]
冲远列凌烟之班。[⑦]

□墨兰飞舞秀而劲；[⑧]
思孟述贤博且精。[⑨]

□北海贤相，名家簪缨继世；[⑩]
东鲁圣人，嫡派道学开宗。[⑪]

□三山景色供图画；
六代风流人品题。[⑫]

□三春云物归胸次；
万里风烟到眼中。[⑬]

□德配天地；道冠古今。[⑭]

□莲潭水明，直同泗水；
半屏山秀，俨如尼山。[⑮]

□踏遍荒山犹未老；
历尽千辛更知甜。[⑯]

注释：

①春秋时的思想家、政治家、教育家、儒家创始者孔子的陵墓所在地孔林，在山东曲阜城北。位居泰山之南。洙水源出新泰东北。西至曲阜城东北，与泗水分流。此指孔林地灵人杰之意。

②指孔府，在山东曲阜城内，为孔子后裔直系子孙“衍圣公”住宅。

③指汉代的孔仅、孔光、孔融，隋唐的孔颖达等历史名人。

④清代杰出的戏曲作家孔尚任，字聘之，号东塘，曲阜人。康熙时任国子监博士，迁户部员外郎，后以故罢官。因写《桃花扇》传奇与作《长生殿》的洪升齐名，称“南洪北孔”。

⑤《论语》，儒家经典之一，共二十篇。是孔子弟子及其再传弟子关于孔子言行的记录。

⑥唐代隐士孔巢父，字弱翁，孔子之后，少好学。钓珊瑚树，为其隐居徂徕山典故。

⑦唐代经学家孔颖达，字冲远，冀州衡水人。隋大业初，选为“明经”，授河内郡博士。到唐代，历任国子博士等职。奉太宗命主编《五经正义》，此书为唐代科举考试的标准。死后赐谥号为宪，遗像列凌烟阁。

⑧清代画家孔毓圻，孔子后裔，康熙丁未袭衍圣公。字钟在，号兰堂。墨兰飞麟，笔秀而劲，深得赵文敏之画风要旨。

⑨战国初哲学家孔伋，即子思，

孔子之孙。“中庸”为其学说的核心。孟子曾授业于他的门人，发挥其学说，形成了“思孟学派”。后被尊为“述贤”。有《中庸》一书对后世影响甚著。

⑩东汉学者孔融（153—208），字文举，鲁国（今山东曲阜）人。孔子二十世孙。勤奋博学，官至北海（今山东昌乐西）相，世称孔北海。有《孔北海集》。

⑪指春秋时鲁国思想家、教育家孔子（前551—前479），为儒家开山鼻祖。

⑫孔尚任《桃花扇》书中联句。

⑬注见⑫。

⑭河南郑州孔庙联。

⑮台湾高雄孔庙联。

⑯“九十年代的焦裕禄”孔繁森（1944—1994）诗句。

孔氏名人集粹

孔尚任　山东曲阜人，清代著名的戏曲作家，孔子64代孙。被康熙皇帝从隐居山中召出，破格授国子监博士。历任户部主事、员外郎。后罢官回乡，以写成传奇剧本《桃花扇》而称名于世。

孔广森　经学家、音韵学家、数学家，今山东曲阜人。

孔素瑛　女画家，今浙江桐乡人。

孔彦舟　相州林虑（今河南林县）人，沿江招捉使，后为金将，官至河南尹、南京（今河南开封）留守。

孔巢父　冀州（治今河北冀县）人，唐代累官至给事中、河中、陕华等州招讨使。

孔颖达　经学家（冀州衡水〈今属河北〉人），曾任国子博士、国子司业、国子祭酒等职。曾奉唐太宗命主编《五经正义》，融合了南北经学家的见解。唐代用其书作为科举取士的标准。

孔稚圭　会稽山阴（今浙江绍兴）人，南朝齐文学家，曾官至太子詹事、加散骑常侍。

孔汪　会稽（今属浙江）人，为孔子后裔，曾任广州刺史，有政绩，为岭表所称。

孔志　东汉孔子17代孙，光武帝时任大司马，后封褒成侯，其子损改封褒亭侯，孔损之后世袭侯爵10余代，多居于洛阳（今属河南）一带。

孔光　官至尚书令、御史大夫、丞相等职，鲁国（今山东曲阜）人。

孔安国　经学家，鲁国陬邑（今山东曲阜东南）人，均为孔子后裔。

孔融　鲁国（治今山东曲阜）人，汉末三国时文学家，汉时曾任北海相，又任少府、太中大夫等职。才华横溢，其文锋利简洁，多讥嘲之辞，后因触怒曹操被杀。三国时，曹丕（曹操之子）曾在《典论·论文》中，把他与王粲等6个文学家相提并论，故被列为“建安七子”之一。

孔仅　南阳（治今河南南阳）人官至大司农，大冶铁商出身。武帝时，与东郭咸阳同任大农丞，领盐铁事，主管盐铁专卖，以打击富商大贾的势力。后累官至大司农。

孔延年　京师（今陕西西安）人，西汉武帝时博士，为孔子12代孙，后任少傅、大将军。

孔霸 孔延年之子，汉宣帝时为太中大夫、高密相，元帝时赐封关内侯，号褒成君，其后5代世袭关内侯，居于京师。

孔鲋 秦末儒生魏国（建都今河南开封）人，为孔子8世孙，57岁时，曾参加陈胜领导的农民起义军反秦，任博士。

孔氏 战国、秦汉间大商人，祖先魏国（建都安邑〈今山西夏县西北〉）人，秦伐魏时迁到宛（今河南南阳），以经营冶铁业为主，兼经商，富至数千金。

孔子 大思想家、教育家、儒家的创始人。孔子名丘，字仲尼，春秋末鲁国陬邑（今山东曲阜）人。先世是宋国贵族，少年贫且贱，做过"委吏"（司会计）和"乘田"（管畜牧）等事。学无固定老师，后聚徒讲学，从事政治活动。鲁定公时，即在50岁时，任中都宰、司寇，摄行相事。后因不满鲁国执政季桓子所为，离开鲁国去周游列卫、宋、陈、蔡、齐、楚等国，到处宣传自己的政治主张，都不为诸君所用。晚年归鲁国，致力于教育，整理《诗》、《书》等古代文献，并把鲁国史官所记《春秋》加以删修，成为我国第一部编年体的历史著作。相传孔子有弟子3000人，其中身通六艺者有72人。孔子创立的以"仁"为核心的儒家思想，由其弟子们整理成《论语》，后经汉代董仲舒等儒学家补充修正，使之系统化，成为我国封建社会的统治思想，影响极大。孔子也被历代统治者尊奉为至圣先师。今山东曲阜有孔庙，为鲁哀公（公元前494—前477年）时所立，历任迭加增修，至明中叶扩至现存规模，占地3.72公顷，房460余间。现有为全国重点文物保护单位。孔子的后代在西汉时期有多人在朝中做官，甚至世代封侯，地位极为显赫。

孔氏风流撷英

商有成王子太乙，
子乙合一有孔姓。①
儒家鼻祖乃孔丘，
三教九流儒为尊。②
孔伋著述说王道，
中庸奠定儒家魂。③
颖达经学多成就，
让梨千古传美名。④
尚任剧作桃花扇，
辗转流传到至今。⑤
才高八斗学识广，
淡泊功名孔广森。⑥
儒家六经易当先，
民族文化易为本。⑦
道德君子智仁勇，
威震天下四海平。⑧

注释：

①传说帝喾之子契被赐为子姓，是商代始祖。其后有商成王汤，字太乙。后世将"子"字和"乙"字加起来就成为一个"孔"字，遂有孔氏。春秋时期，宋襄公的第八代孙叫梁统(he)（出子姓）移居鲁，今山东曲阜，得一子叫孔丘，就是孔子，孔圣人。

②孔子（公元前551—前479年），

是春秋时期的思想家、教育家。著有鲁史《春秋》。他创办私塾、游说讲学，为儒家鼻祖。儒教在三教（儒、释、道）九流（儒者流、法者流、道者流……等）被尊为首位。

③孔伋（公元前 483—402 年）（音 jí 级），孔子之孙。他著《中庸》，弘扬王道，为儒学奠定了坚实的理论基础。

④孔融（公元 153—208 年），东汉学者，山东曲阜人。“建安七子”之一，孔融让梨的故事被后人写入了《三字经》，传为佳话。孔颖达（公元 574—648 年），唐朝学者，河北衡水人。他的经学成就被国家定为“注疏”定本，科举考试的“准则”。

⑤孔尚任（公元 1648—1718 年），清朝剧作家，山东曲阜人。他写的传奇《桃花扇》，至今也还在演出。

⑥孔广森（公元 1752—1786 年），清朝学者，山东曲阜人。他淡泊功名，热衷学术，博闻广识对诸子百家均有涉猎，对经史、音韵、数学有突出成就。

⑦儒家经典有六经，六经之中以《易经》为首。《易经》是中华民族文化的本源。

⑧道德君子就是那些能尽忠孝、行仁义、知礼义廉耻的人，是智仁勇三者的统一。只有做一个真正的道德君子，才能让别人信服，才能在人民心里树立威信，才能领导人民开创一派四海升平的景象。

中华百家姓

赵 钱 孙 李 周 吴 郑 王 冯 陈 蒋 沈 韩 杨
朱 秦 许 何 吕 张 孔 **曹** 金 魏 姜 谢 邹 苏
潘 范 彭 韦 马 方 任 袁 史 唐 薛 雷 贺 汤
罗 郝 常 于 傅 康 余 顾 孟 黄 尹 姚 邵 汪
毛 戴 宋 熊 董 梁 杜 贾 江 郭 林 钟 徐 邱
高 夏 蔡 田 胡 万 卢 丁 邓 石 崔 龚 程 陆
段 侯 武 刘 龙 叶 黎 白 赖 乔 谭 阎 易 廖
文 曾

曹姓

——曹乃群体齐心力，众心归一乐逍遥

曹氏解密寻踪

（一） 姓氏字源

《说文》："曹，狱之两曹也。从𣍘，在廷东也，从曰，治事者也。"徐锴《系传》云："𣍘音曹。曰，言词理狱也。"曹之本义当指古代之诉讼。两曹指原告及被告。段玉裁云："两曹，今俗所谓原告被告也。"

（二） 寻根溯祖

曹姓来源有三：

1. 出自黄帝之孙颛顼（传说中黄帝之子昌意，娶蜀山氏之女昌仆，生高阳氏〈即颛顼〉）玄孙陆终的第5子安。据《元和姓纂》、《广韵》等所载，相传帝颛顼有个孙子吴回，吴回的儿子陆终娶鬼方氏的女儿女嬇为妻，生有6个儿子，其长子名樊，赐己姓，封在昆吾国；次子名惠连，赐斟姓，封在参胡国；三子名篯，字铿，封于大彭，得彭姓；四子名来言，妘姓，封在郐国；五子名安，曹姓，封在曹国（今山东邹县东南）；六子名季连，得芈姓，是楚的祖先。周时，武王改封曹安的后裔曹挟于邾国（今山东曲阜东南），邾国后被楚灭掉之后，邾人有的复用曹氏，有的则以国为氏，改为朱氏。可见，二千多年前，曹与朱姓本为同一家人。是为山东曹氏。

2. 出自姬姓，其始祖为振铎。据《通志·氏族略·以国为氏》、《元和姓纂》所载，公元前11世纪西周时，当周武王改封曹安的后裔后，便封其弟弟振铎（周文王的第13子）于曹，称曹国，建都于陶氏（今山东定陶县西南），公元前487年为宋景公所灭，其子孙便以国为氏，称曹氏。是为山东曹氏。

3. 曹姓除上主要两支外，自后汉以来又有他姓、他族加入。①据《晋书》所载，后汉有曹嵩（曹操之父），本姓夏侯，后改姓曹。是为安徽曹氏。②据《隋书》所载，西北地区突厥部建有康国（故地在今乌兹别克共和国撒马尔罕一带，为昭武诸国之一，一度属唐管辖），支庶分壬有曹国（故地在今乌兹别克共和国撒马尔罕的北方和东北方一带，也为昭武诸国之一，一度属唐管辖），有以曹为姓的，如北齐有曹妙达。又据《新唐书》所载，西域（中亚）阿姆河、锡尔河流域各氏族称为“昭武九姓”（九姓为康、安、曹、石、米、何、火寻、戊地、史），内有曹氏。

（三） 宗堂郡望

堂号 “清靖堂”，又称“无为堂”：西汉曹参，在萧何死了以后，继萧何为宰相。他一本萧何时的办法，所谓“萧规曹随”。省刑法，薄税敛，无为而治。老百姓歌颂他说：“载以清靖，民以宁一。”“清靖”，一作清净，就是与民休息，无为自化。“民以宁一”是老百姓得到安居乐业。

郡望 曹姓郡望主要有谯郡、彭城郡、高平郡、巨野县等。

1. 谯郡。东汉建安末年从沛郡分出一部分设置谯郡，治所在今安徽亳县。三国魏时相当部今安徽、河南两省灵璧、蒙城、太和、鹿邑、永城之间地。

2. 彭城郡。西汉时置郡，东汉改为彭城国，治所在今东苏徐州市。相当今山东微山县，江苏徐州市、铜山县、沛县东南部，邳县西北部及安徽濉溪县东部。

3. 高平郡。晋置郡，治所在今山东巨野南。相当今山东独山湖、金乡、巨野、邹县之间地。其后屡有变迁。

4. 巨野县。汉置县，在今山东省西南部、万福河北岸。

（四） 家谱寻踪

上海曹氏族谱四卷

藏地：上海图书馆

（民国）曹永和编

1916年钞本　四册

上海曹氏族谱

藏地：国家图书馆　中国科学院图书馆（残）　中国社会科学院历史研究所图书馆　人民大学　南开大学　吉林大学　上海图书馆　上海文管　苏州大学　江苏常熟市图书馆　日本　美国

（民国）曹浩续修

1925年崇孝堂铅印本

江苏·曹氏宗谱八卷

藏地：美国

（清）曹盛茂等修

清光绪二年（1876）堂活字本

八册

江苏扬州·维扬曹氏族谱八卷

藏地：中国社会科学院历史研究所图书馆

（清）曹振甲纂修

清光绪二十二年（1896）活字本八册

江苏南通·曹氏宗谱不分卷

藏地：江苏南通市图书馆

（清）曹邦庆修

清嘉庆二十一年（1816）谯国郡刻本　二十二册

江苏溧水·曹氏家乘十二卷

藏地：江苏溧水县白马乡曹家桥

（民国）曹光逵纂

1930 年孝友堂木活字本

江苏镇江·润州曹氏重修宗谱四卷

藏地：日本　美国

（清）曹锦章　曹懋昭等修

清道光二年（1822）木活字本四册

江苏镇江·开沙曹氏家乘八卷

藏地：美国

（清）曹衡甫编辑

清光绪二十九年（1903）木活字本　八册

江苏句容·容山曹氏家乘

藏地：江苏句容县档案馆

（清）曹泽云纂

清光绪二十年（1894）木活字本配 1946 年钞本　五册

江苏武进·曹氏重修宗谱十卷

藏地：中国社会科学院历史研究所图书馆

（民国）曹莲玉　曹孟银等六修

1923 年宁寿堂活字本　十二册

江苏武进·淹溪曹氏宗谱八卷

藏地：美国

（清）曹镇藩等辑

清光绪二十七年（1901）积庆堂活字本　八册

江苏常州·毗陵曹氏宗谱十二卷

藏地：江苏常州市图书馆

（民国）曹赓尧　曹松顺等主修

1915 年善庆堂木活字本

江苏江阴·曹氏宗谱六卷

藏地：河北大学

（清）曹腾耀　曹寿宜纂修

清光绪元年（1875）木刻本六册

江苏·江阴缴墩曹氏宗谱二十四卷首一卷

藏地：吉林大学

（民国）曹倜修

1917 年活字本

江苏宜兴·曹氏庆余宗谱八卷

藏地：河北大学

（民国）曹嘉三　曹德荣纂修

1915 年敬思堂木刻本　八册

江苏常熟·曹氏家乘□□卷

藏地：江苏常熟市图书馆（残）

明刻本配钞本　一册

江苏常熟·县东曹氏谱钞不分卷

藏地：江苏常熟市图书馆

（清）毛一桂录

清钞本　一册

江苏常熟·曹氏世谱不分卷

藏地：江苏常熟市图书馆

（清）曹锦堂辑

清乾隆二十七年（1762）辑　清钞本　一册

江苏常熟·曹氏家谱不分卷

藏地：江苏常熟市图书馆

1929年钞本　一册

江苏常熟·虞门曹氏宗谱二十六卷首一卷

藏地：江苏常熟市图书馆（存卷首、卷1—19，21—26）

（民国）曹志震　曹雨霖等修

1948年铅印本

江苏吴江·曹吴合谱十四卷首一卷

藏地：浙江图书馆

（清）吴磊续修

清乾隆四十二年（1777）湖山秀聚堂刻本　六册

浙江·萧山史村曹氏宗谱二十五卷

藏地：北京大学　日本　美国

（清）曹文瑞等修

清道光二十八年（1848）惇叙堂木活字本

浙江·萧山史村曹氏宗谱二十五卷附补遗一卷

藏地：国家图书馆（二部）　辽宁图书馆　日本　美国

（清）曹隆茂等九修

清光绪九年（1880）惇叙堂木活字本　二十二册

浙江·萧山史村曹氏宗谱二十五卷

藏地：国家图书馆（二部）　中国科学院图书馆（缺卷1）　人民大学　河北大学　吉林大学　日本

（民国）曹珪纂修

1914年惇叙堂活字本

浙江·余姚道塘曹氏宗谱十八卷首一卷会一卷

藏地：南开大学　浙江图书馆

（清）曹汝才　曹大梁等主修

清宣统元年（1909）清慎堂刊本　十二册

浙江·余姚道塘曹氏续谱十六卷首一卷末一卷

藏地：中国社会科学院历史研究所图书馆　南开大学　浙江图书馆

（民国）曹春菲续修

1948年清慎堂刊本　六册

浙江鄞县·庆元曹氏宗谱不分卷

藏地：浙江宁波天一阁文物保管所（存一册残破）

（清）曹炳纂修

清道光六年（1826）钞本

浙江鄞县·庆元曹氏宗谱六卷

藏地：浙江宁波天一阁文物保管所

（清）徐隆圻纂修

清光绪三十年（1904）孝思堂木活字本　六册

浙江鄞县·庆元曹氏宗谱六卷

藏地：吉林大学

（民国）柴永祺纂修

1921年孝思堂活字本　六册

浙江·鄞县月湖曹氏宗谱十六卷首一卷末一卷

藏地：国家图书馆

（民国）曹石固纂修

1940年余庆堂活字本　四册

浙江鄞县·鄞东曹隘曹氏宗谱六卷末一卷

藏地：浙江宁波天一阁文物保管所（存卷1、2、4—6、末）

（民国）史济铿　曹予锦等纂修

1947年孝思堂木活字本

浙江·嘉善曹氏惇叙录

藏地：国家图书馆　中央民族大学

（民国）曹葆辰　曹秉章纂述

1933年刻本　一册

浙江嘉善·曹氏族谱附录

藏地：浙江嘉善县档案馆

（民国）曹葆辰辑

钞本　一册

浙江长兴·西山曹氏宗谱□□卷

藏地：浙江辰兴县博物馆（存卷6）

1947年三治堂木刻本

浙江绍兴·会稽曹氏族谱六卷

藏地：复旦大学（存卷3、6）

稿本

浙江金华·芗溪曹氏宗谱四卷

藏地：浙江金华市文管会

（民国）曹文彪　曹士耀等修

1912年重修　1938年续修本四册

浙江金华·协和曹氏宗谱□□卷

藏地：浙江金华市文管会

1926年木刻本

浙江兰溪·乐安曹氏宗谱十卷

藏地：浙江兰溪县高潮乡（缺卷1、6）

浙江临海·台临曹氏宗谱□□卷

藏地：浙江临海县博物馆（存卷2、4）

1938年木活字本

安徽·曹氏重修谱牒不分卷

藏地：安徽省图书馆

（明）曹尤东纂修

明万历四十三年（1615）刻本

安徽·曹氏续修宗谱八卷家传一卷

藏地：吉林大学

（明）曹来凤纂修

明崇祯十六年（1643）刻本

安徽·曹氏宗谱八卷

藏地：吉林大学

（清）曹来凤纂修

清顺治五年（1649）刻本　六册

安徽青阳·墩头曹氏宗谱八卷首一卷末一卷

藏地：国家图书馆　安徽博（残存卷首、卷2—4、6—8、末，又一部存卷首、1）安徽徽州地区博物馆

清曹氏族人修

清道光二十五年（1845）　活字本　二十八册

安徽青阳·墩头曹氏宗谱八卷首一卷末一卷

藏地：辽宁图书馆　上海图书馆、安徽图书馆

（清）曹氏阖族重修

清光绪二十年（1894）刻本

安徽泾县·小岭曹氏宗谱六卷首一卷

藏地：安徽博

（清）曹思诚纂

清乾隆四十三年（1778）刻本四册

安徽泾县·谯国曹氏宗谱五卷

藏地：安徽泾县档案馆

（清）曹思诚　曹里等修

清嘉庆十七年（1812）木刻本

安徽泾县·泾川小岭曹氏宗谱四卷

藏地：日本

（清）曹仁钮等修

清同治十一年（1873）继善堂刊本　四册

安徽泾县·小川岭曹氏宗谱二十四卷

藏地：美国

（民国）曹鸿逵等修

1914年余庆堂知字本　二十四册

安徽·休宁曹氏统宗谱十五卷

藏地：国家图书馆　中国科学院图书馆（缺卷3、4）　河北大学

（明）曹诰纂修

明万历四十年（1612）刻本　八册

安徽续溪·续北旺川曹氏族谱不分卷

藏地：美国

（清）曹有光等序

清康熙五年（1666）刊本　二册

安徽续溪·曹氏宗谱十二卷

藏地：北京大学

（清）曹诚瑾纂修

清同治间刻本　十二册

安徽·续溪旺川曹氏宗谱十二卷

藏地：安徽图书馆

（清）曹诚瑾纂修

清光绪刻本　十二册

安徽续溪·曹氏宗谱十二卷

藏地：安徽徽州博物馆（存一卷）安徽续溪县文化馆

（民国）曹诚琪等修

1923年木刻本

安徽续溪·曹氏宗谱八卷

藏地：安徽续溪县曹家村

（清）曹作舟主笔

清光绪五年（1879）木刻本

安徽续溪·旺川曹氏宗谱

藏地：安徽续溪县杨村

（民国）曹怀之修

1927年铅印本　十二册

安徽·歙县曹氏重修谱牒

藏地：安徽图书馆

（明）曹光东重修

明万历四十三年（1615）刻本　二册

安徽桐城·曹氏支谱五卷首一卷

藏地：日本

（清）曹正朝　曹情田等编

清道光三十年（1850）木活字本

福建平和·曹氏大族谱

藏地：台湾

（清）曹文秩撰

清乾隆三十年（1765）撰　一九六六年曹培松续钞本　一册

江西·南昌武阳曹氏宗谱不分卷

藏地：浙江省图书馆

（清）曹文安　曹安行重修

清钞本　一册

江西南昌·豫章曹氏族谱□□卷

藏地：江西省图书馆（存卷1—3、5）

约清同治间木活字本

江西婺源·婺东曹氏谱书不分卷

藏地：国家图书馆　安徽屯溪市文物商店

（明）曹世麟纂修

明嘉靖十二年（1533）存义堂刻本

山东邹平·於陵曹氏族谱二卷首一卷

藏地：山东济南市博物馆

（清）曹守堂修

清光绪三十三年（1907）恒升堂

刻本　二册

山东临沭·曹氏族谱

藏地：山东临沭县临沭镇曹家洼

钞本

山东临沭·曹氏族谱

藏地：山东临沭县临沭镇曹村

钞本

山东临沭·曹氏重修族谱

藏地：山东临沭县南古镇曹宅子

钞本

山东临沭·曹氏支谱

藏地：山东临沭县周庄乡前半路

钞本

湖北武昌·平阳堂曹氏家谱不分卷

藏地：湖北图书馆

钞本　一册

湖北新洲·曹氏宗谱六十八卷

藏地：湖北新洲县凤凰乡郭家岗村

（民国）曹承铸修

1921 年木刻本

湖北新洲·曹氏宗谱十六卷

藏地：湖北新洲县新胜乡黄岗村

（民国）曹隆乾　曹高乐续修

1923 年木刻本

湖北新洲·曹氏宗谱六卷

藏地：湖北新洲县白洋乡扬泊村

（民国）曹锦章　曹元彩续修

1923 年木刻本

湖北新洲·曹梁宗谱十二卷

藏地：湖北新洲县柳河乡大屋冲村

（民国）曹兰亭　曹金璋三修

1917 年木刻本

湖南·郴阳曹氏续修族谱不分卷

藏地：吉林大学

（清）曹光明续修　曹明扬　曹礼涛纂

清光绪二十二年（1896）绣虎堂活字本

湖南长沙·曹氏族谱□□卷

藏地：湖南图书馆（存一册）

清同治四年（1865）活字本

湖南长沙·曹氏彦靖公支谱十八卷

藏地：湖南图书馆（存一卷）

（清）曹英煦　曹能才修

清光绪二十六年（1900）活字本

湖南·湘潭曹氏鼎公支谱二十卷首一卷

藏地：国家图书馆　中国社会科学院历史研究所图书馆　河北大学

（清）曹自修　曹广勋纂修

清光绪二十年（1894）庆余堂刊本　十四册

湖南·湘潭曹氏三修鼎公支谱十卷

藏地：国家图书馆

（民国）曹典仁汇辑

1935 年铅印本　十册

湖南湘乡·曹氏续修族谱十二卷首一卷

藏地：中央民族大学

（清）曹连德等修

清道光二十九年（1849）立爱堂刻本

湖南湘阴·曹氏族谱四十卷

藏地：湖南图书馆（存卷 1、5、6）

（清）曹金璪修　曹基澍纂

清咸丰间活字本

湖南宜章·竹渚曹氏族谱不分卷

藏地：北京大学

清乾隆三十九年（1774）刻本

湖南宜章·竹渚曹氏宗谱不分卷

藏地：中国社会科学院历史研究所图书馆

（清）曹香远纂

清嘉庆十六年（1811）活字本一册

湖南宜章·曹氏族谱不分卷

藏地：南开大学

（民国）曹昭堃　曹树森等修

1921年序刊本　十六册

湖南祁阳·三吾曹氏三修族谱二十一卷

藏地：湖南省图书馆（存卷1）

（清）曹济安　曹右卿修　曹合良纂

清光绪二十四年（1898）蔡侯堂活字本

湖南益阳·曹氏彦祥房五修谱□□卷

藏地：湖南省图书馆（存卷27、28）

1917年铅印本

湖南益阳三峰曹氏通谱四卷

藏地：国家图书馆　湖南图书馆

（民国）曹佐熙纂

1919年长沙铅印本　四册

广东番禺·曹氏家谱四卷

藏地：广东中山图书馆

（清）曹秉濬纂修

清光绪十二年（1886）刻本

广东番禺·修禺山曹氏家谱四卷

藏地：广东中山图书馆

（民国）曹秉濂重修

1919年刻本　二册

四川成都·曹氏族谱不分卷

藏地：四川省图书馆

（清）曹树纂修

1926年钞本　一册

四川巴县·曹氏族谱八卷

藏地：日本　美国

（民国）曹百崇三修

1934年石印本　八册

四川荣县·曹氏宗谱不分卷

藏地：南京大学

（清）曹兴杰修

清光绪三十二年（1906）致远堂刻本　二册

曹氏族谱五卷

藏地：国家图书馆（存卷1—4）

（明）曹仁纂修

明初钞本

曹氏族谱八卷

藏地：浙江嘉善县档案馆

（清）曹奕霞纂

清乾隆间家刻本

曹氏族谱

藏地：北京大学

（清）曹智珍等修

清咸丰三年（1853）刻本　一册

曹氏宗谱八卷

藏地：国家图书馆

（清）曹序朝等纂修

清同治十二年（1873）继美堂活字本　八册

曹氏宗谱十卷

藏地：国家图书馆

（民国）曹永道等修

1915年继美堂活字本　十册

曹氏宗谱

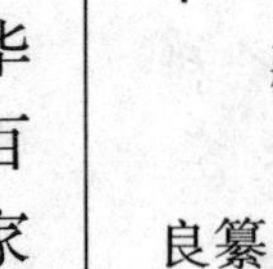

藏地：国家图书馆

（清）曹云祥续辑

清光绪八年（1882）钞本　一册

平阳曹氏宗谱二十四卷

藏地：国家图书馆

清光绪二十年（1894）活字本　二十四册

（五）　字行辈份

清光绪二十三年曹振甲纂修《曹氏族谱》，江苏扬州曹姓一支字行为："景国良栋，守世乙启，子木宏允，振汝定纪。"续修字行为："德贻余庆，学立名扬，锡尔遐福，长发其祥。"清光绪二十六年曹汝祥续修《曹氏支谱》，山东诸城曹姓一支字行为："彬乾元，亨利贞，学有为，良勤剑，庄敬贤，忠孝悌。"公元1929年曹少甫修《曹氏家谱》，江苏通州曹姓一支字行为："春贤泽绶衡，善禄道耀勋。"

（六）　迁徙繁衍

据考证，传自颛顼玄孙陆终的第5子安的一支，是发源于今山东邹县东南一带；传自黄帝姬姓的一支，则是发源于今山东省的定陶县一带。两支曹姓的发源地虽然有所不同，却相距不远，所以，中国的曹姓可以说最早来自山东。这两支曹姓也成了今天曹姓家族人士主要的来源。曹姓的具体播迁情形，大致上，汉时曹姓已广布于北方及安徽等地，其中，以出自姬姓的郱国曹氏，后人多居谯于郡，汉相曹参即属此友，这是曹姓一个非常重要的繁衍时期。但这个时候，曹姓是以今天的山东、安徽、河南、江苏北部等地分布最为集中，以致后来曹姓家族史的主要三大望族均分布于这些地区。东汉已有曹姓移居浙江。至魏晋南北朝之时，因北方连年战乱，开始大举南迁，于唐初迁漳州（今属福建），据《漳州府志》所载："陈元光开漳，亦有曹姓将佐"，可见于唐初已有曹姓入闽。后渐至福建的同安、南安、安溪、芹山等地。宋代以后，曹姓已广布我国大部分地区。但就曹姓总的分布情形看，历史上，曹姓还是以黄淮流域布最为集中。其次像今天的河北、陕西、辽宁、甘肃、湖北、浙江等省境曹姓也相当不少。

（七）　适用楹联

□平阳世守三章约；[①]

　子建才高七步诗。[②]

□名麟俊彦；[③]绣虎文宗。[④]

□野田黄雀行千里；[⑤]

　芹圃红楼梦百回。[⑥]

□一代像绘凌烟阁；[⑦]

　千秋名传曹娥碑。[⑧]

□仁被江南，良将功推第一；[⑨]

　约成塞外，使臣才羡无双。[⑩]

□树绩关中，振平阳千载之武。[⑪]

　修名邺下，冠河东八斗之才。[⑫]

□只有诗书堪自读；

　未甘词赋压群流。[⑬]

□世事洞明皆学问；

　人情练达即文章。[⑭]

□宝鼎茶闲烟尚绿；

　幽窗棋罢子犹凉。[⑮]

□绕堤柳借三篙翠；

　隔岸花分一脉香。[⑯]

□鹤群常绕三珠树；

花气浑如百和香。[17]

□借得山川秀；添来气象新。[18]

□泉石从所好；文章如有神。[19]

□家居好水好山地；

人在不夷不惠间。[20]

□令子贤孙同维起；

美人名士共长生。[21]

□君子处理，有忍乃济；

儒者属辞，既和且平。[22]。

注释：

①汉初大臣曹参（？—190），沛（今江苏沛县）人。曾经当过沛县狱吏。秦二世元年（前209），跟着刘邦打天下，屡立战功。汉朝立，封平阳候。后继萧何为汉惠帝丞相，悉遵萧何旧制，创造了一个相对安定的局面，故有“萧规曹随”之说。三章约，即“约法三章”。

②三国时期魏国文学家曹植（192—232），字子建，沛国谯（今安徽亳县）人。曹操第三子，文帝之弟。在他十岁的时候，吟诗作赋，才思敏捷，下笔成章，深得曹操宠爱，曾打算立他为太子。后失宠。曹丕即帝后，忌其才，欲害之，曾限令七步成诗。他应声立就，以煮豆燃萁为喻，讽其兄相逼太甚。宋人集有《曹子建集》。

③三国时魏国长平侯曹林，曹操族子，字文烈，常从征伐，拜扬州牧。

④曹植文才富艳。谢灵运尝言天下文章只一石，子建（植）独得八斗。世目为绣虎。

⑤曹植代表作有《野田黄雀行》等。

⑥清代著名小说家曹雪芹，著有《红楼梦》一百二十回（一般认为后四十回系高鹗续成）。

⑦唐代画家曹霸，谯郡人。官左武卫将军。擅画马，也工肖像。成名于开元中，天宝间曾画“御马”，修补《凌烟阁功臣像》。

⑧东汉孝女曹娥，因其父被水淹死，沿江号哭，后投江抱了她父亲的尸体回来。后人为其立碑以示表彰，世称“曹娥碑”。

⑨宋代检校太师曹彬，字国华，因功封鲁国公，为当时第一良将。死了以后，追封为济阳郡王。

⑩宋代左仆射兼侍中曹利用，字用之，宁晋人。辽遣使议和，帝使利用诣辽军，和议遂定，拜枢密使等职。

⑪同①。

⑫见注②。

⑬清代女书画家曹墨琴撰书联。曹墨琴，字贞秀，吴县人。

⑭清代著名小说家曹雪芹撰联。

⑮曹雪芹撰《红楼梦》书中联语。

⑯注见⑮。

⑰清代礼部尚书曹秀先（1708—1784）撰书联。曹秀先，字冰持，号地山，江西新建人。有《地山初搞》等书。三株树：神话中树名。

⑱曹雪芹撰《红楼梦》书中联语。

⑲集汉代曹全碑字联。曹全，字景完，东汉建宁间举孝廉。

⑳注同⑲。

㉑注同⑲。

㉒注同⑲。

曹氏名人集粹

曹雪芹 祖籍河北丰润县，后迁居辽宁沈阳，清代伟大的文学家。他所创作的不朽名著《红楼梦》，在中国的文学史上占有着极其重要的地位。曹雪芹的祖父曹寅也是当时较有名气的文学家，能诗及词曲，作有《楝亭诗钞》、《续琵琶记》等。又汇刻前人文字、音韵书为《楝亭》五种。艺文杂著为《楝亭藏书》十二种，校勘颇精。他还官至通政使、管理江宁织造、巡视两淮盐漕监察御史。

曹廷杰 今湖北枝江人，著名学者，光绪年间，曾奉命去伯力（今俄国哈巴罗夫斯克）一带察探边情，历尽艰辛，往返16000余里，以亲身见闻并征引群书，阐明了黑龙江北岸、乌苏里江东岸地，历代均为中国领土。一生著书多种，义理精审，向来为研究东北历史地理学者所重视。

曹振镛 安徽歙县人，朝廷大臣，他在乾隆、嘉庆、道光三朝，历任编修、学政、大学士、军机大臣。

曹福田 直隶静海（今属天津市）人，清末义和团首领之一，曾入天津抗击八国联军，成为保卫天津的重国力量。后被清政府杀害。

曹端 今河南渑池人，明代学者。

曹吉祥 滦州（治今河北滦县）人，宦官，曾官迁司礼太监、总督三大营。

曹顶 通州（治今江苏南通）人，民间抗倭英雄。

曹学佺 福建侯官（今闽侯）人，明朝文学家。

曹彬 真定录寿（今属河北）人，北宋大将，太祖乾德二年（公元964年）任都监，参加灭后蜀之役。开宝七年（公元974年）任统帅灭南唐，旋任枢密使等职。

曹霸 谯郡（治今安徽亳县）人，唐代杰出画家，以善画马著称，笔墨沉着，神采生动。杜甫曾赞其所画的御马是“一洗万古凡马空”，论者谓唐代画马，以他与其学生韩干最为杰出。

曹唐 桂州（治今广西桂林）人，唐代著名诗人，咸通中官至使府从事。

曹仲达 南北朝北齐时著名画家，以善画人物而闻名。他所画人物，其衣服紧贴身体，宛如刚从水中出来。所以后人就有“曹衣出水”一语来形容他的这种画风。

曹操 （155～220年）沛国谯（今安徽亳县）人，三国魏武帝，东汉末年，他在镇压黄巾军起义中，逐步扩大自己的军队。196年，他把汉献帝接到许都（今河南许昌），自己任丞相，后用汉献帝名义发号施令。先后削平吕布、袁绍、袁术等割据势力，统一了中国北部。他在任期间，经济上推行屯田制，兴修水利，改革税制。用人上实行唯才是举，加强了中央集权，促进了社会经济的恢复和发展。死后被追尊为魏武帝。其儿子曹丕、曹植都是魏时著名的文学家。其中曹丕成就最高，“天资文藻，下笔成章，博闻强识，才艺兼该”，被称为当时文坛领袖。其文学上的主要成就在于诗歌创作，七言诗《燕歌行》为其代表作。

他的学术著作《典论·论文》在中国文学史上颇有影响。魏文帝曹丕代汉建立魏国（都城在洛阳），曹氏在中国北方称帝46年，其家族世代显赫。

曹不兴 东吴人，著名画家，人敏手运，须臾即成，人体比例无丝毫差错，衣纹皱褶，别开新样，时有"曹家样"之称。其弟子卫协，有中国画佛像鼻祖的名誉。

曹腾 谯（今安徽亳县）人，东汉宦官，顺帝时为中常侍，以定策迎立桓帝，封费亭侯，迁大长秋，用事宫延达30余年。死后养子曹嗣为侯。

曹参 沛县（今江苏沛县）人，西汉丞相，秦末曾从刘邦起义，屡立战功。汉朝建立后，被封为平阳侯。曾任齐相9年，并曾协助高祖平定了陈豨、英布等异姓诸侯王，后继萧何为汉惠帝丞相，有"萧规曹随"之说。

曹刿 春秋鲁国名将，相传齐君与鲁君在柯（今山东阳谷东）相会，他持剑相从，挟持齐君订立盟约，收回了失地。

曹氏风流撷英

曹氏姓启文王子，
以国为氏源于陶。①
曹参随帝征天下，
沿用萧规振国朝。②
政治兵家文学家，
曹操三国逞英豪。③
煮豆燃萁七步就，
才思敏捷学识高。④
澶渊结盟不割地，
利用议和不屈挠。⑤
古典名著红楼梦，
雪芹文学创新潮。⑥
卫国保家曹福田，
抵夷驱寇挥长刀。⑦
曹乃群体齐心力，
众心归一乐逍遥。⑧

注释：

①据《通志·氏族略·以国为氏》及《元和姓纂》记载，周文王的第十三子叔振铎（姬姓），被封于曹国，建都在陶丘，也就是今天山东省定陶县。后嗣以国为氏，遂有曹氏。

②曹参（？—前190年），西汉初大臣，江苏沛县人。跟着刘邦打天下，立下汗马功劳，后继萧何相位，沿用萧何1日制，人称"萧规曹随"，开创了一幅安定团结的局面。

③曹操（公元155—220年），三国时政治家、军事家、文学家，安徽亳县人。他精通兵法，著《孙子略解》、《兵书接要》等，善诗歌，今存诗二十余首，散文四十余篇，皆为后世传诵。

④曹植（公元192—232年），三国时，魏国文学家，曹操第三子。刚十岁时，才思敏捷，下笔成章。其兄曹丕称帝，忌嫉他的才华，限七步以内作诗一篇，他应声立就，以"煮豆燃其箕，豆在釜中泣"为喻，讽其兄相逼太甚，这首诗后传为民谣。

⑤曹利用（？—1029年），北宋大臣，河北宁晋人。公元1004年契丹族南侵北宋，他到契丹营与萧太后议和，拒绝割地要求，并达成和议，史称

“澶渊之盟”。

⑥曹雪芹（约1724—约1764年），清朝文学家，创作长篇古典小说《红楼梦》（初名《石头记》），堪称中国文学史上的明珠，京师时称“开谈不说红楼梦，纵读诗书也枉然”。

⑦曹福田（？—1901年），天津义和团首领，河北静海人。他率众数千人，英勇抗击八国联军，在老龙头车站，痛歼沙俄侵略军五百余人。在政府腐败无能的情况下，义和团不屈不挠的斗争维系了中华民族的存在。

⑧曹，有群体的意思。一个群体要齐心协力，团结一致，群体的力量是无穷的。只要众心归一，便能心想事成，日子便也过得快乐逍遥了。

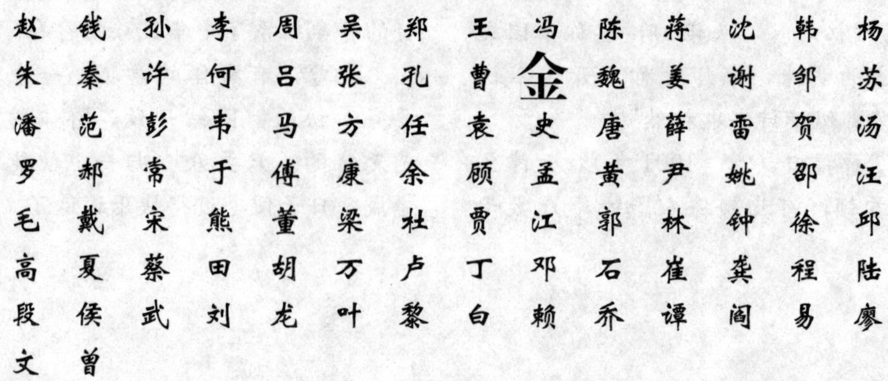
中华百家姓

赵 钱 孙 李 周 吴 郑 王 冯 陈 蒋 沈 韩 杨
朱 秦 许 何 吕 张 孔 曹 金 魏 姜 谢 邹 苏
潘 范 彭 韦 马 方 任 袁 史 唐 薛 雷 贺 汤
罗 郝 常 于 傅 康 余 顾 孟 黄 尹 姚 邵 汪
毛 戴 宋 熊 董 梁 杜 贾 江 郭 林 钟 徐 邱
高 夏 蔡 田 胡 万 卢 丁 邓 石 崔 龚 程 陆
段 侯 武 刘 龙 叶 黎 白 赖 乔 谭 阎 易 廖
文 曾

金姓

——金为黄金志不移，炎黄子孙本不忘

金氏解密寻踪

（一） 姓氏字源

《说文》：“金，五色金也。黄为之长，久薶不生衣，百炼不轻，从革不违。西方之行，生于土，从土，ナ又注象金在土中形，今声。”饶炯部首订云：“五色之金皆出于矿，矿生于地。地者，土也，文故从土，而以二注象矿指事……后加今声为本字。”所谓金，即金属总名。《书·舜典》：“金作赎刑。”孔颖达疏：“古之金、银、铜、铁总号为金。”

（二） 寻根溯祖

中国的金姓，来源很多，但是最主要的有三支：

1. 出自少昊金天氏。据《名贤氏族言行类稿》及《风俗通义》等所载，相传少昊（少皞）为古代东夷族首领，又为上古五帝之一，是黄帝的己姓（相传黄帝之子 15 宗，其得姓者 14 个，为 12 姓，己姓就是其中之一）子孙，作为黄帝的继承人，曾在位 84 年，建都今山东曲阜一带。少昊死后被尊为西方大帝；按照古人的五行（金、木、水、火、土）学说，西方属金，所以少昊又有金天氏的称号。他的后裔就有以“金”为姓，称金氏。

像春秋时的郯国（在今山东郯城北，战国初年被吴〈周时分封的同姓诸侯国，建都今江苏苏州〉所灭）即其后代，就有以“金”为氏的。这一支源自黄帝血统的金氏，史称金姓正宗。这一支金氏，发源于今山东省境，后逐渐向南繁衍，并成为彭城（今属江苏）一带的望族。

2. 出自匈奴休屠王太子金日磾(dī) 之后。据《广韵》和《风俗通义》所载，汉代，匈奴王休屠的儿子名日磾，在汉武帝初年，归顺于汉室。汉武帝开始让他做管马的官，后来升到侍中，侍汉武帝数年，甚受汉武帝所重视，官至车骑将军，后来与霍光、桑弘羊等一起受遗诏辅政，是功在汉室的辅国大臣。至于他得姓，则是由于他曾铸铜人像（又称金人，颜师古：“今之佛像是也”）以祭天，汉武帝遂赐姓“金”氏，称金日磾从此他的子孙也就统统姓了金。这一支金姓，后来就成了为京兆（今属陕西）一带的望族。西汉建都于长安（今陕西西安），故这一支金姓是发源于今陕西西安一带。

3. 为刘氏改姓为金氏。据《吴越备史》所载，唐末五代时，吴越国（五代时十国之一，建都杭州）王钱镠的“镠”与“刘”为同音字，为了避嫌名，便将吴越国中的刘氏改为金氏（繁体刘字为卯、金、刀三部组成，取其一部分形体）。一说，汉时西楚霸王项羽的叔叔项伯身在楚营心在汉，后来汉高祖赐他刘姓。五代时其子孙因避吴越王钱镠的嫌名，改姓为金。此时，可谓金氏一个最重要的发展时期，因为唐五代之时，刘氏已广布于吴越国。

4. 此外，根据《姓氏考略》等考证，我国的金姓，除了上三个主要支派外，至少还有另外的六个来源：①南北朝时羌族中有金姓。据《前秦录》所载，苻秦时羌酋有金氏。②唐时新罗国有金姓。据《旧唐书》载，新罗国（今朝鲜半岛）王姓金。今朝鲜族多有金氏。③明永乐年间，成祖伐漠北，蒙古王子也先土干，率妻子部属来降，赐姓金氏，名忠，封忠勇王。④元时有金覆祥，其先本为刘氏，后亦改为金氏，见《元史儒学传》。⑤清代文学批评家金圣叹，本姓张，名采，改姓金氏。⑥清代爱新觉罗子孙中多有改姓金的。

（三） 宗堂郡望

堂号 “丽泽堂”：宋朝的时候金履祥最长濂洛之学，皇帝召他任史馆编修，没到任就死了。他曾在丽泽书院讲学，所以称“丽泽堂”。

金姓又以“彭城”、“京兆”为其堂号名。

郡望 金姓郡望主要有彭城郡、京兆郡等。

1. 彭城郡。西汉地节元年（公元前 69 年）改楚国为彭城郡。东汉章和二年（公元 88 年）改为彭城国，治所在彭城（今徐州市）。相当今山东微山县、江苏徐州市、铜山县、沛县东南部、邳县西北部及安徽濉溪县东部。南朝宋改为郡。

2. 京兆郡。汉太初元年（公元前 104 年）改右内史置京兆尹，职掌相当

郡太守。为三辅之一，治所在长安（今陕西西安市西北）。相当今陕西秦岭以北、西安市以东、渭河以南地。三国魏辖区改称京兆郡，西魏、周、隋辖区仍称郡。

（四） 家谱寻踪

上海宝山·罗溪金氏谱略一卷

藏地：河北大学　吉林大学　哈尔滨师大

（民国）金其源纂修

1917年排印本　一册

辽宁锦西·金氏族谱一卷

藏地：辽宁锦西市沙河营乡乌朝屯

（清）金锃纂

清康熙二十七年（1688）本刻本

上海·嘉定金氏家谱二卷首一卷末一卷

藏地：上海图书馆

（清）金恩沛辑

清光绪二十一年（1895）刊本

江苏南京·金陵金氏族谱二卷

藏地：国家图书馆

（清）金玉音修

清光绪三十年（1904）重刻清道光二十三年（1843）本　二册

江苏南京·金氏新族谱二卷

藏地：中国科学院图书馆

（清）朱朝柱修

清光绪二十年（1894）金陵城刊本　二册

江苏江宁·金氏重修宗谱不分卷

藏地：吉林大学

（清）金居敬重修

清道光十六年（1836）稿本　二册

江苏镇江·润州金氏重修宗谱六卷

藏地：国家图书馆　上海图书馆　美国

（清）金全汉等修

清光绪十六年（1890）修　宣统元年（1909）世耕堂活字本　八册

江苏镇江·古润金氏宗谱六卷

藏地：中国社会科学院历史研究所图书馆

（民国）金全喜纂修

1936年世耕活字本　八册

江苏武进·延陵金氏增修宗谱二十三卷首一卷

藏地：美国

（清）金谔等修

清咸丰六年（1856）木活字本　十册

江苏常州·毗陵金氏宗谱十卷

藏地：江苏常州市图书馆

（清）金维俊纂修

清光绪二十年（1894）木活字本

江苏常州·毗陵金氏宗谱八卷

藏地：国家图书馆

（清）金方增等续修

清光绪二十一年（1895）追远堂活字本　八册

江苏常州·毗陵金氏重修宗谱二十一卷

藏地：中国社会科学院历史研究所图书馆

（民国）金城主修

1913年怀德堂活字本　十八册

江苏常州·金氏宗谱十八卷

藏地：江苏常州市图书馆

（民国）金康元　金家骥纂辑

1919 年受祉堂木字本

江苏常州·毗陵金氏宗谱八卷

藏地：苏州大学

（民国）金洪兆等修

1931 年追远堂木刻本

江苏常州·延陵金氏续修宗谱十二卷

藏地：江苏常州市图书馆

（民国）金杏魁主修　金杏生主稿

1941 年延陵金氏纯本营本活字本

江苏常州·毗陵聚湖里金氏宗谱二十卷

藏地：国家图书馆　江苏常州市图书馆（存卷 1—3、5—12，又一部存卷 5）

（民国）金元升修

1946 年树德堂活字本　十二册

江苏常州·毗陵钱桥里金氏宗谱十二卷

藏地：国家图书馆

（民国）金震一等续修

1946 年雍睦堂活字本　十四册

江苏常州·毗陵白荡金氏宗谱八卷

藏地：江苏常州市图书馆

（民国）金嘉钺主修

1947 年木活字本

江苏常州·毗陵洋溪金氏宗谱六卷

藏地：江苏常州市图书馆

（民国）金培根　金振之主修

1949 年毗陵金氏追远堂木活字本

江苏武进·刿村金氏宗谱二十卷

藏地：美国

（民国）金兰奎主修

1930 年存著堂活字本　二十册

江苏·武进金氏重修宗谱十二卷

藏地：中国社会科学院历史研究所图书馆

（民国）金椿生主修

1946 年树德堂活字本　十二册

江苏江阴·暨阳花园金氏宗谱十七卷

藏地：吉林大学

（民国）金醉悟续修　金锡之重纂

1926 年敦厚堂活字本　十九册

江苏·宜兴暨阳潘社里金氏宗谱十卷

藏地：国家图书馆

（民国）庄棋辰编辑

1946 年雁溪堂活字本　十册

江苏苏州·枫江金氏谱略十卷

藏地：江苏苏州市图书馆

金承烈钞本　十册

江苏常熟·海虞慈村金氏家乘八卷首一卷

藏地：美国

（清）金铁香等修

清道光四年（1824）刊本　四册

江苏常熟·海虞慈村金氏家乘□□

藏地：苏州大学（存卷 3—9，又一部存卷 1—3 上）

（清）金日烺修辑　金荣海重辑

清同治间木刻本

江苏·常熟慈村金氏家乘十四卷

藏地：中国科学院图书馆（存卷 3—13）吉林大学　上海图书馆　江苏常熟市图书馆　美国

（民国）金慎思续修　金廷桂等纂

1914 年活字本

江苏常熟·金氏宗谱六卷

藏地：中国科学院图书馆

（清）金荣济等修

清宣统元年（1909）刊本　六册

江苏吴县·金氏世谱不分卷

藏地：中国社会科学院历史研究所图书馆

（清）金淳纂修

清乾隆四十年（1775）刻本　二册

江苏吴县·金氏世谱不分卷

藏地：中国社会科学院历史研究所图书馆

（清）金正诗　金正麟纂修

清嘉庆十二年（1807）刻本　二册

江苏吴县·金氏家谱十卷

藏地：江苏苏州市博物馆

（清）金景谟、金升重修

清嘉庆二十年（1815）敬承堂刻本　四册

江苏吴县·下保金氏重修族谱一卷

藏地：江苏苏州博物馆

（清）金景谟　金升重修

清嘉庆二十年（1815）敬承堂刻本

江苏吴县·洞庭夏泾金氏宗谱八卷

藏地：国家图书馆

（清）金兰烨编

清道光十一年（1831）叙伦堂活字本　八册

江苏吴县·金氏族谱钞不分卷

藏地：江苏功州市博物馆

1914 年金科乙钞本　一册

江苏·吴江金氏家谱五卷

藏地：日本　美国

（清）金学诗编

清嘉庆三年（1798）修　嘉庆二十一年（1816）补修刊本

浙江·休宁迁浙金氏谱略一卷

藏地：美国

清光绪二十年（1894）钞本　一册

浙江杭州·金氏宗谱一卷

藏地：浙江图书馆

（清）金日修纂修

清光绪十三年（1887）刻本　一册

浙江富阳·富春玉洲金氏宗谱三卷

藏地：浙江图书馆

（民国）金宁梅修纂

1916 年怀德堂木活字本　一册

浙江临安·金氏家谱不分卷

藏地：日本　美国

（清）金发诙重修

清嘉庆十年（1805）裕后堂钞本　七册

浙江鄞县·鄞东金氏宗谱二卷

藏地：浙江宁波天一阁文物保管所

（清）金廷椿纂修

清同治七年（1868）万松堂木活字本　一册

浙江鄞县·鄞东韩岭金氏宗谱四卷首一卷

藏地：浙江宁波天一阁文物保管所（存卷首上）

（民国）金学泗纂修

1915 年万松堂木活字本

浙江鄞县·鄞东韩岭金氏宗谱十二卷首一卷

藏地：浙江宁波天一阁文物保管所

（民国）金宏伸　金宏汝等纂修

1936年万松堂木活字本　十二册

浙江鄞县·鄞东金氏宗谱四卷首一卷

藏地：浙江宁波天一阁文物保管所

（清）钱启褀纂修

清光绪二十九年（1903）永春堂木活字本　一册

浙江鄞县·清源金氏宗谱七卷首一卷

藏地：浙江宁波天一阁文物保管所

（民国）金德招　金继富等纂修

1930年乘裕堂木活字本　一册

浙江鄞县·鄞月湖金氏家乘二卷

藏地：浙江宁波天一阁文物保管所

（民国）张琴纂修

1933年稿本　一册

浙江慈溪·汉塘金氏宗谱二卷

藏地：浙江宁波天一阁文物保管所

（民国）金利镇　金忠书等创修

1923年奉思堂木活字本　一册

浙江奉化·龙溪金氏宗谱五卷

藏地：浙江奉化县文管会

（清）王际青重修

清同治六年（1867）木活字本

浙江嘉兴·金氏如心堂谱不分卷

藏地：中央民族大学　辽宁图书馆　山西大学

（清）金鸿吉　金兆蕃等重修

清光绪二十五年（1899）刻本

浙江嘉兴·金氏如心堂谱不分卷

藏地：国家图书馆　中央民族大学　浙江图书馆　浙江嘉兴市图书馆

（民国）金兆蕃续修

1934年兴孝堂刻本　一册

浙江绍兴·山阴贤庄金氏宗谱不分卷

藏地：浙江图书馆

（清）金烺编辑

清康熙四十一年（1702）敬爱堂木刻本　四册

浙江绍兴·山阴贤庄金氏家谱不分卷

藏地：浙江图书馆

（清）金烺编辑　（民国）金兆珑续编

民国钞本　一册

浙江绍兴·平水金氏谱

藏地：浙江图书馆

（民国）金兆珑编

民国钞本

浙江绍兴·山阴湖塘金氏宗谱

藏地：国家图书馆　浙江图书馆

（清）金宗孝增修　金丙耀监修

清道光九年（1829）仁山堂活字本　六册

浙江绍兴·会稽五峰金氏宗谱三卷

藏地：日本　美国

（清）金天志　金行棠等纂修

清光绪十三年（1887）宝堂木活字本　四册

浙江·绍兴渔临金氏宗谱六卷

藏地：美国

清钞本　六册

浙江·绍兴渔临金氏谱考不分卷

藏地：日本　美国

（民国）金白顺　金成洽等纂

1925 年庆延堂木活字本　一册

浙江·绍兴渔临金氏宗谱十六卷

藏地：浙江图书馆　日本　美国

（民国）金乙麟编辑

1931 年庆延堂木活字本　十六册

浙江绍兴·山阴昌安金氏家谱不分卷

藏地：吉林大学　日本　美国

（民国）金学书　金耀庭等续修

1928 年绍城中华印刷所石印本一册

浙江绍兴·山阴金氏宗谱

藏地：国家图书馆

（民国）金士桂等重修

1930 年延庆堂活字本　四册

浙江诸暨·暨阳西安白浦刘金氏宗谱十卷

藏地：中国社会科学院历史研究所图书馆

（民国）金足民纂修

1937 年忠孝堂活字本　十一册

浙江诸暨·研塘金氏宗谱十二卷

藏地：河北大学

（民国）金汝州　金咏棠续修

1939 年木刻本　十二册

浙江·上虞金氏家乘十四卷首二卷末二卷

藏地：浙江图书馆

（清）金鼎　金晴川等修纂

清光绪二十九年（1903）旧续堂木活字本　六册

浙江上虞·前江金氏宗谱六集十八卷

藏地：浙江图书馆

（清）金晴川金翰臣修纂

清光绪二十九年（1903）旧德堂木活字本　六册

浙江金华·凤山金氏宗谱五卷

藏地：浙江金华市文管会（又一部缺卷 2）

（清）金元发等纂修

清光绪三年（1877）木刻本五册

浙江兰溪·桐阳金氏宗谱八卷

藏地：浙江兰溪县芝堰乡桐山后金村

清光绪十二年（1886）木刻本

浙江兰溪·桐阳金氏宗谱八卷

藏地：浙江兰溪胰芝堰乡

清宣统二年（1910）木刻本

浙江东阳·中山金氏重修宗谱六卷

藏地：浙江东阳县红旗乡金家村

（民国）王室蕃纂

1918 年木活字本

浙江·东阳木香金氏宗谱十卷

藏地：浙江东阳宅口乡蒋家畈

1925 年木活字本　一册

浙江·东阳西衙金氏宗谱□□卷

藏地：浙江东阳古光乡下甲（存八卷）

木活字本

浙江常山·彭城金氏宗谱二十二卷

藏地：浙江常山县辉埠镇高峰村额树岗

1914 年木刻本

浙江常山·赤山金氏宗谱二卷

藏地：浙江常山县招贤乡沙帽山村

（民国）金景贵重修

1932年木刻本

浙江常山·京兆金氏宗谱六卷

藏地：浙江常山县何家乡金家村（不全）

（民国）金大梓重修

1935年木刻本

浙江临海·岭下金氏宗谱□□卷

藏地：浙江临海县博物馆（不全）

（民国）陈达炽纂

1932年木活字本

钞本　一册

藏地：浙江临海县岭景乡岭景村

浙江临海·金氏宗谱

藏地：浙江临海县博物馆（存一册）

清钞本

浙江临海·金氏世谱□□卷

藏地：浙江临海县博物馆（存卷2）

清光绪二十一年（1895）木活字本

浙江临海·金氏世谱二十四卷

藏地：浙江临海县博物馆（顾卷22—24）

（清）金掞之纂

清咸丰三年（1853）湖阜草堂刊本

浙江临海·临邑涂下桥蟾洋金氏宗谱四卷

藏地：浙江图书馆

（清）金在镕　金世凯纂修

清道光二十五年（1845）木活字本　二册

浙江·黄岩大田金氏宗谱十二卷

藏地：浙江临海县博物馆（存卷首、卷1、4、8）

（民国）金彭年纂

1917年木活字本

浙江松阳·西演坑金氏宗谱三卷

藏地：浙江松阳县玉岩乡西演坑村　浙江松阳县玉岩乡大垳下村

（民国）叶冠祥撰

1946年木刻本

浙江松阳·吊硔金氏宗谱

藏地：浙江松阳县齐硔乡上垒村

安徽·金氏统谱六卷

藏地：国家图书馆

（清）金应沣等续修

清光绪三年（1877）双溪天合堂活字本　七册

安徽·金氏统宗谱八卷

藏地：国家图书馆（存一册）

（清）金可炘续修

清光绪三年（1877）天合堂活字本

安徽·京兆金氏统谱十卷

藏地：安徽省图书馆（存卷1—4）

（清）金可炘编

清光绪三年（1877）编　1931年木刻本

安徽休宁·新安休宁文昌金氏世谱十卷附录一卷

藏地：国家图书馆　安徽徽州地区博物馆（存五卷）

（明）程天保纂修

明正德十年（1515）家刻本　六册

安徽休宁·新安休宁文昌金氏世谱十卷首一卷附录一卷

藏地：中国社会科学院历史研究所图书馆（缺卷6—8）

明嘉靖间刻本　一册

安徽休宁·新安休宁汪溪金氏族谱五卷附录一卷

藏地：国家图书馆、北京大学、南京图书馆

（明）金弁　陈有守等纂修

明嘉靖三十二年（1553）家刻本

安徽休宁·瑝溪金氏族谱十八卷

藏地：国家图书馆　北京大学　中国社会科学院历史研究所图书馆（存卷12—18）　浙江奉化县文管

（明）金瑶　金应宿纂修

明隆庆二年（1568）家刻本

安徽休宁·瑝溪金氏家谱补戚篇六卷附录一卷

藏地：安徽博物馆

（明）金应宿撰

明万历十四年（1586）刻本一册

安徽·休宁南城金氏族谱

藏地：安徽图书馆

（明）金宗道纂修

明钞本　一册

安徽休宁·新安休宁瓯山金氏族谱四卷附录五卷

藏地：美国

（明）金喜宾修

清康熙十四年（1675）刊本二册

安徽休宁·新安休宁瓯山金氏族谱四卷

藏地：北京师范大学

（清）金汝麟等续修

清康熙四十四年（1705）刻本二册

安徽休宁·瓯山金氏眉公族谱不分卷

藏地：安徽博物馆

（清）金燉炽编

清乾隆四年（1739）稿本　一册

安徽休宁·瓯山金氏族谱六卷首一卷

藏地：美国

（清）金福堂等修

清乾隆四十四年（1779）刊本八册

安徽休宁·瓯山金氏眉公支谱四卷

藏地：国家图书馆　河北大学　安徽图书馆

（清）金锦荣纂修

清道光十二年（1832）木刻本四册

安徽休宁·瓯山金氏迁庐支谱表不分卷

藏地：安徽博物馆

（民国）金宣猷　金骏猷录

民国间油印本　三册

安徽·休宁金氏族谱二十六卷

藏地：国家图书馆（三部）　河北大学（清）金门诏纂修

清乾隆十三年（1748）活字本四册

安徽·休宁七桥金氏家谱不分卷

藏地：安徽图书馆　安徽博物馆

（清）金泰　金景轩等纂

清乾隆三十二年（1767）木刻本二册

安徽休宁·新安金氏大宗谱

藏地：安徽图书馆

钞本　一册

安徽祁门·金氏宗谱六卷

藏地：国家图书馆

（清）金光龙等修

清光绪八年（1882）活字本四册

安徽桐城·金氏宗谱二十八卷

藏地：安徽博物馆（存卷26—28）

清同治九年（1870）木活字本

（清）金承诏　金兆奎纂修

安徽桐城·金氏宗谱十四卷

藏地：人民大学

清末活字本　八册

安徽桐城·金氏宗谱二十五卷

藏地：安徽博物馆

（清）金莘晨纂

清光绪二十四年（1898）木活字本　一册

安徽贵池·池阳秋浦金氏重修宗谱十二卷

藏地：河北大学

（清）金忠国编修

清光绪二十一年（1895）木刻本　十二册

福建泉州·清源金氏族谱

藏地：福建图书馆

（明）金志行修

明嘉靖间修　泉州金氏传钞本一册

江西婺源·上坪金氏七修宗谱

藏地：江西档案馆（存一卷）

（清）金兴云等纂

清光绪七年（1881）敦本堂木活字本

山东·德州金氏支谱六卷

藏地：美国

（清）金俊书等修

清道光十四年（1834）宝默堂刊本　四册

湖北·黄冈金氏宗谱四十二卷

藏地：湖北新洲县南极乡陶山村

湖北·黄冈金氏宗谱□□卷

藏地：美国（存卷3—39）

（民国）金文藻等重修

1925年金氏振声堂活字本

湖北·黄冈金氏宗谱十八卷

藏地：湖北新洲县潘塘乡郑楼村

（民国）金宏太　金勤香续修

1948年木刻本

湖南长沙·金氏四修族谱十六卷首三卷

藏地：湖南省图书馆（存卷首上）

（民国）金士横等纂修

1935年木活字本

湖南·宁乡金氏续修族谱□□卷

藏地：湖南图书馆（存卷首）

（清）金胜周　金秀坤修　金孔曙纂

清道光十三年（1838）彭城堂刻本

湖南湘潭·金氏四修族谱八卷

藏地：广东中山图书馆

（清）金序绳纂修

清光绪三十三年（1907）福荣堂刻本

湖南湘乡·金氏续修族谱四卷首一卷

藏地：美国

（清）金翰坡等修

清光绪十年（1884）华渚堂活字本　六册

湖南·湘乡金氏三修族谱四卷首

二卷

藏地：美国

（民国）金利寰等修

1933年华渚堂活字本　八册

橘社金氏家谱六卷

藏地：国家图书馆

（明）金炤编辑　（清）金孝植重纂

清康熙二十五年（1686）刻本　二册

橘社金氏家谱六卷

藏地：国家图书馆

（明）金炤编辑　（清）金孝植续纂金孝坤重修

清乾隆元年（1736）宝谦堂刻本　三册

金氏家谱不分卷

藏地：台湾

（清）金瑞纂

清康熙二十九年（1690）钞本　一册

金氏族谱不分卷

藏地：福建师范大学

（清）金淳重修

清乾隆四十年（1775）刻本

金氏家谱不分卷

藏地：美国（存一册）

清光绪二年（1876）影钞本

金氏宗谱六卷首一卷

藏地：人民大学

（清）金简士等纂修

清光绪六年（1880）忠勋堂活字本　七册

金氏宗谱十八卷

藏地：国家图书馆

（清）金玉山等修

清光绪九年（1883）长庆堂活字本　二十册

金氏族谱八卷首一卷末一卷

藏地：江苏吴江县图书馆

（清）金奉尧辑

1917年钞本　三册

金氏族谱不分卷

藏地：江苏吴江县图书馆

金明远题识

钞本　一册

（五）　字行辈份

清光绪二十三年金润祥修《金氏家谱》，山东鱼台金姓一支字行为：“尚祖承宗，安学绪业，宝家润华。”

（六）　迁徙繁衍

金姓，在当今以人口多少为序的中国姓氏中，被排在比较靠前的位置上。其姓源较多，最早的一支源于上古时的少昊，即东汉应劭《风俗通义》所云：金姓是“少昊金天氏之后”。少昊，一作少皞，名挚（一作质），是古代东夷族首领，东夷族以鸟为图腾，他曾以鸟名为官名，设有工正和农正，管理手工业和农业。相传他因修太昊之法，故曰少昊；按照古人的五行学说，土生金，他以金德王，故号为金天氏。《帝工世纪》说：少昊自穷桑登帝，后徙曲阜。穷桑在今山东曲阜市北。少昊的子孙中，有一支简化他的号“金天氏”而为姓氏，就是金氏。

还有一支金氏出自西汉时的金日磾（日磾，音 dī），系皇帝赐姓，即宋代《古今姓氏书辨证》所云：汉休屠王太子日磾事武帝，帝以休屠作金人祭天，赐姓金氏。

据《史记·匈奴列传》及《卫将军骠骑列传》记载，汉武帝元狩二年（公元前121年）春，武帝派骠骑将军霍去病率骑兵出陇西，击匈奴，曾收得匈奴休屠王的“祭天金人”。“金人”即金佛像，是匈奴王族立以为祭天的崇拜物。当年秋，休屠王的太子日磾（字翁叔）随浑邪王归汉，因日磾笃实忠诚，为汉武帝所信爱，武帝以其父作金人祭天，赐姓金氏，称金日磾。金日磾曾任马监、侍中，武帝死、昭帝即位后，与霍光等同受遗诏辅政，被封为秺侯。从金日磾开始，其子孙世代姓金。

除上述两支金氏外，据《前秦录》载，十六国前秦时，羌族首领有金氏。据《旧唐书》载，唐时新罗国王姓金。新罗，朝鲜古国名，首都庆州，与高句丽、百济并立，7世纪中叶统一朝鲜半岛大部，与唐朝有密切联系。又据《吴越备史》载，五代时十国之一的吴越（据有今浙江之地及江苏的一部分，建都杭州），开国之王叫钱镠，因镠与刘同音，为避钱镠之名讳，该国的刘姓人，皆去刘字的卯头刀旁，改为金氏。又据《元史·儒学传》载，元朝的金履祥，其先本姓刘，也改为金氏。

金日磾家族居住在长安（今陕西西安），累世官宦，且多为侍中，如金日磾的两个儿子金赏、金建俱任侍中，金日磾之弟金伦的儿子金安上任侍中，封都成侯，金安上的4个儿子常、岑、敞、明及敞的3个儿子皆任侍中。史书称其自汉武帝始，历昭帝、宣帝、元帝、成帝、哀帝，至平帝，7世为内侍，与西汉大臣张汤后世并称“金张”，成为功臣世族的代称。南北朝时，金氏有迁至今甘肃境者，如北齐大都督金祚，就是安定（今甘肃泾川县北）人。唐朝贞观年间所定益州蜀都（治所在四川成都）三姓之一有金氏，汾州河西郡（今山西临汾县地）四姓之一有金氏。宋、明时期，南方的金氏除在今浙江、江苏一带发展外，还分布于今江西、安徽、湖南、湖北、福建、广东等省；北方的河南、河北、辽宁等省也都有金氏的聚居点。从清朝嘉庆年间开始，闽、粤金氏陆续有人迁至台湾，此后，有的再迁海外，侨居于新加坡等国家。

（七） 适用楹联

□源自少昊；望出彭城。

□勋名翁叔；[①]理学仁山。[②]

□寿门多国宝；[③]若采有才名。[④]

□玉册载勋，武毅功名为烈。[⑤]
银章受卷，文靖温裕有容。[⑥]

□汉室忠勋素著；[⑦]
义门孝友流芳。[⑧]

□身行百里半天下；
眼高四海空无人。[⑨]

□德行人间金管记；
姓名天上碧纱笼。[⑩]

□雨入花心，自成甘苦；
水归器内，各现方圆。[⑪]

注释：

①西汉大臣金日磾（前134—前86），字翁叔。与霍光、桑弘羊一起受遗诏辅佐天子为同立下大功。

②宋末学者金履祥（1232—

1303)，字吉父，元兰溪（今属浙江）人。学者道称吉父为仁山先生。他学以朱熹为宗，一生博学著述、名声显赫，为一代名儒。

③清代书画家兼诗人金农（1687—1763），字寿门，仁和（今浙江杭州）人。善诗文，精于鉴别金石、书画。工隶书。尤为楷书自创一格，号称“漆书”。50岁之余开始学画，造意新奇，其作品被当朝奉为国宝。为“扬州八怪”之一。

④明末清初文学批评家金圣叹（1608—1661），名采，字若采，吴县人。喜评书，有怪才之名。有诗选流传后世。

⑤明初都督佥事金朝兴，巢人。深谋远意，果敢英武，常以偏师取胜，功出诸将之上，谥武毅。

⑥明代建文进士金幼孜，名善。新淦人。永乐初累迁谕德兼侍讲。留存，帝北征，所过山川要害，皆记之，有公文起草，片刻即就。宣德时卒，谥文靖。

⑦注见①。

⑧宋代孝兼金颜，邵阳人、精于著文。好施与，惇孝友，郡人号“义门金氏”。后奉诏列举贤得之事，为天下第一。

⑨何廉昉赠金粟香联。

⑩清代书画家兼诗人金龙自勉联。

⑪明末清初文学批评家金圣叹自勉联。

金氏名人集粹

金农　（1687—1763）清书画家。字寿门，又字司农、吉金，号冬心先生、稽留民、曲江外史、昔耶居士等，浙江仁和（治今杭州）人。受业于何焯，与丁致等相交。曾被举博学鸿词科，入京未试而返。好游历，客撰州鬻诗文、卖书画最久。隶书古朴，楷书自创一格，号称“漆书”。亦能篆刻，得秦、汉法。五十岁后始作画，画竹、梅、鞍马、佛像、人物、山水，格调拙厚淳朴。居当时画坛首席，为“扬州八怪”之一。但有些作品由其门生罗聘代笔。著有《冬心先生集》、《冬心先生杂著》等。

金和　江苏上元（今南京）人，清代著名诗人，诗多长篇，具有散文化的特点。

金榜　安徽歙县人，清代著名学者，乾隆进士，曾官至翰林院修撰。他从江永学，与戴震友善，治三礼，宗郑康成，博采旧闻，摭密撷要，著有《礼笺》、《周易考占》等。

金德辉　江苏苏州人，清代著名昆曲演员，擅长《牡丹亭·寻梦》等剧。乾隆四十九年（1784年）他在苏州邀集江南各地昆曲名演员成立集秀班，是当时最著名的昆曲班。

金圣叹　明末清初著名文学家、批评家，吴县（今属江苏）人。据传，他为人狂傲，博览多通，所作的文章更雅俗共赏，他最杰出的成就是对于《水浒传》、《西厢记》等书的评论，在批语中，颇有独到之处，在我国文学批评史上占有一定的地位。

金之俊　江南吴江（今属江苏）人，明万历进士，官至兵部待郎。顺治元年（1644年）降清，仍任原官。

上疏建议清廷编置牌甲，以巩固统治，后累官至中和殿大学士兼吏部尚书加太傅。

金声桓 辽东（今辽宁辽阳）人，明清之际江西总兵。

金声 安徽休宁人，明末抗清义军首领。

金銮 陇西（今属甘肃）人，明代散曲家，万历间侨寓南京，卒时年九十。通音律，工乐府，以嘲讽见长。有《萧爽斋乐府》。明代还有礼部右侍郎金问。

金履祥 兰溪（今属浙江）人，元代名儒。

金文刚 宋代龙图阁直学士。

金昌绪 今浙江余杭人，唐代诗人。

金日磾 西汉时大臣。本匈奴休屠王的太子，武帝时从昆邪王归汉，任马监，迁侍中。昭帝即位后，与霍光、桑弘羊等同受遗诏辅政，遗诏以他有擒缚谋反的马何罗之功，封为秺侯。他可以说是金姓历代名人中地位最显赫的人物。

金氏风流撷英

少昊之后金氏长，
山东曲阜乃祖乡。①
休屠王子泽皇恩，
武帝赐姓意吉祥。②
开元三士金刚智，
把我佛教密宗扬。③
女真完颜阿骨打，
驰骋沙场北宋亡。④
幼孜随君历北征，
两朝实录总裁官。⑤
文学才子金圣叹，
评点天下流传广。⑥
治国良臣金之俊，
辅帝为民多主张。⑦
金为黄金志不移，
炎黄子孙本不忘。⑧

注释：

①据《风俗通义》传说，金氏乃古帝少昊金天氏之后。少昊是古代东夷族首领，作为黄帝的继承人，曾在位84年，建都山东曲阜。少昊死后被尊为西方大帝，按古人的五行学说，西方属金，故少昊又称金天氏。其后裔便以“金”为氏。

②汉武帝时，休屠王子名：日磾(dī)，入汉为臣，武帝赐与“金”姓，名曰：金日磾，是吉祥之意。此为金姓之始。

③金刚智（669—741），唐朝佛教密宗僧徒，南天竺人。来中国传教，曾译《金刚顶经》，玄宗时，与善无畏、不空并称“开元三大士”。

④金太祖（1068—1123），女真人，完颜阿骨打，公元1113年袭为女真部落长，1115年大败辽军，攻占黄龙府（吉林农安），1120年攻克上京（内蒙巴林左旗），1122年攻克中京（内蒙宁城），南京（今北京），奠定金朝基础。金太宗（公元1075—1135年），金朝皇帝，名完彦晟，1126年遣兵南下，陷宋都汴京（河南开封），掳徽宗，钦宗二帝，北宋亡。

⑤金幼孜（1368—1431），明朝官

吏，江西新干人。多次随从明成祖北征。撰有《北征前录》、《北征后录》，又与胡广、杨荣共撰《五经四书·性理大全》。宣宗时命修两朝实录，充总裁官。

⑥金圣叹（1608—1661），明末清初文学批评家，江苏苏州人。为文怪诞，不求功名，以著述为务，评天下才子书有六，一《离骚》、二《庄子》、三《史记》、四《杜诗》、五《水浒》、六《西厢》，其评语流传甚广。

⑦金之俊（？—1670），清初大臣，江苏吴江人。他向皇帝提出了许多勤政主张，包括赦免抗清百姓、起用明朝官吏、禁止满官勒索等方面。

⑧金（jīn），为五金之首，是专指黄金，黄金具有坚韧不移的品质，不怕火炼，这正是金氏家风的写照。金，黄之色也，亦为国人肤色，意表国人不忘本色，爱国爱民，方真金也。

中华百家姓

赵 钱 孙 李 周 吴 郑 王 冯 陈 蒋 沈 韩 杨
朱 秦 许 何 吕 张 孔 曹 金 魏 姜 谢 邹 苏
潘 范 彭 韦 马 方 任 袁 史 唐 薛 雷 贺 汤
罗 郝 常 于 傅 康 余 顾 孟 黄 尹 姚 邵 汪
毛 戴 宋 熊 董 梁 杜 贾 江 郭 林 钟 徐 邱
高 夏 蔡 田 胡 万 卢 丁 邓 石 崔 龚 程 陆
段 侯 武 刘 龙 叶 黎 白 赖 乔 谭 阎 易 廖
文 曾

魏 姓

——魏指官门观全局，民族根本永屹立

魏氏解密寻踪

（一） 姓氏字源

《玉篇·鬼部》："魏，象魏，阙也。"魏即指阙宫门之台观。《文选·班固〈典引〉》："是以来仪集羽族于观魏。"张铣注："来仪，凤也……观魏，皆阙也。"

（二） 寻根溯祖

魏姓来源主要有：

1. 出自姬姓，以邑为氏，或以国名为氏。据《元和姓纂》所载："周文王第十五子毕公高受封于毕（三千多年以前的毕国，在今陕西省长安、咸阳两地之北，也就是渭水的北岸之地，这个地方，又称为毕陌、毕原或咸阳原，在周朝的初年，受到王室重视，因为周文王、周武王和周公逝世以后，都葬于此地），后裔万仕晋（今山西省境），封于魏，至双绛舒，代为晋卿，后分晋为诸侯，称王，为秦所灭，子孙以国为氏，望出巨鹿、任城"。《史记·魏世家》、《通志·氏族略》等都有同类文字的记载，由此可见，魏姓是黄帝姬姓嫡裔，他们原来是毕国的人，传到周文王的曾孙毕万的时候，因为毕国被西戎攻灭，便投奔到晋国，成为晋献公的大夫。晋献公是个很有雄心壮志的君主，在位期间攻灭了附近的许多小国，使晋国一度成为当时的强国之一。毕万因于公元前661年，在晋国攻灭霍、耿、魏三国战斗中，立下了大功，于是晋献公就将原是姬姓国的魏（今山西芮城北）地赐给为邑。此后，毕万的子孙以邑为氏，称为魏氏。至晋献公二十一年（公元前656年），晋国发生骊姬之乱，次年晋公子重耳被迫出亡。毕万的孙子魏犨随同公子重耳在诸侯国之间到处流浪，长达19年。公元前636年，重耳得秦穆公之力，被迎立为晋国国君，是为晋文公。文公封魏犨（世称魏武子）为大夫，承袭魏氏封邑，从此魏氏成为晋国列卿之一，其历代子孙也成了晋国的高官。后来权势日隆。公元前445年，毕万的后代魏斯，干脆与韩、赵两家联合起来共同瓜分了晋国，自成为一个诸侯，建立魏国，称魏文侯，建都安邑（今山西夏县西北）。公元前403年，周威烈王承认魏和赵、韩为诸侯国。这就是历史上著名的“三家分晋”，春秋与战国的分野，就在此时。战国初，魏文侯任用李悝进行改革，国力不断强大，向西攻取秦的河西（此时指今山西、陕西省间黄河南段之西）、北攻灭中山（古国名。春秋时白狄别族所建，又称鲜虞。在今河北正定东北。战国初期建都于顾〈今河北定县〉。公元前406年被魏攻火），南击败楚国，夺得大梁（今河南开封）等地。魏惠王迁都大梁，因而魏也被称为梁，成为战国七雄之一。公元前225年为秦所灭。亡国后的魏国王族以国名为氏，形成魏姓最重要的一支。可见，以邑为氏的魏氏仅是毕万的少数子孙，而以国为氏才是魏姓之主源。史称魏姓正宗。是为山西魏氏。

2. 外姓改姓魏。①据《史记》所载，战国秦昭襄王时有国相、穰（今河南邓县）侯、昭襄王母宣太后异父弟魏冉，本楚人，芈姓（颛顼的后裔），后改姓魏；②据宋《稗录》所载，南宋蒲江（今四川省成都平原西南缘）人有魏了翁，庆元进士，以校书郎出知嘉定府。本高氏（黄帝后裔），后改姓魏；③明代有昆山人魏校，其先世本李姓，居苏州葑门的庄渠，弘治进士，授南京刑部主事。

（三） 宗堂郡望

堂号 “九合堂”：春秋时晋大夫魏绛。山戎向晋请和，绛向晋君说和有五利。于是晋便和附近的少数民族山戎等缔结了友好条约。8年之中，晋国九合诸侯，称为霸主，都是魏绛的功。

魏姓因巨鹿为最望，故也以“巨鹿”为其堂号。

郡望 魏姓郡望主要有巨鹿郡、任城等。

1. 巨鹿郡。秦始皇二十五年（公元前222年）置郡，治所在巨鹿（今河北平乡西南）。相当今河北白洋淀、文安洼以南，南运河以西、高阳、宁晋任县以东，平乡、威县以北、山东德州、高唐、河北馆陶之间地。汉代至北魏因袭沿用。汉后大致相当于今河北平乡以北及晋县一带。

2. 任城。今山东微山县一带。

（四） 家谱寻踪

河北翼县·魏氏家谱

藏地：国家图书馆　吉林大学

华中工学院　日本　美国

(民国) 魏文忠　魏文厚

1928 年刻本　一册

江苏丰县·绍继堂魏氏族谱四卷

藏地：江苏丰县顺河乡黄庄村苏庄

(清) 魏东一纂

藏地：国家图书馆　吉林大学华中工学院　日本　美国

江苏泗阳·魏氏宗谱四卷

藏地：江苏泗阳县档案馆

魏其礼纂

木活字本

江苏泗阳·魏氏宗谱四卷

藏地：江苏泗阳县档案馆

魏其礼纂

木活字本

江苏兴化·魏氏族谱八卷首一卷

藏地：哈尔滨师范大学

(清) 魏寿金修

清咸丰六年 (1856) 手钞本八册

江苏兴化·魏氏族谱六卷

藏地：四川图书馆

(清) 魏紫　魏潢等纂修

清光绪间活字本　六册

江苏无锡·梁谿魏氏宗谱十六卷

藏地：哈尔滨师范大学

(民国) 魏金珍　魏茂仁等续修

1947 年亲睦堂刻本　十六册

浙江·魏氏太廉堂进主册不分卷

藏地：浙江图书馆

(清) 魏树柽辑

清光绪十年 (1884) 木活字本一册

浙江诸暨魏氏宗谱五十八卷

藏地：国家图书馆

(民国) 魏唐等重修

1947 年太廉堂活字本　五十八册

浙江余姚·兰风魏氏宗谱八卷

藏地：日本　美国

(清) 魏鼎三　魏衍生等重修

清光绪四年 (1878) 木活字本八册

浙江余姚·长泠魏氏宗谱三十二卷

藏地：河北大学

(清) 魏思恩　魏韶凤续修

清光绪三十二年 (1906) 排印本二十九册

浙江余姚·兰风魏氏宗谱十卷

藏地：国家图书馆　中国社会科学院历史研究所图书馆　哈尔滨师范大学　浙江图书馆

(清) 魏学纯纂修

清宣统二年 (1910) 洽礼堂铅印本　十册

浙江慈谿·慈水魏氏宗谱二十八卷

藏地：日本　美国

(清) 魏庆瑞重修

清光绪七年 (1881) 木活字本二十八册

浙江绍兴·山阴吴塘魏氏宗谱十卷

藏地：浙江图书馆

(清) 魏永全修　魏大元　魏徵焕纂

清光绪五年 (1879) 木活字本十册

浙江常山·定阳魏氏宗谱六卷

藏地：浙江常山县芙蓉乡修书村坪坑口

(清) 金文修

清光绪三十二年（1906）木刻本

浙江常山·魏氏宗谱五卷

藏地：浙江常山县拓贤乡大坑口村

（民国）徐燮修

1920年木刻本

浙江常山·魏氏宗谱七卷

藏地：浙江常山县东鲁乡东湖村船头

（民国）刘宗盛重修

1941年油印本

浙江·黄岩魏氏宗谱六卷

藏地：中国社会科学院历史研究所图书馆

（民国）魏企豪纂修

1946年铅印本　六册

安徽桐城·皖桐魏氏宗谱十八卷首一卷末二卷

藏地：人民大学

（清）魏承志等续修

清同治九年（1870）活字本　二十册

安徽桐城·皖桐魏氏宗谱二十八卷首一卷末三卷

藏地：河北大学

（清）魏春南　魏乐庄纂修

1912年木刻本　二册

江西南昌·豫章黄城魏氏宗谱四卷

藏地：日本　美国

（清）魏学江　魏多隆等重修

清乾隆四十五年（1780）木活字本　四册

江西·南昌魏氏宗谱十五卷首一卷

藏地：日本　美国

（清）魏慎馀等重修

清光绪二十四（1898）木活字本四册

山东金乡·魏氏族谱八卷

藏地：山东金乡县金乡镇小楼村

（明）魏鸣珂纂

1922年据万历四十五年本铅印本

山东德州·魏氏家谱四卷

藏地：人民大学

（清）魏朝缓　魏广智等续修

清乾隆刻本　四册

河南荥阳·汜水魏氏族谱六卷

藏地：河南图书馆

（民国）魏树穀　魏凌云续修

1934年新豫印刷所铅印本

河南永城·魏氏族谱一卷

藏地：河南永城县劳动局

（民国）魏广卿纂修

1933年油印本

河南·项城魏氏族谱

藏地：国家图书馆　美国

（民国）魏连捷等修

1931年铅印本　一册

河南·镇平魏氏族谱五卷

藏地：河南南阳县档案馆

（民国）魏民森纂

1918年石印本

湖北黄冈·魏氏宗谱十八卷首四卷

藏地：日本　美国

（民国）魏道学　魏正让等修

1934年刊本　二十二册

湘北崇阳·魏氏宗谱八卷

藏地：湖北崇阳县石城乡肥田村

（民国）魏世臣总修　魏文凤纂修

1926年刊本

湖北咸丰·魏氏宗谱一卷

藏地：湖北咸丰县档案馆

（清）魏廷焕重修

清光绪三十四年（1908）修手钞本

湖南长沙·魏氏续修支谱十卷

藏地：湖南图书馆（存卷1）

（清）魏式骏修　魏传信纂修

1922年钜鹿堂活字本

湖南宁乡·魏氏五修族谱二十卷首一卷

藏地：湖南图书馆（存卷首1、卷3）

清光绪三十年（1904）沩宁魏氏宗祠活字本

湖南湘乡·魏氏五修族谱八卷首四卷

藏地：湖南图书馆（存卷1、2、3、上下，首1—4）

（民国）魏兴晓　魏兴秫修　魏兴旦　魏兴埙等纂

1941年活字本

湖南·衡阳魏氏宗谱四十卷首一卷

藏地：美国

（民国）魏文轩街修

1914年木活字本　四十九册

湖南常宁·魏氏三修宗谱六卷首一卷

藏地：湖南图书馆

（民国）魏心戬　魏慈崑等修　魏熙理　魏慈参等纂

1913年麟阁堂活字本

广东五华·魏氏族谱一卷

藏地：广东五华县文管会

魏化吾编

油印本

四川成都·华阳魏氏宗祠族谱一卷

藏地：四川图书馆

（民国）魏思博纂修

1930年石印本　一册

四川彭县·魏氏支祠族谱一卷

藏地：四川图书馆

（民国）魏存动纂修

民国石印本　一册

四川内江·魏氏谱牒一卷

藏地：四川图书馆

1926年石印本　一册

四川宣汉·魏氏族谱一卷

藏地：四川宣汉县三桥乡四村

手钞本

魏氏族谱不分卷

藏地：四川图书馆（存一册）

（清）魏文江纂修

清咸丰十一年（1861）刻本

续魏氏世谱不分卷

藏地：福建师范大学

（清）魏秀仁撰

传钞稿本

源南下魏重修族谱不分卷

藏地：四川图书馆（存一册）

（清）魏顺予纂修　魏达周增修

清康熙间修刻本

（五）　字行辈份

清光绪十六年魏子建修《魏氏族谱》，山西忻州魏姓一支字行为："新文良，时懋行，昭弘知，泰宪圣，德益宁。"

（六）　迁徙繁衍

在西周初分封的姬姓诸侯国中，有一个毕国，在今陕西西安、咸阳北，始封之君毕公高，是周文王之子；还有一个魏国，在今山西芮城北。《史记

·魏世家》说，毕国“其后绝封，为庶人，或在中国，或在夷狄”。至春秋时，毕公高的后裔毕万在晋国做官，在公元前661年晋攻灭霍、耿、魏三国的战斗中有大功，晋献公把魏国旧地赐给他，作为他的封邑，命为大夫。晋献公死后，毕万家族势力强大，其子孙以封邑为氏，称为魏氏。公元前453年，毕万裔孙魏桓驹与韩康子、赵襄子联合攻灭知伯，三分其地，桓子之孙都（一说名斯）正式建立魏国，称魏文侯，于公元前403年被周威烈王承认为诸侯。魏国是战国七雄之一，初都安邑（今山西夏县西北），至魏惠王时迁都大梁（今河南开封），故又称梁国。公元前225年，秦将王贲攻魏，决河沟灌大梁城，虏魏王假，灭魏，以其地为郡县。亡国后的魏国国民，为纪念故国，以国为姓氏，又形成一批魏姓居民，从而扩充了原以邑为氏的魏姓人口。对此，唐人林宝《元和姓纂》简要记述为：“魏，周文王第十五子毕公高受封于毕，裔孙万仕晋，封于魏，至犨、绛、舒，代为晋卿，后分晋为诸侯，称王，至王假，为秦所灭，子孙以国为氏。”

又，清人张澍《姓氏寻源》云：“芈姓为魏氏者，秦之穰侯魏冉是也。”魏冉是战国时秦国大臣、秦昭王母宣太后异父弟。秦武王去世，秦内乱，他拥立武王弟昭王，初任将军，后一再任相，封于穰（今河南邓州），号穰侯。五国合纵破齐后，他加封陶邑（今山东定陶西北），富于王室。《史记·穰侯列传》说“其先楚人，姓芈氏”，又说“穰侯，姓魏氏，名冉”。

从上可知，魏氏早期主要是在今山西、河南、山东省境内发展繁衍，也有部分居于今湖北、湖南省境。战国时魏公子无忌子录蕃盛，知名度高，因此，姓氏古籍及魏氏族谱大都以无忌为魏氏承上启下的人物。无忌是魏昭王子、魏安厘王之弟，封于信陵（今河南宁陵），号信陵君，为“战国四公子”之一。史书称他“仁而下士”，致有食客三千。他曾设法窃得兵符，击杀将军晋鄙，夺取兵权，救赵胜秦，后为上将军，联合五国击退秦国进攻。魏无忌之孙魏无知的5世孙魏歆，西汉时任巨鹿（今属河北）太守，因家于巨鹿，后发展成为大族。魏歆5世孙魏庆，汉封北海公，其孙魏统有二子：长子魏俦为东祖，次子魏植为西祖。魏无知还有两个玄孙：一个叫魏谌，任汉清河（郡治在今河北清河县东南）太守，在当地安家；一个叫魏汉，任任城（今山东微山县西北）太守，安家于任城，后发展成为大族。此外，秦始皇统一六国后，曾“徙天下豪富于咸阳十二万户”。韩氏有部分人迁至今陕西省境。东汉时，江南一些地方已有魏姓居民，如魏讽为沛（今江苏沛县）人，炼丹术家魏伯阳为会稽上虞（今属浙江）人。东汉末，义阳（今河南桐柏东）人魏延，以部曲随刘备入蜀（今四川省），以勇猛闻名，在蜀汉数有功，累迁为征西大将军。唐初，陈政、陈元光父子入闽开辟漳州，随行将佐有军谋祭酒魏有人、府兵队正魏仁溥，后均在福建安家。据《魏氏族谱》载，唐代有魏慕中自巨鹿徙居江西南昌，历15世，有一支自江西移居福建宁化石壁村，又历11世，有魏才禄，生4子：长子魏元，于1311年移居广东长乐（今五华）；二子魏亨，移居福建上杭，5代孙邦政又移居广东龙川；三子魏利，留守祖坟；四子魏贞，有一子移居广东揭阳，还有一子居海丰。魏元的裔孙魏应浩、魏特敬于清朝乾隆年间迁至台湾新竹县；裔孙魏鼎高于清朝咸丰三年（1853年）去美国，后到加拿大定居；裔孙魏松于1910年到印尼，开锡矿致富，曾任马来西亚立法议员、致公党副主席。

（七）适用楹联

□源自姬姓；望出任城。

□公忠体国；① 机警能文。②

□鹤山受业；③ 虎观谈经。④

□兼听则明，以古作鉴；⑤
通经致用，拜夷为师。⑥

□穰侯家跻四贵；⑦
伯起名列三才。⑧

□疏列御屏，契洽天子；⑨
治称政谱，德薄黎民。⑩

□两袖清风廉太守；
二分明月古扬州。⑪

□欺人如欺天，毋自欺也；
负人即负国，何忍负之。⑫

注释：

①春秋时晋人魏绛的事记。

②北齐史学家魏收，字伯起，下曲阳人。聪慧善文，为北朝三才子之一。

③南宋思想家魏了翁（1178—1237），字华父，号鹤山。仕途通达，官至权工部侍郎。后知潭州，（今湖南长沙）、绍兴、福州，以资政殿大学士做官。他推崇朱熹，近乎陆九渊，有《鹤山全集》。

④东汉五官中郎将魏应，字君伯，任城人。少好学，习鲁诗，举明经，初为博士。时会嵇诸儒于白虎观讲论五经同异，使应专掌问难。再迁骑都御。

⑤唐初政治家魏徵（580—643），字玄成，馆陶（今河北馆陶）人。太宗时，任谏议大夫，敢犯颜直谏。提出“兼听则明，偏信则暗”，其谏二百余事，见于《贞观政要》。

⑥清代思想家、史学家魏源（1794—1857），字默深，湖南邵阳人。道光进士。究经颇深和龚自珍同属“通经致用”的今文学派。主张“师夷之长技以制夷”。

⑦战国时秦国大臣魏冉，原为楚人，几登相位，封于穰，号穰侯。五国破齐后，加封陶邑，富比王室，为当时“四贵”之一。

⑧北齐史学家魏收，为三才子之一。

⑨指唐初政治家魏徵。见注⑤。

⑩注见③。

⑪清代乾隆进士阮芸苔赠魏春松联。

⑫清代名人魏向恒撰联。

魏氏名人集粹

魏禧　江西宁都人，清初散文家，有《魏叔子集》传世。

魏秀仁　文学家，所作《花月痕》对鸳鸯蝴蝶派小说有影响。

魏源　湖南邵阳人，清末思想家、史学家、文学家，曾官至高邮（今属山东）知州。与龚自珍同为今文经学派，主张抵御外来侵略。曾根据林则徐主持评著的《四洲志》稿本，参考历史志和中西著作，编纂了《海国图志》，提出了“师夷之长技以制夷”的著名思想，倡导改革变法。他的思想对后世资产阶级改良主义运动有一定影响。后世称魏源为中国最早放眼看世界的杰出人物之一。

魏良辅 豫章（今江西南昌）人，明代戏曲家，寄居太仓（今属江苏），昆腔的建立者。其《曲律》一书对以后戏曲音乐的发展影响较大。

魏之璜 上元（今江苏南京）人，画家，以画著名。

魏胜 南宋名将，今江苏省宿迁县人。

魏了翁 邛州蒲江（今届四川）人，南宋学者，曾官至端明殿学士。

魏徵 （580—643）唐代名臣，相太宗，馆陶（今属河北）人。唐太宗时的谏议大夫。曾提出“兼听则明，偏信则暗”等治世名言。他的文才也非常好，曾经撰写《隋书本纪列传》，还有《类礼》20卷。受到唐太宗的重视。另外还有魏玄同，相武后；魏元忠，相武后、中宗；魏知士，相玄宗；魏漠、魏扶，相宣宗。

魏收 下曲阳（今河北晋县西）人，北齐史学家。北魏时曾任编修国史。北齐时，任中书令兼著作郎，奉诏编撰了《魏书》，共1300卷。为二十四史之一。

魏舒 西晋司徒，曾历任宜阳、荥阳郡太守、散骑常侍、右仆射、左仆射，晋武帝时为司徒。舒见重于司马昭、司马炎父子，司马昭曾赞誉：“魏舒堂堂，人之领袖也。”其为人能断大事，为时人所宗。

魏延 义阳（今河南桐柏东）人，三国时蜀汉名将，曾随刘备入蜀，以勇猛闻名，累迁为征西大将军，为南郑侯。

魏伯阳 东汉时会稽上虞（今属浙江）人，炼丹术家，曾借《周易》爻象以论作丹之意，著《参同契》3卷，为后世道家所宗。

魏相 济阳定陶（今山东定陶西北）人，西汉丞相。后迁徙于平陵（今陕西咸阳西北），宣帝时，被封为高平（西汉时置古县名，治所在今宁夏固原，因其城险固，号称“第一城”）侯，历任大司农、御史大夫。对诛灭霍氏集团有功，继韦贤为丞相，主张整顿吏治，考核实效。

魏豹 魏咎之弟，汉初诸侯王魏国贵族，曾自立为魏王。

魏咎 秦代末年宁陵君，参加过陈胜起义军，被封为魏王。

魏冉 原为楚国，建都今湖北省江陵西北人，战国时大臣，秦武王去世后，秦国内乱，他拥立昭王。初任将军，后一再任相，封于穰（今河南邓县），号穰侯。五国合纵破齐后，他加封于陶邑（今山东定陶西北），后被罢免，死于陶邑。

魏斯 战国，历史上著名的魏文侯。他建立魏国，在位49年。曾任李悝为相，吴起为将，西门豹为邺（今河北临漳西南）令，奖励耕战，兴修水利，进行改革。魏国是在他的手里，一跃而列为诸侯，并且成为战国七雄之一，对于当时的天下大势，举足轻重。

魏无忌 也就是几千年来在我国人人都知的信陵君。魏安厘王之弟，有食客3000人，是当时魏家的杰出子弟。他与齐之孟尝君、赵之平原君、楚之春申君并称“四公子”。

魏武子 魏姓最早在历史上出人头地的人物，春秋时人，当时，他是晋国的大夫，有两个儿子，魏颗和魏绛，也都是鼎鼎大名的人物。

魏氏风流撷英

魏姓始祖源出姬，
山西夏县是原籍。①
三家分晋有魏国，
魏斯任贤固国基。②
理法著作参同契，
伯阳得道成飞羽。③
魏书一百三十卷，
魏收才学数第一。④
魏徵辅政纳贤言，
治国强民有政绩。⑤
南宋四川魏了翁，
正心养心鹤山集。⑥
海国图志魏源著，
师夷长技以制夷。⑦
魏指宫门观全局，
民族根本永屹立。⑧

注释：

①据《唐书·宰相世系表》及《元和姓纂》记载，魏姓出自周文王的裔孙毕万（姬姓）。春秋时为晋国大夫，公元前661年受封于魏邑（山西芮城县）。毕万之子毕斯，与赵、韩两家一起，瓜分晋国，史称“三家分晋”，建立魏国，定都于山西夏县，后世以国为氏，遂有魏氏。

②魏斯（？—前396），战国初魏国的建立者，魏氏之祖。他在晚年起用李悝、吴起、乐羊、西门豹等贤臣良将，奖励耕战，力致图新，使魏国日益强大起来。

③魏伯阳（生卒不详），东汉炼丹方士，浙江上虞人。葛洪《神仙传》中载有他潜心修炼，羽化成仙之说。著有《参同契》三卷，把“大易”、“黄老”、“炉火”三家理法参照会同契合为一，是中国思想史上的重要著作。

④魏收（506—572），南北朝时，北齐著名史学家，河北晋县人。奉敕编撰《魏书》成一百三十卷。以才学闻名于当世。

⑤魏徵（580—643），唐初大臣，政治家，河北馆陶人。曾向太宗陈谏二百余事，他强调指出：“君，舟也，民，水也。水能载舟，亦能覆舟”的道理。陈禀太守要居安思危，广纳贤言，轻徭薄赋，躬行俭约，养民生息。并主编《群书治要》、《贞观政要》等书。

⑥魏了翁（1178—1237），南宋思想家，四川蒲江人。他著《鹤山全集》，强调“正心、养心”，推崇朱熹学说。

⑦魏源（1794—1857），清朝思想家、史学家，湖南邵阳人。他和龚自珍同属“通经致用”的今文学派，根据西方史料和历代史志，辑成《海国图志》一百卷，主张“师夷之长技以制夷”，是我国向西方寻求真理的先驱

之一。

⑧魏，指宫门外的位置，这是一个居于中央，通观全局的位置。我们的子孙都站在这样的位置上，从国家，民族的根本利益，长远利益出发，遍观全局正确地看待问题和处理问题，只有放眼长量，顾全大局，时刻维护我们国家的根本利益，才能使我们的国家和民族屹立于世界民族之林。

中华百家姓

赵 钱 孙 李 周 吴 郑 王 冯 陈 蒋 沈 韩 杨
朱 秦 许 何 吕 张 孔 曹 金 魏 **姜** 谢 邹 苏
潘 范 彭 韦 马 方 任 袁 史 唐 薛 雷 贺 汤
罗 郝 常 于 傅 康 余 顾 孟 黄 尹 姚 邵 汪
毛 戴 宋 熊 董 梁 杜 贾 江 郭 林 钟 徐 邱
高 夏 蔡 田 胡 万 卢 丁 邓 石 崔 龚 程 陆
段 侯 武 刘 龙 叶 黎 白 赖 乔 谭 阎 易 廖
文 曾

姜姓

——神农炎帝姜氏祖，陕西岐山姜水出

姜氏解密寻踪

(一) 姓氏字源

《说文》："姜，神农居姜水，以为姓。从女，羊声。"

(二) 寻根溯祖

姜姓来源主要有以下几个：

1. 出自我国历史上最古老的"三皇"之一的炎帝神农氏的后裔，也是中国最古老的大姓之一。据《元和姓纂》、《新唐书·宰相世系表》及《说文解字》等所载，相传火帝神农氏生于姜水（即今陕西渭河支流的岐水，在今陕西岐山之东，源出岐山。《水经注》云：岐水，又东迳姜氏城南，为姜水。姜姓是公元前二千多年羌族的姓，与姬、姒、妳、妫、媿等等20几个上古姓都起源于母系氏族社会），而得姜姓。当然，神农氏的后裔作为组成中华民族的主要分子，不仅仅只以姜为姓。神农氏的后裔还有以"齐、甫、申、吕、纪、许、向、芮"等8氏为姓的，而作为神农氏的嫡裔姜氏，就是到了后来，也有改为他姓的。由姓姜的羌族与后来发展出来的四支胞族—四岳，他们和姬姓部落结成联盟，跟"子姓"商族平行发展。以姬姓和姜姓部落为主的盟军，终于打败了殷纣王（帝辛），灭了商朝，建立了周朝。于是公元前11世纪周朝便在商的旧地大举分封姬姓诸侯国与姜姓诸侯国。春秋时代的齐国，被称为五霸之一，其创立者就是神农氏的后裔姜太公。这位辅佐周室得天下有大功的姜太公，由于先人吕侯（即伯夷，又尊称太岳）治“四岳”有功，被封于吕（在今河南南阳县西），并赐以祖姓姜。他又叫吕尚或姜尚，子牙则是他的字。此时的齐国，在今山东北部，建都于营丘（今山东淄博东北）。春秋末年君权逐渐为大臣陈氏（即田氏）所夺。到齐威王时，进行改革，国力强盛，打败魏国，开始称王，成为战国七雄之一。前221年为秦所灭。而吕国，在公元前678年就被楚国所灭。由伯夷建立的吕国及由姜尚建立的齐国，后分别国亡后，其子孙有以姜为氏的。

2. 出自桓氏改姓。据《通志·氏族略》所载：“桓庭昌唐上元中准制改为姜氏。”

（三） 宗堂郡望

堂号 1.“稼穑堂”：神农教民稼穑（种庄稼），所以叫稼穑堂。

2.“渭滨堂”，姜子牙在渭水之滨隐居钓鱼到了80多岁，周文王访贤，把他请去当宰相，他帮助周朝奠定了800多年基业的基础。

另外还有“天水”和“龙泰”等堂号。

郡望 主要有天水郡、广汉郡等。

1. 天水郡。西汉元鼎三年（公元前114年）置郡，治所在平襄（今甘肃通渭县西北）。西晋移治上邽（今天水市）。北魏相当今天水秦安、甘谷等市、县地。

2. 广汉郡。汉高帝六年（公元前201年）分巴、蜀二郡置，治所在乘乡（今四川金堂东），东汉移治雒县（今四川广汉北）。西汉时相当今甘肃文县、陕西宁强以南，四川旺苍、剑阁、蓬溪以西，潼南、遂宁、新都以北，什邡、北川以东地区。

（四） 家谱寻踪

河北青县·南左所姜氏家谱上下卷

藏地：河北大学

（清）姜克昌续修

清咸丰四年（1854）续修钞本　二册

天津·姜氏家谱六卷

藏地：美国

（民国）姜宝垒重修

1913年天津姜氏石印本　六册

江苏泰州·维阳泰州姜氏重修族谱四卷

藏地：中国社会科学院历史研究所图书馆

（清）徐锡思纂修　姜时财主修

清光绪十九年（1893）活字本　四册

江苏扬中·姜氏挂谱

藏地：江苏扬中县

白布一幅

浙江余姚·姜氏世谱六卷

藏地：浙江图书馆

（清）姜之珑编

清乾隆十一年（1746）刻本　六册

浙江余姚·姜氏世谱十集

藏地：浙江奉化县文管　美国

（清）姜联福增修

清咸丰四年（1854）余姚敬胜堂木刻本

浙江余姚·姜氏世谱不分卷

藏地：国家图书馆　中国社会科学院历史研究所图书馆　南开大学　河北大学　浙江图书馆　浙江余姚梨州文献馆

（民国）姜锡桓纂修

1917 年敬胜堂活字本　十二册

浙江鄞县·姚江姜氏追远世谱八卷首一卷

鄞东梅垆姜氏宗谱六卷首一卷末一卷

藏地：浙江宁波天一阁文物保管所

（民国）陈运鹏　何锡冕等纂修

1929 年崇本堂木活字本　十二册

浙江慈谿·慈东青林姜氏宗谱七卷首一卷

藏地：美国

（民国）姜惠富等修

1931 年崇本堂木活字本　六册

浙江·奉化姜氏宗谱六卷

藏地：浙江象山县文管会

（民国）周孝咸重修

1929 年木刻本

浙江象山·姜氏宗谱八卷首一卷末一卷

藏地：浙江图书馆（清）姜炳璋　姜森重修

清乾隆二十二年（1757）敬德堂稿本　一册

浙江嵊县·姜氏世谱十二卷

藏地：吉林大学

姜松年等续修

1917 年活字本　十二册

浙江兰溪·横塘姜氏宗谱□□卷

藏地：浙江兰溪县圣山乡

（民国）丁森源重纂

1929 年木刻本　三册

浙江兰溪·东溪姜氏宗谱四卷

藏地：浙江兰溪县水亭乡姜坡

（民国）姜焕文重纂

1935 年木刻本

浙江兰溪·姜氏宗谱十三卷

藏地：浙江兰溪县水亭乡西姜

（民国）水锞重纂

1941 年木刻本

浙江兰溪·风林姜氏家谱二十卷

藏地：浙江兰溪县高潮乡皂洞口

1948 年木刻本

浙江常山·姜氏宗谱不分卷

藏地：浙江常山县青石乡桥亭村扁柏树底

（清）钱登云六修

清光绪二十二年（1896）木刻本

浙江常山·定阳姜氏宗谱二卷

藏地：浙江常山县青石乡桥亭村扁柏树底

（民国）姜学翁　姜连鸿重修

1939 年木刻本

浙江常山·姜氏宗谱十八卷首一卷

藏地：浙江常山县辉埠镇大埂村

1942 年木刻本

浙江常山·南洲姜氏宗谱□□卷

藏地：浙江常山县新昌乡彤坑村（存首二卷）

浙江黄岩·黄城姜氏家谱六卷

藏地：浙江临海县博物馆

（清）姜丹书纂　姜景华续增

清光绪十五年（1889）东禅来经草堂木刻本

安徽桐城·姜氏支谱六卷

藏地：日本　美国

（清）姜万林　姜怀珍等撰

清道光二十六年（1846）松柏堂木活字本　六册

安徽桐城·皖桐姜氏宗谱十卷

藏地：国家图书馆

（清）姜显名等重修

清光绪十九年（1893）余庆堂活字本　十册

福建漳州·姜林连支同谱序

藏地：台湾

（清）姜世俊序

清乾隆二十六年（1761）钞本　一册

江西南昌·城塘姜氏七修族谱四十四卷首二卷

藏地：江西档案馆（存首一卷）

（民国）姜璜主修　姜国栋编辑

1927年敦本堂活字本

山东·昌邑姜氏族谱八卷

藏地：黑龙江绥化市档案馆

（清）姜舜龄撰

清康熙二十四年（1685）木刻本

山东·昌邑姜氏族谱五卷

藏地：山东昌邑县东冢乡前张戈庄村

（清）姜以锋重订六刻

清光绪三十三年（1907）木刻本

山东牟平·姜氏系谱三十卷

藏地：山东烟台市图书馆

（民国）姜瑞珍重修

1936年铅印本

山东·莱阳姜氏族谱十一卷

藏地：日本　美国

（表）姜硅等增修

清光绪十三年（1887）敦睦堂刊本　四册

山东·莱阳南古城姜氏家乘□□卷

藏地：国家图书馆

清光绪十三年（1887）刻本

山东金乡·姜氏家乘二卷

藏地：山东金乡县卜集乡大姜村

（明）李建中纂

清康熙五十六年（1717）钞本

山东烟台·通伸村姜氏族谱不分卷

藏地：山东烟台市图书馆

（民国）姜世棻编次

1925年石印本

湖北汉阳·姜氏宗谱□□卷

藏地：武汉市图书馆（存卷首）

（民国）姜德灸　袁汉丞等纂

1944年姜氏宝璜堂木活字本

湖北新洲·姜氏宗谱七卷首四卷

藏地：湖北新洲县和平乡朱杨村

（民国）姜绍熊　姜传绪四修

1945年铜字本

湖北新洲·姜氏宗谱四卷

藏地：湖北新洲县硕岗乡

（民国）嘘云三修

1946年木刻本

湖北·竹溪姜氏宗谱十八卷

藏地：浙江常山县毛良坞乡姜家村

（民国）占章杏重修

1946年木刻本

湖南长沙·姜姓十修族谱三十四卷

藏地：中国社会科学院历史研究所图书馆　河北大学

（清）姜淇珊　姜荀香等纂修

清光绪二十三年（1897）云磬堂

活字本

湖南宁乡·宁邑姜姓续修支谱□□卷

藏地：湖南图书馆（存卷2）

清乾隆五十九年（1796）刻本

湖南宁乡·姜氏重修族谱二十二卷首一卷

藏地：湖南图书馆（存卷首、1）

（清）姜光汉修　姜鸣冈　姜汤池纂

清道光十四年（1834）孰乐堂活字本

湖南宁乡·姜氏重修族谱二十七卷

藏地：湖南图书馆（存卷1、26）

（清）姜良治纂

清光绪二十四年（1898）孰东堂活字本

湖南宁乡·姜姓族谱□□卷

藏地：湖南图书馆（存卷末）

清道光十七年（1837）活字本

湖南邵阳·姜氏四修族谱□□卷首一卷末一卷

藏地：湖南图书馆（存卷1、首、末）

（清）姜春城纂修

清咸丰七年（1857）敦伦堂刻本

姜氏宗谱十五卷首一卷

藏地：国家图书馆

（清）姜世名编辑

清康熙三十三年（1694）活字本四册

姜姓九修族谱四十二卷首一卷尾二卷

藏地：国家图书馆

（清）姜氏阖族公撰

清同治六年（1867）云磬堂活字本三十三册

姜氏家谱不分卷

藏地：国家图书馆

（清）姜国璜纂修

清钞本

龙砂姜氏宗谱八卷首一末一卷

藏地：国家图书馆

（民国）姜继宗纂修

1928年怀此山房活字本　六册

天水郡姜氏宗谱十五卷首二卷

藏地：国家图书馆

（民国）姜佑鸾等续修

1946年活字本　十七册

（五）字行辈份

1917年姜正芳修《姜氏家谱》，江苏常州姜姓一支字行为："中俊法仁，炳习志士，国良翰广，思茂。"

（六）迁徙繁衍

姜姓始自炎帝，是中国最古老的姓氏之一。传说中的炎帝，号烈山氏（也作厉山氏），一说即神农氏。相传少典娶于有蟜氏，生炎帝，因炎帝生于姜水（在今陕西岐山县西），以水命姓为姜。但是，在历史的进程中，由于各种原因，炎帝的许多子孙已变易为其他姓氏。虞、夏之际，炎帝裔孙、四岳始祖伯夷，因辅佐禹治水有功，被封于吕（今河南南阳县西），建立吕国，复赐以祖姓姜，以接续炎帝的香火。另外，姜姓还有一些分支，分别建立有申、许、齐等诸侯国。其中，申国原居今陕西、山西间，周宣王时一部分迁至今河南南阳；许国建于西周初，开国君主是伯夷裔孙姜文叔，在今河南许昌东；齐国建于西周初，始祖是吕国的吕尚，建都于今山东淄博市东北临淄北。吕尚，《史记·齐太公世家》说“本姓姜氏，从其封姓，故曰吕尚”，其子孙世袭齐国国君，历29世至齐康公，于公元前391年被田和放逐到海上，齐国变为田氏政权，吕尚的后代散，或姓吕，或姓姜。对此，《新唐书·宰相世系》记述为：“姜姓本炎帝，生于姜水，因以为姓。其后子孙变易他姓。尧遭洪水，共工之从孙佐禹治水，为四岳之官，以其主四岳之祭，尊之，故称曰‘大岳’，命为侯伯，复赐以祖姓曰姜，以绍炎帝之后。裔孙太公望封齐，为田和所灭，子孙分散。”宋人邓名世《古今姓氏书辨证》在“姜”条补充道：“夏、商以来，分为齐、许、申、甫四国，世有显诸侯，其居戎狄者为姜戎氏。”文中的“甫”，即吕。

据《史记·周本纪》记载，周人始祖后稷（名弃）之母叫姜原（一作姜嫄），系有邰氏之女，“为帝喾元妃”。这是见于文字记载的早期姜姓人物。邓名世所说的“姜戎”，系古戎人的一支，为姜姓，故称姜戎，原在瓜州（今甘肃敦煌西），逐渐东迁，公元前789年曾击败西周部队于千亩，后为秦国所迫，约于公元前638年前由其首领吾离率领迁至晋南，属于晋国。居住在今山东、河南省境内的姜氏，在西汉以前已发展成为关东（今河南灵宝县函谷以东地区）大族，至西汉初，为充实关中人口，姜氏以关东大族迁徙至关中，此后世居天水（今属甘肃），族人便以“天水”为郡号。东汉有隐士姜肱，广戚（今江苏沛县东南广戚乡）人，史书称其“家世名族”，与二弟仲海、季江俱以孝行著闻，兄弟友爱，常同被而眠，后世以“姜被”称赞兄弟友爱即出于此。东汉还有姜诗，广汉（今四川谢洪县南）人，与其妻以事母至孝闻名，其后发展成为姜氏较为蕃盛的一支。这说明姜氏在汉代已有徙居今江苏、四川者。但是，直到唐代，天水仍是姜氏的发展繁衍中心。唐代，出现了九真（今越南清化省清化）姜氏，据《新唐书·宰相世系》记载，此支姜氏系天水姜氏的分支，出自唐舒州刺史姜神翊。唐德宗时宰相姜公辅，即是姜神翊之孙，后被贬为泉州刺史，当是姜氏人福建最早者。唐、宋时期，姜氏还分布于今河北、河南、浙江、江西、安徽、山东的一些地方及广东琼山。明、清时期，今山西、陕西、湖南、贵州，湖北等省也都有姜氏的聚居点。据姜氏族谱载，明朝洪武年间，姜世良在福建龙溪县红豆村发迹，后子孙繁衍，又有分支徙居广东陆丰县盐墩村。姜世良11世孙姜朝凤于清乾隆二年（1737年）移居台湾，此后，闽、粤姜氏陆续有人迁至台湾，有的又远播海外。

（七） 适用楹联

□望出广汉；源自姜滨。

□楚珮分婴女；班香续大家。[①]

□八旬丞相兴大业；[②]

七岁翰林显奇才。[③]

□匾赠东瀛称国宝；[④]

画成牡丹索酒资。[⑤]

□大孝神侔，幻奇灵于跃鲤；[⑥]

孤忠天植，缵茂绩于伏龙。[⑦]

□雁序情孚，表敦伦于同被；[⑧]

鹰扬望重，兆匡世于钓璜。[9]

□壮志未能吞司马；

大业无惭继卧龙。[10]

注释：

① 清代女书画家姜宜，字五峰，如皋人。善墨兰及竹石，工诗。尝题其弟恭寿画兰云："楚珮分媭女，班香续大家"。

② 周代姜姓部族首领姜尚，字子牙。曾在昆仑学道，年八旬余，垂钓渭水边为周文王访请，拜为丞相。后又助武王完成兴周大业。

③ 明代书画家姜立纲，字廷宪，永嘉人。七岁能书，命为翰林秀才。天顺中以法书遍传天下，称姜字。日本国门高十三丈，遣使求匾，立纲书之。日本使者曰："此中国惠我至宝也。"

④ 见注③。

⑤ 清代画家姜思周，字周臣，钱塘人。擅长牡丹，钩勒、设色俱绝。嗜酒，醉后逞笔，所作不轻易与人。曾急作一、二幅，付装满人郭华阳而索其酒资。

⑥ 东汉孝子姜诗（广汉人）的典故。

⑦ 三国时蜀将姜维，天水（属甘肃）人，魏将，后投奔诸葛亮，任征西将军。诸葛亮死后，魏军攻蜀，他死守剑阁，蜀主刘禅降魏，他被迫假降，卧薪尝胆，一直准备反魏复蜀，因事败被杀。

⑧ 汉代名人姜伯淮的事典。

⑨ 注见②。

⑩ 剑阁姜维墓联。墓原在剑门关口。后因修川陕公路迁于钵盂寺路湾。

姜氏名人集粹

姜宸英 今浙江慈溪人，清初期书画家，不仅工诗善画，而且精赏鉴，名重一时。年70时始举进士，被授为编修。曾参预纂修《明史》，所作《刑法志》揭露了明代"厂卫"之害，后因科场案牵连，死于狱中。

姜彭 今江苏扬州人，清初著名书画家，画翎毛当时盛称第一，于山水则法明代唐寅，花卉宗元人，老而益精。

姜洪 官终山西巡抚，广德（治今安徽广德县）人，成化进士，拜御史。孝宗即位之际，他陈时政八事，大旨多指近幸。一生为官清廉正直，历官40载，居无墙垣，身后丧不能举，死后谥"庄介"。

姜炳璋 象山（今属浙江）人，为乾隆进士，石泉县知县。多善政，有"慈父母"之称。重视农田水利建设，开田数千亩。

姜映芳 贵州天柱人，侗族农民起义首领。

姜才 濠州（治今安徽凤阳）人，南宋名将，以善战有名，曾官至通州副都统。从李庭芝守扬州，抵抗元军，后为元兵所俘，在扬州被害。

姜夔（约1155—1209） 南宋词人、音乐家。字尧章，号白石道人，饶州鄱阳（今江西鄱阳）人。寓居武康。一生未仕。往来鄂、赣、皖、苏、浙间，与当时诗人词客交游，卒于杭州。工诗，词尤有名，且精通音乐。

词重格律，音节谐美。多为写景咏物及记述客游之作，《扬州慢》等作品，感时伤事，情调较为低沉。词集《白石道人歌曲》中，其自度曲注有旁谱，琴曲《古怨》中并注明指法，是现存的一部词和乐谱的合集。又著《琴瑟考古图》，未见传本。其他著作有《白石道人诗集》、《诗说》、《绛帖平》、《续书谱》等。

姜维（202—264） 三国天水冀县（今甘肃甘谷东）人，字伯约。本为魏将，后归蜀，得到诸葛亮的信重，任为征西将军。亮死，继领其军。后任大将军，屡攻魏无功。魏军功蜀，他坚守剑阁，刘禅出降，始被迫降于魏将钟会。咸熙元年（公元264年），钟会谋叛魏，他伪与合谋，拟乘机恢复蜀汉，事败被杀。

姜肱 汉桓帝时有高士，及其弟仲海、季江，为后世树立了好的榜样。

姜尚 较早见于史书的姜姓名人。吕国人，一说汲县（今属河南）人，西周初年的军事家、政治家、齐国的创立者。传说他最初在昆仑山从元始天尊学道，曾屠牛于朝歌（今河南淇县），卖饮于孟津（今属河南），年老穷困，钓于渭渚（一说兹泉）。周文王姬昌时，知其贤，拜为师，官丞相。周武王时尊其为师尚父，因辅佐文王、武王，足智多谋，灭商有功，封于齐。成为周朝诸侯国中齐国的开国国君。

在我国的历史上，姜姓族人虽然表现得不比别的姓氏那样出色，不过历代著名人物也确实不少。

姜氏风流撷英

神农炎帝姜氏祖，
陕西岐山姜水出。①
后稷之母乃姜嫄，
姜氏发祥今甘肃。②
姜尚辅周成大业，
著述六韬奇兵书。③
齐国国君姜小白，
九合诸侯众夷服。④
姜维三国名将军，
竭忠辅佐汉室蜀。⑤
文学音乐称双绝，
自度曲法工尺谱。⑥
洪福首领姜守旦，
中华腾飞马前卒。⑦
羊女为姜有人类，
高歌炎黄振民族。⑧

注释：

①据《说文解字》云：神农居姜水。姜水源出陕西岐山，姜姓是公元前二千多年的羌族。神农炎帝姓姜，为姜姓始祖。

②姜嫄，传说后稷之母。相传她经过荒原时，因踩一大人足印后怀孕，生子弃。曾两次把弃扔于荒野，皆有鸟兽护之，遂捡回抚养，后为后稷。《百家姓》注郡望为天水郡，为西汉元鼎三年（公元前114年）设置，相当于今甘肃天水地区。是姜氏的发祥地。

③姜尚（生卒不详），周初，姜姓的部族长，周武王尊其为师尚父，辅

佐周朝灭商。后授征讨五侯九伯的特权。相传曾作兵书《六韬》，这是一部智谋高超的军事著作。

④姜小白（？—前 643），春秋齐国国君（齐桓公），姜子牙的后裔。他任用管仲为相，在“尊王攘夷”的旗帜下，南征北战，九合诸侯，树立盟主威望，创立春秋时代诸侯争霸局面。

⑤姜维（202—264），三国时蜀国名将，甘肃甘谷人。其父姜冏原为曹魏之属，因父有军功，他被赐郎中，参与本郡军事，后归属诸葛亮。诸葛亮任用他为征西将军，诸葛亮死后，重托他辅佐国政，再图汉室王业。

⑥姜夔（约公元 1155—1209），南宋文学家、音乐家，江西鄱阳人。因屡试不第，未曾做官。其诗清新，饶有韵味，有《白石道人诗集》。其词秀远，追求高雅，有《白石道人歌曲》。精通音乐，琴曲《古怨》，注明指法，在《白石道人歌曲》中，其自度曲注有工尺谱。

⑦姜守旦（？—1907 年），清朝洪福会首领，江西永丰人。原名万鹏飞。幼年丧父，沦落街头，1906 年 12 月，与龚春台一起发动萍乡、浏阳起义，自号“新中华大帝国南部起义恢复军”，表现了他愿为中华腾飞的马前卒的远大志向。

⑧姜（jiāng），从羊从女，姜既是炎黄姓氏的始祖之一，也是对人类始祖的说明，人从女胎而始，羊水滋养而成。一个姜字，写出了中国古老的炎黄文化，炎黄子孙要高歌炎黄文化，为振兴民族而奋斗终生。

中华百家姓

赵 钱 孙 李 周 吴 郑 王 冯 陈 蒋 沈 韩 杨
朱 秦 许 何 吕 张 孔 曹 金 魏 姜 谢 邹 苏
潘 范 彭 韦 马 方 任 袁 史 唐 薛 雷 贺 汤
罗 郝 常 于 傅 康 余 顾 孟 黄 尹 姚 邵 汪
毛 戴 宋 熊 董 梁 杜 贾 江 郭 林 钟 徐 邱
高 夏 蔡 田 胡 万 卢 丁 邓 石 崔 龚 程 陆
段 侯 武 刘 龙 叶 黎 白 赖 乔 谭 阎 易 廖
文 曾

谢 姓

——谢乃礼仪铭于心，文明之邦万古立

谢氏解密寻踪

（一） 姓氏字源

《说文》：“谢，辞去也。从言，射声。”段玉裁注：“辞，不受也。《曲礼》：大夫七十而致事，若不得射，则必赐之几杖，此谢之本义也。引申为凡去之称。又为衰退之称。俗谓拜赐曰谢。”

（二） 寻根溯祖

谢姓来源主要有以下一些：

1. 出自姜姓，为炎帝后裔申伯之后。据《姓谱》、《元和姓纂》等所载，相传上古部落首领炎帝，因先居姜水（今陕西省岐山之东，是渭河的一条支流）流域，因以姜为姓。传至商末有后裔孤竹君，其长子伯夷与弟叔齐一齐投奔到周（此时为部落名，因定居周〈今陕西岐山〉，故以周为部族名称）。到周后，反对周武王进军讨伐商王朝，武王灭商后，他们又逃避到首阳山，不食周粟则死，但其后裔仍留在周朝，到成王继位后，便封伯夷的后裔为申（在今河南南阳市）侯，称申伯，是为申氏之始祖。厉王时娶申伯之女为妃，生子为宣王，宣王继位后，便封母舅申伯于谢国（今河南唐河县南部，一说在今河南南阳县），后来这一家，人失了爵位，公元前 688 年，楚文王发兵攻申，不久灭掉申国。其子孙按照当时的习惯，以新都之邑名为氏，称谢氏。望出陈留、会稽，史称谢姓正宗。是为河南谢氏。

2. 出自任姓，为黄帝之后。据《左传》、《古今姓氏书辨证》等所载，相传黄帝（传说中中原各族的共同祖先，姬姓）之子 25 宗。其得姓者 14 人，为 12 姓（即 12 个胞族），其中第 7 为任姓。任姓建有 10 个小车，其中第一为谢国，因周宣王时使召公营谢邑，以赐申伯，盖谢已失国，子孙散亡，以国为氏。是为河南谢氏。

为他族改谢姓。据《旧唐书·文苑传》等所载，卫州（治今河南卫辉一带）人谢偃之祖孝政，本为鲜卑族人，姓直勒氏，后改为谢氏。亦为河南谢氏。

（三） 宗堂郡望

堂号 1.“威怀堂，2.“安晋堂”：那是因谢安命名的。晋朝时候谢安，名望很高，朝廷屡次请他做官，不干。到了 40 岁才当了司马。桓温想篡位，把谢安扣押起来，谢安坚持不屈服。桓温失败后，朝廷知道谢安的气节，就拜他为尚书仆射加后将军。他一心辅晋。淝水之战，谢安为征讨大将军，派侄儿谢玄把苻坚打败，使晋朝转危为安。从此，谢安的恩威连外国人也都怀念他、服他、怕他。这是以上堂号的由来。

另外还以“陈留”、“会稽”为堂号。

郡望 主要有陈留郡、陈郡、下邳郡、会稽郡、冯翊郡等。

1. 陈留郡。西汉元狩元年（公元前 122 年）置郡。治所在陈留（今河南开封县东南陈留镇）。相当今河南东至民权、宁陵，西至开封、尉氏，北至延津、长垣，南至杞县、睢县地。

2. 陈　郡。秦始置郡，西汉时改为淮南国，东汉章和二年（公元 88 年）改为陈国，治所在陈县（今河南淮阳）。相当今河南淮阳、太康、西华、鹿邑、柘城等县地。献帝时改变陈郡，隋开皇初废。

3. 下邳郡。东汉永平十五年（公元 72 年）改临淮郡置国，治所在下邳（今江苏睢宁西北）。地约北至江苏新沂、邳县，南至盱眙和安徽嘉山，东至江苏涟水、淮安和清江市。南朝宋改为郡。

4. 会稽郡。秦始皇二十五年（公元前 222 年）于原吴、越地置郡，治所所在吴县（今江苏苏州市）。西汉相当今江苏省长江以南、茅山以东，浙江省大部及福建全省。顺帝时期移治山阴（今浙江绍兴）。此支谢氏为陈郡谢氏分支，其开基始祖为晋典农中郎将阳夏（今河南太康）人谢缵之子谢衡（任国子祭酒）。

5. 冯翊郡。汉武帝太初元年（公元前 104 年）设置“左冯翊”行政区。三国魏改左冯翊置郡，治所在临晋（今陕西大荔）。相当今陕西韩城、黄龙以南，白水、蒲城以东和渭河以北地区。

（四） 家谱寻踪

全国·谢氏族谱十卷

藏地：南开大学

（清）谢蓉峰　谢立甫修

清光绪二十九年（1903）刊本　十册

全国·谢氏通谱

藏地：广西图书馆（存三十册）

（民国）谢炳灵主修　谢绍事编修

1940年宝树堂重刻本

全国·谢子春后裔谱系□□卷

藏地：四川遂宁一派出所（存二卷）

辽宁·谢氏谱册一卷

藏地：辽宁本溪小市镇谢家岁子村

谢怀贤纂

江苏镇江·润州谢氏九修族谱十卷

藏地：江苏镇江市博物馆

（清）谢大蚕等纂

清光绪二十九年（1903）木活字本

江苏丹阳·西州谢氏族谱十卷

藏地：美国

（清）谢公文等修

清宣统二年（1910）玉树堂活字本　十册

江苏常州·谢氏宝树堂创修族谱三卷

藏地：吉林大学

（清）谢圣池修

清道光三十年（1850）活字本　三册

江苏常州·毗陵谢氏宗谱三十六卷

藏地：国家图书馆　江苏常州市图书馆（存卷1—3、11）　日本　美国

（清）谢顺德　谢楚宝等主修

清光绪二年（1877）木活字本

江苏常州·谢氏宗谱二十二卷

藏地：国家图书馆　人民大学（存卷1—14）　美国

（清）谢迎梅等续修

清光绪六年（1880）宝树堂活字本　二十二册

江苏常州·谢氏源流一卷

藏地：南京大学　美国

（清）谢兰生撰

清光绪十二年（1886）毗陵谢氏瑞云堂刻酌古準今本

江苏武进·谢氏源流附龟巢先生崇祀录

藏地：国家图书馆

（清）谢兰生纂

清光绪十九年（1893）咏梅轩谢氏活字本　一册

江苏武进·毗陵谢氏宗谱五十四卷首一卷末一卷

藏地：国家图书馆

（清）谢兰生等纂

清光绪间活字本　二十六册

江苏武进·毗陵谢氏宗谱六十卷首一卷末一卷

藏地：江苏常州市图书馆（存卷首、卷3—6）　美国

（民国）谢锡平　谢灏朝等纂修

1921年木活字本

江苏武进·毗陵谢氏宗谱二十三卷

藏地：国家图书馆　中国社会科学院历史研究所图书馆　南开大学　江苏常州市图书馆　云南图书馆

（民国）谢约编纂　谢顺福主修

1949年毗陵谢氏宝树堂木活字本

江苏江阴·峒岐谢氏宗谱二十六卷首一卷

藏地：国家图书馆　上海图书馆

日本　美国

(民国) 谢鼎镕等纂修

1914年毓芝堂重修活字本　二十册

江苏江阴·谢氏家乘人物传一卷艺文补一卷

藏地：吉林大学

(民国) 谢鼎镕辑

1929年排印本　一册

江苏宜兴·宜邑谢氏六修宗谱

藏地：国家图书馆

(清) 谢映楼等纂修

清同治九年 (1870) 活字本　十二册

江苏宜兴·具墅谢氏重修七修宗谱十二卷

藏地：中国社会科学院历史研究所图书馆

(民国) 谢圣斌主修

1940年增补　哲经堂活字本　十册

浙江余姚·四门谢氏续谱十卷

藏地：中国社会科学院历史研究所图书馆

(清) 谢肇型重辑

清光绪六年 (1880) 存著堂活字本　十册

浙江余姚·四门谢氏再续谱十卷祉遗一卷

藏地：国家图书馆　中国社会科学院历史研究所图书馆　河北大学　吉林大学　浙江图书馆

(民国) 谢鲁珍　谢联璠纂修

1915年存著堂木刻本

浙江余姚·四门谢氏四房谱六卷

藏地：中国社会科学院历史研究所图书馆

(清) 谢楹源纂修

清宣统二年 (1909) 敬业堂排印本　六册

浙江余姚·四门谢氏族谱不分卷

藏地：浙江图书馆

清钞本　三册

浙江余姚·四门谢氏二房谱十二卷

藏地：国家图书馆　中国社会科学院历史研究所图书馆　河北大学　哈尔滨师范大学　浙江余姚梨州文献馆

(民国) 谢庚纂

1918年活字本　十二册

浙江余姚·四门谢氏三房谱十二卷

藏地：浙江图书馆

(民国) 谢桂荪纂修

1924年永思堂木活字本　八十册

浙江鄞县·鄞东五路谿谢氏宗谱四卷

藏地：浙江宁波天一阁文物保管所

(民国) 谢孝顺　谢友皓等纂修

1916年陈留堂续修木活字本　四册

浙江象山·勺谿谢氏宗谱一卷

藏地：浙江象山县文管会

(清) 虞峻重修

清光绪元年 (1875) 钞本

浙江象山·嵒底谢氏宗谱一卷

藏地：浙江象山县文管会

(民国) 陈凌霄重修

1935年手钞本

浙江象山·勺谿谢氏宗谱房谱一卷

藏地：浙江象山县文管会

（民国）王庆余重修

1941 年手钞本　三册

浙江象山·勺谿谢氏宗房谱一卷

藏地：浙江象山县文管会

（民国）杨世花重修

1946 年钞本　三册

浙江绍兴·古歙谢氏统宗志歙八卷

藏地：国家图书馆（存卷 1、卷 3、卷 6）

（明）谢廷谅等纂修

明万历三十二年（1604）家刻本

浙江绍兴·谢氏世谱不分卷

藏地：国家图书馆

明钞本　二册

浙江绍兴·状元桥谢氏宗谱不分卷

藏地：美国

（清）谢云衢等辑

清乾隆六十年（1795）修　道光十年（1830）钞本

浙江绍兴·会稽孟葑谢氏宗乘六卷校补一卷

藏地：浙江图书馆　江苏苏州市博

（清）谢家福纂修

清光绪（1884）稿本　二册

浙江绍兴·盖东谢氏族谱不分卷

藏地：国家图书馆　中国社会科学院历史研究所图书馆　北京大学　北京师大　河北大学　浙江图书馆

（民国）谢秉初　谢椒生纂修

1925 年宝树堂活字本　十六册

浙江绍兴·谢氏宗谱三卷

藏地：河北大学

（民国）谢武通　谢功义纂修

1919 年宝树堂木刻本　二册

浙江江诸暨·暨阳甘谿谢氏宗谱四卷

藏地：国家图书馆

（清）谢正国等续修

清嘉庆二十三年（1818）新燕堂活字本　四册

浙江江诸暨·暨阳谢氏宗谱

藏地：国家图书馆

（清）谢培福等修　谢潭沧编

清光绪四年（1878）宝树堂活字本　二册

浙江江诸暨·暨阳甘谿谢氏宗谱四卷

藏地：国家图书馆

（民国）谢泰林等续修

1933 年新燕堂活字本　四册

浙江上虞·谢氏续修族谱

藏地：国家图书馆

（清）谢氏族人修

清光绪间宝树堂活字本　四册

浙江上虞·古虞谢氏宗谱四卷

藏地：国家图书馆

（民国）谢挹芬等纂修

1939 年宝树堂活字本　四册

浙江上虞·东岚谢氏宗谱不分卷

藏地：福建师大

（民国）谢铤编

钞本

浙江嵊县·谢氏宗谱四卷

1898 年木活字本

浙江兰谿·谢氏宗谱二十四卷

藏地：浙江兰谿县高潮乡皂洞口

1930 年木刻本

浙江浦江·浦阳谢氏宗谱□□卷

藏地：浙江浦江县档案馆（存卷 4）

清同治九年（1870）重修刊刻本

浙江常山·陈晋谢氏宗谱不分卷

藏地：浙江常山县五里乡大塀村

清道光二十八年（1848）木刻本

浙江常山·陈留谢氏族谱二卷

藏地：浙江常山县大桥头乡濛圩村陈旧坞

（清）谢配鹏修

清光绪二十二年（1896）木刻本

浙江常山·谢氏宗谱七卷首一卷末一卷

藏地：浙江常山县狮子口乡佔家山村

（民国）谢风官重修

1917 年木刻本

浙江常山·谢氏宗谱一卷

藏地：浙江常山县大桥头乡桥坑村陈旧坞（共两部）

（民国）王逢图书馆纂修

1926 年木刻本

浙江常山·谢氏宗谱□□卷

藏地：浙江常山县五里乡大塀村（存卷 1）

（民国）刘宗盛重修

1931 年木刻本

浙江常山·谢氏宗谱不分卷

藏地：浙江常山县大桥头乡永旺村山头

1934 年木刻本

浙江常山·谢氏九修族谱五卷首一卷

藏地：浙江常县大桥头乡濛圩村陈旧坞

（民国）徐云徒修

1941 年木刻本

浙江常山·谢氏宗谱十一卷

藏地：浙江常山县芳村镇石壁底村野猫洞（存七卷）

（民国）谢火龙重修 1945 年木刻本

浙江临海·视桥谢氏宗谱九卷

藏地：浙江临海县博物馆（存卷 1、2）

清同治九年（1870）天台承德堂木活字本

浙江临海·视桥谢氏宗谱十三卷

藏地：浙江临海县博物馆（存卷 1—3、5、6、8—12）

（民国）齐谓圣纂

1918 年木活字本

浙江临海·台临八叠谢氏宗谱六卷

藏地：浙江临海县八叠乡八疊村

（民国）陈崇宝纂

1926 年木活字本

浙江临海·陈留谢氏宗谱二卷

藏地：浙江松阳县谢村乡南坑村

清咸丰九年（1859）木刻本

安徽旌德·谢氏重修宗谱四卷首一卷末一卷

藏地：安徽省博物馆

（清）谢泰保纂

清道光五年（1825）刻本　四册

安徽歙县·古歙严镇大塘谢氏重修家谱三卷

藏地：中国科学院图书馆　安徽屯溪市文物商店

（明）谢鸣皋纂修

明万历二十六年（1598）刻《谢氏统宗志》本

安徽歙县·谢氏统宗谱一卷

藏地：中国社会科学院历史研究所图书馆

（明）谢友可纂

明万历二十九年（1601）刻本　一册

安徽歙县·古歙谢氏统宗志八卷

藏地：国家图书馆（存卷1、3、6）

（明）谢廷谅等纂修

明万历三十二年（1604）刻本

安徽歙县·歙北黄山茅村谢氏家谱

藏地：安徽屯溪市文物商店（残存一册）

明万历三十二年（1604）木刻本

安徽歙县·歙北黄山芳村谢氏家谱一卷

藏地：中国科学院图书馆

（明）谢师教纂修

明万历三十八年（1610）刻《谢氏统宗谱》本

安徽歙县·歙北黄山谢氏仁彦公派宗谱

藏地：安徽屯溪市文物商店

明万历间刊本

安徽歙县·歙西伦常谢氏家谱

藏地：安徽屯溪市文物商店（残本一册）

明万历间刻本

安徽歙县·范川谢氏重修支谱十二卷

藏地：中国社会科学院历史研究所图书馆

（民国）谢其兴纂修

1925年活字本　十五册

安徽祁门·王源谢氏宗谱十卷

藏地：国家图书馆　中国社会科学院历史研究所图书馆　河北大学　浙江图书馆安徽博（存卷1—5）

（明）谢惟仁纂修

明嘉靖十六年（1537）刻本　二册

安徽·祁门金吾谢氏宗谱四卷

藏地：国家图书馆

明刻本　一册

安徽祁门·中山谢世家谱序不分卷

藏地：安徽图书馆

（清）谢二玉编

清抄本　一册

安徽怀宁·宝树堂谢氏宗谱十七卷首一卷末一卷

藏地：安徽安庆市图书馆（存卷首）

清同治十三年（1874）怀宁宝树堂木活字本

安徽怀宁·宝树堂谢氏宗谱十八卷首一卷末一卷

藏地：安徽安庆市图书馆（存卷1、2、5、6、7、15、卷首、卷末）

（清）谢渭滨　谢祖述等修

清光绪二十九年（1903）宝树堂木活字本

安徽怀宁·宝树堂谢氏族谱□□卷

藏地：安徽安庆市图书馆（存卷7、8、11、12、19、20、23、24、27、31、36、37、39、41、42、45、49）

1930年宝树堂木活字本

江西萍乡·萍北灌树下谢氏族谱四卷首一卷

藏地：江西图书馆（存卷首）

（清）谢席轩纂修

清同治十一年（1872）宝树堂刊本　一册

江西万载·潭溪谢氏族谱□□卷

藏地：江西图书馆（存卷7、9、19、20）

清嘉庆宝树堂木活字本　四册

江西万载·潭溪谢氏族谱□□卷

藏地：江西图书馆（存卷2）

清嘉庆宝树堂刊本　一册

江西万载·潭溪谢氏族谱□□卷

藏地：江西图书馆（卷1、20，前编卷2、17）

清光绪二十年（1894）据宝树堂原本纂修二册

江西万载·潭溪谢氏族谱后编三卷

藏地：江西图书馆（存后编卷3）

（民国）谢籽春等纂

1936年宝树堂木活字本　一册

江西铜鼓·谢氏族谱□□卷首一卷

藏地：江西图书馆（存首卷、卷5、7、10、12—13；又一部存卷7、10）

（清）谢春荣纂修

清道光九年（1829）奕要堂活字本　六册

江西铜鼓·谢氏重修族谱□□卷首一卷

藏地：江西图书馆（存卷首、卷11、12）

（清）谢竹林等纂修

清光绪十五年（1889）东留堂木活字本　四册

江西丰城·谢氏族谱

藏地：中国科学院图书馆

（清）谢境纂修

清光绪十九年（1893）文德堂刻本　八册

江西·袁郡谢公祠牌位册一卷

藏地：江西图书馆

（清）谢历科等纂

清光绪十五年（1889）陈留堂刊本

山东栖霞·谢氏谱书一卷

藏地：山东栖霞县后亭口村

（民国）谢毓翠纂修

1936年钞本

山东烟台·福山谢氏家乘不分卷

藏地：美国

（民国）谢汝敏等修

1923年石印本　一册

河南太康·严坪谢氏迁玉族谱十四卷末一卷

藏地：哈尔滨师范大学

（清）谢若潮　谢钟圣等纂修

清光绪三十年（1904）善继堂木活字本　六册

湖北黄岗·吕阳村谢氏宗谱十四卷首一卷

藏地：美国

（清）谢启贤等修

清同治四年（1865）宝树堂木活字本　十七册

湖北新洲·谢氏宗谱三卷

藏地：湖北新洲县刘集乡铁甲村

清光绪三十一年（1905）木刻本

湖北新洲·谢氏宗谱四十四卷

藏地：湖北新洲县徐古镇张湾村

（民国）谢鹤续修

1944年木刻本

湖南·谢氏族谱四卷

藏地：湖南图书馆（存卷1）

（清）谢永泰等纂

清乾隆三十六年（1771）刻本一册

湖南·善攸潭谢氏续修族谱十二卷

藏地：中国社会科学院历史研究所图书馆　河北大学

（清）谢声伟等纂修

清宣统三年（1911）陈留堂刻本　十二册

湖南·高仟谢氏五修族谱十六卷首一卷

藏地：河北大学

（民国）谢国□纂修

1933年宝树堂木刻本　十二册

湖南长沙·谢氏支谱五卷

藏地：湖南图书馆（存卷1）

（清）谢源昶　谢继家修　谢继姓纂

清同治四年（1805）活字本　一册

湖南长沙·谢氏续修族谱十卷

藏地：日本　美国

（民国）谢增纶等续修

1933年同德堂木活字本　十册

湖南·长沙白泉谢氏家谱二十二卷首一卷末一卷

藏地：国家图书馆

（民国）谢基极等纂修

1935年宝树堂铅印本　二十册

湖南长沙·湘西谢氏回修族谱十卷

藏地：中央民族大学

（民国）谢光曙等修

民国间陈留堂刻本　十册

湖南宁乡·谢氏七修族谱□□卷

藏地：湖南图书馆（存卷首）

（清）谢为登纂

清咸丰十一年（1861）活字本　一册

湖南宁乡·南江谢氏七修支谱八卷首一卷

藏地：湖南图书馆（存卷1、首，又一部存卷首1）

（清）谢太院　谢述佑修　谢述黻　谢光道纂

清同治六年（1867）陈留堂活字本　一册

湖南宁乡·谢氏三修族谱六卷

藏地：中国社会科学院历史研究所图书馆

（清）谢典福　谢典禧纂修　谢垂发谢垂长等总修

清光绪二十三年（1897）陈留堂活字本　六册

湖南宁乡·谢氏五修族谱十四卷

藏地：湖南图书馆（存卷1，二部）

（清）谢先震纂修

清光绪二十六年（1900）活字本

湖南宁乡·谢氏续修家谱六卷首三卷

藏地：湖南图书馆

（民国）唐鑿秀　陈松庭等修

1913年陈留堂活字本　六册

湖南宁乡·谢姓三修族谱十三卷

藏地：湖南图书馆（存卷1、10—12）

（民国）谢凤德　谢汉秋修　谢咏崧等纂

1928年宝树堂活字本

湖南湘潭·中湘花石谢氏族谱四卷

藏地：广东中山图书馆

（清）谢金度纂修

清乾隆四十六年（1781）宝树堂刻本　四册

湖南湘潭·古塘谢氏族谱十卷四礼辑宜一卷

藏地：河北大学

（清）谢祖锡　谢社仪纂修

清道光十六年（1836）木刻本 十二册

湖南湘潭·中湘谢氏四修族谱

藏地：北京大学

（清）谢国湘等修

清光绪十六年（1890）宝树堂刻本 十六册

湖南湘潭·古塘谢氏续修族谱十八卷

藏地：吉林大学

（清）谢辉光等纂修

清光绪二十年（1894）赵凤堂活字本十八册

湖南湘乡·谢梁氏族谱□□卷

藏地：湖南图书馆（存卷末）

（清）谢梁坦白纂

清乾隆二十九年（1764）刻本 一册

湖南湘乡·谢氏族谱六卷首一卷末一卷

藏地：湖南图书馆（又一部存卷首）

（清）谢振梁修 谢旅纂

清乾隆五十九年（1794）式南堂刻本 六册

湖南湘乡·谢氏续修族谱十三卷首一卷末一卷

藏地：湖南图书馆（存卷首、末）

（清）谢吉隆 谢石泉等纂

清咸丰元年（1851）宝树堂刻本

湖南湘乡·上湘谢氏续修族谱□□卷首一卷

藏地：湖南图书馆（存卷首）

（清）谢定纶 谢继仁纂修

清同治三年（1864）宝树堂活字本 一册

湖南湘乡·谢氏三修族谱三十卷首一卷末一卷

藏地：湖南图书馆

（清）谢克齐 谢祝眉等修 谢益齐谢岳春等纂

清宣统元年（1909）活字本

湖南湘乡·谢氏续修族谱□□卷首一卷

藏地：湖南图书馆（存卷首、5、6、8、12、14、19）

清宣统年间活字本

湖南湘乡·谢氏大宗族谱□□卷首二卷

藏地：湖南图书馆（存卷1—6，首上、下、又一部存卷4—6）

1917年活字本

湖南衡山·兰村谢氏派分衡山自扬州晌乡荣公位下房谱不分卷

藏地：日本 美国

（民国）谢云廷等修

1932年东山堂木活字本 一册

湖南临湘·聂市南庄谢氏九续族谱□□卷

藏地：湖南图书馆（存卷1）

（清）谢守琨纂

清光绪二十二年（1896）活字本

湖南·郴州谢氏续修族谱不分卷

藏地：吉林大学

（清）谢孝渊 谢孝隆等续修

清同治九年（1870）宝树堂活字本 四册

湖南郴州·谢氏宝树堂续修族谱五卷

藏地：吉林大学

（清）谢多名等续修

清宣统三年（1911）宝树堂活字本 五册

湖南永兴·谢氏族谱十七卷首二

卷末一卷

藏地：中国社会科学院历史研究所图书馆

（清）谢孝裕等纂修

清光绪二十一年（1895）宝树堂活字本　二十册

湖南永兴·谢氏族谱十三卷首一卷

藏地：中国社会科学院历史研究所图书馆

（清）谢美哉等纂修

清同治四年（1865）宝树堂刻本　十三册

湖南·新化坪上谢氏族谱十六卷首一卷

藏地：河北大学

（清）谢汝清　谢楚冈纂辑

清光绪二十二年（1896）木刻本　五册

湖南·新化坪上谢氏四修族谱十七卷首一卷

藏地：河北大学

（民国）谢盛逮　谢步周纂修

1926年木刻本　六册

湖南·谢氏四修族谱三卷

藏地：湖国家图书馆

（民国）谢辅琲纂修

1931年陈留堂刻本　三册

广东·番禺芳村谢氏族谱六卷首一卷

藏地：中国历史博物馆　人民大学　辽宁图书馆　广东中山图书馆　日本　美国

（民国）谢伟略重修

1936年铅印本

广东番禺·石桥谢氏族谱二卷

藏地：美国

（民国）谢履真修

1919年广州广安印务局承印本　二册

广东揭阳·谢氏宗谱十卷

藏地：广东中山图书馆

（民国）谢德勋等修

1935年油印本　四册

广东南海·丹山谢氏世谱不分卷

藏地：广东中山图书馆

（清）谢瀚中　谢家玉纂

清光绪二十年（1894）刻本　四册

广东南海·谢康裕堂家谱草本不分卷

藏地：美国

（民国）谢诗荣重修

1912年写本

广东南海·丹山谢氏世谱不分卷

藏地：广东中山图书馆

（民国）谢耀明　谢天骥等重辑

1928年广州启明公司铅印本　四册

广东台山·增补东山谢氏宗谱三卷

藏地：中国社会科学院历史研究所图书馆

（清）谢镜清纂修

清光绪二十一年（1895）刻本　二册

广东阳江·程村谢氏家谱一卷

藏地：广东阳江县档案馆

（民国）谢永钦　谢彦康重修

1945年钞本

广东连平·上坪谢氏四五修族谱序六卷

藏地：广东连平县图书馆

谢泰和等纂

木刻本

广东蕉岭·谢锡光家谱

藏地：台湾

清光绪十一年（1885）刊本 一册

广东蕉岭·新纂谢氏万兴户族谱

藏地：台湾

（清）谢敬堂修

清光绪二十九年（1903）钞本 一册

广东高要·水坑谢氏家谱二十卷首一卷

藏地：日本 美国

清光绪四年（1878）刻本 十二册

广东四会·谢氏族谱一卷

藏地：广东四会县威整乡

广东·谢家谱

藏地：美国

（清）谢仰泗编

清康熙五十三年（1714）写本

广西横县·谢氏族谱不分卷

藏地：广西图书馆

（民国）谢秀森主编

1946年铅印本 二册

四川成都·华阳谢氏族谱一卷

藏地：四川图书馆

清光绪十年（1884）谢氏木活字本 一册

四川成都·华阳重修谢氏族谱二卷

藏地：四川图书馆 四川重庆市图书馆

（民国）谢益侯 谢世侹等纂

1920年华阳谢氏宗祠排印本 一册

四川成都·续修谢氏族谱不分卷

藏地：吉林大学 四川图书馆

（民国）谢世琼续修

1948年铅印本 一册

四川成都·魏氏祖祠族谱十六卷首一卷

藏地：南京大学 四川图书馆

（清）魏鸿选修

清光绪十八年（1892）新都魏氏祠刻本十册

四川绵阳·罗江谢氏族谱不分卷

藏地：四川图书馆

清钞本 一册

四川绵阳·罗江谢氏宗祠族谱一卷

藏地：四川图书馆

（民国）谢钦安纂修

1929年石印本 一册

四川·遂宁谢氏家乘五卷

藏地：中国社会科学院历史研究所图书馆

（民国）谢大楷 谢大澍纂

1946年石印本 五册

四川仪陇·谢氏族谱一卷

藏地：四川仪陇县档案馆

（民国）谢彬 谢志康等修

1947年石印本

四川仪陇·谢氏宗谱一卷

藏地：四川仪陇县档案馆

（清）谢芝兰手订

贵州贵阳·谢氏瓜瓞谱

藏地：日本 美国

（民国）谢启元重修

1922年宝树堂重订石印本 一册

谢氏宗谱十二卷

藏地：国家图书馆

（清）谢洪棻等辑

清道光十六年（1836）起溯堂续

修活字本　十二册

陈留郡谢氏族谱二十卷末一卷

藏地：国家图书馆

（清）谢氏族人合修

清道光二十六年（1846）宝树堂活字本　二十四册

谢氏续修族谱三十卷首一卷末一卷

藏地：北京大学

清咸丰三年（1853）式南堂刻本　十册

谢氏族谱不分卷

藏地：国家图书馆

（清）谢铼九等纂

清咸丰十年（1860）谢氏亲长堂木活字本　八册

谢氏五修族谱九卷首二卷

藏地：国家图书馆

（清）谢朗亭等修

清咸丰十年（1860）迥仑公祠活字本　十册

谢氏支谱八卷首一卷末一卷

藏地：国家图书馆

（民国）谢芳纶等编修

1920年补刻本　一册

谢氏宗谱十二卷

藏地：国家图书馆

（民国）谢培芝等纂修

1923年惇叙堂活字本　十二册

续修谢氏族谱

藏地：国家图书馆

（民国）谢世琼等纂修

1948年铅印本　一册

（五）　字行辈份

清光绪十九年谢境莽修《谢氏家谱》，江西丰城谢姓一支字行为："翊世日本玉树增，逢源立善启书城，远孙克绍先宗绪，其振英贤有大名。"又清光绪二十八年谢升贤纂修《谢氏家谱》，福建闽州谢氏一支字行为："慎言省行，绪祖绍业，志承家泽，敏昭可宪。"

（六）　迁徙繁衍

中国最早的姓氏典籍《世本·氏姓篇》云："谢，任姓，黄帝之后。"《国语·晋语四》有"黄帝之子二十五宗，其得姓者十四人，为十二姓（即12个胞族）"，共中第七为任姓，又据《左传·隐十一年》疏，任姓建有十个国家，其中第一为谢国。夏、商时期，谢国比较弱小，几乎是默默无闻，至西周末期，周宣王将他的舅父申伯改封于谢，才出现关于"谢"的记载。申伯是炎帝后裔，为姜姓，原被封于陕西、山西之间，改封为谢是为了加强西周对南方的统治。申伯就国前，宣王派召伯虎等大臣先行灭掉谢国，用当地的谢人当劳工，在谢国的旧土上营建了谢邑，作为申国的新都。当时的大臣尹吉甫为此作了《嵩高》一诗，后被收录在《诗·大雅》中，任姓谢国灭亡后，国人有一部分留在当地，大部分外逃，他们以国为氏，就是谢氏。公元前688年，楚文王发兵攻申，不久，灭掉申国，居于谢城之人以邑为氏，为姓谢。这样就形成了黄帝后裔和炎帝后裔两支谢氏。

那么，古谢国之都城在今何处？与申伯所都之谢邑是否一地？由于早期的文献没有明确记载，致使后来的史家众说纷纭，注释谢邑地望有河南唐河、南阳、信阳、汝南、罗山及兖州龚丘（今山东宁阳）等6处。尽管以唐河、南阳两说论据较为丰富，但仍须进一步考证。

此外，谢姓还有一支出自少数民族改姓，也源于河南。据《旧唐书·文苑传》载，卫州（今河南卫辉）卫人谢偃之祖孝政，本为鲜卑，姓直勒氏，后改为射姓。

早在西周末至春秋时期，谢氏除分布于今河南南部许多地方外，有一支迁往山东，有一支作为申国遗民被强迫迁至湖北荆山，还有一支被迁至湖南江永，迁至四川涪陵，后又分为三支：一支于三国时迁至蜀郡，至晋代有部分人迁至陕西冯翊郡；一支适至云南永昌都，后发展成为当地大姓；一支迁至四川彭水一带及贵州北部。与当地的濮人、越人通婚，至隋唐时被称为东谢蛮、西谢蛮、南谢蛮，后大多融入布依族，部分融入水族和苗族。汉代谢氏的聚居地又增加了会稽郡（治所在吴，即今江苏苏州，后移治山阴，即今浙江绍兴）、下邳（今江苏邳县）、江西九江、章陵（今湖北枣阳）、牂柯（在今贵州省境内）等处。其中会稽郡的谢氏人丁兴旺，已相当有名望。晋代，陈郡（治所在今河南淮阳）谢氏发展成为名门大族，其中最著名的是阳夏（今河南太康）谢氏，以及由此迁出的康乐（今江西万载县东）谢氏，西晋末年，黄河流域战乱频仍，中原人大量迁往江南。典农中郎将、阳夏人谢缵之子谢衡（任国子祭酒）因避战乱，迁会稽始宁（今浙江上虞）东山，在此作发展繁衍，孕育出许多著名人物，因之成为谢氏最重要的一支。谢衡有二子：鲲、裒。鲲及其子尚，裒及其六个儿子奕、据、安、万、石、铁，连同他们的后代，东晋至南朝时期多数都彪炳于史册。唐朝末年，河南固始谢氏随王潮、王审知兄弟人福建。清溪《永安谢氏族谱》说："祖为光州固始人，从审知人闽，始迁泉州之安溪县永安东皋居焉。"同期入闽的，还有一支居于福建宁化县石壁村，后有一支自宁化迁至江西雩县，至明洪武四年（1371年），移居梅县（今广东梅州市）；有一支由宁化迁居广东大埔，再迁居梅县。至清代，谢氏不仅遍布中原及南方各省，而且还发展至北部及东北的一些省、区。

谢氏移居海外，始于明代，多数是自闽、粤沿海地区先迁至台湾，进而再远播东南亚及世界其他国家和地区，也有直接到海外的。例如，汀州人谢文彬于明朝天顺年间因取盐下海，飘泊至暹罗国（今泰国），留在该国，当今海外谢姓华人，主要分布在亚洲的泰国、新加坡、马来西亚、印度尼西亚、菲律宾、越南、印度，大洋洲的澳大利亚，美洲的加拿大、美国，拉丁美洲的巴拿马、苏里南等国家，为加强宗亲团结，共谋福利，谢姓族人于1997年8月建立了世界谢氏宗亲总会，并在泰国、菲律宾、马来西亚、新加坡、加拿大、美国的旧金山、洛杉矶以及香港、台北等国家和地区设立了分会，还定期出版《世界谢氏通讯》。世界谢氏宗亲总会办事机构设在台湾，理事长是谢汉儒。

（七） 适用楹联

□乌衣望族；[①]凤羽名流。[②]

□江左称风流宰相；③

程门重道学先生。④

□治法轻能退谷；⑤

文章美若叠山。⑥

□诔拟芙蓉，藻思揺凤毛之彩；⑦

赋成鹦鹉，风华袅蓝玉之烟。⑧

□决心扶世运，翘首望神州。⑨

□诗思神奇，忽梦西塘青草；⑩

志趣尚雅，醉卧东山白云。⑪

□养天地正气；法古今完人。⑫

□知足知不足；有为有弗为。⑬

注释：

① 乌衣在江苏江宁东南。南朝宋尚书吏部郎谢弘微等望族居乌衣巷。见《宋书·谢弘微传》。

② 南朝宋诗人谢灵运之孙谢超宗，陈郡夏阳人。好学有文辞，名声远播。补新安王国常侍，王母殷淑仪卒，超宗作诔奏之，帝大嗟赏，谓谢庄曰："超宗殊有凤毛，灵运复出矣。"入齐为黄门郎。

③ 晋代宰相谢安，字安石，少时神才敏锐，风宇条畅，善行书。每游必以歌妓同行，被当时人谓为"风流宰相"。

④ 北宋学者谢良佐，字显道，上蔡人。学者称上蔡先生。曾从程颢受学，后卒业于程颐。与游酢、吕大临、杨时在程门号四大弟子。为学主"敬是常惺惺法"，为朱熹所称道。

⑤ 清代教谕谢金銮，字退谷，侯官人。乾隆举人。喜读宋儒书，博通传注。有《泉漳治法》、《退谷文集》等传世。

⑥ 宋代进士谢枋得，字君直，弋阳人。号叠山。为人豪爽，观书五行俱下。好直言，以忠义自信。私谥文节，世称叠山先生。有《文章轨范》、《叠山集》。

⑦ 见注②。

⑧ 南朝宋尚书吏部郎谢弘微之子谢庄，字希逸。七岁能文，文帝见而异之。叹曰："蓝田生玉，岂虚也哉！"后随王诞后军谘议，领记室。元嘉中除太子中庶子。时南平王铄献赤鹦鹉，遍诏群臣为赋。袁淑文冠当时，作赋毕，示庄。及见庄赋，叹曰："江东无我，卿当独秀。我若无卿，亦一时之杰。"遂隐其赋。历官吏部尚书、紫金光禄大夫等。

⑨ 谢觉哉（1883—1971），《有朋自远方来》诗联句。

⑩ 中国第一个山水诗人谢灵运（385—433），南朝宋诗人。陈郡阳夏（今河南太康）人。他曾在永嘉西堂吟诗。苦吟不成。忽然在梦中见得才子谢惠连，醒后疾书"池塘生春草"的诗句。

⑪ 指晋代宰相谢安"寓居会稽，放情丘壑"的轶事。

⑫ 抗日战争时期民族英雄谢晋元（1904—1941）自题联。谢晋元，广东焦岭人。

⑬ 当代著名女作家谢婉莹（冰心）老家厅堂联。

谢氏名人集粹

谢荪 今江苏南京人，清代著名画家，为"金陵八家"之一。

谢清高 今广东梅州市人，清代航海旅游家，航海14年返国，后流寓澳门，今传世的《海录》一书，即由他所阅历和传闻的海外诸国事口述而成。

谢榛 今山东临清人，明代文学家，为“后七子”的初期代表人物。

谢枋得 弋阳（今属江西）南宋爱国主义诗人。

谢良佐 上蔡（今河南太康）人，北宋学者，与游酢、杨时、吕大临并称程（颢、颐）门四大弟子，后官京师。著有《论语说》、《上蔡语录》。

谢赫 南齐著名画家，善作风俗画、人物画，著有《古画品录》，为我国最早的绘画理论，评价了3世纪至4世纪的重要画家，提出了中国绘画史上的“六法”，成为后世画家、批评家、鉴赏家们所遵循的法则。

谢朓 陈郡阳夏（今河南太康）人，南齐诗人，曾任宣城太守、尚书吏部郎等职，其诗多描写自然景色，善于熔裁，时出警句，风格清俊，颇为李白所推许，为永明体作家中成就最高的诗人。

谢灵运 （385—433）陈郡阳夏（今河南太康）人，南朝宋著名画家文学家，后移籍会稽（今浙江绍兴），谢玄子孙，曾任永嘉太守、侍中、临川内史等职。博览群书，文学称“江左第一”。其诗歌创作，一反东晋笼罩诗坛的玄言诗风。开创了文学史上山水诗派，有许多佳句为后人所传诵。

谢庄 文学家，陈郡阳夏人，曾官至吏部尚书、金紫光禄大夫。

谢惠连 文学家，陈郡阳夏人。

谢殷 章乡侯。到了晋室南迁（公元317年，司马睿在建康〈今江苏南京〉重建政权，史称东晋）以后，淝水一战，使谢氏的光芒大射，在江左（专称东晋为江左）跟王氏同时成为门第最高的世族。西晋末年，各族人民纷纷起义，各少数民族的上层分子乘机起兵，相继建立了十六个政权，史称为十六国。前秦就是民族贵族苻洪所建的十六国之一，建都在长安（今陕西西安西北）。357年苻坚即位，在统一了北方以后，并企图一举消灭东晋，统一南方。便组织了90多万人的军队，挥兵南下，以万钧之势直逼江东晋室。当时苻秦军势之盛，真可以用“投鞭断流”来形容。因此，晋室人心惶惶，连坐镇上游的大将桓冲也自认援救无力。为晋室解开这种危机的，正是谢安麾下的谢氏兄弟子侄（均为陈郡阳夏〈今河南太康〉人）。

谢安 （320—385） 东晋陈郡阳夏（今河南太康）人，字安石。出身士族。年四十余始出仕，孝武帝时位至宰相。时前秦强盛，攻破梁、益、樊、邓等地，他使弟石与侄玄为将领，加强防御。太元八年（公元383年）前秦军南下，江东大震，他又使石、玄等力拒，获得“淝水之战”的胜利，并乘机北伐收复洛阳及青、兖、徐、豫等州。会稽王司马道子执政，排挤谢氏，他出镇广陵（今江苏扬州），385年回京病死。

谢石 （327—388） 东晋陈郡阳夏（今河南太康）人，字石奴。谢安弟。太元八年（公元383年）任都督，统兵御前秦，赖侄玄与刘牢之率北府兵力战，取得“淝水之战的胜利。聚敛无厌，为时人所讥。

谢玄 （343—388） 东晋名将。字幼度，陈郡阳夏（今河南太康）

人。谢安侄。安为宰相，任他为广陵（今江苏扬州）相，组织北府兵，以御前秦。太元八年（公元383年）在淝水大捷，并率军收复徐、兖、青、豫等州，进至黎阳，司马道子忌谢氏势盛，使还镇淮阴。病还京口（今江苏镇江），改授会稽（今浙江绍兴）内史。

谢夷吾 汉代人，曾经极力推荐班固的才华，并把这位后来以《汉书》永垂不朽的文豪形容为“社稷之六龟，大汉之栋甍”的，曾官至钜鹿（今河北平乡西南）太守。

据有关资料得知，东晋至南北朝的270年间，彪炳于史册的谢姓名人就有60多位，无疑，这段270年的历史成了谢氏家族最为辉煌的时期。

谢氏风流撷英

以国为氏遂有谢，
姓启申伯唐河籍。[①]
淝水大捷威名扬，
上阵杀敌帝兄弟。[②]
灵运谢朓两诗人，
名冠一时传佳句。[③]
程门弟子谢良佐，
北宋哲学有佳绩。[④]
谢翱不忘亡国痛，
击石作歌多悲戚。[⑤]
应芳主张无神论，
破除迷信竭全力。[⑥]
明臣谢迁余姚人，
能言善辩辅明帝。[⑦]
谢乃礼仪铭于心，
文明之邦万古立。[⑧]

注释：

①《史记》、《元和姓纂》、《姓谱》均载，谢氏乃以国为氏。周宣王的母舅开始封于申国（河南南阳北），叫申伯。其后又封于谢国（河南唐河县南部），以后的子孙以国为氏，遂有谢氏。出自姜姓。

② 谢安（320—385），谢石（327—388），东晋将领，两人是兄弟，河南太康人。淝水大捷，他们兄弟二人创造了历史上有名的以少胜多的战例。

③谢灵运（385—433），南朝宋著名画家、文学家，文学称“江左第一”，开创了文学史上山水诗派，许多佳句后人广为传诵。谢朓（tiǎo 窕）（464—499），南齐诗人，其诗多写自然景色，善于熔裁，风格清俊，为永明体作家中成就最高的诗人。他们都是河南太康人。

④谢良佐（1050—1103），北宋哲学家，河南上蔡人。与游酢、杨时、吕大临同称“程门四大弟子”。他提出的观点为后世学者称道。

⑤谢翱（1249—1295），宋元之际诗人，福建浦城人。元军攻陷临安后，他毁家率乡人投文天祥，天祥死，他以竹如意击石作楚歌，为之招魂。其诗沉郁多悲，抒发亡国之痛。

⑥谢应芳（1295—1392）明初无神论者，江苏常州人。自幼笃志好学，一生授徒讲学，以教书为业。致力于

破除迷信。著《辨惑编》十五目，善诗文，有《龟巢稿》。

⑦谢迁（1449—1531），明朝大臣，浙江余姚人。官至东阁大学士。他处事敏捷，善于辩论，与刘健、李东阳同辅政，时称：“李公谋，刘公断，谢公尤侃侃”。

⑧谢（xiè），是一种礼仪，得到别人的帮助当称谢，这是中华民族文明之邦的又一见证。

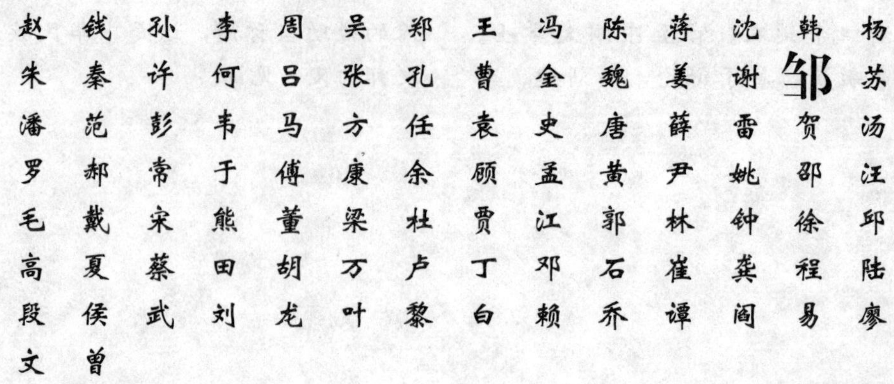
中华百家姓

赵 钱 孙 李 周 吴 郑 王 冯 陈 蒋 沈 韩 杨
朱 秦 许 何 吕 张 孔 曹 金 魏 姜 谢 邹 苏
潘 范 彭 韦 马 方 任 袁 史 唐 薛 雷 贺 汤
罗 郝 常 于 傅 康 余 顾 孟 黄 尹 姚 邵 汪
毛 戴 宋 熊 董 梁 杜 贾 江 郭 林 钟 徐 邱
高 夏 蔡 田 胡 万 卢 丁 邓 石 崔 龚 程 陆
段 侯 武 刘 龙 叶 黎 白 赖 乔 谭 阎 易 廖
文 曾

邹 姓

——邹氏先祖出自邾，山东邹县是源头

邹氏解密寻踪

（一） 姓氏字源

《说文》：“邹，鲁县，古邾国，帝颛顼之后所封。从邑，刍声。”段玉裁注：“周时或云邹，或云邾娄者，语言缓急之殊也。周时作邹，汉时作驺者，古今字之异也。”

（二） 寻根溯祖

邹姓来源主要有以下一些：

1. 为蚩尤之后。据《拾遗》所载，黄帝败蚩尤（神话中东方九黎族首领，曾与黄帝战于涿鹿〈今河北涿鹿东南〉，失败被杀），迁其民于邹屠，以地命族为邹屠氏，后分为邹氏、屠氏。

2. 出自曹姓，以国为氏。据《说文解字》及《姓氏考略》所载，上古时有邾娄国，为颛顼帝后裔挟（曹姓）所建立（为周时武王所封），有今山东费、邹、滕、济宁、金乡等县地。建都于邾（今山东曲阜东南南陬村），春秋时，即公元前 614 年邾文公迁都于绎（今山东邹县东南纪王城），并成为鲁国附庸。战国时鲁穆公改邾娄国为邹（邾合娄音为邹）国。后来邹国被楚国所灭其后有邹氏，望出范阳。是为山东邹氏。

3. 出自子姓，以邑为氏。为商王

纣的庶兄微子启（子姓）的后裔。据《史记·殷本纪）及《元和姓纂》所载，公元前11世纪周公平定武庚的反叛后，把商的旧都周围地区分封给殷纣王庶兄微子启，建立宋国，以供奉商汤的宗祀。建都于商丘（今河南商丘南），有今河南东部和山东、江苏、安徽间地。传至宋湣公，有其孙考父，历仁宋国戴公、武公、宣公三朝，食采于邹邑（今山东省邹县），其5世孙叔梁纥时，以邑名“邹”为氏，称邹氏。亦为山东邹氏。

4. 出自姒姓，为越王勾践（春秋末年越〈建都今浙江绍兴〉国君）之后，据《史记·东越传》所载，闽越王无诸，及越东海王摇，其先皆越王勾践之后，姓绉（史记集解作驺）。又据有关学者的考证，驺亦作邹。

（三） 宗堂郡望

堂号 1.“碣石堂”：战国时候邹衍，深通阴阳、盛衰、兴亡之道。燕昭王招贤，专门筑了碣石宫招待邹衍。

2.“讽谏堂”：战国时齐国邹忌，看到齐威王不大喜欢听别人的话，他就对齐威王说：“我的模样不如城北徐公。但当我问到我的妻、妾和朋友时，她们都说我比徐公漂亮。我又对着镜子反复端详自己，还是比徐公的模样差远啦。我想：为什么她们会夸我比徐公美呢？我的妻看重夫妻的私情；我的妾怕我；我的朋友有求于我。所以都夸我美。我又想：王的左右都对你重私人感情；王的大臣没有不怕你的；齐国人民没有不对你有所求的。这样看来，他们都不会对你说真话，你受的蒙蔽太深了。怎么能把国家治理好呢?”齐威王听了，就下了一道命令说：“能当面揭我的错误的，受上赏；能写成书面材料指出我的过错，受中赏；不敢面揭，也不敢写书面材料，只在外面议论我的错误使我听到的，我就奖励他三等奖。”一开始，大家争着给威王提意见，午门前像赶集一样拥挤。两个月后，提意见的人像早晨的星——很稀了。三个月的时候，连一个人影也没有了。齐威王收集了这些意见，立即改正自己的错误。其它国家听说这个情况，都来朝贺齐国，不敢侵略齐国了。这都是邹忌讽谏（委婉曲折谏议）的结果。所以邹氏又称“讽谏堂”，又有“范阳”堂号。

郡望 主要有范阳郡。

范阳郡。三国魏黄初七年（公元226年）改涿郡置郡，治所在蓟县（今北京城西南）。相当于北京市昌平、房山及河北省涿县一带。

（四） 家谱寻踪

江苏镇江·润州邹氏宗谱四卷

藏地：日本 美国

（清）邹衍庆 邹衍斯等增修

清道光八年（1828）木活字本 六册

江苏镇江·润州邹氏宗谱六卷

藏地：美国

（清）邹宝霖等修

清光绪二十六年（1900）肇禋堂刊本 六册

江苏丹阳·云阳邹氏重修宗谱十卷

藏地：江苏常州市图书馆

（清）邹永福主修 邹士俭 邹士勤等修

清光绪二十四年（1898）云阳邹氏正学堂木活字

江苏丹阳·云阳邹氏重修宗谱十卷

藏地：江苏常州市图书馆

（民国）邹德大主修　邹德悉纂修

1947年云阳邹氏正学堂木活字本

江苏丹阳·邹氏宗谱十六卷

藏地：江苏丹阳县松卜乡皇庄村

（民国）邹云如纂

1927年木刻本

江苏武进·毗陵邹氏宗谱十一卷

藏地：美国

（清）邹濬川等纂修

清光绪元年（1875）仁厚堂刊本　十二册

江苏武进·毗陵邹氏宗谱八卷

藏地：国家图书馆　日本　美国

（民国）邹焕炳等续修

1915年仁厚堂活字本　一册

江苏武进·毗陵邹氏赵墅宗谱十六卷

藏地：江苏常州图书馆

（清）邹瑞发　邹松南主修

清光绪十一年（1885）毗陵邹氏显忠堂木活字本

江苏武进·毗陵赵墅邹氏重修宗谱二十卷

藏地：河北大学　江苏常州市图书馆

（民国）邹培耕主修　潘伯康　邹幼航编纂

1948年邹氏显忠堂木活字本

江苏·武进邹氏家乘四十八卷

藏地：中国社会科学院历史研究所图书馆

（清）吴敏纂修

清光绪十四年（1888）敦睦堂铅印本　四十册

江苏武进·邹氏家乘四十八卷

藏地：人民大学

（清）邹玉堂修

清光绪二十六年（1900）活字本　三十八册

江苏·武进邹氏家乘三十二卷

藏地：江苏常州市图书馆

（民国）邹树滋主修　邹文渊　邹豪昌等纂修

1948年武进邹氏三古堂铅印本

江苏无锡·邹氏宗谱三十六卷

藏地：国家图书馆　上海图书馆　河北大学

（清）邹仁溥纂修

清光绪二十九年（1903）中和堂活字本　三十六册

江苏常熟·虞山邹氏世谱不分卷

藏地：江苏常熟市图书馆

（明）邹武修

明正德十四年（1519）修，清钞本　一册

江苏·常熟小山邹氏支谱一卷

藏地：辽宁图书馆　江苏常熟市图书馆陕西图书馆　日本　美国

（清）邹冠瀛重辑

清光绪三十四年（1908）刻本

江苏·范阳邹氏家史

藏地：中国科学院图书馆

（清）邹梦同　邹漪等修

钞本　一册

江苏·范阳邹氏家谱

藏地：国家图书馆

（民国）邹大贵等续修

1918年吹律堂活字本　八册

江苏·范阳邹氏家谱

藏地：国家图书馆
（民国）邹氏族人重修
1948年吹律堂活字本　十册
浙江绍兴·邹氏宗谱四卷
藏地：日本　美国
（清）邹兰君　邹铭等重修
清光绪二十七年（1901）木活字本　五册
浙江兰豁·永邑邹氏宗谱一卷
藏地：浙江兰豁县云洞乡弗龙口
1912年木刻本
浙江常山·邹氏宗谱十二卷首一卷
藏地：浙江常山县毛良坞乡源头村
（清）江旻墀重修
清同治九年（1870）木刻本
浙江常山·邹氏宗谱不分卷
藏地：浙江常山县同弓乡杜亭坂村
1919年木刻本
浙江常山·范阳邹氏宗谱不分卷
藏地：浙江常县同弓乡杜亭坂村
（民国）程继尧纂修
1936年木刻本
安徽桐城·邹氏宗谱三十卷
藏地：日本　美国
（民国）邹鲁臣　邹开益修
1923年木活字本　三十册
安徽怀宁·皖怀邹氏宗谱七卷
藏地：美国
（清）邹全宗等修
清嘉庆元年（1796）敦厚堂活字本　七册
福建·闽南邹氏族谱
藏地：福建图书馆
（清）邹昌钰修
清嘉庆钞本　一册
江西南昌·邹氏省会祠主录不分卷
藏地：江西图书馆
（清）邹玉藻等汇编
清乾隆五十七年（1792）木活字本　一册
江西南昌·省会邹氏祠主录不分卷
藏地：江西图书馆
清光绪八年（1882）木活字本　一册
江西修水·邹氏族谱□□卷
藏地：江西图书馆
（清）邹公瑞等纂修
清道光六年（1826）木活字本
江西宜春·袁郡邹氏族谱□□卷
藏地：江西图书馆
（清）邹腾蛟等纂修
清道光二十五年（1845）范阳堂木活字本　三册
江西铜鼓·邹氏宗谱一卷
藏地：江西铜鼓县
（清）邹述堂　邹传瑞等纂
清嘉庆六年（1801）本
江西奉新·邹氏族谱十二卷首一卷
藏地：江西图书馆
（清）邹光繁等纂修
清同治二年（1863）范阳堂木活字本
江西宜黄·邹氏宗谱□□卷
藏地：江西省档案馆
民国间活字本　一册
湖北黄冈·邹氏宗谱□□卷
藏地：武汉图书馆（存卷首1、2、卷4、5、7、8、10、12、13）

（清）邹渚理编修

清光绪三十一年（1905）邹氏敦本堂重刊本　八册

湖北麻城·邹氏族谱八卷

藏地：吉林大学

（清）邹良盛等修　邹星鉴等编

清光绪二十六年（1900）刻本　八册

湖南·邹氏世守续谱□□卷

藏地：湖南图书馆（存卷首）

（清）邹馨修　邹兴命纂

清咸丰二年（1852）刻本　二册

湖南湘乡·上湘邹氏三修族谱七卷

藏地：湖南图书馆

（清）邹佼定　邹隆芳修　邹隆仪等纂

清宣统三年（1911）范阳堂活字本　六册

湖南邵阳·邹邑隆回乡氏续修族谱

藏地：河北大学

清光绪十五年（1889）录钞本　一册

湖南邵阳·邹氏族谱二十一卷首二卷附来裔续编

藏地：国家图书馆　中国社会科学院历史研究所图书馆　河北大学

（清）邹同寅等续修

清宣统三年（1911）活字本　二十一册

湖南邵阳·邹氏家谱五卷

藏地：江西图书馆

（民国）邹序辉纂

1916 年北京琉璃厂共和印刷局铅印本　二册

湖南汨罗·罗湘邹氏族谱□□卷

藏地：湖南图书馆

清光绪十九年（1893）活字本　三册

湖南新化·邹氏重修谱不分卷

藏地：湖南图书馆

（清）邹烈纂修

清康熙六十一年（1722）刻本　一册

湖南新化·邹氏庆户续修家谱三卷首一卷

藏地：湖南图书馆

（清）邹晓窗纂

清乾隆五十一年（1789）刻本　一册

湖南新化·邹氏庆户续修家谱□□卷

藏地：湖南图书馆

清宣统元年（1909）活字本　三册

湖南新化·邹氏才户五修族谱十八卷首二卷

藏地：湖南图书馆

（清）邹煜南纂

清光绪二十六年（1900）爱敬堂活字本　一册

广东中山·沙湖邹氏族谱不分卷

藏地：美国

刊本　一册

广东大埔·邹氏族谱初基

藏地：美国

（清）邹荫棽撰

清宣统元年（1909）写本

四川长寿·邹氏家谱四卷

藏地：四川长寿县沙溪乡三青村

（清）邹宗彦撰

清光绪十八年（1892）木刻本

四川合江·邹氏范阳正宗谱一卷

藏地：四川合江县

（清）邹文灿补

据清光绪十六年（1890）木刻本钞本

四川内江·邹氏族谱一卷

藏地：四川内江县杨家乡

（清）邹应楠续修

清光绪二十五年（1899）木刻本

四川丰都·增修邹氏宗谱

藏地：四川重庆市图书馆

（民国）邹集之　邹南陔等纂

1941年半都邹氏宗祠石印本五册

四川建昌·邹氏家谱不分卷

藏地：中国社会科学院历史研究所图书馆

（民国）邹永铭纂修

1918年石印本　六册

邹氏族谱二卷

藏地：吉林大学

（清）邹守增修

清嘉庆二十五年（1820）东鲁堂刻本　二册

邹氏族谱□□卷

藏地：江西图书馆

清道光二十八年（1848）活字本二册

邹氏宗谱十六卷

藏地：国家图书馆

（民国）邹传云主修

1917年柏树堂活字本十六册

邹氏宗谱一卷

藏地：湖南江永县档案馆

（民国）邹开镜续修

1927年石刻本

邹氏族谱九卷首一卷

藏地：湖南临沣县档案馆

（民国）邹忠善修

1932年木刻本

邹氏宗谱

藏地：四川巫溪县图书馆（存四卷）

邹氏族谱

藏地：江西图书馆

木活字本　四册

（五）　字行辈份

清宣统二年邹世浩修《邹氏家谱》，江西九江邹姓一支字行为："涵悟鹤寿，师信德茂，丰靖锦朗。"

（六）　迁徙繁衍

公元前11世纪，周公姬旦平定武庚的反叛后，把商的旧都周围地区分封给殷纣王的哥哥微子启，建立宋国。宋国为子姓，建都商丘（今河南商丘南），有今河南东部和山东、江苏、安徽间地。微子启死后，其弟衍继位，是为微仲，三传至其曾孙湣公共，湣公共的玄孙正考父，为宋国上卿，历佐戴、武、宣三公，食邑于邹（今山东邹县东南），其后代有一支以他的封邑为氏，就是邹氏。此即《古今姓氏书辩证》所云："邹，宋正考父后，食采邹邑，支孙遂以为氏。"

古代有个邾国，亦称邾娄，系周武王封置的诸侯国，开国君主是颛顼的后裔曹挟，初都于邾（今山东曲阜东南南陬村），于公元前614年由邾文公迁都于绎（今山东邹县东南纪王城），至鲁穆公时，以朱与娄合音为邹而改名为邹。赵岐《孟子题辞》中所说："邾国至孟子时，鲁穆公改曰邹"即指此。按孟子的生卒年代推算，邾

国改为邹国约在公元前 372 年至公元前 289 年之间。邹国于战国时为楚国所灭，子孙以国为氏，又形成一支邹氏。此即《说文解字》所云："邹本邾娄国，改为邹，后以为氏，帝颛顼之后所封。"

据邹氏族谱及有关资料记载，邹氏早期主要是在其发源地附近即今山东省境内发展繁衍，至秦汉时期，有一支迁至范阳（治所即今河北定兴县西南固城镇），后发展成为望族，故邹氏族人以"范阳"为堂号。西汉以后，范阳邹氏逐渐南迁，至河南邹坊，繁衍成为一大聚落。汉代有邹廷，任襄阳（今属湖北）令，在当地安家，至东晋时，其后裔有一支徙居雍州（治所在今陕西西安市西北）。西晋有新野（今属河南）人邹湛，少以才学知名，官至国子祭酒、少府，其子孙有一支徙居衡州（今湖南衡阳）。东晋十六国时，由于战乱，中原士族大举南迁，邹氏有一批人随之渡江，定居于今江苏、浙江、安徽、江西的一些地方。唐初，陈政、陈元光父子奉命入闽开辟漳州，有中原邹姓将佐随从前往，后在福建安家落。《十国春秋》载，光州固始（今属河南）人邹盘、邹勇夫于唐末从王审知入闽，勇夫镇守归化镇，"是时干戈日寻，而归化独晏然不被兵燹，人物蕃阜……子相遂家于其地"。又，唐德宗贞元末年，邹垣自今安徽当涂卜居江西南昌新吴驾山，至唐懿宗咸通五年（864 年），因避战乱，举家迁闽，其后子孙繁衍，分居邵武等县。北宋有邹异，长乐（今广东五华）人，元祐中举经明行修。这说明北宋初已有邹氏徙居今广东，但广东梅州、大埔等地的邹氏族谱皆以南宋时的邹应龙为人粤始祖。邹应龙，泰宁（今属福建）人，庆远进士第一，南宋理宗嘉熙初权参加政事（副宰相），其子孙散居闽、粤，在广东主要分布于梅州、大埔、五华、蕉岭、兴宁等地，还有自广东迁至广西平乐者。现在台湾的邹姓人及侨居新加坡等国的邹姓华侨，主要是从广东，其次是从福建迁去的。

（七） 适用楹联

□源自邾娄；望出范阳。

□谏言愿学集；[①]檄文革命军。[②]

□鼓琴自荐受相印；[③]
究学成功观阴阳。[④]

□道气禀江山之灵秀；[⑤]
诗章奇月露之高华。[⑥]

□上疏直言真大臣风度；[⑦]
遗书曲谕询良友箴规。[⑧]

□襜帷按部清威重；
棨戟凝香雅望高。[⑨]

注释：

①明代大臣、万历进士邹元标，字尔瞻，江西吉水人。曾任谏官，以敢言著称。有《愿学集》。

②近代民主革命家邹容（1885—1905），原名绍陶，字蔚丹，四川巴县（今重庆市）人。幼年深学经史。1904 年参加拒俄义勇队。1905 年死于狱中。

③战国时齐国大臣、政治家邹忌，他曾以鼓琴自荐，向齐威王谏说而受相印。任相期间，讽谏齐王进贤纳谏，整饬军容政纪，厉行法治。一年后受封下邳（今江苏邳县西南）。号曰成侯。

④战国时思想家、阴阳家代表人物邹衍（约前 305—前 240），一作驺衍。齐国人。他学究天人，雄于辩口，号“谈天衍”。创“五行始终”说。“深观阴阳消息”，借以论述天道、世运的转移。有《邹子》等，已佚。

⑤明代大臣邹元标，九岁通五经。母死后，居家讲学近三十年，卒谥忠介。

⑥宋代奉议郎邹定，字信可，新兴人。有诗名。

⑦明代进士邹智，字汝愚，合州人。少年能文。上疏极言时事，后被人诬陷砭广东石城而后死。天启初追谥忠介。有《立斋遗文》。

⑧汉代丞相公孙弘的好友邹长倩，初，弘举贤良，贫则能达，长倩以衣费资之。复赠以生刍（草）一束，素丝一繸，扑满（储蓄钱币用的瓦罐）一个，并致书曰：“刍束则谨，心纵则骄；丝积微至著，善虽小而为大；扑满土器……有入无出，则有倾覆之败，可不戒乎?”后人谓之三事誉。

⑨清代礼部尚书邹一桂（1686—1772）书赠联语。一桂，无锡人。工绘事，并有《小山文集》。

邹氏名人集粹

邹容 四川巴县人，近代中国民主革命烈士，1903 年 5 月在上海爱国学社撰有《革命家》，宣传革命，号召推翻清朝统治，建立中华共和国，自称革命军马前卒。《苏报》刊文介绍，影响甚大。1905 年死于狱中。有《邹容文集》。

邹伯奇（1819—1869） 清科学家，子一鹗，又字特夫，广东南海人。精天文、历算。把数学应用于实际，总结我国有关几何光学方面的经验，写成《格术补》，这是一部比较完整的几何光学著作；在《墨经》和《梦溪笔谈》中有关光学论述的基础上，进一步用数学方法，表述了关于反射镜、透镜、透镜组等成像规律以及关于眼镜，望远镜、显微镜等光学仪器的基本原理。另著有《甲寅恒星表》、《赤道星图黄道星图》等。

邹喆 邹一桂，江苏无锡人，清代画家，曾任翰林院编修、云南道监察御史、大理寺卿、刑部侍郎等职。其画，尤工花卉，间作山水。

邹亮 明代有学者，工诗文，为景泰十才子之一。喜藏书，著有《鸣珂》、《漱芳》等。

邹元标（1551—1624） 明江西吉水人，字尔瞻。万历进士。初出为官，以得罪张居正，谪戍都匀卫六年，潜心钻研理学。张死，再起，任吏科给事中，以敢言著称，母死后，家居讲学三十年为东林党僧首领之一。与赵南显、顾宪成号为三君。天启元年（1621）还朝，任吏都左侍郎，拜左都御史，时朋党盛，力主无偏无党。为魏忠贤所忌，嗾使言管攻击。次年被迫辞官而归。著有《愿学家》。

邹守益（1491—1562） 明学者，字谦之，号东郭。安福（今属江西）人。正德进士。曾任太常少卿兼侍读学士，官至南京国子祭酒。先宗程朱，后师事王守仁，并笃守王学传统。强调“慎独”（独居谨慎，不存邪念）、“戒惧”（小心、警惕）为“致良知”

的主要修养方法。著作有《东廓集》。

邹应龙 明陕西长安人，字云卿。嘉靖进士。由行人官至御史。时严嵩、严世蕃父子专权用事，朝臣攻之者多被贬谪、处死，相戒莫敢言。嘉靖四十一年（1562年），他上疏揭发严世蕃交通贿赂诸不法行为，指斥严嵩“植党蔽贤，溺爱恶子，”言词激烈。嵩因此被罢休，世蕃下狱。他被擢升为通政使参议。隆庆时以副都御史总理江西、江南盐屯，改云南巡抚。万历初因得罪东厂太监冯保，被劾罢去，病死。

邹普胜 麻城（今属湖北）人，元末红巾军徐寿辉部将领。

邹定 南宋诗人，其诗有“诗章夺月露之高华”之誉。

邹伸之 北宋人，绍定中以朝奉大夫、京湖制置使参议官出使蒙古，取所闻见及往复回答成《使北日录》一书。

邹讽 今江西吉水人，北宋江西招渝副使，因功进兵部侍郎，文天祥被执，他自杀。

邹补之 北宋学者，著有《春秋语孟注》、《兵书解》、《宋朝识略》等书。

邹阳 齐（郡治今山东东部）人，西汉辩士。以文辩知名。写有《上吴王书》和《狱中上梁王书》。

邹忌 邹氏家族在战国时出现的有名的人物，那就是以鼓琴游说齐威王、被任为相国、封于下邳（今江苏邳县西南）而称成侯的政治家，他曾劝说威王奖励群臣吏民进谏，主张修订法律，监督官吏，并选荐得力大臣坚守四境，从此齐的国力渐强。

邹衍 阴阳家的代表人物（齐国〈建都今山东淄博东北〉人），曾历游魏、燕、赵等国，备受各诸侯的“尊礼”。“深观阴阳消息”。著《终始》、《大圣》等篇，共十余万言，提出“五德终始”说。并把春秋战国时代流行的“五行”说附会到社会历史变动和王朝兴替上，盛称“禨祥度制”，后来成为两汉谶纬学说主要来源之一。还提出了所谓“大九州说”，论证中国只是全世界八十一州中的一州，每九州为一集合单位，称“大九州”，九个“大九州”有大海环绕，再往外便是天地的边际，当时人称他为“谈天衍”。

邹氏风流撷英

邹氏先祖出自邾，
山东邹县是源头。①
考父食采于邹邑，
邹姓自此有千秋。②
战国良臣数邹忌，
围魏救赵出奇谋。③
五行阴阳雄于辩，
学究天人才八斗。④
文学大师鲁邹阳，
文才口辩解狱忧。⑤
守益讲学从者从，
东林君子史册留。⑥
天文历算清伯奇，
几何光学数理透。⑦
七禽六畜不离刍，
昂首挺胸走前头。⑧

注释：

①据《说文解字》记载，战国时，鲁穆公改邾娄为邹国。邹氏的祖籍今山东省邹县一带。相传为古帝喾之后裔。

②据《史记·殷本纪》及《元和姓纂》记载，宋缗公之后正考父，食采于邹邑，其五世孙时，又以邑名邹为氏，其后，遂有邹氏。

③邹忌（生卒不详），战国时，齐国大臣。他以鼓琴自荐，齐君受之以相印。曾用"围魏救赵"之计，大捷于桂陵（河南长垣西北），"围魏救赵"作为史记良策为历代兵家所用。

④邹衍（约前 305—前 240 年），战国时思想家，阴阳家代表，齐国人。他学究天人，雄于辨论，好"谈天衍"，名重一时。一方面以"五行相克"为序，创"五德终始"之说；另一方面，以"五行相生"为序，开"月令"、"十二纪"之门，论述天道、世运转移，周而复始。

⑤邹阳（前 206—前 129 年），西汉文学家，山东淄博人。以文辩知名，曾被羊胜等人诬陷而关进监狱。他上书自陈，文辞委婉，论辩分明，被孝王释放并尊为上客。

⑥邹守益（1491—1562），明朝理学家，江西安福人。他笃守王守仁的理学传统，主张"慎独"、"戒惧"。邹守益开坛讲学，听讲者从四方踵至。邹元标（1551—1624），明朝官吏，江西吉水人，与赵南星、顾宪成号为"三君子"，是"东林"首领之一。

⑦邹伯奇（1819—1869），清朝科学家，广东省广州市人。他精天文历算，用数学论述了几何学和光学。著有《赤道星图黄道星图》、 《格术补》等。

⑧刍（zōu）刍，是用手割草；喂养七禽六畜都离不开刍草。"驺"是古代的驭手，驭手是鞍前马后，走在前面的人。意为愿做革命的马前卒，昂首挺胸走在革命的最前面。

中华百家姓

赵 钱 孙 李 周 吴 郑 王 冯 陈 蒋 沈 韩 杨
朱 秦 许 何 吕 张 孔 曹 金 魏 姜 谢 邹 **苏**
潘 范 彭 韦 马 方 任 袁 史 唐 薛 雷 贺 汤
罗 郝 常 于 傅 康 余 顾 孟 黄 尹 姚 邵 汪
毛 戴 宋 熊 董 梁 杜 贾 江 郭 林 钟 徐 邱
高 夏 蔡 田 胡 万 卢 丁 邓 石 崔 龚 程 陆
段 侯 武 刘 龙 叶 黎 白 赖 乔 谭 阎 易 廖
文 曾

苏姓

——春回大地已复苏，万事功成靠拼争

苏氏解密寻踪

（一） 姓氏字源

《说文》：“苏，桂荏也。从艸，稣声。”苏为草名。《尔雅·释草》云：“苏，桂荏。”邢昺疏：“苏，荏类这草也。以其味辛似荏，故一名桂花。”

（二） 寻根溯祖

《通志·氏族略三》云：“苏氏，己姓。颛帝裔孙吴回为重黎，生陆终，陆终生昆吾，封于苏，其地邺西苏城是也。至周武王，用忿生为司寇，邑于苏，子孙因以为氏。世居河内。又有拔略氏，改为苏氏，虏姓也。”又《姓氏寻源》卷八：“唐故尚书左仆射太子少傅《苏文贞公碑》云：袭胤曰黎，实勤火正，逮昆吾之子，始封于苏，以国受氏。与《世系表》同。然碑云‘自帝高阳’，高阳姬姓，不当云出自己姓，己姓乃少昊也。”

今按，苏氏姓源当有两支：一支出高阳，为颛顼后裔。《苏洵族谱》云：“苏氏之先，出于高阳。高阳之子曰称，称之子曰老童。老童之子生重黎及吴回。重黎为帝喾火正，曰祝融，以罪诛，其后为司马氏。而其弟吴回复为火正。吴回生陆终。陆终生子六人：长曰矾，为昆吾；次曰惠连，为岭胡；次曰钱，为彭祖；次曰来言，为会人；次日安，为曹姓；季曰季连，为芈姓。六人者，皆有后。昆吾始姓己氏，其后为苏、顾、温、董。当夏之时，昆吾为诸侯伯，历商而昆吾之后无闻，至周有忿生为司寇，能平刑以教百姓，周公称之，盖书所谓司寇苏公是也。司寇苏公与檀伯达皆封于河，世世仕周，家于其封，河南、河内皆有苏氏。”又按，司寇苏公封邑在河南省温县西。今出土青铜器有五六件，影响大者有“苏公簋”，苏公，西周晚期或春秋早期苏国国君，名不详。又有“苏冶妊鼎”，见罗振玉《三代吉金文存》三·三六·一。苏冶妊，西周晚期妊姓妇女，郭沫若先生说，“苏冶妊乃妊姓女子嫁于苏者，冶如非国族，则当是字。”另一支出少数民族。汉代辽东乌桓有苏姓。又据《魏书·官氏志》载，北魏拔略氏改苏氏。

（三） 宗堂郡望

堂号 “眉山堂”：宋代苏东坡，四川眉山人。与父苏洵、弟苏辙都是了不起的文学家，同为唐宋古文八大家之一。人称东坡父子“三苏”，有《三苏文集》传世。

另外还有“武功”堂号、“扶风”堂号、“蓝田”堂号、“路阳”堂号、“芦山”堂号。

郡望 主要有武功郡、扶风郡、蓝田县、河内郡、河南郡等。

1. 武功郡。战国时秦孝公置武功县，治所在今陕西省眉县东四十里，渭河北岸。北周建德三年（公元 574 年）别置武功县于中亭川（今陕西省武功县西北武功镇）。

2. 扶风郡。汉武帝太初元年（公元前 104 年）置右扶风，为三辅之一。三国魏时改为扶风郡，治所在槐里（今陕西省兴平东南）。相当今陕西麟游、乾县以西，秦岭以北地区。

3. 蓝田县。秦置县，今陕西省渭河平原南缘、秦岭北麓、渭河支流霸上游的蓝田县一带。

4. 河内郡。春秋战国时以黄河以北为河内，楚汉之际置郡，治所在怀县（今山西武陟西南）。相当今河南黄河以北，京汉铁路（包括山西汲县）以西地区。

5. 河南郡。汉高帝二年（公元前 205 年）改秦三川郡置郡，治所在雒阳（今河南洛阳市东北）。相当今河南省黄河以南洛水、伊水下游，双洎河、贾鲁河上游地区及黄河以北原阳县。

（四） 家谱寻踪

山西忻州·苏氏族谱不分卷
藏地：美国
（民国）苏懋章等辑
1933 年石印本　四册

江苏常州·苏氏族谱十八卷
藏地：江苏常州市图书馆（存卷 1、2）
（民国）苏清泉　苏凤岐编纂
1948 年常州苏氏聚星堂铅印本

江苏常州·苏氏族谱不分卷
藏地：江苏常州市图书馆（存卷七之 6、7）
民国聚星堂木活字本

江苏江阴·澄江苏氏谱二十二卷首一卷
藏地：国家图书馆　河北大学　江苏苏州市图书馆

（清）苏宗振辑修

清光绪二十六年（1900）忠孝堂排印本　八册

江苏常熟·琴川苏氏支谱四卷

藏地：吉林大学

（清）苏錞修

清抄本　一册

浙江鄞县·鄞竹庄苏氏宗谱三卷

藏地：浙江宁波天一阁文物保管所　浙江宁波市档案馆

（民国）俞庭兰　胡德坊纂修

1919年继绪堂续修木活字本　二册

浙江慈谿·苏氏族谱四卷首一卷

藏地：浙江图书馆

（清）苏时鉴续修

清光绪七年（1881）永思堂木活字本　五册

浙江象山·昌国苏氏宗谱二卷

藏地：浙江象山县文管会

（民国）苏忠谔重修

1934年木刻本

浙江遂昌·苏氏宗谱

藏地：浙江遂昌县马头乡陈岙

安徽·苏氏族谱四十八卷

藏地：河北大学

（清）太石西邑十排公修

清光绪二十五年（1899）木刻本　四十八册

安徽休宁·新安苏氏族谱十五卷

藏地：复旦大学

（明）苏大编辑

明成化二年（1466）编清康熙间刻本

安徽休宁·新安苏氏重修族谱五卷

藏地：国家图书馆　美国

（清）苏钰修

清乾隆元年（1736）忠孝堂活字本

安徽休宁·新安苏氏族谱四卷

藏地：河北大学　江苏苏州市图书馆

（清）苏钰编辑

清乾隆元年（1736）修　光绪二十六年（1900）

忠孝堂排印本　八册

安徽休宁·新安苏氏重修族谱十卷附三卷

藏地：美国

（民国）苏天祥等序

1929年刻本　八册

福建·同安苏氏族谱不分卷

藏地：福建师范大学

（清）苏功成重修

清道光六年（1826）修　一九八四年复印旧抄本

藏地：福建晋江·湖子苏氏家谱不分卷

藏地：台湾

（清）苏德海修

清光绪二十四年（1898）抄本　一册

福建安溪·清溪珍田苏氏族谱一卷

藏地：台湾

清康熙三十一年（1692）抄本　三册

福建安溪·清溪湖山恒产张苍苏氏谱不分卷

藏地：台湾

（清）苏輭栏修

清光绪二十一年（1895）抄本　一册

江西鄱阳·苏氏初修宗谱三卷图书馆二卷

藏地：日本　美国

（清）苏兆熊　苏孟旸等编

清道光八年（1828）介眉堂藏本活字本　二册

河南太康·苏氏家乘二卷

藏地：人民大学

（清）苏培成　苏远朴等续修

清道光九年（1829）刻本　二册

河南太康·苏氏家乘二卷

藏地：人民大学

（清）苏绍献等修

清光绪二十三年（1897）许昌庆文斋刻本　二册

河南许昌·苏氏家乘一卷

藏地：人民大学

（清）苏叶等续修

清乾隆修　道光九年（1829）刻本　一册

河南许昌·苏氏家乘二卷

藏地：人民大学

（清）苏文生　苏春芳等重修

清光绪十八年（1892）许昌文星斋刻本　二册

河南鄢陵·苏氏家乘三卷

藏地：人民大学

（清）苏诚等续修

清道光九年（1829）刻本　三册

河南·鄢陵苏氏家乘六卷

藏地：日本　美国

（民国）苏渥霖等续修

1915 年叙石印本　六册

湖北武昌·苏氏宗谱□□卷

藏地：武汉图书馆（存卷首 1、2）

（民国）苏善夫主编

1922 年苏氏白玉堂刻本

湖南·苏氏次修族谱□□卷

藏地：湖南图书馆（存一卷）

清同治三年（1864）活字本一册

湖南浏阳·苏氏武功五修族谱三十一卷首二卷末一卷

藏地：湖南图书馆（存卷首、卷次）

（民国）苏崇浩纂修

1938 年四件堂木活字本

湖南邵阳·苏张氏苏族谱不分卷

藏地：河北大学

（清）苏周安　苏周燕修

清道光间修　抄本

广东·苏氏族谱附武功书院世谱十卷附三卷

藏地：广东中山图书馆　中山大学　日本　美国

（清）苏廷鉴　苏体岩修

清光绪二十六年（1900）武功书院德有邻堂刻本

广东·苏氏族谱附武功书院世谱十卷附三卷

藏地：广东中山图书馆　中山大学　美国

（民国）苏天祥等增补

1929 年德有邻堂据清光绪二十六年（1900）刻本补刻

广东番禺·苏氏房谱不分卷

藏地：广东中山图书馆

（清）苏玉书修

清道光二十四年（1844）修抄本一册

广东南海·苏氏族谱十卷

藏地：广东中山图书馆　中山大学　广东东莞县博物馆（存卷 1—4）

（清）苏廷鉴编

清光绪二十五年（1899）刻本

四册

四川眉山·苏氏族谱一卷

藏地：浙江宁波天一阁文物保管所（存九叶）

（宋）苏洵撰

明刻本

清顺治三年（1646）宛委山堂刻《说郛》本

（五） 字行辈份

清光绪十二年苏晋生等修《苏氏族谱》，陕西长安县苏姓一支字行为："洪华正昌佐，庆炳宗才贤，善成垂鸿章，绪克笃祐长。"

（六） 迁徙繁衍

苏姓在当今按人口多少排列的中国姓氏中居于第41位，有关古籍均称其是陆终长子昆吾的后代。

据《史记·楚世家》记载，陆终是古帝颛顼的玄孙，有6个儿子，"其长一曰昆吾"（《集解》："昆吾名樊，为己姓，封昆吾"）。"昆吾氏，夏之时尝为侯伯，桀之时汤灭之"。昆吾有个儿子于夏代中叶被封于苏，即《竹书纪年》所载夏帝槐（芬）三十三年"封昆吾子于有苏"，所以，苏又称有苏氏。关于苏国的都城，《辞海》说"在今河南济源西北"《中国地名大辞典》说："夏殷时本封在今河北临漳县西"，又有学者说在今河南辉县市的苏岭（即苏门山）。西周初年，昆吾的裔孙忿生被周武王任为司冠（掌管刑狱及纠察的官），因能公平量刑，善教百姓，被封于苏国，忿生迁都于温（今河南温县西南），故苏亦称温。《书·立政》孔传云"忿生为武王司寇，封苏国"，即指此。公元前650年，苏（温）国为狄所灭，子孙以国为氏，就是苏氏。

据有关史书及苏氏族谱记载，苏氏世居河内（今河南温县、武陟、沁阳一带），先秦时有一支居今湖南、湖北境，一支徙居东周洛阳（今河南洛阳东），如春秋时楚庄王有大夫苏从，战时洛阳有苏秦、苏代、苏厉三兄弟。西汉初，徒天下豪杰充实关中，苏氏有一支迁至武功杜陵（今侠西西安东南），后又有一支迁至扶风平陵（今陕西咸阳西北），均发展成为大族；同时，西汉还有北海（郡治山东昌乐县东南），桂阳（今广东连县）等地的苏氏。武功苏氏有一支于西晋末徙居襄阳（今属湖北），还有一支徙居蓝田（今属陕西）；扶风苏氏后裔有人在邯郸（今属河北）做官，在当地安家，形成赵郡苏氏。东晋十六国时，中原土族大举南迁，苏氏有一批人随之渡江，在江、浙一带安家。唐代，赵郡苏氏有一支徒居四川；河南苏氏曾两次向福建迁徙，一次是唐初随陈政，陈元光父子入闽开辟漳州，一次在唐末，苏益随王潮于僖宗广明中入闽，后定居同安，发展成为大族。早期迁至湖南新化、安化梅山一带的苏氏，称为梅山蛮，部分融入瑶族。北宋熙宁五年（1072年），章惇平定梅山蛮，杀戮过甚，苏氏有幸免者，大都南逃至今广西、广东、云南，有部分人逃到今越南、老挝、泰国的北部山区。

北宋宣和进士苏软为其家谱作序时曾说：苏氏族人"分于仙游南门、兴化涵头、泉州、晋江、同安、南安塔口、永春、龙溪、台湾，散居各处”。是知在北宋时已有苏氏族人移居台湾。明、清两代，苏氏有更多的人入台，有的是随郑成功收复台湾迁去的，大部分则是到台湾逃荒谋生的。此后，有的又徙居东南亚及欧美的一些国家。

（七） 适用楹联

□三苏望族；[①] 五凤功巨。[②]

□唐宋八家三席占；[③]
指挥六国一身荣。[④]

□北海牧羊不屈志；[⑤]
南天放鹤超然情。[⑥]

□瑞雪飞花，映中郎之节；[⑦]
金莲绚彩，辉学士之文。[⑧]

□一门父子三词客；[⑨]
千古文章四大家。[⑩]

□乾坤容我静；名利任人忙。[⑪]

□才名列大家，父子媲美；
文章雄百代，乔子流芳。[⑫]

□发愤识遍天下字；
立志读尽人间书。[⑬]

□青山有约常当户；
秋水为神不染尘。[⑭]

□劝子勿为官所腐；
知君欲以诗相磨。[⑮]

□无数云山供点笔；
且将墨竹换新诗。[⑯]

□北客几人滴南粤；
东坡到处有西湖。[⑰]

注释：

①北宋散文家苏洵（1009—1066），字明允，四川眉山人。以文名盖于世。其文采流畅，笔力雄健，与子苏轼、苏辙合称“三苏”。

②西汉大臣苏武（？—前60），字子卿，杜陵（今陕西西安东南）人。武帝时为郎。天汉元年（前100年），奉命以中郎将持节出使匈奴，后被扣。匈奴贵族多方威胁诱降，均未果；后将其迁至北海（今贝加尔湖）边牧羊，并扬言要公羊生子始可释放。后历尽艰辛，留居匈奴十九年持节不屈。昭帝时，匈奴与汉和亲，至始元六年（前81），方获释回朝，官至典属国。死后，宣帝（年号五凤）命画其像于麒麟阁，以彰其节操。

③唐、宋两代八大散文作家，即唐代的韩愈、柳宗元和宋代的欧阳修、苏洵、苏轼、苏辙、王安石、曾巩。其中苏氏占了三人。

④战国时纵横家苏秦（？—前284），东周洛阳（今河南洛阳东）人。字季子。他曾与赵奉阳君（李兑）共谋，发动韩、赵、魏、齐、燕五国合纵，迫使秦国废帝请服，并退还部分侵地。赵封他为武安君。

⑤见注②西汉大臣苏武事迹。

⑥北宋文学家苏轼典故。

⑦西汉大臣苏武事迹。

⑧宋代进士苏舜钦，字子美，范中淹荐其才，召试集贤校理。好为古文诗歌，其体豪放，往往惊人。酒酣落笔，善草书，争为人所传。有《苏学士集》。

⑨“三苏”既是散文家，又长于诗词。

⑩北宋六个文学家黄庭坚、秦观、晁补之、张耒、陈师道和李廌并称为苏门六君子。其中前四人，在《宋史·黄庭坚传》中谓“天下称为四学士”。

⑪近代学者苏曼殊（1884—1918）撰联，现悬于浙江舟山普陀寺。苏曼殊，字子谷，广东中山人，生于日本，父中国人，母日本人。有《苏曼殊全集》。

⑫指北宋眉山“三苏”。

⑬宋代文学家苏轼（1037—1101）自题联。苏轼，字子瞻，号东坡居士，眉州眉山（今四川眉山）人，与欧阳修一起参加诗文革新运动，为“唐宋八大家”之一。

⑭集苏轼诗句联。

⑮注同⑭

⑯注同⑭

⑰广东惠州西湖苏（轼）公祠联。

苏氏名人集粹

苏曼殊（1884—1918）　文学家。原名玄瑛，字子穀。后为僧，号曼殊。广东香山（今中山）人。留学日本。漫游南洋各地，能诗文，善绘画，通英、法、日、梵诸文。曾任报刊翻译及学校教师。与章炳麟、柳亚子等人交游。参加南社。其诗多感伤情调。小说运用浅近文言，描写爱情故事，表现出浓厚的颓废色彩。有《断鸿零雁记》、《碎簪记》等作。还翻译过拜伦、雨果等人的作品。另撰有《梵文典》，今不传。有《苏曼殊全集》。

苏天福　河南永城人，捻军将领，1857年参加太平军，封立天侯。

苏宣（1553—?）　明篆刻家。字尔宣，又字啸民，号泗水，歙县（今属安徽）人。其父苏汇善古文词。他幼承庭训，喜读书、击剑，虽断碑残碣，亦多窥研。后在上海顾从德、嘉兴项元汴等处纵览秦汉鉨印，尽得其法。其作品能得汉印神貌，所刻流传极广。与文彭、何震齐名，有鼎足而三之称。董其昌、陈继儒、袁中道、孙克弘等人用印，皆出其手。著有《苏氏印略》四卷。

苏洵（1009—1066）　北宋散文家。字明允，眉州眉山（今属四川）人。嘉祐间得欧阳修推誉，以文章著名于世。曾任秘书省校书郎、霸州文安县主簿。所作《审势》、《审敌》、《广士》、《田制》等文，主张抵抗辽的攻掠，对大地主的土地兼并、政治特权有所不满。语言明畅，笔力雄健。与其子轼、辙合称“三苏”，俱被列入“唐宋八大家”。其《辨奸论》一文，清李绂、蔡上翔等疑系他人假托。有《嘉祐集》等。

苏轼　（1037—1101），北宋文学家。眉州眉山（今属四川）人，字子瞻，一字和仲，号东坡居士。苏洵子。嘉祐进士，复举制科。治平中，累官直史馆。熙宁中，以反对王安石新法出为杭州通判，历知密、徐、湖州。元丰二年（1079），以作诗“谤讪朝廷”，下御史台狱，旋谪黄州团练副使。元祐初，为中书舍人，迁翰林学士、知制造，后历知杭、颍、扬州。七年（1092），召为礼部尚书兼端明殿、翰林侍读两学士。哲宗亲政，出知定州。绍圣、元符间，先后被谪于惠州（今属广东）、昌化军（今广东儋县西北）。元符三年（1100）赦归。次年，病死常州。与父洵、弟辙称“三苏”。为文汪洋恣肆，挥洒畅达，为“唐宋八大家”之一；其诗雄放清新，与黄庭坚并称“苏黄”；词开豪放派，与辛弃疾连称“苏辛”。书法为“宋四家”之一，擅长行、楷。善画，工怪石枯木。著有《东坡七集》、《东坡乐府》、《东坡易传》、《东坡书传》等。手迹有《答谢民师论文帖》、《前赤壁赋》等。画有《枯木怪石图》、《竹石图》等存世。

苏辙（1039—1112） 北宋散文家，字子由，号颖滨遗老，眉州眉山（今属四川）人。嘉祐进士，官尚书右丞、门下侍郎。与父洵兄轼，合称“三苏”，都被列入“唐宋八大家”。政治态度与轼一致，文学上的成就不如其兄。有《栾城集》。

苏小妹 文学故事人物。相传为苏老泉（洵）女，东坡（轼）小妹。与秦少游新婚之夜，故意以诗歌、联语考试少游，后由东坡暗助，少游始得完卷。见《醒世恒言》卷十一。清李玉传奇剧本《眉山秀》也写其事。实无少游娶小妹事，苏洵之女也都早卒。

苏蕙 十六国时始平（今陕西武功）人，字若兰。夫窦滔，曾为苻坚秦州刺史，以罪徙流沙。她织锦为《回文旋图诗》以赠，凡八百四十字，题诗二百余首，词甚凄惋，纵横反复皆可读。一说窦滔为安南将军，镇襄阳，另有新欢，她感伤而织锦为璇玑图诗以寄。

苏峻（？—328） 东晋长广挺县（今山东莱阳南）人，字子高。西晋末，纠合流人数千家结垒自守，后率众南渡，元帝任为鹰扬将军。以平王敦功，进冠军将军、历阳内史，有锐卒万人。庚亮执政，谋解除其兵权，征他人朝为大司农。咸和二年（公元327年），与祖约起兵讨亮，次年攻入建康（今江苏南京），专擅朝政。不久为温峤、陶侃等击败而死。

苏林 外黄（今河南民权西北）人，三国时魏大臣，博学多才，官至散骑常侍。

苏章 扶风平陵（今陕西咸阳西北）人，东汉冀州（今为河南省黄河以北地区）、并州刺史，在前后任此两州刺史期间，因执法无私、抑豪强而被免官，为民间称道。

苏武 杜陵（今陕西西安东南）人，西汉爱国名臣，公元前100年，因奉命赴匈奴（西汉时主要活动于我国西北广大地区的少数民族）被扣，匈奴贵族多方威胁诱降，又把他迁到北海（今贝加尔湖）边牧羊，坚持19年不屈。后因匈奴与汉和好，才被遣回朝，官至典属国。“苏武牧羊”的故事，至今为民间所流传。

苏秦 东周洛阳（今河南洛阳东）人，与张仪同被称为纵横家。他提倡合纵以抗秦，结果身佩6国相印，荣宗耀祖，显赫异常。其弟苏代，齐湣王末年游说于齐燕两国间，曾劝说燕昭王联秦伐齐。

苏忿生 最早以苏为姓的，周武王时官拜为大司寇，自此，苏氏世代仕周，长达200年之久，成为当时很有影响的家族。与此同时，在江淮中游的楚（西周时立国于荆山〈今属湖北省境〉一带，建都丹阳〈今湖北秭归东南〉）地，作为五霸之一的楚庄王，之所以成业，主要靠的就是他的大夫苏纵。

苏氏风流撷英

苏氏有姓源岔生，
昆吾之后浔赐封。[①]
温县本是发祥地，
苏洵族谱为凭证。[②]
游说纵横看苏秦，
苏武牧羊见贞忠。[③]
名将定方左骁卫，
南征北战显才能。[④]
眉山文坛唯三苏，
才子东坡传美名。[⑤]
水运仪象靠智慧，
天文名家是苏颂。[⑥]
黑旗趟主苏天福，
争取民权立奇功。[⑦]
春回大地已复苏，
万事功成靠拼争。[⑧]

注释：

①依据《元和姓纂》，苏氏子孙是贫主的后人，相传夏朝的同盟部落，昆吾之后岔生，在周武王时任司寇，封于苏国。古苏国位于河北临漳县。

②苏氏的祖先生活在河南温县，那里是苏氏子孙的发祥地。《苏洵族谱·后录》有文字记载可以考证。

③苏秦（？—前284年），河南洛阳人，战国时的纵横家，曾成功地劝说五国国王联合抗秦，三寸不烂之舌能抵百万雄兵。苏武（？—前60年），陕西西安人，西汉大臣，他奉命出使匈奴，被扣押，后在北海放羊，历时十九年不变节，可谓忠贞典范。

④苏定方（592—667年），河北武邑人，唐初大将，官至左骁卫大将军。率唐军东征西讨，平突厥，灭百济，使大唐势力西至中亚，东至朝鲜半岛，国势空前强盛。

⑤三苏父子三人，四川眉山县人，北宋文学家，三苏在文学上同属“唐宋八大家”，一家数人，同时具有如此成就，实为罕见，其中的苏东坡犹为著名，辞文书法无所不精。

⑥苏颂（1020—1101），福建泉州人，北宋天文学家，他总结水车、简车、凸轮等机械原理，设计自动化天文台“水运仪象台”，是世界上第一座天文钟。著有《新仪象法要》。

⑦苏天福（？—1863），河南永城人，清末捻军起义首领，为黑旗军“大趟主”，为争取民主权力抗清军，功不可没。

⑧苏，是苏醒的意思。春气回转，大地复苏。我们要看清形势，奋力拼争，做出一番事业，光宗耀祖，振兴国家。

中华百家姓

赵	钱	孙	李	周	吴	郑	王	冯	陈	蒋	沈	韩	杨
朱	秦	许	何	吕	张	孔	曹	金	魏	姜	谢	邹	苏
潘	范	彭	韦	马	方	任	袁	史	唐	薛	雷	贺	汤
罗	郝	常	于	傅	康	余	顾	孟	黄	尹	姚	邵	汪
毛	戴	宋	熊	董	梁	杜	贾	江	郭	林	钟	徐	邱
高	夏	蔡	田	胡	万	卢	丁	邓	石	崔	龚	程	陆
段	侯	武	刘	龙	叶	黎	白	赖	乔	谭	阎	易	廖
文	曾												

潘 姓

——三支同源为黄帝，广宗望出后世奇

潘氏解密寻踪

（一） 姓氏字源

《说文》：“潘，淅米汁也。一曰水名，在河南荥阳，从水，番声。”所谓潘，即指淘米水。《左传·哀公十四年》：“陈氏方睦，使疾，而遗之潘汁，备酒肉焉。”杜预注：“潘，米汁，可以沐头，一说水名，谓河南省荥阳市境内之汴水。

（二） 寻根溯祖

《通志·氏族略三》：“潘氏，芈姓，楚之公族，以字为氏。潘崇之先，未详其始。或言毕公高之子季孙食采于潘，谬矣。潘岳家风诗自可见。晋亦有潘父，恐自楚往也。汉有潘瑾，后汉有潘勉。又有破多罗氏，改姓潘氏，虏姓也。”《姓氏寻源》卷十二“《姓谱》云：周文王之子季孙，食采于潘，因氏焉。《广韵》云：毕公子季孙，食采于潘，因氏。出广宗、河南二望。《姓纂》作季佰，食采于潘，因为氏。如孙愐说，季孙是文王孙，非子也。然文王诛潘正先此矣。又按：潘属上谷，魏《土地记》云：盖雒城西南故潘城，必有以地为氏者。汉溧阳长《潘乾校官碑》云：盖楚太傅潘崇之末绪也。晋《潘岳家谱》云；楚公族芈姓之后，以字为氏，潘崇是也。晋亦为潘父，恐自楚往也。唐《潘智昭墓志铭》叙其先世云：楚大夫汪之绪也。今《左传》作尪。《姓纂》云：武陵汉寿者，濬之后，冯翊者，尼之后；京兆者，勖之后；河南者，威之后；则破多罗所改也。《官氏志》后魏改破多罗氏为潘氏。”今按，潘氏姓源当有三支：一支出姬姓，为周文王子毕公高后。毕公高封其子季孙于潘，附庸于毕国。据说其地在今陕西省北部，子孙以采邑命氏。一支出芈姓。春秋时楚国有潘氏，以字为氏，见于家传者始祖为潘崇。潘崇官拜楚穆王太师。一支出北方鲜卑族。后魏时，代北鲜卑有姓破多罗者，后改潘氏。

（三） 宗堂郡望

堂号 “黄门堂”：晋代潘岳为河阳令，累官黄门侍郎，诗作最好，和陆机合称“潘陆”。

潘氏又以“荥阳”为其堂号。

郡望 主要有广宗郡、河南郡、荥阳郡、豫章郡等。

1. 广宗郡。东汉永元五年（公元93年）置县，治所在今河北威县东。隋仁寿元年（公元601年）避太子广讳，改名宗城。十六国后赵为建兴郡治；北魏为广宗郡治。此支潘氏，出自潘勖之后，其开基始祖为晋代广宗太守潘才。

2. 河南郡。汉高帝二年（公元前205年）改秦三川郡置郡。治所在雒阳（今河南洛阳市东北）。相当今河南省黄河以南洛水、伊水下游、双洎河、贾鲁河上游地区及黄河以北原阳县。此支潘氏，多出自鲜卑族破多罗氏之后，其开基始祖为潘威。

3. 荥阳郡。“荥”一作“荧”。三国魏正始三年（公元242年）分河南郡置郡，治所在荥阳（今县东北）。相当今河南省黄河以南，东至朱仙镇、西至荥阳、南至密县、洧川，及黄河以北的原阳县地，即郑州地区。此支潘氏，为汉献帝时的尚书左丞潘勖之族所在。

4. 豫章郡。楚汉之际始置郡，治所在南昌（今江西南昌市）。汉武帝元狩二年（公元前121年）以后相当今江西省地。南朝陈时有今江西锦江流域、南昌市、清江等县地。大业及唐天宝、至德时又曾改洪州为豫章郡。此支潘氏，为潘崇之后。

（四） 家谱寻踪

山西太原·荥阳重修潘氏宗谱四卷

藏地：国家图书馆

（清）潘秀锦　潘秀明等重修

清宣统二年（1910）活字本　四册

山西平定·潘氏合谱一卷

藏地：人民大学　美国

（清）潘组耀等修

清咸丰七年（1857）刻本　二册

山西平定·潘氏族谱不分卷

藏地：人民大学　美国

（清）潘应珍等修

清光绪三十二年（1906）刊本

上海·潘氏家谱六卷

藏地：中国社会科学院历史研究所图书馆　吉林大学　华东师范大学　苏州大学四川图书馆　日本　美国

（民国）潘翔麒修

1935年承志堂排印本

江苏淮安·山阳潘氏统宗谱十卷

藏地：江苏淮安县图书馆（存卷1）

（明）潘埙原撰　（清）潘千秋纂

清康熙二十三年（1684）刊本

江苏淮安·山阳潘氏统宗谱十二卷

藏地：北京师范大学　江苏淮安县图书馆（缺第六册）

（清）潘松崖增修

清乾隆四十九年（1784）刻　民国间重印本

江苏·淮安潘氏续修宗谱

藏地：江苏淮安县图书馆

（民国）潘兰璘续纂

1926年刻本　二册

江苏镇江·润东顺江洲潘氏宗谱四卷

藏地：辽宁图书馆　日本　美国

（清）潘纷　潘杞等重修

清道光二十四年（1844）三槐堂刻本　四册

江苏常州·贤庄潘氏宗谱四卷

藏地：江苏常州市图书馆

（清）潘福海主修

清光绪十六年（1890）常州潘氏积厚堂木活字本

江苏常州·毗陵永宁潘氏续修宗谱十二卷

藏地：国家图书馆　中国社会科学院历史研究所图书馆　南开大学

（清）潘义容主修

清光绪二十年（1894）花县堂活字本

江苏常州·潘氏族谱十六卷

藏地：中国社会科学院历史研究所图书馆

（清）潘大本主修

清光绪二十一年（1895）笃庆堂活字本　十八册

江苏常州·毗陵桃原里潘氏宗谱四卷

藏地：江苏常州市图书馆

（民国）潘炳松等纂修

1917年毗陵潘氏世德堂木活字本

江苏常州·毗陵棠林潘氏宗谱十二卷首一卷

藏地：国家图书馆

（清）潘玉高等重修

1919年维则堂活字本　八册

江苏宜兴·阳羡雁荡里潘氏宗谱六卷

藏地：国家图书馆

（清）潘富昌等重修

清光绪七年（1881）燕贻堂活字本　六册

江苏吴县·潘氏宗谱三卷首一卷

藏地：河北大学　吉林大学　江苏苏州博物馆　云南图书馆

（清）潘和玉辑　潘良敬纂修

清道光间刻本

江苏吴县·大佛潘氏支谱二十四卷首一卷

藏地：江苏苏州市博物馆　日本美国

（清）潘遵祁等纂修

清咸丰四年（1854）松麟庄刻本

江苏苏州·大阜潘氏支谱二十四卷首一卷

藏地：国家图书馆　江苏苏州市图书馆（存卷18、19）　日本　美国

（清）潘遵祁等增辑

清同治八年（1869）潘氏松麟庄

刻本

江苏苏州·大阜潘氏支谱二十四卷首一卷

藏地：人民大学　中央民族大学　辽宁图书馆　江苏苏州市图书馆（存13卷）　日本　美国

（清）潘观保增修

清光绪十三年（1887）松麟庄刻本

江苏苏州·大阜潘氏支谱二十四卷首一卷

藏地：江苏苏州市图书馆　江苏苏州市

博物馆（存十八册）　日本　美国

（清）潘钟瑞等重修

清光绪三十四年（1908）石印本　十六册

江苏常州·大阜潘氏支谱正编十四卷附编十卷首一卷

藏地：中国科学院图书馆（残）　中央民族大学　辽宁图书馆　辽宁大连市图书馆　江苏苏州市图书馆　美国

（民国）潘志辉等编辑

1927年松麟庄铅印本　十六册

江苏苏州·大佛潘氏支谱十四卷附编十卷首一卷

藏地：江苏苏州市博物馆（存正编十四卷、卷首）

（民国）潘家元等修

1938年松麟庄铅印本

江苏苏州·大阜潘氏支谱正编十四卷附编十卷

藏地：上海图书馆

江苏吴县·东汇潘氏族谱八卷首一卷末一卷

藏地：辽宁图书馆　吉林大学　上海图书馆　江苏苏州市博物馆　日本　美国

（清）潘绍徵续修

清光绪十八年（1892）承志堂刻本

江苏吴县·东汇潘氏族谱十一卷首一卷末一卷

藏地：中国科学院图书馆　中国社会科学院历史研究所图书馆　北京大学　江苏苏州市博

（民国）潘祖芬纂修

1919年承志堂活字本　十册

1944年铅印本　十六册

江苏吴县·歙县迁苏潘氏家谱七卷

藏地：国家图书馆（二部）　中国社会科学院历史研究所图书馆　人民大学　吉林大学　江苏苏州市图书馆　江苏苏州市博日本　美国

（民国）潘廷燮等增修

1914年上海竞新印刷所铅印本　一册

江苏昆山·荥阳潘氏家谱不分卷

藏地：上海图书馆

（清）潘道根纂修

稿本

浙江·富桐潘氏宗谱八卷

藏地：国家图书馆

（清）潘承鲁等重修

清光绪二十二年（1896）活字本　八册

浙江萧山·萧邑崇化潘氏宗谱

藏地：河北大学

（清）潘良兴　潘得周辑

清嘉庆八年（1803）木刻本　六册

浙江萧山·萧邑崇化潘氏宗谱八

卷首一卷

藏地：日本　美国

（清）潘俊华等修

清光绪十四年（1925）僾肃堂木活字本　八册

浙江・萧山钱清北祠潘氏宗谱六卷

藏地：国家图书馆　中国社会科学院历史研究所图书馆　吉林大学　浙江图书馆

（清）潘沄纂修

清光绪二十一年（1895）永言堂活字本　六册

浙江余姚・勅赐余姚潘许同宗济美宝纶堂谱牒八卷首一卷

藏地：国家图书馆　中国社会科学院历史研究所图书馆　河北大学　四川图书馆

（清）潘传林等续编

清光绪十三年（1887）活字本　八册

浙江慈溪・潘氏宗谱四卷

藏地：吉林大学

（清）潘赓九纂修

清光绪三十四年（1908）敬修堂活字本　二册

浙江象山・丹山鳌峰潘氏宗谱六卷

藏地：浙江象山县文管会

（清）陈根培重修

清光绪九年（1883）木刻本

浙江湖州・吴兴纯孝里潘氏世谱

藏地：日本　美国

明万历四十二年（1614）刊本　四册

浙江湖州・潘氏纯孝世谱□□卷

藏地：人民大学

清康熙间刻本（有钞配）　二册

浙江湖州・汇嘴潘氏家乘不分卷

藏地：南京大学

（清）潘炯等纂修

清道光九年（1829）潘氏刻本　七册

浙江湖州・苕东湖滨义泉陈溇氏宗谱

藏地：国家图书馆

（清）潘宇春撰

清钞本　一册

浙江长兴・潘氏宗谱三卷

藏地：浙江长兴县博物馆

（清）潘宝生纂

清光绪二十三年（1897）木刻本

浙江绍兴・潘氏家谱不分卷

藏地：日本　美国

（清）潘昌等修

清康熙五十一年（1712）写本　二册

浙江诸暨・暨阳东安潘氏宗谱十二卷首一卷末一卷

藏地：河北大学

（清）潘金台　潘文濬修

清光绪七年（1881）木刻本　十册

浙江诸暨・暨阳东安潘氏宗谱十四卷

藏地：河北大学

（民国）潘大源　潘锡瀛辑

1925年木刻本　十四册

浙江嵊县・剡西潘氏宗谱□□卷

藏地：浙江嵊县图书馆（存卷2、3）

1948年木活字本

浙江兰溪・古溪潘氏宗谱十二卷

藏地：浙江兰溪县建设乡下潘

清光绪二十一年（1895）木刻本

浙江·兰溪荥阳潘氏宗谱四卷

藏地：浙江兰溪县甘溪乡潘村

1947年木刻本

浙江·东阳潘氏宗谱八卷

藏地：日本　美国

（清）潘学江等重修

清同治十三年（1874）刊本　十册

浙江浦江·浦阳华墙潘氏宗谱十卷首一卷末一卷

藏地：美国

（清）潘尚富等重修

清乾隆四十一年（1792）木活字本　十二册

浙江浦江·华墙潘氏家谱不分卷

藏地：国家图书馆

（民国）潘绍垚等修

1926年活字本　一册

浙江常山·赤石堺潘氏宗谱二卷

藏地：浙江常山县同弓乡竹蓬村（二部）

（清）刘统勋修

清乾隆三十四年（1769）木刻本

浙江临海·潘氏宗谱四卷

藏地：浙江临海县博物馆

清同治四年（1865）木活字本

浙江临海·潘氏宗谱四卷

藏地：浙江临海县博物馆

（民国）叶献廷修

1935年刊本

浙江松阳·荥阳潘氏宗谱二卷

藏地：浙江松阳县斋坛乡上岔村

（民国）潘荣勋主修

1942年木刻本

安徽和县·历阳潘氏宗谱四卷

藏地：安徽博物馆

（民国）潘家满　潘启树等纂

1918年明经堂木活字本　四册

安徽·庐江潘氏宗谱十四卷

藏地：安徽图书馆

（清）潘鼎立修

清光绪十六年（1890）刻本　十四册

安徽·庐州庐川潘氏宗谱八卷

藏地：美国

（清）潘家裕等修

清光绪二十二年（1896）钟桃堂活字本　八册

安徽泾县·荥阳潘氏统宗谱二十四卷首一卷末三卷

藏地：国家图书馆（残）　中国社会科学院历史研究所图书馆（残）

（清）潘江藻编辑

清光绪十年（1884）活字本　四册

安徽徽州·新安潘氏宗谱四卷

藏地：国家图书馆

（明）潘杰撰

明刻本　二册

安徽徽州·新安潘氏宗谱不分卷

藏地：安徽屯溪市文物馆

明崇祯十四年（1641）刻本　二册

安徽徽州·新安潘氏源流族谱

藏地：安徽屯溪市文物馆

钞本

安徽歙县·新安歙南大佛潘氏重修宗谱不分卷

藏地：吉林大学

（清）潘仲紘重修

清顺治八年（1651）稿本　五册

安徽歙县·大阜潘氏族谱

藏地：吉林大学

（清）潘潞龄辑

清光绪十七年（1891）钞本 二册

安徽·桐城木山潘氏宗谱三十一卷首一卷末一卷

藏地：安徽图书馆　美国

（民国）潘承勋等修

1928 年德经堂木活字本　三十二册

安徽怀宁·新安海阳黄岚潘氏宗谱五卷

藏地：美国

（明）潘天启等纂

明天启元年（1621）庆德堂钞本 一册

安徽六安·潘氏支谱

藏地：安徽博物馆

（清）潘崇发　潘宗枢纂

清光绪十六年（1890）木活字本 八册

安徽六安·潘氏宗谱十卷

藏地：日本　美国

（清）潘大永　潘启发等修

清宣统三年（1911）木活字本 十册

安徽·六安潘氏三修世谱十八卷

藏地：安徽博物馆（存卷 1、15、17）

（民国）潘宗煦纂

1928 年木活字本

江西·婺源桃溪潘氏本宗谱十六卷

藏地：国家图书馆　河北大学（缺卷 1—3）　山东图书馆

（明）潘珏　程师鲁纂修

明正德刻本　一册

江西·婺源桃溪潘氏宗谱二十一卷

藏地：国家图书馆　江西省图书馆

（明）潘文炳　潘巂纂修

明崇祯六年（1633）家刻本 五册

江西·婺源桃溪潘氏宗谱十六卷

藏地：国家图书馆

（清）潘氏族人撰

清乾隆年间刻本　三册

江西·婺源桃溪潘三仕宗谱十八卷首一卷

藏地：国家图书馆

（清）潘氏族人修

清同治七年（1868）活字本　十二册

江西·万载湖源潘氏族谱三卷

藏地：江西图书馆（存卷 3）

（清）潘亮高等纂修

清同治十年（1871）荥阳堂木活字本

湖北·潘氏族谱四卷首一卷

藏地：武汉市图书馆

（民国）冯斌编纂

1928 年潘氏公兴堂木活字本　二十四册

湖北新洲·潘氏宗谱十九卷

藏地：湖北新洲县张店镇新屋村

1917 年木刻本

湖北新洲·潘氏宗谱十九卷首三卷

藏地：湖北新洲县方扬乡吴胜村

湖北新洲·潘氏宗谱二卷

藏地：湖北新洲县辛部镇四岗村

1931 年木刻本

湖北新洲·潘氏宗谱四十七卷

藏地：湖北新洲县南极乡三山村

（民国）潘经武续修
1946年木刻本

湖北罗田·潘氏支谱四卷
藏地：湖北罗田县县志办
（清）孙邦念等纂
清宣统三年（1911）木刻本

湖南·荥阳潘氏重修族谱九卷
藏地：湖南省图书馆（存卷1—5）
（清）潘荣升　潘羽山等修　潘升平等纂
清道光二十三年（1843）刻本

湖南宁乡·荥阳潘氏四修族谱九卷首一卷
藏地：湖南图书馆（存卷首、卷1—5）
（清）潘启贤　潘元泰纂
清道光二十三年（1843）刻本

湖南宁乡·荥阳潘氏水南饶祖支谱□□卷
藏地：湖南图书馆（存卷首）
清光绪八年（1882）活字本

湖南宁乡·荥阳潘氏白关支谱六卷首二卷
藏地：湖南图书馆（存卷首上、卷2—5）
（民国）潘力致等修　潘华先等纂
1929年文忠堂活字本

湖南平江·潘氏五修族谱□□卷
藏地：湖南图书馆（存卷19、23、31、33）
清光绪三十一年（1905）荥阳堂活字本

湖南平江·潘氏四修族谱五卷首一卷
藏地：湖南图书馆（存卷首）
（民国）潘奕前　潘奕璠修
1936年活字本

湖南汉寿·潘氏合修族谱十卷首三卷
藏地：湖南图书馆（存卷首1）
（民国）潘家眉　潘家鋑等纂
1915年怀德堂印本

广东番禺·潘氏族谱七卷
藏地：广东中山图书馆
（清）潘达祥　潘周询等纂修
清光绪八年（1882）刻本　八册

广东番禺·河南潘氏谱一卷
藏地：中山大学
（清）潘福荣辑
清宣统二年（1910）钞本　一册

广东番禺·潘氏谱不分卷
藏地：广东中山图书馆
（清）潘福荣编
1920年钞本　一册

广东番禺·潘氏族谱不分
藏地：广东中山图书馆
（清）潘兆富　潘宝琳修　（民国）潘福荣续辑
1920年铅印本　一册

广东南海·潘式典堂族谱六卷
藏地：广东中山图书馆　中山大学
（清）潘继李　潘桂森等纂辑　（民国）潘耀华重编
清同治六年（1867）刻　1924年续刻本　六册

广东三水·潘氏家谱不分卷
藏地：广东中山图书馆
（清）潘斯澜著
清光绪六年（1880）刻本　一册

广东三水·潘氏家乘三卷
藏地：中山大学
（清）潘斯濂编
清光绪间刊本　二册

广东新兴·潘氏族谱不分卷

藏地：美国

（民国）潘柄桓修辑

1920 铅印本　一册

四川长寿·潘氏族谱二卷

藏地：四川长寿县石截留坝乡红灯村

四川仪陇·潘氏宗谱一卷

藏地：四川仪陇县档案馆

（清）潘云台纂修

清咸丰七年（1857）木刻本

潘氏族谱二卷

藏地：吉林大学

（宋）潘履孙修

明钞本

平川潘氏家乘十七卷

藏地：日本　美国

（清）潘学燮等续修

清乾隆二十四年（1759）刊本　十二册

潘氏古谱十卷

藏地：苏州大学

（清）潘远达辑

清光绪四年（1878）如在堂木刻本

滆溪潘氏宗谱十卷

藏地：美国

1917 年贻远堂刊本　二十四册

潘氏宗谱八卷

藏地：国家图书馆

（民国）潘宜霈六修

1926 年敦伦堂活字本　十七册

陆平潘氏续修宗谱二十八卷

藏地：苏州大学

（民国）潘菽辑

1928 年如在堂木刻本

荥阳潘氏宗谱十一卷

藏地：浙江酮庐县档案馆（存卷 1、3、7、8、11）

（民国）潘守寅　潘忠益等监修

1926 年修 1934 年木活字本

（五）　字行辈份

1929 年潘寿春纂《潘氏续修家谱》，江苏溧阳潘姓一支字行为：“忠武贵威，峻卿辅乾，程皓策楚。”又 1935 年潘念祖修《潘氏家谱》，浙江新昌潘姓一支字行为：“炳洪宣慈，承先继泽。”

（六）　迁徙繁衍

关于潘姓的起源，古代的姓氏书有两种说法。一是认为出自姬姓，系以邑为氏，即《广韵》所说“周文王（子）毕公（高）之子季孙（《元和姓纂》作‘伯季’）食采于潘，因氏焉”。“潘”在何处？清人张澍《姓氏寻源》说：“潘属上谷，魏《土地记》云：下雒城西南故潘城，必有以地为氏者。”看来这只是一种推测，并无确凿的根据。1990 年 8 月出版的《中国文化大博览》解释潘地为“今陕西长安、咸阳以北之地”。但查《中国古今地名大辞典》、《中国历史地名辞典》及《辞海》、《辞源》等书，均无此记载。因此，弄清潘的地望当是解释潘姓起源的关键所在。

再一说是认为潘姓出自芈姓，系以字为氏，即郑樵《通志·氏族略》所云“芈姓，楚之公族，以字为氏，潘崇之先”。但紧接着又说“未详其始”。就是说潘姓起于何时，系以谁的字为氏均不清楚。《姓氏寻源》在引晋朝《潘岳家谱》说明潘姓是“楚公族芈姓之后，以字为氏”后，又指出“潘崇是也”，并说“晋亦有潘父，恐自楚往也”。查《史记·楚世家》，潘崇是指春秋时楚成王太子商臣的老师，诱导商臣围楚成王，迫使成王自杀。商臣代父立，是为楚穆王，封潘崇为太师，让他掌管国事。《中国人名大辞典》将潘崇列为潘姓人物，于此可见，潘姓不始于潘崇，而是潘崇之前已经有了。

那么，潘姓究竟是怎样产生的呢？据杨育彬《河南考古》称，春秋时期淮河流域有一个小国叫潘国，其郡望可能在今河南固始县境。文物出版社1979年出版的《文物考古工作三十年》说：“今淮滨期思城有汉楚相碑，碑文记载称：（孙叔敖）‘子辞，父有命如楚不忘亡臣社稷，固而欲有赏，必于潘国，下湿垸埆，人所不贪，遂封潘乡，即固始也’。浙江宁波天一阁文物保管所本《固始县志》卷二：‘固始县，古潘国’。”孙叔敖为春秋时楚国期思人，官令尹，曾在期思、雩娄（今河南商城东）兴修水利工程。于此可见，春秋时期确有一个潘国，其地望在今固始县。1974年春在信阳县北甘岸村西出土的3件青铜器中，有一件铜匜铭文“佳番白（伯）畬自乍（作）也（匜），其万年无疆，子孙永宝用”；1978年初在潢川县南刘砦砖瓦窑厂院内出土的5件铜器中，有一件铜盘有铭文“佳番君白（伯）敓用其赤金……”；1979年3月在信阳西北杨河村一座春秋时期墓葬中出土的一批青铜器中，有两鼎腹壁及一盘，一匜底内均有“佳番昶伯者”等铭文。《古今姓氏书辨证》云：“潘一作番。”这进一步说明了春秋潘的存在。何光岳《楚源流史》说“潘为楚邑”。很可能是楚兼并潘国后在其故地置邑的。潘国的子孙以国为氏，即潘氏。

此外，潘姓还有一支是少数民族改姓，即北魏孝文帝迁都洛阳后将鲜卑族的三字姓破多罗氏改为单姓潘氏。

姬姓是黄帝的嫡系子孙，芈姓是黄帝之孙颛顼的后裔，鲜卑族是典帝之子昌意的后裔。因而上述几源同属一宗，即从根本上讲，潘氏是黄帝的后裔。因而上述几源同属一宗，即从根本上讲，潘氏是黄帝的后裔。由于《史记》载有潘崇的事迹，故潘氏大多以潘崇为始祖。潘崇的儿子潘尫，为楚大夫；孙子叫潘党，继为大夫。东汉献帝时有尚书左丞潘勖，为荥阳中牟（今属河南）人。三国时吴有济阳侯潘濬，为汉寿（在今湖南长德县东北）人，据《元和姓纂》记载，西晋时，荥阳中牟潘氏已成为名门望族，到唐代，又在广宗（在今河北境）、汉寿、冯翊（今陕西大荔）、京兆（今陕西西安）、河南（今洛阳）等地成为著姓。其中，广宗潘氏系潘勖的裔孙潘才任西晋广宗太守而在广宗安家发展起来的，此后，子孙因任官等原因又分出隋州、杭州等支脉；汉寿潘氏为潘濬的后代，又分出江夏（今湖北武汉一带）等支脉；冯翊、京当潘氏，均为潘勖的后代；河南潘氏为破多罗氏所改，是潘威的后代。又据福建《漳州府志》记载，唐高宗总章年间，有河南固始人潘节，随陈政、陈元光父子入闽开辟漳州，在当地安家，此后，子孙蕃盛，有的又迁居广东、云南等地。清代，潘氏不仅广泛地分布于冀、鲁、豫、苏皖、浙、湘、鄂、赣、闽、粤、滇、晋、陕、甘等省，而且从康熙年间开始，陆续有人移居台湾，进而又有人到东南亚及其他一些国家和地区开基立业。

旅居海外的潘姓华人，也都对当地的繁荣与进步做出了积极的贡献，涌现出不少杰出人物。例如，印尼华人潘国强，善营草药，所办雄鸡草药厂为印尼最大的草药厂之一，产品行销全国和东南亚，并多次在国际展销会上获优质奖，因而被誉为印尼“草药业大王”。

（七）适用楹联

□源自姬姓；望出广宗。

□名高吴将；①位列楚卿。②

□诗称邠老；③赋重安仁。④

□四任治河总理；⑤
三源支系一宗。⑥

□典籍淹通，赋成华岳；⑦
丰姿秀美，果满香车。⑧

□春发其华，秋结其实；
业精于勤，行成于思。⑨

注释：

①清代将领潘韬，吴川人。乾隆中任闽浙督标水师营参将，守护台湾有功，官至南澳镇总兵。

②春秋楚成王时太师潘崇，助楚穆王继位有功，穆王封为太师。兼掌环列之尹。

③宋代诗人潘大临，字邠老，黄岗人。与弟大观皆以诗名。从苏轼、黄庭坚、张耒游，雅所推重，有《柯山集》。

④西晋文学家潘岳（247—300），字安仁，荥阳中牟（今属河南）人。曾任著作郎、给事黄门侍郎等职，长于诗赋，与陆机齐名。明人辑有《潘黄门集》。

⑤明代水利家潘季训（1521—1595），字时良，号印川，乌程（今浙江湖州）人。曾以御史巡视广东，行均平里甲法。并曾四任总理河道，总结出一套治黄方法。有《两河管见》、《宸断大工录》、《河防一览》等。

⑥潘姓三支起源同为黄帝一宗。

⑦见注④。

⑧宋代学者潘翼，字雄飞，青田人。贯穿诸子百家，著九域赋、工古文，邑人登科者多出其门。王十朋自少从游，每叹不能竟其学。

⑨清末进士潘龄皋自题联。潘龄皋，字锡九，河北安新人。历官甘肃布政使等。

潘氏名人集粹

潘鼎新　安徽庐江人，清末淮军将领，曾官至山东布政使、湖南巡抚、广西巡抚等职。镇压过捻军。

潘起亮　江苏南京人，清末上海小刀会首领，1853 年 9 月 7 日在刘丽川领导下武装起义，任飞虎将军。1855 年 1 月率部打败法军和清军的进攻，2 月从上海突围后加入太平军，被封衡天安。1865 年在广东大埔县牺牲。

潘茂　清初江南溧阳农民起义的领导人之一。

潘耒　吴江（今属江苏）人，清初学者，博涉经史及历算声韵之学。曾参与纂修《明史》。

潘奕隽 吴县（今属江苏）人，清初书画家，平生著述甚多。所到从三松堂集77遍诵艺林。

潘恭 江苏丹徒人，清初画家，其族弟中多人都是当时知名画家。

潘平格 浙江慈溪人，明清之际思想家，强调在日用实际上去求真理，提出“浑然一体”、“见在真心”的理论。著有《求仁录》。

潘柽章 江南吴江（今属江苏）人，明清之际学者，著有《国史考异》。顾炎武推其精审。

潘之恒 歙县（今属安徽）人，明代文学家，潘季驯，浙江乌程（今吴兴）人，明代著名水利家，潘季驯自嘉靖末到万历间，四任总理河道，先后达27年。他治黄方法是：筑堤防溢，建坝减水，以堤束水，以水攻沙，河行旧道，反对改流，讲究修防，借黄（黄河）通运（运河）。他著书多部，甚有影响。

潘美 大名（今属河北）人，北宋时著名将领，他是宋太祖赵匡胤的一名大将，战功辉煌。曾在太祖受禅之初，为宋室收复凶悍的陕师袁彦，而巩固了赵家的天下。后来，他平定泽、潞、扬州，下江南广东、云南，以大功累官至忠武军节度使，还被封为代国公。

潘处常 五代南唐散骑常侍，其子内史舍人潘佑。

潘求仁 唐代杭州刺史。

潘道毅 冯翊（今陕西大荔）人，唐代左屯大将军，均为潘尼之世孙。

潘肃仁 江夏（今湖北武昌）人，唐代秘书监。

潘环 洛阳（今属河南）人，东晋检校太尉。

潘岳 荥阳中牟（今属河南）人，西晋时有文学家，曾任河阳令、著作郎、给事黄门侍郎等职。以其文学才华及“美姿容”而著名。在文学方面，长于诗赋，文词华靡，为当时形式主义诗风的代表人物。与陆机齐名。其《悼亡诗》为世传颂。

潘尼 潘勖之孙，潘岳之侄，中牟（今属河南）人，曾官至太常卿。与叔父潘岳均以文学齐名，世称“两潘”。其诗注重词藻，多应酬赠答之作。明人辑有《潘太常集》。

潘才 潘尼之孙又为晋广宗（今河北威县）太守。潘才第八代孙潘绍业在北魏时任随州（今湖北随县）刺史。

潘濬 三国时东吴名将汉寿（治今湖南常德县东北）人，济阳侯。

潘勖 荥阳中牟（今属河南）人，尚书左丞。

潘崇 春秋时楚国（建都今湖北省境）太师。其世代为当朝有势力的家庭，故潘氏大多以潘崇为始祖。潘崇之子潘尫，为楚庄王时大夫；孙子潘党，继为大夫等。另外晋国（今属山西）有潘父。

可见潘姓自从产生以后，见于史书的知名人物真是不少。

潘氏风流撷英

三支同源为黄帝，[①]
广宗望出后世奇。[②]
鄢陵蹲甲射七札，

叔党原不逊后羿。③
世长不肯为谈宗，
勤学政术成天才。④
潘岳河阳栽桃李，
黄门诗赋胜陆机。⑤
文叔慈祥称佛子，⑥
战功赫赫推武惠。⑦
玉儿拼庄金莲绝，⑧
妙圆殉节玉城灰。⑨
画墨成仙潘谷笔，⑩
清雅玲珑邠老诗。⑪
四任总理功绩著，⑫
承明吴中定五溪。⑬

注释：

①潘姓三支起源于黄帝一宗。

②广宗为潘姓郡望之一。

③潘党，字叔党，春秋时楚国大夫，善射。鄢陵之役中曾与养由基（善射者）蹲甲而射，箭穿士札，以示楚王。后羿，传说中善射者，有射日弓。

④潘京，字世长，晋时汉寿人。至洛阳，尚书令乐广与其共谈累日，叹曰："君天才过人，恨不学耳。若加以学，必为一代谈宗。"（京）遂勤学不倦。历官巴丘，邵陵，泉陵县令。明于政术，道不拾遗。

⑤潘岳（247—300）字安仁，晋代荥阳郡中牟人。任河阳令时，在县中满种桃李，传为美谈。官至给事黄门侍郎，擅长诗赋，与陆机齐名。

⑥潘友文，字文叔，宋代金华人。慈祥恳恻，一意思慕善人，服行善事，称潘佛子。

⑦潘美（925—991），字仲询，宋大名府人，事太祖赵匡胤，屡立战功，谥武惠。

⑧潘玉儿，南齐东昏侯之妃，色美。东昏侯曾凿地为金莲花，令妃行其上，曰："此步步生莲也。"后梁武帝入建康，欲以玉儿赐田安启，不从，自缢死。

⑨潘妙圆，宋末人，被元兵围于城中，将受辱，焚其夫骨，自蹈烈火而死。

⑩潘谷，宋时歙县人，造墨精妙。苏轼曾赠诗，曰："一朝入海寻李白，空看人间画墨仙"。

⑪潘大临，字邠老，宋代黄冈人，与弟大观皆以诗名。从苏轼、黄庭坚、张耒游，雅所推重。

⑫潘季训（1521～1595），字时良，明代乌程人。四任治河总理，前后治水27年，功绩卓著。

⑬潘濬，字承明，三国时吴汉寿人。初事刘表、刘备，入吴后历官辅军中郎将，少府，太常，讨平五溪蛮，一方为之宁静。

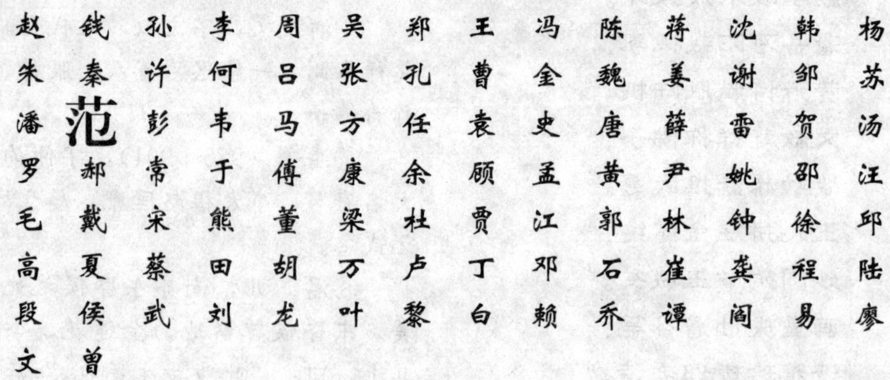
中华百家姓

赵 钱 孙 李 周 吴 郑 王 冯 陈 蒋 沈 韩 杨
朱 秦 许 何 吕 张 孔 曹 金 魏 姜 谢 邹 苏
潘 范 彭 韦 马 方 任 袁 史 唐 薛 雷 贺 汤
罗 郝 常 于 傅 康 余 顾 孟 黄 尹 姚 邵 汪
毛 戴 宋 熊 董 梁 杜 贾 江 郭 林 钟 徐 邱
高 夏 蔡 田 胡 万 卢 丁 邓 石 崔 龚 程 陆
段 侯 武 刘 龙 叶 黎 白 赖 乔 谭 阎 易 廖
文 曾

范 姓

——范会始出帝尧后，河南范县初展雄

范氏解密寻踪

（一） 姓氏字源

《说文》：“范，艸也。从艸，氾声。”范，草名。具体未详。

（二） 寻根溯祖

范姓起源主要有以下一些：

出自祁姓，为杜氏后裔。据《元和姓纂》、《古今姓氏书辨证》等史料所载，相传帝舜做了天子以后，封尧（名放勋，陶唐氏，史称唐尧，相传他是黄帝的玄孙，帝喾高辛氏的次子）的儿子丹朱在唐（今山西翼城县西），再传至帝尧裔孙刘累在夏朝末仕于夏王孔甲，因功被赐姓御龙氏，此后，刘累迁居鲁县（今河南鲁山县），其裔孙在商代因曾居豕韦故地而称系韦氏，商朝末年，再迁于唐。到了周成王时，唐国不服从号令，被周公旦灭掉。唐国故地被分封给成王弟叔虞，唐国贵族则被西迁到周朝京师附近的杜（今西安市东杜陵），为伯爵国，因此又称唐杜氏。周宣王时，唐杜国君桓在朝中任大夫，人称杜伯。杜伯因宣王的一个宠妃诬告被屈杀后，他的子孙便大多逃往中原各国，其中杜伯的儿子隰叔投奔晋（建都今山西太原一带，在今山西西南部），为士师（法官），他的儿子士芳以官名为氏，子孙称为士氏。士芳的孙子士会担任晋国上军之将，因功升为中军元帅，执掌国政。士会先得到封邑随（在今山西介休县），后来又得到范邑（在今河南东北部的范县），所以又称随会、范会，死后追谥武子，所以又称他为范武子。他的子孙后来分为士氏、范氏、随氏三支。自士会以后，有范文子（士会之子名燮，以范为氏，曾任晋国中军副帅，谥号范文子）、范宣子（燮之子匄，初任中军之佐，晋平公时任宰辅，掌握国政。他为了加强中央集权，曾攻灭贵族栾盈族党，把过去“夷之搜（阅兵典礼）”宣布的法令，制订为刑书。他死后，晋国便把他所订刑书铸在铁鼎上予以公布，从而使晋国成为春秋时最早以法治国的国家）以及范献之（范匄之子名鞅），世代为晋国上卿，可以说范氏曾是左右我国早期政治的世家巨族之一。至晋出公十七年（前458年），智伯与赵、韩、魏共分范地，范氏逃出晋国。后智伯势力不断强大，掌握了晋国的政事大权，智伯才收回了范氏地。晋哀公四年，赵襄子、韩康子、魏桓子共杀智伯，吞并其地。晋静公二年（前376年），魏武侯、韩哀侯、赵敬侯共灭晋而三分其地，范氏或迁入魏国（在今山西芮城北），或迁入秦（陕西咸阳），或南迁至南阳（今河南南阳一带）。

范氏又有外族一系。晋时，南蛮有林邑（也称占城，古国名，又称占婆，故地在今越南中南部，17世纪末亡于广南〈今属云南〉阮氏）王范文，初为日南西捲县夷师范椎之奴，后为林邑王范逸辅佐，深得国人敬重，林邑王范逸死后无子继位，范文便自立为王，使得这一支范氏不断繁衍壮大。

（三） 宗堂郡望

堂号 1.“后乐堂”：宋朝范仲淹，小时就以治天下当做自己的责任。他当秀才时说：“先天下之忧而忧，后天下之乐而乐。”后来当宰相。

2.“鸡黍堂”：后汉范式，金乡人。小的时候在太学读书，和汝南张劭交了朋友。分别的时候，张劭对范式说：“两年后的今天，我到你家看望您的母亲。”到了那天，范式告诉母亲准备饭菜。范母认为路远日久，张劭不会来的。范式说：“我的朋友都是最讲信义的。”说着，张劭的车马已经来到。范母就杀了鸡，煮了小米饭招待张劭。成语“杀鸡为黍”讲的就是这件事。

郡望 主要有南阳郡、高平郡等。

1. 南阳郡。战国秦昭王三十五年（公元前272年）置郡，治所在宛县（今河南南阳市）。汉时相当今河南熊耳山以南叶县、内乡间和湖北大洪山以北应山、郧县间地。

2. 高平郡。历史上前后设此郡有三处：其一为西汉置高平县，治所在今宁夏固原县。北魏正光五年（公元524年）置郡，治所在高平（今固原）。相当今宁夏固原县地。北周改名高平郡。其二为东汉章帝置高平县，治所在今山东微山县西北。晋太始元年（公元256年）改山阳郡置高平郡，治所在昌邑（今山东省巨野县南）。相当今山东独山湖、金乡、巨野、邹县之间地。其三为北周改高都郡置高平郡，治所在高都（今晋城东北）。相当今山

西晋城、高平等县地。隋开皇初废。唐天宝、至德时又曾改泽州为高平郡。泽州，治所在丹川（今山西晋城东北）。

（四） 家谱寻踪

江苏武进·毗陵范氏重修家乘十二卷

藏地：美国

（清）范培等跋

清同治九年（1870）忠恕祠活字本　十六册

江苏无锡·范氏家乘四卷首一卷

藏地：江苏吴江县图书馆　云南图书馆

日本　美国

（民国）范铸　范廷铨辑

1916 年印本

江苏江阴·澄江范氏宗谱十六卷

藏地：美国

（清）范用宾等修

清光绪三十一年（1905）后乐堂木活字本　二十四册

江苏宜兴·荆溪范氏家乘二十四卷

藏地：国家图书馆

（民国）范蕴辉修

1926 年永思堂活字本　二十四册

江苏苏州·范氏家乘十六卷

藏地：日本　美国

（清）范周球等重修

清同治九年（1870）刻本　六册

江苏常熟·范氏历代宗谱十卷首一卷

藏地：国家图书馆　中国社会科学院历史研究所图书馆　河北大学　日本　美国

（清）范启照纂修

清光绪十八年（1892）后乐堂活字本　十册

江苏吴县·范氏家乘二十四卷首一卷

藏地：复旦大学　日本　美国

（清）范安瑶续修

清乾隆十一年（1746）刻本

江苏吴县·范氏家乘世系十六卷首一卷

藏地：浙江宁波天一阁文物保管所（存卷首、1—8）日本　美国

清刻本

江苏吴县·范氏家乘左编二十四卷首一卷末一卷右编十六卷首一卷

藏地：辽宁图书馆

清道光元年（1821）刻本

江苏吴县·范氏家乘四十卷

藏地：日本　美国

（清）范宏金等续修

清道光三十年（1850）刻本

江苏吴县·范氏家乘左编二十四卷右编十六卷首一卷末一卷

藏地：人民大学　江苏苏州市图书馆（存四十七册）

（清）范端信等纂修

清光绪年间活字本　一百册

江苏吴县·范氏家乘四十八卷

藏地：江苏吴江县图书馆

（清）范端信纂修

清范氏抄本　二册

江苏吴县·范氏宗谱三十卷

藏地：福建图书馆（存一卷）

（清）范端信修

1916 年刻本

江苏吴县·甫里范氏族谱一卷

藏地：江苏吴县图书馆

（民国）范承绶纂

1915年万卷楼抄本　一册

江苏吴江·同里古吴郡范氏家乘不分卷续谱一卷

藏地：江苏吴江县图书馆

范文光辑

抄本

浙江杭州·高平范氏谱八卷首一卷

藏地：南京大学

（清）范多庆修

清道光十九年（1839）高平范氏刻本　五册

浙江杭州·高平范氏族谱八卷首末各一卷

藏地：日本　美国

（清）范鸿章　范鸿宾等钞录

清光绪四年（1878）抄本　二十四册

浙江桐卢·范氏家谱不分卷

藏地：日本　美国

（明）范士明等修

明万历五年（1577）序抄本　二册

浙江宁波·四明范氏家乘追远录二卷世次七卷世系录七卷

藏地：国家图书馆

（民国）范凤书等纂修

1922年崇本堂活字本　四册

浙江宁波·四明范氏宣义宗谱四卷

藏地：浙江宁波天一阁文物保管所

（民国）范贤祥纂修

1933年敦本堂抄本　四册

浙江宁波·蛟川范氏宗谱四卷

藏地：浙江宁波天一阁文物保管所（残破）

（清）范恒益纂修

清光绪十八年（1892）积善堂木活字本

浙江宁波·郑西范氏谱不分卷

（清）范邦瑗续修

藏地：浙江宁波天一阁文物保管所

稿本　二册

浙江宁波·郑西范氏本支谱不分卷

藏地：哈尔滨师范大学

（清）范邦瑗续修

清光绪八年（1882）四明卢山房钞本　一册

浙江宁波·郑西范氏泰百二十房下翰林房支谱不分卷

藏地：浙江宁波天一阁文物保管所

（清）范从律编辑　（民国）范盈煜续增

1922年抄本　一册

浙江宁波·鄞范氏族谱不分卷

藏地：浙江宁波天一阁文物保管所

（清）范上林纂修

稿本　二册

浙江奉化·鲒埼胡氏宗谱四卷首一卷

藏地：浙江宁波天一阁文物保管所

（清）宋辅世纂修

清乾隆三年（1738）抄本　一册

浙江宁波·古虞金罍范氏宗谱十四卷

藏地：浙江图书馆　日本　美国

清光绪十年（1884）芝本堂木活

本　十四册

浙江上虞·古虞金罍范氏宗谱二十五卷首末各一卷

藏地：国家图书馆　中国社会科学院历史研究所图书馆　吉林大学（二部）

（民国）范金相纂修

1915 年芝本堂活字本　十四册

浙江上虞·范氏迁虞稿不分卷

藏地：浙江图书馆

清抄本　二册

浙江金华·古婺长山栗塘范氏宗谱三集十八卷

藏地：浙江图书馆

（民国）范士裕总理　范士宾　范协田监理

1946 年木活字本　十五册

浙江兰溪·梅林范氏家谱三十四卷

藏地：浙江兰溪县游埠乡夺基村委会

（清）范孝洪重纂

清光绪十九年（1893）木刻本

浙江兰溪·梅林范氏家谱十七卷

藏地：浙江兰溪县文管（又一部不全）

清光绪十九年（1893）修刻本　二十四册

浙江兰溪·范圩高郡范氏宗谱六卷

藏地：浙江兰溪县圣山乡

（民国）瑕佩兰重纂

1924 年木刻本

浙江兰溪·龙门范氏宗谱十二卷

藏地：浙江兰溪县黄店乡范宅村

（民国）范增海重修

1926 年木刻本

浙江兰溪·范材村范氏宗谱三卷

藏地：浙江兰溪县圣山乡

（民国）周绍漠重纂

1929 年木刻本

浙江兰溪·范氏宗谱四卷

藏地：浙江兰溪县灵洞乡洞源

1938 年木刻本

浙江兰溪·兰溪浴西龙门范氏家谱二十卷

藏地：浙江兰溪县厚仁乡里范村

1939 年木刻本

浙江兰溪·院坞范氏宗谱十卷

藏地：浙江兰溪县金湖乡范院坞

1940 年木刻本

浙江兰溪·兰溪龙门范氏家谱十二卷

藏地：浙江兰溪县甘溪乡社溪

木刻本

浙江遂昌·范氏宗谱四卷

藏地：浙江遂昌县三仁乡高桥村

安徽徽州·歙州乘川范氏宗谱不分卷

藏地：北京大学

（清）范世宽纂修

清乾隆九年（1744）刻本

安徽·休宁范氏族谱九卷

藏地：国家图书馆　河北大学　南京图书馆　安徽图书馆　美国

（明）范涞纂修

明万历二十一年（1593）家刻本　八册

安徽·怀宁忠恕堂范氏宗谱

藏地：安徽图书馆（存卷末）

民国间木活字本

福建长乐·范氏族谱八卷

藏地：吉林大学

（民国）范启传重纂修

1916 年精明石印馆石印本　八册

山东黄县·黄县范氏族谱□□卷

藏地：山东黄县中村镇隆化村

山东黄县·黄县范氏族谱□□卷

藏地：山东黄县羊岚乡老干部协会

河南修武·范氏宗谱四卷首一卷

藏地：河南图书馆

（民国）范乃功续修

1923年范氏木刻本

湖北·范氏支谱十七卷首三卷末一卷

藏地：中国科学院图书馆

（清）范志熙等修

清同治十三年（1874）刻本　八册

湖北新洲·范氏宗谱三卷

藏地：湖北新洲县辛冲镇龙岗村

（清）范正坤　范义成等续修

清光绪三年（1877）木刻本

湖北广济·范氏宗谱一卷

藏地：湖北广济县档案馆

1936年绍义堂刻本

湖南宁乡·范氏续修族谱不分卷

藏地：湖南图书馆

（清）范回楷纂

清乾隆五十三年（1788）八家湾公庄刻本　一册

湖南宁乡·范氏续修族谱□□卷

藏地：湖南图书馆（存卷1）

1915年活字本　一册

湖南宁乡·楚沩范氏续修族谱三十五卷首一卷末五卷

藏地：湖南图书馆（存卷1、末1—5）

（民国）范忠裔　范忠纂

1935年活字本　七册

湖南湘潭·范氏族谱十一卷首一卷末一卷

藏地：广东中山图书馆

（民国）范政嶒汇修

1922年敦谊堂刻本　九册

湖南邵阳·范氏族谱十一编

藏地：湖南图书馆（存首编、十编）

（民国）范华舞纂修

1916年光裕堂活字本　二册

湖南岳阳·范氏家谱不分卷

藏地：湖南图书馆

（清）范善广纂

清乾隆十七年（1752）抄本　一册

湖南湘阴·范氏家谱□□卷

藏地：湖南图书馆（存卷1）

（清）范景连　范砚田等纂

清道光三十三年（1853）高平堂活字本　一册

湖南华容·华容范氏支谱十七卷图书馆二卷

藏地：美国

（清）范志熙等修

清光绪三十四年（1908）经义堂刻本　八册

湖南汝城·汝城范氏重修族谱不分卷

藏地：湖南图书馆

（民国）范阳纂修

1917年活字本　二册

广东大埔·范氏族谱七卷

藏地：广东中山图书馆

（民国）范锡元纂修

1940年铅印本　七册

广西·范氏族谱四卷

藏地：中国科学院图书馆

（清）范光祺修

清嘉庆九年（1804）逵道堂刻本　八册

四川华阳·范氏家谱不分卷

藏地：四川图书馆　美国

（清）范宗政等纂修

清光绪九年（1883）刻本　一册

四川华阳·范氏族谱不分卷

藏地：四川图书馆（存一册）

民国间石印本

四川金堂·范氏族谱不分卷

藏地：四川图书馆

（清）范蹇齐编

民国二十一年石印本　一册

范氏历代族谱不分卷

藏地：台湾

（清）乾隆十三年（1748）纂

一九八三年抄本　一册

范氏家乘十卷

藏地：北京大学

（清）范章霖纂修

清乾隆四十八年（1783）刻本

敦素堂范氏专系不分卷

藏地：吉林大学

（清）范世璲修

清嘉庆十一年（1806）刻本　一册

范氏支谱不分卷

藏地：国家图书馆

（清）范维濬编

清咸丰间范氏敦素堂刻本　一册

范氏家谱六卷

藏地：国家图书馆

（清）范腾宪等修

清宣统二（1910）年高平堂刻本　六册

范氏族谱不分卷

藏地：国家图书馆

（民国）范仰超等续修

1932年石印本　一册

范氏族谱源流序不分卷

藏地：华东师范大学

（清）范承顺撰

抄本　一册

范氏像谱不分卷

藏地：浙江图书馆

抄本　一册

范氏家乘不分卷

藏地：国家图书馆

范迪襄撰

稿本　一册

（五）　字行辈份

清嘉庆九年范光祺修《广西范氏族谱》，广西范氏一支字行为：“荣耀均钟汝，森然执鉴清，标勋垂锦泰，树帜报铭泓，相照尧铨治，材熙圣锡淳。”又1932年范振愚修《范氏家谱》，江苏通州（今南通）范氏一支字行为：“昭寿良翰辉，声若式根泽。”

（六）　迁徙繁衍

帝尧有裔孙叫刘累，因曾为夏王孔甲驯养龙，被赐为御龙氏，其后代在商朝更号为豕韦氏，西周成王时被迁于杜（今陕西西安东南），建立杜国，称为唐杜氏。周宣王时，杜国国君杜伯入朝为大夫，受人诬陷，无罪而被周宣王杀死，其子隰叔逃到晋国，被任为士师（法官，掌禁令、狱讼、刑罚）。隰叔之子蒍，以官名为氏，称为士蒍；其孙士会，字季，春秋时晋国大夫，辅佐晋文公、襄公、成公、景公，于景公七年（公元前593年），率师攻灭赤狄的甲氏、留吁、铎辰，升为中军元帅，兼任太傅，执掌国政，修订法制。士会食邑在随（今山西介休东南），后更受范地（今河南范县），以封邑为氏，就是范氏，故又称范季、范会，死后称范武子。对此，《新唐书·宰相世系》简要记述为："范氏出自祁姓，帝尧裔孙刘累之后。在周为唐杜氏，周宣王灭杜，杜伯之子隰叔奔晋为士师，曾孙士会，食采于范，其地濮州范县也，子孙遂为范氏。"

范武子之后，又有范文子、范宣子、范献子，世代为晋国上卿。其中，范文子之子范宣子，在晋平公时掌握国政，把过去宣布的法令制订为刑书，使晋国成为春秋时期最早以法治国的国家。公元前4世纪中叶，晋国为韩、赵、魏三家所分，范氏采地入魏。战国时魏相范痤，秦昭王时秦相范雎，均是魏国人，亦即范武子的后裔。此外，春秋时楚国有大夫范山；秦末项羽的主要谋士范增为居鄛（今安徽桐城南）人，从刘邦起汉中、定三秦的范目为阆中（今属四川）人。这说明在西汉以前范氏部分人已迁徙至南方。汉代至南北朝时期，范氏分布更为广泛。东汉时，金乡（今山东嘉祥县南）人范式，与张劭友善，重义守信，后因以范、张之事为生死之交的模范；还有代（今河北蔚县东北）人范升，沛国（今江苏沛县）人范迁，扬州农民起义领袖范容。晋代，有林邑国（故地在今越南中南部）国王范文，钱塘（今浙江杭州）人范平，鄱阳（今江西鄱阳）人范逵，雁门（今山西代县西南）人范隆；永嘉年间，南阳顺阳（今河南淅川）人范坚"避乱江东"，范汪南渡，其后代家于丹阳（今安徽当涂县东北）。北魏时的范绍为龙勒（今甘肃敦煌西南）人。唐人林宝《元和姓纂》列范氏郡望有：顺阳、钱塘、汝南（今属河南）、代郡、河内（今河南沁阳）、敦煌（今属甘肃）。据范氏族谱载，唐僖宗乾符元年（874年），由于中原战乱，河内人范坤举家18口徙居浙江杭州，后移江苏南京，再徙福建宁化黄竹迳，是为范氏人闽始祖。至宋代，范氏称盛于福建，人才济济，如建阳的范济美、范致虚、范如圭，建安的范致明，崇安的范师孔等，均属一时俊彦。此后，范氏除在闽南一带发展繁衍外，又分出广东海阳、嘉应、梅州、大埔、长乐、陆丰、饶平等支派。从明末开始，闽、粤范氏陆续有人移居台湾，有的又进而迁至海外。

宋代以前的范姓名人，大都出自今河南。例如：过去春秋末政治家范蠡，楚国宛（今河南南阳县）人，越国大夫，曾助越王勾践刻苦图强，灭亡吴国，后游齐国，到陶（今山东定陶西北），改名陶朱公，以经商致富。东汉学者范丹，陈留外黄（今河南杞县东北）人，通五经，尤深于《易》和《尚书》；清诏使范滂，汝南征羌（今河南郾城东南）人，以抑制豪强闻名。东晋经学家范宁，南阳顺阳人，所撰《春秋穀梁传集解》，被收入《十三经注疏》中。南朝宋史学家范晔，顺阳人；齐、梁时唯物主义哲学家和无神论者范缜，南乡舞阴（今河南泌阳西北）人。唐代武则天时宰相范履冰，河内人。此外，十六国时涪陵丹兴（今四川黔江）人范长生，在李雄称帝成都时被尊为天地太师；北宋有著名政治家、文学家范仲淹，画家范宽，陕西路提点刑狱兼制置解盐范祥；南宋有福建农民起义首领范汝为，诗人范成大，荆湖都统范天顺；元代有文学家范椁；明代有戏曲作家范文若；清代有太傅兼太子太师范文程，乾隆时围棋国手范西屏，太平天国将领范汝增，文学家范当世；近现代有马克思主义历史学家范文澜，新闻工作者范长江。

在当今按人口多少排次序的中国姓氏中，范姓居于第61位。

（七） 适用楹联

□源自尧裔；望出高平。

□责君碎斗显忠爱；[①]
后乐先忧法圣贤。[②]

□有祛病回春妙手；[③]
存先优后乐雄心。[④]

□齑盐淡薄心常乐；[⑤]
潇洒襟期兴亦豪。[⑥]

□揽辔澄清，列芳名于八顾；[⑦]
先忧后乐，俪伟望于一韩。[⑧]

□博大开君，经筵反复陈说；[⑨]
清廉律己，莱芜歌颂相闻。[⑩]

□表世风流，仰止景仁道德；[⑪]
冠朝人物，称扬文正功勋。[⑫]

□板凳要坐十年冷；
文章不写一句空。[⑬]

□兵甲富于胸中，
一代功名高宋室；
忧乐关乎天下，
千秋俎豆重苏台。[⑭]

注释：

①秦项羽谋士范增的事典。范增（前277—前204），居鄛（今安徽桐城南）人。善代谋。秦末农民战争时，曾劝项梁立楚王族后裔为楚怀王。公元前207年，秦军围钜鹿（今河北平乡西南），楚杯王命宋义、项羽救赵，他为末将。后归项羽，为其主要谋士，被尊为亚父。曾屡劝项羽杀刘邦，羽不听，反中刘邦反间计，削其权力，愤而离去，病死于途中。刘邦尝言：“项羽有一范增而不能用，此其所以为我擒也。”

②北宋大臣、文学家、政治家范仲淹（989—1052），字希文，苏州吴县（今江苏苏州）人。大中祥符进士。仁宋天圣初，任西溪盐官。康定元年（1040），以龙图阁直学士经略陕西，积极防御西夏，注意联合羌族，颇受羌人尊重。工诗词散文，文章富于政治内容，多为阐述其政治主张，以“先天下之忧而忧，后天下之乐而乐”之句表达其忧国忧民的心情。有《范文正公集》。

③东晋名医范汪，字玄平，博学多通善医。

④北宋大臣、政治家、文学家范仲淹，见注①。

⑤宋代侍人范周，字无外，负才不羁，安贫自乐。

⑥宋代侍人范良遂，字次卿，自号墨庄居士。放情山水，不慕荣利，长于诗歌。其兄显贵，他宁静淡泊，潇洒自豪。

⑦东汉光禄勋主事范滂，字孟博，征羌人。以清诏使使冀州，登车揽辔，慨然有澄清天下之志。

⑧北宋大臣范仲淹的事典。

⑨宋代侍御史范纯仁，字尧夫，吴县人。以博大开上意，忠笃革士风，

有《蕙政和文集》。官至观文殿大学士，以目疾乞归，卒谥忠宣。

⑩东汉名士范丹，一作范冉，字云史，外黄人。桓帝以为莱芜长，遭母忧不到官。后卖卜于梁沛之间。结草屋而居，有时绝粮。闾里歌曰："瓶中生尘范云史，釜中生鱼范莱芜。"三府累辟不就，卒谥贞节先生。

⑪指宋代名人范景仁的事典。

⑫见注②。

⑬马列主义历史学家范文澜(1893—1969)自题联。

⑭江苏苏州范仲淹祠联。

范氏名人集粹

范源廉　湖南湘阴人，著名教育家。

范汝增　(广西人)，近代太平天国将领，1864年兵败后，参加赖文光的捻军，继续与清军作战，1867年战死。

范西屏　浙江海宁人，清乾隆年间围棋手，有"棋圣"之称。

范文程　今辽宁沈阳人，明清太傅，1618年投奔努尔哈赤，参与军国机密。前后历仕清太祖、太宗、世祖、圣祖四朝，官至大学士、太傅等职。

范文若　上海人，明末戏曲家，曾任南京兵部主事等职。

范椁　今湖北恩施人，元代文学家。

范成大　吴郡(治今江苏苏州市)人，南宋诗人，历任处州知府、广南西道安抚使、四川制置使、参知政事等职。

范宽　今陕西耀县人，北宋杰出画家，与关全、李成形成了五代、北宋间北方山水画的三个主要流派。

范仲淹　(989—1052)苏州(今江苏吴县)人，著名政治家、文学家，在任陕西经略副使兼知延州时，加强了对西夏的防御，军功卓著。庆历三年(1043年)擢参知政事，向仁宗皇帝上有名的《答手诏条陈十事》，提出整顿吏治、招纳贤士、发展生产、加强武备等十项主张，并授命主持"庆历新政"，是当时著名的名臣贤相。

范履冰　祖籍河内(今属河南)人，唐代武则天时宰相，曾以文士身份参知军国大事，后来荣登宰相之位。他还主持了对大唐国史的修撰，在文化上多有贡献。

范缜　南乡舞阴(今河南泌阳西北)人，南朝齐梁时哲学家、无神论者，先后仕齐、梁，任尚书殿中郎、尚书左丞等职。综合并发展了魏晋以来的无神论和神灭论思想，对佛教进行了尖锐的斗争。

范晔　顺阳(今河南淅川东)人，南朝宋史学家，曾任尚书吏部郎。元嘉初年为宣城(今安徽宣城)太守，后再历任左将军、太子詹事等职。曾删取各家《后汉书》之作，著《后汉书》，成纪传80卷。

范宁　南阳顺阳(今河南淅川东)人，东晋经学家，曾任豫章(今属江西)太守。推崇儒学，撰有《春秋穀梁传集解》12卷，是今存最早的《穀梁传》注解，被后人收入流传最广的《十三经注疏》中。

范滂　汝南征羌(今郾城东南)人，汉末享有盛名的士人领袖，曾任汝南太守宗资属吏，抑制豪强，并与太学生交结，反对宦官。

范冉 今河南杞县东北人，东汉通五经、尤深于《易》和《尚书》。

范明友 南阳（河南）人，西汉时度辽将军，因率众北击乌桓有功，被封平陵侯。

范增 今安徽桐城南人，秦末楚霸王项羽谋臣，秦末农民战争时，曾劝项梁立楚王族后裔为楚怀王。后属项羽，为主要谋士，被尊为亚父。

范雎 （？—前255）魏国（今属河南开封）人，战国时秦相国，他游说秦昭王，驱逐了专权的秦相魏冉，被任为相，封于应（今河南宝丰西南），称应侯。主张远交近攻，歼灭敌国主力。长平（今山西高平西北）之战，秦将白起果然大胜赵军。

范蠡 楚国宛（今河南南阳）人，春秋后期越国（建都今浙江绍兴）的政治家，更是家喻户晓的人物。相传在越为吴打败后，他曾赴吴国为人质2年，回越国后就协助越王勾践刻苦图强，灭掉了吴国。勾践因功将他又封为上将军，可是他却认为大名之下，难以久居，便游历于齐国，到陶（今山东定陶西北），改名陶朱公，以经商致富，结果却变成了巨富。他的一生，真可以说是"居家则致千金，居官则至卿相"了。他的政治思想和经济思想对后世都有一定的影响。他认为国势盛衰无定，盛时应戒骄，衰时应创造条件使之转弱为强。同样，物价贵贱变化取决于供求关系的有余和不足，主张国家应当控制物价使之平稳。

范氏风流撷英

范会始出帝尧后，
河南范县初展雄。①
范蠡献计成霸业，
放舟太湖逍遥游。②
范雎远交近攻略，
能言善辩为秦谋。③
范翁精学晚甚佛，
撰史流芳有范晔。④
仲淹北宋文学家，
提倡新政心为民。⑤
北宋大家范中立，
溪山寒雪佳作传。⑥
自古风流皆消散，
唯有范书建高檐。⑦
冶制器皿先为范，
育人新策范标榜。⑧

注释：

①据《元和姓纂》记载，周宣王时，帝尧后裔士会任晋国上卿，食采于范邑，在今河南范县，称为范会。范氏祖迹河南范县。

②范蠡（音离lí）（生卒不详），春秋末越国大夫，河南南阳人。曾献计于勾践。一举灭吴。越国立事后乃急流勇退，弃官而去。相传他化名为"鸱夷子皮"出任齐国相，再度资产千万。他认为"贵上极则反贱"。散财而去，后隐居太湖，有《计然篇》为代表作。

③范雎（？—前255年），战国

时，秦国大臣，原楚国人。秦昭王时，为秦国提出了“远交近攻”的策略。

④范翁（355—428）即范泰，南朝时，宋大臣、学者，河南淅川人。他平生好文章，晚年事佛甚精。撰有《古今善言》二十九篇，文集二十卷。范晔（398—445），南朝宋史学家，撰《后汉书》纪传九十篇，皆为中国史书名著。

⑤范仲淹（989—1052），北宋大臣，文学家，江苏苏州人。幼年刻苦自学，庆历三年（1043）任参知政事，提倡新政，他那“先天下之忧而忧，后天下之乐而乐”的名言，激励后人。

⑥范中立（生卒不详），北宋画家，陕西耀县人。其画落笔雄健凝炼，自成一家，对后世影响颇大。《溪山行旅图》和《寒林雪景》是他的传世作品。

⑦范，即范钦（生卒不详），明朝藏书家，浙江宁波人。迄今仍为明版书之最多者，专建“浙江天一阁以藏之”。

⑧范，制作陶器或铸造金属，需要有范作模型，所谓标榜，就是人之榜样，供人以此为动力学习，这样才能培养出出类拔萃的人才。

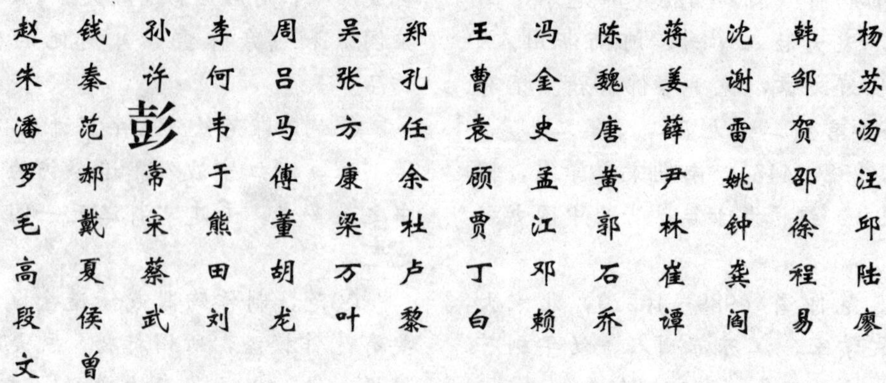

彭 姓

——彭祖曾为柱下史，子佩荣封长平侯

彭氏解密寻踪

(一) 姓氏字源

《说文》："彭，鼓声也，从壴，彡声。"彭，象声词，象击鼓之声，壴，即鼓之初字。彡，为鼓声之标帜。朱骏声《说文通训定声》云："彡，即三也，击鼓以三通为率。《左传・庄公十年》："一鼓作气，再而衰，三而竭。"

(二) 寻根溯祖

《通志・氏族略二》云："彭氏，即大彭之国，在商为诸侯国。古祝融之后，有陆终氏，六子。第三子彭祖建国于彭，子孙以国为氏。又彭亦为姓。《国语》云：祝融之后八姓。己、董、彭、秃、妘、斟、曹、芊、周灭之。楚有大夫彭仲爽、彭名，汉有梁王彭越、大司马彭宣，后汉有彭宠。望出宜春。"《姓氏寻源》卷十八云："《国语》曰：祝融之后，八姓，己、董、彭、秃、妘、斟、曹、芊，周灭之。澍按：颛顼曾孙祝融之弟吴回，生陆终，陆终子六人，其三曰篯，为彭姓，封于大彭，今彭城是也。有彭祖墓，大彭氏谓之彭祖。其后别封豕韦、诸稽、舟人、商时豕韦、大彭皆为伯。"今按，彭氏姓源当有两支：一支出封国。陆终之子篯封于彭，即今江苏省徐州市，世称彭镬，其后子孙以封国命姓为彭氏。一支出祝融之后，为八姓之一。

（三） 宗堂郡望

堂号 1.“可祖堂”。

2.“长寿堂”：都是说的彭铿（即彭镬）的故事。彭铿封于彭，他的道值得后人学习（古典文学“其道可祖”），人称“彭祖”。彭祖活了800岁，商朝末年他就当了守藏史，到了周朝又当柱下史。所以又叫“长寿堂”。

彭姓又以“陇西”为其堂号。

郡望 主要有陇西郡、淮阳郡、宜春县等。

1. 陇西郡。战国秦昭襄王二十八年（公元前279年）始置郡，治所在狄道（今甘肃临洮南）。西汉时相当今甘肃东乡以东的洮河中游、武山以西的渭河上游、礼县以北的西汉水上游及天水市东部地区。三国魏移治襄武（今甘肃陇西南）。北魏时相当今陇西县附近地。

2. 淮阳郡。汉高帝十一年（公元前196年）置淮阳国，为同姓九国之一，都于陈（今河南淮阳），惠帝后时为郡，时为国。平帝时相当今河南淮阳、鹿邑、太康、柘城、扶沟等县地。隋大业及唐天宝、至德时又曾改陈州为淮阳郡。

3. 宜春县。汉置宜春县，晋改宜阳县，隋复改宜春县。在今江西西部，邻接湖南省，浙赣铁路及赣支流袁水横贯于县中。

（四） 家谱寻踪

全国·绵竹彭氏宗谱三卷

藏地：国家图书馆

（民国）彭正官纂

1938年铅印本 三册

江苏丹阳·云阳东门基庄彭氏重修族谱四卷

藏地：日本 美国

（清）彭士琏等重修

清乾隆五十七年（1792）木活字本 四册

江苏丹阳·云阳东门基庄彭氏重修族谱六卷

藏地：日本 美国

（清）彭志质等重修

清道光二十九年（1849）木活字本 六册

江苏丹阳·云阳大泊重修族谱四卷

藏地：日本 美国

（清）彭道享等重修

清咸丰四年（1854）木活字本四册

江苏·溧阳南门彭氏宗谱十四卷

藏地：美国

清光绪二十二年（1894）刊本四十四册

江苏·溧阳南门彭氏宗谱四十六卷

藏地：日本 美国

（民国）彭启连等八修

1924年思敬堂木活字本 四十六册

江苏吴县·彭氏宗谱四卷

藏地：国家图书馆 南开大学 日本 美国

（清）彭慰高重修

清同治六年（1867）衣言堂刊本 二册

江苏吴县·彭氏宗谱十二卷首一卷

藏地：南京大学 江苏苏州市博物馆物馆 日本 美国

（清）彭慰高 彭祖贤重修

清光绪九年（1883）衣言庄刻本 六册

江苏吴县·彭宗谱十二卷首一卷

藏地：国家图书馆 中国社会科学院历史研究所图书馆 人民大学（又一部） 中央民族大学 辽宁图书馆 江苏苏州图书馆（残） 江苏苏州市博物馆物馆 苏州大学 云南图书馆（又一部） 云南大学 日本 美国

（民国）彭文杰 彭钟岱重修

1922年衣言庄增补刻本

江苏吴县·彭氏家谱十二卷首一卷

藏地：南京博物馆

（清）彭翊辑

清光绪七年（1881）刻本

浙江常山·怀玉彭氏宗谱二卷

藏地：浙江常山县大桥头乡坑村

（清）姜廷选纂修

清光绪七年（1881）木刻本

浙江常山·彭氏宗谱二卷

藏地：浙江常山县大桥头乡坑村

（民国）王逢图纂修

1925年木刻本

浙江·三门亭旁彭氏宗谱二卷

藏地：浙江三门县彭赖乡彭家村

（民国）彭大巧 彭道芳等重修

1945年木活字本

浙江云和·彭氏宗谱□□卷

藏地：浙江云和县文化管理委员会（存三册）

1941年刊本

安徽·彭氏宗谱二十五卷首一卷末一卷

藏地：国家图书馆

（清）彭荣恩等纂

清同治六年（1867）述信堂木活字印本 二十八册

安徽·彭氏宗谱十一卷

藏地：安徽石台县贡溪乡塘湾村

1917年刊本

安徽桐城·彭氏世谱四十二卷末一卷

藏地：人民大学

（清）彭元照重修

清同治五年（1866）奎聚堂活字本 六册

安徽·潜山述信堂彭氏族谱二十卷首一卷末一卷

藏地：安徽安庆市图书馆书馆

1921年木活字本

江西·南昌彭氏族谱十卷首一卷

藏地：日本 美国

（民国）彭元端等六修

1924年写本 五册

江西·萍乡古学前彭氏续修族谱不分卷

藏地：江西图书馆（存三册）

（清）彭金钰等纂修

清咸丰三年（1853）木活字本

江西·萍乡古学前彭氏三修族谱不分卷

藏地：江西图书馆（存三册）

（清）彭启等纂修

清光绪二十四年（1898）木活字本

江西·萍乡竹溪彭氏四甲宗谱五卷首一卷末一卷

藏地：江西图书馆（缺卷1下，又一部存三卷）

（民国）彭为宗等纂修

1916年木活字本

江西萍乡·萍城彭徵君祠宗谱□□卷

藏地：江西图书馆（残存卷3）

民国年间三召堂活字本

江西萍乡·萍城彭徵君祠鹃册四卷首一卷

藏地：江西图书馆

（民国）彭树荣编

1922年三召堂活字本　一册

江西·奉新彭蔡族谱不分卷

藏地：江西图书馆（存一册）

清木活字本

江西·奉新彭蔡十三修族谱不分卷

藏地：江西图书馆（存一册）

民国间木活字本

湖北·武昌葛仙镇彭氏宗谱二卷首六卷

藏地：美国

（清）彭其余等修

清光绪十二年（1886）述古堂木活字本　八册

湖北·武昌葛店彭氏宗谱六卷首二卷

藏地：武汉图书馆（存一册）

（民国）彭秉彝　彭祖年等编

1936年述古堂木活字刊本

湖北新洲·彭氏宗谱四卷

藏地：湖北新洲县徐古镇乌钵窑村

彭礼学续修

1914年木刻本

湖北新洲·彭氏宗谱不分卷

藏地：湖北新洲县前进乡杨岗村

（民国）彭信成重修

1917年木刻本

湖北新洲·彭氏宗谱七卷

藏地：湖北新洲县徐古镇张湾村

（民国）张传福创修

1924年木刻本

湖北新洲·彭氏宗谱三卷

藏地：湖北新洲县和平乡富阉村

（民国）彭仲甫　彭彩轩续修

1946年铅印本

湖北黄岗·楚黄彭氏宗谱三十七卷首七卷

藏地：武汉图书馆

（民国）彭清泉　彭扫尘等纂

1948年述古堂木活字本

湖北江陵·彭氏族谱四卷首一卷

藏地：湖北江陵县档案馆

1918年木刻本

湖北沔阳·彭氏宗谱二卷

藏地：日本　美国

（清）彭德蒸等修清光绪三十三年（1907）述古堂木活字本

湖北沔阳·彭氏宗谱十卷

藏地：武汉图书馆（缺卷1）

（民国）彭进之等编

1934年述古堂开封排印本

湖南·彭氏三修宗谱不分卷

藏地：吉林大学

（清）彭行锡等续修

清道光二十九年（1848）述古庄刻本　六册

湖南·彭氏沙子坝房支谱不分卷

藏地：广东中山图书馆

清道光三十年（1850）钞本

一册

湖南·彭氏重修族谱□□卷

藏地：湖南图书馆（存卷17）

清光绪年间述古堂刻本

湖南·上湘浴水彭氏续修族谱五十四卷首二卷

藏地：河北大学

（民国）彭依甫　彭壁镜纂修

1925年敦本堂辑印本　五十六册

湖南·长沙青山彭氏会宗谱不分卷

藏地：国家图书馆　湖南图书馆

（明）彭泽纂修

明正德家刻本　二册

湖南长沙·青山氏增修徵信谱□□卷

藏地：湖南图书馆（存卷8—11）

1946年活字本　四册

湖南长沙·彭氏续谱五卷

藏地：湖南图书馆

（清）彭学懋纂序

清乾隆四年（1739）刻本　一册

湖南长沙·彭氏六修族谱十一卷首二卷

藏地：湖南图书馆（存三卷）

（清）彭第槐纂序

1930年述古堂活字本

湖南浏阳·浏南沙溪河口彭氏支谱□□卷

藏地：湖南图书馆（存卷1）

（清）彭文馨修　彭万成纂

清咸丰五年（1855）三瑞堂木活字本

湖南宁乡·宁邑彭氏族谱六卷

藏地：湖南图书馆（存卷6）

（清）彭显相纂序

清乾隆二十四年（1759）刻本

湖南定乡·约溪彭氏三修族谱□□卷

藏地：湖南图书馆（存1、2）

（清）彭宗玉　彭显业修　彭宗煓　彭乐济纂

清同治元年（1862）刻本

湖南醴陵·福亭彭氏三修族谱□□卷

藏地：湖南图书馆（存八卷）

（清）彭绍椿修　彭昌煦纂

清光绪间活字本

湖南湘潭·湾头彭氏四修族谱十二卷首一卷

藏地：中国社会科学院历史研究所图书馆　河北大学

（清）彭士琸　彭杰圭纂修

清光绪十年（1884）商贤堂木刻本　十二册

湖南湘潭·严溪彭氏三房　修支谱十卷

藏地：湖南图书馆

（清）彭飞熊纂序

清光绪二十二年（1896）湘潭县署刻本　六册

湖南湘潭·上湘北门彭氏支谱四卷首四卷

藏地：广东中山图书馆

（清）彭德纂修

清光绪三十一年（1905）光裕堂刻本　八册

湖南湘潭·花园彭氏四修族谱三十七卷首一卷

藏地：河北大学

（民国）彭泰严　彭贻聪纂修

1920年柱下堂木刻本　二十册

湖南湘潭·湾埠塘彭氏五修族谱二十八卷

藏地：广东中山图书馆

（民国）彭昭廉　彭家贵总纂

1927年敦本堂刻本　二十四册

湖南湘潭·中湘彭氏六修族谱十六卷

藏地：国家图书馆

彭德为等纂修

1927年明经堂活字本　十六册

湖南湘潭·中湘彭氏六修族谱十六卷

藏地：河北大学

（民国）彭肇兴修

1937年光裕堂石印本　十八册

湖南湘乡·彭氏族谱四卷首一卷

藏地：湖南图书馆（存三卷）

（清）彭秉焜纂序

清乾隆五十四年（1789）刻本

湖南湘乡·大冲彭氏族谱七卷

藏地：湖南图书馆

（清）彭殿试等修　彭明德　彭炳光等纂

清乾隆五十九年（1794）敬堂活字本　六册

湖南湘乡·上湘彭氏续修族谱十卷

藏地：湖南图书馆

（清）彭东海　彭兴言等修　彭洪堂　彭鸿翥纂

清道光三年（1823）孝睦堂活字印本　十册

湖南湘乡·壮门彭氏族谱八卷首一卷

藏地：湖南图书馆

（清）彭盛唐等纂修

清道光十一年（1831）活字本　十册

湖南湘乡·福亭彭氏续谱□□卷

藏地：湖南图书馆（存卷2）

清道光二十年（1840）活字本

湖南湘乡·福亭彭氏横洲涧房墨谱

藏地：湖南图书馆

清道光间钞本　一册

湖南湘乡·彭氏族谱□□卷

藏地：湖南图书馆（存二卷）

清道光年间活字本　二册

湖南湘乡·上湘彭氏族谱十三卷首二卷

藏地：湖南图书馆

（清）彭中浪　彭盛清等纂修

清同治七年（1868）春福堂活字本　十五册

湖南湘乡·白龙彭氏支谱五卷首二卷

藏地：中央民族大学

（清）彭定臣等修

清同治九年（1870）积厚堂刻本　八册

湖南·湘乡上扶彭氏续修族谱二十卷首二卷

藏地：湖南图书馆

（清）彭春林　彭正乾等纂修

清光绪十七年（1891）述古堂活字本　八册

湖南湘乡·彭氏族谱□□卷

藏地：湖南图书馆（存卷首下）

清刻本

湖南湘乡·燕堂彭氏续修族谱□□卷

藏地：湖南图书馆（存卷首）

清活字本

湖南湘乡·华秀彭氏续修族谱十五卷

藏地：湖南图书馆（存卷12—15）

1914年活字本

湖南湘乡·松江彭氏族谱十二卷首三卷

藏地：湖南图书馆（存六卷）

（民国）彭隆诵　童隆阳等纂修

1947年活字本

湖南衡山·彭氏三修族谱十七卷

藏地：南开大学

（清）彭湘钠　彭上楷等主修

清同治三年（1864）信述堂刻本　十六册

湖南衡山·彭氏七修族谱十三卷末一卷

藏地：中国社会科学院历史研究所图书馆

（民国）彭有康总修

1919年淮阳堂活字本　十四册

湖南常宁·彭氏家乘十六卷四卷

藏地：广东中山图（缺九卷）

（民国）彭明杰总纂

1926年博士堂刻本

湖南岳阳·彭氏宗谱四集首一卷

藏地：吉林大学

（民国）彭赓飏续修

1920年岳阳郭明吾活字本　六册

湖南湘阴·团螺山彭氏续修族谱八卷首一卷末一卷

藏地：湖南图书馆

（民国）彭昺纂修

1916年活字本　四册

湖南·平江彭氏族谱□□卷

藏地：湖南图书馆（存卷1、首）

清同治三年（1864）活字本

湖南汇永·彭氏族谱一卷

藏地：湖南江永县档案馆

（清）彭绍论续修

清光绪三十三年（1907）钞本

湖南江永·彭氏族谱六卷

藏地：湖南江永县档案馆

清宣统三年（1911）陇西堂石印本

湖南江永·彭氏家谱三卷

藏地：湖南江永县档案馆

清宣统三年（1911）陇西堂石印本

湖南江华·彭氏四修族谱十三卷

藏地：湖南江华县档案馆

木刻本

湖南邵阳·大冲彭氏续修族谱十五卷首一卷

藏地：湖南图书馆（又一部存卷首）

（清）彭敬斋等修　彭如璋纂

清咸丰七年（1857）活字本　十四册

湖南常德·彭氏族谱六卷首三卷

藏地：广东中山图

（清）彭启献纂修

清光绪二十年（1894）益阳曹斐堂刻本　八册

湖南汉寿·彭氏全修族谱□□卷

藏地：湖南图书馆（存卷首1）

1907年活字本

湖南汉寿·龙阳彭氏六修族谱□□卷

藏地：湖南图书馆（存卷首）

（民国）彭成泽纂

1947年怀德堂活字本

广东英德·鹤塘彭氏续修族谱二十四卷

藏地：吉林大学

（清）彭述贤续修

清光绪十年（1884）刻本　八册

广东连山·彭氏宗谱六卷

藏地：广东连山县太保区莲塘村

（清）钟泰等续修

清光绪十九年（1893）刊本

广东·重订潮洲彭氏宗谱三卷

藏地：南京大学

（民国）彭问鹤等编

1938年铅印本　三册

广东揭阳·江西庐陵山口彭氏族谱不分卷

藏地：广东中山图

1936年钞本　一册

广东中山·象角彭氏族谱十卷

藏地：美国

（民国）彭炳佐等编纂

1933年铅印本　十册

广东·东莞县彭塘石背岭彭氏族谱不分卷

藏地：美国

1912年写本　一册

广东陆丰·彭氏族谱不分卷

藏地：台湾

（清）彭云际序

1919年钞本

广东陆丰·彭氏族谱不分卷

藏地：台湾

（清）彭金秀钞

清光绪初钞本　一册

广西桂林·彭氏四修宗谱不分卷

藏地：吉林大学

（清）彭递珪续修

清同治九年（1876）敦伦堂活字本　十册

四川双流·自键迁双彭氏族谱四卷

藏地：四川图书馆

（清）彭宗超纂

清咸丰六年（1856）双流彭氏刻本　二册

四川双流·彭氏族谱二卷

藏地：四川图书馆

（民国）彭家凤纂修

1948年石印本　一册

四川·蒲江彭氏族谱不分卷

藏地：四川蒲江县天华乡

彭家光纂修

稿本

四川遂宁·西蜀潼郡遂蓬两邑彭氏增修族谱不分卷

藏地：四川遂宁县文化管理委员会

（清）彭氏阖族撰

清光绪十五年（1889）重刊本　五册

四川简阳·彭氏宗谱三卷首一卷

藏地：中国社会科学院历史研究所图书馆

（清）彭钟模总纂

清宣统三年（1911）刻本　一册

四川简阳·简州彭氏族谱不分卷

藏地：四川图书馆（存一册）

1926年成都石印本

四川隆昌·彭氏族谱六卷

藏地：四川图书馆（存卷1）

（清）彭塾策　彭肇基等纂修

清光绪三十二年（1907）排印本

四川仁寿·彭氏宗谱十五卷

藏地：四川图书馆

（清）彭汝南等纂

清光绪二十六年（1900）深远堂刻本　四册

四川仪陇·彭氏汝南宗谱一卷

藏地：四川仪陇县档案馆

彭绍唐撰

钞本

四川宣汉·彭氏宗谱五卷

藏地：四川宣汉县档

（民国）彭轻达重修

1946年石印本

香港新界·宝安县粉岭彭氏族谱节录不分卷

藏地：美国

彭启瑞

影自钞本　一册

香港新界·宝安县粉岭彭氏族谱不分卷

藏地：美国

1929年影自钞本　一册

香港新界·粉岭彭氏族谱不分卷

藏地：美国

1930年写本　一册

彭氏宗谱九卷

藏地：上海图书馆

刻本　四册

彭氏宗谱

藏地：国家图书馆

（清）彭氏族人修

清雍正二年（1724）刻本　一册

彭氏族谱八卷

藏地：北京大学

（清）彭南亮修

清道光五年（1825）陇西堂刻本九册

彭氏族谱

藏地：国家图书馆

（清）彭佩兰等纂修

清光绪三年（1877）雍睦堂活字本　四册

淮阳彭氏宗谱二卷

藏地：浙江常山县青石乡飞碓村马面排

（民国）朱佩珂续修

1920年刻本

（五）　字行辈份

清光绪十年彭杰圭纂修《彭氏四修族谱》，湖南湘潭彭氏字行为："思祖惟文太，宗兴伍佰年，念征有杰士，述信继商贤。"续修辈份字行派语为："安福源流远，中湘世泽绵，诗书昌令绪，孝友绍家传。"

清顺治七年彭而述始修、1919年彭有康总修《彭氏七修族谱》，湖南衡山彭姓保公房辈份字行："祖宗培植厚，兰树在庭芳，立德通经学，诗书绪以长。"本房辈份字行："光承选缔泽，代有仕名扬，忠孝维国政，相传继永昌。"濠头房："智勇仁为达，福从大德生，前卿芳自远，继善必其诚。"贺家冲房："友子大曰鼓，芳应均思成，世启家声远，名扬宗祖荣。"湘潭中路铺房："友子大曰鼓，芳应均思成，世启家声远，名扬宗祖荣。"扬子坪房："江右贻谋远，秩堂继起兴，后来宜萃芳，名位振而升。"林子冲房："盛世明良会，忠臣起若云，衡湘金玉秀，积庆肇元勋。"

清乾隆十八年彭诚始修、宣统三年彭钟模总纂《彭氏宗谱》，四川简阳彭姓乾隆十八年连续辈份派语10字："钟国家良彦，育君亲子臣。"同治二年续修50字："元善成正远，大德定光乾，朝廷尚进举，荣华富贵先，有为增学宪，其才在尔全，志士兴万美，怀道安邦权，天开文运日，宗功永久传。"

（六）　迁徙繁衍

彭姓，《通志·氏族略》将其列入

“以国为氏”类，说：“即大彭之国，在商时为诸侯伯。古祝融氏之后有陆终氏六子，第三子彭祖，建国于彭，子孙以国为氏。”据《史记·楚世家》及《五帝本纪》载：帝颛顼之曾孙吴回，继其兄重黎之职，“复居火正，为祝融”，生陆终。陆终娶鬼方氏妹女嬇为妻，女嬇孕而不育，历三年，经剖腹，生出6个儿子，“三曰彭祖”。“彭祖自尧时举用，历夏、殷封于大彭”；“彭祖氏，殷之时尝为侯伯，殷之末世灭彭祖氏”。关于彭祖，古代有许多神奇的传说，《世本》说：“彭祖，姓篯(jiān尖)，名铿，在商为守藏史，在周为柱下史，年八百岁。”说篯铿活了800岁，似令人难以置信，但许多古籍都称他是中国最长寿的人。不过，并非“彭祖”一个人经历了自尧至商代的漫长岁月，而是“彭祖氏”这个部族世代延续至商朝的。又据《竹书纪年》载：“武丁四十三年灭大彭。”综合以下资料可知，帝尧封陆终的第三子彭祖（即篯铿）于彭（今江苏徐州市），为大彭氏国。大彭氏国历舜、夏、商，后被商高宗武丁所灭，子孙以国为氏，就是彭氏。此外，据张澍《姓氏寻源》载：“安定胡水，胡有彭氏，彭荡仲是也。见《晋书》。西羌、南蛮皆有彭氏。见《十六国春秋》、《五代史》。”这是说古代的匈奴、西羌族及南方的少数民族中也都有彭姓。

关于彭氏的播迁，《古今姓氏书辨证》说：“商末，大彭氏失国，子孙处申。楚文王伐申，取彭仲爽以归，使为令尹，相楚有功，能灭申、息以为郡县，广楚封畛至于汝水，而陈、蔡之君皆入朝，故仲爽家世为楚大夫。”申国在今河南南阳县北，楚国在今湖南、湖北一带，息国在今河南息县西南。这说明春秋时彭氏已向西、向南迁徙。此后至晋代，由于战乱及官职周迁等原因，彭氏又有播迁于今山东、陕西、甘肃、江西、四川、福建等省者。例如，战国时有哲学家彭蒙，为齐国人，还有孟子学生彭更；秦国有歌师彭令昭；东汉末年，豫章（治今江西南昌）人彭材等曾领导当地农民起义；三国时蜀汉有彭羕，为广汉（治今四川射洪县南）人；东晋有彭玙，为崇安（今属福建）人。西汉有淮阳阳夏（今河南太康）人彭宣，哀帝时官至大司空，封长平侯。据《彭氏族谱》载：彭宣“传九世，至北齐陈留王乐，居安定（今甘肃泾川县北），又八世礼部侍郎景直，居瀛州（今河北河间县）”。唐玄宗时，为避安史之乱，彭景直之子彭构云迁居彭州宜春（今属江西）。构云5世孙彭玕，生于唐宣宗大中七年，后任吉州刺史，居于庐陵（今江西吉安市）吉水之山口村，其子孙分布于今吉安市、吉安县、永丰县、吉水县、峡江县、安福县、永新县、泰和县，人丁兴旺，世代官宦。彭玕6世孙彭嗣元迁居分宜县。嗣元8世孙彭跃有三子，其次子彭延年，宋英宗治平元年（1064年）进士，初任福州推官，后任广东潮州刺史，定居于广东揭阳之浦口村，是为彭氏入粤始祖，后分出漳州、泉州等支派，在闽粤发展成为大族。其中彭延年第三子彭锐的裔孙彭君达，于明洪武十六年（1383年）迁入广东梅州，是为梅州彭氏始祖。自清代开始，闽、粤彭氏有部分移居台湾，此后，有的又迁徙至东南亚及欧美。

彭姓在当今中国姓氏中居于第39位。

（七） 适用楹联

□源自高阳；望出宜春。

□武原二仲；[①]新昌三奇。[②]

□吴中三老；[③]鸿博第一。[④]

□七百岁八百年流沙记身世；[⑤]
四十妻五十子独卧妙权衡。

□政治精明，卓尔循良龟鉴；[⑥]
学识正大，粹然性理鸿儒。[⑦]

□一室名师，专治易书义理；[⑧]
四朝元老，博通今古精微。[⑨]

注释：

①清代诗画家彭孙贻，字仲谋，号羿仁，海盐人。以贤孝著称，善诗，工墨兰。与同邑吴仲木同时受到贤士推重，当时人称“武原二仲”。

②宋代学者彭渊材，宜丰人。曾出入京兆贵人门十余年，及归，上有李廷珪墨一丸，文与可竹一枝，欧阳公五代史稿一巨编而已。善晓大乐，尝献乐书，除协律郎。为“新昌三奇”之一。

③明代贡生彭行先，字务敏，长洲人。崇祯时授知县不受，隐居山林教书，年九十二卒。与金俊明、郑敷教同称“吴中三老”。

④明代进士彭孙遹，字骏孙，海盐人。工诗，才华横溢，与王士祯齐名，号称彭王。康熙中举鸿博第一，授编修之职，后官至吏部右侍郎。

⑤古代长寿者彭祖传说事典。

⑥宋代进士彭俞，字济川，宜春人。少隐集云峰，学邃于易，自号连山子。官终朝散郎。有《君子传》、《循吏龟鉴》等著作传世。

⑦宋代乾道进士彭龟年，字子寿，清江人。从朱熹、张栻游，学益进，累官秘郎。有《止堂集》一书传世。

⑧汉代大司空彭宣，字子佩，阳夏人。事禹受易经，禹受易于施雠，由是施家有张彭之学。哀帝时官至大司空，封为长平侯。

⑨上古彭祖，相传自尧时举用，历夏至殷。本姓篯名铿，受封于彭城，故称彭祖。

彭氏名人集萃

彭楚藩 （1884—1911）清末湖北鄂城人，原名家栋，字青云。光绪三十年（1904）入湖北新军。次年参加同知会。旋入宪兵学校，毕业后充宪兵，递升正目。宣统三年（1911）先后加入学社和共进会，任宪兵营革命代表。后文学社与共进会联合成立湖北革命军总指挥部，被推为军事筹备员。八月十八日得知汉口机关暴露，与蒋翊武等决定当夜起义，事泄被捕，次日晨遇害。

彭玉麟 湖南衡阳人，清末湘军将领，曾随曾国藩创办湘军水师，购买洋炮，制造大船。后任兵部尚书，并受命赴广东办防务。

彭启丰 长州（今江苏吴县）人，清代书画家，曾官至兵部尚书。

彭绍升 长州（今江苏吴县）人，学者，曾用禅学精神解释儒书，企图调和儒、佛两家的思想。著有《二林居集》。

彭兆荪　江苏镇洋（今太仓）人，诗人，龚自珍曾以与舒位并举，称赞其所作“清深渊雅”。

彭春　满洲正红旗人，康熙年间，官至太子太保、副都统、都统等职。曾参加平定准噶尔部的战事等。

彭莹玉　袁州（今江西宜春）人，元末红巾军起义军徐寿辉部将领。

彭义斌　金末山东红袄军将领。

彭士然　吉州庐陵（今江西吉安）人，唐末有溪州（大致为今湘西土家族苗族自治州）刺史，曾在后晋天福四年（公元 939 年）与楚王战于今湖南沅陵、临澧一带。失败后，率领田、向、覃、龚、朱等姓族人（今土家族先人）降楚，但享受羁縻州之权力。辖地主要包括今湖南西部的沅陵以西、酉水以北一带。后人世为本土官，使彭氏家族对今土家族先民维持了 800 余年的统治。

彭宠　东汉大将军。

彭越　汉初有诸侯王，曾以辅佐汉高祖刘邦得天下而著称。他曾先后在汉高祖收魏、定梁、灭楚的战事中建奇功，后来被封为梁王。他与当时的韩信、英布被称为“三王”，真可以说是显赫一时。又有大司空彭宣。

彭蒙　齐（今山东省境）人，战国哲学家。

在我国历史上，彭姓的表现也是很有影响的。在殷商之际，除了彭祖一人外，还有一位曾谏其君不听，投水而列的殷大夫彭咸，也被后世列为人臣的楷模。

彭氏风流撷英

彭祖曾为柱下史，①
子佩荣封长平侯。②
辅佐高祖定天下，
三王功高不可没。③
疏陈十策忠可鉴，④
武原二仲堪名流。⑤
名列三奇晓大乐，⑥
骏孙文采冠鸿博。⑦
《止堂》天犬理粹然，⑧
吴中三老道可授。⑨
卓尔龟鉴一君子，⑩
画梅则直雪琴就。⑪
是竹瑞气映春晖，⑫
清深渊雅兆荪游。⑬
南征北战大将军，
立马横刀威名播。⑭

注释：

①彭祖，姓篯，名铿，传为古帝颛顼之玄孙陆终氏第三子。唐光以彭城封之，因其道可证，故曰彭祖。商时为守藏史，周时任柱下史，年高八百。

②彭宣，字子佩，汉淮阳郡阳夏人，哀帝时官至大司空，封长平侯。

③彭越，汉初诸侯王，曾辅佐刘邦得天下，封为梁王与韩信、英布同称“三王”。

④彭汝砺，字器资，宋代鄱阳人，神宗时任监察御史里行，上疏陈十事，指出了当时政策中的很多弊端，深得

神宗器重。

⑤彭孙贻，字仲谋，号羿仁，清海盐人，诗画家，与同邑吴仲木同为名流，称“武原二仲”。

⑥彭渊村，宋时宜丰人，通晓大乐。其时，洪觉范奇于诗，邹元佶奇于命，彭渊村奇于乐，号为“新昌三奇”。

⑦彭孙遹，字骏孙，明代海盐人，时与王士祯齐名，号为彭王。清康熙时中举鸿博第一。

⑧彭龟年，字子寿，宋代清江人。学识正大，议论简直，善恶是非，辨析甚严，有《止堂集》。

⑨彭行先，字务敏，明时长州人。崇祯时授知县不就，隐居教授。与金俊明、郑敷教称“吴中三老”。

⑩彭俞，字济川，宋代宜春人，精通《易经》，著有《循吏龟鉴》、《君子传》等。

⑪彭玉麟，字雪琴，清代衡阳人，湘军首领，善画梅。

⑫彭启丰，字翰文，清代长洲人，乾隆时官至兵部右侍郎。年老告归，辟园亭，多植花竹，高宗赐额，曰“悬竹春晖”。

⑬彭兆荪，清时镇洋人，擅诗，龚自珍曾赞其“清深渊雅”。

⑭彭德怀，大将，毛泽东曾有诗赞曰：“谁敢横刀立马，唯我彭大将军”。

中	华	百	家	姓									
赵	钱	孙	李	周	吴	郑	王	冯	陈	蒋	沈	韩	杨
朱	秦	许	何	吕	张	孔	曹	金	魏	姜	谢	邹	苏
潘	范	彭	韦	马	方	任	袁	史	唐	薛	雷	贺	汤
罗	郝	常	于	傅	康	余	顾	孟	黄	尹	姚	邵	汪
毛	戴	宋	熊	董	梁	杜	贾	江	郭	林	钟	徐	邱
高	夏	蔡	田	胡	万	卢	丁	邓	石	崔	龚	程	陆
段	侯	武	刘	龙	叶	黎	白	赖	乔	谭	阎	易	廖
文	曾												

韦 姓

——韦国少康至夏时，韦氏滑县为祖迹籍

韦氏解密寻踪

（一） 姓氏字源

《说文》："韦，相背也。从舛，口声。兽皮之韦可以束，枉戾相韦背，故借以为皮韦。"韦，本义即背离。商承祚《说文中之古文考》云："（甲骨文韦）象两人相背行，又象两足有揆隔，乃违之本字也。后借为皮韦字，而出违代韦，本义废矣。"

（二） 寻根溯祖

韦姓来源主要有以下一些：

1. 出自彭氏，以国为氏。据《元和姓纂》、《新唐书·宰相世系表》等所载，古代部族首领颛顼的孙大彭是夏朝的诸侯，夏朝中兴少康当政时，封大彭氏的别孙元哲于豕韦（在今河南滑县东南），同为夏的同盟部落，是夏王朝的重要支持力量之一。豕韦国又称韦国，商时，称韦伯，周赧王时始失国，迁居彭城（今江苏徐州），子孙以国为氏，称韦氏。史称韦姓正宗。是为河南韦氏。可见，四千多年前韦姓与彭姓同出一祖。

2. 出自韩氏。西汉初年，功臣韩信被吕后所杀，丞相萧何暗中叫蒯彻把韩信之子送往南粤（今广东、广西一带），韩信子孙为了避仇，以"韩"

字半边"韦"为姓氏。相从者以"韦"姓传世。今广西壮族、僮族多有韦氏。

3. 古代西北少数民族姓氏。据《汉书·西域传》所载，汉代疏勒国（在今新疆喀什市）亦有韦氏。

（三） 宗堂郡望

堂号 主要是"扶阳堂"：西汉韦贤是邹鲁一带的大儒。宣帝是为关内侯。本始初年官到宰相，封扶阳侯。

韦姓也以"京兆"为其堂号。

郡望 主要有京兆郡。

京兆郡。秦朝设置内史官，掌治京师（今陕西省咸阳一带），汉太初元年（公元前104年）改右内史置京兆尹，职掌相当于郡太守，为三辅之一，治所在长安（今陕西西安市西北）。约相当今陕西秦岭以北、西安市以东、渭河以南、华县以西地。三国魏时改称京兆郡。

（四） 家谱寻踪

江苏江都·韦氏族谱八卷

藏地：辽宁图书馆

（民国）钱正基 韦载文等重修

1915年传经堂木活字本

江苏丹徒·京口韦氏族谱四卷

藏地：人民大学

（清）韦克顺主修

清道光十年（1830）活字本四册

江苏丹徒·韦氏族谱六卷

藏地：辽宁图书馆 美国

（清）韦振鑫 韦永彭等重修

清光绪三十四年（1908）储韦堂木活字本

江苏宜兴·韦氏宗谱十二卷

藏地：中国社会科学院历史研究所图书馆

（民国）韦望忠主修 韦家贞编辑

1943年续修燕贻堂铅印本 十四册

浙江·东阳东春韦氏家乘

藏地：浙江东阳县白溪乡东溪村

清乾隆间纂修本

浙江·东阳东春韦氏家乘三十二卷

藏地：浙江东阳县白溪乡东溪村

（民国）沈鸿烈序

1946年木活字本

浙江松阳·韦氏宗谱□□卷

藏地：浙江云和县文化管理委员会（存一卷）

1931年刊本

安徽·太湖县韦氏宗谱三十五卷首二卷末一卷

藏地：国家图书馆

（清）韦炳等续修

清光绪二十六年（1900）一经堂活字本 三十八册

湖南江华·韦氏宗谱三卷

藏地：湖南江华县档案馆

（民国）韦家祥纂

1931年木刻本

广东·韦氏族谱一卷

藏地：广东琼山县档

（清）韦侯剑纂

复印清乾隆三十年（1765）本

广东·韦氏族谱二房□□卷

藏地：广东珠海市前山区（残存卷22—26）

1946年石印本

广东中山·香山翠微韦氏族谱十二卷

藏地：广东中山图

（清）韦勋表　韦猷焱等编辑

清光绪三十四年（1908）刻本

广东中山·香山翠微韦氏宗谱十二卷

藏地：美国（二部）

（清）韦绍康等重修

清宣统元年（1909）传经堂铅印本　二十册

广东·中山翠微韦氏族谱十三卷

藏地：武汉图书馆

（民国）韦棋光　韦兆栋总纂

1937年韦猷遇等刊传经堂排印本十三册

广西邕宁·瑞泉韦氏族谱

藏地：广西邕宁县蒲庙乡团统村

1921年韦肇简总编纂

钞本　一册

广西宁明·思陵土州韦氏家谱

藏地：广西宁明县档

（清）韦振超纂

清光绪五年（1879）钞本

广西·容县水源里覃韦氏族谱二卷

藏地：广西容县文化管理委员会

（民国）韦瑞烜修订

1921年手钞本

广西·容县自良韦氏族谱不分卷

藏地：广西容县自良镇云松村（残）

1947年韦国茂钞本

延陵·韦氏家乘十八卷

藏地：国家图书馆

（清）韦华谟等重修

清光绪四年（1878）崇德堂活字本　二十册

（五）　字行辈份

1930年韦靖纂修《韦氏家谱》，广东中山韦姓一支字行为：“永乾佑宁嘉，延国安靖始。”

（六）　迁徙繁衍

韦姓发祥地虽说在今河南省境，但自称韦氏却已居彭城，即今江苏徐州一带。其早期具体迁播情形，大致上有：韦伯遐24世孙孟，为汉楚王太傅，后辞位，徙居鲁国邹县（今属山东）；孟4世孙贤，为汉丞相，封扶阳节侯，又徙京兆杜陵。总之，这个发源于北方的姓氏，汉时，已分布于河南、山东、陕西、山西、河北等地，且有韦姓南迁。三国以后，韦姓称盛于今陕西省境，故韦姓有以“京兆”为其堂号郡望，经过魏晋南北朝隋几个朝代，到唐代韦姓在陕西省境得到了大举的蕃衍，以至盛唐时期韦姓名人也多出于此地。唐时，在今陕西长安县，因诸韦显赫之家多居此而设韦曲镇名。此镇前有潏水，风景清丽，并与迤东五里的杜曲，并称韦杜，可见，唐时，韦、杜两姓在当朝影响之大。此时韦姓已南迁于今江苏、四川、安徽等地，且多为京兆郡望的分支。韦姓大举南迁却晚于唐代。唐代以后，韦姓才开始遍及江南大部分地区。总之，历史上韦姓基本是一个典型的北方姓氏。

（七）　适用楹联

□望出京兆；源出高阳。

□著述十万言；[1]教子一经书。[2]

□历事四帝；[3]勇麾三星。[4]

□蜚声翰苑，蜀袍邀覆锦之荣；[⑤]
累绩石渠，图史抱藏山之秘。[⑥]
□五世大儒，邹鲁流芳奕叶；[⑦]
一家贤相，父子济美当年。[⑧]
□叶似镜中眉；花如关外雪。[⑨]
□不随妖艳开；独媚玄冥节。[⑩]

注释：

①后赵太子太傅韦谈，字宪道，京兆人。好儒学，善著述。群言秘要，靡不综览。凡所著作及集记世事数十万言，皆深博有才义。

②汉代学者韦玄成，字少翁，邹人。少明经，有文名。以让爵辟兄事，朝议高其节，拜河南太守。继相位封侯。邹鲁间有谚云："遗子黄金满籝，不如教子一经。"

③唐代贤相韦处厚，字德载，京兆人。累官中书郎中，封灵昌郡公。历事宪、穆、敬、文四帝，以献替为己任，一时推为贤相。性嗜学，藏书校正至万卷。

④清代三元里人民抗英斗争首领韦绍光（？—1901），又名进可，广东北郊三元里人。祖籍香山（今中山）。菜农出身。喜习武术。1841年5月29日，盘踞四方炮台的英军，窜至三元里一带肆行淫掠。他即与乡民奋起反击，怒杀敌兵十余名。旋与乡众聚集三元古庙，联络一百零三乡人民，共商战计，并决定以古庙三星旗为令旗，"旗进人进，旗退人退，打死无怨"。30日诱敌至牛栏冈，分割围歼，毙敌二百余人，生俘二十余名。事后仍以种菜为生，享年八十余岁。

⑤五代十国后蜀监察御史韦縠，少有文藻，梦中得软罗结巾，由是才思益进，仕孟氏父子为监察御史，迁尚书。尝集唐人诗千首，为《才调集》。

⑥唐代工部侍郎韦述，万年人。年少举进士，后累官集贤学士、工部侍郎。封方城县侯。典掌图书四十年，任史官二十年。储书二万卷，皆手自定。又撰开元谱二十篇，主撰武德以来国史，文约事详。安禄山乱，述抱国史藏南山。

⑦汉代博士韦贤，字长孺，邹人。质朴笃学，以诗教授，兼通礼尚书，号称邹鲁大儒。征为博士，授昭帝诗，封扶阳侯。卒谥节。

⑧汉代名相韦孟，彭城人。历相三世，因王戊荒淫不遵道，孟作诗讽谏，后遂去位，徙家于邹。

⑨唐代诗人韦承庆《折杨柳》诗联句。

⑩唐代乾宁进士韦庄《咏梅》诗联句。

韦氏名人集粹

韦朝元　南笼府（府治今贵州安龙）当丈寨人，清代南笼（今属贵州）起义首领。

韦昌辉　广西桂平人，被洪秀全封为北王，壮族，1851年1月金田起义时，任后护又副军师，领右军主将，12月在永安（今蒙山）封为北王，六千岁。因对杨秀清素怀不满，1856年8月督师江西时，得天王洪秀全密诏，9月带兵3000人回天京，利用洪、杨矛盾，乘机残杀杨秀清及部众、家属2万余人。激起天京将士的公愤，被天王洪秀全处死。

韦绍光 广州北郊三元里人，鸦片战争时三元里人民抗英斗争首领。1841年5月29日，盘据四方炮台的英国侵略军流窜至三元里一带，韦绍光组织群众奋起反击，被推举为首领。后又联络一百零三乡人民，诱敌至牛栏冈，伏兵四起，分割围歼，大败英军，杀敌200余人。

韦云卿（1873—1911） 清末广西南宁人。壮族。光绪三十一年（1905）入清军当兵。次年加入同盟会。曾参加镇南关起义和河口起义。1911年在广州起义（黄花岗之役）进攻两广督署时被俘牺牲。为黄花岗七十二烈士之一。

韦树模（？—1911） 清末广西平南人，字焕初。光绪三十一年（1905）广西同盟会分会成立，人为会员。宣统二年（1910）结识以拳术联络志士的罗城李德山。次年随至广州。1911年在广州起义（黄花岗之役）中，随黄兴攻人督署，继转战大石街、小石街一带，弹尽援绝，与其弟统钤、统淮、荣初同时殉难。葬于广州黄花岗，为七十二烈士之一。

韦以德（约1835—1854） 清广西桂平人，韦昌辉侄。参加太平军，后封国宗，提督军务。咸丰四年（1854）春，同石祥祯等从湖北黄州（今黄冈）绕道歼湖广总督吴文镕部。夏，参与克武昌，即奉命和石凤魁、黄再兴驻守。旋返天京（今南京）。武昌陷后，奉命西援田家镇，1854年战死于半壁山。

韦渊 今河南开封人，宋代亲卫大夫、平乐郡王。

韦元甫 淮南节度使。

韦元旦 监察御史。

韦抗 御史大夫、刑部尚书。

韦庄 长安杜陵（今陕西长安县）人，五代前蜀诗人、词人，仕蜀，曾官至吏部侍郎兼平章事。其诗语言清丽，多用白描手法，有《浣花集》。

韦昭度 京兆（今属陕西）人，官至兵部侍郎、西川节度使。

韦迢 京兆人，岭南节度使行军司马。

韦无忝 京兆人，画家、左武卫大将军。

韦皋 京兆万年（今陕西长安）人，名将。韦皋初任监察御史、知陇州行营留后事，因参加平定朱泚叛乱有功，升陇州刺史、奉义军节度使。贞元元年转任西川节度使，曾遣使与南诏通好，并多次击败吐蕃兵。

韦坚 京兆万年人长安令，天宝元年擢为陕郡太守、水陆转运使，在咸阳附近渭水旁作堰，截断灞水、浐水，作一与渭水平行的漕渠，至华阴的永丰仓附近，与渭水合。后贬岭南，被杀。

韦应物（737—约789年） 京兆长安人，诗人，曾官至滁州、江州、苏州刺史，其诗以写田园风物著名，语言简淡，有《韦苏州集》。唐代见于史籍记载的韦姓宰相就有14人之多，可见这个家族在当时家势之强大，地位之显赫。

韦节 隋炀帝时御史，曾被派与杜行满同使西域，归后撰有《西蕃记》，《通典》第193卷曾引用其文。

韦忠 平阳（今山西临汾西南）人，十六国时前赵名人。

韦子粲　北朝时齐豫州（今属河南）刺史。

韦元恢　彭城（今属山东）人，后魏绿州刺史。

韦叟　晋陵（今常州市）人，南朝镇军将军。

韦睿　京兆杜陵（今陕西西安东南）人，梁时名将，齐末为上庸太守，从萧衍起兵。梁初，任豫州刺史，他曾多次率军大败北魏军，魏人谈韦变色，称他为不可抗战的“韦虎”。后宫至雍州刺史、护军将军。

韦昭　云阳（治所在今陕西泾阳县）人，三国时吴之著名学者。

韦孟　彭城（郡治今江苏徐州）人，第一个出现于史籍上的韦姓有影响的人物，他把家从彭城迁到邹（今属山东）地，西汉诗人，曾为楚元王傅。据史书记载，他精于鲁诗，其子孙传至韦贤，5 世都是邹、鲁的大儒。当时，为诗并有韦氏之学，足见韦氏一门诗学的造诣之高。今存有《在邹诗》。

韦氏风流撷英

韦国少康至夏时，
韦氏滑县为祖籍。①
南朝名将韦睿氏，
长驱敌阵无以敌。②
唐时大家三卫郎，
语言简淡写田园。③
晚唐韦庄大手笔，
温韦盛名花间嬉。④
镇海逢甲勤防务，
乍浦殉难名后扬。⑤
绍光三元举大旗，
抗击英军留史篇。⑥
绵软韦皮克刀箭，
防身护体勇向前。⑦
韦维同音为人民，
人民事业作为先。⑧

注释：

①据《唐书·宰相世系表》记载，夏朝少康时就有韦国，韦国的遗民以韦为氏，在今河南滑县南。

②韦睿（公元 442—520 年），南朝梁将领，陕西西安人。无监四年（505 年），他率军伐魏，取合肥，俘敌万人。次年，他领兵与十万魏军战于钟离，大破魏军，威震北魏。

③“三卫郎”即韦应物（公元 737—约 789 年），唐朝诗人，陕西西安人。玄宗宫廷“三卫郎”，后继任滁州、江州、苏州刺史，其诗效法陶渊明，语言简谈，多写田园风光。

④韦庄（公元 863—910 年），唐末词人，陕西西安人。与温庭筠合称“温韦”，是“花间派”的代表作家之一，《秦妇吟》是他的早年作品。

⑤韦逢甲（？—1842 年），清朝官吏，山东齐河人。1841 年他被调到镇海铸大炮，办防务。1842 年英军进犯乍浦，他率乡勇堵击，中炮殉难。

⑥韦绍光（？—约 1901 年），广州三元里人民抗英斗争首领，广州三元里人。菜农出身，喜习武术。1841 年 5 月，面对英军侵略罪行，联络一百零三乡人民，在三元古庙共商战计，

30日诱敌于牛栏冈，毙敌二百余人，生俘二十余人。

⑦韦（wéi），是软牛皮，用在军事上作弁服，围在胸前，达到以柔克刚，保护自身的目的。

⑧韦，也通维，有维护，维持的意思。韦也通为，为谁呢？为人民、为国家。只有国家、人民的事业，才是伟大的事业，神圣的高尚的事业。

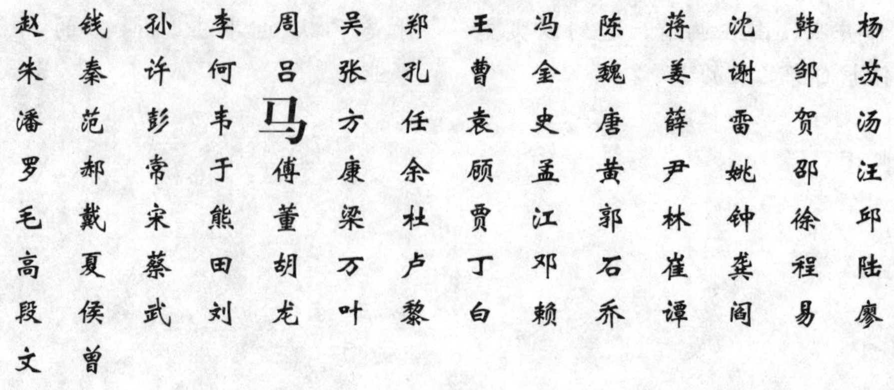

马 姓

——赵奢功显受封马，致使马氏邯郸发

马氏解密寻踪

（一） 姓氏字源

《说文》：“马，怒也，武也。象马头鬃尾四足之形。”据《殷墟文字乙编》所载，，甲骨文“马”头朝上，背朝右，尾朝下，鬃毛亦历历可数，故“马”盖为本动物之象形。《说文》释怒、武，为后起之义。《说文部首订》“云怒也者，释马之情状；云武也者，释马之用能。”

（二） 寻根溯祖

马姓起源主要有以下几个：

1. 出自嬴姓，为帝颛顼裔孙伯益之后，其始祖为赵奢。据《新唐书·宰相世系表》及《元和姓纂》所载，相传帝颛顼有个孙女叫女修，因食燕子蛋而怀孕生子大业，大业娶少典氏女子女华为妻，生下了伯益。伯益辅佐大禹治水有功，帝舜便赐他姓嬴，并把本族姚姓女子嫁给他为妻。伯益生有两个儿子，其中大儿子名叫大廉，传至季胜有个曾孙叫造父，是周穆王的驾车大夫，因平定徐偃王之乱有功，被封在赵城（今山西洪洞县北赵城），称为赵氏。战国初，传至赵衰（晋国执政大臣）的7世孙赵襄子，联合魏氏、韩氏三家分晋，建立赵国（建都晋阳〈今山西太原东南〉，为战国七雄之一。当时，赵王有子名叫赵奢（赵国贵族）的，初任赵国田部吏（管理全国的田赋），后任将军，以善于用兵著称。赵惠文王二十九年（公元前270年），秦军进攻阏与（今山西和顺），他奉命救援，先侦察敌情，继以急行军赶往，居高临下，大破秦军，因功劳卓著被赵惠文王封在马服（今河北邯郸市西北），称为马服君，死后便葬于封邑。其子孙最初以“马服”两个字为其姓氏，后省去“服”字，遂有马氏。世居邯郸。赵奢之孙兴，因赵被秦国所灭（公元前222年），便从邯郸迁到咸阳（今属陕西），秦封武安侯，有三子：珪、琛、嵩。嵩生述，字贞惠，汉太子大夫，封平通侯。述生权，为宁东将军，有三子：罗、通、伦。通字达，为黄门郎侍中，封重合侯；罗返徙扶风茂陵。望出扶风。史称马姓正宗。赵奢被认为是我国南北方马氏的始祖。是为河北、陕西马氏。

2. 出自他姓改马姓。像汉代有汉戚人马宫，本姓马矢，至马宫以仕学显，改姓马。马宫于王莽篡汉时曾任太子师。

3. 出自他族改姓。据《金史》所载，西域（汉代以后对玉门关、阳关〈均在甘肃省境〉以西地区的总称）人马庆详，人居临洮狄道（今属甘肃省境），遂以马为氏。据《元史》所载，蒙古人月乃和，因其祖在金末为凤翔（今属陕西）兵马判官，遂改姓马氏，取名祖常。马祖常之后亦为马氏。金元以后，回族的汉字姓氏中，马氏是出现最多的。马氏在我国历史上一直是一个很著名的姓氏，尤其是中华民族中回族的大姓。

（三） 宗堂郡望

堂号 1.“铜柱堂”：汉伏波将军马援征交耻，胜利后，在交耻立铜柱表功。到了唐朝，马援的后裔马总做安南都护，在原汉立铜柱的地方又立了两根铜柱，铸上了唐朝的威、德，说明自己是伏波将军的后裔。到了五代时马希范也立了铜柱。

2.“绛纱堂”：汉校书郎中马融，才高博洽，为世之通儒。弟子常千余人。他在教室里设绛纱帐，前授生徒，后设女乐。弟子都专心听他讲学，没有人顾盼女乐。

马姓堂号又有“扶风”一说。

郡望 主要有扶风郡。

扶风郡。汉武帝太初元年（公元前104年）置右扶风，为三辅之一。三国魏改扶风郡，治所在槐里（今光平东南）。相当今陕西麟游，乾县以西、秦岭以北地区。西晋移治池阳（今泾阳西北），唐时又曾改歧州为扶风郡。

（四） 家谱寻踪

河北·丰润马氏家谱不分卷

藏地：国家图书馆

（民国）马怀义纂

1932年铅印本　一册

河北廊坊·安次得胜口马氏家谱不分卷

藏地：国家图书馆（存十六卷）

吉林大学（存十七卷）

（民国）马钟绣修

1923年铅印本　四册

河北廊坊·安次得胜口马氏家谱稿不分卷

藏地：国家图书馆

（民国）马钟琇编

味古堂钞本　一册

河北廊坊·东安马氏家谱稿不分卷

藏地：国家图书馆

（清）马钟琇编

钞本　三册

河北大城·马谱一幅

藏地：河北青县崇仙镇野儿屯

马日兴纂

钞本

河北·东光马氏家乘附补遗不分卷

藏地：美国

（清）马德潜等八修

清咸丰十年（1860）睎眩堂刊本　四册

河北东光·马氏家乘附补遗不分卷

藏地：日本　美国

（清）马镁珗等九修

清光绪二十四年（1898）睎眩堂活字本　四册

河北东光·马氏家乘不分卷

藏地：中央民族大学　河北大学　吉林大学　苏州大学

（民国）马春晟　马春垌等十修

1922年木刻本　八册

河北青县·崇伦堂马氏宗谱二十三卷首一卷

藏地：中国社会科学院历史研究所图书馆　吉林大学

（民国）马步瀛纂修

1921年铅印本　二十四册

河北·马氏族谱不分卷

藏地：人民大学

（清）马毓椿　马干臣等修

清光绪八年（1882）刻本　四册

山西·介休县张兰镇马氏族谱不分卷

藏地：日本　美国

（清）马韦奎等修

清道光二十三年（1843）刊本　一册

辽宁本溪·马氏谱单一卷

藏地：辽宁本溪市偏岭满族乡小夹河

辽宁·马佳氏族谱四卷图一卷

藏地：国家图书馆（二部）　中国社会科学院历史研究所图书馆　北京大学　中央民族大学　人民大学　南开大学　辽宁图书馆　吉林大学　哈尔滨师大　日本　美国

（民国）马延喜修

1928年京华印刷局排印本　五册

吉林·马佳氏族谱不分卷

藏地：日本　美国

（民国）马广棻撰

1936年写本　一册

吉林永吉·马氏谱书不分卷

藏地：吉林吉林市图书馆

（民国）马双春撰修

1940年铅印本　一册

上海嘉定·马氏族谱不分卷

藏地：四川图书馆

（民国）马元芳纂修

1927年马仲常钞本　一册

江苏·常州马氏宗谱前编八卷首一卷末一卷续编二卷首一卷末一卷

藏地：国家图书馆　日本　美国

（清）马裕丰撰

清光绪间常州马氏木活字本

江苏南通·马氏宗谱七卷首一卷末一卷

藏地：江苏南通市图书馆

（民国）马炳黎总纂　南通马氏阖族续修

1921年铅印本　二册

江苏镇江·京江马氏宗谱二卷图一卷

藏地：日本　美国

马汉卿等修

清道光十九年（1839）活字二册

江苏镇江·马氏守谱五卷

藏地：中国社会科学院历史研究所图书馆

（民国）马宝光纂修

1924年继善堂活字本　六册

江苏常州·马氏宗谱七卷首一卷

藏地：南开大学

（清）马盘高主修

清光绪二十三年（1877）体仁堂木活字本　八册

江苏·常州马氏宗谱六卷首一卷

藏地：河北大学

（民国）马文寿续修

1919年志诚堂铅印本　六册

江苏常州·毗陵艾干马氏宗谱二十二卷

藏地：江苏常州市图书馆

（民国）马产贤　马金炳纂修

1948年聚未堂木活字本

江苏无锡·锡山马氏宗谱不分卷

藏地：吉林大学

（清）马玉树重修

清嘉庆八年（1803）忠孝堂刻本十五册

江苏无锡·锡山马氏宗谱二十卷

藏地：日本　美国

（清）马福培等重修

清同治十二年（1873）木活字本二十册

江苏江阴·利城马氏宗谱六卷

藏地：美国

（清）马景和等修

清光绪十六年（1890）树德堂刊本　六册

江苏·吴县西洞庭马氏宗谱十卷首一卷

藏地：辽宁图书馆

（清）马显岳　马学燧等续修

清乾隆四十年　（1775）刻四十五年（1780）续刻本

江苏吴县·洞庭林屋马氏宗谱六卷首一卷

藏地：辽宁图书馆　吉林大学

（清）马世钧　马学礼等续修

清嘉庆二十三年（1818）刻本十册

江苏吴县·洞庭林屋马氏宗谱八卷首一卷

藏地：国家图书馆　吉林大学南京图书馆

（清）马廷珠等续修

清光绪元年（1875）刻本　八册

江苏吴县·马氏家谱十卷

藏地：美国

（清）马恩藻等修

清光绪十七年（1891）钞本五册

江苏·昆山马氏族谱二十一卷首一卷

藏地：美国

（清）马光楣修

清光绪三十三年（1907）万卷楼刊本八册

江苏崑山·马氏族谱十六卷首一卷

藏地：美国

（民国）马光楣修

1918年万卷楼钞本　六册

江苏昆山·崑山马氏族谱序一卷

藏地：江苏苏州市图

（民国）邹福保撰

1914年稿本　三十一年（1942）邹福保修装　一册

江苏·马氏族谱□□卷

藏地：辽宁图书馆（存卷1、2、5—7）

（清）马敬声修

清康熙十九年（1680）修　康熙年间钞乾隆年间增补本

江苏·马氏家乘□□卷

藏地：辽宁图书馆

清乾隆间钞本

浙江富阳·富春临湖马氏宗谱二十卷

藏地：浙江富阳县文化管理委员会

1917年木刻本

浙江鄞县·光溪马氏宗谱六卷首一卷末一卷

藏地：浙江宁波天一阁文物保管所

（民国）马世渭　吕志锵纂修

1948年裕本堂木活字本　二册

浙江奉化·马氏宗谱不分卷

藏地：浙江奉化县文化管理委员会

（民国）王礼宾重修

1937年木活字本　一册

浙江绍兴·会稽马氏宗谱五卷

藏地：美国

马文燮等修

清道光二十二年（1847）文英堂活字本　四册

浙江绍兴·山阴朱咸马氏宗谱四卷

藏地：吉林大学

（民国）马锡康修

1917年活字本　五册

浙江绍兴·会稽马氏宗谱四卷

藏地：国家图书馆

马准砚续辑

1927年齿德堂活字体　四册

浙江绍兴·会稽吴融马氏分支谱十卷

藏地：国家图书馆　中国社会科学院历史研究所图书馆　南开大学　吉林大学　日本　美国（民国）马荫棠纂修

1931年诚忍堂铅印本

浙江绍兴·会稽马氏家乘不分发卷

藏地：国家图书馆

钞本　一册

浙江上虞·安家渡马氏宗谱不分卷

藏地：河北大学

（清）马春凤修

清光绪二十年（1894）刻鹄堂木刻本　八册

浙江上虞·虞东干渡马氏宗谱不发卷

藏地：中国社会科学院历史研究所图书馆

（民国）马云昇纂修

1929年刻鹄堂活字本　十册

浙江嵊县·仁村马氏东房宗谱七卷

藏地：南开大学

（清）马钎学等重修

清嘉庆二十一年（1816）善述堂刻本　七册

浙江嵊县·仁村马氏东房宗谱十卷

藏地：河北大学

（清）马传学　袁素藩重修

清咸丰十一年（1861）木刻本　十册

浙江嵊县·仁村马氏东房宗谱十卷

藏地：中央民族大学

（清）马素濬等修

清光绪三十三年（1907）善述堂刻本　十册

浙江东阳·吴宁安恬马氏宗谱二十三卷

藏地：浙江东阳县魏屏乡瓦壶窑

（清）陈振南纂

清同治八年（1869）木活字本

浙江缙云·票坑马氏宗谱五卷

藏地：浙江缙云县档案馆

（民国）马名金撰

1934年木活字本

安徽·桐城扶风马氏族谱四卷首七卷附族图一幅

藏地：安徽博物馆　日本　美国

（民国）马其昶纂

1929年木活字本　八册

安徽·怀宁高洒埠马氏宗谱十卷首一卷末一卷

藏地：美国

（清）马氏雄等修

清道光二年（1822）五常堂木活字本　十册

安徽·怀宁马氏宗谱十五卷首一卷

藏地：美国

（清）马宏久等修

清光绪二年（1876）敦悦堂木活字本　十六册

安徽·皖江马氏宗谱二十五卷首一卷

藏地：安徽博物馆

（民国）马泽客　马庆臻纂修

1916年木活字本　十册

山东·德州马氏支谱四卷

藏地：河北大学

（清）马松庆修

清光绪二十三年（1897）静业堂木刻本　二册

山东庆云·马氏族谱不分卷

藏地：日本　美国

（民国）马龙潭等重修

1917年藏拙堂石印本　四册

山东·日照马氏家乘不分卷

藏地：美国

（民国）马荫田等修

1918年铅印本　五册

河南杞县·马氏族谱不分卷

藏地：河南图书馆

（清）马宗孔　马毓昌等续修

清光绪十一年（1885）河南杞县马氏木刻本

河南·安阳蒋邨马氏宗谱八卷

藏地：人民大学

（清）马吉樟修

清光绪二十五年（1899）刻本　四册

河南项城·马氏家谱六卷

藏地：河南项城县档案馆

清乾隆十一年（1746）创修　宣统三年（1911）　马世成续修

湖北·马氏族谱□□卷

藏地：武汉图书馆（存卷1）

（民国）马光颋　马光灿等纂

1920年武昌马氏怀远堂木活字本

湖北新洲·马氏宗谱十一卷首一卷

藏地：湖北新洲县和平乡石河村东马家湾

（民国）马精臣　马祝三续修

1916年木刻本

湖北英山·马氏宗谱十卷首一卷

藏地：中国社会科学院历史研究所图书馆

（清）马廷福主修

清同治十二年（1873）青云堂活字本　十册

湖北石首·马氏族谱□□卷

藏地：湖北石首县档案馆

1918年续修　马聪明钞本

湖南·马氏续修族谱□□卷首一卷

藏地：湖南图书馆（存卷1、首）

（民国）马大骧修　马積玉　马積清纂

1925年活字本

湖南宁乡·马氏三修族谱八卷首二卷

藏地：湖南图书馆（存卷1、2、首上、下）

（清）马祖端修　马光笏　马祖隆等纂

清光绪元年（1875）铜柱等活字本

湖南宁乡·马氏五修族谱八卷首三卷

藏地：湖南图书馆（存卷首上、下）

（民国）马立湘纂（序）

1949年铜柱堂活字本

湖南醴陵·马氏五修族谱二十二卷

藏地：湖南图书馆（存卷1、3、5、7、8、10、13、14、19、20）

（民国）马惕冰　马有陡纂修

1941年绛帐堂活字本

湖南桃源·马氏续谱九卷首一卷

藏地：湖南桃源县档案馆

（民国）马積清　马積玉修

1925年石印本

山东·宁阳马氏族谱不分卷

藏地：美国

清咸丰二年（1852）写本　一册

广东顺德·马氏宗谱不分卷

藏地：广东中山图

钞本　一册

广东·扶风马氏宗谱

藏地：中国科学院图书馆

（清）马有勋修

清光绪年间钞本　一册

广西·马氏族谱五卷

藏地：广西容县党史办（存卷首）

（民国）马胜文　马季豪等编纂

1947年铅印本

广西·马氏族谱□□卷

藏地：广西图书馆（存卷二）

民国间铅印本

四川成都·马氏宗谱二卷

藏地：四川图书馆

（民国）马开桂　马开甲续修

1926年新都石印本　二册

四川崇庆·马氏族谱不分卷

藏地：四川图书馆
(民国)马双延　马中长等纂修
民国间排印本　二册
四川内江·马氏清修族谱一卷
藏地：四川图书馆
(清)马英校纂修
民国间钞本　一册
四川简阳·马氏宗谱四卷
藏地：四川图书馆
(清)马大德纂修
清光绪十八年(1892)木活字本　四册
四川·马氏族谱二卷
藏地：四川图书馆
(民国)马亶尊纂修
1938年石印本　二册
云南大理·龙亶马氏家谱不分卷
藏地：云南大理州图书馆
稿本　一册
云南·马氏族谱不分卷
藏地：中央民族大学
(清)马寿圭等编
1949年谢宠態钞本　十册
陕西合阳·郃阳南渠西马氏宗谱五卷
藏地：中国科学院图书馆　吉林大学广东中山图
(民国)马凌甫续修
1936年排印本
陕西合阳·郃阳南渠西马氏宗谱世素表不分卷
藏地：美国
(民国)马凌甫等修
1936年铅印本　二册
陕西合阳·郃阳南渠西马氏宗谱传记不分卷
藏地：人民大学　日本　美国
(民国)马凌甫纂
1936年铅印本　一册
陕西大荔·关西马氏世行禄十四卷
藏地：国家图书馆　美国
(清)马先登纂
清同治七年(1868)敦伦堂刻本　八册
宁夏·马氏族谱初集四卷二集三卷三集三卷四集三卷
藏地：宁夏图书馆
(民国)马鸿逵编
1946年铅印本
马氏家乘不分卷
藏地：人民大学
(清)马国瓛禄辑
清嘉庆十六年(1811)刻本　一册
马氏族谱不分卷
藏地：国家图书馆
(清)马韦奎纂
原稿本　三册
马氏族谱不分卷
藏地：国家图书馆
(清)马韦奎修
清传钞本　二册
马氏宗祠族谱不分卷
藏地：四川图书馆(存一册)
清刻本
马氏宗谱不分卷
藏地：北京大学
清钞本(其中一册配清刻本)
三官马氏宗谱十四卷首一卷
藏地：哈尔滨师大
(民国)马庆余　马凌云等重修
1929年伏波堂刻本　十四册
繁阳马氏宗谱十九卷

藏地：安徽宣城地区档案馆
（民国）马骥如纂
1943年木刻本
远阳马氏家谱不分卷
藏地：美国
钞本　六册

（五）　字行辈份

1921年马步瀛等撰《马氏宗谱》，河北青县马姓一支字行为："有志名克立，维汝受国荣，之文允宝镇，世锡庆元宏。"又1929年马冀彰等纂《马氏宗谱》，虞东干渡马姓祖制排行百代字："观德知仁孝，修身化世风，惟思豪杰士，冀冠圣贤中，经济治君国，诗书善厥躬，鹏飞由祖福，燕翼乃宗功，教守成名训，家传尚质衷，登瀛怀睿智，显达式英雄，宜法攀龙嗣，求多起凤冲，宽和端本道，庄敬令闻崇，恩泽深先代，荣封勉尔忠，品量钦景哲，光耀望元通。"

（六）　迁徙繁衍

战国时，赵国有个赵奢，初任田部吏，主收田赋，不畏权势。赵国贵族平原君赵胜家不肯出租税，他以法治罪，先后杀了平原君家9个管事人员。平原君认为他有才干，把他推荐给自己的哥哥赵惠文王，让他管理国赋。后被任为将军，善用兵。赵惠文王二十九年（公元前270年），秦军进攻阏与（今山西和顺），他奉命救援，先侦察敌情，继以急行军赶往，居高临下，大破秦军，因功被封为马服君。赵奢的子孙因以为氏，即马服氏，后又省"服"为马氏。马氏出自赵姓，而赵姓又出自嬴姓，祖先是舜时东夷部落的首领伯益，所以，姓氏古籍均说马姓出自嬴姓，是伯益的后裔。例如，宋人郑樵《通志·氏族略》云："马氏，即马服氏，嬴姓，伯益之后。赵奢封马服君，因以为氏，或去'服'为马。"

《史记·赵世家》在记述赵将赵奢破秦事迹后说"赐号为马服君"。唐张守节《史记·正义》云："因马服山为号也，虞喜《志林》云'马，兵之首也。号曰马服者，言能服马也。'"宋人邓名世《古今姓氏书辨证》也说："赵奢为惠文王将，有功，赐爵为马服君，'马服'者，言能服驭马也。"由此可见，"马服君"乃是赵奢被赐之号，并非因其封于"马服"而称马服君。今河北邯郸市西北有山名马服，一名紫山，《辞海》称"因赵奢葬此而得名；一说赵封赵奢为马服君，因此山为号"。

据《新唐书·宰相世系》载，赵奢的儿子牧，亦为赵将，居住在邯郸。公元前222年，秦国灭赵国，将牧之子兴迁徙至陕西咸阳，封武安侯。马兴有三子：珪、琛、嵩。马嵩的儿子马述，任汉太子大夫，封平通侯，生权，为宁东将军。马权有三子：何罗、通、伦。马通任黄门郎、侍中、重合侯，"坐何罗反，徙扶风茂陵成欢里"。从此，扶风茂陵（今陕西兴平东北）成为马氏的发展繁衍中心。西汉有大司徒马宫，戚（今河南濮阳东北）人，本姓马矢，改姓马。两汉至南北朝时期，马氏除在扶风茂陵成为望族外，还分布于今河南、河北、山东、湖北、四川、甘肃、江苏、浙江等省的一些地方。唐人林宝《元和姓纂》所列马氏郡望有：扶风茂陵、京兆（今陕西西安）、郏郡（今河南郏县）、茌平（今属山东）、临安（今属浙江）、西河（今山西汾阳）、广陵（今江苏扬州）及华阴（今属陕西）、正平（今山西新绛）等。唐朝末年，王潮、王审知入闽，有河南马氏随同前往，在福建安家落户，后发展成为大族。许州鄢陵（今属河南）人马殷，少为木工，应募从军，随秦宗权部将孙儒入扬州，转从别将刘建峰攻取潭州（今湖南长沙）。896年，刘建峰为部下所杀，马殷被推为主，被唐任为潭州刺史，后进武安军节度使，于907年被后梁封为楚王，建立楚国，历时45年。楚国以潭州为都城，辖20余州，相当于今湖南全省、广西大部及广东、贵州部分地区。马殷有子数十人，不仅在潭州发展繁衍，而且还分布于楚国境内的许多地方。宋代以后，闽、粤地区马姓逐渐增多；至明代，马姓族人遍布福建；至清代，有的移居台湾，进而又远徙东南亚及欧美。此外，据《金史》，金有马庆祥，西域人，入居临洮狄道，遂以马为氏；据《元史》，元之月乃和，以祖为金马步指挥使，因改姓马，名祖常，这都为马姓增加了新的属员。

当今，马姓为中国第19大姓，拥有人口占汉族人口的1%以上，同时在回族中也是人口较多的姓氏。

（七） 适用楹联

□白眉继烈；[1]青海重光。[2]

□追赠学士；[3]御封真人。[4]

□四家待诏；[5]三代推官。[6]

□宜城五兄弟；[7]元曲四大家。[8]

□师皇乘龙去；[9]伏波裹尸还。[10]

□远浦帆归曲致远；[11]
长春留引经季长。[12]

□县王佐才，筑砦钓渭；[13]
步隐沧踽，授业著书。[14]

□骨气乃有老松格；
神妙直到秋毫颠。[15]

□乌威圣德，万古流芳英烈将；
玉面神光，千秋垂泽崇仁军。[16]

□正其谊不谋其利；
明其道不计其功。[17]

注释：

①三国时蜀国名士马良（187—222），字季常，襄阳宜城（今湖北宜城南）人。兄弟五人并有才名，其中马良眉中有白毛，且才学最高，故当时有句话说“马氏五常，白毛最良。”

②东汉槐里侯马腾，字寿成，陇西人。矜救民命，三辅甚安爱之，官终卫尉。青海东与北皆界陇西（属甘肃）。

③明代礼部右侍郎马愉，字性和，临朐人。宣德进士。为官清正，论事宽厚，卒赠尚书兼学士。

④宋代进士马钰，字宜甫，扶风人。传说，大定间他遇重阳子王嘉，授以道术，与妻孙氏同时出家，孙先仙去。钰后游莱阳，入仙宫羽化，赐号丹阳顺化真人。

⑤南宋画家马远，字遥父，号钦山，河中人。任画院待诏，其画风道劲严整，设色清润，自成一格。他与李唐、刘松年、夏圭并称“南宋四家”。有《踏歌》、《华灯侍宴》等传世。

⑥清代著名学者马骕，字宛斯，邹平人。顺治进士，曾任淮安推官，生平研究先秦历史著有《绎史》、《左传事纬》等，时称“马三代”。

⑦见注①马良。

⑧元代戏曲家马致远，字千里，号东篱，大都人。其文词豪放有力，颇含讽喻。作戏十六种，现存《汉宫秋》、《岳阳楼》等七种，散曲有《东篱乐府》。他与关汉卿、白朴、王实甫被誉为“元曲四大家”。

⑨黄帝时代著名兽医马师皇，善治马，又喜医龙，据说“乘龙仙去”。他被后世尊为兽医始祖。

⑩东汉名将马援（前14—后47），字文渊，茂陵人。他曾助刘秀攻灭隗嚣，击破先零羌，为东汉立下大功，建武十七年（41）任伏波将军。年六十余犹征战沙场。尝谓宾客曰：“丈夫立志，穷当益坚，老当益壮。”又言：“男儿要当死于边野，以马革裹尸还葬。”后果卒于军。

⑪见注⑧嵌入元代戏曲家马致远名字。

⑫指东汉经学家马季长，在联尾嵌入季长之名。

⑬唐代银青光禄大夫马周，字宾王，茌平人。嗜学，善《诗》、《春秋》。武德中辅州助教。不治事，去职，筑砦钓渭，后被重用。

⑭宋代承事郎马端临，字贵与，乐平人。咸淳中漕试第一，博极群书，以荫补承事郎。元初起为柯山书院山长，终台州学教授。所著《文献通考》贯穿古今。

⑮清代诗人马曰璐（约康熙、乾隆时人）撰书联。马曰璐，字佩兮，江苏江都人。有《南斋集》。

⑯清代乌面将军马信庙联。马信，原是郑成功的一位部将，陕西人。到台湾后，进驻彰化县之燕雾上堡（即今陕西村），后不幸阵亡。后人为他立庙祭祀。庙在今台湾彰化县秀水乡陕西村。

⑰当代著名经济学家马寅初（1882—1982）自题联。马寅初，浙江嵊县人。著有《新人口论》等。

马氏名人集粹

马啸　山东邹平人，清代史学家，生平以研究先秦历史为主，有“马三代”之称。著书多种，在史学界有一定影响。

马德新　云南大理县人，伊斯兰学者，一生去过信仰伊斯兰教的许多国家，著书近30余种。

马建忠　江苏丹徒人，清末语言学家，1876年（光绪二年）被派赴法国留学并任清使馆翻译，回国后人李鸿章幕办洋务，曾去印度、朝鲜处理外交事务。撰（适可斋纪言纪行），主张废除厘金，调整进出口税率，振兴工商业。精通英法语文及希腊文、拉丁文。所著《马氏文通》，从经、史、子、集中选出例句，参考拉丁语法研究古代汉语的结构规律，为中国第一部较全面系统的语法著作。

马欢　今浙江绍兴人，明代航海家，他曾参加过郑和的第四次、第六次、第七次航行，任翻译，著有《瀛涯胜览》，记录了航海中的许多所见所闻。

马守应　陕西绥德人，明末农民起义军首领，回族，率当地回民起义。崇祯四年（1613 年）编入王自用义军 36 营，8 年荥阳大会时，名列 13 家之一。有众数万人，是义军中重要的一支。先后转战陕、晋、豫、鄂、皖、湘等地。

马注　云南保山人，明末清初伊斯兰学者，回族，对佛学和伊斯兰教义颇有研究，著有《经权》、《樗樵》。晚年译著《清真指南》，流传甚广。

马琬　江宁（今江苏南京市）人，元末明初画家，曾官至抚州知府。擅画山水，兼工书法，能诗。

马致远　今北京市人，元代著名的杂剧和散曲作家，为“元曲四大家”之一。一生写下了大量的散曲和杂剧，但现存杂剧只有 7 种，散曲一卷，其作品大都清丽典雅，意境高远。

马祖常　世为雍古部，居靖州天山（今属新疆），著名文学家。

马远　祖籍河中（今山西永济县附近）人，南宋时著名画家，后侨寓钱塘（今浙江杭州），绘画世家出身，擅画山水。初师李唐，能独辟蹊径，自成一家。多作“一角”、“半边”之景，构图别具一格，有“马一角”之称。也兼画人物、花鸟。后人把他与夏圭并称“马夏”，加上李唐、刘松年，合称“南宋四家”。其子马麟宗其笔，画风不凡。

马扩　狄道（今甘肃临洮）人，南宋抗金义军首领。

马墍　宕昌（今甘肃宕昌南）人，一代将领，宋末知邕州（治今广西南宁），守边有功，升左武卫将军，留驻静江府（治今广西桂林）。

马端临　今江西乐平人，宋元之际著名史学家，宋相马廷鸾之子。一生博览群书，历 20 年始成《文献通考》，为记述历代典章制度的重要著作。

马殷　许州鄢陵（今属河南）人，五代时楚国的建立者，唐初曾被任为潭州刺史，后进武安军节度使，领有潭衡等 7 州，后梁开平元年（公元 907 年）封为楚王，建立楚国，在位 27 年。

马周　博州茌平（今属山东）人，唐代大臣，因代常何上书，所论 20 余事，为唐太宗赏识，后授官监察御史，后累官至中书令。主张少兴摇赋，反对实行世封制，成为名重一时的政治家。

马异　河南（府治今河南洛阳）人，著名诗人。

马祖　汉州什邡县（今属四川）人，佛教禅宗高僧。

马钧　扶风（治今陕西兴平东南）人，魏时机械制造家，因改革绫机，提高功效四五倍而闻名；后又创造翻车（即龙骨水车），能连续提水，效率也很高，还曾创造指南车等。翻车、指南车所使用的机械原理，比国外早 1780 百年。

马超　右扶风茂陵人，三国名将，出身于凉州（西汉置州，三国时移治姑臧〈今甘肃武威〉）豪强家族，刘备建立蜀后，任骠骑将军。

马良　襄阳宜城（今湖北宜城南）人，蜀汉侍中。

马援　（前 14—47）扶风茂陵（今陕西光平东北）人，第一位为马氏家族荣耀门庭的人物，东汉初被誉为伏

波将军，新莽末年，为新城大尹（汉中太守），后依附割据陕西（今属甘肃）的隐嚣，后再任陕西太守，率军击破先零羌。在他62岁高龄之时，还自请率兵前往讨伐武陵（今属湖南）“五溪蛮”，最终死在军中。生平也善养马，发展了相马法，著有《铜马相法》。

马武 南阳湖阳（今河南唐河南）人，一代名将，新莽末，参加绿林起义军，后归刘秀，他任侍中、骑都尉，后封扬虚侯。

马臻 会稽（今属浙江）太守，在会稽山阴两县境建镜湖，灌溉农田9000余亩。

马腾 右扶风茂陵（今陕西兴平东北）人，初为凉州刺史耿鄙军司马，后曾与韩遂割据过凉州。曹操征其入朝，任为卫尉，以其子马超举兵反曹被杀。

马融 马氏家族史上第一位很有学问的人，经学家、文学家。右扶风茂陵人，曾任校书郎、议郎、南郡太守等职，一生除注群经外，兼注《老子》、《淮南子》，生徒甚多，常有者达千余人，郑玄、卢植等都出其门下。

马氏风流撷英

赵奢功显受封马，
致使马氏邯郸发。①
马武善战誉虎将，
马融门徒遍天下。②
三国马均发明家，
布机龙骨扬华夏。③
宋画四家有马远，
风格洒脱一角画。④
廷鸾淡薄官利场，
文章千古美名扬。⑤
元曲四家有致远，
汉宫秋凄君外嫁。⑥
贤明女子马皇后，
支前德政母天下。⑦
立而不卧健行马，
驰骛雄姿显中华。⑧

注释：

①据《元和姓纂》记载，战国时代，赵国名将赵奢，因立军功，受封于马服邑，今河北邯郸市北，世称马服君。后省文去字，遂有马氏，出自偃姓。皋陶之后。

②马武（公元前14—49），东汉猛将，河南唐河人。刘玄时破王寻，任振威将军；刘秀时，则刘永，任捕虎将军；马融（公元79—166年），东汉经学家，陕西兴平人。他遍注《孝经》、《论语》、《诗》、《易》……等，生徒千余，涿郡、卢植、北海、郑玄这些造诣高深的学者皆出门下。

③马钧（生卒不详），三国时机械发明家，陕西兴平人。他把织布机由原来六十蹑、五十蹑（踏具）改为十二蹑，发明龙骨提水车，轮转式发石机。提高生产率四至五位，增强了军队攻城的战斗力。

④马远（生卒不详），南宋画家，浙江杭州人。他的山水画学李唐，用大斧劈皴面山石，画风淋漓洒脱，构图简率峻刻。与李唐、夏圭、刘松年并称“南宋四大画家”，时称“马一

角”。

⑤马廷鸾（公元 1223—1289 年），南宋大臣，江西乐平人。理宗时，主持编修《武经要略》，后因贾似道猜忌，乞罢政，辞官。恭帝即位，屡召不至。撰《六经集传》等。

⑥马致远（生卒不详），元朝戏曲家，北京人。他与关汉卿、白朴、王实甫被誉为“元曲四大家”。作剧十六种，现存七种，以描写王昭君出塞的《汉宫秋》为代表作。

⑦马皇后（公元 1333—1382 年），明太祖朱元璋的皇后，郭子兴养女。战争期间，她组织妇女制作军衣、军鞋、支援前线。朱元璋称帝后立为皇后，她劝朱元璋“定天下以不杀人为本”。并救李文忠、朱文正、宋濂等人于死罪。

⑧“马”是一种“立而不卧”的家畜，性情温驯，通人意。马代表刚强，健运不息。喜驰骛的精神也就是中华民族自强不息的精神。

中华百家姓

赵 钱 孙 李 周 吴 郑 王 冯 陈 蒋 沈 韩 杨
朱 秦 许 何 吕 张 孔 曹 金 魏 姜 谢 邹 苏
潘 范 彭 韦 马 方 任 袁 史 唐 薛 雷 贺 汤
罗 郝 常 于 傅 康 余 顾 孟 黄 尹 姚 邵 汪
毛 戴 宋 熊 董 梁 杜 贾 江 郭 林 钟 徐 邱
高 夏 蔡 田 胡 万 卢 丁 邓 石 崔 龚 程 陆
段 侯 武 刘 龙 叶 黎 白 赖 乔 谭 阎 易 廖
文 曾

方 姓

——榆罔其子封方山，方氏始出方叔衍

方氏解密寻踪

（一） 姓氏字源

《说文》：“方，并船也，象两舟省总头形。……汸，方或从水。”段玉裁注：“并船者，并两船为一。”由此，方之本义即相并的两船。

（二） 寻根溯祖

方姓来源有三：

1. 出自姬姓，以字为氏。据《元和姓纂》及《通志·氏族略》等所载，西周后期宣王时有大夫方叔（姬姓，名裒，字方叔），曾奉命多次在征伐淮夷及北方民族猃狁的战争中立下大功，特别是在平息南方荆蛮（周人敌视楚国的泛称）的叛乱中战绩卓越。为了表彰他的功劳，周宣王封方叔于洛（今河南洛阳），他的子孙以他的字为氏，称方氏。史称方姓正宗。是为河南洛阳方氏。

2. 出自方雷氏及方相氏之后裔。据《风俗通义》及《世本》所载，传说神农有后裔开始得雷姓。传至8代孙帝榆罔之子雷，黄帝伐蚩尤（神话中东方九黎族首领，与黄帝战于涿鹿〈今河南涿鹿东南〉，失败被杀）时，因功被封于方山（大致为今河南叶县南、方城县东北一带），其后子孙有以地为氏姓方。又有方相氏，黄帝时嫫母之后。亦为河南方氏。

3. 出自姬姓，为翁氏所分。据《元和姓纂》所载，西周初年，昭王（公元前96—6948年）的支庶子孙受封于翁山（在今浙江定海县东，一说在今广东翁源县东），后以邑名为氏姓“翁”。又据《六桂堂业刊》所载，宋初有福建泉州人翁乾度，生有6个儿子，分姓洪、江、翁、方、龚、汪6姓。其中第4子分姓方，其子孙也姓方。兄弟6人同列进士，皆望族之家，故有“六桂联芳”之誉，是为福建方氏。

（三） 宗堂郡望

堂号 “正学堂”：明朝方孝孺，洪武初为汉中教授，蜀献王聘他做世子的老师。建文时候，入京做侍讲学士，名他的书宣叫“正学堂”。人们称他“正学先生”。燕王棣夺位，强迫孝孺写即位诏，孝孺坚决不写，结果被杀殉国。

郡望 方姓郡望主要有河南郡等。

河南郡。汉高祖二年（公元前205年）改奉三川郡置郡治所在雒阳（今河南洛阳市东北）。相当今河南黄河以南洛水、伊水下游，双洎河、贾鲁河上游地区及黄河以北厚阳县。

（四） 家谱寻踪

全国·歙淳方氏柳山真应庙会宗统谱二十卷

藏地：日本　美国

（清）方善祖　方大成等编

清乾隆十八年（1753）木活字本

天津宝坻·方氏族谱一卷

藏地：人民大学

（清）方学诗修

清同治九年（1870）刻本　一册

上海青浦·方氏宗谱不分卷

藏地：上海市文化管理委员会

（清）方德彰续修　方存绪编辑

清光绪间钞本　二册

江苏溧水·方氏汇同宗谱不分卷

藏地：江苏溧水县城郊乡沙河村

1941年河南堂木活字本　五册

江苏扬州·方氏联临派居临河前族迁扬州支谱一卷

藏地：国家图书馆

（清）方鼎铫等修

清光绪间刻本　一册

江苏常州·毗陵芳茂里方氏宗谱二十六卷首一卷

藏地：江苏常州市图书馆

（民国）方文皋主修　方有年总纂

1928年毗陵方氏滋本堂木活字本

江苏无锡·方氏宗谱十五卷首一卷

藏地：日本　美国

（清）方州云　方殿荣等续修

清光绪二十三年（1897）木活字本

浙江·虞嵊方氏宗谱四卷

藏地：国家图书馆（虫蛀残破）

（清）方仁桢等纂修

清道光二十四年（1844）逸河堂活字本　五册

浙江临安·唐昌天水方氏宗谱四卷首一卷末一卷

藏地：浙江图书馆

（民国）潘秉哲　戴鸿文主修

1920 年积庆堂木活字本

浙江·萧山方氏家谱五卷

藏地：吉林大学

（清）方国标辑

清康熙四十六年（1707）刻本

浙江淳安·方氏族谱前集不分卷后集不分卷

藏地：国家图书馆（前后残破）

明钞本　一册

浙江淳安·桂林方氏宗谱十二卷

藏地：安徽图书馆（存卷 1、2）

（清）方其廑　方之璔等编

清康熙二十六年（1687）宛陵汤茂乡木刻本　一册

浙江淳安·钢山路口方氏支谱四卷首一卷末一卷

藏地：中国社会科学院历史研究所图书馆

（清）方善祖修

清乾隆十一年（1746）观礼堂刻本　六册

浙江宁波·镇海相墅方氏族谱二十卷首一卷

藏地：浙江图书馆（存卷首、卷 1—5）

（清）张寿荣纂修

清光绪三年（1877）六桂堂木活字本

浙江宁波·镇海相墅方氏族谱二十四卷首一卷

藏地：浙江图书馆（存卷 1、4、5、18、19、22、23、卷首）

（民国）张美翊纂修

1914 年六桂堂木活字本

浙江宁波·镇海相墅方氏恭房支谱二十卷首一卷

藏地：中国社会科学院历史研究所图书馆　浙江宁波天一阁文物保管所（存卷首、卷 1—6、13—20）

（民国）江五民　方义鹗等纂修

1933 年新昌石氏木活字本

浙江鄞县·鄞青阳屯兰田方氏家乘二卷首一卷末一卷

藏地：浙江宁波天一阁文物保管所

（民国）张琴　方友镇等纂修

1931 年木活字本　二册

浙江余姚·姚南四明丁山方氏宗谱九卷首一卷末一卷

藏地：南开大学　河北大学

（清）方瓒　方始瑞等编

清光绪十五年（1889）伦叙堂木刻本

浙江慈溪·慈东方家堰方氏宗谱七卷首一卷

藏地：国家图书馆　浙江宁波天一阁文物保管所

（民国）童成章编

1931 年乘裕堂活字本　八册

浙江奉化·峨阳方氏宗谱四卷

藏地：浙江奉化县文化管理委员会

（民国）庄景仲重修

1925 年木活字本

浙江奉化·大桥方氏宗谱十卷

藏地：国家图书馆

（民国）方汝舟等纂修

1940 年大训堂活字本　一册

浙江嘉兴·歙县罗田方氏迁禾分支宗谱三卷

藏地：浙江嘉兴市图书馆

（民国）方惟善辑　方锡壤重修

1934 年铅印本　一册

浙江德清·方氏宗谱四卷

藏地：浙江德清县清退办

（清）方允权　方孔铭重修

清光绪三十二年（1906）木刻本

浙江诸暨·白门方氏宗谱不分卷

藏地：浙江图书馆

（清）方健　郭瀚纂修

清嘉庆十二年（1807）写本六册

浙江金华·孝川方氏宗谱五卷

藏地：中国社会科学院历史研究所图书馆

（清）方表等十修

清乾隆四十年（1775）活字本十六册

浙江金华·赤松方氏宗谱□□卷

藏地：浙江衢州市文化管理委员会（存卷3、10—12、19）

1928年木活字本

浙江·兰溪方氏重修族谱八卷

藏地：日本　美国

（清）朱维义纂修　方朝裕等重修

清同治五年（1866）木活字本十四册

浙江兰溪·河南方氏宗谱六卷

藏地：浙江兰溪县水亭乡

（清）翁百高重纂

清光绪二十二年（1896）木刻本

浙江兰溪·河南方氏宗谱三卷

藏地：浙江兰溪县高潮乡

清光绪二十四年（1898）木刻本

浙江兰溪·河南方氏宗谱七卷

藏地：浙江兰溪县水亭乡

（清）方旭重纂

浙江衢州·重修三衢西邑沧州安仁里方

氏宗谱□□卷

藏地：浙江金华市文化管理委员会（存卷1、2）

方钧　方炽昌重修

木刻本

浙江衢州·河南方氏宗谱四卷

藏地：浙江衢州市文化管理委员会

（民国）方明礼重修

1948年北隅居士郑荫槐木刻本一册

浙江常山·丹阳方氏宗谱六卷

藏地：浙江常山县狮子口乡渣濑湾

（民国）徐燮创修

1918年序刻本

浙江常山·遂阳墅方氏宗谱四卷

藏地：浙江常山县芳村镇

1923年序刻本

浙江常山·方氏宗谱二卷

藏地：浙江常山县招贤乡高埂村

（民国）蒋树梓重修

1933年木刻本

浙江常山·定阳玉山方氏宗谱二卷

藏地：浙江常山县青石乡大塘后村

（民国）蒋树梓重修

1939年木刻本

浙江常山·方氏宗谱一卷

藏地：浙江常山县大桥头三角甫村

（民国）方志有重修

1939年木刻本

浙江常山·大桥头方氏宗谱□□卷

藏地：浙江常山县球川镇曹宅村（存卷8）

浙江临海·台临方氏宗谱五卷

藏地：浙江临海县博物馆（存卷1、2）

清光绪十九年（1893）木活字本

安徽·续溪城南方氏宗谱二十四卷首一卷附城南方氏祠谱四卷

藏地：国家图书馆　中国社会科学院历史研究所图书馆　南开大学　安徽屯溪市文物商店　安徽绩溪县方安湾

（民国）方树等纂修

1919年思诚堂活字本　九册

安徽·续溪城内方氏宗谱二十四卷

藏地：安徽绩溪县东青岭

（清）方建寅主修

清道光二十八年（1848）二修本

安徽·绩溪城内方氏宗谱二十四卷

藏地：安徽绩溪县东青岭

（民国）方树主修

1919年三修本

安徽绩溪·城北方氏宗谱二卷

藏地：安徽绩溪县鱼龙山

（清）方政纂修

清乾隆二十五年（1760）续修本

安徽歙县·汉歙丹阳河南方氏衍庆统宗图谱一卷

藏地：国家图书馆

（宋）方桂森纂修

明刻本　一册

安徽歙县·新安歙邑环山方氏重修流芳谱九卷

藏地：国家图书馆

（明）方达纂修

明成化二十三年（1487）刻本　一册

安徽歙县·古歙方氏宗谱六卷

藏地：吉林大学（存卷3—6）

（明）方伯安纂修

明隆庆间刻本

安徽歙县·沦川方氏族谱不分卷

藏地：中国社会科学院历史研究所图书馆

（明）方柱纂修

明万历四年（1576）写本　一册

安徽歙县·汉歙灵山方氏宗支世谱□□卷

藏地：国家图书馆（存卷3、4）

（明）方在明纂修

明万历二十七年（1599）家刻本

安徽歙县·府前方氏宗谱二十卷首一卷

藏地：河北大学

（民国）方为国续修

1931年敦本堂木刻本　七册

安徽祁门·方氏宗谱八卷首一卷末一卷

藏地：中国社会科学院历史研究所图书馆

（清）方炽昌纂修

清同治十三年（1847）敦义堂活字本　十册

安徽桐城·桂林方氏支谱十八卷首一卷末一卷

藏地：人民大学

（清）方镜等修

清同治七年活字本　二十册

安徽·桐城桂林方氏家谱□□卷首一卷

藏地：安徽图书馆（存卷首、卷1—52、54—56、58—64）

（清）方传理编

清光绪六年（1880）刊本

安徽·桐城鲁珙方氏族谱二十

三卷

藏地：安徽图书馆

（清）方宗诚修

清光绪九年（1883）刊本　八册

安徽·桐城桂林方氏友庆堂支谱不分卷

藏地：国家图书馆

（清）方传植修

清钞本　一册

安徽桐城·皖桐方氏宗谱二十五卷首一卷

藏地：日本　美国

（民国）方炳南　方去危等六修

1929年木活字本

安徽桐城·白鹿庄五房墨谱不分卷

藏地：安徽图书馆

（清）方祖德编

1931年钞本　一册

安徽桐城·桂林一脉流派传不分卷

藏地：安徽图书馆

钞本　一册

江西·婺源方氏宗谱

藏地：江西图书馆

清乾隆四十八年（1783）木活字本　一册

河南固始·方氏族谱不分卷

藏地：台湾

（清）方希颖续修

清雍正四年（1726）写本　一册

河南固始·金紫方氏族谱八卷

藏地：湖北图书馆（存卷1—4）

1942年修1985年复印民国间固邑东关张昆元堂石印本

河南固始·方氏创修宗谱八卷

藏地：河南固始县档案馆

湖北·方氏联宗统谱五十二卷

藏地：人民大学　辽宁图书馆　日本　美国

（民国）方峻甫　方少川等纂

1924年崇让堂木活字本

湖北新洲·方氏宗谱九卷

藏地：湖北新洲县绿化乡谢店村

（民国）方汉臣　方孝先续修

1923年松柏堂木刻本

湖北新洲·方氏宗谱七卷

藏地：湖北新洲县旧街乡得胜山

（民国）方锦川创修

1945年木刻本

湖北新洲·方氏宗谱八卷首二卷

藏地：湖北新洲县前进乡西黄村

（民国）方子林　方希仁续修

1946年木刻本

湖北谷城·方氏族谱一卷

藏地：湖北谷城县图书馆

（清）方其敬撰

清道光二十八年（1848）钞本（有后人增纂）

方氏族谱不分卷

藏地：国家图书馆（前后残缺）

明初钞本　二册

方氏统会宗谱五卷

藏地：南京图书馆　安徽徽州地区博物馆（存二卷）

（明）方纯仁　陈煊纂修

明嘉靖刻本

灵阳方氏谱四卷

藏地：国家图书馆

（明）方信纂

明嘉靖刻本

方氏宗谱十二卷

藏地：国家图书馆（存卷1—5、7—12）

（明）方祥　方沂纂修

明万历十三年（1585）刻本

池阳义门竹溪方氏统宗世系图一卷宗谱一卷

藏地：国家图书馆

（明）方敬宗纂修　方文定续修

明万历十四年（1586）刻本

平盈方氏世谱五卷

藏地：国家图书馆　江西图书馆（存卷5）

（明）方元中　方维桢纂修

明万历二十五年（1597）刻本

平盈方氏支谱五卷

藏地：江西图书馆（存卷4、5）

（清）方鹤鸣等纂修

清道光二十五年（1845）活字本

平盈方氏支谱□□卷

藏地：江西图书馆（存卷2—4）

清木活字本

沙南方氏宗谱五卷

藏地：国家图书馆

（明）刘曰谦　方启运纂修

明万历三十四年（1606）活字印本　一册

（五）　字行辈份

1915年方建忠纂修《方氏家谱》，江苏通州（今南通）方家村方姓字行为：“应克先人志，荣光兆泰和。”1929年方家福续修《方氏家谱》，安徽天长方姓一支字行为：“高伦序定，绍法敦行。”

（六）　迁徙繁衍

据固始《金紫方氏宗谱》载，西汉末年，固始（今属河南）籍汝南尹方绂，为避王莽篡权之乱，迁移到安徽歙县东乡安家，生子方雄。雄有三子，皆仕东汉，长子方侪，官至关内侯、南阳太守；次子方储，官至太常卿兼洛阳令，封黟县侯；三子方俨，官至大督都。方储有三子：赞之、观之、弘之。赞之的子孙，繁衍于严、衢、婺、越；观之的子孙，繁衍于九江、滁阳、莆田；弘之的子孙则分衍于徽、宣、池、秀、湖、常。唐高宗总章年间，河南方氏有随陈政、陈元光父子至福建漳州者。唐德宗大中年间，都督长史方瑊，自安徽歙县回归河南固始方龙山居住。方瑊有个儿子叫方殷符，任御史中丞，有七个儿子。其中，七子方廷滔任左仆射，其后裔有的迁至饶、信、江、苏诸郡；三子方廷范为唐大顺二年辛亥科进士，“历宰闽长溪、古田、长乐三邑”，因“当时中原割据”，便择居莆田（今属福建）刺桐巷，并改其名曰方巷。方廷范的六个儿子皆以固始籍第进士：方仁岳、方仁载为唐乾宁元年甲寅科进士，方仁瑞为唐乾宁三年丙辰科进士，方仁逸为唐光化二年己未科进士，方仁逊为唐天佑二年乙丑科进士，方仁远为唐天佑三年丙寅科进士。因此，时称“六桂联芳”，并称方廷范为“六桂之父”；又因五子方仁载官至上柱国金紫光禄大夫，方廷范也被赠封为上柱国金紫光禄大夫，方氏以此为莫大荣耀，于是便有龙山“金紫方氏”这个称号。明朝洪武年间，方瑊的16世孙方胜，以军功赠都指挥使升威武将军，由莆田复归固始，此后，方氏发展成为固始大族。

自唐代的方瑊至民国年间的方自莘，历38世、1100多年，方氏不仅在中原发展繁衍，而且多次南迁，相当广泛地分布于江南各省，有些成为当地的名门望族。其中，居于福建省莆田县刺桐巷之方氏，有的与阿拉伯商人通婚，信奉伊斯兰教；有一支于宋元之际避乱迁至海南岛琼州。

此外，在隋唐以前，青州（治所在今山东淄博市东北）、河东（治所在今山西永济县西南）及北方的一些地区，也都有方姓居民。

明朝初期，方氏曾遭受一次空前浩劫，事因方孝孺而发。方孝孺，浙江海宁人，是明初著名文学家宋濂的弟子，学识渊博，弟子众多，洪武年间任汉中府教授，被蜀献王聘为世子师，明惠帝时任侍讲学士。燕王（即明成祖）兵入京师（今江苏南京）后，召他起草登基诏书，他身穿丧服而至，号哭彻殿陛。燕王降榻劳之，命左右侍从人员拿来笔札，说："诏非先生草不可。"他掷笔于地，说："死即死耳，诏不可草。"因而惹恼了燕王，燕王将他"磔于市"（在闹市分裂其肢体），同时灭其十族（九族及方孝孺的学生），受株连而死者达870余人，被充军者数以万计，有的侥幸逃跑。其中，有逃至河南钧州（今禹州市）者，后发展成为大族。

（七） 适用楹联

□循良化鲁；[①] 显允兴周。[②]

□瀛奎律髓韵万里；[③]
　凤岭点将红百花。[④]

□身后诗名传宇宙；[⑤]
　骂贼正气壮山河。[⑥]

□四子超乎三家上；[⑦]
　十族愿与一人荣。[⑧]

□敢掷一笔追文正；
　何患十族聚精英。[⑨]

□克壮其猷，功勋赫赫；[⑩]
　不草禅诏，忠烈昭昭。[⑪]

□大道母群物；达人腹众才。[⑫]

□心有三爱，奇书骏马佳山水；
　园栽四物，青松翠竹白梅兰。[⑬]

□无事且从闲处乐；
　有书时向静中观。[⑭]

□岁月自消寒暑内；
　荣枯尽在是非中。[⑮]

□云龙搏浪飞三级；
　天马行空栽五华。[⑯]

注释：

①明代济宁知府方克勤，字去矜，宁海人。在济宁（属山东）任职三年，治民施以仁德，户口倍增。有《汗漫集》。

②周朝元老大臣方叔。是倡兴周朝的功臣。

③元初文学家方万里的事典。

④北宋著名农民起义军领袖方腊之妹方百花的事典。

⑤唐代诗人方干，字雄飞，新定人。因缺唇，故在科举中不被录取，于是隐居在会稽镜湖，终身不出。死后追赐及第，私谥为玄英先生。

⑥明代文学博士方孝孺（1357—1402），字希直，人称正学先生，宁海（属浙江）人。惠帝即位，召为翰林侍讲，迁侍讲学士，后改文学博士。政事多向他垂询。修《太祖实录》，命为总裁。建文四年（1402），燕王朱棣率军入南京，将即帝位，召他草即位诏书。他以丧服哭彻殿陛。成祖降榻劳

之，顾左右授笔札曰："诏非先生草不可！"孝儒掷笔于地曰："死即死耳，诏不可草！"遂被磔于市。并诛其十族（九族及其学生），死者达八百七十余人。有《逊志斋集》等。福王时追谥文正。

⑦明末清初学者方以智（1611—1671），字密之，号曼公，桐城人。崇祯进士。官翰林院检讨。曾与陈曾慧、吴应箕、侯方域等主盟"复社"，为"明季四公子"之一。入清后，他出家为僧，改名弘智，字无句，潜研群籍，考核精审，所著《通雅》一书，超于杨慎、陈耀文、焦竑三家之上。

⑧见注⑥。

⑨见注⑥。

⑩指周代方叔伐猃狁事。

⑪见注⑥

⑫明代文学博士方孝儒撰书联。

⑬中国无产阶级革命家方志敏（1990—1935）自题联。方志敏，江西弋阳人。遗著有《可爱的中国》、《狱中记实》等。

⑭清代书画家方薰（1736—1799）撰书联。方薰，字兰士，浙江石门人。与画家奚冈齐名，称"方奚"。有《山静居论画》二卷行世。

⑮唐代诗人方干《感时三首》（之三）诗联句。

⑯注同⑬。

方氏名人集粹

方观承　字宜田，号问亭。安徽桐城人，世居江宁。雍正十一年（公元1733年）赐中书御，后累迁吏部郎中，官至布政使。

方苞　今安徽桐城人，清代著名散文家，曾官至礼部侍郎，桐城派创始人，所作散文，多为经说及书序碑传之属。

方玉润　宝宁（今云南广南）人，文学家，曾官至陇州州判。

方伯谦　福建人，曾留学英国学习船舶驾驶，回国后任清朝北洋海军济远号管带。1894年运兵赴朝鲜途中，在遭到日本舰只袭击时，不但不反击，反而不准手下开炮，并升白旗投降，致使操江号被击沉，清军700多人殉难。黄海海战中临阵怯战，毁坏军舰大炮作为逃阵的口实，在逃跑中又撞伤了自己的扬威舰，致使扬威舰被日舰击沉，后被清廷在旅顺斩首，得到应有下场。

方维仪　今安徽桐城人，明末清初女诗人，明代大理少卿方大镇之女，姚孙棨之妻。青年寡居，与其嫂共同教养其侄方以智。作有《清芬阁集》，又编历代妇女作品为《宫闺诗史》。

方以智　今安徽桐城人，明清之际著名的思想家、科学家，他对天文、地理、历史、物理、生物、医药、文学、音韵等均有研究。认为宇宙都是物质的，并提出了"合二而一"的合理命题。是"明季四公子"（陈贞慧、吴庆箕、侯方域、方以智）之一。曾官至翰林院检讨。著有《通雅》、《物理小识》、《东西均》、《药地炮庄》、《浮山集》等。

方孝孺　浙江宁海人，明代文学家，深受朝廷器重，因不肯为燕王（成祖）起草登极诏书，被杀，灭族者达870余人。著有《逊志斋集》。

方回　歙县（今安徽歙县）人，元代文学家，标榜江西诗派，并倡“一祖（以杜甫为一祖）三宗（黄庭坚、陈师道、陈与义为三宗）”之说。

方从义　贵溪（今属江西）人，画家，以擅写云山、笔墨苍润。

方腊　（？—1121）一名方十三。北宋末年农民起义领袖。睦州青溪（今浙江淳安）人，一说歙州（治今安徽歙县）人。出身于“家有漆园”的中产之家，一说雇工出身。在睦州一带，利用明教组织群众，得到拥护。宣和二年（1120），在漆园聚众誓师起义。自称“圣公”，建元“永乐”。设官分职，以巾饰为标志，自红巾以上分六等。拟划江而守，渐图进取，冀十年推翻宋朝。起义军迅速发展至数十万人，各地教徒如兰溪朱言、吴邦、剡县仇道人、仙居吕师囊、方岩山陈十四、苏州石生、归安陆行儿等纷起响应。所到之处，焚官舍、学宫；杀官吏豪强。攻破睦、歙、杭、处、衢、婺等州数十县，东南震动。宋徽宗派童贯率军十五万前往镇压。次年夏，他退至青溪帮源洞和梓桐洞，战败被俘，在东京（今河南开封）就义。

方干　新定（今浙江建德）人，唐代著名诗人，咸通至中和年间以诗著名江南。有《玄英先生集》。

方氏风流撷英

榆罔其子封方山，
方氏始出方叔衍。[①]
河南郡望治洛阳，
小雅古著有经传。[②]
方干才名扬江南，
悲歌风物流连显。[③]
方腊举旗宗教堂，
英雄傲骨天地变。[④]
大笔方回著瀛津，
桐江集著世代传。[⑤]
夏社通才方以智，
大智若愚多著述。[⑥]
民主先驱方声洞，
黄花岗上英名驻。[⑦]
方圆万里天地宽，
处世方正光明路。[⑧]

注释：

①传说古帝榆罔是神农炎帝的后裔，其子名雷，封于方山，为方氏之祖，出自姜姓。据《元和姓纂》及《诗经·小雅》记载，方氏为周朝大夫方叔的后代。

②望出河南郡，治在洛阳。《诗经·小雅》有文字记载说：“方叔莅止。方叔，卿士也”。是周宣王的大臣，曾率兵车三千，攻打楚国，名震天下，其子孙遂为方氏。

③方干（生卒不详），唐朝诗人，浙江富阳人。他隐居会稽镜湖，终身不愿做官。以诗闻名江南，其诗多以流连风物和格调低沉为主题。他死后，门人谥玄英先生。

④方腊（？—1121 年），北宋末浙江农民起义领袖，1120 年他利用秘密宗教发动起义。最后，建立政权，自号圣公，年号永乐。北宋朝廷曾九次招安，他拒绝投降，坚持斗争。做人

不能有傲气，但要有傲骨。

⑤方回（公元 1227—1307 年），元朝文学家，安徽歙县人。曾编《瀛奎律髓》，评选唐宋以来的律诗，今存《桐江集》。

⑥方以智（公元 1611—1671 年），明末清初学者，安徽桐城人。他与陈贞慧、吴应箕、侯方域等主盟“复社”，为“明季四公子”之一。明亡，在青厚山出家为僧，改名弘智，别号愚者大师。他博学识广，于天文、地理、历史、生物、医学、哲学、文学、书画、音韵无不涉猎，并有许多著述。

⑦方声洞（公元 1886—1911 年），近代民主革命者，福建省福州市人。两次留学日本，先后参加军校、医校就读，参加拒俄义勇队，后在 1911 年 3 月 2 日的广州黄花岗起义中牺牲，为七十二烈士之一。

⑧方（fāng），天圆地方辽阔空旷，给人心情舒畅，智圆行方。方就是有规矩，按科学办事。在处世中，要遵循方式方法，这才是堂堂正正做人的光明之路。

中华百家姓

赵 钱 孙 李 周 吴 郑 王 冯 陈 蒋 沈 韩 杨
朱 秦 许 何 吕 张 孔 曹 金 魏 姜 谢 邹 苏
潘 范 彭 韦 马 方 **任** 袁 史 唐 薛 雷 贺 汤
罗 郝 常 于 傅 康 余 顾 孟 黄 尹 姚 邵 汪
毛 戴 宋 熊 董 梁 杜 贾 江 郭 林 钟 徐 邱
高 夏 蔡 田 胡 万 卢 丁 邓 石 崔 龚 程 陆
段 侯 武 刘 龙 叶 黎 白 赖 乔 谭 阎 易 廖
文 曾

任姓

——任出妊姓始载左，老祖可溯至太昊

任氏解密寻踪

（一） 姓氏字源

《说文》：“任，保也。从人，壬声。”段玉裁注：“保之本义，尚书所谓保，抱也。任之训保，则保之引申义，如今言保举是也。”又《管子·任法》：“世无请谒任举之人。”君知章注云：“任，保也。以法取人，则无请谒之保举。”

（二） 寻根溯祖

任姓是我国最古老的姓氏之一，其来源有六：

1. 由远古妊姓衍传。人之所以得生，在于母亲妊娠。因生得姓，从母从女，为妊姓，后传为任姓。可认为是母系氏族社会产生的古姓之一。

2. 出自黄帝的后代，为天子赐姓。据《元和姓纂》所载，相传黄帝有 25 子，其得姓者 14 人，为 12 姓：姬、酉（婭）、祁（祈）、己、滕（媵）、箴、任（妊）、荀、僖（嬉）、姞、儇（嬛）、依（依）。这 12 人中，有两个为姬姓，两个为已姓。其中被赐以任姓者，其后裔就以任为氏，即为任氏。任氏传至 6 代奚仲，为夏代车正，封薛地（今山东滕县南），魏有任座，秦有任鄙。

3. 出自黄帝少子禹阳后裔，以国为氏。据《唐书·宰相世系表》及《左传正义》所载，相传黄帝的少子禹（禺）阳被封在任国，其后裔以国为氏，姓任。周朝时，谢、章、薛、舒、吕、祝、终、泉、毕、过10过都是任姓后的封国。

4. 出自风姓。据《通志·氏族略·以国为氏》所载，任，为风姓之国，实太皞氏之后，今济州任城即其地。任国故址在今山东省济宁市一带，战国时灭亡，居者以国为氏。

5. 历史上我国南方少数民族中有姓任的，其后代称为任氏。

6. 元代王信之子宣，为避难改姓任，其后代亦称任氏。

由上看来，数千年来中国的任姓，其来源主要可归纳为两种。一为源自黄帝。具体可直接追溯到黄帝的少子禹（禺）阳，跟《元和姓纂》的说法唯一不同的地方，是“以国为氏”与“黄帝赐姓”的问题，但究其实质，都是黄帝的亲骨肉。二为源自更古远的伏羲氏，因为太皞就是上古的伏羲氏。虽然他们在血缘上有所不同，却说明了任姓的确是一个源远流长的古姓。

（三） 宗堂郡望

堂号 “水薤堂”：东汉时候任棠有奇节，不肯做官，隐居教授。太守廖参去访问他，他一句话不说，只拔了一大棵薤，端了一杯清水放在桌上，自己抱着小孙子坐在门下。太守明白了他的意思：“一杯水是要我太守为官必须一清如水；拔一棵大薤是告诉我要想为人民办好事，必须把财大势大的土豪拔除；抱着幼孙当户，是要我留心照抚孤儿。”

郡望 任姓郡望主要有乐安郡、东安县等。

1. 乐安郡。东汉永元七年（公元95年）改千乘郡置国，治所在临济（今山东省高青县高苑镇西北）。相当今山东博兴、高青、桓台、广饶、寿光等县地。三国魏改为郡，移治高苑（今山东博兴西南），南朝宋移治千乘（今山东广饶北），隋初废。

2. 东安县。今浙江富春县。

（四） 家谱寻踪

河北卢龙·任氏族谱三卷

藏地：河北卢龙县文化管

（清）任保合纂

清咸丰六年（1856）钞本

江苏江都·任氏南渡后分支汇集族谱八卷

藏地：中国社会科学院历史研究所图书馆

（清）任承烈纂修

清光绪九年（1883）铅印书八册

江苏江都·任氏南渡后分支汇辑族谱八卷

藏地：中国社会科学院历史研究所图书馆

（民国）任承铸主修

1930年活字本　十二册

江苏如皋·任氏大宗谱续修如皋支系十二卷

藏地：国家图书馆　吉林大学

（清）任大时等辑　任为霖等续辑

1924年石印本　十二册

江苏·无锡梁溪任氏宗谱二十卷

藏地：美国

（民国）任鸿声等修

1921 年乐安堂活字本　二十二册

江苏宜兴·荆溪任氏家乘十二卷

藏地：河北大学

（清）任道镕修

清光绪十五年（1889）一本堂木刻本三十二册

江苏·宜兴任氏家谱十六卷

藏地：南开大学

（民国）任承弼编

1927 年一本堂刊本　三十六册

江苏宜兴·任氏宗谱十六卷

藏地：国家图书馆　日本　美国

（民国）任葆仁　张大龄等六修

1916 年治谷堂木活字本

浙江·萧山任氏家乘十六卷

藏地：日本　美国（有钞补）

（清）任以治等重修

清嘉庆十二年（1807）永思堂木活字本　十六册

浙江·萧山任氏家乘二十卷

藏地：国家图书馆　美国

（清）任丙炎　任兰陔等修

清同治十三年（1874）永思堂木活字本

浙江·萧山埭湖任氏宗谱十卷首一卷

藏地：美国

（清）任荣光等四修

清光绪六年（1880）永思堂木活字本　四册

浙江余姚·姚江任氏宗谱十二卷

藏地：河北大学

（清）任开诚　任德增重修

清光绪三十二年（1906）木刻本十二册

湖南湘阴·任氏族谱□□卷

藏地：湖南图书馆（存卷首上）

（清）任月盛修　任正官纂

清光绪八年（1882）活字本

湖南湘阴·任氏家谱九十九卷首一卷末一卷

藏地：湖南图书馆

（民国）任际盛修　任世鼎纂

1918 年乐安堂活字本　二十四册

湖南常德·任氏族谱□□卷首一卷

藏地：湖南图书馆（存卷首、卷1）

（民国）任月樵纂

1917 年活字本

四川剑阁·任氏族谱一卷

藏地：四川剑阁县张王乡

（民国）周绍文撰

1927 年钞本

四川宣汉·任氏宗谱六卷

藏地：四川宣汉县档（缺卷 1、4、5）

（清）任有瑞编订

清同治四年（1865）木刻本

藏地：四川图书馆

贵州·任氏宗谱一卷

清光绪间钞本　一册

任氏家谱

藏地：安徽徽州地区博物馆（存一卷）

清乾隆间刻本

东洲任氏宗谱不分卷

藏地：杭州大学

清光绪间木活字本　一册

高演任氏宗谱□□卷

藏地：浙江兰溪县文化管理委员会（存二卷）1930 年重修本

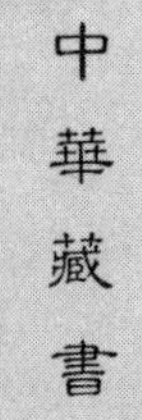

（五） 字行辈份

1929年任守正修《任氏族谱》，江苏如皋任姓一支字行为："允远士大中，万正吉顺太。"

（六） 迁徙繁衍

先秦时期，任氏已播迁于今湖北、山西、陕西省境，如春秋时孔子学生任不齐为楚国（都今湖北江陵）人；战国时魏国（都今山西夏县西北）魏桓子时有任章，魏文侯有上客任座，秦国（都今陕西咸阳）秦武王有力士任鄙。据《史记·南越列传》载，秦始皇三十三年（前214年）置南海郡，治所在番禺县（今广东广州市），有南海尉任嚣，在病危时曾诈作诏书，使南海龙川令赵佗继任南海尉。这说明秦代已有任氏徙居今广东。西汉有任敖，沛（今江苏沛县）人，高祖封为广阿侯，高后时为御史大夫；还有两个任安，一为荥阳（今属河南）人，一为绵竹（今四川德阳县北）人。东汉阿陵侯任光、河内太守任延，均为宛（今河南南阳）人，任文公为阆中（今属四川）人，任末为新繁（今四川新都县西北）人，任永为僰道（今四川宜宾市西南）人，任昉为成都（今属四川）人，任奕为句章（今浙江余姚东南）人，任棠为上邽（今甘肃天水）人。这说明任氏在汉代已分布于今四川、河南的许多地方，同时，今江苏、浙江、甘肃等省也已有任姓居民。三国以后，任氏分布更为广泛，如西晋任旭为章安（今浙江临海东南）人，东晋任延皓为并州（今山西太原）人，南朝梁任孝恭为临淮（今安徽凤阳东北）人，南朝陈任忠为汝阴（今安徽阜阳）人，北齐任祥为广宁（今河北涿鹿）人，唐朝任迪简为万年（今陕西西安）人，任涛为高安（今属江西）人。唐人林宝《元和姓纂》所列任氏郡望有：乐安博昌（今山东寿光）、南阳宛县（今河南南阳）、庐江（今属安徽）、西河（今山西汾阳）、渭州（治所在今甘肃陇西县东南）、河东（今山西永济县西南）、陈留浚仪（今河南开封）。其中，博昌、庐江、西河、渭州任氏，均是西汉任敖的后代；宛县任氏是东汉任延的后代。南宋有绍兴进士、监察御史任文荐，为闽县（今福建福州市）人。这说明至迟在宋代已有任氏迁闽。大约自清代开始，闽、粤任氏有徙居海外者，如新加坡现有任姓华人，并建立有宗亲组织。

（七） 适用楹联

□源于有熊；[①]望出东安。[②]

□三朝贤任；[③]四体精华。[④]

□四库全书大椿力；[④]
一盅清水任棠情。[⑤]

□蛟川显诗意；[⑥]东瀛留画壁。[⑦]

□三怕传佳话；[⑧]九真播美名。[⑨]

□功纪云台之上；
贤表兰亭之中。[⑩]

□充海阔天空之量；
养先忧后乐之心。[⑪]

□数典重先封，问周宗既灭以还，谁以庶姓；
降灵符列宿，自汉室中兴而后，代有传人。[⑫]

注释：

①《百家姓》注：任姓"系出有

熊氏”。

②、③南朝梁大臣、学者任昉(460—508)，字彦升，乐安博昌（今山东寿光）人。历仕宋、齐、梁三朝，宋时曾任太常博士；齐时任骠骑将军，出任扬州刺史；入梁，任黄门侍郎等职。他长于表、奏、书、启诸体散文。时称“任笔沈诗”。有《任彦升集》。

④清代著名学者任大椿，字幼植，兴化人。任礼部主事，兼《四库全书》修纂官。有《弁服释例》、《字林考逸》等。

⑤东汉学者任棠，汉阳人。修居教书，有气节。太守庞参拜访，任棠不睬，仅献清水一盅，送一支薤草大根，然后把小孙儿伏在门下。庞参醒悟：献一盅清水，希望他能做清官；送一草根，是请他剪除豪门；抱小孙儿在门下，希望其开门恤孤。故后人称上疏执政者为百姓做好事者为有“任棠之情”。

⑥清代画家任熊，字清长，萧山人。工花鸟山水，尤擅长于画人物。曾经住在蛟川姚梅伯家，给他画《大梅山民诗意图》一百十二帧，兴致来了就画几幅，不到一个月就画完了，设景之奇，运笔之妙，令人赞叹不已。

⑦元代画家任康民，曾到日本，在君台观画山水人物两壁。名列《支那画有人名辞书》。

⑧当代中国无产阶级革命家任弼时（1904—1950）生平有“三怕”：一怕工作少，二怕花钱多，三怕麻烦人。被传为佳话。

⑨东汉官吏任延，字长孙。十二岁时，熟读《春秋》、《易经》等，很有名气。当时号称为“圣童”。建武时官任九真太守，延教以垦关配匹之道，于是谷稼丰衍，人知种姓，生子多以任为名。

⑩唐代名人任疑事典。

⑪明代文学家抗倭将领任环撰书联。任环，字应乾，号夏庵，长治人。有《山海漫谈》。

⑫任氏宗祠联。

任氏名人集粹

任熊　浙江萧山人，清代著名画家，工书善画，长于人物。他继承陈洪绶的传统，造形古硬，敷彩鲜艳，富有装饰意趣。曾画《大梅山房诗意图册》120幅，是他生平的代表作。学者任大椿（江苏兴化人），曾任礼部主事，充四库全书纂修官。工文辞，后治经，长于《礼》，撰有《弁服释例》、《释缯》等书，就古代礼制中的名物，搜集材料，加以综合。另有《字林考逸》等。

任化邦　安徽蒙城人。清末捻军将领，太平天国封为鲁王，以骁勇善战著称。1865年曾在山东曹州（今荷泽）歼灭僧格林沁军。1867年在湖北安陆尹隆河之战痛击湘军、淮军。

任武　陕西回民军首领，回族，1858年前后曾参加云南回民起兵。1862年陕西团练大臣张芾强迫回民抽拔壮勇参战，又在华州（今陕西华县）虐杀回民，任武领导回民杀死张芾，起兵攻克华州、高陵等，围攻西安，号称十八营，占领渭河流域，屡次打败清军胜保和多隆阿。

任环　今山西长治人，明代著名

抗倭将领，进士，历任广平、沙河、滑县知县。嘉靖三十年（1551年）迁苏州府同知，练民兵御倭，曾败倭于太仓、宝山等地，擢按察司佥事，又在苏州击退倭寇的围攻，升参政。三十四年与俞大猷在陆泾坝等地连破倭寇，以敢战著称。著有《山海漫谈》。

任仁发 松江青龙镇（今属上海青浦）人，元代著名画家、水利家，以缮补大都（今北京市）水闸及疏浚有功，升都水少监。后又曾主持疏浚吴淞江工程，官至浙东道宣慰副使。善画花鸟、人物，尤以画马著名。著名的《二马图》可为他的代表之作。又曾主持过疏浚吴淞江工程，官至浙东道宣慰副使。著有《浙西水利议答录》10卷。

任洵 虞州（今江西赣县）人。金代著名书画家。

任雅相 唐代著名宰相。

任昉 乐安博昌（今山东寿光）人，南朝梁著名文学家，字彦昇，仕宋、齐、梁三代。梁时任义兴、新安太守等职。当时以表、奏、书、启诸体散文擅名，而沈约以诗著称，时人号曰“任笔沈诗”。明人辑有《任彦昇集》。

任峻 河南中牟（今中牟）人，三国魏时长水校尉，在曹操起兵关东、入中牟界时，他曾率宗族、宾客、家兵数百人归曹，被封为骑都尉。后任典农中郎将，主持屯田，在数年间，所在积谷，仓廪皆满，因功再迁长水校尉。

任尚 东汉时大将，曾历任西域戊己校尉、西域都护中郎将。

任敖 沛（今属江苏）人。西汉时任益州（今四川成都一带）刺史任安，御史大夫。

任不齐 楚国（今湖北一带）人，孔子的门生。后来，被唐朝皇帝追封为任城伯，宋朝的天子也加封他为富阳侯。

任座 曾经与韩、赵联合“三家分晋”，因而揭开战国序幕的魏（今山西夏县一带）文侯时的贤臣。这位任座，依据《元和姓纂》的记载，正是传自黄帝时“以德为姓”的那位始祖。

任氏风流撷英

任出妊姓始载左，
老祖可溯至太昊。①
祖籍任国在济宁，
任氏发源今广饶。②
任峻魏曹筹谋家，
屯田积粟备征发。③
任昉挥笔书文诰，
家藏万卷著百稿。④
累官任寰除弊事，
整顿财政见奇效。⑤
马鸟任发笔下妙，
水利画技齐孟頫。⑥
捻军主将任化邦，
力挫清湘淮围剿。⑦
自古英雄挑重任，
任重道远逞英豪。⑧

注释：

①据《左传正义》记载，谢、章、薛、舒、吕、祝、终、泉、毕、过，

此十国皆任姓，任姓，古代写成妊，是我国最古老的姓之一。其老祖宗可追溯到太昊。

②又据《通志·氏族略·以国为氏》记载，任，实太昊之后，故址（祖籍）在山东济宁市一带。东汉永元（公元 95 年）设乐安郡，相当于今山东广饶一带地区，此乃任氏的发祥地。

③任峻（？—204），东汉末曹操部属，河南中牟人。曹操每征伐，他常居守，以供军需。募百姓屯田于许下，数年积粟，盈廪盈仓。

④任昉（公元 460—508 年），南朝梁大臣、学者，山东寿光人。以善作表、奏、书记著称，当世朝廷文诰多出其手。沈约以诗闻名，故世称："沈诗任笔"。藏书多至万余卷，与沈约、王僧儒并称为三大藏书家。著有文集近四百卷。

⑤任圜（？—927 年）五代十国后唐大臣，陕西三原人。庄宗时任潞州观察判官，明宗即位，兼判三司。他努力整顿财政，颇见成效。

⑥任仁发（公元 1254—1327 年），元朝水利家、画家，上海青浦人。他曾主持修吴淞江、大都通惠河、青浦、练湖和海堤工程。善画马，其鞍马画与赵孟頫齐名。

⑦任化邦（？—1867 年），清末捻军起义首领，安徽蒙城人。1865 年 5 月，他在山东菏泽击毙僧格林沁，1866 年粉碎曾国藩防河围剿计划，屡败湘、淮清军，表现了杰出的军事指挥才能。

⑧任（rén），是接受担负什么责任、任务。古往今来，但凡英雄豪杰都是以国家、民族的整体利益为重任，只有任重而道远的人，才能成为社会俊杰，民族英雄。

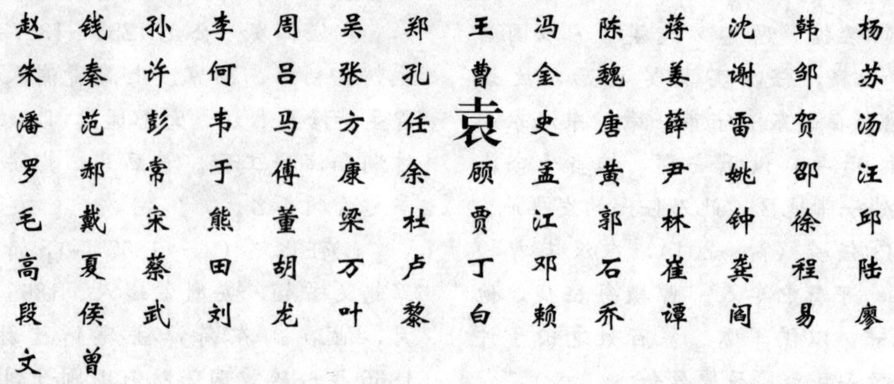

中华百家姓

赵 钱 孙 李 周 吴 郑 王 冯 陈 蒋 沈 韩 杨
朱 秦 许 何 吕 张 孔 曹 全 魏 姜 谢 邹 苏
潘 范 彭 韦 马 方 任 **袁** 史 唐 薛 雷 贺 汤
罗 郝 常 于 傅 康 余 顾 孟 黄 尹 姚 邵 汪
毛 戴 宋 熊 董 梁 杜 贾 江 郭 林 钟 徐 邱
高 夏 蔡 田 胡 万 卢 丁 邓 石 崔 龚 程 陆
段 侯 武 刘 龙 叶 黎 白 赖 乔 谭 阎 易 廖
文 曾

袁 姓

——爰袁相通遂成袁，袁氏始衍诸伯爰

袁氏解密寻踪

（一） 姓氏字源

《说文》：“袁，长衣貌。从衣，叀省声。”段玉裁注：“此字之本义。今只谓为姓，而本义废矣。古与爰通用，如袁盎，《汉书》作爰盎是也。《王风》“有兔爰爰”。传曰：爰爰，缓意。远、辕等字以袁为声，亦取其意也。”袁，上古又作爰、辕、援、榬、溒，同音通用，后来因传写不同，一姓分为六家。

（二） 寻根溯祖

袁氏姓源比较纯正，从有关史料的记载看，主要出自妫姓，即为虞舜之后。据《新唐书·宰相世系表》、《名贤氏族言行类稿》及《明方九录序四·明姓氏谱图》等所载，相传上古五帝之一的舜是颛顼的后代，因生在姚墟（在今山东菏泽东北，一说在今河南省范县西、濮城南）而得姚姓（姚姓之后裔，又分为姚、妫、虞（吴）、胡、陈、田、王等 7 个姓氏）。他又曾住在妫汭河（在今山西永济南，源出厉山，西流入黄河），所以后代又有妫姓。其中，以妫为姓的后裔，有被周武王灭商后（公元前 11 世纪周武王灭商后建立周朝，建都于镐〈今陕西长安沣河以东〉）封为陈（建都宛丘〈今河南淮阳〉，有今河南东部和安徽一部分。公元前479年为楚所灭）侯的胡公满，妫满其孙靖伯庚，靖伯庚等9世孙名诸，字伯爰，其孙涛涂，以祖父的字“爰”为氏，称爰氏，春秋时世袭陈国上卿。由于“爰”字和“袁、辕、榬、溒、援”等字音同，所以后来的子孙就分别以这6个字为姓。正如《袁枢年谱》所云：“一姓有六字五族之异”。

（三） 宗堂郡望

堂号 “卧雪堂”或“守正堂”：都是东汉袁安的故事。袁安没做官的时候，客居洛阳，很有贤名。一年冬天，洛阳令冒雪去访他。他院子里的雪很深，洛阳令叫随从扫一条路才进到袁安屋里。袁安正冻得蜷缩在床上发抖。洛阳令问：“他为什么不求亲邻帮助一下?”袁安说：“大家都没得好日子过，大雪天我怎么好去打犹人家?”洛阳令佩服他的贤德，举他为孝廉。这就是“卧雪堂”的由来。袁安为人严谨，后来做了楚郡太守。因为楚王英谋反，株连了数千人。袁安处理这个案子时，审清问明，释放了4000多人，大力为蒙冤的人平反昭雪。后来外戚窦氏擅权，袁安守正不屈，所以又叫“守正堂”。

袁姓又以“陈郡”、“汝南”、“彭城”、“陈留”等为其堂号。

郡望 袁姓郡望主要有陈郡、汝南郡、河南郡、东光县、彭城郡、华阴县、濮阳郡、陈留郡、京兆郡、太原郡、襄阳郡、宜春县等。其中以陈郡、汝南郡为最望。

1. 陈郡。秦置郡，西汉改为淮阳国，东汉章和二年（公元88年）改为陈国，治所在陈县（今河南淮阳）。相当今河南淮阳、太康、西华、鹿邑、柘城等县地。汉献帝时改为陈郡。隋开皇初废。此支袁氏为涛涂裔孙直系地望，以阳夏为世居。

2. 汝南郡。汉高帝四年（公元前203年）置郡，治所在上蔡（今河南上蔡西南）。相当今河南颍河、淮河之间、京广铁路西侧一线以东，安徽茨河、西淝河以西、淮河以北地区。此支袁氏为陈郡袁氏分支，其开基始祖为袁干10世孙后汉司徒袁安。

3. 河南郡。汉高帝二年（公元前205年）改秦三川郡置郡，治所在雒阳（今河南洛阳市东北）。相当今河南省黄河以南洛水、伊水下游，双洎河、贾鲁河上游地区及黄河以北原阳县。

4. 彭城郡。西汉地节元年（前69年）改楚国为彭城郡，东汉章和二年（公元83年）改为彭城国，治所在彭城（今江苏徐州市）。相当今山东微山县、江苏徐州市、铜山县、沛县东南部、邳县西北部及安徽濉溪县东部。南朝宋改为郡。此支袁氏出自陈郡，为袁生（袁政9世孙）之后。

5. 东光县。汉置县，在今河北省东南部、南运河东岸。此支袁氏出自汝南袁氏，为袁绍之后。

6. 京兆郡。汉太初元年（公元前104年）改右内史置京兆尹，为三辅之一，治所在长安（今陕西西安市西北）。相当陕西秦岭以北、西安市以东、渭河以南地。三国魏时改置郡。此支袁氏出自陈郡，为袁涣之后。

7. 华阴县。秦置宁秦县，汉改华阴县，因县南有“西岳”华山而取名。在今陕西东部、渭洒下游。此支袁氏出自陈郡，为袁涣之后。

8. 太原郡。战国秦庄襄王四年（公元前 246 年）置郡，治所在晋阳（今山西太原市西南）。汉、晋曾改国，北魏时又复郡。相当今山西阳曲、交城、平遥、和顺间的晋中地区。为陈郡袁氏分支。

9. 濮阳郡。晋咸宁三年（公元 277 年）改东郡置国，治所在濮阳（今县）。相当今河南滑县、范县，山东郓城、鄄城等地。西晋末年改为郡。北魏移治鄄城（今县北）。

10. 陈留郡。西汉元狩元年（公元前 122 年）置郡，治所在陈留（今开封东南）。相当今河南东至民权、宁陵，西至开封、尉氏，北至延津、长垣，南至杞县、睢县地。北魏移治浚义（今开封市西北），仅相当今河南开封、封丘等县地。

11. 襄阳郡。东汉建安十三年（公元 208 年）分南郡、南阳两郡置郡，治所在襄阳（今湖北襄樊市）。相当今湖北襄阳、南漳、宜城、当阳、远安等县地。此支袁氏出自汝南郡，为袁术之后。

12. 宜春县。汉置宜春县，晋改宜阳县，隋复改宜春县。唐末属袁州宜春。在今江西省西部。袁州是因袁姓聚族而居得名。

（四） 家谱寻踪

江苏·云阳袁氏宗谱十卷

藏地：河北大学

（清）袁秀芳　袁蓝田纂修

清光绪二十六年（1900）卧雪堂木刻本　十册

江苏吴江·袁氏家乘不分卷续编不分卷

藏地：上海图书馆

1920 年吴江柳氏传钞本　二册

浙江·桐江侯川袁氏宗谱

藏地：中国科学院图书馆

（清）袁昌万修

清光绪九年（1883）顺德堂

浙江杭州·钱塘袁氏宗谱不分卷

藏地：南开大学

袁泰　袁良等纂修

1934 年写本　一册

浙江杭州·钱塘袁氏族谱二卷

藏地：国家图书馆　中央民族大学　吉林大学

（民国）袁毓麐纂修

1935 年铅印本　二册

浙江富阳·东安袁氏宗谱十二卷

藏地：日本　美国

（清）袁若启等续修

清乾隆三十七年（1772）严寿堂木活字刊本　八册

浙江·宁波鄞县西袁氏家乘三卷

藏地：国家图书馆

（清）袁钧纂修

清钞本　一册

浙江鄞县·鄞邑城南袁氏宗谱四卷

藏地：浙江宁波天一阁文物保管所

（清）袁纲铭　袁丕烈等纂修

清光绪十三年（1887）进修堂木

活字本　四册

浙江鄞县·鄞邑城南袁氏三修宗谱二十二卷首一卷

藏地：浙江宁波市档案馆　浙江宁波天一阁文物保管所

（民国）蔡和铿　袁朝金等纂修

1935 年进修堂木活字本　十册

浙江·鄞县西袁氏家乘二十六卷

藏地：人民大学

（清）袁元镇等修

清光绪二十六年（1900）敦本堂活字本　七册

浙江·鄞县西袁氏家乘三十卷

藏地：天津图书馆　广东中山图书馆

（民国）袁丙熊　袁明山总修

1928 年敦本堂排印本　十一册

浙江勤县·鄞东沙家山袁氏宗谱四卷首一卷末一卷

藏地：浙江宁波天一阁文物保管所

（民国）石鸿泰纂修

1934 年汝南堂木活字本　二册

浙江鄞县·鄞东莘桥袁氏宗谱四卷末一卷

藏地：浙江宁波天一阁文物保管所

（民国）石固纂修

1947 年愿丰堂木活字本　三册

浙江宁海·石门袁氏宗谱一卷

藏地：浙江象山文管会

（民国）马按康重修

1926 年本

浙江·慈溪竹江袁氏宗谱□□卷

藏地：南京博物馆（存卷 4）

清光绪十八年（1892）惇叙堂活字本

浙江·慈溪竹江袁氏宗谱□□卷

藏地：江苏南京市档案馆（存卷首、卷 10 下）

（民国）袁兆墀纂

1923 年木活字本

浙江奉化·棠溪袁氏宗谱十三卷首一卷

藏地：浙江奉化县档案馆

（民国）袁明秩重修

1924 年木活字印本

浙江绍兴·袁氏家谱不分卷

藏地：日本　美国

清光绪十五年（1889）写本一册

浙江新昌·西山袁氏宗谱十七卷首一卷

藏地：浙江新昌县文化管理委员会（存九卷）

（民国）袁湘虞　袁凤昌编修　袁湘槐　袁湘槐　袁剑　秋监修

1947　年铅印本

浙江·上虞越袁氏宗谱八卷

藏地：中国社会科学院历史研究所图书馆　南开大学　浙江图书馆

（清）袁声扬纂　袁岺修

湖南宁乡·沩宁袁氏重修支谱三卷

藏地：湖南图书馆（存卷首）

（清）袁必魁修　袁必绅纂

清嘉良十五年（1810）活字本

湖南宁乡·沩宁袁氏重修支谱五卷

藏地：湖南图书馆

（清）袁妙生纂

清同治九年（1859）汝南堂活字

本　六册

湖南宁乡·沩宁袁氏四修上房族谱十卷

藏地：湖南图书馆

（清）袁思怡修　袁思灏等纂

清光绪四年（1878）活字本十册

湖南宁乡·袁家河袁氏家谱□□卷

藏地：湖南图书馆（存卷22）

清光绪二十一年（1895）活字本

湖南宁乡·袁家桥袁氏续修家谱四卷首一卷

藏地：湖南图书馆（存卷1、首）

（民国）袁之琳修　袁之育纂

1934年汝南堂活字本

湖南宁乡·袁氏七修族谱七卷首二卷

藏地：湖南图书馆（存卷首上、中、下）

（民国）袁连岫修　袁艺柯　袁培良等纂

1938年活字本

湖南湘潭·中湘百井袁氏七修族谱□□卷首二卷

藏地：湖南图书馆（存五卷）

（清）袁以和　袁式训等修　袁以瑢袁式材等纂

清同治八年（1869）活字本四册

湖南湘潭·中湘百井袁氏族谱□□卷首二卷

藏地：湖南图书馆（存四卷）

（清）袁器什　袁式偲等修　袁大合袁善钊等纂

清光绪二十四年（1898）活字本

湖南湘潭·百井袁氏九修谱十七卷

藏地：北京大学

1932年仁凤堂刻本　十八册

湖南湘乡·袁氏续修族谱九卷首一卷末一卷

藏地：湖南图书馆（存卷首、末）

（清）袁忠信　袁邵周修　袁文城袁鸿量纂

清道光二十八年（1848）宗臣堂刻本

湖南湘乡·新窑袁氏四修族谱六卷首二卷末二卷

藏地：湖南图书馆（存四卷）

（清）袁忠谛修　袁忠乾　袁本浃等纂

清光绪七年（1881）叙伦堂活字本

湖南邵阳·袁氏三修族谱九卷首二卷

藏地：湖北大学

（民国）袁周臣　袁庆堂等修

1918年小鲁轩木刻本　十册

湖南·汝城上流袁氏族谱不分卷

藏地：吉林大学

袁品清重修

1915年活字本　四册

四川·监邑袁氏麟亭宗谱□□卷

藏地：四川图书馆（存卷3）

（民国）袁炳勋等纂修

民国石印本

四川新都·袁氏族谱一卷

藏地：吉林大学

（清）袁德模等重修

清钞本　一册

四川合江·袁氏族谱二卷

藏地：四川合江县车辆乡
（清）袁右督修
清光绪三十二年（1906）木刻本
四川仪陇·袁氏家谱一卷
藏地：四川仪陇县档案馆
（清）袁代之纂
钞本

（五） 字行辈份

1921年袁敏榕等纂修《袁氏支谱》，江苏丹徒袁姓一支字行辈份派语为："恭宽信敏惠。"新续字行为："仁义乃贤师，忠孝承家学，道德培福基。"

（六） 迁徙繁衍

袁氏始祖涛涂，春秋时为陈国大夫，食邑阳夏（今河南太康县）。公元前656年，齐楚争霸中原，齐桓公率鲁、宋、卫、郑、陈、曹、许诸侯国联军伐楚，兵驻召陵（今河南郾城东），辕涛涂率陈国军队从征。联军与楚国在召陵订立盟约后，齐军回师，将路过陈国。辕涛涂怕齐军过境难于供应，就骗齐军绕出难行的东道，齐桓公大怒，抓走了涛涂。后来，叔孙戴伯会诸侯之师侵陈，陈请和订约，才把涛涂放归。

辕涛涂的后代世居阳夏，又分出袁、爰、辕、榬诸姓。其中，袁姓者，春秋有陈国大夫袁侨。爰姓望出濮阳，西汉有厌次侯爰类、楚人爰盎（又作袁盎），东汉有陈留外黄人爰延、东平人爰会。虽濮阳者，据《元和姓纂》："晋益州刺史爰郘。唐部国公子幹，代居濮州，状云其后也。"辕氏郡望彭城。汉有博士辕固、长安令辕丰、御儿侯辕终古等。榬姓，据《奇姓通》；汉有辕温舒；《万姓统谱》：汉有榬庆。此外，辕终古又作辕终古。

辕涛涂后代主要一支仍居阳夏，以辕为氏。到鲁哀公十一年（前484年），有名辕颇者，因事被国人驱逐，逃奔郑国。秦朝末年，辕颇裔孙辕告又避难徙居河、洛之间。告少子名政，以袁为氏。这是袁氏正式定姓之始，故又有人认为袁政是袁姓的立姓始祖。西汉初年，又有袁政九世孙名生。据《元和姓纂》："袁生元（玄）孙幹，封贵乡侯，居陈郡，为著姓。" 《新唐书·宰相世系》也说："（政）九世孙袁生生玄。孙幹，封贵乡侯，复居陈郡阳夏。"这说明在西汉时，袁幹封侯后，又举家迁回阳夏定居，并成为当地的大族。由于阳夏是袁氏的祖居地，袁姓又在此发展成大族，该地至晋代属陈郡，故号称陈郡袁氏。这以后徙居于各地的袁姓多为陈郡袁氏分支，他们把"陈郡"作为堂号，世代追宗拜祖。

袁氏堂号后来还有汝南、彭城、陈留、新城等。其中汝南一支发端于袁安，最为兴旺。袁安祖父袁良，是贵乡侯袁幹8世孙。袁良生二子：昌、璋。袁昌东汉时为成武令，生袁安。袁安字邵公，汝南汝阳（今河南商水西南）人，明帝时任楚郡太守、河南尹，后历任太仆、司空、司徒等职。和帝即位，外戚窦宪兄弟专权，他不避权贵，多次弹劾窦氏兄弟的专横，为时人称颂。袁安的子孙后代，累世官宦，四世三公，盛于东汉，"汝南袁氏”遂成为东汉的著姓。

袁氏自袁安以后，兴旺发达，东汉末年，袁绍称雄河朔，袁术僭号寿春，皆名噪一时。从东汉末年至魏晋南北朝，袁姓子孙或因做官，或因避祸逃难，四散分居于河南、河北、安徽等地，并逐渐向山东、山西、江苏、江西、湖北、陕西、四川一带发展。据《元和姓纂》载：“袁氏自后汉魏晋至梁陈，正传世二十八人，三公、令仆一十七人。”这一时期，形成望族的袁姓居住地有：汝南、阳夏、彭城（今徐州市）、东光（今属河北）、京兆（今西安一带）、华阴、太原、襄阳、濮阳、陈留、河南（今洛阳）、袁州宜春郡（今江西宜春县）等。而这些袁姓又多出自陈郡、汝南二族。如，河东太原之袁姓，为陈郡袁姓分支。居京兆、华阴的袁姓，均为袁涣之后，亦出自陈郡。涣为袁璋裔孙，陈郡扶乐（今属太康）人。居于河北东光的袁姓，为袁绍之后，出自汝南袁氏。绍中子袁熙裔孙令喜，世居东光。居湖北襄阳的袁氏，系袁术之后。袁术败后，子孙分散，因居襄阳。居彭城者，为袁生之后，出自陈郡。另外，西晋末年，中原板荡，晋室南迁，随晋室渡江的中原士族中，亦有许多袁姓。渡江后，历东晋、宋、齐、梁、陈，在朝中做官的袁氏，多因官居于江南各地。还有许多袁氏族人聚居在江西袁州宜春郡，形成大族，袁州也因袁姓聚族而居得名。

经隋朝迄至唐宋，袁姓子孙除在江南发展外，中原袁姓依然繁衍不衰。据《唐贞观八年条举氏族事件》载：豫州汝南郡七姓有袁氏，徐州彭城五姓有袁氏；而《太平寰宇记》则谓：豫州汝南郡九姓有袁氏，徐州彭城六姓有袁氏。《新集天下姓望氏族谱》云：豫州汝南郡二十六姓有袁氏，袁州宜春郡四姓之首为袁氏。这足见唐宋时期袁姓仍为中原大姓，并在江西宜春形成望族。唐宋年间，还有部分袁姓徙居浙江杭州、宁波、奉化、鄞县及四川成都、江西、南昌、福建建安等地。据《宋史》记载，南宋时建安（今福建建瓯）人袁枢，试礼部词赋第一。可见其时已有袁姓迁闽。另外，湖北丹阳、安徽庐江、江苏无锡、扬州、南京等地也有袁姓居住。自宋代以后，袁氏子孙辗转徙居到全国各地。如钱塘江九姓渔户中有袁姓，乃明太祖灭陈友谅时，保其子孙九族，贬人舟居，遂为渔户。又有融入瑶族者，如广西隆安县丁当乡及云南富宁县的瑶族袁氏，是大姓。还有外姓人袁氏者，据《畿辅通志》载，明崇祯末年有东明人袁葵，历任山西夏县，洪洞县令，居官廉洁，有惠政，深得当地百姓爱戴。他于荒年收养弃儿百数，均乞姓袁且乞名而去。

现在，袁姓已发展成为中国的大姓之一，在100大姓中排在第33位，其子孙后代已遍居海内外。目前，河南太康、商水、项城一带仍是袁姓的聚居地，其中项城袁姓人丁兴旺。如近代史上有名的袁世凯，即项城人。其家族至今已有近千人。据有关资料，袁世凯的后代分布在国内的有北京、天津、南京、上海、广州、深圳、武汉、兰州、西安、乌鲁木齐、昆明、长春、济南及河南的郑州，开封、许昌、驻马店、平顶山、三门峡等地。在国外有美国、英国、法国、德国、日本、加拿大、新加坡、马来西亚。另外，台湾、香港、澳门地区也有袁世凯的后代。

（七） 适用楹联

□扬风惠政；①卧雪清操。②

□叱逆怀忠，谁出其右；③
负图卫主，重义予生。④

□才捷当庭赋铜鼓；⑤
节高卧雪对梅花。⑥

□疏陈五弊；⑦曲列三绝。⑧

□心术不可得罪于天地；
言行要留好样与子孙。⑨

□政得民心，后刺史称前刺史；⑩
春交郎手，小登科兆大登科。⑪

□抚射衔道义；接武在文章。⑫

□到处自开诗世界；
无人不拜老神仙。⑬

□黄初词赋空千古；
白下江山送六朝。⑭

□明德自有达人后；
忠臣心求孝子门。⑮

注释：

①东晋东阳太守袁宏，字彦伯，阳夏人。少年时便很才气，文章艳美。后自吏部郎出为东阳太守，谢安选取一把扇子赠授给他。说“聊以赠行。”袁宏应声回答说：“我应当发扬仁义之风，安抚黎民百姓。”当时的人都为他的远大抱负所惊叹。著有《后汉纪》等。

②东汉司徒袁安，字邵公，汝阳人。洛阳令认为他贤能，推荐他为孝廉，后又被任命楚郡太守。

③南朝宋太子左卫率袁淑，字阳源，博学多才。

④南朝宋中书监袁粲，字景倩，好学有清才。齐高帝“方图革命，餐谋攻之于朝堂”褚渊泄露机密，袁粲被处死。当时人们哀叹道：“可怜石头城，宁为袁粲死，莫作褚渊生。”

⑤清代诗人袁枚（1716—1797）的事典。袁枚字子才，号简斋，别号随园老人。钱塘（今浙江杭州）人。乾隆进士，入翰林。任县令时，推行法制，不避权贵，政绩名声卓著。后不再担任朝廷官职，于南京小仓山筑随园，创作诗文。其文学观主要表现在《随园诗话》一书中。

⑥见注②袁安。

⑦明代进士袁恺，字伯顺，聊城人。崇祯时，由推官入为给事中，上疏陈时弊五事，因语侵佥都御史宋之普而遭贬。

⑧西晋吴郡太守袁山松，博学能文，曾著《后汉书》百篇。他性情秀远，擅长音乐，其歌《行路难》，听者无不落泪，与羊昙之唱乐、桓伊之挽歌，并称“三绝”。

⑨明末大将著名军事家袁崇焕（1584—1630）自题联。袁崇焕，字元素，东莞（今广东东莞）人。万历进士，授邵武知县。天启二年（1622），自请守辽，超擢兵部佥事，监关外军，驻军关内。三年，修筑关外重镇宁远城，继而又修锦州、松山、杏山等城。他曾屡次获得对后金作战的胜利，宁远一役，使努尔哈赤受伤而死。宁锦

大捷，又逼皇太极大败而归，被崇祯任命为兵部尚书。

⑩前刺史指唐代节度使袁滋，他曾为华州刺史，清简慈惠。

⑪唐代名人袁筠的事典。

⑫康有为撰明代军事家袁崇焕祠联。祠在北京市左安门内新西里三号。

⑬黄之纪赠清代诗人袁枚联。袁枚创作讲求性情个性。反对清初以来拟古和形式主义的风气，其诗风格清新，与蒋士铨、赵翼并称“江右三大家”。

⑭孙子潇赠袁枚联。

⑮上海袁公祖德祠联。

袁氏名人集粹

袁昶 浙江桐庐人，清末外交官，光绪进士，曾由户部主事转总理衙门章京，办外交事务多年。

袁枚 浙江钱塘（今杭州）人，清代著名文学家，他是当时著名诗歌理论家，论诗主张性灵，反对形式主义和拟古，其散文更富有文学特征。

袁江 江苏江都人，画家，所作景物多曲折有致，笔墨严整，为清代画界能手。

袁于令 吴县（今属江苏）人，明末清初著名戏曲作家，作有传奇 8 种、杂剧 1 种。另有小说《隋史遗文》。

袁宗道、袁宏道、袁中道 湖广公安（今属湖北）人，他们兄弟三人都以文学上卓有成就而闻名于世，也称“公安派”。在三袁中，其中以袁宏道成就最著，有《袁中郎集》传世。

袁崇焕（1584－1630） 广东东莞人，军事家，曾任兵部职方主事，后因抗后金（清）有功，升辽东巡抚，后任兵部尚书、右副都御史等职。

袁黄 浙江嘉善人，万历年间进士，曾官至兵部主事，学识渊博，涉猎甚广，著述也较多，其思想进一步扩大了程朱理学的影响。

袁枢 建安（今福建建瓯）人，南宋史学家，他爱读《资治通鉴》，分事立目，钞辑成书，称《通鉴纪事本末》，创立了纪事本末的体裁。后被召还临安（今浙江杭州），历任国史院编修官、大理少卿、工部侍郎等官。

袁艾 今河南登封人，五代时著名画家，善画鱼，能究尽鱼的各种动作，深得鱼类唫喁游泳之忧。

袁郊 陈郡汝南（今属河南）人，文学家，曾官至虢州刺史、翰林学士，作有传奇小说《甘泽谣》一卷。

袁晁 台州（治今浙江临海）人，唐代宗时浙东农民起义首领。

袁淑 陈郡阳夏（今河南太康）人，南朝宋著名文学家。

袁宏 陈郡阳夏（今河南太康）人，东晋著名文学家、史学家，曾任朝廷吏部郎、东阳太守等。其代表作为历时 8 年撰写的《后汉纪》30 卷，记载了东汉 12 帝、200 年的历史。

袁安 汝南汝阳（今河南商水西南）人，东汉时大臣，汉明帝时，他曾任楚郡太守、河南尹，以严明著称。后历任太仆、司空、司徒。和帝在位时，外戚窦宪兄弟专权，他不畏权贵，多次弹劾窦氏的专横。其子孙世代为官，“汝南袁氏”成为东汉有名的世家大族。

袁绍　汝南汝阳（今河南商水西南）人。

袁术　（？—199，袁绍之弟），东汉末时诸侯。均出身于四世三公的大官僚家庭，他们兄弟在当朝之时，其权势都极为显赫。其中袁绍曾历任侍御史、虎贲中郎将、司隶校尉等职，后来成为冀、青、幽、并四州的割据势力。

袁盎　楚人，后徙安陵（今陕西咸阳东北），历史上第一个扬名于史籍的袁姓著名人物。《史记》与《汉书》两大史书都有详尽记载，他在汉景帝“七国之乱（吴楚等七国）”时，曾奏请斩晁错以平众怒，结果“七国之乱”平定后，他就被封为太常，显赫异常。

袁氏风流撷英

爰袁相遇遂成袁，
袁氏始衍诸伯爰。①
弹劾外戚数袁安，
名重朝廷人肃然。②
仿荀汉纪作后纪，
袁宏盛名著述多。③
南宋袁枢史学家，
著述本末史无前。④
勋臣碑铭出桷手，
三袁公安袁安首。⑤
崇焕明末一猛将，
宁元宁锦捷镇边。⑥
袁枚辞官筑随园，
诗名当世江右见。⑦
袁圆相通终归严，
严于津己天地宽。⑧

注释：

①据《通志·氏族略·以字为氏》记载，春秋时陈国胡满公的孙子叫陈庄伯，他的儿子叫诸伯爰。伯爰的孙子，以祖父的字“爰”为氏，由于古代爰袁相通，遂有袁氏、爰氏出现，出自姚姓。古陈国在今河南淮阴县。

②袁安（？—公元 92 年），东汉大臣，河南商水人。官居太仆、司空、司徒，他多次弹劾外戚专横，京师肃然，名重朝廷，时人称道。

③袁宏（公元 328—376 年），东晋史学家，河南太康人。文才出众，仿荀悦《汉纪》，作《后汉纪》，又作《竹林名士传》三卷、《三国名臣颂》、《北征赋》、《东征赋》等三百篇，颇负盛名。

④袁枢（公元 1131—1205 年），南宋史学家，福建建瓯人。官至大理少卿。喜读《资治通鉴》，苦其浩博，乃著《通鉴纪事本末》四十二卷，记 239 事，各自独立成篇，起迄了然，为我国第一部纪事本末体史著作。

⑤桷，即袁桷（公元 1266—1327 年），元朝学者，浙江宁波人。精通诗词、考据、史学，当时朝廷制册，勋臣碑铭，多出其手。袁宏道（公元 1568—1610 年），明朝学者，湖北公安人。官至考功员外郎。善诗歌古文，反对摹古，以清新见长，他与其兄袁宗道、其弟袁中道并称，“三袁”是明朝“复古派”七子之后，主持文坛，

“公安派”的代表人物。

⑥袁崇焕（公元 1584—1630 年），明末大将，广东东莞人。曾以“宁元大捷”、“宁锦大捷”的胜利，保住了宁远、锦州，维护了国家安全。

⑦袁枚（公元 1716—1797 年），清朝诗人，浙江杭州人。官居县令，不避权贵，政绩突出。后来不再作官，在南京小仓山筑“随园”，创作诗文，游历名山，诗闻当世。与蒋士铨、赵翼并称“江右三大家”。

⑧袁（yuán），袁通圆，圆有包围、约束、严格之意。做人，只有严格要求自己，正确培养自己的德行，才能使自己的道路越走越宽。

中华百家姓

赵 钱 孙 李 周 吴 郑 王 冯 陈 蒋 沈 韩 杨
朱 秦 许 何 吕 张 孔 曹 金 魏 姜 谢 邹 苏
潘 范 彭 韦 马 方 任 袁 史 唐 薛 雷 贺 汤
罗 郝 常 于 傅 康 余 顾 孟 黄 尹 姚 邵 汪
毛 戴 宋 熊 董 梁 杜 贾 江 郭 林 钟 徐 邱
高 夏 蔡 田 胡 万 卢 丁 邓 石 崔 龚 程 陆
段 侯 武 刘 龙 叶 黎 白 赖 乔 谭 阎 易 廖
文 曾

史 姓

——以铜为镜正衣冠，以史为镜鉴千秋

史氏解密寻踪

（一） 姓氏字源

《说文》“史，记事者也。从又持中。”据《殷契粹编》所载，甲骨文“史”上部像捕捉禽兽之长柄网，下部为手。左民安先后《汉定例话》认为其本义当指管理狩猎或启示猎获物之人，后引申为记录国家大事者。

（二） 寻根溯祖

史姓来源有五：

1. 出自黄帝创造文字的“史皇”仓颉。据《路史》所载，仓颉后有史氏。据有关学者考证，仓颉为今河南南乐人，一说仓颉为冯翊（今陕西大荔）人。仓颉之后，衍生了仓氏、史氏、侯氏、侯冈氏、夷门氏、仓颉氏。仓颉为史官，人称史皇氏，其后有一支以官为氏，称为史氏。

2. 出自周太史佚之后。历代他姓史官，亦多以官为氏。见于历史的最早史姓人物，当属西周初年的太史史佚。所以，古代文献多把史佚推为史姓始祖。据《唐书·宰相世系表》及《通志·氏族略》等所载，西周初年有太史（中国古代历朝都有史官之职，负责记录太子的言行和重要史事、管理宫中典籍，夏、商、周三代称为太史）史佚，为人严正，后人赞扬他为史官的楷模，并将他与太公、周公、召公并称为四圣。由于他终身在周朝任及史，他的子孙便以官名为氏，史佚一作史逸。西周末期又有太史史伯。到了春秋时期，列国史官多以官为氏。像晋（今山西西南部）有太史史黯、史赵、史墨、史苏，卫（建都朝歌〈今河南淇县〉）有史朝、史鳝（即史鱼）、史狗、虢（今属河南境）有太史史嚚，楚（今属湖北省境）有史皇，秦（今山西省境）有史颗。战国时魏（建都安邑〈今山西夏县西北〉）有史起，韩（建都阳翟〈今河南禹县〉）有史疾，曾为韩使楚，其后并为史氏。这些史官有无血缘关系，史无确载，但他们因官为氏，确是事实。

3. 隋唐时代“昭武九姓”之一。古西域康国支系有史国（在今乌兹别克共和国的撒马尔罕以南），居史城，为“昭武诸国”之一，史国有人来中原居住，遂以国名为氏。如北齐有史建丑多。

4. 为突厥族阿史那氏所改。北魏不阿史那部，居金山（今阿尔泰山），后有归附唐朝者，改姓史氏。

5. 史氏还混化了他族血统。据有关史料所载，如唐有史思明，本宁夷州突厥种。史宪成、史宪忠、史孝章，其先本溪人，内徙灵武，为建康（今甘肃高台县）史氏。

（三） 宗堂郡望

堂号 “忠烈堂”：明朝末期，史可法以兵部尚书、大学士督师扬州抗清。当扬州城危的时候，史可法给老母和妻子写了遗书，因为自己没儿，命副将史德威做他的儿子。并且交待说：“我死后，要把我埋在明孝陵帝边。”城破以后，可法自刎不死，他又命令史德威杀他。德威哭着不忍杀，结果被清兵俘虏。被俘后，清人劝他投降，他坚决不屈，壮烈殉国。

郡望 史姓郡望主要有建康郡、宣城郡、高密郡、京兆郡、河南郡等。

1. 建康郡。十六国前凉张骏置郡，治所在今甘肃高台西南。北朝魏废。

2. 宣城郡。晋太康二年（公元281年）置郡。治所在宛陵（今安徽宣城）。相当今安徽长江以东的宣城、广德、宁国、太平、石台等县地。

3. 高密郡。西汉本始元年（公元前73年）改胶西郡置国，治所在高密（今山东高密县西南）。西汉末时相当今山东高密一带。西晋复置国，南朝宋改为郡，治所在桑犊城（今山东潍坊市东）。

4. 京兆郡。汉太初元年（公元前104年）改右内史置京兆尹，因地属畿辅，故不称郡，为三辅之一。治所在长安（今陕西西安市西北）。相当今陕西秦岭以北、西安市以东、渭河以南、华县以西地。三国魏辖区置郡。

5. 河南郡。汉高帝二年（公元前205年）改秦三川郡置郡，治所在雒阳（今河南洛阳市东北）。相当今河南黄河以南洛水、伊水下游，双洎河、贾鲁河上游地区及黄河以北原阳县。

（四） 家谱寻踪

全国·史氏谱录合编八卷

藏地：天津图书馆　南开大学　浙江图书馆　日本　美国

（清）史在矿等编

清康熙三十二年（1693）八行堂刊本　八册

江苏·史氏吴中派族谱不分卷

藏地：上海图书馆

清初刻本　一册

江苏·史氏吴中派文献谱不分卷

藏地：南京图书馆

（明）史丹纂修　（清）史在湘续修

清钞本

江苏·吴中派史氏家乘表传

藏地：苏州大学

清红杏山樵藏钞本

江苏淮安·迁淮史氏宗谱不分卷

藏地：江苏淮安县图书馆

（清）史怀光鉴修　史云焕纂修

清光绪十八年（1892）刻本　二册

江苏淮安·迁淮史宗谱不分卷

藏地：江苏淮安县图书馆

（民国）史久煌重修

1934年承泽堂铅印一本　一册

江苏丰县·古丰史氏长房族谱三卷

藏地：江苏丰县孙娄乡孙娄村

1931年钞本

江苏江都·邵埭史氏重修宗谱六卷

藏地：日本　美国

（清）史迪安等重修

清道光五年（1825）刊本　六册

江苏江都·史氏宗谱□□卷

藏地：江苏江都县昌松乡薛河村（存卷1、2）

（民国）史济廷修

1930年木刻本

江苏·常州史氏族谱八卷首一卷

藏地：上海图书馆

（清）史圆华等修

清光绪十九年（1893）木活字本　十册

江苏常州·史氏宗谱十二卷首一卷

藏地：美国

（清）史景祐等修

清光绪三十四年（1908）九福堂活字本　十二册

江苏溧阳·史（氏）务本堂支谱八卷首一卷

藏地：日本　美国

（清）史杰杰　史荣禄等七修

清同治十二年（1873）务本堂活字本　十册

江苏溧阳·史氏宗谱二十卷首一卷

藏地：南京博物馆

（清）史廷卫辑

清宣统元年（1909）铅印本

江苏江阴·澄江史氏世谱四卷首一卷末一卷

藏地：美国

（清）史景才等修

清光绪二年（1876）怀溧堂活字本　六册

江苏江阴·澄江史氏支谱十卷

藏地：中国社会科学院历史研究所图书馆

（民国）史鼐编修

1936年怀溧堂铅印本　十册

浙江宁波·史氏宗谱二十卷首一卷

藏地：中国社会科学院历史研究所图书馆

（民国）史邦直纂修

1946年铅印本　三十册

浙江·余姚半霖史氏小宗支谱八卷首一卷

藏地：上海图书馆　四川图书馆

（清）史善豪纂修

清咸丰三年（1853）史氏刻本　六册

浙江·余姚半霖史氏小宗谱九卷首一卷

藏地：河北大学

（清）史玫　史善豪纂修

清同治九年（1870）木刻本　八册

浙江·余姚半霖史氏小宗支谱九卷

藏地：中国社会科学院历史研究所图书馆　南开大学　浙江余姚梨洲文献馆

（民国）史泉义续修

清同治七年（1868）刻1923年续刻本　八册

浙江·余姚史氏宗谱十一卷首二卷末二卷

藏地：南开大学

（清）史光编辑

清咸丰六年（1856）刊本　十一册

浙江·余姚史氏宗谱十二卷首二卷末三卷

藏地：国家图书馆　北京大学　中国社会科学院历史研究所图书馆　南开大学　河北大学（二部）　哈尔滨师大　浙江图书馆　浙江余姚梨洲文献馆

（民国）史良书续修

1914年刊本　十四册

浙江鄞县·鄞东钱堰史氏宗谱八卷

藏地：河北大学

（清）史悠诚纂修

清光绪三十二年（1906）木刻本　九册

浙江鄞县·鄞东上水横街史氏支谱十五卷首一卷

藏地：浙江宁波天一阁文物保管所

（民国）史悠情　史济恂等纂修

1912年预修1974年木活字本　六册

浙江鄞县·鄞东韩岭史氏宗谱二卷

藏地：浙江宁波天一阁文物保管所

（民国）史致天　史悠安纂修

1923年木活字本　一册

山东乐陵·史氏家谱不分卷

藏地：吉林大学　日本　美国

（清）史中立修

清乾隆十七年（1752）刻本　一册

山东·乐陵史氏家谱不分卷

藏地：美国

（清）史尚权修

清乾隆四十八年（1783）刊一四册

山东乐陵·史氏家乘不分卷

藏地：国家图书馆　河北大学（二部）　美国

（清）史炳第纂修

清光绪二年（1876）木刻本　四册

湖北新洲·史氏宗谱六卷

藏地：湖北新洲县徐古镇万岗村

（民国）史正生　史文榜创修

1920年木刻本

湖北新洲·史黄氏宗谱十卷

藏地：湖北新洲县黄林乡段家山村

（民国）黄润堃续修

1944年木刻本

湖南衡阳·史氏宗谱九卷

藏地：吉林大学

（清）史炳文主修　史达门等编

清光绪三十三年（1904）活字本九册

湖南永兴·史氏续修族谱十五卷首三卷

藏地：河北大学（缺首一卷）

（清）史久录　史悠信续修

清光绪三十一年（1905）溧阳堂刻本十七册

四川万县·里牌溪史氏族谱十卷

藏地：吉林大学

（民国）史锡永纂修

（五）字行辈份

1914年史良书续编《史氏宗谱》，浙江余姚史姓有宋忠定王讳浩编遗后嗣辈份派语20字："道翁叔字景，甫叟可均国，世贵端良彦，德及忠厚嗣。"又有明景泰七年嗣孙士璧编辈份派语20字："缵述多俊奇，丕泽承嘉顺，京昌众深衍，后代存兴贤。"又有清康熙甲寅嗣孙大成续辈份派语20字："志学朝隆章，敦宪希逢应，从善延明和，遵复绍光正。"又附埭头史姓辈份派语20字："君仲原文存，世以忠良显，缵述是景企，嘉彦庆斯衍。"

（六）迁徙繁衍

仓颉为史官，人称史皇氏。他身后的一支以官为氏，成为史氏，因而历代他姓史官，亦多以官为氏。见于史册的最早史姓人物，当属西周初年的太史史佚了。所以，古代文献多，把史佚推为史姓始祖。据《史记·晋世家》记载，成王和弟弟叔虞开玩笑，拿着枫叶说要封给叔虞土地，史佚说做国君的讲话要算数，因为史官要把他的言行记录下来，成王只好把唐地封给叔虞，就是后来的晋国。周宣王的时候，有史官史籍，相传他仿照仓颉的文字创造了籀文（张怀瓘《书断》）。西周末期有太史史伯。到了春秋时期，列国史官多以官为氏。如晋有太史史黯、史赵、史墨、史苏，卫国有史朝、史鳅（即史鱼）、史狗，虢国有太史史嚣，楚国有史皇，秦国有史颗。战国时魏国有史起，魏襄王以史起为邺令，堰漳水灌邺田，邺民大悦。韩国有史疾，曾为韩使楚。这些史官有无血缘关系，史无确载，但先秦实行世卿世禄制度，职官一般都是世袭的，所以有些史官即便本不姓史，一旦世袭其官，也都以官为氏了。

另外，古代康国支庶有史国，居史城，即今俄罗斯中亚撒马尔罕以南沙赫里夏勃滋，唐曾在此置佉沙州。史国人来中原定居的，也有的以史为姓，如北齐史丑多。

又，唐时突厥人中有一支改为史氏。西突厥科罗次可汗子生苏尼，亡入隋，因功封康国公、怀德郡王。苏尼生大奈，随高祖（李渊）定唐，赐姓史氏，即史大奈（见《元和姓纂》、《新唐书·史大奈传》）。

史氏还混化了他族血统。如唐史思明，本宁夷州突厥种。史宪成、史宪忠、史孝章，其先本奚人，内徙灵武，为建康（今甘肃高台县）史氏。

史氏以官为姓，先秦列国都有史官，因而在春秋战国时期，史氏就相当广泛地分布于全国各地。据《江南通志》，战国时有史举，为凤阳（今安徽凤阳）人，可能是楚国史氏的后裔。西汉时史氏以外戚发展成名门望族。《汉书·外戚传》载，鲁国人史恭的妹妹为武帝卫太子良娣（太子妃妾称号），史称史良娣。史良娣生一男名进，号称史皇孙，武帝末年巫蛊之祸，卫太子与史皇孙皆遇害。史皇孙有一男生数月，亦株连下狱。5 年以后获赦，治狱使者丙吉可怜武帝曾孙孤苦无依，把他送给了史恭，史恭养育了这个孩子，就是后来的汉宣帝。宣帝继位以后，史恭已死，就封史恭的三个儿子史高、史曾、史元为列侯。史高在宣帝时为大司马、车骑将军领尚书事，元帝继位，辅政 5 年。高次子丹，成帝时为左将军、光禄大夫，封武阳顷侯。丹九男皆为侍中，诸曹史氏有 4 人封侯，为卿大夫，2000 石以上者十余人。从此，史氏成为汉代累世公卿的名门望族。（《汉书·史丹传》）就连王莽称帝后，还封杜陵史谌之女为皇后。

后世史氏，望出建康、宣城、高密、京兆者，皆为汉代史丹的后人。

建康史氏：史丹裔孙、后汉归义侯史苞后人，西晋永嘉之乱时，避乱至河西建康（今甘肃高台县），遂为建康史氏。苞后人史遵，北魏时因避杜路周起义，率乡里 2000 家奔恒州，后又归洛阳。（《周书·史宁传》）

宣城溧阳史氏：史丹孙史均，均子崇，本杜陵（今陕西长安县）人，东汉初年累官至青、冀二州刺史，封溧阳县侯（溧阳县治今江苏高淳县固城镇）。东汉建立后，下诏公侯皆就封，史崇率子孙定居于溧阳，是为宣城史氏。史崇裔孙史嵩，仕三国吴为苍梧太守。嵩裔孙南朝时有史瑰，瑰 7 世孙史务滋，唐武则天时为宰相。

高密史氏：史丹之后有史昙，昙曾孙史节为唐礼部侍郎，迁高密（今属山东），遂为高密史氏。

京兆史氏：史丹后人留居长安的一支。丹裔孙玠，留长安。隋左领军大将军史万岁《行状》称史万岁为瓒十二代孙。史万岁裔孙宝，唐鄜州都督、原国公。

陈留考城史氏：东汉京兆尹史敞、陈留考城（陈留，西汉郡，现今河南开封东南留城。考城，东汉县，治今河南民权县东北）人。敞子弼，东汉末反对宦官侯览，颇有清名。（《后汉书·史弼传》）

河南史氏：东汉有史晨，即为河南人。但后世所称之河南史氏，系突厥阿史那氏所改姓。阿史那氏在唐玄宗时改姓史氏。

史氏除上述地望外，迁居南方也比较早。西汉末，已有迁居两广者，如史立，平帝时因罪迁合浦。（《后汉书·外戚传》）合浦，西汉县，治今广西合浦县东北，后置郡，治今广东徐闻。东汉时已有迁至四川者，如史通平于东汉光武帝时自会稽（治今江苏苏州市）来蜀，诣峨眉山，谒天皇真人，遂居青神县（治今四川青神县南）。至迟在宋代，史氏已迁至浙江，如宋代史诏、史浩、史弥远等，皆为鄞（今浙江奉化）人。

（七）适用楹联

□千里过师从席枕；
　一身报国托文章。①

□阁部勋名常照世；
　诗书事业足传家。②

□蓼花雪汀秀乡里；③
　翠竹震林绿江村。④

□南波传世诗书画；⑤
　岵冈动人石竹兰。⑥

□气吐风云，勤千秋之略；⑦
　光依日月，荣二字之褒。⑧

□定乱安邦，常怀庙廊大志；⑨
　出将入相，允称社稷名臣。⑩

□伏蒲之忠，谏元帝而留太子；⑪
　知矢之直，进君子而退小人。⑫

□忠孝立身真富贵；
　文章行世大神仙。⑬

□骑鹤楼头，难忘十日；
　梅花岭畔，共仰千秋。⑭

注释：

①南明大臣、抗清明将史可法（1602—1645），自题联。

②节选邓毓怡挽民初参议院议员史泽咸（1883—?）挽联。史泽咸，字刚峰，山东乐陵人。

③指清代诗人史雪汀。

④指清代画家史震林，字岵冈，金坛人。乾隆进士。能诗、工书、善画，不落前人窠臼。

⑤清代诗画家史翁，字南波，其诗、书、画有“三绝”之称。左笔书尤为独步当时，深受成亲王嘉许。

⑥见注④。

⑦隋代名将史万岁，杜陵人。少英武，善骑射。有谋略，屡立战功，敌闻其名而惧。

⑧宋代五府教授史浩，字直翁，鄞县人。绍兴进士，官国子博士。金人进犯边疆，皇上下诏书说要亲去征讨，史浩谒力上奏劝阻。孝宗时拜为宰相。死后谥忠定。

⑨五代后周名将史弘肇，字化元，郑州人。曾经说过：“安朝廷，定祸乱，直须长枪大剑，毛锥子安足用哉!”

⑩元代光禄大夫左丞相史天泽，字润甫，永清人。官任将相五十年，上不疑，下无怨，人们拿他与郭子仪、曹彬相比。谥忠武。

⑪汉代都尉侍中史丹，字君仲，鲁人，徙杜陵。元帝打算另立太子，丹竭力纳谏不要另立太子，及太子即位后，封丹为关内侯。

⑫春秋卫国大夫史鳍，字子鱼，亦称史鱼。灵公不用蘧伯玉而任弥子瑕，史鱼数谏不从。病得快死时，对他儿子说：“吾生不能正君，死无以成礼，置尸牖下。灵公前往凭吊，责问他儿子，他儿子以实相告，灵公后悔地说：“这全是我的错啊。”于是任用伯玉而辞退子瑕。孔子听了感慨地说：“直哉史鱼！既死，犹以尸谏。”

⑬南明大臣、抗清名将史可法撰书联。

⑭郭沫若撰扬州史可法祠联。十日，指史可法守扬州城陷，清军入城屠杀十日。

史氏名人集粹

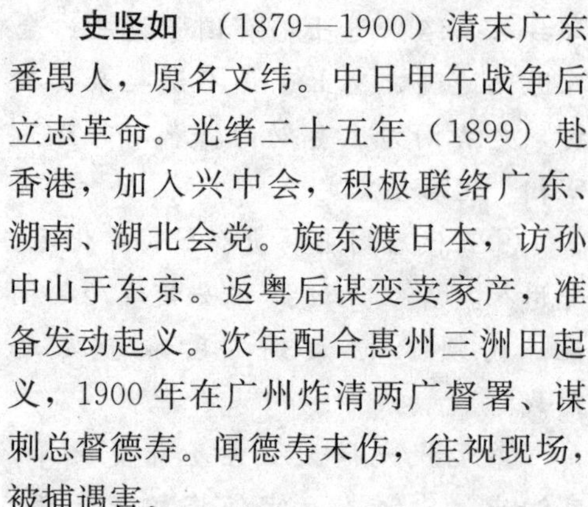

史坚如 （1879—1900）清末广东番禺人，原名文纬。中日甲午战争后立志革命。光绪二十五年（1899）赴香港，加入兴中会，积极联络广东、湖南、湖北会党。旋东渡日本，访孙中山于东京。返粤后谋变卖家产，准备发动起义。次年配合惠州三洲田起义，1900年在广州炸清两广督署、谋刺总督德寿。闻德寿未伤，往视现场，被捕遇害。

史震林 江苏金坛人，清代著名文学家，乾隆进士，官淮安教谕。有《西青散记》、《华阳散稿》等。

史孟麟 明代著名理学家。

史可法（1602－1645） 河南祥符（今开封）人，明末著名的民族英雄，进士，曾历任右佥都御史、南京兵部尚书。李自成灭明朝后，在南京拥立福王。清军南下，他坚守扬州孤城，城破自尽未死，被清军俘获，不屈被杀。

史天泽 永清（今属河北）人，元代著名大将，为河北大地主。降蒙古，其兄天倪曾为河北西路兵马都元帅，天倪死后，他继其任，世祖即位后，任中书右丞相，执国政。

史弥远 明州鄞（今浙江鄞县）人，南宋右丞相，南宋时任太师、右丞相，专权多年。其侄史嵩之继他为右丞相，专断朝政。

史达祖 汴梁（今河南开封）人，词人，以咏物词著名，有《梅溪词》。

史彦超 郑州（今属河南）人，五代后周名将。

史弘肇 郑州人，仕后汉、后周两朝，以武功显称。

史思明 宁夷州突厥族人，唐代有随安禄山叛乱、后又自称为大燕皇帝，其子史朝义曾追随他一起叛乱，他称帝时，其子被封为怀王。

史文忻 朔方（治所在今内蒙古杭锦旗北）人。南北朝时北周有大将、封英国公

史涣 沛国（今属江苏）人。三国魏时有中军校尉、中领军。

史苄 东汉时尚书、镇西将军

史恭 鲁国（今属山东）人，西汉时人，其妹为武帝卫太子良娣（太子妃妾称号），史称史良娣。史良娣生有一男名进，号称史皇孙，武帝末年因巫蛊之祸，卫太子与史皇孙皆遇害。史皇孙有一男生数月，因株连下狱。后获赦，由史恭养育，就是后来的汉宣帝。宣帝继位以后，史恭已死，就封史恭的3个儿子史高、史曾、史元为列侯。史高在宣帝时为大司马、车骑将军领尚书事，元帝继位，辅政5年。高次子丹，成帝时为左将军、光禄大夫，封武阳顷侯。丹九男皆为侍中。诸曹史氏有4人封侯，为卿大夫，2000石以上者10余人。从此，史氏成为汉代累世公卿的名门望族。后也成为我国史氏发展繁衍的主要来源。又有元帝年间黄门令史游，他曾用韵语撰有《急就篇》，便于记诵，以供当时学童字之用，对后代也有一定影响。

史禄 秦朝人主持开凿了灵渠，增强了巴蜀与西南少数民族地区的联系。

史晨 鲁国。今山东西南部，建都曲阜〈今属山东〉，史晨之所以名传千古，主要是由于现在仍耸立在山东曲阜孔庙的一座“史晨碑”。该碑建于东汉灵帝建宁二年，也就是公元169年，距今已有1800多年之久，碑上所刻的文字，是春秋时鲁相史晨祀孔子的文章，分为前后两碑，前碑载奏章，后碑叙食礼之事，迄今全文完整可诵。隶书端正谨严，历来为研习书法者所宗，为汉隶珍品。

史籀 周宣王时书法家，相传他造有籀文（即大篆）。史伯提出“和实生物，同则不继”的唯物主义命题，“和”是指事物多样性的统一，它是百物构成的法则；“同”是指无差别性的单一事物，如不与另一事物相“和”，就不能产生出新的事物来。

史氏风流撷英

太史佚后遂出史，
以官为氏史氏立。①
武帝设史京兆郡，
致使史氏华县立。②
天偏无党称尸谏，
秉笔史鱼史家范。③
名节国本宜治国，
孟麟学友尊启新。④
拒降名将史可法，
殉国扬州史留名。⑤
抗英联军史荣椿，
大古创敌扬国威。⑥
史事由口传千秋，
糟粕精华明原由。⑦
以铜为镜正衣冠，
以史为镜鉴千秋。⑧

注释：

①据《唐书·宰相世系表》和《通志·氏族略》记载，史出自以官为氏。周朝太史佚之后人，遂出史氏。史佚，有的书上也写为史逸。

②汉武帝太初元年（公元前104年）设郡望为京兆郡，遗址在今陕西华县一带，此乃史家的发祥地。

③史鱼（生卒不详），春秋时卫国史官，以正直著称。孔子说他“无偏无党”像“箭杆一样直”。临死时，还劝卫灵公进贤（蘧伯玉），去佞（弥子瑕）。后人称为“尸谏”。秉笔直书，他堪称史家的楷模。

④史孟麟（生卒不详），明朝理学家，江苏宜兴人。他主张以理学为“国本”，以名节相砥砺，同时参与东林书院讲学，在当时有很高名望。后于南京钟山下创建明道书院，学友们尊称他为“启新先生”。

⑤史可法（公元1602—1645年），抗清名将，河南开封人。他与部下同甘共苦，深得人心。在兵困扬州时，他拒降固守，坚决抗击，奋战到底，英勇就义。

⑥史荣椿（？—1859年），清朝将领，北京人。1858年6月，英法联军再犯大古海口，他随亲王驻守大古南岸炮台，给英法联军以重创，同士卒三十余人在浴血奋战中不幸全部捐躯。

⑦史（shǐ）字，从口从十，口传

十代的事，是史事。历史上的忠奸、良恶，只要心有衡量的标准，就是明辨事非，知其道义。

⑧以铜为镜者，可以正自己的衣冠，以史为镜者，可以使自己鉴别真伪，明辨善恶，从而警醒自己，力避重犯历史错误。

中华百家姓

赵 钱 孙 李 周 吴 郑 王 冯 陈 蒋 沈 韩 杨
朱 秦 许 何 吕 张 孔 曹 全 魏 姜 谢 邹 苏
潘 范 彭 韦 马 方 任 袁 史 唐 薛 雷 贺 汤
罗 郝 常 于 傅 康 余 顾 孟 黄 尹 姚 邵 汪
毛 戴 宋 熊 董 梁 杜 贾 江 郭 林 钟 徐 邱
高 夏 蔡 田 胡 万 卢 丁 邓 石 崔 龚 程 陆
段 侯 武 刘 龙 叶 黎 白 赖 乔 谭 阎 易 廖
文 曾

唐 姓

——相传远古多唐迹，唐尧后裔出伊祁

唐氏解密寻踪

（一） 姓氏字源

《说文》：“唐，大言也。从口，庚声。”段玉裁注：“引申为大也。如说《尚书》者云，‘唐之为言，荡荡也’，见《论衡》。又为空也，如《梵书》云，‘福不唐捐’。凡陂塘字，古皆作唐，取虚而多受之意。”唐之本义即说大话。杨树达先生《长沙方言考》云：“今长沙谓言语夸诞不实者曰扯唐。”

（二） 寻根溯祖

唐姓来源有二：

1. 出自祁姓和姬姓，为黄帝轩辕氏之后。据《唐书·宰相世系表》等所载，相传帝尧是帝喾高辛氏的次子，算起来是黄帝轩辕氏的玄孙。帝尧姓伊祁，名放勋，尧是他的谥号。他最初被封于陶（今河北省唐县一带），后迁于唐（今山西省翼城县），所以被称为陶唐氏。被诸侯拥立为天子时，开始以“唐”为国号，故又称为唐尧，再迁至平阳（今山西临汾西南）。唐尧是传说中的圣明天子，被后世儒家奉为明君的楷模。据说他做了100年天子，后来禅位给舜。他死后，帝舜又封他的儿子丹朱为唐（在今河北省唐县）侯。至夏时，丹朱裔孙刘累，迁于鲁县（今河南鲁山县）。商时更号豕韦氏。到三千多年前周武王之时，唐侯起而作乱，于公元前1106年被武王的儿子成王所灭，把唐国之地改封给其弟唐叔虞，原来帝尧的后裔，则被迁往杜国（祁姓，在今陕西西安东南），并从侯国变成了伯国，称唐杜氏。唐杜氏的后裔也有以国为氏，称唐氏，此为秦地（今属陕西）之祁姓唐氏。

不过，被周成王所灭的唐国，当时并不在今河北的唐县，而已改在今山西省翼城县的南方。这个地方，后来又产生了另外一支唐氏。据《姓氏考略》及《世本》所载，是周成王灭唐后将其地改封给唐叔虞，唐叔虞的子孙也以国为氏，有的就姓了唐。唐叔之子燮继位，因南有晋水，改称晋侯。此为晋地（今属山西）之姬姓唐氏。同时，在周昭王时，又封尧子丹朱之后、刘累裔孙在鲁县（今河南鲁山县）为唐侯，以奉唐尧之祭祀，鲁定公十年，楚灭唐，子孙以国为氏，分仕晋楚。此为豫鲁（今属河南、山东间地）之祁姓唐氏。又把《通志·氏族略》所载，在春秋时，又有一支姬姓唐诸侯国，其地在今湖北西北唐城县，公元前505年被楚昭王所灭，其后人也称为唐氏，此为楚地（今属湖北）姬姓之唐氏。以上这4支唐氏，虽说起源有别，但进一步推溯，他们根本上都是源自黄帝轩辕氏，仅仅是同根异枝而已。

2. 东汉时唐姓始有他族加入：①据《后汉书·南蛮传》所载，南方白狼王中有唐姓；②据《三国志·郭淮传》所载，陇西（今属甘肃）羌亦有唐姓。③据《元史·唐仁祖传》所载："唐仁祖，字寿卿，畏兀人，祖曰唐古直，子孙因以唐为氏。"

（三） 宗堂郡望

堂号 "移风堂"：汉朝时候，费汛为萧县令，爱民如子，先教后罚，在官9年，连地方的坏风俗都转变了，全县3年没有打官司告状的。邻县沛县发生蝗灾，蝗到了萧界，不入萧境。皇帝封费汛为梁相。

唐姓又以"晋阳"、"晋昌"、"北海"等为其堂号。

郡望 唐姓郡望主要有晋昌郡、北海郡、鲁国、晋阳县等。其中以晋昌郡望最为著称。

1. 晋昌郡。晋永和中置郡，治所在长乐（今陕西石泉县）。相当今陕西石泉、紫阳和湖北竹溪等县地。南朝宋末废，齐复置郡，西魏改名魏昌。此支唐氏，其开基始祖为十六国前凉凌江将军唐郓。

2. 北海郡。汉时分齐郡置郡，治所在营陵（今山东昌乐东南）。相当今山东潍坊市及安丘、昌乐、寿光、昌邑等县。

3. 鲁国。西汉初改薛郡置鲁国，治所在鲁县（今山东曲阜）。相当今山东曲阜、滕县、泗水等县地。晋改为郡。

4. 晋阳县。秦置，治故晋阳城。秦汉为太原郡治所，东汉后又为并州治所。在今山西省太原市西南。

（四） 家谱寻踪

上海唐氏族谱八卷

藏地：中央民族大学

（清）唐锡瑞编

1918 年排印本　八册

上海松江·云间唐氏支谱不分卷

藏地：中国科学院图书馆

（清）唐如骧修

清道光二十九年（1849）钞本　二十册

上海松江·唐氏本支谱不分卷

藏地：日本　美国

（清）唐汝华重修

清同治十二年（1873）写本　一册

上海唐氏族谱八卷

藏地：上海图书馆

唐锡瑞纂

1918 年重刻本　八册

江苏泰兴·延令唐氏宗谱四卷

藏地：江苏泰兴县珊瑚洋港村

1949 年年双凤堂藏版本

江苏丹徒·开沙唐氏族谱十卷

藏地：吉林大学

（清）江静亭等纂辑

清道光七年（1827）活字本　十册

江苏·丹徒开沙唐氏宗谱十二卷

藏地：吉林大学

日本　美国

唐念曾等重修

1918 年刻本　十二册

江苏常州·唐氏宗谱五卷

藏地：江苏常州市图书馆

（清）唐正麟主修

清光绪二十八年（1902）常州唐氏湄豸堂木活字本

江苏常州·唐氏宗谱十卷

藏地：国家图书馆

（清）唐云和等修

清光绪二十八年（1902）慎修堂活字本　十册

江苏常州·唐氏宗谱十六卷首一卷

藏地：国家图书馆　江苏常州市图书馆

唐晋歧等修

1927 年慎修堂活字本　十六册

江苏常州·昆陵唐氏宗谱不分卷

藏地：美国

（清）唐钟琦等修

清光绪十二年（1886）木活字本　二十四册

江苏常州·昆陵唐氏家谱不分卷

藏地：江苏常州市图书馆（缺一册）

（民国）唐顺德纂修

1916 年木活字本　二十二册

江苏常州·昆陵唐氏家谱不分卷

藏地：国家图书馆　中国社会科学院历史研究所图书馆　江苏常州市图书馆

（民国）唐宗海主修　唐肯总纂

1948 年排印本

江苏武进·唐氏家谱不分卷

藏地：日本（残）

光绪末年木活字本　一册

江苏武进·唐氏宗谱十二卷首一卷末一卷

藏地：吉林大学

唐增儒纂

1917年垂裕堂排印本　十二册

江苏武进·唐氏七修宗谱十二卷首一卷

藏地：中国社会科学院历史研究所图书馆

（民国）唐苍玉纂

1917年忠恕常活字本　十二册

江苏武进·昆陵唐氏宗谱九卷首一卷末一卷

藏地：日本　美国

（民国）唐泰诚　唐续彬等续修

1921年崇彝堂刊本　六册

浙江淳安·晋昌唐氏世谱九卷

藏地：四川重庆市图书馆

（清）唐杏春纂

清光绪二十八年（1902）桐溪唐氏永思堂　活字本

浙江余姚·姚江唐氏家谱八卷首一卷

藏地：浙江图书馆

（清）唐琳　唐瑜编辑

清咸丰元年（1851）郭本堂木活字本四册

浙江绍兴·会稽田岙唐氏宗谱

藏地：国家图书馆

（清）唐文钟　唐贤钜同修

清同治间三祝堂活字本　二册

浙江嵊县·剡东唐氏宗谱五卷首一卷

藏地：浙江嵊县明溪乡

（清）唐三益　竹梅朋重修

清光绪三十一年（1905）木活字本

浙江兰溪·东鲁唐氏宗谱二十卷

藏地：浙江兰溪县文化管理委员会

清光绪二十年（1894）修刻本二十一册

浙江兰溪·东鲁唐氏族谱□□卷

藏地：浙江兰溪县文化管理委员会（存四卷）

1915年修刻本

浙江兰溪·兰江东鲁唐氏族谱二十卷

藏地：浙江兰溪县黄店乡三泉村

（民国）唐望君重修

1915年木刻本

浙江兰溪·东鲁唐氏草谱一卷

藏地：浙江兰溪县文化管理委员会

1916年修刻本　一册

浙江兰溪·东鲁唐氏宗谱十卷

藏地：浙江兰溪县芝堰乡上唐村（缺卷7、8）

1918年木刻本

浙江兰溪·东鲁唐氏族谱二十卷

藏地：浙江兰溪县甘溪乡刘家

木刻本

安徽徽州·莒国唐氏宗谱四卷首一卷末一卷

藏地：安徽徽州地区博物馆

（清）唐朝泰等纂修

清道光二年（1822）刻本　六册

安徽歙县·唐氏续家事笔记

藏地：四川重庆市图书馆

（清）唐必桂撰

清光绪三十二年（1906）歙县唐氏刻本　一册

安徽桐城·唐氏宗谱二十一卷首一卷末一卷

藏地：日本　美国

（清）唐情美　唐步鳌等三修

清同治九年（1870）绍勋堂木活字本二十二册

安徽桐城·皖桐唐氏七修宗谱□□卷

藏地：江苏南京市档案馆（存卷11）

清末木活字本

安徽·潜山崇本堂唐氏宗谱十八卷首三卷末一卷

藏地：安徽安庆市图书馆（存卷首上）

（清）唐蕒荚五修

清光绪二十六年（1900）潜山崇本堂木活字本

安徽·潜山崇本常唐氏宗谱十九卷首三卷末一卷

藏地：安徽安庆市图书馆

（民国）唐占魁六修

1931年潜山崇本堂木活字本

安徽石台·唐氏宗谱六卷

藏地：安徽博物馆

（清）唐洪松　唐为均等纂修

清乾隆三十年（1765）刻本六册

福建莆田·续北萡国唐氏宗谱六卷

藏地：四川重庆市图书馆

（清）唐朝泰等纂修

清道光二年（1822）续溪唐氏活字本　六册

湖南嘉庆·唐氏续修支谱四卷

藏地：湖南图书馆（存卷1、2）

（清）唐东亮修　唐耘皆纂

清同治五年（1866）活字本

湖南宁乡·石汉唐氏六修通谱五卷首一卷末三卷

藏地：湖南图书馆

（民国）唐藻亭　唐荫寰等纂

1920年晋阳堂活字本

湖南湘潭·锦石唐氏四修族谱三十九卷首二卷末一卷

藏地：湖南图书馆（又一部存四册）

（清）唐垂鐊等纂

清光绪二十一年（1895）九成堂活字本　二十六册

湖南湘潭·中湘唐氏朝支六修谱十四卷

藏地：广东中山图书馆

（民国）唐汉耀纂修

1937年德本堂刻本　十四册

湖南·湘潭唐氏敦本堂七修谱三十二卷

藏地：广东中山图书馆

（民国）唐述春　唐汉煌等纂修

1942年敦本堂排印本　三十二册

湖南湘乡·唐氏族谱□□卷

藏地：湖南图书馆

清道光十年（1830）刻本

湖南湘乡·唐氏族谱十卷

藏地：湖南图书馆（存卷1）

（清）唐星焕纂序

清咸丰三年（1863）福星堂活字本

湖南湘乡·新圆唐氏七修谱二十六卷

藏地：湖财产图书馆（残）广东中山图书馆

（民国）唐业准　唐业璟等编修

1916年伦鉴堂刻本　十六册

湖南衡山·衡邑唐氏续修族谱十二卷首一卷

藏地：河北大学　四川图书馆

（清）唐卿杜　唐文表续修

清乾隆四十五年（1780）敦睦堂木刻本　十二册

湖南·衡山治平唐氏四修族谱十九卷首一卷末一卷

藏地：四川图书馆

（清）唐思芳等续修

清道光间唐氏敦睦堂刻本　二十二册

湖南·衡山治平晋昌唐氏五修族谱不分卷

藏地：四川图书馆（存十九册）

（清）唐清思纂修

清同治间木活字本

湖南·衡山唐氏七修族谱二十六卷

藏地：湖南图书馆（残）　四川图书馆

（民国）唐映皋　唐作屏纂修

1924 年衡山敦睦堂木活字本　四十六册

湖南江永·唐氏族谱二卷

藏地：湖南江永县档案馆

清雍正九年（1731）印本

湖南江永·唐氏族谱八卷

藏地：湖南江永县档案馆

（清）唐国勋

清光绪二十二年（1896）活字本

湖南江永·唐氏族谱五卷

藏地：湖南江永县档案馆

1917 年印本

湖南江永·唐氏族谱一卷

藏地：湖南江永县档案馆

唐义芳

1925 年钞本

湖南邵阳·唐氏四修族谱□□卷

藏地：湖南图书馆

（清）唐荣朝　唐鼎元修　唐明铣等纂

清道光二十二年（1842）活字本

湖南邵阳·唐氏五修族谱□□卷

藏地：湖南图书馆

（清）唐吉光纂序

清宣统元年（1909）活字本

（五）　字行辈份

1919 年唐福俊纂《唐氏族谱》，江苏江阴唐姓一支字行为：“本立元孝，起宗节义。”又据残本《唐氏宗谱》，浙江镇海唐姓一支字行为：“福禄永隆昌，和良瑞世美，才智端宁聪。”

（六）　迁徙繁衍

源出于晋和楚的唐姓人，很多在晋、楚、秦为官。唐雎为魏国的大夫，活了 90 多岁，在战国时颇有名望。其孙唐厉居于沛国，曾在秦国为官，曾为西汉中尉，有功，封斥丘懿侯。唐厉生唐朝，唐朝生唐贤，唐贤生唐遵，唐遵生唐蒙。唐蒙为中郎将，生临邛令唐都。唐都生唐伦，唐伦生唐林。尚书令王莽封唐林为建德侯。唐林生唐蔚，封地被除，不得已徙居颍川。唐蔚生唐惠，为武威长。唐惠生唐贲，为侍御史。唐贲生唐珍，为大司空。唐珍生唐瑁，为会稽太守。唐瑁生唐翔，为丹阳太守，就把家安到了丹阳。唐翔有两个儿子：唐固、唐滂。唐固在三国时为吴国尚书仆射。唐固生唐琼，为别部司马。唐琼生唐宣，唐宣生唐彬，字儒宗，为晋镇西校尉、上庸襄侯。唐彬有两个儿子唐熙、唐极。唐熙为太常丞，娶了凉州刺史张轨的女儿为妻，永嘉末年，把家安到了凉州。唐熙生唐郓，字子产，为前凉的凌江将军，从凉州徙居晋昌。唐郓有七个儿子：唐伯、唐廉、唐威、唐季贤、唐幼贤、唐孝达、唐季礼。唐威为永世县令，生唐宏。唐宏有三个儿子：唐瑶、唐偕、唐谘，号三祖。唐瑶字昌仁，为西凉晋昌太守、永兴侯、生唐契、唐和。唐契字永福，为伊吾王，生唐褒，字元达，为后魏华州刺史、晋昌公。唐褒生唐茂，字兴祖，为秦州刺史。唐茂生唐文祖、唐翼、唐晓、唐保建。唐翼为后魏凉州太守，他有5个儿子，15个孙子，39个曾孙，34个玄孙，可谓枝叶繁茂。唐褒的弟弟唐纯，为后魏太原太守。唐契的弟弟唐和，生唐钦。唐钦生唐欢，唐欢生唐二政，唐二政生唐规，唐规生唐世宗，唐世宗生唐璿，唐璿生唐休璟，在唐朝官至宰相。可见从唐雎直接下来的这支唐姓，堪称是冠冕累世，簪缨不替了。

据宋人陈彭年的《广韵》记载：唐姓的地望有晋昌、北海、鲁国等三个，其中上面所述的晋昌一族可谓最大的地望，经过其不断的迁徙与分支，晋昌唐姓的覆盖地已遍及北部中国的西半区，而北海、鲁国二望又在北部中国的东半部，所以，唐姓在宋代以前主要是在中国北部播迁，而南方的唐姓还没有形成势族强家。宋廷南廷、元人人主中国、频繁的战乱以及南方经济的勃兴，形成了宋代以后持续不断的北人南迁的浪潮。在这股潮流冲击下，大量唐姓人口南迁。中国古代，迁徙多为聚族而迁，所以明清时期，中国南方也出现了许多唐姓大族。

据明人何乔新的《唐氏世德堂记》（见《古今图书集成·氏族典·唐姓部艺文》）记载："广昌之金井里有衣冠之族曰唐氏，其先本陶唐氏之后，子孙散处江南，日益繁衍，以国为氏，至于彦恭，盖数十世矣。……吾乡之世族最多，其如唐氏世德之泽者乃千百之一二耳，是为之记。"这说明，明代南方的唐姓大族已崭露头角。如今，唐姓不仅在中国分布比较广泛，而且按人口数被列为中国100大姓的第26位。

（七） 适用楹联

□桐圭锡庆；[①] 禾册基祥。

□东园高节；[②] 吏部清风。[③]

□沧浪亭中，吴郡名贤占一席；
桃花坞里，金阊遗迹足千秋。[④]

□台湾义举光史册；
总统勋名记人心。[⑤]

□定鼎功高，形绘凌烟阁上。[⑥]
奇魁文妙，席首琼林宴中。[⑦]

□看遍好花春睡足；
醉残红日夜吟多。[⑧]

□连天瑞霭千门远；
来道新阴九陌长。[⑨]

注释：

①指周成王戏耍其弟叔虞，成王将桐叶削成圭形给叔虞，说："我用这个封给你。"因"君无戏言"，以致戏耍成真，只好封虞叔于唐。

②汉代唐秉，字宣明，号东园公，

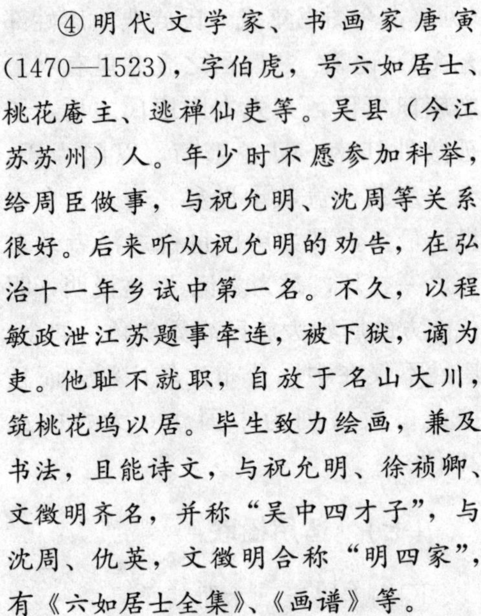

为商山四皓之一。

③北周时史部郎中唐瑾，字附璘。谋略多资。后南伐军还，唯载书两车而已。

④明代文学家、书画家唐寅（1470—1523），字伯虎，号六如居士、桃花庵主、逃禅仙吏等。吴县（今江苏苏州）人。年少时不愿参加科举，给周臣做事，与祝允明、沈周等关系很好。后来听从祝允明的劝告，在弘治十一年乡试中第一名。不久，以程敏政泄江苏题事牵连，被下狱，谪为吏。他耻不就职，自放于名山大川，筑桃花坞以居。毕生致力绘画，兼及书法，且能诗文，与祝允明、徐祯卿、文徵明齐名，并称“吴中四才子”，与沈周、仇英，文徵明合称“明四家”，有《六如居士全集》、《画谱》等。

⑤清代同治进士唐景崧（1841—1903），字维卿，广西灌阳人。1882年赴越南同刘永福所部黑旗军抗击法国侵略者。次年，受张之洞命招募军队，与岑毓英军攻越南宣光等地。1891年后任台湾布政使、巡府。反对割让台湾，并筹措抗击日军。曾在台湾建立民国，被选为“总统”。基隆被侵台日军占领后，携家小居厦门。有《请缨日记》。

⑥唐代天策府长史唐俭，字茂系，晋阳人。年少与太宗游玩，看见隋朝政治很乱，于是说服太宗以图大计，后佐太宗定天下，为天策府长史，封莒国公，遗像列凌烟阁。

⑦明代唐皋、唐汝楫、唐文献三人，先后均举进士第一。

⑧清代书画家、内务府员外郎兼佐领唐英（1682—1755）撰书联。唐英，字俊公，辽宁沈阳人。

⑨唐代诗人唐彦谦《春深独行马上有作》诗联句。

唐氏名人集粹

唐才常　湖南浏阳人，清末维新派人物，早年与谭嗣同办时务学堂，编辑《湘学报》，宣传变法维新，戊戌变法失败后流亡日本。1900年在上海组织正气会，后改名为自立会，拥护光绪当政。后被湖广总督张之洞勾结英国领事将他逮捕杀害。

唐廷枢　（广东中山人），1862年任英商怡和洋行总买办。1873年受李鸿章委派，任轮船招商局总办。在英国的支持下开办开平煤矿和建设唐山至胥各庄铁路，为李鸿章办洋务的得力助手。

唐正才　太平天国将领、总管水营事务的航王。

唐甄　达州（今四川达县）人，思想家。长于吴江，做过山西长子县知县，宗阳明良知之学，但反对理学家空谈心性。认为“事功”出于“心性”的修养，“心性”修养应表现为“事功”，两者是相互结合的。在经济上主张“富民”，认为“为治者不以富民为功，而欲幸致太平，是适燕而马首南指者也”。著有《衡书》97篇，后改名为《潜书》。

唐顺之　今江苏武进人，散文家，曾督领兵船在崇明抵御倭寇，以功升右金都御史、代凤阳巡抚。为“唐宋派”之一。

唐赛儿 今山东蒲台人。山东农民起义首领。

唐寅（1470—1523） 吴县（今江苏吴县）人，明代著名画家、文学家。字伯虎，擅画山水。多取法南宋李唐、刘松年、兼学元人。技法上斧劈皴常与细劲的长线条相结合。并工画人物、花鸟。笔墨秀润峭利，景物清秀生动，工笔、写意俱佳。与沈周、文徵明、仇英合称“明四家”。

唐慎微 蜀州晋原（今四川崇庆）人，宋代著名医药学家，后迁居成都，编有《经史证类备急本草》，总结了宋以前药物学成就，在明以前流传很广，促进了中药学的发展。

唐棣 元代画家。

唐寓之 南朝宋时三吴地区农民起义领袖，他攻占钱塘（今浙江杭州），称帝，国号吴，年号兴平。后遭镇压失败。

唐蒙 西汉时任番阳（今江西波阳东北）令、中郎将。曾奉命前往夜郎，以厚礼招致夜郎侯多同归汉，其后汉于其他设犍为郡，并开辟道路2000余里。

唐氏风流撷英

相传远古多唐迹，
唐尧后裔出伊祁。[①]
周公分唐为晋祖，
唐氏后裔始唐叔。[②]
唐蒙厚礼说夜郎，
设犍为郡统西汉。[③]
北宋诗人有唐庚，
名句山僧代代传。[④]
白莲女杰唐赛儿，
勇猛善战史留名。[⑤]
唐寅诗书成一家，
筑桃花坞著画谱。[⑥]
清末廷枢有雄才，
唐胥铁路耀中华。[⑦]
笔下口述陈大事，
胸怀坦荡唐人立。[⑧]

注释：

①据《通志·氏族略》记载，唐氏的古迹很多，最早要算陶唐氏尧的后裔这种说法，此系出自伊祁氏。

②周朝时，周公将唐（古代唐国在今天山西省翼城西）国分封给周成王的弟弟叔虞，称为唐叔，后为晋国的始祖。唐叔之后，遂有唐氏。此系出自姬姓。

③唐蒙（生卒不详），西汉官吏，江西波阳人。武帝时，他出使夜郎国（现在的贵州省），以厚礼，说服夜郎侯多同归属汉邦，设犍为郡，从此贵州不再是夷地了。

④唐庚（公元1071—1121年），北宋诗人，四川丹棱人。“山僧不解数甲子，一叶落知天下秋”这名句就出自唐庚之口。有《眉山唐先生文集》。

⑤唐赛儿（生卒不详），明初农民起义军女首领，山乐滨县人。林三之妻，白莲教首领，自称“佛母”。杀青州卫指挥高凤，明廷遣都卫刘忠镇压，斩刘忠，突围后不知所终，她英勇机智的史实都已记入史册。

⑥唐寅（公元 1470—1523 年），明朝文学家，书画家，江苏苏州人。自放名山大川，筑桃花坞以居，毕生致力绘画，且能诗文，与祝允明、徐祯卿、文征明并称“吴中四才子”，与沈周、仇英、文征明合称“明四家”。著《画谱》。

⑦唐廷枢（公元 1832—1892 年），清朝买办，广东中山县人。1880 年，主持修筑我国第一条铁路（唐山至胥各庄）唐胥线。

⑧唐（táng），字形，从广从聿从口，故言：“笔下口述广大事”，“广大”为心胸坦荡，唐人是中国人的简称。中国人要坦然屹立于世界民族之林。

中华百家姓

赵 钱 孙 李 周 吴 郑 王 冯 陈 蒋 沈 韩 杨
朱 秦 许 何 吕 张 孔 曹 金 魏 姜 谢 邹 苏
潘 范 彭 韦 马 方 任 袁 史 唐 薛 雷 贺 汤
罗 郝 常 于 傅 康 余 顾 孟 黄 尹 姚 邵 汪
毛 戴 宋 熊 董 梁 杜 贾 江 郭 林 钟 徐 邱
高 夏 蔡 田 胡 万 卢 丁 邓 石 崔 龚 程 陆
段 侯 武 刘 龙 叶 黎 白 赖 乔 谭 阎 易 廖
文 曾

薛 姓

——奚仲受薛于滕县，滕县薛氏祖籍行

薛氏解密寻踪

（一） 姓氏字源

《说文》："薛，艸也。从艸，辥声。"段玉裁注："《子虚赋》：高燥生薛。张揖曰：薛，赖蒿也。按赖蒿，盖即藾萧。"薛为草名，即赖蒿。

（二） 寻根溯祖

薛姓来源有三：

1. 出自黄帝的任姓，奚仲之后裔。据《新唐书·宰相世系表》、《通志·氏族略》等所载，相传黄帝共有25个儿子，分别得12个姓。其中有一子叫禺阳的，因被封在任（今山东省济宁市），得任姓，传至12世孙奚仲在夏禹时任车正（官名），传为车的创造者，居于薛（今山东滕县东南部），称薛侯。其他鲁国薛县是也。奚仲曾一度迁于邳（今山东微山西北）。又传12世孙仲虺，在商汤时任左相，复居薛，称侯伯。其后有祖己，其7世孙曰成，兴国迁于挚，更号挚国。商末时，周伯季历娶挚国女大任为妻，生子姬昌，就是周文王。到武王克商，复封为薛侯。齐桓公称霸诸侯，独薛侯不从，黜为伯历。春秋时，被楚国所灭（一说被齐国所灭）。薛公子登在楚国做官，薛人迁往下邳（今江苏邳县西南），楚怀王赐以沛地（今属江苏）为食邑，其后以原国名“薛”为姓氏，称薛氏，望在河东、新蔡、沛国、高平。

2. 出自虞舜的妫姓，为孟尝君（即田文）之后裔。相传上古五帝之一的舜是颛顼的后代，因生在姚墟（今山东菏泽县东北）而得姚姓。他又因曾住在妫汭河（在今山西永济南，源出厉山，西流黄河），所以后代又有妫姓。至周武王灭商以后，便追封前代圣王的后人妫满于陈，还把女儿太姬嫁给他，并以宛丘（今河南淮阳县）为都城，称陈侯。传至陈侯的10世孙妫完，陈国大乱，他出奔到齐国，便以国为氏称陈氏。后齐国逐渐强大起来，传至5世孙陈桓子，因食于田，称田和，其子孙便改姓田，终于夺取了齐国政权，于是姜姓齐国成了男氏的齐国。至战国时，其后裔田文（为齐贵族），袭其父田婴的封爵，封于薛（今山东滕县南，也为奚仲所居之地），称薛公，号孟尝君，被齐滑王任为相国，门下有食客数千。后因田甲叛乱一事，出奔到魏，任魏相。秦灭六国后，其后人于汉初徙竹邑（大概属今湖北省境），亦以薛地为氏，称薛氏。

由上可知，薛姓不论是哪一支最早出现于我国历史上都是在大约两千多年以前的周朝末期。准确地说，出自任姓的一支要比出自孟尝君的这一支要略早一些。虽然如此，但他们却同出一个地方，也就是古时的薛地，即今山东省滕县薛城。这两支薛氏，被通常认为是后来薛姓的主要组成部分。当然，后世的薛氏，最早也大都是来自山东的薛城。

3. 薛氏除上主要两支外，还有他姓或他族改姓为薛的。①据《魏书·官氏志》所载，北魏孝文帝迁都洛阳后，将鲜卑族的复姓叱干氏改为单姓薛氏。是为河南洛阳薛氏。②出自周文王的姬姓冯氏之后裔。唐时有薛怀义，本姓冯，后改为薛姓；③据《通志·氏族略》所载，辽西有薛氏。

（三） 宗堂郡望

堂号 “忠谏堂”：汉朝时候，沛人薛广德为御史大夫，敢于直谏。元帝要做楼船供自己玩乐，广德脱帽子谏阻，如果元帝不听，他打算光着头向皇帝车轮上碰。结果皇帝采纳了他的谏议。

郡望 薛姓郡望主要有河东郡、新蔡郡、沛郡、高平郡等。

1. 河东郡。秦初（公元前221年）置郡，治所在安邑县（今山西夏县西北）。相当今山西沁水以西、霍山以南地区。东晋时移治今山西永济蒲州镇。其他缩小至今山西西南汾河下游至王屋以西一角。此支薛氏，其开基始祖为魏时光禄大夫薛齐。

2. 新蔡郡。晋时置郡。治所在今河南新蔡县。相当今河南新蔡、息县、淮宾、安徽临泉等县地。

3. 沛 郡。汉高帝置郡，治所在今安徽濉溪县西北。相当今安徽淮河以北、西淝河以东，河南夏邑、永城及江苏沛、丰等地。东汉改为国。

4. 高平郡。晋泰始元年（公元205年）改山阳郡置郡，治所在昌邑（今山东巨野南）。相当今山东独山湖、金乡、巨野、邹县之间地。南朝宋移治高平（今微山县西北），北齐移治任城（今济宁市），隋开皇初废。

（四） 家谱寻踪

江苏常州·毗陵薛氏沙雍公支谱四卷

藏地：河北大学

（清）薛涵卓修

清光绪十三年（1887）木刻本 四册

江苏常州·毗陵薛氏南河分汝雍公支谱五卷附一卷

藏地：人民大学 日本 美国

（清）薛熙宇续修

清光绪三十四年（1908）活字本 六册

江苏常州·毗陵西蠡薛氏续修宗谱二十八卷

藏地：国家图书馆

（清）薛祯祥等修

清宣统元年（1909）三凤堂活字本 二十八册有像

江苏常州·毗陵薛氏宗谱十二卷

藏地：国家图书馆 哈尔滨师大

（民国）薛耀禄 薛克己等续修

1942年三凤堂刻本 十二册

江苏武进·葛坡薛氏宗谱十九卷首一卷

藏地：南开大学

（民国）薛慎初 薛有辉 薛勤高等续修

1949年三凤堂刊本 十八册

江苏江阴·继修薛氏族谱八十六卷首一卷附四卷

藏地：中国社会科学院历史研究所图书馆

（清）薛心梅总纂

清同治十年（1871）崇礼堂活字本 四十五册

江苏江阴·薛氏续修宗谱三十四卷首一卷

藏地：吉林大学

（民国）薛文洪续修

1927年伦叙堂活字印本 二十册

江苏宜兴·薛氏宗谱八卷

藏地：国家图书馆 中国社会科学院历史研究所图书馆

（民国）萧景翘纂修 薛春芳主修

1945年慎德堂活字本 八册

江苏吴县·河东薛氏宗谱前集六卷新集五卷

藏地：国家图书馆 中国科学院图书馆 日本 美国

（清）薛明庠等重修

清嘉陵七年（1802）三凤堂活字本 十册有像

江苏吴县·薛氏前谱案证四卷

藏地：江苏吴江县图书馆

（清）薛约辑

清刻本 一册

浙江宁波·镇海薛氏家谱九卷

藏地：上海图书馆

（民国）谢观黻纂

1924年刻本 四册

浙江鄞县·华桥薛氏集和堂宗谱不分卷

藏地：浙江宁波天一阁文物保管所

（民国）薛良鹤 张玮等纂修

1934年森活字本 一册

浙江鄞县·四明新庄薛氏六修宗谱六卷

藏地：浙江宁波天一阁文物保管所（存卷1、2）

（民国）胡德坊 薛福才等纂修

1943年三凤堂木活字本

浙江海宁·重修宁海市门薛氏大宗谱六卷首一卷

藏地：辽宁图书馆

（民国）黄迪重修

1930年木活字本

浙江绍兴·会稽薛氏族谱□□卷

藏地：国家图书馆　美国

（清）薛济清修

传钞清道光间刻本　四册

浙江绍兴·山阴松林薛氏宗谱十六卷

藏地：浙江图书馆

（清）薛培纂修

1926年钞清同治十二年（1873）余庆堂本　十六册

浙江绍兴·松鳞薛氏宗谱十六卷

藏地：河北大学

1912年钞本　十六册

浙江缙云·李村薛氏宗谱三卷

藏地：浙江缙云县档案馆

（民国）薛春枝总理　薛章森董事

1947年木活字本

安徽全椒·福星薛氏家谱二卷

（民国）薛荫祯等纂修

1927年排印本　一册

安徽石台·薛氏宗谱二卷

藏地：安徽石台县贡溪乡高宾村

清光绪三年（1877）刊本

安徽·薛氏宗谱□□卷

藏地：安徽图书馆（存卷3）

民国排印本　一册

福建连江·赤石薛氏宗谱一卷

藏地：福建连江县档案馆

（清）吴列亢　薛同霖等修

清同治五年（1866）稿本

福建·薛氏族谱一卷

藏地：福建仙游县档案馆

（清）薛经纂修

清乾隆二十一年（1756）钞本

河南郏县·薛氏家谱□□卷

藏地：河南郏县吴寨村

木刻本

湖南宁乡·薛氏五修族谱十八卷首一卷

藏地：湖南图书馆（存卷1、2、首）

（民国）薛绍孝修　薛善鉴纂

1921年活字本

湖南桃源·薛氏家乘五卷首一卷

藏地：湖南图书馆（存卷首）

（清）薛新悦纂序

清光绪十五年（1889）曹斐文堂活字本

湖南桃源·薛氏创修族谱十一卷首二卷

藏地：湖南图书馆（存卷首上）

（民国）薛国彦纂序

1920年陈玉楼活字本

湖南安化·薛氏四修族谱□□卷

藏地：湖南图书馆（存卷4—7）

清光绪十一年（1885）三凤堂活字本一册

四川·郫县薛氏支谱一卷

藏地：四川图书馆

（民国）薛大光纂修

1936年石印本　一册

陕西雒南·雒南薛氏家谱二卷附小轮老人年谱二卷

藏地：人民大学

（清）薛韫纂修

清乾隆间刻本　一册

薛氏宗谱二十卷

藏地：国家图书馆

（清）薛含章纂修

清光绪三十四年（1908）活字本　二十册

薛氏族谱□□卷

藏地：苏州大学（存卷47、48、采遗）

清末木刻本

祥符里薛氏宗谱十八卷首一卷

藏地：国家图书馆

（民国）薛崑玉等续修

1920年三凤堂活字本　十六册

五牧薛氏宗谱十二卷

藏地：上海图书馆

（民国）冯瑜纂

1929年刻本　十六册

余巷薛氏宗谱三十卷

藏地：国家图书馆

（民国）薛德章等续修

1941年活字本　三十册

（五）　字行辈份

1933年薛义成等修《薛氏族谱》，辽宁锦县薛姓一支字行为："继致顺积美，大中其允从。"

（六）　迁徙繁衍

据《新唐书·宰相世系》、《古今姓氏书辨证》等书载：汉代御史大夫薛广德，孙薛愿，自山东徙居淮阳（或曰洛阳，今属河南省）；数传至薛永，从蜀先主刘备先蜀，为蜀郡太守，其子巴蜀太守薛齐降魏，拜光禄大夫，徙河东汾阴，先世号"蜀薛"，后为河东望族（亦曰河东茂族）。薛齐子薛懿，又迁河南。薛懿生子三：长子薛恢，任河东太守，是为北祖；次子薛雕，为南祖；三子薛兴，为西祖。邓名世《古今姓氏书辨证》引魏《太和族品》云："柳、斐、薛，为河东三姓。"又引贾执《姓氏谱》云："刘、朱、周、武、薛，为沛国五姓。"《河东史志》载："薛氏望出于新蔡、沛国、高平等。"据调查，新蔡（今属河南）薛姓分布地区为：关津乡黄埠口薛庄，牛湾村委的新土寨、大薛湾、前楼、张庄，十里铺乡的薛庄，河坞乡的薛小湾，棠村乡的周庄等，总计约2800人。牛湾薛姓传说，始祖薛大国约于明朝万历年间从山西洪洞县枣林庄迁来，已历十六世，过去大薛湾建有薛氏宗祠，每年定期进行祭祖活动，曾刻有石碑一块，记述其始祖迁蔡的子孙繁衍情况，牛湾薛姓辈份序列为"孝灵兆庆、守善光宗、恩培世荫、一道统风"十六字。

薛氏族人南迁情形，据薛应钟撰《薛氏族谱沿革》载：晋永嘉之乱，河东薛推随中原士族南渡，数传至薛贺，于陈宣帝太建年间（569—582年），徙居福建长溪（在今霞浦县南三十里），是为入闽薛氏始祖。又据《东山薛氏重修族谱序》载：唐高宗总章元年（668年），河南光州固始人薛使，随其岳父陈政（陈元光之父）率军入闽，从此定居漳州，数传至薛一平，为漳浦东山开基祖。明、清二代，薛氏族人渡海到台湾者，闽籍较众。据《乐昌薛氏族谱》载：北宋初年，歙县有薛彦博者，居宜章南关（今湖南宜章县），是为湘、粤薛氏始祖……六世孙薛前儒，生于元成宗大德元年（1297年），移居广东乐昌九峰，是为乐昌九峰薛氏始祖。

（七） 适用楹联

□鼎铛重望；[1]竹邑名公。[2]

□翔河东之风；[3]尊关西之师。[4]

□六代江山纵临洮；
一门鸑鷟起人文。[5]

□三箭定天下；[6]一笺传古今。[7]

□论道有灵异，文武双全成名早；[8]
生白具奇才，诗书并美信誉高。[9]

□花笺名碗香千里；
云影波光活一楼。[10]

□悬车宗广德；讲学绍文清。[11]

□黑潭千载洁；玉泉一堆香。[12]

□理学名臣，敬轩重望；[13]
龙门良将，仁贵英风。[14]

注释：

①唐代良史薛大鼎，字重臣，汾阴人。曾经担任沧州刺史，开通无棣渠直达大海，商贾云集，使老百姓生活便利，被誉为铛脚刺史。永徽中升任行荆大都督长史。死后谥号为“恭”。

②三国吴太子少傅薛综，字敬文，竹邑人。善辞令，擅诗赋杂论，凡数万言。

③唐代天策府记室参军薛收，河东汾阴人。十二岁能写文章。曾任上书劝谏王止畋成天打猎丧志，不理朝政。武德中去世。年仅三十三岁。皇帝悲痛号嚎。

④隋代名官薛道衡，字玄卿，河东汾阴人。历仕北齐、北周。入隋，官司隶大夫。其诗词藻华艳。专精好学，以才华而著称于世。

⑤清代进士薛时雨，字慰农，全椒人。知嘉兴，政绩突出。担任过李鸿章的军幕，授杭州知府。罢官后，主讲崇文书院，从游者甚众。本联为其自题联。

⑥唐代名将薛仁贵（614—683），名礼，绛州龙门人。农民出身，善骑射。太宗时，应募从军，屡立战功，升为右领军中郎将。后又率军大败九姓突厥于天山，军中有“将军三箭定天下”的赞歌。后参与进攻高丽的战争，留任右威卫大将军兼安东都护，封平阳郡公。

⑦唐代女诗人薛涛，字洪度，长安（今陕西西安）人。父薛郧官蜀早亡，母孀居贫困，遂沦为歌妓。善歌舞，工诗词，名士韦皋、元稹、白居易、杜牧等都曾与她对诗唱和。居浣花溪，创制深红小笺写诗，酬献名人，人称“薛涛笺”。今其地有薛涛井，相传乃薛涛制笺汲水处。所作的诗情调感伤。明人辑有《薛涛诗》。

⑧明代散曲家薛论道，定兴（今属河北）人。少年时一只脚残废，八岁能文，喜谈军事，后从军三十余年，官职到指挥佥事。

⑨清代医学家、诗书画家薛雪，字生白，号一瓢，苏州人，以医名。诗书画都十分精妙。曾经在自题诗中写道：“我自濡毫写楚词，如何人唤作兰枝。风时雨露君看遍，一笔何尝是画师。”有《医经原旨》等著述。

⑩成都薛涛井联。薛涛见注⑦。

⑪清代杭州知府薛时雨自题联。薛时雨，见注⑤。

⑫云南昆明黑龙潭畔明代学者薛尔望祠联。薛尔望不愿在清朝称臣，率妻儿七人，投黑龙潭而死。

⑬明代名人薛宣的事典。

⑭见注⑥。

薛氏名人集粹

薛之元 （？—1860）河南固始人。原名小。1853年与李昭寿在家乡组织捻军，流动于河南、安徽之间。1854年，投降清军何桂珍部。1855年，杀何桂珍转投太平天国。被封为答天豫，负责防守江浦。1859年，在李昭寿勾引下，投降清朝，获四顶戴，清廷赐名薛成良。1860年，所部被太平军击败，部众因索饷发生哗变，被清军围剿。1860年被捕杀于安徽滁州（今滁县）。

薛允升 今陕西长安人，清代时官至山西按察使、刑部尚书等职。咸丰年间进士。著《读例存疑》54卷。比较、研究了唐代和明代的刑法，著有《唐明律合编》30卷。

薛雪 江苏苏州人，医学家，其医术与同郡叶天士齐名。曾选辑《内经》原文，成《医经原旨》，按阴阳、藏象、论治、疾病等分为14类，约取诸家注释，并加入个人体会。又传他曾著《湿热篇》，为论湿热病之专著。

薛丙 江苏松江（今属上海市）人，嘉庆时象棋名手，所编著的《心武残编》，是流传较早的一部民间排局谱。

薛焕 四川兴文人，清末有官至总理衙门大臣，举人出身。历任知县、按察使、巡抚、布政使。长期与帝国主义勾结，曾组织洋枪队，镇压太平天国运动。后升任礼部侍郎、总理衙门大臣。

薛福成 江苏无锡人，外交官、改良主义政府家，曾作《筹洋刍议》，提出变法主张。1884年任浙江宁绍台道，在镇海参与击退法舰之战。1888年任湖南按察使，次年出使英、法、意等国。他称赞西方的君主立宪制度“无君主、民主偏重之弊，最为斟酌得中”。认为资本主义国家“以工商立国”、“工实居商之先”。提出“圣人正不讳言利”，“人人欲济其私”等反映资产阶级要求的观点。这在当时属先进思想，对社会发展有利。

薛瑄 河津（今属山西）人、明代著名学者。

薛论道 今河北定兴人，散曲家。

薛斋 今江苏吴县，医学家。

薛居正 开封浚义（今河南开封）人，宋代著名史学家，五代后唐进士。后周时官至刑部侍郎，入宋后官至司空。曾监修国史，开宝六年又监修《旧五代史》。

薛绍彭 长安（今陕西西安）人，书法家，家藏法书、书画甚多。工行草书，笔致精润遒丽，颇得晋唐人法度。与米芾齐名，世称“米薛”。

薛季宣 永喜（今浙江永嘉）人，曾官至大理正，为永嘉学派的先驱。

薛尚功 钱塘（今浙江杭州）人，金石学家、文字学家，通古文字，著录考证其所见商、周、秦、汉金石文字，成《历代钟鼎彝器款识法帖》20卷。

薛仁贵（614—682年） 绛州龙门（今山西河津）人，唐朝名将，农民出身，善骑射，太宗时应募从军，因功升右领军中郎将。后又率军战胜九姓突厥于天山，参与进攻高丽的战争，屡立战功，对巩固唐王朝的边境有很大功绩。

薛稷 河东汾阴（今山西万荣西）人，著名书画家，曾官至太子少保、礼部尚书，人称“薛少保”。其书法得于褚遂良多，后人把他与欧阳询、虞世南、褚遂良并称唐初四大书家。并兼画人物、佛像、鸟兽、树石，画鹤尤为生动，时称一绝。

薛涛 长安（今属陕西）人，著名女诗人，幼时便随父入蜀，曾居浣花溪。创制深红小笺写诗，人称“薛涛笺”。

薛据 荆南（治今湖北江陵）人，诗人，开元进士，官水部郎中。晚年隐居终南山，与王维、杜甫、孟云卿等友善。

薛道衡 河东汾阴（今山西万荣西）人，隋代著名诗人，曾历仕北齐、北周，隋时官至司隶大夫。其诗词藻华艳，较好的是边塞诗。《昔昔盐》中的“空梁落燕泥”句，为后人所传诵。

薛世雄（554—617） 隋炀帝时的左御卫大将军。

薛举 原为河东汾阴（今山西万荣西）人、后迁居今甘肃兰州为官金城府校尉，隋大业三年（公元617年）曾与其子仁果起兵，自称西秦霸王，据陇西之地，率众至30万。不久称帝，迁都天水（今属甘肃）。后其子继位，兵败降唐。

薛永宗 河东汾阴（今山西万荣西）人，响应盖吴起义军的蜀族首领。

薛齐 降魏官拜光禄大夫。

薛广德 今山东人，汉时御史大夫。

薛欧 曾辅佐刘邦定天下，在汉高祖所定的18侯位中被列为14。

薛炬 秦时以善于相剑而闻名。

薛居州 西周末战国初著名高士。

薛氏风流撷英

奚仲受薛于滕县，
滕县薛氏祖籍汗。①
隋朝诗人薛道衡，
文辞章法显昔盐。②
唐朝名将薛仁贵，
西征突厥定乾坤。③
唐朝薛稷驻四家，
人物鸟兽绝一家。④
唐朝才女有薛涛，
工词歌舞笺写诗。⑤
居正监修五代史，
哲学新气季宣倡。⑥
薛瑄力主理气中，
薛己医案后世传。⑦
阜丘辣蒿可入医，
莘莘学子终自立。⑧

注释：

①据《元和姓纂》记载，夏代车正官奚仲，受封于薛，今山东滕县。传说奚仲为黄帝后裔，出自姬姓。山东滕县即为薛氏的祖籍所在地。

②薛道衡（公元540—609年），隋朝大臣、诗人，山西万荣人。他善文辞，以文章才华而闻名于世，辞藻华丽，《昔昔盐》中“空梁落燕泥”一句，甚为时人称赞传颂。

③薛仁贵（公元614—683年）唐

朝大将，山西河津人。他东征“白衣驰敌阵”，大败高丽。西征“三箭定天山”，镇住突厥的故事，成为传奇。

④薛稷（公元649—713年），唐朝大臣、书法家，山西万荣人。善画人物，鸟兽，画鹤尤为生动，时称一绝。他的书法与欧阳询、虞世南、褚遂良并称“唐初四大家”。

⑤薛涛（？—约834），唐朝女诗人，陕西西安人。父为蜀官早亡，母孀居贫，遂沦为歌妓，善歌舞，工诗词。居浣花溪，今成都望江公园，创制深红小笺写诗，人称“薛涛笺”。现存有“薛涛井”。明人辑有《薛涛诗》。

⑥薛居正（公元912—981年），北宋大臣，史学家（河南开封人）。监修《五代史》，分梁、康、晋、汉、周五书，共一百五十卷。薛季宣（公元1134—1173年），南宋哲学家，浙江温州人。主张礼乐制度，求见事功，反对空谈，为“永嘉学派”先声。

⑦薛瑄（公元1389—1464年），明朝理学家（山西河津人）。主张“理在气中”。薛已（生卒不详），明朝医学家，江苏苏州人。传有《薛氏医案》七十八卷，精通医理。

⑧薛（xuē），从字形上看，阜丘上长满一种辛辣的草，这种草是一种蒿，可以入药。莘莘学子，终可以成才，自立于社会。

中华百家姓

赵 钱 孙 李 周 吴 郑 王 冯 陈 蒋 沈 韩 杨
朱 秦 许 何 吕 张 孔 曹 金 魏 姜 谢 邹 苏
潘 范 彭 韦 马 方 任 袁 史 唐 薛 **雷** 贺 汤
罗 郝 常 于 傅 康 余 顾 孟 黄 尹 姚 邵 汪
毛 戴 宋 熊 董 梁 杜 贾 江 郭 林 钟 徐 邱
高 夏 蔡 田 胡 万 卢 丁 邓 石 崔 龚 程 陆
段 侯 武 刘 龙 叶 黎 白 赖 乔 谭 阎 易 廖
文 曾

雷 姓

——进退俯仰如烟云，大学解读在河东

雷氏解密寻踪

（一） 姓氏字源

《说文》：“雷，阴阳薄动，生物者也。从雨，畾像其回转形。”段玉裁注：“凡积三则为众，众则盛，盛则必回转。二月阳盛，雷发声，故以‘畾’像其回转之形，非‘三田’也。韵书有‘畾’字，训田间，误矣。凡许书字有‘畾’声者，皆当云雷省声也。”据《殷墟书契后编》所载，甲骨文“雷”字形体中间之曲线像闪电，左右各一小方块表示雷鸣，故雷字本义当训雨天的雷电。

（二） 寻根溯祖

宋人邓名世《古今姓氏书辨证》云：雷氏“出自古诸侯方雷氏之后，以国为氏，后单姓雷。”由此可知，雷姓与方姓同出一源，都是方雷氏的后裔。相传方雷氏是炎帝神农氏的九世孙，因战功被黄帝封于方山（在河南中北部的嵩山一带），建立诸侯国。其子孙以国为氏，就是复姓方雷氏，后又分为两支，一支姓方，一支姓雷。

雷姓是个古老的姓氏。相传黄帝有大臣雷公，精通医术，是个名医，曾与黄帝讨论医学理论。刘恕《外纪》说：“黄帝命岐伯雷公察明堂，究息脉。”《素问·著至教论》也说：“黄帝坐明堂，召雷公而问之。”殷纣王有宠臣雷开。屈原《天问》：“比干何逆，而抑沈之？雷开何顺，而赐封之?”黄帝的基地主要在河南，殷纣王的都城为朝歌（今河南淇县），这说明早期的雷姓人物出自河南。

（三） 宗堂郡望

堂号 “谦让堂”：东汉雷义和同郡陈重是好友。太守举陈重孝廉，陈重要让给雷义，太守不允。刺史举雷义茂才，雷义又要让给陈重，刺史不听，雷义遂装疯披发而去。

郡望 雷姓郡望主要有冯翊郡，豫章郡等。

1. 冯翊郡。汉武帝太初元年（公元前104年）设置“左冯翊”的行政区，与“右扶风”、“京兆尹”合称“就畿三辅”。三国魏改左冯翊置郡，治所在临晋（今陕西大荔）。相当今陕西韩城、黄龙以南，白水、蒲城以东和渭河以北地区。北魏移治高陆（今陕西高陵）。此支雷氏，其工基始祖为西晋雷焕之族的后裔。

2. 豫章郡。楚汉之际始置郡，治所在南昌（今属江西）。汉武帝元狩二年（公元前121年）以后相当今江西省地。南朝陈时包有今江西锦江流域、南昌市、清江等县地。

（四） 家谱寻踪

上海青浦·雷氏统宗谱□□卷

藏地：上海松江县博物馆

（清）雷国光纂

清同治十年（1871）木刻本 一册

江苏·苏州雷氏支谱一卷

藏地：江苏苏州市图书馆

清刻本 一册

浙江松阳·冯翊郡雷氏宗谱四卷

藏地：浙江松阳县大东坝乡牛角墟村浙江松阳县板桥乡后塘村

（民国）雷玉进主修

1933年江西临川胡遂生木刻本

浙江遂昌·雷氏宗谱一卷

藏地：浙江遂昌县妙高镇东峰村

钞本

安徽·雷氏宗谱二十八卷首二卷末一卷

藏地：国家图书馆 人民大学

（清）雷镇基篇编

清光绪十三年（1887）亦山堂活字本 三十册

福建·晋江雷蓝苏氏三姓族谱□□卷

藏地：厦门大学历史系

钞本

福建·晋江斗山雷氏族谱□□卷

藏地：福建图书馆据晋江雷氏钞本传钞 一册

河南商城·雷氏三修族谱十卷

藏地：河南商城县档案馆（缺四卷）

1943年石刻本

湖北蕲春·雷氏宗谱十卷

藏地：河北大学

（清）雷显文修

清光绪二十年（1894）冯翊堂木刻本 十册

湖北·雷氏家谱□□卷

藏地：湖北神农架林区方志办

清咸丰十年（1860）木刻本

湖南·雷氏家谱□□卷

藏地：南京博物馆

（清）雷惠霖等纂修

清咸丰十年（1860）敦睦堂活字本

四川·零陵雷氏族谱六编外编二编□□卷

藏地：四川图书馆

（民国）雷玙纂

1943年荣隆印刷部石印本　一册

东郡雷氏族谱二卷

藏地：山东图书馆

（明）雷金声纂修

明万历九年（1581）刻本

（五）　字行辈份

清光绪二十八年雷崇民纂《雷氏族谱》，河北永清雷姓一支字行为："安靖敬谨颗，翊运能来有，渊源永振强。"

（六）　迁徙繁衍

自周朝至秦朝的800余年内，雷姓于史书不显，这大约是由于此期缺乏雷姓名人的缘故。西汉初期，有雷被，仕淮南王刘安为郎中，善击剑。淮南国系汉高帝四年（公元前203年）改九江郡所置，治所在寿春（今安徽寿县）。东汉有豫章鄱阳（今江西鄱阳）人雷义，与同郡人陈重友好情笃，被誉为交友的典范，人们称赞道："胶漆自谓坚，不如雷与陈。"三国时，蜀有将军雷同，吴有宜都太守雷谭；蜀国建都于今四川成都，宜都今属湖北。于上述资料可知，在晋朝以前，雷氏已分布于南方的安徽、江西、四川、湖北等省。西晋时，豫章（今江西南昌）人雷焕，通晓纬象，望斗牛间有紫气，测知丰城（今属江西）有宝剑，被司空张华知道，补为丰城令，到县后掘狱屋，果然得龙泉、太阿二宝剑，被传为佳话。雷焕的后裔，有一支迁至冯翊（今陕西大荔），后来发展成为名门望族，于是雷氏便以"冯潮"、"豫章"为郡号。北魏有渭州刺史雷绍，为武川镇（今内蒙古武川县西南）人；南朝宋有处士雷次宗，为江西南昌人；唐代有武陵（今湖南常德）人雷满，潮州（治今广东潮安）人雷万兴。这说明南北朝至五代期间，雷氏的聚居地在南北方都有新的发展。宋代比较兴旺的是同州郃阳（今陕西合阳）雷氏家庭，有雷德骧，宋太宗时官至户部侍郎。雷德骧有二子：长子雷有邻，官至秘书省正字；次子雷有终，官至宣徽北院使。雷有邻的儿子雷孝先，领军卫大将军、昭州刺史，其孙雷简夫，官至尚书职方员外郎。除了郃阳雷氏外，雷氏在陕西还有商州（今商县）人雷宗道，淳化人雷说；在福建有清流人雷三益，宁化人雷协、雷观；河南有开封人雷允恭；四川有筠州（今筠连县南）人雷孚；江西有丰城人雷宜中，临川（今抚州市）人雷度、雷思齐；湖南有长沙人雷溭，郴（今彬县）人雷应春；广西有建安人雷龙济，桂州（今桂林）人雷隐翁。金国有浑源（今属山西）人雷思。于此可见有宋一代雷氏播迁、分布情况之一斑。明清时期，雷氏分布更为广泛。

雷姓在宋人编写的《百家姓》中

被排列在第69位，在当今中国最常见的100个汉族姓氏中位居第88，是汉族大姓之一。但是，并非只在汉族中有雷氏，而是在许多少数民族中都有雷氏，这是历史上多次民族大融合的结果。其中，居住在青海、甘肃一带的雷氏，有许多是羌族人。例如，十六国时前秦大司马雷弱儿即是南安（今甘肃陇西）羌族人；北周保定四年所建《圣母寺面像碑》，"东面像主"列有"旷野将军殿中司马雷荣显"等28位雷姓人物，皆是羌族雷氏。迁徙至原楚国境内的雷氏，东汉时有雷迁，被称为南郡"潳山蛮"。迁徙至江南、岭南的雷氏，一部分融入苗、瑶、彝、侗、畲、壮、黎、布依等族。在瑶族、畲族中，雷氏都是大姓，他们有自己的族谱，还涌现出了一些有作为的人物。例如，清道光年间，湖南新宁瑶族人雷再浩，曾领导当地汉、瑶两族农民举行武装起义，在湖南、广西边界反抗封建压迫。瑶族雷氏在广西、湖南、广东一带分布相当广泛，例如，广西临桂、灵川、湖南城步等县皆有，这些县的谱牒资料中，都记载有盘瑶十二姓中的雷氏，说他们的始祖是雷元祥；广东的博罗县、海丰县、云浮县，也都有瑶族雷氏居民。

（七） 适用楹联

□雨露滋润禾稼壮；
　田畴沃腴稻菽香。①
□学精易理；② 忠播睢阳。③
□一门父子皆英烈；④
　半千贪官尽服诛。⑤
□乐器掷池惊天地；⑥
　风雪采松胜桐琴。⑦
□包拯雄风千年颂；⑧
　雷锋精神万代传。⑨
□胶漆坚牢，何如友谊切实；⑩
　斗牛光彩，遥知剑气冲霄。⑪

注释：

①本联为雷姓"雷"字的拆字联。上联嵌"雨"字，下联嵌"田"字，合而为"雷"字

②元代学者雷德润，建安人，德润及其子雷机、雷栱、雷杭对《易》理非常精通，史称"雷门易"。

③唐张巡偏将雷万春守睢阳（商丘），抵抗安禄山。万春站立在城上，面部遭伏弩射中六箭，万春不动。敌大惊。后牺牲。

④宋代勇士雷三益，清流人。景炎初年，文天祥来到福建长汀，大量招募征兵，三益与丙、戊、庚三个儿子一并被召入伍，父子四子英勇刚烈，最后全部在战场上牺牲。

⑤金代翰林修撰雷渊，浑源人。字希颜，一字季默。至宁进士。担任东平录事。兴定末年擢升监察御史。弹劾不避权贵，出巡都邑，所至有威誉。至蔡州杖杀贪官污吏五百人，时号"雷半千"。

⑥唐代宫廷乐师雷海青，精通琵琶。安禄山攻入长安，被掠至洛阳。在凝碧池宴上，安禄山命众乐师奏乐，雷掷乐器于池，以示抗拒，被杀。王维有诗咏之。

⑦宋代琴师雷威，精通音律，遇大风雪的时候，独往峨眉山酣饮，披蓑戴笠入松林中，听其声连延悠扬的，

把它砍下用来造琴，比桐木做的还要好。

⑧指现代著名的“包公”雷经天，广西南宁人。参加过南昌、广州起义和左右江革命根据地的创建。后任陕甘宁边区高等法院院长。建国后，任最高人民法院中南分院院长。

⑨伟大的共产主义战士雷锋，湖南长沙人。荣立过二、三等功各一次。1962年8月15日因公殉职。毛泽东主席号召全国人民“向雷锋同志学习。”

⑩东汉郡功曹雷义，字仲公，顺帝时，以让友陈重，刺史不听。义遂佯狂披发，走不应命。时语曰：“胶漆自得坚，不如雷与陈。”

⑪晋代丰城令雷焕，豫章人。通纬象。武帝时斗牛（星名）间常有紫气。张华问焕，“是何祥?”焕曰：“宝剑之精，上彻于天耳。”

雷氏名人集粹

雷学淇　顺天通州（今北京通县）人，清代学者，曾博考唐以前诸书，积9年之功搜辑旧文，整理《竹书纪年》。著有《夏小正经传考》、《夏小正本义》、《校辑世本》、《古今天象考》等。

雷以诚　今湖北咸宁人，道光进士。1853年由在副都御史升刑部侍郎，随江北大营钦差大臣琦善帮办军务。为筹措江北大营军饷，采用钱江建议，创办厘金。随后推行各省，成为清政府军费一支的重要来源。1856年被充军新疆，赦归后任陕西按察使，布政使。后升至光禄寺卿，显赫一时。

雷发达　今江西建昌人，明末清初时建筑工匠。他曾参与过北京故宫太和殿等工程的重建。其后代也继承其业，在工部样房主持宫廷的营造工作达200余年。有许多成果，如北京圆明园和颐和园中大部分建筑均为雷氏设计，被通称为“样式雷”。

雷海青　著名宫廷乐师，以精通琵琶闻名当时的朝野，宋代时兴旺发达的同州郃阳（今陕西合阳）雷氏家族之首。

雷德骧　(918—992) 北宋同州郃阳（今陕西合阳）人，字善行。后周广顺进士。宋初，任殿中侍御史，改屯田员外郎、判大理寺。开宝元年(968)，因不满其部属附会宰相赵普，贬为商州司户参军，复削籍徙灵武。六年，其子击登闻鼓申诉。赵普出镇河阳，他被召回，官户部侍郎、同知京朝官考课。端拱初，赵普再次入相，复遭降黜。

雷万兴　潮州（州治今广东潮安）人，唐代有山越首领，唐总章二年至开元三年（669年－715年），与同族人蓝奉高等先后领导闽南、粤东山越人民反抗唐朝的残暴统治，于景龙二年（公元708年）杀漳州刺史陈元光，斗争持续了40多年。

雷敩　南朝宋时药物学家，以著《炮炙论》3卷著称。此书记载了药物的炮、炙、炒、曝、露等制药法17种。其中有些制药法，至今仍被沿用。近人辑有佚本名《雷公炮炙论》。

雷弱儿　安南（今甘肃陇西）羌族人，十六国前秦苻坚时官至大司马。

雷绍　武川镇（今内蒙古武川县西南）人，北魏时谓州刺史。

雷同　三国时蜀国（今四川）著名将军。

雷谭　吴国宜者（今属湖北）太守。

雷焕　豫章（今江西南昌）人。晋代天文学家。

雷义　豫章鄱阳（今江西波阳）人，东汉时世代为官，官至的尚书侍郎，与同郡人陈重情笃，被誉为交友的典范，人称“胶漆自谓坚，不如雷与陈”。为最早出现于史书的雷姓名人。

雷被　西汉初仕淮南，治今寿春（今安徽寿县）。

雷氏风流撷英

帝妃后裔源疏远，[①]
雷被击剑为郎中。[②]
情逾胶漆义深重，
仲公佯狂只为朋。[③]
雷焕观天通纬象，
龙泉太阿出丰城。[④]
仲伦设馆授礼诗，
钟山西岩招贤隐。[⑤]
雍丘睢阳见忠烈，
威名远播雷万春。[⑥]
德润父子通易理，
名动建安称雷门。[⑦]
琵琶不奏凝碧池，
海青岂只是优伶。[⑧]
进退俯仰如烟云，
大学解读在河东。[⑨]

注释：

①雷氏，源出方雷氏。相传古有诸侯方雷国，遂以国名为氏。黄帝娶方雷氏为妃，生玄嚣，乃以“雷”为氏。

②汉代有雷被，善击剑，仕淮南王刘安为郎中。

③雷义，字仲公，东汉鄱阳人。曾举为茂才，欲让与好友陈重，刺史不听，义遂披发装疯，不赴应命。时人言：“胶漆自谓坚，不如雷与陈。”又助人于死罪，罪者以二千金致谢，不收。官至侍御史。

④雷焕，晋代人。通晓纬象，汉武帝时，斗牛间有紫气，焕观气知丰城有宝剑。司空张华任其为丰城令，果于牢狱地基下掘得龙泉、太阿二剑。

⑤雷次宗（386—448），字仲伦，南朝宋南昌人。通三《礼》与《毛诗》。公元438年召至京都，在鸡笼山设书馆，聚众讲学。后于钟山西岩下建屋，称“招隐馆”。

⑥雷万春，唐代人。为偏将。安史之乱时，安禄山将令狐潮围雍丘，万春立于城上，面部中六箭，仍巍然不动。雍丘之战后，协助张巡守睢阳，城陷，不屈而死。

⑦雷德润，元代建安人。与其子机、栱、杭，皆以精通《易经》而知名，人称“雷门易”。

⑧雷海青，唐宫廷乐师，精琵琶。《明皇杂录》云：安禄山攻入长安，掠文武朝臣、妃嫔及乐师至洛阳，在凝碧池作宴，令奏乐。海青掷乐器于池

痛哭，被安禄山支解示众。王维曾有诗咏其事。

⑨雷以諴（1801或1806—1884），清末湖北人，字鹤皋。道光进士，历任太常寺少卿等职。1856年太平军克杨州，以諴因战败革职，充军新疆。后赦归，授陕西按察使，职迁多次。1862年再免职。后主讲河东、江汉书院，有《大学解读》等。

中华百家姓

赵	钱	孙	李	周	吴	郑	王	冯	陈	蒋	沈	韩	杨
朱	秦	许	何	吕	张	孔	曹	金	魏	姜	谢	邹	苏
潘	范	彭	韦	马	方	任	袁	史	唐	薛	雷	贺	汤
罗	郝	常	于	傅	康	余	顾	孟	黄	尹	姚	邵	汪
毛	戴	宋	熊	董	梁	杜	贾	江	郭	林	钟	徐	邱
高	夏	蔡	田	胡	万	卢	丁	邓	石	崔	龚	程	陆
段	侯	武	刘	龙	叶	黎	白	赖	乔	谭	阎	易	廖
文	曾												

贺 姓

——辅伯文武称全才，身死只因论得失

贺氏解密寻踪

（一） 姓氏字源

《说文》："贺，以礼相奉庆也。从贝，加声。"段玉裁注："心部云，庆行贺人也，是庆与贺二字相训。"所谓贺，即以礼物相庆祝。

（二） 寻根溯祖

贺姓来源有二：

1. 出自姜姓，是为避帝王名讳所改的姓氏。据《古今姓氏书辨证》、《姓氏考略》等所载，春秋时，齐（建都营丘〈今山东淄博东北〉）桓公（姜姓）有个孙子叫公孙庆克，他的儿子庆封以父名命姓氏，称为庆氏。庆封在齐灵公时任大夫，在庄公时与崔杼曾为上卿，执掌国政。后两人再升为左右相国。因崔杼家内发生内乱，庆封以弑君罪灭掉崔氏，独霸朝政。于是庆封把政事交给儿子庆舍处理，自己只管吃喝玩乐，引起了朝上朝下对庆氏的不满，后庆封的亲信卢蒲癸和王何，趁庆封外出之机，杀死了庆舍，庆封见势不妙，便逃到了吴国。吴王把朱方（今江苏镇江市东）封给庆封，庆氏宗族闻讯赶来相聚，从此，庆氏比在齐国时还要富裕。至西汉末，子孙徙会稽山阴（今属浙江绍兴），东汉时传至庆仪为汝阴（治今安徽阜阳）令，其曾孙庆纯官拜侍中，为避汉安帝（公元106—125年在位）的父亲刘庆（为清河王）的名讳，“庆”氏改为同义的“贺”字。庆纯改为贺纯。史称贺姓正宗。是为江苏贺氏。

2. 出自他族改姓。据《魏书·官氏志》等所载，南北朝时后魏孝文帝迁都洛阳后，实行汉化，将鲜卑族复姓贺兰氏、贺拔氏、贺狄氏、贺赖氏、贺敦氏皆改为汉字单姓贺氏。是为河南贺氏。

（三） 宗堂郡望

堂号 “四明堂”：唐朝时光禄大夫贺知章，诗作得最好，书法也漂亮。醉后作诗填词写字，毫不费力地就完成了卷轴。他自号“四明狂客”。

郡望 贺姓郡望主要有会稽郡、河南郡、广平郡等。

1. 会稽郡。秦始皇二十五年（公元前222年）于原吴、越地置郡，治所在吴县（今江苏苏州市）。西汉时相当今江苏省长江以南，茅山以东，浙江省大部及福建全省。顺帝时治山阴（今浙江绍兴）。此支贺氏，其开基始祖应为汉庆纯。

2. 河南郡。汉高帝二年（公元前205年）改秦三川郡置郡，治所在雒阳（今河南洛阳市东北）。相当今河南省黄河以南洛水、伊水下游，双洎河、贾鲁河上游地区及黄河以北原阳县。此支贺氏，其开基始祖为后魏贺兰氏、贺赖氏改为贺氏之后裔。

3. 广平郡，汉景帝中元六年（公元前149年）分邯郸郡置郡，治所在广平（今河北鸡泽东南）。相当今河北任县、南和、鸡泽、曲周、永年及平乡西北、肥乡东北一部分地。此支贺氏，其开基始祖有二说：其一，为汉庆纯之后；其二，为后魏贺兰氏、贺赖氏改为贺氏之后裔。

（四） 家谱寻踪

河北·武强贺氏家谱稿　附文献录

藏地：国家图书馆

（民国）贺培新编

民国年武强贺氏朱丝栏钞本　二册

辽宁本溪·贺氏祖卷单一卷

藏地：辽宁本溪市草河城满族乡少河沟

清写本

河南嵩县·贺氏族谱四卷

藏地：河南嵩县档案馆

（民国）贺鼎熏　贺铭甫重辑

1936年石印本

江苏常州·江村贺氏河西分支宗谱十卷首一卷

藏地：辽宁图书馆

（清）贺关福　贺全培等续修

清光绪十四年（1888）敦本堂木活字本

江苏常州·江村贺氏宗谱十八卷

藏地：国家图书馆　江苏常州市图书馆

（民国）贺庚大主修

1923年诒安堂活字本　十八册

江苏常州·江村贺氏河西分支宗谱十八卷

藏地：吉林大学

（民国）贺近洪等主修　徐士清编纂

1923年敦本堂活子本　十八册

浙江·萧山贺氏宗谱四卷

藏地：中国社会科学院历史研究所图书馆　南开大学　美国

（清）贺锡璋　贺景彰等修

清光绪十年（1884）百岁堂活字本　四册

浙江椒江·临邑三山贺氏宗谱二十卷

藏地：浙江椒江市栅浦乡三山村

（民国）贺翰铨　贺选编辑

1922年木刻本

江西·贺氏十一修族谱□□卷

藏地：江西图书馆

清咸丰九年（1859）镜湖堂刊本　三册

湖北英山·贺氏宗谱三十五卷

藏地：武汉大学

（清）阖族嗣孙合修

清咸丰十年（1860）垂远堂刊本　三十二册

湖南·天彭贺氏族谱不分卷

藏地：南京大学

（民国）贺维翰修

1922年雍睦堂刻本　一册

湖南·长沙鹅山贺氏四修族谱三十卷

藏地：湖南图书馆

（清）贺炳沾　贺萱纂

清光绪二十四年（1898）刻本

湖南长沙·善化贺氏族谱八卷首一卷末一卷

藏地：南京大学

（民国）贺家栋等编

1929年善化贺氏滋德堂活字本　六册

湖南宁乡·贺氏族谱□□卷

藏地：湖南图书馆

（清）贺云谿

清嘉庆七年（1802）刻本

湖南湘潭·中湘贺氏续修族谱十卷

藏地：国家图书馆　广东中山图书馆

（清）贺光曦　胡宗瑛等纂

清咸丰十一年（1861）四明堂刻本　十册

湖南湘潭·中湘贺家段贺氏三修族谱十五卷

藏地：国家图书馆　广东中山图书馆

（清）贺崇玫　贺孝彝等纂修

清光绪二十八年（1902）四明堂刻本

湖南湘潭·中潭贺家段贺氏支谱十四卷

藏地：国家图书馆　广东中山图书馆

（民国）贺顺璋　贺顺哲纂修

1947年远明堂铅印本　十四册

湖南湘乡·涟湘贺氏族谱二十二卷首一卷末一卷

藏地：湖南图书馆

（清）贺才臣纂

清嘉庆三年（1798）刻本　一册

湖南湘乡·涟湘贺氏三修族谱三十六卷首一卷

藏地：湖南图书馆

（清）贺希万　贺圣璋等修　贺圣范等纂

1912 年活字本　一册

湖南湘乡·梅塘贺氏重修族谱□□卷

藏地：湖南图书馆（存一册）

清道光二十七年（1847）刻本

湖南湘乡·贺氏族谱□□卷

藏地：湖南图书馆

（清）贺宇　贺品尊纂修

清嘉庆九年（1804）活字本　一册

湖南湘乡·上湘封君祠贺氏宗谱十卷首二卷

藏地：国家图书馆　中国社会科学院历史研究所图书馆　河北大学

（清）贺品章纂修

清同治六年（1867）联科第活字本　十三册

湖南湘乡·贺氏封君祠续修宗谱十四卷首二卷

藏地：中国社会科学院历史研究所图书馆

（民国）贺南纲纂修

1918 年联科第活字本　十八册

湖南湘乡·上湘南门贺氏支谱八卷

藏地：中国社会利学院历史研究所图书馆

（清）贺氏仕鉴公派下合族修

清同治八年（1869）广平堂活字本　八册

湖南湘乡·上湘花桥贺氏从隆公房谱十一卷首二卷

藏地：河北大学

（清）贺绍滢　贺世鸣纂修

清同始六年（1867）木刻本　十册

河南湘乡·龙城贺氏家谱八卷首一卷末一卷

藏地：湖南图书馆（存卷首、末）

（清）贺才道　贺才勉修　贺广斌纂

清光绪二十六年（1900）广平堂活字本　二册

湖南安化·贺氏续修族谱□□卷

湖南图书馆

（清）贺文逵纂

清光绪二十四年（1898）活字本　二册

广东番禺·贺氏家谱

（民国）贺启藩等修

1927 年世德堂铅印本　一册

（五）　字行辈份

清光绪十年贺锡璋、贺景彰等修《贺氏宗谱》，浙江嘉兴贺姓一支字行为：“启泰铉悬招晟尚，开庆锡宸玉绍德。”

（六）　迁徙繁衍

中国贺氏播迁各地，主要是在汉代之后，分布地区广泛，郡族门望较多。（1）会稽（今浙江省绍兴）贺氏。《古今姓氏书辩证·校勘记中》载：“齐公族大夫庆克，生庆封，以罪奔吴，汉末，子孙徙会稽山阴，后汉庆仪为汝阴令，其曾孙纯，为侍中，避安帝讳，改为贺氏，望出会稽。”并举例说：“会稽贺氏铸，字方回，旧字师圣，以文词称。”按：臧励和等编《中国人名大辞典》称：贺铸，是宋代卫州（治今河南省汲县市）人；但臧氏辞典又引《宋史》说，贺铸自言贺知章（唐代山阴人）之后，且推本其初出王子庆忌，以庆为姓，居越之湖泽，所谓镜湖，即原谓之庆湖也，避汉安帝父清河王刘庆名讳而改为贺氏，故他自号庆源遗老。（2）广平（今属河北省）贺氏，有二说：

1.《姓觿》引《千家姓》认为，齐公族庆封之后，汉侍中庆引纯避安帝讳，改为贺氏，为“广平族”。

2.《通志·氏族略》认为，“后魏贺兰氏、贺赖氏并改为贺氏……望出广平。”（3）三国两晋时代吴的贺氏。《姓解》载：“吴有贺齐、贺劭，劭子循……皆名臣。”《姓觿》载：“《三国志》有贺齐、贺达。”“《晋书》有贺循、贺邵、贺瑶。”按：贺齐是后汉山阴人贺纯的族子，贺齐的儿子是贺景，贺景的儿子是贺劭（即贺邵），都是三国吴人，而贺劭的儿子贺循是晋代人。（4）河南（今河南省洛阳）贺氏。据《魏书·官氏志》、《古今姓氏书辨证·校勘记中》载：后魏贺兰氏、贺赖氏并改为贺，望出河南。（5）后魏代都（今山西大同）贺氏。清万光泰《魏书补证》卷二载：“贺氏有二族，一为贺赖所改，一为贺兰所改。《魏书》贺迷诸人为贺兰无疑。……考贺兰系后族，贺赖系八姓之一，亦非小族，是狄干于二贺之外又自为一贺也。”《姓觿》载：“《北史》贺讷，贺染千是也。”《古今姓氏书辨证》亦载：“贺赖，南燕有辅国将军辽西公贺赖卢，后为北人八族贺氏。”按：贺狄干、贺讷都是代人，前者是魏道武帝的大将，稍迁北部大人，赐爵襄武侯，后者是道武帝元舅，总摄东部大人，拜安远将军；贺赖卢，即贺卢，则是贺讷之弟，因战功被魏道武赐爵辽西公，拜广川太守。（6）后燕、后凉贺氏。《古今姓氏书辨证》载：“贺，后燕有清河太守贺耕，南凉傉檀将贺连。”（7）山阴贺氏。《姓解》、《姓觿》载：唐有贺知章，山阴人。另据史载：隋山阴人有贺德基，唐山阴人有贺德仁（德基从弟）、贺恺（德仁从子）、贺纪（德仁从子）。（8）青州贺氏。《通志·氏族略》载：“宋贺恂，青州人，庆历（1041—1048年）登科。”（9）忻州定襄（今属山西省）贺氏。《古今姓氏书辨证》载：“宋忻州定襄贺氏，易州赖史惟忠，善守边，有传，生昭庆，西京坊使知通远军。”（10）开封陈留（今属河南省）贺氏。《古今姓氏书辨证》载：“开封陈留贺氏，右千牛卫率府率景，女为孝惠皇后；后兄怀浦，六宅使、平州团练使，生令图，平州团练使知雄州，与其父首谋北伐，一岁中，父子俱陷焉，有传。”按：《古今姓氏书证·校勘记中》称：“率府景思女孝思皇后。”（今本“率景女”为“孝惠皇后”）（11）蔡州（今河南省汝南县）贺氏。《古今姓氏书辨证》载：“蔡州贺氏，中散大夫应诚，生抚辰，光禄大夫；抚辰生坦，奉议郎；坦生允中，字子忱，吏部员外郎、左朝散郎、福建路转运判官。”《通志·氏族略》载：“贺理，蔡州人，熙宁（1068—1077）登科。”（12）洛州（今河南省洛阳，一作陕西省商洛）贺氏。《古今姓氏书辨证》载：“洛州贺氏，信生百祥，朝议大夫；百祥生勉及宗彦，临晋令；勉，承议郎，生希仁，绍圣四年（1097 年）进士。”（13）济南（今属山东省）贺氏。《古今姓氏书辨证》载：“济南贺氏，九皋生活中，秉议郎；适中生旂，朝散郎，二子：绂，宣和三年（1121 年）进士；绸，宣和六年（1124 年）进士。”（14）齐州临邑（今属山东省）贺氏。《古今姓氏书辨证》载：“齐州临邑贺氏，光禄卿志诚，生仅，中散大夫，二子：蒙，太庙斋郎；随，邓州司法参军；随生卫，政和五年（1115 年）上舍。”（15）密州（今属山东省诸城）贺氏。《古今姓氏书辨证》载：“密州贺氏，宽生良臣，良臣生玮，取议郎；玮生端，绍圣四年（1097 年）进士，端生权，权生汉臣，朝奉大夫；汉臣生珪，朝奉大夫；珪生天觉，政和五年（1115 年）上舍。”除了上述十五族贺氏之外，宋代以后各朝代贺姓人散居各地者仍多，不胜枚举。

（七） 适用楹联

□源自姬姓；望出广平。

□孝行绝伦湘邑；①
　词坛名重鉴湖。②

□将军百战定天下；
　书生慧眼识英雄。③

□歧陌涵余雨；离川照晚虹。④

□文明尚书仪曹郎；⑤
　若弼武侯大将军。⑥

□五俊高才，儒宗望重；⑦
　四明狂客，学士名香。⑧

注释：

①宋代孝子贺德英，湘乡人。七岁时能写文章。淳熙年间，他父亲因吃了官司进了监狱。于是贺德英向县令请求愿以面试赎父罪。县令出题考他，他挥笔立就，于是把他推荐于朝廷，在考试中居第一。卒时十四岁。

②唐代诗人贺知章（659—774），字季真，越州永兴（今浙江萧山）人。武则天证圣年间进士，历任礼部侍郎、集贤院学士、太子宾客、秘书监等官。天宝初还乡隐居，诏赐镜湖、剡川一曲。生平好饮酒，擅长书法，与李白、张旭等关系密切。三人皆列入当时“醉中八仙”。诗存二十首，载《全唐诗》中。

③本联为清末秀才、辛亥革命后任四川涪陵武隆分区司令贺守淦撰赠贺龙的联语，联中的“将军”、“英雄”指贺龙，“书生”为贺守淦谦称。

④为唐代诗人贺知章《奉和圣制送张说巡边》诗联句。

⑤五代后晋尚书仪曹郎贺革，字文明，年少时便通晓三礼，长大以后，兼治孝经、论语、毛诗、左传。迁国子博士。监南平郡，为民吏所敬重。革为人也非常孝顺，被当时人所称赞。

⑥隋代右武侯大将军贺若弼，字辅伯，洛阳人。隋文帝时任吴州总管，为攻打陈国献策十条，任行军总管，于蒋山大破陈军。因灭陈有功，封宋国公、后拜右武侯大将军。

⑦晋代太常贺循的事典。贺循，字彦先，精礼传，为常世儒宋。

⑧注见②。

贺氏名人集粹

贺金声 湖南邵阳人，民间反帝爱国首领。（1902 光绪二十八年）9月，他领导邵阳人民反对帝国主义利用宗教对中国的侵略，竖立起“大汉佑民灭洋军”旗帜，并发布了“饬令各国洋人撤出湖南揭帖”。

贺行素 获嘉（今属河南）人，清初著名文学家。

贺长龄 （1785－1848）湖南善化（今长沙）人，道光时曾历任江苏、福建、直隶等省布政使、贵州巡抚、云贵总督等职，主张查禁私种罂粟和吸食鸦片，重视经世致用之学，惠政颇多。他委托幕友辑有《皇朝经世文编》，著有《耐庵诗文集》。

贺隆锡 曲沃（今属山西）人，著名画家，侨居江宁（今属江苏），善画山水、人物、兰竹，兼工诗词小楷。

贺宗 湘阴（今属湖北）人，明代有名的体察民情的开明官员。

贺懋 临清（今属山东）人，官至贵州道监察御史，宽恕公明，清慎仁爱，民称为“贺青天”。

贺仲轼 获嘉（今属河南）人，官至陕西副使，著有《西宫鼎建记》。

贺岳 海盐（今属浙江）人，著名医学家，著有《明医会要》、《医经大旨》、《药性准绳》等。

贺锦、贺一龙 明末农民起义将领。

贺扬庭 济阴（今属山东）人，曾官至刑部侍郎、山东东路提刑使、陕西西路转运使等。治绩卓著，清正得民心。

贺铸 卫州（治今河南汲县）人，宋代著名词人。曾任泗州、太平州通判；画家贺真（今陕西延安人），出自戎籍，善画山水、人物、古木、怪石，得郭熙笔法。

贺知章 （659－774） 越州永兴（今浙江萧山）人，唐代著名诗人，证圣进士，开元中累擢礼部侍郎，兼集贤院学士，迁太子宾客，授秘书监，后还乡为道士。好饮酒，与大诗人李白友善。能诗，又工书法，尤善草隶，其诗今存 20 首，其《回乡偶书》传诵颇广。他活至 85 岁高寿，被视为贺姓名人中的寿星。

贺若弼 今河南洛阳人，隋代时右武侯大将军，北周时曾任寿州刺史，被封为襄邑县公。隋文帝时任吴州总管，献取陈十策。开皇九年（公元 589 年）任行军总管，大破陈于蒋山（即钟山，在今江苏南京），并因灭陈有功，被进爵为宋国公，官至右武侯大将军。

贺拔岳 神武尖山（今山西朔县）人。北魏时雍州刺史、关中大行台。

贺狄干 代（今河北北郭一带）人，鲜卑人，魏道武帝将领，因功赐爵襄武侯。他还曾在长安（今陕西西安市）习读史书，通《论语》、《尚书》诸经，有儒者风度。

贺循 会稽山阴（今浙江绍兴）人，晋代时官至光禄大夫，他与顾荣同为支持司马睿的江南士族领袖。善属文，博览群籍，尤精《礼》、《传》。举秀才，历任阳羡、武康令。政以宽惠为本，补太子舍人，转侍御史，建武初拜太常，后任光禄大夫等职。朝廷疑滞皆咨之，辄依经礼而对，为当世儒宗。

贺邵 三国吴国的中书令。

贺氏风流撷英

辅伯文武称全才，
身死只因论得失。①
山阴彦先精《礼》、《传》，
当世儒宗非与谁。②
和生得偶因忠诚，③
仙妇赠金为重器。④
自号狂客诗与草，
季真归乡泪沾衣。⑤
诗坛名重鉴湖水，⑥
孝行绝伦出湘邑。⑦
旧谱寓声出新调，
庆湖遗老东山词。⑧
西涯蜀中力禁烟，
皇朝文编可经世。⑨
两把菜刀闹革命，
一片河山任骋驰。⑩

注释：

①贺若弼，隋朝大将，字辅伯，洛阳人。博涉书史，善骑射，因战功卓著而被封为宋国公，官至右武侯大将军。炀帝时因议论朝政得失被杀。

②贺循（260—319），字彦先，晋代会稽郡山阴县人。博览群书，尤精《礼》、《传》，善写文章，历官阳羡，武康县令，侍御史、太常、左光禄大夫等职，为当世儒宗（即儒者的宗师）。

③贺瑰，字光远，五代后梁濮州人，历官曹、相二州刺史，宣义军节度使，贞明初任招讨使。贺瑰曾于后唐庄宗战于胡柳，败退时仅有从事和凝紧随其后。一敌骑紧追贺瑰不放，和凝举弓射杀该敌。贺瑰感其忠诚，将女儿嫁给了他。后来，和凝官至后汉与后周两朝宰相。

④贺德基，字承业，南朝陈代山阴人，世传《礼》学，与祖父贺文发、父亲贺淹，三代皆为尚书祠部郎。相传少年时曾在洛阳白马寺前遇见一艳服美妇，唤他入寺，脱白纶巾相赠，说："您是重器（即大器，比喻可贵的人材），不会贫寒太久，所以以此相送。"

⑤⑥贺知章（659—774），字季真，唐代越州永兴人，著名诗人，官至正银青光禄大夫兼正授秘书监，性格旷达豪放，喜爱谈笑，擅长草隶书，嗜好饮酒，晚年自号四明狂客，请为道士。唐玄宗赐鉴湖、剡川一地，供他安度晚年，此时作《回乡偶书》，尤为出名。鉴湖：又名镜湖、长湖、庆湖，在今浙江省绍兴附近。

⑦贺德英，南宋湘乡人。七岁能文。淳熙年间（1174—1189），父亲被告入狱，贺德英去县府请求面试，赎父亲之罪。县令出题考他，他挥笔而就，被推荐给朝廷，考试又得第一，当时年仅十四岁绝伦：无与伦比；湘邑：指湘乡。

⑧贺铸（1052—1125），北宋词人，字方回，号庆湖遗老，卫州人。

好以旧谱填新词而改其调名，曰“寓所”。有《东山词》、《庆湖遗老集》。

⑨贺长龄（1785—1848），湖南善化（今长沙）人。字耦庚，号耐庵、西涯。清朝嘉庆年间进士，官至云贵总督，主张严厉禁烟。重经世致用之学，托幕友辑《皇朝经世文编》，著有《耐庵诗文集》。

⑩贺龙（1896—1969），原名文常，字云卿。红军创始人之一。

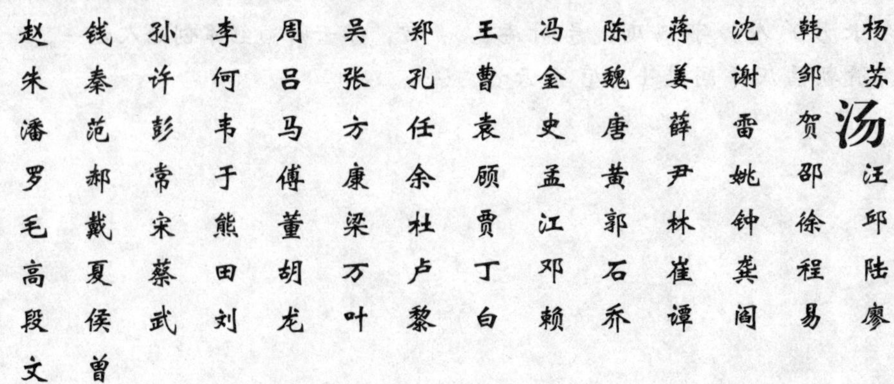
中华百家姓

赵 钱 孙 李 周 吴 郑 王 冯 陈 蒋 沈 韩 杨
朱 秦 许 何 吕 张 孔 曹 金 魏 姜 谢 邹 苏
潘 范 彭 韦 马 方 任 袁 史 唐 薛 雷 贺 汤
罗 郝 常 于 傅 康 余 顾 孟 黄 尹 姚 邵 汪
毛 戴 宋 熊 董 梁 杜 贾 江 郭 林 钟 徐 邱
高 夏 蔡 田 胡 万 卢 丁 邓 石 崔 龚 程 陆
段 侯 武 刘 龙 叶 黎 白 赖 乔 谭 阎 易 廖
文 曾

汤 姓

——涛涛洪水坦荡荡，固若金汤伟业长

汤氏解密寻踪

（一） 姓氏字源

《说文》：“汤，热水也。从水，昜声。”所谓汤，即指热水。《论语·季氏》云：“见善如不及，见不善如探汤。”刘宝楠正义云：“探汤者，以手探热。”

（二） 寻根溯祖

汤氏系出子姓有二，其始祖均为成汤。

1. 据《通志·氏族略》等所载，成汤，帝喾（传说中古代部族首领，号高辛氏，居西亳〈今河南省偃师县〉，古中山地，有4妻4子：姜嫄生弃〈即后稷〉，是周族的祖先；简狄生契〈契在尧、舜时为司徒，因教化百姓有功，被封于商丘，赐姓子氏〉，是商族的祖先；庆都生尧；常仪生挚）之子契的14世孙，子姓，名履，又名天乙。他在夏朝末年一举成为商族的首领，由于爱护百姓，施行仁政，深得民众的拥护，以至于周围的一些小国也前来慕名归附，其势力便迅速强大起来。他本居于亳（双名南亳，在今河南省商丘县东南），是夏朝的方伯，专管征伐之事。夏末时，帝桀为君，残暴无道，国内日趋动荡不安，他见其形势，便产生了代夏的雄心。于是开始实行灭夏的计划，与有莘氏通婚，并任用伊尹执政，不断地积聚力量。他先灭掉了商附近的一个小国葛国（今河南宁陵北），接着经过11次的出征，灭掉了夏王朝的三个重要同盟国豕韦（今河南滑县东南）、顾（今河南范县东南）、昆吾（今河南许昌东等国，成为当时强国，后再一举灭夏，把夏桀放逐到南巢（在今安徽巢县西南，因位于古代华夏族活动地区的南方，故名），这样，履就建立了中国历史上第二个奴隶制国家——商朝，定都于亳（商汤时的都城，共有三处：①南亳，最初居住地；②北亳，在今河南商丘县北，相传诸侯拥戴汤为盟主于此；③西亳，在今河南偃师县西，相传为汤攻克夏时所居，称为商汤），由于他能够“安民立政，除暴去虐”，死后被谥为成汤。其后子孙中有一支以谥号命氏，称为汤氏。是为河南汤氏。

2. 据《史记·殷本纪》所载，公元前11世纪周公平定武庚的反叛后，把商的旧都周围地区分封给商纣王的庶兄微子启，建立宋国，建都商丘（含河南商丘南），有今河南东部和山东、江苏安徽间地。传至偃，自立为王。偃之弟曰昌，昌生隆，改姓子，后因秦始皇焚书坑儒，畏祸及，于是又改子姓为汤姓。

（三） 宗堂郡望

堂号 “临川堂”或“玉茗堂”：都是因为明朝汤显祖命名的。汤显祖是临川人，所以叫“临川堂”。他的书房叫“玉茗堂”，又被族人做了汤氏的堂号。他在朝做吏部主事，性格直爽。看到皇帝不采纳忠臣的谏议，还往往把提意见的人治罪，显祖决定冒死奏本向皇帝提抗议，于是被罢了官。他回到家里，一方面继续奏本抗议，一方面编写剧本，著有《玉茗堂集》，是历史上著名的戏剧家。

郡望 汤姓郡望主要有中山郡、范阳郡等。

1. 中山郡。汉高帝置郡，景帝改为国，治卢奴（今河北定县）。相当今河北定县、唐县、新乐、完县、望都、曲阳、无极等县地。

2. 范阳郡。三国魏黄初七年（公元226年）改涿郡置郡，治所在涿县（今河北涿县）。相当今河北内长城以东，永清以西，霸县、保定市、紫荆关以北和北京市房山以南地区。

（四） 家谱寻踪

江苏常州·汤氏宗谱八卷

藏地：南开大学

（清）汤全编辑

清光绪二十五年（1899）怀德堂刊本八册

江苏武进·汤氏家乘十六卷首一卷末一卷

藏地：美国

（清）汤贻汾等修

清道光二十九年（1849）木活字本 十册

江苏武进·东载汤氏宗谱十二卷

藏地：美国

（清）汤文杰主修

清光绪十一年（1885）活字本

六册

江苏武进·毗陵汤氏分谱八卷

藏地：江苏苏州市图书馆

（清）汤天狗　汤子全纂修

清光绪二十五年（1899）毗陵汤氏怀德堂木活字本

江苏武进·孟河汤氏重修宗谱十四卷

藏地：国家图书馆

（清）汤芝杨等修

清光绪二十五年（1899）敦本堂活字本

十四册

江苏武进·毗陵汤氏宗谱八卷首一卷

藏地：美国

（民国）袁复堂等修

1919年奕恩堂木活字本　八册

江苏·溧阳城南汤氏宗谱八卷

藏地：河北大学

（清）汤裕浤　汤仰发续修

清光绪十二年（1886）木刻本八册

江苏无锡·梁谿汤氏宗谱

藏地：美国

（清）汤鹏举等修

清顺治十一年（1654）刊本四册

江苏江阴·暨阳汤氏宗谱三十六卷附家藏集选四卷

藏地：美国

（清）汤琴青主修

清同治十一年（1871）留余堂活字本　二十册

江苏江阴·暨阳汤氏宗谱十八卷首一卷

藏地：国家图书馆　日本　美国

（清）沈恒青等纂修

清光绪三十三年（1907）留余堂活字本　十八册

江苏江阴·暨阳全堂汤氏宗谱不分卷

藏地：中国社会科学院历史研究所图书馆

（民国）汤献廷主修

1937年光裕堂活字本　十册

江苏宜兴·襄王汤氏宗谱首一卷末四卷

藏地：美国

（清）汤载庚等修

清光绪三十年（1904）报本堂木活字本　二十六册

浙江·萧山孝汤氏家谱不分卷

藏地：浙江图书馆

（清）汤克敬修　毛观龄纂

清雍正间稿本　一册

安徽桐城·皖寿填汤氏宗谱存三十二卷

藏地：美国

（清）汤敦善等纂修

清光绪二年（1876）敦厚堂木活字本　二十八册

安徽桐城·汤氏宗谱十二卷

藏地：南京大学

（清）汤志忠等纂修

清光绪十九年（1893）汤氏掬星堂刻本　十六册

安徽桐城·汤氏宗谱十八卷

藏地：辽宁大连市图书馆

（民国）汤仲伊纂

1933年刻本

福建东山·汤氏族谱

藏地：福建东山县志办

民国间纂修本

江西·萍乡东桥汤氏三修族谱

藏地：上海图书馆

（民国）汤增璧纂

1930年刻本　六册

江西临川·西塘汤氏重修族谱

藏地：四川重庆市图书馆

（清）汤阜珍纂

清光绪二年（1876）临川六都西塘汤氏木活字本　一册

江西临川·酉塘汤氏三修族谱

藏地：四川重庆市图书馆

（民国）汤诞敷修纂

1920年临川六都西塘汤氏木活字本一册

河南·睢州汤氏家谱七卷

藏地：河南图书馆

（民国）汤善萃续修

1944年汤氏铅印本

湖南·三湘汤氏七修族谱□□卷

藏地：湖南图书馆（存卷2）

清光绪五年（1879）紫林双桂堂活字本　一册

湖南·三湘汤氏七修族谱二十一卷首一卷

藏地：河北大学

（清）汤期鹍汤臣簧纂修

清光绪十七年（1891）木刻本二十一册

广东·新会汤氏族谱

藏地：美国

（清）汤晋等纂

清咸丰四年（1854）写本　一册

四川成都·汤氏族谱不分卷

藏地：南京大学

（清）汤葆锟等修

清光绪二十年（1894）四川汤氏刻本　二册

汤氏族谱一卷

藏地：上海图书馆

（明）汤敬吾纂修　汤阁昌重修

明崇祯间刻本

汤氏家乘十四卷首一卷

藏地：国家图书馆

（清）汤成烈重修

清同治十三年（1874）活字本六册

茶坊汤氏宗谱三卷

藏地：四川图书馆

（清）汤利恒　汤穹兴等纂修

清光绪十三年（1888）木活字本二册

汤氏续修宗谱二十七卷

藏地：国家图书馆

（清）汤蓉镜等修

清光绪二十八年（1902）六和堂活字本　三十册

汤氏家乘

藏地：国家图书馆

（清）汤文棣纂修

清光绪三十二年（1907）忠羲堂重刻本　二十册

汤氏家乘

藏地：国家图书馆

（清）汤文棣纂修

民国间忠羲堂重刻本　十二册

汤氏续修宗谱二十六卷首一卷

藏地：国家图书馆

（清）汤成基增辑

清光绪三十四年（1908）活字本二十册

中山汤氏宗谱□□卷

藏地：浙江兰豀县文管（存五卷）

1923年重修木刻本

汤氏宗谱五卷

藏地：国家图书馆
(民国) 汤养亭等续修
1948年日新堂武昌石印本　五册

汤氏家乘
藏地：国家图书馆
旧钞本　四册

(五)　字行辈份

据民国手抄残本《汤氏家谱》，江西余江汤姓一支辈份字行为："开明国钟安，宽济辉根植。"

(六)　迁徙繁衍

既然汤姓系承于商汤，故汤姓最早的发祥地应该是今河南省境。汤姓苗裔于商代之时即已遍及于中原大地区。这种繁衍情形，是缘于商都一再迁徙所致。据史料所载，商朝自商汤至纣王亡国，其国都先后有7次迁徙，即商汤时定都亳（今河南商丘县北），至仲丁时，迁都于嚣（今河南荥泽县西南）；河亶甲时，迁都于相（今河南安阳县西）；祖乙初时，迁都于耿（今山西河津县南）；后再迁都于邢（今河北邢县）；至盘庚，定都于殷（今河南偃师县西），改国号殷，称为殷商；到武乙时，再迁都到朝歌（今河南淇县东北），直到纣亡。这时的汤氏后裔虽说因国都迁徙频繁，而散居中原大部分地区，但至秦汉之际，汤姓却主要以古时的中山和范阳两郡所辖之境为其繁衍中心。而这两郡之地均在今河北省境内。可见，现在全国各地的汤姓人家，应该大多来自此地。汤姓在我国历史上的第一次民族大迁徙（魏晋南北朝）之时，未像别的姓氏那样大举南迁。据史料记载，汤姓大举南迁始于唐时。唐时已有汤姓从河南的光州固始，南迁于福建的漳州等地。宋、明之际，汤姓已称盛于湖南、江苏、江西及安徽、福建等地。这种繁衍迁徙情形，我们可以从汤姓的名人分布状况，略见一二。

(七)　适用楹联

□瓯王威德远；[①] 诗公美名传。[②]
□临川传四梦；[③] 武进誉三绝。[④]
□彭蠡毓浏阳之秀；[⑤]
长沙挹湘水之清。[⑥]
□东坡居士休题杖；
南郭先生且滥竽。[⑦]
□姓字高标鼎甲；[⑧]
文章雄列大家。[⑨]
□星堕掬盘，吞彩笔生辉光祖泽；
风流治圃，禾窦峰垂训裕孙谋。[⑩]

注释：

①明代御史大夫汤和，字鼎臣，濠州人。与朱元璋一同起兵，转战苏、浙、闽、蜀，屡有战功。洪武十九年，奉命在沿海筑城设防，抵御倭寇。追封东瓯王。

②清代进士、诗人汤右曾，字西厓，仁和人。由编修累官吏部侍郎，兼掌院学士。帝重其文学，御制诗赐之，目为"诗公"。其诗才大而能恢张，与秀水朱彝尊并为浙派领袖。有《怀清堂集》。

③明代剧作家、文学家汤显祖（1550—1617），字义仍，号海若。临川（今江西临川）人。少年时期即有文名。因为拒绝张居正延揽，到万历十一年（1583）始第进士。历官南京太常博士、礼部主事，后为遂昌知县，

以抑豪强触怒权贵，被劾归里。家居二十余年，精研词曲和传奇，专事著述，所著《紫钗记》、《牡丹亭》、《南柯记》、《邯郸记》，世称《临川四梦》。其中以《牡丹亭》最负盛名，对封建礼教和黑暗政治，进行了无情的揭露和抨击。另有诗文集《玉茗堂全集》。

④清代诗书画家汤世澍，字润之，武进人。国子监生，写生鲜丽，为近世江南赋色家一大宗。书学米芾，题识精美，时称“三绝”。

⑤宋代进士汤璹，字君保，浏阳人。以上疏请召朱熹，忤权相意，直声大闻于时，累官大理少卿。

⑥宋代右仆射汤思退，字进之，处州人。累官参知政事，拜右仆射。

⑦历史名人汤东谷自题联。（见《分类楹联宝库》）

⑧注见③。

⑨明代南京国子监祭酒汤宾尹，字嘉宾，宣城人。万历中乡举第一，廷对第二，授编修。有《睡庵集》。

⑩汤氏祠联。

汤氏名人集粹

汤化龙 （1874—1918）湖北蕲水（今浠水）人，字济武。曾参加护国讨袁。段棋瑞重新组阁时，被任为内务总长。后在加拿大被国民党籍华侨刺死。

汤寿潜 山阴（今浙江绍兴）人，立宪派人物，光绪进士，曾任知县，入张之洞幕。1890 年（光绪十六年）写成《危言》4 卷，主张变法。1905 年任修建沪杭铁路总理。1906 年与张謇组织预备立宪公会，任干事。1907 参与浙江官绅杀害秋瑾事件。1909 年任浙江谘议局议长。1911 年 11 月杭州新军起义，乘机攫取浙江都督职位。南京临时政府成立，任交通总长。与张謇组织一党，任参事。

汤贻汾 江苏武进人，后居南京，清代著名画家。曾世袭云骑尉，做过三江守备等地方武官。擅画山水，笔致秀逸，兼工行草书和诗，与戴熙并称“汤戴”。

汤天池 今安徽鞠湖人，铁画家（铁画是用铁铸成线条，再焊接而成的一种美术作品。主要是借鉴国画的水墨、章法、布局，线条简明有力，苍劲古朴），相传他受邻居萧云从的影响较大，是铁画的创始人。

汤球 今安徽黟县人，学者。传少时便从俞正燮、汪文台就学，曾辑有郑康成逸书 9 种。后专攻晋史，辑有《汉晋春秋》、《十六国春秋辑补》、九家《晋书》、九家《晋纪》等多种。

汤斌 理学名臣，睢州（今河南睢县）人。

汤应曾 邳州（今江苏邳县）人，明末琵琶演奏家。

汤和 濠州（今安徽凤阳）人，明代初年开国功臣，他与朱元璋同乡，一同起兵，在统兵取浙江、福建、四川，守备西北中都卓有战功。洪武十八年（1385 年）自请解除兵权，深得太祖欢心。后又曾奉命在沿海筑城设防，以御倭寇。死后被追封为瓯王。

汤道衡 今江苏丹阳人，万历年间进士。

汤克宽 今江苏邳县人，浙江副总兵后升广东总兵，将门出身，亦曾大破倭寇，建立功业。

汤显祖（1550—1617）临川（江西抚州市）人。戏曲家、文学家。他早年即有文名，曾任过南京太常博士、礼部主事等职。在戏曲创作方面，反对拟古和拘泥于格律，与沈璟讲求声律对立，作为传奇《紫箫记》、《紫钗记》、《还魂记》（即《牡丹亭》）、《南柯记》、《邯郸记》5种，其中以《牡丹亭》最著名。诗文也有多种，对后世影响甚大。

汤厘 今江苏淮安人，元代书画理论家，精通古代文物和书画鉴赏，著有《画鉴》一卷。

汤璹 今湖南浏阳人，宋代淳熙年间名臣。

汤汉 今湖南安仁人，度宗年间端明殿学士。

汤鹏举 今江苏丹阳人，官至御史中丞、知枢密院事，其父在当时就是一位有影响的人物。

汤思 今浙江丽水人，曾官至宰相。

汤莘叟 今福建宁化人，官至饶州（今属福建）推官。

汤正仲 今江西南昌人，著名画家，其画别具新意，享誉画坛。

汤悦 今安徽贵池县人，五代南唐人，本名殷崇义，最初是以文章出名的才子。曾经仕南唐为宰相，凡是李家皇室的书檄教诏，都出自其手。后来，随其主归宋，被赵匡胤封为光禄卿，他的才华深受宋皇帝的器重。曾奉敕与徐铉同撰《江南录》10卷。

汤惠林 南朝时官至刘宋扬州刺史，颇有诗名，与鲍照并称为“汤鲍”。

汤德新 汉文帝时为开封太尉，因徙宅而居晋陵（今属山西），汉武帝（公元25年）时，南越归顺，武帝派他的第三子璋为交趾（治今越南河内西北）刺史。

汤氏风流撷英

以名为氏汤氏立，
汤伐夏桀建商朝。①
河南商丘汤祖籍，
正定郡望发祥地。②
高祖成汤又称唐，
一代明君辟华疆。③
明初汤和信国公，
功成业就归故乡。④
临危受命汤克宽，
屡败倭寇镇海防。⑤
明剧作家汤显祖，
为官清廉抑豪强。⑥
被劾归里勤著述，
临川四梦流万芳。⑦
涛涛洪水坦荡荡，
固若金汤伟业长。

注释：

①据《通志·氏族略·以名为氏》记载，尧、舜、禹、汤皆为人名，后人以名为氏，遂有汤氏。传说商的始祖名为契，居于商。传至十四代叫汤，汤攻伐夏桀，建立了商朝。

②据《百家姓》记载，契原居于商，今河南商丘，为汤氏的祖籍所在地。汉高祖初年（公年前206年）设

置中山郡，在今河北省正定县，此为汤氏的发祥地。

③汤（生卒不详），卜辞作“唐”，商朝的建立者。夏代末期，他重用伊尹为相，采取分化政策，吊民伐罪，先后经十一战而灭夏，建立了商。商朝建立后，减轻征敛，鼓励生产，安抚民心。

④汤和（公元 1326—1395 年），明初大将，安徽凤阳人。因随朱元璋南征北战，屡建战功，被朱元璋授封信国公。明太祖朱元璋谋解诸将领兴兵权时，首先上书归返故乡。

⑤汤克宽（？—1576 年），明朝抗倭名将，江苏邳县人。倭患初起，许多人望风而溃，他受命于危难之际，旋为副总兵，提督海防。曾屡败倭寇于温州、奉化、宁海、宝山、苏州、松江、海丰，后升为广东总兵。

⑥汤显祖（公元 1550—1617 年），明朝剧作家，江西临川人。任遂昌知县，为官清廉，抑制豪强，触怒权贵被劾归里。

⑦显祖家居二十余年，精心研究词曲，专事著述。写成《紫钗记》、《还魂记》（即《牡丹亭》）、《南柯记》、《邯郸记》，世称“临川四梦”，无情地揭露了封建礼教和黑暗政治，成为传世名作。

中华百家姓

赵 钱 孙 李 周 吴 郑 王 冯 陈 蒋 沈 韩 杨
朱 秦 许 何 吕 张 孔 曹 金 魏 姜 谢 邹 苏
潘 范 彭 韦 马 方 任 袁 史 唐 薛 雷 贺 汤
罗 郝 常 于 傅 康 余 顾 孟 黄 尹 姚 邵 汪
毛 戴 宋 熊 董 梁 杜 贾 江 郭 林 钟 徐 邱
高 夏 蔡 田 胡 万 卢 丁 邓 石 崔 龚 程 陆
段 侯 武 刘 龙 叶 黎 白 赖 乔 谭 阎 易 廖
文 曾

罗姓

——罗氏建国源祝融，千古风流在宜城

罗氏解密寻踪

（一） 姓氏字源

《说文》：“罗，以丝罟鸟也。从网，从维。古者芒氏初作罗。”商承祚《殷墟文字类编》，甲骨文上部“象张网……象鸟形。丨象柄，于谊已明，后世增系，复倒书之，谊转晦矣。”据《殷契粹编》，甲骨文“罗”字像网罟捕鸟之形，义与《说文》同，故其本义当作捕鸟之网。

（二） 寻根溯祖

罗姓来源有二：

1. 出自妘姓，为颛顼帝之孙祝融氏之后裔。“妘”为中国古代最早的姓氏之一。据《说文通训定声》记载，鄅、郐、路、逼阳、鄢等姓，都是古时的妘姓国。又据《名贤氏族言行类稿》、《通志·氏族略》等所载，罗氏是源自火神祝融（名黎，为帝喾〈传说中古代部族首领〉时的火官〈掌管民事〉，后人尊为火神，因有功，能光融天下，帝喾便命曰祝融）氏，祝融的后裔，分为八姓，即己、董、彭、秃、妘、曹、斟、芈（mǐ）等，史书称为“祝融八姓”。到了周朝（建都于镐（今陕西长安沣水以东））的时候，有子孙被封在宜城（秦置邔县，北魏为宜城郡，唐改宜城县。也即今湖北省宜城县），称为罗国。公元前 690 年，罗国终于被楚（西周时立国于今湖北西部的荆山一带，建都丹阳〈今湖北秭归东南〉。后建都于郢〈今湖北江陵西北纪南城〉）所灭，于原地另置鄢国，祝融氏的子孙就逐渐向南迁移，最初迁居枝江（今湖北省南部，长江沿岸的枝江县），至周末又南迁至湖南长沙，遂以原国名“罗”为氏。后再繁衍豫章一带。如汉有梁相罗怀，襄阳有罗蒙，即其后也。是为湖南罗氏。

2. 出自他族或他姓加入。①据《魏书·官氏志》所载，南北朝时，北魏孝文帝南迁洛阳，实行汉化，将原鲜卑族复姓破多罗氏、叱罗氏皆改为汉字单姓罗。②据《通志·氏族略》所载，唐代，西突厥（游牧于今新疆大部分和中亚部分地区的少数民族）可汁斛瑟罗归附长安（今陕西西安市），留居中国，其子孙以“斛瑟罗”为氏，后简为罗氏。③据《赖氏族谱》所载，赖氏族人也有在春秋战国之时为楚灵王所害，改罗、傅二氏的，以其毗邻，兼有姻戚关系，因有赖、罗、傅联宗之说。④清代爱新觉罗氏中有的也改姓罗。

（三） 宗堂郡望

堂号 1. “尊尧堂”

2. “豫章堂”：罗氏郡望豫章。宋朝时候，豫章人罗从彦是大儒程颐、程颢的再传弟子。他谨慎地遵守老师的教训，隐居不愿做官，传习朱熹的理学，著有《尊尧录》。人们称他“豫章先生”。

郡望 罗姓郡望主要有豫章郡、长沙郡、襄阳郡等。

1. 豫章郡。楚汉之际置郡。治所在南昌（今江西省南昌市）。汉武帝元狩二年（公元前 121 年）以后相当今江西省地。南朝陈时包有今江西锦江流域、南昌市、清江等县地。

2. 长沙郡。战国秦置郡，治所在临湘（今湖南长沙市）。相当今湖南东部 南部和广西全州，广东连县、阳山等地。西汉改郡为国，东汉仍改为郡。

3. 襄阳郡。东汉建安十三年（公元 208 年）分南郡、南阳两郡置郡名，治所在襄阳（今襄樊市）。相当今湖北襄阳、南漳、宜城、当阳、远安等县地。

（四） 家谱寻踪

上海·蓉城槐子江罗氏族谱十卷首一卷

藏地：吉林大学

（清）罗华珊等修

清光绪二十二年（1896）琳琊堂活字本 十五册

江苏镇江·润州罗氏宗谱

藏地：日本 美国

（民国）罗志让撰

1934 年写本 一册

浙江余姚·姚江罗氏宗谱十五卷

藏地：浙江慈溪县文化管理委员会（存七册）

（清）罗立功续修

清光绪二十八年（1902）报本堂刻本

浙江余姚·姚江梅川罗氏宗谱十

五卷

藏地：浙江慈溪县文化管理委员会（存五册）

（民国）罗怀生等续修

1949年报本堂刻本

浙江·宁海桥头罗氏宗谱□□卷

藏地：浙江三门桥头乡桥头村（存图传、世系）

清宣统二年（1910）活字本

浙江慈溪·慈北白唐桥罗氏支谱不分卷

藏地：浙江宁波天一阁文物保管所

（民国）罗葆芹纂修

1920年慈北师桥乡养心草庐活字本二册

浙江·上虞罗氏枝分谱一卷

藏地：国家图书馆　北京大学　北京师大　中央民族大学　辽宁大连市图书馆　上海师大　南京大学　苏州大学　福建图书馆　福建师大　湖北图书馆　暨南大学　四川图书馆

（民国）罗振玉撰

1933年上虞罗氏石印《辽居杂著乙编》本

浙江常山·泉家山罗氏宗谱七卷

藏地：浙江常山县毛良坞乡溪元山村（存卷3、4）

（民国）罗德音　罗玉成重修

1947年刻本

浙江常山县芙蓉乡泮源村泉家山（二部）

浙江临海·殿前罗氏宗谱四卷

藏地：浙江临海县河头乡殿前村

（清）罗天锦纂

清乾隆五十三年（1788）活字本

浙江临海·殿前罗氏宗谱

藏地：浙江临海县河头乡殿前村

（民国）朱镇西　叶繁齐纂

1929年纂修本

浙江·三门桥头罗氏宗谱□□卷

藏地：浙江三门县桥头乡桥头村（存世系图）

1946年活字本

浙江遂昌·罗氏宗谱

藏地：浙江遂昌县蔡源乡下村

1941年刻本　八册

安徽徽州·柏林罗氏族志一卷

藏地：安徽徽州地区博物馆

（宋）罗颖等辑

抄本

安徽芜湖·罗氏宗谱□□卷

藏地：安徽图书馆（存一卷）

1917年刻本

福建连城·罗氏流传宗谱

藏地：台湾

（清）罗庆云修

清同治十三年（1874）抄本一册

江西南昌·豫章罗氏重修宗谱不分卷

藏地：国家图书馆

明隆庆元年（1567）家刻本二册

江西南昌·豫章罗氏重修宗谱不分券

藏地：国家图书馆

（明）罗宪道纂修

明万历三十七年（1609）家刻本一册

江西·罗坊罗氏申公支谱□□卷

藏地：江西图书馆（存卷1、2、5—10）

1932年雍睦堂活字本

江西·罗氏族谱□□卷
江西图书馆（存卷 6）
活字本
湖北汉阳·洪山庙南罗氏宗谱三十卷首一卷末一卷
藏地：日本　美国
（民国）罗良训等修
1920 年豫章书屋活字本　二十二册
湖北新洲·罗氏三修宗谱十六卷首一卷末一卷
藏地：湖北新洲县白洋乡罗泊村
（清）罗古林　罗古律等修
清光绪四年（1878）刻本
湖北新洲·罗氏宗谱五十二卷
藏地：湖北新洲县周铺乡茶店村
（民国）罗若如　罗耀宾修
1916 年刻本
湖北新洲·钓鱼台罗氏宗谱四十二卷首六卷
藏地：湖北新洲县觉明乡林埠村
（民国）罗荃溪　罗薛裳续修
1938 年刻本
湖南长沙·罗氏族谱二十二卷首五卷次三卷
藏地：湖南图书馆（存卷首 2）
1948 年活字本
湖南浏阳·罗氏族谱十二卷首二卷
藏地：湖南图书馆（存卷首下、下。二部）（清）罗枬华、罗位云纂修
清光绪二十五年（1899）敦睦堂木活字本
湖南宁乡·罗氏修续宗谱□□卷
藏地：湖南图书馆（存卷首）
清同治七年（1868）活字本
湖南宁乡·罗氏八修族谱□□卷
藏地：湖南图书馆（存卷首）
清同治十年（1871）活字本
湖南邵阳·邵陵罗氏族谱□□卷首一卷
藏地：湖南图书馆（存卷首）
（清）罗忠任纂
清同治七年（1868）刻本
湖南邵阳·罗氏六修族谱□□卷
藏地：湖南图书馆
（清）罗楚书　罗光黻修　罗光昌纂
清光绪二十二年（1896）活字本　一册
湖南·邵阳罗氏续修族谱六卷首一卷
藏地：河北大学
（清）罗福麟　罗福审纂修
清光绪三十一年（1905）木刻本　六册
湖南邵阳·邵西罗氏六修族谱八卷首一卷
藏地：国家图书馆
（民国）罗本湘　罗添筹等纂修
1917 年敦睦堂□□活字本　十四册
湖南邵阳·铁塘罗氏八修族谱二十七卷首一卷
藏地：湖南图书馆（存卷首、卷 6）
（民国）罗培晃　罗远渭等修　罗基滋等纂
1918 年活字本　二册
湖南·桂阳罗氏族谱不分卷
藏地：美国
（清）罗孝龙续修
清同治八年（1869）木活字本　四册

湖南新宁·罗氏族谱

藏地：河北大学

（清）罗登京　罗登彼等纂

清光绪五年（1879）明德堂刻本　八册

湖南新化·罗氏续修族谱□□卷首四卷

藏地：湖南图书馆（存卷首四卷）

清光绪九年（1883）活字本　二册

湖南新化·罗氏续修宗谱□□卷

藏地：湖南图书馆（存卷3、4下、首下）

清宣统元年（1909）刻本　二册

湖南新化·罗氏重修族谱□□卷首一卷

藏地：湖南图书馆（存卷首）

清活字本　一册

广东·信宜罗氏简谱

藏地：美国

清光绪二年（1876）钞本　一册

广东·顺德北门罗氏族谱二十二卷

藏地：日本　美国

（清）罗启贤等重修

清光绪八年（1882）本原堂刻本　二十四册

广东顺德·南门罗氏族谱不分卷

藏地：广东中山图书馆

（清）罗风华纂修

清光绪二十二年（1896）刻本　一册

广东顺德·罗氏祚昌长房家谱不分卷

藏地：广东中山图书馆

（民国）罗云舫编

1934年钞本　一册

广东高明·罗氏族谱□□卷

藏地：广东中山图书馆（存卷3、9、11、12、15、16、18）

（民国）罗晓枫纂修

1932年广州光华商店铅印本

广东·高明罗氏族谱十八卷首一卷

藏地：日本　美国

（清）罗高清等重修

清光绪三十年（1904）广州光华商店补印本　十八册

广东东莞·寒溪罗氏族谱不分卷

藏地：日本　美国

1923年钞本　一册

广东陆丰·罗氏豫章堂上祖各簿

藏地：台湾

（清）罗仁城修

清光绪三十四年（1908）钞本　一册

广东兴宁·高车罗氏家谱八卷首一卷

藏地：广东中山图书馆

（民国）罗振勋　罗尧翼等纂修

1913年刻本　十二册

（五）　字行辈份

据《中华姓氏通书》罗文华、聂鑫森著《罗姓》中记载，湖南桑植城关镇罗姓字行为："季道伏存暹，人宏大士万，瑞嗣胤廷世，益昌启俊贤，自承祖宗德，文国福朝先，荣显旌加远，希绍永兴蕃。"又安化《罗氏族谱》老辈份派语为："辰梦文兴绍远泰，万天寿日祥光发，鸿开俊彦正芳华，贤才昌盛宗英拔。"新续派语为："慎守先贤烈，昌隆代贵荣，绵延敷善泽，蔚焕益明新，礼义贻来哲，诗书训后人，道高期立达，教迪久同遵，辅佐昭梁栋，仪型重玉金，辉煌余藻采，培植积兰芬，麟瑞资钟毓，鹏程庆允升，源长咸锡福，嘉运启崇英。”

（六） 迁徙繁衍

一般认为，罗姓的远祖是黄帝。黄帝生昌意，昌意生乾荒，乾荒生颛顼。颛顼之孙为老童，老童生有二子，即黎和吴回，都号称祝融。在祝融之后，分为八姓，史书称为“祝融八姓”。吴回生陆终，陆终六子：樊、惠连、籛、求言、安、季连，其中季连便是罗姓人的直系先祖。

季连是罗姓所出荆楚部落的始祖，史书说他姓芈。芈的本意是指羊叫的声音，后被引申为姓。《说文解字》说：“芈者，羊鸣。又姓，楚之先也。”季连之后，有孙名穴熊，是荆楚人的血缘先祖。至穴熊子鬻熊时，又分出了罗姓部落。这时正当商代中叶，商朝统治者为了加强对天下的控制，不断兴兵南下，征伐荆楚，迫使其弃地西迁到今陕西渭水以北的荆山一带。罗部落因为是荆楚分支，也在不被征伐之列，在商王朝的强大攻势下也不得不西迁，在西迁荆楚人居住地以北、今甘肃正宁县东20里的罗山一带定居下来。这里由于紧近周部落的发祥地，周人兴兵灭商，罗部落是积极的参与者，所以周武王灭商以后，罗部落的首领被分封为诸侯，建罗子国。于是，在民国年间编修的湖南新化《罗氏通谱·源流受氏世次录》中，便有了以下这样的记载：我先祖匡正，于“周武王九年，奉命征南有功，封安南罗国公”，其子亦芳“始为都司，后袭父爵于罗，以国为氏，故罗姓自此始”。

由上述可见，罗姓人在西周初年受封的罗子国与罗姓人的姓氏由来有十分密切的关系。西周早期，罗子国与周王朝还保持有相当亲密的关系，国中的一些人还到周王朝中相任过“大罗氏”、“罗氏”之类的官职，具体负责“掌鸟兽”（参见《世本》、《礼记·郊特牲》）。但好景不长，大约在西周中叶前后，罗子国开始受到西周王朝的压迫侵凌，不得不再次与荆楚人一起向南方回迁。当荆楚人定居在浙水流域的丹阳一带时，罗子国也沿着汉水南迁到今湖北荆山西北的房县，作了荆楚的附属国。此后，罗子国又相继东迁到今汉水之滨的宜城县西20里的罗川城，向东北迁到今内乡县的罗王城等地。因为荆楚强大，罗子国不断受到进攻，直到公元前690年，终于被楚武王灭掉。

亡国后的罗子国民为纪念故国，纷纷以罗为姓氏。他们在亡国后不久，曾被楚武王强行迁到今北丹阳附近的枝江，后来又被迁到今湖南汨罗一带。1957年，湖南考古学界在汨罗县西北8里的屈原农场蚕桑场发现了一座大型城镇遗址，便是罗姓人当年留下的生活遗迹。

从罗姓受姓开祖到罗子国灭亡后的罗姓人分迁，可以认为是罗姓历史的早期。根据罗姓人自己编修的某些家谱资料记载，罗姓在这一时期生活的共有90余世，他们起自祝融，止于罗凌甫，其间世系承传历历可考。当然，从科学角度说，这类的家谱世系未必都是准确的，但其所反映的罗姓早期历史是可资参考的。

尽管罗姓起源于中原地区的罗山，但在以后的发展中并没有在中原形成著姓望族，其姓族成员最集中的分布也在今湖南、湖北、江西一带。据《广韵》说，罗姓“望出豫章、长沙”。《太平寰宇记》：“豫章五姓，罗第一。”所谓豫章五姓，即熊、罗、章、雷、湛。在今江西省内，罗姓主要分布在南昌、庐陵、吉水、泰和、丹山、永丰、新喻、崇仁、金溪、赣县、丰城、新建、高安、新昌、上高、宜春、平乡、万安、临川、广昌、南丰、乐平、雩都、瑞金等地，分别被称为豫章罗氏、南昌东坛罗氏、庐陵戡村罗氏、吉水罗氏、泰和中团里罗氏、丹山罗氏、永丰水东罗氏等。其中如豫章罗氏，据《新化罗氏通谱》、《南昌耆旧记》和《江西通志》等书记载，是在西汉初年从湖南长沙迁徙而来的。据民国学者罗元鲲考证：“春秋末，罗既失国，乃徙长沙。至秦，君用公为武陵令，督运官铁，溺于洞庭。邦人怀之，建祠于其故居并巴陵南津港滨，旧像是也。遗孤珠公，仕汉，拜相国，为大司农。”（《新化罗氏通谱》）就是说，罗国在春秋末年灭亡后，一部分人迁于湖南长沙。至秦朝时有一位名为罗君用的人，任武陵令，在督运官铁时溺死于洞庭湖中。其子罗珠仕汉，官至相国、大司农，是罗姓当时最著名的人物。另据其他各书记载，罗珠在汉惠帝时曾奉命驻守九江郡，在今南昌一带修筑了一座城堡，并亲手在城沟中种植了豫章树（即樟树），后人便在这里留居下来。因此有人认为，罗珠“实为罗姓鼻祖，分布天下者皆其后也”。（《南昌耆旧记》）至于江西境内的其他一些罗姓支派，也大多有自己的来源和发展历史，限于篇幅，就不一一赘述了。

罗姓的另一大郡望——长沙罗氏的早期历史可以一直追溯到罗子国灭亡后的南迁遗民。如今分布在湖南省内的罗姓人除一部分与他们有关外，大多是在不同的历史时期由江西、广东、福建等地迁来的，主要居住在长沙、平江、新化、湘潭、安化、宁乡、浏阳、湘乡、新田、醴陵、益阳、耒阳、邵阳、衡阳、花垣、保靖、永顺、桑植、城步、武冈、溆浦等地。至于罗姓在上述两省之外的分布情况，目前还缺乏有关的统计资料。

不过，罗姓在汉民族以外的其他少数民族中，以及在世界上某些特定地区的分布情况，我们从有关的资料中还是可以查知一些的。如据乾隆《贵州通志·苗蛮》载，“西苗，在平越及清平，所属有谢、马、何、罗、卢、雷等姓”；刘锡藩《岭表纪蛮》也说西南各地的苗族姓氏“以杨、韦、陈、罗、田”等16姓“为最多”；刘人熙《湖南各县调查笔记》称泸溪县的苗族在吴、龙等姓以外，“有彭、罗二姓亦强”；石启贵《湘西苗族实地调查报告》中所举当地苗族21个大姓中也有罗姓。上述资料说明，原本是汉族的罗姓人在历史上融入了苗族，成为苗族大姓。此外，在傣族、土家族、彝族、布依族、侗族、瑶族等少数民族中，也同样有人数众多的罗姓人。

罗姓人在海外地区的传播和分布，主要集中在港台和东南亚一带。在清朝乾隆四十二年（1777年），祖籍广东嘉应州梅县石扇堡的罗芳伯在西婆罗洲（今加里曼丹岛）建立了一个共和国式的兰芳公司，实行“兰芳大总长制”，立国时间达108年（1777—1885），是海外罗姓人影响最大者。

（七）适用楹联

□四诗风雅颂；三维长宽高。①

□江左之秀；②湖海散人。③

□惠播五县德政；④
寿高双轮花甲。⑤

□万里山河星拱北；
百年人事水归东。⑥

□岩畔早凉生紫桂；
井边疏影落高梧。⑦

□鸟迹徵奇，藻思发琳琅之笔；
钱江互瑞，倡言成吴越之功。

□理学名高，延平儒士；⑧
文藻日丽，湘水琳琅。⑨

□革命一生未虚度；
戎马廿年耻矜夸。⑩

注释：

①此为罗（羅）姓拆字联。

②晋代州主簿罗含，字君章，耒阳人。擅文章，桓温极重其才，誉之为“江左之秀”。累官廷尉、长沙相。

③元末明初小说家罗贯中（约1330—约1400），名本，号湖海散人。太原（今山西太原西南）人，（又有庐陵、钱塘、东原等说）。撰有长篇小说《三国志通俗演义》、《隋唐志》、《残唐五代史演义》等，还有杂剧剧本《风云会》等。

④宋代进士罗适，字正之，宁海人。历知五县，任京西北提点刑狱。慷慨陈词，体恤民情。曾经与苏轼谈论水利，兴修水利达五十余顷，深受百姓爱戴。

⑤后魏屈蛇侯罗结，代人。太武初累迁侍中、外都大官，统管三十六曹事。时年一百零七岁，精爽不衰。为人忠厚，甚受信任。归老后，国有大事，遣人驰询。享年一百二十岁。

⑥唐人诗人罗邺，余杭人。有“素有英资，笔端超绝”之誉，号“诗中虎”，为唐代“三罗”之一。他留下的一百多首诗，在一定程度上反映了唐王朝溃灭前的社会真实景象。本联为其《春晚渡河有怀》诗中联句。

⑦唐末文学家罗隐（833—909），本名横，字昭谏，新登（今浙江富阳西北）人。少时即负盛名。因议论时政，讥刺公卿，十考进士不中，遂改名隐。后投吴越王钱镠。历任钱塘令、节度判官、著作佐郎等官。他所作诗文多愤懑讽刺，同情人民疾苦。所著散文集《谗书》，鲁迅说它“几乎全部是抗争和愤激之谈”。著有诗集十四卷、甲、乙集三卷、外集一卷。清人辑有《罗昭谏集》。本联为其《杜陵秋思》诗中联句。

⑧宋代名人罗从彦的事典。

⑨注见②。

⑩中国人民解放军原总参谋长罗瑞卿（1906—1978）《叙怀》诗中联句。

罗氏名人集粹

罗大纲 广东揭阳人，（一说顺德或作广西人），近代太平天国著名将领。1850年参加金田起义，率所部一路屡建战功，后擢冬官正丞相。

罗振玉 淮安今属安徽人。考古学家。

罗泽南 湖南湘乡人。清末湘军将领。

罗聘 祖籍安徽歙县，清代著名画家，后为江苏甘泉（今江都）人，画人物、佛像、山水、花果、梅、兰、竹等，无所不工。其笔调奇创，超逸不群，别具一格，为“扬州八怪”之一。其儿子允绍、允缵，均善画梅，人称“罗家梅派”。

罗汝才 陕西延安人。明末农民起义首领。

罗洪先 今江西吉水人，明代学者。

罗钦顺 今江西太和县人，哲学家，曾官至南京吏部尚书。

罗汝芳 南城（今属江西）人，学者，泰州学派代表人物之一。

罗记 江西南城人，学者，任编修，曾官至南京吏部右侍郎。

罗贯中 今山西太原人，一说钱塘今浙江杭州或庐陵今江西吉安人，元末明初杰出小说家，为罗氏家族争得不少光彩。他一生相传作过“十七史”演义，现存有《三国志通俗演义》、《隋唐志传》、《残唐五代史演义》、《三遂平妖传》等。其中代表作《三国演义》（简称）是我国小说史上的重要里程碑，千百年来一直深受民众喜爱，是我国历来最畅销的古典名著之一。

罗必元 进贤人，宋代赣州（今属江西）通判。

罗仲通 汴梁（今河南开封）人，以工画墨竹著称。

罗存 今河南开封人，画家，喜作小景山水画，极有韵致，时人评价他的画作，“披图便知登高望远，鱼鸟往还，浩然有江湖之思”。

罗隐 余杭（今属浙江）人，唐代文学家，所作散文小品笔锋犀利，鲁迅谓其所著《谗书》“几乎全部是抗争和愤激之谈”。

罗邺 余杭人，诗人。

罗艺 襄州襄阳（今湖北）人，隋末幽州总管，后寓居京兆云阳（今陕西淳化西北），隋末任虎贲郎将，驻守涿郡（治今北京市西南），后起兵，自称幽州总管。武德元年（公元 619 年）归唐，赐李姓，封燕郡王，后反唐，兵败逃至乌氏（今甘肃泾川）。

罗研 南北朝梁散骑侍郎广汉（今属四川）人。

罗企生 豫章人，晋朝曾任武陵太守。

罗友 襄阳人，晋室南迁以后深受桓温器重，任襄阳太守。

罗宪 襄阳人。

罗裒 成都（今属四川）人，蜀郡。

罗珠 罗君用之子，仕汉后，曾官至相国、大司农，是罗姓当时很有影响的人物。据《南昌耆旧记》所载，罗珠“实为罗姓鼻祖，分布天下者皆其后也”。

罗氏风流撷英

罗氏建国源祝融，
千古风流在宜城。[①]
风雨苍桑到南昌，

百家姓中美名扬。②

文坛天才有罗隐，

激扬文字评时尚。③

直言进谏看复仁，

明祖喜称老实罗。④

更有传奇罗贯中，

三国隋唐远传颂。⑤

泰和钦顺弄学问，

洪先精研广舆图。⑥

赤子良心罗汝芳，

血战报国是荣光。⑦

罗字会意捕鸟网，

聚贤纳才前途广。⑧

注释：

①古罗国建于春秋时期，其先祖是祝融的后代，生活在今湖北宜城一带，本姓妘

②古罗国后为楚国所灭，其遗民迁至江西南昌地区，并在那里繁衍生息发展壮大。

③罗隐（公元 833—909 年），唐末文学家，浙江富阳人。少年时即负盛名，十考进士不中，改名“横”为“隐”。后投吴越王钱镠，虽然名字叫罗隐，但所作诗文“几乎全部是抗争和愤激之谈”，针砭时弊，酣畅淋漓，真实地表达出自己的内心感受。

④罗复仁（公元 1306—1381 年），明初官吏，江西吉水人。生性梗直，敢在太祖面前直谏时弊，朱元璋喜欢他质朴的性格，称呼他“老实罗”。

⑤罗贯中（约 1330—约 1400 年），明初小说家，山西太原人，在文学领域取得巨大成就。相传是施耐庵的学生，撰有长篇小说《三国志通俗演义》、《残唐五代史演义》等名作，传颂千古。

⑥罗钦顺（公元 1465—1547 年），明朝思想家，江西泰和人。政途皮多坎坷，退居乡里达二十年之久，潜心格物致知之学，专力于穷理、存心、知性。曰：“通天地，亘古今，无非一气而已”。罗洪先（公元 1504—1564 年），明朝学者，江西吉水人。他精研地理学，费十年之功，撰著《广舆图》。

⑦罗汝芳（公元 1515—1586 年），明朝哲学家，江西南城人。阴阳学派弟子，主张以“赤子良心，不学不虑”，与禅学诸多观点相近。罗荣光（公元 1834—1900 年），清末将领，湖南吉首人。1900 年 6 月，他官任天津镇总兵，驻守大沽炮台，与八国联军十余艘炮舰展开激战，最后因弹药库被毁，力战身亡，这个历史功绩人民永远不会忘记。

⑧罗（luó）〔羅〕，四是网字头，丝是网的材料，隹是小鸟。罗字是人用网捕捉小鸟的一种方法。人才是行事立功之本，尊贤任能方能成就宏伟事业。

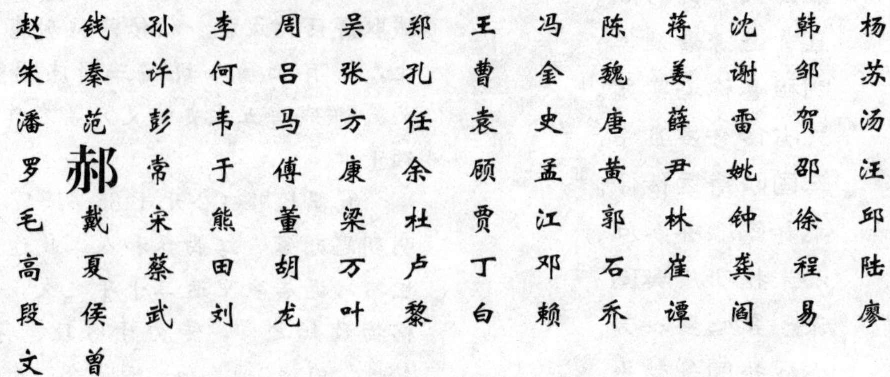

中华百家姓

赵 钱 孙 李 周 吴 郑 王 冯 陈 蒋 沈 韩 杨
朱 秦 许 何 吕 张 孔 曹 金 魏 姜 谢 邹 苏
潘 范 彭 韦 马 方 任 袁 史 唐 薛 雷 贺 汤
罗 郝 常 于 傅 康 余 顾 孟 黄 尹 姚 邵 汪
毛 戴 宋 熊 董 梁 杜 贾 江 郭 林 钟 徐 邱
高 夏 蔡 田 胡 万 卢 丁 邓 石 崔 龚 程 陆
段 侯 武 刘 龙 叶 黎 白 赖 乔 谭 阎 易 廖
文 曾

郝 姓

——南蛮参军语惊人，万卷诗书藏腹中

郝氏解密寻踪

（一） 姓氏字源

《说文》：“郝，右扶风户、盩厔乡。从邑，赤声。”段玉裁注：“谓右扶风之户县、盩厔县皆有郝乡也。”郝为古乡名，在今陕西省周至县。

（二） 寻根溯祖

郝姓来源有三：

1. 出自子姓，其始祖为帝乙。相传契为商的始祖，帝喾（高辛氏）之子，母为简狄，是有娀氏的女子。契曾助禹治水有功，被舜任为司徒，掌管教化。居于商（今河南商丘南），一说居蕃（今山东滕县）。相传其母因吞玄鸟（燕）卵生下他，所以赐姓子。商族后不断地壮大，终于在契的 14 代孙汤的领导下，推翻了夏桀的统治，建立商朝。据《通志·氏族略》及《名贤氏族言行类稿》所载，殷商在第 27 代天子帝乙即位时，将他的儿子子期封于太原郝乡（在今山西太原市），其后子孙便以地为氏，称郝氏。一说郝乡在今陕西西安附近。史称郝氏正宗。至于郝氏何时得姓，据有关史料所载，大致是在商朝被周灭亡（公元前 11 世纪）之后，按当时的固有习惯，子期的后裔便有以地为氏称郝氏，或以国为氏称商氏。可见，自古以来，商姓与郝姓原本就是同一血缘的家族。是为山西郝氏或陕西郝氏。

2. 出自复姓。据《唐书·宰相世系表》所载，相传炎帝神农氏有称郝骨氏者，为太昊（伏羲氏）的辅佐。其后郝氏中可能就有源自郝骨氏这一支的。

3. 为古代南方少数民族姓氏。据《旧唐书·南蛮传》所载，唐代南蛮有郝、杨、刘三姓。

（三） 宗堂郡望

堂号 “晒书堂”：晋朝时候，每年七月七日富豪之家就把衣服拿到太阳下晒，以防发霉或虫蛀。郝隆为桓温南蛮参军，他脱了衣服，跑到太阳下摩着肚皮晒太阳。人家问他干什么？他说：“晒书啊——我的书都在肚里！”

郡望 郝姓郡望主要有太原郡。

太原郡。战国秦庄襄王四年（公元前246年）置郡，治所在晋阳（今山西太原西南）。秦时相当今山西五台山和管涔山以南、霍山以北地区。北魏复为郡，相当今阳曲、交城、平遥、和顺间的晋中地区。

（四） 家谱寻踪

河北·藁城郝氏族谱四卷

藏地：中国科学院图书馆 日本 美国

（民国）彭树章等编

1937年铅印本 四册

河北定县·定州郝氏家谱一卷

藏地：人民大学

（清）郝秀峰等修

清光绪十七年（1891）刻本一册

河北三河·临河郝氏族谱不分卷

藏地：河北大学

（清）郝植恭修

清同治二年（1863）修钞本二册

山西·代县峨□郝氏族谱四卷

藏地：辽宁图书馆 美国

（民国）郝庆镛 郝晋琮等编辑

1932年太原德义齐石印本

江苏沛县·沛邑郝氏族谱不分卷

藏地：江苏沛县博物馆

1921年刊本 八册

江苏淮安·淮山郝氏宗谱五卷首一卷

藏地：国家图书馆 河北大学 上海图书馆 美国

（清）郝嵩云修

清光绪二十八年（1902）木刻本八册

湖南·常德郝氏族谱七卷首一卷

藏地：湖南临沣县档案馆

（清）郝德宝 郝宏泽续修

清宣统元年（1909）木刻本

山东滕县·郝氏族谱不分卷

藏地：河北大学

（清）郝澍敏纂修

清光绪五年（1879）修钞本一册

山东·栖霞郝氏丽书堂支谱一卷

藏地：山东栖霞县文化管理委员会

（清）郝联荪 郝联芬等纂修

清光绪十一年（1885）顺天东路厅署刊本

郝氏历代家谱一卷

藏地：北京通县档案馆

（民国）郝国俊撰

钞本

郝氏家乘□□卷

藏地：北京师范大学

北京厚记石印局石印本　一册

（五）　字行辈份

据民国残本《郝氏家谱》，河北藁城郝姓一支字行为："从文鸣连，正玉思清。"

（六）　迁徙繁衍

始于商末的郝姓，传了一千多年，至汉代仍是以今山西太原一带为其繁衍地区；就是到了宋代，郝姓虽说已分布于北方大部分地区，但主要还是以中原地区为其繁衍的中心地带。至于郝姓南迁，也是比较晚的，一直到宋代，南方一些地方才出现了郝姓人家。这也是导致明、清两代，郝姓仍以我国北方分布居多的主要原因。总之，历史上郝姓着实是我国一个比较典型的北方姓氏。关于这一点，我们也可从郝姓历代名人的分布情况略见一斑。

（七）　适用楹联

□丰文尚节；[①]引义传经。[②]

□猛将旗手；[③]红袄顺天。[④]

□尔雅疏义流芳远；
　春秋说略世泽长。[⑤]

□人曝笼内物；我晒腹中书。[⑥]

□太原一介；[⑦]河东三绝。[⑧]

□奇韵豪文，才推元代；[⑨]
　危言高论，名重汉时。[⑩]

注释：

①元代翰林侍读学士郝经，字伯常，陵川人。为人崇尚气节，为学务求有用。撰有《续后汉书》、《易春秋外传》、《太极演》、《通鉴书法》等，又著《陵川集》。他的文章气势磅礴不拘于形式，诗大多奇瑰壮丽。

②唐贞观进士郝处俊，安陆人。累迁吏部侍郎。为人正直，品行端正。凡是他的规定民俗，都很符合道理和实情。

③郝摇旗，郝姓第一猛将，最初在李自成农民起义军中当旗手。闯王牺牲后，与李锦等联合抗清，在湖南、广西大攻清军。后攻打四川巫山时被俘牺牲。

④金朝末年红袄起义军首领郝定，山东衮州人。在泰安起义，曾攻克十余县，称帝设立政权，国号汉，年号顺天。后被俘遇害。

⑤清代户部主事郝懿行，字恂九，号兰皋，嘉庆进士，谦退廉介，潜心著述，长名物训诂之学，著有《尔雅疏义》、《春秋说略》、《山海经笺疏》等。

⑥晋代参军郝隆，字仕治。每年七月七日，人皆晒衣物，惟隆卧于庭中，人问之，答曰："晒吾腹中书耳！"

⑦汉代名人郝子廉，太原人。性廉洁，一介不取于人。尝过姊饭，留十五钱默置席下去。每行饮水，常投一钱于井中。

⑧宋代画家郝章，汾州人，居阆州。长于画人马，年已八十，每画一人一马，称绝一时。与路皋橐骆、张远山水并称河东三绝。

⑨见注①。

⑩东汉名士郝絜，太原人。好危言高论，名重当时。

郝氏名人集粹

郝懿行 今山东栖霞人，清代著名的经学家、训诂学家、嘉庆年间进士。他曾官至户部主事，长于名物训诂考据之学，于《尔雅》用力最久，撰《尔雅义疏》、《山海经笺疏》，援引各书，考释名物，订正讹谬。另有《易说》、《书说》、《郑氏礼记笺》、《春秋说略》、《竹书纪年校正》等书。

郝摇旗 明清之际李自成农民起义军一员猛将，初在军中当旗手，故得此名。闯王牺牲后，与李锦等联合抗清，在湖南、广西大败清军。后因在军中受歧视，退回湖北，在攻打四川巫山时被俘牺牲。

郝锦 今属安徽人，明末学者，崇祯进士。

郝大通 元代道学家。

郝经 泽州陵川（今属山西）人，学者、谋士兼一身。曾在金亡后迁于河北，居元将张柔家，得读其藏书。宪宗时人忽必烈（即元世祖）王府，甚受信任。中统元年（1260 年）以翰林侍读学士使宋，为贾似道扣留于真州（今江苏仪征）。一生著作较多，主要有《续后汉书》、《陵川集》等。

郝澄 句容（今属江苏）人，宋代画家，他所作道释、人马，笔墨清劲而又善于设色，一生努力进取，其愈后，名气亦愈大。

郝定 衮州泗水（今属山东）人，金末山东红袄军首领他曾率军攻克滕、兖、单诸州，莱芜、新泰等 10 多个县，设立政权，国号汉，年号顺天。

郝廷玉 唐代安边郡王。

郝玭 保定郡王。

郝孝德 平原（今山东平原西南）人，隋末农民起义领袖，他曾聚数万人起义，转战于黄河下游以北地区，加速了隋王朝的灭亡。

郝昭 三国魏将军，原籍山西人。

郝廉 汉代时，以性情廉洁而著称的高士。

郝絜 危言高论为世所重的名士。

郝贤 官至上谷（今河北怀来）太守，今山西太原人士。

郝氏风流撷英

南蛮参军语惊人，
万卷诗书藏腹中。①
贫有礼仪贵有节，
夫人家法推郝钟。②
饮水投钱非为他，
郝廉君子德行清。③
直言忠谏引经义，
襟期不改宰相风。④
顺天信使尚气节，
囚居异邦留丰文。⑤
永忠原为摇旗手，
全州报捷气势雄。⑥
名物训诂与考据，
尔雅流传懿行名。⑦
玉田票会习生净，
棋盘草沼声誉隆。⑧

注释：

①郝隆，字仕治，晋代人，官荆州刺史桓温的南蛮参军。农历七月七日，人们都晒衣物，惟有郝隆睡在院中，问之，则曰："晒我腹中书罢了。"

②郝夫人，晋代晋阳人、汝南内史王湛之妻，有德行。王湛兄王浑之妻钟琰，出身贵门。郝氏不因低贱而低三下四，钟氏也不因富贵而盛势凌人。时人称"钟夫人之礼，郝夫人之法"。

③郝廉，汉代人，曾远行于道中，饮井中水，饮完投钱于井中，以示廉洁。

④郝处俊，唐代安陆人。少年好学，尤爱《汉书》，贞观年间（627—629）进士，历官吏部侍郎、东台侍郎、中书令。唐高宗多病，想让位于武则天，郝处俊直言规劝，每次与皇帝议论国事，必引经义来应对，甚有大臣的风度。襟期：情怀、抱负。

⑤郝经，字伯常，元代顺天人，官翰林侍读学士，为人崇尚气节，曾充任信使出使宋朝，被拘十六年，始终不屈。学习讲究实用，撰有《续后汉书》、《易春秋外传》、《太极演》、《原古录》、《通鉴书法》、《玉衡贞观》等书。丰文：文章丰富茂美。

⑥郝摇旗（？—1664），又名永忠，明清之际将领。初从李自成，后从李锦。永历立年（1647）取得全州大捷。后被俘杀。因初在军中为大旗手，故名摇旗。

⑦郝懿行（1757—1825），字构九，号兰皋，清时栖霞人。长于名物、训诂、考据，于《尔雅》用力最久。

⑧郝振基（1870—1945），北昆演员。原籍河北大城，后居玉田。幼入昆弋票会习艺，演生与净角。擅演《棋盘会》、《草沼》，尤以演猴戏著名。1917年入京，声誉大盛。

中华百家姓

赵 钱 孙 李 周 吴 郑 王 冯 陈 蒋 沈 韩 杨
朱 秦 许 何 吕 张 孔 曹 金 魏 姜 谢 邹 苏
潘 范 彭 韦 马 方 任 袁 史 唐 薛 雷 贺 汤
罗 郝 **常** 于 傅 康 余 顾 孟 黄 尹 姚 邵 汪
毛 戴 宋 熊 董 梁 杜 贾 江 郭 林 钟 徐 邱
高 夏 蔡 田 胡 万 卢 丁 邓 石 崔 龚 程 陆
段 侯 武 刘 龙 叶 黎 白 赖 乔 谭 阎 易 廖
文 曾

常 姓

——遁将蜀中一才子，华阳国志垂青史

常氏解密寻踪

（一） 姓氏字源

姓氏字源《说文》："常，下帬也。从巾，尚声。裳，常或从衣。"段玉裁注："今字裳行而常废矣。"《玉篇·巾部》："常，帬也。今作裳。"常古时同裳。

（二） 寻根溯祖

常姓来源有四：

1. 相传在五千年前的黄帝时代，以常为氏的古人相当不少。相传占月的常仪，为娵訾氏女，帝喾（传说中古代部族首领。号高辛氏，为周族和商族的始祖）次妃，以善占月之晦、朔、弦、望著名。古代"仪"与"娥"同声通用，故后人有谓嫦娥奔月神话故事，或即由常仪演变而来。又有曾被黄帝（中原各族的共同祖先，居轩辕之丘，国于有熊，其地在今河南新郑县）任命为大司空的常先。这是见于史载最早的常姓，因此，后世许多学者认为，常姓应说是在五千年以前就有了。是为河南常氏。

2. 出自姬姓，以邑为氏，其始祖为卫康叔的后裔。据《元和姓纂》及《通志·氏族略》等所载，公元前 11 世纪周武王灭商后，分封其弟（文王幼子）于康邑，世称康叔封。周公（武王之弟）平定武庚的反叛后，将原来商都周围地区和殷民七族分封给周武王弟康叔，建立卫国，成为当时大国。当时卫国的遗孙所拥有的土地，大致为今沿黄河流域的河南及河北一带。卫国初建都于朝歌（今河南淇县），公元前660年左右，迁到楚丘（今河南滑县），后又迁都帝丘（今河南濮阳），公元前254年为魏所灭，成为魏的附庸，后来秦把它迁到野王（今河南沁阳），作为泰的附庸。前209年为秦所灭。卫国在当时的诸侯国中，可算寿命较长的一个，经历了西周、春秋、战国的漫长时期。周初，周公大肆分封诸侯，诸侯又分封采邑，我国的常姓，正是源自当时卫国所分封出来的一个采邑——常（在今山东省滕县东南），其始祖就是卫康叔的儿子。当卫国被秦灭后，卫康叔的儿子的后裔，有以国为氏姓卫的，也有以采邑为氏姓常的。史称常姓正宗。同时，也不能排除殷商后裔有改姓为卫或常的。是为山东常氏。

3. 出自战国时吴国公族之后裔。据《姓氏考略》所载："吴后有常姓。"是为江苏常氏。

4. 出自恒姓，为避讳改姓。据《通志·氏族略》所载："又有恒氏，避宋讳改为常。"北宋真宗名赵恒（公元998－1022年在位），古时的"恒""常"字同义，故因避皇帝名讳，改恒为常姓。恒姓本为楚国公族恒思公之后。据《世本》所载："楚有大夫恒思公，其后有恒氏、常氏。"这一支改恒为常姓的族人，其后代主要繁衍于今江苏的东海沿岸一带。

（三） 宗堂郡望

堂号 "知人堂"：唐朝常何，贞观时为中郎将。太宗要百官上书议论国事。常何是武人，不会写，只好请他的门客马周代写了30多条。太宗看了很高兴，表扬常何写得好。常何不愿偷别人的功，就对太宗说："我不识字，这是我的门客马周写的。"太宗马上封了马周做监察御史，并表扬常何知人，赐给常何绸缎300匹。

常姓又以"太原"为其堂号。

郡望 郡望主要有太原郡、平原郡、河内郡、武威郡等。

1. 太原郡。战国秦庄襄王四年（公元前246年）置郡，治所在晋阳（今太原西南）。秦时相当今山西五台山和管涔山以南、霍山以北地区。北魏时复为郡，相当今阳曲、交城、平遥、和顺间的晋中地区。此支常氏，为汉昭帝时光禄大夫、右将军常惠之族所在。

2. 平原郡。西汉置郡，治所在平原（今山东平原县西南）。相当今山东平原、陵县、禹城、齐河、临邑、商河、惠民、阳信等县。大致为今山东西部地区。

3. 河内郡。楚汉之际置，治所在怀县（今河南武陟西南）。相当今河南黄河以北，京汉铁路（包括汲县）以西地区。西晋移治野王（今河南沁阳）。此支常氏，为曹魏时大司农常林之族所在。

4. 武威郡。汉元狩二年（公元前121年）置郡，治所在武威（今甘肃民勤东北）。相当今甘肃黄河以西，武威以东及大东河、大西河流域地区。东汉移治姑臧（今甘肃武威）。

（四） 家谱寻踪

山西·常氏宗谱一百五十卷

藏地：山西图书馆

（民国）常赞春编

1920年铅印本六册

山西太谷·常氏家乘不分卷

藏地：美国

（民国）常赞春等修

1924年铅印本六册

山西夏县·常氏五房谱不分卷

藏地：美国

（民国）常学光等修

1932年石印本六册

江苏丰县·常氏家谱六卷

藏地：江苏丰县常店乡常娄村

（民国）常仁道常怀等仁纂

1923年稿本

江西·万载大北门常氏族谱□□卷

藏地：江西图书馆（存卷2、4、6、卷末）

（清）常德寿等纂修

清光绪三年（1877）平原堂木活字本

山东·泰安常氏族谱十一篇

藏地：山东泰安市图书馆

（清）常秀峰撰

清光绪十六年（1890）敦亲堂写本

湖南·长沙东薮常氏家谱二十二卷首一卷末一卷

藏地：湖南图书馆（存卷首）

1921年活字本

湖南·长沙欧塘常氏六修家谱□□卷首一卷

藏地：湖南图书馆

（民国）常孝魁修 常孝焕等纂

1936年活三册

延令常氏宗谱八卷

藏地：国家图书馆（二部）

（民国）常羡之等修

1914年三省堂活字本八册

（五） 字行辈份

据民国抄本《常氏族谱》，江苏如皋常姓一支字行为："敦愈怡乔吉，征善禄绶祥，谊修忠伦。"

（六） 迁徙繁衍

我国常姓的发祥地应是今山东西部一带。最初，常姓也是以此地作为主要的繁衍中心。据有关资料所载，常姓的具体播衍情形是这样的：战国末期，常姓主支便繁衍于今河南、河北南部等地，并已散居大江南北。至汉初有一支常姓迁入今山西省境，后逐渐形成了以"太原"郡为中心地带的一大望族。同时，在山东西部常姓起源的老家，也形成了当地一大望族。汉末至三国时，常姓又有一支迁四川江原（今崇庆县东），后发展成望族。魏晋南北朝时期，以河南河内（相当今黄河以北，京汉铁路以西地区）有一支常姓发展成为望族。其中有一支常姓迁入甘肃境，并在今甘肃的武威一带逐渐成为当地一大望族。与此同时，因北方战乱，常姓也同其他的姓氏族人一起南迁，散居江南许多地方。隋唐之际，常姓在京城长安（今陕西西安）一带逐渐兴旺的同时，已有新丰（今陕西临潼）人常衮迁居福建，是为入闽、粤始祖。宋代，常姓家族又有了新的血液注入，常姓已多分布于我国长江中下游地区，并有常姓自江苏、浙江、江西、湖北等地辗转徙居于今福建、广东，最后到达云南、贵州等地。至明、清，常姓已广布于我国大部分地区。清代以后，又有一些满族人溶入常姓，使常姓队伍更加庞大。总之，我国的常姓从历代繁衍迁徙的情形看，以北方的山西、山东、河南、陕西、河北、甘肃等省的分布最广，江苏、四川、浙江等省的分布次之。关于这一分布情形，只要结合历代常姓名人的出生地，就不难理解了。

（七） 适用楹联

□三年化治；[①]一郡清风。[②]

□御封濮阳县子；[③]
　雅号儒林先生。[④]

□华阳国志德名远；[⑤]
　开平武王恩威长。[⑥]

□山光悦鸟性；潭影空人心。[⑦]

□一生常继开平志；
　千里争传伍侠名。[⑧]

□开国将军，平定天下；[⑨]
　创兴学校，领袖闽中。[⑩]

注释：

①为常姓历史名人常应物的事迹。

②指北周永阳郡公常善，累有战功，历任刺史，颇有政绩。

③后魏车骑将军秘书监常景，字永昌，凉州人。有才思，雅好文章。受敕撰门下诏书凡四十卷。普泰初，除车骑将军秘书监，封濮阳县子。官终仪同三司。著述凡数百篇。

④后魏宣威将军常爽，字仕明，徙避凉州。少聪敏，五经百家，多所研综。太武西征，拜宣威将军。尝教授门徒七百余人，严厉有方，时人号为儒林先生。著有《六经略注》。

⑤东晋史学家常璩，字道将，江原（今四川崇庆）人。曾在成汉任散骑常侍等职，著有《华阳国志》等，为我国西南地区古史重要典籍。

⑥明初名将常遇春（1330—1369），字伯仁，怀远（今属安徽）人。元末参加朱元璋军，为前锋渡江取采石。元璋攻灭张士诚，北上灭元，都用他做副将军，与大将军徐达共同领兵。他自谓能以十万众横行天下，军中号称“常十万”。洪武二年（1369），与李文忠攻克开平（治今内蒙古正蓝旗东闪电河北岸）。还师时暴病身死。谥忠武，追封开平王。

⑦唐代诗人常建（708—?），长安（今属陕西）人。开元进士，与王昌龄同榜。曾任盱眙尉。其诗多为五言，常以山林、寺观为题材，也有部分边塞诗。有《常建集》。本联为其《题破山寺后禅院》诗中联句。

⑧当代诗人、剧作家、戏剧活动家田汉（1898—1968），撰赠当代著名文艺家常任侠联。

⑨见注⑥。

⑩唐代门下侍郎常衮，以清俭自贤。后贬潮州刺史。建中初为福建观察使。始闽人未知学，衮为设乡校教导之。

常氏名人集粹

常志美　清代山东伊斯兰教学者，

他精于波斯文，注意研究宗教哲学。于阿拉伯文经籍著述之外，还重视讲授波斯文的经典教义，后来发展为中国伊斯兰教寺院经堂教育中的山东学派，影响甚大。后华北地区穆斯林多称之为“常巴巴”，以示尊崇。

常升 明代被封为开国公。

常軏 山西沁水人，河南佥事。

常遇春（1320－1369） 明朝名将，今安徽怀远人，他曾为朱元璋建立明朝立了下汗马功劳。善射，力大无比，自称能率10万之众横行天下，军中号称“常十万”。1369年在攻克开平（今内蒙闪电河北岸）凯旋途中暴病而死，追封开平王，年仅39岁。

常伦 今山西沁水人，散曲家，曾官至大理寺评事。平素好谈兵击剑，工书画，作品以散曲著名。有《常评事集》、《写情集》等。

常楙 宋代官至吏部尚书。

常思德 今河南开封人，汝州刺史、左神武大将军。

常衮 新丰（今陕西临潼）人，唐天宝年间官至潮州刺史、福建观察使。

常何 唐初，长安（今西安）人，贞观时为中郎将，曾向唐太宗推荐贤者马周而名闻遐迩。

常建 诗人，长安（今属陕西）人，开元进士，与王昌龄同榜，其诗多五言。

常杰、常重胤 父子，长安（今属陕西）人，画家，他们均以善画道释人物而著称。

常得志 隋代，京兆（今属陕西）人，博学善属文，官至秦王记室。

常璩 蜀郡江源（今四川崇庆）人，东晋有史学家，他曾在成汉任散骑常侍等职，人晋后居建康（今江苏南京）。著有《华阳国志》及《汉之书》等。其中，《华阳国志》为我国西南地区的古史。

常坦 常珍之子，官镇远将军、大夏镇将。

常爽 常坦之子，拜宣威将军，又为当时的名儒，他精研五经百家，教授门徒700余人，时号“儒林先生”。

常文通 常爽之子，累官至镇西司马、南天水太守；常文通之子常景，官车骑将军、秘书监，封濮阳县令。

常林 河南温（今河南温县）人，三国曹魏时大司农、高阳乡侯，据有关资料所载，常林的后代历魏晋南北朝，有多人人朝为官。其中常林4世孙常珍，北魏时任南安太守，因世乱避居凉州（今属甘肃武威）。

常播 江原（今四川崇庆县东）人，汉末三国时有名士，以孝廉著称，为时人称颂。

常騫 江原人，以学识渊博、清尚闻名。

常惠 今山西太原人，汉代官至右将军。他曾追随苏武出使匈奴，被拘留10余年而始终持节不屈。获释返国后，被昭帝拜为光禄大夫，封长罗侯，后代替苏武为典属国。常惠之后又有数人封侯，太原常氏由此显赫。班固所作的《汉书》，也曾特别为他列传。他为汉朝与西域文化交流做出了很大的贡献。

常氏风流撷英

义齐苏武有常惠，
持节匈奴十年归。①
谈兵击剑骂御史，
仙风道骨未评事。②
高僧求法为正果，
舍生救人实义士。③
仕明少小博经史，
儒林先生称严厉。④
伯仁善射有勇力，
十万战功谁可比？⑤
常建倾心山与寺，
留与后人禅院诗。⑥
遁将蜀中一才子，
华阳国志垂青史。⑦
曲艺园中为奇葩，
异国捐躯亦慷慨。⑧

注释：

①常惠，西汉太原人。汉武帝（前141—前87年）时随苏武出使匈奴，被扣留十余年，及还，先后拜光禄大夫、校尉，持节仗护送乌孙兵攻打匈奴，封长罗侯，后代苏武任典属国，熟悉国外事，官至右将军。

②常伦（1492—1525），字明卿，号楼居子，明时山西沁水人。正德进士，官大理未评事。调判寿州时，因辱骂御史罢归。好谈兵击剑，擅散曲，多写炼丹求仙。

③常慜，唐时僧人，由海道前往印度巡礼，所舶船沉，慜舍己救人，遇难。见《大唐西域求法高僧传》。

④常爽，北魏温县人，字仕明。少小聪慧，五经百家，无所不学。太武帝（公元423—451年在位）西征时，拜宣威将军。曾设馆授学，门徒达七百余人，严厉有方，人称儒林先生。

⑤常遇春，字伯仁，明初怀远人，名将。善射，有勇力。事朱元璋，累立成功，军中号称“常十万”。

⑥常建，唐诗人，字里不详。开元进士，与王昌龄同榜，天宝间卒。其诗多为五言，常以山林，寺观为题，《题破山寺后禅院》一首为世传诵。

⑦常璩，字遁将，东晋蜀郡江原（今四川崇庆）人，入晋后居建康。著有《华阳国志》、《汉之书》等。《华阳国志》为我国西南地区古史。

⑧常宝堃（1922～1951），曲艺相声演员。艺名小蘑菇，北京人。少时师张寿臣，说学逗唱均有很高造诣。1951年赴朝慰问，在朝鲜前线牺牲。

中华百家姓

赵 钱 孙 李 周 吴 郑 王 冯 陈 蒋 沈 韩 杨
朱 秦 许 何 吕 张 孔 曹 金 魏 姜 谢 邹 苏
潘 范 彭 韦 马 方 任 袁 史 唐 薛 雷 贺 汤
罗 郝 常 于 傅 康 余 顾 孟 黄 尹 姚 邵 汪
毛 戴 宋 熊 董 梁 杜 贾 江 郭 林 钟 徐 邱
高 夏 蔡 田 胡 万 卢 丁 邓 石 崔 龚 程 陆
段 侯 武 刘 龙 叶 黎 白 赖 乔 谭 阎 易 廖
文 曾

于 姓

——竿勾钩鱼鱼通益，高瞻远瞩顾大局

于氏解密寻踪

（一） 姓氏字源

《说文》：“于，於也。像气之舒于。从丂，从一。一者，其气平之也。”李孝定《甲骨文字集释》：“契文不从丂，一，其字形何以作于，无义可说。卜辞用于与经传于字同义，皆以示所在。”据《殷墟文字甲编》及《殷契佚存》所载，甲骨文“于”右有迂回似线缕形，邹晓丽《基础汉字形义释源》认为“于是丁（古呵气之呵）加一横画，代表气出受阻，但越过阻碍而通过之意，故于即越。”

于字，人们叫竿勾于，好像钓鱼的人在垂线钓鱼，鱼字通益，也有给予的意思。给予谁，给什么呢，那就是要给人民带来利益。

（二） 寻根溯祖

于姓来源有三：

1. 出自姬姓，为周武王姬发的后代，以国为氏。据《新唐书·宰相世系表》等所载，周武王克商后，大举分封诸侯，其第二子邘叔被封在邘国，也就是今河南省沁阳县北部西万镇邘邰村，后来，邘叔的子孙就以国为氏，有的姓了邘；有的则去邑旁姓于。如此看来，后世汉族的于姓和邘姓，在血缘上根本就毫无差别，统统都是源自周武王的第二子邘叔，史称于姓正宗。是为河南于氏。

2. 据《路史》所载，东海（大致相当今山东东南及江苏东北以东地带）有于公裔孙，本为汉人，随拓跋珪迁徙至代北（大致相当今山西代县、繁峙、五台、原平一带），为万忸于氏（鲜卑族复姓），至魏孝文帝迁都洛阳后，进行汉化改革时，恢复为于氏。

3. 为唐代淳于氏避讳改姓。据《古今姓氏书辨证》等所载，淳于公子孙，以国名为氏。唐贞观年间所定皇族七姓，有淳于氏。至唐宪宗李纯时，为避皇帝的嫌名（因“纯”与“淳”同音），复姓淳于氏改为单姓于氏。至宋代，又有一部分于姓恢复淳于姓。

（三） 宗堂郡望

堂号 “忠肃堂”：明朝忠臣于谦，任兵部尚书。瓦剌犯大同，英宗被俘。徐理力主迁都，于谦为了振兴国家，坚决反对。为了避免用英宗要胁中原，就拥景帝即位。打败瓦剌，中兴明朝。不料英宗回来后听信谗言杀了于谦。以后才平反昭雪，谥“忠肃”。

于姓还以“东海”为堂号。

郡望 于姓郡望主要有河南郡、东海郡、河内郡等。

1. 河南郡。汉高帝二年（公元前205年）改秦三川郡置郡，治所在雒阳（今洛阳市东北）。相当于今河南省黄河以南洛水、伊水下游，双洎河、贾鲁河上游地区及黄河以北原阳县。此支于氏，大概为于氏始祖邘叔的直系后裔。

2. 东海郡。秦始置郡，治所在郯（今山东郯城北）。西汉时相当今山东费县、临沂、江苏赣榆以南，山东枣庄市、江苏邳县以东和江苏宿迁、灌南以北地区。此支于氏，应为春秋战国是于泰之后及北魏鲜卑族复姓万忸于氏改汉字单姓于氏的后裔。

3. 河内郡。楚汉之际置郡，治所在怀县（今河南武陟西南）。相当今河南黄河以北，京汉铁路（包括汲县）以西地区。此支于氏，亦为邘叔的直系后裔。

（四） 家谱寻踪

天津静海·于氏族谱四卷
藏地：南开大学
（民国）于春林重修
1918年钞本　四册

山东即墨·于氏族谱二卷
藏地：吉林大学
（民国）于清中等修
1924年笃叙堂排印本　二册

山东烟台·于氏家谱不分卷
藏地：山东烟台市图书馆
（民国）于宗洵纂
1935年石印本

山东荣成·于氏支谱四卷首一卷
藏地：山东荣成县埖头镇海埖村
（民国）于锡琨　于源璋重修
1933年铜字本

江苏丰县于氏·家谱六卷
藏地：江苏丰县师在乡于王庄
钞本

江苏江都·于氏十修家谱十六卷首一卷
藏地：北京师范大学
（清）于树滋纂辑清光绪十四年(1888)木活字本　十二册

江苏江都·于氏十一修家谱二十卷首一卷

藏地：中国社会科学院历史研究所图书馆　美国

（民国）于树滋纂辑

1921年活字本

江苏金坛·于氏族谱不分卷

藏地：南京大学

（清）于嘉树修　于景章等纂

清光绪六年（1880）福谦堂木活字本　二十八册

江苏金坛·于氏宗谱二十八卷

藏地：人民大学　中央民族大学

（清）于廷扬等修

清宣统三年（1911）福谦堂刻本三十册

浙江·萧山于氏宗谱八卷

藏地：日本　美国

（清）于广泰等五修

清光绪十七年（1837）佑启堂木活字本　八册

浙江·萧山于氏宗谱十卷

藏地：日本　美国

（清）于肇麟等六修

清光绪四年（1878）佑启堂木活字本　十册

浙江嵊县·剡北于氏正大宗谱四卷

藏地：浙江嵊县图书馆

（清）于均士　于恒吉纂

清光绪三十三年（1907）重修木活字本

浙江·兰溪于氏宗谱五卷

藏地：浙江兰溪县严山乡

1939年木刻本

浙江兰溪·于氏宗谱十四卷

藏地：浙江兰溪县灵洞乡

1947年木刻本

浙江·兰溪梅溪于氏宗谱六卷

藏地：浙江兰溪县长陵乡

民国间木刻本

湖北新洲·于氏宗谱六卷

藏地：湖北新洲县桃源乡熊店村

（民国）于万国修

1949年木刻本

于氏宗谱五卷

藏地：国家图书馆

（清）于准纂修

清康熙间家刻本

于氏家谱二十卷首一卷

藏地：国家图书馆

（民国）于德甫　于树芾等修

1922年活字本　十六册

于氏宗谱一卷

藏地：四川仪陇县档案馆

钞本

（五）　字行辈份

清光绪二十六年于炳坤修《于氏族谱》，江苏江都于姓一支字行为：“谦恭孝友，仲福正昌。”

（六）　迁徙繁衍

我国的于姓虽说有源于周武王、淳于公及鲜卑三支，但追溯起来，姓氏的源流只有一个，即是黄帝的后裔。作为于姓的发祥地，最早应是在今河南沁阳县北部一带，而且发源于此地的于姓，后来成为了于姓家族主要的组成部分。于姓的具体播迁情形，大致上，历代于姓主要是我国北方以中原地区繁衍最为昌盛，这一点我们也可以从历代于姓名人的分布情形中略见一斑。魏晋南北朝之时，于姓才得以大举南迁东南广大地区。至隋唐时，于姓相继在北方形成了几处大的望族。后经过漫长岁月不断地繁衍迁徙，终成为我国姓氏中的大姓之一。据有关史料统计证实，历代于姓是以今河南、山东、河北、湖北、黑龙江、山西、陕西、内蒙古、江苏、安徽、新疆等11个省、自治区为其主要的分布地区。可见，历史上，于姓也是我国一个比较典型的北方姓氏。

（七） 适用楹联

□威隆节钺；[①]德卜门高。[②]

□勤劳土木；[③]妙选瀛州。[④]

□帆影清江水；铃声碧草山。[⑤]

□慎行大学士；[⑥]曼倩西平侯。[⑦]

□德及子孙，崇门容驷马；[⑧]
功高家国，泰代出贤臣。[⑨]

□砥柱中流，独揽朱明残祚；
庙容永奂，长赢史笔芳名。[⑩]

注释：

①三国魏名将于禁，字文则，钜平人。武帝时召拜军司马，征战有功，封益寿亭侯，累迁左将，假节钺。谥厉。

②汉代廷尉于定国，字曼倩，东海郯人，少学法于父。父死，亦为狱吏，后为廷尉，擢为丞相，封西平侯。

③明代杰出的政治家于谦（1398—1457），字廷益，钱塘（今浙江杭州）人。永乐进士。历官御史、兵部右侍郎。正统十三年（1448年），迁左侍郎。次年秋，瓦剌也先大举寇边，宦官王振挟英宗亲征，兵部尚书邝埜从征，留他理部事，未几，发生“土木之变”，英宗被俘，京师震恐。监国郕王擢之为兵部尚书，全权经划京师防御，他拥立郕王即帝位，是为景帝。十月，也先挟英宗破紫荆关入窥京师，他分遣诸将列阵九门外迎敌。而身自督战，也先挟英宗北逃。景泰元年（1450年），也先乞和，请归英宗。及迎还英宗，安置南宫，称上皇。后以所谓“谋逆罪”被杀害。

④唐初大臣于志宁（588—665），字仲谧，京兆高陵（今陕西高陵）人。贞观中为太子右庶子。高宗时拜太子太师，同中书门下三品。并封燕国公。以华州刺史致仕。

⑤唐代诗人（唐末进士）于邺《过百牢关贻舟中者》诗中联句。

⑥明代礼部尚书于慎行，字可远，东阿人。隆庆进士。万历初历修撰，后诏加太子少保，兼东阁大学士，以疾归。慎行学有原委，贯穿百家。神宗时，词馆中以慎竹及冯琦文学为一时冠。有《谷城山馆诗文集》。

⑦见注②。

⑧汉代县狱吏于公，东海郯人。决狱平。东海有孝妇，为太守冤杀，公争之不得，辞疾去。孝妇死。东海旱三年，后太守至。因公言致祭立雨。公闾门坏，父老方共治之。公谓曰：“少高大，令容驷马车盖，我治狱多阴德，子孙必有兴者。”后其子定国为丞相，孙永为御史大夫。皆封侯。

⑨见注③。

⑩明代杰出的政治家于谦联。

于氏名人集粹

于敏中 江苏金坛人，清代军机

大臣。

于成龙 汉军镶红旗人，大臣。

于准 山西永安人，江苏巡抚。

于谦（1398－1457） 浙江钱塘（今杭州）人，明朝大臣，成祖年间进士，曾历任监察御史、巡抚、兵部右侍郎。巡抚河南、山西期间，平反冤案，赈济灾荒，颇得民心。英宗时，宦官王振专权，朝政腐败，蒙古瓦剌贵族也先率军来犯，明军阻击而全军覆没，英宗被俘，举国上下为之震动，一些朝臣主张南逃避敌，他力排众议，誓死保卫京师（今北京市），拥郕王即帝位（景帝），后瓦剌军破紫荆关直逼京师，他亲自督战，击毙也先大败瓦剌军。后官加少保，总督军务。后英宗被释放，景泰八年，英宗发动“夺门之变”，夺回帝位，他被捕下狱，以“意欲谋逆”罪被判处死刑。史称“行路嗟叹，天下冤之”。宪宗成化时，复官并赐祭，葬于西湖三台山麓。

于敬 钱塘（今浙江杭州）人，监察御史。

于光 都昌（今属江西）人，鹰扬卫指挥使。

于大节 任丘（今属山东）人，山东按察使。

于慎行（1945—1607）明山东东阿人，字可远，更字无垢。隆庆进士。万历初历翰林院修撰，充日讲官。因劾张居正夺情，引疾归。后起官，历侍讲学士、礼部左右侍郎，累迁至礼部尚书。万历三十三年（1605），起掌詹事府，后二年兼东阁大学士，入阁，寻病卒。在史馆以读书为事，明习典制，贯通百家，与冯琦并为文学名臣。其诗文弘丽，一时推为大手笔。有《读史漫录》、《谷城山馆诗文集》。

于钦 益都（今山东寿光）人，元朝兵部侍郎。

于志宁 京北高陵（今属陕西）人，唐代宰相。

于邵 万年（今属陕西）人，巴道刺史。

于休烈 代宗时任工部尚书、东海郡公。

于宣道 隋代时任车骑将军。

于仲文 隋代时任江南道行军总管、行军元帅。

于德臣 南北朝后周工部尚书。

于谨 南北朝北周太傅。

于禁 泰山巨平（今山东泰安南）人，三国时魏名将。

于吉 琅邪（今山东胶南县）人，东汉时方士，曾著有《太平经》一书。

于定国 东海郯县（今山东郯城西南）人，汉初丞相。他初为狱吏，宣帝时，任廷尉，决疑平法，后为丞相，被封为西平侯。

于公 当初东海郯（今山东郯城北）人，以善于决狱而成名，他所洗雪的“东海孝妇”一案，更是千古美谈。

于氏风流撷英

于氏姓启周叔于，
河南沁阳是祖籍。[1]
以国为氏自姬姓，
邗字去邑改为于。[2]
定国才高任御史，
治狱无冤有政绩。[3]

陕西高陵于志宁，
修订本草传后人。④
于谦明朝政治家，
恩泽万民及时雨。⑤
学贯百家通典故，
慎行文学冠第一。⑥
清代清官于成龙，
以身作则正风气。⑦
竿勾钓鱼鱼通益，
高瞻远瞩顾大局。⑧

注释：

①据《广韵》及《元和姓纂》记载，周武王灭了商朝以后，把邘国封给他第三个儿子叔于，当时的邘国在现今河南省沁阳县西北的邘台镇。

②于氏以国为氏。后来邘姓族人把邘字的邑旁去掉，便写为“于”。

③于定国（？—前40年），山东郯城人。自少便受他父亲的熏陶，他父亲死的时候为狱吏，后来朝廷看他才学颇高，便任他为侍御史。他为人谦恭，治狱公正严明。时称：“于定国为廷尉，民自以无冤”，深获时人好评。

④于志宁（588—665），陕西高陵人。偏好医学，曾与司空李勣修定《本草》，并附图，共四十五篇。此外，他还参与编撰各种律令、礼典。

⑤于谦（1398—1457），浙江杭州人。杰出的政治家。

⑥于慎行（1545—1607），山东平阴人。他博学广识，学贯百家，对历代典故非常熟悉，各种礼仪多由他裁定，文学造诣也被称为当时之冠。有《谷城山馆诗文集》、《读史漫录》等。

⑦于成龙（1617—1684），山西离石人。顺治年间著名清官，他以身作则，对当时的社会风气有很大的影响。

⑧于（yú）字，人们叫竿勾于，好像钓鱼的人在垂线钓鱼，鱼字通益，表示利益。只看到人民的根本利益，要看到长远利益，就得有长远的眼光，顾全大局。

中华百家姓

赵	钱	孙	李	周	吴	郑	王	冯	陈	蒋	沈	韩	杨
朱	秦	许	何	吕	张	孔	曹	金	魏	姜	谢	邹	苏
潘	范	彭	韦	马	方	任	袁	史	唐	薛	雷	贺	汤
罗	郝	常	于	傅	康	余	顾	孟	黄	尹	姚	邵	汪
毛	戴	宋	熊	董	梁	杜	贾	江	郭	林	钟	徐	邱
高	夏	蔡	田	胡	万	卢	丁	邓	石	崔	龚	程	陆
段	侯	武	刘	龙	叶	黎	白	赖	乔	谭	阎	易	廖
文	曾												

傅 姓

——美男善思称为傅，为民服务是本意

傅氏解密寻踪

（一） 姓氏字源

《说文》：“傅，相也。从人，尃声。”傅之本义即辅佐。《左传·僖公二十八年》：“郑伯傅王，用平礼也。”杜预注：“傅，相也。”

（二） 寻根溯祖

傅姓来源有四：

1. 出于殷商名相傅说的后裔，也即商王武丁发现大臣的地方命名的姓氏。据《史记·殷本纪》、《通志·氏族略》等有关资料所载，相传自从盘庚将商都迁至殷墟（今河南安阳小屯村）以后，商朝只是兴旺了很短一个时期，等到商高宗武丁即位时，国势衰微，武丁决心振兴朝纲，可是举目朝中，却找不到一个能协助他改革国政的大臣，一直为此忧虑。后来武丁有一天晚上做了一个梦，梦见一个叫说的圣人，那人背有点驼，身穿粗麻布衣，胳膊上拴着绳索，状如囚徒模样。神人说：“这就是你要寻找的圣人。”武丁醒后，令人按梦境中说的模样画成图像，命群臣四处寻访梦中的圣贤，结果在虞虢之界一个叫傅岩的地方（在今山西平陆县东南）找到了一个叫说（音 yuè）的奴隶，便将说带到朝中。他向武丁提了不少好的建议，武丁便任命他为宰相，傅说执政以后，修政行德，使政治、经济、军事和文化得到了迅速发展。武丁在位 59 年，这个时期达到了商朝后期的极盛时期。武丁也因此被誉为“中兴明主”。说因居于傅岩，“故遂以傅险姓之，号曰傅说”。傅说的后代遂以地为氏，称傅氏。是为河南傅氏。又据《元和姓纂》所载：“本自傅说，出傅岩；因以为氏，出北地，清河二望。”史称傅姓正宗。因傅说得隆于殷商都城（今河南安阳），故此支傅姓应为河南傅氏。

2. 出自姬姓。据《唐书·宰相世系表》所载，黄帝裔孙大由（一作大繇，唐侯丹朱之子）封于傅邑（今已无考），故其子孙便以地为氏，也称傅氏。

3. 出自赖氏改傅姓。据《赖氏族谱》所载，赖氏族人也有为楚灵王所害，改罗、傅二氏，以其毗邻，兼有姻戚关系，因有赖、罗、傅联宗之说。

4. 清代，有部分满洲贵族也改姓傅。据有关史料所载，如傅恒，满洲镶黄旗人，本姓富察氏；傅开，满洲正白旗人，本姓郎佳氏；傅腊塔，满洲镶黄旗人，本姓伊尔根觉罗氏。

（三） 宗堂郡望

堂号 “兴商堂”：商武丁时刻想振兴自己的国家，但缺乏贤人帮助。一天夜里，他梦到圣人来到他面前。这位圣人名说，治国的本领很大。于是武丁就画了那圣人的像，命许多人去找，结果在傅岩找到了一位泥水匠人，正在那里筑墙，他很像武丁梦中见到的人的模样。他就是傅说。请到朝廷，他果然帮助武丁振兴了商朝，是历史上的名宰相。

傅姓也以“清河”为其堂号。

郡望 傅姓郡望主要有北地郡、清河郡等。

1. 北地郡。战国秦始置郡，治所在义渠（今甘肃宁县西北），西汉移治马岭（今甘肃庆阳西北），东汉移治富平（今宁夏吴忠西南）。相当今宁夏贺兰山、青铜峡、山水河以东及甘肃环江、马莲河流域。东汉末地入羌胡。三国曹魏时相当今陕西耀县、富平等地。

2. 清河郡。汉高帝置郡，后屡改为国，元帝永光后为郡，治所在清阳（今河北清河东南）。元帝以后相当今河北清河及枣强、南宫各一部分，山东临清、夏津、武城及高唐、平原各一部分地。东汉改为国，移治甘陵（今山东临清东）。

（四） 家谱寻踪

全国·傅氏三修宗谱八卷

藏地：中国社会科学院历史研究所图书馆

（清）傅起魁　傅逢燕等纂修

清光绪二十九（1903）惟训堂铅印本十册

全国·沔阳傅氏源流世系汇集甲集不分卷

藏地：武汉图书馆

（民国）傅之鹏　傅云鹏等发起傅春舫　傅雪棠编校

1948 年傅氏合纂通谱委员会石印本　一册

全国·傅氏家乘世系表不分卷

藏地：中央民族大学

（清）傅以礼编

旧钞本　一册

山西阳曲·傅氏家谱一卷

藏地：山西大学

（清）傅振绪纂　墨书帖本

辽宁本溪·傅氏谱册一卷

藏地：辽宁本溪市清河城乡双岭村

傅洪科纂

上海·川沙六灶傅氏家谱

藏地：上海奉贤县档案馆

上海南汇·傅氏家谱不分卷

藏地：美国

（民国）傅恭弼志

1930 年刊本二册　美国

上海·南汇傅氏续修家谱九卷

藏地：上海图书馆

（民国）傅宫弼编

1939 年油印本　一册

浙江·萧山荷谿傅氏宗谱不分卷

藏地：日本　美国

（清）傅宗琰等重修

清嘉庆二十三年（1818）敦本堂木活字本　二十四册

浙江·萧山荷谿傅氏宗谱十六卷

藏地：日本　美国

（清）傅显宗等重修

清道光二十一年（1841）敦本堂刊本　十六册

浙江·萧山马湖傅氏家谱五卷

藏地：日本　美国

（清）傅袁熹等修

清道光九年（1829）敦裕堂木活字本　五册

浙江绍兴·山阴荷湖傅氏族谱十二卷首一卷

藏地：日本　美国

（清）傅孙涵　傅元恺等重修

清道光二十七年（1847）木活字本　五册

浙江绍兴·山阴荷湖傅氏宗谱

藏地：国家图书馆

（清）傅廷钺修

清钞本　二册

浙江绍兴·三江傅氏族谱略

藏地：中央民族大学

（清）傅怀祖编

（清）光绪十七年（1891）刊本一册

浙江·绍兴丁巷傅氏宗谱六卷

藏地：中国社会科学院历史研究所图书馆　天津图书馆　河北大学浙江图书馆

（民国）傅荣棠总纂

1918 年百岁堂铅印本　六册

浙江·绍兴松林傅氏宗谱一卷

藏地：湖北图书馆

1941 年梦棐楼傅氏修正油印本一册

浙江诸暨·暨阳傅氏宗谱不分卷

藏地：河北大学

（清）傅法明修

清光绪十七年（1891）木刻本二册

浙江诸暨·暨阳直埠傅氏宗谱三十二卷

藏地：国家图书馆　日本　美国

（清）傅梦夏等重修

清光绪十八年（1892）金玉堂活字本　三十二册

浙江诸暨·暨阳青山傅氏宗谱八卷

藏地：南开大学

（民国）傅枚臣等重修

1926年贻安堂刊本　八册

浙江武义·新宅傅氏宗谱三卷

藏地：浙江衢州市文化管理委员会

（清）傅明贵　傅成寿等重修

清道光九年（1829）木刻本二册

山东·高密傅氏族谱不分卷

藏地：国家图书馆　美国

（清）傅氏族人递修

清道光八年（1828）刻本

山东·高密傅氏族谱不分卷

藏地：中国科学院图书馆　人民大学

（清）傅壂　傅云衢等续修

清光绪四年（1878）刻本　四册

山东高密·傅氏家乘一卷

藏地：中国社会科学院历史研究所图书馆

（清）傅尔德纂修

清光绪二十八（1902）刻本一册

山东·高密傅氏族谱不分卷

藏地：人民大学

1917年石印本　八册

山东聊城·濮县傅氏家乘不分卷

藏地：中国科学院图书馆　人民大学辽宁图书馆

（民国）傅秉哲等编修

1930年石印本　四册

山东临沭·傅氏族谱二卷

藏地：山东临沭县芦庄乡西日晒村

石印本

河南·鲁山张宫营傅氏家谱一卷

藏地：河南鲁山县文化馆

（民国）傅七游续修

1918年石印本

湖北鄂州·寿昌傅氏宗谱十三卷首一卷

藏地：美国

（清）傅正常等修

清宣统三年（1911）金砺堂刊本十五册

湖北石首·东山傅氏族谱□□卷

藏地：湖北石首县档案馆（存卷28—30）

明宣德三年（1428）纂

木刻本

四川简阳·简州傅氏谱六卷首一卷末一卷

藏地：南开大学（缺卷6上）

（清）傅为霖纂辑

清光绪二十六年（1900）凤山书院刊本

甘肃宁县·傅氏家谱（老头分子）一卷

藏地：甘肃宁县良平乡傅家村

（清）傅腾蛟订补

清咸丰四年（1854）写本

甘肃宁县·傅氏家谱（小头分子）一卷

藏地：甘肃宁县良平乡傅家村

（民国）傅殿选续修

1943年写本

傅氏族谱

藏地：国家图书馆

（清）傅鸣篪等编修

清嘉庆十一年（1806）刻本一册

东郡傅氏族谱三卷

藏地：国家图书馆

（清）傅绳勋纂修

清道光二十三年（1843）嘉荫亭

刻本　一册

（五）　字行辈份

清光绪四年傅壂修《傅氏族谱》，山东高密傅姓一支字行为："日叙丙余，希深联贻，馨名因溥，垂法迪之。"又1930年傅秉哲修《傅氏家谱》，河北濮县傅氏字行为："居心为贞，敦本自宏，崇德守义，传世永年。"又1918年傅荣堂总纂《傅氏宗谱》，浙江绍兴丁巷傅氏字行为："宏规大启，垂裕后昆，渊源继述，孝友传家，允能缵绪，恪循谦恭，廉让攸赖，闻望远播，肇基敦厚，世泽绵长。"又新续傅氏派语字行为："仁义礼智，文行信嘉，猷懋美厥，德益勋彰，永绍箕裘，俾尔炽昌。"

（六）　迁徙繁衍

据史料记载，虽说傅说作奴隶的地方是在今山西省的平陆县以东之地，但是其得姓则在殷商的都城——殷（今河南安阳小屯村），故我国傅姓最早的发源地应当是在今河南安阳小屯村，是属于源自河南的姓氏。傅姓的具体播迁情形，大致于汉晋之际，最先称盛于北方。最早繁衍地是以我国西北地区的陕西、甘肃东部、宁夏等省为主。尔后便东迁移居河北、山东，并成为当地一大望族。北地，主要是指今甘肃、宁夏、陕西等部分地区，始于西汉中叶的傅介子，为傅姓家族始盛，故傅姓家族首先以"北地"为郡望。据《中国名人大辞典》所载："汉晋之世，北地灵州，傅姓最盛。"这一支傅姓后成为我国历史上傅姓家族的第一个繁衍基地。据《新唐书·宰相世系表》等有关资料所载：（说）裔孙汉义阳侯介子，始居北地，曾孙长，复封义阳侯。生章，章生睿，睿生后汉弘农（治今河南灵宝北）太守允，字固，二子：嘏、松。嘏字兰石，魏尚书仆射、阳都元侯；嘏生祗，晋太子太傅，灵川县公。祗三子：宣，晋御史中丞；畅，后赵大司马；隽，东明亭侯。畅生冲、泳。嘏十一世孙奕，唐中散大夫、太史令、泥阳县男。北齐有行台仆射傅伏武，孙文杰，唐杞王府典军。可见，汉时，傅姓已开始自"北地"大举经陕西迁居河南、河北、山东等省境，至晋，在古时的"清河"之地得到了迅速的发展，其家族更加庞大，也是傅姓家族有史以来繁衍得最为旺盛时期，故其家族便以兴旺地"清河"为其堂名。又据《新唐书·宰相世系表》所载："清河傅氏出自后汉汉阳太守壮节侯燮，字南容。生干，字彦林，魏扶风（今属陕西）太守。生晋司隶校尉、鹑觚刚侯玄，字休奕。生司隶校尉、贞侯咸，子孙自北地徙清河。裔孙仕后魏为南阳太守，生交益。交益子游艺相武后。"另外，汉时，北地傅氏还形成了许多分支：迁河内温，为河内（治今河南温县）傅氏，是西汉大司马傅喜之族所在；迁浦江（今属浙江），为浦江傅氏，是西汉人傅柔之族所在；迁扶风茂陵（治今陕西兴平东北），为扶风傅氏，是东汉人傅毅之族所在。称盛于"清河"一带的傅氏，后成为我国东部地区傅姓的主要来源，尤其是江南各地的傅姓，大都是由此地播衍而去的。傅姓南迁始于汉代，如有傅姓迁人贵州境的，后形成牂牁一带大姓（牂牁

有大姓，即龙、傅、尹、董)。三国时已有傅氏入川。大举南迁则始于魏晋南北朝之际，或迁浙江会稽（治所即今浙江绍兴），或迁上虞（今属浙江）等地。至唐末，唐御史傅实避难入闽，为傅氏人福建始祖。据《朱文公全集·傅自得行状》所述：“自得其先邓州人，先祖历仁宗、英宗、神宗三朝，遭靖康之变，乃南迁泉州（今属福建）。”据《福建通志》所载：“宋州仙游傅姓及南宋时晋江傅氏，均甚发达。”南宋末年，清河傅氏又有一支迁入福建上杭之蛟萍乡，不久即为当地望族，后广东兴宁之傅氏，便是蛟萍分支而出。宋代以后，傅姓遍及全国大部分地区。

在当今按人口多少排列的中国姓氏中，傅姓属于第36位。

（七） 适用楹联

□尊儒尚学；[①]崇位抑奢。[②]

□竹雨松风琴韵；茶烟梧月书声。[③]

□宋代博士；[④]殷商圣人。[⑤]

□学士科举列榜首；[⑥]
巾帼鼎甲第一名。[⑦]

□左江右湖兼领庐阜；
荻花枫叶且官浔阳。[⑧]

□读说命数篇，作楫调羹形适肖；
缅官声三德，品金题玉泽悠长。[⑨]

□积累溯前徽，博学能文，
早树兰台品望；
绳承期后裔，敦诗说礼，
无惭玉尺风流。[⑩]

注释：

①西晋大臣、文学家傅玄（217—278)，字休奕，北地泥阳（今陕西耀县东南）人。魏末任散骑常侍。西晋初，为御史中丞。曾上疏议改屯田二八分制，恢复曹魏旧制，缓和民困，后官至太仆、司隶校尉，封鹑觚子。他学识渊博，精通音律，于诗擅长乐府。认为自然界由“气”组成。有《傅子》等集。

②西晋尚书左丞兼司隶校尉傅咸(239—294)，字长虞，北地泥阳（今陕西耀县东南）人。傅玄之子。西晋初，任冀州刺史，后转御史中丞、尚书左丞。曾上疏议以裁并冗官，静事息役，发展农桑，并指斥当时统治集团奢华靡费之风，谓“奢侈之费，甚于天灾”。兼任司隶校尉时，狠狠打击恣行京都一带的门阀士族。终卒于官。明人辑有《傅中丞集》。

③明清之际的思想家傅山(1607—1684）自题联。傅山字青主，山西阳曲人。著述颇多。

④宋代律博士傅霖，《宋刑统》颁行之后，为了便于记忆诵读，用韵文进行注释，有《刑统赋》二卷。

⑤商代宰相傅说的事典。

⑥清代密书院大学士傅以渐，字于磐，号星岩。顺治间进士第一。为官以清勤著。学者称星岩先生。有《贞固斋诗集》。

⑦清代太平天国恩赏丞相傅善祥(？—1856)，金陵（今南京）人。她是中国历史上第一位女状元，自幼熟读经史。1853年，太平天国定都天京后，“令女官举女子应试”，她考中鼎甲第一名。东王杨秀清将她选入东王府，先后任“女侍史”、“簿书”、“恩赏丞相”等职，成为东王政务上的有力助手，并对太平天国的政治发挥了

重要作用。

⑧清代康有为游九江时赠傅道尹联。

⑨傅氏祠联。

⑩见注⑨。

傅氏名人集粹

傅善祥 江苏南京人，近代中国历史上第一位女状元。自幼熟读经史，畅晓经史。1853年，太平天国定都天京，不久开“女科”，考中鼎甲第一名。东王杨秀清将她选人东王府，先后任女侍史、簿书、恩赏丞相等职，成为东王政务上的有力助手，并对太平天国的政治发挥了重要作用。

傅恒 满洲镶黄旗人，清代保和殿大学士兼军机大臣。他在军机处20余年，为高宗所倚重。他曾督师指挥大金川之战，并参与筹划平定准噶尔部的战争，封一等公。

傅以渐 今山东聊城人，学者。曾由弘文院修撰累官至武英殿大学士兼兵部尚书。先后充《明史》、《清太宗实录》纂修，清太祖、太宗《圣训》总裁，又奉命与曹本荣合著《周易通注》。

傅山 今山西阳曲人，明清大学问家。他不但博通经史诸子和佛道之学，并兼工诗文、书画、金石，又精医学。其思想破儒家正统之见，开清代子学研究的风气。其著作有《霜红龛集》、《荀子评注》等。医学上传有《傅青主女科》和《傅青主男科》等书。

傅友德 今安徽宿县人，明代颍国公，曾为明朝统一天下，尤其是明对西南地区统一，立下了汗马功劳。

傅霖 宋代律博士，宋太祖隆庆四年（963年）颁行《宋刑统》后，他著《刑统赋》，将律文的要旨用韵文撰为律学读本，并进行注解，对普及法律知识起了一定作用。

傅寅 大学问家，对天文、地理、井田、学校、郊庙、律历、军制之类，靡不研究根穴，订其谬误，每事各为一图，号曰群书百考，所著《禹贡说断》，有独到见解。

傅奕 相州邺（今河北临漳西南）人，唐代学者，曾任太史丞、太史令。精天文历数，极力反对佛教对民众的危害。为此集有魏晋以来反对佛教思想家言行的书《高识传》（10卷）。其著作还有《老子注》、《老子音义》等书。此时，傅氏为相者一人，即傅游艺，为武则天亲信，一年中四次提升，时人号为“四时任宦”。

傅亮 南朝宋，傅咸3世孙，曾任东晋员外散骑侍郎，随东晋太尉刘裕北伐，后协助刘裕篡位，因功被封为建城县公，食邑2000户。后刘裕病死，傅亮与司空徐羡之、领军将军谢晦受顾命辅政。后废少帝刘义符，迎立荆州刺史、宜隆王刘义隆（刘裕第三子）为帝，即宋文帝。

傅玄 北地泥阳（今陕西耀县东南）人，西晋时哲学家、文学家，可算是傅姓族人有史以来最有学问的名人。曾任司隶校尉、散骑常侍。其学问渊博，精通单律，于诗擅长乐府。在哲学上，认为自然界是按照“气”的自然之理而运动的，并把自然和人类历史都看做一种纯粹的自然过程，

批判了有神论的世界观和玄学空谈。主张限制士、工、商人数，其余务农。并提出封建赋税应遵守“至平”、“积俭”和“有常”三个原则。在傅姓家族专用楹联中，用“尊儒尚书”来赞誉他。其子傅咸也很有作为，曾先后任过尚书左丞、司隶校尉等职。其思想深受其父的影响，也能诗文。在傅姓家族专用楹联中，用“崇俭抑奢”来赞誉他。

傅嘏 北地泥阳（今陕西耀县东南）人，魏正始年间官至尚书郎，迁黄门侍郎，后为河南尹，迁尚书，因功被封为阳乡侯。主张“才性同”，和何晏等割裂才性的看法相对立。

傅祗 傅嘏之子，晋武帝时为太子舍人，晋怀帝时为右仆射、中书监。明达国礼，朝廷制度多由他经综。

傅毅 东汉文学家。扶风茂陵（今陕西兴平东北）人，章帝时曾为兰台令史，拜郎中。曾与班固等同校内府藏书。大将军窦宪击匈奴时，以他为记室，迁司马。有《舞赋》、《七激》等作品。

傅宽 北地（治今甘肃庆阳西北）人，汉高祖时开国功臣。起事于横阳，随沛公刘邦至霸上，在楚汉战争时随韩信、曹参平定齐地。汉高祖得天下后曾定元功 18 人，傅宽被列举在第 9 位，并被封为阳陵侯。后为齐相国、代相国，又为汉丞相，显赫异常。

傅介子 北地（治今甘肃庆阳西北）人，北地傅氏开基始祖，昭帝时，为平乐监。因西域的龟兹、楼兰贵族曾联合匈奴，杀汉官员，他奉命以赏赐为名，携黄金锦锈赴楼兰。在宴席上刺杀了楼兰王，使经常侵扰汉西部边疆的一些国家受到震慑。以功被封义阳（治所在今河南信阳西北）侯。

傅太后 汉哀帝祖母，助哀帝登极，哀帝尊为太太后、皇太太后。傅太后有兄弟四人：傅子孟、傅中叔、傅子元、傅幼君，大多被封侯。傅太后又追尊同母异父弟郑恽为阳信节侯，并封其子郑业为阳信侯。傅氏与哀帝外家郑氏并为权贵，盛极一时。

傅皇后 定陶太后堂弟傅晏之女。哀帝驾崩后，元帝皇后之侄王莽执政，傅氏除高武侯傅喜就封侯国外，其余皆被流放到合浦（今属广西）。

傅瑕 春秋时郑国（都今河南新郑）大夫。

傅氏风流撷英

傅氏有姓颇神奇，
圣人名说王梦里。①
平陆傅岩说隐居，
武丁拜相傅氏起。②
傅岩伊尹两名相，
同辅武丁商盛极。③
讽世明志有傅毅，
作诗《迪志》和《七激》。④
西晋傅玄文学家，
《傅子》评说真见地。⑤
唐初治学有能人，
天文历数唯傅奕。⑥
诸子百家看傅山，
博通经史见功力。⑦
美男善思称为傅，
为民服务是本意。⑧

注释：

①依据《史记·殷本纪》可知，傅氏得姓颇有传奇色采，商王武丁，梦见一个圣人，名叫说（yuè），后世的子孙说来与他有关。

②在山西平陆县古叫傅岩的地方找到了说，故称“傅说”。武丁拜他为相，后人以此为氏。

③傅说和伊尹两个名相，同时辅佐武丁，国势大兴。

④傅毅（？—90），陕西兴平人，东汉文学家。朝廷求贤不诚，士多隐居，遂作《七激》、《迪志》诗，讽世明志，后被召为兰台今史，以文显于朝廷。

⑤傅玄（217—278），陕西耀县人，西晋大臣，文学家。著《傅子》，诸般评论，颇有见地。

⑥傅奕（公元 555—639 年），河北临漳人，唐初学者。他精通天文历数，声名远播。

⑦傅山（公元 1607—1684），山西忻县人，清初学者。精研诸子百家之说，不拘于传统注释，有独特见解，对后学影响颇深，通经知史，有很深的功底。

⑧傅（fù）字，从人从甫从寸。“甫”是古代男子的美称；“寸”此有斟酌，衡量和思忖的意思。傅服通音，从根本来说唯有以民为本，为民服务才能治理好国家。

中华百家姓

赵 钱 孙 李 周 吴 郑 王 冯 陈 蒋 沈 韩 杨
朱 秦 许 何 吕 张 孔 曹 金 魏 姜 谢 邹 苏
潘 范 彭 韦 马 方 任 袁 史 唐 薛 雷 贺 汤
罗 郝 常 于 傅 康 余 顾 孟 黄 尹 姚 邵 汪
毛 戴 宋 熊 董 梁 杜 贾 江 郭 林 钟 徐 邱
高 夏 蔡 田 胡 万 卢 丁 邓 石 崔 龚 程 陆
段 侯 武 刘 龙 叶 黎 白 赖 乔 谭 阎 易 廖
文 曾

康 姓

——少卿上书言六畏，康女孝德称三贤

康氏解密寻踪

（一） 姓氏字源

《说文》："穅，谷皮也，从禾，从米，庚声。康，穅或省。"康之本义学术界意见多有不同。郭沫若《甲骨文字研究》："从庚之字有康字，小篆作康，从米，云穅之省。穅曰'谷之皮'。然古文康字不从米……意亦绝无穅义……康字训安乐，训和静，训广大，训空虚，只空虚之义于谷皮稍可牵及，其他均大相径庭，无由引申，余意此康字必以和乐为其本义，故殷、周帝王即以其字为名号。穅乃后起字，盖从禾康声，古人同音通用不必康即穅也……康字盖从庚，庚亦声也。"以左安民《汉字例话》为首的另一种意见则认为，依据《殷墟书契前编》所载，甲骨文"康"上部似簸箕之类用具，下部四点是表示扇出的米糠，康之本义就是"米糠"，因而也就是"糠"字初文。《左传·襄公二十四年》云："四谷不升谓之康。"意思是谷物长得不好就称为"糠"，《说文》释义当与甲骨文合。今从左氏说。

（二） 寻根溯祖

康姓来源有三：

1. 出自姬姓，为周武王弟康叔的

后裔。据《通志·氏族略》及《古今姓氏书辨证》等所载，周武王的同母幼弟，在武王得天下之后，最初被封于康（今河南禹县西北），故称康叔，武王死后，年轻的成王嗣位，由周公（周武王之弟，名旦，亦称叔旦，因采邑在周〈今陕西岐山北〉，称为周公。曾助武王灭商）摄政。其兄弟管叔、蔡叔、霍叔（周武王灭商后，以商旧都亳〈今山东曹县南〉封给纣子武庚，并以殷都〈今河南安阳小屯村〉以东为卫，由武王弟管叔监之；殷都以西为鄘〈在今河南新乡西北〉，由武弟蔡叔监之；殷都以北为邶〈在今河南汤阴东南邶城镇〉，由武王弟霍叔监之，总称为三监）等人不服，殷纣的后裔武庚也认为有机可乘，三监便联合武庚和东方夷族反叛。周公出师东征，很快地平定了这次反叛。之后，便大规模地分封了诸侯，并营建洛邑（今河南洛阳）作为东都。周公在分封诸侯的过程中，最后还是决定，把原来商都周围地区和殷民七族分封给当时素负贤名的康叔统治，并且改封康叔为卫君，建卫国，都在今河南淇县，故又称卫康叔。卫成为当时大国，地位比以前更加崇高。后来，康叔果然不负周公的重托，把过去那些一直蠢蠢欲动的殷民安置得心服口服，做到了“化敌为友”，有功于周朝的社稷。因此，康叔的声誉日益上升，到周成王长大亲政之时，被举为司寇，权位高于其他诸侯。他死后的谥号是“康”，意思是能够“令民安乐”，其后便有以谥号为氏，或以封邑为氏，称康氏。史称康姓正宗。是为河南康氏。

2. 出自西域康居国（故地在今俄联邦乌兹别克共和国撒马尔罕一带，为昭武诸国之一）王子的后裔。根据《梁书·康绚传》上记载：“汉置都护，尽臣西域，康居遣嗣子待诏河西，因留为黔首，其后氏焉。”可见，这一支来自西域（汉以后对于玉门关〈今甘肃敦煌西北〉以西地区的总称）的康氏，是出现于距今大约2100年以前的大汉声威远播之时。当时，西域康居国派遣他们的王子来到中国，表示对汉朝皇帝臣服的诚心，那位王大到达我国之后就在河西落脚待诏，后来就此定居河西（汉唐时指今甘肃、青海两省黄河以西，即河西走廊与湟水流域），其后子孙以国为姓，称康氏。到隋唐时，这个位居中亚的国家仍然存在，被称为康国。因这支后裔有居祁连山北昭武城（今甘肃省临泽县境），支庶分王各地，故有“昭武九姓”之称。如汉有康孟详、唐有、康谦都是康国人，是为甘肃康氏。

3. 他族的加入。①据《隋书》所载：“突厥亦有康姓”。突厥，是指公元6世纪于金山（今新疆境的阿尔泰山）一带的游牧部落。西魏时，建政权于今鄂尔浑河流域，有文字、官制、刑法、税法等。隋之前疆域最广时，东至辽海（泛指辽河流域以东至海地区），西达西海（今里海），南到阿姆河南，北过贝加尔湖。显然，突厥族曾经将势力推到了我国广大的北方草原和西北广大地区。②因避讳而改康姓。据《宋史》所载，公元960年宋朝开国皇帝赵匡胤登基后，为避其名讳，令“匡”氏改为音近的“康”氏。是为河南康氏。

（三） 宗堂郡望

堂号 “会稽堂”：唐朝时候康志睦，身材魁伟，很会骑马射箭，官大将军。后来讨灭张韶，升平卢节度使。又平了李同捷的叛乱，加检校尚书右仆射，封会稽郡公。

康姓因京兆郡最望，故又以“京兆”为其堂号。

郡望 康姓郡望主要有京兆郡、东平郡、会稽郡等。

1. 京兆郡。汉武帝太初元年（公元前104年）改右内史置京兆尹，职掌相当于郡太守，为三辅之一，治所在长安（今陕西西安市北）。相当今陕西秦岭以北、西安以东、渭河以南地。三国魏时置郡名。

2. 东平郡。汉甘露二年（公元前52年）改大河郡为东平国，治所在无盐（今山东东平东）。相当今山东济宁市、汶上、东平等县地。南朝宋改为郡。

3. 会稽郡。秦始皇始置郡，治所在吴县（今江苏苏州市），汉顺帝时移治山阴（今浙江绍兴）。隋初有今浙江浦阳江（浦阳县除外）、曹娥江、余姚江、奉化江、甬江流域。

（四） 家谱寻踪

辽宁凤城·康氏世谱一卷

藏地：辽宁凤城县档案馆

（民国）康明良等纂

1922年铅印本

江苏泰县·南沙康氏重修宗谱二十四卷

藏地：辽宁图书馆

（清）康维恒 康延书等重修

清咸丰元年（1851）木活字本

江苏镇江·涧东顺江洲康氏族谱四卷

藏地：日本 美国

（民国）康寿等七修

1917年木活字本 四册

浙江奉化·康氏宗谱十七卷

藏地：浙江奉化县文化管理委员会

（清）石褚壁修

清嘉庆七年（1802）木活字本

浙江奉化·连山康氏宗谱四卷

藏地：浙江奉化县文化管理委员会

（民国）王序宾修

1913年木活字本

浙江奉化·连山康氏宗谱四卷

藏地：浙江奉化县文化管理委员会

（民国）王礼宾修

1939年木活字本

福建·塔山康氏家谱

藏地：福建图书馆

清道光至民国间塔山康氏家传写本 三册

福建莆田·莆阳康氏家谱

藏地：福建图书馆

（清）康仁声修

莆田康氏钞本 二册

重刻濛潭康氏族谱不分卷

藏地：湖南图书馆（存二篇）

（明）康元和 康元黎纂修

明崇祯八年（1635）刻本

（五） 字行辈份

据民国抄本《康氏族谱》，江苏如皋康姓一支字行为：“本贞茂荣，安雍近智，吉贤端秀。”

（六） 迁徙繁衍

康氏最早的发源地应该是康叔被封的卫国，当时的卫国在今河南省的东部、山东省的西部和河北省的西南部一带，其地幅员相当广大，成为当时大国。卫最初定都于朝歌，即在今河南省淇县东北，故后世的康姓最早应该是成长在这个地方。后来，传到卫文公之时，因被翟击败，靠齐的帮助迁都楚丘，今河南滑县东，从此成为小国；卫成公又迁都帝丘，今河南濮阳县西南的颛顼城。公元前254年为魏（西周时分封的今山西省境的诸侯国）所灭，成为魏的附庸，后来秦战败魏国，将它迁到野王，今河南沁阳，作为秦的附庸。前209年为秦所灭。从上述屡次的迁都，亦不难看出康氏早期播迁的足迹。此外，在这期间，康叔的后代繁衍成了好几个姓氏，除了以溢号为氏的康姓之外，还有以国为氏的卫姓，乃至“本自卫之公族，以非正嫡，号庶氏”的庶姓等等。因此，康氏的兄弟之姓也相当不少。自秦代，康姓开始向西、或向东继续繁衍播迁，以致后来在陕西、山东两省境形成了早期康姓两个大的族派，即古时京兆及东平一带的望族。魏晋之际，又有河西康居人以康为氏的后裔迁入华山蓝田（今属陕西），后也形成当地一大望族。至唐代，康姓已散居今河南、山东、陕西、甘肃、新疆、山西、河北、安徽等地。康姓南迁始于三国以前。唐初，又有康姓渡江南迁到江苏、浙江一带，据有关史料记载，唐玄宗时有灵州（今宁夏灵武县）人康植因功被封于今江苏的泰县，传至第三代康日知，因功封为会稽郡王，于是举家南迁浙江省绍兴县定居，后逐渐繁衍成了当地一大望族。此后南方各地之康姓宗族，多来自浙江绍兴。可见，我国江南大部分地区的康姓直接始祖无疑是来自宁夏灵州的康植了。宋初，洛阳康再遇为宋太祖立下开国战功，康氏自此显达当朝。其定居河西走廊与湟水流域一带的康氏，特别是旧居祁连山北昭武城（今甘肃省临泽县境）一带的康氏，其后子孙世代繁衍得也甚为庞大，后成为我国西北大部分地区康姓繁衍的主要来源，且与汉族没有多大的区别。另外，在我国幅员辽阔的土地上，从南到北，从东到西，以“康”字起头命名的县也相当不少。从历史上看，这似乎与康姓宗族的分布有很大的联系。

（七） 适用楹联

□华山懋绩；① 东海名流。②

□斯文在天地；至乐寄山林。③

□功盖三庆会；名成八阵图。④

□长安第一手；⑤ 德函列头名。⑥

□莲蕊峰头传名远；⑦
景贤书院播惠长。⑧

□驰誉明经，少小荣登科第；⑨
有声乐府，文词待诏金门。⑩

注释：

①梁代司州刺史卫尉卿康绚，仕齐溪华山太守，有政绩。

②康姓历史名人康伯可事迹。

③近代改良派首领康有为（1858—1927），原名祖诒，字广厦，号长素，又号更生。广东南海人。著

述颇丰，有《康南海先生诗集》等。本联为其自撰联。

④此为挽康子林联。康子林(1870—1930)，四川邛崃人。擅演川剧文武小生。尤以文生戏《彩楼记》中的吕蒙和《八阵图》中的陆逊为佳。1911年，与川剧演员唐广体、杨素兰、萧楷等组成三庆会，对传统川戏艺术进行改良，将流行于四川的昆腔、高腔、胡琴、灯戏等五种声腔合为一体，形成五种声腔同班演出的剧种。

⑤唐代琵琶演奏家康昆仑，西域康国人。善弹《羽调录要》和《道调凉州》等曲。德宗贞元时有“长安第一手”之称。

⑥明代音乐家康海，字德函，武功人。号对山。弘治进士第一，授修撰。善制乐造歌曲，弹琵琶，后人辄转仿效。

⑦清代画家康涛，字石舟，钱塘人。工山水花卉，善书。号天笃山人，又号莲蕊峰头不朽人。

⑧元代康里国王族后代康里脱脱，世祖时入宿卫，大德中大破叛王海都，自同知枢密院事累拜中书右丞相。仁宗时，改江西行省左丞相，后解职家居，延师训子，乡人化之，皆向学，御赐额曰“景贤书院。”

⑨唐代进士康希诜的事典。

⑩见注②。

康氏名人集粹

在我国早期的历史上，康氏家族人士似乎显得有些沉寂，直到汉代著名人物也不多见。只是到了三国之时，康氏家族才崭露头角。两晋南北朝直至隋代，康氏家族再度沉寂于世，等到唐代以后，这种情况就不存在了，有影响的人物不断地出现于史籍上。

康广仁 （1867—1898）广东南海人。名有溥，字广仁，以字行，号幼博、又号大中。康有为弟。早年在浙江当小官吏。不久辞官，参与维新变法。1897年在澳门办《知新报》，任总理。后到上海办大同译书局。发起戒缠足会。1898年，在北京参加百日维新。戊戌政变时被捕入狱，与谭嗣同等同时在北京菜市口被杀。为“戊戌六君子”之一。著有《康幼博茂才遗稿》。

康济鼐 后藏人，清代西藏贵族，本名锁南结布，曾因功，被康熙大帝受命为首席噶伦总理西藏事务。

康海 今陕西武功县人，明代文学家，曾任翰林院修撰，为“前七子”之一。所作杂剧、散曲、诗文集多种。

康茂才 蕲州（今湖北蕲春西南）人。蕲国公。

康里巎 今新疆人，曾官至翰林学士承旨，其行、草圆劲流便，正书学虞世南。书迹有《颜鲁公传张旭笔法十二意》、《谪龙说》等。

康进之 棣州（今山东惠民）人，戏曲家，所作杂剧现存有《李逵负荆》一种。

康与之 滑州（治今河南滑县东）人，南宋学者，高宗时，因上“中兴十策”而闻名。他虚构了一个理想的社会：纯以农业为主，按口授田，自力耕织，平均分配生活资料，无私有制，无战争和剥削，反映了一种乌托邦思想。著有《昨梦录》。

康保裔 今河南洛阳人，龙捷指挥使。

康德舆 并、代二州兵马钤辖，河南洛阳人。

康再遇 今河南洛阳人，北宋大将，曾为宋太祖立下了开国战功，康氏自此显达当朝。

康承训 灵州（治今宁夏灵武西南）人，唐代时任河东（治所在太原〈今山西太原市西南晋源镇〉）节度使，后曾为左千牛卫大将军。

康昆仑 西域康国人，琵琶演奏家，德宗贞元时有“长安第一手”之称。

康泰 三国时吴国（三国之一，建都建业〈今江苏南京〉，历史上也叫孙吴、东吴。占有长江中下游地区）人为中国早期远行到海外的旅行家之一。约在公元226年和朱应出使扶南（今柬埔寨）等国，曾经历和传闻的国家有一百数十个，并曾在扶南会见天竺（今印度）使臣，归国后撰有《吴时外国传》。

康僧会 康居（今中亚一带）人，一代高僧，世居天竺，随父经商，乃称居交趾（汉武帝所置十三刺史部之一。辖境相当今广东、广西的大部，和越南的北部、中部）。他通天文，谶纬之学，尤娴经律。247年到建业（今江苏南京市），孙权为之建塔，因始有佛寺，于是江苏佛法始兴。

康叔 周代卫国的始祖。姬姓，名封。周武王弟。初封于康（今河南禹县西北），故称康叔。周公平定武庚和三监叛乱后，将殷民七族和商故都周围地区封给他，建都朝歌（今河南淇县），国号卫。成王还命他为周的司寇。《尚书·康诰》即周公分封他时告诫他的文学。

康氏风流撷英

少卿上书言六畏，①
康女孝德称三贤。②
康泰出使道艰远，
归著吴时外国传。③
少怀壮志人长厚，
长明懋绩留华山。④
东海名流康子元，
举贤洽易主封禅。⑤
明经登第六州史，⑥
驰射受封会稽原。⑦
中兴十策伯可著，
清婉乐府遗顺庵。⑧
公车上书南海起，
百日图强史可传。⑨
幼博茂才主继新，
为变旧法头可断。⑩

注释：

①康澄，五代后唐人。官大理少卿。曾上疏言：为国家者有不足惧者五，深可畏者六。识者皆称其言切中时弊。

②康女，明代人。其父年老无子，乃劝父纳妾生子；母病，乃尝粪甘苦；夫早亡，誓不改嫁。时谓三贤不可得。

③康泰，三国时吴人，约在公元226年出使扶南等国，经闻一百几十个国家，归国后著有《吴时外国传》。

④康绚，字长明，梁代人。少怀

壮志，初官北齐华山太守，入梁后官至司州刺史卫尉卿。为人宽厚，号长厚。

⑤康子元，唐代会稽人。官至宗正少卿。开元元年（713）举贤能，治《易经》、《老庄》之学，曾参予封禅。东海，此处泛指江浙沿海地区。

⑥康希诜，唐代人。年十四通晓经学，中进士，历任海、汉等六州刺史，皆有殊绩。颜真卿曾撰碑文记述其事。

⑦康志睦，字得众，唐代灵州人，善驰骑射，因功升平卢节度使，加官检校尚书左仆射，封会稽郡公。

⑧康与之，字伯可，号顺庵。南宋洛阳人。高宗时上"中兴十策"，名甚著。又善词，风格清婉。著有《昨梦录》、《顺庵乐府》。

⑨康有为（1858—1927），原名祖诒，字广厦，号长素，又号更生，广东南海人，维新派领袖。1895 年联合会试举人上书朝庭，为"公车上书"。1898 年成立保国会，促成百日维新，变法图强。后成为保皇会首领。

⑩康广仁（1867—1898），名有溥，号幼溥，康有为胞弟，戊戌六君子之一。

中华百家姓

赵	钱	孙	李	周	吴	郑	王	冯	陈	蒋	沈	韩	杨
朱	秦	许	何	吕	张	孔	曹	金	魏	姜	谢	邹	苏
潘	范	彭	韦	马	方	任	袁	史	唐	薛	雷	贺	汤
罗	郝	常	于	傅	康	余	顾	孟	黄	尹	姚	邵	汪
毛	戴	宋	熊	董	梁	杜	贾	江	郭	林	钟	徐	邱
高	夏	蔡	田	胡	万	卢	丁	邓	石	崔	龚	程	陆
段	侯	武	刘	龙	叶	黎	白	赖	乔	谭	阎	易	廖
文	曾												

余姓

——安道文学重乡里，位列四谏名一时

余氏解密寻踪

（一） 姓氏字源

《说文》：“余，语之舒也。从八，舍省声。”段玉裁注：“《丂部》曰：丂，於也。象气之舒丂。然则余、丂异字而同音义。”据《龟甲兽骨文字》注，甲骨文“余”字作树木支撑房屋形，其本义当与“舍”同。

（二） 寻根溯祖

余姓起源有三：

一、据《风俗通》载，余姓为“由余之后，世居歙州，为新安大族，望出下邳、吴兴。”春秋时，秦国有个臣医叫由余，他的祖先是晋人，因避乱逃亡西戎。由余本来在西戎为臣，后一奉命出使秦国，他见秦穆公贤德大度，便留在秦国为臣，很得秦穆公信任。他为穆公谋划征伐西戎，攻灭十二国，使秦国成为西方霸主，为秦国的强盛作出了贡献。由余的后代支庶子孙，以其名字命姓，有的姓由，有的姓余，成为两支姓氏。同出一宗。

二、出自赤狄族，为隗姓之后。据《国语》载，“潞、洛、泉、余、满五姓，皆赤狄隗姓。”

三、系铁木复姓所改，为元太祖成吉思汗（即铁木真）皇族的后代，出自铁穆氏宰相之家。相传，铁穆宰相，乃是忠臣，为同朝一奸臣所嫉妒。有天晚上，太祖梦有“五牛拱朝”，奸臣即借机诡称铁相的五个儿子，行将谋反篡夺帝位。太祖信以为真，立马下诏捉拿铁相五子。为避免冤杀，铁相五子星夜乘马逃出京城。往西南方向跑去。太祖亲率“洪兵”紧紧追赶。追至贵州境内一说在四川泸州，铁相五子弃马步行，方到卢陵岸边，眼看洪兵又追赶上来。铁相五子急中生智，随手各折柳枝一束，迅速藏到凤锦桥下水中，并持柳椏作掩护。追兵前锋可怜他们是忠臣的后代，明知他们藏于桥下水中，也不追拿。待太祖驾到时诈称“不知去向”。这时，有人见桥下水波动荡，提出可疑，太宗不加细察，随口便说：“江中有水，水中有鱼，何必大惊小怪，快快继续向前追赶!”洪兵走后，铁穆氏五兄弟才逃脱险境。他们几兄弟在分手前，由原来想改铁穆姓为金姓，最后决定再改为余姓。这个“余”字比金字少一横，又是“水中有鱼”鱼字的同音字，真是一字双关，堪称甚妙。这个传说在《余氏总谱》中有诗为证。诗曰：“余本元朝宰相家，洪兵赶散入西厓。卢陵岸上分携手，凤锦桥边插柳椏。……前传诗句词如此，后嗣相逢系本家。”

（三） 宗堂郡望

堂号 1.“清严堂”：宋代余元一，是朱熹最喜爱的门人，最讲仁义礼智信五伦，号“清严”。

2.“忠惠堂”：宋时余天锡是宰相史弥远的家庭教师。沂王无后，命天锡在王族里找一个幼儿中比较有贤德的做儿子。天锡给他找来了贵庄，就是后来的宋理宗。理宗即位，封天锡为奉化郡公，死后谥“忠惠”。

余姓又以“下邳”为其堂号。

郡望 余姓郡望主要有新安郡、下邳郡、吴兴郡等。

1. 新安郡。晋太康元年（公元208年）改新都郡置郡，治所在始新（今淳安西）。相当今浙江淳安以西、安徽新安江流域、祁门及江西婺源等地。隋时改歙州置郡，治所在休宁（今安徽休宁东万安），后移治歙县（今安徽歙县）。唐时复置歙州。

2. 下邳郡。东汉永平十五年（公元72年）改临淮郡置国，治所在下邳（今江苏睢宁西北）。辖地北至江苏新沂、邳县，南至盱眙和安徽嘉山，东至江苏涟水、淮安和清江市。南朝宋时改为郡。

3. 吴兴郡。三国吴宝鼎元年（公元266年）置郡，治所在乌程（今浙江吴兴南，晋义熙初移今吴兴）。相当今浙江临安、余杭、德清一线西北，兼有江苏宜兴县地。

（四） 家谱寻踪

山东泗水·余氏会通世谱五卷外纪一卷

藏地：国家图书馆　安徽徽州地区博物馆

（明）余瑷纂修

明正德三年（1508）刻本

江苏盱眙·丰源余氏族谱四十七卷首一卷

藏地：日本　美国

（清）余建五　余仲元等重修

清乾隆四十六年（1781）刊本　十四册

江苏盱眙·丰源余氏族谱四十二卷首一卷

藏地：美国

（清）余逢元等修

清道光八年（1828）木活字本　二十册

江苏镇江·京江余氏宗谱四卷

藏地：上海图书馆

（清）余夔修

清道光十年（1830年）永言堂刊本　四册

江苏镇江·余氏宗谱四卷

藏地：吉林大学

（清）余景瀚等纂修

清咸丰二年（1852）丰乐堂活字本　四册

浙江淳安·遂安西涧沣南余氏族谱三卷

藏地：国家图书馆

（清）余之颙纂修

清康熙间余氏维新堂刻本

浙江鄞县·鄞东冰厂跟余氏宗谱十二卷首一卷末一卷

藏地：浙江宁波天一阁文物保管所

（清）余章乾　余德淇纂修

清光绪三十一年（1905）锦乐堂木活字本　四册

浙江鄞县·勤东冰厂跟余氏宗谱十五卷首一卷

藏地：浙江图书馆

（民国）余光纹修　李向荣纂　石聘玉编辑

1928年锦乐堂木活字本　六册

浙江鄞县·鄞东冰厂跟余氏宗谱十卷

藏地：浙江宁波天一阁文物保管所（存卷4—7）

1930年锦乐堂木活字本

浙江象山·峰北余氏宗谱一卷

藏地：浙江象山文化管理委员会

（民国）郑敬之重修

1919年钞本

浙江长兴·麻圆余氏宗谱十二卷

藏地：浙江长兴县煤山乡

（民国）余树南主修　余福豪协修

1944年致和堂木刻本

浙江绍兴·会稽冢斜余氏家谱不分卷

藏地：日本　美国

（清）余肇杞　余乾行等重修

清光绪二十六年（1900）明德堂木活字本　十二册

浙江绍兴·会稽余氏支谱十卷首一卷

藏地：美国

（清）余圣　余蕃祚等修

清光绪三十年（1904）敦睦堂刊本　四册

浙江常山·余氏宗谱七卷

藏地：浙江常山县目弓乡山明村

（民国）黄共续修

1922年木刻本

浙江·常山里方山余氏重修宗谱四卷

藏地：浙江常山县招贤乡里方山村

（民国）余元贞　余元亨重修

1926年木刻本

浙江常山·定阳黄岗余氏宗谱五卷

藏地：浙江常山县何家乡黄岗村

1926年木刻本

浙江常山·萝蔓塘余氏宗谱二卷

藏地：浙江常山县狮子口乡塘底村（共四部）

（民国）徐燮续修

1931年木刻本

浙江仙居·乐安余氏宗谱□□卷

藏地：浙江临海县博物馆（存卷2）

清道光二十二年（1842）木活字本

浙江黄严·芦洋余氏宗谱稿□□卷

藏地：浙江临海县博物馆（存卷首）

民国间稿本

安徽·余氏族谱□□卷

藏地：安徽安庆市图书馆（存卷3、12、18、23、26、27）

清光绪三十年（1904）三合堂木活字本

安徽徽州·新安余氏世系像谱不分类

藏地：中国社会科学院历史研究所图书馆

（清）余克制纂修

清光绪二年（1876）敦睦堂手写本　一册

安徽徽州·新安郡余氏家谱□□卷

藏地：福建图书馆（存卷9）

（民国）余日院修

1945年刻本

安徽休宁·余绍贤堂族谱三十卷

藏地：河北大学

（清）余家修修

清光绪二十四年（1898）石印本十四册

安徽潜山·余氏宗谱三十卷首二卷

藏地：安徽图书馆

（清）余谊亲编

清宣统二年（1910）木刻本

安徽·潜山余氏宗谱三十卷首一卷

藏地：上海图书馆（缺卷首）

刻本

安徽舒城·龙舒余氏宗谱十二卷

藏地：人民大学　辽宁大连市图书馆（缺卷1—4）　日本　美国

（清）余绍瑞　余思聪等续修

清光绪三十二年（1906）敦睦堂活字本　十二册

福建建阳·书林余氏重修宗谱不分卷

藏地：福建图书馆　福建师大

（清）余振豪等修

传钞清光绪二十二年（1896）新安堂刊本　十二册

福建安溪·余氏族谱不分卷

藏地：台湾

清光绪二十三年（1897）钞本一册

江西·婺源沱川余氏族谱不分卷

藏地：美国

（明）余懋学撰　余光治辑

清钞本　一册

江西婺源·沱川余氏家乘□□卷

藏地：国家图书馆

清钞本　二册

江西婺源·长溪余氏正谱二卷

藏地：安徽图书馆（存卷首）

（清）余章耀等编

清道光二十八年（1848）木刻本

江西婺源·长溪余氏宗谱四卷首一卷末一卷

藏地：国家图书馆

（民国）余有横等修

1929年宝善堂活字本　四册

江西抚州·梨溪余氏宗谱□□卷

藏地：江西档案馆（存卷9、10）

活字本

湖北新洲·余氏宗谱二十九卷首六卷

藏地：湖北新洲县余集乡余集村

（民国）余希纯等续修

1947年木刻本

湖南·湘阴览渡余氏谱十六卷首一卷末一卷

藏地：湖南图书馆（存卷首1—8）

民国二十年（1931）活字本

湖南·汉寿余氏续修族谱二十一卷首一卷末一卷

藏地：湖南图书馆（存卷首1—15、19—21、末）

（民国）余烈炳　余谟智等修　余烈汝　余谟福纂

1920年活字本

广东·余乐族谱三十卷

藏地：广东中山图书馆（二部）中山大学　美国（清）余振新　余泽深等编

清光绪二十四年（1898）修

1912年获海绍贤堂石印本

广东·守籍房余氏家谱不分卷

藏地：美国

（民国）余章彦编

1935年香港永新印务公司铅印本一册

广东·下邳余氏源流本房世系谱四卷首一卷

藏地：广东中山图书馆　美国

（民国）余章彦编

1936年香港永新印务公司铅印本

广东曲江·余氏族谱四卷

藏地：南开大学

（清）余有璋等纂修

清嘉庆二十五年（1820）刻本四册

广东乳源·余氏族谱十卷

藏地：河北大学

（清）余衍箕　余大林等合修

清光绪七年（1881）凌云书院木刻本　十册

福建长乐·余氏世谱家传不分卷

藏地：台湾

（清）余国纲纂修

清同治元年（1862）钞本　二册

四川长寿·余氏族谱一卷

藏地：四川长寿县沙石乡场上村　四川

长寿县葛兰乡先桂村

（民国）余绣宇修

1942年写本

四川荣县·余氏族谱四卷

藏地：四川图书馆

（民国）余懋昭　余锡朋等纂修

1913年木活字本　四册

四川宣汉·余氏宗谱一卷

藏地：四川宣汉县档案馆

民国间手钞本

埠川余氏新纂宗乘五卷

藏地：国家图书馆

（清）余有伶纂修

清活字本　二册

迁田余氏重修宗谱十八卷首一卷

藏地：国家图书馆

（民国）余傅思等修

中國書店

1924年光睦堂活字本　八册

余氏宗谱二卷

藏地：浙江兰溪县文化管理委员会（共三部）

1926年修刻本　二册

余氏宗谱□□卷

藏地：武汉图书馆

1948年余氏四谏堂木活字本

贵源余氏支谱□□卷

藏地：武汉图书馆

（民国）余士勤撰

（五）　字行辈份

1919年余志清修《余氏族谱》，安徽六安余姓一支字行为："隆庆康贤，培宽振泰，信寿品宁。"

（六）　迁徙繁衍

历史上，余氏基本上是一个较典型的南方姓氏。关于这一分布特点，我们也可从历代余姓名人的出生地窥见一斑。余、佘二氏，最早的发祥地应在今陕西凤翔至咸阳一带。具体播迁情形，因缺乏有关资料，故难以详考。大致上讲，余姓于汉时迁入安徽的歙县一带，并落籍此地不断繁衍。汉以后，在我国的北方和南方，余姓的后人基本上是同时不断地繁衍，但北方和南方比较起来要弱得多。其多迁居浙江、江苏、江西等地。魏晋南北朝时，余姓已成为新安郡一带望族。此时，又因北方连年战乱，中原士族开始第一次大举南迁，余姓大族所处之地正当其冲，故其南迁也就不是一件可避免的事。其中有一部余姓族人继续南迁，或迁入湖北、或迁人湖南等地。唐代以后，余姓才得以迅速繁衍壮大起来，并逐渐形成了东南部一带两处望族。余姓迁入福建、广东等地，始于唐末宋时，多居福建的建安、上杭、饶平，广东的大埔、梅州等地。明、清之际，余姓不仅已遍及江南各地，而且北方各地的余姓也得到了疾速的发展。

（七）　适用楹联

□器徵台辅；[①]胆落豪踪。[②]

□学尊孟子；[③]清并林逋。[④]

□劝子勿为官所腐；
　知君欲以诗相磨。[⑤]

□尧臣荣列十才子；[⑥]
　开龙合称三名家。[⑦]

□蓉裳图文号双绝；[⑧]
　武良进士居第一。[⑨]

□兄弟睦，家之肥；
　子孙贤，族乃大。[⑩]

□琴操七弦，流水高山，
　自有知音良友；[⑪]
　疏宗十渐，忠言谠论，
　克倾纳谏明君。[⑫]

注释：

①指余姓名人余尧弼事典。

②宋代进士余端礼事典。端礼，字处恭，龙游人。孝宗时累官吏部侍郎，光宗召拜吏部尚书，擢同知枢密院事。宁宗立，进知枢密院事，兼参知政事，卒谥忠肃。

③宋代学者余允文，字隐之，建安人。读书精研正学，尝作《尊孟辩》三十余条。

④宋代工部尚书余靖的事典。余靖，字安道，曲江人。天圣初登第。曾三使契丹，习外国语。为帅十年，

不载海南一物。广州有八贤堂，靖居其一。有《武溪集》。林逋为宋代诗人。

⑤嘉庆进士、清代两江总督梁章钜（1775—1849）赠余姓名人余小霞联。

⑥明代新郑丞余尧臣，字唐卿，永嘉人。元末寓居吴中，与高启、王竹等称十才子。

⑦清代京剧名演员余三胜，名开龙，字起云，罗田人。道光时到北京演唱、隶春台班，对老生唱腔颇多创造。与程长庚、张二奎齐名。

⑧清代著名诗画家余集，字秋室，号蓉裳，钱塘人。乾隆进士。与邵晋涵等荐修《四库全书》，授翰林院编修。工诗书画，画《杨妃出浴图》，上有翁方纲题字，时称双绝。

⑨明代兵部尚书余煌，字武贞，会稽人。天启中为进士第一。

⑩清代三防主簿余小霞自题联。

⑪周代余伯牙的事典。伯牙善鼓琴，与钟子期善。子期死，伯牙不复鼓琴，痛世无知音也。

⑫明代御史余珊的事典。余珊，字德辉，桐城人。居官有威惠，士民德之。

余氏名人集粹

余怀 莆田（福建莆田）人，寓居南京，清代文学家，诗文为王士禛等所推许。有《味外轩文集》、《研山堂集》《秋雪词》及笔记《板桥杂记》等。

余栋臣 著名的反洋教英雄。1890年、1898年两次在四川举行反帝起义，焚教堂，打击反动教士，影响30余县，震动朝野。

余隆 明代大梁卫指挥佥事。

余梦鲤 福清（今属福建）人，广东参政、湖广按察使。

余才 内江人，礼部郎中。

余日新 龙游（今属福建）人，山东巡按、太仆卿。

余祐 鄱阳（今属江西北部一带）人，徐州兵备副使、云南布政使。

余煌 会稽（今属浙江）人，兵部尚书、督师。

余象斗 福建建安（今建瓯）人，著名的通俗小说的编著者和刊行者，经他编著和刊行的小说有《四游记》、《列国志传》、《全汉志传》、《三国志传评林》、《东西晋演义》、《大宋中兴岳王传》等。

余阙 庐州（今安徽合肥）人，元代官至监察御史，先世唐兀人，居河西武威（今属甘肃），至正十三年（1335年）出守安庆，任都元帅、淮南行省左丞，与红巾军各部相拒数年，著有《青阳集》。

余天锡 昌国（治所在今浙江定海县）人，宋代官至副宰相。

余玠 蕲州（今湖北蕲春南）人，四川安抚处置使、资政殿学士。

余栗 镇南军判官、御史中丞、兵部尚书。

余端礼 龙游（今属福建）人，吏部待郎、枢密院事、吏部尚书。

余靖 曲江（今属广东）人，官至工部尚书。特别值得一提。宋仁宗天圣年间，有十分著名的“四谏”，指的是当时在朝廷中担负言责的欧阳修、王素、蔡襄以及余靖四人，其中余靖正是广东曲江余家的杰出子弟，他以敢直言著称。范仲淹被贬时，朝野百官不敢吭声，唯有他站出来为范仲淹讨公道。结果自己也被贬，由此知名。后任右正言，多次上书，建议严赏罚，节开支，反对多给西夏岁币。他又曾三次出使辽国，因用契丹语作诗，再次被劾贬官。不久又被起用，加集贤院学士，官至工部尚书，著有《武溪集》传世。后来，广州设有一座“八贤堂”，余靖即为“八贤”之一。

余氏风流撷英

安道文学重乡里，
位列四谏名一时。[①]
叔济智勇称双全，
道就单车州盗退。[②]
处恭位高官至宰，
灵鼋负阁事亦奇。[③]
被贬曾为范仲淹，
丢官只因蕃语诗。[④]
余玠列屯为拒敌，
青居钓鱼不可摧。[⑤]
清并林逋列八贤，[⑥]
允文正学尊孟子。[⑦]
师从姚谭立风格，
三杰后裔成一派。[⑧]
大足起事为驱洋，
栋臣率众雪国耻。[⑨]

注释：

①余靖，字安道，宋代曲江人。以文学称乡里。天圣（1023—1032）初登第，官右正言，与欧阳修、王素、蔡襄称为四谏，时论重之。

②余克济，字叔济，宋代安溪人。庆元（1195—1200）进士，知梅州，州境盗发，乘盗未集，乃单车就道，盗卒退。

③余端礼，字处恭，宋代龙游人，进士出身，官至宰相。幼时遇大水，与里人共处一阁。阁将沉，有物似鼋背负此阁，众得以救。

④见注①。1036 年，余靖因上书反对贬逐范仲淹而谪，并由此知名。曾三次使辽，通晓契丹语，以作“蕃语诗”被劾贬官。后复起用。

⑤余玠，字义夫，宋代蕲州人，淳祐年间（1241—1252）任四川安抚制置使，筑青居、钓鱼凡十余城，皆以山为垒，屯兵聚粮，敌军皆不能及。

⑥余靖，在南海为帅十年，不载一物归，名列广州八贤堂，与林逋并有清名。参见注①、④。

⑦余允文，字隐之，宋代建安人。读书精研正学，司马光等对孟子有毁词，允文作《尊孟辩》三十余条。

⑧余叔（1890—1943），名第祺，京剧演员，余三胜（“老生三杰”之一）孙。曾从姚增禄、谭鑫培等学艺，形成自己的风格，世称“余派”。

⑨余栋臣，清四川农民起义领袖。1890 年发动大足起义，反洋教，后被捕。1898 年再度在大足起义，夜袭教堂，发表檄文，声明“誓雪国耻。”后被镇压，栋臣投降清廷。

中华百家姓

赵 钱 孙 李 周 吴 郑 王 冯 陈 蒋 沈 韩 杨
朱 秦 许 何 吕 张 孔 曹 金 魏 姜 谢 邹 苏
潘 范 彭 韦 马 方 任 袁 史 唐 薛 雷 贺 汤
罗 郝 常 于 傅 康 余 顾 孟 黄 尹 姚 邵 汪
毛 戴 宋 熊 董 梁 杜 贾 江 郭 林 钟 徐 邱
高 夏 蔡 田 胡 万 卢 丁 邓 石 崔 龚 程 陆
段 侯 武 刘 龙 叶 黎 白 赖 乔 谭 阎 易 廖
文 曾

顾 姓

——回首顾盼逝去事，惩前毖后事有利

顾氏解密寻踪

（一） 姓氏字源

《说文》：“顾，还视也。从页，雇声。”段玉裁话： “还视者，返而视也。”顾之本即回视。《玉篇·页部》：“回首曰顾。”《广韵·暮韵》：“顾，回视也。”

（二） 寻根溯祖

顾姓来源有二：

1. 出自己姓昆吾氏。据《元和姓纂》和《唐书·宰相世系表》等所载，相传帝颛顼有个孙子叫吴回，在帝喾（传说中古代部族首领。号高辛氏，是我国许多姓氏的先祖），时为火正（掌管民事之官）祝融。吴回的儿子陆终娶鬼方氏的女儿嬇为妻，生有 6 个儿子，其中大儿子名樊，赐己姓，封在昆吾国（在今河南许昌东），后代便是昆吾氏。夏朝时昆吾氏有子孙被封于顾国（今河南范县东南），称顾伯，是夏的重要同盟国之一。夏末顾国被商汤攻灭，散居各地的顾伯子孙便以国为氏，称顾氏。顾在西周为许（周分封的诸侯国，在今河南许昌东）之地，春秋时成为齐国（周分封的诸侯国，在今山东北部，建都营丘（今山东淄博东北））之地。

2. 出自越王勾践的后裔。据《名贤氏族言行类稿》、《顾氏谱》等所载，相传大禹死后葬在会稽（今浙江绍兴南一带），他的儿子启在山上建立宗庙祭祀他。夏帝少康后来又把庶子无余封在会稽主持禹的祭祀，并建立越国，建都会稽（今浙江绍兴）。其后人就有以国名命氏，称为越氏。春秋末年时，越国常与吴国交战，公元前 494 年为吴王夫差打败。越王勾践卧薪尝胆，发奋图强，于前 473 年攻灭吴国。并曾向北扩展，成为霸主。战国时国力衰弱，约在前 306 年为楚所灭。经秦至汉，传至勾践的 7 世孙摇，曾担任过分布在今福建北部和浙江南部地区的闽越族首领。因助汉灭项羽有功，于汉惠帝三年（公元前 192 年）受封为东海王，因都东瓯（今浙江永嘉县西南），俗号东瓯王。后来摇封自己的儿子为顾余侯，子孙留居会稽（今浙江省绍兴市），其支庶子孙以其封号的第一字为氏，称顾氏。史称顾姓正宗。

（三） 宗堂郡望

堂号 “三绝堂”：唐朝顾恺之，才绝、画绝、痴绝（痴是专心画画，好像呆子），时人称他有“三绝”。

顾姓又以“会稽”为其堂号。

郡望 顾姓郡望主要有会稽郡、武陵郡等。

1. 会稽郡。秦始皇二十五年（公元前 222 年）于原吴、越地置郡，治所在吴县（今江苏苏州市）。相当今江苏长江以南，茅山以东，浙江省大部分及福建全省。顺治时移治山阴（今浙江绍兴）。

2. 武陵郡。汉高帝置郡。治所在义陵（今湖南溆浦南）。相当今湖北长阳、五峰、鹤峰、来凤等县，湖南沅江流域以西，贵州东部及广西三江、龙胜等地。

（四） 家谱寻踪

辽宁潘阳·盛京驻防顾氏裔派宗谱一卷

藏地：辽宁辽阳县甜水乡甜水村

清同治七年（1868）稿本

上海·华亭顾氏宗谱八卷首一卷末一卷

藏地：日本　美国

（清）顾璜编

清光绪二十年（1894）刊本二册

上海·嘉定顾氏宗谱不分卷

藏地：美国

（清）顾鸿烈重修

清光绪十三年（1887）钞本一册

上海南汇·五团顾氏家乘一卷

藏地：吉林大学　上海南汇县图书馆

（民国）顾其琛辑

1931 年瑞芝堂排印本　一册

江苏东海·顾氏宗谱八卷

藏地：中国社会科学院历史研究所图书馆

（清）顾朝鼎　顾景胜等纂

清顺治八年（1651）刻　乾隆三十二年（1767）重刻本　十册

江苏扬州·顾氏宗谱□□卷

藏地：江苏江都县中闸乡慈云村（存卷 2—5）

木刻本

江苏·南通州东顾氏家谱不分卷

藏地：云南图书馆

（清）顾方周等纂修

清道光四年（1824）顾氏醴陵堂刻本　六册

江苏·南通顾氏宗谱十卷首一卷

藏地：国家图书馆　吉林大学　江苏南通市图书馆　江苏南通博物馆　江苏镇江市图书馆

（民国）顾公毅　顾祖培等纂修

1931年南通翰墨林铅印本

江苏如皋·顾氏家谱□□卷

藏地：广东省中山市图书馆（存卷1—12）

（清）王国栋纂修

清刻本

江苏镇江·古润顾氏宗谱水二卷

藏地：中国科学院图书馆　辽宁省图书馆　日本　美国

（清）顾沅重修

清道光二十一年（1841）木活字本

江苏常州·毗陵顾氏宗谱八卷

藏地：上海图书馆

（清）顾赞辰等修

清宣统三年（1911）木活字本　二册

江苏常州·毗陵顾村顾氏宗谱十八卷

藏地：民国十五年（1926）永思堂活字本　十八册

（民国）顾荣茂主修

江苏常州·毗陵西庄顾氏宗谱十六卷

藏地：美国

（民国）顾显松主修

1928年源远堂木活字本　十六册

江苏武进·顾氏宗族谱六卷

藏地：河北大学

（民国）顾全宝　顾连甫六修

1914年凝徽堂木刻本　六册

江苏·无锡顾氏宗谱二十三卷首一卷

藏地：美国

（清）顾光熙等修

清同治十二年（1873）嘉德堂木活字本　二十四册

江苏无锡·顾氏宗谱五十卷

藏地：中国社会科学院历史研究所图书馆

（清）顾逸舫等修

清光绪二年（1876）惇叙堂活字本　襄十册

江苏无锡·顾氏宗谱十九卷首十卷

藏地：国家图书馆　云南图书馆　美国

（清）顾景璐纂

清光绪二十三年（1897）活字本　十六册

江苏无锡·顾氏宗谱十五卷

藏地：中国社会科学院历史研究所图书馆

（民国）顾石仲　顾玉书纂修

1919年铅印本　十六册

江苏江阴·黄桥顾氏宗谱二十卷

藏地：日本　美国

（清）顾冠群　顾梓堂等续修

清同治十一年（1872）怀远堂刊本　二十册

江苏江阴·黄桥顾氏宗谱二十卷

藏地：中国社会科学院历史研究所图书馆

（清）顾盛庆主修

清光绪二十六年（1900）怀远堂活字本　二十二册

江苏江阴·顾氏重修宗谱十八卷首一卷末一卷

藏地：吉林大学

（清）顾品怀等修

清同治十三年（1874）王侯家活字本　二十四册

江苏江阴·顾氏分编泾里支支谱□□卷

藏地：江苏档案馆（存卷5）

（民国）顾平　顾鹏续修

民国间惇叙堂木刻本

江苏宜兴·顾氏宗谱八卷首一卷末一卷

藏地：河北大学

（民国）顾供全重修

1942年永思堂木刻本　四册

江苏苏州·埭川顾氏重修续谱不分卷

藏地：日本　美国

（清）顾秋溪纂

清道光十七年（1837）写本　三册

江苏苏州·顾氏大宗世谱二十卷

藏地：国家图书馆　河北大学（缺卷6上）

（清）顾锦廷　顾文江等重修

清光绪二年（1876）佑启堂木刻本

江苏苏州·武陵［顾氏］宗谱八卷

藏地：吉林大学

（清）顾行樵续修

清光绪二十五年（1899）刻本　八册

江苏苏州［顾氏］岳王市支世谱六卷首一卷

藏地：江苏苏州市图书馆（存卷首、卷1）

（清）顾元钊纂

清刻本

江苏苏州顾氏·岳王市支世谱六卷

藏地：江苏苏州市图书馆

（清）顾遵沣修

清光绪钞　民国续补本　九册

江苏吴县·衣言堂顾氏本支世谱二卷

藏地：日本　美国

（清）顾夔编

清乾隆四十八年（1783）培根堂刊本一册

江苏吴县·顾氏汇集宗谱五卷

藏地：日本　美国　江苏昆山县档案馆（存卷1—4）

（清）顾遵范　顾洪畴等重修

清嘉庆十九年（1814）刊本　八册

江苏吴县·顾氏汇集宗谱不分卷

藏地：美国

（清）顾壬林述录

清光绪十三年（1887）钞本　四册

江苏吴县·碧凤顾氏支谱不分卷

藏地：美国

清光绪四年（1878）钞本　六册

江苏吴县·重修唯亭顾氏家谱十四卷

藏地：中国社会科学院历史研究所图书馆　上海图书馆　江苏苏州市博物馆　苏州大学（缺卷14）　日本（附庄规三卷）　美国（附庄规碑录一

卷） 国家图书馆（二部）中央民族大学（附庄规三卷）

（清）顾光昌 顾之义修

清光绪二十九年（1903）木刻本

浙江·鄞县顾氏家乘原稿二卷

藏地：国家图书馆

（民国）顾钊纂

1922 年追远堂活字本 二册

浙江·鄞县顾氏家乘十卷首一卷

藏地：浙江宁波天一阁文物保管所

（民国）程圣辂 顾钊纂修

1933 年追远堂木活字本 四册

浙江慈溪·顾氏家谱不分卷

藏地：哈尔滨师范大学

（民国）顾廷荣 顾麒章等重修

1928 年石印本 一册

浙江奉化·顾氏家谱□□卷

藏地：浙江宁波天一阁文物保管所（存卷 5）

清道光二十三年（1843）重修木活字本

浙江奉化·顾氏家谱□□卷

藏地：浙江宁波天一阁文物保管所（存卷 5）

清同治十二年（1873）木活字本

浙江海盐·顾氏宗谱十二卷

藏地：中国社会科学院历史研究所图书馆

（清）顾兰似 顾春山等纂修

清道光二十一年（1841）刻本 十二册

浙江诸暨·平阔厚丰顾氏宗谱一卷

藏地：辽宁省图书馆

（民国）顾文槐 顾臣三等续修

1927 年植嘉堂活字本

浙江诸暨·平阔厚丰顾氏宗谱二十卷

藏地：国家图书馆

（民国）顾臣三等续修

1947 年植嘉堂活字本 二十册

浙江上虞·越南顾氏族谱不分卷

藏地：浙江省图书馆（二部）

（明）顾兑纂修

明万历三十四年（1606）钞本 二册

浙江仙居·岭上顾氏宗谱一卷

藏地：浙江临海县博物馆

民国四年（1915）东阳郭氏木活字本

顾氏大宗世谱□□卷

藏地：上海图书馆（存卷 1）

（清）顾弥高辑

清顺治九年（1652）香草堂刻本

重修顾氏家谱□□卷

藏地：南京博物馆（存卷 10）

清乾隆间刻本

顾氏族谱二十卷首一卷续编八卷首一卷

藏地：国家图书馆（续编缺卷 3—8）

（清）顾杏青等修

清同治十三年（1874）龙津堂活字本

顾氏宗谱十二卷

藏地：国家图书馆

（清）顾正兴主修

清光绪元年（1875）天吉堂活字本 八册

顾氏宗谱十二卷

藏地：上海图书馆

（清）顾顺和等修

清光绪五年（1879）源远堂木活

字本

顾氏重修宗谱十卷

藏地：国家图书馆

（民国）顾殿材等续修

1919年裕昆堂活字本　十册

顾氏家谱五卷

藏地：国家图书馆

钞本　四册

（五）　字行辈份

清光绪二十四年顾廷瑞等修《顾氏家谱》，江苏顾姓一支字行为：“明世泽万里，安国启贤良。”

（六）　迁徙繁衍

据有关史书记载，夏朝有个诸侯国叫顾国，与附近的己姓昆吾国和彭姓韦国，都是夏朝在黄河下游的重要支柱和东部的屏障。夏朝末年，商部落领袖汤率领军队攻夏，首先灭掉夏的属国葛，接着又连续攻灭了韦、顾、昆吾等国，使夏朝处于正面受敌的地位，然后待夏桀完全陷于孤立境地时，在鸣条（今河南封丘东）之野大败桀军，灭掉夏朝。《诗·商颂·长发》歌颂汤王时称：“韦顾既伐，昆吾夏桀。”就是说韦国和顾国已被汤灭掉，挨到昆吾和夏桀也接续灭亡了。亡国后的顾国王族子孙，散居全国各地，以原国名为姓氏，从此中国开始有顾姓。

又据《史记·东越列传》及顾氏族谱记载，越王勾践的裔孙闽君摇，因佐诸侯灭秦有功，于汉惠帝三年（公元前192年）被封为东海王，都东瓯（在今浙江永嘉县西南）；后来摇又封自己的儿子为顾余侯。顾余侯居住在会稽，其支庶子孙以其封号的第一字为氏，也姓顾，从而又形成一支顾姓居民。

今江苏省有顾山，地当无锡、江阴、常熟交界处，很可能因顾国遗民迁居而得名。据《新唐书·宰相世系》及宋人邓名世《古今姓氏书辩证》记载，顾氏“初居会稽，汉有顾翱者，事母孝，母喜食雕胡（即菰米。菰为多年生草本植物，生长在池沼里，其基部肥大的嫩茎即茭白，颖果为狭圆柱形，即菰米，亦称雕胡），徙居太湖（周680余里，面积3.6万顷，跨江苏、浙江二省）。湖中自生雕胡，得以养母”。三国时吴国丞相顾雍之孙、晋司空顾荣之弟顾徽，居盐官（今浙江海宁）。顾徽的10世孙叫顾越，任南朝陈国黄门侍郎；其孙顾胤，仕唐，任著作郎，封余杭公；其曾孙顾琮，武则天时任宰相。顾琮有二子：长子顾涧，任秘书郎；次子顾浚，任齐安太守。唐代还有虞部郎中顾云，为池州（今安徽贵池）人。另据有关资料，三国至唐代，顾姓一直是江东四大姓之一；唐以后，由于官职调迁等原因，顾氏不断向南北各地播迁，至明代，不仅分布于今山东、安徽、湖北、湖南、福建、广东、四川等地，而且在北方的陕西、山西、河北、内蒙等地也有顾姓人居住。但是，纵观顾氏家族史，从古至今，其发展繁衍中心却一直在江浙一带，因此，顾姓历史名人大多出自南方，尤其是江苏。例如：三国时吴国丞相顾雍，西晋时支持司马睿的江南士族领袖、顾雍之孙顾荣，东晋画家顾恺之，南朝梁、陈之间文字训诂家顾野王，元朝画家顾安、文学家顾瑛，明朝武英殿大学士顾鼎臣、吏部文选司郎中顾宪成，明、清之际思想家、学者顾炎武，历史地理学家顾祖禹，清朝词人顾贞观、学者顾栋高、校勘学家顾广圻等，都是今江苏人；唐朝诗人顾况为今浙江人；五代南唐画家顾闳中为江南人；明末农民起义军将领顾君恩为湖北人。

（七） 适用楹联

□长庚有三绝[①]；华玉列四家。[②]

□思远长寿两轮甲；[③]
宾阳算学第一人。[④]

□只存百天松筠操；
那惜三春桃李颜。[⑤]

□行己有耻；博学于文。[⑥]

□睡狮猛省天下晓；
卧龙惊起雨中春。[⑦]

□风声、雨声、读书声，声声入耳；
家事、国事、天下事，事事关心。[⑧]

□人品高华，史分金箭；[⑨]
天姿秀异，家号麒麟。[⑩]

□名在传胪之次；[⑪]功高开国之初。[⑫]

□鹤从珠树舞；凤向玉阶飞。[⑬]

□万事莫如为善乐；
百花争比读书香。[⑭]

注释：

①东晋画家顾恺之（约345—406），字长庚，无锡人。多才艺，工诗赋、书法，尤精绘画。多作人物肖像，注重点睛。其《论画》等书中论点，对中国画的发展，影响很大。有“才绝、画绝、痴绝”之称。

②明代文学家、刑部尚书顾璘（1476—1545），字玉华，吴县人。少有才名，以诗风调胜，与同里陈沂、王韦号为“金陵三俊”。后宝应、朱应登起，时称“四大家”。有《浮湘集》、《山中集》、《息园诗文稿》等。

③梁代散骑侍郎顾思远，钟离人。年一百一十二岁，家贫阙养，行役部伍中。北徐州刺史萧映见而异之。召赐食，食兼于人。载还都。召对，与言往事，多异所传。擢散骑侍郎，赐以俸宅，朝夕进见。卒年一百二十岁。

④清代康熙举人顾陈垿，字玉停，号宾阳，镇洋人。官行人司行人。性侃直，学宗程朱，坚劲不移。精算学、乐律和医学。康熙时以算学应试列第一，称“算状元”。有《钟律陈数》等。

⑤清代河南巡抚顾汧自题联，顾汧字伊在，号芝岩，吴县人。康熙进士，累官巡抚，坐事罢。后起历宗人府丞。有《凤池园集》。

⑥明、清之际的思想家、学者顾炎武（1613—1682），初名绛，字宁人，江苏昆山人。世称亭林先生。所著《天下郡国利病书》，记各地风俗、文物、地理等甚详，为研究古代经济及历史地理的重要著作。另有《日知录》、《亭林诗文集》等。本联为其自题联。

⑦清末民初顾姓名人顾君复自题联。

⑧明代吏部外郎顾宪成（1550—1612），万历进士。本联为他所题东林书院联。

⑨晋代尚书仆射顾众的事典。顾众，字长始，吴人。

⑩晋代尚书令顾和的事典。顾和，字君孝，吴人。幼有清操。咸康中拜御史中丞，曾劾奏左丞贪污百万，付法议罪，百僚惮之。

⑪明代名人顾天俊的事典。

⑫明代大都督同知顾时的事典。顾时，字时举，濠人。从太祖渡江，破张士诚，定山东、河南、取元都，转战山西、陕西，并有功，封济宁侯。

⑬见注⑥。

⑭清乾隆进士顾光旭自题联。顾光旭，字华阳，无锡人。官甘肃甘凉道。工书，善诗文。有《凉溪诗钞》、《响泉集》。

顾氏名人集粹

顾云 江苏吴县人，近代著名画家，他的作品在继承清初“四王”的山水画风格方面，是一个代表。

顾祖禹 清时江苏无锡人，历史地理学家。他所著的《读史方舆纪要》一书，记叙了历朝疆域、政区的演变，是研究历史地理的重要名著。

顾广圻 清江苏吴县人，校勘学家。

顾栋高 今江苏吴县人，学者，曾任内中书，编有《春秋大事表》50卷，舆图1卷，附录1卷，将春秋列国史事、天文历法、世系官制、疆域地理等列表说明，可作研究春秋史的参考。

顾炎武（1613—1682） 今江苏昆山人，大思想家、学者。学识渊博，于国家典制、郡邑掌故、天文仪象、河漕、兵农以及经史百家、音韵训诂等，都有研究。晚年治经侧重考证，开清代朴学风气，对后来考据学中的吴派、皖派都有影响。其思想之博大精深，对后世影响很大，也为我国历史上最受尊崇的学者之一。著有《日知录》、《天下郡国利病书》、《肇域志》、《音学五书》等。

顾鼎臣 明代武英殿大学士。

顾宪成 明无锡（今属江苏）人，人称东林先生。曾与弟允成和高攀龙等在东林书院讲学。和赵南星、邹元标号为三君。他们议论朝政人物，并得到部分士大夫的支持，形成一个集团，这就是历史上的东林党，在当时影响很大。

顾君恩 明末农民起义军将领，湖广钟祥（今属湖北）人，多智谋，为李自成谋士。起义军人北京后任为吏政府侍郎。

顾安 元代昆山（今属江苏）人，官至泉州路行枢密院判官。擅墨竹，运笔道劲，用墨润泽，自成一家。

顾瑛 元代昆山（今属江苏）人，文学家。

顾闳中 南唐江南人，工画人物，用笔圆劲，设色浓丽，有《韩熙载夜宴图》传世。

顾云 唐时池州（今安徽贵池）人，官虞部郎中。

顾况 唐代苏州海盐（今属浙江）人，诗人。

顾胤 顾越孙，唐时任著作郎，封余杭公。

顾琮 顾胤子，武则天时任宰相。顾琮有2子：长子顾润，任秘书郎；次子顾浚，任齐安太守。

顾荣 顾雍子，在吴之后，与陆机、陆云奔投东晋洛阳，时称“三俊”。官至尚书郎、太子中舍人、廷尉正等职。后成为支持琅邪王司马睿（晋元帝）的江南士族领袖。

顾徽 顾荣之弟，迁居盐官（今浙江海宁）。

顾宝光、顾景秀 南朝宋吴郡（今江苏苏州）人，著名画家。

顾野王 南朝梁陈间吴郡（今江苏苏州）人，著名文字训诂学家。初仕梁，陈时官至光禄卿。曾搜罗和考证古今文字的形体和训诂，著有《玉篇》30卷。

顾越 顾徽10世孙，南朝陈时任黄门侍郎。

顾恺之 （约345—406）东晋画家。字长康，小字虎头，晋陵无锡（今江苏无锡）人。曾为桓温及殷仲堪参军，义熙（405—418）初任通直散骑常侍。刘裕北伐南燕，恺之为作《祭牙（旗）文》。多才艺，工诗赋、书法，尤精绘画，尝有“才绝、画绝、痴绝”之称。多作人物肖像及神仙、佛像、禽兽、山水等。画人注重点睛，自云“传神写照，正在阿堵（即这个，指眼珠）中”。尝为裴楷画像，颊上添三毛，而益觉有神。在建康瓦棺寺绘《维摩诘像》壁画，光彩耀目，轰动一时。后人论述他作画，“意存笔先，画尽意在”；笔迹周密，紧劲连绵如春蚕吐丝。把他和师法他的南朝宋陆探微并称“顾陆”，号为“密体”，以区别于南朝梁张僧繇、唐吴道子的“疏体”。著有《论画》、《魏晋胜流画赞》、《画云台山记》，其中“迁想妙得”、“以形写神”等论点，对中国画的发展有很大影响。存世的《女史箴图》传是早期的摹本，内容绘写西晋张华所撰约束宫廷嫔妃的教诫。1900年八国联军侵入北京，被英军从清宫劫去，现藏英国伦敦不列颠博物馆。所传顾的另一作品《〈洛神赋〉图》，乃宋人所作。

顾雍 三国时东吴吴郡吴县（今属江苏）人，出身为江南士族。孙权领会稽太守，以他为丞，行太守事，后任丞相，在吴国执政达19年。知人善任，吏民归服，在吴国上下享誉很高。

顾氏风流撷英

商汤起兵灭顾国，
子孙四散国为氏。①
东汉三绝说恺之，
点睛便语人称奇。②
南朝训诂顾野王，
《玉篇》三十有功绩。③
讽刺权贵是顾况，
隐居茅山华阳逸。④
金陵三俊有顾璘，
元庆藏书有意义。⑤
宪成本为东林首，
国本理学允成继。⑥
君恩设计能灭明，
炎武务实转学风。⑦
回首顾盼逝去事，
惩前毖后事有利。⑧

注释：

①依据《元和姓纂》及《唐书·宰相世系表》可知，夏朝时有顾国，古代顾国的遗址为今河南范县，其国王称顾伯，商汤起兵伐夏桀王时，灭了顾国，顾伯的子孙逃散各地，以原

国为氏，遂以顾为氏。

②顾恺之（约公元345—406年），江苏无锡人，东晋画家。博学多才，在当世称“三绝”（才绝、画绝、痴绝），他画人物，尤重点睛传神，有“点睛便语”之说。现有《女史箴图》便是珍迹。

③顾野王（公元519—581年），江苏苏州人，南朝梁陈时，训诂学家、史学家。著龟占候，虫篆奇字，无所不通。有《玉篇》三十卷，对于我国文字训诂学的研究有着重要参考价值。

④顾况（约725—约814年），江苏苏州人，唐朝诗人。曾作《海欧咏》讽刺权贵，被贬为饶州司户。善画山水，其诗同情人民，针砭时弊，后隐居茅山，号“华阳真逸”。

⑤顾璘（公元1476—1545年），江苏苏州人，明朝官吏，文学家。与同里陈沂、王韦，号为“金陵三俊”。远近闻名。顾元庆（公元1487—1565年），明朝藏书家。藏书万卷，有《文房小说》四十二种，《明朝四十家小说》等，为我国古代图书保护工作作出了贡献。

⑥顾宪成（公元1550—1612年），江苏无锡人，明末东林党领袖。官至吏部员外郎，以笃守理学为“国本”，修复东林书院，聚高攀龙、钱一本、薛敷教、史孟麟、于孔兼及弟顾允成，讲学其中，使东林党名声大著。顾允成（公元1554—1607年），明朝官吏，宪成之弟。与其兄志同道合，一起在东林书院讲学。

⑦顾君恩（生卒不详），湖北钟祥人，明末李自成起义谋士。他向李自成建议：“先取关中，建立基业，然后，旁略三边，资其兵力，攻取山西，后向京师。”事至自成入京，灭明事符。顾炎武（公元1612—1682年），清初思想家，学者，江苏昆山人。他认为：“盈天地之间者，气也。”主张书本知识与实际结合，反对空谈性命，开清代朴学之风。

⑧顾（gù）从厄从页，是回首顾盼之意，总结以前的经验，避免以后再犯，对于我们做事很有利。

中华百家姓

赵 钱 孙 李 周 吴 郑 王 冯 陈 蒋 沈 韩 杨
朱 秦 许 何 吕 张 孔 曹 金 魏 姜 谢 邹 苏
潘 范 彭 韦 马 方 任 袁 史 唐 薛 雷 贺 汤
罗 郝 常 于 傅 康 余 顾 孟 黄 尹 姚 邵 汪
毛 戴 宋 熊 董 梁 杜 贾 江 郭 林 钟 徐 邱
高 夏 蔡 田 胡 万 卢 丁 邓 石 崔 龚 程 陆
段 侯 武 刘 龙 叶 黎 白 赖 乔 谭 阎 易 廖
文 曾

孟姓

——孟氏源于共仲后，孟氏郡望历城东

孟氏解密寻踪

（一） 姓氏字源

《说文》：“孟，长也。从子，皿声。”孟字本义当指兄妹排行中最大者，亦称伯。《左传·隐公元年》云：“惠公元妃孟子。”孔颖达疏：“孟、仲、叔、季，兄弟姊妹长幼之别字也。孟、伯俱长也。”

（二） 寻根溯祖

孟姓来源有二：

1. 出自姬姓，为鲁庄公的庶兄庆父共仲之后裔。据《通志·氏族略》及《史记·鲁周公世家》所载，春秋时鲁国（公元前11世纪周〈姬姓〉分封的同姓诸侯国。开国君主是周公旦〈武王之弟〉之子伯禽，在山东西南部，建都曲阜〈今属山东〉，春秋后期为季孙氏、孟孙氏、叔孙氏三家所分，前256年为楚所灭）有孟孙氏，盖为桓公之子庆父共仲之后，本为仲孙氏。庆父共仲为鲁庄公之庶兄。鲁庄公死后，子般继位，庆父谋杀子般，改立庄公与叔姜（鲁庄公夫人哀姜的妹妹）所生之子开，是为湣公。湣公继位二年，庆父又谋杀湣公，欲自立。庆父三年内连杀二君，鲁国大乱，故有“庆父不死，鲁难未已”一成语。其后，庆父为逃避罪名，出奔莒国（西周分封的异姓诸侯国，己姓，一说曹姓。建都计斤〈一作介根，今山东胶县西南〉，春秋初年迁于莒〈今山东莒县〉，公元前431年为楚所灭）。鲁季友（庆父之弟，此时为鲁相）用贿赂求莒国送归庆父，后来莒国答应将其遣送回鲁国，庆父在回国途中不得不自杀。庆父死后，季友便让庆父的儿子公孙敖继承禄位。因为庆父排行老大，所以他的子孙就称孟（古时，人把“孟”当作“老大”的称呼，长子长女往往称孟）孙氏。孟孙氏后来同季孙氏、叔孙氏一起把持鲁国政权，后孟孙氏的后代因避讳弑君之罪，便称为孟氏。可见，孟姓是分自两个字的复姓孟孙。自然今天以孟为姓或以孙为姓的中国人，其本源上就是不分彼此的。是为山东孟氏。

2. 又出自姬姓。据《古今姓氏书辨证》及《急就篇·姓字注》所载，春秋时，卫（始封之君为周武王弟康叔，建都朝歌〈今河南淇县〉，公元前658年迁都楚丘〈今河南滑县东北〉，后又迁帝丘〈今河南濮阳县西南〉）襄公（卫国第28代君王）之子縶（音zhí执），字公孟，以疾不得嗣，其孙驱，以王父（祖父）之字为氏，就是公孟氏。后来有以公孟为氏，或以孟为氏，是为河南孟氏。

由上看来，后世的孟氏虽然表面是出自两支，分别发源于山东和河南两地，但是，鲁国孟氏的始祖是周公，河南孟氏的始祖是康叔，而周公与康叔又全是周文王的儿子，所以并无不同，天下孟氏人士根本都是一家人。

（三） 宗堂郡望

堂号 “三迁堂”：孟子幼时家靠墓田，孟子就学埋坟、哭丧的事。孟母为了教育好儿子，就迁到集市旁边住。孟子又学叫卖东西的声音，孟母只好又迁。最后迁到学校旁安家，孟子学习礼让进退，孟母高兴地说：“这里可以使我的儿子成为好人了。”由于孟母三迁，注意家庭教育，使孟子成为圣人。

孟姓又以“平陆”等为其堂号。

郡望 据《姓源韵谱》所载，孟姓郡望主要有洛阳、平陆县、东海郡、巨鹿郡、武康县、安平县、江夏郡等。

1. 洛阳。东汉、三国魏、西晋、五代唐先后定都于此；新莽、唐、五代梁、晋、汉、周、北宋、金皆以此为陪都。故城有二：汉、魏故城在今河南洛阳市白马寺东洛水北岸，南北9里余，东西6里余。隋唐故城在汉城西18里。

2. 平陆县。汉置大阳县，北周改河北县，唐改平陆县至今，在今山西西南端、黄河北岸。

3. 东海郡。秦置郡，楚、汉之际也称郯郡，治所在郯（今山东郯城北）。西汉时相当今山东费县、临沂、江苏、赣榆以南，山东枣庄市、江苏邳县以东和江苏宿迁、灌南以北地区。南朝齐改北东海郡。南朝宋改南东海郡。此支孟氏，为西汉孟喜之族所在。

4. 巨鹿郡。秦始皇二十五年（公元前222年）置郡，治所在巨鹿（今河北平乡西南）。相当今河北白洋淀、文安洼以南，南运河以西，高阳、宁晋、任县以东，平乡、威县以北，山东德州、高唐，河北馆陶之间地。汉后大致相当于今河北平乡以北及晋县一带。

5. 武康县。旧县名，今浙江省北部。曾为隋置湖州辖境。1958年撤销，并入德清县。此支孟氏，为唐时孟效之族所在。

6. 安平县。本纪国酅邑，春秋时为齐所并，改名安平，公元前221年秦灭齐后，改置东安平县，南朝宋改东安平县置安平县，治所在今山东益都西北，北齐废入临淄县，唐武德四年（公元621年）复置，不久又废。

7. 江夏郡。西汉高祖六年（公元前201年）置郡，治所在安陆（今湖北云梦）。相当今湖北安陆、钟祥、潜江、沔阳、嘉鱼、蒲圻、崇阳以东，及河南光山、新县以西、信阳以东、淮河以南地。此支孟氏，为三国时孟宗之族所在。

（四） 家谱寻踪

河北保定·孟公晓墀百年经过史

藏地：中央民族大学

（民国）孟继元编

1927年铅印本　一册

山西蒲县·孟氏家乘七卷

藏地：日本　美国

（清）孟元芳　孟时芳等重修　孟述唐补

清顺治八年（1651）刊本　四册

辽宁新宾·孟子世家流抚民支谱三卷

藏地：辽宁新宾县下夹河乡支家村

（清）孟傅志　孟广德纂

清光绪二十二年（1896）木刻本

辽宁本溪孟氏·凌云族谱一卷

藏地：辽宁本溪南甸子镇北甸村

（清）孟广禄纂

清光绪间钞本

辽宁本溪·孟氏先远三代宗亲谱册一卷

藏地：辽宁本溪城厂镇城厂西街

孟广玺纂

复印本

辽宁辽阳·孟子世家流寓辽阳支谱三卷

藏地：辽宁本溪南芬区

（清）孟繁章纂

清光绪初年木刻本

吉林临江·孟氏世系表一幅

藏地：辽宁灯塔县西马峰乡井泉村

清嘉庆六年（1801）写本

黑龙江绥化·孟子世家流寓支谱三卷

藏地：黑龙江绥化市档案馆

（清）孟昭铨纂

清光绪三十年（1904）木刻本

江苏镇江·润州朱方孟家湾孟氏重修族谱八卷

藏地：日本　美国

（清）孟正仪　孟德禄等续修

清宣统三年（1911）木活字本　八册

江苏常州·毗陵孟氏宗谱十卷首一卷末一卷

藏地：日本　美国

（清）孟蔚君　孟九皋等四修

清道光三十年（1850）愿学堂活字本　八册

江苏常州·毗陵孟氏宗谱十二卷首一卷附一卷

藏地：人民大学　江苏常州市图书馆（存卷首、卷1—4、12、卷末）日本　美国

（清）孟道鸣等修

清光绪十年（1884）愿学堂木活字本

江苏常州·毗陵孟氏续修宗谱二十一卷

藏地：江苏常前市图书馆（存卷1—3、8、19—21）

清木活字本

江苏常州·毗陵孟氏六修宗谱十六卷

藏地：国家图书馆　江苏常州市图书馆（存卷1、4、6、7、10、11、13、14）日本　美国

（民国）孟宪超编

1928年愿学堂活字本　十六册

山东章邱·孟氏流寓章邱旧军镇宗谱

藏地：河北大学

孟廷状纂

钞本　九册

山东章邱·孟子世家流寓章邱县旧军镇续修支谱五卷首一卷

藏地：人民大学

（民国）孟继笙纂

1932年刻本　六册

山东齐河·孟子世家流寓长清支谱二卷首一卷

藏地：山东齐河县赵官镇村北街

孟氏家谱

藏地：山东临沭县南古镇后寨村

钞本

湖北·沔阳孟氏宗谱八卷

藏地：美国

（民国）孟继堂等修

1921年亚圣堂木活字本　八册

湖南·孟氏族谱不分卷

藏地：南京大学

（清）孟禄赐等修

清道光八年（1828）孟氏仁义堂木活字　本七册

四川合川·孟氏族谱不分卷

藏地：四川省图书馆

（民国）孟必芳纂修

民国间成都石印本　四册

孟氏家乘六卷

藏地：美国

（清）孟希孔编

清初刊本　四册

孟氏家谱不分卷

藏地：美国

（清）孟纹祖修

清乾隆二十五年（1760）刊本三册

孟氏·重纂三迁志十卷

藏地：台湾

（清）孟广均原纂　陈锦　孙葆田重纂

清光绪十三年（1887）刊本六册

（五）　字行辈份

今按孟姓著名人物孟轲曾为孔子再传弟子，世称亚圣，其后裔子孙也都称圣裔，故孟氏家族辈份派字也参照孔氏族人命字行辈：“希言公彦承，宏闻贞尚衍，兴毓传继广，昭宪庆繁祥，协维垂佑，钦绍念显扬，建道敦安定，懋修肇益常，裕文焕景瑞，永锡绪昌。”

（六） 迁徙繁衍

孟氏虽说出自一源，即均为周文王的后裔而姓孟，但却有两个发源地，即今河南北部和山东东南部。孟氏在两个不同地方的兴起，使它从一开始就迅速地在中原得以崛起。因两地相邻不远，故彼此很快得以融合，广布于今河南、山东、河北、山西等省境。汉代，孟氏已成为今河南、河北及山东等省境一带望族。并向西落籍于陕西咸阳，南迁居于浙江上虞、湖北鄂城、云南曲靖。至魏晋南北朝时期，因北方战乱，我国历史上出现了第一次民族的大迁徙，孟姓也同别的姓氏家族一起，开始大举南迁。此时，像吴越（今江苏、浙江一带）、楚汉（今湖北、江西北部一带）、蜀汉（今四川成都等地）之地已有众多孟姓迁人。其中，楚汉之地多由河南繁衍的孟姓迁去：吴越之地则多由山东繁衍的孟姓迁去。而蜀汉故地大致在汉代已有孟姓，汉代以后孟姓人士逐渐增多，至五代得到了迅速的繁衍。唐宋以后，孟姓便逐渐繁衍到我国大部分地区。主要分布于今河南、山东、山西、河北、陕西、湖北、湖南、浙江、江苏等地。总之，从孟姓家族历代名人的分布情况来看，我国的孟姓主要还是以长江中下游及以北的地区分布最为集中。

（七） 适用楹联

□亚圣之裔；[1]采卿之宗。[2]

□孝诚生笋；[3]廉德还珠。[4]

□苦吟东野集；[5]亲撰长春符。[6]

□雄辨七篇尼父志；[7]
清诗五字杜陵称。[8]

□笃生周世季；私淑圣人门。[9]

□微云淡河汉；疏雨滴梧桐。[10]

□邹峄雄风，塞两间正气；[11]
兄弟美质，获双珠令名。[12]

注释：

①战国时思想家孟轲（约前372—前289），字子舆，邹（今山东邹县）人。先世是鲁国公族，受业于子思之门人，在儒学分化中，被称为思孟学派，代表孔门嫡系正传。著录《孟子》十一篇，今存七篇，被称为“亚圣”。

②指汉代学者孟卿，兰陵人。善为礼春秋，时人以卿呼之。

③三国时吴人孟宗，字恭武，江夏人。少从南阳李肃学，性至孝。母嗜笋，冬时笋尚未生，宗入林哀叹，笋忽迸出。仕吴为盐池司马。

④后汉合浦太守孟尝，字伯周，上虞人。少修操行，后策孝廉，举茂才，拜徐令，州郡表其能，迁合浦太守。郡不产谷实，而海出珠宝，前守宰贪秽，诡民采求，不知纪极，珠渐徙于交趾界。尝革前弊，去珠复还。

⑤唐代诗人孟郊（751—814），字东野，湖州武康（今浙江德清）人。曾任河南水陆转运判官，后任兴元军参谋。长于五言古诗，有《孟东野集》。

⑥五代十国时后蜀皇帝孟昶（919—965），公元934至965年在位。字保元，名仁赞，生于太原。后蜀开国国君孟知祥第三子，为两川节度行军司马。知祥病，他监国，后嗣位。据宋人张唐英《蜀梼杌》载：“蜀末归

宋之前一年，岁除日，昶令学士辛寅逊题桃符板于寝门，以其词非工，自命笔云：‘新年纳余庆；嘉节号长春。’”后世一般认为孟昶所题上述联语，是迄今史书中所见最早的春联。

⑦见注①。

⑧唐代诗人孟浩然（689—约740），襄阳人。其诗与王维齐名，时称“王孟”。所作诗多写山水景物及隐居或羁旅生活，为李白、杜甫等人所称赞。有《孟浩然集》。

⑨孟子庙联。

⑩孟浩然诗联句。

⑪见注①。

⑫南朝宋会稽太守孟颤，字彦重，孟昶之弟。昶、颤弄美风姿，时人谓之“双珠”。

孟氏名人集粹

孟称舜 明末清初山阴（今浙江绍兴）人，戏剧作家，作品今知有传奇5种，杂剧6种，其中《二胥记》、《娇红记》、《英雄成败》、《桃花人面》最有名。

孟梦恂 今浙江黄岩人，元代经学家。

孟海马 元末襄阳红巾军首领。

孟珙 先世为山西绛州人，后从岳家军至随州枣阳（今属湖北），南宋名将。灭金后，屡拒蒙古军，收复襄阳、信阳、樊城等地，招抚中原遗民，有“三十年收拾中原”的佳话。后官至京湖安抚制置使。

孟知祥 五代邢州龙冈（今河北邢台西南）人，后蜀国（建都成都）的建立者。其子孟昶与父称帝23年。

孟浩然（689—约740） 唐时襄州襄阳（今属湖北）人，是初唐、盛唐时期最有成就的诗人之一。一生潦倒，却名垂当时。其诗善于用清淡的笔触描绘秀丽的景色，情幽兴远，意境清迥，形成恬淡孤清的风格，与王维同为盛唐田园山水诗派的主要代表。有《孟浩然集》。

孟郊 唐时湖州武康（今浙江德清）人，性狷介，与韩愈交谊颇深。近50岁才中进士，任溧阳县尉，是著名的苦吟诗人。其诗多寒苦之音，感伤自己的遭遇，用字造句力避平庸浅率，追求瘦硬，长于五言古诗，与贾岛齐名，有“郊寒岛瘦”之称。有《孟东野集》。

孟云卿 唐时平昌（今山东商河西北）人，曾官校书郎。其诗反对声病、藻绘，语言朴素，颇受杜甫、韦应物等人的推重。

孟简 唐日德州平昌（今山东商河西北）人，历任谏议大夫、常州、越州、襄州、睦州等地刺史。

孟楷 唐末骁勇善战的黄巢起义将军。

孟让 隋末农民起义首领。齐郡（治今山东济南）人，有部众10余万，后归瓦岗军，任总管，封齐郡公。

孟海公 济阴（治今山东曹县）人，曾进占曹、戴两州（今山东曹县、成武一带），发展至3万人。

孟宗 三国东吴江夏（今湖北鄂城）人，初为吴监池司马、豫章太守，后官至司空。事母至孝，民间流传有孟宗哭竹生笋的故事。

孟获 蜀汉建宁（治今云南曲靖）

人，为彝族首领。刘备死后，他和建宁豪强雍闿起兵反蜀，数为诸葛亮所败，曾被诸葛亮 7 擒 7 纵。后仕蜀，为御史中丞。

孟光 东汉扶风平陵（今陕西兴平）人，与其夫梁鸿隐居于霸陵山中，以耕织为生。后至吴（治今苏州）。梁鸿被人雇佣做工，每次吃饭，她举案齐眉，以示对丈夫的敬爱。后世形容夫妻相敬的典故“举案齐眉”即出于此。

孟喜 西汉东海兰陵（今山东苍山兰陵镇）人，今文易学“孟氏学”的开创者，宣帝时立为博士。他以六十四卦分配气候，以卦气言《易》，在当时有一定的影响。

孟子（约前 372－前 289） 至战国时大思想家、政治家、教育家，邹（今山东邹县东南）人，名轲，字子舆。他曾游历齐、宋、滕、魏等国，受业于子思的门人，做过齐宣王的客卿，因主张不被采用，退而与弟子万章著书立说。提出“民贵君轻”说，主张“法先王”、“行仁政”，肯定人性生来是善的。他还提出了“劳心者治人，劳力者治于人，治于人者食人，治人者食于人”的论点。在儒家哲学中形成了唯心主义理论体系，对后来宋儒有很大影响。他被认为孔子学说的继承者，有“亚圣”之称。孟子与荀子分别代表了战国中、晚期儒家的两大派别。著有《孟子》，被视为儒家的经典之一。此书在《汉书·艺文志》上著录 11 篇，现存 7 篇。书中记载了孟子的政治活动、政治学说以及唯心主义的哲学化理教育思想等。南宋朱熹把《孟子》和《论语》、《大学》、《中庸》合为“四书”。

孟胜 墨家巨子，为履行墨家的“义”，与弟子 183 人集体自杀以殉楚悼王。

孟贲 卫（今河南濮阳）人，勇士，曾“生拔牛角”。

孟明视 春秋时秦将领，为百里奚之子，是第一位见于史书卓有战功的孟氏名人。

孟氏风流撷英

孟氏源于共仲后，
孟氏郡望历城东。①
明视悉心雪耻恨，
三年雪耻晋国辱。②
民贵君轻孟轲言，
孔孟之道儒家传。③
诸葛孟获七争雄，
以诚换心归大统。④
诗坛双雄比翼飞，
不觉迎面清风吹。⑤
潦倒诗人数孟郊，
郊寒岛瘦非平庸。⑥
海马相军举大旗，
南锁红巾十万兵。⑦
居长为孟担重任，
高歌猛进急流中。⑧

注释：

①据《通志·氏族略》记载，春秋时，鲁国庄公有庶兄，叫庆父共仲。因庶兄为孟，共仲之后遂以孟为氏。《百家姓》注郡望为平陵县，在今山东

省历城东。

②孟明视（生卒不详），秦国大夫，百里奚之子。公元前627年，他奉秦穆公之命，帅兵袭郑，得胜归来，途中遭晋军伏击，被俘，后释放回国。穆公既往不咎，礼待越厚。他悉心雪耻，三年后，将兵伐晋，渡河焚船，死地而后生，大败晋军。

③孟轲（约前372—前289年），战国时思想家，山东邹县人。他继承和发扬孔子学说，提出“民贵君轻”的口号，为孔门嫡系正传。后人将儒学称为孔孟之道。

④孟获（生卒不详），三国时彝族首领，云南曲靖人。他起兵反蜀，诸葛亮对他七擒七纵，最后使他心悦诚服，率彝族归顺汉室，促进了民族团结。

⑤孟浩然（公元689—约740年），唐朝诗人，湖北襄樊人。其诗与王维齐名，时称“王孟”，为李白、杜甫所称赞，有《孟浩然集》。

⑥孟郊（公元751—814年），唐朝诗人，浙江德清人。他终生穷困潦倒，诗诉贫寒穷苦，情感真挚，句避平庸，追求瘦硬，长于五言古诗，与贾岛齐名，时称“郊寒岛瘦”。

⑦孟海马（？—1354年），元末湘汉红巾军起义将领，他与布王三率领的“北锁红巾军”互相配合，称为“南锁红巾军”，众至十万，最后力战牺牲。

⑧兄弟姐妹排行居长者称为孟。孟，还有勤勉、大的意思。孟者，当具有远大的理想和勤奋的精神，一家兄妹之首，当做榜样、表率，庇护弟妹，担起家庭重荷。孟与猛通音，猛有勇猛、严厉、急骤的含意。孟者，当放声高歌，勇猛前进到国家民族的伟大事业中去。

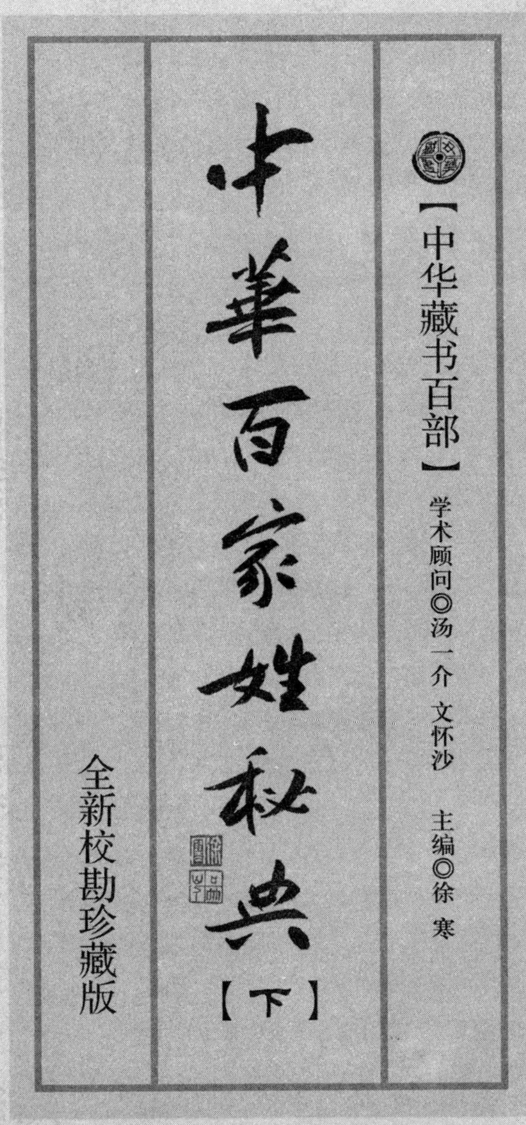

【中华藏书百部】

学术顾问◎汤一介 文怀沙

主编◎徐 寒

中華百家姓秘典

【下】

全新校勘珍藏版

中国書店

中华百家姓

赵	钱	孙	李	周	吴	郑	王	冯	陈	蒋	沈	韩	杨
朱	秦	许	何	吕	张	孔	曹	金	魏	姜	谢	邹	苏
潘	范	彭	韦	马	方	任	袁	史	唐	薛	雷	贺	汤
罗	郝	常	于	傅	康	余	顾	孟	黄	尹	姚	邵	汪
毛	戴	宋	熊	董	梁	杜	贾	江	郭	林	钟	徐	邱
高	夏	蔡	田	胡	万	卢	丁	邓	石	崔	龚	程	陆
段	侯	武	刘	龙	叶	黎	白	赖	乔	谭	阎	易	廖
文	曾												

黄　姓

——潢川县封伯益后，以国为氏黄氏立

黄氏解密寻踪

（一）姓氏字源

《说文》：“黄，地之色也。从田，炗，炗亦声。”段玉裁注：“玄者，幽远也。为天之色可知。易曰：夫玄黄者，天地之杂也。天玄而地黄。”黄之本义旧说盖以为五色之一，但郭沫若却认为黄之本义即指佩玉。其《金文丛考·释黄》云，黄字初文为象形，中间的环状物当系佩之体，上面的一横是玉衡，下面是二系垂。中间的璧，古代即称璜，故黄字字形象先民身上经常佩饰的玉佩。后假为黄白字，卒至假借义行而本义废。”又云，在商、周青铜器铭文中，凡言赏赐佩玉，均用“黄”，如《王臣毁铭》“赐女朱黄、玄衣”。《三年颂鼎铭》“赐女玄衣、赤市、朱黄”等。今从郭说。

（二）寻根溯祖

黄姓为中国的古老姓氏之一，其主根在古黄国（今河南信阳地区潢川县）。据考，黄姓起源共有 3 支。一支出自嬴姓。《路史》记：黄，子爵，嬴姓。宋人郑樵《通志·氏族略》云：“黄氏，嬴姓，陆终之后，受封于黄，今光册定城西十二里有黄国（在今潢川县城西北隆古乡境内）。僖十二年（前650年）被楚所灭，子孙以国为氏，亦嬴姓十四氏之一也。”帝舜时代，东夷部落的首领叫伯益（又作伯翳、柏翳，亦即《史记·秦本纪》中“女华生大费”之大费），是“帝颛顼之苗裔”，因帮助禹治水有功，又因“佐舜调驯鸟兽，鸟兽多驯服”，被帝舜赐姓嬴氏。传说伯益的后裔有14支，即徐氏、郯氏、莒氏、终黎氏、运奄氏、菟裘、将梁氏、黄氏、江氏、修鱼氏、白冥氏、蜚廉氏、秦氏、赵氏，合称嬴姓十四氏。其中的黄氏大约于商末周初在今河南潢川建立黄国，因被周朝封为子爵，又称黄子国。春秋时期，南方的楚国称霸，只有黄国和随国敢于抗衡。据《春秋》记载，鲁桓公八年（前704年），楚王会诸侯于沈鹿，唯“黄、随不会”。公元前648年，楚成王责备黄国不向楚国贡献，有兴师问罪之意，但黄国国君错误地分析形势，认为自楚国郢都到黄国有900里之遥，不会有什么危险，因之既不理会楚国的责问，又不进行任何防备，结果于当年夏天被楚国灭掉。亡国后的黄国子孙，以国名为姓氏，就是黄氏。据台湾陈仁德《中国姓氏源流统谱》可知，陆终是帝颛顼高阳氏的另一裔孙。因此，又可以说黄姓是颛顼的后代。

据考古工作者考证，黄国故城位于潢川县西北6公里的淮河南岸、小黄河西岸、城址呈长方形，南北长约1500米，东西宽约1300米，周长约2.8公里，城墙系用黄土夯筑而成，最高处约5米，最低处约3米，虽经两千多年风雨剥蚀，至今依然存在；城内遍布春秋文化遗物，鼎足鬲足、瓦当、铜箭头等俯首可拾。建国前出土的黄国青铜器黄太了伯克盘、黄君簋、黄父盘、叔单鼎，曾被郭沫若收录在《两周金文辞大系图录考释》中。1978年考古工作者又在潢川县老李店磨盘山收集到一批青铜器，其中的铜镭肩部有“黄孙须子白亚臣”铭文。铭文中的“黄孙”就是黄国公族；“须子”即须颈子，是伯亚臣的称号。由此可见，周代的黄国在今潢川确凿无疑；以国为氏的黄姓出自今河南潢川也是可以确信的。

据考，黄姓起源的另一支出自金天氏之后，即宋人邓名世《古今姓氏出辨证》所云：“黄，出自嬴姓，少昊金天氏裔子日昧，为水官，号玄冥师，生台骀，能业其官，宣汾、洮，障大泽，有功。颛（项）帝嘉之，封诸汾川，其后为沈、姒、蓐、黄四国，以国为姓。”台骀是上古时期少昊氏苗裔，世代为水官之长，颛项时受封于汾川，后世尊为汾水之神。春秋时，台骀的后人曾建立沈、姒、蓐、黄诸国，后来都被晋国灭掉了。其中黄国公族子孙以国为姓，成为黄姓。何光岳《东夷源流史》认为，这一支黄人，是颛项时从河南黄水西迁到山西汾水下游的，其所建的黄国，于春秋早期为晋国所灭，故亦为黄氏姓源之一。

还有一支黄姓起源于中国古代南方的蛮族。（据《中国姓氏大全》、《姓氏词典》、《中国姓氏起源》）《新唐书》中有“邕管（在广西境内）蛮有黄姓。

唐黄少卿、少高、少温是也。”其实，此支黄氏乃是黄国遗民的后裔。

《黄氏大宗谱》以陆终长子昆吾之子高为黄氏一世祖。亡国后的黄氏遗民，有的北逃至河南中部，大批则被迁到今湖北境，后来，有的在楚国做了官；今黄冈，黄陂、黄安、黄梅等地，据说均因黄人迁此而得名。

（三） 宗堂郡望

堂号 1.“宽和堂”：汉代黄霸为河南太守。当时的官吏都很严酷，黄霸为政独尚宽和。宣帝时，他任廷正（司法官），因事被关在监狱。从官到民一齐为他呼冤，终于平反昭雪。他做到御史大夫、丞相，封建成侯。

2.“江夏堂”：后汉黄香，小时死了母亲，他对父亲最孝，夏天用扇子把父亲的席子扇凉，冬天把父亲的被褥暖热。成人以后，博学多闻，做了尚书令。人们夸赞他的孝：“天下无双，江夏黄童。”

黄姓堂号主要的还有“思敬”、“逸敦”、“敦睦”、“炽昌”等。据有关资料查知，思敬堂为南宋末年福建莆田人黄滔的第12世孙四如先生黄仲元及弟、侄所立；逸敦堂由福建安海黄氏家庭于明正统年间创修；敦睦堂由江西各支黄氏合建，并创修统一的通谱；炽昌堂为广东潮州黄峭山创立，该堂以峭山公外八句诗末“炽昌”二字为名。

郡望 黄姓郡望主要有10个：江夏郡、会稽郡、零陵郡、巴东郡、洛阳、晋安郡、濮阳郡、东阳郡、南安郡、西郡等。其中以江夏郡最为著称。

1. 江夏郡。汉高祖六年（公元前201年）置郡，治所在安陆（今湖北云梦）。相当今湖北安陆、钟祥、潜江、沔阳、嘉鱼、蒲圻，崇阳以东，及河南光山、新县以西、信阳以东，淮河以南地区。此支黄氏，为东汉大臣黄香之族所在。

2. 会稽郡。秦始皇二十五年（公元前222年）于原吴、越地置郡。治所在吴县（今江苏苏州市）。西汉时相当今江苏省长江以南、茅山以东，浙江省大部及福建全省。此支黄氏，出自东汉黄昌之后。

3. 零陵郡。西汉元鼎六年（公元前111年）分桂阳郡置郡，治所在零陵（今广西全州西南）。相当今湖南邵阳以南的资水上游、衡阳道县之间的湘江萧水流域，和广西桂林市、永福以东、阳朔以北地。此支黄氏为三国黄盖之族所在。

4. 巴东郡。东汉建安六年（公元201年）改固陵郡置郡，治所在鱼复（復）（今四川奉节东），三国蜀汉改永安，晋复名鱼复。相当今四川开县、万县以东，巫山西部以西长江南北和大宁河中游一带。此支黄氏，出自蜀将黄权之后。

5. 洛　阳。我国古都之一。汉、魏故城在今洛阳市白马寺东，洛水北岸，隋、唐故城在汉城西十八里。此支黄氏，为江夏黄氏分支。

6. 晋安郡。晋太康三年（公元282年）分建安郡置郡，治所在侯官（今福州市）。相当今福建东部及南部。

7. 濮阳郡。晋咸宁三年（公元277年）改东郡置国，治所在濮阳（今

县西南)。相当今河南滑县、濮阳、范县,山东郓城、鄄城等地。西晋末改为郡。

8. 东阳郡。三国吴宝鼎元年(公元266年)分会稽郡置郡,治所在长山(今金华)。相当今浙江省金华江、衢江流域各县地。

9. 南安郡。东汉中平五年(公元188年)分汉阳郡置郡,治所在豲道(今陇西渭水东岸)。相当今甘肃陇西县东部及定西、武山县地。

10. 西　郡。在今甘肃永昌一带,为酒泉黄衍之后。

(四)　家谱寻踪

北京大兴·黄氏顺天支谱不分卷

藏地:中国科学院图书馆　美国

(清)黄承林纂辑

清光绪十八年(1892)刊本　一册

吉林黄氏诚正堂伯房祖宗世系一卷

藏地:江苏苏州市图书馆

清钞本　一册

上海·金山黄氏族谱

藏地:国家图书馆　上海图书馆　日本　美国

(清)黄玠　黄端履编纂

清宣统二年(1910)上海中国图书公司铅印本　二册

上海嘉定·重辑[上海]黄氏雪谷公支谱

藏地:江苏常州市图书馆(存1、3、4卷)

(民国)黄士焕重纂

1948年三鑫印务局铅印本

上海崇明·黄氏家乘二十二卷

藏地:上海文化管理委员会　美国

(清)黄汉荣修

清同治九年(1810)务本堂刊本

江苏丰县·九华堂黄氏族谱十卷

藏地:江苏丰县顺河乡黄庄村

(清)黄燉纂序

清康熙四十七年(1708)石印本

江苏江都·维扬安阜洲黄氏重修族谱十二卷

藏地:国家图书馆　美国

(民国)黄承崑主修　刘嵩泉纂辑

1931年中宜堂活字本　十二册

江苏南通·黄氏支谱不分卷

藏地:江苏南通市图书馆

(清)黄世谦编

清光绪二十四年(1898)敦礼堂刻本　一册

江苏海门·黄氏家乘

藏地:苏州大学(存二册)

木刻本

江苏武进·浮桥黄氏宗谱二十卷

藏地:日本　美国

(清)黄元鹏续纂

清咸丰二年(1852)木活字本　二十四册

江苏武进·毗陵黄氏宗谱十二卷

藏地:国家图书馆

(清)黄敦懿等修

清光绪十一年(1885)敦本堂活字本　八册

江苏武进·毗陵东直黄氏玉林公宗谱四卷

藏地:日本　美国

(清)黄永全等重修

清光绪十五年（1889）木活字本　四册

江苏江阴·青旸黄氏宗谱二十二卷首一卷

藏地：吉林大学

黄震宏修　黄淡佳编辑

1947年立木堂活字本　二十册

浙江杭州·武林黄氏宗谱

藏地：美国

清光绪间礼耕堂钞本　一册

浙江余杭·黄氏宗谱四卷

藏地：浙江余杭县文化管理委员会

清光绪二十七年（1901）木活字本

浙江萧山·黄氏族谱三十卷

藏地：中国科学院图书馆（残缺三册）

清嘉庆五年（1800）萃焕堂刊本　四十三册

浙江萧山·黄氏备遗录附昭潜录二卷

藏地：日本　美国

（清）黄春林等编

清嘉庆十二年（1807）萃涣堂木活字本　一册

浙江·萧山埭上黄氏家谱三十卷

藏地：浙江省图书馆（存二十五卷）

（清）黄尊编

清道光六年（1826）刊本　二十一册

浙江·萧山埭上黄氏家谱二十四卷

藏地：上海图书馆

刻本　二十一册

浙江·萧山埭上黄氏家谱三十卷首一卷续录一卷搜遗录一卷词翰录四卷备遗录二卷词翰续录二卷

藏地：国家图书馆　浙江省图书馆　日本　美国

（清）黄中咸等修

清光绪二十一年（1895）萃涣堂活字本　三十二册

浙江·萧山埭上黄氏家谱三十卷首一卷词翰录四卷备遗录二卷词翰续录二卷

藏地：国家图书馆

黄伯英编辑

1925年萃涣堂活字本　四十四册

浙江鄞县·四明石桥黄氏宗谱十四卷首一卷末一卷

藏地：浙江宁波天一阁文物保管所

（民国）陈宪曾　黄敬贤等纂修

1917年世锦堂木活字本　十四册

浙江慈溪·湖山黄氏宗谱八卷首一卷末一卷

藏地：河北大学

（清）黄博汝　黄时清重修

清光绪二十六年（1900）木刻本　二十册

浙江慈溪·湖山黄氏宗谱八卷

藏地：浙江慈溪县档案馆（存二卷）

（民国）王醒华　黄恒泰纂

1936年刊本

浙江象山·马坡黄氏谱一卷

藏地：浙江象山县文化管理委员会

（民国）屠耀台续修

1921年钞本

浙江象山·溪沿黄氏族谱一卷

藏地：浙江象山县文化管理委员会

（清）鲍之交新修

据清嘉庆十六年（1811）钞本

浙江象山·黄氏宗谱一卷

藏地：浙江象山县文化管理委员会

清光绪十八年（1892）木刻本

浙江绍兴·汤浦岭下黄氏宗谱四卷

藏地：河北大学

（清）黄锡元修

清同治七年（1868）木刻本　四册

浙江绍兴·会稽汤浦岭下黄氏宗谱四卷

藏地：国家图书馆　浙江省图书馆

（民国）黄永和　黄大堃等重修

1917年望烟堂活字本　四册

浙江绍兴·会稽陈村黄氏宗谱十卷

藏地：国家图书馆

（清）黄培清等续修

清同治十一年（1872）五桂堂活字本　十册

浙江绍兴·会稽陈村黄氏宗谱十卷

藏地：国家图书馆

（清）黄秀甫等续修

清光绪二十七年（1901）五桂堂活字本　十册

浙江·兰溪柏山黄氏宗谱四册

藏地：浙江兰溪县柏社乡井头村

1928年木刻本

浙江·兰溪金山黄氏宗谱六卷

藏地：浙江兰溪县展山乡何夏庄

1940年木刻本

浙江·兰溪蛟湖黄氏宗谱十卷

藏地：浙江兰溪县新周乡（二部，其一残）

1940年木刻本

浙江·兰溪黄氏宗谱三卷

藏地：浙江兰溪县朱家乡

1919年木刻本

浙江义乌·赤山黄氏宗谱三卷

藏地：浙江金华市文化管理委员会（存卷1）琴堂等纂修

清光绪十四年（1888）余庆堂木刻本

浙江·义乌黄氏宗谱四卷

藏地：国家图书馆

黄庆荣等重修

1928年活字本　四册

浙江衢县·东坑仓黄氏宗谱三卷

藏地：浙江衢州市文化管理委员会

（民国）黄金声修

1943年顺德堂木活字木　一册

浙江·临海黄氏宗谱□□卷

藏地：浙江临海县博物馆（存卷1、5、6、13）

（清）黄瑞纂

清光绪十一年（1885）刻本

浙江·临海芙蓉黄氏宗谱十二卷首一卷

藏地：浙江临海县博物馆（存卷10）

浙江临海县桃渚乡芙蓉村（存卷首、1）

1917年木活字本

浙江常山·黄氏宗谱一卷

藏地：浙江常山县毛良坞乡溪源山村

（清）吴敬先重修

清光绪十年（1884）木刻本

浙江常山·黄氏族谱一卷

藏地：浙江常山县东鲁乡林坂坞（不全）

（清）谢耕来重修

清光绪十四年（1888）木刻本

（五） 字行辈份

1989年黄费大主编《渠阳黄氏世谱》，湖南靖州渠阳黄氏字行辈份过去33代为："俊秀仁公定，真良均同透，万元再通光，昌传汉保进。俊秀仁公定，真良均同透，万元再。"后续百字派语为："大费生民始，渊源少昊长。名官怀德远。佑后作虞良。受命垂型日，承家食采方。发祥同子姒，肇锡类姬姜。善御功钦衍，分封域共江。会齐交自正，在楚袏弥昌。国爷春申义，篇成博士章。中山闻诏语，东观启书藏。两代通侯贵，千秋且叶光。合宗文书续，先业炳淮阳。"

清光绪十八年黄维昌等续修《经铿黄氏家谱》，湖南长沙县金坑桥黄氏字行为："孝友维式，仁厚其孚。克昌宗业，用启宏图。承先启佑，永锡尔休。嘉嗣继武，卜世缵修。"

清光绪二十年黄善经修《黄氏族谱》，浙江陡亹黄氏字行为："积善允征祥百世，应怀祖泽；立心思济同一源，同振家声。"

清咸丰十一年稿本《西庄黄氏家谱》，黄之骥录其字行为："国之文献，保世其昌。显承谟烈，祖述宪章。正乃秩序，式尔典常。万年贻翼，日肇贤良。"

江西萍乡《黄氏族谱》载，江西萍乡县摇蓝黄氏字行为："由聪及均厚，诚伯孟本中。土正必明良，和平行令式。先兆升元吉，延家世永昌。富大廷希应，尤立守宗方。"

民国20年黄秋舫总纂《箭楼黄氏族谱》，湖南宁乡箭楼黄氏字行为："祖德前功大，光宗镇福庭（后缺两辈字），应元昌载日，治世起文明，于以端其本，钧瞻懋笃敦，郎官忠义重，统绪国家同，杞梓兴鸿业，衡湘显骏勋。"

清乾隆五十八年黄家楠等修《黄氏家谱》，湖南鼎州（今常德市）回族黄氏字行为："隆德从景，朝廷友绍，门民之自，世家文盛，修善纯仁，贤为国瑞，有道方亨，树高声远，本固枝荣，先泽孔长，万代永典。"

（六） 迁徙繁衍

黄姓最早的发源地应在今河南省潢川县西部一带。据有关资料所载，自公元前648年，黄国灭于楚之后，黄姓族人散居四方。有的北逃至河南中部，大批则被迫内迁到楚国腹地，定居于湖北黄冈、黄陂、黄安、黄梅、黄石等县。其中有一支内迁到楚都郢（今江陵、荆州），形成秦时著名的江陵黄氏；又有一支内迁到江夏安陆，即今湖北云梦县东南一带，后发展成汉代最著名的江夏黄氏。总之，秦汉之时，黄姓已称盛于长江中游及以北河南、安徽等地。黄姓大举南迁始于西晋末年，因中原士族大举南迁，使黄姓在南方的分布更为广泛。也正始于此时，黄姓已同胡、林、陈、郑、丘、何、曾等八族迁入闽（福建），成为后来入闽的“八大姓氏”之一。经过魏晋至隋唐时期的不断迁徙和繁衍，黄姓便形成了今河南、湖北、四川、江苏、福建、广西等地望族。依据有关的黄氏族谱记载看，历史上黄氏族人的迁播脉络是比较清晰的。云：以陆终长子昆吾之子高，为1世祖；又云，13世石公，因辅佐周有功，赐为黄姓，世居江夏，从此传衍各地。战国时，黄国贵族后代黄歇，游学博闻，事楚顷襄王，以能言善辩出使秦国，说服秦昭王停止对楚的进攻；于楚考烈王元年（前202年）任楚相，被封为春申君，是著名的战国四公子之一。春申君的封地最早是在今河南潢川县，所以潢川城直到清代一直叫春申镇。黄歇后改封于吴（今江苏苏州），他的13个儿子中有在江苏定居，是为东吴派。另外，还有因避乱隐居江夏，或迁居贵州，或迁往中原阳夏。自战国后期以来，江夏郡（今湖北武汉一带）一直是黄氏的发展繁衍中心。江夏黄氏始于黄香而闻名，其子就是东汉太尉黄琼，故族人遂以“江夏”为其郡号。其后各地所形成的黄氏望族也多为江夏郡望的分支，如有南阳黄氏、零陵黄氏、淮南黄氏、沔阳黄氏、金华黄氏、邵武黄氏等。汉代以后，黄氏因任官等原因分别向大江南北迁徙。北迁至河南固始、南阳等地，南迁至湖南、江西、四川等地。唐宋之时，黄氏在今福建、江西、广东等地繁衍得最旺盛。又云，其先43世黄南陆，居河南光州固始（今河南固始县）。68世黄珂郎，在晋（公元265年司马炎代魏称帝所建的晋朝，都今河南洛阳）为官，迁入信州（唐后置州，治所在上饶〈今江西上饶市〉。73世黄志，由和平（明置县，在广东省东北郡、东江上游，邻接江西省）迁福建昭武（今邵武）。77世黄祖剑，有二子，分居晋江（唐置县，今属福建）。79世黄礼恭，有二子，分居莆田（今属福建）。88世黄肃，有四子，分居福州、江西、南剑（宋置州，治今福建南平市）黄肃之子黄峭（宋祥符元年进士），有三妻，嫡子七，分居（今属江西）宜黄、九江、（今属福建）莆田昭武（今邵武）、晋江；有庶子三，分居建宁、汀州（今属福建）。95世黄久隆，生有三子：长黄江，居晋江，支分南靖；次黄元，居建宁，移漳浦，支分平和；三黄诏，居平和，支分诏安及潮州等处。95世另有黄久安，亦三子，三子建联迁河南固始，适值金乱，又徙杭州，遂为杭州著姓，支分漳浦、饶平、陆丰等地。其后，再分迁居广东等地。宋代以后，黄氏不仅遍及全国，而以我国南方的分布最为广泛。由此可见，黄姓虽说起源于北方，但却从一开始是主要繁衍于我国南方的。所以，从某种意义上说，黄姓历史上是我国一个比较典型的南方姓氏。

（七） 适用楹联

□教化第一；[①] 孝友无双。[②]

□飘飘意气；[③] 汪汪澄波。[④]

□名流惊世诗书士；[⑤]
技艺超人纺织娘。[⑥]
□咏诗句春归何处；[⑦]
题菊花秋艳几时。[⑧]
□诗罢春风荣草木；
书成快剑斫蛇龙。[⑨]
□看花临水心无事；
啸志歌怀意自如。[⑩]
□万象函归方丈室；
四围环列自家山。[⑪]
□光前已振家声久；
裕后还留世泽长。[⑫]
□朝夕莫忘亲命语；
晨昏当荐祖宗香。[⑬]
□江夏垂德源流远；
三七遗芳世泽长。[⑭]
□学识渊博，紫阳一生著述；[⑮]
襟怀阔达，安南千顷汪洋。[⑯]
□赤日远衔葵影；薰风浓带荷香。[⑰]
□绵绵世泽留孙子；
赫赫家声继汉唐。[⑱]

注释：

①汉代丞相黄霸，字次公，少学律令。武帝末补侍郎谒者，历河南太守丞。时吏尚严酷，而霸独用宽和为名。宣帝时为廷尉正。后官至丞相，封建成侯。汉世方治民吏，皆以霸为首。

②后汉尚书令黄香，字文强，安陆人。年九岁，失母，事父至孝。夏月扇枕席，冬则以身温被。稍长，博通精典，能文章。京师号曰："天下无双，江夏黄童"。和帝时，官至尚书令。在位多所荐达。迁魏郡太守，后卒于家。

③宋代进士黄伯思，字长睿，元符年间为秘书郎。性好古文奇字，彝器款织，悉能辨正。自六经及子史百家，无不精诣。善画，工诗文。篆、隶、正、行、草、飞白，皆绝妙。

④后汉孝廉黄宪，字叔度，博学，善言谈。年十四，与友人语移日不能去。周举尝谓曰："时月之间，不见黄生，则鄙吝之萌，复存于心。"郭泰少游汝南，称叔度："汪汪若千顷波，澄之不清，淆之不浊。"

⑤北宋文学家、书法家黄庭坚(1045—1105)，字鲁直，号山谷道人，又号涪翁。洪州分宁（今江西修水）人。治平进士。调叶县尉，知太和（今江西泰和）。哲宗时，进为秘书丞兼国史编修官。绍圣初，知宣州（今安徽宣城），鄂州（今湖北武汉）。章惇、蔡卞劾其所修实录多，遭贬谪。徽宗时起用，后又遭贬。论诗推崇杜甫，艺术上着力修饰，用工独到，开创了"江西诗派"，能词、善行、草书，楷法亦自成一家。出苏轼门下，与张耒、晁补之、秦观同为"苏门四学士"。有《山谷集》等。

⑥元初女纺织家黄道婆，松江乌泥泾镇（今上海华泾镇）人。幼为童养媳，由于不堪忍受封建家庭虐待，逃往崖州（今海南崖县西）。她在海南岛居住了三十多年，虚心向海南黎族人民学习先进纺织技术。十三世纪九十年代返回家乡。引进黎族纺织工具并加以改进，制成捍、弹、纺、织等一整套生产工具，传播错钞、配色、综线、挈花等纺织技术，使原来土地贫瘠、民食不给的乌泥泾从事棉纺织

业者日众，生产技术迅速发展，“乌泥泾被”名闻全国。她去世后，当地人民为其立祠。她对我国古代纺织业的发展，作出了重大的贡献。

⑦见注⑤。黄庭坚《清平乐》词中名句。

⑧指唐末农民起义领袖黄巢（？—884），曹州冤句（今山东菏泽东南）人。率百万众，攻入长安，即皇帝位，国号大齐。长安被围后撤离，后不屈自杀。他曾有《题菊》、《菊花》等诗作传世。

⑨黄庭坚诗联句。

⑩清代画家黄慎（1687—1761）自题联。黄慎字恭寿，福建宁化人。久寓扬州，为“扬州八怪”之一。雍正布衣，与郑板桥友谊甚深。字学怀素，善草书。以对母孝顺为人称道。

⑪清末诗人黄遵宪（1848—1905）自题联。黄遵宪，字公度，广东嘉应人。光绪举人，维新派。曾任驻外参赞。后参加戊戌变法。

⑫冯骥才《阴阳八卦》第八回《黄家后门联》语。

⑬黄姓“认宗”诗联句。诗的全文是：“骏马登程往异方，任从胜地立纲常。身居外境犹吾境，久住他乡即故乡。朝夕莫忘亲命语，晨昏当荐祖宗香。根深叶茂同庥庆，三七男儿总炽昌。”

⑭黄姓望居江夏，都是显祖黄峭山三妻二十一子的后代。

⑮指宋代学者黄千能。黄千能，字必强，丰城人。刻意读书。有《皇极要论》、《禹贡图说》传世。

⑯见注④。

⑰唐末工部侍郎黄峭山《夏》诗联句。

⑱“黄氏源流”歌联句。“黄氏源流歌”即“内八句”，全文是：“梅江江上旧华堂，阀阅相传江夏黄。百里华封留政绩，千年翰院擅文章。绵绵世泽留孙子，赫赫家声继汉唐。如见普谱应起敬，今人远仰昔高阳。”诗中梅江，指广东嘉应。高阳即颛顼。

黄氏名人集粹

黄遵宪　（1848—1905）清末诗人。广东嘉应州（今梅县）人，字公度，别号人境庐主人。举人出身。所作新派诗，描绘海外风情，引声、光、化、电入诗，具有鲜明的时代特色；诗中又反映了近代中国许多大历史事件表现出强烈的民族主义和爱国主义精神，被称为“诗史”。著有《日本杂事诗》、《日本国志》、《人境庐诗草》。

黄小配　广东番禺（今广州）人，小说家，作品颇能暴露晚清政治黑暗。有《宦海升沈录》、《廿载繁华梦》、《洪秀全演义》等。

黄兴　（1874—1916）湖南长沙人，民主革命家。1902年赴日本留学。1904年同陈天华、宋教仁等在长沙组织华兴会，他任会长。1905年在日本拥护孙中山成立中国同盟会。同盟会成立后，先后参与和指挥了多次武装起义。武昌起义后，他被推为革命军总司令，指挥军民同清军作战。1912年任南京临时政府陆军总长，1913年任江苏讨袁军总司令。1916年在上海病逝。

黄文金 广西博白人，太平天国将领。

黄易 清时浙江杭州人，“西泠八家”之一。

黄慎 清代福建宁化人，画家，久寓扬州，善画人物，兼工花鸟、山水。为“扬州八怪”之一。

黄以周 清时浙江定海人，经学家。曾采集汉唐至清关于礼制的解说，撰《礼书通故》100卷，考释中国古代礼制、学制、封国、职官、田赋、乐律、刑法、名物、占卜等。

黄爵滋 清时江西宜黄人，曾官至礼部侍郎、刑部侍郎等职。以敢于直谏而负时望。

黄机 清代钱塘（今浙江杭州）人，初任翰林院，后官吏部尚书兼管刑部，升大学士。以清廉身，深为康熙帝信用。

黄宗羲 （1610—1695）浙江余姚人，明清之际杰出的思想家、史学家。其父为东林党名士，所著《明儒学案》、《宋元学案》为中国历史上系统的哲学思想专著，开清代史学研究风气，是明末清初三大思想家之一。

黄尊素 浙江余姚人，官御史，因弹劾魏忠贤擅权而受酷刑致死。

黄道周 今福建漳浦人，南明礼部尚书。

黄峨 今四川遂宁人，女文学家。

黄绾 明人黄岩（今浙江）人，思想家，官至南京礼部尚书。

黄道婆 （约1245—?）今上海县华泾镇人，她曾流落崖州（今广东崖县），从黎族人民学得纺织技术。129—1296年间回乡，着手改革纺织生产工具，传授有关轧花车、弹棉椎弓、纺车和织机等技术，促进松江一带棉纺织业繁荣发展，对当时的棉纺织业起了推动作用。

黄公望 元代平江常熟（今属江苏）人，工书法，通音律，善散曲，尤精于画山水。其水墨画运以草籀之法，苍茫简远，而气势雄秀，时人有“峰峦浑厚，草木华滋”之评。设色以“浅绛”居多。对明、清山水画影响甚大，后人曾把他与吴镇、倪瓒、王蒙合称“元四家”。著有《写山水诀》。

黄震 今浙江慈溪人，南宋末进步思想家。

黄公绍 宋元之际音韵训诂学家，南宋昭武（今福建邵武）人，进步思想家，所撰《古今韵会》，为字书训诂集大成之作。

黄庭坚 （1405－1105）北宋洪州分宁（今江西修水县）人，其诗与苏轼并称“苏黄”，诗风在宋代影响很大，开创了江西诗派。也是宋代四大书法家之一。

黄筌 五代后蜀成都（今属四川）人，仕前蜀、后蜀，官检校户部尚书，兼御史大夫。入宋，任太子左赞善大夫。擅花鸟，自成一派。所写禽鸟，骨肉兼备，形象丰满，画花妙于赋色，勾勒巧细，几乎不见笔迹，只似轻色染成。兼精人物、山水、墨竹等。与江南徐熙并称“黄徐”，形成五代花鸟画两大主要流派，对后世影响甚大。

黄居寀 黄筌之子，传其家学而精于勾勒，写奇石山景，尤过其父。曾官翰林待诏。

黄巢　（？—884）曹州冤句（今山东菏泽）人，唐末农民起义领袖，曾率兵攻占都城长安，即帝位，建立大齐政权，年号金统。

黄盖　零陵泉陵（今湖南零陵）人，初从孙坚起兵，为孙氏宿将，后为郡守，官至偏将军。在赤壁之战中建议周瑜火攻曹军而称名于世。死后，孙权追论其功，赐其子关内侯。

黄皓　曾官至常侍、奉车都尉，操纵蜀汉政权。

黄忠　南阳（今属河南）人，三国时蜀汉名将，初属刘表，守长沙。后归刘备，从取益州，常先登陷阵，被任为讨虏将军，后迁为征西将军。

黄穰　东汉庐江（今属安徽）人，联合“江夏蛮”举行武装起义，有众10万余，历时数年。

黄琼　东汉江夏安陆（今湖北云梦）人，黄香之子。为官清廉，能奏劾贪官。历仕尚书令、司空、司徒、太尉等职，封邡乡侯，食邑千户。

黄香　东汉江夏安陆（今湖北云梦）人，从12岁起就博学经典，精研道术，以文章闻名京师，时人称“天下无双，江夏黄童”。后官至魏郡太守。著有《九宫赋》等文。

黄霸　西汉淮阳阳夏（今河南太康）人，宣帝时，任扬州刺史、颍川太守。为政外宽内明。后为御史大夫、丞相等职。后世曾把他与龚遂作为封建“循吏”的代表，合称为“龚黄”。

黄石公　秦朝末人，熟知兵法，曾于下邳圯上赠张良《太公兵法》，对张良佐汉甚有帮助。

黄歇　战国时楚相，因有功，被封为春申侯，他就是战国著名的四公子之一。

黄氏风流撷英

伯益妙手著海经，
大禹治水功无量。①
潢川县封伯益后，
以国为氏黄氏立。②
东西两汉霸琼贤，
三国两黄威名扬。③
黄巢义旗飘长安，
庭坚运笔走龙蛟。④
纺织先祖黄道婆，
潜心技能开先河。⑤
公望元朝大画家，
宗羲学术数第一。⑥
天地玄黄人中立，
黄土世代生命依。⑦
祖宗造化亦如此，
子孙当争一口气。⑧

注释：

①伯益，东夷族首领，他博学多才，传说中国上古三部奇书之一《山海经》就出自伯益之手。他辅助大禹治平洪水。

②据《元和姓纂》记载，伯益之后被封河南潢川县。至此，伯益之后以国为氏，黄姓出自嬴姓。

③黄霸（？—公元前51年），西汉承相，河南太康人。他外宽内明，重视农桑，后世把他与龚遂等视为封

建“循吏”之代表。黄琼（公元 86—164 年）东汉大臣，湖北安陆人。黄盖，（生卒不详），三国时吴国将领，湖南零陵人。他赤胆忠心与周喻用苦肉计，诱曹操受降，用火破曹。黄忠（？—220 年）三国时蜀国名将，河南南阳人。于定军山斩杀曹操名将夏侯渊，勇冠三军。

④黄巢（？—公元 884 年），唐末农民起义军领袖，冲天大将军，山东菏泽人。公元 880 年 12 月占领长安，即帝位，国号大齐，年号金统。黄庭坚（公元 1045—1105 年），北宋文学家，擅书法，江西修水人。

⑤黄道婆（约 1245—?），元初女纺织家，上海华泾镇人。她到海南岛居住三十多年，学习了黎族民间的纺织技术并加以改进和发明，晚年反归故里，传授纺织技术，去世时当地人民莫不洒泪而共葬之，并为其立祠。

⑥黄公望（公元 1269—1354 年），元朝画家，江苏常德人。黄宗羲（公元 1610—1695 年），清初思想家、史学家，浙江余姚人。所著《宋元学案》、《明儒学案》为我国最早的学术史之一。

⑦黄家风，玄是天之色，黄是地之色，黄字的字形是人生活在黄土地上。

⑧土虽低下但出黄金。黄金人以为贵，具有纯洁、坚韧、不移的忠贞品格。这就是黄家的风气，渗透着炎黄文化的底蕴。

中华百家姓

赵 钱 孙 李 周 吴 郑 王 冯 陈 蒋 沈 韩 杨
朱 秦 许 何 吕 张 孔 曹 金 魏 姜 谢 邹 苏
潘 范 彭 韦 马 方 任 袁 史 唐 薛 雷 贺 汤
罗 郝 常 于 傅 康 余 顾 孟 黄 **尹** 姚 邵 汪
毛 戴 宋 熊 董 梁 杜 贾 江 郭 林 钟 徐 邱
高 夏 蔡 田 胡 万 卢 丁 邓 石 崔 龚 程 陆
段 侯 武 刘 龙 叶 黎 白 赖 乔 谭 阎 易 廖
文 曾

尹 姓

——少昊受封于尹城，子孙世代为周卿

尹氏解密寻踪

（一） 姓氏字源

《说文》：“尹，治也。从又；丿，握事者也。”据《殷墟文字甲编》所载，甲骨文“尹”从又持丨，丨为笔形，象片治事之官尹，与《说文》释义合。故尹字本义当训“治、治理”。

（二） 寻根溯祖

尹姓来源有二：

1. 出自少昊的后代，是以邑为氏。据《通志·氏族略·以邑为氏》等所载，传说少昊为古代东夷族的首领，一作少皞，名挚（一作质），号金天氏。东夷族以鸟为图腾，相传他曾以鸟名为官名，设有工正和农正。管理手工业和农业，少昊之子殷为工正，主制弓矢，被封于尹城（春秋周邑，今河南宜阳县西北，一说今山西省隰县东北），世称尹殷。子孙世掌其官职。殷的后代就用封邑名“尹”作为姓氏。周朝时，尹氏子孙世代为卿士，封地一直在尹这个地方。是为河南尹氏或山西尹氏。

2. 是以官名命名的姓氏。据《风俗通》等所载，尹是商、周时的官名，职位相当于宰相。商汤时有伊挚为尹，周宣王时有兮伯吉甫（兮氏，字伯吉父〈一作甫〉）为尹，他们的后代中，都有以尹为姓的，亦称为尹氏。除此之外，周之列国中亦有尹氏。如郑国（今属河南）有尹河，晋国（今属山西）有尹铎，秦国（今属陕西）有尹喜。而作为南方的楚国，其长官多也称尹，等等。又据《通志·氏族略》所载："今汾州有尹吉甫墓，即其地也"。汾州为今山西汾阳。由此看来，春秋之时，尹氏的分布就已非常广泛了。

（三） 宗堂郡望

堂号 "和靖堂"：宋时尹焞是程颐的学生，终身不应科举，赐号"和靖居士"。金兵陷洛阳，焞全家被害，只剩焞一人流落到四川，以布衣任太常少卿，不久改任礼部尚书、侍讲。

尹姓又以"天水"为其堂号。

郡望 尹姓郡望主要有天水郡、河间郡等。

1. 天水郡。西汉元鼎三年（公元前 114 年）置郡，治所在平襄（今甘肃通渭西北）。西晋移治上邽（今天水市）。北魏时相当今天水、秦安、甘谷等市县地。此支尹氏，为晋时尹纬之族所在。

2. 河间郡。汉高帝置郡，治所在乐城（今河北献县南）。平帝时相当今河北献县、交河、东光、阜城、武强一部分地。其后或为国，或为郡。此支尹氏，为东汉尹敏之后裔所开基。

（四） 字行辈份

清光绪二十一年尹仁杰修《尹氏族谱》，山东烟台尹姓一支字行辈份为："宏大士万，嗣胤延世。"

（五） 迁徙繁衍

上古有尹寿，为帝尧之师，居河阳（今河南孟县），说道德经，教以无为之道，又传道于彭祖。夏桀有臣叫尹谐，被商汤杀死。西周有尹轨。为有道之士，居终南山（即今陕西秦岭山脉），周穆王曾召见他。春秋时晋国有尹铎，赵简子曾派他到晋阳；秦国有尹喜，任函谷关令，相传老子西游至函谷关，被他留下，授《道德经》五千言而去。战国时齐国有哲学家尹文，善名辩。《汉书·艺文志》著录其《尹文子》一篇，列为名家。于此可知，先秦时期尹氏主要活动在今河南、陕西、山西、山东省境。

西汉至南北朝时期，尹氏已有迁至今河北、贵州、两广、浙江、安徽、四川、湖南、甘肃、江西等省者。汉宣帝时，河东平阳（今山西临汾市西南）人尹归翁，任东海太守，执法严谨，为官清廉，后升任右扶风，死后家无余财。东汉有经学家尹敏，南阳堵阳（今河南方城东）人，博通经记，不信谶纬；牂柯（今贵州凯里县西北）人尹珍，桓帝时随经学家许慎学习经书图纬，回乡教授，后任荆州刺史。当时，尹氏已是牂柯大姓。十六国时，尹氏在天水（今属甘肃）和西州（今甘肃中部和西北部一带）发展成为望族，前秦、后凉、后秦等国均有尹氏任职。例如，西州人尹赤，为后秦姚苌大将军左长史；天水人尹纬，佐后秦姚苌、姚兴有大功，历位尚书左、右仆射。

隋唐时期，尹敏的后代在河间（今属河北）发展成为望族，尹氏在今湖北襄阳等地也有聚居点。唐代有尹思贞，长安（今陕西西安）人，以明经及第，累官工部尚书，仕高宗至玄宗，前后为刺史13郡，皆以清廉著闻；还有画家尹琳，以善画佛事鬼神著称。

宋、元、明、清时期，尹氏又发展至今江苏、云南、辽宁等省的一些地方。北宋有学者尹源，河南（府治今河南洛阳）人，博学强记，以文学知名，世称河内先生；文学家尹洙，尹源弟，官至起居舍人、龙图阁学士，其文多论西北军政，风格简古，也能诗；学者尹焞，尹源孙，受学于程颐，终身不应科举，著有《论语孟子解》。明代有吏部尚书加太子太傅、大学士尹旻。清代有吏部侍郎督江苏学政尹会一，提倡理学，曾增订《洛学编》，命州县立社学；还有文华殿大学士兼军机大臣尹继善。

当今，在以人口多少排次序的中国姓氏中，尹氏居第91位；新加坡等国有尹姓华侨。

（六）适用楹联

□和靖处士；[①]南出阳中。[②]

□南域知学自珍始；[③]
北面抗敌怯伦威。[④]

□五代春秋师鲁撰；[⑤]
十篇唐说子渐弹。[⑥]

□龙图阁士春秋赋；[⑦]
河内先生唐说篇。[⑧]

□江山与势远；泉石自幽深。[⑨]

□晋阳家臣，鄙茧丝以从政；[⑩]
函谷关吏，识紫气之呈祥。[⑪]

□文武兼优，万邦为宪；[⑫]
恩威并济，六师总权。[⑬]

□北学游中国；南天破大荒。[⑭]

注释：

①宋代哲学家尹焞，字彦明，洛阳人。少师事程颐，精通理学。有民族气节，绍兴年间在朝廷做官，上书反对与金议和，得罪了奸臣秦桧，辞官回家，潜心著作。靖康间赐号和靖处士。有《论语解门人问答》、《和靖集》。

②东汉谏议大夫尹敏，字初季，南阳人。曾为长沙令，后拜郎中，仕终谏议大夫。初习欧阳尚书，后受古文，兼善毛诗、穀梁、《左氏春秋》。

③东汉荆州刺史尹珍，字道珍，牂柯人。自以生于荒裔。不知礼义，乃从许慎，应奉受经书图纬，学成，还乡里教授。南域知学自珍始。桓帝时以经术选用，官至荆州刺史。

④宋代名将尹继伦，浚仪人。太祖时为殿直，预平岭表，下金陵。太宗即位，充北面缘边都巡检使。端拱中辽兵入寇。继伦奋击，大败之。辽兵相戒曰："当避黑面大王。"以继伦面黑故也。

⑤北宋文学家尹洙，字师鲁，河南人。有《五代春秋》等传世，官至龙图阁学士、起居金人等。世称河南先生。

⑥北宋学者尹源，字子渐，河南人。尝作《唐说》及《叙兵》十篇。世称河内先生。

⑦见注⑤。

⑧见注⑥。

⑨唐代诗人尹悉《秋夜陪张丞相赵侍御游邕湖》诗中联句。尹悉，河间人，为张说岳州从事官补阙。

⑩春秋时晋国名宦尹铎的事典。

⑪战国时秦国谏议大夫尹喜的事典。尹喜字公度，为函谷关习欧阳尚书，后受古文，兼善毛诗、穀梁、左氏春秋。建武初，上书陈洪范消灾之术，拜郎中。

⑫周宣王贤臣尹吉甫，宣王中兴，修文武大业。时猃狁内侵，逼近京邑，命他北伐，逐之太原而归。

⑬指明代兵部尚书尹直。尹直，字正言，泰和人。景泰进士，明毅博学。

⑭汉代尹珍祠联。尹珍见注③。

尹氏名人集粹

尹会一　直隶博野（今属河北）人，清代学者，曾官至河南巡抚、吏部侍郎督江苏学政。提倡理学，增订《洛学编》，命州县立社学。尹耜，江苏常熟人，著名画家。

尹继善　杰出的政治家，满州镶黄旗人，雍正进士，历任江苏巡抚，云贵、川陕、江南等地总督，为高宗、世宗倚重，后累官至文华殿大学士兼军机大臣。

尹旻　历城（今属山东）人，明代太子太傅、吏部尚书。

尹府　肥城人，湖广道监察使。

尹淳　重庆（今属四川）人，云南巡按。

尹应元　汉川（今属湖北）人，山东巡抚。

尹崇珂　天水（今属甘肃）人，宋代保信军节度使。

尹洙　河南府治（今洛阳）人，著名的文学家，曾官至起居舍人直龙图阁学士，参加过西北防务事宜，其文多论西北军政，风格简古，摆脱了宋初华靡之风，有《河南先生文集》传世，又有学者尹焞（今河南洛阳人，师事理学程颐，终生不就科举。南宋召为崇政殿说书，曾上疏反对与金人议和。著作有《论语解》、《和靖集》。

尹晖　卫州（治今河南汲县）宾人，五代后晋时右卫大将军。

尹思贞　长安（今属陕西）人，唐代工部尚书，以执法严正著称。

尹正　天水（今属甘肃）人，南北朝梁国新野县侯。

尹略　淮南（今属安徽）人，南齐（建都建康〈今江苏南京〉）越骑校尉。

尹纬　天水郡（今甘肃天水）人，十六国时曾辅佐后秦姚苌、姚兴建大功，官至尚书左、右仆射。

尹咸　西汉大司农。

尹恢　一代功臣，三世袭封城父侯。

尹齐　东郡茌平（今属山东）人，历史名士。

尹更始　汝南（今属河南）人，东汉史学家。

尹翁归 平阳（治所在今山西临汾西南）人，东海太守，他在任太守时，执法严谨，其地繁荣昌盛，后任右扶风，举家徙杜陵（今陕西长安县东北）。

尹珍 桓帝时牂柯（今属贵州）郡人，因生于荒裔，不知礼法，乃从汝南经学家许慎学习经书图纬，学成后还乡里教授，"于是南域始有学焉"。（《后汉书·南蛮西南夷列传》）尹珍为汉族文明在西南少数民族地区的传播作出了贡献，后官至荆州刺史。

尹敏 南阳堵阳（今河南方城东）人，著名的经学家，曾官至长陵令、郎中、谏议大夫。治有《今文尚书》。

尹勋 河南巩县人，曾官至尚书令，曾佐桓帝诛梁冀，迁汝南太守、大司农。上疏为党人解禁，并参与窦武等诛宦官事，下狱自杀。

尹喜 列国中最为著名的尹氏，他曾任函谷关令，相传老子西行于此，被他留下，授《道德经》五千言而去。

尹文 今河南方城人，战国时很有影响的哲学家，即尹文子，在当时与宋钘齐名，善名辩。《汉书·艺文志》著录《尹文子》1篇，被列为名家。其学说与黄老刑名之学相近，主张尚法，在认识论上主张人在认识事物时要破除成见。

尹吉甫 周宣王时官至大臣，宣王时，因玁狁进攻泾水，他曾率军反攻到太原，后又奉命在成周（今河南洛阳东）负责征收东南淮夷等族的贡赋。

尹氏风流撷英

少昊受封于尹城，
子孙世代为周卿。①
宣王立志修文武，
专甫伐北辅中兴。②
尹喜执着为求道，
函谷关受道德经。③
东海子况贤名远，
不遗余财乃廉臣。④
龙图为文论武备，
师鲁河南一先生。⑤
尹焞学理甘布衣，
伊洛渊源赐和靖。⑥
耕道博学为鸿儒，
不羡高堂述麟经。⑦
望山卅载封疆吏，
文华学士军机臣。⑧

注释：

①据《通志·氏族略·以邑为氏》所载，尹氏，少昊之子封于尹城，因以为氏。子孙世为周卿士，食采于尹。故址在今河南省新安县东南，周代为畿内国。

②尹吉甫，周代宣王（公元前827—前782年在位）时贤臣。宣王中兴，修文武大业。时玁狁内侵，逼近京邑，命尹吉甫北伐，逐之太原而归。

③尹喜，字公度，周代关令。相传老子西游至函谷关。尹喜强留，老子授《道德经》五千言而去。

④尹翁归（公元前？—前62年），字子况，汉代河东郡平阳人。官东海太守，执法严谨。升任右扶风。死后家无余财。

⑤尹洙（1001—1047），字师鲁，北宋河南人。官至起居舍人直龙图阁。其文多论西北军政，主张“武备不可驰”。文风简古。有《河南先生文集》。

⑥尹焞（公元1071—1142年），字彦明，宋代洛阳人。受学于程颐，终身不应科举。赐号和靖处士。后以布衣任至礼部侍郎兼侍讲。著《和靖集》。伊洛渊源，参见程姓。

⑦尹起莘，字耕道，宋代遂昌人，学问渊博，隐居不仕，著有《资治通鉴纲发明》。《麟经》即《春秋》。

⑧尹继善（1695—1771），字元长，号望山。雍正进士，历官巡抚、总督。任封疆大吏三十余年，为世、高二宗所倚任。官至文华殿大学士兼军机大臣。

中华百家姓

赵	钱	孙	李	周	吴	郑	王	冯	陈	蒋	沈	韩	杨
朱	秦	许	何	吕	张	孔	曹	金	魏	姜	谢	邹	苏
潘	范	彭	韦	马	方	任	袁	史	唐	薛	雷	贺	汤
罗	郝	常	于	傅	康	余	顾	孟	黄	尹	姚	邵	汪
毛	戴	宋	熊	董	梁	杜	贾	江	郭	林	钟	徐	邱
高	夏	蔡	田	胡	万	卢	丁	邓	石	崔	龚	程	陆
段	侯	武	刘	龙	叶	黎	白	赖	乔	谭	阎	易	廖
文	曾												

姚姓

——虞舜居姚姚姓出，河南范县是祖籍

姚氏解密寻踪

（一） 姓氏字源

《说文》：姚，虞舜居姚墟，因以为姓。从女，兆声。或以为姚，娆也。”姚，姓，相传为虞舜之后。

（二） 寻根溯祖

姚姓来源有三：

1. 出自妫姓。据《元和姓纂》及《新唐书·宰相世系表》等所载，相传上古五帝之一的舜（史称虞舜）是颛项（传说中古代部族首领。号高阳氏。相传生于若水，居于帝丘〈今河南濮阳东南〉）的后代，因生在姚墟（今河南范县南，一说今山东荷泽县东北），其后子孙便有以地为姓，称姚氏。又相传舜在当帝之前，帝尧（传说父系氏族社会后期部落联盟领袖。陶唐氏，史称唐尧，因四岳〈传说为尧舜时的四方部落首领〉推荐，舜后来继承了尧位）曾把两个女儿嫁给他，让他们在妫汭河（在今山西永济南，源出厉山，西流入黄河）边居住。他们的子孙有留在妫汭河一带的，就以“妫”为姓。周武王灭商后，追封前代圣王的后人，找到了帝舜的后裔妫满。武王把大女儿元姬嫁给妫满，并封他为陈（今河南淮阳）侯，让他奉守帝舜的宗祀。妫满死后谥号陈胡公，他的后裔就有以谥号为氏，即为胡氏；也有以陈为氏，就是陈氏。又传至敬仲时曾仕于齐（周分封的诸侯国，在今山东北部，建都今山东淄博东北），又为田氏。其后居鲁（今属山东）。至王莽新政（公元 8－23 年在位）时，封田丰为代睦侯，其子田恢避王莽乱迁居吴郡，改为妫姓。再传 5 世孙敷，复为姚氏，居吴兴武康（今浙江德清县）。姚敷生姚信，吴选曹尚书。8 世孙僧垣，隋开府义同三司，封北隆公，有二子：察、最。由上看来，陈、田、姚、胡及虞（吴）等五姓皆出自一个姓源，即妫姓。故有“妫汭五姓”之称。

2. 出自子姓。据《路史》所载，春秋时（也为东周之时）有姚国，为商族的后裔，其后子孙便以国为氏，称姚氏。从历史考察看，姚地当时大概在今河南、山东相邻之地。因为公元前 11 世纪周公平定武庚的反叛后，曾把原来商都周围地区和殷（商也称殷）民七族分封给武王之弟康叔，建立卫国，建都在朝歌（今河南淇县），成为当时大国。春秋时成为小国。商朝始建于公元前 16 世纪，初建都在亳（今山东曹县南），后盘庚迁都殷（今河南安阳小屯村）。

3. 他族改姓为姚氏。据《晋书》所载，西晋时有羌族首领姚弋仲（南安赤亭〈今甘肃陇西西〉人），本是汉时西羌烧当氏的后人，他自称祖先是帝舜的后代，故而改姓姚。西晋末年他曾率部东徙榆眉（今陕西千阳东），后赵时被徙关中，有众数万。公元 233 年，姚弋仲被任用为西羌大都督，率部属迁居清河（治今河北清河县东）之滠头（在今河北枣强县东北），后被任为冠军大将军。后赵亡，降晋后，他被任为车骑大将军、大单于，封高陵郡公。死后其子姚襄代领其众，返回关中，于公元 357 年在三原（今陕西三原东北）为前秦苻坚所败，被杀。至襄弟姚苌，率众先降于前秦，都长安（今陕西西安西北），有今陕西、甘肃、宁夏、山西一部分。死后由其子继位。公元 417 年为东晋刘裕所灭，其子孙和所部众人有以姚为氏者，多散居于今天的山东、河南、陕西、甘肃等地。

（三） 宗堂郡望

堂号 “仁圣堂”：舜帝是至仁圣明的帝王。

郡望 姚姓郡望主要有吴兴郡、南安郡等。

1. 吴兴郡。三国吴宝鼎元年（公元 266 年）置郡，治所在乌程（今浙江吴兴南，晋义熙初称今吴兴），相当于今浙江临安、余杭、德清一线西北，兼有江苏宜兴县地。

2. 南安郡。东汉中平五年（公元 188 年）分汉阳郡置。治所在豲道（今甘肃陇西渭水东岸）。相当今甘肃陇西县东部及定西、武山县地。隋初废。

姚姓又以上郡名为其堂名。

（四） 家谱寻踪

河北青县·姚氏家谱二卷

藏地：河北青县王镇店小交河村

钞本

上海南汇·周浦姚氏家谱不分卷

藏地：上海图书馆　杭州大学

（民国）姚仁焯修

1916年排印本　二册

上海南汇·周浦瀛绪堂姚氏家谱不分卷

藏地：上海文化管理委员会　美国

（民国）姚雨阶辑

1933年铅印本　二册

江苏镇江·姚氏重修族谱六卷

藏地：中国社会科学院历史研究所图书馆

（清）姚廷甫主修

清道光九年（1829）世德堂活字本　六册

江苏·昆陵姚氏宗谱三十卷首一卷

藏地：国家图书馆　吉林大学　日本　美国

（清）姚师傅等重修

清同治十一年（1872）明恕堂活字本

江苏镇江·润州姚氏宗谱四卷

藏地：日本　美国

（清）姚家楫等修

清嘉庆十八年（1813）式好堂活字本　四册

江苏镇江·丹徒姚氏支谱不分卷

藏地：美国

（清）姚文馥重修

清光绪元年（1875）燕翼堂写本　一册

江苏镇江·丹徒姚氏族谱四卷首一卷附二卷

藏地：国家图书馆　中国科学院图书馆（二部）　中国社会科学院历史研究所图书馆　日本　美国

（清）姚承宪（五修）

清宣统三年（1911）活字本　八册

江苏·丹徒姚氏重修族谱稿

藏地：国家图书馆

稿本　一册

江苏常州·辋川里姚氏宗谱十二卷

藏地：南开大学

（清）姚孟廉重修

清同治十二年（1873）敦睦堂木活字本　四册

浙江宁波·姚氏宗谱六卷

藏地：浙江宁波市档案馆

（清）姚烇纂

清嘉庆二十四年（1819）修　清光绪二十一年（1895）重校本

浙江余杭·古虞姚氏宗谱六卷

藏地：南开大学

（清）姚升南等重修

清同治十七年（1809）刻本　六册

浙江余姚·云楼姚氏宗谱十二卷

藏地：浙江余姚梨洲文献馆（缺卷4、8）

（清）姚凤泉　姚安治等纂修

清光绪三十四年（1908）耕山堂刻本

浙江鄞县·鄞锡山姚氏家乘二卷首二卷末二卷

藏地：国家图书馆　浙江宁波天一阁文物保管所

（民国）张琴纂修

1930年察伦堂木活字本

浙江·慈溪姚氏宗谱三十卷

藏地：南开大学　浙江宁波天一阁文物保管所（缺卷15、27）

（清）姚守烈续修

1894年植本堂刊本

浙江象山·前山姚氏宗谱一卷

藏地：浙江象山县文化管理会

（民国）王醒华重修

1928年钞本

浙江嘉兴·秀山姚氏学山堂家谱分卷

藏地：国家图书馆

（清）姚应龙辑

清道光十五年（1835）姚允升钞补乾隆二十四年（1779）本

浙江嘉兴·秀山姚氏家乘不分卷

藏地：日本　美国

（清）姚澍重辑

清光绪三十四年（1908）刊本五册

浙江湖州·吴兴姚氏家乘六卷

藏地：国家图书馆（又一部存一卷）浙江省图书馆

（清）姚淳起重编

清雍正二年（1724）钞本　十二册

浙江上虞·始宁姚氏宗谱六卷

藏地：中国社会科学院历史研究所图书馆

（清）姚沛然纂修

清光绪四年（1878）耕山堂活字本　四册

浙江上虞·始宁姚氏宗谱六卷

藏地：国家图书馆

（民国）姚稼夫等修

1939年梓畊山堂活字本　六册

浙江兰溪·郡马遗芳姚氏宗谱六卷

藏地：浙江兰溪县文化管理委员处（共十部）

清光绪二十三年（1897）刻本六册

浙江·兰溪龙山姚氏宗谱二十卷

藏地：浙江兰溪县展山乡

1913年木刻本

浙江兰溪·姚氏宗谱

藏地：浙江兰溪县文化管理委员会（存三册）

钞本

浙江兰溪·姚氏宗谱

藏地：浙江兰溪县登胜乡文化站

木刻本

浙江兰溪·姚氏宗谱六卷

藏地：浙江兰溪县登胜乡东姚村

木刻本

浙江常山·姚氏续修宗谱六卷首一卷

藏地：浙江常山县球川镇草龙口村

1939年木刻本（序）

安徽徽州·塘川姚氏宗谱四卷首一卷

藏地：安徽徽州地区博物馆　安徽屯溪市文化管理委员会

清光绪二十七年（1901）舜耕堂木刻本

安徽旌德·旌川县前姚氏家谱不分卷

藏地：国家图书馆

（明）姚亿纂修

明万历四十五年（1617）家刻本

一册

安徽旌德·板桥姚氏族谱十卷首一卷末一卷

藏地：中国社会科学院历史研究所图书馆　吉林大学　安徽徽州地区博物馆

（清）刘纯洪编辑

清光绪十五年（1889）活字本　十四册

河南陕县·姚氏族谱

藏地：河南陕县档案馆

湖北·汉阳姚氏宗谱十六卷

藏地：美国

（民国）姚芳勋等修

1921年成务堂活字刊本　十七册

湖北汉阳·姚氏宗谱首绢八卷正绢十二卷

藏地：武汉市图书馆

（民国）姚慕水　姚政恒等撰

1932年姚氏重华堂排印本　二十册

湖南宁乡·姚氏续修族谱□□卷首二卷

藏地：湖南省图书馆（存卷首上下）

（清）姚宗析纂

清同治十年（1871）吴兴堂活字本

湖南邵阳·邵陵姚氏族谱二十卷首一卷末一卷

藏地：湖南省图书馆

（民国）姚家德纂修

1921年活字本　十八册

湖南新晃·姚氏六修族谱□□卷

藏地：湖南省图书馆（存卷首）

（清）姚登高　姚廷藻等纂　姚绍锡姚祖清等纂

清光绪十二年（1886）永州邹汉廷刻本

湖南新晃·姚氏合修族谱□□卷

藏地：湖南省图书馆（存卷1）

（民国）姚源浦　姚绍扬等纂修

1944年昭隆刻本

湖南益阳·姚氏鹿山五修支谱十卷首一卷末一卷

藏地：湖南省图书馆（存卷首）

（清）姚教源等纂修序

清宣统三年（1911）活字本

广东·潮阳姚氏族谱不分卷

藏地：广东汕头市档案馆

（民国）姚亚民辑

1949年本

广东·平远姚氏宗谱三卷

藏地：广东平远县档案馆

（民国）姚克明　姚鸿颖等三修

1916年铅印本

（五）字行辈份

1927年姚联奎修《姚氏宗谱》，安徽桐城姚姓一支字行为：“若孙，文士孔兴，支鸿叶落茂，永佐大成。”

（六）迁徙繁衍

姚姓的发源地大致有两处，即今甘肃陇西及江苏苏州一带。早期姚姓因家族势力不足，故繁衍得也甚为缓慢，至晋代开始，姚姓因有来自甘肃陇西一带羌族首领姚弋仲后裔及所率部众以姚为氏的加入，姚姓家族才得以壮大起来，也就是说，今天姚姓的中国人大多来自这两支姚氏。这两支姚氏后不断地繁衍播迁，在唐代以前，就已成为今浙江吴兴及甘肃陇西一带望族。其中甘肃陇西一带的姚姓多为姚弋仲的后裔或其所率部众以姚为氏的姚姓后裔。故姚氏有以“吴兴”、“南安”为堂号。又吴兴武康有一支姚氏分迁于陕郡，至隋时形成当地一大望族。唐代以后，姚姓繁衍得也甚为广泛，已遍及我国大江南北广大地区。其中以浙江、江苏、河南、陕西、山西、河北、山东、广东、四川、安徽、湖北等省的姚氏繁衍播迁最为旺盛。四川、云南等地的姚姓大多是由甘肃或陕西、河南境播迁而去的。其中云南省的姚安、大姚等县的姚姓最多，故唐武德四年（公元 62 年）因此地多姓姚而置姚州，其治所就在今云南姚安县北。姚氏入闽，始于唐初。据《漳州府志》所载，陈元光人闽开漳州时，亦有姚氏将在佐。其后，又有姚氏从福建人广东等地。

（七） 适用楹联

□学闳两汉；[①] 书撰梁陈。[②]

□远山岚邑近；斜日树阴疏。[③]

□但觉眼前生意满；
须知世上苦人多。[④]

□立定脚跟竖起脊；
展开眼界放平心。[⑤]

□天开美景风云静；
春到人间气象新。[⑥]

□大典光华夏；[⑦] 文章耀桐城。[⑧]

□父子成双史；[⑨] 兄弟号二姚。[⑩]

□抗心希古，任其所向；
含毫命素，动必依真。[⑪]

□既做既戒，惠此中国；
来旬来宣，玉于太原。[⑫]

注释：

①元代翰林学士姚燧，字端甫，柳城人。少从许衡游，有西汉风。有《国统离合表》、《牧庵集》。

②隋代散骑常侍姚察，励精学业，授秘书丞，敕成陈、梁二史，未毕，临亡，戒子思廉续成之。

③唐代诗人姚伦《过章秀才洛阳客舍》诗中联句。姚伦，唐代任扬州大都督府参军。

④明代进士姚文然自题联。姚文然，字弱侯，桐城人。入清授国史院庶吉士，累官刑部尚书。于国家利害、吏治得失、民生休戚等，知无不言。所著奏疏及诗文集，皆质实醇厚，有古风，卒溢端恪。

⑤清代进士、书法家姚元之，字伯昂，桐城人。官至左都御史。工隶书、行草，画笔亦妙。有《竹叶亭杂诗稿》。本联为其自题联。

⑥明代通判姚琛撰书春联。姚琛，字弘璧，潮阳人。由抚州通判迁顺天治中，之官三日，即疏乞归养，以孝闻。乡人多所感化。

⑦明代诗画家姚广孝，长洲人。十四度为僧，工诗画，识阴阳数术之学，为燕王心腹谋士。燕王立，录功第一，拜太子少师。尝监修《太祖实录》，纂修《永乐大典》等。

⑧清代散文家姚鼐（1731—1815)，字姬传，桐城人。乾隆进士，选翰林院庶吉士。参与纂修《四库全书》。辞官后主持江南紫阳、中山等书院。工古文，与方苞等为“桐城派”代表，提倡唐宋古文传统，对清代经

学、文学影响很大。所著《登泰山记》等山水文章，为后人称道。有《古文辞类纂》、《惜抱轩文集》、《诗集》等。

⑨见注②。

⑩宋代都指挥使姚麟，字君瑞，节度建雄定武军，用兵沉毅多奇策。有功不自夸，治军严明，下乐为之用。兄弟均立大功，声盖一时，吴中号“二姚”。

⑪隋代散骑常侍姚察《名画记》联语。

⑫江碧山赠姚亮甫联。

姚氏名人集粹

姚范 桐城（今安徽）人，清代著名文学家，乾隆进士，任三礼馆纂修。其学深究遗经，综括精粹。有《援鹑堂笔记》及诗文集。

姚鼐 姚范侄，与方苞、刘大魁创立了清代散文重要流派——桐城派。他曾参加过清《四库全书》的编纂工作。其治学以经为主，兼及子、史、诗文，主要成就在散文方面。

姚燮 浙江镇海人，清代文学家。

姚文田 （1758—1827）清学者。字秋农，浙江归安（今湖州市）人。嘉庆进士。官礼部尚书。治学宗宋儒，但亦兼取汉学之长。有《易原》、《说文声系》、《邃雅堂集》等。

姚允在 浙江绍兴人，清代著名画家。

姚广孝 明代苏州长洲（今江苏吴县）人，初为燕王心腹，朱棣夺取帝位后，拜太子少师。曾参与纂修《太祖实录》、《永乐大典》等黄籍。

姚长子 （？—1555） 明浙江会稽（今绍兴）人。嘉靖三十四年（1555年）倭寇侵入县境，迫他作向导。他引敌到四面皆水的化人坛，并于事前密嘱乡人撤桥，断其归路。倭寇中计，遂为明军所围歼。以此殉难。事后，乡人立祠祭祀。

姚绶 画家，嘉善（今属浙江）人，曾官至监察御史、江西永宁面府。

姚枢 柳城（今河南西华西）人，元代官至翰林学士承旨。

姚健 河南（今河南洛阳）人，文学家。

姚抠侄 官至翰林学士承旨、集贤大学士。

姚平仲 宋代西北名将。

姚希得 官至宰相，潼川（治今四川三台县）人。

姚雄 累官检校司空、奉宁军节度使，五原（治所在今陕西定边县）人。

姚兴 相州（治今河南安阳）人，湖南兵马副都监。

姚思廉 唐初史学家本江苏吴兴人，后迁人关中，为今陕西西安市人，姚察之子。编纂有《梁书》50卷、《陈书》30卷。姚思廉孙姚琦博涉经史，育才辩，武后时任地官尚书；姚琦弟姚班，少好学，曾任定州等6州刺史，官至户部尚书，亦善经史，撰《汉书绍训》40卷。

姚崇 唐初著名政治家，他本人及其家族，在政治方面有突出成就。姚崇曾官至宰相，陕州硖石（今河南三门峡南）人，曾任武则天、睿宗、玄宗朝宰相。为政简肃，深得众望，后宋璟继他为相，史称“姚宋”。姚崇曾孙姚合，元和进士，官终秘书监。因曾授武功主簿，世称姚武功。其诗体势也称“武功体”，颇类贾岛，故“姚贾”并称。其诗为宋代江湖派诗人所师法。姚崇玄孙姚勖，长庆进士，累迁谏议大夫，更湖、常二州刺史。姚訚，为姚崇侄孙，与张巡同守睢阳，安禄山叛兵攻陷睢阳，同为国死难。姚崇裔孙姚岩杰以诗酒放游江左。有《象溪子》。

姚安仁 陕郡人，隋朝汾州刺史。

姚昭 十六国时仕北燕为征南大将军、大司马。

姚最 南朝陈国人，继谢赫完成《继书品》，凡所论断，出以俪词，气体雅博。

姚昙度 今江苏吴兴人，齐国著名的画家，他所画神鬼一类，在当时尤称绝妙。

姚宣业 陕郡人，梁国征东将军、吴兴郡公。

姚僧垣 北朝北周时著名医学家，医术高妙，为当世所推。有《集验方》12卷，《行记》3卷行于世。姚僧垣长子姚察曾仕陈为吏部尚书。陈亡于隋时，便仕隋为太子舍人、秘书丞。

姚弋仲 西晋永嘉年间（307—312年），一个羌族部落的首领，他率领全部落从赤亭迁到榆眉（在今陕西千阳县东），后赵时被徒关中。公元323年，姚弋仲被任用为西羌大都督，率羌众数万居于清河（治所在今河北清河县东）之滠头（在今河北枣强县东北）。公元352年，姚弋仲第5子姚襄率领部众返回关中，在三原（今陕西三原县东北）被杀。姚襄弟姚苌降于前秦，后乘淝水之战后的混乱局面，攻人长安，建立了威震四方的后秦，建都今陕西西安西北。

姚伷 阆中（今属四川）人，三国时曾任广汉太守、丞相府掾。深受诸葛亮赏识。

姚信 吴国武康（治今浙江德清县千秋镇）人，精于天文易数之学。官至太常卿。著有《周易注》等。东汉中叶，有羌族的一支在其首领迁那率领下归顺汉朝，汉政府授予迁那为冠军将军、西羌校尉、归顺王，将其安置在南安（治所在今甘肃陇西县东南）赤亭（在陇西县西）。

姚句耳 春秋郑国大夫，曾奉命使楚。

姚氏风流撷英

虞舜居姚姚姓出，
河南范县是祖籍。①
三国设置吴兴郡，
望出吴兴始发迹。②
引僧传教译经籍，
梁陈史书华夏骄。③
唐代名相有姚崇，
十事建义振朝纲。④
推行理学姚枢愿，
名噪一时姚遂诗。⑤
辅佐朱棣成霸业，
功勋卓著还姓姚。⑥
姚鼐散文明道义，

姚燮诗文赞英杰。[7]
姚有窈窕淑女兆，
追求目标不畏遥。[8]

注释：

①姚是舜的后裔，据《说文解字》记载，虞（yú）舜居于姚虚，其后世支孙以居住地为氏，遂有姚姓。其祖籍在河南范县。

②姚氏郡望是吴兴郡，设置于三国吴宝鼎元年（公元 266 年），当时的治所叫乌程，现在浙江省还有吴兴县，乌程就在吴兴县南，是姚氏的发祥地。

③姚兴（公元 366—416 年），十六国时，后秦皇帝，甘肃陇西人，羌族。他在位期间，抑杀羌汉豪强，放免奴婢，训练狱吏，引鸠摩罗什等高僧多人，译经籍，使佛教在北方流传。姚思廉（公元 557—637 年），唐初大臣，史学家，浙江吴兴人。他以"忠节"见称，撰《梁书》五十卷，《陈书》三十卷，均列入二十四史。

④姚崇（公元 650—721 年），唐朝名相，河南三门峡东人。玄宗即位，召议朝事。他建议，禁止宦官贵戚干预朝政、奖励群臣劝谏等十件事宜，与宋璟齐名，史称"姚宋"。

⑤姚枢（公元 1201—1278 年），元朝大臣、理学家，辽宁朝阳人。他自己悉心研究程朱理学，被忽必烈征为大理，亦使元朝推行理学。姚燧（公元 1238—1313 年），元朝学者，河南洛阳人。其诗文有西汉风格，名噪一时，有《牧庵集》。

⑥姚广孝（公元 1335—1418 年），明朝僧人，江苏苏州人。十四岁出家为僧（僧名道衍），通儒术，工诗画。因参与燕王朱棣策动起兵，成祖即位，论功第一，准复原姓"姚"，赐名"广孝"。

⑦姚鼐（公元 1731—1815 年），清朝散文家，安徽桐城人。为"桐城派"的代表，主张文章要"明道义、维风俗"，将理学纳入文学领域。对清代经学、子、史、诗文有研究。姚燮（公元 1805—1864 年），清朝文学家，浙江镇海人。擅长诗、词、曲、骈文、绘画，他的诗词大多以歌颂抗击英军的英雄，谴责投降派为主题。

⑧姚（yáo），字形从女从兆，是窈窕淑女之兆，字音通遥。综合起来，追求美好目标，不怕路途艰遥。

中华百家姓													
赵	钱	孙	李	周	吴	郑	王	冯	陈	蒋	沈	韩	杨
朱	秦	许	何	吕	张	孔	曹	金	魏	姜	谢	邹	苏
潘	范	彭	韦	马	方	任	袁	史	唐	薛	雷	贺	汤
罗	郝	常	于	傅	康	余	顾	孟	黄	尹	姚	邵	汪
毛	戴	宋	熊	董	梁	杜	贾	江	郭	林	钟	徐	邱
高	夏	蔡	田	胡	万	卢	丁	邓	石	崔	龚	程	陆
段	侯	武	刘	龙	叶	黎	白	赖	乔	谭	阎	易	廖
文	曾												

邵 姓

——东陵侯种五色瓜，修竹盈乡高士隐

邵氏解密寻踪

(一) 姓氏字源

《说文》："邵，晋邑也。从邑，召声。"邵，古地名，春秋晋邑，在今河南省济源县西。朱骏声《说文通训定声》云："今河南怀庆府济源县西百二十里有邵原关，与山西绛州垣县接界。"

(二) 寻根溯祖

邵氏姓源比较纯正，主要出自姬姓，为周文王之后。据《通志·氏族略·以邑为氏》、《万姓统谱》等所载，周初大臣姬奭（〈音 shì 式〉武王之庶弟，文王庶子），一作邵公、召康公，因食邑于召（今陕西省东岐山西南），称为召公或召伯。又因佐周武王灭商有功，成王时，被封于燕国（在今河北北部和辽宁西端，建都蓟〈今北京城西南〉，又以武阳〈今河北易县南〉为下都），战国时成为七雄之一。其后传 40 余代，到公元前 222 年，为秦所灭。他派儿子去管理燕国，自己留在镐京（今陕西长安沣水以东）任太保，是周初三公之一，与周公旦分陕而治，陕西以西由他治理。召公是文、武、成、康四朝元老，曾同周公旦（武王之弟）一起平定武庚之乱，“成康之治”的形成也有他的功劳。他的子孙世袭召公，一直是周朝的执政大臣之一。周王室东迁后，召公的采邑也随之东移，迁徙地在今山西省垣曲东。后来，燕国被秦国所灭，召公的子孙（包括燕国的王族子孙）以原封地“召”为姓，称召氏。据《氏族博考》所载：“召与邵，春秋本一姓，后分为二，汝南、安阳之族皆从邑。”可见，召与邵姓其实同出一源，只是写法不同而已。至于召姓改为邵姓的原因，史无详载；改姓的时间，说法不一。据有关学者考证，是在秦朝建立前后。同时，又据有关资料可知，至汉乃有以召为姓的，此后，召姓因多改为邵姓，故召姓也就不多见了。

（三） 宗堂郡望

堂号 “安乐堂”：宋时邵雍，好《易》理，名所居“安乐窝”，自号“安乐先生”。程颐称赞他有内圣外王之学。

邵姓又以“博陵”为其堂号。

郡望 邵姓郡望主要有博陵郡、汝南郡、安阳县等。

1. 博陵郡。东汉本初元年（公元146年）始置郡，治所在博陵（今河北蠡县南）。西晋置国，治所在安平（今河北安平县）。相当今河北安平、深县、饶阳、安国等县地。

2. 汝南郡。汉高帝四年（公元前203年）置郡，治所在上蔡（今河南上蔡西南）。相当今河南颍河、淮河之间，京广铁路西侧一线以东，安徽茨河、西淝河以西，淮河以北地区，东汉移治平舆（今河南平舆北）。

3. 安阳县。西汉置县，治所在今河南正阳西南。西晋置县，治所在今河南安阳西南。

（四） 家谱寻踪

北京·大兴邵氏宗谱二卷首一卷

藏地：日本　美国

（清）邵绶名续修

清同治二年（1863）刊本　二册

天津·邵氏宗谱不分卷

藏地：天津市图书馆

（民国）邵作荣修

1939年天津宜文斋铅印本　二册

天津宁河·邵氏宗谱不分卷

藏地：美国

（民国）邵连胜等重修

1938年天津官文斋铅印本　二册

河北容城·邵氏宗谱□□卷

藏地：中国科学院图书馆

邵作荣等修

1934年铅印本　二册

江苏丹阳·邵氏宗谱二十卷

藏地：江苏常州市图书馆（存卷1、3—14、18—20下）

清光绪九年（1883）锡胤堂木活字本

江苏常熟·虞山邵氏宗谱不分卷

藏地：美国

（清）邵松年修

清光绪十年（1884）颐学堂活字刊本　一册

江苏常熟·虞阳邵氏宗谱三卷

藏地：中央民族大学　江苏南通市图书馆

（民国）邵松年重修

1924年颐学堂重修铅印本　一册

浙江余姚·邵氏宗谱□□卷

藏地：北京大学（残存十册）

（清）邵弘仁辑

清刻本

浙江·余姚邵氏宗谱十六卷首一卷贻编七卷

藏地：国家图书馆　中国社会科学院历史研究所图书馆　北京大学　南开大学　河北大学　吉林大学（二部）　上海图书馆浙江省图书馆（二部）　杭州大学　美国

（清）邵曰濂　邵友濂续修

清光绪十四年（1888）木刻本

浙江·余姚邵氏宗谱十八卷首一卷贻编七卷

藏地：国家图书馆（三部）　中国社会科学院历史研究所图书馆　人民大学　南开大学　河北大学（缺贻编卷一）　吉林大学　哈尔滨师范大学　浙江余姚梨洲文献馆（三部，其中一部缺卷11，一部缺卷12）　四川省图书馆

（民国）邵是同修

1932年铅印本

浙江鄞县·鄞东梅江邵氏家乘十六卷首一卷

藏地：浙江宁波天一阁文物保管所

（民国）邵和贵　邵晓方纂修

1945年德本堂木活字本　十四册

浙江鄞县·四明章谿邵氏宗谱六卷

藏地：浙江宁波天一阁文物保管所

（民国）邵国裕　邵邦英等纂修

1947年木活字本

浙江鄞县·四明平水潭邵氏宗谱四卷

藏地：浙江宁波天一阁文物保管所（存卷1—3）

（清）刘乙照　邵修鈷等纂修

清道光二十四年（1844）绳武堂木活字本

浙江鄞县·四明平水潭邵氏宗谱八卷

藏地：浙江宁波天一阁文物保管所（存卷1—4）

（清）应文炳纂修

清光绪二十三年（1897）绳武堂木活字本

浙江奉化·重修印坑邵氏宗谱五卷首一卷

藏地：浙江奉化县文化管理委员会

（民国）方汝舟纂修

1938年木活字本

浙江绍兴·邵氏家乘不分卷

藏地：上海图书馆　美国

（清）邵煜编

清道光二十七年（1847）谦益堂刻本

浙江衢州·邵氏宗谱三卷

藏地：吉林大学

（清）邵辅周等重修

清光绪十八年（1892）甘德堂活字本　二册

浙江·临海邵氏宗谱四卷

藏地：浙江临海县邵永渡乡庄头山（存卷1、3、4）

1948年木活字本

安徽徽州·华阳邵氏宗谱十八卷首一卷

藏地：安徽省图书馆（存卷首、1）

安徽省博物馆　安徽绩豁县伏岭村

安徽·休宁邵氏宗谱不分卷

藏地：国家图书馆（残）

明万历年间朱印本　一册

安徽潜山·邵氏宗谱□□卷

藏地：安徽安庆市图书馆（存卷3、6、8、10、13、27）

民国安乐堂木活字本

福建·福州武林邵氏族谱□□卷

藏地：国家图书馆　中央民族大学

（民国）邵守正纂修

1926年铅印本　一册

福建·永定邵氏世谱十四卷艺文十四卷首一卷末一卷

藏地：福建师范大学

（民国）邵昌全主修

1921年天远堂重修刊本

山东荣成·邵氏宗谱不分卷

藏地：日本

（民国）邵连胜　邵作荣等重修

1939年铅印本　二册

河南·辉洛邵氏家谱不分卷

藏地：日本　美国

（清）邵述祖重修

清顺治十一年（1654）印本一册

河南·邵氏家谱二幅

藏地：河北青县王镇店乡小邵庄布制

（五）字行辈份

清光绪二十年邵作荣等修《邵氏宗谱》，河北营城邵姓一支字行为："本自圣裔，为名贤孙，敦崇士习，永守纲常。"

（六）迁徙繁衍

春秋时齐国（在今山东北部）有召忽，与管仲同事襄公子纠。秦朝有广陵（今江苏扬州市西北）人召平，封东陵侯，秦亡后，家贫，种瓜于长安城东，其瓜称"东陵瓜"。秦末有召欧，随刘邦起义于沛（今江苏沛县东），西汉初封广侯。西汉有九江寿春（今安徽寿县）人召信臣，元帝时任南阳太守，修渠筑坝数十处，灌田三万多顷，为民兴利，被尊称为"召父"，后任少府。召信臣之子召驯，以韩诗，博通书传，东汉章帝时曾入朝授诸王经。以上所引资料，反映了三国以前召氏分布及活动的一些情况。

三国时，魏有太乐丞邵登，河南（郡治在今河南洛阳市东北）人；吴有节义之士邵畴。晋代有安阳（今属河南）人邵续，博览经史，能妙解天文。南北朝时，北魏有邵洪哲，沮阳（今河北怀来县东南）人；南齐有武陵（今湖南竹山县西北）人邵荣兴，8世同居，建元中旌表门间。唐代校书郎邵楚苌为闽县（今福建福州）人，博通经史的邵谒为翁源（今广东翁源西北）人。于此可知，三国至唐代，邵氏除在今河南继续发展外，又有向南、北迁徙者。

宋、明时期，邵氏还分布于今浙

江、江西、湖北、四川、陕西、山西等省的一些地方，历清朝至近现代，分布地更为广泛。从清代开始，有邵氏迁至台湾，后来有的又移居海外。

据有关学者证实，今天的邵姓主要居住在今山西、山东、河北、河南、安徽、江西、江苏、湖北、湖南、浙江、福建、广东、广西、甘肃等省。

（七） 适用楹联

□东陵衍派；[①]皇极传经。[②]

□花含步辇空间出；
树杂帷宫画里行。[③]

□书有未曾经我读；
事无不可向人言。[④]

□卫商十载；[⑤]博学五经。[⑥]

□疏许立身，一饭心常悬北阙；
功臣讲学，半弓地已辟东林。[⑦]

□丹阳龙图学士；[⑧]
芜湖桑枣园丁。[⑨]

□如玉如金，诗文藉藉；[⑩]
有家有室，瓜瓞绵绵。[⑪]

□人称其才，我称其德；
不为良相，便为良医。[⑫]

注释：

①指秦代东陵侯邵平的事典。秦灭后，邵平隐居长安城东，以种瓜为生，据说他种的瓜很美，有五色，世称“东陵瓜”，又称“青门瓜”。后常以“东陵瓜”称誉瓜之美者，也用邵平种瓜的故事喻农圃之事。“东陵衍派”本指此，又有“瓜瓞连绵”，子孙发达昌盛之意。

②指北宋哲学家邵雍（1011—1077）。邵雍，字尧夫，其先范阳（今河北涿县）人，随父徙居共城（今河北辉县）。自号安乐先生。三十岁后游河南，隐居苏门、百源之山，人称百源先生。死后谥康节，又称康节先生。初从李之才学，居洛阳，与司马光等友善，与二程亦有密切往来。嘉祐时屡授官，均称疾不就。哲学上坚持唯心主义观点；创“先天学”，解释先天地而存在并创造天地万物的道理，认为宇宙本原是“太极”，“太极”即“心”、“道”，“万化万事皆生乎心”，“天由道而生，地由道而成”。他用《周易》六十四卦绘成方图、圆周以及八卦及《卦令图》等制成《先天图》，说“天地万物尽在其中。”其历史观则主张人类社会是由盛而衰的退化论。他的学说经后人发展为算命学。有《皇极经世》、《伊川击壤集》等。

③唐代诗人邵升（中宗时人）《奉和初春幸太平公主南庄应制》诗中联句。

④著名新闻论者邵飘萍（1884—1926），名振青，浙江金华人。曾在北京创办《京报》，因支持群众反帝反军阀的斗争，被奉系军阀杀害。本联为其自题联。

⑤南宋抗金英雄邵兴，字晋卿，解州人。初在解州结寨，率众抗金，屡败金兵。金人执其弟，迫使他投降，兴仍死战。后随李彦仙守陕州。陕州失陷，南下商州，保卫十年。宋金议和后，仍出境袭金，被秦桧毒死。

⑥宋代学者邵光祖，河南人。从父宦游吴，遂家焉。好儒学，非圣贤之书不读。吴中学者，称其为“五经师”。

⑦明代尚书邵宝，字国贤，无锡人。成化进士，累官江西提学副使，修白鹿书院学会以处学者。教人以致知力行为本。正德中迁右副都御史，总督漕运。后拜南礼部尚书，恳辞。卒谥文庄。有《容青堂集》等书，学者称其为二泉先生。本联为邵文庄公祠联。

⑧宋代进士邵必，字不疑，丹阳人。善篆隶，累官京西转运使。居官振厉风采，谢绝宴集馈遗。尝曰："数会聚则情狎，多受馈则不能行事。"时谓为名言。后以龙图阁学士出知成都。

⑨清代诗书画家邵士燮，字友园，号范村，又号桑枣园丁，芜湖人。善隶篆刻，尤嗜画。

⑩唐代国子监邵谒的事典。他博通经史，为诗多刺时事。

⑪秦代东陵侯邵平的事典，见注①。

⑫清代名人刘墉赠邵志于联。

邵氏名人集粹

邵长蘅　武进（今属江苏）人，清代诗人。

邵齐焘　江苏昭文（今常熟）人，文学家。

邵普涵　今浙江余姚人，著名的史学家、经学家，他曾参加纂修《续三通》、《八旗通志》等书。又从《永乐大典》中辑录《旧五代史》，并博采《册府元龟》、《太平御览》诸书，按照原目，编排成书，使《旧五代史》失而复成，列入正史。又长于经学，以郭璞《尔雅注》为宗，兼采汉人旧注，撰有《尔雅正义》，为研究训诂学的重要著作。今《四库提要》史部典籍，多出其手。

邵懿辰　浙江仁和（今杭州）人，经学家、目录学家，撰《礼经通论》。所编《四库简明目录标注》，是研究中国目录版本学的重要参考书。

邵元节　贵溪（今属江西）人，明代礼部尚书。

邵捷春　福建侯官（今闽侯）人，官至浙江按察使、四川副使等职。

邵智　南海人，御史、广西佥事。

邵弥　明末画家，长洲（今江苏吴县）人。

邵重英　今河南人，元代户部给事中，为邵雍16世孙。

邵雍　北宋著名的哲学家，其先河北范阳人。幼随其父邵古迁居河南共城（今辉县）苏门山下，后在苏门聚众讲学，创办"太极书院"。30岁时，又举家迁居洛阳天津桥畔，并与寓居洛阳的退辞宰相司马光、吕公著等人结为好友，研讨学问，评议时政，其间屡次拒绝朝廷的任用。他根据《周易》八卦，创立"象数之学"。认为宇宙的本原是"太极"，"太极"永恒不变，而天地万物则有消长有终结，循环变化。认为人类社会的发展是退化的，提出了"皇、帝、王、霸"四个时期的历史退化论，对后世影响很大。著有《皇极经世》、《伊川击壤集》等。

邵伯益　著名学者。

邵兴　解州安邑（今山西运城）人，南宋抗金将领。

邵和新 唐代刑部郎中。

邵琼 曾任殿中御史。

邵续 晋代冀州刺史。

邵奇 晋代寿春太守。

邵欧 汉代广陵（治今江苏扬州市）侯。

邵安 汝南（治今河南上蔡西南）太守。

邵林 青州（治今山东淄博市临淄北）刺史。

邵信臣 东汉时任南阳太守，九江寿春（今安徽寿县）人，曾历任零陵（治今广西全州西南）、南阳（治今河南南阳市）太守。在南阳任职期间，曾利用水泉兴建水利工程，组织民众开沟渎、筑堤闸数十处，其中以钳卢陂最著名，溉田 3 万多顷。他与杜诗一前一后，在南阳都有惠政。时人称之为“邵父杜母”，以表达对他们的敬爱。

邵氏风流撷英

东陵侯种五色瓜，[①]
修竹盈乡高士隐。[②]
安乐窝中推易理，
苏门山上传皇经。[③]
淳安神童时人颂，
春雨宫娥传诗名。[④]
大伯结寨为抗侮，
商州十年堪英雄。[⑤]
二云修史全四库，
南江补阙释明经。[⑥]
子湘诗钞选二家，
青门幕中称山人。[⑦]
龙城书院玉芝堂，
八家四六衍骈文。[⑧]
一生爱国留丹心，
飘萍浩气贯长虹。[⑨]

注释：

①邵平，秦代人，封东陵侯。秦亡后隐居长安，种瓜有五色，名“东陵瓜”。

②邵柱子，字德芳，宋代淳安人。以文名著，咸淳年间（公元 1265—1274 年）进士，官处州教授。后弃官归，居修竹乡。

③邵雍（公元 1011—1077 年），字尧夫，宋代共城人。好易理，为哲学家。居洛阳达三十年，名所居曰“安乐窝”，自号安乐先生。曾读书于苏门山百源上。与富弼、司马光从游甚密。终身不仕。著有《皇极经世》、《观物篇》等。

④邵焕，宋代淳安人。咸平年间（公元 998—1003 年）以神童召赴阙，真宗命赋《春雨》诗，立就，时年十岁。令于秘阁读书。帝曾引入宫，命作《睡宫娥》诗，为时人所传诵。

⑤邵兴（1095—1145），字晋卿，南宋商州安邑（今山西运城）人，抗金义军首领，人呼邵大伯。曾保卫商州（今陕西商县）十年，后为秦桧毒死。

⑥邵晋涵（1743—1796），字与桐，又字二云，号南江，浙江余姚人，史学家、经学家。乾隆进士，入四库全书馆，授编修。长于经学，撰《尔

雅正义》、《孟子述义》等。

⑦邵长蘅（1637—1704），一名衡，字子湘，别号青门山人，清代武进人。客江苏巡抚宋荦幕，选王士禛及宋荦诗，编为《二家诗钞》。

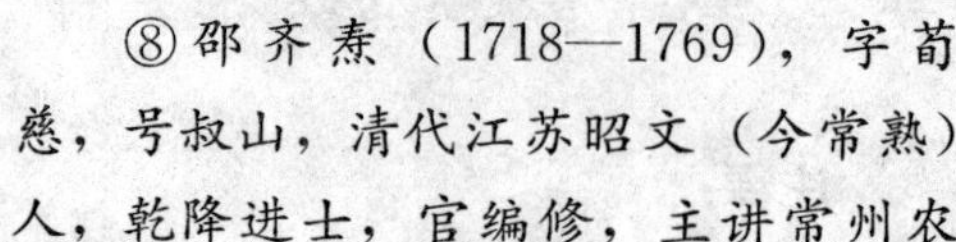

⑧邵齐焘（1718—1769），字荀慈，号叔山，清代江苏昭文（今常熟）人，乾隆进士，官编修，主讲常州龙城书院，能骈文。吴鼒选其文，与洪亮吉等士人所作合为《八家四六》。有《玉芝堂文集》、《诗集》。

⑨邵飘萍（1884—1926），曾名振青，浙江金华人，记者。曾因反袁流亡日本，后加入中国共产党，被奉系军阀杀害。有多种新闻理论著作。

中國書店

中华百家姓

赵 钱 孙 李 周 吴 郑 王 冯 陈 蒋 沈 韩 杨
朱 秦 许 何 吕 张 孔 曹 金 魏 姜 谢 邹 苏
潘 范 彭 韦 马 方 任 袁 史 唐 薛 雷 贺 汤
罗 郝 常 于 傅 康 余 顾 孟 黄 尹 姚 邵 **汪**
毛 戴 宋 熊 董 梁 杜 贾 江 郭 林 钟 徐 邱
高 夏 蔡 田 胡 万 卢 丁 邓 石 崔 龚 程 陆
段 侯 武 刘 龙 叶 黎 白 赖 乔 谭 阎 易 廖
文 曾

汪 姓

——水势博大称汪洋，学无止境永不忘

汪氏解密寻踪

（一） 姓氏字源

《说文》："汪，深广也。从水，㞷声。一曰汪，池也，所谓汪，是指水深广的样子。《玉篇·水部》："汪，水深广也。"

（二） 寻根溯祖

汪姓来源有三：

1. 据《通志·氏族略》等所载，出自汪芒氏。商时有汪芒（罔）国，国君叫防风氏，漆姓，守封禺之山（封山在今浙江武康县东，禺山在县东南）。相传汪芒是巨人之国，防风氏身高3丈。当时大禹在会稽召集天下诸侯，防风氏迟到了，结果被禹处死。国人后来迁居湖州的山里，称汪芒氏。战国时楚国灭越，汪芒氏也被攻破，后来逃到安徽南部的歙县一带，改称汪氏。是为安徽汪氏。

2. 出自姬姓，为周公之子伯禽之后。据《姓氏考略》所载，春秋时，鲁（姬姓，开国君主是周公旦之子伯禽，在今山东西南部，建都曲阜〈今属山东〉）成公的庶子满因食邑于汪（在今山东省境内），其后以邑名为氏。

是为山东汪氏。春秋时鲁国有汪踦。

3. 出自姬姓，为翁氏所分。据《元和姓纂》所载，西周初年，昭王（公元前 966—948 年）的支庶子孙受封于翁山（在今浙江省定海县东，一说在今广东省翁源县东），后以孟名“翁”为氏。据《六桂堂丛刊》所载，宋初，福建泉州有翁乾度，生有 6 个儿子，分姓洪、江、翁、方、龚、汪六姓，6 子处休分姓汪。兄弟 6 人同列进士，地位非常显贵，史有“六桂联芳”之誉。

（三） 宗堂郡望

堂号 1.“越国堂”：唐代汪华封越国公。2.“忠勤堂”：明代汪广泽封忠勤伯。

汪姓又有堂号，“平阳”、“六桂”。

郡望 1. 平阳郡。三国魏正始八年（公元 247 年）分河东郡置治所在平阳（今山西临汾西南）。相当今山西霍县以南的汾河流域及其以西地区。

2. 新安郡。晋太康元年（公元 280 年）改新都郡置郡，治所在始新（今浙江淳安西）。相当今浙江淳安以西，安徽新安江流域，祁门及西婺源等地。隋改歙州置，治所在休宁（今安徽休宁东万安），后移歙县（今安徽歙县）。

3. 六桂。即为“六姓联芳”的誉称，分布即在古时的泉州。泉州，隋开皇九年（公元 589 年）改丰州始置州，治所在闽县（今福州市），相当今福建全省。后改为闽州。唐景云二年改武荣州置州，治所在晋江（今福建泉州市）。

（四） 家谱寻踪

全国·新安汪氏重修八公谱五卷

藏地：美国

（明）汪尚琳编

明嘉靖十四年（1535）刊本六册

全国·汪氏世纪四卷

藏地：国家图书馆　美国

（明）汪镬纂修

明嘉靖二十九年（1850）家刻本一册

全国·汪氏续修统宗谱不分卷

藏地：国家图书馆

（明）汪子仁纂修

明嘉靖四十年（1561）家刻本

全国·新安汪氏统宗谱不分卷

藏地：国家图书馆

（明） 汪镬纂修

明嘉靖刻本　一册

全国·汪氏统宗正派□□卷

藏地：安徽徽州地区博物馆（存五卷）

明刻本

全国·汪氏统宗谱□□卷

藏地：安徽徽州地区博物馆（存一百一十七卷）

明刻本配手钞本

全国·汪氏统宗谱不分卷

藏地：浙江省图书馆

明刻本　三册

全国·汪氏综谱渊源世系七卷谱说一卷

藏地：国家图书馆（存卷 1—6）

（明）汪志英　汪志夔等纂修

明刻本　四册

全国·汪氏统宗谱十卷首一卷

藏地：国家图书馆（存一册） 北京师范大学（存卷首、卷1—4）

（清）汪元秋等纂修

清康熙二十八年（1869）刻本

全国·汪氏统宗谱□□卷

藏地：安徽徽州地区博物馆（存卷1）

清乾隆九年（1744）刻本

全国·汪氏统宗正派□□卷

藏地：安徽绩溪县文化馆（存卷首、卷1、2、8、9）

（清）汪廷桢纂

清乾隆十年（1745）木刻本

全国·汪氏统宗谱八卷

藏地：浙江省图书馆（存一册）

（清）汪礼纂

清乾隆十五年（1750）刻本

全国·汪氏统宗正派不分卷

藏地：吉林大学

（清）汪凯南续修

清乾隆十六年（1751）刻本 二册

全国·汪氏统宗正派□□卷

藏地：安徽省博物馆（存七册）

清乾隆二十年（1755）刻本

全国·颍川越荫堂汪氏家谱六卷

藏地：美国

（清）汪承诜等修

清道光九年（1829）刊本 四册

全国·汪氏支谱一卷

藏地：日本 美国

（清）汪秋潭等修

清同治六年（1867）木活字本 二册

全国·汪氏统宗谱八卷首一卷

藏地：浙江常山县大桥头乡濛淤村

（清）胡建昌重修

清同治九年（1870）木刻本

全国·汪氏统宗谱十六卷

藏地：国家图书馆 安徽徽州地区博物馆

（清）汪庚等修

清光绪五年（1879）岐山一本堂活字本 二十册

全国·汪氏统宗谱十二卷末一卷

藏地：浙江常山县大桥头乡濛淤村

（清）汪杏荣重修

清光绪二十一年（1895）木刻本

全国·云岫柏峰汪氏宗谱六卷

藏地：美国

（清）汪自恒等修

清光绪三十二年（1906）积庆堂活字本 六册

全国·汪氏统宗正派一卷

藏地：北京大学

清钞本

全国·颍川汪氏宗谱不分卷

藏地：美国

（民国）汪应蛟序

1914年钞本 四册

全国·汪氏世守谱十卷首一卷

藏地：浙江衢州市文化管理委员会（存卷首、卷1—5、7、8）

（民国）汪守勤 汪世棠等修

1915年木活字本

全国·汪氏统宗谱十六卷首一卷末一卷

藏地：浙江常山县大桥头乡濛淤村

（民国）汪葆春重修

1926 年木刻本

全国·重修汪氏统谱纂要四卷

藏地：国家图书馆

刻本　一册

江苏宜兴·阳羡汪氏统宗谱三卷首三卷

藏地：国家图书馆

（民国）卢保文编辑

1917 年润辉堂活字本　五册

浙江·汪氏世谱十二卷

藏地：国家图书馆

（清）汪注纂修

清嘉庆间刻本

浙江汪氏·重修迁杭支代表二卷祠墓考续一卷

藏地：国家图书馆

（清）汪松等纂修

清道光间刻本

浙江杭州·平阳汪氏迁杭支谱五卷

藏地：国家图书馆（配钞本）　杭州大学

（清）汪瑄纂

清道光九年（1829）刻本

浙江杭州·平阳汪氏迁杭支谱六卷首一卷

藏地：国家图书馆　中国科学院图书馆　南开大学　浙江省图书馆　日本　美国

（民国）汪伯敔修　江治年　汪怡纂

1932 年铅印本

浙江杭州·平阳汪氏九十一世支谱二卷

藏地：吉林大学　上海图书馆　浙江省图书馆（三部）　日本　美国

（清）汪曾立续修

清同治六年（1867）刻本

浙江杭州·平阳汪氏九十二世小宗谱六卷

藏地：上海图书馆　浙江省图书馆　美国

（清）汪曾立修

清光绪六年（1880）刊本

浙江杭州　汪氏小宗谱六卷

藏地：中央民族大学　河北大学　浙江省图书馆

（清）汪曾立修

清光绪十六年（1890）木刻本

浙江慈溪·慈南汪氏宗谱四卷首一卷

藏地：吉林大学（清）汪源顺修　徐晖纂

清光绪七年（1881）醇德堂活字本　四册

浙江慈溪·慈南汪氏宗谱四卷首一卷

藏地：浙江宁波天一阁文物保管所

（民国）汪清燮纂

1921 年本活字本　四册

浙江奉化·泉溪汪氏宗谱七卷

藏地：浙江奉化县文化管理委员会

（清）周步修

清道光二十八年（1848）木活字本

浙江奉化·汪氏宗谱七卷首一卷

藏地：浙江奉化县文化管理委员会

（民国）方汝舟重修

1947年木活字本

浙江常山·越南汪氏宗谱六卷

藏地：浙江常山县辉埠大埂村（二部）

1924年木刻本

浙江常山·定阳汪氏宗谱四卷

藏地：浙江常山县阁底乡塘边村

（民国）徐燮重修

1932年木刻本

浙江常山·石姆岭汪氏宗谱四卷

藏地：浙江常山县辉埠镇石姆岭村

1937年木刻本

浙江常山·阁邸汪氏宗谱五卷

藏地：浙江常山县阁底乡苗山头村

（民国）徐燮续修

1939年木刻本

浙江常山·龙川汪氏宗谱二卷

藏地：浙江常山县五里乡大塝村

（民国）徐燮重修

1939年木刻本

（五） 字行辈份

1921年汪元麟纂修《珥陵汪氏宗谱》，江苏丹阳汪姓一支字行为："文士仲生云，人广孟锦位，洪和汉廷承，会声进允舜，元福廷。"

（六） 迁徙繁衍

汪姓，《古今姓氏书辨证》说："出自古诸侯汪芒氏之裔。"那么，汪芒氏是何时诸侯，汪姓又是怎样形成的呢？

《国语·鲁语》记载有春秋时吴国使者与仲尼（孔子）的一段问答。仲尼说："当年禹在会稽山召集天下诸假，防风氏逆命后至，被禹杀死。吴使者问："防风何守也?"仲尼曰："汪芒氏之君也，守封嵎之山者也，为漆姓。在虞夏、商为汪芒氏，于周为长狄，今为大人。"《史记·孔子世家》也有基本相同的记载，但作"汪罔氏"、"釐姓"。于此可知，上古的帝舜时有个汪芒国，守封、禺二山（在今浙江武康县），国人都是身材长大的人，至禹时，国君防风氏被杀。此后，汪芒国历夏、商、周三代，亡于何时，未见史书记载。亡国后的汪芒国子孙，以原国名为姓氏，就是汪芒氏，后省文为汪氏。

汪姓还有一支出自春秋时的鲁国，系以邑为氏，即清人张澍《姓氏寻源》所云："汪氏之先出鲁成公支子，食采于汪，因以为氏。"鲁国是姬姓封国，建都于今山东曲阜，鲁成公（公元前590年至公元前573年在位）支子（嫡妻之次子以下或妾子）食邑的"汪"当在今山东境，但具体在哪里？张澍没有交代，也不见于史书记载，故尚待进一步考证。

春秋时，鲁国有童子汪踦，哀公十一年（公元前484年）与齐国军队战于郎而死，鲁人因其死于国事，以成人之礼安葬。这是见于史籍最早的汪姓人物。东汉时有汪文和，建安中以龙骧将军为会稽令，为避祸患，迁至新安（故城在今浙江衢县境），子孙蕃盛，后发展成为新安望族。据《古今姓氏书辨证》记载："陈稷州别驾汪纲，陈亡，自歙州徙河间。"这说明南朝时汪氏已迁于今安徽歙县，隋初有一支迁至今河北河间。又据福建《云霄县志》记载，唐初，陈攻、陈元光父子奉命人闽开辟漳州，有汪姓将佐自光州固始（今属河南）随从前往，后在福建安家落户。这说明在唐代以前中原已有汪氏的聚居点。唐初有汪华，绩溪（今属安徽，唐代属歙州）人，任歙州刺史，总管歙、宣、杭、睦、饶、婺六州军事，封越国公，其族繁衍昌盛，人丁兴旺，子孙分布于今安徽、浙江、江西的许多地方。到了宋代，汪氏已发展成为全国著姓之一，尤其称盛于黟（今安徽黟县）、歙（今安徽歙县）、婺源（今属江西）等地。宋人邓名世说："今黟、歙之人，十姓九汪，皆华后也。"宋代以后，南方的广东，广西、贵州等省都已有汪姓居民。自清康熙年间开始，闽、粤汪氏陆续有人移民台湾，此后又有远播海外者。

（七） 适用楹联

□清代三友流芳远；[①]
　吴门四汪享誉高。[②]
□航海居先导；[③]医方集大成。[④]
□丹青不知老将至；
　富贵何如诗所传。[⑤]
□竹宜著雨松宜雪；
　花可参禅酒可仙。[⑥]
□好右探周礼；嗜奇穷汉碑。[⑦]
□儒士宗传；[⑧]君子笃操。[⑨]
□不因果报勤修德；
　岂为功名始读书。[⑩]
□夕阳诸岭出；晴雪万山分。[⑪]
□为政十年心，经纬百方除太甚；
　临岐一尊酒，绸缪万语望重来。[⑫]
□集著浮溪，大展词林学问；[⑬]
　名魁金榜，遍洒状元甘霖。[⑭]

注释：

①清代天文历算家汪莱，与焦循、李锐合称"三友"。

②清代诗人、书法家汪士鋐，字文升，长洲人。康熙进士，工诗、古文，尤善书法，与姜宸英齐名。与两兄一弟合称"吴门四汪"。有《长安宫殿考》、《全秦艺文志》、《三秦纪闻》、《玉堂掌故》、《华岳志》、《元和郡县志补阙》、《近光集》、《赋体丽则》、《秋泉居士集》等。

③元代航海家汪大渊，字焕章，南昌人。自幼好游。至正中，年甫二十，即附买舶浮海。前后两下东西洋，越数十国。就清中叶以前有记载的中国航海家而论，其游踪之广泛，汪氏当居前列。有《岛夷志略》。

④清代医学家汪昂，字讱庵，休宁人，寄籍丽水。明代诸生，好集医方，编著有《素灵类纂约注》、《医方集解》、《本草备要》、《汤头歌诀》等，集当时医方之大成，对普及医学颇有贡献。

⑤清代诗画家汪昉自题联。汪昉，字叔朋，阳湖人。道光举人。官莱州府同知。有《梦衲盦诗集》。

⑥清代书画家汪士慎（1686—约1762），自题联。汪士慎，字近人，号巢林，原籍安徽歙县人，居江苏扬州。善分书，工画梅，暮年目双瞽，为人作书画，工妙胜于未瞽时。为"扬州八怪"之一。有《巢林集》。

⑦ 清代学者、骈文家汪中

(1744—1794）自题联。汪中，字容甫，江都（今扬州）人。祖籍安徽歙县。少孤家贫，从母学习，后以卖书为业。乾隆四十二年（1777年）拔贡，但不赴考，始钻研学问，对经学、方志学等均有著述。尤精于先秦诸子之学。对当时学术界成就亦有总结，评价中肯；又擅长骈体文词，代表作如《哀盐船文》、《吊黄祖文》等，笔调悲愤抑郁，传诵一时。有《广陵通典》、《容甫先生遗诗》等。

⑧宋代显谟阁学士汪藻，字彦章，德兴人。崇宁进士。历著作佐郎。高宗时，累拜翰林学士。绍兴中知湖州。所修日历凡六百六十五卷，升显谟阁学士，出知徽州、宣州。博极群书，手不释卷，有《浮溪集》。

⑨汪姓名人汪涓的事典。

⑩清代书画家汪竹坪自题联。汪竹坪，字寿恭，休宁人。侨毗陵。人物花鸟，无一不佳。

⑪唐代诗人汪万于《晚眺》诗联句。汪万于，字叔振，歙县人。宪宗时任汪陵户曹参军。

⑫范肯堂赠江星剑联。

⑬见注⑧。

⑭宋代吏部尚书汪应辰，初名洋，字圣锡，玉山人。十八岁（绍兴年间）中状元。出知平江府等职。好贤乐善，精于义理，学者称玉山先生。有《文定集》。

汪氏名人集粹

在我国历史上，汪姓在宋代以前，见于史籍记载的名人并不多见，但自宋代开始，这种沉寂现象便被打破，直至近现代汪姓名人也着实不少。

汪昂 清代医学家，安徽休宁人，编著有《素灵类纂约注》、《医方集解》、《本草各要》等，颇切实用，流传甚广，对普及医学有所贡献。

汪昉 今江苏武进人，一代画家。

汪琬 散文家，长洲（今江苏吴县）人，顺治进士，曾任刑部郎中、户部主事等职。康熙时举博学鸿词科，授编修。有《钝翁类稿》、《尧峰文钞》等。

汪士慎 著名画家，原籍安徽休宁，后居江苏扬州，为“扬州八怪”之一。其人善诗，精篆刻和隶书。工画花卉，尤擅画梅，笔墨清劲，对后世影响甚大。

汪端 浙江钱塘（今杭州）人，女作家，能诗。编有《明三十家诗选》初、二两集，又有小说《元明佚史》。

汪中 （1744—1794）清哲学家、文学家、史学家。字容甫。江苏江都人。少孤贫好学，三十四岁为拔贡，后即不再应举。曾助书商贩书，因遍读经史百家之书，卓然成家。工骈文，所作《哀盐船文》，为杭世骏所叹赏，由是文名大显。能诗，尤精史学，曾博考先秦图书，研究古代学制兴废。作《墨子序》，对已成绝学的墨学推崇备至，认为墨学是当时之显学，墨子为救世之仁人。力辩孟子辟墨为过枉。又作《荀卿子通论》，肯定“荀卿之学出于孔氏，而尤有功于诸经”；以孔荀而不以孔孟并提，否定了宋儒的“道统”说。他为墨子、荀子翻案，在当时是大胆思想，曾被统治者视为“名教之罪人”。著作有《广陵通典》、《述学》内外篇、《容甫先生遗诗》等。

汪由敦 安徽休宁人，曾官至吏部尚书、军机大臣，他处理公务敏捷干练，为高宗所重用。充《平定金川方略》副总裁，任“平定准噶尔方略”总裁。

汪士铎 （1802—1889）清江苏江宁（今南京）人，字梅村。道光举人。1853年（咸丰三年）太平军占领南京后逃亡安徽绩溪，授徒为生，号无不悔翁（简称悔翁）。1859年起先后任湖北巡抚胡林翼、严树森的幕僚。1864年（同治三年）回南京。他在绩溪期间，在1855—1856年的日记（《汪悔翁乙丙日记》）中，提出了人口论，把“世乱之由”归之于“人多”。宣称由于人多，当时已“无田可耕”，“无技须入”，“天地之力穷”，“人事之权殚”，还认为“人多而气分，赋禀遂薄”。鼓吹用残暴手段减少和大量消灭人口，如溺女婴、族诛、镇压农民起义、禁止丧偶者再婚和鼓励作僧尼等。他对孔、孟都有批评，主张用申不害、韩非、孙武、吴起来“辅孔子之道”。著作还有《汪梅村先生集》、《南北史补志》、《悔翁笔记》等。

汪东阳 今安徽黄山人，明代篆刻家。

汪廷讷 明戏曲作家。字昌期（一作昌朝），无知，号坐隐、无无居士，休宁（今属安徽）人。万历年间任盐运使。著有《环翠堂集》、《人镜阳秋》等。所作传奇总称《环翠堂乐府》，今知有十七种（内八种一说陈荩卿作）。另作有杂剧九种。今存传奇《狮吼记》、《种玉记》、《彩舟记》（以上三种一说陈荩卿作）、《投桃记》、《三祝记》、《义烈记》、《天书记》七种，杂剧《广陵月》一种。

汪道昆 歙县（今属安徽）人，戏曲作家，嘉靖年间进士。历任兵部左侍郎等职。曾在沿海参加抗倭战争。著有诗文集《太函集》，所作杂剧今知有5种。

汪直 宦官，瑶族，宪宗成化十三年（1477年）领西厂，屡兴大狱，劾罢公卿大臣数十人。

汪元享 元末明初散曲家。饶州（治今江西波阳）人，元时曾任浙江省掾，后居常熟。有散曲《小隐余音》等。明、清两代，汪姓人士在文学艺术领域方面的表现较为突出。

汪大渊 元代航海家，今江西南昌人，前后两下东西洋，就清中叶以前有姓名可知的中国航海家而论，其游踪的广远，汪氏当居前列，撰有《岛夷志略》一卷。

汪藻 南宋文学家德兴（今属江西）人，崇宁进士，曾任翰林学士。

汪元量 宋朝钱塘（今浙江杭州）人，著名诗人。

汪伯彦 宋朝时人，今安徽祁门人，曾官到补相，颇有政绩。

汪氏风流撷英

汪氏有姓始于商，

以国为氏在武康。①

农家有功出应辰，
玉山集成诸家文。[2]
诗人英雄互和唱，
元量天祥示榜样。[3]
大渊航海天地宽，
别样风景得知详。[4]
汪璿理学一专家，
石谭先生美名扬。[5]
习武健身有道昆，
汪戚联手保海防。[6]
骈文汪中身坎坷，
康年革命新主张。[7]
水势博大称汪洋，
学无止境永不忘。[8]

注释：

①据《通志·氏族略》记载，汪姓是从商朝开始，商代有个汪芒国，即现今浙江省武康县，那里的人以国为氏简称汪。

②汪应辰（公元1119—1176年），南宋学者，江西玉山人。他是农家子弟，他的家庭因为出了这样的栋梁之材，而颇有名望。博综诸家之说，著有《玉山文集》。

③汪元量（生卒不详），宋元之际诗人，浙江杭州人。文天祥被俘，监禁牢中，他常去探望，两人唱和，歌颂抗元活动，表现出英雄气节，成为后人学习的榜样。

④汪大渊（生卒不详），元末航海家，江西南昌人。两次随商船出海航行，历经菲律宾、印度支那半岛、马来西亚半岛、印度尼西亚群岛、印度半岛、阿拉伯半岛、东非桑给巴尔岛，撰成《岛夷志略》，此书为我国航海家亲历手记之始，其中详细记载了异域他乡的自然风光和民风民俗具有多方面参考价值。

⑤汪璿（生卒不详）明朝大臣、理学家，江西弋阳人。对理学颇有研究，并为理学推广起了一定作用，学者称他为“石谭先生”。

⑥汪道昆（公元1525—1593年），明朝官吏，安徽歙县人。任义乌知县，好聚民习武，身体强健，有英雄气概，深得民众敬佩，后来曾率民众与戚继光一道大破倭寇，为保卫国家海防立了功劳。

⑦汪中（公元1744—1794年），清学者，骈文家，江苏扬州人。虽有一身学问，但孤贫坎坷生活困苦。汪康年（公元1860—1911年），清末维新派，杭州人。先后主办《时务报》、《中外日报》、《京报》、《刍言报》，宣传进步的革命思想。

⑧汪（wāng），水深广为汪洋大海，而知识的汪洋大海，则是一辈子也无法穷尽的，牢记这一点对自己人生道路的成长过程会有所帮助。

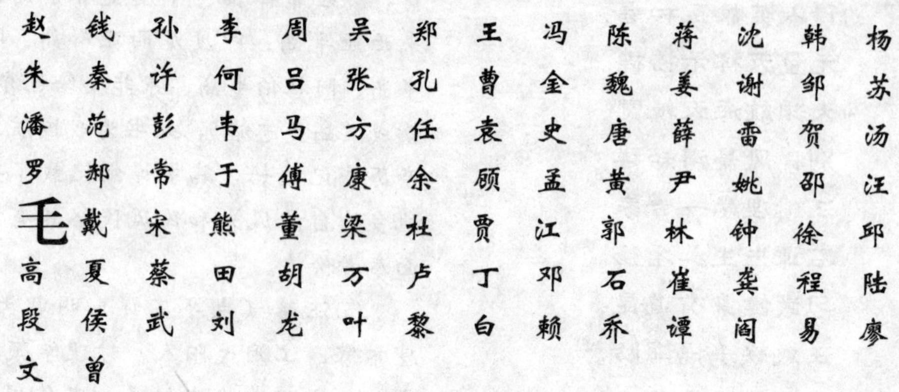

中华百家姓

赵 钱 孙 李 周 吴 郑 王 冯 陈 蒋 沈 韩 杨
朱 秦 许 何 吕 张 孔 曹 金 魏 姜 谢 邹 苏
潘 范 彭 韦 马 方 任 袁 史 唐 薛 雷 贺 汤
罗 郝 常 于 傅 康 余 顾 孟 黄 尹 姚 邵 汪
毛 戴 宋 熊 董 梁 杜 贾 江 郭 林 钟 徐 邱
高 夏 蔡 田 胡 万 卢 丁 邓 石 崔 龚 程 陆
段 侯 武 刘 龙 叶 黎 白 赖 乔 谭 阎 易 廖
文 曾

毛 姓

——人才济济自古有，韬略雄才留遗风

毛氏解密寻踪

（一） 姓氏字源

《说文》：“毛，眉发之属及兽毛也。象形。”徐灏注笺：“人、兽曰毛，鸟曰羽，浑言通曰毛。”所谓毛，是指动植物皮上所生的丝状物及鸟之羽毛等。

（二） 寻根溯祖

毛姓来源有三：

1. 出自姬姓，以封邑为氏。据《通志·氏族略》所载，周文王第九子伯聃（一作明）被封在毛邑，故地在今河南宜阳县东北一带。世称毛伯聃，为周成王的六卿之一，官职是司空，掌管建筑工程，相当后世朝代的工部尚书。毛公的后代就用先人的封邑名“毛”作为自己的姓氏。是为河南毛氏。

2. 亦出自姬姓，以国为氏。据《广韵》所载，公元前11世纪，周武王灭商以后，封弟弟（文王的第八子）叔郑于毛国，在今陕西岐山、扶风一带，世称毛公。清道光末年在陕西岐山出土的西周晚期的青铜器班殷、毛伯敦、毛公鼎等是毛国的遗物，其中，

"毛公鼎"为现存铭文最长的青铜器，铭文共497字，记述了周宣王告诫和褒赏其臣下毛公厝之事，反映了西周统治不稳定的情形。这说明西周晚期陕西毛国还存在。毛公子孙在周朝世袭卿士，称为毛氏。是为陕西毛氏。

3. 出自他族。南北朝时有代北少数民族，世为酋长，亦称毛氏。代北，即今山西离石、灵石、昔阳以北和河北蔚县、阳原、怀安等地。

（三） 宗堂郡望

堂号 "舌师堂"：战国时赵平原君的食客毛遂。秦攻赵，平原君向楚国求援，毛遂跟着平原君出使赵国。平原君和楚王谈判，直到中午未能达成出兵援赵的协议。毛遂就拔剑胁迫楚王，晓以利害，遂订了楚国出兵援赵的条约回赵。平原君夸奖毛遂说："毛先生的三寸舌抵百万之师。"

另外还有"西河"堂号。

郡望 主要有西河郡、荥阳郡、河阳县、北地郡等。

1. 西河郡。汉元朔四年（公元前125年）置，治所在平定（今内蒙古东胜县境）。相当今内蒙古伊克昭盟东部、山西吕梁山、芦芽山以西、石楼以北及陕西宜川以北黄河沿岸地带。东汉永和五年（公元140年）移治离石（今山西离石）。

2. 荥阳郡。三国魏正始三年（公元242年）分河南郡置郡，治所在今荥阳（今县东北，北魏移今治）。相当今河南省黄河以南，东至朱仙镇、西至荥阳、南至密县、洧川及黄河以北的原阳县。

3. 河阳县。汉置县，治所在今河南孟县西。

4. 北地郡。战国秦置郡，治所在义渠（今甘肃宁县西北），西汉移治马岭（今甘肃庆阳西北），东汉移治富平（今宁夏吴忠西南）。相当今宁夏贺兰山、青铜峡、山水河以东及甘肃环江、马莲河流域。

（四） 家谱寻踪

全国·毛氏宗谱□□卷末一卷

藏地：浙江长兴县博物馆（存卷1、3、5、6、卷末）

（清）毛在镐监理 毛绍橙督修

清道光六年（1826）木刻本

江苏·西河毛氏宗谱二十卷

藏地：中国社会科学院历史研究所图书馆

（清）毛可仪纂修

清光绪二十二年（1896）永思堂活字本 二十册

江苏·西河毛氏宗谱二十卷

藏地：日本 美国

（民国）毛凤五 薛支仁等重修

1930年木活字本

江苏溧水·水西毛氏宗谱二十二卷

藏地：江苏溧水县毛家村

（民国）毛凤池纂

1934年敦诗堂木活字本

江苏常州·刘村毛氏世谱不分卷

藏地：国家图书馆

（清）毛颐域纂修

清道光二十五年（1845）毛氏永思堂刻本 十二册

江苏无锡·毛氏宗谱不分卷

藏地：美国

（民国）毛鉴清等修

1933年石印本

江苏无锡·毛氏家谱一卷

藏地：吉林大学

（民国）毛肇圻纂修

1933年排印本　一册

江苏常熟·汲古毛氏家谱一卷

藏地：江苏常熟市图书馆

（清）毛桂撰

清道光十九年（1839）撰　民国钱大成跋钞本一册

江苏太仓·镇洋毛氏支谱不分卷

藏地：上海嘉定县博物馆

（民国）毛华纂

稿本

浙江宁波·日湖毛氏宗谱六卷首一卷

藏地：浙江宁波天一阁文物保管所

（清）谢辅卿　张传芳等纂修

清光绪三十二年（1906）稿本

浙江宁波天一阁文物保管所（存卷1—3、5）

清光绪三十三年（1907）木活字本　三册

浙江宁波·日湖毛氏宗谱续稿不分卷

藏地：浙江宁波天一阁文物保管所

（清）谢辅卿等纂修

清光绪三十三年（1907）稿本二册

浙江鄞县·毛氏宗谱十卷

藏地：浙江宁波天一阁文物保管所（存卷1—3、7—10）

清乾隆四十二年（1777）钞本

浙江鄞县·宝峰毛氏宗谱四卷

藏地：浙江宁波天一阁文物保管所

（清）王谦和　毛履洛等纂修

清光绪二十五年（1899）木活字本　一册

浙江鄞县·宝峰毛氏宗谱四卷

藏地：浙江宁波天一阁文物保管所

（民国）应廷赓　毛履邦等纂修

1933年木活字本　一册

浙江鄞县·西河毛氏宗谱四卷

藏地：浙江宁波天一阁文物保管所

（民国）毛显榆　毛守铫等纂修

1933年木活字本　一册

浙江鄞县·新南毛氏宗谱不分卷

藏地：浙江宁波天一阁文物保管所

（民国）毛宗斌　周昌祚等纂修

1947年钞本　二册

浙江余姚·姚邑丰山毛氏族谱二十四卷首三卷

藏地：日本　美国

（清）毛鼎炎等续修

清同治十二年（1873）永思堂木活字本　二十二册

浙江·余姚丰山毛氏族谱十四卷首三卷末一卷

藏地：国家图书馆　中国社会科学院历史研究所图书馆　河北大学浙江余姚　梨州馆（缺卷14下）

（清）毛云祥等纂修

清光绪三十年（1904）永思堂木活字本

浙江·余姚丰山毛氏族谱十四卷首三卷末一卷

藏地：国家图书馆　南开大学美国

（民国）毛启周等续修

1931年永思堂活字本

浙江·余姚双河毛氏宗谱二十一卷

藏地：浙江慈溪县文化管理委员会（残存二册）

思成堂刻本

浙江绍兴·会稽达郭毛氏宗谱七卷首一卷

藏地：中国社会科学院历史研究所图书馆　杭州大学

（清）毛乙笙　毛子芗修

清宣统二年（1910）刻本　十册

浙江绍兴·达郭毛氏宗谱十二卷

藏地：国家图书馆　日本　美国

1930年木活字本　十二册

浙江兰溪·汤溪毛氏宗谱四卷

（民国）镐颖达重纂

1981年木刻本

浙江·兰溪毛氏宗谱三卷

（民国）章莮衡纂修

1925年木刻本

浙江兰溪·沐澄毛氏宗谱四卷

1940年木刻本

浙江·龙游毛氏宗谱□□卷

藏地：浙江衢州市文化管理委员会（存卷1）

（清）毛启东　毛以冲修辑

清咸丰六年（1856）木活字本

浙江常山·龙川毛氏宗谱二卷

（清）黄庚吉重修

清光绪五年（1879）木刻本

浙江常山·龙川毛氏宗谱二卷

（民国）徐双重修

1931年木刻本

浙江江山·须江邑前毛氏宗谱不分卷

藏地：日本　美国

（民国）毛春余　毛一桂等续修

1930年木活字本　八十册

浙江·黄严田上洋毛氏谱四卷

藏地：浙江临海县博物馆

（民国）毛宗澄纂修

1920年木刻本

安徽桐城·毛氏宗谱六卷

藏地：日本　美国

（清）毛元芳　毛芝山等重修

清嘉庆十二年（1807）文华堂刊本　六册

安徽桐城·毛氏宗谱八卷

藏地：美国

（清）毛学明等三修

清同治四年（1865）文华堂刊本八册

安徽桐城·毛氏宗谱十四卷

藏地：日本　美国

（清）毛义护等续修

清光绪二十七年（1901）序刊本十四册

安徽桐城·毛氏宗谱十八卷

藏地：（民国）毛润溪等续修

（五）　字行辈份

据毛泽钧等修《韶山毛氏族谱》，湖南湘潭韶山冲毛氏字行辈份为："立显荣朝士，文方运际祥，祖恩贻泽远，世代永承昌。"续修字行为："孝友传家本，忠良振国光，起元敦圣学，风雅列名章。”

（六） 迁徙繁衍

宋人郑樵《通志·氏族略》云：“毛氏，周文王之子毛伯明之所封，世为周卿士，食采于毛，子孙因以为氏。”按此说，毛氏属于以邑为氏之类。但唐代人林宝的《元和姓纂》则说：“毛，周文王第九子毛伯受封毛国，因以为氏。”这里将毛列入以国为氏之类。又，《广韵》云：毛“本自周武王母弟毛公，后以为氏”。

北地是毛氏的郡望所在。唐末五代以后，毛氏除居于河南、河北、北京、山东、山西、甘肃者外，主要是称盛于江南。因此，自北宋至今的一千多年间，毛姓的著名人物绝大多数都出在南方，其分布地为：今浙江衢县、黄岩、杭州、余姚、江山、温州、诸暨、遂安、松阳、宁波、萧山、吴兴、遂昌，江苏武进、昆山、常熟、宜兴、吴县、嘉定、阳湖、太仓，上海，安徽合肥、定远，江西南昌、新昌、丰城、吉水、鄱阳，湖南平江、长沙、湘潭，福建长泰、建安，湖北公安、麻城，广西富川，云南昆明，四川成都、洪雅、夹江、仁寿等地，几乎遍布江南。从清朝雍正年间开始，毛氏陆续有人移居台湾，后又有不少人到海外谋生。

毛姓早期的名人是战国时赵国平原君赵胜门下的食客毛遂。赵孝成王九年（公元前257年），秦围赵都邯郸（今属河北），平原君到楚国求救，毛遂自请随往，到楚后，平原君与楚王谈合纵，不得要领，至日中不决，毛遂拔剑迫楚王，直说利害，说服楚王同意与赵合纵。从此，“毛遂自荐”成为自告奋勇、自我推荐的典故，家喻户晓。

在中国古代史上，毛姓对文化艺术上的贡献最为突出，具体表现是多文学之士和拥有庞大的画家群。西汉时有鲁（郡治今山东曲阜一带）人毛亨，相传是古文诗学“毛诗学”的开创者，世称“大毛公”；还有赵（郡治今河北邯郸西南）人毛苌，相传是“毛诗学”的传授者，称为“小毛公”。五代时前蜀有词人毛文锡。宋代有词人毛滂，其词别树清圆明润一格，自然深挚，秀雅飘逸，对陈与义、朱敦儒等人的创作都有影响；还有学者毛友诚、毛晃。明末有藏书家毛晋，江苏常熟人，藏书达8.4万余册，曾校刻《十三经》、《十七史》等，为历代私家刻书最多者。清初有文学家毛先舒和经学家、文学家毛奇龄，又有毛际可，时称“浙中三毛，文中三豪”。清初还有小说评点家毛宗岗，曾评刻《三国演义》，整理成今日流行的一百二十回本。毛姓最早、最著名的画家当首推西汉元帝时宫廷画师毛延寿，他善画人像，无论丑好老少，必得其真。毛延寿之后，毛姓书画家层出不穷。例如：南朝齐有毛惠远，师顾恺之画马，更善画人物列女，为当时一流画家；其弟毛惠秀善画佛像人物故实，其子毛棱师父画法，善于布置。南朝陈有毛喜，是善写草隶的书法家。唐朝有毛婆罗、毛嵩，均以善画而著名。宋朝有毛松，善画花鸟及四时景物；其子毛益，工画翎毛花卉，其孙毛允升，亦工画花鸟。还有毛存，工画竹墨水石；毛政，工画神像、山水；毛信卿，以画竹著名；毛文昌，画村野人物，备具风概。明朝有毛世济，以善画菊著名。清朝有毛庚，以刻石擅名。

近现代，毛姓最著名的人物是伟大的马克思列宁主义者，中国共产党、中国各族人民的伟大领袖和导师毛泽东。

（七） 适用楹联

□洁廉世望；① 风雅诗宗。②

□鸿宾文字第一筹；③
子晋典籍八万册。④

□好书不厌看还读；
益友何妨去复来。⑤

□林头研石开云月；
涧底松根劚恪雪腴。⑥

□洞庭波涌连天雪；
长岛人歌动地诗。⑦

□午日到门听磬远；
春风吹树隔林寒。⑧

□云山槛外如搜卷；
灯火亭前自著书。⑨

□泽色绘成新世界；
东风吹复旧山河。⑩

□曾折松枝为宝栉；
又编栗叶代罗襦。⑪

□诗学有渊源，羡一家授受；
易经明消长，验四季变迁。⑫

注释：

①三国魏尚书仆射毛玠，字孝先，平丘人。少为县吏，以清公称。武帝时为司空、丞相。玠尝为东曹掾，与崔琰共典选举，所举用皆清正之士，务以俭率人。由是士莫不以廉节自励。玠居显位，常布衣蔬食。抚育孤兄子甚笃，尝赐以账施贫族，家无所余。迁右军师。终官尚书仆射。

②西汉北海太守毛苌，赵人。为河间王博士，治《诗经》尤精。以诗授同国贯长卿，人称小毛公。是时言诗者有齐、鲁、韩三家，毛诗未得立于学官。后三家皆亡，而毛诗得大行。

③清代两广总督毛鸿宾，字寄云，历城人。道光进士，由编修累擢御史。敢言直谏，不避权贵。胡林翼所谓“言系天下安危，二百年来第一等文字。”同治间，官至两广总督，后因事降调离官。

④明代学者毛晋，原名凤苞，字子晋，常熟人。博学多识，家富图籍，世所传影宋精本，多所搜藏。家有汲古阁，传刻古书，流布天下。在明季以博雅好事名一时。遍搜古籍达八万余册，多宋元善本。又多刻古书，皆手自雠校，世称毛本。自编者有《毛诗陆疏广要》、《苏米志林》、《海虞古今文苑》、《毛诗名物考》、《明诗纪事》。

⑤清代书法家毛怀自题联。毛怀，字意香，长洲人。精书法，门下弟子极盛，有《南园草堂集》。

⑥清代书法家毛庚，道光至咸丰间人。原名邕，字西堂，钱塘人。工书、擅石刻，有名于当时。诸生。事亲孝，好施与。咸丰间，杭州被太平军攻陷，有人仰慕他的书法作品，愿以千金谋赎城中，但他已死于混乱之中。本联为其自题联。

⑦伟大的马克思主义者、伟大的无产阶级革命家、毛泽东（1893—1976），1961年《答友人·七律》诗中联句。

⑧清代经学家、文学家毛奇龄（1623—1713）撰书联。毛奇龄，字大可，号初晴，又号西河，浙江萧山人。康熙时任翰林院检讨、明史馆纂修官等。治经史及音韵学，善散文、诗词，并从事诗词的理论批评。有《西河诗话》、《西河词话》等二百余卷。

⑨清代书法家毛庚自题联。毛庚见注⑥。

⑩郭沫若赠毛泽东主席联。

⑪唐代女诗人毛正美《赠华山游人》诗联句。

⑫西汉学者毛亨，鲁（今山东曲阜）人。一说河间（今河北献县东南）人。相传是古文诗学“毛诗学”的开创者。曾作《毛诗诂训传》，简作“毛传”，以授赵人毛苌，故世称为“大毛公”，称苌为“小毛公”。《诗经》经秦火后，唯《毛诗》流传至今，齐、鲁、韩三家诗，先后衰亡佚失。

毛氏名人集粹

毛昶熙　（？—1882）河南武陟人。字旭初。道光进士。1860年任左副都御史、在河南办团练围攻捻军。1861年任内阁学士。1862年同僧格林沁在山东、河南、湖北、安徽等地围剿捻军，被升为礼部侍郎。1865年僧格林沁在曹州（今菏泽）战死后，被革职。后调户部，授左都御史，兼署工部尚书。1869年在总理各国事务衙门上行走。后任翰林院学士、兵部尚书。1882年病死。

毛鸿宾　（？—1867）山东历城人。字翊云、寄云、寅庵，号菊隐。道光进士。选庶吉士，授编修。1847年任江南道监察御史。1853年被推荐回乡办团练。1855年后，任湖北荆宜施道、安襄郧荆道、安徽按察使、江苏布政使。1861年署湖南巡抚。1862年1月石达开路经湖南时，率兵在黔阳一带阻击。1863年升任两广总督。1864年被降级调用。1867年在历城病死。

毛氏风流撷英

文王八子封毛国，
先祖毛公是叔郑。①
平原食客有胆识，
毛遂自荐典故生。②
毛亨西汉大学者，
创作《毛诗》传《诗经》。③
定略建策看毛纪，
明臣首辅立伟功。
私家藏书无出右，
明朝毛晋第一公。⑤
清高自负独见解，
奇龄治儒扬名声。⑥
细细小小随肤生，
护皮保温实不争。⑦
人才济济自古有，
韬略雄才留遗风。⑧

注释：

①据《广韵》记载，周文王的第八子受封于毛国，即今天的在陕西岐县、扶风一带。文王八子世称毛公，其名字叫叔郑，是毛氏先祖。

②毛遂（生卒不详），战国时人，平原君门下食客，邯郸危急，赵国派平原君向楚国求救，他自荐随往。在楚王犹豫不决时，他拔剑上阶，慷慨陈词，说服楚王同意与赵合纵。这便是典故“毛遂自荐”的由来。

③毛亨（生卒不详），西汉著名学者，山东曲阜人。相传是古诗学“毛诗学”的开创者，曾作《毛诗诂训传》，世称“大毛公”。《诗经》就由《毛诗》传下来。

④毛纪（公元 1463—1543 年），明朝大臣，山东掖县人。世宗即位，毛纪制策，拟定治国方针，建立功勋。加伯爵，为首辅。

⑤毛晋（公元 1599—1659 年），明朝藏书家，江苏常熟人。家藏书九万八千余册，历代藏书家没有能比得上他的。

⑥毛奇龄（1623—1713 年），清初学者，浙江萧山人。他自命清高，见解独特。好治儒家经典，颇具名声。

⑦“毛”是长在皮肤上的器官，起着保护皮肤，保持温度的作用，它虽然细细小小，起到的作用却是谁也无法忽视的。

⑧毛姓在我国自古以来就有很多的人才，其中也不乏治国救世的雄才大略之人。

中华百家姓

赵 钱 孙 李 周 吴 郑 王 冯 陈 蒋 沈 韩 杨
朱 秦 许 何 吕 张 孔 曹 金 魏 姜 谢 邹 苏
潘 范 彭 韦 马 方 任 袁 史 唐 薛 雷 贺 汤
罗 郝 常 于 傅 康 余 顾 孟 黄 尹 姚 邵 汪
毛 **戴** 宋 熊 董 梁 杜 贾 江 郭 林 钟 徐 邱
高 夏 蔡 田 胡 万 卢 丁 邓 石 崔 龚 程 陆
段 侯 武 刘 龙 叶 黎 白 赖 乔 谭 阎 易 廖
文 曾

戴 姓

——人依田地戈相护，共戴一天乐融融

戴氏解密寻踪

（一） 姓氏字源

《说文》：“戴，分物得增益曰戴。从异異，𢦏声。”段玉裁注：“《释训》曰：蓁蓁、孽孽，戴也。毛传云：蓁蓁，至盛皃；孽孽，盛饰。是皆谓加多也。引申之凡加于上皆曰戴。”林义光《文源》云：“此义经传无用者。戴相承训为头戴物，当即本义。”

（二） 寻根溯祖

戴姓来源有三：

1. 出自子姓，为商汤之后裔，以谥号为氏。据《元和姓纂》及《古今姓氏书辩证》所载，周初，周公旦在平定“管、蔡之乱”（与霍叔称周初三监）后，封商朝末代君主帝辛（纣）之庶兄微子启（子姓）于商的旧都（今河南商丘南），建立宋国，建都商丘（今河南商丘南）。宋国第 11 位君主（前 799 年一前 766 年），史佚其名，死后被谥为戴公。戴公传子宋武公司空（前 765 年一前 748 年），其子孙遂以谥号“戴”为氏，春秋时宋大夫戴恶即是。宋国于前 286 年被齐所灭。是为河南戴氏。

2. 出自姬姓，以国为氏。据《通志·氏族略》及《左传》所载，春秋时有戴国（西周金文作戋），为姬姓诸侯国，在今河南省民权县东，一说在今河南省兰考县。隐公十年（公元前 713 年）亡于郑国（都新郑〈今属河南〉），一说为宋国所灭。其族人以国名“戴”为氏。是为河南戴氏。

3. 又据《鼠璞》所载，殷氏有改为戴姓的。周武王灭商（至盘庚即位以后，将商都从奄〈在山东曲阜东〉迁到殷〈今澡南安阳殷墟〉，从此称为殷商，又称殷朝）之后，有不少殷遗族便以国为氏称殷氏。其后就有改姓戴的。这一支戴氏，显然也是源自河南。

（三） 宗堂郡望

堂号 “独步堂”或曰“避贵堂”：都是根据后汉戴良其人说的。戴良有高才，议论与一般不同。他曾经说：“我独步天下，谁能与我比？”举他为孝廉，他拒不接受。再请他做司空，他仍然不干。州官郡官强迫他干，他便跑到山里躲起来。

另外还有：“谯国”、“广陵”、“清河”等堂号。

郡望 主要有谯郡、广陵郡、清河郡等。

1. 谯 郡。东汉建安末分沛郡置郡，治所在谯县（今安徽亳县），三国魏时相当今安徽、河南两省灵壁、蒙城、太和、鹿邑、永城间地。

2. 广陵郡。西汉元狩三年（公元前 120 年）改江都国置广陵国，治所在广陵（今扬州市）。东汉建武中改为郡。相当今江苏、安徽交界的洪泽湖和六合以东，泗阳、宝应、灌南以南，串场河以西，长江以北地区。

3. 清河郡。治所在清阳（今清河东南）。元帝以后相当今河北清河及枣强、南宫各一部分，山东临清、夏津、武城及高唐、平原各一部分地。

（四） 家谱寻踪

上海·嘉定戴氏休宁迁嘐宗谱八卷首一卷末一卷

藏地：上海嘉定县博物馆

（清）戴亮编辑

清康熙三十六年（1771）纂 同治九年（1870）钞本

江苏泰兴·戴氏旧志四卷

藏地：江苏泰兴县焦荡乡陆元村

清道光二十四年（1844）重钞本

江苏镇江·戴氏家乘约编不分卷

藏地：日本 美国

（清）戴燊增订

清同治元年（1862）刊本夹写本三册

江苏镇江·京江赐礼堂戴氏重修家乘六卷

藏地：国家图书馆 中国科学院图书馆 中国社会科学院历史研究所图书馆 日本 美国

（清）戴燊编纂

清光绪十一年（1885）赐礼堂活字本 六册

江苏镇江·润州黄甸戴氏支谱不分卷

藏地：浙江省图书馆

清钞本　一册

江苏句容·戴氏家乘八卷

藏地：日本　美国

（清）戴曜亭等修

清光绪五年（1879）刊本　一册

江苏句容·戴氏家乘三十六卷

藏地：美国

（清）戴儒荣主编

清光绪五年（1879）活字本　三十六册

江苏句容·戴氏宗谱三十六卷

藏地：中国社会科学院历史研究所图书馆

（民国）戴儒彬主修

1923年活字本　三十六册

江苏常州·三宝桥戴氏宗谱六卷

藏地：江苏常州市图书馆（存卷2、3、5、6）

（民国）戴德蓉　戴德祥主修

1947年常州戴氏二礼堂木活字本

江苏无锡·锡山戴氏宗谱八卷

藏地：中国社会科学院历史研究所图书馆　美国

（清）戴云龙　戴锦发等纂修

清同治十二年（1873）清华堂活字本　二十册

江苏无锡·锡山戴氏宗谱十八卷

藏地：上海图书馆

清同治间刻本　十七册

浙江鄞县·四明桃源派戴氏家乘十二卷首一卷

藏地：浙江宁波天一阁文物保管所

（民国）戴敦本　戴敦纲等纂修

1947年永思堂木活字本

浙江奉化·锦西戴氏重修宗谱六卷首一卷

藏地：浙江奉化县文化管理委员会

（民国）刘祖汉修

1936年木活字本

浙江湖州·新安戴氏支谱四卷首一卷

藏地：美国

（清）戴翊清等修

清光绪七年（1881）敦仁堂刊本　四册

浙江常山·戴氏宗谱不分卷

藏地：浙江常山县拓贤乡古县村

（清）戴裕洪续修

清道光二十五年（1845）木刻本

浙江常山·进国戴氏宗谱四卷

藏地：浙江常山县东崇乡前库村

清光绪二十三年（1897）木刻本

浙江临海·杜岐戴氏重修宗谱五集二十五卷

藏地：浙江临海县博物馆（缺智集、信集之卷24、25）

（清）戴文澜等纂

清咸丰元年（1851）诒穀堂写本

安徽·休宁戴氏族谱十五卷

藏地：国家图书馆　中国社会科学院历史研究所图书馆　天津市图书馆　复旦大学（存卷2—15）　浙江省图书馆（存卷1）安徽省图书馆　安徽省博物馆

（明）戴尧天重编

明崇祯五年（1632）刻本

安徽·休宁隆阜戴氏荆墩家谱不分卷

藏地：浙江省图书馆

（清）戴秉清等纂

清乾隆三十三年（1768）钞本 四册

安徽·休宁隆阜戴氏荆墩家谱

藏地：国家图书馆

（清）戴清标修

清钞本　四册

福建宁化·戴氏杏公支系族谱

藏地：台湾

（清）戴儒珍撰

清乾隆二十五年（1759）钞本 一册

福建泉州·大庭戴氏家谱

藏地：台湾

（清）戴大炯修

清道光十五年（1835）刊本 一册

福建南安·诗山族谱

藏地：台湾

（清）戴希朱修

清宣统三年（1911）刊本　五册

福建南安·诗山戴氏族谱三十八卷

藏地：台湾

（清）戴希朱修

1914年刊本　三十六册

福建·永春戴氏族谱五卷首一卷末一卷

藏地：国家图书馆

（清）戴起铨等纂修

清光绪二十七年（1901）活字本 四册

江西萍乡·戴氏族谱八卷首一卷

藏地：江西省图书馆

（清）戴锡畤等修

清光绪五年（1879）敦厚堂木活字木　四册

江西萍乡·萍北夏兰戴氏三修族谱五卷首一卷

藏地：国家图书馆　江西省图书馆

（民国）戴汝鹏等修

1937年敦厚堂木活字本　六册

江西·戴氏族谱四卷首一卷

藏地：江西省图书馆（存卷首）

（清）戴祥光纂修

清道光二十年（1840）谯国堂木活字本

山东昌邑·戴氏家乘一卷

藏地：山东昌邑县右埠镇戴家薛庄

（民国）戴泽远　戴泽庆修

1926年钞本

湖北崇阳·戴氏宗谱

藏地：湖北崇阳县落鸡乡西庄畈

广东蕉岭·戴氏族谱

藏地：台湾

清光绪元年（1875）钞本　一册

广东·戴氏族谱一册

藏地：广东惠阳地区档案馆

传钞本

四川蒲江·戴氏谯海谱不分卷

藏地：四川蒲江县天华乡九莲村

（民国）戴志铨续修

1923年成都中新街印刷社石印本

四川长寿·戴氏谱系一卷

藏地：四川长寿县建设局

民国手抄本

四川江北·玉屏戴氏宗谱五卷

藏地：四川重庆市图书馆（存卷1、4）

（清）戴谋江　戴名端纂

清光绪十三年（1887）江北戴氏

宗祠刻本

四川江北·乐碛戴氏宗谱二卷

藏地：四川重庆市图书馆

（民国）戴正诚纂

1939 年排印本　一册

四川中江·戴氏族谱一卷

藏地：四川省图书馆

（清）戴星吟　戴韬轩纂修

清同治九年（1870）刻本　一册

四川仁寿·戴氏十三宗支谱不分卷

藏地：四川省图书馆

（民国）戴冕纂修

1912 年刻本　二册

戴氏五祠合谱六卷

藏地：国家图书馆

（清）戴广国修

清同治三年（1874）活字本　六册

（五）　字行辈份

1915 年戴宜庚等修《戴氏族谱》，江苏如皋戴姓一支字行为："自寿伯序，　伍诒振春，世修克昌，书瑞梓祥。"

（六）　迁徙繁衍

戴姓有两个来源，出自西周封在今河南东部地区的两个诸侯国，一支是以祖上谥号为氏，一支是以国为氏。

西周初，殷纣王的儿子武庚叛乱被镇压下去后，周公旦把商的旧都周围地区封给殷纣王的哥哥微子启，建立宋国，建都商丘（今河南商丘南）。微子启卒，立其弟衍，是为微仲，微仲卒，子宋公稽立，以后世代相传，至宋惠公之孙、宋武公之父的一代国君，公元前 799 年至公元前 766 年在位，死后谥号为"戴"，史称宋戴公。宋戴公的孙辈中，有的以祖父的谥号为姓氏，就是戴氏。因商朝王族为子姓，所以，《新唐书·宰相世系》说："戴氏出自子姓，宋戴公之孙，以祖父谥为氏。"

在西周分封的诸侯国中，还有一个戴国，为姬姓，在今河南民权东。《春秋·隐公十年》中记述的"宋人、蔡人、卫人伐戴，郑伯伐取之"，即此。这说明戴国于鲁隐公十年（公元前 713 年）为郑国所灭。亡国后的戴国子孙，以原国名为姓氏，又形成一支戴姓居民。此即宋人郑樵《通志·氏族略》所云："戴氏，开封封丘县戴城是其国，隐十年郑人伐取之；或云旧考城县是，为宋人所灭，改名谷城，子孙以国为氏。"

先秦时期，戴氏主要是在其发祥地豫东一带发展繁衍。汉代，戴氏有徙居豫南者，如西汉平帝时任侍御史，时称"关东人豪"的戴遵，为慎阳（今河南正阳县北）人；东汉初以解经闻名京师的戴凭，为平舆（今属河南）人。有南迁江浙者，如西汉时官至九卿的戴崇，为沛（今江苏沛县）人；东汉时官光禄主事的戴就，为上虞（今属浙江）人。有东迁山东者，如东汉时官至礼泉太守，"世称儒宗，知名东夏"的戴宏及西华令戴封，均为刚（今山东宁阳县东北）人。三国至南北朝时期，戴氏不仅在江浙一带分布更为广泛，而且又有徙居于今安徽、湖北者，如三国魏国戴乾为丹阳（今安徽当涂县东北）人，晋代戴凯之为武昌（今湖北鄂城）人。据《漳州府志》记载，唐初，陈政、陈元光父子奉命入闽开辟漳州，有戴君胄父子自河南固始随从前往，后在福建落籍，是为戴氏人闽之始。唐代戴休颜为夏州（治陕西靖边县东北白城子）人，戴简为长沙（今属湖南）人，戴护为婺源（今属江西）人。《元和姓纂》列戴氏聚居点有：济北（今山东长清县西南）、谯国（今安徽亳州）、吴兴长城（今浙江长兴）、魏郡斥丘（今河北成安）、河东桑泉（今山西临晋）。于此可见当时戴氏分布之一斑。据广东蕉岭县《戴氏族谱谯国堂世系源流》载，蕉岭一世祖为戴玉麟，原居福建漳浦县，于元代徙居镇平（今蕉岭）招福乡黄泥嵋，子孙蕃盛，传至12世（约当清代），有仁忠、仁恭兄弟一同迁往台湾屏东，13世、14世又有数十人迁往台湾，后裔分布于台湾之高雄、美浓、内埔、桃园、新竹、苗栗等地。清代还有福建戴氏陆续不断迁往台湾。此后，又有戴氏族人移居海外。

戴姓形成距今已2700余年，现已发展成为中国大姓之一。

（七） 适用楹联

□席传易学；[①]业擅礼经。[②]

□逸情霞举；[③]峻节山高。[④]

□一经传旧德；[⑤]五世振儒风。[⑥]

□过石奇不尽；出林香更浮。[⑦]

□碧水千塍共；青山一道斜。[⑧]

□帘外微风斜燕影；
　水边疏竹近人家。[⑨]

□经传大小戴；名与斗山齐。[⑩]

□解经不穷，荣向金门累市；[⑪]
　过目成诵，欢从玉殿传胪。[⑫]

注释：

①东汉经学家戴凭，字次仲，平舆人。习京氏易，举明经，征试博士，拜郎中，迁侍中。建武中正旦朝贺，帝令群臣能说经者，更相难诘。义有不通，辄夺席以益通者。凭遂重坐五十余席。时京师有"解经不穷戴侍中"的评价。

②西汉经学家戴德，字延君，梁郡人。与从子圣俱受礼于后苍，为信都王太傅。人称德为大戴，圣为小戴。德编纂《礼》八十五篇（今存三十九篇），为今文礼学"大戴学"的开创者。大戴编纂的礼，史称"大戴记"，也称"大戴礼"。是研究中国古代社会状况、文物制度和儒家学说的重要参考之一。

③指南朝宋学者戴颙。戴颙，字仲若，有高名，善琴。先后隐居桐庐、吴中。述庄周大旨，著《逍遥论》，注礼记《中庸》篇。永初元嘉中屡征不就，寻卒。

④晋代艺术家戴逵（？—396），字安道，谯郡铚县（今安徽宿县）人。曾反对佛教的因果报应说，著《释疑论》，与名僧慧远等反复辩论。精雕塑和绘画，曾为会稽山阴灵宝寺做木雕无量寿佛及胁侍菩萨，隐于幕后，听取意见，反复修改，三年始成。又为瓦棺寺塑《五世佛》和顾恺之的壁画《维摩诘像》、狮子国（今斯里兰卡）送来的玉佛，在当时并称"三绝"。所画人物、山水，南齐谢赫有"情韵绵

密，风趣巧发”的评价。太宰武陵王晞闻其善鼓琴，使人召之，逵对使者破琴曰：“戴安道不为王门伶人。”后徙居会稽之剡县。逵性高洁，以礼度自处。武帝时累征不就。太元中病卒。

⑤见注①。

⑥指唐代名人戴元益，桐城人。五世同居，皆有名，咸通中诏旌其门。

⑦唐代诗人戴公怀《奉和郎中游仙山四瀑泉兼寄李吏部包秘监赵婺州齐处州》诗中联句。

⑧元代诗人戴表元《苕溪》诗中联句。表元，字帅初，奉化人。曾任信州教授。其文清深雅洁，名重东南。

⑨清代画家戴熙（1801—1860）自题联。戴熙，字鹿床，号醇士，钱塘人。道光进士。官至兵部右侍郎。诗书画并有名于时，画尤入神品，著有《画絜》，赠尚书衔，谥文节。

⑩见注②。

⑪见注①。

⑫明代编修戴大宾的事典。戴大宾，字宾仲，莆田人。正德中廷对第三。传胪：本指替皇帝传言，明代称会试第一为会元，二三甲第一为传胪。

戴氏名人集粹

在我国几千年的历史上，戴姓名人早期相对沉寂，但近现代以来，可谓人才济济。

戴第元 清代乾隆进士，大庾（今江西大余县）人，为“西江四戴”之一。

戴衢亨 清代大臣（大庚人），乾隆进士，以内阁中书充军机章京。嘉庆二年（1972年）以待读学士加三品卿衔兼军机大臣，颇为仁宗所信任。后累官至体仕阁大学士。

戴名世 安徽桐城人，清代史学家，曾任翰林院编修。刊行有《南山集》，刊载了许多明代正史以外的史事，因此触怒了清王朝，以“大逆”罪被杀。

戴震 安徽休宁人，思想家、学者，他博闻强记，对天文、数学、历史、地理等均有深刻研究。又精通古音，立韵类正转旁转之例。创古音九类二十五部之说及阴、阳、入对转的理论，对经学、语言学有重要贡献，卓然为一代考据大师。他曾任《四库全书》纂修官，后人编有《戴氏遗书》。

戴熙 浙江钱塘（今杭州）人，是较有影响的人物。

戴进 著名画家，钱塘（今浙江杭州）人，擅长山水，道劲苍润，境界深远妙处，多出己意。兼工人物、佛像，运笔顿挫有力，设色纯熟，而有神采。人推明代院体中第一手，学之者甚多。有“浙派”之称。

戴复古 南宋诗人，字式之，号石屏，台州黄岩（今属浙江）人。长期浪游江湖，卒年八十余。曾向陆游学诗，也受晚唐诗的影响，是“江湖派”较有成就的作家。部分作品指责当时统治者的苟且偷安，表达收复中原的愿望。语言自然。也能词，风格雄放。有《石屏诗集》、《石屏词》。

戴溪 教育家，永嘉（今浙江永嘉县）人，曾任太子詹事、秘书监、权工部尚书，以龙图阁学士致仕。

戴表元 元代文学家，奉化（今属浙江）人，文章高雅，时称“东地文章，首推表元”。有《剡源戴先生文集》传世。

戴良 诗人，浦江（今属浙江）人，曾任淮南江北等处行中书省儒学提举。

戴至德、戴胄 父子二人，唐代宰相，相州安阳（今河南安阳县）人，唐太宗时，戴胄任大理少卿，执法公允。后任尚书左丞、检校吏部尚书。以其侄戴至德为子，父子十数年间相继为相，预知国政，在当时非常荣耀。

戴嵩 唐代画家，擅画田家、川原之景，以画水泽水牛著名。与韩干画马，并称“韩（干）马戴牛”。

戴叔伦 著名诗人，今江苏金坛人，曾任抚州（今属江西）刺史、容管经略使。

戴颙 南朝宋的著名雕塑家、学者，著有《逍遥论》。

戴烈 江南人，三国时吴国左将军，其子戴昌为会稽太守。

戴逵 东晋时以学者、雕塑家和画家兼为一身，谯郡铚县（今安徽宿县）人，反对佛教的因果报应说，著有《释疑论》。曾为会稽山阴灵宝寺作木雕无量佛及胁侍菩萨，又为瓦棺寺塑《五世佛》，和顾恺之的壁画《维摩诘像》、狮子国（今斯里兰卡）送来的玉佛，在当时并称为“三绝”。所画人物、山水，其风格也独具一格。其二子戴勃、戴颙，均善画，在当时也颇有点名气。

戴封 能者贤士，济北冈（今山东宁阳东北）人。

戴德、戴圣（德之侄） 早在西汉时就有被后人称为今文礼学“大戴学”、“小戴学”的开创者，均为梁（郡治今河南商丘）人，其家族向来很显赫。他们同学《礼》于后苍，选集古代各种有关礼仪等论述，分别编成《大戴礼记》及《小戴礼记》（即今本《礼记》）。在戴姓家族专用楹联中，用“业擅礼经，席传易学”来赞赏戴德、戴圣。

戴氏风流撷英

武王克商封微子，
宋国戴公是先祖。①
戴偃明君计迁都，
内平外定国势兴。②
戴逵多才精雕塑，
无量佛像显奇能。③
诗人叔伦颇爱国，
亦隐亦现见真情。④
神乎其技画坛事，
韩马戴牛无人争。⑤
文人表元清深雅，
医术精湛戴思恭。⑥
思想巨匠唯戴震，
人欲天理相并论。⑦
人依田地戈相护，
共戴一天乐融融。⑧

注释：

①依据《元和姓纂》，周武王灭商

后，封殷纣王庶兄微子启于河南商丘，建立宋国。后人中宋国有个宋戴公，他的子孙以他的谥号为氏，这样戴姓便产生了，宋戴公也可以说是戴氏子孙的老祖宗。

②戴偃（？—前286年），战国时宋国国君，他决定将宋都迁至江苏徐州，国内施行仁政教化，国外平定叛乱，国势兴旺强盛。

③戴逵（？—396年），东晋雕塑家，安徽宿州人。他通琴画，工雕塑。曾造出身高六丈的无量佛像，使用了干漆夹、夹纻塑法，实为首创。

④戴叔伦（公元732—789年），诗人，江苏金坛人，做过抚州刺史，晚年作了道士。但他并未忘却世事，归隐而又出没人世，写过许多反映社会矛盾和人民生活疾苦的诗篇，表达了忧国忧民的情怀。

⑤戴嵩（生卒不详），唐朝画家（家居不详），善画水牛，与韩干画马齐名，世称“韩马戴牛”，一时间没人能超过他们。

⑤戴表元（公元1244—1340年），元朝文学家，浙江奉化人。他的诗文有清深雅洁的特点颇有名望。戴思恭（公元1324—1405年），明初医学家，浙江浦江人，医术精湛。有《证治要诀》、《证治类方》、《类证用药》等医著。

⑦戴震（公元1723—1777年）清朝思想家、考据学家，安徽休安人。是乾隆、嘉庆时代“皖派”考据大师。他认为要把天理与人欲统一起来，两者缺一不可。

⑧戴（dài）字，意为人们生活在田地上，用戈保护着自身的安全。如果人们认识到人类同顶一片蓝天，脚踩一片土地，应相互团结互相帮助的道理，那么就会获得幸福和快乐。

中华百家姓													
赵	钱	孙	李	周	吴	郑	王	冯	陈	蒋	沈	韩	杨
朱	秦	许	何	吕	张	孔	曹	金	魏	姜	谢	邹	苏
潘	范	彭	韦	马	方	任	袁	史	唐	薛	雷	贺	汤
罗	郝	常	于	傅	康	余	顾	孟	黄	尹	姚	邵	汪
毛	戴	宋	熊	董	梁	杜	贾	江	郭	林	钟	徐	邱
高	夏	蔡	田	胡	万	卢	丁	邓	石	崔	龚	程	陆
段	侯	武	刘	龙	叶	黎	白	赖	乔	谭	阎	易	廖
文	曾												

宋 姓

——应星前辈强科技，天工开物解难疑

宋氏解密寻踪

（一） 姓氏字源

《说文》：“宋，居也。从宀，从木。”段玉裁注：“此义未见经传。名子者不以国，而鲁定公名宋，则必取其本义也。”宋之本义当为居住。林义光《文源》云：“木者，床几之属，人所依以凥也。”

（二） 寻根溯祖

宋氏姓源比较单纯，据有关史料可查，主要出自子姓，为商朝王族支属后裔。据《新唐书·宰相世系表》及《元和姓纂》等所载，相传上古时帝喾（传说中古代部族首领，号高辛氏，有四妻四子：姜嫄生弃〈即后稷〉，是周族的祖先；简狄生契，是商族的祖先；庆都生尧；常仪生挚）有个妃子叫简狄，是有娀氏的女子，简狄有一天在河里洗澡时，捡到一只燕子蛋，她吃下去以后就怀了孕，不久便生下契。契长大后因辅佐大禹治水有功，被封为商（在今河南商丘），因为他母亲吞燕卵生下他，所以赐姓子。商后来在契的 14 代孙汤的领导下迅速强大起来，最终推翻了夏桀的统治，建立商朝，定都于亳（今河南商丘附近）。商朝王室多次迁都，仲丁迁隞（今河南郑州一带），河亶甲迁于相（今河南内黄东南），祖乙迁于邢（一作耿，今河南温县东）。至商汤的18代孙盘庚迁都于殷（今河南安阳小屯村附近），国都才最后定了下来。商朝因此也称殷朝。至第29位君主帝乙时已走向衰败。帝乙有个儿子叫启，最初被封在微（在殷墟）。

（三） 宗堂郡望

堂号 “玉德堂”：宋朝时候，宋祁和胞兄宋庠一同中了进士。宋祁礼部考试第一，官至兵部尚书，有《玉楼春》词，其中有“红杏枝头春意闹”的名句，人们叫他“红杏尚书”。人称“二宋”或“大宋”、“小宋”。

郡望 主要有京兆郡、西河郡、广平郡、敦煌郡、河南郡、弘农郡、扶风郡、乐陵县、江夏郡等。其中西河、广平、敦煌、河南、扶风，为古代宋氏五大郡望。

1. 京兆郡。汉武帝太初元年（公元前104年）设京兆尹，下辖12县。三国时魏置郡，治所在长安（今陕西西安市西北）。约当今陕西秦岭以北，西安市以东、渭河以南地。此支宋氏，为后汉侍中宋弘之族所在。

2. 西河郡。战国魏始置郡，汉时再复置郡，治所在平定（今内蒙古东县县境）。相当今内蒙古伊克昭盟东部，山西吕梁山、芦芽山以西、石楼以北及陕西宜川以北黄河沿岸地带。此支宋氏，其开基始祖为汉初代（汾州平遥〈今山西平遥〉）王刘恒中尉宋昌。

3. 广平郡。汉时置郡，治所在广平（今河北鸡泽东南）。相当今河北任县、南和、鸡泽、曲周、永年及平乡西北、肥乡东北一部分地。此支宋氏为西河宋氏分支，其开基始祖为宋昌13代孙前燕河南太守宋恭。

4. 敦煌郡。汉时置郡，治所在敦煌县（为甘肃敦煌县西）。相当今甘肃疏勒河以西及以南地区。

5. 河南郡。汉时置郡，治所在今洛阳市东北。相当今河南省黄河以南洛水、伊水下游，双洎河、贾鲁河上游地区及黄河以北原阳县。此支宋氏，为广平宋氏分支。

6. 弘农郡。西汉元鼎四年（公元前113年）置，治所在弘农（今河南灵宝北）。相当今河南黄河以南，宜阳以西的洛、伊、淅川等流域和陕西洛水、社川河上游、丹江流域。

7. 扶风郡。汉武帝太初元年（公元前104年）置右扶风，为三辅之一。三国魏以右扶风改名置郡，治所在槐里（今陕西兴平东南）。相当今陕西麟游、乾县以西，秦岭以北地区。西晋移治池阳（今陕西泾阳西北）。

8. 乐陵县。汉置县，在今山东省西北部，邻接河北省，马颊河流贯。此支宋氏，为广平宋氏分支。

9. 江夏郡。西汉高祖六年（公元前201年）置郡，治所在安陆（今湖北云梦）。此支宋氏，为京兆宋氏分支。

（四） 家谱寻踪

河北·清苑宋氏家谱四卷首一卷

藏地：国家图书馆

（民国）宋彬纂修

1923年石印本　五册

上海崇明·宋氏世谱不分卷

藏地：河北大学

（清）宋浦修

清同治元年（1862）修　光绪二十三年（1907）木刻本　四十册

江苏丰县·古丰宋氏族谱六卷

藏地：江苏丰县档案馆

（民国）宋圣经十一修

1933年刊本

江苏·晋陵沿谿宋氏家乘十九卷

藏地：中国社会科学院历史研究所图书馆　美国

（清）宋传兴主修

清光绪三十年（1904）广平堂活字本

江苏镇江·京江宋氏宗谱二卷

藏地：上海图书馆　南京博物馆　美国

（清）宋鸣昌等修

清光绪六年（1880）木活字排印本　二册

江苏苏州·长洲宋氏族谱十二卷首一卷末一卷

藏地：中山大学（存卷1－4、9、11、12）

（清）宋廷玑纂修

清道光四年（1824）刻本

江苏苏州·长洲宋氏族谱□□卷

藏地：江苏苏州市图书馆（存卷3、7、9）

清末刻本

浙江上虞·古虞宋氏宗谱七卷首一卷

藏地：国家图书馆

（清）宋璇等纂修

清咸丰二年（1852）赋梅堂活字本　八册

浙江上虞·古虞宋氏宗谱九卷首一卷

藏地：南开大学　河北大学

清光绪十九年（1893）赋梅堂刊本　八册

浙江上虞·古虞宋氏宗谱八卷首一卷

藏地：中国社会科学院历史研究所图书馆

（民国）宋光简纂修

1924年赋梅堂活字本　八册

浙江上虞·古虞宋氏宗谱十卷首一卷

藏地：浙江省图书馆

（民国）宋树化续修　宋崇德纂

1948年赋梅堂木活字本　十册

浙江金华·上目宋氏宗谱□□卷

藏地：浙江金华市文化管理委员会（存卷1－7，又一部存卷7）

1927年重修木刻本

浙江武义·潜溪宋氏宗谱四卷

藏地：浙江金华市文化管理委员会（存卷1、3、4）

（清）宋有喜　宋廷公等纂修

清道光二十八年（1848）重修木刻本

浙江武义·潜溪宋氏宗谱四卷

藏地：浙江金华市文化管理委员会

清光绪八年（1882）重修　光绪

二十七年

(1901）续修木刻本　四册

浙江武义·潜鸡宋氏宗谱□□卷

藏地：浙江金华市文化管理委员会（存二册）

木刻本

浙江·临海宋氏宗谱三卷

藏地：浙江临海县博物馆

清道光十年（1830）木活字本

山东蓬莱·宋庆家宗谱□□卷

藏地：山东蓬莱县南五乡泊子宋家村

河南·商邱宋氏家乘十四卷

藏地：国家图书馆　中国科学院图书馆　经济研究所图书馆　日本　美国

（清）宋荦纂修

清康熙四十四年（1705）家刻本六册

河南·商邱宋氏家乘二十卷

藏地：国家图书馆　中国科学院图书馆　人民大学　上海图书馆　日本　美国

（清）宋筠续编

清乾隆四年（1739）序刻本

河南·商邱宋氏家乘十二卷

藏地：曲阜师院　日本　美国

（清）清嘉庆十年（1805）序刻本

河南·商邱宋氏家乘二十卷

藏地：上海图书馆

（清）宋筠撰

稿本　一册

河南开封·大梁宋氏族谱不分卷

藏地：（清）宋芷堂等修

清嘉庆十四年（1809）承启堂刊本　二册

湖北武汉·宋家家乘□□卷

藏地：中国科学院图书馆

（清）宋用潜修

清光绪二十八年（1902）钞本六册

湖北黄冈·鄂东黄冈宋氏宗谱七十九卷首五卷

藏地：湖北新洲县新胜乡施杨村　湖北新洲县和平乡富兴村

（民国）宋从先　宋自兆六修

1945 年木刻本

湖南·宋氏应车各支谱八卷

藏地：湖南省图书馆（存卷 1）

（民国）宋言锡纂

1939 年重妙堂木活字本

广东鹤山·宋氏族谱二十卷

藏地：中国科学院图书馆　广东省中山市图书馆　日本　美国

（清）宋章郁修

清光绪三年（1877）羊城学院刊本　二十册

广东鹤山·宋氏族谱不分卷

藏地：广东省中山市图书馆

1936 年钞本　一册

广东鹤山·平冈谷岭宋氏绿后祖房家谱不分卷

藏地：广东省中山市图书馆

（民国）宋森编

1943 年油印本

广东梅县·宋氏家谱一卷

藏地：台湾

（清）宋思缵撰

清乾隆二十七年（1762）刊本

一册

宋氏宗谱不分卷

藏地：北京大学

（明）詹济纂修

明钞本

宋氏家谱不分卷

藏地：安徽徽州地区博物馆

清道光间钞本　二册

波洋里宋氏宗谱十卷首一卷末一卷

藏地：人民大学

（清）宋品朝等修

清光绪十三年（1887）五逊堂活字本　六册

宋氏族谱三十四卷·首一卷末一卷

藏地：湖南桃源县档案馆

（清）宋声教纂

清光绪二十二年（1896）木刻本

丰川宋氏传流祭祖家谱一卷

藏地：安徽徽州地区博物馆

清钞本　一册

（五）字行辈份

清光绪三年宋章郁修《宋氏族谱》，广东鹤山宋氏一支字行辈份为："肇从扬，有道以善悦缘纲，本懿美成芳；远明辉，振彩常，英华昭世德，礼义集祯祥。"又一支字行为："祖泽光，文溥家传业永昌，富贵同荣耀，修齐庆福长；举贤良，大宗显达绍书香。"清咸丰十一年宋月峰等纂修《宋氏世谱》，浙江绍兴江头宋氏原定一世至十世通行字为："千万兆文胜，全佳祥荣俊。"后修谱分前江头与后江头。前江头四支通行辈字二十一世至三十世为："仁美肇康宁，玉树承先瑞。"后续三十一世至五十世通行辈字为："传家惟孝友，佐国有经纶，复性由明善，潜修启达人。"后江头十四世至二十四世字行为："思应希日维，世宏必宣佳。"后续二十五世至四十二世字行为："德泰山特学，沧海积贯才，厚施昌龄裕，泽。"

（六）迁徙繁衍

我国宋姓的发祥地应地今河南商丘南一带。秦汉至隋唐时期，宋姓主要繁衍于北方的广大地区，分布于今天的河南、山西、山东、陕西、甘肃、河北、内蒙南部等省地，并逐渐形成了当地一带望族。据有关资料可查知，宋姓的早期具体播迁情况为：自宋国被齐国灭掉之后，子孙称宋氏，其后就有宋姓人士已散居江苏、河北、陕西关中、湖北等地。汉初，为了消除各地旧贵族豪强势力，巩固中央集权，汉高祖采取娄敬（刘敬）之建议，将关东（今陕西潼关以东地区，主要指今河南及山西、河北、山东等部分地区）豪强势力迁到关中，京兆宋氏大概就是此时开基的。其后有一支再往西迁入敦煌（今属甘肃）。据有关资料记载京兆宋氏后迁往虢州（治今河南卢氏）、江夏安陆（今湖北安陆县西北）、河北邯郸（今河北邯郸市西南）等地。几乎在宋氏迁京兆的同时，宋姓的一支定居西河介休（今山西介休县），西河宋氏有一支后迁往广平（今河北鸡泽县东南），一支迁往弘农（今河南灵宝县），其中，广平宋氏在十六国和南北朝，因历代都有人朝为官的，在当时的宋氏各望族中也就成为了最为显赫的家族。唐时，宋姓一支迁扶风（今陕西泾阳西北）。宋氏人闽，始于唐初，唐“安史之乱”后，又有河南光州固始人宋易（唐名相宋璟之子）任福建观察推官，其孙宋骈（宋璟玄孙）也随之入闽，居莆田（今县）；宋骈之弟宋臻，也南徙落籍于福建侯官县（今福州市）镜江，成为镜江宋氏之始祖。宋璟此系是从西河分出。到五代，南迁于湖南的宋氏有一支融入了当地少数民族。《旧五代史》云：“五代辰州（今湖南沅陵县）蛮酋有宋姓，宋邺即是。据《广东中坜宋氏族谱》等所载，至宋代有宋哲到丹阳做官，举家迁广平（今属河北）。宋哲之后有宋军兄弟 7 人，后来向东西南北各地流徙。长房、二房分别迁往北京、江南、山东；三房、四房迁河南、浙江、四川；六房之后裔居金陵（今江苏南京）；五房、七房一同迁到江苏宋家埠。其后五房的后代分迁湖广（今属湖北）赤河牌和福建莆田（今县）；七房之后，迁江西吉水，数传至元东，移居赣州（今属江西）瑞金县，生 4 子：长子新惠、四子新思移居南京，衍生出浙江宋氏、广东肇庆宋氏。次子新悠，居江西雩都县；三子新恩，原居福建莆田，后于明洪武元年同黄姓祖同迁于广东惠州永安县，是为惠州永安宋氏。传至 5 世震一，迁居嘉应州（今广东梅州市）。此系望出扶风（今属陕西），后裔分布，北至北京、山东，南遍及浙江、江苏、福建、江西、广东等地。总的来讲，唐代以前，宋姓南迁繁衍不那么广泛。至宋以后，宋姓便遍及大江南北各地。

（七） 适用楹联

□明廷圭璧；[1]文苑英华。[2]

□节高拒马；[3]理悟谈鸡。[4]

□高堂邃宇；萝阿拂壁。[5]

□开帘对春树；弹剑拂秋莲。[6]

□文移北斗成天象；
酒递南山作寿杯。[7]

□祖德绵长，二妙十贤徽在昔；
宗功久远，人龙士凤续于今。[8]

□百世敬承槐里谏；[9]
千秋藏有锦袍诗。[10]

□白眼观天下；丹心报国家。[11]

□赋梅花，夺锦袍，诗人韵美；[12]

□教书生，隔纱帽，才女名香。[13]

□女子明经，天子呼为学士；[14]
令君施政，神父见颂黎民。[15]

注释：

①唐代尚书右丞相宋璟的事典。宋璟：南和人。耿介有大节，工文辞，善守文持正，为唐代贤相。尝作《梅花赋》，诗人皮日休甚为叹服。

②宋代吏部尚书宋白，字太素，大名人。建隆进士。乾德初试拔萃高等，授著作佐郎。太宗时擢为左拾遗。雍熙中，召与李昉等纂《文苑英华》一千卷。仕终吏部尚书。谥文安。

③晋代学者宋纤，字令艾，一作令文，敦煌人。少有远操，隐居酒泉南山。弟子受业者三千余人。太守马

岌具威仪造之，拒不见。岌叹曰："名可闻而身不可睹。今而后，知先生人中龙也。"年八十二卒，谥玄虚先生。

④晋代兖州刺史宋处宗，名宗，沛国人。尝得一长鸣鸡，爱养窗间。后作人语，与之论谈极妙。由是玄学大进。

⑤集战国时楚国文学家宋玉《招魂》联句。宋玉精于辞赋、音律。《汉书·艺文志》著录《宋玉赋》十六篇，已失传。在现存十四篇中，惟《九辩》、《招魂》摸拟屈赋，较有意境，余经后人考校，疑非原作。

⑥明代书画家宋钰（1576—1632）自题联。宋钰，字比玉，自号荔枝仙，福建莆田人。寓居金陵。善画山水，尤善画松树，遒劲秀挺，为世人称誉。兼善分隶，苍老雄健，骨法崭然。包世臣《艺舟双辑》将他的分书及榜书列为上品。

⑦唐代诗人宋之问（？—712）《奉和初春幸太平公主南庄应制》诗中联句。宋之问，字延清，一字少连，汾州（今山西汾阳）人。一说虢州（今河南灵宝）人。上元进士，官至考功员外郎。其诗与沈佺期齐名，并称"沈宋"。明人辑有《宋之问集》。

⑧宋氏宗祠联。

⑨指商王帝乙长子微子启向帝辛进谏之事。

⑩明代官至翰林学士承旨和制诰的宋濂，告老还乡时，太祖朱元璋在饯行宴上做了两句诗："白下开樽话别离，知君此后迹应稀。"宋听了便接吟道："臣身愿作衡阳雁，一度秋风一度归。"朱听了非常高兴，就赐给宋一些锦缎，说："这是给你做百岁衣的。"见《玉堂丛语》。

⑪近代民主革命家宋教仁（1882—1913）自题联。宋教仁，字初遯，号渔父，湖南桃源人。被袁世凯指使特务暗杀于上海。有《宋教仁选集》。

⑫见注①。

⑬前秦太常韦逞母宋氏，教逞学成。符坚为宋氏立讲堂，置生员百二十人，隔绛纱幔以授业，号宋氏为宣文君。

⑭唐代女名儒宋廷芬，贝州清阳人。能辞章，生五女皆警慧，善属文，秉性素洁。贞元中，李抱真表五女才德。德宗召试，悉留宫中。廷芬擢为饶州司马。

⑯东汉颍州太守宋登的事典。宋登，字叔阳。为汝阴令时，政令明，称"神父"。入为尚书仆射。后拜郎中，除为颍州太守。

宋氏名人集粹

在我国历史上，宋氏成姓虽较晚，起于战国后期，但历代也是名人辈出。

宋世杰　（？—1914）山西大同人，字俊臣。清宣统二年（1910）加入同盟会。次年九月在大同响应武昌起义，成立军政府，被推为统领，兼虎贲马队队长。南北议和后，编入张树帜骑兵兵团，任第三营营长。后被张树帜奉阎锡山命杀害。

宋翔凤 清代经学家，长洲（今江苏吴县）人，治西汉今文经学，是常州学派的代表人物之一。

宋琬 诗人，山东莱阳人，顺治进士，曾官至浙江察使。

宋嘉 诗人，应州（治今广东梅州市）人，曾官至湖北督粮道。

宋庆 清末将领，山东蓬莱人，曾官至提督。

宋克 明代书法家，长洲（今江苏苏州）人、宋璲（今浙江浦江人）、宋广（今河南南阳人），并称“三宋”。善画墨竹，与杨维翰、王绂、夏昶称明代墨竹四大家。文学家、藏书家宋懋澄（上海人），万历年间与王圻、施大经、俞汝辑并称四大藏书家。而他尤多秘本及名人手钞本，也能诗文。

宋濂 文学家，今浙江义乌西北人，曾累官至翰林学士。明初，主修《元史》全书210卷。生平著作也甚多，其散文简洁，在当时颇有名。

宋应星 科学家，今江西奉新县人，曾任州府推官知州等职。一生著书很多，其中《天工开物》共3卷18篇，是一部我国古代手工业和农业生产技术综合性的科学巨著，在国际上也影响甚大。

宋祁 宋代文学家、史学家，安陆（今属河北）人，后迁开封雍谷（今河南杞县），曾官至至翰林学士、史馆修撰。与欧阳修等合修《新唐书》。其诗词多写个人生活琐事，语文工丽，描写生动。与其兄宋庠并称“二宋”。

宋敏求 文学家、史地学家，赵州平棘（今河北赵县）人，曾参加编撰唐史，补唐武宗以下六世《实录》148卷，编《唐大诏令集》130卷，并撰有地志《长安志》等。

宋慈 法医学家，建阳（今福建建阳）人，曾任广东、湖南等提点刑狱官。他总结宋代和以前法医方面的经验，编成《洗冤集录》5卷，是世界上最早的法医学专著，对法医学的发展有重大贡献。

宋璟 （663—737）唐代名相，邢州南和（今属河北）人，为宋昌的直系后裔，曾官至御史台中丞，为武则天所重用。历任武后、睿宗、玄宗三朝。在位期间，主张宽赋役，省刑罚，选择人士，使百官称职。与姚崇并为名相，时人称为“姚宋”。对造就开元盛世颇有贡献。

宋之问 （？—712）诗人，汾州（今山西临汾）人，以善五言诗，与沈佺期齐名，并称“沈齐”。其诗律体谨严，形式完整，对唐代律诗的形成与发展颇有影响。

宋翼 三国魏时书法家，钟繇弟子。以每画一波三折笔，在当时还是颇有点名气的。

宋云 北魏时，敦煌（今甘肃）人，曾与惠生同赴西域求经，得大乘佛经170卷，并撰有《魏国以西十一国事》，对中外文化做出了贡献。

宋世良 广平（治今河北鸡泽东南）人，曾任清河太守。

宋弘 东汉人，宋，西汉哀帝、平帝年间位至侍中，光武帝即位，征拜为大中大夫、大司空，封宣平侯。

宋昌　西汉中尉、卫将军、壮武侯，宋义之孙。

宋义　秦末人，战国时燕（都今北京城西南）人宋无忌之后，为楚怀王上将军，封武信侯。

宋钘　战国时，宋国人，其哲学思想，在当时有一定的影响，曾与尹文并称"宋尹"。

宋玉　位于长江中游楚国人，稍晚于屈原（约前 340－约前 279），以辞赋著称。为楚襄王大夫，屈原弟子。现作品只有长诗《九辩》，其中以"悲哉秋之为气也"一节为最佳。开创了后代诗人"悲秋"的主题。

宋氏风流撷英

商王赐封微子启，
京兆商丘发祥地。①
工辞擅律一文人，
九辩招魂见功力。②
宋璟刚正唐栋梁，
倾力朝纲有政绩。③
北宋奇才两兄弟，
伟略雄才称庠祁。④
翰林宋濂太子师，
宋讷授学广天地。⑤
应星前辈强科技，
天工开物解难疑。⑥
清初诗坛知宋琬，
南施北宋无人及。⑦
宋氏一族多才俊，
歌功颂德表心意。⑧

注释：

①商王封其长子微子启（纣王的庶兄）为宋国的国君，在今河南商丘县一带，其后人以国为氏遂称宋。后来在宋民子孙的发祥地，设京兆郡，相当于今陕西华县一带地区。那时候大致是公元前 104 年前后。

②宋玉（生卒不详），战国时文学家，工于辞赋，擅长音律。不过真正显示其实力的还是在文学方面，《汉书·艺文志》、《宋玉赋》十六篇，以《九辩》、《招魂》为代表，独具匠心有意境。

③宋璟（公元 663—737 年），唐朝玄宗开元名相，河北南和人。他以刚正闻名，主持朝政，国势振兴，颇有政绩。与姚崇齐名，史称"姚宋"。

④北宋有才子兄弟二人，两兄弟同朝为官，核定《国语》、参修《新唐书》，均为翰林学士，时称"二宋"。哥哥叫宋庠，大臣、文学家，弟弟宋祁，文学家、史学家，都有才能，非平庸之辈。

⑤宋濂（公元 1310—1381 年），浙江浦江人，明初大臣、文学家，翰林学士。编修《五经》、《国史》、《礼乐》，为太子师，撰《孝经新说》等。宋讷（公元 1311—1390 年）河南滑县人，明初官吏，文渊阁大学士。招生授教，可谓桃李满天下。

⑥宋应星（公元 1587—?），江西奉新人，明末科学家。《天工开物》一书，是其倾心力作。堪称十六世纪中国农学和工艺学的百科全书，在世界

古代科技名著中占一席之地。

⑦宋琬（公元 1614—1673 年），山东莱阳人，清初诗人，以《感怀》、《听钟鸣》等为代表作。其诗与施闰章齐名，有“南施北宋”之称，一时无人能出其右。

⑧宋氏在我国百家姓中算是一个大姓，历朝历代不乏雄才俊杰之辈，为国家的发展做出了自己的贡献。宋颂同音，祝愿我们华夏之邦兴旺富强，繁荣昌盛，以表爱国之情。

中华百家姓

赵 钱 孙 李 周 吴 郑 王 冯 陈 蒋 沈 韩 杨
朱 秦 许 何 吕 张 孔 曹 金 魏 姜 谢 邹 苏
潘 范 彭 韦 马 方 任 袁 史 唐 薛 雷 贺 汤
罗 郝 常 于 傅 康 余 顾 孟 黄 尹 姚 邵 汪
毛 戴 宋 **熊** 董 梁 杜 贾 江 郭 林 钟 徐 邱
高 夏 蔡 田 胡 万 卢 丁 邓 石 崔 龚 程 陆
段 侯 武 刘 龙 叶 黎 白 赖 乔 谭 阎 易 廖
文 曾

熊姓

——子孙英雄定能火，各显其能不遗力

熊氏解密寻踪

（一） 姓氏字源

《说文》："熊，兽，似豕，山居，冬蛰。从能，炎省声。"据吴大徵《说文古籀补》，古文熊，象形；林义光《文源》亦云："象头背足之形。"熊为哺乳动物，头大尾小，四肢粗短，脚掌大，能直立行走，肉食为主。种类很多，如白熊、黑熊、棕熊等。

（二） 寻根溯祖

熊姓来源有二：

1. 出自黄帝有熊氏之后，以地名为氏。相传黄帝生于寿丘，长于姬水，居轩辕之丘，建都于有熊（在今河南新郑县），又称有熊氏，后代有以地名为姓的，称熊氏。夏初羿有贤臣熊髡。

2. 出自芈姓，为季芈之后，也是黄帝后裔。据《世本》、《古今姓氏书辨证》及《元和姓纂》等所载，黄帝子昌意，生颛顼，其4世孙陆终第6子名季连，为芈姓，又称季芈。季连（即季芈）的后裔商末对有个叫鬻熊的人，鬻熊很有学问，曾做过周文王的老师，著有《鬻子》一书。其子事文王，早卒。曾孙熊绎以王父字为氏，成熊姓。后成周成王封先王功臣之后，封鬻能的孙子熊绎在荆楚，建立楚国，建都于丹阳（今湖北秭归东南）。熊绎4世孙熊渠于周夷王时，乘王室衰微、诸侯自相攻伐之机，兴兵攻占庸、杨粤（均在湖北境）等地，至于鄂，又立子3人为王，占据荆楚大片土地，并复姓芈。也就是说，楚国公族以芈为姓，国君以熊为氏，自熊绎以下为楚君者，皆以熊连名称之。春秋战国之际，楚国一度强大，势力扩展到中原，为春秋五霸之一。战国末年，即公元前223年，楚国被秦国灭掉，楚君后人多以熊为姓，称为熊氏。史称熊姓正宗。是为湖北熊氏。

（三） 宗堂郡望

堂号 “射石堂”：古时有一个最会射箭的人叫熊渠。有一次他夜间走路，老远看到前面有一只老虎趴在那里。他拿箭就射，老虎一动不动。他走近一瞧，果然中了，而且箭头射进去几寸，用手拔也拔不出，原来是一块大石头。

另外还有“江陵”、“南昌”等堂号。

郡望 主要有江陵郡、南昌等。

1. 江陵郡。原为春秋时楚国郢都（今湖北江陵西北纪南城）。汉代设置江陵县，为南郡治所。南朝齐改置江陵郡，在今湖北省江陵及川东一带。

2. 南昌。汉代豫章郡治，隋为洪州台，五代南唐及明（初为洪都府治）、清为南昌府治，均为今江西省南昌市。

（四） 家谱寻踪

浙江余姚·姚江熊氏宗谱十八卷

藏地：中国社会科学院历史研究所图书馆　北京师范大学　河北大学

（民国）熊元龄主修

1913年孝友常活字本

浙江常山·新村熊氏宗谱三卷

藏地：浙江常山县大桥头乡新村（存卷1）

（清）郑启新纂

清乾隆二十五年（1760）木刻本

浙江常山·熊氏宗谱五卷

藏地：浙江常山县大桥头乡大桥村　浙江常山县大桥头乡新村（三部）

（民国）徐燮重修

1938年木刻本

江西南昌·豫章熊氏九修族谱□□卷

藏地：江西省图书馆

（清）熊魁等纂

清乾隆三十三年（1768）木活字本　一册

江西宜丰·熊氏秀翁植下支谱不分卷

藏地：江西省图书馆

（清）熊炳星纂

清道光四年（1824）木活字本

江西·罐山熊氏八修族谱□□卷首二卷

藏地：江西省图书馆（缺卷首上）

1943年木活字本

河南光山·熊氏族谱四卷

藏地：中国科学院图书馆　人民大学　日本　美国

(民国）熊绪端修

1923年石印本　四册

湖北天门·熊氏宗谱□□卷

藏地：武汉市图书馆（存卷首）

(民国）熊玉泉　熊济南等续修

1928年九房会刊木活字本

湖北天门·競陵熊氏宗谱

藏地：武汉市图书馆（存一册）

熊矩曾撰

木活字本

湖北新洲·熊氏宗谱二十二卷首四卷

藏地：湖北新洲县施岗乡施岗村

(民国）熊开疆　熊裕络等修

1919年木刻本

湖北新洲·熊氏宗谱十一卷首一卷

藏地：湖北新洲县前进乡李旻村

(民国）冯民伟修

1924年木刻本

湖北新洲·熊氏宗谱十六卷

藏地：湖北新洲县潘塘镇郑楼村

(民国）熊瑞玲　熊敬三续修

1937年木刻本

湖北新洲·熊代宗谱十卷

藏地：湖北新洲县黄林乡

(清）熊志杰纂

清嘉庆元年（1796）修1947年木刻本

湖北新洲·熊氏宗谱四卷

藏地：湖北新洲县辛冲镇扬铺村

(民国）熊泮阶　熊得录等修

1947　年木刻本

湖北新洲·熊氏宗谱六卷首四卷

藏地：湖北新洲县方扬乡胡彰村

(清）熊于釜纂

1947年木刻本

湖北新洲·熊胡氏宗谱四十卷首八卷

藏地：湖北新洲县三店镇柳溪村

(民国）胡洪耀　胡嗣璥等修

1947　年木刻本

湖北新洲·熊氏宗谱四十三卷

藏地：湖北新洲县长岭乡雄原村

(民国）熊仕藻　熊俊廷修

1947年木刻本

湖南长沙·熊氏三修族谱□□卷首一卷

藏地：湖南省图书馆（存卷首）

清光绪十六年（1890）木活字本

湖南宁乡·沩宁熊氏族谱十卷首一卷

藏地：湖南省图书馆（二部，存卷首）

(清）萧作齐序

清道光二十年（1840）兰溪堂刻本

湖南宁乡·熊氏三修族谱十一卷首一卷

藏地：湖南省图书馆（存卷首）

(民国）熊明阳序

1914年江陵堂活字本

湖南湘潭·中湘熊氏宗谱十四卷

藏地：广东省中山市图书馆

(清）熊广南　熊象琨等辑

清道光二十二年（1842）儒孝堂刻本　十四册

湖南湘潭·中湘射埠熊氏六修支谱十八卷

藏地：国家图书馆　中国社会科学院历史研究所图书馆　广东省中山市图书馆

（民国）熊诗诚纂

1914 年思孝堂活字本　十八册

湖南湘乡·熊氏四修族谱十七卷

藏地：湖南省图书馆（存卷 1、2）

（清）熊秀斐修　熊世骥纂

清道光八年（1828）江陵堂活字本

湖南湘乡·北门熊氏续修族谱七卷首一卷

藏地：河北大学

（清）熊尧农　能著圃修

清光绪十年（1884）江陵堂木刻本　八册

湖南湘阴·罗湘熊氏三修宗谱□□卷

藏地：湖南省图书馆（存卷首）

（清）熊运泰　熊景胡等纂

清乾隆三十二年（1767）刻本

湖南湘阴·熊氏族谱四卷首一卷

藏地：河北大学

（清）熊宗贵　熊高明重修

清咸丰十年（1860）典裕堂木刻本　六册

湖南益阳·熊氏续修族谱九卷

藏地：南开大学

（清）熊章溥　熊世珍主修　熊开楠等纂

清光绪二十年（1794）江陵堂刊本　六　册

湖南益阳·熊氏三修族谱十二卷

藏地：河北大学

（民国）熊运莲修

1930 年江陵堂木刻本　十二册

湖南沅江·熊氏三修族谱□□卷

藏地：湖南省图书馆（存卷 1、2）

清光绪二十二年（1896）活字本

四川遂宁·熊氏族谱不分卷

藏地：四川省图书馆

（清）熊光榜等纂

清同治八年（1869）忠孝堂刻本六册

四川·蒲江县大兴乡熊氏族谱不分卷

藏地：四川蒲江县大兴乡鱼江村

（清）熊世清撰

清光绪十七年（1891）稿本一册

泮陵熊氏重修族谱

藏地：国家图书馆

（清）熊文炽等纂

清光绪三十一年（1905）五美堂活字本　一册

熊氏宗谱十卷着二卷

藏地：国家图书馆

（民国）熊家梁等纂

1942 年雨钱堂活字本

（五）　字行辈份

1923 年熊绪端修《熊氏族谱》，河南光山熊姓一支字行为："继述承先绪，敦崇念本基，永怀钟有志，世泽定延之。"1927 年熊庆祥修《熊氏族谱》。江苏如皋熊姓一支字行为："华秉辉兴，世远祚光，仁和寿庆，昌显德尚。"

（六）　迁徙繁衍

据唐人林宝《元和姓纂》记载，熊姓来源有二，以形成时间先后为："黄帝有熊氏之后"；"楚鬻熊之后，以王父字为氏"。

黄帝，《史记·王帝本纪》说是

"少典之子，姓公孙"，长居姬水，因改姓姬；居轩辕之丘（今河南新郑），故号轩辕氏；国于有熊（今河南新郑），故亦称有熊氏。相传他曾在阪泉（今河北涿鹿东南）打败炎帝，又曾在涿鹿（今属河北）之野击杀蚩尤，得到各部落的拥戴，由部落首领而成为部落联盟首领，被诸侯尊为天子，以代神农氏；因有土德之瑞，土色黄，故称黄帝。传说远古时的很多发明创造，如养蚕、舟车、文字、音律、医学、算数等，都创始于黄帝时期。黄帝的子孙中有一支以他的号"有熊氏"为姓，形成中国最古老的姓氏之一——熊姓。

又据《史记·楚世家》等书记载，陆终的第六子叫季连，"季连生附沮，附沮生穴熊，其后中微，或在中国、或在蛮夷"。商朝末年，季连之后裔鬻熊，曾为周文王姬昌之师，其后代以他的名为氏，称为熊氏。周成王时，鬻熊的曾孙熊绎，以文王功臣之后嗣被封于楚，姓芈氏，居丹阳（今湖北秭归县东南）。《古今姓氏书辩证》说："由（熊）绎而下，为楚君者，皆以'熊'连名称之"，"盖姓芈而氏熊也"。这就是源于鬻熊的熊氏，因季连之父陆终是颛顼的玄孙，而颛顼又是黄帝之孙，所以，追根溯源，这一支熊氏也是黄帝的后裔。

从上古时期开始，就有熊姓人物的活动。《尚书·尧典》中有"益拜稽首，让于朱虎、熊罴"；传："朱虎、熊罴，二臣名。"这说明帝尧有臣叫熊罴。夏代初期，曾夺取太康王位的后羿，有贤臣熊髡，《姓氏寻源》说"当是黄帝有熊氏之后"。太康所居之斟寻，在今河南巩义西南。西周初在楚国附近建立的子爵罗国，亦为熊姓，这个罗国先建都于今湖北宜城县西，后徙今湖北枝江县东北，又迁今湖南湘阴县东北，春秋时为楚国所灭，国人有的仍姓熊，有的以国为氏，姓罗。先秦至汉代，熊氏主要是在今湖北、湖南省境内发展繁衍。魏晋南北朝时期，熊氏部分人徙居今江西，还有迁至今山东省境者。此后直至元、明时期，江西南昌熊氏和湖北江陵熊氏繁衍昌盛，人才辈出，在当地形成望族，所以姓氏书都说熊氏"望出南昌、江陵"。北宋地理总志《太平寰宇记》载，岳州（治今湖南岳阳市）四大姓中有熊姓，豫章（今江西南昌）五大姓之首为熊姓。此外，熊氏在宋代还分布于今福建、江苏的一些地方，如熊禾、熊克、熊刚大、熊节、均为建阳（今属福建）人，熊兆为建安（今福建建瓯）人，画家熊应周为金陵（今江苏南京）人。明代，今四川、浙江、安徽等省又有熊氏的聚居点，如熊文灿为永宁卫（今四川叙永）人，熊汝霖为余姚（今属浙江）人，熊玻为泾阳（今安徽泾县）人。清代，熊氏除分布于上述地区外、广东、广西、云南等省也都有熊姓居民，如熊景星为南海（今广东广州）人，熊方受为广西永康人，书画家熊才为云南昆明人。湘、黔等省的熊氏，有一部分融入苗、水、布依等民族中。闽、粤熊氏，有些人迁至海外，侨居于新加坡等国家。

（七） 适用楹联

□义疏三礼；[①]史擅九时。[②]

□象分青气外；景尽赤霄前。[③]

□长思碧洞云窗下；
曾借黄庭雪夜抄。[④]

□读万卷书，还须行万里路；
享百年寿，何如作百世佛。[⑤]

□独学参群圣；清心即半仙。[⑥]

□发粟赈饥，治羡江东之最；[⑦]
勤王斩将，忠钦麾下之城。[⑧]

注释：

①北齐国子博士熊安生，字植之，阜城人。博通五经，尤精三礼，有弟子千余人。仕北齐为国子博士。有《周礼》、《礼记》、《教经》诸义疏。

②宋代进士熊克，字子复，建阳人。绍兴间知诸暨县，有惠政。被荐直学士院，后出知台州。克博闻强记，淹习典故。有《九朝通略》、《诸子精华》等。

③唐代诗人熊孺登《日暮天无云》诗中联句。熊孺登，进士，钟陵人。在《全唐诗》中有诗一卷。

④唐代诗人熊皎《怀三茅道友》诗中联句。他自称九华山人，有诗二卷，今存诗四首于《全唐诗》中。

⑤现代诗人熊亨瀚自题联。熊亨瀚（1894—1928），湖南桃江人。革命烈士。

⑥熊姓名人熊香海自题联。见《中国对联大辞典》。

⑦宋代名人熊彦昭的事典。

⑧宋代名人熊飞的事典。

熊氏名人集粹

熊成基　民主革命烈士，江苏某泉（今江都）人，1904 年人安徽练军武备学堂学习，加入岳王会，进行反清革命活动。1907 年徐锡麟起义失败，流亡日本。1910 年初在哈尔滨谋刺清海军大臣载洵，被捕后就义。

熊伯龙　清初无神论者。字次侯，号塞斋，别号钟陵。汉阳（今属湖北）人。历官国子监祭酒、内阁学士，熟习西方天文算学。通佛学、魏晋玄学和宋明理学。普编著《无何集》，将王充《论衡》中驳斥谶纬神学的言论分类编排，从儒学立场对传统宗教迷信进行了批判。认为“天不故意造作”，“灾异非天谴告”；人的生死是自然之道，人死不能为鬼神。

熊赐履　一代学者，湖北孝感人，曾历任充经筵讲官、纂修实录总裁、吏部尚书等职。治程、朱理学。著有《经义斋集》等。

熊大木　明代通俗小说的编著者和刊行者，福建建阳人，他在嘉靖年间，编印了不少小说，有《全汉志传》、《唐书志传》、《宋传》、《宋传续集》等。

熊廷弼　（1569 或 1573—1625）明湖广江夏（今湖北武昌）人，字飞百。万历进士。万历四十七年（1619 年），以兵部右侍郎任辽东经略。招集流亡，整肃军令，训练部队，加强防务，在职年余，后金军不敢进攻。熹宗即位，魏忠贤专权，他被排挤去职。

天启元年（1621 年）辽阳、沈阳失守，再任经略，与巡抚王化贞不和。次年王化贞兵败溃退。他同退入关，后被魏忠贤冤杀。有《辽中书牍》、《熊襄愍公集》。

熊文灿 兵部尚书，永宁卫（今四川叙永）人。

熊朋来 元代文学家、音乐家，豫章（今江西南昌）人，宋咸淳时进士。人元后，官至福清州（今福建福清）判官。能文，又通音律，尤善鼓瑟，著有《五经说》、《瑟谱》。元代以后熊姓表现得更加出色。

熊安生 北朝经学家，北学代表人物之一。字植之，长乐阜城（今河北阜城东）人。通五经，精“三礼”。北齐时任国子博士；后入北周，武帝宣政元年（公元 578 年），宫露门学博士。不久，卒。刘焯、刘炫等皆出其门。沿袭东汉儒家经说，撰有《周礼》、《礼记》、《孝经》诸义疏，已佚。清马国翰《玉函山房辑佚书》辑有《礼记熊氏义疏》四卷。

熊远 晋代太常卿，南昌（今属江西）人。自秦至晋代，是熊姓的一段沉寂时期。从南北朝开始，这一现象便有了一定的改观。

熊乔 东汉春陵（今湖北枣阳）人，官拜骑都尉。

熊氏风流撷英

熊民先祖本火神，
姬昌老师擅诗文。①
成王曾孙封楚国，
治都丹阳发祥地。②
熊渠楚国圣明君，
三子东进定疆域。③
知人善任有熊疑，
精理朝纲强国力。④
建阳大木擅小说，
自创咏诗有新意。⑤
孝感赐履强政论，
以理治政见功绩。⑥
辗转疆场闹起义，
民主革命熊成基。⑦
子孙英雄定能火，
各显其能不遗力。⑧

注释：

①依据《本世》，传说熊氏的始祖为鬻熊。而鬻熊的先祖是上古时期的火神祝融。鬻熊是周文王姬昌的老师，自他以后便有了熊姓。此说出自妘姓。

②西周时，周成王封曾孙熊绎于楚国，他的后人因他而得姓，此说出自芈姓。楚国最早的治都在湖北秭归，古地名叫丹阳，这是熊氏的发祥地。

③熊渠，西周楚国国君，有雄才伟略，他命令三个儿子顺长江向东扩展。长子康在湖北江陵一带，次子红在湖北鄂城，少子执疵在越章（湖北安徽间地区）。基本确定了楚国疆界。

④熊疑，战国时楚国国君。他知任善任，拜吴起为相，精理朝政，平定忧患，国势威慑四方。

⑤熊大木（生卒不详），福建建阳人，明朝小说家。有《全汉志传》、

《唐书志传》、《宋传续集》、《大宋中兴通俗演义》等通俗小说。其中许多咏史诗，别具一格，有新意。

⑥熊赐履（公元1635—1709年），湖北孝感人，清朝大臣，政论家。认为可以用理学指导政治，强化思想领域的统治。

⑦熊成基（公元1887—1910年），江苏扬州人，近代资产阶级革命家。参加新军，辗转全国，多次发动起义，为祖国的民主革命奔走呼号，不遗余力。

⑧熊（xióng）字，从能从火，意味着熊氏子孙多出英雄能人，风风火火，闯出一翻事业。

中华百家姓

赵 钱 孙 李 周 吴 郑 王 冯 陈 蒋 沈 韩 杨
朱 秦 许 何 吕 张 孔 曹 全 魏 姜 谢 邹 苏
潘 范 彭 韦 马 方 任 袁 史 唐 薛 雷 贺 汤
罗 郝 常 于 傅 康 余 顾 孟 黄 尹 姚 邵 汪
毛 戴 宋 熊 **董** 梁 杜 贾 江 郭 林 钟 徐 邱
高 夏 蔡 田 胡 万 卢 丁 邓 石 崔 龚 程 陆
段 侯 武 刘 龙 叶 黎 白 赖 乔 谭 阎 易 廖
文 曾

董 姓

——草重为董意同懂，心智开窍道理明

董氏解密寻踪

（一） 姓氏字源

《说文》：“董，鼎，董也，从艸，童声。杜林曰：“藕根。”段玉裁注：“亦作董，古童，重通用。藕根犹荷根边……郭璞曰：北方人以藕为荷，用根为其号也。”董之本义即藕根。《玉篇》：“董，藕根。”一说董为正、守正。《尔雅释沽子》：“董，督，正也。”郭璞注：“皆谓御正。”

（二） 寻根溯祖

董姓来源有三：

1. 出自己姓（一说出自姬姓，见于《新唐书·宰相世系表》），始祖为董父。据《元和姓纂》、《古今姓氏书辨证》等所载，相传颛顼（传说中古代部族首领，号高阳氏。传说居于帝丘〈今河南濮阳东南〉）的己姓（相传颛顼帝之孙叫吴回，吴回之子陆终，陆终大儿子名樊，赐己姓，封在昆吾国〈在今河南许昌东〉）之后裔飂（音liú 刘）（飂又作廖、蓼，在今河南唐河县西，一说在今湖北襄阳一带，因叔安被封在飂，故称飂步安。他的后代就有以廖为氏）有个儿子叫董父，相传对龙的习性很有研究，帝舜就任命董父为豢龙氏，让他专门养龙。在董父的精心驯养下，许多龙学会了表演各种舞蹈，帝舜很是喜欢，就封董父为鬷（音 zōng 宗）川（今山东定陶北）侯，还赐他以董为姓氏，他的后代就是董氏。

2. 出自姬姓，以官为氏。据《姓氏急就篇注》等所载，春秋时，周朝有大夫辛有，辛有有两个儿子在晋国任太史，董督（考察并收藏之意）晋国（在今山西西南部，初建都于唐〈今山西翼城西〉）的典籍史册，他的子孙世袭晋国史官，以官为姓氏，称董氏。董狐即其后，望出陇西、济阴。公元前 607 年，晋卿赵盾因避灵公被杀而出走，未出境，其族人赵穿杀灵公。晋史董狐认为责任在赵盾，因此在《史书》上秉笔直书“赵盾弑君”，被孔子称为“良史”，以致后世人将董狐作为史学家的典范。春秋后期六卿逐渐强大，互相兼并。公元前 4 世纪中叶晋国为韩（在今山西河津东北）、赵（山西中部一带）、魏（山西芮城北）三家所瓜分。其子孙便有迁徙他乡。据《新唐书·宰相世系表》所云，辛有实为董父之裔孙。

3. 也出于己姓，以姓为氏。据《董氏世谱》所载，相传帝颛顼的孙子吴回在帝尧时任火神祝融，他有个儿子名终，因为封在陆乡（在今山东平原县一带），所以叫陆终。他的（其子孙也有以陆为姓的）儿子有叫参胡，姓董，其后裔就有以姓为氏，也称董氏。是为山东董氏。

由上可见，董姓实出一源，即均为黄帝之孙颛顼帝之后裔。

（三） 宗堂郡望

堂号 董姓堂号：1.“直笔堂”。

2.“良史堂”：春秋时候，董狐是晋国的史官，他写史求实存真，不怕权势。晋灵公被弑（以下杀上曰弑），董狐在史书上写道：“赵盾弑其君。”孔子夸奖他是“良史”（好的史官）。

或称“豢龙堂，”又有“陇西”堂号。

郡望 主要有陇西郡、济阴郡等，其中以陇西郡最望。

1. 陇西郡。战国秦昭襄王二十八年（公元前 279 年）置郡，治所在狄道（今甘肃临洮南）。西汉时相当今甘肃东乡以东的洮河中游、武山以西的渭河上游、礼县以北的西汉水上游及天水市的东部地区。三国时魏移治襄武（今甘肃陇西南）。北魏时相当今陇西县附近地。

2. 济阴郡。汉景帝中元六年（公元前 144 年）分梁国置国，后改为郡，治所在定陶（今山东定陶县西北）。相当今山东菏泽附近，南至定陶、北至濮城地区。

（四） 家谱寻踪

河北丰润·董氏家谱二十四卷

藏地：人民大学　南开大学

（民国）董嘏忱　董庭敬等修

1926 年天津华西书庄排印本

河北青龙·董氏家谱四卷

藏地：河北青龙县官场乡文子村

（清）董塽纂

清道光十六年（1836）董镇钞本

江苏·铜山董氏分谱二卷

藏地：国家图书馆

（民国）董士恩纂修

1930 年北平刻本　二册

江苏赣榆·董氏宗谱八卷

藏地：江苏赣榆县档案馆

明万历二十九年（1601）木刻本

江苏赣榆·董氏宗谱八卷

藏地：江苏赣榆县档案馆

（清）董杏重修

1928 年木刻本

江苏武进·毗陵董氏家乘二卷

藏地：吉林大学

民国间钞本　二册

江苏无锡·董氏家乘十卷

藏地：中国社会科学院历史研究所图书馆

（清）董春亭　董元吉纂修

清同治九年（1870）苍梧草堂刻本　十四册

江苏无锡·董氏家乘十卷

藏地：吉林大学

（清）董耀庭等修

清光绪二十一年（1895）苍梧堂刻本　二十册

江苏无锡·董氏家乘十二卷

藏地：中央民族大学

（清）董庭序修

清光绪间苍梧草堂刻本　二十二册

浙江鄞县·董氏宗谱二卷

藏地：浙江鄞县古林乡文化站

1922 年木刻本

浙江鄞县·鄞西湖泊董氏宗谱八卷首一卷

藏地：浙江宁波天一阁文物保管所（存卷首、卷 1、2、5—8）

（民国）董承黼　董敦修纂修

1926 年木活字本

浙江鄞县·鄞高塘董氏家谱十四卷

藏地：南开大学　浙江省图书馆　浙江宁波天一阁文物保管所

（民国）张琴总纂

1935 年重德堂刊本　十二册

浙江鄞县·四明五都董氏宗谱不分卷

藏地：浙江宁波天一阁文物保管所

（民国）董纯芳纂修

1947 年孝友堂钞本　二册

浙江·慈溪董氏宗谱三十四卷

藏地：河北大学

（清）董懋文纂修

清光绪二十二年（1896）木刻本　二十八册

浙江·慈溪董氏宗谱三十四卷首一卷

藏地：南开大学　浙江宁波天一阁文物保管所（存三卷）

（民国）袁汉卿　董兰如等重修

1928 年刊本

浙江奉化·雪溪董氏宗谱十六卷

藏地：浙江奉化县文化管理委员会

（清）舒帷修

清光绪三十三年（1907）木活字本

浙江奉化·董氏宗谱四卷

藏地：浙江奉化县文化管理委员会

（民国）樊东华纂修

1946 年木活字本

浙江奉化·中心奥董氏宗谱六卷首一卷末一卷

藏地：浙江奉化县文化管理委员会（存卷首、卷 1）

（民国）董乃武　董梦昌同修

1948 年木活字本

浙江宁波·镇海大通宣庆府董氏宗谱四卷

藏地：浙江宁波天一阁文物保管所

（清）陈继聪纂修

清光绪二年（1876）木活字本四册

浙江绍兴·会稽董氏宗谱十二卷

藏地：浙江省图书馆

（清）董树琪监修　董树珊等纂修

清光绪三十年（1904）三策堂木活字　十二册

浙江绍兴·会稽旗收岭董氏族谱二卷

藏地：广东省中山市图书馆　日本　美国

（清）董耀庭纂修

清光绪二十二年（1896）刻本

浙江绍兴·会稽渔渡董氏宗谱□□卷

藏地：浙江宁波天一阁文物保管所

清光绪二十五年（1899）钞本

浙江兰溪·董氏宗谱四卷

藏地：浙江兰溪县黄店乡八角井村

1931 年木刻本

浙江兰溪·陇西郡董氏宗谱一卷

藏地：浙江兰溪县高潮乡

木刻本

浙江兰溪·董氏宗谱□□卷

藏地：浙江兰溪县官塘乡（缺四册）

木刻本

浙江东阳·陇西董氏宗谱六卷

藏地：浙江东阳县巍屏乡

（民国）杜叶湑纂

1915 年木活字本

浙江遂昌·董氏宗谱四卷

藏地：日本　美国

1925 年木活字本　一册

安徽泾县·广川董氏宗谱五卷

藏地：国家图书馆　中国社会科学院历史研究所图书馆

（民国）董德庵编制

1937 年铅印本　八册

安徽石台·广阳董氏宗谱四卷

藏地：安徽省图书馆

（清）董庭辉修

清光绪十三年（1887）活字本四册

安徽·桐城董氏宗谱二十卷

藏地：日本　美国

（清）董治勋等辑

清光绪三十二年（1906）崇本堂木活字本　十册

董氏族谱四卷附一卷

藏地：人民大学

（清）董体元等修

清道光十四年（1834）梦花堂刻本　四册

山村董氏续修族谱不分卷

藏地：江西省图书馆

清光绪五年（1879）陇西堂木活

字本　一册

董家庄董氏族谱九卷

藏地：天津档案馆

（民国）董云岩编

1934年铅印本

（五）　字行辈份

1914年董贻玖纂修《董氏族谱》，湖南湘潭董姓一支字行为："名初贻世业，继序振家声，祖泽由来远，诗书裕后昆。"1927年董德庵纂修《董氏宗谱》，广川（今河北景县）董姓字行为："维士生亨，初伯叔仲，汝文继天，圣国祯祥。"又续修新派字行："善崇方正，习尚贤良，兴诗立礼，必世永昌。"

（六）　迁徙繁衍

董姓是一个古老的姓氏。相传黄帝的己姓子孙有个叫叔安的，被封于飂（又作蓼，在今河南唐河县南），称为飂叔安。飂叔安有个儿子叫董父，学过驯服龙的本领，熟悉龙的习性，为帝舜驯养龙，被舜赐姓董，任为豢龙氏，封之于鬷川（今山东定陶县西北）。《左传·昭公二十九年》记载为："昔有飂叔安，有裔子，曰董父，实甚好龙，能求其耆欲以饮食之，龙多归之，乃扰畜龙以服事帝舜。帝赐之姓曰董，氏曰豢龙，封诸鬷川。"关于董父的封邑，还有一种说法是在今河南临颍县境，即《太平寰宇记·许州》所说：旧许州临颍县有豢龙城，相传即董父封邑。

又据西汉史游《急就篇》"董奉德"注及宋人邓名世《古今姓氏书辨证》记载，春秋时，周朝大夫辛有的两个儿子到晋国，与籍氏一起主管晋之典籍，因其职责是"董督晋史"，所以也称为董氏。这一时期晋国的都城在绛（今山西翼城东南），故此支董氏出自今山西翼城。

辛有的后裔，世袭晋国太史之职，至春秋时，有史官董狐。晋灵公十四年（公元前607年），晋卿赵盾因避灵公杀害而出走，未出境，其族人赵穿杀灵公。董狐认为责在赵盾，因此在史策上写道："赵盾弑其君。"由于他不畏权贵，秉笔直书，旧时被誉为"良史"。据《新唐书·宰相世系》记载，董狐的裔孙董翳，秦末被项羽封为翟王，都高奴（在今陕西延安市城东延河东岸），子孙遂居陇西（郡治在今甘肃临洮）。西汉时的董仲舒为广川（今河北枣强东）人，其曾孙自广川徙陇西，裔孙徙河东（郡治在今山西夏县西北）。又据《古今姓氏书辨证》载，西汉武帝时功臣有董金吾，原为匈奴人；东汉公孙述时，牂柯（治所在今贵州黄平县西北）大姓有董氏。此外，董姓在汉代还分布于今山东定陶、高青，广东广州，四川资阳、德阳，浙江余姚，湖北襄阳、枝江，福建福州，河南禹州、伊川、南阳、开封、杞县、信阳、灵宝等地。至隋唐时期，除上述地区外，今安徽、湖南、江苏、江西等省的一些地方，也都有董姓的居住地。唐代的《元和姓纂》列董氏郡望有四：陇西、弘农（今河南灵宝）、河东、范阳（今河北涿县）。此外还有济阴（今山东曹县）。唐末，固始（今属河南）董氏又有随王潮、

王审知入闽者。明代以前，董氏已遍布江南各省。从清康熙年间开始，董氏有族人陆续移居台湾，此后有的又徙居南洋群岛及欧美一些国家和地区。

西汉有哲学家、今文经学大师董仲舒，广川人，曾任博士、江都相和胶西王相。汉武帝采纳他的建议，开此后两千余年封建社会以儒学为正统的先声。西汉时还有云阳（今陕西淳化西化）人董贤，因貌美，为哀帝所宠幸，22岁官至大司马，操纵朝政，其父、弟、岳父均官至公卿，拥有财物价值43万万钱，贵倾朝廷。东汉初有陈留圉（今河南杞县圉镇）人董宣，任洛阳令，因光武帝姊湖阳公主苍头白日杀人而被他格杀，公主告到光武帝那里，光武帝强使他叩头谢公主，他两手据地，终不低头，帝呼为“强项令”。东汉末有陇西临洮（今甘肃岷县）人董卓，189年率兵人洛阳，废少帝，立献帝，挟献帝西迁长安，自为太师，残暴专横，曾纵火焚洛阳周围数百里，后为王允、吕布所杀。三国时有南郡枝江（今属湖北）人董和，与诸葛亮协力辅佐蜀后主，居官20余年，死之日，家无儋石之财；其子董允，蜀后主时任黄门侍郎，颇得诸葛亮信任，常谏诤后主过失，抑制专权的宦官黄皓。三国时还有侯官（今福建福州市）人董奉，善医道，为人治病不取钱，治愈者使栽杏树，数年达万株。后人用“杏林”颂赞医者，即出于此。北魏时有出使西域的外交家董琬。唐代有德宗时宰相董晋，还有古琴家董庭兰。五代南唐有著名画家董源。辽末有农民起义首领董庞儿。金国有戏曲作家董解元。明代有屡败倭寇的按察使佥事董邦政，著名书画家董其昌，秦淮名妓董小宛。清代有文学家董说，画家董邦达。近现代有中国伟大的无产阶级革命家、中国共产党的创始之一、党和国家卓越越的领导人之一董必武，宁都起义领导人之一董振堂，解放战争中的战斗英雄董存瑞。于此可见，董姓是个名人辈出的姓氏。

（七） 适用楹联

□千秋良史；[1] 百代儒臣。[2]

□天人三策；[3] 史弟五奇。[4]

□三策仰前徽，
道阐纯儒学业渊源须念祖；
千秋留直笔，
书传良史风规整肃永贻孙。[5]

□澄澄水映千江月；
淅淅风筛一岸蒲。[6]

□苍松翠柏窥颜色；
秋水春山见性情。[7]

□竹送清溪月；松摇古谷风。[8]

□旋乾转坤，移山倒海；
济人利物，震古铄今。[9]

□贤者亦乐此；卓尔未由从。[10]

□搏击咸称卧虎；[11]
文章屡世古鳌。[12]

□麝墨轻磨声韵玉；
兔毫初点色翻鸦。[13]

□秉笔不容情，良史无私毁誉；[14]
佩弦期易性，家臣欲急作为。[15]

□得好友来如对月；
有奇书读胜看花。[16]

注释：

①春秋时晋国史官董狐，亦称史狐。公元前607年，晋灵公欲谋杀赵盾，赵盾被迫出走，未越晋境，其族弟赵穿攻杀灵公于桃园。当时他任职太史，认为赵盾身为正卿，“亡不出境，返不诛国乱”，罪责难逃，乃直书“赵盾弑其君”，以正视听。孔子以其“书法不隐”，赞为“古之良史”。

②西汉思想家董仲舒（前197—前104），广川（今河北枣强东北）人。少治《春秋》。景帝时为博士，潜心钻研孔子学说，被举为贤良。武帝时以贤良对天人三策，为江都相。他提出“天人相与”，“君权神授”学说，宣扬“道之大原出于天，天不变，道亦不变”。又创立“三纲”、“五常”体系，要求汉武帝罢黜百家，独尊儒术，为武帝采纳，开拓了此后二千余年以儒学为正统的局面。有《春秋繁露》、《举贤良对策》、《董宋子文集》。

③见注②。

④指三国魏乐平侯、司徒董昭及其弟董访等兄弟的事迹。董昭，字公仁，定陶人。

⑤董氏宗祠联。

⑥金代戏曲家董解元《西厢记》中联语。

⑦明代本寺卿兼侍读学士董其昌（1555—1636）撰联。董其昌，字玄宰，号思白，又号思翁、香光居士。松江华亭（今上海松江县）人。万历进士。书法秀逸，自成一家。擅画山水。有《容台集》、《画禅室随笔》等。

⑧董其昌自题联。

⑨中国伟大无产阶级革命家、中国共产党和国家杰出的领导人董必武（1885—1975）撰厦门集美鳌园联。

⑩杨涛《纪晓岚外传》第15卷“董姓厅堂联”语。

⑪东海洛阳令董宣，字少平，围人。搏击豪强，莫不震璘，京师号为“卧虎”。

⑫指明代修撰董倮和董越的事典。董越为成化进士。官南京工部尚书，有《圭峰文集》。

⑬金代戏曲家董解元《西厢记》联语。

⑭春秋时晋国史官董狐的事典。孔子以其“书法不隐”赞为“古之良史”。

⑮春秋时晋国名人董安于的事典。他尝曰：“我死而晋国宁”。

⑯明代名人董香光（其昌）撰书培风阁联。

董氏名人集粹

董说　清代文学家，浙江绍兴人。

董洵　画家，今浙江绍兴人。

董邦达　著名画家，浙江富阳人，人称清代画中十哲之一。

董其昌　明代著名的书画家，松江华亭（今上海松江）人，他的字、画以及书画鉴赏，在明末清初名声极大。曾官至南京礼部尚书。

董小宛　著名才女，金陵（今江苏南京）人，为“秦淮八艳”之一。她不但容貌俏丽，而且善书画，通诗史，后来嫁给清初著名文学家冒襄为妾。人称江南一大才女。张揭扬作有

《小宛传》。

董俊 元代藁城（今河北藁城）人，金末归蒙古，随世祖征伐，率匡国军，任左副元帅。他的子辈、孙辈在当朝中任要职有 7 人之多，是当时声势显赫的家族。

董解元 金代诸宫作家，《西厢记诸宫调》为其名作。

董庞儿 辽末农民起义首领，涞水（今属河北）人。

董槐 南宋官至左丞相兼枢密使、封许国公，定远（今安徽定远）人。

董德修 陆九渊派理学家，乐安（今江西乐安）人。

董楷 朱熹派理学家，临海（今浙江临海）人等。

董羽 北宋著名画家，今江苏常州人，善画鱼龙海水，时有“笔法神化，精工第一”之称。

董枢 太祖乾德间西京留司御史台，今河北元氏人。

董敦逸 元祐间监察御史，吉州永丰（今江西永丰县）人。

董源 （？一约 962）五代南唐画家。源一作元，字叔达，钟陵（今江西进贤西北）人。中主时任北苑副使，人称董北苑。擅画长墨或淡着色山水，用状如麻皮皴笔表现山峦，上多矾头（山顶石块）苔点，多画丛树繁密，丘陵起伏，云雾显晦和溪桥渔浦，汀渚掩映的江南景色，后人评为平淡天真，唐无此品。也有些作品设色浓重，山石皴纹甚少，景物富丽，近李思训格调，而较放纵活泼。兼工龙、牛、虎和人物。巨然学他水墨山水画，有所变格，后世并称“董巨”，为五代，北宋间南方山水画主要流派，对后世影响很大。存世作品有《夏景山口待渡》、《潇湘》、《夏山》、《龙宿郊民》、《溪岸》等。

董庭兰 唐代宰相、琴家，陇西（今属甘肃）人，因善弹《胡笳》而名于时。

董伯仁 隋代杰出的画家，汝南（今属河南）人，曾官至光禄大夫及殿中将军等。

董纯 以功进位上开府、拜柱国、爵郡公，成纪（今甘肃秦安）人。

董琬 北魏出使西域的使者，他于公元 437 年被派出使西域，曾远至大宛、者舌诸国，并同附近 16 国建立友好关系。他归国后曾对当时西域的地理和交通提出一个详细的报告，见于《北史·西域列传》。

董景道 西晋经学大师，弘农（治今河南灵宝北）人。

董遇 三国时曹魏大司农，弘农（今河南灵宝南）人，善治《老子》、《春秋左氏传》。

董厥 蜀汉尚书令，义阳（今河南桐柏县）人，诸葛亮称其为“良士”。

董和 与诸葛亮并署左将军大司马府事，枝江（今湖北枝江）人，史称“外牧殊域，内斡机衡”。他的儿子董允仕官尚书令。他在蜀汉其间，颇得诸葛亮信任。常谏诤后主过失，抑制专权的宦官黄皓。

董袭 孙吴时期以战功拜为偏将军，余姚（今属浙江）人。

董卓 东汉太师，陇西临洮（今甘肃岷县）人，本为凉州（汉时治所在今甘肃张家川回族自治区）豪强。灵帝时，任并州（治所今山西太原市西南）牧。189 年率兵入洛阳，废少帝，立献帝，后挟献帝西迁长安，自为太师。

董宣 圉县（今河南杞县南）人，不畏强暴，秉公执法，宁死不阿而又廉洁刚正，世称卧虎令和强项令。

董昭 定陶（今属山东）人，为曹操谋士。

董玘 屯田都尉，陈留（今河南开封县东南）人，为著名女诗人蔡文姬后夫。

董正 雅性高洁、累辟不仕，番禺（今广州）人。

董昌 由宛令升蜀郡太守，余姚（今浙江余姚）人。

董钧 时称通儒，今四川资中北人等。

董贤 西汉大司马，云阳（今陕西淳化西北）人，他 22 岁时就被哀帝所宠幸，官至大司马，操纵朝政。其父、弟及妻父等一并官至公卿，建第宅，造坟墓，费钱以万万计，足见其家族在当朝之显赫。

董仲舒 （前 197—前 104）西汉哲学家，今文经学大师。广川（治今河北景县西南）人。专治《春秋公羊传》。曾任博士、江都相和胶西王相。汉武帝举贤良文学之士，他对策（见“天人三策”）建议：“诸不在六艺之科，孔子之术者，皆绝其道，勿使并进。”为武帝所采纳，开此后两千余年封建社会以儒学为正统的先声。其学以儒家宗法思想为中心，杂以阴阳五行说，把神权、君权、父权、夫权贯串在一起，形成封建神学体系。体系的中心是所谓“天人感应”说。认为“天”对地上统治者经常用符瑞、灾异分别表示希望和谴责，用以指导他们的行动，为君权神授制造理论。将天道和人事牵强比附，试图论证“道之大原出于天，天不变，道亦不变”，假借天意把封建统治秩序神圣化、绝对化。认为人的认识就在于与天意相符，天意“唯圣人能见之”。又认为“名”亦来自天意，是一切非曲直的标准，还提出“三纲五常”的封建伦理和把人性分为上、中、下三品的论点。宣扬“黑、白、赤三统”循环的历史观。对“富者田连阡陌。贫者亡（无）立锥之地”的阶级矛盾现象有所揭露，提出“限民名（占）田，以澹（赡）不足”，“塞并兼之路”的抑兼并主张。教育上，主张以教化为“堤防”，立太学，设库序。著作有《春秋繁露》（可能经后人附益修改）及《董宋子文集》。

董狐 被当时的孔子誉为“良史”的晋国史官。是最早出现于史籍上董姓名人。

董氏风流撷英

董姓始祖是董父，
豢龙有功赐姓董。①
秉笔直书称良史，
后人尊奉史典范。②
三纲五常思想立，
仲舒尊儒黜百家。③

披麻皴法画山水，
董源平淡现潇湘。④
解元创作诸宫调，
西厢故事世人知。⑤
自成一家董其昌，
监邢张米书齐名。⑥
草重为董意同懂，
心智开窍道理明。⑦
华夏后裔继传统，
炎黄子孙智且勇。

注释：

①据《通志·氏族略·以字为氏》记载，黄帝之裔孙封于飂（liù）国，叫飂叔安，飂叔安生子叫董父，相传对龙的习性很有研究，被帝舜任命为豢龙氏，专门养龙，因养龙有功，帝舜赐他以董为氏，董父之后遂为董氏。

②董狐（生卒不详），春秋时晋国史官。公元前607年，晋灵公欲谋杀正卿赵盾，赵盾被迫出逃，在未出国境之前，其弟赵穿在桃园将晋灵公杀死，把赵盾迎回执政，立为成公。董狐以太史身份直书“赵盾弑其君”，以正视听。被孔子赞为“书法不隐”、“古之良史”。以致后世之人将董狐作为史学家的典范。

③董仲舒（前197—前104年），西汉思想家，河北枣强人。汉武帝时，他创立“三纲”、“五常”的思想体系，提出“罢黜百家，独尊儒术”的建议，为武帝采纳。在中国开创了二千余年儒学正统的局面。

④董源（？—约公元962年），五代十国时南唐画家，江西进贤人。用披麻皴法画山水，平淡天真，后有巨然承其风格，并称“董巨”，对后世影响很大。《潇湘》是他的传世作品之一。

⑤董解元（生卒不详），金朝时戏曲家。他根据唐人元稹的《莺莺传》创作了《西厢记诸宫调》，为后来元曲家王实甫创作《西厢记》准备了条件。

⑥董其昌（公元1556—1636年），明朝书法家，上海松江人。其书法超越当时华亭名书法家沈度，自成一家。与监邑、邢侗、张瑞图、米万齐名。

⑦草重为董，董通懂，心智开窍，道理渐明。

中华百家姓

赵 钱 孙 李 周 吴 郑 王 冯 陈 蒋 沈 韩 杨
朱 秦 许 何 吕 张 孔 曹 金 魏 姜 谢 邹 苏
潘 范 彭 韦 马 方 任 袁 史 唐 薛 雷 贺 汤
罗 郝 常 于 傅 康 余 顾 孟 黄 尹 姚 邵 汪
毛 戴 宋 熊 董 梁 杜 贾 江 郭 林 钟 徐 邱
高 夏 蔡 田 胡 万 卢 丁 邓 石 崔 龚 程 陆
段 侯 武 刘 龙 叶 黎 白 赖 乔 谭 阎 易 廖
文 曾

梁姓

——梁音通良求精良，奋发图强作栋梁

梁氏解密寻踪

（一） 姓氏字源

《说文》：“梁，水桥也。从木、水，刃声。”徐锴《系传》：“（古文梁）从两木、一，梁之中横象，从水，指事。”段玉裁注：“梁之字，用木跨水，则今之桥也。”梁之本义即桥，如桥梁、津梁。《诗·大雅·大明》：“造舟为梁，不显基光。”孔颖达疏：“造其舟以为桥梁。”

（二） 寻根溯祖

梁姓来源有五：

1. 出自嬴姓，为帝颛顼裔孙伯益之后。据《元和姓纂》等所载，相传帝颛顼有个孙女叫女修，因偶捡燕子蛋吃下生大业，大业娶少典氏之女子女华为妻，生下伯益，伯益因辅佐大禹治水有功，帝舜赐之嬴姓，伯益便为古代嬴姓各族的祖先。至周代（建都在镐〈今陕西长安沣水以东〉，后迁雒邑〈今河南洛阳〉），传至16世孙非子，因善于畜牧而出名，他为周孝王有桃林（今陕西华山一带）养育良种马，马群繁殖很快，周孝王很高兴，就封他在秦谷（在甘肃天水西南）为附庸国（地位低于诸侯国），让他恢复嬴姓，称为秦嬴。其曾孙秦仲为周宣王大夫，征讨西戎（古代对西北戎族的总称，分布于黄河上游及甘肃北部）时不幸被杀。秦仲的5个儿子征得周宣王的同意，率兵七千，再战西戎，终于打败了西戎，收复了被侵占的疆土。周宣王大喜，便给秦仲的5个儿子一一加官封地，其中大儿子秦庄公被封为西陲大夫，平王东迁（前770年）后，又封其二儿子康在夏阳梁山（今陕西韩城县南），立国为君，称梁康伯。春秋时，梁康伯的后人梁伯喜欢大兴土木，老百姓承受不了繁重的劳役和赋税，纷纷逃亡国外。秦穆公便以拯救梁国人民的名义，于公元前641年攻灭梁国，其子孙便以国为氏，称梁氏。史称梁姓正宗。后秦改梁国为少梁，战国秦惠文王十一年（公元前327年）改名夏阳，后置县。治所仍在今陕西韩城南。是为陕西梁氏。

2. 出自姬姓。据《路史》等所载，东周时，平王（公元前770—前720年在位）有儿子唐被封在南梁，治汝。汝即今河南汝州市西南。后为楚所并，其后子孙以国为氏姓梁。安定梁氏出此。又楚有大夫梁公弘，亦为南梁后裔。是为河南梁氏。

3. 据《通志·氏族略》所载，春秋时晋（周分封的同姓诸侯国，在今山西西南部，建都于唐〈今山西翼城西〉）有梁益耳、梁弘、梁由靡，因晋有解梁城、高梁、曲梁之地，则以邑命氏。是为山西梁氏。

4. 据《通志·氏族略》所载，战国初期，赵、魏、韩分晋以后，公元前361年魏惠王迁都大梁（在今河南开封市），从此魏国亦被称为梁国，后亦有梁氏。是今河南开封梁氏。

5. 据《魏书·官氏志》所载，南北朝时，后魏鲜卑族复姓（代北三字姓）拔列兰氏，迁居中原（洛阳），改为梁氏。是为河南洛阳梁氏。

（三） 宗堂郡望

堂号 1. “仪国堂”。

2. “保善堂”：宋时右丞相梁克家，风度修整，原则性强，虽近亲、权幸（权是大官，幸是宠臣），也按原则办事，好人赖以保全。封仪国公。

另外还有“安定”堂号。

郡望 主要有安定郡、扶风郡、天水郡、河南郡等。

1. 安定郡。西汉元鼎三年（公元前114年）置郡，治所在高平（今宁夏固原）。相当今甘肃景泰、靖远、会宁、平凉、泾川、镇原及宁夏中宁、中卫、同心、固原等地。东汉移治临泾（甘肃镇原东南），东晋又移治安定（甘肃泾川北）。此支梁氏，其开基始祖为春秋时晋国大夫梁益耳。

2. 扶风郡。汉武帝太初元年（公元前104年）置右扶风，为三辅之一。三国魏改名置郡，治所在槐里（今陕西兴平东南）。相当今陕西麟游、乾县以西，秦岭以北地区。西晋移治池阳（今泾阳西北）。此支梁氏，出自汉时安定梁氏之分支。

3. 天水郡。西汉元鼎三年（公元前114年）置郡，治所在平襄（今甘肃通渭西北）。相当今甘肃通渭、静宁、秦安、定西、清水、庄浪、甘谷、张家川等县及天水市西北部、陇西东部、榆中东北部地。此支梁氏，出自氐族梁氏。

4. 河南郡。汉高帝二年（公元前205年）改秦三川郡置郡，治所在雒阳（今河南洛阳市东北）。相当今河南黄河以南洛水、伊水下游，双洎河、贾鲁河上游地区及黄河以北原阳县。此支梁氏，多出自匈奴族梁氏。

（四） 家谱寻踪

全国·梁氏世谱三十二篇
藏地：国家图书馆（二部）
（民国）梁焕奎编纂
1915年梁氏五橘堂刻本　二册

河北正定·梁氏族谱
藏地：中央民族大学
（明）梁桥编
清康熙十九年（1680）刊本　四册

江苏赣榆·梁氏族谱不分卷
藏地：江苏赣榆县档案馆
务本堂钞本　三册

江苏江都·维扬江都梁氏第八次统修族谱十八卷
藏地：国家图书馆
（清）耿荣安　梁体和编修
清光绪三十年（1904）三箴堂活字本　十八册

江苏江都·梁氏支谱一卷
藏地：吉林大学
（民国）梁瀚修
1932年排印本　一册

浙江鄞县·甬上梁氏谱稿十卷
藏地：浙江宁波天一阁文物保管所
（民国）梁秉年　梁锡钻纂修
1920年稿本　一册

浙江鄞县·梁氏家乘十卷
藏地：吉林大学　美国
（民国）梁秉年初修
1922年排印本

河南登封·梁氏家谱不分卷
藏地：河南省图书馆
（清）梁学库　梁以化等续修
清光绪二十九年（1903）梁氏木刻本

河南·邢陵梁氏家乘四卷
藏地：河南大学
（清）梁瀚修
1914年石印本

湖北新洲·梁氏宗谱八卷
藏地：湖北新洲县新集乡李塆村
（民国）梁耀云修
1945年木刻本

湖南·梁李族谱四卷首一卷
藏地：河北大学
（民国）梁树荣　梁炜纂修
1923年五经堂木刻本　七册

湖南长沙·梁氏支谱不分卷
藏地：日本　美国
清同治间钞本　五册

湖南长沙·梁氏支谱不分卷
藏地：中山大学
清安定堂钞本　四册

湖南长沙·梁氏族谱九卷首一卷
藏地：南京大学。
（清）梁昌复等修
清光绪十五年（1889）梁氏安定堂木活字本　六册

湖南长沙·梁氏三修族谱十二卷

藏地：河北大学

（清）梁运熙　梁运丁纂

清宣统三年（1911）安定堂木刻本　十四册

湖南湘潭·中湘梁氏五修族谱十四卷

藏地：广东省中山市图书馆

（民国）梁佑庶　梁启嶲纂修

1932年本仁堂刻本　十四册

湖南会同·梁氏七修合谱二十四卷

藏地：湖南省图书馆（存卷1）

（民国）梁锡源编修

1920年安定堂活字本

广东·南海梁氏家谱四卷

藏地：日本

（清）张彬文　张秀之等修

清光绪二十六年（1900）刊本　四册

广东·南海芦排梁氏家谱四卷

藏地：中国科学院图书馆　广东省中山市图书馆　中山大学　日本　美国

（清）梁纶修

清宣统三年（1911）广州金璧齐刻本四册

广东南海·石扶村头乡梁姓族谱不分卷

藏地：美国

（民国）梁智镛编

1925年刊本　一册

广东·南海泮塘梁衣德堂族谱不分卷

藏地：中山图书馆　美国

（民国）梁当年辑

1929年广州近安印务局铅印本　一册

广东南海·梁氏族谱不分卷

藏地：广东省中山市图书馆

（民国）梁德煐纂修

1934年孝友堂铅印本　一册

广东顺德·梁耀枢谱系

藏地：美国

清同治十年（1871）刊本

广东顺德·歇马乡梁氏族谱十卷

藏地：广东省中山市图书馆

（清）梁锡蓉修

清光绪二十二年（1896）广州宝珍楼刻本　八册

广东顺德·梁氏家谱不分卷

藏地：广东省中山市图书馆

（清）梁焕章　梁启元纂修

清道光二十二年（1842）刻本　一册

广东台山·梁氏族谱不分卷

藏地：美国

（民国）梁榆材等修

1925年刊本

广西容县·梁氏家乘不分卷

藏地：广西容县灵山乡仁勇村

（民国）梁兆符撰

1931年钞本

广西·容县水里梁德宏公族谱不分卷

藏地：广东容县松山乡松山村

（民国）梁延新编辑

1949年铅印本

四川江津·梁氏族谱四卷附录二卷

藏地：四川重庆市图书馆

（民国）梁映辉　梁进之等纂

1928年江津县梁氏宗祠石印本

五册

陕西·三原梁氏旧谱一卷

藏地：辽宁省图书馆

（清）梁粧　梁承政等修

清嘉庆九年（1804）修　清刻本

梁氏族谱一卷

藏地：国家图书馆

（明）梁纪纲纂修

明万历刻本　一册

圣堂梁氏族谱四卷

藏地：广东恩平县档案馆

（明）梁瑶光撰

明万历十二年（1584）刊本

梁氏族谱一卷续四卷

藏地：国家图书馆

（清）梁允植纂

清康熙十九年（1680）梁氏刻本四册

（五）　字行辈份

清宣统二年梁道生修《梁氏族谱》，陕西兴平梁姓一支字行为："世贵端本，元孝承嗣，道安靖贤。"

（六）　迁徙繁衍

嬴姓伯益的后裔有个叫非子的人，善于养马。周孝王让他负责养马，结果，马滋生众多，得到了大发展。周孝王说："昔伯翳（即伯益）为舜主畜，畜多息，故有土，赐姓嬴。今其后世亦为朕息马，朕其分土为附庸。"于是，"邑之秦，使复续嬴氏祀，号曰秦嬴"。非子的曾孙秦仲，为周宣王大夫，奉命征讨西戎，不幸被西戎所杀。周宣王召秦仲的5个儿子，给兵马7000，让他们继续伐西戎。他们团结一致，同仇敌汽，打败西戎，收复了失地。周宣王封秦仲的大儿子庄公为西垂大夫。秦庄公的次子秦襄公，在西戎犬戎与申侯伐周、杀周幽王时，曾将兵救周，有战功；当周平王东迁洛邑时又以兵护送，被周平王封为诸侯。同时，周平王又封秦仲的小儿子康于夏阳梁山（在今陕西韩城南），建立梁国，为伯爵，称梁康伯。梁康伯以后的君主称梁伯，喜欢建造华丽的宫殿，经常大兴土木，民不堪其苦，纷纷外逃。公元前641年，秦穆公派兵攻灭兴国，改称梁地为少梁。亡国后的梁国子孙，大都逃到晋国，以原国名为氏，就是梁氏。此即《元和姓纂》所云："梁，嬴姓，伯益之后，秦仲有功，周平王封其少子康于夏阳，是为梁伯，后为秦所灭，子孙以国为氏。"又据《魏书·官氏志》载，北魏孝文帝迁都今河南洛阳后，将鲜卑族的拔列（一作拔列兰）氏改为梁氏。这也是梁姓来源之一。

春秋时期，晋国有大夫梁益耳、梁弘，还有梁婴父；楚国有大夫梁公弘；齐国有梁鳣，字叔鱼，为孔子弟子，这说明梁氏早期主要是在今山西、湖北、山东省发展。据《梁氏族谱》称，梁益耳是梁康伯的玄孙，居河东（郡治在今山西夏县西北禹王城），是为河东梁氏开基祖。梁鳣是康伯的9世孙，晚年居住在曲阜（今属山东），其子梁聪又迁至郓州（今山东沂水县北）。西汉平帝末年（公元5年），梁益耳的20世孙梁桥徙居安定（在今甘肃泾川县北泾河北岸），为安定梁氏开基祖；还有一支移居扶风（今陕西兴平县东南）。东汉时，除上述地区外，今河南及江南的一些地方已有梁氏居民。西晋末，有梁芬，女为晋怀帝后，因晋室离乱，举族随晋室渡江，子孙繁衍于钱塘（今浙江杭州）、合浦（今属广西）间。梁芬之孙（梁桥13世孙）梁遐，在东晋做官，因桓玄篡位，随晋安帝逃到福建落阳县三山里，后定居，是为梁氏入闽始祖。唐代以前，梁氏的居住地又扩展至今河北、青海、四川、湖南等省的一些地方。世居陆浑（今河南嵩县东北）的梁肃，在安史叛军人洛阳后，"窜身东下，旅于吴越"。梁遐的21世孙梁颀，于唐代移居泉州惠安县黄淡村；25世孙梁熙嘏，于北宋时迁入广东顺德石蜡，其4世孙梁孟坚又迁至福建宁化石壁乡。此后，这一支梁氏在闽粤发展繁衍，至清康熙末年，有部分人移居台湾，进而又有人远徙海外开基立业。

在中国历史上，梁姓有一人称帝。隋朝夏州朔方（今陕西靖边北白城子）人梁师都，原任鹰扬郎将，617年起兵反隋，自称皇帝，国号梁，年号永隆，历时11年。梁姓最显赫的家族是东汉时以梁竦为首的安定乌氏（今甘肃平凉西北）梁氏。章帝时，梁竦有两女为贵人，小贵人生和帝。后为窦后所忌，两贵人被杀，他死狱中。和帝即位，追封梁竦为褒亲愍侯，子3人皆为侯。其孙梁商，袭父爵，顺帝时任大将军，总管朝政，死后由子梁冀继任。梁冀的妹妹梁呛为顺帝皇后，称梁太后，另一个妹妹为桓帝皇后。顺帝死后，他与梁太后迎立冲、质、桓三帝，梁太后临朝执政，他专断朝政几20年。梁氏一门前后有7个侯，3个皇后，6个贵人，两个大将军，可谓满门显贵。此外，东汉有隐士梁鸿，书法家梁鹄；后赵时有戍卒起义领袖梁犊；唐代有天文仪器制造家、画家梁令瓒，文学家梁肃；北宋有权知开封府的梁颢，官至太尉、开府仪同三司，鬻卖官职的宦官梁师成；南宋有女将梁红玉，抗金义军首领梁兴，画家梁楷；明代有戏曲作家梁辰鱼；明末清初有建筑工匠梁九；清代有江南提督梁化凤，诗人梁佩兰，东阁大学士掌翰林院学士梁诗正，东阁大学士兼军机大臣梁国治，书法家梁同书，文学家梁章钜、梁廷楠；近现代有曾于1921年出任国务总理的梁士诒，资产阶级改良主义者、学者梁启超，森林学家梁希，建筑学家梁思成，考古学家梁思永。当代，美国有华人银行家梁淑仪。于此可见，梁姓英才辈出，代不乏人。

（七） 适用楹联

□夏阳愤忻；沂谓流源。

□石门教授；[①]吴市高风。[②]

□满江还响红玉鼓；[③]
新派常吟卓如诗。[④]

□少白宏篇红线女；[⑤]
卓如杰作墨经书。[⑥]

□清风明月本无价；
近水远山皆有情。[⑦]

□闲为水竹云山主；
近得风花雪月权。[⑧]

□政惟求平便民；
事皆可与人言。[⑨]

□凤质龙文，光华相映；

景风淑气，仁寿风登。[10]

□守古老家风，惟孝惟友；

教后来恒业，曰读曰耕。[11]

□南中喜得秦淮海；

天下愿识韩荆州。[12]

□建阙修宫，周翰献五凤楼赋；[13]

为官作宰，清慎勤三字符方。[14]

注释：

①指梁姓历史名人梁孟敏。

②东汉隐士梁鸿，字伯鸾，扶风平陵（今陕西兴平）人。家贫，父死卷席而葬。初受业于太学。博通群籍，竟业后入上林苑中牧猪，为当地人所敬。旋归乡里，娶同县孟氏女，名光，貌丑而贤。共隐居霸陵山中，以耕织为业。后出关过洛阳，作《五噫歌》，讥讽统治者奢侈，章帝闻而求之。他改名易姓，复与妻隐居齐鲁之间。后又往吴（今江苏苏州），寄住皋伯通家，居于廊下，为人当佣工舂米，深得妻孟光敬仰，每归，妻“举案齐眉”，奉上饭食，后世传为佳话。

③南宋名人梁红玉，抗金名将韩世忠之妻。建炎四年（1130），世忠与金兀术战于黄天荡时，她击鼓助战，激励士气；金兵突破江防后，她上疏请治世忠罪。绍兴六年（1136），世忠置府楚州（今江苏淮安），与士卒披荆斩棘，她亲自织帘为屋，深受将士爱戴，曾被封为安国夫人。

④近代资产阶级改良主义者、学者梁启超（1873—1929），字卓如，号任公，又号饮冰室主人。广东新会人。举人出身。和其师康有为一起，倡导变法维新。人称“康梁”。曾倡导文体改良的“诗界革命”和“小说界革命”。有《饮冰室合集》

⑤明代戏曲作家梁辰鱼，字伯龙，昆山人。雅擅词曲。邑人魏良辅能喉转音声，始变弋阳、海盐故调为昆调，辰鱼填浣纱记付之，是为昆曲之始。作有传奇《红线女》等。

⑥梁启超曾撰有《墨经校译》等著作。

⑦清代巡抚文学家梁章钜（1775—1848）集欧阳修、苏舜钦诗句作苏州沧浪亭联。梁章钜，字闳中，晚号退庵，福建长乐人。嘉庆进士，官至江苏巡抚兼两江总督。有《文选旁证》、《楹联丛话》等多种。

⑧清代书法家梁同书（1723—1815），题联。梁同书，字元颖，号山舟，浙江钱塘（今杭州市）人。乾隆举人，赐殿试，授庶吉士，任翰林院侍讲职。工书法，与翁方纲、王文治、刘墉合称“清四家”。著有《频罗庵遗集》。

⑨清代江苏巡抚兼两江总督梁章钜自题联。

⑩清代张岳松赠梁章钜联。

⑪清代乾隆进士梁山舟撰书联。

⑫程春海赠梁茝邻联。

⑬宋代翰林学士梁周翰的事典。梁周翰，字元褒，管城人。以辞学为流辈所许，有文集及《续因话录》。

⑭明代良吏梁孟敏的事典。

梁氏名人集粹

梁佩兰　清代文学家，南海（今

属广东）人。

梁诗正 东阁大学士，钱塘（今浙江杭州）人，乾隆时曾官至礼部、刑部、户部、吏部侍郎，兵部、工部尚书。

梁廷枏 （1796—1861）清文学家。字章冉，广东顺德人。副贡生，咸丰时赐内阁中书，加侍读衔。颇注意研究西方国家政治情况。曾赞助林则除、邓廷桢禁烟，并支持广州人民反对英军人城的斗争。通史学，善诗文，精音律。所撰《夷氛闻记》，对鸦片战争情况有较真切的记载。有《藤花亭诗文集》等。

梁章钜 文学家，今福建长乐人。

梁同书 书法家，钱塘（今浙江杭州）人，以羊毫笔作大字，颇为苍劲，与当时的翁方纲、刘墉、王文治齐名。

梁国治 书法家、军机大臣，会稽（今浙江绍兴）人。

梁化凤 官至江南提督，陕西长安人。

梁辰鱼 明代戏曲家，昆山（今属江苏）人，熟悉戏曲音律，创作了以昆腔演唱的传奇《浣纱记》，对昆腔的发展和传播有相当影响。又作有杂剧、散曲等多余种。

梁颢 右司谏，郓州须成（今山东东平）人。

梁楷 南宋著名画家，东平（今属山东）人，以善画人物、山水、道释和花鸟而著称，尤其道释人物，采用了“折芦描”，寥寥数笔，神态活现，对后世较有影响。

梁红玉 女将，本京口（今浙江镇江）名妓，后为韩世忠妻，封安国夫人、扬国夫人，曾领兵大败金兵。

梁兴 抗金义军首领，平阳（今山西临汾南）人。

梁令瓒 唐代著名画家、天文学家梁令瓒蜀（今四川）人。

梁肃 文学家，安定（今甘肃泾川）人，世居陆浑（今河南嵩县东北），曾官至右补阙、太子侍读、翰林学士等职。奖掖后学，大文豪韩愈曾得其举荐。

梁师都 隋代鹰扬郎将，夏州朔方（今陕西靖边北白城子）人，隋末发动农民起义，在朔方（今陕西靖边）称帝，国号梁，年号永隆。汉后至隋唐之间，梁姓沉寂了一段，故特别出名的人物就显得少多了。但迄隋唐，梁姓汉代之雄风又高涨了起来，尤其在文化领域尽展族人应有的才华。

梁鸿 东汉隐士，扶风平陵（今陕西咸阳西北）人，后迁居吴（今江苏苏州）。曾与其孙梁冀（为大将军，总管朝政）先后迎立冲、质、桓3帝。

梁竦 专朝20多年，安定乌氏（今甘肃平凉西北）人，其孙女梁妠就是顺帝的皇后。梁氏一门前后有7个侯、3个皇后、6个贵人、2个大将军，是东汉专断朝政时间最长的外戚。可见梁氏家族从一开始地位就异常显赫，几乎到了登峰造极之时。

梁鹄 书法家，安定乌氏（今甘肃平凉西北）人。

梁丘贺 西汉时今文易学“梁丘学”的开创者，琅邪诸（今山东诸城）人，曾官至大中大夫、给事中、少府，后立为博士。

梁氏风流撷英

征讨西戎军功显，
少康受封国号梁。①
秦灭古梁国为氏，
祖籍韩城郡平凉。②
博通群籍不为官，
梁鸿孟光情为尚。③
天文制造兼画家，
浑天铜仪玄机巧。④
满江回响红玉鼓，
士旺激战黄天荡。⑤
臻力于学贯五经，
花甲就征述礼乐。⑥
太祖实录梁潜修，
永乐大典代总载。⑦
梁音通良求精良，
奋发图强作栋梁。⑧

注释：

①据《通志·氏族略》记载，周朝时，秦仲率兵征讨西戎时不幸被杀，其子征得周室王同意，率兵再战西戎，打败了西戎。秦仲的儿子少康因军功显赫，被封于夏阳梁山，建立了梁国。

②公元前641年为秦国以拯救梁国人民的名义，举兵伐梁，将古梁国吞并，其遗民以“梁”为氏，遂有梁氏。其祖籍在今陕西省韩城南。郡望安定郡，为汉武帝元鼎三年（公元前114年）所设，在今甘肃平凉一带。此乃梁氏的发祥地。

③梁鸿（生卒不详），东汉隐士，陕西兴平人。此人博通群籍，取本县孟光为妻，隐居霸陵山中，织为业，为当地人敬仰。后出关过洛阳，作《五噫歌》，讥讽统治者的奢侈。章帝闻而求之，他改名换姓，与妻隐居齐鲁之间，后居于廊下，替人当佣工舂米，深得妻子敬仰，每归妻“举案齐眉”，奉上饮食。

④梁令瓒（生卒不详），唐朝天文仪器制造家、画家，四川人。他与僧一行合作，制成以漏水转动的浑天铜仪。上装两个木人，能自行各报时辰，存世《五星及二十八宿神形图》一卷，画风似画圣吴道子。

⑤梁红玉（生卒不详），南宋抗金名将韩世忠之妻。深明大义，处处以国家民族利益为重，协助丈夫，奋勇抗金，建炎四年（1130年）宋金在黄天荡激战，她击鼓助战，鼓舞士气，后被封为安国夫人。

⑥梁寅（公元1309—1390年），明初学者，江西新余人。家贫但志不贫，臻力于学，淹贯《五经》。年逾花甲仍就征修述礼乐。常常有高深绝妙的议论，为众名儒所折服。

⑦梁潜（公元1365—1418年），明朝学者，安徽太和人。永乐元年（1403年），以重修《太祖实录》，后来代郑赐为《永乐大典》总裁。

⑧梁（liáng）字，读音通良，只要奋发图强，就一定能成为国家的栋梁之材。

中华百家姓

赵	钱	孙	李	周	吴	郑	王	冯	陈	蒋	沈	韩	杨
朱	秦	许	何	吕	张	孔	曹	金	魏	姜	谢	邹	苏
潘	范	彭	韦	马	方	任	袁	史	唐	薛	雷	贺	汤
罗	郝	常	于	傅	康	余	顾	孟	黄	尹	姚	邵	汪
毛	戴	宋	熊	董	梁	**杜**	贾	江	郭	林	钟	徐	邱
高	夏	蔡	田	胡	万	卢	丁	邓	石	崔	龚	程	陆
段	侯	武	刘	龙	叶	黎	白	赖	乔	谭	阎	易	廖
文	曾												

杜 姓

——木作榄杆土筑墙，防微杜渐堵祸殃

杜氏解密寻踪

（一） 姓氏字源

《说文》："杜，甘棠也。从木，土声。"杜、木名、俗称杜梨，为蔷薇科落叶乔木，枝有刺，叶可入药。《尔雅·科木》："杜，甘棠。"

（二） 寻根溯祖

杜姓来源有三：

1. 出自祁姓，为帝尧裔孙刘累之后。据《通志·氏族略》等所载，相传帝舜（传说中父系氏族社会后期部落联盟领袖）做天子时，封尧（传说中父系氏族社会后期部落联盟领袖，陶唐氏，他死后，由舜继位）的儿子丹朱（其父姓伊祁，自他开始也有以祁为姓的）在唐（今山西翼城县西），传到刘累，为夏帝孔甲大臣，因长于养龙，夏时称御龙氏。夏和商时丹朱的子孙仍为诸侯。到了周初成王（武王之子）时，唐国不服当朝领导，被周公旦（武王之弟，名旦，因采邑在周〈今陕西岐山北〉，称为周公。曾助武王灭商。武王死后，成王年幼，由他摄政。周公东征胜利后，大规模分封诸侯，巩固了西周王朝的统治）灭掉，把自己的弟弟叔虞封于唐，把唐国原国君后裔迁到杜（今陕西西安市东南），因此又称唐杜氏。周宣王时，唐杜国君桓在朝中任大夫，人称杜伯。周宣王有个宠妃叫女鸠，她看上了英俊的杜伯，就想方设法去引诱他。杜伯是个正直的人，拒绝了女鸠的勾引，结果女鸠恼羞成怒，在宣王面前诬告杜伯欺负她。周宣王听信了女鸠的话，就把杜伯抓起来处死。杜伯被屈杀死，他的子孙大多数逃往中原，留在杜城的遗族便以国为氏，称杜氏。后春秋初年为秦宁公（公元前 751－704 年）所灭。公元前 687 年秦武公置杜县，治所在今陕西西安市东南。西汉元康六年（公元前 65 年）因宣帝筑陵于此，改名杜陵。北周建德二年废，人万年县。据有关资料所证，杜陵杜氏具体世居地应在今陕西长安县东少陵原东南端，此地因世居杜氏贵族，故唐时便在此地设置杜曲一地名。后又因其南设杜固地名，后世便称杜曲为北杜，杜固为南杜。史称杜姓正宗，为杜氏家族的主要组成部分。是为陕西杜氏。

2. 据《世本》所载，相传是黄帝时酒的发明者杜康的后代。

3. 出自他族改姓。据《魏书·官氏志》所载，南北朝时后魏有独孤浑氏，本为鲜卑族人，随孝文帝拓跋宏迁都洛阳，改汉字单姓杜氏。是为河南洛阳杜氏。

（三） 宗堂郡望

堂号 “诗圣堂”或“少陵堂”：唐朝大诗人杜甫，自号“少陵野老”，历史上称“诗圣”。

另外还有“京兆”堂号。

郡望 杜姓郡望主要有京兆郡、襄阳郡、濮阳郡等。其中以京兆郡最为著称。

1. 京兆郡。汉太初元年（公元前 104 年）改右内史置京兆尹，职掌相当于郡太守，为三辅之一。治所在长安（今陕西西安市西北）。相当今秦岭以北、西安市以东、渭河以南地。三国魏辖区改称京兆郡。

2. 襄阳郡。东汉建安十三年（公元 208 年）分南郡、南阳两郡置郡，治所在襄阳（今湖北襄樊市）。相当今湖北襄阳、南漳、宜城、当阳、远安等县地。

3. 濮阳郡。晋咸宁三年（公元 277 年）改东郡置国，治所在濮阳（今河南濮阳县）。相当今河南滑县、濮阳、范县，山东郓城、鄄城等地。西晋末改为郡。

（四） 家谱寻踪

天津武清·杜氏家谱不分卷

藏地：河北大学

（民国）杜涵修

1943 年铅印本　一册

浙江嵊县·剡北杜氏宗谱十卷

藏地：日本　美国

（清）　杜汝蓝　杜世思等重修

清宣统二年（1901）清介堂木活字本

浙江东阳·岘西杜氏宗谱□□卷

藏地：浙江东阳县红旗乡白坭堪力（存卷 1、2、17、18）

清嘉庆二十五年（1820）木活

字本

浙江衢县·铜峰杜氏家乘不分卷

藏地：浙江衢州市文化管理委员会

（民国）杜氏四房董事重修

1946 年木活字本　二十三册

浙江青田·晋昌郡杜氏宗谱六卷

藏地：国家图书馆　中国社会科学院历史研究所图书馆

（民间杜持　主修

1919 年铅印本　五册

福建福清·晋安杜氏族谱不分卷

藏地：福建省图书馆　福建师范大学

（民国）杜逢时辑

1932 年福清杜氏铅印本

江西南昌·金堂杜氏宗谱□□卷

藏地：江西档案馆（存一卷）

民国间活字本

山东渎县·渎州杜氏家乘

藏地：国家图书馆

（清）杜银汉等六修

清道光七年（1827）泽裕堂刻本　二册

湖北·杜氏宗谱十八卷

藏地：湖北图书馆（又一部）

清光绪三十三年（1907）宝田堂刻本　八册

湖北·江夏杜氏宗谱十八卷首一卷

藏地：人民大学

（清）杜利川等修

清光绪十二年（1886）宝田堂活字本　八册

湖北·黄冈杜氏宗谱□□卷首三卷

藏地：湖北黄冈县档案馆（存卷首 3、卷 1—5、6、7、19、20、21、24、25、31—40）

（民国）杜维珩编修

1917 年敦本堂木刻本

湖北·黄冈杜氏宗谱十二卷

藏地：中国科学院图书馆

（民国）杜超铨修

1926 年宝田堂祠刊本　十一册

湖北·黄冈杜氏宗谱三十八卷

藏地：湖北新洲县周铺乡洪山村

（民国）杜良信续修

1948 年木刻本

湖北新洲·黄冈杜氏族谱二十四卷首四卷

藏地：湖北新洲县三店镇南桥村杜新华藏

（民国）杜良俊　杜家庆等四修

1927 年木刻本

湖南平江·录存杜姓家谱一卷

藏地：湖北图书馆

清刻本　一册

湖南平江·录存杜姓家谱不分卷

藏地：湖南省图书馆（二部）

一 1979 年静电复印民国间活字本一册

湖南平江·杜氏四修族谱二卷首二卷

藏地：湖南省图书馆

（民国）杜远献　杜家方编

1979 年静电复印 1927 年活字本

湖南宁乡·沩宁杜氏六修支谱七卷首一卷

藏地：湖南省图书馆（存卷首）

（民间）杜光炽修　杜荣孝　杜芬传等纂

1945年活字本

广东广州·城南杜氏家谱不分卷

藏地：广东省中山市图书馆

（清）杜汝濂重修

清光绪二十一年（1895）钞本　四册

广东番禺·江都杜氏族谱不分卷

藏地：广东省中山市图书馆

（清）杜倬重修

清道光八年（1828）修　清光绪十年（1884）钞本　一册

京兆杜氏宗谱一卷

藏地：上海图书馆

（明）杜应成编

钞本　一册

冀镇杜氏族谱四卷

藏地：人民大学

（清）杜继瑗　杜世永纂

清同治七年（1868）刻本　二册

重泾杜氏宗谱十四卷首二卷

藏地：国家图书馆

（清）杜鸣岐等续修　陈秀章纂

清光绪六年（1880）敦义堂活字本　二十八册

江左镇杜氏家谱不分卷

藏地：河南伊川县档案馆

（清）杜文林等编纂

清光绪十五年（1889）刻本

仟源杜氏实录四卷

藏地：国家图书馆　北京大学

（清）杜璟辑

清光绪二十一年（1895）活字本　一册

杜氏族谱三卷

藏地：四川合江县县志办

（民国）杜天麒参著

1914年承侯祠木刻本

青旸杜氏续修世谱十卷

藏地：国家图书馆

（民国）杜祥根等

1933年瑞庆堂活字本　十册

杜氏家谱三卷

藏地：天津市图书馆

1943年铅印本　一册

杜氏宗谱一卷

藏地：四川仪陇县档案馆

钞本

（五）　字行辈份

1926年杜祚华、杜起铨修《杜氏宗谱》，湖北黄冈杜姓一支字行为："德祚期敦厚克家。"

（六）　迁徙繁衍

又据《魏书·官氏志》，鲜卑族原有三字姓独孤浑氏，北魏孝文帝迁都洛阳（今属河南）后，改为杜氏。

春秋时，晋国有太子申生之傅杜原款，晋平公之膳宰杜蒉；鲁国有叔孙氏家臣杜泄，避季平子之难逃到楚国，其子绰，为楚大夫。周代末年，杜宇在蜀始称帝。这说明先秦时期杜氏已播迁于今山西、山东、湖北、四川等省。杜绰之孙杜赫，为秦大将军，食采于南阳衍邑，世称为"杜衍"。杜赫的曾孙杜周，为西汉御史大夫，以豪族自杜衍（今河南南阳市西南）徙茂陵（今陕西兴平东北），后又分出许多支派。汉代至南北朝时期，杜氏在今河南境分布较为普遍，如南阳、内黄、卫辉、登封、偃师、许昌、林县、邓州、灵宝、洛阳、濮阳、新野等地均有其族人；陕西西安杜氏比较兴旺。此外，今四川德阳、彭山、绵阳、成都、山西永济、太原、安徽庐江、霍山，浙江杭州、湖北襄阳、江苏高邮、河北临漳、正定、山东章丘、潍坊等地，也都有杜氏的聚居点。唐代的《元和姓纂》列杜氏郡望为：京兆（今陕西西安）、襄阳、中山（今河北定县）、濮阳、洹水（今河北魏县）、陕郡（今河南陕县）、安德（今山东陵县）、扶风郿县（今陕西眉县）、偃师、河南（今河南洛阳）。其中以京兆杜氏、襄阳杜氏资料较详。宋代的《广韵》称：杜氏出京兆、汉阳、南阳三望。杜氏于宋、元时期有族人徙居福建、广东，清代有迁至台湾者，有的又进而远徙海外。

（七） 适用楹联

□民歌慈母；[①]世号诗王。[②]

□耽思乎经籍；[③]图像于凌烟。[④]

□学业醇儒富；星斗焕文章。[⑤]

□草堂留后世；诗圣著千秋。[⑥]

□守道还如周柱史；
著书曾学郑司农。[⑦]

□云霞晴光转物候；
春夜喜雨知时节。[⑧]

□梦醒扬州甘薄幸；
心忧社稷老风尘。[⑨]

□锦水春风公占却；
草堂人日我归来。[⑩]

□枫林绿树丹青合；
玉杯锦席风云流。[⑪]

□卜筑草堂，误传严武宅；[⑫]
驰名武库，癖好左氏书。[⑬]

注释：

①指东汉侍御史杜诗（？—38）。杜诗，河内汲县（今属河南）人。字公君，光武帝时为侍御史。建武七年（公元 31 年），任南阳太守，曾创造水排（水力鼓风机），较欧洲早一千一百年。他又征发民工修治陂池，广开田地，发展农业生产。时称“前有召父（召信臣），后有杜母”。

②诗王：对唐代大诗人杜甫（712—770）的颂称。唐代冯贽《云仙杂记》：“鹈冠童子告曰：‘汝本文星典吏，天使汝下谪，为唐世文章海。九云诰已降，可于豆垅下取。’甫依其言，果得一石，金字曰：‘诗王本在除芳国，九夜扪之麟篆熟。声振扶桑享天福。’”

③指西晋将领、学者杜预（222—284）。杜预，字元凯，京兆杜陵（今陕西西安东南）人。曾任镇南大将军。都督荆州诸军事，以灭吴功，封当阳县侯。多谋略，时称“杜武库”。撰有《春秋左氏经传集解》，是《左传》注解流传到今的最早的一种，收入《十三经注疏》中。

④指唐初大臣杜如晦（585—630）。杜如晦，字克明，京兆杜陵（今陕西西安东南）人。隋末曾任滏阳尉。唐兵入关中，助李世民筹谋。官至尚书右仆射。卒谥成，绘像于凌烟阁。

⑤集杜甫诗句联。

⑥朱德（1886—1976）撰书杜甫草堂联。

⑦唐代诗人杜牧（803—852）诗句联。

⑧唐代杜甫诗句联。

⑨唐代诗人杜审言（约645—约708）诗句联。杜审言，字必简，原籍襄阳（今属湖北）人。有《杜审言集》。

⑩清代书法家何绍基撰杜工部（杜甫）祠联。人日：指农历正月初七日。

⑪注同⑧。

⑫指成都杜甫草堂。

⑬见注③。

杜氏名人集粹

在我国的历史上，姓杜的家族历代名人真是多得不胜枚举。

杜浚 今湖北黄冈人，清初诗人。

杜文秀 （1828—1872）清末云南回民起义首领。字云焕，号百香。云南永昌（治今保山）人。廪生出身。1845年（道光二十五年）永昌汉族地主勾结官府残杀回民。1847年他代表回民赴北京控诉。1856年（咸丰六年）临安（治今建水）恶霸侵占回民矿权，焚劫回民村寨，云南巡抚密令各地"聚团杀回"激起回民反抗。他在蒙化（今巍山）联合汉、彝、白等各族人民起义，攻克大理，称总统兵马大元帅。宣布响应太平天国号召，施行轻赋税、重生产等政策。先后占领云南五十三州县，并曾进攻昆明。1872年，清军围攻大理。12月大理将陷时，他服毒后投清营，被杀害。

杜琼 吴县（今属江苏）人，明代画家，其画开吴门派先声。

杜堇 明画家。初姓陆，字惧男，号柽居、古狂、青霞亭长，丹徒（今属江苏）人。居北京。好为诗文。成化（1465—1487）中试进士不第。作画取法南宋院画体格，最工人物，笔法细劲畅利，当时推为白描高手。亦善山水、花卉、鸟善；界画楼台，格局严整，为论者所重。

杜可用 元初江西农民起义首领。

杜太后 宋朝人，曾参与北宋朝政，是宋太祖赵匡胤和宋太宗赵光义的母亲。

杜充 相州（治今河南安阳）人，东京留守，绍圣进士，靖康元年（1126年）金兵攻开封北宋亡，他知沧州（治今河北沧县东南）。高宗建炎二年（1128年）为南京（今河南商丘）留守，次年弃南京南下，升尚书右仆射同平章事，任江淮宣抚使，留守建康（今江苏南京市）。不久，金兵渡江，他弃城逃至真州（治今江苏仪征），旋即降金，官至行台右丞相。

杜光庭 唐末五代道士，入天台山修道，隐居青城山。著《道德真经广圣义》、《道门科范大全集》、《广成集》等。

杜如晦 京兆杜陵（今陕西西安东南）人，唐代名臣，订定各种典章制度，与房玄龄共掌朝政。

杜黄裳 京兆万年（今陕西长安）人，邠国公，宝应年间进士。由太常卿升门下侍郎、同平章事。元和元年（公元806年）西川节度副使刘辟割据蜀地，他坚请用武力讨伐，为宪宗所采纳，后又力主削弱藩镇势力。二年，出任河中、晋、绛等州节度使，后被

封为邠国公。

杜甫 （712—770）原籍襄阳（今属湖北），后迁居巩县（今属河南），著名的大诗人，自幼好学，知识渊博，对于政治很有抱负。其作品被历代的评论者称作“诗史”，成为我国古代诗歌的现实主义高峰。《兵车行》、《春望》、《自京赴奉先县咏怀五百字》、《羌村》、《北征》、《三吏》、《三别》、《茅屋为秋风所破歌》、《秋兴》等诗，皆为后人传诵。现存诗约1400多首。今四川成都市西南郊浣花溪畔有其流寓成都时的故居，1954年国家在此正式建立杜甫草堂纪念馆。

杜牧 （803—852）唐文学家。字牧之，京兆万年（今陕西长安）人。杜佑孙。大和进士，曾为江西、宣歙观察使沈传师和淮南节度使牛僧孺的幕僚，历任监察御史，黄、池、睦诸州刺史，后人为司勋员外郎，官终中书舍人。以济世之才自负，曾注曹操所定《孙子兵法》十三篇。感于藩镇跋扈和吐蕃、回纥等的攻掠，诗文中多指陈讽谕时政之作。写景抒情的小诗，多清俊生动，少数以纵酒狎妓为题材的诗篇则流于颓废。其诗在晚唐成就颇高，后人称杜甫为“老杜”，称牧为“小杜”。亦能文，《阿房宫赋》颇有名。有《樊川文集》。

杜佑 京兆万年（今陕西长安县）人，史学家，历任岭南、淮南等节度使。著《通典》200卷，为我国第一部记述典章制度的通史。其族子杜环，天宝十载（公元751年）随高仙芝西行，为大食所败被虏，后东归。他撰有《经行记》，《通典》选有数则。

杜顺 雍州万年（今陕西长安）人，隋唐佛教高僧，在终南山开讲《华严经》，发挥义理，为创立华严宗打下了基础。著有《华严法界观门》等。

杜伏威 齐州章丘（今属山东）人，隋末农民起义首领，大败隋将陈稜，占有江淮广大地区，被唐高祖任为淮南安抚大使，封吴王。

杜预 京兆杜陵（今陕西西安东南）人，西晋时著名将领、学者，曾任河南尹，拜征南大将军。多谋略，号称“杜武库”。撰有《春秋左氏经传集解》、《春秋释例》、《春秋长历》等。

杜弢 （？—315）西晋时荆湘流民起义军首领。字景文，蜀郡成都（今属四川）人。曾举秀才，任醴陵令。永嘉五年（公元311年），流亡荆湘二州（今湖北、湖南）的巴蜀流民四、五万家武装起义，推他为首领，称梁益二州牧，领湘州刺史。攻占长沙和湘州大部地区。晋军镇压，乃伪降于征南将军山简。次年，简死，复起兵，与陶侃等数十战，将士多死，建兴三年（315年）复降。而晋军仍攻杀不已，愤而再起，在与陶侃战斗中，因部将王贡（一作真）叛变，兵败逃亡，死于途中，或云不知所终。

杜夔 三国时魏国音乐家。

杜诗 河南汲县（今属河南）人，东汉侍御史，在任南阳太守时，曾创造了水排（水力鼓风机），以水为动力铸造农具，较欧洲约早了1100年。治池陂、开田园，发展农业生产，政治清平，境内殷足，南阳人讴歌其为“杜母”。

杜密　颍川阳城（今河南登封东南）人，官至尚书令、与李膺齐名、被列为“八俊”之一。

杜林　扶风茂陵（今陕西兴平东北）人，经学家、文字学家，曾任侍御史、大司空。治有《古文尚书》。长于文字学，撰有《苍颉训纂》、《苍颉故》各1篇。

杜度　京兆杜陵（今陕西西安东南）人，书法家，以善章草知名。

杜子春　河南缑氏，（今偃师南）人，经学家，传《周礼》，著《周礼·杜氏注》2卷。

杜操　京兆杜陵人，书画家，汉章帝时曾为齐相。以善章草知名，与崔瑗并称“崔杜”。

杜周　西汉御史大夫。

杜赫　楚人（今属湖北一带），秦时大将军。

杜氏风流撷英

周时后裔唐杜氏，
杜县置邑改杜陵。[1]
传说杜康酿秫酒，
东汉杜诗铸农器。[2]
杜笃文才范围广，
杜预博学著述多。[3]
伏威减赋证贪官，
良相善断杜如晦。[4]
审言崔李苏四友，
诗对于史诗耀中华。[5]
杜佑用功二十载，
通典开辟新境界。[6]
人称小杜擅七言，
绝句华美齐商隐。[7]
木作榄杆土筑墙，
防微杜渐堵祸殃。

注释：

①据《通志·氏族略》记载，周成王时，把原唐国的国君，尧的后裔迁往杜国，称为杜伯。公元前687年秦武公置杜县，治所在今陕西西安市东南，西汉元康六年因宣帝筑陵于此，改名为杜陵。②传说杜康是夏朝发明用高粱酿酒的人，《说文解字》中记载：“古者少康初作秫酒，少康，杜康也”。杜诗（？—38年），东汉太守，河南汲县人。发明水力鼓风机，铸制农器。

③杜笃（？—78年），东汉文士，陕西西安人。涉足辞赋、诔、吊、书、赞，范围很广，著有《七言》、《女诫》、《明世论》等。杜预（公元222—284年），西晋大臣，著作家，司马懿之婿，平生博学，癖好《左传》，著述颇丰。

④杜伏威（？—624年），隋末农民起义领袖，山东章丘人。义军到处，减轻赋税，惩治贪污。杜如晦（公元585—630年），唐初大臣，史称：“玄龄善谋，如晦善断，当世语良相，常称房杜”。

⑤杜审言（约6455—708年），唐朝文学家，与崔融、李峤、苏味道并称“文章四友”。杜甫（公元712—770年），湖北襄樊人，唐朝大诗人。其诗称之为“诗史”，其人被誉为“诗圣”。

⑥杜佑（公元 735—812 年），陕西西安人，唐朝史学家。用功二十载，编《通典》二百卷，为我国第一部制度的专著，开辟了史学的一个新境界。

⑦杜牧（公元 803—852 年），唐朝文学家，陕西西安人。擅七言绝句，人称“小杜”以别杜甫，与李商隐齐名。

中华百家姓

赵	钱	孙	李	周	吴	郑	王	冯	陈	蒋	沈	韩	杨
朱	秦	许	何	吕	张	孔	曹	金	魏	姜	谢	邹	苏
潘	范	彭	韦	马	方	任	袁	史	唐	薛	雷	贺	汤
罗	郝	常	于	傅	康	余	顾	孟	黄	尹	姚	邵	汪
毛	戴	宋	熊	董	梁	杜	贾	江	郭	林	钟	徐	邱
高	夏	蔡	田	胡	万	卢	丁	邓	石	崔	龚	程	陆
段	侯	武	刘	龙	叶	黎	白	赖	乔	谭	阎	易	廖
文	曾												

贾姓

——商贾云集财源茂，富庶业勋泽子孙

贾氏解密寻踪

（一） 姓氏字源

《说文》：“贾，贾市也。从贝，西声。一曰坐卖售也。”段玉裁注：“市，买卖所之也。因之，凡买、凡卖，皆曰市。贾者，凡买卖之称也。”所谓贾，即指做买卖。

（二） 寻根溯祖

1. 出自姬姓，为贾伯之后。据《元和姓纂》及《新唐书·宰相世系表》所载，西周时，周成王的弟弟唐叔虞，因“桐叶封弟”的缘故，在周公灭唐（今山西翼城西）后，将唐封给他，包括以前夏代建都地区（夏朝建都之一安邑〈今山西夏县西北〉），并赏给怀姓九宗。自此，唐叔虞成了后世唐、何、杨、温、韩等许多姓氏的始祖。传至燮继位后，因南有晋水，便改称晋侯，建都于唐（今山西翼城西），是为晋国。其实，在周公分封唐叔虞于唐地后不久，即成王的儿子康王继位时，唐叔虞的少子公明又被当天子的堂兄弟封于贾（今山西襄汾西南），名义上是唐国（其父之封国）的一个附庸，号为贾伯。春秋时，贾国被晋国所灭，贾伯公明的后裔以国为氏，称贾氏。是为山西贾氏。

2. 出自狐偃之后。据《姓氏考略》等所载，春秋时，晋文公重耳灭贾国后，晋襄公便把贾地赏给辅佐晋文公完成霸业的狐偃（晋文公的舅舅）之子狐射作为封邑。射字季他，所以又称贾季、贾他。晋襄公时，先是以贾季为中军元帅，让赵盾作他的副手。当时晋国太傅阳处父是赵盾的父亲赵衰提拔起来的，对赵氏出于感恩戴德，便在襄公面前为赵盾说好，襄公后便改以赵盾为中军元帅，兼掌国政，而让贾季做他的副手。从此贾季便恨上了阳处父。襄公去世后，在立襄公的哪个弟弟为君之事上发生了争斗，贾季因避祸便逃往翟国（晋国灭翟国后，翟人多融合于晋人），他的子孙便以贾为姓氏，称贾氏。是为山西贾氏。

（三） 宗堂郡望

堂号 “至言堂”：汉时贾山博览群书，给朝廷奏本谈治乱之道，借秦的灭亡做比喻，名《至言》。

另外还有“武威堂”。

郡望 武威郡。汉元狩二年（公元前121年）以原匈奴休屠王地置郡，治所在武威（今甘肃民勤东北）。元鼎后相当今甘肃黄河以西、武威以东及大东河、大西河流域地区。东汉移治姑臧（今甘肃武威）。十六国时前凉、后凉、南凉、北凉皆建都于此。

（四） 家谱寻踪

山西·平定州东会都贾氏家谱□□卷

藏地：美国

（清）贾异等撰序

清乾隆四十六年（1781）活字本四册

辽宁本溪·贾氏谱书一卷

藏地：辽宁本溪市南甸镇沟口村

（民国）贾恒昌纂

复印1927年本

江苏赣榆·贾氏家谱一卷

藏地：江苏赣榆县档案馆

白本钞本　一幅

江苏镇江·润州开沙贾氏宗谱十三卷

藏地：国家图书馆　中国社会科学院历史研究所图书馆　吉林大学　美国

（民国）贾其恒纂辑

1929年治安堂活字本　六册

江苏常州·毗陵贾氏宗谱八卷

藏地：中国社会科学院历史研究所图书馆

（清）贾洪顺主修

清光绪十四年（1888）维则堂活字本　八册

江苏常州·毗陵贾氏宗谱十卷

藏地：国家图书馆

贾洪锡　贾殿章修

1915年维则堂活字本　十册

江苏无锡·锡邑尹城贾氏宗谱十二卷

藏地：中国社会科学院历史研究所图书馆

（民国）盛景熙监校

1914年孝友堂活字本　十二册

浙江海宁·贾氏家乘十卷

藏地：浙江省图书馆

（清）贾春泉　贾复庵汇修

清道光二十六年（1846）忠节堂刻本　十册

浙江·东阳真定贾氏宗谱二十三卷

藏地：浙江东阳县古光乡棠夏（存卷首1—4、10、15、16）

（民国）贾际春纂

1918年木活字本

浙江·羲乌洋川贾氏宗谱十七卷

藏地：浙江东阳县古光乡

（民国）孙乐陶纂

1939年木活字本　一册

安徽·合肥贾氏宗谱十四卷

藏地：安徽省图书馆

（清）贾辅臣等修

清光绪三十二年（1906）刻本十四册

安徽·太湖县东乡秦梅园贾氏宗谱五卷首一卷

藏地：国家图书馆

（清）贾舜臣主修

清光绪三十三年（1907）晋熙太傅堂活字本　六册

山东益都·贾氏族谱不分卷

藏地：吉林大学

（清）贾之濂等续修

清光绪十四年（1888）刻本七册

山东楼霞·贾氏族谱世系考一卷

藏地：山东楼霞县松山乡庵里村

（民国）贾蓬山纂

1926年钞本

山东黄县·贾氏族牒□□卷

藏地：中央民族大学

（清）贾允升编

清嘉庆二十四年（1819）刊本一册

山东·黄县贾氏族谱□□卷

藏地：山东黄县东江乡江格庄

山东·泰安贾氏族谱六卷首一卷末一卷

藏地：山东泰安市图书馆

（清）贾启祥撰

清嘉庆四年（1799）敦睦堂钞本

山东临沭·贾氏支谱□□卷

藏地：山东临沭县周庄乡周庄村钞本

湖北光化·均阳贾氏家乘六卷

藏地：中国社会科学院历史研究所图书馆

（民国）贾笃本撰

1918年韫玉石印本　四册

南源贾氏宗谱七卷首一卷末一卷

藏地：国家图书馆

（清）贾氏族人汇辑

清光绪三十二年（1905）世纶堂活字本　四册

（五）字行辈份

1929年贾其恒等修《贾氏宗谱》，江苏镇江贾姓一支字行为："沛泽如春，聿修祖德，积善为宝，克振家声。"

（六）迁徙繁衍

贾姓有以国为氏和以邑为氏两个源头，均出自一个叫"贾"的地方，这个贾地，在今山西襄汾县西南。

西周时，周康王姬钊把晋国开国君主唐叔虞的小儿子公明封于贾，建立贾国，为伯爵，作为周朝的附庸国。

因唐叔虞为周武王姬发之子、周成王姬诵之弟、周康王姬钊的叔父，所以，贾国为姬姓国。公元前 678 年，晋曲沃武公杀晋侯缗，尽取晋地，成为晋国新君主；与此同时，并吞了贾国的领土。贾亡国后，子孙以原国名为姓氏，就是贾氏。春秋时，晋国有大夫狐偃，为晋文公重耳之舅。重耳为公子时，出亡在外 19 年，狐偃一直随从，为重耳出谋划策，重耳即位为晋君后，“使狐偃将上军”。后来，狐偃的儿子射姑任晋国太师，晋襄公（重耳之子）把原贾国之地赏给他，作为他的封邑。狐射姑字季他，又称贾季，他的后代以封邑为氏，又形成一支贾氏。这就是《新唐书·宰相世系》所说：“贾氏出自姬姓。唐叔虞少子公明，康王封之于贾，为贾伯，河东临汾有贾乡，即其地也，为晋所灭，以国为氏。晋公族狐偃之子射姑为晋太师，食邑于贾，字季他，亦号贾季。”

先秦时期，贾氏除在今山西省境发展外，已有迁至今河南、山东者，如春秋时陈国（都今河南淮阳）有大夫贾获，齐国（都今山东淄博市东北）庄公有侍人贾举。此后，河南贾氏繁衍昌盛，人丁兴旺，又衍生出许多支派。西汉政论家、文学家贾谊，洛阳（今河南洛阳东）人，18 岁时，以能诵读诗书，善文章，为郡人所称誉，被荐于文帝，任为博士，不久迁太中大夫，受大臣周勃等排挤，贬为长沙王太傅，后为梁怀王太傅，曾多次上疏，批评时政，提出建议。西汉还有政论家贾山，颍川（郡治今河南禹州市）人，文帝时，以秦的兴亡为喻，上书言治乱之道，强调纳谏的重要，并以兴礼义为劝，名为《至言》。西汉成帝时有贾子光，居长安市中为名豪。这说明西汉时贾姓名人主要出自今河南，同时已有贾姓人迁至今陕西。东汉时有贾徽，平陵（今陕西咸阳西北）人，曾从刘歆受《左传春秋》，作有《左氏条例》21 篇，史书称其是贾谊的后裔。又据《元和姓纂》及《新唐书·宰相世系》记载，贾谊的 9 世孙贾秀玉，东汉时任武威太守，因家于武威（今属甘肃），秀玉之子贾衍，任兖州刺史，其后裔有一支徙居冤句（今山东曹县）。贾衍之子贾龚，为轻骑将军，居武威，有二子：彩、诩。贾诩，三国魏太尉，封肃侯，生贾玑，附马都尉、关内侯，又徙长乐（今河南安阳市东）。贾诩的后裔，北齐时有贾犹徙居广平（今河北鸡泽东南），北周时有贾宪，因避难徙居浮阳（今河北沧州市东南），贾宪的裔孙有一支于唐代徙居乐陵（今属山东）。此外，南朝宋有贾思，为诸暨（今属浙江）人，这说明至迟在东晋时已有贾姓人渡江居于江、浙一带。五代时闽国有侯官（今福建福州市）人贾郁；宋代有怀安军（今四川金堂县东南）人贾子坤，无为（今属安徽）人贾易。于此可见，唐、宋时期江南的许多地方都已有贾姓居民。贾氏移居海外，约始于清代。今新加坡等国有贾姓华侨。

贾姓历史名人，除上文述及者外，西汉时有水利家贾让，悉心研究前人治理黄河的经验，于公元前 7 年提出著名的《治河三策》。东汉有经学家、天文学家贾逵，为扶风平陵人；还有太学生首领贾彪，为颍川定陵（今河南舞阳北）人。西晋有大臣贾充，平阳襄陵（今山西襄汾东北）人，晋初任司空、侍中、尚书令；其女名南风，为晋惠帝皇后，曾擅政十年。北魏时有农学家贾思勰，山东益都人，曾任高阳郡太守，具有广泛的农业知识，因著有《齐民要术》一书而知名于后世。唐代，贾氏有两人任宰相，一个是沧州南皮（今属河北）人贾耽，相唐德宗，同时又是地理学家，一个是河南（今河南洛阳）人贾餗，相唐文宗；还有学者贾公彦，诗人贾岛。北宋有数学家贾宪。南宋有权奸贾似道。元代有水利家贾鲁，顺帝时任工部尚书总治河防，征发民工15万、军士2万，堵塞黄河决口，使其恢复故道，南流合淮入海。元末明初有戏曲作家贾仲明。明末有鼓词作家贾凫西。近现代有河南省副省长贾心斋，中国人民解放军炮兵科学技术研究院院长、少将贾陶，北京市人大常委会主任、中共北京市顾委主任贾庭三，中国贸易促进会会长、中国国际商会会长兼对外经济贸易仲裁委员会主席贾石。

（七） 适用楹联

□已后儿孙承福德；
　至今黎庶念荣宁。①

□勋业有光昭日明；
　功名无间及儿孙。②

□高节羽书期独传；
　恭谈祖德朵颐开。③

□鸣珮长廊静；开冰广殿凉。④

□蕙质本如云；松心应耐雪。⑤

□秀质方含翠；清阴欲庇人。⑥

□千载皆赞过秦论；⑦
　百代咸吟长江诗。⑧

□洛阳推隽；⑨颍水腾华。⑩

□上策治安，美洛阳才识；⑪
　诗饶风韵，羡贾岛推敲。⑫

注释：

①、②贾氏宗祠联。见《红楼梦》。

③唐代诗人贾岛《颂德上贾常侍》诗联句。贾岛（779—843），字阆仙，范阳（今河北涿县）人。曾任长江（今四川遂宁西北）主簿，普州（今四川安岳）司仓参军。有《长江集》。

④唐代诗人贾至，诗联句。贾至，字幼鄰，洛阳人。曾为单父尉，从玄宗幸蜀，知制诰，历中书舍人等。

⑤唐代诗人贾驰《复睹三乡题处留赠》诗联句。

⑥唐代诗人、进士贾棱《御沟新柳》诗联句。

⑦西汉大臣、政治家贾谊（前200—前168），雒阳（今河南洛阳）人。十八岁时即以文才出名，二十岁被文帝召为博士，一年后升太中大夫。其政论文，有《过秦论》、《治安策》等。

⑧指唐代诗人贾岛的《长江集》。

⑨指唐代洛阳诗人贾至。

⑩指东汉新息长贾彪。兄弟三人，并有高名，彪最优。新息，今属河南。颍水流经其境。

⑪见注⑦。

⑫见注③贾岛。

贾氏名人集粹

贾凫西 山东曲阜人，明末诗词作家，曾任直隶固安（今属河北）县令，后任部曹、刑部郎中。

贾鲁 河东高平（今属山西）人，元代大臣、水利家，顺帝时被召为宋史局官，历任监察御史、工部郎中、中书左丞等官。

贾似道 台州（治今浙江临海）人，南宋末理宗贾贵妃之弟，淳祐九年（1249）为京湖安抚制置大使，次年移镇两淮。开庆元年（1259）以右丞相领兵救鄂州（今湖北武昌），私向蒙古忽必烈乞和，答应称臣纳币，兵退后诈称大胜。此后专权多年，用重法督责武将。推行“公田法”，用贱价收购大量土地。度宗时权势更盛，封太师、平章军国重事。

贾祥 开封（今河南）人，北宋画家。

贾宪 数学家，曾撰有《黄帝九章细草》和《算法敩古集》。

贾岛 （779－843）范阳（今河北涿县）人，唐代诗人，曾任长江主簿，人称贾长江。其诗喜写荒凉枯寂之境，颇多寒苦之辞。以五律见长，注重词句锤炼，刻苦求工，“推敲”的典故就是由其诗句“僧敲月下门”而来。有《长江集》。

贾耽 沧州南皮（今属河北）人，宰相、地理学家，曾任鸿胪卿，主持和各族往来朝贡，故熟悉边疆山川风土，又勤于搜集有关资料，用裴秀制图法，绘撰成《海内华夷图》和《古今郡国县道四夷述》、《皇华四达记》及《吐蕃黄河录》等。对后世研究中国古地理有一定的参考价值。

贾公彦 洺州永年（今属河北）人，学者，曾官至太学博士。

贾思勰 （472－499）今山东益都人，北魏农学家，曾任北魏高阳郡（治所今山东淄博市临淄西北）太守。他曾以文献中搜集到的资料和访问老农及自己观察、试验的心得，写成《齐民贾术》一书。

贾充 平阳襄陵（今山西襄汾东北）人，曹魏、晋时大臣，曹魏时曾任大将军司马、廷尉，为司马氏所亲信。晋初任司空、侍中、尚书令等职。曾主持修订《晋律》。其女名南风，便是晋惠帝之皇后。擅政10年有余。

贾逵 扶风平陵（今陕西咸阳西北）人，东汉初年，学者，他不仅精通经学，而且还深究天文学。在天文方面，提出了在历法计算中应按黄道来计量日、月的运动，并阐发月球的运动是不等速的。

贾鲂 书画家，所著《苍颉》（上篇）、《训纂》（中篇）、《滂喜》（下篇），即所谓《三苍》，均为文字学专著，皆用隶字写成，隶法由此推广。

贾彪 东汉颍川定陵（今河南舞阳）人，因评论朝政，以党锢之祸被禁而死。

贾山 颍川（郡治今河南禹县）人，西汉时有政论家，他初为颍阴侯灌婴给事。文帝时，以秦的兴亡为喻，上书言治乱之道，强调纳谏的重要，并以兴礼义为劝，名为《至言》。

贾谊 （前 200 — 前 168）洛阳（今河南洛阳东）人，政论家、文学家，他的名声更大。18 岁时，就以能读诗书、善文章而为郡人所称誉。文帝时，被推荐为博士，不仅便迁大中大夫，后为梁怀王太傅。他曾多次上疏，批评时政，建议用“众建诸侯而少其力”的办法，削弱诸侯王势力，巩固中央集权。主张重农抑商，“驱民而归之农”。并力主抗击匈奴贵族的攻掠。所著政论有《陈政事疏》、《过秦论》等，为西汉鸿文，又为今研究秦汉历史提供了一定参考。

贾氏风流撷英

武王支孙封于贾，
匈奴王地置郡地。①
贾谊论政有新书，
杜达训诂逾万言。②
魏国谋臣善计谋，
良平之奇说贾羽。③
思勰勤访细观察，
齐民要术占世先。④
地理图录贾耽撰，
碑林石刻禹迹图。⑤
治学严谨精提炼，
贾岛推敲典故出。⑥
行都水监功德高，
黄河故道水长流。⑦
商贾云集财源茂，
富庶业勋泽子孙。

注释：

①据《元和姓纂》及《新唐书·宰相世系表》记载，周康王时，武王之子唐叔虞有少子名公明，受封于贾邑，在今山西临汾一带，其后以邑为氏，遂有贾氏，出自姬姓。另据《姓苑》记载，汉元狩二年（公元前 121 年）以原匈奴休屠王地武威置郡，在今甘肃民勤县东北，贾氏由此发迹。

②贾谊（公元前 200—前 168 年），河南洛阳人，西汉大臣、政论家。十八岁时，文才就出类拔萃，二十岁即被召为博士，其政论文有《过秦论》、《治安策》等，著有《新书》。贾达（公元 30—101 年），东汉经学家，陕西咸阳人。一生所著经传训话及论难百条万言，被后世誉为“通儒”。

③贾羽（生卒不详），三国时魏国谋臣，甘肃武威人。善奸谋，有“良平之奇”（指张良、陈平）之称。

④贾思勰（公元 472—499 年），南北朝时期，农学家，山东溢都人。曾任高阳（山东桓台）太守，撰《齐民要术》十卷九十二篇，为我国最早、最完整的农业科学著作。

⑤贾耽（公元 730—805 年），唐朝大臣，地理学家，河北南皮人。撰成《海内华夷图》、《陇右山南图》、《贞元十道录》、《禹迹图》……等等，并把《禹迹图》刻在石上，今存于西安碑林。

⑥贾岛（公元 779—843 年），唐

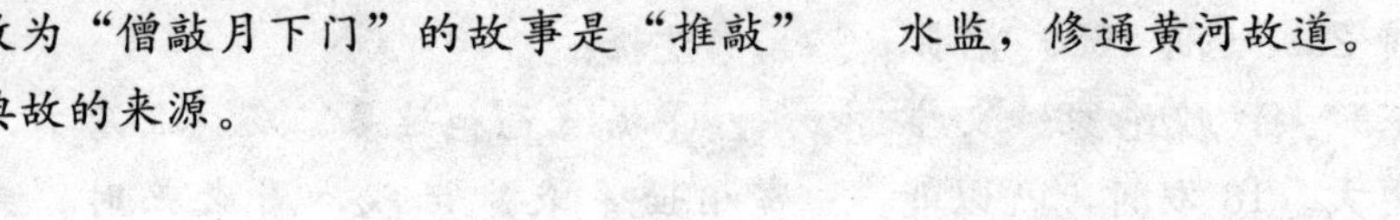

朝诗人，河北涿县人。其诗语言朴素清淡，炼字严谨。他将“僧推月下门”改为“僧敲月下门”的故事是“推敲”典故的来源。

⑦贾鲁（公元 1297—1353 年），元末水利家，山西高平人。他任行都水监，修通黄河故道。

中华百家姓													
赵	钱	孙	李	周	吴	郑	王	冯	陈	蒋	沈	韩	杨
朱	秦	许	何	吕	张	孔	曹	金	魏	姜	谢	邹	苏
潘	范	彭	韦	马	方	任	袁	史	唐	薛	雷	贺	汤
罗	郝	常	于	傅	康	余	顾	孟	黄	尹	姚	邵	汪
毛	戴	宋	熊	董	梁	杜	贾	江	郭	林	钟	徐	邱
高	夏	蔡	田	胡	万	卢	丁	邓	石	崔	龚	程	陆
段	侯	武	刘	龙	叶	黎	白	赖	乔	谭	阎	易	廖
文	曾												

江 姓

——伯益之裔封江陵，以国为氏江姓立

江氏解密寻踪

（一） 姓氏字源

《说文》：“江，江水。出蜀湔氐徼外岷山，入海。从水，工声。”段玉裁注：“《禹贡》岷山在西徼外，江水所出，东南至江都入海。过郡九，行七千二百六十里。”江，古时专指长江。

（二） 寻根溯祖

江姓来源有二：

1. 出自嬴姓，为颛顼裔孙伯益之后。据《元和姓纂》、《通志·氏族略》等所载，相传帝颛顼有个孙女叫女修，有一天，她捡到一只燕子蛋，吃下去以后就怀孕了，生下儿子大业。大业娶少典氏女子女华为妻，生下了伯益。伯益因辅佐大禹（传说中古代部落联盟领袖。奉舜命治理洪水，后以治水有功，成为了舜的继承人）治水有功，帝舜（古代五帝之一）赐他嬴姓，这样，伯益就成了古代嬴姓各族的祖先。伯益传至十几代，经夏、商，至西周时，伯益的后裔受封于江，春秋时被楚国所灭，子孙就以国名为氏而姓江。又据《姓谱》所云：“伯益之裔，封于江陵（今属湖北省境），子孙以国为氏”。当时江国的所在地江陵，后来曾被楚国改为郢都。一说所封的江国，在今河南省正出县，公元前623年被楚国所灭，其后裔以国名“江”为氏。从两地在春秋时所处的地理位置看，这两种说法都有成立的理由。但后一说多为学者公认。

2. 出自姬姓，为翁氏所分。这一支江姓显然成姓要晚得多。据《元和姓纂》所载，西周初年，昭王（公元前966—948年）的支庶子孙受封于翁山（在今浙江省定海县东，一说在今广东省翁源县东），后以邑名“翁”为氏。又据《六桂堂业刊》所载，宋初，有福建泉州人翁乾度，生有6个儿子，分姓洪、江、翁、方、龚、汪6姓。其中次子处恭，分姓江，其子孙也姓江。兄弟6人同列进士，皆望族之家，故有“六桂联芳”之誉。

（三） 宗堂郡望

堂号 “忠廉堂”：宋时上高尉江灏，因勤王功升建浦丞。因统义兵捕盗有功，历任柳州、象州两州知府，为官又忠又廉。

另外还有“济阳”、“淮阳”、“六桂”等堂号。

郡望 江姓郡望主要有济阳郡、淮阳郡、六桂等。

1，济阳郡。西汉置济阳县，治所以今河南兰考县东北。晋惠帝时，置济阳郡，治所在济阳，相当今河南兰考东境、山东东明南境。东晋后此郡废。此下距今河南省境的正阳县不远。此支江姓，其开基始祖为东汉江德。

2. 淮阳郡。汉高帝十一年（公元前196年）置淮阳国，为同姓九国之一，都于陈（今河南淮阳），惠帝后时为郡，时为国。成帝时相当今河南淮阳、鹿邑、太康、柘城、扶沟等县地。东汉章和二年（公元88年）改为陈国。隋及唐又曾改陈州为淮阳郡。

3. 六桂。即为“六姓”联芳的誉称，分布在古时的泉州。泉州，隋开皇九年（公元589年）改丰州始置州，治所在闽县（今福州市），相当今福建全省。后改为闽州。唐景云二年改武荣州置州，治所在晋江（今福建泉州市）。

（四） 家谱寻踪

全国·江氏统会宗谱□□卷

藏地：浙江兰溪县文化管理委员会（存十一卷） 安徽徽州地区博物馆（存一卷）

（清）江鲤濯等重修

清康熙三十年（1691）刻本

全国·三韩江氏谱系一卷

藏地：美国

清雍正间修 乾隆间钞本 一册

全国·济阳江氏统会宗谱二十五卷末一卷

藏地：浙江兰溪县文化管理委员会（存二十五卷） 安徽徽州地区博物馆（存十三卷）

（清）江初艮等修

清乾隆三十一年（1766）刻本

全国·济阳江氏统会宗谱二十三卷末一卷

藏地：吉林大学 日本 美国

（清）江华镇 江士沂等修

清嘉庆二十五年（1820）活字本

全国·济阳江氏重修统宗谱不分卷

藏地：日本　美国

（清）江自守等撰　江庆成等重修

清光绪八年（1882）钞本一册

全国·济阳江氏统宗谱八十卷首一卷

藏地：河北大学　日本　美国

（民国）江峰青重修

1919年木刻本

全国·济阳江氏统谱一卷

藏地：安徽泾县档案馆

木刻本

江苏靖江·骥江江氏重修宗谱八卷

藏地：江苏常熟市图书馆

（民国）江以成　江正峰等修

1916年靖江江氏活字本　八册

江苏·丹阳江氏宗谱□□卷首一卷

藏地：江苏丹阳县珥陵乡志办公室

（存卷首、卷7—12）

清光绪三十二年（1906）木刻本

江苏常州·江氏宗谱八卷

藏地：美国

（民国）江增泉等修

1917年思源堂活字本　六册

江苏常州·江氏宗谱十八卷

藏地：吉林大学

（民国）江乐山重修

1928年清溪堂活字本　水册

江苏·金坛江氏宗谱五卷

藏地：日本　美国

（清）江鸣皋　江本诚等重修

清乾隆四十九年（1784）木活字本　八册

江苏苏州·济阳江氏家谱一卷

藏地：江苏苏州市图书馆

（清）江振祚纂

江氏钞本　一册

江苏苏州·济阳江氏家谱续编一卷

藏地：江苏苏州市图书馆

（清）江宗模纂

江氏钞本　一册

浙江杭州·虎林江氏族谱不分卷

藏地：浙江宁波天一阁文物保管所

（明）江鎏编

明末刻清初补版本　一册

浙江宁波·宁城江氏家乘四卷

藏地：国家图书馆

（清）江於遴修

清光绪二十五年（1899）月湖支祠活字本　四册

浙江宁波·宁城江氏家乘伺卷

藏地：浙江宁波天一阁文物保管所

（民国）江功甫等纂

1924年思本堂木活字本　四册

浙江宁波·蛟川江氏支谱不分卷

藏地：浙江宁波天一阁文物保管所

（民国）虞中烜纂修

1934年永思堂木活字本　一册

浙江奉化·棠谿江氏宗谱四卷

藏地：国家图书馆

（清）江传绍等重修

清同治五年（1866）新邑沃州孝谨堂活字本　一册

浙江奉化·棠谿江氏宗谱十二卷

首一卷

藏地：浙江奉化县档案馆（存卷1、2）

（民国）陈毓川纂修

1946年木活字本

浙江奉化·江氏分房宗谱十八卷

藏地：浙江奉化县文化管理委员会（缺卷1）

钞本　一册

浙江·兰溪龙塘上江江氏宗谱三卷

藏地：浙江兰溪县圣山乡

（民国）璩佩兰重纂

1915年木刻本

浙江·兰溪下江江氏宗谱

藏地：浙江兰溪县厚仁乡（共四部）

1929年木刻本

浙江浦江·浦阳青溪江氏宗谱□□卷

藏地：浙江浦江县档（存卷3）

1921年刊本

浙江常山·江氏宗谱□□卷末一卷

藏地：浙江常山县五里乡泉目山村

（存卷3、4、18—21、26、27、30、卷末）

浙江常山·江氏宗谱三十二卷

藏地：浙江常山县青石乡桥亭村西坑坽口

（清）江导岷五修

清同治七年（1868）木刻本

浙江常山·江氏宗谱二卷

藏地：浙江常山县青石乡桥亭村西坑坽口

（民国）徐燮重修

1928年木刻本

浙江常山·定阳江氏宗谱□□卷

藏地：浙江常山县五里乡浦口村（存卷1）（民国）郑绶章纂修

1920年木刻本

（五）　字行辈份

1926年江志尹、江辛纂修《江氏宗谱》，山东济阳江姓始祖至四十世字行："洪图绍世泽，丕显振家声，承祖训锡嘉，名勋尔作奇，英学道希贤，圣经邦颂泰，文明昌国祚，上达乃光荣。"本房支字行因字残不录。全鳌房六十一世以后原定字行："巨孝家声显，文思彩梦祥，同心培祖德，大启尔荣昌。"文埜房六十一世至八十世字行为："立志允可成，维学以尚进，良法思继守，家声乃克振。"又从简公房四十九至八十八世字行为："德本尚良知，文元天显时，孝支思前哲，诗书训后嗣，绵年垂会绪，延禩定成规，箕求如克绍，炳蔚拜昌期。"又新定从厚公房自六十世至六十九世字行："洪图绍世泽，丕显振家声。"

（六）　迁徙繁衍

江姓，唐人林宝《元和姓纂》说："嬴姓，颛顼元孙伯益之后，爵封于江，后为楚所灭，以国为氏。"这里所说的颛顼，为古帝名，是五帝之一，号高阳氏，相传为黄帝之孙、昌意之子；元孙即玄孙。颛顼的玄孙伯益，是舜时东夷部落的首领，因助禹治水有功，禹要让位给他，他避居箕山之北。箕山在河南省登封县东南，是尧时巢父、许由隐居的地方。伯益的后代大约于商朝或西周初期受封建立江国。据河南省文物工作队和正阳县文物工作者的大量挖掘考查认定，古江国的国都在今河南正阳县东南大林乡涂店附近，该遗址西北距正阳县城40公里，南距淮河1公里，往东不远与息县接壤，总面积约2.4平方公里；江国的疆域，按今天的地名说，东达息县西部，北到吕河，西及确山县境，南至淮河，总面积约900平方公里；人口总数约为一万左右。

春秋时，江国介于楚、宋、齐国势力之间，经常受这些大国操纵；加之淮水泛滥，往往淹没江国的中心地带，所以江国一直没能强盛起来。会元前624年，楚国息公子朱率师围江，江的盟国帮其解围。次年（公元前623年），楚国再次出兵，终于灭掉江国。江亡后，国人流落各地，为不亡故国，便以原国名“江”为姓氏。因其始祖伯益为嬴姓，故称江氏源于嬴姓。

江氏发源于河南正阳，早期主要是在河南发展繁衍。亡国后的江氏子孙，先自正阳向北逃到淮阳（今属河南），又自淮阳继续北迁至陈留圉县（今河南杞县于镇），后又迁至济阳考城（今河南兰考），在此发展成为名门巨族，故江氏以“济阳”、“淮阳”为郡号。据《元和姓纂》记载，东汉时有江德，“其先居陈留圉县，汉分陈留为济阳，因居考城，为著姓”。江德的10世孙江蕤，西晋时任谯郡太守，生湛，官待中、吏部尚书。湛生恁，恁生江敩，为南朝齐侍中。江敩的曾孙即南朝陈尚书令江总。江总有三子，溢、溥、灌。溢在南朝陈任太子中庶，其子在唐初为泸州合江令；溥历任南朝陈太子舍人、唐弘农丞；灌在唐时任隋州司马。另据《古今姓氏书辨证》记载，江国灭亡后，还有一部分江国子孙逃到齐（今山东临淄一带。）

唐初，河南固始人陈政、陈元光父子奉命入闽，开辟漳州郡，随行军校有91人60余姓在福建落籍，其中就有河南的江姓，这当是江姓最早入闽者。宋代，由于金兵攻占汴京，中原人数次大规模南流，江氏有一支自汴京迁至杭之仁和（今浙江杭州市），还有一支由江塙率领迁至江西都昌，传至江哗（八郎），生三个儿子：万里、万载、万顷。江万里为宋度宗左丞相，抗元殉国，其弟及子孙由江西迁福建宁化石壁村。其后江百八郎徙永定高头乡开基，分东北、北山、南山三大房；江肇元迁平和葛布大溪村开基。明清之际有江氏族人跟随郑成功人台，在台湾定居，后有的又移居海外。清初，有江文、江榜三兄弟自湖北麻城返回今河南正阳县涂店以西3公里淮河湾定居，后称其居地为江家埠（现名江湾），繁衍发展，人丁兴旺，又由此分迁出三支：一支定居于今河南罗山县子路乡江老坟山，一支定居在正阳县兰青乡江店，一支定居在江湾西北3.5公里的大、小江庄。

（七） 适用楹联

□望厓骁骑；[①] 文擅骄龙。[②]

□千秋文藻富；五色笔花新。[③]

□俎豆幸千秋，谏议当年称孝子；
笔花开五色，文通有后继书香。[④]

□释诗风雅颂；[⑤]为仕宋齐梁。[⑥]

□荔枝情味人犹觉；
香雪玲珑梦最凉。[⑦]

□济世安民恩泽厚；
阳春白雪品位高。[⑧]

□梁贵胄唐，遗忠易姓前徽崇一年；
歙侨居泾，莫宅敦宗后嗣叙三支。[⑨]

□文藻特新，竟符梦笔之异；[⑩]
膏油不继，岂辞随月之勤。[⑪]

注释：

①南齐骁骑将军江敩（452—495），字叔文，济阳考城（今河南兰考）人。南朝宋孝开帝婿。齐时任侍中，领骁骑将军，不屈服于权贵。其风格为当时人们所重。

②南朝梁文学家江淹（444—505），字文通，济阳考城（今河南兰考东）人。历仕宋、齐梁三代。梁时官至金紫光禄大夫。少孤贫好学，早年即以文章著名，晚年所作诗文不如前期，“江郎才尽”即出于此。有《江文通集》。

③指南朝梁文学家江淹事典。据说：江淹曾宿冶亭，梦一丈夫自称郭璞，曰：吾笔在卿处多年，可见还。淹乃探怀中，得五色笔还之。后为文，绝无美句。时人谓之才尽。

④本联为江姓祠堂联。上联的“孝子”指东汉谏议大夫江革。江革，字次翁，临淄人。少失父，遭乱负母避难，数遇贼，辄哀求，言有老母，贼不忍犯。卒与母归，邻人称曰：“江臣孝”。永平初举孝廉。建初初举贤良方正。屡拜谏仪大夫。下联指南朝梁文学家江淹的事迹。

⑤指清代经学家江永。有《十三经注疏》。

⑥见注②。

⑦清代书画家江石如书联。江石如，字介。泉唐人。工翎毛花卉，楷书亦工。

⑧江氏郡望“济阳”二字的嵌字联。

⑨江氏祠联。

⑩见注③。

⑪南朝守侍读江泌的事典。江泌，字士清，考城人。少时家境贫困，晚上读书以月光照明，勤学不诲。

江氏名人集粹

江永　婺源（今属江西）人，清代著名的经学家、音韵学家，他长于比勘，深究三礼。撰《周礼疑义举要》，对先秦名物加以考释，其中《考工记》2卷，颇多创见。《礼书纲目》搜集散见经传杂书中的古代礼乐制度，以补正朱熹《仪礼经传通解》。其学以考据见长，开皖派经学研究的风气。

江声　江苏元和（今吴县）人，著名经学家，精于训诂，著有《尚书集注音疏》。

江藩　江苏甘泉（今江苏扬州）人，以著《国朝汉学师承记》称著的经学家，博览群经，精于训诂，旁及诸子佛老，著述颇非。

江湜　江苏长洲（今吴县）人，著名诗人。

江有浩　安徽歙县人、音韵学家。

江忠源　湖南新宁人，著名将领。

江标 江苏元和（今吴县）人，清末维新派人士，光绪进士，曾入同文馆学习，研究时务。1894年（光绪二十年）任湖南学政，整顿学校经书院，增设舆地、算学等学科。1897年与湖南巡抚陈宝藏、按察使黄遵宪及谭嗣同等办时务学堂，刊《湘学报》等。戊戌变法失败后，被革职。编有《灵鹣阁丛书》、《唐贤小集五十家》。

江休复 宋代著名诗人。

江参 南宋画家，字贯道，衢（今浙江衢县）人，后居湖州（今浙江吴兴）霅川，擅长山水画，笔墨细润。存世作品有《千里江山图》等。

江文蔚 建阳（今属福建）人，五代南唐时累官至礼部侍郎。

江敩 济阳考城人，南朝齐有士族首领好文辞，官至待中。其子江蒨。官至光禄大夫。

江淹 济阳考城人，梁时文学家，曾历仕宋、齐、梁三代。梁时官至金紫光禄大夫，封西醴陵侯。以文章称于世，世称江郎。晚年诗文无佳句，时人谓之才尽，遂有"江郎才尽"之典故。

江总 济阳考城人，陈有国文学家、宰相江敩曾孙。历仕南朝梁、陈及隋三朝。陈时官至尚书令，也称江令。

江蕤 江德10世孙、济阳考城（今河南兰考）人，西晋时谯郡太守。其子江湛曾官任待中、吏部尚书。

江革 济阳考城人，官至御史中丞。敢于弹劾权贵，以廉洁见称。

江公 瑕丘人、西汉时名士。

江翁 鲁人，诗经博士。

江氏风流撷英

伯益之裔封江陵，
以国为氏江姓立。[①]
祖籍正阳嗣不忘，
兰考东明发祥地。[②]
士族名流心气高，
江敩睥睨人无知。[③]
江永释诗风雅颂，
精予音韵通历算。[④]
经学文字有建树，
江声训诂古篆精。[⑤]
江藩博才功名淡，
学术源流论述清。[⑥]
为国为民不畏权，
春霖直言劾腐败。[⑦]
水流不息汇成江，
浪遏飞舟任遨游。

注释：

①据《姓谱》及《通志·氏族略·以国为氏》记载，周代，伯益后裔的一支，受封于江陵（一说受封于江国），后人以国为氏，遂有江氏。出自嬴姓。

②周代江国治在今河南正阳县，所以，正阳县是江氏的祖籍所在地。《百家姓》江氏郡望为济阳郡，西汉时所设，辖区相当于从河南兰考到山东东明一带，这就是江氏的发祥地。

③江敩（音 xiào 效）公元（452—495），河南民权人，南朝宋齐间士族

名流。常当面戏辱欲跻身士流的权臣纪僧真，非常看不起那种持权无知，又想冒充学者的人。

④江永（公元 1681—1762 年），江西婺源人，清朝音韵学家，经学家。通中西历算，精于音律声韵，著有《古韵标准》、《十三经注疏》。其中《古韵标准》一书，对研究中国古韵有重要创见。

⑤江声（公元 1721—1799 年），清朝学者，江苏苏州人。在经学、文字学等方面均有建树，著有《尚书集注音疏》。

⑥江藩（公元 1761—1831 年），清朝经学家，江苏扬州人。他综览群经，功名淡泊。所著《汉学师承记》、《宋学渊源记》，论述了学术发展源流。

⑦江春霖（生卒不详），福建莆田人，清末官吏。任御史时，为国为民，不畏权贵，敢于直言。弹劾庆亲王、奕匡卖官纳贿，贪污腐败，皆无所顾忌。

中华百家姓

赵	钱	孙	李	周	吴	郑	王	冯	陈	蒋	沈	韩	杨
朱	秦	许	何	吕	张	孔	曹	金	魏	姜	谢	邹	苏
潘	范	彭	韦	马	方	任	袁	史	唐	薛	雷	贺	汤
罗	郝	常	于	傅	康	余	顾	孟	黄	尹	姚	邵	汪
毛	戴	宋	熊	董	梁	杜	贾	江	郭	林	钟	徐	邱
高	夏	蔡	田	胡	万	卢	丁	邓	石	崔	龚	程	陆
段	侯	武	刘	龙	叶	黎	白	赖	乔	谭	阎	易	廖
文	曾												

郭 姓

——三里之城七里郭，后裔弘扬炎黄风

郭氏解密寻踪

（一） 姓氏字源

《说文》：“郭，齐之郭氏虚。善善不能进，恶恶不能退，且以亡国也。从邑，章声。”段玉裁注：“谓北篆乃齐郭氏虚之字也。郭本国名，虚墟古今字。郭国既亡，谓之郭氏虚。……郭氏虚在齐境内。”郭为春秋国名，故地在今山东省北部《穀梁传·庄公二十四年》：“赤盖郭公也。”范宁注引徐乾曰：“郭公，郭国之君也，名赤。”

（二） 寻根溯祖

郭姓来源有三：

1. 出自夏、商时代郭支与郭崇的后裔。据《姓氏考略》记载：“夏有郭支，见《抱朴子》。商有郭崇，见《三一经》，此郭氏之始。”看来，郭姓早在我国四千多年以前的夏朝就有了。古时的夏，也称夏后氏，是我国历史上第一个朝代，相传为夏后氏部落领袖禹之子启所建立的奴隶制国家，建都阳城（今河南登封东）、斟鄩（今登封西北）、安邑（今山西夏县西北）等地，共传13代、16王，前16世纪左右为商汤所灭。古时的商，也称为商殷、殷商，公元前16世纪商（原居于今河南商丘南一带的古部落）汤灭夏后建立的我国历史上第二个奴隶制国家。初建都亳（今山东曹县南），后盘庚迁都殷（今河南安阳小屯村）。共传17代，31王。传至纣，被周武王所灭。可见，郭氏最早出现地应在今河南、山西、山东交界一带。

2. 以居处为氏。据《风俗通》记载："氏于居者，城、郭、园、池是也。"郭，字义为外城，即因住在城外，而以郭为氏。在我国大多数的姓氏起源中，这种现象是比较少见的。我们所能得知一二的，恐怕与我国历史上的封国、采邑有一定关联。而封国、采邑之事，最早是起源于周代。可见，以居处为氏的起源也是比较早的。

3. 出自姬姓，古代"郭"与"虢"两字相通，郭氏即为虢氏，为黄帝姬姓后裔。据《新唐书·宰相世系表》及《元和姓纂》等所载，周武王时封文王弟虢叔（或说虢仲）于西虢，虢仲（一说虢叔）于东虢。西虢地处虞、郑之间，东虢在今河南省荥阳县东北，西虢在今陕西省宝鸡市东。后又有北虢之分。其中东、西虢开国君主都是周文王之弟。在此之后，即公元前806年被周分封郑的郑桓公（周宣王之弟），周幽王时（公元前781—771年），桓公见西周将亡，便把财产、部族、家属连同商人迁移到东虢和郐之间。郑武公即位时，正值周平王东迁（公元前770年）至洛邑（今河南洛阳），历史上称平王东迁以前为西周，以后为东周（东周时又可分为春秋和战国两个时期）。武公先后攻灭郐（西周分封的诸侯国，妘姓，在今河南密县东南）和东虢（今河南荥阳东北一带），建立郑国，都今河南新郑，此时平王也不得不认可，并名正言顺地将虢叔之地分封于郑武公。而郑武公至庄公还相继成为了周平王的卿士，并一度也成为春秋初期的强国之一。周平王的作法，引起了诸侯王的不满，于是，位于南方的楚国（都今湖北江陵西北纪南城），从楚庄王时起不断发动对周的战争，兼并了周围许多国家。其中，被分封给郑国的虢叔之地就是被兼并的地方之一。周平王不得不将东虢叔的裔孙序封于阳曲（今山西太原市北部定襄县一带）作为补救。由此，号曰："虢公"。因虢、郭音同（《公羊传》云："虢，谓之郭，声之转也。"），又称"郭公"，其后代遂有郭氏。在陕西宝鸡虢仲之西虢，亦称成虢，在西周灭亡之后，也向东迁徙，建都上阳，其地在今河南陕县东南部，占有今河南三门峡和山西平陆一带，史称南虢（也有将山西平陆部分称为北虢者）。公元前665年，南虢被晋国灭掉。西虢东迁时，还有虢国支族留居原地，史称小虢。小虢于前687年为秦所灭。这些虢国的子孙后代，均以郭为姓。

4. 出自冒姓或改姓。据《五代史》所载：①后梁有成纳，本姓成，后冒姓郭氏。②后晋天福时有郭金海，本突厥人，改姓汉姓。③后周太祖郭威，本常氏子，幼随母适郭氏，故改姓郭。

（三） 宗堂郡望

堂号 “尊贤堂”：战国时燕昭王招贤，郭隗对他说：“你要招贤，先从我开始。你对我当贤人尊重，比我贤的人就会找你来了。”于是昭王给他建了宫室曰金台，让郭隗住在里面，昭王把他当老师来尊重。于是乐毅从魏国来，邹衍从齐国来，剧辛从赵国来。四方有才能的人都归附燕国，燕国在这些人帮助下强大了起来。

另外还有“太原”、“华阴”、“冯翊”、“汾阳”等堂号。

郡望 主要有太原郡、华阴县、冯翊郡、汾阳县、河内郡、广平郡、敦煌郡、中山郡、昌乐县等。

1. 太原郡。战国秦庄襄王始置郡，治所在晋阳（今山西太原市西南），秦相当今山西五台山和管涔山以南、霍山以北地区。此支郭氏，为东汉郭全之族所在。

2. 华阴县。秦时置宁秦县，汉改为华阴县，为今陕西省东部、渭河下游地区的华阴县。县南有“西岳”华山。此支郭氏为太原郭氏分支。

3. 冯翊郡。三国魏改左冯翊置郡，治所在临晋（今陕西大荔县）。相当今陕西韩城、黄龙以南，白水、蒲城以东和渭河以北地区。此支郭氏亦为太原郭氏分支，其开基始祖为东汉冯翊太守郭孟儒。

4. 汾阳县。曾为春秋晋之邑地，在今山西静乐西。西汉初封靳疆为侯国于此，后置县。此支郭氏为华阴郭氏分支，其开基始祖为郭子仪。

5. 河内郡。楚汉之际置郡，治所在怀县（今河南武陟西南）相当今河南黄河以北，京汉铁路（包括汲县）以西地区。西晋移治野王（今河南沁阳）。

6. 广平郡。汉景帝中元元年（公元前 149 年）分邯郸置郡，治所在广平（今河北鸡泽东南）。相当今河北任县、南和、鸡泽、曲周、永年及平乡西北肥乡东北一部分地。

7. 敦煌郡。汉元鼎六年（公元前 111 年）分酒泉郡置郡，治所在敦煌县（今甘肃郭煌市西）。相当今甘肃疏勒河以西及以南地区。

8. 中山郡。汉高帝置郡，治卢奴（今河北定县）。相当今河北狼牙以南，保定市安国以西，唐县新乐以东和滹沱河以北地区。此支郭氏亦为太原郭氏分支，世居彭城。

9. 昌乐县。汉营陵县地，隋为营丘县，宋置安仁县，后改昌乐县。今山东中部，胶济铁路穿经北境。此支郭氏亦为太原郭氏分支，其开基始祖为东汉郭泰之后。

（四） 家谱寻踪

天津郭氏家谱四卷首一卷

藏地：美国

（清）郭采轩等修

清光绪二十年（1894）刊本四册

山西太谷·郭氏家谱不分卷

藏地：日本 美国

（清）郭在朝等修

清道光十九年（1839）序写本五册

黑龙江·黑水郭氏家乘八卷

藏地：国家图书馆（又一部三卷） 首都图书馆（世系录二集） 中国历史博物馆（存世德录） 考古所（存世系录） 人民大学（存世系录） 中央民族大学（六卷） 南京大学（存世德录初集） 日本（存乡土录） 美国（四卷）

（民国）郭克兴辑

1925年—1926年铅印本

江苏·如皋郭氏宗谱十卷卷首二卷

藏地：国家图书馆

（民国）郭全富主修 郭雍男纂辑

1920年懿德堂活字本 十六册

江苏镇江·润东郭氏家乘八卷

藏地：中国社会科学院历史研究所图书馆

（清）郭正台纂修

清同治十年（1871）治政堂活字本 八册

江苏镇江·京江郭氏家乘八卷

藏地：国家图书馆 中国社会科学院历史研究所图书馆 人民大学 南开大学 辽宁图书馆 吉林大学 江苏镇江市博 日本 美国

（清）郭开淮修

清官统三年（1911）续古堂活字本

江苏丹阳·郭氏宗谱□□卷

藏地：江苏丹阳县珥陵乡志办公室（存一卷）

木刻本

江苏扬中·郭氏家谱□□卷

藏地：江苏扬中县

民国间木刻本 七册

江苏·江阴明威郭氏宗谱六卷首一卷

藏地：美国

（清）郭洪祥等修

清光绪五年（1879）仁德堂刊本 四册

浙江杭州·郭氏族谱不分卷

藏地：湖北图书馆

清光绪间钞本 二册

浙江·萧山郭氏宗谱十二卷首一卷

藏地：河北大学 浙江图书馆 杭州大学

（民国）郭元鉴 郭熊重修

1931年敬爱堂活字本 十二册

浙江桐庐·汾阳郭氏宗谱□□卷

藏地：浙江桐庐县档案馆（存卷2—5、7）

民国间木活字本

浙江·宁波鄞县郭氏宗谱十七卷首一卷末一卷

藏地：河北大学

（清）郭庆湘 郭谦益纂辑

清宣统二年（1910）木刻本 六册

浙江鄞县·鄞东韩岭郭氏宗谱二卷

藏地：浙江宁波天一阁文物保管所

（民国）王怀忠 郭士赉等纂修

1924年木活字本 一册

浙江兰溪·汾阳郡郭氏宗谱九卷

藏地：浙江兰溪县高潮乡会桥

清光绪三十年（1904）木刻本

浙江兰溪·灵湖郭氏宗谱二十五卷

藏地：浙江金华市文化管理委员

会　浙江兰溪县灵洞乡不源

(民国) 郭光卿等纂修

1948年木刻本

浙江兰溪·汾阳药院郭氏宗谱十三卷

藏地：浙江兰溪县汪高乡

木刻本

浙江兰溪·郭氏宗谱二十四卷

藏地：浙江兰溪县板桥乡下郭村

木刻本

浙江东阳·汾阳郭氏家谱二卷

藏地：浙江东阳六石乡方回村

(民国) 郭小弟纂

1923年木活字本

浙江常山·郭氏宗谱二卷

藏地：浙江常山县招贤乡沙帽山村

(清) 韩旭思重修

清道光十年 (1830) 木刻本

浙江临海·更楼郭氏宗谱十卷首一卷

藏地：浙江临海县博物馆 (存卷7—10)

清同治十一年 (1872) 序刻本

浙江临海·台临康谷郭氏宗谱□□卷

藏地：浙江临海县康谷乡西岙村 (存二卷)

(清) 李廷铨纂

清同治十三年 (1874) 序刻本

浙江临海·更楼郭氏宗谱十卷首一卷

藏地：浙江临海县博物馆 (存卷首、卷1、4、5、7—9)

(清) 郭晓峰纂

清光绪十三年 (1887) 木活字本

浙江临海·台临康谷郭氏宗谱五卷

藏地：浙江临海县康谷乡西岙村 (存卷1—3)

(民国) 陈韵裳　吕调纂

1915年天台阵孟焚梓木活字本

浙江仙居·乐安郭氏宗谱□□卷

藏地：浙江临海县博物馆 (存卷1、7、10、12、17、22、27、28)

(清) 郭帘青纂

清光绪十四年 (1888) 序刻本

浙江仙居·乐安郭氏宗谱

藏地：浙江临海县博物馆 (存卷1、16、24、28、32)

(民国) 郭寿棋纂

1918年序刻本

浙江仙居·乐安郭氏宗谱四十卷

藏地：浙江临海县博物馆 (存卷1、4、6、7、13、17—39)

(民国) 郭华等纂

1947年木活字本

安徽合肥·郭氏宗谱八卷

藏地：美国

(民国) 郭能盛等修

1928年汾阳堂活字本　十六册

安徽·绩溪县南关惇叙堂宗谱十卷

藏地：国家图书馆

(清) 许文源等重修

清光绪十五年 (1889) 活字本　十册

(五)　字行辈份

1925年郭克兴辑纂《郭氏家乘》，黑水郭姓一支字行为："克大基业，嗣炳宏谟，贻谋燕翼，绳武缉熙，昌时名世，翊运宣猷，家珍兆远，奕叶重光。”又，湖北省安陆县郭家河村郭氏字行为：“永世文应尚，显万中正诒，泽定远永治，先型敦崇原，本子名世守，封显万德全，隆首高取大，士品皇堂正，发惟显名扬，志有文章书，万载庆德贤，儒子益光。”

（六） 迁徙繁衍

古代姓氏的产生，有一种方式是以居住地为姓氏，如城、郭、园、池之类，郭，意为外城，即在城的外围加筑的一道城墙；住在外城的人以居处为姓氏，大概就是中国最早的郭姓。那么，郭姓始于何时呢？清人张澍《姓氏寻源》说：“《括地图》云：夏禹御郭哀。《抱朴子》云：禹乘二龙，郭支为御。《三一经》云：“商有郭崇。《白虎通》云：武王师郭叔。一说箕子号郭叔。此郭姓之始。”这是说夏禹时期已有郭姓。因夏禹建都之阳城即今登封县告城镇，故中国最早的郭姓出自今河南。但是，由于夏、商时期的郭姓之后无世系资料，所以，一些姓氏古籍又说郭姓出自古虢国，系由“虢”字“声之转”形成。如唐人林宝《元和姓纂》云：“郭，周文王季弟虢叔，受封于虢，或曰郭公，因以为氏。《公羊传》云：虢谓之郭，声之转也。”

虢国是周朝分封的姬姓诸侯国，有东虢、西虢、北虢之说，其中，东虢、西虢均系周武王姬发所封，开国君主都是周文王姬昌的弟弟。东虢在今河南荣阳东北，是姬叔（亦称虢叔）的封地。公元前 767 年，郑武公用武力夺取了虢国的土地，而名义上却说他护送周平王东迁洛阳有功，周平王把虢地赏给了他。这时，南方的楚国正想向中原扩张势力，楚庄王就以周平王无故灭虢为名，兴师问罪，一直打到京城洛阳附近。周平王恐惧，便把姬叔的后裔姬序找来，封在北虢，作为缓和矛盾的办法。北虢建都上阳（今河南陕县东南李家窑），占有今河南三门峡和山西平陆一带。公元前 655 年，晋国假道于虞以伐虢，灭掉北虢。西虢亦称城虢，在今陕西宝鸡东，是姬仲（亦称虢仲）的封地；西周灭亡后，支族仍留原地，称为小虢，于公元前 687 年为秦所灭。虢叔、虢仲的后代以国为氏，就是虢氏。古代“虢”、“郭”字异音同，通用，如《穀梁传·昭公元年》作“郭”，《左传》作“虢”，后来，虢氏便转而为郭氏。

春秋战国时期，郭氏除留居于今河南、山西、陕西省者外，已播迁于山东、河北。例如：春秋时齐国有勇士郭最，为临淄（今属山东）人，还有大夫郭荣；战国时有以冶铁成为巨富的邯郸（今属河北）人郭纵，燕国有郭隗，曾向燕昭王讲述以五百金买千里马骨而引来千里马的故事，进而献招徕人才之计。汉郭辅碑云：“（虢）春秋时为晋所并，遭战国、秦汉，子孙流分，来居荆土，氏国立姓焉”。“荆”是古代楚国的别称。这说明自春秋时虢国灭亡至秦、汉时，郭氏有部分人徙居江南。汉代及其以后的较长时期内，太原（今属山西）一直是郭氏的发展繁衍中心，曾派生出冯翊（今陕西大荔）、颍川（治今河南禹州）、华阴（治今陕西华县）、昌乐

（今河南南乐）等郭氏支脉。《新唐书·宰相世系》云：“华阴郭氏亦出自太原。汉有郭亭，亭曾孙光禄大夫广智，广智生冯翊太守孟儒，子孙自太原徙冯翊。”又云：“后汉末，大司农郭全代居阳曲（今山西太原市北），生蕴。蕴生准、配、镇。镇，谒者仆射、昌平侯。裔孙徙颍川。”又云：“昌乐郭氏亦出自太原。后汉郭泰，字林宗，世居介休（今属山西），司徒黄琼辟太常，赵典举有道，皆不应，世称为郭有道。裔孙居魏州昌乐。”此外，郭氏在汉代又有居于今内蒙、甘肃、四川、安徽者，如西汉郭公仲为西河（郡治在今内蒙东胜县境）人、郭昌为云中（今内蒙古托克托县东北）人，东汉郭汜为张掖（今甘肃武盛县东南）人、郭玉为广汉雒（今四川广汉县北）人、郭宪为宋（治今安徽太和县北）人。三国时吴国有富春（今属浙江）人郭成。晋代有武昌（治今湖北鄂城县）人郭翻，闻喜（今属山西）人郭璞于西晋末避乱徙居建康（今江苏南京）。唐初与唐末，河南郭氏曾两次向福建迁徙：一次是唐懿宗总章年间至武则天垂拱年间，光州固始（今属河南）人郭淑翁胡陈政、陈元光父子入闽开辟漳州，在龙溪郭埭乡安家落户，又有将佐郭益，亦随陈氏父子入闽；一次是唐懿宗咸通年间，郭嵩自固始县随王审知从弟王想入闽，家于新宁（长乐芝山乡），子孙传衍于仙游、莆田及南安之蓬岛乡。唐代中叶，郭子仪平定安史之乱，中兴唐室功高第一，被封为汾阳王，此后，郭氏便以“汾阳”为堂号，而且南方的郭氏大都以郭子仪为始祖。如蓬岛《郭氏家谱》称郭嵩为“入闽祖”，又说郭嵩是郭子仪的裔孙。1127 年，宋高宗赵构南逃，大批中原人随之逃到江南，居于江苏、浙江、湖北、湖南、江西、福建、两广，其中也有不少郭姓人，据《东石汾阳郭氏族谱》载，明末清初，福建郭氏有一支迁居台湾，至乾隆三十四年（1769 年）已有 67 人，散居彰化、嘉义、高雄等县，后发展为台湾十大姓之一，并有部分人远徙欧美及东南亚。

（七） 适用楹联

□北宫史表；[①]东国人伦。[②]

□道学千古；[③]纲目一人。[④]

□潇湘水云留雅韵；[⑤]
关山春雪展新图。[⑥]

□抱玉三朝楚；怀书十上秦。[⑦]

□阁连云一色；池带月重光。[⑧]

□相赏有松石间意；
自谓是羲皇上人。[⑨]

□一池浓墨盛砚底；
万木长毫挺笔端。[⑩]

□郭子精忠复唐室；[⑪]
燕招贤士筑金台。[⑫]

注释：

①战国时燕国大臣郭隗（wěi 音委）的故事。据《战国策·燕策》一文中，叙述的燕昭王求贤的故事，大意说，燕昭王接收了残破的燕国后登上王位，他特地去见郭隗先生说：“齐国乘我国内乱之机来攻破我们燕国，请问该怎么办?”郭隗说：“听说古代有一位国君，用重金求购千里马，三

年没买到。他身边有一位内侍说：‘请我去买吧。’国君派他去，三个月后就找到了千里马，可是这马已经死了。内侍就用五百金买了千里马的脑袋，回来报告国君。国君大怒道：‘我要的是活马，你却花重金买了死马！’内侍答道‘买一匹死千里马尚且用了五百金，何况活千里马呢！普天之下，一定会认为大王善于买马，千里马如今就到来了’。结果不到一年，就买到了三匹活千里马。现在，大王真想招贤士，就从我郭隗开始吧！我郭隗尚且受到敬奉，何况那些胜过我郭隗的人呢?”于是，燕昭王为郭隗专门建造了房屋，“筑宫而师之”。这样一来，乐毅从魏国前往燕国，邹衍从齐国前往燕国，剧辛从赵国前往燕国，许多贤士都争相奔赴燕国。

②东汉学者郭泰，字林宗，界休人。博通坟典，闭门在家教书，弟子至数千人。尝游洛，与河南尹相友善，于是名震京师，后归乡里，诸儒送者车千乘。

③北宋进士郭忠孝，字立之，钜鹿人。受《易》、《中庸》于程颐。不忍去亲侧，多在河南管库间任职。靖康中，为永兴军路提点刑狱。当时金人进犯永兴，与唐重分城而守。城陷，与重俱亡。有《兼山易解》，学者称兼山先生。

④唐代太尉中书令郭子仪（167—781），华州郑县（今陕西华县）人。以武举异等累迁朔方节度使。平安史之乱功第一，唐肃宗曾称赞他说：“国家再造，卿之力也。”封汾阳王。因破吐蕃有功，德宗时赐号尚父，进太尉中书令。以身系天下安危者二十年。卒谥忠武。世称郭汾阳，亦称郭令公。

⑤南宋古琴演奏家郭沔，字楚望，永嘉人。是浙派创始人。毛逊等奉他为宗师。曾搜集整理不少流传于民间的琴曲。作有《潇湘水云》等名曲流传于世。

⑥北宋画家郭意，字淳夫，河阳温县（今河南温县南）人。工山水，早年风格工巧，晚年转为雄壮，与李成并称“李郭”，为山水画主要流派之一。有《早春》、《关山春雪》等存世，并有画论。

⑦唐代诗人郭向《途中口号》联句。郭向官太子尉，全唐诗录其诗一首。

⑧唐代大臣郭震（656——713），《同徐员除太子舍人寓直之作》联句。郭震，字元振，魏州贵乡（今河北大名北）人。高宗咸亨进士，为通泉尉。武则天时曾出使吐蕃。大足元年(701)，任凉州都督，陇右诸军州大使，于凉州北境置白亭军，南口置和戎城，保卫了凉州安全；又广辟屯田，使河西走廊成为生产繁荣、社会安定、边防巩固的重要地区。迁左骁卫将军，安西大都护。官至同中书门下三品。

⑨清代诗人郭麐（麟）书联。郭麐，字祥伯，号频伽，吴江人。嘉庆贡生，工诗古文辞，善竹石。有《灵芬馆全集》。

⑩中国现代杰出的作家、诗人、历史学家、剧作家、考古学家、古文字学家，著名的社会活动家郭沫若(1892—1978）撰新疆天池联。郭沫若，四川乐山人。有《郭沫若文集》。

⑪见注④。

⑫见注①。

郭氏名人集粹

郭嵩焘 （1818—1891）清末湖南湘阴人，字伯琛，号筠仙。道光进士。有《养知书屋遗集》、《使西纪程》、《郭嵩焘日记》等。

郭琇 今山东即墨人，清代历任吴江知县、佥都御史、左都御史等职。

郭诩 泰和（今属江西）人，明代著名画家，画人物独有奇趣。

郭子兴 定元（今属安徽）人，元末江淮地区红巾军首领，明初曾被朱璋追封为滁阳王。

郭守敬 （1231—1316）顺德邢台（今属河北）人，元代科学家，为元代杰出的天文学家、水利学家和数学家，他主持编制了比过去准确的《授时历》，施行达360多，为我国历法史上施行最久的历法。

郭若虚 太原（今属山西）人，宋代书画评论家，其人自幼博览群书，广读画史画论，所著《图画见闻志》，集中地表现了他对绘画艺术的见解和主张。

郭熙 河阳温县（今属河南）人，宋代杰出的画家，他和荆浩、关仝、董源、巨然被后人誉为五代北宋间画山水画的大师。

郭威 邢州尧山（今河北隆尧）人，五代时，代后汉称帝，建立后周，都汴（今河南开封）。

郭忠恕 洛阳（今属河南）人，画家、文学家，在文字学方面颇有造诣。工画山水。所著的《佩觿》3卷，对辨别一般形音义相近的字有一定的参考价值。

郭子仪 （167－781）华州郑县（今陕西华县）人，唐代名将，曾以武举累官至天德军使兼九原太守。安禄山叛乱时，任朔方节度使，在河北击败史思明，因功升中书令。后又进封汾阳郡王，德宗即位以后，他被尊为尚父。

郭震 今河北大名东南人，官至右武卫铠曹参军、凉州都督、陇右诸军州大使。

郭璞 河东闻喜（今属山西）人，东晋文学家、训诂学家，甚为博学，好古文奇字，又喜阴阳卜筮之术。现存有著作多部。

郭象 今河南洛阳人，西晋哲学家，曾官至黄门侍郎、太傅主簿。以好老庄、善清谈而著称。

郭嘉 颍川阳翟（今河南禹县）人，三国时魏国曹操之谋士，他曾从征11年。运筹策划，屡建奇功，尤以官渡之战显名。对曹魏统一北方有很大的贡献。死时年仅38岁。

郭伋 扶风茂陵（今陕西兴平东北）人，东汉时有左冯翊，初为渔阳都尉。王莽时，任上谷太守，并州牧。更始政权建立，任左冯翊。

郭躬 颍川阳翟（今河南禹县）人，历任廷尉等职，以传授法律著称，徒众常数百人。

郭泰 太原介休（今属江西）人，太学生首领，以生徒数千人而闻名。

郭隗 燕国（今属河北）人，是

头一位在历史上绽放光芒的郭姓著名人物，战国时燕国谋臣，他曾以让燕昭王“筑宫而师之”，为燕国召来了许多奇人异士，终于使燕国得以富强。

郭纵 邯郸（今属河北）人，以冶铁成为巨富的大商人。

郭氏风流撷英

郭姓源流由来久，
盘庚迁都寻祖迹。
郭隗屈身招贤能，
郭纵炼铁成巨富。①
郭解折节德报怨，
郭泰教学千弟子。②
多谋善断建奇功，
潜心训诂树正宗。③
玄学儒道相渗透，
孝恪戍边建功绩。④
子仪平乱振中庸，
郭熙作画称雄健。⑤
观天测地郭守敬，
劳苦受宠当郭英。⑥
三里之城七里郭，
后裔弘扬炎黄风。

注释：

①郭隗（生卒不详）。战国时，燕国大臣，屈身下士以招贤者，士人争先赴燕，为燕国的兴起奠定了基础。郭纵（生卒不详），战国时，大工商业者，河北邯郸人。因经营铁冶炼铸造业而成为巨富。

②郭解（生卒不详），西汉游侠，河南济原人。他折节为俭，以德报怨。郭泰（公元128—169年），东汉名士，山西介体人。博古通今，好学善谈，一度名震京师。后归隐山林，潜心教学，弟子数千。

③郭嘉（公元170—207年），三国时，曹操谋士，河南禹县人。多谋善断，屡建谋功。郭璞（公元276—324年），两晋十六国时，东晋训诂学家，山西闻喜人。博学多才，好古文奇字，注释《尔雅》、《穆天子传》、《山海经》、《楚辞》等为后世注疏家所推重。

④郭象（？—公元312年），西晋玄学名士，河南洛阳人。郭孝恪（？—648年），唐朝将领，任西州（新疆吐鲁番）刺史，陕西句邑人。对经营新疆地区功绩卓著。

⑤郭子仪（公元167—781年），唐朝军事家，陕西华县人。他在中唐平息安史之乱，维护国家统一方面，起了重大作用，在军事上有卓越贡献。郭熙（生卒不详），北宋画家，河南温县人。其画以雄健著称。

⑥郭守敬（公元1231—1316年）。元朝文学家、水利家、数学家，河北刑台人。史书对他的评论是：“观天测地的科学家”。郭英（公元1335—1403年），明初将领，安徽凤阳人。身经百战，伤痕遍体，未以疾辞，备受太祖恩宠。

中华百家姓

赵	钱	孙	李	周	吴	郑	王	冯	陈	蒋	沈	韩	杨
朱	秦	许	何	吕	张	孔	曹	金	魏	姜	谢	邹	苏
潘	范	彭	韦	马	方	任	袁	史	唐	薛	雷	贺	汤
罗	郝	常	于	傅	康	余	顾	孟	黄	尹	姚	邵	汪
毛	戴	宋	熊	董	梁	杜	贾	江	郭	林	钟	徐	邱
高	夏	蔡	田	胡	万	卢	丁	邓	石	崔	龚	程	陆
段	侯	武	刘	龙	叶	黎	白	赖	乔	谭	阎	易	廖
文	曾												

林 姓

——聚木成林保生态，众心合一创未来

林氏解密寻踪

（一） 姓氏字源

《说文》：“林，平土有丛木曰林。从二木。”段玉裁注引《周礼》注云“竹木生平地曰林。”据胡厚宣先生《战后京津新获甲骨集》中说，甲骨文“林”像并立之两棵树，故本义当作成片之竹、木，王筠《释例》云：“林从二木，非云止有二木也，取木与木连续不绝之意也。”

（二） 寻根溯祖

林姓来源有三：

1. 出自子姓，为黄帝高辛之后商汤子姓后裔，其始祖为比干。相传商的始祖契，在帝舜时，因辅佐大禹治水有功，被封在商（今陕西商县），因他母亲吞燕卵生下他，故赐以子姓。后契的 14 世孙汤推翻夏朝，建立商朝。据《晋安世谱校正序》及《元和姓纂》等所载，商汤（建都亳〈今山东曹县南〉，后盘庚迁都殷〈今河南安阳小屯村〉）子姓后裔传至殷商之末，暴君纣王，因宠爱妲己，荒淫无道，杀害忠良，叔父比干（比干是商太丁的儿子，与纣王（辛）之父太乙为兄弟，论起辈份应该是纣王的叔父）因此进谏纣王，竟被施以挖心之酷刑。商纣王的种种暴行，最终也加速了殷商的覆亡。时正比干夫人陈氏身有孕，即将婢女 4 人奔于牧野（今河南淇县西南王辉市，今市 12.5 公里处有比干墓、庙，为河南省重点文物保护单位）避纣之难，逃于长林（今河南淇县西南）石室中生有一男，名坚，周武王灭纣，夫人乃将坚归周，因坚居长林而生，遂因林而命氏，赐为林氏，其后又拜坚为大夫，食邑于博陵（今河北省安平县）。其子孙因以为氏，称林氏。是为河南林氏。

2. 出自姬姓。据《通志·氏族略·以字为氏》所载，东周时，周平王有庶子名开，字林，其子孙以祖父字为氏，亦称林氏。开生林英，英生林茂、林庆，世系甚明。因周平王建都洛阳，故此支林姓起源于河南。是为河南林氏。

3. 为少数民族改姓。据《魏书·官氏志》所载，南北朝时，北魏孝文帝把国家从平城（今山西大同）南迁到洛阳后，实行汉化，将原鲜卑族复姓丘林氏的一部分改汉字单姓林氏。是为河南洛阳林氏。

（三） 宗堂郡望

堂号 “孝感堂”：宋代林守威，父亲死后他对继母特别孝顺。后来继母死了停丧没葬，邻家失了火，眼看烧到守威家。守威爬到屋上哭着呼天，忽然风回头，火也灭了。世人都说：“孝感动天”。

郡望 林姓郡望主要有南安郡、西河郡、济南郡、下邳郡、晋安郡等。

1. 南安郡。东汉中平五年（公元 188 年）分汉阳郡置郡。治所在在豲道（今陇西渭水东岸）。相当今甘肃陇西县东部及定西、武山县地。此支林氏，应为林坚直系后裔所开基。

2. 西河郡。战国魏初置郡，汉元朔四年（公元前 125 年又置郡，治所在平定（今内蒙古东胜县境）。相当今内蒙古伊克昭盟东部、山西吕梁山、芦芽山以西、石楼以北及陕西宜川以北黄河沿岸地带。此支林氏，其开基始祖为战国时赵宰相林皋。

3. 济南郡。西汉初分齐郡置郡，文帝改为国。治所在东平陵（今章丘西）。相当今山东省济南市、章丘、济阳、邹平等县地。此支林氏为西河林氏分支，其开基始祖为汉平棘侯林挚。

4. 下邳郡。东汉永平十五年（公元 72 年）改临淮郡置国，治所在下邳（今江苏睢宁西北）。南朝宋改为郡。相当今江苏省西北部地区，此支林氏为济南林氏分支，其开基始祖为林懋。

5. 晋安郡。晋太康三年（公元 282 年）分建安郡置郡，治所在侯官（今福州市）。相当今福建东部及南部。此支林氏为济南林氏分支，其开基始祖为林禄。

（四） 家谱寻踪

全国·锦江林氏家谱不分卷

藏地：台湾　美国

清光绪十四年（1888）刊本

全国·林氏宗谱二十一卷

藏地：日本　美国

清光绪二十三年（1897）九牧堂刊本　二十册

全国·西河郡林氏谱系不分卷

藏地：美国

1981年写本、一册

全国·林氏开族统汇图谱一卷

藏地：日本　美国

（民国）林光远堂裔孙修

1924年刊本　一册

全国·林光远堂族谱不分卷

藏地：广东中山图书馆（二部）广西博物馆　日本　美国

（民国）林氏光远堂众孙修

1920年修1930年贵县维新印务局铅印本　一册

全国·林姓宗亲录不分卷

藏地：美国

（民国）林清墩编

1937年铅印本　一册

河北·青县林氏族谱四册

藏地：河北青县陈嘴乡大院村

（清）林树桐纂

清同治十二年（1873）石印本

辽宁·旅顺林氏谱书不分卷

藏地：辽宁大连市图书馆

（民国）林尚贤修订

1925年铅印本

江苏常州·迁常林氏家谱二卷

藏地：江苏常州市图书馆

（民国）林文涛主修

1931年木活字本

江苏无锡·锡山林氏宗谱二十四卷

藏地：国家图书馆

（民国）林宗儒修　钱钧等编辑

1926年敦叙堂铅印本　十二册

浙江·萧山东门林氏宗谱四卷

藏地：中国历史博物馆　日本　美国

（清）林荫深　林卓生等修

清道光二十九年（1849）友庆堂木活字本

浙江·萧山东门林氏宗谱六卷

藏地：国家图书馆　人民大学　辽宁图书馆　日本　美国

（清）林凤歧重修

清光绪二十三年（1897）友庆堂活字本

浙江宁波·北郭林氏宗谱十四卷首一卷

藏地：浙江宁波市天一阁文物保管所（存卷首—9）

（清）林维柽　林克瀚纂修

治宣统元年（1909）崇礼堂木活字本

浙江宁波·镇海青墅林氏宗谱二卷首一卷

藏地：国家图书馆

（民国）林授经等辑

1934年活字本　二册

浙江鄞县·桃源林氏家乘十一卷

藏地：河北大学（二部）

（清）林汝彰　林生春等续录

清乾隆五十五年（1790）录钞本　四册

浙江鄞县·新江林氏宗谱十卷首一卷

藏地：浙江宁波市天一阁文物保管所

（民国）林庆芳　林纯𪗱等纂修

1924年思敬堂木活字本　四册

浙江·鄞西林家㢏林氏宗谱四卷首

一卷

藏地：浙江宁波市天一阁文物保管所

（民国）项世淮纂修

1929年木活字本　一册

浙江·慈溪林氏宗谱四卷

藏地：中国科学院图书馆　中国科学院历史研究所图书馆　人民大学　吉林大学哈尔滨师大　上海图书馆　浙江宁波市天一阁文物保管所　日本　美国

（民国）林耘堂等修　沈樾等纂

1924年铅印本

浙江·象山林氏象派宗谱稿不分卷

藏地：浙江图书馆

（民国）林永怀辑　林曾安校订

1929年稿本　二册

浙江·象山岙底林氏宗谱一卷

藏地：浙江象山文管会

（民国）吴显龢修

1937年钞本

浙江·上虞古虞林氏宗谱五卷

藏地：国家图书馆

（清）林凤瑞纂修

清光绪十二年（1886）遗德堂活字本　三册

浙江兰溪·西河林氏宗谱二十卷

藏地：浙江关溪县水亭乡下蒋

（民国）范兴宾重纂

1924年木刻本

浙江永康·古丽坊林氏宗谱□□卷

藏地：浙江衢州市文管会（存卷6、7）

1932年木活字本

浙江衢县·东坑仓林氏宗谱三卷

藏地：浙江衢州市文管会（二部）

（民国）林珍器　林昌茂等修

1943年木活字本　一册

浙江常山·林氏宗谱不分卷

藏地：浙江常山县青石乡高铺村

（民国）林维枢续修

1924年木刻本

福建·林氏开闽分支总谱不分卷

藏地：台湾

（明）林鸣盛序

明万历三十四年（1906）刊本一册

（五）　字行辈份

清宣统二年林承祖纂《林氏家谱》，山东德州林姓一支字行为："若宗孟荣，厚泽祖恩。"

（六）　迁徙繁衍

林坚因赐姓地是在今河南省境，故林姓最早的起源地应在今河南省境。据《晋安世谱校正序》等有关史料所载，自林坚食邑博陵（今河北安平县）后，子孙世袭其爵，多为大夫。春秋时，林氏由于官职调迁或避乱隐居，散居周（今陕西、河南两省部一带）、鲁（周分封的诸侯国，建都曲阜〈今属山东〉）、齐（周分封的诸侯国，建都营丘〈今山东淄博东北〉）、卫（周分封的诸侯国，建都在朝歌〈今河南洪县〉）等地。战国时期，赵（为战国七雄之一，建都在晋阳〈今山西太原东南〉）有宰相林皋，始居九门（今河北藁城县西北），生有9子，分别为文、成、宣、化、德、修、明、勉、韶，父子皆贤，时称“九龙之父”、“十德之门”，因赵王嫉才欲害，林皋父子携带族人，迁徙于西河（即榆林河，一名清水河，古帝原水，自边外流经陕西榆林县，注入无定河）避难。故林氏有以“西河”为堂号。一说因林姓发祥地在河南淇河以西，故称“西河林”。秦灭赵后，这一支林姓又迁徙到齐、邹二郡（齐郡，治所在临淄〈今属淄博市〉）。西汉初，林皋4世孙林挚，被封为千户侯，食邑千户；汉景帝时分邹郡之地置济南郡，遂为济南林氏；汉宣帝时，林挚的曾孙林尊，为博士，历官少府、太子太傅，从此成为济南名门巨族。至汉光武中兴，林尊的6世孙林邈为徐州刺史，封清泉侯。至晋代南迁发展繁衍，有林坚81世孙林颖，生有二子：懋、禄。其长子林懋，任下邳太守，又分出下邳（今属江苏）林氏；次子林禄，任晋安（今属福建）太守，后被晋明帝封为晋安郡王，居住在侯官县都西里，死后葬于惠安县涂岭九龙岗，成为海内林姓拜谒的圣地，为林姓在福建之开基始祖。林禄子孙颇多，再南迁莆田，7世孙林英后裔，又从莆田分迁至洪州，传12世孙万龙，于唐朝官拜饶州刺史，生有3子：韬、披、昌，林昌迁居漳浦。后世子孙，有居闽县，有迁移至长乐、长溪、仙游等地。福建林氏后裔，以莆田为盛，其子孙繁衍，成为林氏又一支著名的望族。其后子孙遍及福建、广东、海南、江西、浙江、台湾等地。同时，早在汉代时就有林坚的51世孙已迁居四川。此外，又有平王之子因字林，其子孙也有以字为氏，称林氏的，这一支林姓可能最早就繁衍于河南及山西省境的黄河一带。后与前一支林姓，在秦、汉之际就已经陕西迁入甘肃陇西一带，并逐渐成为当地一大望族。总之，秦、汉之际，林氏家族的子孙主要散居于北方的山西、河南、山东、陕西、甘肃等地。其中以山东省境的林氏繁衍地最为旺盛。至晋室南渡之时，中原士族也因“永嘉之乱”大举南迁，林氏也不例外，除主要繁衍于江苏的下邳一带外，后再南迁至福建，与胡、黄、郑、丘、何、曾等7姓合为入闽八族。至唐、宋之际，林姓在南方又有了新的发展。此地林姓族人已经遍及我国南方的江苏、安徽、浙江、福建、广东、江西、四川等地。明、清以后，便广播于全国各地。由上看来，林姓也曾是我国一个比较典型的南方姓氏。

（七） 适用楹联

□九龙衍派；[①]双桂遗风。[②]

□梅鹤风标；[③]露鸟孝瑞。[④]

□草堂百篇集清气；[⑤]
虎门一炮振国威。[⑥]

□梅妻鹤子和靖士；[⑦]
竹笔译文冷红生。[⑧]

□祠旁水仙王，北宋尚留高士塔；
树成香雪海，西湖重见古时春。[⑨]

□求通民情；愿闻己过。[⑩]

□海纳百川，有容乃大；
壁立千仞，无欲则刚。[⑪]

□大丈夫不食唾余，
时把海涛清肺腑；
士君子岂依篱下，

敢将台阁占山巅。⑫

□行事莫将天理错；

立身当与古人争。⑬

□为学日益，为道日损；

大勇若怯，大智若愚。⑭

□应视国事如家事；

能尽人心即佛心。⑮

□幼敏绝伦，京都景仰；⑯

才高压重，状元世家。⑰

注释：

①林姓名人林皋的事典。

②唐代殿中侍御史林藻的事典。林藻，字纬乾，莆田人。自少时便立奇志，与欧阳詹刻意文学，用长篇巨论一举及弟，同郡人中进士就是从林藻开始的。

③北宋诗人林逋（967—1028），字君复，后人称为和靖先生。钱塘人。居西湖孤山，终身不愿为官，未娶妻子，与梅花、仙鹤作伴，称“梅妻鹤子”。有《林和靖诗集》。

④唐代进士、殿中侍御史林藻的事典。

⑤明代贡生林时跃，字遐举，号荔堂，鄞人。拒不受大理评事之职。晚年与徐霜皋等共撰《正气集》。自著《朋鹤草堂集》、《明史大事记》等书。

⑥清代大臣林则徐（1785—1850）的事典。林则徐，字元抚，又字少穆，晚号竢村老人。福建侯官（今福州）人。道光十七年（1837）初，任湖广总管，严禁鸦片，卓有成效，次年上奏道光帝，力主禁烟，遂受命为钦差大臣，节制广东水师，赴粤查禁鸦片。十九年，与两广总督邓廷桢合力严缉走私烟贩，严处受贿官吏。迫令英、美烟贩交出鸦片237万余斤，从四月二十二日（6月3日）起，在虎门当众销毁。

⑦北宋诗人林逋事典。见注③。

⑧近代古文家、翻译家林纾（1852—1924）事典。林纾，字琴南，号畏庐，闽县人。光绪举人，曾任教于京都大学堂。翻译英美等国小说一百七十余种，影响颇大。

⑨林和靖（逋）祠联语。祠在杭州。

⑩林则徐撰自勉联。

⑪林则徐撰自勉联。

⑫唐代进士林嵩抒志联。

⑬林则徐题赠联。

⑭同⑬。

⑮林则徐自题联。

⑯明代进士林文秩，福州人。少年聪颖，志向甚高，后拜监察御史，在当时朝中很有威望，为时人所称道。

⑰明代林大钦、林宣德皆中状元。

林氏名人集粹

林旭 清末福建侯官（今闽侯）人，字暾谷，号晚翠。举人出身。试礼部不售，发愤为歌诗。戊戌政变发生，与谭嗣同等同时被害，为“戊戌六君子”之一。著有《晚翠轩诗集》。

林圭 湖南湘阴人、清末维新派的代表人物。

林永升 福建侯官（今闽侯）人，杰出的海军将领。

林则徐 （1785—1850）侯官（今

福建闽侯）人，著名的政治家，曾与龚自珍、黄爵滋、魏源等人提倡经世之学。1837年在任湖广总督期间，他禁止鸦片，成效卓著，为禁烟派代表人物，旋受命为钦差大臣，赴广东查禁鸦片输入。次年到广东，为了解西方情况，派人翻译外文书报，编成《四洲志》。主张对外商分别对待，孤立烟贩，他会同两广总督邓廷桢、广东水师提督关天培，查办鸦片走私商，严令英美烟贩交出鸦片，于1839年6月在虎门海滩当众销毁。同时他积极整备海防，招募水勇，购置火炮，多次打退英军挑衅。后来因受投降派诬陷，被革除职务，充军新疆。曾在新疆兴办水利，垦辟屯田。1850年又被起用为钦差大臣，后在潮州途中病死。他以大无畏精神在中华民族抗击侵略者的历史上写下了可歌可泣的一页，成为著名的爱国者。

林春溥 侯官（今福建闽侯）人，清代学者，勤于研读经史、有很多随手札记。

林凤祥 广西武鸣人，一说广东揭阳人，太平天国将领。

林鸿 福清（今属福建）人，明代著名诗人，为“闽中十才子”之一。

林良 南海（今属广东）人，著名画家，擅花果、翎毛。着色简淡，尤喜放笔作水墨禽鸟树石，道劲如草书，而神采飞动，名盛当时。为明代院体花鸟画中变格的代表作家。

林桂方 元代有广东农民起义首领。

林椿 钱塘（今浙江杭州）人、南宋著名画家。

林逋 钱塘（今浙江杭州）人，北宋诗人，其诗风格淡远，内容大都反映其闲适的心情。“疏影横斜水清浅，暗香浮动月黄昏”两句颇有名。

林鼎 福建侯官（今闽侯）人，五代时吴越（相当今浙江全省、江苏一部，建都今浙江杭州）著名书法家，以写草隶知名，著有《吴江应用集》。

林士弘 鄱阳（今江西波阳），隋末南方农民起义首领，曾统领义军大败隋军于鄱阳湖，发展到10多万人，进占虔州（今江西赣州），称帝，国号楚，建元太平，曾控制北起九江（今属江西）、南达番禺（今广州）的广大地区，历时6年。

林氏风流撷英

商末坚后有林氏，
一说源自周林开。①
梅妻鹤子名诗人，
北宋杭州林逋才。②
军纪严明保民生，
爽文起义大元帅。③
林清揭竿英雄气，
弥勒出世广胸怀。④
禁烟英雄扬国威，
则徐功高传万代。⑤
妇女救国红灯照，
巾帼英雄林黑儿。⑥
海军名将林永升，
林旭变法身遭害。⑦
聚木成林保生态，

众心合一创未来。[8]

注释：

①据《晋安世谱校正序》记载，坚乃商末比干之子，因避难于长林山，今河南林县，后有林氏，此系为子姓。另据《通志·氏族略·以字为氏》记载，周平王庶子名叫林开，其子林英，林英子之子有林茂、林庆，世系甚明，此系出自姬姓。

②林逋（公元 967—1028），北宋诗人，浙江杭州人。隐居西湖孤山，终身不愿娶妻，不愿为官。独与梅花、仙鹤为伴，称“梅妻鹤子”，其诗描写梅花尤为入神，是我国古代描写梅花的诗词中的精品。

③林爽文（？—1788 年），清朝台湾农民起义首领，原籍福建平和人。乾隆年间迁居台湾彰化。1786 年率众起义，被推为盟主大元帅，建元顺天。以“除贪官，保民生”为口号，军纪严明，群众纷纷响应，贪官污吏，闻之丧胆。

④林清（公元 1770—1813 年），清朝天理教起义首领，北京人。精通五行八卦，自称弥勒佛转世，深受教徒拥护，1813 年率徒百余人潜入北京，在教徒太监引导下攻入皇宫，后因援军来到而退出，显示出天不怕地不怕，敢于做视封建权贵的英雄气概。

⑤林则徐（公元 1785—1850 年），清朝大臣，福州人。1837 年至 1839 年，领导了中国近代史上轰轰烈烈的禁烟运动，大扫了帝国主义的嚣张气焰；为了解西方情况，他还设译馆，翻译外文书报，编成《四洲志》，开启了研究西方风气；1840 年 6 月英国发动鸦片战争，在广州挫败英国主义的进攻，英军只好北上威胁天津，旋被革职，流放新疆，他在新疆开垦良田、兴办水利，推广先进生产技术，林则徐是开启中国近代史的重要人物，为中国历史的前进建立了不可磨灭的功勋。

⑥林黑儿（？—1900 年），天津义和团女首领。1900 年，领导青年妇女组织“红灯照”，英勇抗击了八国联军的进攻，人称“黄莲圣母”。

⑦林永升（公元 1855—1894 年），清末海军将领，福州人。1876 年派往英国学习海军，1894 年在中国黄海战役中壮烈牺牲；林旭（公元 1875—1898 年），清末维新派“戊戌六君子”之一。

⑧林（lín），一木为木，两木称林，三木则为森，形成了森林，就可以改变气候和生态环境。人民只要齐心合力，团结一致，就能开创美好的未来。

中华百家姓

赵	钱	孙	李	周	吴	郑	王	冯	陈	蒋	沈	韩	杨
朱	秦	许	何	吕	张	孔	曹	金	魏	姜	谢	邹	苏
潘	范	彭	韦	马	方	任	袁	史	唐	薛	雷	贺	汤
罗	郝	常	于	傅	康	余	顾	孟	黄	尹	姚	邵	汪
毛	戴	宋	熊	董	梁	杜	贾	江	郭	林	钟	徐	邱
高	夏	蔡	田	胡	万	卢	丁	邓	石	崔	龚	程	陆
段	侯	武	刘	龙	叶	黎	白	赖	乔	谭	阎	易	廖
文	曾												

钟 姓

——逝者如斯光阴贵，金钟长鸣催奋发

钟氏解密寻踪

（一） 姓氏字源

《说文》：“钟，乐钟也。秋分之音，万物种成。从金，童声。”所谓钟，即指古代一种打击乐器，用铜或铁制成，中间空，悬挂在架上用槌叩击发音。《玉篇·金部》：“钟，乐器也。”

（二） 寻根溯祖

钟姓来源有二：

1. 出自子姓，为商汤的后裔，以邑为氏。据《名贤氏族言行类稿》及《新唐书·宰相世系表》等所载，相传上古帝喾有个妃子叫简狄，因捡到一只燕子蛋，简狄吃下去以后就怀孕生下了契，后来辅佐大禹治水有功，被封在商（今陕西商县），因为他母亲吞燕卵生下他，所以赐姓子。传至殷商纣王时，有一庶兄，名启，曾封于微（今山东梁山西北），称微子（为黄帝的第 33 世孙），因见商代将亡，数谏纣王，纣王不听，便出走。周武王灭商后，微子向周乞降。周公旦（周武王之弟）攻灭武庚后，把商的旧都周围地区分封给他，建都商丘（今河南商丘南），有今河南东部和山东、江苏、安徽间地。是为异姓诸侯国宋国。微子称宋桓公。传至宋桓公的儿子公子敖，在晋国（周分封的同姓诸侯国，在今山西西南部，建都于唐〈今山西翼城西〉）任职，敖的孙子伯宗为晋国大夫，因忠直敢谏而得罪执政的郤氏被害。他的儿子州犁逃到楚国，后来任楚太宰，食采钟离（今安徽凤阳东北），他的后人或以地名为姓或单称钟氏。楚有钟仪、钟建、钟子期，与伯牙为友；楚汉有钟离昧（为微子17世孙），为项羽将，有二子：长子曰发，居九江，仍故姓；次子曰接，为避仇改单姓钟氏，居颍川长社（今河南长葛）。是为河南或安徽钟氏。

2. 出自嬴姓，为钟离氏改钟氏。周代伯益（亦称大费，古代嬴姓名族的祖先）的后人的封国钟离国（今安徽临淮关一带），春秋时被楚国吞并，国人称钟离氏，其中有一部分改钟离为钟氏。是为安徽钟氏。

（三） 宗堂郡望

堂号 “四德堂”：春秋楚、郑交战的时候，楚国钟仪被郑国俘虏，献给了晋国。晋景公在军府见了他。晋景公问：“那个绑着、戴着楚国帽子的人是谁？”钟仪说：“楚国的俘虏。”景公又问：“你姓什么？”钟仪说：“我父亲是楚国的琴臣（官职名）。”景公命手下松了他的绑，给他琴叫他弹，他弹了一段楚国的乐曲。景公又问：“楚王是怎样的人？”钟仪说：“王做太子的时候，有太师教导他，太监伺候他。清早起来以后，像小孩子一样玩耍；晚上睡觉。其他我不知道！”范文子对景公说：“这个楚国俘虏真是了不起的君子呀！他不说姓名而说他父亲的官职，这是不忘本；弹琴只弹楚国音乐，这是不忘旧；问他君王的情况，他只谈楚王当太子时的小事，这是无私；只说父亲是楚臣，表示对楚王的尊敬。不忘本是仁，不忘旧是信，无私是忠，尊君是敬。他有这四德，给他大的任务，必定能办得很好。”于是晋景公以对外国使臣的礼待他，叫他回楚国谈判和平。

郡望 主要有颍川郡、竟陵郡等。

1. 颍川郡。秦王政十七年（公元前230年）置郡。以颍水得名。治所在阳翟（今河南禹县）。相当今河南登封、宝丰以东，尉氏、郾城以西，密县以南，叶县、舞阳以北县地。

2. 竟陵郡。秦置郡，治所在今湖北潜江西北，西晋时分江夏郡置，治所在石城（今湖北钟祥）。南朝宋相当今湖北钟祥、天门、京山、潜江、沔阳等县地。

（四） 字行辈份

1923年钟歆久纂《钟氏宗谱》，江苏靖江钟姓一支字行为：“成宪宾廷，锡泽树勋，荣永休昌，允隆祥瑞。”

（五） 迁徙繁衍

不论是复姓的“钟离”，还是单姓的“钟”，都是发源于今安徽省境。而后，大致于汉晋之际，则以河南为其繁衍中心，其中迁入颍川长社钟氏从一开始就著称于世，后成为我国各地钟氏主要的来源，故钟姓又以“颍川”

为其堂号。

先秦时期的钟氏，主要居住在楚国境（今湖北、湖南一带）。从汉代开始，以后数百年间，颍川长社一直是钟氏的发展繁衍中心，这里曾孕育出许多杰出人物，所以，许多姓氏书均说钟氏望出颍川（郡治在今河南许昌市东），钟氏族人大都以“颍川”为堂号。东汉时，长社人钟皓，隐居不仕，在密山以诗律教授，门徒达千余人，其7世孙钟雅，西晋末随晋室渡江，居于建康（今江苏南京），在东晋元帝时为丞相记室参军，后官至御史中丞。据《台湾省通志·人民志·氏族篇》载，晋代从中原人福建省共13姓，其中有钟姓。与此同时，钟氏还有迁居今浙江绍兴者。钟雅的7世孙钟屿，为南朝梁永嘉县丞，屿子钟宠为临海令，避侯景之难，徙居南康赣县（今江西赣州市）。南朝末、隋初有钟士雄，曾为南朝陈伏波将军，史书称其为“岭南酋帅”。岭南，指五岭以南，相当今广东、广西二省及越南北部一带。这说明南朝时岭南的少数民族中也有钟氏。唐初，光州固始人陈政、陈元光父子奉命入闽开辟漳州，随从将佐有钟德兴，后在福建安家。唐代，钟氏还分布于今山西、四川、广东广州、安徽合肥等地。宋、元、明时期，福建的漳州、泉州、宁化等地，广东的南海、南雄、蕉岭、湖州、梅州、兴宁等地均有钟氏的聚居点。从清乾隆的开始，闽、粤钟氏陆续有人迁至台湾，后有些人又徙居海外。

（六） 适用楹联

□望居长社；源自钟离。

□千秋士表；①一代人师。②

□飞鸿舞鹤；③流水高山。④

□联苑称圣手；⑤艺坛号全才。⑥

□颍川列四长；龙南号一峰。⑦

□金生丽水千年秀；
重如泰山万古存。⑧

□记室儒臣，掌文章以光上国；⑨
金陵才士，中科甲而隐南山。⑩

□三年耀武群雄服；
一日回銮万国春。⑪

□颍川名门出大儒；
越国世第仰书家。⑫

注释：

①晋代御史中丞钟雅，字彦胄，长社人。才志颇高，执法严谨，忠心侍卫天子，后来以身殉职。

②东汉学者钟皓，字秀明，长社人。专授人以诗律，门徒千余人。九辟公府都先后聘用他为林虑长，俱拒之不就。李膺叹曰：“钟君至德可师。”与陈实、荀淑、韩韶称为“颍川四长”。

③三国魏大臣、书法家钟繇（151—230），字元常，颍川长社（今河南长葛）人。东汉末为黄门侍郎，举孝廉，封东武亭侯。魏受禅，进太傅，封定陵侯。工书、博取众长，兼善各体，书若飞鸿戏海，舞鹤游天。与王羲之并称为“钟王”。

④春秋时楚人钟子期善辨琴。伯牙鼓琴，子期听之。意在高山，曰：“巍巍乎若高山”；志在流水，曰：“荡

荡乎若流水”。子期死后，伯牙摔断琴弦，终身不再弹琴。

⑤清代廪生钟耘舫，活动于清末同治、光绪间（1862—1908），四川江津人。长期从教，工诗文辞。尤以联语闻名于后世，被誉为“长联圣手”。著有《振振堂集》。

⑥清代女文化名人钟若玉，字文贞，号元圃，昆山人。能诗、工书、善画。说者谓“其诗宗韩柳，字效钟王，画临崔白，闺阁中不易得之全才也。”见《中国画史人名大辞典》。

⑦元代雷州学正钟柔。字元卿，龙南人。笃学，融贯经史，下笔千言。晚年在乡下教书，从者数百人，都心悦诚服，称“一峰先生”。著有《诸经纂说》等。

⑧繁体字“钟”（钟）姓的析字联。

⑨南朝齐梁间文学批评家钟嵘（469—518），字仲伟，颍川长社人。齐梁间任安国令、西中郎、晋安王记室等职。所撰《诗品》，品论汉魏以来一百多位诗人的作品，为五言古诗作了总结。

⑩宋代隐士钟辐的事典。中科甲后隐居不仕。

⑪唐代翰林学士、诗人钟谟集句联。

⑫唐代书法家钟绍京，虔州人，以擅于书法而任事于皇城阁，诸宫题匾，皆出其笔。后升为皇苑总监。睿宗时拜为中书令，封越国公。

钟氏名人集粹

钟氏做为我国大姓之一，在历史上虽说不像别的家族那样族大势众，但历代名人的确层出不穷。

钟天纬 江苏华亭人，清代著名翻译家，译书数十种，著有《则足集》。

钟人杰 道光年间湖北崇阳农民起义领袖。

钟荣光 （1866—1942）广东香山（今中山）人，字惺可。清光绪二十二年（1896）加入兴中会，并创办《博闻报》及《安雅报》，进行宣传。1928年岭南大学收归国人自办，任第一校长。次年改任岭南大学荣誉校长。

钟世铭 （1881—?）直隶天津（今天津市）人，字蕙生。清光绪进士。光绪三十二年（1906）留学美国哈佛大学，获硕士学位。回国后，充直隶高等工业学堂英语教员、教务主任。1921至1925年间，先后任北洋政府盐务署署长、财政次长及代总长。后调任奉天交涉员，未几辞职。

钟芳礼 （约1806—?）清广西人，一说广东花县人。一说原名芳球。洪秀全姊夫。入拜上帝会。金田起义后，为御林侍卫。咸丰三年（1853），天京（今南京）设机匠衙（后改织营），被封为恩赏丞相，督理该衙（营）。凡城中业机织者均令编入，立营伍，集体织造，织品产量大增。曾封义爵。一说杨韦事变后回广东花县，租地耕种。

钟颖 清满洲正黄旗人，阿额觉

罗氏。曾充四川陆军小学工程处提调。光绪三十三年（1907）继陈宧任四川陆军第三十三混成协协统，兼四川陆军速成学堂总办。辛亥革命后奉调入藏，为办事长官。数年后返回四川。

钟惺　湖广竟陵（今湖北天门）人，明代画家、文学家，万历进士，官至福建提学佥事。与谭元春同为竟陵派的创始者。

钟嗣成　大梁（今河南开封）人，元代戏曲家，寄居浙江杭州，顺帝时编著《录鬼簿》2卷，载元代杂剧、散曲作家小传和作品名目。所作杂剧有《章台柳》、《钱神论》等7种。

钟明亮　循州（治今广东龙川）人，起义军首领。

钟相　武陵（今湖南常德）人，南宋著名的农民起义领袖，他利用巫教组织农民，提出“等贵贱，均贫富”的主张。1127年曾派兵北上抗金。1130年，率众起义，占领19县，发展到10万人，钟相被推为楚王。

钟绍京　今江西赣县人，唐代宰相、著名书法家，为大书法家钟繇10世孙（即钟嵘直系孙）。以善书直凤阁，时号小钟。武后为帝时，诸宫殿牍及九鼎铭，都出其手。家藏王羲之、王献之、虞世南、褚遂良等真迹达数百卷。

钟传　洪州高安（今江西高安县）人，以军功拜镇南节度使、封南平郡王，盘据江西达30余年。

钟繇　汉末三国时大臣、杰出的书法家，颍川长社（今河南长葛东）人，钟迪之子。汉末举孝廉，除旧陵令、廷尉、正黄门侍郎。以功拜御史中丞、侍中、尚书仆射，封东武亭侯。至三国魏，为大理、太尉。卒谥成侯。其书法博取众长，兼善各体，尤精于隶、楷，且出乎自然，形成了旧隶人楷的新貌，备受王羲之推崇，有“钟王”之称，故钟繇被后人尊为“楷书之祖”。其真迹不传，宋以来法帖中所刻《宣示表》、《贺捷表》、《荐季直表》等，都出于后人临摹。

钟皓　颍川长社人，曾以诗律教授门徒千余人，前后九辟公府，征为廷尉正、博士等皆不就，与荀淑、韩韶、陈寔，并称为“颍川四长”。钟皓长子迪，郡主簿。

钟离春　战国时代齐国（建都于营丘〈今山东淄博东北〉）王后。钟离春可以说是我国古代第一个以才取胜的王后。本齐国人，相貌极丑，40岁仍没出嫁。后自己去求见齐宣王，陈述齐国危难的状况，提出解决的办法，被齐宣王采纳，并立为王后。

钟子期　春秋时楚国人。精音律。相传伯牙鼓琴，他能分辨琴声是志在高山还是志在流水，因被伯牙引为知音。他死后，伯牙摔琴绝弦，终身不复鼓琴。

钟氏风流撷英

本家先祖源州梨，
逃难钟离姓氏起。①
安徽凤阳发祥地，
迁至颍川家业发。②
书法大家有种繇，

书圣羲之可堪比。③

钟荣评文功力深，

诗品批评干润法。④

嗣成元曲一专家，

品质上乘量不乏。⑤

钟惺严冷著史怀，

幽深孤峭方为佳。⑥

逝者如斯光阴贵，

金钟长鸣催奋发。⑦

不偏不倚行正道，

中庸之理可持家。⑧

注释：

①依据《名贤氏族言行类稿》及《通志·氏族略·以邑为氏》，钟姓先祖可追溯到州梨。他是春秋时期宋桓公的后裔。由晋国逃难到楚国，在一个叫钟离的地方住下，遂有钟离氏，以后简称“钟”氏，出自子姓。

②钟离遗址在今安徽凤阳一带，钟氏的祖先在那里繁衍生息，直至发展壮大。据《百家姓》记载，钟氏郡望为颍川郡，是秦王嬴政所设，相当于今河南许昌、禹县一带，是钟氏子孙较为密集的地区。

③钟繇（公元151—230年），河南长葛人，三国时魏国大臣，书法家。他精工书法，博采诸家之长，尤擅草书，其成就可与王羲之（书圣）相提并论。

④钟嵘（公元469—518年），南朝齐梁间文学批评家，评议剖析深刻，有独到见解。所撰《诗品》，根据“干之以风力，润之以丹采”的标准，品评了大量作品。对诗歌创作产生了积极影响。

⑤钟嗣成（生卒不详），元末戏曲家，作散曲、小令甚多，有《章台柳》、《钱神论》等七种。又有《录鬼簿》二卷，全书记述元初以来元曲作家一百五十多人的生平事迹及剧作目录，对元曲研究有重大意义。

⑥钟惺（公元1572—1624年），湖北天门人，明末文学家，他为人严冷，思想深刻，著有《史怀》。一个时期以来，他与同邑谭元春并起，主持文坛，主张诗以幽深孤峭为佳。

⑦时间如流水一去不返，光阴十分宝贵。时钟作为一种计时器，可以催人奋进，成就功业。

⑧钟字通中，不偏不倚是中庸之道，讲究处事有度，不走极端。中庸原理利于我们把握事情的分寸，把事情做好。

中华百家姓

赵 钱 孙 李 周 吴 郑 王 冯 陈 蒋 沈 韩 杨
朱 秦 许 何 吕 张 孔 曹 金 魏 姜 谢 邹 苏
潘 范 彭 韦 马 方 任 袁 史 唐 薛 雷 贺 汤
罗 郝 常 于 傅 康 余 顾 孟 黄 尹 姚 邵 汪
毛 戴 宋 熊 董 梁 杜 贾 江 郭 林 钟 **徐** 邱
高 夏 蔡 田 胡 万 卢 丁 邓 石 崔 龚 程 陆
段 侯 武 刘 龙 叶 黎 白 赖 乔 谭 阎 易 廖
文 曾

徐姓

——循序渐进日进步，东风徐徐坦荡荡

徐氏解密寻踪

（一） 姓氏字源

《说文》："徐，安行也。从徐声。徐之本义即缓慢。《广韵·鱼韵》："徐，缓也。"

（二） 寻根溯祖

徐姓来源比较纯正，主要出自嬴姓，为帝颛顼玄孙伯益（嬴姓）之子若木之后裔。据《元和姓纂》及《通志·氏族略·以国为氏》等有关资料所载，相传帝颛顼有个孙女叫女修，因食燕子蛋怀孕而有大业。大业娶少典氏女子女华为妻，生下了伯益，伯益因辅佐大禹治水有功，帝舜除正式赐他嬴姓外，还把本族姚姓女子嫁给他为妻。姚女生下两个儿子，其小儿子叫若木，因其父之功，夏禹时被封于徐，建立徐国，故地在今江苏西北部及安徽东北部。徐国历夏、商、周三代为诸侯。周穆王时至32世孙徐君偃，因聪明仁爱，颇得百姓拥护，国力不断强大。当时穆王喜爱巡游四方，以致国政无人管理，诸侯也多有怨言，徐郡偃便产生了代周为天子的野心，于是他自称徐偃王，率各国联军向周进攻，穆王得此消息，乘造父驾的车，日夜兼程，及时赶到京城，调军前去镇压，偃王也只好收兵，弃国出走，躲进彭城（今江苏徐州）一带的山中。由于他甚得民心，随从他进山的百姓数以万计。这座山后来就叫徐山，徐州因此得名。周穆王因此不得不封他的儿子宗于徐（今江苏泗洪一带），仍称“徐子”，继续管理徐国。春秋时又为楚国打败，国力逐渐衰弱，至宗 11 世孙章禹，于周敬王八年（公元前 512 年）最终为吴国所并，其后子孙便以国为氏，称徐氏。是为江苏徐氏。

（三） 宗堂郡望

堂号 “圣交堂”或“麦饭堂”：宋朝时候，徐大受被举为特科（不用考试就是进士）。朱嘉（大儒者，后人称他圣人）听说他贤，去访他，他正给弟子讲《论语》里颜渊“三月不违仁”一句。他向学生解释说：“这一句的意思就是杜的诗句‘一片花飞减却春’的意思。”朱熹听了很赞赏，二人遂成了最好的朋友。大受很穷，一天晚上朱熹到了他家来，大受端出葱花汤和麦饭招待他，这虽然简单，二人都很高兴，历史上传为佳话。

郡望 徐姓郡望主要有东海郡、高平郡、东莞郡、琅玡郡、濮阳郡等。

1. 东海郡。秦置郡，治所在郯（今山东郯城北）。西汉相当今山东费县、临沂、江苏赣榆以南，山东枣庄市、江苏邳县以东和江苏宿迁、灌南以北地区；东魏及隋唐相当今江苏东海县以东、淮水以北地区。

2. 高平郡。晋泰始元年（公元265 年）改山阳郡置郡，治所在今山东巨野南。相当山东独山湖、金乡、巨野、邹县之间地。其后屡有变迁，其中北周时曾改高都郡置高平郡，治所在高都（今山西晋城东北），相当今山西晋城、高平等县地。

3. 东莞郡。汉建安初分琅邪、齐郡置郡，治所在今山东沂水东北。相当今山东省临朐、沂水、蒙阴、沂源等县地。

4. 琅邪郡。秦始置郡，治所在琅邪（今山东胶南县琅邪台西北）。西汉移治东武（今山东诸城）。相当今山东半岛东南部。

5. 濮阳郡。晋时改东郡置国，治所在濮阳（今河南濮阳县西南）。相当今河南滑县、濮阳、范县，山东郓城、鄄城等地。西晋末改为郡。

（四） 家谱寻踪

全国·重修东园徐氏宗谱五卷首一卷

藏地：国家图书馆　吉林大学

（清）徐联习等重修

清乾隆十年（1745）刻本

全国·东园徐氏宗谱八卷

藏地：国家图书馆　中国科学院历史研究所图书馆　吉林大学（二部）苏州大学　美国

（清）徐正科纂修

清嘉庆七年（1802）民德堂刻本

天津·徐氏宗谱四十二卷

藏地：中央民族大学

（清）徐景京等辑

清乾隆年间刻本　五册

天津·徐氏家谱

藏地：中国科学院图书馆　美国

（清）徐鋆修

清道光四年（1824）寿怡堂刻本

天津·徐氏家谱二卷

藏地：美国

（清）徐墀等修清光绪十三年（1887）寿岂堂铅印本　一册

天津·续修天津徐氏家谱不分卷

藏地：国家图书馆　中国科学院图书馆　天津图书馆　日本　美国

（清）徐世昌等纂辑

清光绪三十四年（1908）寿岂堂铅印本

天津·续修天津徐氏家谱不分卷

藏地：国家图书馆　北京师范大学　人民大学　中央民族大学（四册）天津图书馆吉林大学

（民国）徐世昌纂修

1918年寿岂堂铅印本

山西·五台徐氏本支叙传不分卷

藏地：国家图书馆　中央民族大学　美国

（清）徐继畬编

清咸丰十年（1860）刻本

山西五台·徐氏宗谱八卷

藏地：河北大学　美国

（清）徐实甫纂修

1929年增补石印本　八册

山西五台·徐氏宗谱八卷

藏地：山西五台县档案馆（二部）

（民国）徐一清续修

1934年钢字本　八册

山西原平·徐氏宗谱不分卷

藏地：吉林大学

（民国）徐永昌纂修

1937年石印本　一册

辽宁辽阳·襄平徐氏续修族谱五卷

藏地：国家图书馆　河北大学

（清）徐长喆　徐长佶辑校并书

清咸丰三年（1853）钞本　五册

吉林永吉徐氏宗谱四卷

藏地：国家图书馆　北京大学　人民大学　辽宁图书馆　辽宁大连市图书馆　吉林大学（二部）　美国

（民国）徐鼒霖续修

1930年刻本

上海·徐氏族谱二十二卷末一卷

藏地：上海图书馆

（清）徐自立　徐兴蕃重修　徐大容校

清乾隆间华亭徐氏家刻本　十册

上海·向观桥徐氏世谱不分卷

藏地：上海奉贤县档案馆

（清）徐乐忠纂

清光绪二十四年（1878）本

上海·向观桥徐氏世谱不分卷

藏地：上海文管会

（清）徐嘉树纂修

清光绪间钞本　一册

上海·向观桥徐氏世系家谱不分卷

藏地：上海文管会（残存三册）

（清）徐嘉树纂修

1924年铅印本

（五）　字行辈份

清光绪九年徐文华修《修氏宗谱》，浙江山阴清溪徐氏字行为："洪维祖德，朱虎为倚，佐尧赞禹，尽献嘉谋，泽延东海，望重南州，忠考济美，义烈扬休，奕叶叙来，永保徽猷。"

清光绪徐澍成修《徐氏宗谱》，浙江山阴安昌徐氏字行为："延禧逢升，景恒志维，存良继宏，征葆聚观，光锡由尊。"又自十二代起改新字："延庆光乃锡，观学志诚良。"

清光绪十年徐润修《徐氏宗谱》，广东香山徐姓一支字行为："延广观法良，文彦本绍信。"同宗前山支辈份字行为："崇子玉卿，忠德立，诗礼传家，荣开万世；尚捷作志，周京昭，统绪泽国，著友谟谋。"

清宣统三年徐品生修《徐氏宗谱》，浙江萧山徐氏寿东大房辈份字行为："本仕公寿，东南美道，仁章瑞宣，惠全忠敦，伦修睦叙，彝饬纪纲。"寿东二房字行为："东南美尚，凤麟天毓，秀钟芬郁，克振徽声，仰承先绪统。"寿东四房字行为："登明正文，恭广延洪，通宪达尊，庄匡标准，则规模宏。"

1928年徐文镂、徐维书纂修《徐氏宗谱》，浙江余姚徐氏一支辈份字行为："祖泽宏先绪，诒谋肇克昌，瑞传和厚永，业裕慎勤长，善德钟麟振，云极世发祥。"

（六） 迁徙繁衍

若木被封的徐国，位于今安徽凤阳县北方的泗县一带，亦即徐氏家族的最早发源地。此地聚居繁衍的徐姓，至徐国灭亡后，已发展为一大家族。其后纷纷向北方迁徙。其后，大致经过了汉魏晋南北朝乃至隋唐，在我国北方的山东及河南等省形成了多处郡望。即古时东海、高平、东莞、琅邪、濮阳等地。具体迁播时间，秦以前徐姓已迁入山东。前面提及的日本始祖徐福，亦称为徐市，关于他渡海访求不老仙药一事，《史记》中的《秦始皇本纪》是这样记载的："徐市，齐人，上书言海中有三神山，名曰蓬莱、方丈、瀛洲，请得齐戒与童男女求之，于是遣市发童男女数千人，人海求之。"徐市访求不老仙药的故事，虽然古籍的记载有若干出入，但却为两千多年前徐氏播迁于山东，提出了有力的说明。东汉以前，已有徐氏再西迁至今天的甘肃省境。也就是说在汉时，徐姓已散居北方广大区域。徐姓南迁比一般姓氏要早一些。据《东海堂徐氏族谱》所载，在汉桓帝时，有1世祖徐稚，迁居江西南昌府（治今南昌市）；2世祖远迁至浙江衢州府（今衢州市）龙游（今县）；3世祖分居于浙江绍兴（今市）、信安（今县），江西的南昌（今市），苏州阳县（今县）、吴郡（治今苏州市）一带。徐姓大举南迁成始于魏晋之时，隋唐时期在我国南方各地又有了进一步的繁衍。宋末，徐姓人再由江西石城县迁福建汀州（治今长汀县）上杭、连城二县（今县）。元时，徐姓主为繁衍于广东的丰顺、海丰、梅县、博隆及潮州的南坑。总之，徐姓在秦汉时其，主要分布在我国北方的黄河下游地区，尤为山东徐姓繁衍得最为旺盛。自魏晋至唐，徐姓南迁主要繁衍于淮河及长江下游大部分地区，宋以后，便广布江南广大地区；至于我国西南地区的徐姓的大量繁衍恐怕也是宋代以后的事。

（七） 适用楹联

□梦徵五凤；[①]家号八龙。[②]

□中论雅能邀帝赏；[③]
曹营终抱向刘心。[④]

□枝斜梅态文长画；[⑤]
墙外杏花德可诗。[⑥]

□势廊重山外；词留寿石前。[⑦]

□春随香草千年艳；
人与梅花一样清。[⑧]

□有关国家书常读；
无益身心事莫为。[⑨]

□种数竿竹能却俗；
读半卷书可养心。[⑩]

□直上青云揽日月；
欲倾东海洗乾坤。[⑪]

□雨醒诗梦来蕉叶；
风载书声出藕花。[⑫]

□静者心多妙；飘然思不群。[⑬]

□雪影半窗能共白；
梅花千树只多香。[⑭]

□天上麒麟，孝穆英姿迥异；
人中骐骥，修仁德器非常。[⑮]

□六泉嘉墨模唐本；
一路深林见落花。[⑯]

□雅谁远移玉溪水；
笔端题得春风诗。[⑰]

□晴日海霞红霭霭；
晓天江树缥迢迢。[⑱]

注释：

①南朝文学家徐陵（507—583）的事典。徐陵，字孝穆，东海郯人。陈时，官至尚书左仆射。其诗歌骈文，轻靡绮艳，为当时宫体诗重要著作者之一。与信齐名，编有《玉台新咏》。

②宋代孝廉徐伟，临湘人。对母亲非常孝顺，朝廷授之司累之职他避而不就，隐居于龙潭中，以教书为生，他居住的地方有三百余家。有子八人，后皆知名，时号徐氏八龙。

③东汉哲学家、文学家徐幹（干），字伟长，北海人。“建安七子”之一。官五官中郎将文学。著有《中论》，辞意典雅，为时所称。

④三国时名人徐庶，颍川（今河南禹县）人。字元直。初与诸葛亮等友善。后归刘备，乃推举诸葛亮。曹操取荆州，从刘备南行。以其母为曹军所执，被迫归曹操。官至右中郎将。其母自缢而死，徐庶终身不为曹操出一谋划一策。

⑤明代文学家、书画家徐渭（1521—1593），初字文清，改字文长，号天池山人，山阴（今浙江绍兴）人。善古文辞，书法则仿米芾，行草尤妙。画则自成一家。山水、人物、花虫、竹石，靡不超逸。

⑥元代散曲家徐再思，字德可，号甜斋，嘉兴（今属浙江）人。有《酸甜乐府》。

⑦清代书法家徐懋，集焦山鹤铭联句。徐懋，字问渠，钱塘人。以搜奇嗜古、广见博闻著称。

⑧明杰出的地理学家徐霞客（1586—1641）自题联。徐霞客，名弘祖，字振之，南直隶江阴人。著有高度科学、文学价值的《徐霞客游记》。

⑨中国无产阶级革命家、教育家徐特立（1877—1963）1939 年撰书赠联。徐特立，原名懋构，湖南长沙人。早年赴日本考察教育，留法勤工俭学，

参加南昌起义，参加长征。任延安自然科学院院长、中共中央宣传部副部长等职。建国后，任中央人民政府委员、全国人大常委、中央委员。

⑩ 明代文学、书画家徐渭(1521—1593)题联。徐渭，见注⑤。

⑪现代著名画家、美术教育家徐悲鸿(1895—1953)自题联。徐悲鸿，江苏宜兴人。曾留学法国。抗日战争期间，屡以已作在国外展售，得款救济祖国难民，并参加民主运动，长期从事美术教育工作。建国后任中央美术学院院长、中华全国美术工作者协会主席。

⑫明代文学家、画家徐渭自题联。

⑬清代书法家徐良自题联。徐良，字邻哉，号又次居士，江苏华亭人。乾隆举人，官任夔州知府。

⑭元代诗人徐舫《月色》诗联句。徐舫，字方舟，桐庐人。有《瑶林》、《沧江》二集。

⑮五代梁散骑常侍徐陵，五代陈郏人。字孝穆，八岁能文。释宝志摸其项曰："此天上石麒麟也。他为文词藻绮丽，与庾信齐名，世号"徐庾体"。有《徐孝穆集》。

⑯清代书画家徐桐华撰书联。徐桐华，字峰，仁和人。

⑰清代顺治状元徐立斋撰书联。徐立斋，字公肃官至户部尚书。

⑱唐代诗人徐寅《迴文诗二首》之二联句。徐寅、字昭梦，莆田人。乾宁进士。有《探龙钓矶》二集、诗四卷。

徐氏名人集粹

徐树铮　江苏萧县（今属安徽）人，北洋皖系军阀、政客，曾在段祺瑞内阁任陆军次长、国务院秘书等职。

徐锡麟　浙江阴山（今绍兴）人，民主革命烈士，1907年与秋瑾准备在皖浙两省同时起义，后失败被捕，英勇就义。

徐桐　汉军正蓝旗人，清末官至礼部、吏部尚书。

徐润　广东香山（今中山）人，清末买办。

徐乾学　江苏昆山人，清代著名文史家，奉命编纂有《大清一统志》、《清会典》及《明史》。又搜集唐、宋、元、明学者解经之书，汇为《通志堂经解》。纂集历代丧制，加以说明，编成《读礼通考》。

徐松　直隶大兴（今属北京市）人，著名学者，一生致力于史地研究，成绩卓著。有《西域水道记》、《汉书西域传补注》等。为清代研究西北历史地理先驱者之一。

徐达　(1330－1385) 濠州（治今安徽凤阳）人，明代名将，元末参加朱元璋军，朱元璋北上灭元，他为大将军。有谋略，封魏国公，死后追封为中山王。有历官礼部尚书、封极殿大学士徐阶（今上海市松江人）。

徐渭　(1521－1593) 山阴（今浙江绍兴）人，杰出的文学家、书画家，自称书法第一，而长于行草。擅画水墨花竹、鱼虫、山水、人物，与陈道复并答“青藤、白阳”。右《徐文长全集》、《南词叙录》等。

徐霞客 （1586－1641）南直隶江阴（今属江苏）人，杰出旅行家和游记文作家，其足迹北到燕、晋，南及云、贵、两广，其观察所记，按日记载，死后季会明等整理成富有地理学价值和文学价值的《徐霞客游记》。

徐光启 （1562—1633）明科学家。字子先，号玄扈，谥文定，上海县徐家汇（今属上海市）人。万历三十二年（1604 年）进士。崇祯五年（1632 年）升任礼部尚书兼东阁大学士，并参机要；崇祯六年兼任文渊阁大学士。研究范围广泛，以农学、天文学、数学为突出。较早从利玛窦等学习西方的天文、历法、数学、测量和水利等科学技术，并介绍到我国，是介绍和吸收欧洲科学技术的积极推动者。编著《农政全书》，主持编译《崇祯历书》，译著《几何原本》等。

徐贞明 （？—1590）明江西贵溪人，字孺东。隆庆进士。万历三年（1575 年）任工科给事中，上书建议兴修河北水利，在北京推广水田种稻，可减东南漕运。后为兵部尚书纶赏识，进官尚宝少卿，会同抚按诸臣实地踏勘；不久兼监察御史领垦田使，召募民工在永平等地垦田三万九千余亩。兴修水利计划为宦官勋戚所阻后，辞职归里。著有《潞水客谈》。

徐寿辉 罗田（今湖北）人，元末时长江中上游红巾军首领。

徐玑 永嘉（今属浙江）人，南宋著名诗人。

徐梦莘 清江（今属江西）人，史学家。

徐铉 扬州广陵（今江苏扬州）人，五代宋初文字学家，仕宋后，官至散骑常侍。与弟锴齐名，曾校订过《说文解字》。其弟徐锴，扬州广陵（今江苏扬州）人，亦精通文字学。著有《说文解字系传》40 卷。

徐熙 江宁（府治今江苏南京）人，五代南唐杰出画家，一作钟陵（今江西进贤西北）人，与后蜀黄筌并称“黄徐”，形成五代花鸟画的两大主要流派。黄筌多绘宫中的异卉珍禽，徐熙多写江湖间的汀花水鸟，故时有“黄家富贵，徐熙野逸”之谚。

徐浩 越州（治今浙江绍兴）人，唐代著名书法家，曾官至太子少师，封会稽郡公。工书，精于楷法，圆劲厚重，自成一家。存世墨迹有《朱巨川告身》。

徐遵明 华阴（今陕西渭南）人，南北朝时，北魏有经学家、北学代表人物之一，讲学 20 年，沿袭东汉儒家经说。撰有《春秋义章》30 卷。

徐陵 东海郯（今山东郯城）人，南朝陈文学家，曾官至尚书左仆射、丹阳尹、中书监。其诗轻靡绮艳，为当时宫体诗重要作者之一。

徐庶 颍川（治今河南禹县）人、三国时名臣。

徐淑 陇西（郡治今甘肃临洮南）人，东汉著名女诗人。

徐稚 今江西南昌人，桓帝时有因不满宦官专权、虽经多次征聘、终不为官，时称“南州高士”。

徐干 北海（郡治今山东潍坊西南）人，汉末著名哲学家、文学家，

“建安七子”之一。官五官中郎将文学。所著《中论》现存。又善辞赋，能诗。后人辑有《徐伟长集》。

徐伯 齐（郡治今山东淄博市临淄）人，西汉主持漕渠开凿工程的，曾开凿了起自长安，沿终南山到黄河，全长300余里的漕渠。从此此间的漕运时间省去了一半，沿渠万余顷农田得到了灌溉。

徐福 秦始皇时有方士，始皇曾派他率3000童男童女渡海访求不老仙药，但始终未归。据说后来这些人便定居日本，成为后来日本人的始祖，而徐福（今山东胶南南人）却成为日本的神武天皇。

徐氏风流撷英

偃王本是涂先祖，
赐封泗洪姓发祥。[①]
东汉诗坛有涂淑，
诗言思夫女情长。[②]
长诗擅赋著中论，
东汉涂干力主张。[③]
抉石奔泉唯涂浩，
花鸟虫在野逸香。[④]
吴中四杰含涂贲，
光启求学参西方。[⑤]
大地之子涂霞客，
著述游记真炎黄。[⑥]
血洒台湾称壮烈，
抗日捐躯保边疆。[⑦]
循序渐进日进步，
东风涂涂坦荡荡。[⑧]

注释：

①依据《元和姓纂》及《通志·氏族略·以国为氏》可知，徐国的始祖始于徐偃王，此说出自嬴姓。周武王时，武王封偃王之子宗于徐，称为“徐子”，在今江苏泗洪一带，其后人便以其为氏。

②徐淑（生卒不详），甘肃临洮人，东汉女诗人。夫妻别离，相思感伤，于是互相赠诗，以表眷恋之情，今存《答秦嘉诗》、《答夫秦嘉书》、《又报秦嘉书》三篇。

③徐干（公元171—218年），山东昌乐人，东汉末文学家。擅长诗赋，著《中论》，认为“凡学者大义为先，物名为后，大义举而物从之”。

④徐浩（公元703—782年），浙江绍兴人，唐朝书法家。史称笔法如“怒猊抉石，渴骥奔泉”。世存墨迹有《朱巨川告身》、碑刻《不空和尚碑》、《大智禅师碑》等。徐熙（生卒不详）江西进贤人。五代十国时，南唐画家，与蜀国画家黄荃齐名，善画花鸟、虫鱼、瓜果、菜蔬，有“黄家富贵，徐熙野逸”之说。

⑤徐贲（公元1335—1395年），四川人，明初文学家。善于作诗，与高启、杨基、张羽齐名，并称“吴中四杰”。徐光启（公元1562—1633年），上海市人，明朝科学家，我国近代向西方学习科学的先驱。译《几何原本》、《泰西水法》、《测量法义》、《勾股义》等书，著《农政全书》，都具学术价值。

⑥徐霞客（公元1586—1641年），江苏人江阴人，明朝地理学家、旅行家。他博览图经和地志，历时二十八年，遍游祖国名山大川，写成《徐霞客游记》，极有科学价值。

⑦徐骧（？—1895年），台湾苗栗人，清末台湾抗日义军首领。他与日军英勇作战，壮烈牺牲。

⑧“徐”字，从彳从余，描述了行人稳步缓行、日趋进步；植物节节生长，日趋舒展的自然状态。同样万事万物的发展，也是有个逐步积累的过程，最后形成强劲的浩荡东风。

中华百家姓

赵 钱 孙 李 周 吴 郑 王 冯 陈 蒋 沈 韩 杨
朱 秦 许 何 吕 张 孔 曹 金 魏 姜 谢 邹 苏
潘 范 彭 韦 马 方 任 袁 史 唐 薛 雷 贺 汤
罗 郝 常 于 傅 康 余 顾 孟 黄 尹 姚 邵 汪
毛 戴 宋 熊 董 梁 杜 贾 江 郭 林 钟 徐 邱
高 夏 蔡 田 胡 万 卢 丁 邓 石 崔 龚 程 陆
段 侯 武 刘 龙 叶 黎 白 赖 乔 谭 阎 易 廖
文 曾

邱 姓

——太公受封本为宗，望出河南尊孔丘

邱氏解密寻踪

（一） 姓氏字源

《说文》：“邱，地名。从邑，丘声。”邱，地名用字。邵瑛《群经正字》云：“今经典凡地名俱作丘，如帝丘、营丘、商丘……之类。据《说文》当作邱。其作丘者，乃丘陵、丘隰、丘垄也，今混用无别。”

（二） 寻根溯祖

邱（丘）姓来源有四：

1. 出自姜姓，为姜太公的后裔。据《元和姓纂》及《通志·氏族略》所载，西周初年，官太师吕尚（姜姓，吕氏，名望），因辅佐武王灭商有功，被封于齐，建齐国，建都营丘（今山东淄博市东北旧临淄），号称齐太公，俗称姜太公。齐太公尊重当地人的风俗习惯，简化君臣礼节，很快就获得了齐人的拥护。他又鼓励百姓充分利用当地的鱼盐资源发展生产，使齐国很快强盛起来。其子孙中后有以地为氏，称为丘氏。史称丘姓正宗。这一支丘氏以居扶风最为旺盛。

2. 出自姒姓。据《黄帝千家姓》所载，夏帝少康时，封其小儿子曲烈于鄫（在今河南省拓城县北，一说在今山东苍山西北），至周灵王五年（公元前 567 年），为莒国（有今山东安丘、诸城、沂水、莒、日照等县地，公元前 431 年为楚所灭）所灭，其子孙去邑（“鄫”）为曾氏，其后分支中就有以丘为氏。此为曾、丘联宗之说。

3. 出自妫姓，以地为氏。据《姓氏急就篇》、《左传》所载，春秋时陈国（开国君主是胡公满，周武王灭商后所封，建都宛丘〈今河南淮阳〉）有宛丘，郏国（传为颛顼后裔挟所建立，曹姓。建都于郏〈今山东曲阜东南南陬村〉）有弱丘，居者皆以“丘”为氏。这一以丘氏世居扶风。

4. 出自他族改姓。①据《后汉书·乌桓传》所载，汉代少数民族乌桓族有丘氏。②据《魏书·官氏志》所载，南北朝时后魏鲜卑族复姓有丘林氏、丘敦氏，魏孝文帝迁都洛阳后，皆改为汉字单姓丘氏。

这几支以丘为姓的宗族，后来大多数都改了邱姓；丘氏家族人士之所以改邱为姓，是有着它一定的历史原因的。据有关史料记载，满清入关以前，这个家族大多是以“丘”（古时的“丘”与“邱”通用）为姓，一直到清雍正皇帝时，才由于避讳孔子的名号，而下令把“丘”姓一律改为“邱”姓，在原字的右边增加一个邑旁，籍以表示对至圣先师的崇高敬意。民国初，近代诗人邱逢甲倡议复丘姓本字，他首先将本人姓名改写作丘逢甲，闽（福建）、粤（广东）邱姓族人也纷纷响应改邱为丘，但仍有不少邱姓人继续沿用邱字。结果，现在的邱姓人士随处可见，而以丘为姓的人反而不太多了。

（三） 宗堂郡望

堂号 “文庄堂”：明朝人邱濬，官礼部尚书、文渊阁大学士。他熟悉当代典故，著《大学衍义补》，内容包括政治、经济、文化、教育、司法、军事等方面，博采前人议论，加按语抒发自己的意见。代表作有《邱文庄集》。

郡望 邱姓郡望主要有河南郡、吴兴郡、扶风郡等。

1. 河南郡。汉高帝二年（公元前 205 年）改秦三川郡置郡，治所在雒阳（今洛阳市东北）。相当今河南省黄河以南洛水、伊水下游，双洎河、贾鲁河上游地区及黄河以北原阳县。此支邱氏，是以丘穆为其开基始祖。

2. 吴兴郡。三国吴宝鼎元年（公元 266 年）置郡，治所在乌程（今浙江吴兴南，晋义熙初移今吴兴）。相当今浙江临安、余杭、德清一线西北，兼有江苏宜兴县地。此支邱氏，是以汉丘俊为其开基始祖。

（四） 家谱寻踪

江苏淮安·邱氏族谱存略一卷

藏地：江苏镇江市博物馆 日本 美国

（民国）邱宝廉纂

1922 年石印本

江苏常州·澄江邱氏宗谱二十七卷首一卷末一卷

藏地：江苏常州市图书馆（存卷 1—23、25—27、卷首、卷末）

（民国）邱询编纂

1930年常州邱氏乐善草堂木活字本

江苏江阴·石桥邱氏族谱八卷

藏地：江苏淮安县图书馆（存卷1）

（清）邱凤亭编辑

清同治十年（1870）刻本

江苏昆山·邱氏世系一卷

藏地：上海师大

（民国）邱樾编

1928年昆山玉峰印刷所铅印本

浙江·萧山邱氏宗谱六卷

藏地：日本　美国

（清）邱宏鳌　邱如清等续修

清同治十三年（1874）永思堂木活字本　六册

浙江·萧山邱氏宗谱六卷

藏地：国家图书馆

（清）邱厚生等重修

清光绪三十一年（1905）永思堂活字本　六册

浙江鄞县·万龄邱氏名七房宗谱十二卷首一卷末一卷

藏地：河北大学

清光绪二十七年（1901）思敬堂刊本　八册

浙江鄞县·邱氏宗谱三卷

藏地：浙江图书馆

（民国）邱廷贵重修　邱廷芳　周利川纂

1948年诒穀堂木活字本　三册

浙江嘉兴·邱氏宗谱不分卷

藏地：国家图书馆

（民国）邱光耀纂

1919年朱印本　二册

浙江常山·定阳邱氏宗谱不分卷

藏地：浙江常山县青石乡溪口

（清）邱上峰重修

清咸丰元年（1851）木刻本

浙江常山·定阳邱氏宗谱十卷首一卷

藏地：浙江常山县钳口乡表青口七口古贩（不全）

清光绪二十六年（1900）木刻本

浙江常山·河南邱氏宗谱十二卷首一卷末一卷

藏地：浙江常山县辉埠镇山背村黄圹坑（存卷首、末、1、2）

（民国）邱泽霖新修

1916年木刻本

浙江常山·上江邱氏宗谱不分卷

藏地：浙江衢州市文管会

（民国）邱义全　邱礼庭重修

1931年刊本　一册

浙江常山·邱氏宗谱四卷

藏地：浙江常山县招贤乡渔溪口村井头塄

1934年木刻本

安徽天长·邱氏宗谱一卷

藏地：安徽图书馆

（民国）邱之藩修

1924年石印本　一册

福建福州·吴航邱氏族谱不分卷

藏地：美国

（民国）邱仲思等编辑

1931年铅印本

福建连江·赤石邱氏族谱一卷

藏地：福建连江县档案馆

（清）郑蓉石纂修

清咸丰十一年（1861）稿本

福建连江·筱江邱氏族谱十五卷

藏地：福建连江县档案馆

（清）邱清燮　徐柳圹续修

清光绪二十三年（1897）木刻本

福建连江·筱江邱氏族谱□□卷

藏地：福建连江县档案馆

（民国）邱祖铎　邱和瑞等续修

1940 年铅印本　二十册

福建长乐·邱氏族谱不分卷

藏地：台湾

（清）邱云峰撰

清嘉庆二十三年（1818）写本一册

福建诏安·翘翘公派下邱氏族谱不分卷

藏地：台湾（清）邱创才　邱显全补编清光绪三十年（1904）写本一册

（五）　字行辈份

清光绪二十二年邱吉成纂《邱氏族谱》，河南商丘丘姓一支字行为："元裕新德，圣传书宝，常荷国恩。"

（六）　迁徙繁衍

春秋时邾国（在今山东曲阜东南）有大夫丘弱，鲁国（在今山东西南部）有孔子学生丘吾。西汉时，有扶风（今陕西兴平东南）人丘滕；平帝朝有扶风人丘俊，持节（节即符节，用来做凭证的东西）安抚江淮，后因王莽篡位，遂留江左，居吴兴（郡治在今浙江吴兴县南）。东汉有乌程（今浙江吴兴）人丘滕，光武朝历官公卿，后退居乡邑；还有云中（今内蒙古托克托县东北）人丘季智。这说明在晋代以前丘氏已有迁至今陕西、浙江、内蒙等省者。据《闽书》记载："永嘉二年，中原板荡，衣冠始入闽者八族，所谓林、黄、陈、郑、詹、丘、何、胡是也。"是知中原丘氏有一支于西晋末徙居福建。南北朝至五代时期，丘氏除在上述地区发展外，还分布于今江苏、山西、四川等省的一些地方，如南朝齐丘巨源为兰陵（今江苏武进西北）人，北魏丘堆为代（郡治今山西大同市东北）人，五代后蜀丘文播为广汉（今四川射洪县南）人；北魏时兴起于河南（今河南洛阳）的丘氏得到了较大的发展；唐初又有中原丘氏随陈政、陈元光父子入闽。唐代的《元和姓纂》列丘氏郡望为：扶风、吴兴、河南。北宋地理总志《太平寰宇记》也称：湖州吴兴郡四大姓有丘氏，河南郡五姓有丘氏。宋代，丘氏称盛于福建，分布相当广泛，同时已有迁入今江西、安徽、湖南，广东、广西等省者，至明代，贵州、云南等省也都有丘氏的聚居点。从清初开始、闽、粤丘氏陆续有人迁到台湾，后又有移居海外者。

关于丘氏播迁情况，又有另外一些说法：始祖穆公世居河南卫辉府封丘县；11 世丘言，仕秦，封临海王，移居山东；至 18 世丘和，迁回河南，居开封府林村；31 世丘茂平，于西汉平帝二年迁福建汀州上杭县；47 世丘宏达，于东晋永和年间迁居四川；55 世丘正，被南朝梁武帝封为淮王，迁回河南；70 世丘法言，由河南迁居福建汀州宁化县石壁村丘家坊，其后裔居福建龙岩、上杭等地；自 73 世丘梦龙始，又陆续迁至广东的蕉岭、大埔、陆丰、梅县等地。

（七） 适用楹联

□吴兴才旺；[①] 大学仪型。[②]

□吴兴诗人领袖；[③]

洛阳武侯将军。[④]

□山甫报国赐二字；[⑤]

上仪廉政列三清。[⑥]

□潭月映山足；天河泻涧中。[⑦]

□草色新雨中；松声晚霞里。[⑧]

□政迈沈刘，复见东南并美；[⑨]

御颂忠实，克兼文武双全[⑩]

注释：

①南齐长沙王车骑长史丘灵鞠，吴兴人。才华横溢，在宋代时负有盛名，有文集及《江左文章录序》遗传于世。

②明代文渊阁大学士丘濬，字仲深，琼山人。景泰进士。廉介持正，嗜好读书，对国家典故非常熟悉。晚年右目失明，依然没有中断过批点史鉴的工作。卒谥文庄。有《大学衍义补》等书。

③明代诗人丘吉，字大佑，号执柔，归安人。善古文，尤长于诗，为吴兴诗人领袖。有《执柔集》。

④唐代大将军丘行恭，洛阳人。有勇，善骑射。贞观中，因为立了大功被任为武侯将军。高宗时迁大将军，冀、陕二州刺史。

⑤宋代两淮制置使丘岳，字山甫，有文武才，誓死报国，理宗御书“忠实”二大字以赐，封东海侯。

⑥清代将领丘上仪，字维正，武进人。明崇祯武进士。历任江西都司、海盐参将，仁政爱民。与吴麟瑞、侯峒曾并称“三清”。

⑦唐代尚书郎丘丹《秋夕宿石门馆》诗联句。丘丹，嘉兴人。

⑧唐代诗人丘为诗联句。丘为嘉兴人。官至太子右庶子，年八十余方入仕途。与王维、刘长卿友善。

⑨指梁代豫内史丘仲孚的事典。丘仲孚，字公信，乌程人。历山阴令，治为“天下第一”。有《皇典》等。

⑩见注⑤。

邱氏名人集粹

邱宝仁 清福建侯官（今闽侯）人。早年人福州船政学堂习驾驶。光绪十三年（1887）与邓世昌等往英、德接收清政府订购的致远、经远等舰。后任北洋海军左翼前营副将，管带来远舰。二十年八月率舰参加黄海海战，来远舰中炮起火，仍配合左翼诸舰向日舰赤诚号突击，毙敌舰长以下多人。旋随舰队退守威海卫。次年，来远等舰遭日本鱼雷艇偷袭沉没时，他登陆未归，后不详。

邱远才 （？—1868）清广西人。即邱朝贵。初入太平军。咸丰十一年（1861）前，属英王陈玉成部，以军功封淮王。同治元年（1862），奉命率军北上，联合捻军，在淮北发动颍州（今阜阳）战役。后率军西征入河西，与陈得才、赖文光为首的西北太平军合。五年，奉命参加西捻军。作战勇敢，军中称为“邱老虎”。1868 年在冀中饶阳与清军作战时牺牲。

邱良功 （？—1817）清福建同安人。起行伍。嘉庆十年（1805），以功擢闽安协副将。不久署台湾副将。从浙江提督李长庚镇压海上反清武装蔡牵，屡有战功。迁浙江定海镇总兵。十四年，擢浙江提督，偕福建提督王得禄合力攻杀蔡牵于闽浙洋面，以功赐封三等男爵。

邱逢甲 （1864—1912年）别号沧海，广东蕉岭人，爱国诗人和政治家，清代光绪年间进士，官工部主事，31岁时被派往台湾，讲学台中、台南、嘉义等书院，灌输民族思想。甲午（1894年）中日战争时期，清政府兵败，签订不平等《马关条约》，除对日赔款外，并对日割让台湾，邱逢甲对此极度不满，乃奋不顾身的挺身而出，号召并亲率台湾士民抗日反清，自救救国、保境安民，抗战20昼夜，兵几后回至广东，又创办学校，推行新学，曾任广东教育总会会长、广东谘议局议长，民国成立后，他赴南京，被举为参议院参议员，后病卒。邱逢甲的诗篇，发扬了大义凛然的爱国感情和高风亮节，风格上深受杜甫、陆游诸家的影响，他的著作有《岭云海日诗钞》。

邱园 （1616—1689年?）常熟（今属江苏）人，清代戏曲作家、画家，所作传奇今知有九种，现存《御袍恩》、《党人碑》、《幻缘箱》三种和《虎囊弹》中《山门》一出。

邱隆 武平人，佃农出身，明代时福建上杭农民起义军首领，他于成化二十三年（1487年）率领刘昂、温留生等数千人起义，进攻了福建上杭、江西石城、广昌、信丰和广东揭阳等县，烧官府，杀官吏，不久虽被镇压而失败，但显示了劳动农民的力量。

邱处机 （1148—1227年）登州栖霞（今属山东省）人，自号长春子，是道教全真道北七真之一，他19岁时在宁海拜王重阳（嚞）为师而出家为全真道士，重阳死后，他潜修于龙门山，形成龙门道派，被成吉思汗召见于雪山，尊为神仙，他死后又被元世祖忽必烈褒赠“长春演道主教真人”封号，北京白云观有他的遗骨埋葬处，他的著作有《摄生消息论》、《大丹直指》、《磻溪集》等。

邱珏 邵武人，宋代著名理学家，师朱熹，有《主敬问答》。

邱士元 宋代著名画家，工画水牛，精神形似，特有意趣。

邱和、邱悦 都是河南（洛阳）人，分别在唐高祖时任稷州刺史、武则天皇后时直弘文馆。

邱为 嘉兴（今属浙江）人，唐代著名诗人，官至太子右庶子，与大诗人王维、刘长兴友善，其诗大抵为五言，多写田园风物。

邱文播 广汉人，后蜀时画家，工画道释人物，兼作山水，画牛曲尽其状，作衔果鼠亦奇绝。

邱迟 （464—508年）吴兴乌程（今浙江省吴县）人，南梁时文学家，官司空从事中郎，所著《与陈伯之书》，劝陈伯之自魏归梁，是当时骈文中的优秀作品，他的著作明代辑有《邱司空集》。

邱堆 代魏时代郡（今山西省境）人，魏太武帝时官位太仆。

邱氏风流撷英

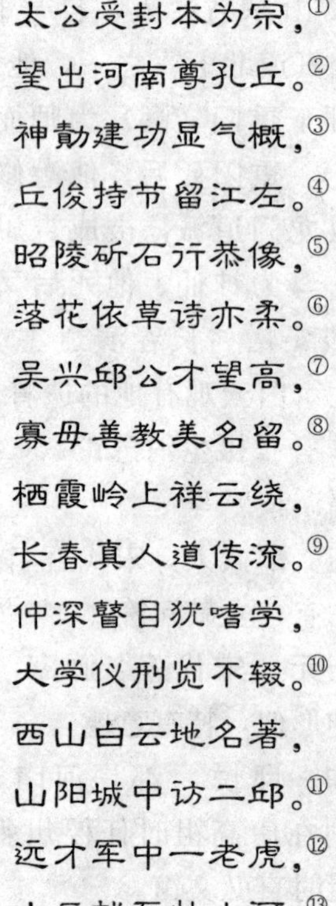

太公受封本为宗，[①]
望出河南尊孔丘。[②]
神勣建功显气概，[③]
丘俊持节留江左。[④]
昭陵斫石行恭像，[⑤]
落花依草诗亦柔。[⑥]
吴兴邱公才望高，[⑦]
寡母善教美名留。[⑧]
栖霞岭上祥云绕，
长春真人道传流。[⑨]
仲深瞽目犹嗜学，
大学仪刑览不辍。[⑩]
西山白云地名著，
山阳城中访二邱。[⑪]
远才军中一老虎，
少云就死壮山河。[⑫]

注释：

①《风俗通义》云：周代姜尚（子牙）受封于齐国，建都营丘，其后有丘氏。

②丘亦作邱。《说文通训定声》引东汉应劭《汉书·楚元王传注》云：邱，姓也。后世为避孔子（名丘）的名讳，将“丘”加“邑”旁，改写为“邱”。

③丘神勣，唐时人。多功勋，封大将军。

④丘俊，汉末大夫。持节江淮，适置王莽篡位，遂留江左，居吴兴。

⑤邱行恭，唐时洛阳人。贞观间（627—649）讨高昌有功，诏斫石为人马，立像于昭陵阙前以旌之。官至冀、陕二州刺吏。

⑥邱迟（464—508），字希范，南朝梁吴兴郡乌程人，工文，辞藻丽逸，钟嵘评其诗：“点缀映媚，似落花依草”。官至永嘉太守。

⑦邱灵鞠，南齐吴兴郡乌程人，文名甚盛，官至长沙王车骑长史。

⑧邱濬，明代琼山人，幼孤，其母季氏授以学，官至文渊阁大学士。字仲深，廉介持正，性嗜学，晚年右目失明，犹披览不辍，有《大学衍义补》等留世。

⑨邱处机，元时栖霞人，自幼学道，号长春真人。

⑩见注⑧。

⑪邱象升（1629—1689），清代江苏山阳（今淮安）人，字曙戒，号南斋。其弟邱象随，字季贞，号西轩。兄弟皆吏，且以诗文名一时，称“二邱”。象升有《南斋诗集》、《白云草堂集》等，象随有《西山纪年集》。

⑫邱远才（？—1868），即邱朝贵，清时广西人，太平天国时属英王陈玉成部，以军功封淮王。作战极勇，军中称之为“邱老虎”。后战死。

⑬邱少云（1926～1952），四川铜梁人。1949 年加入中国人民解放军，1951 年入志愿军赴朝。1952 年 10 月 12 日在朝鲜三一九高地反击战中，其潜伏处被敌炮击中起火。为不暴露整个部队，邱少云忍受烈火烧身，卧地不动，英勇就义。

中华百家姓

赵 钱 孙 李 周 吴 郑 王 冯 陈 蒋 沈 韩 杨
朱 秦 许 何 吕 张 孔 曹 金 魏 姜 谢 邹 苏
潘 范 彭 韦 马 方 任 袁 史 唐 薛 雷 贺 汤
罗 郝 常 于 傅 康 余 顾 孟 黄 尹 姚 邵 汪
毛 戴 宋 熊 董 梁 杜 贾 江 郭 林 钟 徐 邱
高 夏 蔡 田 胡 万 卢 丁 邓 石 崔 龚 程 陆
段 侯 武 刘 龙 叶 黎 白 赖 乔 谭 阎 易 廖
文 曾

高 姓

——勤学太公六韬略，成就伟业有时日

高氏解密寻踪

（一） 姓氏字源

《说文》：“高，崇也。像台观高之形。从冂、口，与仓舍同意。”孔广居《说文疑疑》云：“（高）像楼台层叠形，亼像上屋，冂像下屋，口像上下层之户牖也。”据《殷虚书契前编》所载，甲骨文“高”字形体与孔说同，故高字本义当谓自下至上距离。

（二） 寻根溯祖

高姓来源主要有四：

1. 出自姜姓。据《新唐书·宰相世系表》、《元和姓纂》、《广韵》等所载，相传炎帝神农氏是少典的儿子，因居住在姜水（今陕西省境岐山之东，是渭河的一条支流，之滨，于是以姜为姓。传至西周时，有叫子牙的初为官太师，曾辅佐周武王灭商有功，被封于齐（在今山东北部），建都营丘（今山东淄博东北），有太公之称，俗称姜太公。传至6世孙（《史记·齐世家》作7世孙）文公吕赤，有子受封于高邑（今河南省禹县），称公子高。

周代的齐国，有国、高二公，高便是。他们世代都是齐国地位最崇高的上卿，他们的任命是由周天子直接授予，凡是齐国的一切大小事务，都必须经过他们二人的最后决裁。这就是《左传》注解上所说的："国子，高子，天子所命，为齐守臣，皆上卿也。"公子高的孙子傒在齐国为上卿时，同齐襄公的弟弟公子小白是好朋友。后齐襄公被公孙无知所杀，傒联合管仲等其他大臣一起平定内乱，诛杀公孙无知，迎立公子小白为君，就是齐桓公。齐桓公为了表彰傒的功劳，赐他以王父字氏，称为高傒，还把卢邑封给他，其后遂为高氏。高氏后来仍世袭齐国上卿之职，是春秋时齐国有势力的名门望族。春秋初期齐桓公任用管仲进行改革，国力富强，成为霸主。到齐威王时，开始称王，成为战国七雄之一。其疆土东到海，西到黄河、南到泰山，北到今河北盐山南。长期与秦国东西对峙，后被秦所灭。此派后为高氏主流，繁衍也最广泛。据《姓氏考略》载：盖春秋以后之高氏出于齐。望出渤海、渔阳、辽东、广陵、河南。史称高姓正宗。是为山东高氏。

2. 以王父字为氏。据《通志·氏族略》所载，齐（在今山东北部）惠公的儿子叫公子祁，字子高，其后裔世为高氏。也为山东高氏。

3. 出自他族或他姓改姓。①据《魏书·官氏志》所载，魏时，鲜卑族（秦汉之际长期游牧于我国北部草原地区的民族，汉魏时，有多部落附汉。并在今华北及西北地区建立政权）中有楼氏（夏少康以后有东楼公被封杞，支孙以楼为氏，其地在城阳〈西汉初置郡，治所在今山东莒县〉诸县娄乡），后改高氏。②又据《魏书》所载，十六国时，后燕皇帝慕容云自称为高阳氏（以封地为氏，高阳在今河南杞县西南）后裔，遂改姓高，称高云，其后裔有改复姓为单姓，称高氏。后燕都今河北定县，故这支高氏应为河北高氏。在我国历史上，鲜卑族就曾与高氏家族有一段密切的联系。③据《通志·氏族略》所载，高丽（公元918年由朝鲜王氏——王建创立的高丽国，为朝鲜半岛的封建国家，1392年为李氏朝鲜所代）羽真氏，后有改高氏的。④南北朝时，先后又有元氏和徐氏改姓为高氏。据有关资料记载，北齐文宣帝姓高名洋，当时有元景安、元文遥本鲜卑族，随汉姓元，因有功于北齐，高洋赐他们"高"姓；又北齐时重臣高隆之，本姓徐，因其父与高欢交厚，遂改姓高氏，其后成为望族。

4. 以"高"字开头的两个字的复姓，后有改单姓"高"为氏。譬如：高车氏、高堂氏、高阳氏、高陵氏等。据有关学者考证：高车氏是九姓回鹘迁人中原者，后魏有高车或如；高堂氏是因齐卿高敬仲食采于高堂，故以地为氏；高阳氏是上古颛顼帝的姓氏，其后裔亦有以高阳二字为姓的；高陵氏则为秦昭王弟因封于高陵县，故而取高陵为氏。正因为这些复姓后大都改为别姓，故长久以来便也十分少见。

（三） 宗堂郡望

堂号 1. "厚余堂"：孔子弟子高

柴，做费城宰（今之县长）。孔子评他：“柴也愚”。朱熹注：“愚是知不足而后有余”。《辞海》：愚，纯朴也。

2. “渤海堂”：唐朝时高固、高崇文都被封为渤海郡王；北齐高欢被封为渤海王。

高姓堂号还有“渔阳堂”、“辽东堂”、“广陵堂”、“河南堂”、“有继堂”、“供侯堂”等。

郡望 高姓郡望主要有渤海郡、渔阳郡、辽东郡、广陵郡、河南郡等。其中以渤海郡最望。

1. 渤海郡。西汉时从巨鹿、止谷二郡之地分出渤海郡，相当于今河北省、辽宁省的渤海湾沿岸地区，唐玄宗先天二年（713年）封大祚荣为渤海郡王，改称渤海。渤海郡国在今松花江以南至渤海湾一带。后被契丹所灭，迁辽河流域，都辽阳。此支高氏，其开基始祖为东汉渤海太守高洪。

2. 渔阳郡。战国燕将秦开击退东胡后所置郡。秦时仍置郡，治所均在今北京市密云县西南。以在渔水之阳得名。

3. 广陵国。汉时改江都国始置广陵国，治所在今江苏扬州市。相当今江苏省长江以北、射阳湖西南、长征以东地区。此支高氏，为吴丹阳（治今安徽宣城）太守高瑞之后。

4. 河南郡。汉时改秦三川郡置郡，治所在雒阳（今河南洛阳市东北）。相当今河南省黄河以南洛水、伊水下游，双洎河、贾鲁河上游地区及黄河以北原阳县。此支高氏，为鲜卑族高氏之后开基。

5. 辽东郡。战国燕将秦开击退东胡所建郡，治所在襄平（今辽宁省辽阳市），相当今辽宁西部的大凌河以东。秦时仍置郡名。西晋改为国。十六国后燕末地人高句丽（在今辽宁新宾东境）。三国魏改为昌黎郡。

（四） 家谱寻踪

辽宁本溪·高氏谱单一卷

藏地：辽宁本溪市偏岭满族乡小夹河

高作鹏纂

辽宁沈阳·奉天高佳氏家谱

藏地：中国科学院图书馆

（清）伊桑阿纂

清乾隆五十六年（1791）刊本 一册

上海崇明·崇邑高氏家乘不分卷

藏地：河北大学

（清）高守卿重修

清光绪七年（1881）木刻本 十八册

江苏淮安·高氏族谱五卷

藏地：日本 美国

（清）高士魁等重修

清咸丰七年（1857） 四册

江苏扬州·维扬裕民洲高氏重修族谱十二卷

藏地：国家图书馆

（清）高元钧等九修

清光绪三十三年（1907）活字本 十二册

江苏扬州·维扬高氏宗谱十卷

藏地：哈尔滨师范大学

（民国）刘嵩泉纂辑 高连海主修

1942年重修世德堂刻本 十册

江苏泰州·续修高氏迁泰支谱

一卷

藏地：江苏泰州市图书馆

1925年木刻本

江苏·靖江高氏重修宗谱八卷

藏地：国家图书馆

（清）高仙阶等重修

清光绪二十一年（1895）双印堂活字本　八册

江苏·如皋高氏宗谱十七卷首一卷

藏地：河北大学

（民国）高元升　高维岳修

1921年石印本　二十册

江苏镇江·丹徒高氏宗谱二卷

藏地：上海图书馆

（清）高雪麟修

清光十四年（1834）刊本　二册

江苏镇江·丹徒高氏重修宗谱四卷

藏地：上海图书馆　辽宁图书馆　日本　美国

（清）高元龄　高寿昌等续修

清光绪二十二年（1896）刻本　四册

江苏镇江·丹徒高氏三续宗谱四卷

藏地：中国社会科学院历史研究所图书馆　辽宁图书馆　河北大学　上海图书馆　日本　美国

（清）高桂阳　高觐昌等续修

1913年序刻本　四册

江苏镇江·丹徒高氏族谱附续谱附云初录

藏地：美国

（民国）高厚滋等重修

1930年刊本

江苏武进·芳田高氏宗谱十四卷

藏地：人民大学　中国科学院历史研究所图书馆

（清）高茂元等撰

清光绪四年（1878）守愚堂活字本　十四册

江苏武进·芳田高氏宗谱十六卷

藏地：江苏常州市图书馆

（民国）高金福主修

1947年常州高氏守愚堂木活字本

江苏武进·毗陵戴墅高氏宗谱三十四卷

藏地：江苏常州市图书馆（存三卷）

（清）高步瀛纂辑

清光绪六年（1880）毗陵高氏报本堂木活字本

江苏武进·高氏宗谱八卷

藏地：日本　美国

（清）高近远　高文炳等重修

清光绪八年（1882）木活字本　十册

江苏武进·毗陵高荡高氏宗谱十六卷

藏地：南京图书馆

（清）高风冈等编

清光绪九年（1883）守愚堂木活字本

江苏武进·毗陵高氏宗谱十六卷

藏地：南开大学　美国

（民国）高福潮　高懋荣等续修

1915年守愚堂刊本

江苏武进·毗陵高氏宗谱十六卷

藏地：江苏常州市图书馆

（民国）高永祖 高绳祖等编辑

1947年毗陵高氏守愚堂木活字本

(五) 迁徙繁衍

高氏的发源地虽说在今天的河南省境内，但自春秋以后的高姓却大都出自齐鲁之地。其具体播迁今已难详考，但依据春秋战国至秦的历史考察看，高姓在战国或秦时就已可能自山东迁入今河北、辽宁省境。之后形成当地的两个郡望，即渔阳、辽东。其迁移的历史原因是：战国七雄之一的燕国，当时辖地就在河北的北部及辽宁的西端。而至燕王哙时，因内乱，一度被齐攻占，这就使得高氏家族人士有可能迁入渔阳。再至燕王时，乐毅为将，联合各国攻破齐国，占齐70多城，同时燕将秦开击退东胡（邻燕北部，因居匈奴以东而得名的古部落民族），向东北扩展，设立了上谷、渔阳、右北平、辽西、辽东等郡。于是便有了高姓再度北上、迁入辽东之地的可能。于是高姓也就以“渔阳”、“辽东”为其郡望。自秦统一天下后，仍于此地置郡，同时高姓因北上也有了“根据地”，“渔阳”“辽东”两地的高氏也就繁衍得更加壮大，后成为当地有影响的家族。东汉时，至渤海王太守高洪，因居渤海蓨（今河北省景县），其子孙传衍，为当地望族，遂以“渤海”为高氏郡号，成了后来高姓播衍迁徙中相当重要的一支。南北朝时，也是高姓在此地繁衍的一个重要时期。有渤海郡人高欢（今河北景县人），曾在北魏执魏政16年之久，死后，其儿子高洋便代东魏称帝，为北齐。高氏统治达28年。据有关资料记载，京兆高氏又有与北齐同祖，初居文安（今属河北），后迁徙到京兆。又晋陵高氏本出吴丹阳太守高瑞，初居广陵，至4世孙高悝迁至秣陵（古县名，治今江苏江宁南秣陵关）。高氏南迁大概始于秦汉以前。据有关资料所载，战国时，楚威王相高固建五羊城（今广州），自称齐国高氏之后，此后在广‘东发展繁衍。高氏大批南迁则始于西晋末年，此时正值“永嘉之乱”，中原士族大举南迁，高姓也不例外。故形成“广陵”一郡望。唐初，河南固始人陈政、陈元光父子率军开辟漳州郡，其中有高氏参加。唐末又有高氏入闽。据《安平高氏族谱志略》所载，其先世为河南光州固始人，唐僖宗时因避“黄巢之乱”，有高钢（河南高氏）南迁入闽（今福建），卜居福州怀安风岗，为高姓入闽后的始祖。传5世孙至墅（hào浩），五代后周时，殉节泉州，赐葬晋江，其二子高镔、高镒迁居安平（即今晋江安海镇），朱熹曾至其堂而书“有继”，其族人遂以“有继”为堂号。高镔派下传衍晋江安海。高镒生有二子：长子思连之后，至14世孙高士泽迁南安埕边；次子惠连之后，至" 世高山，避元末之乱，徙居安溪大平。据《梅州客家姓氏渊源》所载，高洪11世裔孙高柴，唐赠共伯，宋封为供城侯，此为高氏“供侯”堂号之来由。其祠联是：供侯世德；渤海家声。闽地高氏以高柴为始祖，其后裔多居今广东、福建、江西各地。又据有关资料所载？早在汉末时，又有一支高氏由陇西（今属甘肃）南迁至滇中（今属云南），后成为白蛮大姓。宋绍圣元年，高升太夺取大理国段氏政权，自立为王，称大中国。传子高太明，于绍圣三年，又将王位还给段氏，仍封为户国公，自立年号，世为大理国宰相，控制大理国政权，被称为高国主。其后裔历经元、明、清数代均为云南土司。总之，高姓从一开始就踏上了繁衍迁徙的旅途。其主要向北于今河北、辽宁；向西于陕西、甘肃；向南于江苏、福建、广东、江西、云南等地发展，并在很长的一段时期内，在这些地区及邻省的境内大量地繁衍播迁，以至今天这些地区仍是为我国高姓的主要分布地。

（六） 适用楹联

□隐钓变之雾；[1]表鸿渐之仪。[2]

□燕歌行中咏边塞；[3]
兰墅集外续红楼。[4]

□莫道名高与爵贵；
须知子孝和妻贤。[5]

□人爵不如天爵贵；
功名争似孝名高。[6]

□人居东晋风流后；
家在西湖山水间。[7]

□达夫诗派吟边塞；[8]
剑父画风创岭南。[9]

□池上诗系春草梦，
水心人坐藕花风。[10]

□一息尚存此志不容少懈；
十手所指吾身安可自欺。[11]

□子孝双亲乐；家和万事成。[12]

□人间丞相府；天上蕊珠宫。[13]

□软红不到藤萝外；
嫩绿新添几案前。[14]

□前辈典型，秀才风味；
华嵩品格，江海文章。[15]

□雅号吟哦，传诗窖令昔；[16]
博通典故，致梁国多咨。[17]

注释：

①东汉隐士高凤，字文通，叶人。出身农民家庭，由于家境贫困未能上学，但他昼夜读书不息，最后终成名儒。元和间在西堂山中教书，不愿入朝为官，隐身渔钓。

②东汉内黄令高彪，字义方，无锡人。因向朝廷进纳贤言，郡举孝廉第一。除郎中，校书东观，迁内黄令，政绩突出。皇上下诏在东观画彪像，以劝学者。

③唐代诗人高适（702—765），字达夫，渤海蓨（今河北景县）人。初仕封丘（今河南封丘）县尉，不久投河西节度使哥舒翰任掌书记。后官至淮南、西川节度使，终散骑常侍，封渤海县侯。其诗以描写边塞风光及兵士生活状况之“边塞诗”最为著名，《燕歌行》即其代表作。有《高常侍集》。

④清代文学家高鹗（约1738—约1815），字兰墅，兰史，别号红楼外史，汉军镶旗人。乾隆进士，曾任侍读学士，刑科给事中。一般认为，曹雪芹所作八十回本《石头记》，由他续成一百二十回本《红楼梦》，让宝、黛爱情故事终以悲剧结局，使曹书成为首尾完整的文学巨著。另有《兰墅诗钞》。

⑤元末明初戏曲作家高则诚《琵琶记》中联语。

⑥注同⑤。

⑦清代书法家高螺舟书赠联。高

螺舟，字人鉴，仁和人。道光进士。

⑧注见③。

⑨近代画家高仑，字剑父，开创“岭南画派”。

⑩明代画家高允恭，撰贵阳中山公园池心亭联。高允恭，字彦敬，号房山，畏兀儿族。居大都房山（今北京房山）。官至刑部尚书、大名路总管。著有《云横秀岭》、《墨竹石坡》等。

⑪当代诗人、书法家高二适（1903—1977）撰书联。高二适，江苏东台人。毕生治学，厥功甚伟。对书法有深入研究，能融章今草狂于一炉，章士钊有诗赞云：“客来倘问临池兴，惟望书家噪一高。”极表推崇。

⑫注同⑤。

⑬注同⑤。

⑭清代画家高其佩（1660—1734）自题联。高其佩，字韦之，号见园，铁岭人。以指画称绝一时。官至刑部右侍郎。

⑮清代乾隆进士王文治（梦楼）赠老儒高心余联。

⑯唐代诗人高仁誉的事典。

⑰唐代相王府文学高仲舒的事典。高仲舒，通训诂学，擢明经。开元初，宋璟、苏颋当国，多向他咨访。终太子右庶子。

高氏名人集粹

高翔　今江苏扬州人，清代“扬州八怪”之一，擅长山水，画梅风格疏秀，兼能画像。

高其佩　今辽宁铁岭人以指画称著于世，官至刑部侍郎。侄孙高秉著有《指头画说》，记其画法和轶事等。

高岑　今浙江杭州人，后侨寓南京，以“金陵八家”之一著称。

高鹗　汉军镶黄旗人，以续《红楼梦》后40回流世传名。

高凤翰　今山东胶县人，以精于书画、藏历代砚品、印章出名。

高士奇　钱塘（今浙江杭州）人，乾隆年间进士，官至翰林院侍读等。书法家、书画鉴赏家。

高迎祥　今陕西安塞人，明末农民起义领袖。

高拱　河南新郑人，明代著名大臣。

高攀龙　今江苏无锡人，曾与顾宪成在无锡东林书院讲学，时称“高顾”，为东林党首领之一。

高启　今江苏苏州人，是元末明初著名的“北郭十友”之一，曾经参加《元史》的编纂工作，并以其诗名而著称。

高武　在我国传统医学上，久享声誉，他所传的针灸之术，已成为我国医学上极其重要的一种医术。

高廷礼　今福建长乐人，画家，工书善画，山水自成一家，为“闽中十才子”之一。

高克恭　祖籍大同（今属山西），后居燕京（今北京），著名画家，官至刑部尚书。其山水笔画，用墨独有风格，为赵孟頫所推重。

高则诚　今浙江温州瑞安人，著名戏曲家，所著南戏剧本《琵琶记》，对后世戏曲的发展影响深远。

高文秀　东平（今属山东）人，戏曲作家，所作杂剧今知有32种，在数量上仅次于关汉卿，时人称为“小汉卿”。

高怀德　宋代名将，今河北正定西南人。

高太后　亳州蒙城（今属安徽）人，英宗皇后，出身于大官僚家庭。元丰八年（1085年）神宗死后，哲宗即位，年幼，她以太皇太后名义听政，任用司马光、文彦博等为相，废除王安石的新法。

高季兴　五代时曾在江陵创建荆南国，历时19年。

高适　渤海蓨（今河北景县）人，著名诗人，与岑参齐名，并称为“高岑”。

高力士　高州良德（今广东高州东北）人，唐代宦官，玄宗时知内侍省事，进封渤海郡公，四方奏事都经他手，权力极大。

高珽　今河北景县人，隋代宰相。

高允　渤海蓨（今河北景县）人，北魏经历5帝、历任要职达50余年。

高洋　渤海蓨（今河北景县）人，南北朝时高欢之子、代东魏称齐帝，高氏历6帝共28年，史称北齐，建都邺（今河北临漳西南）。其父曾掌北魏兵权，孝武帝西奔长安后，他另立孝静帝，执魏政16年。

高堂生　鲁（郡治所今山东曲阜一带）人，传授《仪礼》17篇，历数传而至戴德、戴圣，后世言礼者多宗之。

高诱　东汉涿郡涿（今河北涿县）人，著有《孝经注》、《战国策注》、《孟子章句》、《淮南子注》、《吕氏春秋注》等古籍的学者。

高相　沛（今江苏沛县人）人，以冶《易》而较有影响。

高渐离　燕（今属河北）人，战国末年时擅长击筑，燕太子丹派荆轲谋刺秦王政（即秦始皇），到易水送行，他击筑，荆轲和歌。后因在筑内暗藏铅块扑击始皇，不中被杀。

高柴　应为山东人，春秋时孔子的门徒。

高氏风流撷英

究本溯源公子高，
孙承祖邑遂为氏。①
博学高诱著述多，
司空弄学长注释。②
千里求学有高允，
著有算术通文史。③
边塞诗人燕歌行，
同情百姓爱兵士。④
云横墨竹显画技，
孟频齐名人共识。⑤
四杰之一是高启，
龙盘龙踞表奇志。⑥
更有高鹗续红楼，
不朽名著传于世。⑦
勤学太公六韬略，
成就伟业有时日。⑧

注释：

①据《文韵》记载，公子高为高

氏先祖，他们本是周朝姜子牙的第六世孙齐文公（姜姓）的儿子，都受封于高邑，在今河南禹县，统称为公子高；公子高的孙子以祖父封邑为氏，叫高傒，其后高氏。

②高诱（生卒不详），河北涿县人，东汉学者。有《战国策注》、《淮南子注》、《吕氏春秋注》等，注释极具价值。

③高允（公元 390—487 年），北魏大臣、学者，自幼好学，常背着书签，千里求学。身居要职五十余年，著有《算术》三卷，精通天文经史。

④高适（公元 702—765 年），唐朝诗人，著名的《燕歌行》以描写边塞风光、士兵生活、人民疾苦为内容边塞诗。

⑤高克恭（公元 1248—1310 年），北京房山人，元朝画家。善画山水、墨竹，有非凡技艺，《云横秀岭》、《墨竹石坡》为其代表作。与赵孟頫齐名，时人有“南有赵魏北有高”之称。

⑥高启（公元 1336—1374 年），明初文学家、诗人。无书不读，博学，工诗，与杨基、张羽、徐贲并称“吴中四杰”。曾出语“龙盘虎踞”表达要有一番作为的雄心壮志。

⑦高鹗（约公元 1738—约 1815 年），汉军镶黄旗人，清朝文学家。他将曹雪芹的八十回《石头记》，续写为一百二十回本《红楼梦》，使之首尾完整，流传于世。

⑧姜太公曾作《六韬》，这是一部论述军韬略的兵书，包含着极高的智慧，用它可以指导我们为人行事，成就功业。

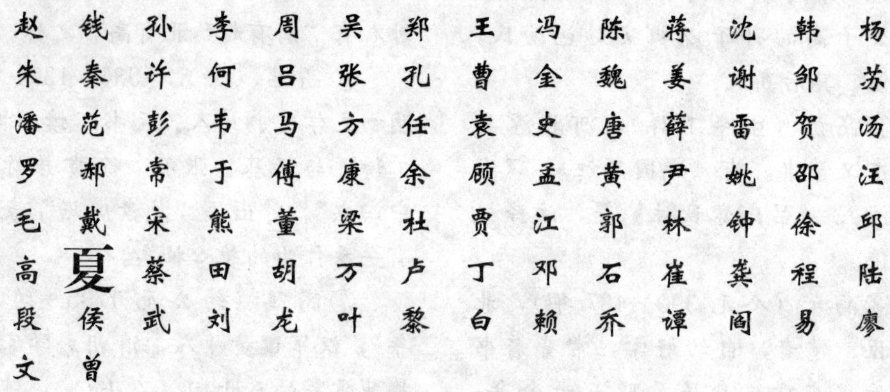

中华百家姓

赵 钱 孙 李 周 吴 郑 王 冯 陈 蒋 沈 韩 杨
朱 秦 许 何 吕 张 孔 曹 金 魏 姜 谢 邹 苏
潘 范 彭 韦 马 方 任 袁 史 唐 薛 雷 贺 汤
罗 郝 常 于 傅 康 余 顾 孟 黄 尹 姚 邵 汪
毛 戴 宋 熊 董 梁 杜 贾 江 郭 林 钟 徐 邱
高 夏 蔡 田 胡 万 卢 丁 邓 石 崔 龚 程 陆
段 侯 武 刘 龙 叶 黎 白 赖 乔 谭 阎 易 廖
文 曾

夏 姓

——楚灭杞国佗入鲁，因其夏后得侯爵

夏氏解密寻踪

（一） 姓氏字源

《说文》：“夏，中国之人也。从夊，从页，从臼。臼，两手，夊，两足也。”徐灏笺：“夏时夷、狄始入中国，因谓中国人为夏人，沿旧称也。”据“秦公簋”金文“夏”，其上为头，中间为躯干。两侧为手，其下为足，像人形。据形求义，夏之本义当作人。故夏之初用于中原古部族名，后相沿用为对中国人之称呼，后泛指中国。

（二） 寻根溯祖

夏姓来源有三：

1. 出自姒姓。据《史记·夏本纪》等所载，相传帝尧时，鲧的妻子女志因梦里吃了薏苡而生禹，故帝尧便赐禹以姒为姓。当时，中原洪水泛滥，民不聊生，帝尧采纳了四岳（四个势力强大的部族首领）的建议，任用鲧治水。鲧采用堵的办法，治水 9 年，水患未除。舜继帝位后，便撤了禹父鲧的职，改用禹来治水，并又派了契（商族祖先）、后稷（周族祖先）、皋陶（秦、赵祖先）等人去协助他。禹总结了父亲失败的经验教训，以疏通河道来治理水患，果然取得了一系列的成就。洪水被排除以后，他还指导百姓兴修沟渠，发展农业，领兵平定了三苗之乱，使人民得以安居乐业。为了表彰禹一系列的丰功伟绩，舜封他于夏（即阳城，今河南登封县东），后来还把帝位传给了他。夏禹死后，其子启继位，建立了中国历史上第一个奴隶制国家——夏朝。夏的活动范围大体在今山西东南部、陕西东部和河南的西部，但以伊洛一带的河南地区为中心。夏朝始建都于阳城（今河南登封县东），后世夏王又迁都斟鄩（在今河南巩义市境）、安邑（今山西夏县西北，临近河南）。至夏末君主桀时，再迁都于西亳（今河南偃师西）。夏立国400多年，共传13代，16王。后因夏桀暴虐无道而被商汤推翻，夏王族便有以为国氏，称夏氏。是为河南夏氏。

2. 亦出自姒姓。据《唐书·宰相世系表》及《姓谱》所载，公元前11世纪周朝初年分封诸侯，夏禹的后裔东楼公受封于杞（在今河南省杞县），为杞侯。至简公时，被楚国所灭。简公之弟佗（本姒姓）出奔鲁国（在今山东西南部，建都曲阜〈今属山东〉），鲁悼公因其为夏禹的后裔，给予采地为侯，称为夏侯（复姓），其后裔以夏为姓，称夏氏。后来离开鲁国，至沛地之谯郡（治所在今安徽亳县），遂为谯郡人。是为安徽夏氏。

3. 出自妫姓，以王父字为氏。据《通志·氏族略》、《史记·陈杞世家》所载，西周初期，武王追封帝舜之后妫满于陈，建立陈国，建都宛丘（今河南淮阳），以奉帝舜之宗祀。史称胡公满、陈胡公。春秋时，传至第16位君主陈宣公杵臼时，有庶子名子西，字子夏。其孙征舒以王父（祖父）之字为氏，称为夏征舒，其后遂有夏氏。是为河南夏氏。

（三） 宗堂郡望

堂号 “平水堂”：夏禹治水13年于外，三过家门而不入，水患终被治平，舜把帝位让给了他。

夏姓也以“会稽”为其堂号。

郡望 夏姓郡望主要有会稽郡、谯郡、高阳郡、鲁郡等。

1. 会稽郡。秦始皇二十五年（公元前222年）于原吴、越地置郡，治所在吴县（今江苏苏州市）。西汉时相当今江苏长江以南，茅山以东，浙江省大部分（仅天目山、淳安县以西小部分地区除外）及福建全省。此支夏氏，为西晋高士夏统之族所在。

2. 谯　郡。东汉建安末年从沛郡分一部分设置谯郡，治所在谯县（今安徽省亳县）。三国时相当今安徽、河南两省灵璧、蒙城、太和、鹿邑、永城间地。

3. 高阳郡。东汉桓帝置郡，治所在高阳（今河北高阳县东）。晋泰始初置高阳国，治所在博陆（今河北蠡县南）。相当今河北保定市、清苑、高阳、博野、蠡县等地。北魏改为郡，移治高阳。

4. 鲁　郡。西汉初改薛郡置鲁国，治所在鲁县（今山东曲阜）。相当于今山东曲阜、滕县、泗水等县地。晋改为郡。

（四） 家谱寻踪

江苏扬州·维阳夏氏重修族谱十六卷

藏地：美国

（清）夏丰融主修

清同治十年（1871）刊本 十六册

江苏·泰县夏氏宗谱二卷

藏地：江苏泰县图书馆

（民国）夏康庆纂

1917年木活字本

苏江都·夏氏族谱二十卷

藏地：河北大学

（民国）夏茂椿修

1917年木刻本 二十册

江苏江都·夏氏族谱二十卷

藏地：美国

（民国）夏厚安等十一修

1978年尚忠堂活字本 二十册

江苏丹徒·水东夏氏家乘六卷

藏地：辽宁图书馆

（清）夏师翱重修

清嘉庆三年（1798）刻本

江苏句容·夏氏宗谱八卷

藏地：日本 美国

（清）夏致勋 夏正铉等重修

清嘉庆二十一年（1816）孝思堂木活字本 八册

江苏武进，夏氏续修宗谱八卷

藏地：河北大学

（清）夏叙德修

清光绪九年（1883）务本堂木刻本 十一册

江苏武进·毗陵夏氏重修宗谱八卷

藏地：中国科学院历史研究所图书馆

（民国）夏永图主修

1929年重修孝思堂活字本 八册

江苏·江阴夏氏宗谱十八卷首一卷

藏地：国家图书馆

（清）夏氏族人纂修

清光绪十六年（1890）源远堂活字本 十册

江苏·江阴夏氏宗谱十八卷首一卷

藏地：吉林大学 苏州大学

（民国）江孙桐编辑

民国源远堂排印本 十二册

江苏江阴·习礼夏氏宗谱五十卷首一卷

藏地：日本 美国

（民国）夏子麟 夏鼎鼐等续修

1924年木活字本

江苏吴江·夏氏家乘九卷

藏地：中国科学院历史研究所图书馆

（清）夏刚修

清雍正二年（1724）刻本 十四册

浙江·杭州夏氏世系图一卷

藏地：国家图书馆（又一部）

（民国）夏偕复纂

民国间铅印本 一册

浙江富阳·云峰夏氏宗谱八卷

藏地：浙江富阳县里山乡七村

1936年木刻本

浙江临安·黄邑汇川夏氏宗谱十二卷

藏地：浙江余杭县文管（存三卷）

1926年重修木活字本

浙江余姚·夏氏宗谱三卷

藏地：北图

（清）夏宗彝编

清光绪十五年（1889）木活字本 一册

浙江奉化·畸山夏氏宗谱八卷

藏地：浙江奉化县文化管理委员会

（清）王应彩纂修

清光绪二十六年（1900）木活字本

浙江奉化·畸山夏氏宗谱六卷首一卷末一卷

藏地：吉林大学

（民国）夏禹钧纂修

1916年务本堂活字本　四册

浙江奉化·畸山夏氏宗谱□□卷

藏地：浙江奉化县文化管理委员会（存卷3）

民国间木活字本

浙江象山·闻岙夏氏宗谱一卷

藏地：浙江象山文化管理委员会

（清）马嗣澄纂

清同治二年（1863）钞本　三册

浙江绍兴·夏氏家乘

藏地：台湾

（清）夏献云修

清光绪七年（1881）钞本　一册

浙江绍兴·山阴夏氏宗谱六卷

藏地：国家图书馆

1914年培本堂木活字本　六册

浙江·上虞桂林夏氏宗谱十卷

藏地：浙江图书馆

（清）夏锦秀修　复僖纂

清咸丰二年（1852）明德堂木活字本　十册

浙江上虞·桂林夏氏宗谱十卷首一卷末一卷

藏地：国家图书馆　人民大学

（清）夏寿恒　夏宪曾纂修

清光绪三十三年（1907）明德堂活字本　十二册

浙江上虞·虞东蒋山夏氏宗谱六卷首一卷

藏地：国家图书馆　中国科学院历史研究所图书馆

（清）夏洪纂辑

清咸丰八年（1858）创辑明德堂活字本　六册

（五）　字行辈份

清光绪十八年夏定芳纂修《夏氏族谱》，江苏淮阴夏姓一支字行为：“成元裕庆，孝叙淳恩，祚式尚祐，贵铭。”

（六）　迁徙繁衍

夏氏因得姓很早，故随着时代的不断更替，散居尤为广泛，今已难详考出它具体的繁衍情形。据有关史料所载，大致上，秦及秦以前，夏姓主要以中原生息繁衍，并迁往陕西、山东、安徽、山西、河北等地。如夏征舒传至3世孙夏齿、4世孙夏区夫仕陈（今属河南）为大夫，裔孙夏御寇仕齐（今山东东部）为大夫。秦始皇时有御医夏无且（大致出自陕西夏氏）。秦汉之际，有代（今河北西北部、山西中部与北部等地）相夏说；安徽夏氏是出自随夏王桀逃至南巢一部分夏王族的后裔。魏晋南北朝以前，夏姓还主要是一个活跃于我国北方广大地区，特别是今天的中原一带。故在此地逐渐形成了两个大郡望，即高阳、鲁郡。夏姓南迁始于汉代，像西汉时又有夏黄公，为鄞（今浙江宁波市）人；东汉有夏方，为九江（今属江西）人。大举南迁则为魏晋之际。经过长期繁衍，使得夏姓的分布中心，移向了江南地区，遂形成当地一大望族，即会稽郡，也是夏姓历史上最大的望族。故夏姓人士多以"会稽"为其堂号。唐宋以后，夏姓主要以江南广大地区为其繁衍地，广布于今安徽、浙江、湖南、湖北、江苏、福建和广东、广西等省，特别是以浙江的分布最为集中，使得夏姓最终成为了我国一个比较典型的南方大姓。夏姓南迁的具体原因，是与我国历史上两次民族大迁徙及历代朝代更替、连年的战乱有着密切的关系。这一现象，我们也可以从历代夏姓名人的分布情况中，找出一些具体的答案来。

（七） 适用楹联

□名列四皓；[①]望并三宗。[②]

□夏卿一个竹；西凉十锭金。[③]

□一人有庆；万寿无疆。[④]

□崇文陈五事；[⑤]正夫贵三惜。[⑥]

□泉流东海千层浪；
日照南山万树荣。[⑦]

□云覆瑶坛净；苔生丹灶闲。[⑧]

□野叟曝言留名远；[⑨]
江山佳胜惠世长。[⑩]

□盘簇五辛，家迎万福；
觞称九酝，户纳千祥。[⑪]

□节义清廉羡中执；[⑫]
文章台阁爱英风。[⑬]

注释：

①汉代隐士夏黄公，字少通，鄞人。避秦匿商山中，为"四皓"之一。隐居夏里，故号夏黄公。

②汉代名人夏馥，字子治，国人。桓帝时任为谏官，拒之不就。朝中大臣对他十分忌惮。

③明代画家夏昶（1388—1470），官至太常侍卿，擅画墨竹，有"夏卿一个竹，西凉十锭金"之誉。

④宋代节度使夏执中书献孝宗联。夏执中字子权，宜春人。姐为孝宗后，累官奉国军节度使。朝廷举庆礼，人们争献珍奇，执中独大书"一人有庆，万寿无疆"以进，人益贤之。

⑤明代成化进士夏崇文，字廷章，湘阴人。官任吏部主事，向皇上陈述时务五事，又解其利弊，后又上书陈述五事，当时来说，他的观点是非常正确的。后官至太仆少卿。

⑥明代学者夏寅，字正夫，松江华亭人。正统进士，累官浙江参政。尝言："君子有三可惜；此身不学，一可惜；此日闲过，二可惜；此身一败（败坏人格），三可惜。"当时人们把他这句话当作名言。

⑦夏日寿联，可作夏姓寿联。

⑧唐代诗人夏方庆《谢真人仙驾还旧山》诗联句。复方庆，贞元中进士。

⑨清代小说家夏敬渠，字懋修，号二铭，江阴人。崇信程朱理学，有小说《野叟曝言》。

⑩南宋画家夏圭，字禹玉，钱塘

人。宁宗时画院待诏。工画人物，尤擅山水。为“南宋四家”之一。存世作品有《江山佳胜》等。

⑪当代人夏承焘撰书春联。

⑫见注④。

⑬宋代名士夏英公的事典。

夏氏名人集粹

夏敬渠 江苏江阴人，清代著名小说家，其人一生好游历，曾足及四方。崇信程朱理学，所作小说《野叟曝言》，内容甚为荒诞。

夏燮 安徽当涂人，史学家，所著《中西纪事》揭露外国列强的侵略行为，抨击清政府的卖国行径，表彰中国人民的反抗精神，影响巨大，流行广泛。

夏昶 （夏昺），昆山（今江苏昆山）人，明代著名画家，曾官至太常寺卿。他不仅善绘画，而且善书能诗；其诗词清丽，书工正楷，其画擅长写竹石，当时推为第一。有传“仲昭一个竹，江南十锭金”。宋代以后是夏姓在文学领域里最为光辉的时期。

夏原吉 湖广湘阴（今属湖南）人，明代永乐、洪熙、宣德三朝户部尚书，主持财政27年，支应无误，在疏浚吴淞江等河流中也很有成就。

夏言 今江西贵溪人，宰相，嘉靖十五年（1536）以礼部尚书兼武英殿大学士入内阁，旋为首辅执政，两度为相。

夏允彝 明代有文学家、反清义士，其子夏完淳，松江华亭（今上海松江）人，为南明抗清将领。他几乎一生都在为抗清复明而奔走，所作诗赋，篇篇都充满着悲歌慷慨之气，他还作有纪明末史事的《续幸存录》。

夏迪 元代著名画家，善画山水竹石，画松得趣。

夏圭 钱塘（今浙江杭州）人，南宋杰出的画家，其人早年工人物画，后以山水画著称。并与马远同时，号称“马夏”。其画善“边角之景”，有糅合李唐、范宽与米芾的画法，笔法甚是苍老，墨汁更是淋漓。

夏诚 龙阳（今湖南汉寿）人，南宋初有洞庭湖起义军将领。

夏统 会稽永兴（治所今浙江萧山县）人，晋代高士，其思想在当时有一定的影响。夏姓历代在文学艺术及学术方面表现得尤为突出。

夏瞻 晋代著名画家，其人擅长人物、神像等。在《历代名画记》及《图书集成》等书中均载有他的作品。

夏侯玄 谯（今安徽亳县）人，三国魏时历任征西将军、都督雍、凉州诸军事

夏侯惇 谯（今安徽亳县）人，历任东郡太守、陈留济阴太守、河南尹、大将军。

夏侯渊 曾官至征西将军。

夏勤 安帝时官任司徒，曾任京宛二县令、零陵太守，以才干见称。

夏恭 东汉光武帝时备受人敬仰的学者。依据史籍记载夏恭是当时最负盛名的易学教授，曾经教授生徒达100余人，可谓桃李满天下。

夏贺良 重平（今河北吴桥东）人，西汉著名方士。

夏侯婴 沛县（今属江苏）人。

夏育 卫国（建都朝歌〈今河南淇县〉）名震遐迩的勇士，据说他力举千钧，能生拔牛尾。

夏元且 在荆轲谋刺秦王之时的侍医，由于“以药囊捉荆轲”，而名登《史记》的《刺客传》。

夏氏风流撷英

楚灭杞国佗入鲁，
因其夏后得侯爵。[①]
祖籍世代夏县居，
浙西角处会稽郡。[②]
侯惇侯渊两骁将，
忠勇烈气名三国。[③]
侯玄精玄誉四聪，
玄学开创之先例。[④]
夏圭作画有独到，
秃笔半景夏半边。[⑤]
明朝原吉通财理，
政绩突出为信臣。[⑥]
完淳年少志气宏，
文武激扬民族颂。[⑦]
更朝换代自夏起，
华夏儿女浩气存。[⑧]

注释：

①传说夏禹的后裔东楼公，受封于杞国（在今河南杞县），传至杞简公时，被楚国所灭。简公之弟佗出奔鲁国。鲁悼公因佗是夏禹之后，采地封侯，称为夏氏，出自姒姓。

②夏的祖籍，启建夏朝建都在河南阳城（登封），以后迁安邑（山西夏县）。《百家姓》注郡望为会稽郡，为公元前221年秦朝所设，此郡地域从江苏东南部到浙江西南角。

③夏侯惇（？—公元220年）夏侯渊（？—公元219年）三国时曹操部将，安徽亳县人，他们俩人均以忠勇、烈气而闻名三国。有史书记说。

④夏侯玄（公元209—254年），三国时魏国大臣，安徽亳县人。精玄理，为玄学的创始人之一，与诸葛诞等互相题表，被誉为“四聪”之一。

⑤夏圭（生卒不详），南宋画家，浙江杭州人，画风洒脱，用秃笔带水作大斧劈皴，笔墨精工劲爽，构图多作半边或一角之景，时称“夏半边”。

⑥夏原吉（公元1366—1430年），明朝大臣，湖南湘阴人。他因理财有方，深受成祖信赖，在详定赋役，清仓场，广屯种，修水利等方面均有突出政绩。

⑦夏完淳（公元1631—1647年），南明抗清义士，上海松江人。生而早慧，幼年能赋诗，好谈边关大事，十四岁从父参加抗清斗争，其诗慷慨激昂，富于强烈的战斗精神。有《夏完淳集》。

⑧中国人自称中华民族为“华夏族”。当夏启建立了我国历史上第一个奴隶制国家，于是历史出现更朝换代的局面。历史变革中，华夏儿女表现出非凡的气度。

中华百家姓

赵 钱 孙 李 周 吴 郑 王 冯 陈 蒋 沈 韩 杨
朱 秦 许 何 吕 张 孔 曹 金 魏 姜 谢 邹 苏
潘 范 彭 韦 马 方 任 袁 史 唐 薛 雷 贺 汤
罗 郝 常 于 傅 康 余 顾 孟 黄 尹 姚 邵 汪
毛 戴 宋 熊 董 梁 杜 贾 江 郭 林 钟 徐 邱
高 夏 蔡 田 胡 万 卢 丁 邓 石 崔 龚 程 陆
段 侯 武 刘 龙 叶 黎 白 赖 乔 谭 阎 易 廖
文 曾

蔡 姓

——周公封胡于蔡国，蔡氏遂衍蔡仲出

蔡氏解密寻踪

（一） 姓氏字源

《说文》：“蔡，艸也。从艸，祭声。”据“蔡太师鼎”及“蔡侯钟”所载，金文“蔡”像野草之形，故蔡之本义当训草。又，张舜徽先生《说文约注》云：“蔡之本义，当为芟艸。说解原文当作‘丰艸也’。丰即割之初文，此与四篇‘丰，蔡艸也’义可互明。”

（二） 寻根溯祖

蔡姓来源有二：

1. 出自姞姓，为黄帝支裔。据《国语·晋语四》所载，“黄帝二十五宗，得姓者十四人，为十二姓，姬、酉、祁、己、滕、任、荀、葴、僖、姞、儇、依是也。”又据王符《潜夫论·志氏姓》所载，“姞氏封于燕……姞氏之别有阚、严、蔡、光、鲁、雍、断、须密氏。”古时燕地大致在今河北北部。是为河北蔡氏。

2. 出自姬姓，为周文王的后裔。据《史记·管蔡世家》、《通志·氏族略》及《华亭蔡氏新谱序》等有关资料所载，周灭商以后，武王大封同姓诸侯于各地，同时封商约王之子武庚禄父于朝歌（今河南淇县），让他管殷民，其中，又封文王第5子（一说第14子，见《元和姓纂》及《姓氏考略》的记载）叔度于蔡（故城在今河南上蔡西南），让他一起与管叔、霍叔监管殷（在周之前的商朝，因盘庚迁都于殷〈今河南安阳小屯村〉，因而商也被称为殷）的遗民，称为“三监”。蔡叔度始封于蔡而居卫。蔡为卫之辖地，也为姞姓之蔡故地，所以，姬姓之蔡取代了姞姓之蔡。武王死后，周成王年纪太小，周公旦（武王的弟弟，又称周公）因此临朝摄政。管叔、蔡叔、霍叔等都很妒嫉周公摄政，便联合武庚反叛，周公奉成王之命，讨伐武庚，事后处死管叔，并将蔡叔放逐。后成王改封蔡叔度的儿子胡（名）于蔡（今河南上蔡县西南），称蔡仲。春秋时，因常受楚的逼迫，多次迁移。蔡平侯时迁新蔡（今属河南），称上蔡；昭侯迁州来（今安徽凤台），称为下蔡。蔡国传23代，历26君，立国600多年，公元前447年被楚国攻灭。子孙散居楚（今属湖北境）、秦（今属陕西境）、晋（今属山西省境）、齐（今属山东省境）等各国，以国为姓氏，称蔡氏。

（三） 宗堂郡望

堂号 1.“九峰堂”：宋朝蔡仲默，少年时跟朱熹学习。才30岁就放弃科举，专攻理学。隐居在九峰，人们称他“九峰先生”。

2.“龙亭堂”：东汉蔡伦，发明造纸，对文化事业的发展，立了极大的功，封“龙亭侯”。

蔡姓又以“济阳”为其堂号。

郡望 蔡姓郡望主要有济阳郡。

济阳郡。晋惠帝时分陈留郡置郡，治所在济阳。约相当今河南兰考东境、山东东明南境。晋室南渡后废。

（四） 家谱寻踪

全国·河南始祖蔡氏开派各省通谱二卷

藏地：国家图书馆 辽宁图书馆 吉林大学 日本 美国

（清）蔡国祥 蔡由贵等续修

清同治五年（1866）济阳郡刻本

山西平定·蔡氏族谱不分卷

藏地：人民大学

（清）蔡子碧 蔡培宝等编纂

清道光二十五年（1845）刻本 四册

辽宁凤城·蔡氏家谱一卷

藏地：辽宁凤城县档

（民国）蔡品三纂

1924年铅印本

辽宁凤城县溪里寨乡复印本

上海·蔡氏家谱稿一册

藏地：上海文化管理委员会

（清）蔡怡生修

清同治元年（1862）钞本

江苏如东·栟茶蔡氏宗谱三十一卷首七卷

藏地：江苏南通市图书馆

（民国）蔡氏合族编辑 蔡观明综纂

1930年铅印本 三十四册

江苏·丹阳蔡氏新修族谱十六卷

首一卷

藏地：辽宁图书馆

（清）蔡奕胜　蔡佩玉等重修

清光绪十二年（1886）贻善堂木活字本

江苏常州·蔡氏宗谱十六卷

藏地：人民大学

（民国）蔡锡荣等修

1917年树德堂活字本　十六册

江苏武进·毗陵蔡氏宗谱十四卷首一卷末一卷

藏地：国家图书馆

（清）蔡敬云纂修

清同治十三年（1874）祗德堂活字本　十二册

江苏无锡·板村蔡氏宗谱不分卷家训恒言二卷附一卷

藏地：哈尔滨师大

（清）蔡鹤龄编

清康熙间木活字本　一册

江苏无锡·蔡氏礼派支谱□□卷

藏地：国家图书馆

（清）蔡九思等续修

清光绪五年（1879）活字本　六册

江苏无锡·续修板村蔡氏礼派支谱□□卷

藏地：国家图书馆　哈尔滨师大

（民国）陆醉楼纂修

1922年敦本堂活字本　八册

江苏无锡·蔡氏义派支谱□□卷

藏地：国家图书馆　美国

（清）蔡廷槐纂修

清光绪三年（1877）敦本堂活字本　六册

江苏无锡·板村蔡氏义派支谱十卷另一卷

藏地：国家图书馆

（民国）陈振乃纂辑

1922年敦本堂活字本　二十一册

江苏无锡·蔡氏宗谱不分卷

藏地：中国科学院历史研究所图书馆

（清）蔡国柱编辑

清乾隆二十六年（1761）福谦堂刻本　六册

江苏镇江·润东蔡氏族谱十卷

藏地：浙江图书馆

（清）朱久皋纂修

清光绪十五年（1889）九贤堂木活字本　十册

江苏镇江·润东坛王蔡氏重修族谱十八卷

藏地：中国科学院历史研究所图书馆

（清）蔡启升主修　严达廷修辑

清光绪二十九年（1903）重修九贤堂活字本　二十四册

江苏镇江·丹徒蔡氏宗谱□□卷

藏地：江苏镇江市图书馆（存四十四册）

（民国）蔡义明等修

1923年蔡西山堂刊本

江苏扬中·蔡氏家谱□□卷

藏地：江苏扬中县

民国间木刻本十二册

（五）　字行辈份

清光绪七年蔡廷槐纂《蔡氏宗谱》，广东罗定蔡姓一支字行为："世伯日克，七念万丈，昌能亮性，彦诚国于，卿士善奕。"

（六） 迁徙繁衍

蔡氏得姓之初，主要是繁衍于现在的河南省境。其间因受楚国所逼，几度迁徙。后迁徙到下蔡，也就是今安徽凤台县的地方。可见蔡氏一开始就踏上了迁徙的征途。也正因为如此，虽然最终没有逃脱被楚灭国的命运，他们的后裔自散居今湖北、陕西、河南、山西、山东等地以后，世代不断迁徙繁衍，终成为了我国一个族大人众的姓氏。蔡姓汉唐之际，主要繁衍于我国北方广大地区，且以河南、山东等地为其繁衍的主要地区。魏晋南北朝之时，其地蔡氏家族世代累官显赫，形成当地一大望族，即济阳郡望。故南北朝乃至隋代这段时期，蔡姓名人也多出自该郡。蔡姓南迁早于汉代，大举南迁始于魏晋南北朝之时，再一次的大举南迁为唐时的黄巢起义期间。其南迁多出自河南蔡氏。据浙江《河南祖蔡氏通谱》序云："……秦汉之时，聚而复合，合而复涣，其间四布而不可纪矣。传之唐之太宗，奏天下谱谍，退新门，进旧望，右膏粱，左寒微，合一百九十三姓，千六百五十一家，而蔡氏首称焉。其子孙散处四方，有迁姑苏云间（于元时江苏松江府的别称，治今上海市松江县），有迁于永川（唐置县，今四川永川县）、琴川（今江苏常熟县的别称）者，徙于晋陵（今江苏常州市）、徐州（今安徽凤阳一带）者，徙于广信（今广西梧州市）、福州（今属福建）者，皆河南之派也。"蔡姓入闽者，始于唐初，有从开基漳州圣王陈元光入闽，居漳、浦两地。唐末又有蔡姓随王潮、王审知入闽，开基漳州、同安、兴化等地，其后再传至广东的梅州、广州等地。其先均为世居今河南光州固始人。宋时，是蔡姓在我国南方繁衍又一个重要的时期。据《德清蔡氏通谱》所载："始祖蔡源，河南汝宁府新蔡县人，宋崇宁二年癸未进士。政和间任秘书郎，直焕章阁学士，娶宋徽宗之长公主。建炎初，避金乱，护驾（宋高宗赵构）南渡，侨居于杭（今浙江杭州）。"是为入杭一世祖。又据该谱所载，蔡源生三子：维孟、继孟、承孟。其中，长子维孟，徙居洞庭山（今江苏吴县西南一带）；次子继孟，徙居湖之乌程（今浙江吴兴一带）；三子承孟，徙居湖之清德（今浙江清德县）。三子皆接受父训不能灭金复宋，皆不做官。其后代或迁安徽凤阳、亳州，或迁福建、广东等地。可见此时南迁入江南的蔡氏，也多出自河南蔡氏。明、清以后，蔡姓便播及全国大部分地区。

（七） 适用楹联

□理学传程朱之脉；[①]
著述授穀梁之书。[②]

□平生慷慨班都护；
万里间关马伏波。[③]

□琴声字体中郎业；[④]
荔谱茶笺学士风。[⑤]

□流水不腐户枢不蠹，
芝草无根醴泉无源。[⑥]

□未将兰气冲皇泽；
去引星文捧碧空。[⑦]

□芳池月映；故宅风存。[⑧]

□宾客填门，倒履迎王粲；[⑨]

士卒分赐，布衣乏私财[10]

注释：

①南宋理学家蔡元定（1135—1198），幼承庭训，长从朱熹游，常与对榻讲论经义，每至夜分。四方求学者，必俾先从元定质正。有《律吕新书》、《大衍详说》等。

②汉代学者蔡千秋，字少君，沛人。受穀梁春秋于鲁荣广，为学最笃。宣帝时为郎，召见与公羊家并说，帝善穀梁说，擢为谏议大夫给事中，后左迁，复求能为穀梁者，皆莫及千秋。帝鉴其学且绝，乃擢为郎中户将，选十人从受学。

③蔡锷祠联。蔡锷（1882—1916），近代军事家，字松坡。湖南邵阳人。

④东汉文学家、书法家蔡邕（132—192），字伯喈，陈留圉人。初因上书而获罪流放，董卓时，官至左中郎将。通经史、音律、天文，善散文辞赋。又工隶书，创"飞白"书，也善画。

⑤北宋书法家蔡襄（1012—1067），字君谟，兴化仙游人。官至端门殿学士。其楷、行、草书，皆独具特色，为"宋四家"之一。有《茶录》、《荔枝谱》等。

⑤清代诗人、书法家蔡之定书联。蔡之定，字麟昭，号生甫，乾隆进士。官侍讲学士。归田后，自号积谷山人，有《古今体诗》等。

⑦唐代诗人蔡希周《奉和扈从温泉宫承恩赐浴》诗联句。蔡希周，曲阿人，官监察御史。

⑧湖南耒阳蔡侯（伦）祠联，蔡伦（？—121），东汉宦官，字敬仲，桂阳（今湖南郴州）人。他总结西汉以来用订质纤维造纸的经验，创造用树皮、麻头、敝布、鱼网造纸之法。时称"蔡侯纸"。蔡侯祠在耒阳城南蔡子池畔。

⑨东汉文学家蔡邕的事典。蔡邕见注④。

⑩汉代将令蔡遵的事典。

蔡氏名人集粹

蔡锡勇　今广东人，清末有洋务派代表，曾任驻美公使馆翻译官。1884 年被两广总督张之洞任为洋务局委员，1889 年张之洞调任湖广总督。他曾以道员衔受命筹办汉阳铁厂、湖北枪炮厂、织布局、马鞍山煤矿等。

蔡羽　吴（今江苏吴县）人，明代著名书画家。

蔡时敏　今上海嘉定人，雕刻家。

蔡天祐　睢州（治今河南睢县）人，历官至山东副使、山西按察使、兵部侍郎。

蔡珮　今浙江萧山人，清代著名画家。

蔡松年　真定（今河北正定人）人，曾官至右丞相；文学家蔡硅，真定（今河北正定）人，蔡松年之子，历官户部员外郎兼太常丞。

蔡元定　建阳（今属福建）人，南宋著名律学家、理学家。

蔡襄　兴化仙游（今属福建）人，北宋时杰出的书法家，官至端明殿学

士。工书善画。其正楷端重沉着，行书淳淡婉媚，草书参用飞白法，谓“散草”、“飞草”，自成一体。与苏轼、黄庭坚、米芾并称“宋四家”。

蔡元恭 江陵（今属湖北）人，唐代时官任太子洗马。

蔡微 考城（今河南兰考县）人，隋代时官任吏部尚书、太常丞。

蔡仲熊 济阳（今属山东）人，官至尚书左丞。

蔡廓 考城（今河南兰考县）人，博涉群书，言行以礼。元嘉初，终祠部尚书。其子兴宗，孝武帝时为吏部尚书，后进都督荆湘八州军事、征西将军、荆州刺史。

蔡祐 高平（今属山东）人，北周时大将军。

蔡大宝 中权大将军、领吏部尚书。

蔡搏 考城人，梁朝时官至中书令。陈有累迁度支尚书。蔡景厉（考城人），善工草、隶。

蔡凝 考城人，官至礼部侍郎、后主时任给事黄门侍郎博涉经传，有文词，尤工草、隶。

蔡豹 元帝时为威武将军、徐州刺史。其子蔡裔，官兖州（今属山东）刺史。

蔡瑁 襄阳（今属湖北）人，三国时，刘表的镇南大将军、军师，后入魏，封汉阳亭侯。

蔡伦 （？－121）桂阳（今湖南郴州）人，东汉时改进造纸术，为蔡泽4世孙。和帝时为中常侍，曾任主管制造御用器物的尚方令。安帝元初元年（公元114年）封龙亭侯。他总结西汉以来用麻质纤维造纸的经验，改进造纸术，采用树皮、麻头、破布、旧鱼网为原料造纸，时称“蔡侯纸”。被后世传为我国造纸术的发明人。

蔡邕 （133－192）陈留圉（今河南杞县南）人，东汉时著名文学家、书法家，灵帝时为议郎。因上书论朝政阙失获罪，流放朔方。董卓专权时，被任为侍御史，官左中郎将。他博学多才，爱好辞章，精通音律。熹平四年（公元175年）以定“六经”文字而著称，世称“熹平石经”。而且还是东汉四大画家（其他为：刘褒、赵岐、张衡）之一。其女蔡琰，字文姬，故又称蔡文姬。因从小深受其父的影响，博学有才辩，且通音律，有“才女”之称。以《胡笳十八拍》著称。

蔡义 温（今属河南温县西南）人，蔡泽之子。汉昭帝时为丞相，封阳平侯。

蔡泽 燕国（在今河北北部和辽宁西端）人，秦（占有今陕西中部和甘肃东南端）相国，以善辩多智著称。入秦后，被任为相国，向秦昭王献计攻灭周，后辞去相位，封刚成君。居住秦国数十年。

蔡墨 战国时晋（在今山西西南部）国太史。

蔡氏风流撷英

周公封胡于蔡国，
蔡氏遂衍蔡仲出。[①]
蔡伦发明蔡侯纸，

四大发明居其一。②
东汉蔡邕正经籍，
熹平石经定其功。③
才女文姬悲愤诗，
红颜多劫尽其中。④
北宋书法家蔡襄，
蔡旭题论数生说。⑤
蔡新清朝大学士，
笃守理学留心录。⑥
清末洋务史留名，
首创速记第一人。⑦
草祭酉虫化为菜，
蔡除邪厌世归泰。⑧

注释：

①据《通志·氏族略》记载，周初八百诸侯国里有蔡国。周公辅政时封文王之孙名胡（蔡仲）于蔡国，蔡仲之后遂有蔡氏，出自姬姓。发祥地就在河南省上蔡县。

②蔡伦（？—121年），东汉宦官，发明家，湖南郴州人。他在总结前人经验的基础上发明了“蔡侯纸”，是中国四大发明之一。纸的发明使文字信息有了新的载体，为我国科技的进一步发展创造有利条件。

③蔡邕（yōng）（公元133—192年），东汉文学家、书法家，河南杞县人。他勘校订正了经籍的错别字，并把重要经文镌刻于碑，称为“熹平石经”，使正确的经文传播开来。

④蔡文姬（生卒不详），东汉女诗人，蔡邕之女。她早年丧夫，红颜多劫，所作《悲愤诗》今尚流传。

⑤蔡襄（公元1012—1067年），北宋书法家，福建人。其书，正楷端重沉着，行书温淳婉媚，草书参用飞白法，为“宋四家”之一。蔡旭（公元1167—1230年），南宋学者，福建人。隐居九峰山，称九峰先生，历十年，撰《书集传》，参众家之言融为一体，提出天地万物皆由数生之说。其说为元代以后试士的标准注本。他的万物归数的观点，跳动着科学的脉膊。

⑥蔡新（公元1707—1799年），清朝大臣，福建漳浦人。他官任文华殿大学士，处处笃守理学原则，是为朝廷表率，深得乾隆信任，留有《事心录》。

⑦蔡锡勇（公元1850—1896年），清末洋务派，福建尤溪人。他受张之之命，创办湖北炮厂，织布局，马鞍山煤矿局等。并精通速记术，将速记应用于翻译，是中国速记的创始人。

⑧“蔡”字，从草从祭。烧野草，祭杀百虫，百虫化为菜矣。蔡是殊杀之意，蔡除邪恶，社会就能国泰民安。

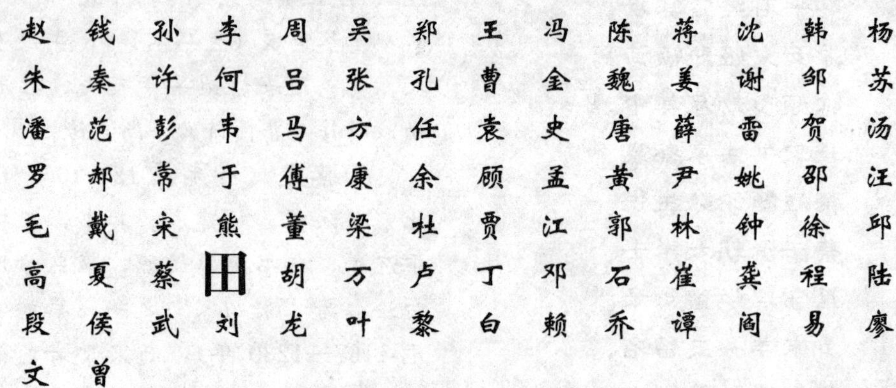

中华百家姓

赵 钱 孙 李 周 吴 郑 王 冯 陈 蒋 沈 韩 杨
朱 秦 许 何 吕 张 孔 曹 金 魏 姜 谢 邹 苏
潘 范 彭 韦 马 方 任 袁 史 唐 薛 雷 贺 汤
罗 郝 常 于 傅 康 余 顾 孟 黄 尹 姚 邵 汪
毛 戴 宋 熊 董 梁 杜 贾 江 郭 林 钟 徐 邱
高 夏 蔡 田 胡 万 卢 丁 邓 石 崔 龚 程 陆
段 侯 武 刘 龙 叶 黎 白 赖 乔 谭 阎 易 廖
文 曾

田姓

——以田代齐逐掌权，田氏遂起淄博边

田氏解密寻踪

（一）姓氏字源

《说文》："田，陈也，树谷曰田。像四口，十，阡陌之制也。"据《殷契粹编》所载，甲骨文"田"字形体像方块田图形，其义当与《说文》合，故本义当作农田。《释名·释地》云"已耕者曰田。"《玉篇·田部》："田，土也，地也。"

（二）寻根溯祖

田姓来源有二：

1. 出自妫姓，妫满之后，为陈氏所改。相传帝舜当天子之前，帝尧把两个女儿嫁给了他，让他们在妫汭河（在今山西永济南，源出厉山，西流入黄河）边居住。他们的子孙有留在妫汭河一带的，就是妫姓。据《史记·田完世家》及《新唐书·宰相世系表》、《古今姓氏书辨证》等所载，公元前 11 世纪，周武王灭商后，建立了周朝，便追封前代圣王的后人，找到了帝舜的后裔（还有以姚为氏的）妫满（为虞舜之子商均的第 32 代孙）。

武王把大女儿元姬嫁给妫满，封他为陈侯，建都宛丘（今河南省淮阳），让他奉守帝舜的宗祀，史称胡公满、陈胡公。春秋时，陈桓公的弟弟佗同累氏蔡侯里应外合，在桓公死后杀死了太子免，自立为陈厉公。厉公是个好色之徒，他与表妹私通，经常留宿蔡国，引起了蔡人不满。太子免的两个弟弟欲报杀兄之仇，就同蔡人商量好，趁厉公去蔡国时把他杀了，兄弟二人相继为国君，就是陈庄公和陈宣公。宣公晚年打算立宠姬所生的儿子为太子，就把先前所立的太子御寇杀了。陈厉公的儿子叫陈完（为妫满的第 10 代孙），这时在陈国任大夫，他同御寇甚好，御寇被杀后他怕受株连，便逃到了齐国（在今山东北部，建都营丘，后称临淄，今山东淄博东北）。陈完为人谦逊有礼，一向有贤名，齐桓公见他来了也很高兴，就要封他为上卿，陈完婉言推辞了，齐桓公于是任命他为工正（管理工匠的官），并将他封于田地。陈完因为逃到了齐国，不愿用原来的国名为氏，遂以采地为氏，改称田氏。至田完的 5 世孙田桓子（即陈无宇）被晋升为齐国大夫，他联合鲍氏，攻灭栾氏和高氏（齐惠公后代）两大强家。晏孺子时，田厘子（即田乞）又攻灭国氏、高氏（齐文公后代）和晏氏，杀死晏孺子，拥立齐悼公。接着杀之，再立齐简公。公元前 481 年，田桓子的孙子田常杀死简公和右相监上，拥立齐平公，任相国。又尽杀公族中的强者，扩大封邑，从此齐国由陈氏专权。田常的孙子田和当政以后，干脆将齐康公放逐到海上，自立为君，于是，姜姓齐国成了田氏齐国。这就是历史上有名的“田氏代齐”。前 386 年，周安王也正式承认田和为齐侯。田和传三代到齐威王，进行改革，国力强盛，打败魏国（在今山西省境），开始称王，成为战国七雄之一。此后长期与秦对峙。前 221 年为秦所灭。秦末田氏也参加了反秦起义，田横自立为齐王。是为山东田氏。

2. 出自黄姓所改。据《明史》所载，明朝初年有辅佐惠帝的黄子澄，因废削诸藩之权，而引起了靖难之祸，京师不久便被各诸侯攻破，黄子澄被伏获，不屈而死，他的儿子为避祸而改名换姓为田终，迁居今湖北咸宁一带。后子孙也以田为姓，称田氏。是为湖北田氏。

由上可见，出于虞帝舜的后裔有姚、虞、胡、陈、田五氏，他们同出一源。故历史上有“妫汭五姓”之并称。

（三） 宗堂郡望

堂号 “贫骄堂”：战国时候田子方做魏文侯的老师，一次子方在路上遇到太子，太子急忙下车拜见子方，子方不还礼。太子问道：“是富贵的人可以骄傲？还是贫贱的人可以骄傲呢？”子方答道：“只有贫贱的人才能骄傲！诸侯骄傲，就要失去他的国；大夫骄傲，就要失掉他的家；贫贱的人如果自己的行为不合当官的心，说话当官的也不听，就到别的国家去，像丢掉破鞋子一样。富贵的人怎么能和他一样呢？”

郡望 田姓郡望主要有北平郡、

雁门郡、京兆郡、平凉郡、太原郡、河南郡、天水郡等。

1. 北平郡。西汉置县，汉所在今河北满城北。西晋主右北平郡置郡，治所在徐无（今河北遵化东）。相当今河北兴隆、天津市、蓟运河下游以东，河北遵化、丰润、唐山市以西地区。

2. 雁门郡。战国赵武灵王始置郡。秦汉仍为郡，治所在善无（今山西右玉南）。相当今山西工、五寨、宁武等县以北，恒山以西，内蒙古黄旗海、岱海以南地。东汉时移治阴馆（今山西代县西北），三国魏移治广武（今代县西）。此支田氏，其开基始祖的唐太尉田承嗣。

3. 京兆郡。汉太初元年（公元前104年）改右内史置京兆尹，为三辅之一，治所在长安（今西安市西北）。相当今陕西秦岭以北、西安市以东、渭河以南地。三国魏辖区改称京兆郡。此支田氏，为西汉大臣田蚡之族所在。

4. 平凉郡。十六国前秦置郡，治所在平凉（今甘肃平凉市西北）。相当今甘肃平凉西北一带。北魏移治鹑阴（今华亭县西）。相当今甘肃华亭、平凉西南及东南一带。

5. 太原郡。战国秦庄襄王四年（公元前246年）置郡，治所在晋阳（今山西太原市西南）。北魏时相当今山西阳曲、交城、平遥、和顺间的晋中地区。隋初废，大业时又曾改并州为太原郡。

6. 河南郡。汉高帝二年（公元前205年）改秦三川郡置郡，治所在雒阳（今河南洛阳市东北）。相当今河南黄河以南洛水、伊水下游，双洎河、贾鲁河上游地区及黄河以北原阳县。此支田氏，其开基始祖为北宋右谏大夫田瑜（寿安人）。

7. 天水郡。西汉元鼎三年（公元前114年）置郡，治所在平襄（今甘肃通渭西北），西晋移治上邽（今天水市）。

（四） 家谱寻踪

全国·田氏族谱十七卷

藏地：河北大学

（民国）田子宽六修

1912年紫荆堂木刻本　十八册

全国·田姓族谱一卷

藏地：湖北来凤县志办公室

1912年续修　钞本

河北秦皇岛·临榆田氏家谱六卷首一卷谱馀五卷

藏地：国家图书馆

（民国）田中玉修　袁绍昂编

1924年钞本　七册

山西五台·田氏家谱一卷

藏地：山西五台县档案馆

清道光二十五年（1845）写本

江苏深水·田氏宗谱十三卷

藏地：江苏溧水县群力乡爱民田家边村

（民国）田弼臣纂

1917年荆茂堂木活字本

江苏扬州·田氏宗谱二十四卷

藏地：四川图书馆

（民国）田成棋等重修　王耀堂编辑

民国间木活字本　二十四册

浙江·萧山道源田氏宗谱六卷

藏地：浙江图书馆　美国

（清）田廷耀等重修

清道光十七年（1837）紫荆堂木活字本　六册

浙江萧山·欢潭田氏宗谱四十八卷

藏地：南开大学　浙江萧山县欢潭乡欢联村（缺卷1）

浙江·萧山田氏宗谱不分卷

藏地：辽宁图书馆

清光绪三十年（1904）荆茂堂刊本

（清）田增鑫重修

清光绪三十年（1904）守正堂木活字本

浙江绍兴·山阴湖塘田氏宗谱四卷

藏地：日本　美国

（清）田有岳等续修

清光绪三年（1877）五丰堂木活字本

浙江·上虞永丰乡田氏宗谱十卷首一卷

藏地：国家图书馆　北京大学　北京师大　中国科学院历史研究所图书馆　河北大学　吉林大学　哈尔滨师大

（民国）张美翊纂修

1915年凤翙堂木活字本

（五）字行辈份

清咸丰十年田裕益纂《田氏重修族谱》，湖南湘潭田姓一支字行为："光裕成宗德，诗书启俊贤，芠彰华上国，科甲世常传。""文章"二字原谱特意加艹头及彡旁。

（六）迁徙繁衍

田氏最初发源地是今山东省境。而且从一开始就称著于世，其地位也非常显赫。自秦吞并齐国以后，田姓最初开始向西、北之地迁播。汉初，田氏贵族，曾先后裂地称王，但不久均被灭掉。为了进一步清除各地反叛势力，维护汉朝统治，汉高祖采纳娄敬之建议，强迁关东豪族于关中的阳陵（本弋阳县，汉景帝时在此筑阳陵〈"五陵"之一〉，并改县名，治今陕西高陵西南），田氏贵族也就不得不迁入此地。后成为"京兆"一带望族。再后，田氏族人又有迁徙至北平（相当今河北、天津一带），故以"北平"为堂号，并成为当地一大望族。唐代宗时，世传至田承嗣，被封为雁门郡王，其后子孙遂以封地为其堂号。据《古今姓氏书辨证》所载，魏晋南北朝至隋唐的这段时间里，田姓的郡望又有信都（治今河北冀县）、范阳（治今河北定兴县南固城镇）、颍川（治今河南许昌市）、汝阴（治今安徽阜阳）、并州（治今山西太原西南）、易州（治河北易县）、汾州（治今山西隰县）、兖州（治瑕丘〈今山东兖州〉）等地。可见，汉至隋唐之际，田姓已基本上分布于长江中下游以北广大地区。宋时，田氏南迁繁衍于今福建、广东等地。据有关资料所载，田希圣为田氏闽、粤始祖，原居浙江杭州，4传至田衍，移居福建宁化，2传至滋茅，徙居福建长丁；芝英迁广东兴宁。田滋茅子松岗，于宋末迁广东海阳（今潮安），后徙大埔，为大埔开基始祖。传至田文长，兄弟 5 人俱移广东程乡（今梅县），文长次子法聪、三子法盛移居广东惠来。明、清之际，田姓便播及大江南北广大区域。总之，从历史上看，田姓基本上是一个比较典型的北方姓氏。

（七） 适用楹联

□家推易学；[①] 世颂兵符。[②]

□即墨创伟迹；[③] 海岛留芳名。[④]

□风来无啸阮；波动可琴嵇。[⑤]

□凭栏霄月近；倚仗海云回。[⑥]

□义方号魁首；[⑦] 清廉称第一。[⑧]

□一绝光华夏；[⑨] 三过警帝京。[⑩]

□口传心授得真谛；
十雨五风庆有年。[⑪]

□兄弟翕和，祥见庭前荆树；
山林隐逸，佳在眼底烟霞。[⑫]

注释：

①汉代易学家田何，中子庄，淄川人。受易学于东武孙虞，后徙社陵，因自号杜田生。汉兴言易者宗之。

②春秋时齐大司马田穰苴，齐景公时晋伐阿陲，燕国侵扰河上，齐军屡屡败北，为景公心头一大隐患。晏婴于是举荐穰苴，景公将战事情况告诉他，任命他为将军。燕晋之师闻之，望风解去，尊为大司马。

③战国时齐将田单，临淄人。初为市吏。燕昭王使乐毅伐齐，尽降齐城，惟莒、即墨不下。即墨人推举田单为将军相燕。不久，燕惠王立，与乐毅有隙，单纵反间计于燕。单见燕军懈，夜用火牛攻之，燕师大败。

④秦末历史名人田横（? —前202），狄（今山东高青）人。本齐国贵族，秦末从兄起兵，重建齐国。楚汉战争中，自立为齐王，兵败奔彭越。汉建立，率徒五百人逃亡海岛，因不愿称臣于汉。全部自杀。此岛后称“田横岛”。

⑤唐代诗人田游岩诗联句。田游岩，三原人。隐居不仕。高宗幸嵩山，拜崇文馆学士，进太子洗马。自谓有“烟霞痼疾”，蚕衣耕食，不交当世。

⑥明代文学家田汝成题湖南高峰联。

⑦宋代隐士田罕，字思孟，南康人。嗜学不倦，游上庠二十载，后浩然归隐，号大隐居士。子九人，各授一经，教法甚严，登第及特恩者七人，时称义方者，必曰田氏。

⑧明代官吏田应扬，鸡泽人。万历间令广昌。存心爱民，自奉俭约，时称“清廉第一”，擢知忻州。

⑨唐代画家田抱玉，玄宗时，尝于相国寺绘护国除灾变相，时称一绝，见《图画见闻志》。

⑩春秋晋大臣田差的事典。晋平公为驰逐之车，立之于殿下，令群臣去观赏。田差三过而不一顾。平公大怒。差对曰：“臣闻桀以奢亡，纣以淫败。是以不敢顾也。”平公曰：“善。”乃命左右去其车。

⑪田氏：“田”字的析字联。

⑫汉代名人田真的事典。田真，朝城人，与弟庆、广三人分财，堂前有紫荆一树茂盛，共议破之为三，未几枯死。真叹曰：“木本同株，因分析而摧悴，况人兄弟孔怀，而可离乎？”相感复合，荆亦旋茂。

田氏名人集粹

田以正 今云南墨江县人，清末云南哀牢山区各族农民起义首领。

田锡田 襄城（今属河南）人，清代书法家，康熙时诸生。好收藏金石文字。著有《书学偶录》。

田文镜 汉军正黄旗人，河南总督，为雍亲王（即世崇）的心腹，传曾为藩邸庄头。康熙时，初为县丞，后升为内阁侍读学士。雍正时，任山西布政使，后任河南巡抚，旋加兵部尚书，并授河南总督。后又兼领山东，称河东总督。

田汝成 浙江钱塘（今杭州）人，明代文学家，曾官至广西布政司右参议。

田斌 山东农民起义首领。

田丰 元末农民起义首领。

田僧亮 南北朝时著名画家，曾官至三公中郎将。

田承嗣 唐平州卢龙（今属河北）人唐代时魏博节度使，初为安禄山部将，任武卫将军。代宗时降唐，升为魏博节度使，征稽重税，扩充兵力，自署官吏，成为河北割据势力。后曾兼有七州，也曾两度叛乱。魏博七州节度、成德军节度使田弘正（田承嗣之孙）。魏博节度命名，自称魏王田悦（田承嗣之侄）。

田令孜 蜀（今属四川）人，宦官，僖宗即位，他官升神策军中尉，恃宠横暴，把持大权，僖宗也称为"阿父"。黄巢起义军攻克长安以后，他曾两次挟僖宗出奔成都等地，后任西川监军使。

田蚡 长陵（今陕西咸阳）人，西汉时大臣，汉景帝王皇后同母弟，武帝初年，封武安侯，为太尉。推崇儒术，后任丞相，骄横专断。

田何 淄川（今属山东淄博市）人，今文易学的开创者，后迁杜陵（今陕西西安东南），号杜田生，专治《周易》，西汉立为博士的今文易学都出于他的传授。

田横 狄县（今山东高青东南）人是齐国公族，是齐王田荣的弟弟。田荣死后，他代领其众，击项羽，收复齐地，并且迎立田荣之子田广为齐王，自任相国。后来，田广被汉将韩信所虏，他就自立为齐王，并于刘邦取得天下之后率领从属500余人逃亡海岛（在今山东即墨县东北海中）。汉高祖命他到洛阳，因不愿称臣于汉，于途中自杀。留居海岛者闻田横死讯，也全部自杀。这一壮烈的行为，令人感动。

田忌 （一作田期、田期思），曾率国先后在河南、山东等地大败魏军，被封于徐州（今山东滕县南）。

田单 临淄（今属山东淄博）人，最早采用火攻战术的大将，曾采用火攻战术击败燕军、收复70多城，被齐襄王任为相国，封安平君。后入赵被任为相国，封平都君。

田婴 齐威王少子，孟尝君之父君，初为齐将。因马陵之役有功，旋升相国，初封于彭城（今江苏徐州），后再封于薛（今山东滕县南）。

田骈 哲学家，他和彭蒙、慎到

同为一派，主张“贵齐”，强调事物的均齐、同一，“齐万物以为首”。认为“万物皆在所可，皆有所不可”，要求人们放弃一切是非的考虑，“与物宛转”，不持己意。

田鸠 一作田俅子，墨子的学生，曾向楚王解释墨子“其言金而不辩”的理由。认为“墨子之说，传先王之道，论圣人之言，以宣告人。若辩其辞，则恐人怀其文，忘其用，直以文害用也”。

田光 燕国著名的侠士，他结识燕太子丹后，曾把荆轲推荐给太子丹以谋刺秦王政，太子丹要田光保证不泄密，田光便抽刀自尽，让太子放心，又激励了荆轲。

自汉代起，田氏在历代的表现似乎远远不如陈氏了。据有关学者考证，究其原因有两个方面：一是在秦末汉初的混战中，田氏有八人称王，但旋即被灭、被杀，从而使田姓的势力和人口大大减弱了。其后汉初统治者迁诸田于关中，也限制了田氏的发展。二是田姓在发展的过程中，不断衍化出其他的姓氏，或部分田姓称别姓。尽管如此，还有田姓人士称誉于世的。

田氏风流撷英

以田代齐逐掌权，
田氏遂起淄博边。①
穰苴治军军法严，
斩监振军得凯旋。②
因齐开明聚奇贤，
百家争鸣社稷强。③
田文疏财人仗义，
孟君雄居食客先。④
田骈善辩推黄老，
借道明法田子篇。⑤
白莲起义举义旗，
勉县九成之根基。⑥
汝成博学善叙述，
炎徼西湖辽田卷。⑦
三山六水一分田，
有田当富爱家园。⑧

注释：

①据《史记·田完世家》和《新唐书·宰相世系表》记载，田陈同宗，出自姚姓。胡公满十一世孙名子完，离开陈国而奔齐，食采于田，遂为田氏。其后逐步控制了原姜姓的齐国政权，史称“以田代齐”，在山东淄博东北边。

②田穰苴（音穰苴 ráng jū）（生卒不详）春秋时齐国大夫，任司马。齐景公拜他为将，帅兵出击燕晋两国军队。出发前，因监军庄贾迟到，当众斩首，大振军威，凯旋而归。景公代群臣迎接。齐威王派人整理其用兵之术，号曰“司马穰苴兵法”。

③田因齐（？—前 320 年），战国时，齐国开明国君，史称威王。他任用邹忌为相，田忌为将，孙膑为军师，罢黜奸吏，大兴稷下之学，招纳学者，百家争鸣，使齐国极一时之盛。

④田文（生卒不详），战国时，齐国大臣，山东滕县人。他轻财下士，门客三千号“孟尝君”，是“战国四

君”之一。

⑤田骈（音 píng）（生卒不详），战国时思想家，齐国人。他治学黄老，借道明法，讲学稷下，善于雄辩，与慎到齐名。《汉书·艺文志》录《田子》二十五篇。

⑥田九成（生卒不详），明初农民起义军首领，他在陕西勉县，以白莲教组织农民起义。

⑦田汝成（公元 1503—?），明朝著作家，浙江杭州人。他博学、工文，尤善叙述，撰有《炎徼纪闻》、《西湖游览者》、《辽记》、《田叔禾集》等。

⑧“田”是象形字，指可耕作的农田。地球表面是三分山，六分水，一分田。田地是人类生存的基本条件，所以，中国的“当”（當）字、“富”字都从田，有了田地这一赖以生存的物质基础，通过自己辛勤劳动耕作，就能够致富，富了日子就过得“甜”，故授音以“甜”。因此，珍惜土地，以农致富，爱护家园，保护地球应是我们长期坚持的基本思想。

中华百家姓

赵 钱 孙 李 周 吴 郑 王 冯 陈 蒋 沈 韩 杨
朱 秦 许 何 吕 张 孔 曹 金 魏 姜 谢 邹 苏
潘 范 彭 韦 马 方 任 袁 史 唐 薛 雷 贺 汤
罗 郝 常 于 傅 康 余 顾 孟 黄 尹 姚 邵 汪
毛 戴 宋 熊 董 梁 杜 贾 江 郭 林 钟 徐 邱
高 夏 蔡 田 **胡** 万 卢 丁 邓 石 崔 龚 程 陆
段 侯 武 刘 龙 叶 黎 白 赖 乔 谭 阎 易 廖
文 曾

胡 姓

——胡氏以国取为胡，祖籍河南淮阳出

胡氏解密寻踪

（一） 姓氏字源

《说文》：“胡，牛颔垂也。从肉，古声”。胡之本义当作牛颔下垂皮。《诗·豳风》云：“狼跋其胡。”后引申为戈颈。《尔雅·释器》：“胡，戟也。”《正字通》云：“锋之曲而旁出者曰胡，戈颈也。”

（二） 寻根溯祖

胡姓来源有三：

1. 出自妫姓，以谥号为氏，为帝舜之后裔。据《元和姓纂》等所载，相传上古五帝之一的舜是颛顼的后代，因生在姚墟（今山东菏泽县东北）而得姚姓。他又曾住在妫汭河（在今山西永济南，源出厉山，西流入黄河），所以后代又有以妫为姓的。周武王灭商后，追封帝舜的后裔妫满于陈，建立陈国，让他奉守帝舜的宗祀。妫满去世后谥曰胡公，也称胡公满。陈国共传20世、26代君王，历时588年，春秋时（公元前478年）为楚国所灭，其子孙谥号为氏，就是胡氏。陈在今河南省淮阳县一带，包括今安徽北部的阜阳、河南中部的郾城等地。是为河南胡氏。

2. 周时又有两个胡国，一个在今河南郾城，为周初分封的一个姬姓小诸侯国，公元前518年左右被楚所灭。此地也有相当一部分与原始姓胡氏融合；另一个在今安徽阜阳，是属归姓国，公元前495年灭于楚，战国时为楚邑。两个胡国春秋时，先后被楚国灭掉，其后国君子孙也有称胡氏的。是为河南、安徽间的胡氏。

3. 秦汉以来，胡氏中也混有他姓系在内。①据《楚国先贤传》所载，楚（西周时立国于湖北荆山一带，疆土曾一度扩展到长江中游广大地区）时有胡广，本姓黄，后改姓胡；②据《魏书·官氏志》所载，南北朝时，魏献帝拓跋寅以兄为纥骨氏，后迁都河南洛阳，改为胡氏。是为河南洛阳胡氏；③据《周书·李远传》所载，敕勒（高车〈今宁夏、内蒙一带〉）族有胡姓，五代后周胡琮是也。

（三） 宗堂郡望

堂号 “澹安堂”：宋朝胡诠治《春秋》学，除枢密院编修官，力主抗金，得罪当朝，辞官，有《澹安集》。

胡姓又以“安定”为其堂号。

郡望 胡姓郡望主要有安定郡、新蔡郡、淮阳郡、吉州等。

1. 安定郡。汉置郡，治所在高平（今宁夏固原）。相当今某肃景泰、靖远、会宁、平凉、泾川、镇原及宁夏中卫、同心、固原等县地。东汉时移治临汉（今甘肃镇原县东南），西晋又移治安定（今甘肃治川县北）。此支胡氏，其开基始祖为汉武帝时守军正丞相胡建。

2. 新蔡郡。晋惠帝分汝阴置郡，治所在新蔡（今河南新蔡县）。相当今河南新蔡、息县、淮滨、安徽临泉等县地。北齐改为广宁郡。此支胡氏为安定胡氏分支，其基始祖来西晋尚书左仆射胡奋。

3. 淮阳郡。汉高帝十一年（公元前196年）置淮阳国，都于陈（今河南淮阳），惠帝后时为郡，相当今河南淮阳、鹿邑、太康、柘城、扶沟等县地。此支胡氏，为胡氏世居望族。

4. 吉　州。隋开皇十年（公590年）置州。唐治所在庐陵（今江西吉安市）。相当今江西新干、泰和间的赣江流域及安福、永新等县地。

（四） 家谱寻踪

北京·延庆胡氏宗谱六卷

藏地：美国

（清）胡崧等续编

清光绪十一年（1885）木活字本六册

河北霸县·胡氏族谱不分卷

藏地：南开大学

（民国）胡春煦等修

1932年油印本　一册

辽宁本溪·胡氏谱书一卷

藏地：辽宁本溪市富家楼乡富家楼村

（民国）胡玉文纂

1921年手写本

上海·安定胡氏族谱不分卷

藏地：日本　美国

（清）胡鹏撰

清康熙六十年（1795）序写本

二册

上海·胡氏家乘家传不分卷

藏地：上海文化管理委员会

（民国）胡祖德纂修

1918 年石印本　二册**江苏丰县·胡氏家谱四卷**

藏地：江苏丰县博物馆

（清）胡敬敷撰

清光绪四年（1878）钞本

江苏泗阳·江南淮安府桃源县胡氏宗谱四卷

藏地：江苏泗阳县档案馆

（清）胡锡椿五修

清同治十一年（1872）木活字本

江苏兴化·泉泉溪胡氏宗谱

藏地：江苏兴化县昭阳镇南沧办事处

清道光二十九年（1849）森刻本　六册

江苏如皋·胡氏世谱八卷

藏地：河北大学

（民国）胡宗淦续修

1916 年木刻本　八册

江苏镇江·海陵胡氏支谱不分卷

藏地：日本　美国

（清）胡彬等重修

清咸丰元年（1851）翼经常恭订写本　四册

江苏镇江·润南官塘桥胡氏重修宗谱四卷

藏地：中国科学院历史研究所图书馆

（清）蒋茂柚纂修　胡名士倡修

清光绪三十年（1904）活字本　四册

江苏·丹徒胡氏支谱四卷

藏地：中国科学院历史研究所图书馆　吉林大学　江苏镇江市博　美国

（民国）胡煜续辑　胡炘协修

1921 年安定堂活字本　四册

江苏常州·安定胡氏宗谱二十八卷

藏地：上海图书馆

（清）胡耀　胡荣庭纂修

清同治十二年（1873）思贻堂木活字本

江苏常州·胡氏宗谱十二卷

藏地：南开大学

（清）胡英续修

清光绪二年（1876）乐善堂刊本　十二册

江苏常州·毗陵胡氏宗谱十二卷

藏地：中国科学院历史研究所图书馆

（清）胡焜主修

清光绪三十年（1904）乐善堂活字本　十二册

江苏常州·毗陵修善里胡氏宗谱五卷

藏地：南开大学

（清）胡伯良修

清光绪五年（1879）敦本堂刊本　六册

江苏常州·胡氏宗谱八卷

藏地：江苏常州市图书馆

（民国）胡绍瑗纂修

1916 年大雅堂铅印本

江苏常州·东安胡氏宗谱十二卷

藏地：河北大学

（民国）胡玉霖　胡生奎等纂修

1921 年世德堂木刻本　十二册

江苏武进·毗陵山东桥胡氏宗六卷

藏地：日本　美国

（清）胡雅堂等续修

清光绪二十一年（1895）序木活字本　六册

江苏武进·毗陵胡氏世牒十卷

藏地：江苏常州市图书馆（存卷2）美国

胡裕清等修

1918年木活字本　十册

江苏武进·毗陵胡氏重修宗谱六卷

藏地：中国科学院历史研究所图书馆

（民国）胡福留纂修

1927年敦本堂活字本　六册

江苏武进·石安胡氏宗谱八卷

藏地：美国

（民国）胡纪荣等修

1928年庆宜堂活字刊本　八册

江苏无锡·安定胡氏宗谱不分卷

藏地：南开大学

1928年思贻堂刊本　三十八册

江苏江阴·澄江香山胡氏宗谱四十二卷首一卷

藏地：美国

（清）胡景堂等修

清同治十一年（1872）荣寿堂木活字本　二十册

江苏江阴·澄江香山胡氏宗谱五十卷首一卷

藏地：日本　美国

（清）胡本坤等续修

清光绪二十九年（1903）荣寿堂木活字本　三十四册

江苏·昆山安定胡氏世谱十一卷

藏地：上海图书馆

（清）胡口时修辑

清嘉庆中刊本　十册

浙江宁波·蛟东胡氏重修宗谱四卷

藏地：浙江宁波市天一阁文物保管所

（清）胡丹书　王予藩纂修

清宣统三年（1911）敬爱堂木活字本　二册

浙江宁波·慈东田湖村胡氏宗谱十卷首一卷

藏地：浙江宁波市天一阁文物保管所

（清）朱宗燮　胡开科等纂修

清光绪二十五年（1899）永言堂木活字本　十册

浙江宁波·慈溪田湖胡氏宗谱十三卷首一卷

藏地：浙江宁波市天一阁文物保管所

（民国）胡昌龙　胡方锷等纂修

1928年永言堂木活字本　十四册

浙江宁波·镃桥胡氏宗谱七卷首一卷

藏地：浙江宁波市天一阁文物保管所

（民国）董祖义　陈师蕃等纂修

1918年立爱堂木活字本　五册

浙江奉化·重修胡氏西溪宗谱四卷首一卷

藏地：浙江奉化县文化管理委员会

（民国）严澄卿纂修

1924年木活字本

（五） 字行辈份

据《麦田胡氏族谱》，江西泰和胡氏辈份派语："鉴彦通文，德重政大，仲福正昌，志玉庆炳，宗秀才贤，洪华荣受，增兴上国，必上醇禧，端垂永久，企汉文云。"宗支派语："文云福祖，嗣志丹廷，永绍继续，世正善成。"寿支派语："文云福廷，仕子清彦，世尚向秉，其三善成。"珍支派语："文云福祖，添楚召义，廷万敦公，明正善成。"昊支派语："文云福俊益，思通文友冕，玉则光其贤，士民多显达，翼之学有本，安国才自超。"又民国 25 年，麦田胡氏合修宗谱，其通派辈份派语为："德泽敷南国，鸿章锡远方，谦恭崇厚道，仁孝振纲常，治谋原笃祜，缵绪克隆昌，勋业怀先代，钟祥保祚长。"

（六） 迁徙繁衍

胡姓的主要发源应当有两个：即发源于今河南淮阳一带的胡姓和发源于今安徽阜阳一带的胡姓。这两支胡姓后经长期不断的繁衍融合，基本上形成了今天胡氏满天下的盛况，其最初繁衍中心基本上还是在这两个地区境内。至汉时，向西迁入陕西、甘肃，向北迁人山西，向东迁入山东，后南迁入湖北（古时荆州）、江西。其中，迁去甘肃省境的胡建一族，在后汉已成为一大望族，后成为了各地胡氏衍生的主要来源。三国时，魏阳陵（古县名，治所在今陕西高陵西南）亭侯胡质，其儿子平春侯胡威，死于今甘肃泾川县北。迄于隋初，胡氏繁衍成安定一带族望族。其后裔胡奋在曹魏人晋以后，使其家庭由功勋之家进一步成为外戚之家。其后裔相继在今河南新蔡繁衍，亦成为望族。又有一支，据《吉安胡氏考》云：其祖先于五代南唐时，由醴陵（今湖南省东部、湘江支流绿水流域，邻接江西省，浙赣铁路横贯）德善乡迁人吉州（今江西吉安），或迁人金陵（今江苏南京），其后裔以江西为繁衍中心，向西、向南发展到湖北、湖南等省。胡姓迁入福建，始于西晋末年。据《台北胡氏族谱》所载，先世居于陈（今河南淮阳），西晋末年因"永嘉之乱"，中原士族大举南迁，乃与林、黄、陈、郑、丘、何、曾等八族入闽。唐乾符元年，胡竦迁入晋安郡（包括今福建漳、泉二州），被奉为闽中胡氏始祖。竦生五子：长胡博，回寿春（今属安徽寿县）；次胡审，迁崇安（今属福建）；三胡慎，徙剑蒲；四胡明，分居闽县；五胡笃，居晋江。传至胡致济、胡浩济，因避元兵之乱，再分居闽南各县。再后有胡氏自福建迁入广东等地。这一支胡姓其先世也为居今河南淮阳一带的胡姓。

（七） 适用楹联

□寿齐九老；①名列四真。②

□经资羽翼；③祠表贤良。④

□安国成名，本由吴母；⑤
　稚威有妹，不亚刘家。⑥

注释：

①胡果，唐代人。会昌年间（公元 841—846 年）任怀州司马，与白居

易、吉皎、刘真等同为香山九老会成员，终年八十九。

②胡瑗，字翼之，（公元993—1059年），宋代海陵人。通音律，官至国子直讲，从学者数百人，弟子称为安定先生。时人称富弼为真宰相，包拯为真御史，欧阳修为真学士，胡瑗为真先生。

③胡宁，字和仲，宋代建宁郡崇安人。官至夔州路安抚司参议官，助父胡安国修纂整理《春秋传》，著《春秋通旨》。以羽毛写书，学者称茅堂先生。

④胡林翼，字贶生，清代益阳人。道光年间（公元1821—1850年）进士，官湖北巡抚。固守武昌，注重军纪和提拔将才。死后谥号文忠，入祀贤良祠。

⑤胡安国，其母吴氏，本吴美门女。安国父渊年轻时从学美门习六经，娶其女为妻，生安国。后安国成为一代名儒。参见前注。

⑥胡天游（公元1696—1758年），字稚威，清代浙江山阴人。有诗才。其妹石兰、景素、卧云皆善诗，堪与梁代刘孝绰的三个妹妹相匹敌。

胡氏名人集粹

胡惟德　浙江吴兴人，清末北洋军阀政府外交官。

胡光墉　安徽绩溪人，买办资本家，1866年曾协助左宗棠创办福州船政局。同年左宗棠调任陕某总督，为左在上海办理采运事务，筹供军饷和订购军火，代借内外债达1250余万两。

胡以晃　广西人，太平天国杰出将领，封护国侯，旋改护天侯，晋封豫王。

胡中藻　今江西新建人，清代著名文学家。曾任翰林学士、广西学政等职。文辞险怪，以韩愈自命。

胡雪岩　1823年出生于浙江会和（今杭州），名光塘，1885年病故。

胡雪岩出身于贫困家庭，自学成才，粗通文墨。后来开办钱庄，从而渐渐致富。

1862年初，胡雪岩因为献粮有功，被左宗棠任命为左军办理粮台和转运局务。在日后二人长期的合作中，胡雪岩因辅助有功，被朝廷授予一品顶戴，赏赐黄马褂，被众人称为“红顶商人”。

胡雪岩亦官亦商，从事钱庄、银号、当铺、丝茶、药材业，时人誉为“活财神”，且好善乐施，颇为众人称道。

1883年11月6日，胡雪岩在生丝贸易上与外商竞争不过，宣布破产，并于1885年忧惧而死，胡家彻底败落。

胡渭　今浙江德清人，经学家、地理学家，曾与阎若璩等帮助徐乾学修《大清统一志》。所撰《禹贡锥指》，是研究中国古代地理沿革的重要参考书。

胡大海　今江苏泗洪东南人，明代官封越国公。

胡惟庸　今安徽定远人，丞相。

胡应麟　今浙江兰溪人，文学家，

一生中藏经、史、子、集 42300 多卷，学问渊博，著作也很多。

胡震亨 今浙江海盐人，文学家，家多藏书，一生中搜集了许多诗文资料，所辑《唐音统签》，为清代修《全唐诗》的蓝本。

胡直 泰和（今属江西）人，著名学者，曾官至福建按察使。

胡三省 今浙江天台人，宋元之际著名史学家，一生倾心撰有《资治通鉴音注》，对后世史学影响较大。

胡铨 吉州庐陵（今江西吉安）人，曾历任权兵部侍郎、资政殿学士等职。

胡瑗 泰州海陵（今江苏泰县）人，世居陕西路的安定堡（今陕西省子长县西安定城），故学者称安定先生。北宋初的学者、教育家，曾官至太常博士。提倡“明体达用”之学，开宋代理学的先声。曾谓“致天下之治者在人才，成天下之才者在教化，教化之所本者在学校”。

胡安国 今福建崇安人，南宋著名学者，撰有《春秋传》30 卷，被明初定为科举取士的科书；学者胡宏，崇安（今属福建）人，胡安国季子，著有《知言》、《皇王大纪》等。

胡瓌 范阳（河北涿县）人，五代后唐著名画家，尤工画马，用笔清劲细密，而骨骼体状都生动有神。

胡曾 邵阳（今属湖南）人，唐代著名画家。

胡元范 义阳中州（今河南新安）人，官至凤阁侍郎。

胡僧祐 南阳冠军（今河南邓县）人，南北朝官至梁车骑将军、开府仪同三司之职。

胡琛 北魏末年高平镇起义首领。

胡太后 （安定临泾人），北魏时宣武帝妃，孝明帝即位时，被尊为皇太后，临朝执政。她信佛教，曾大事兴建寺、塔、石窟。

胡遵 安定临泾人，三国时期魏车骑将军，胡广直系后裔，其子胡奋。在曹魏时曾随司马懿远征辽东，后任校尉。历官徐州刺史、征南将军、散骑常侍。入晋以后，他的独女被选为晋武帝贵人，等到他死后，又被追赠为车骑将军。孙吴有胡综，固始（今属河南）人，曾被任命为吴主孙权的伴读，后由伴读而历官金曹从事、鄂长、建武中郎将、侍中、偏将军。是孙权最为亲信的人物之一。曾典掌军国密事多年。其子胡冲，在吴末时官至中书令，入晋以后，又官至尚书郎、吴郡太守。

胡广 安定临泾（今甘肃镇原南）人，东汉时著名大臣，胡建 6 世孙。他曾在安帝时举孝廉，策试后被定天下第一。他历仕安、顺、冲、质、桓、灵六朝，“凡一履司空，再作司徒，三登太尉，又为太傅”，封育阳县安东乡（今河南南阳县）。

胡氏风流撷英

胡氏以国取为胡，
祖籍河南淮阳出。①
谦恭柔媚事六君，
天下中庸有胡公。②

安国标圣潜究学，
感叹春秋事备闻。③
胡宏博学称五峰，
勇立新说性和心。④
潜心著述胡三省，
专攻通鉴览古今。⑤
明朝大将胡大海，
治民治军重农耕。⑥
燏棻报国出新策，
件件大事利国民。⑦
古月不见用口呼，
奔走呼喊兴大家。⑧

注释：

①据《通志·氏族略》记载，胡氏，公元前495年前有胡国，其后以国为氏，遂有胡氏。古代胡国在安徽省阜阳县内，此系出自归姓。还有《元和姓纂》记载，帝舜后裔以胡为氏，此系出自姚姓，祖籍在河南淮阳一带。

②胡广（公元91—172年），东汉官吏，湖北监利人。官至太傅，事历六帝。谦恭柔媚，熟悉典章，时人有"天下中庸有胡公"之谚谣。

③胡安国（公元1074—1138年），北宋学者，福建崇安人。平生以圣人为标准，潜心研究《春秋》达二十余年，言："天下事无不备于此"。有《春秋传》，《资治通鉴要补遗》及文集十五卷。

④胡宏（公元1105—1155年），南宋学者，胡安国季子，尽得其父之学，学者称五峰先生，他提出"性和心"之说。"性，天下之大本也"；"心者，知天地宰万物以成性者也"。有《知言》、《皇王大纪》等。

⑤胡三省（公元1230—1302年），宋元之际史学家，浙江天台人。他隐居不仕，悉心著《资治通鉴广注》九十七卷及论十篇，《资治通鉴音注》二百九十四卷及《释文辨识破》十二卷，一生专攻一部书，成果辉煌。

⑥胡大海（？—1362年），明朝大将，安徽泗县人。他治军严明，不妄杀人，注重农桑，深受百姓拥护。

⑦胡燏棻（？—约1906年），清末大臣，安徽泗县人。1895年他上疏自强之策，列举：开铁路、制机器、整海军、设学堂、创邮、办实业等十件大事。1900年后历任关内外铁路会办和刑、礼邮传部侍郎。

⑧胡（hú），胡通呼，如"名"字一样：夕阳西下，口和其"名"，名通鸣也。所以，古月不见，用口呼。为国之昌盛，需要呼，振奋民心，激发干劲需要呼喊，只有不断呼喊，才能警醒人们为我们国家的繁荣奋力拼搏。

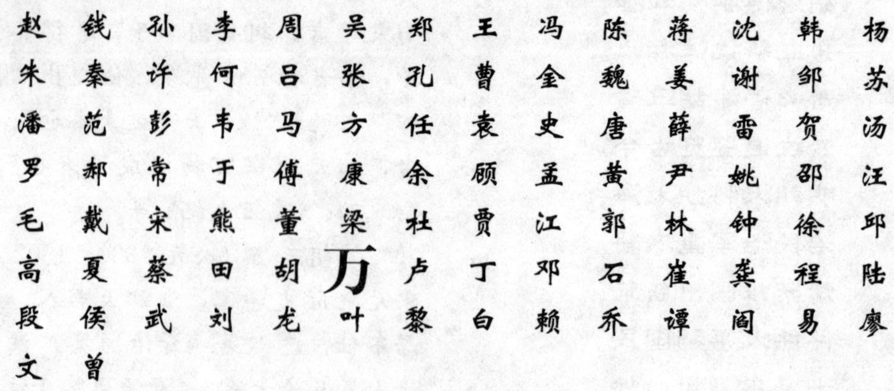

中华百家姓

赵 钱 孙 李 周 吴 郑 王 冯 陈 蒋 沈 韩 杨
朱 秦 许 何 吕 张 孔 曹 金 魏 姜 谢 邹 苏
潘 范 彭 韦 马 方 任 袁 史 唐 薛 雷 贺 汤
罗 郝 常 于 傅 康 余 顾 孟 黄 尹 姚 邵 汪
毛 戴 宋 熊 董 梁 杜 贾 江 郭 林 钟 徐 邱
高 夏 蔡 田 胡 万 卢 丁 邓 石 崔 龚 程 陆
段 侯 武 刘 龙 叶 黎 白 赖 乔 谭 阎 易 廖
文 曾

万姓

——万氏始出祖父字，陕西长安是祖籍

万氏解密寻踪

（一） 姓氏字源

《说文》：“万，虫也。从厹，象形。”徐灏笺：“万即萬字，讹从厹，此古文变小篆时所乱也。因为数名所专，俗书又加虫作蠆遂歧而为二。”段玉裁注：“假借为十千数名，而十千无正字，遂久假不归，学者昧其本义矣。”万，古为虫名，指蝎。郭沫若《释五十》：“万与蠆古本一字，乃假蝎之象形文为之。”今万为数词所专。

（二） 寻根溯祖

万姓来源有五：

1. 出自姬姓，是以祖父的字作为姓氏。据《通志·氏族略》等所载，周朝有大夫受封于芮国（在今陕西大荔县朝邑城南，姬姓诸侯国，公元前640年为秦所灭），史称芮伯。春秋时，传自芮伯万，曾一度官至周王朝司徒，但后因芮伯万宠姬太多，便被母亲芮姜赶出国去，住在魏城（今山西芮城），其子孙以祖父的字“万”为氏。是为山西万氏。

2. 亦出自姬姓，是以祖父的字“万”为氏。据《元和姓纂》所载，春秋时，晋国（今山西西南部，建都于唐〈今山西翼城西〉）有大夫毕万，乃毕公高之后，因辅佐晋献公有功，受封于魏（今山西芮城北，原为西周分封的诸侯国，公元前661年被晋献公攻灭，把它封给了毕万），又称魏万，其子孙以祖父的字"万"为氏，称万氏。也为山西万氏。

3. 出自他族改姓。据《魏书·官氏志》所载，南北朝时北魏有鲜卑族复姓叶万氏，随魏孝文帝迁洛阳后，改为汉字单姓万氏。一说代北（泛指汉、晋代郡和唐以后代州以北地区。大致相当于今山西、河北北部一带）三字姓万纽于氏改为万氏。是为河南洛阳万氏，或山西、河北间地万氏。

4. 据有关资料所载，周武王因"以万人而服天下"，其后就有人以"万"为姓氏。

5. 古代有叫弈叶的人，曾居住在阴山北面的万纽于山，他的后代以居住地为氏，取山名的第一个字"万"作为姓氏。

（三） 宗堂郡望

堂号 "隄西堂"：明末万寿祺，万历举人。明亡以后，誓不降清。穿着儒士衣服，戴着和尚帽子，往来吴、楚之间，世称"万道人"。他的书房叫"隄西堂"。他和阎尔梅被人称为"徐州二遗民"。他的著作有《隄西堂集》。

郡望 万姓郡望主要有扶风郡、河南郡等。

1. 扶风郡。汉武帝太初元年（公元前104年）置右扶风，为三辅之一。三国魏时改为扶风郡，治所在槐里（今陕西兴平东南）。相当今陕西麟游、乾县以西，秦岭以北地区。西晋移治池阳（今陕西泾阳西北）。

2. 河南郡。汉高宗二年（公元前205年）改秦三川郡置郡，治所在雒阳（今河南洛阳市东北）。相当今河南黄河以南洛水、伊水下游，双洎河、贾鲁河上游地区及黄河以北原阳县。

（四） 家谱寻踪

江苏赣榆·万氏支谱不分卷

藏地：江苏赣榆县档案馆

钞本　二册

江苏江都·维扬江都万氏重修族谱四卷

藏地：中国科学院历史研究所图书馆

（清）万瑞生　万光严等修

清同治元年（1862）滋树堂活字本　四册

江苏常熟·古虞万氏宗谱八卷

藏地：浙江图书馆

（清）万文焯纂修　万文庶等校订

清道光十八年（1838）世德堂刻本　三册

江苏常熟·古虞万氏宗谱八卷

藏地：浙江图书馆

（清）万士奎纂修

清光绪二年（1876）世德堂活字本　七册

浙江常熟·古虞万氏宗谱六卷首一卷末一卷

藏地：浙江图书馆

（民国）万文炉修　万士瑢纂

1915年世德堂木活字本　四册

浙江·台临马氏宗谱不分卷

藏地：浙江图书馆

（清）马人骏续辑

清道光八年（1828）木活字1923年

校订本　一册

浙江宁波·濠梁万氏宗谱四集十四集

藏地：国家图书馆　浙江宁波市天一阁文物保管所　日本　美国

（清）万表重修　万斯大增修

清乾隆三十七年（1772）辨志堂刻本

浙江仙居·寺前万氏宗谱二卷

藏地：浙江临海县博物馆

（清）万佳年等纂

清嘉庆十年（1805）木活字本

安徽当涂·宛陵万氏宗谱二十四卷末一卷

藏地：吉林大学

（民国）万选辑

1922年孝思堂刻本　二十八册

安徽泾县·泾川万氏宗谱不分卷

藏地：安徽博物馆

（明）万世霖重修　程文绣纂

明万历二十六年（1598）修，民国间思诚堂钞本　三册

安徽黟县·万氏宗谱

藏地：安徽图书馆

（清）万英修

清钞本　一册

山东·即墨万氏族谱二卷

藏地：山东即墨县博物馆

（民国）万辛谨纂

1923年石印本

湖北新洲·万氏宗谱十卷

藏地：湖北新洲县徐古镇万岗村

（民国）万永清修

1916年敦厚堂木刻本

湖北新洲·万氏宗谱十卷首四卷

藏地：湖北新洲县双河乡干河村

（民国）万开润　万孝全等续修

1928年木刻本

湖北黄冈·万氏宗谱十四卷

藏地：武汉图书馆

（民国）万必麟　万宏济修

1936年万氏燕贻堂本

湖北·黄冈万氏宗谱三卷首一卷

藏地：湖北新洲县和平乡朱杨村万家河口垮

（民国）万恭奎　万宽发等创修

1924年铜字本

湖北黄冈·万氏宗谱十四卷首八卷

藏地：湖北黄冈县档案馆

（民国）万成勋督理　万成巛总理

1946年师孟堂木刻本　二十一册

湖北罗田·万氏宗谱五卷

藏地：湖北罗田县档案馆

（民国）高旭枢修

1924年木刻本

湖南长沙·万氏三修族谱□□卷

藏地：湖南图书馆

民国间活字本　四册

湖南宁乡·万氏四修族谱十卷

藏地：湖南图书馆

（民国）万高济等修　万显仪等纂

1921年刻本　一册

湖南湘潭·万氏七修谱六卷

藏地：广东中山图书馆

（民国）万尚迈纂修

1942年万成堂铅印本　六册

湖南湘乡·万姓重修族谱不分卷

藏地：湖南图书馆

清乾隆五十一年（1786）活字本　三册

四川·崇宁万氏宗谱不分卷

藏地：四川图书馆

（民国）万全泽纂修

1922年石印本　一册

四川·德阳马氏宗谱八卷

藏地：南京大学

（清）马福征等纂修

清咸丰元年（1851）德阳马氏祠堂刻本　一册

四川中江·万氏宗谱三卷

藏地：四川图书馆

（民国）万德厚　万德彰纂修

1922年石印本　三册

四川中江·万氏宗谱不分卷

藏地：四川图书馆

（民国）万文叶等续修

1922年成都石印本　一册

四川简阳·万氏族谱十四卷首一卷末一卷

藏地：河北大学

（民国）万殊　万运森纂修

1943年石印本

万氏敦本堂谱不分卷

藏地：吉林大学

（清）万廷兰续修

清嘉庆九年（1804）计树园刊本　四册

万氏宗谱十卷首一卷末一卷

藏地：国家图书馆

（清）万履占辑

清同治十年（1871）刻本　五册

万氏世家谱

藏地：国家图书馆

（清）万青藜纂

清光绪二年（1876）家刻本　一册

先贤万子嫡裔世系谱一卷

藏地：国家图书馆

（清）万青藜辑

清光绪二年（1876）刻本　一册

（五）字行辈份

1919年万寿春修《万氏族谱》，江苏泰兴万姓一支字行为：“承先世泽，敦孝永昌。”

（六）迁徙繁衍

万姓主要有两个支派，即出自于芮伯万及毕万之后。这两个支系后成了我国万姓的主要来源，自然，万姓发祥地应在今山西芮城一带。万姓具体的播衍情形，因缺乏有关资料，故难以详考。大致上，早在战国之时，已有万姓迁入山东省境，至汉代以前，万姓乃主要繁衍于山西大部、河南北部及四周地区。汉代，万姓已广泛分布于我国北方大部分地区。万姓有以“扶风”、“河南”为其堂号。换言之，主要发源于山西芮城一带万姓，在后不久却称盛于今河南北部及陕西关中一带。魏晋南北朝时，河南一带由于他族改姓万，使得万姓家族的队伍更加庞大，同时，又因北方战乱之故，万姓同其他士族一样，又不得不大举南迁。早期主要南迁繁衍于今江西、浙江、湖南等省，其后不断向四周扩展，以至宋代已遍及江南大部分地区。

（七） 适用楹联

□功高槐里；[1]孝著成乡。[2]

□七篇流光远；[3]四义播惠长。[4]

□学富推荐石园儒；[5]
功高御封槐里侯。[6]

□知己欲倚何水部；
吟诗更事谢中书。[7]

□金闺旧籍联朱鹭；
丹桂新香散红泥。[8]

□辞官留光彩；[9]拒贿播美名。[10]

□旧学商量加邃密；
新知培养转深沉。[11]

□继往开来，阐闲门道脉；[12]
安邦戡乱，振云台武功。[13]

注释：

①东汉名将万修，字君游，茂陵人。更始时为信都令，光武帝拜为偏将军，从平河北，以功封槐里侯。为云台二十八将之一。

②唐代孝子万敬儒，庐州人。三世同居，亲丧庐墓，刺血写佛经，断两指辄复生。州改所居曰“成孝乡”。

③战国时齐国学者万章，孟子弟子，尝序诗书，述仲尼之意，作《孟子》七篇。

④明代知州万宣，字邦达，当涂人。以举人毕业于太学，被选作陈州知州。刚果有为，立四义社学，用来教训民间子弟，州民都非常尊重他。

⑤清代史学家万斯同（1638或1643—1702），字季野。他讲求志节，坚决不愿在清朝为官。康熙间，应邀以布衣参修《明史》五百卷。另有《石园诗文集》等。学者称石园先生。

⑥见注①。

⑦清代画家万上遴自撰联。

⑧清代学者万经（1659—1741）书联。万经字授一。归安人。别字九沙。自幼濡染家学，博通经史性理及金石家言。康熙进士，选庶吉士，授编修，视学黔中。见义常必为。有《分隶偶成》等多种。

⑨注见⑤。

⑩清康熙中史学家万斯同，在史馆参与修《明史》时，虽然与诸达官贵人打交道，但对于修史的观点、态度，却丝毫不肯屈从人意。明代有某运饷官于押饷途中遇盗，死于山谷中。此时其孙知清廷正修《明史》，便怀藏百金来贿赂万，请万为其祖父立传，欲附于《忠义》之后。万执意不为所动，并当场将其人斥逐出去。见《中国文坛掌故事典》。

⑪清代学者万经书联。

⑫战国时孟子的弟子万章的事典。见注③。

⑬见注①。

万氏名人集粹

万光泰 （1712—1750）清浙江秀水（今嘉兴）人，字循初，号柘坡。乾隆初，举博学鸿词，报罢。梁诗正续修《通考》，他受聘董其事。博学，工诗文，善画，尤精周髀之学。著有《柘坡居士集》、《汉音存正》、《遂初堂类音辨》等。

万五 （？—1814）清四川人。客居陕西岐山，伐木为生。嘉庆十八年

(1813)秋，于三才峡率众数千起义。所部分正副元帅、大小旗手诸职。队伍编为黄、红、绿、蓝、青等号。1814年入鳌厔山，被俘牺牲。

万承纪 今江西南昌人，清代有画家，曾官至河南同知加知府衔。

万川 吴江（今属江苏）人，著名画家、绘画理论家，博学能文，尤精绘画，擅长花鸟。用笔含蓄，色调柔和清新，富有天趣，为当时艺苑推崇。有《绘事琐言》、《绘事雕虫》等绘画论著，影响颇大。

万树 宜兴（今属江苏）人，文学家、戏曲作家，国子监生，康熙时曾在广东作幕宾。在词的格律方面造诣甚深，编有《词律》20卷，为填词者所推重。又有杂剧、传奇21余种。

万斯大、万斯同 浙江鄞县人，兄弟俩同为当时有影响的经学家，兄弟俩一生著述甚多。其中万斯同最为有名，他曾被荐为博学鸿儒，坚辞不就。参加修撰《明史》，不署衔、不受俸，前后19年。他对由汉至明的历史研究造诣颇深，认为撰写书必须“事信而言广”。著有《历代史表》。

万经 杰出的学者，他著编有《万氏经学》与《万氏史学》两部专著。

万全 明代著名医学家。

万元吉 南昌（今属江西）人，曾任江西、湖广总督。

万世德 今山西偏头关人，曾任西宁兵备佥事、蓟辽总督。

万民英 大宁都司人，曾任河南道御史。

万玉山 罗田（今属湖北）人，名僧、气功大师。

万燝 （?—1624）明江西南昌人，字暗夫。少好学，砥砺名行。万历进士。授刑部主事，天启初，调任工部主事，迁虞衡员外郎，司鼓铸，疏请拨内府废铜助庆陵工程，忤魏忠贤意，假中旨诘责。旋进屯田郎中，督陵务。时忠贤肆虐，廷臣交章弹劾，皆严旨斥责。他抗疏极论忠贤罪。忠贤大怒，矫旨廷杖，斥为民。复命群阉至其家痛打，伤重而死。

万泰 （1598—1657）明末清初浙江鄞县人，字履安，晚号悔庵。明崇祯举人，曾参加复社。与南方诸名士作《留都防乱揭》，揭露阉党阴谋。人清服道士服，隐居不仕。他与黄宗羲为友，曾以计助宗羲弟宗炎出狱，又令子斯大、斯同等从宗羲学，传其经史之学。工文学书法，尤善诗。著有《寒松斋稿》。

万表 （1498—1556）明定远（今属安徽）人，字民望，号鹿园。世袭宁波卫指挥佥事。正德武进士。官至漕运总兵、佥书南京中军都督府。督漕日久，于国计赢绌，河流通塞，无不通晓。通经术，熟习先朝典故。曾求学于钱德洪（绪山），宗王（阳明）学，尝谓“格物者，格吾心之物也”。为明代武臣通儒之佼佼者。著书甚多，有《海寇议》、《玩鹿亭稿》、《万氏家钞济世良方》及《灼艾集》。

万恭 （1515—1591）明江西南昌人，字肃卿，号两溪。嘉靖进士。历官考功郎中、光禄少卿，嘉靖四十二年（1563）出任兵部右侍郎，加强京城防守战备。后又历任山西巡抚、总理河道，强毅敏达，时人称为才臣。治河三年，竟遭劾告归。居家二十年1591年病卒。有《治水筌蹄》。

万胜（？—1366）元黄陂（今属湖北）人。从明玉珍起兵，骁勇善战，玉珍宠爱之，收为义弟，称明二，或称明三奴。至正十九年（1359），领兵克城都。二十二年，玉珍建夏政权，被任为司马。其后领兵攻汉中、云南，屡立战功。二十四年，改右丞相。二十六年，玉珍去世，被玉珍义子明昭矫旨缢杀。

万清 南城人，元代曾任枢密院使、建昌路总管。

万文胜 宁国（治所在今安徽宣城县），宋代曾任福州观察使。

万齐融 越州（治所在今浙江绍兴）人，唐代曾任昆山令。

万宝常 隋代著名音乐家，擅长多种乐器，犹善琵琶。

万章 是当时的齐国（在今山东北部，建都营丘〈今山东淄博东北〉人），战国时期孟子门下的得意弟子。关于他的事迹，史书是这样记载的："孟子去齐，绝粮于邹薛，退与万章之徒，序诗书，述仲尼之意，作孟子七篇。"可见，这位最早扬名于历史的万姓先人，还是我国传统孔孟之学的大功臣。

万氏风流撷英

周朝大夫芮伯万，
芮国山西芮城县。[1]
万氏始出祖父字，
陕西长安是祖籍。[2]
万俟丑奴树大旗，
铲除魏制建元曾。[3]
宝常隋朝音乐家，
乐谱音律多建树。[4]
斯大潜心于经学，
春秋字礼著研多。[5]
通博诸史万斯同，
受命修史才气高。[6]
革命真理召福华，
弃官革命兴中华。[7]
十千为万言极广，
胸有成竹策万全。[8]

注释：

①据《通志·氏族略》记载，周朝有大夫封于芮国，史称芮伯，古芮国在今山西芮城县。

②传至芮伯万，其支孙以祖父字为氏，遂有万姓，出自姬姓，为周文王之后裔。郡望扶风，在陕西长安县以西地区，此为万氏发祥地。

③万俟丑奴（？—公元530年），北魏时期关陇地区人民起义领袖，匈奴族人，屡败北魏军，建义元年（528年），自称天子，建元神兽。

④万宝常（约556—约595年），隋朝音乐家，他擅长多种乐器，以自制水泥为律尺以调乐音，并撰《乐谱》六十四卷，对音乐理论多有创建。

⑤万斯大（公元1633—1683年），清朝经学家，浙江宁波人。他一生精于经学，对《春秋》、《三礼》尤有研

究，有《学春秋随笔》、《学礼质疑》等著作。

⑥万斯同（公元 1638—1702 年），清朝史学家，浙江宁波人，斯大之弟。他博通诸史，尤精明史，康熙三十二年（1693 年），应邀以布衣身份参修明史，故明史质量较高。

⑦万福华（公元 1863—?），近代资产阶级革命家，安徽合肥人。早年居官，后为革命弃官游历川、楚、湘、粤诸省，组织革命斗争。

⑧万（wàn）量词万的意思是数量极多，十千为万。“成事在天，谋事在人”，要谋事，就得先有计策要做到对事物本质成竹在胸，做事之前就得想一个万全之策。

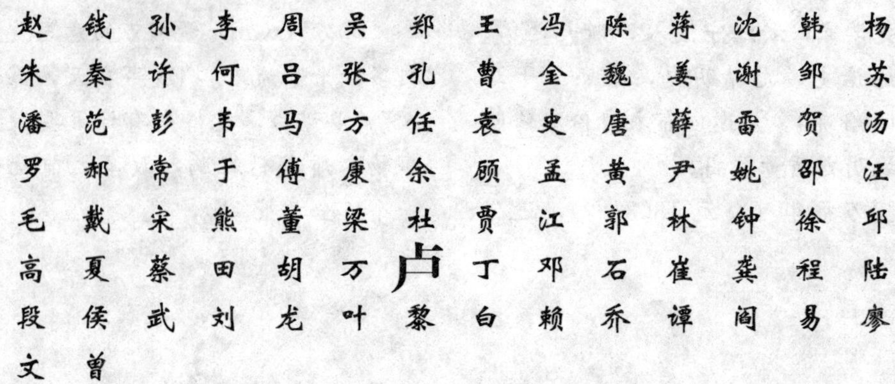
中华百家姓

赵 钱 孙 李 周 吴 郑 王 冯 陈 蒋 沈 韩 杨
朱 秦 许 何 吕 张 孔 曹 金 魏 姜 谢 邹 苏
潘 范 彭 韦 马 方 任 袁 史 唐 薛 雷 贺 汤
罗 郝 常 于 傅 康 余 顾 孟 黄 尹 姚 邵 汪
毛 戴 宋 熊 董 梁 杜 贾 江 郭 林 钟 徐 邱
高 夏 蔡 田 胡 万 卢 丁 邓 石 崔 龚 程 陆
段 侯 武 刘 龙 叶 黎 白 赖 乔 谭 阎 易 廖
文 曾

卢 姓

——商傒乃为姜尚裔，食采卢邑得卢氏

卢氏解密寻踪

（一） 姓氏字源

《说文》：“卢，饮器也。从皿，虍声。”于省吾《殷墟骈枝续编》云：“（甲骨文）为炉之象形初文，上像器身，下像款足……加虍为声符，乃由象形孳乳为形声。”郭沫若《新郑古器之一二考核》亦云：卢，余谓此乃古人燃炭炉之也。炉字其后起者也。”其《殷周青铜器铭文研究》又云“许书之释卢为饭器者，盖假借之义。”卢之本义当作火炉。

（二） 寻根溯祖

卢姓来源有四：

1. 出自姜姓，为炎帝（传说中上古姜姓部族首领。相传少典〈传说中古代东夷族首领〉娶有蛴氏而生，原居姜水〈在今陕西省岐山以东，是渭河的一条支流〉流域，因以为氏，后向东发展到中原地区。由姜姓发展出来的四支胞族——四岳，他们与姬姓周族结成联盟，最后终于打败了殷〈也即商〉纣王，灭了商朝）神农氏之后裔。西周时，有炎帝的后裔姜姓，字子牙的，因辅佐周武王兴周灭商有功，初在周为官大师（武官名），后被周公（周武王之弟）封于齐，在今山东北部一带。建都营丘（后称临淄，今山东淄博东北），有太公之称，俗称姜太公（后成为许多同宗而不同姓的家族的共同始祖），名尚。据《元和姓纂》及《新唐书·宰相世系表》所载，春秋初期，齐太公之后，即齐文公之子名高，高之孙傒任齐国正卿，因迎立齐桓公有功，得到卢（今山东长清县西南）作为封邑，其子孙以邑为氏，称卢氏。此时齐国任用管仲进行了改革，国力富强，成为霸主，疆土扩到山东东部。春秋末年君权逐渐为大臣陈氏（即田氏）所夺。自此，卢氏便散居于燕秦之间，主要指今陕西、河北、山西等省境。是为山东卢氏。

2. 出身复姓改单姓为卢氏。①据《通志·氏族略》所载，以“卢蒲”为姓的一支，出自姜姓，是传自“九合诸侯，一匡天下”的那位齐桓公，传到后来，也纷纷改姓了单字的卢氏。这一支卢氏是以河北大兴县一带为繁衍中心，也就是后来著名的范阳卢氏。②据《魏书·氏族志》所载，代北（东汉末，鲜卑族拓跋部从漠北南迁，定居盛乐〈今内蒙古和林格尔北〉，晋愍帝建兴三年〈公元315年〉封拓跋猗卢为代王，建立代国。有今内蒙古中部和山西北端）复姓吐伏卢氏、伏卢氏、卢浦氏、莫芦氏，自北魏孝文帝迁都洛阳后，亦改为汉字单姓卢氏。是为河南洛阳卢氏。

3. 出自他姓改赐卢氏。据《隋书·卢太翼传》所载，隋炀帝时，河间人章仇（复姓）太翼，善天文，赐姓卢氏。是为河间（治今河北献县东南）卢氏。

4. 出自他姓改卢姓。①据有关资料所载，范阳有雷氏，以卢氏为著，又以雷、卢音相近，所以在后周初改姓卢氏。此一支卢氏，唐时已迁至河南。后成今河南光山一带望族。②唐时，三原（今属陕西）有闾氏，讹为卢氏。是为陕西三原卢氏。

从上可见，卢氏姓源是多支的，而以范阳卢氏起源最早，也最为称著。

（三） 宗堂郡望

堂号 “专经堂”：东汉卢植，少时和郑玄一块儿拜马融为师。马融在讲坛上设绛纱帐，帐后设女乐，在帐前讲书。卢植只专心听讲，几年从没看女乐一眼。后来官到中郎将、尚书等职。

郡望 卢姓郡望主要有范阳郡、河南郡、河间郡等。

1. 范阳郡。三国魏黄初七年（公元前226年）改涿郡置郡，治所在涿县（今河北涿县）。相当今河北内长城以东，永清以西，霸县、保定市、紫荆关以北和北京市房山以南地区。西晋改为国，北魏复改为郡。

2. 河南郡。汉高帝二年（公元205年）改秦三川郡置郡，治所在雒阳（今河南洛阳市东北）。相当今河南省黄河以南洛水、伊水下游，双洎河、贾鲁河上游地区及黄河以北原阳县。

3. 河间郡。汉高帝始置郡，治所在乐城（今河北献县东南）。相当今河北献县、交河、东光、阜城、武强各一部分地。

卢姓又以“范阳”为其堂号。

（四） 字行辈份

1921 年卢坤修《卢氏宗谱》，江苏丹徒卢氏支东字行为：“家世兆兴，克昌厚德。”丹徒卢氏支西字行为：“树光培金，润东其长。”丹徒卢氏支西又续新字行为：“中正广大，启秀发祥。”

（五） 迁徙繁衍

由上看来，卢氏的发源地是多处的，而以地为氏立姓最早却是在今天的山东省长清县的西南地。秦秋时齐国的卢邑，在当时的历史上就已相当有名气，以致卢氏得姓起，就成为卢邑有名望的家族。自田氏代齐，卢氏便散居燕秦之间，其后卢姓主要在河北省境涿郡（汉高帝置郡，治所在涿县〈今属河北〉，相当今北京市房山以南，河北易县、清苑以东，安平、河间以北，霸县、任丘以西地区）一带繁衍，其中以涿郡的范阳最为旺盛。像秦代的博士卢敖就是齐国卢氏后裔，自举家迁入涿水之上，就世居范阳。卢敖即为范阳卢氏的始祖。至汉时，又有卢绾，原从山东迁入江苏丰县，在汉初高祖时，因被封为燕王，其后裔便世居涿郡（治今北京西南）。与此同时，有卢氏已迁至宁夏固原与甘肃平凉间地，以后汉代王卢芳为始祖。此外，在战国后期，传自齐桓公的那支复姓卢蒲氏，后改单姓卢氏以后，便也繁衍于今河北大兴县一带，以后属涿郡，卢氏的阵容在涿郡更加庞大。也就是说，汉代卢姓在涿郡范阳得到了极大的发展，至三国魏时，涿郡才更改为范阳郡，卢氏便以范阳称，俗称“范阳卢氏”。范阳卢氏历代之显赫，以至魏晋南北朝时发展为累世公卿的大族，一举成为“四海大姓”之一，世称“崔卢王谢”，其社会声望高于皇族。这种情况一直延续到隋唐。卢姓大举南迁也是始于魏晋南北朝之际。西晋末年因“永嘉之乱”，卢氏大族有随晋室南迁；又有一支卢氏迁居东北，后成为辽西卢氏大族。此支卢氏，为后魏太保、录尚忆事卢鲁元（昌黎徒河〈今辽宁锦州市〉人）之族所在。唐代，卢姓在北方的繁衍区域更广，其中以河南繁衍最为著称，南迁主要繁衍于江西、江苏、四川、福建等地。卢姓于唐末入闽，宋时入粤。据《始兴范阳卢氏五修族谱》所载，唐代有卢富，自南京分派，而迁江右虔化县（今江西宁都县），曾孙光稠公以平黄巢起义有功，封开国侯。稠公生三子，次子延昌 8 世孙益公，居莆田、考满。益公 3 世孙十七郎，其后居广东东莞，元明清之际，卢姓遍及全国大部分地区。总之，从卢姓历代分布情况看，卢姓仍以居北方最多，故历代卢姓名人也多出自北方，尤以河北最为突出。可见，历史上卢氏是我国一个比较典型的北方大姓。

卢氏名人集粹

卢坤　涿州（今河北涿县）人，清代著名的政治家，他在道光初年位至封疆大吏，历任湖广总督、两广总督等职。1834 年，英国侵略者律劳卑率舰侵入虎门，进泊黄埔，要挟多端，他严加拒绝，并将英舰驱逐出口。

卢文弨 浙江杭州人，校勘学家，官至翰林学士，提督湖南学政所校勘、注释的经子诸书汇刻为《抱经堂丛书》。

卢贤拔 曾被太平天国封恩赏丞相、镇国侯，太平天国早期文献、奏章制度多由他撰定草创；历任北洋军师长。

卢永祥 山东济阳人，北洋皖系军阀，历任浙江督军、苏皖宣抚使等职。

卢象升 常州宜兴（今属江苏）人，明代抗清名将。

卢柟 浚县（今属河南）人，文学家。

卢挚 涿州（治今河北涿县）人，元代文学家，曾官至翰林学士承旨。诗文与刘因、姚遂齐名，世称“刘卢”、“姚卢”。

卢照邻 幽州范阳（今北京大兴县）人，著名诗人，他是唐高宗和武后时期一位颇有名气的诗人，是“初唐四杰”之一。

卢纶 河东蒲（今山西永济）人，诗人，为“大历十才子”之一。

卢仝 范阳（治今河北涿县）人，诗人，其诗风格奇特，近于散文。

卢楞枷 长安（今陕西西安）人，著名画家吴道子的得意门生。

唐代有卢氏宰相 8 人：卢冏、卢承庆、卢翰、卢迈（河南人）、卢慎（河南洛阳人）、卢杞（滑州灵昌〈今河南滑县西南〉人）、卢携（祖范阳人，后居郑〈今河南新郑〉）、卢光启。此时卢氏家族在政坛可谓显赫之极。

卢明月 涿郡（治今北京西南）人，隋末农民起义首领。

卢辩 范阳涿县（今属河北）人，南北朝时北周大将，曾从魏孝武帝到关中，西魏太子、诸王都从他学习。宇文泰为相，使他依《周礼》改订官制。北周世宗时死，官至大将军。

卢循 范阳涿县（今属河北）人，东晋大将，为士族出身。

卢芳 安定三水（今宁夏固原东北）人，东汉曾被封为代王，他在新莽末年，自称为武帝曾孙刘文伯，联合三水地区羌、胡贵族起兵，后被匈奴单于立为帝。公元 29 年，在匈奴扶植下割据五原、朔方等五郡，都九原（今内蒙古包头西南），公元 40 年投降东汉，被封为代王。卢芳是卢氏唯一称帝的人。

卢植 涿郡涿县（今属河北）人，卢敖裔孙，官任尚书。他曾在灵帝时，历任博士，又为九江、庐江太守等职。在当时是有一定影响的人物。据有关史料记载，自卢植后，范阳卢氏在魏晋南北朝时期发展为累世公卿的大族，时人称崔、卢、李、郑是北方地位最显赫的四大著姓。如有：卢植子卢毓，仕魏为司空，封密城成侯；卢毓生三子：卢钦、卢简、卢班，其中卢钦仕晋为尚书仆射，卢班仕晋为侍中；卢班三子卢志仕晋为中书监、卫尉卿；卢志长子卢湛仕晋（东晋）为侍中、中书监，又为当时有名望的文学家；卢湛长子卢勖居巷南，号称南祖；卢湛四子卢偃居巷北，号称北祖，仕后燕慕容氏，为营丘太守；卢偃长子卢邈为范阳太守，生卢玄；卢玄仕北魏为中书侍郎、固安宣侯；卢玄长子卢巡度为晋州（治山西临汾）刺史，封固安惠侯，卢玄次子卢世度生四子：卢渊、卢敏、卢昶、卢尚，号曰“四房卢氏”。

卢绾 丰（今属江苏）人，西汉初曾被封为燕王，卢敖后裔。他曾在秦末随刘邦（与卢绾同里）起于丰、沛（今属江苏）。入汉中，为将军，汉东击项羽时，官为太尉。后又从刘邦破燕王臧荼，被封为燕王，也为汉之诸侯王。

卢敖 范阳涿人，秦代博士。

卢生 燕（今属河北北部一带）人，齐国卢氏的后代。

卢氏风流撷英

商傒乃为姜尚裔，
食采卢邑浔卢氏。①
议郎卢植能文武，
续补汉纪校五经。②
初唐四杰有照邻，
长安古意传美名。③
唐朝怪才数卢鸿，
赐官授禄还山隐。④
卢镗声威惊倭胆，
擒贼驱寇定边疆。⑤
国呈危难忠臣显，
为国捐躯表忠胆。⑥
文绍潜心勘古籍，
著群纠白吕春秋。⑦
卢颀为首乃智慧，
集思文益铺明道。⑧

注释：

①据《元和姓纂》记载，春秋时，姜太公的后裔，齐文公之玄孙名商傒，食采于卢邑，今山东长清县。其后遂为卢氏。出自姜姓。

②卢植（？一公元 192 年），东汉官吏、学者，河北涿县人。年轻时与郑玄都在马融手下做事，后被征任议郎，在东观校中书《五经》传记、被续《汉记》。

③卢照邻（约 637—约 680 年），唐朝诗人。北京人。是“初唐四杰”之一，所作诗多忧苦愤激之词，以《长安古意》最为有名。

④卢鸿（生卒不详），唐朝画家，河北涿县人。博学，隐居嵩山，玄宗开元初，多次授官予他，他都不受。开元五年（717 年），玄宗召见他，拜为谏议大夫，仍不愿就职，赐得衣物，筑草堂，工籀书，擅山水树石。曾作《草堂十志图》，有摹本流传。

⑤卢镗（生卒不详），明朝大将，河南汝南人。他曾在大陈山擒通倭寇头目林碧川等人。在浙东参与水陆十余战，斩敌千余，成为抗倭名将，名仅次戚继光，俞大猷。

⑥卢象升（公元 1600—1639 年），明末大将，浙江宜兴人。在清兵三路南下，内有嗣昌阻挠，外有起潜按兵不动的危急关头，他毅然孤军奋战，分兵迎敌，终因后无援军，寡不敌众，战死沙场。

⑦卢文绍（公元 1717—1795 年），

清朝古籍校勘家，浙江余姚人。他校正《吕氏春秋》、《白虎通》等古籍三十八种，纠正错误多处。著《群书拾补》。

⑧卢（lú），也通颅，头颅。头颅为首，人有头脑，头脑乃智慧之象征，多个人的头脑同时开动，就能汇成一条智慧的洪流。为国家、民族的富强出谋划策，迎来明天的光明。

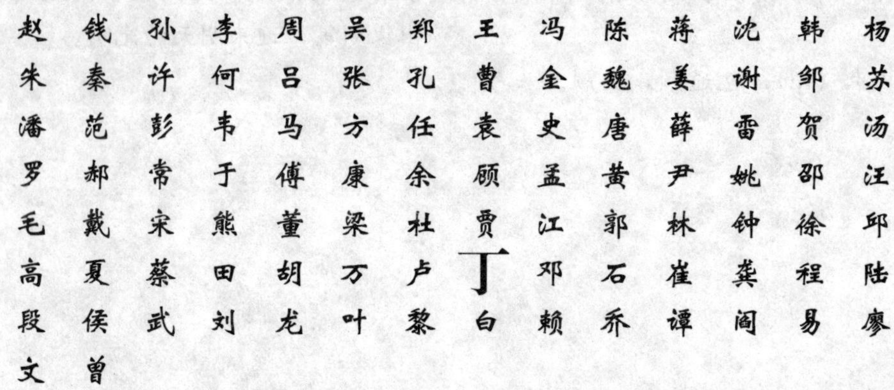
中华百家姓

赵 钱 孙 李 周 吴 郑 王 冯 陈 蒋 沈 韩 杨
朱 秦 许 何 吕 张 孔 曹 金 魏 姜 谢 邹 苏
潘 范 彭 韦 马 方 任 袁 史 唐 薛 雷 贺 汤
罗 郝 常 于 傅 康 余 顾 孟 黄 尹 姚 邵 汪
毛 戴 宋 熊 董 梁 杜 贾 江 郭 林 钟 徐 邱
高 夏 蔡 田 胡 万 卢 丁 邓 石 崔 龚 程 陆
段 侯 武 刘 龙 叶 黎 白 赖 乔 谭 阎 易 廖
文 曾

丁姓

——司马辅帝定三秦，功高封侯动京城

丁氏解密寻踪

（一） 姓氏字源

《说文》：“丁，夏时万物皆丁实。象形。丁承丙，象人心。”徐灏注笺：“疑丁即今之钉字，象铁弋形。”朱骏声《说文通训定声》：“丁，镨也。象形。今俗以钉为之，其质用金或竹若木。”据《殷墟文字乙编》所载，甲骨文“丁”为方□形体，似钉帽，本义当训钉。但在卜辞中，丁多用作天干的序数，与地支相配，用以纪年月日，如：“丁未卜贞：王往于田，亡（无）灾。”见《殷墟文字甲编》所载。

（二） 寻根溯祖

丁姓来源有六：

1. 出自于侯的后裔。据《姓氏考略》所载，丁侯为殷商诸侯，周武王讨伐殷纣时丁侯因不从而被周所灭，其子孙四散各地，部族仍以丁为氏。丁姓从此产生。

2. 出自姜姓，为姜太公的后裔，其始祖为姜伋，以谥号为姓氏。据《元和姓纂》、《万姓统谱》、《通志·氏族略》等书所载，姜姓是中国最古老的姓氏之一。相传炎帝神农氏是少典的儿子，因居住在姜水（渭河支流）之滨，于是以姜为姓，炎帝的姜姓子孙很多，尧舜时代的四岳、共工都是他的后裔。姜姓子孙经夏、商，在周时有姜姓吕尚，俗称姜太公。他西周朝初年官太师（武官名），曾辅佐武王灭商有功，封于齐（在今山东北部，建都营丘〈今山东淄博东北〉，战国时，为七雄之一），其儿子名伋，周成王时为朝廷重臣，又是周康王的顾命大臣，死后谥号为齐丁公，其子孙便以谥号为氏，称为丁氏。后中国丁氏家族人士大部分都是来自这一支丁氏，史称丁姓正宗。是为陕西丁氏。

3. 为孙姓所改，是周文王的姬姓后裔。三国鼎立（魏、蜀、吴）时，位于江南的东吴，开始出了第三支丁氏。其何以改姓，《江表传》是这样说的："孙权因孙匡烧损茅芒，以乏军用，别其族为丁氏。"换言之，后世的丁姓中国人之中，特别是南方的丁姓人，也有一部分是周文王的姬姓后裔，因为，孙氏正是传自周文王的第 8 子康叔。是为江苏丁氏。

4. 出自子姓。西周初周公（周武王之弟）平定武庚反叛后，把商的旧都周围地区分封给微子（商纣王的庶兄）启，建都商丘（今河南商丘南），在今河南东部和山东、江苏、安徽间地，称为宋国。宋国有大夫宋丁公，死后，其子孙以谥号为姓氏，称丁氏。是为河南丁氏。

5. 历史上的西域（今新疆大部分地区）人名中，最后一个字是"丁"的人很多，进入中原汉化以后往往改姓丁氏。据杨士奇《东里文集》所载："丁鹤年，其先西域人。西域人多名'丁'，即入中国，因以为姓。"又据元学者戴良所著《灵山房集高士传》云："鹤年西域人也，曾祖阿老丁，祖父苦思丁，父为乌禄丁，又有从兄为士雅漠丁，鹤年知自曾祖以下其名末一家皆丁字，不知何义，后世遂以鹤年为丁姓。"

6. 出自于氏所改。据《枫窗小牍》所载："宋有无赖子于庆，欲依丁谓，一老儒教其改姓丁，后果得意。"

（三） 宗堂郡望

堂号 "驯鹿堂"：后汉丁茂，小的时候死了父亲，家里很穷。他对母亲最孝，母亲死后，他亲自背了土筑坟，又栽了松柏在墓旁。白鹿从山上来到墓旁护墓。太守举他为孝廉，拒不受。

丁姓又以"济阳"为其堂号。

郡望 丁姓郡望主要有济阳郡。

济阳郡。战国时为魏邑，西汉置县，治所在今河南兰考东北。晋惠帝（公元 290—306 年在位）时，将陈留郡之一部分设置济阳郡，治所在济阳，相当今河南兰考东境、山东东明南境。

（四） 家谱寻踪

江苏丰县·丁氏谱异序一卷

藏地：江苏丰县套楼乡谢集

（民国）丁敬尚纂

1935 年钞本

江苏·泗阳县丁嘴支老长房丁氏族谱七卷

藏地：江苏泗阳县三庄乡尤圩村

（民国）丁明纲　丁明森三修

1934年石印本

江苏淮安·山阳丁氏族谱不分卷

藏地：吉林大学

（清）丁晏重修

清同治七年（1881）刻本　一册

江苏·江都丁氏族谱二卷

藏地：江苏镇江市博物馆

（民国）张为汇纂辑

1923年木活字本

江苏南通·丁氏宗谱三十卷

藏地：江苏南通市图书馆（存卷7、30）

（清）丁邦球重修

清道光五年（1825）裕昌堂刻本

江苏南通·丁氏族谱十三卷

藏地：河北大学

（清）丁若孚纂修

清道光十三年（1833）木刻本　十二册

江苏镇江·古润开沙丁氏重修族谱八卷

藏地：美国

（清）陈启兰等修

清道光二十四年（1844）留余堂活字本　八册

江苏镇江·京江丁氏族谱八卷

藏地：江苏镇江市图书馆　江苏镇江市博物馆　美国

（清）丁绍遵等纂修

清同治十二年（1873）刊本

江苏镇江·润邗丁氏族谱十卷附新增谱五卷

藏地：美国

（清）丁达福修

清光绪二十六年（1900）留余堂木活字本　十一册

江苏镇江·京江丁氏支谱传略汇录不分卷

藏地：辽宁图书馆　吉林大学　江苏镇江市博（二部）

（清）丁立中　丁立鋆等编纂

清光绪三十一年（1905）松铭堂活字本

江苏镇江·丁氏家谱不分卷

藏地：浙江杭州市图书馆

（清）丁立中纂修

稿本

江苏常州·毗陵丁氏宗谱二十四卷

藏地：中国科学院历史研究所图书馆

（清）丁金叙　丁振刚等纂修

清光绪三十一年（1905）双桂堂活字本　二十六册

江苏常州·毗陵丁氏族谱十二卷

藏地：国家图书馆

（民国）丁坤朝等修

1947年双桂堂活字本　十二册

江苏·无锡南塘丁氏真谱十卷首一卷世系表十卷杂识一卷

藏地：国家图书馆

（民国）丁锡镛主修

1924年铅印本　八册

江苏常熟·丁氏家谱不分卷

藏地：江苏苏州市博物馆

（清）丁学义　丁恩祜纂修

清光绪十年（1884）丁氏义庄刻本　二册

江苏·常熟丁氏家谱不分卷

藏地：上海图书馆

（清）丁秀庄辑

清同治十年（1871）刊本　二册

浙江杭州·丁氏谱牒一卷

藏地：浙江图书馆

清丁氏嘉惠堂钞本　一册

浙江萧山·萧南厉墅湖丁氏宗谱六卷

藏地：辽宁图书馆

（清）丁仕蛟　丁仕彪撰

清道光八年（1828）瑞松堂刻本

浙江·萧山丁氏宗谱十卷首一卷末一卷

藏地：国家图书馆

（清）丁起鹏等修

清道光二十七年（1847）活字本　二十册

（五）　字行辈份

1925 年丁远福等纂《丁氏族谱》，江苏如皋丁姓一支字行为：“昌忠正邦佐，广吉仁义良。”又宣统元年丁允和修《丁氏族谱》，江苏仪征丁姓一支字行为：“惠炳庆祥，文浩绪生。”

（六）　迁徙繁衍

丁姓家族的支派是相当复杂的，故今天的丁姓人士要真正寻找出其先世支派的繁衍情形，恐怕是件较难的事情了。依据有关史料的记载，今天我们所能得知的，大致上，丁姓始初是以山东省境为其繁衍昌盛之地，后逐渐成为“济阳”一带很有名望的家族。像协助刘邦得天下的丁复、丁固皆为山东人。丁宽，曾以田何为师，学习易经，景帝时为梁孝王将军，传至其玄孙丁明，已成为山东瑕丘（西汉置县名，治所在今山东兖州县东北）一带望族。汉至晋之际，是丁氏繁衍迁徙最为昌盛时期。东汉时，已有丁氏后裔播迁于南方的广东。三国时代，丁氏家族随不断升级的战乱播迁更远更广。而长江以南的东吴，又有孙匡一支改姓丁氏，使得南方的丁姓阵容更加庞大。此时丁姓名人也多出于此地。从有关史料记载丁姓的分布情况看，历史上南北方各地的丁姓大多是由发源于山东省境的丁氏播迁而去的。其中长江以下流域的江苏南部、浙江大部丁氏，则大部分是来自东吴之孙氏改姓为丁的这一支；入闽等地丁姓，其先世仍为“济阳”丁氏这一支派系，始于唐初。据《漳州府志》所载：“陈元光军谘祭酒有西儒者，先世济阳，后徙光州固始（今属河南），总章二年，从元光开漳州。”在唐末进，迁居泉州，乃至广东等地。宋代以后，丁姓已遍及全国各地。

（七）　适用楹联

□麟分帝里；[①]凫伏家池。[②]

□汉时将，宋时主，飞珠定四海；
　活为臣，死为神，威名震三江。[③]

□同飞翰范时名重；
　遍立朝端主意深。[④]

□圣哲承休运；伊夔列上台。[⑤]

□豪游畅比王乔鹤，
　良晤欣同范蠡舟。[⑥]

□藏书八千卷；[⑦]同堂三百人。[⑧]

□学透春秋，大儒景仰；[⑨]
　才长骁勇，黑丁戏呼。[⑩]

注释：

①西汉司马丁复，以越将从高祖起兵，至霸上，入汉，定三秦，破龙

且于彭城，为大司马，讨平项籍，封阳都侯。

②东汉孝子丁密，字靖公，岑溪人。性清介，毫发之馈，不受于人。遭父母丧，并庐墓三年，有双凫游庐旁小池，见人驯伏，人以为教感。

③三国吴大将丁公（奉）祠联。祠在湖北嘉鱼陆溪口。丁奉，字承渊，安丰人。以骁勇闻，累立战功。孙亮即位，为冠军将军。官至右大司。

④唐代诗人丁稜《和主司王起》诗联句。

⑤唐代诗人丁仙芝《越裳贡白雉》诗联句。

⑥清代篆刻家丁敬（1695—1765）书联。丁敬。字敬身，号钝丁，别号龙泓山人，浙江钱塘人。擅长以切刀法刻印，苍劲质朴，别具面目，形成“浙派”，为“西泠八家”之首。

⑦晚清藏书家丁丙，字松存，浙江钱塘人。喜藏书，沿用其祖“八千卷楼”为藏书室名。文澜阁《四库全书》散失后，他多方收集和钞补。

⑧宋代名人丁隽，醴陵人，习春秋，时称“丁三传”。兄弟十七人，义聚三百口，五世同居。家无闲言，大中祥符中，诏旌其门曰“义和坊”。

⑨东汉学者丁恭的事典。丁恭，字子然，东缗人。习公羊严氏春秋，学义精明。建武初，为谏议大夫博士。

⑩明代指挥使丁德兴，定远人。伟其壮貌，以“黑丁”呼之。因功封济国公，列祀功臣庙。

丁氏名人集粹

丁谦 浙江仁和（今杭州市）人，地理学家，清末举人，喜治历史上边疆及外国地理。撰有《蓬莱轩地理学丛书》69卷，分为两集，由浙江图书馆刊行。

丁敬 浙江钱塘（今杭州）人，清代杰出篆刻家，善鉴别，爱好金石文字。诗、书、画俱工。尤精刻印，博采众长，朴质苍浑，在时尚之外，另树一帜。开创“浙派”，为“西泠八家”之首。

丁耀亢 今山东诸城人，文学家，明末诸生，入清后，官容城教谕，作有小说《续金瓶梅》，内容荒诞秽亵，宣扬因果报应思想。

丁观鹏 京师（今北京）人，画家，其人物画有相当高的造诣。

丁善庆 泉州（今属福建）人，道光进士，官至翰林院待讲学士。著有《左氏兵论》。

丁宝桢 贵州平远（今织金）人，清末时山东巡抚，咸丰进士。1875年（光绪元年）在济南建立山东机器局，次年任四川总督，后又创办四川机器局。当英国侵占缅甸和侵犯中国西藏时，曾筹划西南边防。有《丁文诚公奏稿》。

丁丙 浙江钱塘（今杭州市）人，藏书家，喜藏书，沿用其祖八千卷楼为藏书室名，撰有《善本书室藏书志》，著录其藏书中的珍贵部分。

丁日昌 今广东丰顺人，曾国藩

幕府，曾协助曾国藩和李鸿章办洋务，后历任江苏巡抚、福建巡抚、督船政、节度水师兼理各国事务大臣等职。有《抚吴公牍》。

丁汝昌 （1836—1895）今安徽庐江人，北洋水师提督，曾参加镇压捻军，升为参将。1875年受李鸿章派遣出国购置军舰，回国后统领北洋水师，1888年任海军提督。甲午战争爆发后，在黄海海战中受伤后仍指挥作战，后退守威海卫，当日军海陆围攻威海卫时，他拒绝投降，自杀身亡。

丁云鹏 休宁（今属安徽）人，明代著名画家，工画人物、佛像，兼工山水，亦善花卉，能诗。

丁启容 永城（今河南永城）人，官至兵部尚书。

丁谓 苏州长洲（今江苏吴县）人，北宋时宰相，真宗景德时为右谏议大夫、权三司命使。后挤寇准去位，升为宰相，封晋国公。勾结宦官雷允恭，独揽朝政。

丁度 祥符（今河南开封）人，文字训诂学家，字至端明殿学士。仁宗时，奉诏与李淑等刊修《韵略》，改称《礼部韵略》。又依例刊修《广韵》成《集韵》。

丁颉 其先恩州清河（今属河北）人，藏书家，后迁居祥符（今河南开封市），搜集图书至8000卷。

丁琏 番禺（今属广东）人，元丰年间进士、朝议郎。

丁大全 镇江（今属江苏）人，南宋时官至右司谏、签书枢密院事、右丞相。

丁仪 三国时魏国名士。

丁谞 今浙江钱塘人，吴国典军中郎。

丁览 今浙江山阴人，为人清廉高洁、后至郡公曹。

丁固 秦末项羽部将。

丁宽 汉时梁孝王将军。

丁恭 山阳东缗（今山东金乡县东）人，曾任谏议大夫、博士。治《公羊严氏春秋》。光武帝时，自远方来从学者达数千人，当时称为大儒。

丁氏风流撷英

司马辅帝定三秦，
功高封侯动京城。[①]
灵虚学道化仙鹤，
去岁千余归辽东。[②]
仙女塔下留衣冠，[③]
岑溪池中双凫驯。[④]
刻木事亲木有泪，
丁兰年少重孝行。[⑤]
尚书为公年十八，
梦松应兆丁固荣。[⑥]
子然山阳治春秋，
从学鸿儒大道通。[⑦]
兴学利民叔中贤，
名宦祠内祭少卿。[⑧]
八千卷楼存散佚，
钱塘松生有遗风。[⑨]

注释：

①丁复，汉初人，随高祖刘邦举兵于薛，后助高祖平定三秦，破项羽

将龙且于彭城，官大司马，封阳都侯。

②丁令威，西汉辽东人，传说曾学道于灵虚山，后化作仙鹤归辽东，停在城门华表柱上，有少年欲射之，仙鹤徘徊于空中，曰："有鸟有鸟丁令威，去家千岁今来归，城郭如故人民非，何不学仙冢累累？"遂冲天直上而去。

③丁秀英，晋代人丁真君之女，相传曾在瑞州崇玄观内炼丹，丹就成仙，留衣冠去，家人建塔葬之，称其衣冠冢为"仙女塔"。

④丁密，东汉岑溪人，字靖公，以孝顺而知名，父母亡故，在这边筑屋守三年，相传有双凫（野鸭）飞抵屋旁小池，见人而驯伏，时人以为是其孝行所感应。

⑤丁兰，东汉河内郡人，少年母逝，用木头雕母像，每日服侍如活人。邻居张叔，酒醉骂木像，用手杖击像头。丁兰怒而打张叔，被捕。传说告别木像时，像为他落泪。

⑥丁固，三国时吴国人，字子贱。初官尚书，曾梦松树生其腹上，谓人曰："松字十八公也，后十八岁吾其为公乎？"后来果然官至司徒（司徒为"三公"之一）。

⑦丁恭，字子然，东汉山阳人。治《公羊严氏春秋》。光武帝时，任谏议大夫、博士，从学者数千人，时称大儒。

⑧丁允元，南宋常州人，字叔中，淳熙（1174—1189）间任少卿，后因忠谏贬官潮州太守，拨田租兴学养士，筑桥利民，百姓建"名宦祠"祀之。

⑨丁丙（1832—1899），字松生，号松存，晚清钱塘人。喜藏书，沿用其祖"八千卷楼"为藏书室名。《四库全书》散佚后，丙多方收集、抄补，撰《善本书室藏书志》。

中华百家姓

赵	钱	孙	李	周	吴	郑	王	冯	陈	蒋	沈	韩	杨
朱	秦	许	何	吕	张	孔	曹	金	魏	姜	谢	邹	苏
潘	范	彭	韦	马	方	任	袁	史	唐	薛	雷	贺	汤
罗	郝	常	于	傅	康	余	顾	孟	黄	尹	姚	邵	汪
毛	戴	宋	熊	董	梁	杜	贾	江	郭	林	钟	徐	邱
高	夏	蔡	田	胡	万	卢	丁	邓	石	崔	龚	程	陆
段	侯	武	刘	龙	叶	黎	白	赖	乔	谭	阎	易	廖
文	曾												

邓 姓

——殷武封曼为邓侯，遂有邓氏发邓州

邓氏解密寻踪

（一） 姓氏字源

《说文》：“邓，曼姓之国，今属南阳。从邑，登声。”

（二） 寻根溯祖

邓姓来源有三：

1. 出自姒姓（夏的始祖禹为姒姓）。据《路史》所载，相传夏朝时帝仲康有子孙封在邓国（今河南邓州一带），邓君的后世子孙以国为氏，姓邓。是为河南邓氏。

2. 出自子姓（商族的始祖契为子姓）或曼姓。据有关资料所载，殷（商王盘庚从奄〈今山东曲阜〉迁到殷〈今河南安阳小屯村〉，因而商也被称为殷）王武丁封他的叔父（曼季）于邓国曼城，是为曼侯，称曼氏，曼氏后来又改封邓国，此邓国在今河南省孟县西的邓城。经西周、春秋，一直延续了600多年。西周时，邓国是周朝南方较为重要的一个异姓侯国，但后因与楚为敌，至鲁庄公十六年（公元前678年），邓国终于被楚国灭掉，邓侯子孙为纪念故国，便纷纷改姓邓氏，史称邓姓正宗。是为河南邓氏。

3. 出自李氏。据《安化邓氏谱序》所载，五代十国时期的南唐（建都金陵〈今江苏南京〉）后主李煜的第8子李从镒，受封为邓王。公元975年南唐为北宋所灭后，宋太宗下令缉拿南唐宗室，李从镒之子天和出逃，以父封为氏，其后世子孙亦称邓氏。这一支源自李姓的邓氏改姓后，主要迁居于今湖南安化一带。是为湖南邓氏。

（三） 宗堂郡望

堂号 “平寿堂”或“谦恕堂”：后汉时邓训为郎中，谦（对人谦逊不骄傲）恕（对人宽恕）下士（以礼待下属），士大夫都归附他，所以叫“谦恕堂”。乌桓叛变，皇帝命邓训屯兵狐奴（地名）防守，委他做乌桓校尉（镇压乌桓的司令官）。鲜卑人怕他，不敢侵犯。又拜张掖太守，兼护羌校尉。邓训用恩惠和信义待羌胡，少数民族都感激他，喜欢他，都来通好。朝廷封他寿平侯。他生病死在任所，少数民族从早到晚亲自到灵前哭吊的有几千人。还为他盖了庙纪念他。

邓姓还以“南阳”、“南雄”为其堂号。

郡望 邓姓郡望主要有南阳郡、安定郡、高密国、平阳郡、长沙郡、陈郡、洛阳、宜春县、南雄县等。

1. 南阳郡。战国秦昭王三十年（公元前272年）置郡，治所在宛县（今河南南阳市）。汉时相当今河南熊耳山以南叶县、内乡间和湖北大洪山以北应山、郧县间地。此支邓氏以居新野而著称。

2. 安定郡。西汉元鼎三年（公元前114年）置郡，治所在今高平（今宁夏固原）。相当今甘肃景泰、靖远、会宁、平凉、泾川、镇原及宁夏中宁、中卫、同心、固原等地。东汉移治临泾（今甘肃镇原东南）。

3. 高密国。西汉本始元年（公元前73年）改胶西郡置国，治所在高密（今山东高密县西南）。西汉末相当今山东高密一带。

4. 平阳郡。三国魏正始八年（公元247年）分河东郡置郡，治所在平阳（今临汾西南）。相当今山西霍县以南的汾河流域，及其以西地区。

5. 长沙郡。战国秦置郡，治所在临湘（今长沙市），相当今湖南东部、南部和广西全州，广东连县、阳山等地。

6. 陈　郡。秦置郡，西汉改为淮阳国，东汉改陈国，治所在陈县（今河南淮阳）。相当今河南淮阳、太康、西华、鹿邑、拓城等县地。

7. 洛　阳。今河南洛阳市。秦始置县，为三川郡治，历东汉、三国魏、西晋、北魏、隋、武周、五代唐先后定都于此。战国至西汉时是全国性商业都市之一。东汉、魏、晋、隋唐时代更是当时全国乃至全亚洲的经济、文化中心。

8. 宜春县。汉置宜春县，晋改宜阳县，隋复改宜春县。在今江西省西部，邻接湖南省，浙赣铁路及赣江支流袁水横贯。

9. 南雄县。唐置浈昌县，五代南汉为雄州治；宋改保昌县，今为广东省南雄县。

（四） 家谱寻踪

江苏常州·潞城邓氏宗谱四卷

藏地：日本　美国

（清）邓瑞甫　邓善培等继修

清光绪八年（1882）木活字本四册

江苏常州·潞城邓氏宗谱六卷

藏地：北京大学　日本　美国

（清）邓川大　邓三宝等重修

清宣统三年（1911）木活字本六册

江苏无锡·邓氏宗谱二十卷首一卷末一卷

藏地：美国

（清）邓源昌等修

清同治十三年（1874）报本堂木活字本　五十四册

江苏无锡·邓氏宗谱二十四卷

藏地：国家图书馆

（清）邓隆福等重修

清光绪三十年（1904）报本堂木活字本　二十四册

江苏无锡·邓氏宗谱□□卷

藏地：江苏常州市图书馆（存卷14）

民国报本堂活字本

江苏吴县·洞庭明月湾邓氏续辑宗谱四卷首一卷末一卷

藏地：国家图书馆　吉林大学　哈尔滨师大　江苏苏州市博物馆

（清）邓若木等续辑

清嘉庆七年（1802）活字本四册

浙江嵊县·古剡邓氏宗谱三卷

藏地：浙江嵊县平山乡礼义湾

（民国）邓国珍等修

1918年木活字本

浙江常山·隆兴府邓氏宗谱六卷

藏地：浙江常山县青石乡和尚琊村（存卷1、2、6）

（民国）曾获重修

1915年木刻本

安徽·宣城邓氏族谱不分卷

藏地：国家图书馆

（清）邓洪勋等纂

清道光二十九年（1849）萃涣堂活本　四册

江西萍乡·萍邑邓氏三修族谱□□卷

藏地：江西图书馆（存卷1、2、8）

（民国）邓观澄等纂

1922年亲睦堂木活字本

江西万载·邓氏家谱

藏地：江西图书馆

（清）邓俊瑚等纂

清道光五年（1825）南阳堂木活字本

江西奉新·城南邓氏四修族谱十卷首一卷

藏地：江西图书馆（缺2、4）

（清）邓钰等纂修清道光二十七年（1901）树德堂木活字本

江西奉新·城南邓远斋公支谱四卷

藏地：江西图书馆（缺卷2）

（清）邓长龄等纂

清同治四年（1865）世德堂木活字本

江西丰城·邓氏重修族谱

藏地：云南师大

（明）邓子龙略述

清康熙四十九年（1710）刻本

江西吉水·邓氏族谱

藏地：台湾

（清）邓辅贤序

清光绪二十八年（1902）钞本一册

江西·邓氏重修族谱

藏地：江西图书馆

清道光间南阳堂木活字本

江西·邓氏重修族谱十卷

藏地：江西图书馆（存卷1—4）

（清）邓达上纂

清同治十二年（1873）南阳堂木活字本

江西·邓氏宗谱

藏地：江西图书馆（存一册）

（民国）邓运鉴修

1930年继述堂刊本

江西·邓氏族谱□□卷

藏地：江西图书馆（存卷4、6）

清南阳堂木活字本

江西·江右邓氏族谱□□卷

藏地：江西图书馆（存卷3、4、8、9、13）

南阳堂木活字本

江西·邓氏族谱□□卷

藏地：江西图书馆（存卷7、11）

木活字本

河南固始·邓氏世系

藏地：台湾

（清）邓炳辉修

清光绪十九年（1893）钞本一册

湖北黄陂·邓氏宗谱三十七卷首一卷

藏地：武汉图书馆（存卷首、4—9、11、13—15、19—24、27—32、34、36、37）

（民国）邓卓汉总纂　邓心鉴协纂

1936年木活字本

湖北新洲·南阳邓氏宗谱二十四卷

藏地：湖北新洲县和平乡四方村

（民国）邓执春　邓安信等修

1946年木刻本

湖北新洲·邓氏宗谱十五卷

藏地：湖北新洲县双河乡曹寨村

（民国）邓八松　邓茂陔等修

1948年木刻本

（五）　字行辈份

据民国残本《邓氏族谱》，江苏泰兴邓姓一支字行为：“云岳承德，树耀培宏。”

（六）　迁徙繁衍

邓姓发源于今河南省境，大举南迁于东晋之时，而播迁入闽、粤，则早于汉代。其具体播衍的情形，依据《古今姓氏书辨证》所载，大致上是这样的：汉之中世，邓况始自楚徙居南阳新野，子孙以农桑为业。光武帝时，有车骑将军邓宏，建威将军邓寻，复汉将军邓晔，渤海太守、鄳侯邓邯，廷尉、西华侯邓晨，太傅、高密元侯邓禹。邓禹子平寿敬侯邓训生（5子1女）和熹太后（邓绥）。邓氏自中兴后累世宠贵，凡侯者29人，公2人，大将军以下13人，中2014人，列校22人，州牧郡守48人，其余侍中、将、大夫、郎、谒者不可胜数。可见，至东汉时南阳邓氏已形成当地一大望族，自然，邓况就成为了此地郡望的开基始祖。其后邓氏所分出的许多支派，即同属南阳望族支系。因此，“天下邓姓出南阳”早已在海内外邓姓人中形成共识。邓姓大举南迁始于西晋末“永嘉之乱”时，至隋唐，邓姓在我国南北都有了大的迁徙和繁衍。在这段时期，邓姓家族形成了许多郡望。据有关史料证实，其中南阳邓氏分衍出了6个著名支派，他们分别是：高密邓氏，为南阳新野直系邓氏，其开基始祖为东汉太傅、高密侯邓禹；安定邓氏，因望出安定而著称，其开基始祖为汉末武威太守邓晋生（邓骘〈邓训长子〉第7世孙，又为邓禹的直系世孙）；平阳邓氏，因家居平阳（今山西襄汾）而称著，其开基始祖为西晋尚书右仆射邓攸（又为东汉太傅邓禹之后）；长沙邓氏，其开基始祖为东晋荆州刺史邓粲（也为汉太傅邓禹之后）；陈郡邓氏，因居陈郡陈县（今淮阳）而著称，为晋代广州刺史邓岳（也为汉太傅邓禹之后）之族所在；洛阳邓氏，为东汉大将军邓骘之后。可见，由南阳新野所分衍出来的6个著名支派，也多为东汉太傅邓禹之后。总之，邓姓早期主要还是以河南省境为其繁衍的中心，其首先迁入的地方是今山东高密县一带。故此时邓姓名人也多出自这两个地方。与此同时已有邓姓南迁入今四川、广东等地。如汉武帝时，有广东番禺人邓宓，官拜南海（治今广州市）太守，以“善于柔远，民夷怀之”而见称。再有东汉末年，邓骘曾孙邓芝由上蔡避乱入巴蜀，后仕蜀汉，官至扬武将军，封阳武亭侯。到晋代，邓姓的子孙在北方已落籍于山东、陕西、山西、甘肃、安徽等地；在南方已迁居到今江苏、湖南、四川等地。且大多最初也是由河南之地迁播而去，至唐代，唐长安（今属陕西）为当时邓姓人家最多的地方之一。又据有关资料所载，除邓骘的后裔在四川繁衍外，再传至邓骘19世孙，至唐袁州知府邓超，因仕宦之故迁居江西宜春县，成为江西邓氏开基祖；至明代邓超29世孙邓刚由江西徙居广西全州，邓刚弟邓果又因出任钟祥训导而迁居湖北石首。始宋，邓姓在南方已播及江西、湖北、福建、广西等地。据《南雄南阳堂邓氏联修族谱》所载：“宋景定间（1260—1264年），其先迁于江苏、江宁，居金陵珠玑巷，宋末元初间，有邓向者，游学粤东，立籍雄州，遂家焉。”其后开成南雄一带望族。又《兴室邓氏谱钞》所云：“其先居福建宁化，庆元二年（1196年），经长汀、上杭，人广东蕉领、梅县。”明、清后便分布于全国各地。据有关学者证实，今天邓姓人最集中的地方是中原地区、长江流域及沿海一带，其中江西、湖南、河南为最，四川、广东、福建、江苏次之。

（七） 适用楹联

□派分河北，由汀州至潮州、惠州、袁州，一脉流传愈盛；
祭举冬至，自始祖适高祖、曾祖、显祖、千秋陟降攸临。①

□千秋共仰云台像；
四树长留古柏名。②

□海战献身致远舰；[3]
文行图志伯牙琴。[4]
□石如篆书号神品；[5]
文度易解称好书。[6]
□开卷神游千载上；
垂帘心在万山中。[7]
□禁烟功勋卓著；[8]
抗日史册留芳。[9]
□月斜诗梦瘦；风散墨花香。[10]
□瑞应星辰，云台拔萃；[11]
树称杞梓，邓林毓奇。[12]

注释：

①怀州邓氏祠堂联。

②东汉大司徒邓禹庙联。邓禹，新野人。跟从光武帝刘秀破王匡、刘均等军，名震关西。24岁拜大司徒。天下平定，论功最高，封高密侯。后绘图云台，居28将之首。

③清代海军名将邓世昌（1849—1894），字正卿，广东番禺（今广州）人。福州船政学堂第一届毕业生。精于测绘、驾驶，曾任南洋水师舰只管带。1887年随丁汝昌赴英购铁甲舰，任总兵兼致远号巡洋舰管带。1894年黄海战役中，他英勇善战，遭到日舰围攻，在弹尽、舰伤之际，率全舰官兵，决心以死报国，开足马力，欲猛撞敌舰吉野号，与之同尽，不幸被鱼雷击中，他与全舰官兵250人壮烈牺牲。

④元代思想家邓牧（1247—1306），字牧心，钱塘（今浙江杭州）人。自称"三教外人"。表示不列入儒、道、佛三教。他怀着对南宋灭亡的悲愤心情，著《伯牙琴》一书，还有《洞霄图志》，世称"文行先生"。

⑤清代书法、篆刻家邓石如，初名英，避仁宗讳，以字行，更字顽旧。成皖公山下，又号完白山人。少好篆刻，工四体书，篆书尤称神品。包世臣著《艺舟双辑》推其为清代第一。

⑥明代学者邓韨，字文度，常熟人。号梓堂，正德举人。工山水，能诗文。好宋儒书。有《易解》、《常熟志》、《濮州志》等。

⑦清代书法家、篆刻家邓石如自题联。

⑧清代名将邓廷桢，字嶰筠，江宁（今南京）人。历任两广总督、闽浙总督等。1839年与林则徐，协力整顿海防，查禁鸦片。同年调任闽浙总督，加强海防，率军击退进犯厦门的英国舰队。后受投降派诬陷，与林则徐同时被革职。

⑨见注③。

⑩明代抗倭将领邓子龙（1523—1598）自题书房联。邓子龙，字武桥，丰城（今江西丰城）人。公元1598年，明军援朝抗倭，他以故官领水军，从陈璘赴朝。时倭军将渡海逃遁，他即偕朝鲜统制使李舜臣督水军为前锋，邀击于釜山南海，英勇奋击，杀敌无算；因舟中起火，为敌所乘，遂战死。舜臣赴救，亦死。

⑪见注②。

⑫东汉大司徒邓禹子十三人，时称"邓林材木。"

邓氏名人集粹

邓石如 今安徽怀宁人，清代杰

出书法家、篆刻家，其书法以篆字成就最高。篆刻，突破陈规，自开面目，世称“邓派”，也称“皖派”。

邓廷桢 江苏江宁（今南京）人，清末曾历任两广、两江、云贵、闽浙、陕甘总督的，曾与林则徐共同整顿海防，查禁鸦片。1840年调闽浙总督期间，率军同进犯来敌英军在厦门英勇作战，击退英舰。

邓世昌 （1849—1894）今广东番禺人，海军名将，1894年中日甲午战争爆发后，在黄海海战中，虽弹尽舰伤，仍下令加快速度猛撞敌舰吉野号，不幸被鱼雷击中，与全舰官兵250人壮烈牺牲。

邓牧 今浙江杭州人，宋代思想家。

邓椿 书画理论家，著有《画继》一书。

邓世隆 安阳（今属河南）人，唐代著名大臣，官至著作郎。

邓素 邓羌孙，安定人，官至兵部郎中、封南阳县伯，后迁属蓝田（今属陕西）。邓素有二子：邓元挺、邓元机，分别官至吏部侍郎、兵部郎中。

邓羌 邓晋生之子，安定人，十六国前秦有历官并州牧、尚书左仆射。

邓攸 平阳（今山西襄汾）人，东晋晋元帝时南迁前后声誉卓著的名臣。

邓岳 陈郡（今河南淮阳）人，著名大将，初任大将王敦参军，后又历官历阳内史、广州刺史等职。率众平定过苏峻、郭默等人的叛乱，远征过义郎（今贵州东南部），因功迁平南将军。

邓艾 义阳棘阳（今河南新野东北）人，三国时曹魏时官任镇西大将，率军灭蜀国。

邓芝 义阳新野（今河南新野南）人，蜀汉官拜大将军20余年、曾于刘备死后奉使入吴、说服吴蜀结好共抗曹魏。

邓禹 南阳（今河南新野）人，东汉有大司徒，历任中山（治所在今河北定县）、汝南（治所在上蔡〈今河南上蔡西南〉）太守的邓晨（南阳〈今河南新野〉人，禹长子）。

邓通 蜀郡南安人，西汉时蜀中以邓氏钱遍天下而闻名。

邓析 春秋战国时郑国（都新郑〈今属河南〉）大夫，是当时著名的教育家、思想家、刑名家、法家先驱。他创办私学，以所作《竹刑》（一部写在竹简上的法律）教人，宣传法治。后因改郑国所铸的《刑书》而别造《竹刑》被杀。他的学说曾被人编成书籍保留下来，今有后人托名而作的《邓析子》传世，对后世影响深远。

邓氏风流撷英

殷武封曼为邓侯，
遂有邓氏发邓州。[①]
邓析明辨重当时，
邓通铸铁通商贾。[②]
重农邓晨显政绩，
云台群将邓禹首。[③]
邓芝为将身俭朴，

邓牧思幻伯牙琴。[④]
邓愈明初一虎将，
子龙援朝惊倭寇。[⑤]
折思整饬除弊事，
放逐伊犁诗晚年。[⑥]
海魂起始邓世昌，
甲午风云铸雄魂。[⑦]
邓为古国邓城在，
寻根梦会吾离侯。[⑧]

注释：

①据《广韵》记载，殷武王封他的叔父季曼为邓侯，此邓国在河南邓州。以后遂有邓氏，出自子姓，为帝喾之子契的后人。

②邓析（前 545—前 501 年），春秋末思想家，郑国人。相传他曾运用古代力学原理，制成汲水和的桔槔，以“好为智巧”名重一时。懂得“操两可之说，设无穷之辩”，是“名辩学”的倡始者。邓通（生卒不详），西汉时大夫，四川乐山人。文帝赐其铸钱，“邓氏钱”遍天下，大富，早为黄头郎。

③邓晨（？—49 年），东汉官吏，河南新野人。在为汝南太守时，任兴鸿却坡，灌粮千顷，鱼稻丰饶。邓禹（公元 2—58 年），东汉大臣，河南新野人。明帝即位任太傅，为云台二十八将之首。

④邓芝（？—251 年），三国时，蜀将，河南新野人。为将二十余年，自身俭朴，死时家无余财。邓牧（公元 1247—1306 年），元朝思想家，浙江杭州人。著《伯牙琴》一书，幻想恢复尧舜时代“君民相安无事”的社会，自己自称“三教外人”。

⑤邓愈（公元 1336—1377 年），明初大将，安徽泗县人。以骁勇异常著称。邓子龙（生卒不详），明朝将领，江西丰城人。领水军赴朝鲜，抗倭寇，杀敌无数。

⑥邓廷桢（约 1776—1846 年），清朝大臣，江苏南京人。他兴利除弊，折平冤狱，整饬海防，击退英军，政绩卓著。但因协助林则徐禁鸦片，而被充军伊犁。到了新疆，他组织垦荒，仍然乐观地对待人生。善诗文。

⑦邓世昌（公元 1855—1894 年），清末海军将领，广州人。在 1894 年的甲午海战中，痛击敌舰，因不幸中鱼雷，与全舰官兵 250 人一起壮烈牺牲。他是中国海军的军魂。

⑧邓（dèng）是古国，现在有邓城在（湖北襄樊市北邓城镇）。据《元和姓纂》记载，这是邓侯吾离期住过的遗址。如果你寻根到河南邓州、襄樊，会在梦里会见他吧。

中华百家姓

赵 钱 孙 李 周 吴 郑 王 冯 陈 蒋 沈 韩 杨
朱 秦 许 何 吕 张 孔 曹 金 魏 姜 谢 邹 苏
潘 范 彭 韦 马 方 任 袁 史 唐 薛 雷 贺 汤
罗 郝 常 于 傅 康 余 顾 孟 黄 尹 姚 邵 汪
毛 戴 宋 熊 董 梁 杜 贾 江 郭 林 钟 徐 邱
高 夏 蔡 田 胡 万 卢 丁 邓 石 崔 龚 程 陆
段 侯 武 刘 龙 叶 黎 白 赖 乔 谭 阎 易 廖
文 曾

石 姓

——勤劳务实石通实，实事求是中国风

石氏解密寻踪

（一） 姓氏字源

《说文》：“石，山石也。在厂之下，口象形。”据《殷墟文字乙编》记载，甲骨文“石”，左上部三角旗象山崖，右下角“口”象石块，字形与《说义》释义合，故石之本义当训山石。

（二） 寻根溯祖

石姓来源有三：

1. 出自姬姓，为石碏之后裔。据《元和姓纂》及《春秋公子谱》等所载，春秋时，卫（公元前11世纪周公平定武庚的反叛后，把原来商都周围地区和殷民七族分封于武王之弟康叔〈姬姓〉，成为当时大国，建都朝歌〈今河南淇县〉）康叔的6世孙卫靖伯有个孙子叫公孙碏，字石，又称石碏，是卫国的贤臣。卫庄公的庶子公子州吁喜欢打仗，当石碏听说庄公要用州吁为将时，立即进谏说：“庶子好兵，使将，乱自此起。”庄公不听。后来，庄公卒，太子完立，是卫桓公。卫桓公二年，其弟州吁骄奢，被桓公撤去将军之职，出奔国外。十几年后，州吁领着党徒潜回国内，刺死桓公，自立为君。因石碏之子厚也参与了密谋，被拜为大夫。这时石碏已告老还家。州吁一上台，就开始对国外用兵，所以卫国上下都不拥护他。为了寻求卫人支持的办法，州吁派厚回家向他父亲石碏请教。石碏假意为他们出主意说："只要能得到周天子的接见，州吁的地位就稳固了。"石厚问："用什么办法才能得到周王的接见呢?"石碏说："陈侯现在正得到周王的宠幸，你叫州吁亲自去托陈侯求情，一定可以成功。"州吁觉得这个主意很好，就带着石厚到陈国去了。与此同时，石碏暗中派人给陈桓公写了一封密信，信上说："卫国褊小，老夫耄矣，无能为也。此二人者，实弑寡君，敢即图之。"所以，州吁到陈国后，立即被抓了起来。"九月，卫人使右宰丑，莅杀州吁于濮；石碏使其宰孺羊肩，莅杀石厚于陈。"然后，迎立桓公之弟公子晋为国君，就是卫宣公。《春秋》对石碏的行为大加称赞，说："石碏纯臣也，恶州吁而厚与焉，大义灭亲，其是之谓乎?"厚的儿子骀仲，以祖父的字命氏，称石氏。史称石姓正宗。是为河南石氏。

2. 出自姬姓和子姓。据《春秋公子谱》所载，郑国（开国君主是周宣王弟郑桓公〈名友〉，姬姓，建都新郑〈今属河南〉）有大夫石癸，宋国（开国君主是商王纣的庶兄微子启，子姓，建都商丘〈今河南商丘南〉）有公子段，字子石，他们的后代都称为石氏。亦为河南石氏。

3. 出自他族加入或他姓改石姓的。①隋唐时期"昭武九姓"之一。当时西域石国（故址在今乌兹别克塔什干一带）有人迁居中原，遂以"石"为氏；②据《魏书·官氏志》所载，南北朝时后魏鲜卑族代北三字姓乌石兰氏，随孝文帝迁都洛阳后，改为汉字单姓石氏。是为河南洛阳石氏。③据《后赵录》所载，为十六国时张氏、冉氏所改，如张訇督改为石会。冉闵改为石闵。④据《北史》载，有娄氏改姓石氏者。

（三） 宗堂郡望

堂号 "徂徕堂"：宋朝石玠，徂徕人，官国子直讲（国子监的教授）。他写文章批评时政，毫无顾忌，升太子中允，作《庆历圣德诗》，人称"徂徕先生"。

石姓又以"平原"等为其堂号。

郡望 石姓郡望主要有武威郡、渤海郡、平原郡、上党郡、河南郡等。

1. 武威郡。汉元狩二年（公元前121年）以原匈奴休屠王地置郡，治所在武威（今甘肃民勤东北）。元鼎后相当今甘肃黄河以西，武威以东及大东河、大西河流域地区。东汉移治姑臧（今甘肃武威）。十六国时前凉、后凉、南凉、北凉皆建都于此。

2. 渤海郡。汉置郡，治所在浮阳（今河北沧县一带）。相当今河北安次、山东无棣县间地。

3. 平原郡。西汉置郡，治所在平原（今山东平原县西南）。相当今山东平原、陵县、禹城、齐河、临邑、商河、惠民、阳信等县。东汉、魏、晋或为郡，或为国。

4. 上党郡。战国韩始置郡，治所在壶关（今山西长治市北），西汉移治长子（今山西长子西）。相当今山西和顺、榆社以南，沁水流域以东地。东汉末移治壶关。

5. 河南郡。汉高帝二年（公元前205年）改秦三川郡置郡，治所在雒阳（今河南洛阳市东北）。相当今河南黄河以南洛水、伊水下游，双洎河、贾鲁河上游地区及黄河以北原阳县。

（四） 家谱寻踪

河北泺南·石氏家谱二卷

藏地：河北泺南县徐庄乡石庄村

（民国）石景恭纂

1942年石印本

山西平定·石氏族谱十一卷

藏地：日本 美国

（清）石宏智 石登元等编

清光绪十七年（1891）刊本七册

江苏·丹阳花园分毗陵石氏宗谱十四卷

藏地：日本 美国

（清）石铭章 石煊等十修

清光绪二十三年（1897）笃厚堂木活字本 十四册

江苏金坛·金少鲁庄石氏族谱六卷

藏地：美国

（清）石金川等修

清光绪三年（1877）宥密堂木活字本 六册

江苏·江阴石氏宗谱二十二卷

藏地：上海图书馆

（清）石介贞纂

清刻本 十二册

浙江鄞县·鄞塘石氏家乘五卷首一卷

藏地：浙江宁波天一阁文物保管所

（民国）石士谔 石钟峤等纂修

1929年木活字本 八册

浙江绍兴·会稽石氏宗谱不分卷

藏地：国家图书馆

（清）石之贞纂修

清钞本 四册

浙江诸暨·暨阳石氏志十公房谱

藏地：吉林大学

清道光二十九年（1849）念修堂活字本

浙江诸暨·暨阳石氏志十公房谱十二卷

藏地：国家图书馆

清光绪十年（1884）念修堂活字本 十二册

浙江诸暨·暨阳石氏宗谱不分卷

藏地：浙江省图书馆

（清）石松茂续修

清同治十一年（1872）木活字本四册

浙江诸暨·暨阳石氏宗谱不分卷

藏地：浙江省图书馆

（清）石玉光 石浙清修纂

清同治十三年（1874）思亲堂木活字本 一册

浙江诸暨·暨阳长澜石氏宗谱四十卷

藏地：国家图书馆

（民国）石松楼等纂修

1947年峻德堂活字本 四十册

浙江新昌·南明石氏宗谱十四卷

藏地：国家图书馆

（清）石铭重修

清乾隆五十年（1785）庆云祠活字本 十二册

浙江新昌·南明石氏宗谱二十八卷

藏地：浙江奉华县文管会（存卷3—5，10，21）

1937年木活字本

浙江常山·武威石氏宗谱五卷首一卷

藏地：浙江常山县新昌乡下徐村

（清）刘云修

清乾隆二十九年（1764）木刻本

（五） 字行辈份

1924年石炳贤纂《石氏家谱》，河北乐亭石姓一支辈份字行为："宣慈庆德，书品忠正，敦贻万惠。"

（六） 迁徙繁衍

石氏家族其具体播迁情形，大致上讲，石姓最早发源于当时的卫国之地，即今天的河南北部一带。以后便主要繁衍于黄河中、下游地区，再后向更大的范围蕃衍。魏晋南北朝，在北方形成了五大聚居地。其中，向西经陕西到甘肃省境的石氏，在今天的甘肃黄河以西、武威以东及大东河、大西河流域一带成为当地一大望族；向东或向北在今天的河北、山东、山西等地又形成了四大望族。故历史上石姓有望出"武威、渤海、平原、上党、河南"之称。据有关资料所载，其中，渤海、平原两郡石氏，均为汉人石奋的后裔。平原石氏于唐元和年间以前已徙居广陵（今江苏江都）；上党石氏，是十六国时后赵石勒的后裔；河南石氏是鲜卑乌石兰氏的后裔。唐时石姓已遍及北方广大地区。这里有必要提到的是，在唐、五代之际，石姓在北方的大举繁衍与当时的社会动乱和后赵、后晋的建立是分不开的。石姓的大举南迁也正始于此时。其中唐初有石氏族人自河南固始随陈元光，入闽开辟漳州，五代之时，便已成为闽南地区的望族。又据《石氏族谱》所载，五代后唐天成四年（公元929年），有石琚由安徽寿县徙居福建同安县，后裔散处闽、粤各地，是为人闽始祖。另载，明洪武年间（1368－1398年），有石玉全开基福建南靖永丰里，其后子孙多迁居今台湾省。总之，宋、元以后，石姓便遍及江南大部分地区。明清时，遍及全国各地，其中以北方分布最为集中、广泛。历史上，石姓也是我国一个比较典型的北方姓氏。

（七） 适用楹联

□风为世表；[①]道重人师。[②]

□万古风流传阀阅；
　一时文藻满江关。[③]

□芙蓉仙主耽诗酒；
　金谷家声迈等伦。[④]

□能视益州同骨肉；
　独知刘季是英雄。[⑤]

□天若有情天亦老；
　月如无恨月常明。[⑥]

□精神到处文章老；
　学问深时意气平。[⑦]

□雪里松芝夺凡艳；

秋影楼台悟化机。[⑧]

□饶雄辩以折衷，堪承使命；[⑨]

谏义方而善教，足为典型。[⑩]

□洗厕衣，孝从天性；[⑪]

作锦帐，富赛王侯。[⑫]

注释：

①指石姓历史名人石富。

②宋代南京推官石玠，字守道，奉符人。天圣进士。笃学有志，爱做好事，嫉恶如仇，敢做敢当，孝顺父母。躬耕于徂徕山下，擢太子中允。

③孙寄龛赠石子韩联。

④赠石姓名人联。金谷，用晋石崇事典。

⑤节录石达开自题联。石达开(1830—1863)，太平天国领导人。广西贵县客家人。金田起义时，率众至金田团营，领左军主将。在永安晋封翼王。太平军由武昌东下，石达开任前线指挥，一举攻下九江、安庆、南京。定都天京后，出巡安庆，设官安民。1854年西征军失利，即受命主持军务，在江西湖口痛歼湘军水师，夺回武昌，又重新扭转战局，次年进军江西，又攻下五府五十余县，使皖、赣、鄂三省基地联成一片。1857年6月，因洪秀全猜忌，率十几万精锐出走。1863年在四川大渡河紫打地（今安顺场），全军覆没，6月在成都遇害。

⑥北宋文学家石延年（994—1041）自题联。石延年，字曼卿，宋城人。善饮酒，世称“酒仙”。

⑦清代山东按察使石韫玉(1756—1873）自题联。石韫玉，字执如，号琢堂等，进士，吴县人。

⑧清代山东按察使石韫玉撰书联。见注⑦。

⑨宋代名士石昌言的事典。

⑩春秋卫国大夫石碏的事典。

⑪汉代郎中令石建，以孝闻名。

⑫晋代荆州刺史石崇的事典。

石氏名人集粹

石涛　广西全县人，清代著名的画家，凡山水、人物、花果、兰竹、梅花，无不精妙。且能熔铸千古，独出手眼。其画风，早脱前人窠臼，为清初画坛革新派的代表人物。其作品在民间流传很多。著有《石涛画语录》。

石达开　（1830—1863）广西人，清末太平天国杰出的军事将领，出身地主家庭，参加拜上帝会从事反清大业，后被封为翼王、五千岁。为天国南征北战，夺武昌、破江南大营，表现出卓越的军事、政治才能。天京事变后，回京辅佐天王，因不被信任，负气出走，转战数省。1863年5月兵败大渡河，自投清军。被杀。

石芾南　清安东（今江苏涟水）人，字寿棠，又字湛棠。先世业医。曾举孝廉，精医学。撰有《医源》，其书总论人身藏府、五行、阴阳、诊法、用药和内、妇、儿等科。另辑有《温病全编》。

石廷柱　（1599—1661）清初辽东（今辽宁辽阳）人，授镇海将军，驻防镇江，戢兵安民。

石玉昆　（约1810—约1871）清

天津人，字振之。子弟书演员。擅长《龙图公案》。演唱时自弹三弦自唱，其唱调称为“石韵”、“石派书”。相传小说《三侠五义》、《小五义》等均是别人根据他的唱本改写而成。

石文晟 （1644—1720）清汉军正白旗人，字公著号絅庵。初授苏州同知，历任云南开化、山西平阳知府。康熙三十三年（1694）擢贵州布政使，迁云南巡抚，曾疏请减免旧赋十之六。官至湖广总督。后以病乞休。卒于家。

石凤魁 （约1815—1854）清广西贵县人。石达开堂兄。参加金田起义。咸丰三年（1853），封国宗，奉命随石祥祯等援江西，久攻南昌不克，返天京（今南京）。次年，参加西征，占汉口、汉阳，克武昌，加提督军务衔，驻此镇守，湘军来犯，他因循失战机。武昌弃守，被逮解回京，处斩。

石庞 清初安徽太湖（一作芜湖）人，字晦村，号天外。著有传奇《梅花梦》、《南楼梦》、《鸳鸯冢》、《蝴蝶梦》、《姻缘梦》、《后西厢》及别集《天外谈》。另有诗文集《晦村初集》。

石琳 （1639—1703）清汉军正白旗人，字琅公。初授佐领，兼礼部郎中。历任山东、江南、河南按察使。康熙二十年（1681），迁浙江布政使，疏请蠲免战时逃户丁赋。又厘定逋负，裁革陋规，禁加耗尤严。二十五年，任云南巡抚，疏奏减轻明朝以来官田田租及吴三桂统治时期各种苛捐杂税。二十八年，擢两广总督。卒于官。

石锐 明浙江钱塘（今杭州）人，字以明。宣德元年（1426）授仁智殿待诏。得盛懋技法，善画金碧山水，界画楼台人物，赋色鲜明，著名于时。传世作品有《岁朝图》。

石星 （1538—1599）明山东东明人，字拱宸，号东泉。嘉靖进士。任吏科给事中。隆庆初疏言内臣放纵过甚，杖黜为民。万历初起故官，累至兵部尚书。日本侵朝鲜，朝鲜向明求援。他力主沈惟敬封贡之议，事败，夺职，旋下狱死。著有《东泉集》。

石珤 （？—1528）明直隶藁城（今属河北）人，字邦彦，号熊峰。成化进士，选庶吉士，授编修，屡谢病居家。正德初擢南京侍读学士，累官至礼部左侍郎。数谏武宗巡游，不报。正德十六年（1521），拜礼部尚书，掌詹事府。嘉靖三年（1524），以吏部尚书兼文渊阁大学士入参机务。为人清介刚直，与廷臣数争大礼，逆帝意。六年，为奸人所诬，罢去。有《熊峰集》。

石君宝 （1192—1276）元平阳（今山西临汾）人。一说姓石盏，名德玉，女真人。所作杂剧今知有十种，现存《秋胡戏妻》、《曲江池》、《紫云庭》三种。后一种一说戴善甫作。以《秋胡戏妻》最为有名。其作品描写下层妇女的痛苦和斗争，语言本色泼辣，风格近似关汉卿。

石天麟 （1218—1309）元顺州（今北京顺义）人，字天瑞。太宗时入宿卫，谙熟诸族语言，充中书省参佐，赐名蒙古台。从拔都西征，任断事官。1256年，出使海都，被拘留二十八年。归朝后，世祖命为中书左丞，兼断事官，辞不受。武宗即位，进平章政事。

石珪 （？—1223）蒙古国时泰安

新泰（今属山东）人。金末结寨自保，引兵人盱眙（今属江苏），收涟水忠义军，众拥为帅，呼为太尉。1219年，遣人抵寻斯干城（今苏联撒马儿罕），谒见成吉思汗。次年，降蒙。1221年，授山东行元帅，济、兖、单三州兵马都总管。1223年，授东平兵马都总管、山东诸路都元帅。领兵破曹州（今山东菏泽），旋兵败被金军俘杀。

石天禄　（1183—1236）蒙古国时泰安新泰（今属山东）人。石珪之子。珪死，袭为东平路元帅。1225年，宋将彭义斌攻大名及中山，他率兵俘获义斌，又败金将武仙，屡立战功，迁都元帅。1232年，从拖雷攻金。次年，破归德。1234年，改授征行千户，济、兖、单三州管民总管。1235年，从攻宋。旋因病致仕。

石天应　（约1162—1222）金蒙之际兴中永德（今辽宁朝阳南）人，字瑞之。木华黎南下攻金，率众迎降，授兴中府尹，从南征，命镇守燕京。后屡从木华黎，大小百余战，常身先士卒，善造战攻之具，其旌旗用黑色，人称“黑军”，累攻迁右副元帅。1221年，从木华黎攻陕西，升陕西河东路行台兵马都元帅。次年驻军河中，金人来攻，战死。

石琚　（1111—1182）金定州（今河北定县）人，字子美。天眷二年（1139）进士第一。自县令累迁吏部侍郎。大定二年（1162），擢左谏议大夫，奉命详定官制。上疏言正纪纲、近忠直、少不急之务诸事。旋迁吏部尚书。十七年，擢平章政事，封莘国公，寻拜右丞相。熟悉典章制度，能识举人材，颇得世宗重用。

石守信　（928—984）北宋开封浚仪（今河南开封）人。后周时累迁殿前都指挥使。与赵匡胤（宋太祖）相亲厚。陈桥兵变时，屯兵汴京，居中策应。宋初参与平定李筠、李重进之役。建隆二年（961）任侍卫亲军马步军都指挥使，释去兵权，仅留侍卫都指挥使虚名，出为天平节度使。性贪吝，专务聚敛，曾在洛阳驱使民夫建造崇德寺，不给工值，极为人民怨忿。

石延年　（994—1041）北宋应天宋城（今河南商丘南）人，先世居幽州（治今北京西南）。字曼卿，一字安仁。累举不第。真宗时为三班奉职，迁大理寺丞，上书请太后归政。历通判海州、秘阁校理、同判登闻鼓院。曾上《备边策》，又请联合唃厮啰及回鹘对付西夏。文风劲健，善诗，甚为欧阳修推重。有《石曼卿诗集》。

石化弼　（约1061—约1115）北宋越州新昌（今属浙江）人，字国佐，初名公辅。元祐进士。累迁殿中侍御史，建议汰除执政近臣子弟不习政事而为官者。为左司谏，论东南军政之弊，迁侍御史，陈苏杭造作局扰民，请稍罢进奉。大观二年（1108），为御史中丞，章数十上，劾罢蔡京，又请省减冗官，进兵部尚书兼侍读，又言花石纲病民。出知扬州。蔡京再相，被贬台州安置。

石普　北宋太原（今属山西）人。累迁内殿崇班。曾人川镇压李顺等起义。建议减赋税安事实上民生。咸平三年（1000），任川峡路招安巡检使，参预镇压益州王均起义。屡领兵与契丹、西夏作战，献《御戎图》、《军仪条目》、《用将机宜要诀》等，对部署边事务有建明。以功任河西军节度使，知河阳。大中祥符中，坐事安置房州。仁宗时，徙滁州安置。后分司西京，给第居蔡州。卒年七十五。

石泰 （1022—1158）宋道士。常州（今属江苏）人，字得之，号杏林，一号翠玄子。遇张伯端（即张紫阳），得授金丹之道。常以医药济人，不受其谢，惟愿病者植一杏树，久遂成林，人称之为“石杏林”。辑有《修真十书》，著有《还元篇》。

石恪 五代、宋初成都郫县（今属四川）人，字子专。后蜀亡，至汴京（今河南开封），曾为相国寺作壁画，授画院职，不就，仍乞回蜀。擅画佛道、人物，形象夸张。好作故事画，曾画《玉皇朝会》、《鬼百戏》等图，对豪门权贵多所讥刺。还绘有《田家社会》、《翁媪尝醋》等图，俱不传。

石遵 （？—349）十六国时期后赵国君。公元349年在位。石虎子。羯族。初封彭城公。后为大将军镇关右。虎死不久，杀弟石世自立。旋被冉闵废杀。

石祇 （？—351）十六国时期后赵国君。公元350—351年在位。石虎子。羯族。初封新兴王。冉闵杀石虎诸孙，建国号魏，他据襄国称帝，联合氐、羌等族攻冉魏，兵败。次年改称赵王。未几，被部将刘显所杀。

石勒 （274—333）十六国时期后赵的建立者。公元319—333年在位。上党武乡（今山西榆社北）人，字世龙。羯族。幼年随邑人行贩洛阳，曾为人力耕。被晋官吏掠卖为耕奴，与汲桑等聚众起义。后投刘渊为大将，重用汉族士人张宾，雄据河北，自称赵王，建立政权，史称后赵。太和元年末（329年初）灭前赵，取得北方的大部分地区，建都襄国（今河北邢台）。三年，称大赵天王。旋称帝，年号建平。

石崇 （249—300）西晋渤海南皮（今河北南皮东北）人，字季伦，小名乔奴。初为修武令，累迁至侍中。永熙元年（290），出为荆州刺史，以劫夺客商而积财产无数。与贵戚王恺、羊琇等争为侈靡，王恺虽得武帝支持，仍不敌。后谄事贾谧，为“二十四友”之一。八王之乱中，与齐王同结党，为赵王伦所杀。

石显 （？—前32）西汉济南（今属山东）人，字君房。宦官，少坐法腐刑，为中黄门。宣帝时，任尚书仆射。元帝即位，他与弘恭专权，曾谮前将军萧望之，迫其自杀。弘恭死后，代为中书令，权倾朝廷。谮杀待诏贾捐之、魏郡太守京房，迫令太中大夫张猛自杀，为公卿所畏惧。成帝初，迁为长信中太仆，失权，被丞相御史劾其旧恶，徙归家乡，途中病死。

石碏 春秋时卫国人。卫庄公有嬖妾所生子州吁，有宠而好武，庄公弗禁。他进谏，庄公弗听。其子石厚与州吁游，劝戒亦弗听。卫桓公十六年（前719）州吁杀桓公而自立为君，未能和其民。石厚向其父请教安定君位之法，他假意建议石厚从州吁往陈，通过陈桓公以朝觐周天子。旋请陈拘留两人，由卫使右宰丑杀州吁于濮(今安徽亳县东南)，又使其家宰孺羊肩杀石厚于陈。当时称他能“大义灭亲”。

石氏风流撷英

石氏先祖名为碏，
大义灭亲功不灭。①
石氏子孙爱朝歌，
淇县祖籍创基业。②
石申占星一天才，
甘石星经是奇学。③
后赵石勒立为王，
民族融合成一统。④
唯才是举莘国公，
知人石琚扬美名。⑤
柳邓三宝白莲兴，
伸张民意庙堂中。⑥
达开拜将王添翼，
冲锋陷阵真英雄。⑦
勤劳务实石通实，
实事求是中国风。⑧

注释：

①依据《元和姓纂》及《春秋公子谱》可知，春秋时，卫国有个大夫名叫石碏（què 鹊），其裔孙以祖父的字为氏，叫石骀仲，始有石姓，出自姬姓。他大义灭亲的故事，人们永远不会忘记。

②石氏子孙对朝歌很有感情，因为朝歌（今天的河南淇县）是他们祖先生活过的地方。

③石申（生卒不详），魏国人，战国时的天文占星家。与齐人甘德同时。所著《天文》八卷，后人把它与甘德的《星占》八卷合称为《甘石星经》。其中许多研究成果对今天的科研工作仍具有参考价值。

④石勒（公元 274—333 年），山西榆社羯人，十六国时，后赵的建立者，称赵王。在位期间，竭力提高羯人的地位，同时，重用汉人，促进民族的大融合。

⑤石琚，河北定县人，金朝大臣。官任丞相，常常为国相举人才，号为“知人”。被封为莘国公。

⑥石三宝（？—1795 年）、石柳邓（？—1797 年），清朝湘黔苗民起义首领。他们兴白莲教、整治贪官、出入官府庙堂如入无人之地，战术灵活，给腐败的政府军以狠狠打击，在农民起义军史上留下了光辉的一页。

⑦石达开（公元 1830—1863 年），广西贵县人，太平天国领导人之一，封为翼王。此人能征善战，少年英雄，攻城掠寨，所向披靡。

⑧石（shí）通“实”，人们办事都要求实，实事求是既是石家人应有的作风，也是中国人应有的作风。

中华百家姓

赵 钱 孙 李 周 吴 郑 王 冯 陈 蒋 沈 韩 杨
朱 秦 许 何 吕 张 孔 曹 金 魏 姜 谢 邹 苏
潘 范 彭 韦 马 方 任 袁 史 唐 薛 雷 贺 汤
罗 郝 常 于 傅 康 余 顾 孟 黄 尹 姚 邵 汪
毛 戴 宋 熊 董 梁 杜 贾 江 郭 林 钟 徐 邱
高 夏 蔡 田 胡 万 卢 丁 邓 石 崔 龚 程 陆
段 侯 武 刘 龙 叶 黎 白 赖 乔 谭 阎 易 廖
文 曾

崔 姓

——群隹过山脆声鸣，活泼轻盈有朝气

崔氏解密寻踪

(一) 姓氏字源

姓氏字源《说文》："崔，大高也。从山，隹声。"崔之本义当作高大。《诗·南山》："南山崔崔。"毛传："崔崔，高大也。"

(二) 寻根溯祖

崔姓来源比较纯正，主要出自姜姓，为炎帝神农氏后裔。据《唐书·宰相世系表》及《元和姓纂》等所载，相传炎帝神农氏是少典的儿子，因居住在姜水（渭水支流）之滨，于是以姜为姓。传至西周初年，有姜姓吕尚，字子牙，为官太师（武官名），也称师尚父。因辅佐武王灭商有功，被封于齐（在山东北部），为诸侯国，建都营丘（今山东淄博东北）。吕尚又俗称姜太公。姜太公有个儿子叫伋，周成王时为朝廷重臣，康王时为顾命大臣，死后谥号为齐丁公。齐丁公有个嫡子季子，本继齐国君位，却让位于弟叔乙，自己食采于崔邑（今山东章丘县西北的崔氏城），遂为崔氏。季子生穆伯，穆作生沃，沃生野。8 世孙天生杼，为齐正卿，有三子：子成、子明、子疆。其二子皆为庆父所杀，子明奔鲁，生良。其十五世孙意如为秦大夫，封东莱侯，有二子：业仲、牟。业，字伯基，汉东莱侯，居清河东武城。业生昱，为太常，封信侯。昱生绍，为襄国太守，封穆侯。绍生雅，为禄大夫，封動嗣侯。雅生忠，为杨州刺史。忠生泰，为骑常。泰始居歙县。……其后至后魏平东府咨议参军顗之子蔚，自宋奔后魏居荥阳，号郑州崔氏。崔氏子孙一直是齐国公卿之一，季子的8世孙崔杼曾一度执掌国政。后因崔氏在争权斗争中失败，子孙逃往鲁国（周分封的诸侯国，在今山东西南部，建都曲阜〈今属山东〉）。是为山东崔氏。

（三） 宗堂郡望

堂号 “噤李堂”：“噤李”是使李白不能开口吟诗。唐朝崔灏任尚书员外郎，游黄鹤楼，在楼上题了一首诗，文情俱佳。后来李白又游黄鹤楼，见到崔颢的诗，不敢再在楼上题诗了，只是吟道：“眼前有景道不得，崔灏题诗在上头！”

崔姓又以“清河”等为其堂号。

郡望 崔姓郡望主要有清河郡、博陵郡、荥阳郡等。

1. 清河郡。汉高帝置郡，治所在清阳（今河北清河东南）。相当今河北清河及枣强、南宫各一部分，山东临清、夏津、武城及高唐、平原各一部分地。东汉改为国，移治甘陵（今临清东）。

2. 博陵郡。东汉本初元年（公元146年）置郡，治所在博陵（今河北蠡县南）。西晋时置国，治所在安平（今河北安平县）。相当今河北安平、深县、饶阳、安国等县地。

3. 荥阳郡。三国魏正始三年（公元242年）分河南郡置郡，治所在荥阳（今河南荥阳县东北）。相当今河南省黄河以南，东至朱仙镇、西至荥阳、南至密县、洧川，及黄河以北的原阳县地。隋大业初复改郑州为荥阳郡。

（四） 家谱寻踪

山东·广云崔氏族谱四卷

藏地：中国科学院图书馆　日本　美国

（民国）崔汝璜　崔毓鑫等续修

1936年铅印本　四册

江苏泰兴·润东崔氏续修族谱八卷

藏地：国家图书馆

（清）崔敦文等修

清光绪二十七年（1901）世德堂活字本　十册

江苏海安·虎墩崔氏族谱

藏地：河北大学

（明）崔三锡纂修

明万历四十年（1612）木刻　清顺治间

补修本　八册

江苏镇江·润洲崔氏宗谱六卷

藏地：美国

（清）崔元鸣等修

清光绪八年（1882）慎德堂活字本　六册

江苏江阴·崔氏宗谱四卷

藏地：吉林大学

（清）崔纪龙等重纂

清光绪八年（1882）八行堂活字本　四册

江苏江阴·崔氏宗谱六卷

藏地：吉林大学

（民国）崔希圣重纂

1916年八行堂活字本　六册

浙江鄞县·崔氏重修庆源堂谱序一卷

藏地：浙江鄞县章村乡

清同治六年（1867）木刻本

浙江鄞县·四明章溪崔氏宗谱四卷

藏地：浙江鄞县章村乡

清光绪十五年（1889）木刻本

浙江鄞县·四明章溪崔氏宗谱四卷

藏地：浙江鄞县章村乡

清宣统元年（1909）木刻本

浙江鄞县·四明章溪崔氏宗谱四卷

藏地：浙江宁波天一阁文物保管所（存卷1—3）

（民国）周权纂修

1947年仁本堂木活字本

浙江鄞县·章溪崔氏积善堂宗谱不分卷

藏地：浙江宁波天一阁文物保管所

（民国）邵国卫纂修

1948年钞本　一册

浙江鄞县·章溪屏山崔氏宗谱十卷首一卷

藏地：浙江宁波天一阁文物保管所　浙江鄞县章村乡崔岙

（民国）崔前育　应廷赓等纂修

1930年敦耕堂木活字本　八册

浙江常山·定阳崔氏宗谱二卷

藏地：浙江常山县招贤乡招贤村

（民国）崔毅亘重修

1919年木刻本

浙江象山·崔氏家谱一卷

藏地：浙江象山县文管会

（清）蒋凰仪修

清宣统三年（1911）修　钞本

安徽黄山·太邑崔氏宗谱四卷

藏地：安徽省图书馆

（明）崔弘庵等纂修

明万历十六年（1588）刻本三册

安徽黄山·仙源崔氏支谱六卷首一卷

藏地：吉林大学

（清）崔衍祥重修

清宣统二年（1910）石永堂活字本　五册

安徽黄山·仙源崔氏支谱六卷

藏地：国家图书馆

（民国）崔祥奎等纂修

1913年敦本堂活字本　六册

安徽黄山·仙源崔氏惇叙堂支谱十卷首一卷末一卷

藏地：河北大学　安徽博物馆

（民国）崔涛修

1924年木刻本　十册

安徽黄山·仙源崔氏敦五堂支谱十卷首一卷末一卷

藏地：河北大学　安徽博物馆

（民国）崔森修

1928年木刻本　十二册

福建浦城·崔氏合修族谱十一卷

藏地：福建师大

（清）崔维城　崔映魁主修

清同治十一年（1872）浦城崔氏宗祠刊本

河南·项城崔氏族谱一卷

藏地：河南项城县档案馆

湖南宁乡·宁陵博陵崔氏续修族谱□□卷

藏地：湖南省图书馆（存卷首上、中）

（清）崔家彩　崔尊五修　崔家琳纂

清光绪元年（1875）刻本　一册

湖南宁乡·崔氏五修族谱二十五卷首二卷末一卷

藏地：湖南省图书馆（存卷首1、2，卷5，卷末）

（清）崔松圃　崔鹏举修　崔希祐纂

清光绪十五年（1889）活字本

湖南宁乡·崔氏七修族谱二十五卷首一卷末一卷

藏地：河北大学　湖南省图书馆（存一卷）　广东省中山市图书馆（存三卷）

（民国）崔尊高　崔黼荣总修

1912年木刻本

广东·南海沙头崔氏族谱十卷

藏地：日本　美国

（清）崔维亮等编

清光绪二十三年（1897）刊本十册

崔氏宗谱八卷

藏地：国家图书馆（二部）

（清）崔廷净等修

清光绪七年（1881）清河堂活字本　八册

崔氏宗谱不分卷

藏地：宁夏大学

（清）崔应榴纂修

清嘉庆十五年（1810）纂1922年铅印不

（五）字行辈份

清宣统二年崔琰修《崔氏族谱》，辽宁锦西崔姓一支字行为："封文显德，克永康祥。"1936年崔毓鑫等修《崔氏族谱》，河北庆云崔姓一支字行为："志朝启延，中首学裕，汝泽振峰，全。"

（六）迁徙繁衍

崔姓发源于山东省境，其后，在汉晋南北朝、隋唐这段漫长的时期里，一直是称盛于清河、博陵两郡之间的武城、安平两地。故历史上扬名显族的崔姓名人，几乎都出于这两个地方。于是，崔姓自汉代以后，就有以"清河"、"博陵"为两郡望。其间，崔姓还繁衍到了河南、陕西、山西、甘肃等省。西晋时讲究士族门第，崔姓为北方士族之首，被列为一等大姓"崔卢王谢"之首。唐初官员修订氏族志，仍将崔氏列为第一，唐太宗看了以后很生气，认为：崔氏早已衰微，既无显官，又无人才，不能列为第一。下令改以李氏为第一，皇后族长孙氏为二，崔氏列第三。其实唐代崔姓仍然显赫，曾有23人做过宰相。由上看来，在唐宋以前，崔姓主要是以北方的山东、河北、河南、山西、陕西、甘肃为其繁衍的地区。崔姓南迁始于唐代以前，但唐以后崔姓才大批南迁，主要分布于今天的江苏、安徽、浙江、江西等省。明清之际又有大批崔氏迁入辽东一带，以至今天朝鲜族中以“崔”为姓的相当不少。总之，历史上，崔姓也是我国一个比较典型的北方大姓。

（七） 适用楹联

□世推三虎；[①]人羡五龙。[②]

□八行称于众口；[③]
三相出诸一门。[④]

□慈父神君，民歌遍汲县；[⑤]
清风高节，师表出增城。[⑥]

□中年式才号大儒；[⑦]
少小博学通百家。[⑧]

□教民纺织留芳远；[⑨]
立石直笔播誉长。[⑩]

□秉仁岳峻；动智渊明。[⑪]

□晴川历历汉阳树；
芳草萋萋鹦鹉洲。[⑫]

注释：

①指唐代中书舍人崔琳、及其弟太子詹事崔珪、光禄卿崔瑶三弟兄，俱列肇棨戟，世号“三虎”，又号“三戟崔家”。

②崔姓名人崔玄晖等人的事典。

③宋代密州文学崔贡，字迁硕、仁和人。谦虚谨慎，学识渊博。大观中诏天下郡县保任士有孝弟睦嫲任邱中和八行者，贡入太学，司成考验以闻，后授密州文学以卒。乡人都尊称为“八行先生”。

④唐代中书舍人、封魏国公崔铉一门三相。

⑤汉代官吏崔琼的事典。

⑥宋代观文殿大学士崔与之的事典。崔与之，字正子，增城人。业绩卓著。谥清献，有《菊坡集》。

⑦东汉官吏、文学家、书法家崔瑗（78—143），字子玉，涿郡（今河北平安）人。十八岁进京师，精通天文、历数等，后举式才，被荐为宿德大儒，政绩突出，升迁济北相。

⑧东汉文学有崔駰（？—92），字亭伯，涿郡（今河北平安）人。十三岁时便精通《诗》、《易》、《春秋》，博学多才，尽通训诂、百家之言。后官至司徒。

⑨东汉尚书崔定（？—约 170），字子真，一名台，字元始，是著名的政论家，桓帝时任议郎，后迁司马，出为五原太守，教民纺织。其代表作有《政论》，对当世大胆抨击，为时人称颂。

⑩后魏司徒崔浩，字伯渊，清河人。诏总理史务，监秘书事，作国书三十卷，立石以彰直笔，因暴露“国恶”，而遭灭族之灾。

⑪后魏太中大夫崔敬邕碑文联句。

⑫唐代“才高八斗”的大诗人崔灏（？—754）《黄鹤楼》诗中联句。崔灏，汴州（今河南开封）人。开元进士。曾官太仆寺丞、司勋员外郎。《黄鹤楼》一诗。甚为李白所推崇。李白《登黄鹤楼》诗中有句云：“眼前有景道不得，崔颢有诗在上头”。有《崔灏集》。

崔氏名人集粹

崔述 大名（今属河北）人，清

代著名历史学家，乾隆举人，曾做过知县。后潜心于经书的辨伪、考信的研究，对近代史学界怀疑古书古事的风气有很大的影响。

崔蔚林 （1635—1687）清直隶新安（今属河北）人，字定斋，一字夏章。顺治进士。由庶吉士授检讨。后历官宏文院侍读，翰林院侍读学士、侍讲学士等。曾从熊赐履、孙奇逢游。精研诸经，尤潜心于《易》。曾著书论述致知格物说，反对朱王之论。认为义利、毁誉、死生是治学大关。著有《易经讲义》、《四书讲义》、《易解》等。

崔子忠 北海（今山东莱阳）人，明代著名画家，居顺天府（今北京市），擅事人物、仕女。规摹晋唐，参酌五代周文矩，细描设色，衣纹稠叠，多用战笔，而形象生动。兼工肖像画。与陈洪绶齐名，有"南陈北崔"之称。

崔儒秀 （？—1621）明陕州（今河南陕县）人，字徵初。万历进士。历户部郎中，迁开原兵备佥事。时开原已被后金军攻陷，他募壮士携家而行。天启元年（1621），后金军围攻辽阳，他率部守东城，兵败自杀。

崔彦辉 元代著名书画家。

崔斌 元朝名臣，思维敏捷，才华横溢，深得元世祖的信任。曾任河南行省事，元十五年升任中书左丞（相当于副丞相）。他不仅智勇双全，"而达政术"而且其秉性刚直不阿，为官清廉，敢与横行不法，蠹国渔民的权奸作坚决斗争。后被权倾朝野的奸臣阿合马设计害死，酿成一桩震动朝野的大案。1308年武宗即位，冤案平反，并被推为忠保节功臣、太傅、开府仪同三司，追封郑国公，谥"忠毅"。

崔立 将陵（今山东德州）人，金末自称太师、军马都元帅、尚书令、郑王。

崔敦诗 （1139—1182）南宋通州静海（今江苏南通）人，字大雅。敦礼弟。绍兴进士。孝宗时，历崇政殿说书、中书舍人，仕至侍讲兼直学士院。文才敏赡，奉命增损更定吕祖谦《文鉴》。著作今存《玉棠类稿》、《西坦类稿》。

崔敦礼 （？—1181）南宋通州静海（今江苏南通）人，字仲由。绍兴进士。仕至诸王宫大小学教授。爱溧阳山水，遂买田筑居。有《宫教集》、《刍言》。

崔白 濠梁（今安徽凤阳县）人，北宋著名画家，擅画花竹、禽鸟，尤工秋荷凫雁。注重写生，精于勾勒填彩，笔迹劲利如铁丝，设色较淡，改变了宋初以来画院流行的黄筌父子浓艳细密的画风。王安石曾作诗赞扬他"莫道今人不如古"。

崔善为 唐贝州武城（今山东武城西北）人。善天文算历，任文林郎。又善于断狱。隋仁寿中，迁楼烦郡司户书佐。后随李渊起兵反隋，任大将军府司户参军，封清河县公。武德时，任内史舍人、尚书左丞等职。奉高祖命考校傅仁均、李淳风所撰律历，多有驳正。贞观初，任陕州刺史，人为大理，司农二卿，又出秦州刺史。

崔道融 唐荆州（治今湖北江陵）人，自号东瓯散人。曾为永嘉令，后官右补阙。唐末避战乱入闽。与司空图为诗友。诗多五、七言绝句。《全唐诗》存其诗一卷。

崔元略 （？—832）唐博陵（治今河北安平）人。进士擢第。元和时，任京兆尹、左散骑常侍。长庆时，以与宰相崔植素有私憾，出为黔南观察使、鄂岳都团练观察使，又人为大理卿。宝历初，复为京兆尹，兼御史大夫。因误收赦免贷钱一万七千贯，削去兼职。后任户部尚书、义成军节度使等职。

崔灏 汴州（今河南开封市）人，唐代大诗人，曾官至司勋员外郎。相传大诗人李白游黄鹤楼时，见崔灏所写的《黄鹤楼》诗后，钦服之极，赞叹道：眼前有景道不得，崔灏题诗在上头。”

崔护 唐代诗人，博陵安平（今属河北）人，贞元进士，曾官至岭南节度使。曾作《题都城南庄》诗，即世所传“人面桃花”故事所本。

崔国辅 山阴（今浙江绍兴）人，一作吴郡（治所在今江苏苏州市）人，曾官至集贤直学士、礼部郎中。

崔义玄 贝州武城（今山东武城西）人，官任婺州刺史。

崔浩 清河东武城（今山东武城西）人，敢用“直笔”修史的政治家，曾官至司徒。明元帝时参与军国重事，崔氏为北方士族之首。他对北方士族人物，多所荐拔。后因在修史中暴露“国恶”被遭灭族之灭，其宗族与亲戚范阳卢氏、太原郭氏、河东柳氏，都遭灭门之祸。

崔悦 十六国时后赵书法家。

崔悛 清河东武城（今山东武城西）人，被誉为“胸中贮书万卷”著名学者。

崔宏 清河东武城（今山东武城西）人，官至吏部尚书，曾执掌机要，参与草创过各种制度。

崔鸿 鄃（今山东平原）人，史学家，仕魏为中散大夫，以本官修辑国史，后迁黄门侍郎，加散骑常侍、齐州大中正。撰有《十六国春秋》。

崔林 清河东武城（今山东武城西）人，三国时在曹魏朝廷上封侯拜相。

崔骃 涿郡安平（今属河北）人，东汉时被誉为“儒家之林”的大才子，少与班固、傅毅齐名。窦宪为车骑将军，以他为府掾，后改主簿，著有《达旨》等作。其子书法家崔瑗，官至济北相。工章草，以点画精微、神变无碍而著称。后人称为“草贤”。著有《草书势》。

崔寔 著名的政治评论家，官至尚书。曾对当时“政令垢玩，上下怠懈，风俗凋敝，人庶巧伪”进行大胆的抨击。著有《政论》一书，流传甚广。

崔意如 秦代被封为东莱（今山东掖县一带）侯的崔氏15孙，他的长子崔业到西汉时继封为东莱侯，居住在清河郡（今河北清河、山东临清一带）。

崔氏风流撷英

崔氏先祖源季子，

让爵食采于崔邑。[①]
东汉文学有崔骃，
小小少年通诗易。[②]
文学书法皆兼备，
记箴铭碑留真迹。[③]
针砭时弊著政论，
关心时政好典籍。[④]
山东高唐出崔鸿，
十六国史写春秋。[⑤]
慷慨豪迈诗风变，
崔灏七律黄鹤楼。[⑥]
崔述主撰考信录，
考经究典提难疑。[⑦]
群隹过山脆声鸣，
活泼轻盈有朝气。[⑧]

注释：

①依据《唐书·宰相世系表》，崔氏的先祖应是季子，他是周朝时齐国国君丁公伋的王子。把自己当继承的爵位让给叔乙，自己食采于崔邑，古崔邑在今山东省章丘县西，其后人以邑为氏，遂有崔氏。

②崔骃（？—公元 92 年），河北安平人，东汉文学家，博学多才，尽通百家之言，与班固、傅毅齐名，此人十三岁即通《诗》、《易》、《春秋》，堪称天才。③崔瑗（公元 78—143 年），东汉文学家、书法家，善于文辞，尤善书，有记、箴、铭、碑留下真迹。

④崔寔（shí）（？—约公元 170 年），崔瑗之子，官至尚书，东汉政论家，其代表作为对当世大胆抨击的《政论》，少好典籍。著碑、论、适于箴铭、答、七言、词、文、表、记、书凡十五篇。

⑤崔鸿（生卒不详），山东高唐人，北魏史学家。官至大中正。撰《十六国春秋》一百卷，附序例、年表二卷，以传记体例记述十六国诸多割据政权事，颇具历史价值。

⑥崔灏（？—公元 754 年），河南开封市人，唐朝诗人，官至司勋员外郎。早期诗，多写闺情，流于浮艳，后赴边塞，诗风转变，慷慨豪迈，七律《黄鹤楼》一诗，李白自叹弗如。

⑦崔述（公元 1740—1816 年），河北大名人，清朝考据学家。乾隆时举人，著述三十余种，主撰《考信录》，对《诗》、《书》、《易》、《论语》以外的先秦古籍都提出很多疑问。

⑧崔（cuī），从山从隹，隹（zhuī）是短尾鸟的总称。崔，从字形上看，是群鸟过山的状况；从字音上听，崔通脆，是鸟的叫声，其意思催促而过。崔者，办事干脆利落，不拖泥带水，有益无害。

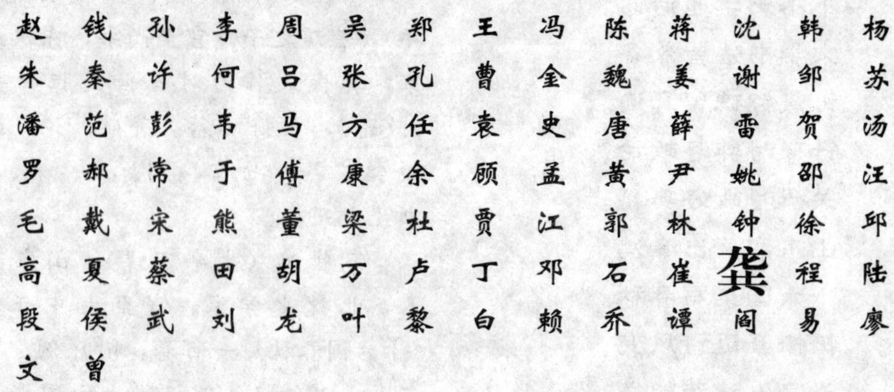

中华百家姓

赵 钱 孙 李 周 吴 郑 王 冯 陈 蒋 沈 韩 杨
朱 秦 许 何 吕 张 孔 曹 金 魏 姜 谢 邹 苏
潘 范 彭 韦 马 方 任 袁 史 唐 薛 雷 贺 汤
罗 郝 常 于 傅 康 余 顾 孟 黄 尹 姚 邵 汪
毛 戴 宋 熊 董 梁 杜 贾 江 郭 林 钟 徐 邱
高 夏 蔡 田 胡 万 卢 丁 邓 石 崔 龚 程 陆
段 侯 武 刘 龙 叶 黎 白 赖 乔 谭 阎 易 廖
文 曾

龚 姓

——通经致用璱人倡，万马齐喑时不逢

龚氏解密寻踪

（一） 姓氏字源

《说文》：“龚，给也。从共，龙声。”段玉裁注：“《系部》曰给，相足也。此与《人部》供音义同，供行而龚废矣。”龚之本义即供给。

（二） 寻根溯祖

龚姓来源有七：

1. 出自黄帝之臣共工氏的后裔。据《元和姓纂》等有关史料所载，相传上古时期，共工氏（炎帝的后代）是一个几乎与黄帝的姬氏之族分庭抗礼的显赫家族。在黄帝时为水官，因治水有功，被奉为社神。尧时为大臣，试授工师之职，后与驩兜、三苗、鲧并称为“四凶”，被圣君虞舜流放到幽州（今河北北部及辽宁一带），其后有一支开始以单字“共”为整个家族的姓氏。是为河北、辽宁龚氏。

2. 出自古共国之后，据《通志·氏族略》等书所载，共，亦作恭，商代诸侯国，今河内（今属河南）共城，一说在今甘肃泾川县北。因侵犯周而受文王姬昌的讨伐。共国灭亡后，其子孙以国为氏，就是共氏。是为河南或甘肃龚氏。

3. 出自姬姓，为共伯和之后。据有关史料所载，西周后期的周厉王贪婪暴虐，是历史上有名的暴君。他的严刑酷法，逼得国人奋起反抗，把他赶出国都，这就是著名的“国人暴动”。当时有一个王室贵族叫姬和，被封于共（今河南辉县），为伯爵，称为共伯和。他品行高尚，爱惜百姓，在诸侯中很有威信，公元前 841 年厉王被赶出国都以后，诸侯便推举他代行天子的权力，史称“共和行政”，这也是中国历史上有确切纪年的开始。14 年后，厉王太子静长大成人，共和就把政权归还给他，立他为周宣王，自己仍回到共国。共国一直延续到春秋时代，后来子孙以国名为姓氏，称共氏。是为河南龚氏。

4. 也出自姬姓，为晋献公的后裔。据《尚友录》等所载，春秋时，晋国（西周时分封的同姓诸侯国，在今山西西南部，晋献公时迁都绛〈今山西翼城东南〉）当朝的是晋献公，他有个太子叫申生，因夫人齐姜早死，便又另立骊姬为夫人，生有奚齐。骊姬为了使自己亲生的儿子奚齐当太子，就在太子申生送来的祭肉中放毒，栽赃诬陷太子申生要害死献公。申生生性厚道，恭敬孝顺，最后以自杀表示对父王的忠心。献公死后，奚齐继承了王位，称晋惠公。奚齐即位以后，便给哥哥加谥号为“恭君”。因古代“恭”即“共”，古时同音通用，申生的后代以谥号为姓氏，也称共氏。是为山西龚氏。

5. 仍出自姬姓，为春秋时郑武公的儿子共叔段的后代。据《左传·隐公六年》及《元和姓纂》、《史记·郑世家》等史料所载，春秋时，郑武公的妻子武姜生大儿（庄公）时难产，所以武姜不喜欢庄公；后来生小儿子叔段时很顺利，因此就特别喜欢叔段。郑武公病重时，武姜想让叔段继承王位，于是就请求郑武公废长立幼，武公没有答应还是让他继承王位为郑庄公，当了郑国国君。武姜又请示把制（今河南汜水）作为叔段的封邑，庄公不答应。后来就把京城（今河南荥阳）封给了叔段，号称京城太叔。叔段在自己的封地上不断扩充势力，并与姜氏内外勾结，企图夺取政权。庄公对弟弟的行为看在眼里，却不动声色，故意让叔段暴露自己的野心，引起国人对他的不满。叔段以为哥哥软弱可欺，便同母亲约好日子，准备起兵袭击庄公。庄公得到消息后，便命令子封率兵车 200 乘讨伐叔段，在鄢（今河南鄢陵）把叔段打得大败。叔段逃到共（今河南辉县），当时在郑国境外，称为共叔段，其后代，或以“段”为氏，或以“共叔”为氏，也有以“共”为氏的。是为河南龚氏。

6. 五代十国时，后晋（建都汴〈今河南开封〉，936—946 年）皇帝叫石敬瑭，为避名讳，“敬”氏改为同义的“恭”氏，后又改为“龚”氏。是为河南龚氏。

7. 出自姬姓，为翁氏所分。据《元和姓纂》所载，西周初年，昭王（公元前 966—948 年）的支庶子孙受封于翁山（在今浙江定海县），后以邑为氏名“翁”氏。又据《六桂堂业刊》

所载，宋初有福建泉州人翁乾度，生有6个儿子，分姓洪、江、翁、方、龚、汪六姓。其中第5个儿子分姓龚，其子孙也姓龚。兄弟6个皆望族之家，故有“六桂联芳”之誉。是为福建龚氏。

共氏之所以改为龚，据《万姓统谱》及《古今姓氏书辨证》等所载，共氏后来有一部分为了避仇，便分别巧妙地改变了自己的姓氏，有的在原来姓氏“共”的左旁加上三点水，变成了洪氏；有的则在共字的上面加上一个龙字，成为龚氏。至于“共”氏何时改为龚氏，据有关学者考证，共氏在春秋战国、秦时一直存在，改为龚氏，很可能在西汉初共敖（秦时人）之子共尉之后。由此可见，长久以来在我国各地一直都是族大人众、很有名气的龚、洪二姓，实际上根本就是系出一源的同一家人。

（三） 宗堂郡望

堂号 “中隐堂”：宋朝时候龚宗元当句容县令。他在破案、挖捕藏犯、追捕逃犯上，像神仙一样。一次，杨弘（隋文帝的弟弟，封河间王）捧着皇帝给他当钦差大臣的圣旨到各处检查工作。杨弘为政最酷苛，可是他到句容边境，却对人说：“这里已被龚先生治理得很好啦。我再去，不是徒找麻烦打扰他吗?”于是没入境就到别处去了。龚宗元官到都员外郎。退休后建了一座“中隐堂”。朝野上下都赞他是“耆德”（年高有德）。

龚姓还以“六桂”为其堂号。

郡望 龚姓郡望主要有武陵郡、六桂等。

1. 武陵郡。汉高帝置郡，治所在义陵（今湖南溆浦南）。相当今湖北长阳、五峰、鹤峰、来凤等县，湖南沅江流域以西，贵州东部及广西三江、龙胜等地。东汉移治临沅（今湖南常德市西）。

2. 六桂。即为“六姓联芳”之誉称，分布于古时的泉州。泉州，隋开皇九年（公元589年）改丰州始置州，治所在闽县（今福州市），相当今福建全省。后改为闽州。唐景云二年改武荣州置州，治所在晋江（今泉州市）。

（四） 家谱寻踪

上海嘉定·疁城龚氏族谱五卷

藏地：上海嘉定县博物馆

清康熙三十一年（1692）钞本

浙江杭州·龚氏族谱不分卷

藏地：首都图书馆 中央民族大学 河北大学

（清）龚自闳修

清同治十年（1871）木刻本二册

浙江杭州·龚氏世谱

藏地：中央民族大学

（清）龚廷谔编

钞本 一册

浙江杭州·龚氏家谱

藏地：中央民族大学

钞本 四册

浙江余姚·姚江梅川龚氏宗谱十七卷首一卷末一卷

藏地：浙江慈溪县文管会

清光绪十一年（1885）崇本堂刻本

浙江鄞县·鄞邑沙港龚氏宗谱十

卷首一卷末一卷

藏地：浙江宁波天一阁文物保管所

清光绪三十四年（1908）惠爱堂木活字本　一册

浙江鄞县·鄞邑莼湖龚氏宗谱三十卷首一卷末一卷

藏地：浙江宁波天一阁文物保管所（存卷首、卷1—25）

（清）龚光臣　龚尊孟等纂修

清光绪三十四年（1908）宝德堂木活字本

浙江鄞县·鄞邑莼湖龚氏宗谱三十卷首一卷

藏地：浙江宁波天一阁文物保管所

（民国）龚尊瑗　龚圣治等纂修

1936年宝德堂木活字本　十二册

浙江象山·龚氏宗谱一卷

藏地：浙江象山县文管会

（民国）苏鋆重修

1927年钞本

浙江上虞·古虞龚氏宗谱三卷

藏地：国家图书馆

（清）龚锡华修　张澥等纂

清光绪二十七年（1901）奇桂堂活字本二册

浙江兰溪·蛟湖龚氏宗谱八卷

藏地：浙江兰溪县新周乡（缺卷3）

清光绪十五年（1889）木刻本

浙江·兰溪龚宗谱四卷

藏地：浙江兰溪县游埠区龚家村

（民国）龚启源纂修

1913年木刻本

浙江兰溪·大园龚宗谱六卷

藏地：浙江兰溪县高潮乡缸窖村

1933年木刻本

浙江兰溪·凤林龚氏宗谱八卷

藏地：浙江兰溪县高潮乡皂洞口

1941年木刻本

浙江义乌·松门龚氏总谱十卷

藏地：国家图书馆　中国社会科学院历史研究所图书馆

（民国）龚琛　龚世烈等编辑

1924年活字本

浙江义乌·松门龚氏宗谱不分卷

藏地：浙江常山县青石乡湖山村（存三十二册）

1924年本刻本

浙江义乌·松门龚氏复振祠宗谱三十卷

藏地：国家图书馆（缺卷30）

（民国）龚启坤等修

1947年活字本

安徽·合肥龚氏宗谱八卷首一卷次一卷世表一卷附一卷

藏地：辽宁省图书馆　安徽省图书馆

（清）龚照昕　龚彦绪等纂修

清光绪十六年（1890）福寿堂木活字本

福建·福州通贤龚氏支谱三卷

藏地：国家图书馆（二部）　人民大学　福建省图书馆　日本　美国

（清）龚葆琛编纂

清光绪九年（1883）刻本

福建·福州通贤龚氏宗谱三卷

藏地：吉林大学

（清）龚镠续修

清光绪三十二年（1906）刻本二册

江西南昌·高田龚氏族谱六卷
藏地：日本　美国
（清）龚世溥等续修
清光绪七年（1881）惇本堂木活字本

江西清江·龚氏十五修族谱不分卷
藏地：江西师大
（民国）龚国享主修
1936年木刻本

湖北新洲·龚氏宗谱二十七卷首一卷末一卷
藏地：湖北新洲县幸福乡仿子村
（民国）龚安亨　龚常藻创修
1921年木刻本

湖北崇阳·龚家乘十三卷首二卷附录一卷
藏地：湖北崇阳县华陂乡华陂村
（民国）龚村容编辑
1938年刊本

湖南湘潭·中湘龚氏族谱十三卷首一卷
藏地：湖南省图书馆
（清）龚先法纂修
清光绪十三年（1887）木活字本十五册

湖南湘乡·鹏山龚氏族谱□□卷
藏地：湖南省图书馆（存卷12）
（清）龚倡潢　龚大邑等纂修
清道光八年（1928）活字本

湖南·石门龚氏永隆公祠始修族谱六卷
藏地：国家图书馆　河北大学
（民国）龚风暹　龚棠倦纂修
1935年北平大成印书社铅印本六册

四川崇庆·龚氏族谱四卷
藏地：河北大学　四川省图书馆
（清）龚希飏　龚慎修等纂修
清光绪十六年（1890）刻本四册

四川长寿·龚氏族谱一卷
藏地：四川长寿县沙石乡河清村罗家湾
钞本

四川宣汉·龚氏宗谱六卷
藏地：四川宣汉县西北乡十一村
（清）龚堪宇重修
清光绪二十二年（1896）木刻本

四川宣汉·龚氏宗谱六卷
藏地：四川宣汉县档案馆
木刻本

龚氏谱略一卷
藏地：江西省图书馆
（清）龚自谦纂注
清乾隆三十一年（1776）忠孝堂刊本　一册

龚氏三修族谱□□卷
藏地：江西省图书馆（存卷15）
（清）龚氏修谱局纂修
清乾隆四十六年（1781）木活字本

龚氏族谱□□卷首一卷
藏地：江西省图书馆（存卷首、卷1、8、14、15、20）
（清）龚氏惇睦堂纂
清宣统元年（1909）木活字本

龚氏十四修族谱
藏地：国家图书馆
（民国）龚克刚等纂修
1914年活字本　四册

龚氏宗谱三十二卷

藏地：国家图书馆
(民国) 龚大标等纂修
1916 年活字本　三十二册

(四)　字行辈份

1916 年龚维忠纂《龚氏族谱》，上海南汇县川沙龚姓一支字行为："云台丕显文，炳志仁大可。"

(五)　迁徙繁衍

虽然龚氏发源地多处，但大都以北方的华北地区为主要发祥地；又因最早的龚氏是出自共氏部分族人，故今天的中国龚姓人家要寻找其家族之正宗，恐怕是很难的。其具体播迁的情形，因史料缺乏，今难以详考。龚姓大致上说来，早期主要繁衍于华北的山东、河南、山西、河北及辽宁等省境。汉后，龚姓跟他们谊属兄弟的洪姓一样，是以我国南方的江苏、四川、湖南、湖北、安徽、江西等为主要的繁衍地带。魏晋南北朝时，已成为湖南、湖北一带望族。故龚姓历史上就有唯一的一大郡望，即武陵郡。换言之，历史上，我国南方各地的龚姓多出自武陵郡龚氏的后裔。迄唐宋，龚姓便大举繁衍称盛于我国江南广大地区，主要繁衍于今江苏、福建、浙江、广东等省。其中，福建、广东境的龚姓宗族皆以南宋淳熙年间参知政事（副宰相）龚茂良（莆田人）为其始祖。据《福建通志》所载，龚茂良的 4 世孙龚庄有四子：长子龚英居荆山，其后代有的又迁居安海；次子龚沼居晋江沙堤，其后有的又迁居安溪；三子龚徒居福州城内梅枝里；四子不知迁徙于何处。特别是宋初，又有翁氏改姓龚姓的，使得龚姓在福建的分居再度增多，从开始就成为当地一大望族，并以"六桂"为其堂号。明、清遍及全国各地。由此看来，历史上，龚姓是我国一个较典型的南方姓氏。

(六)　适用楹联

□姓启炎帝；望出武陵。
□安车不征，孝廉不就；[①]
　易剑买犊，卖刀买牛[②]。
□偷闲颇异凡夫法；
　著书先成不朽功[③]。
□读书先审器；稽古有遥源[④]。
□抚循异迹；[⑤]行谊纯修[⑥]。
□鱿跃清波彻；莺啼众缘深[⑦]。
□天问有灵难置对；
　阴符无效勿虚陈[⑧]。
□耆德并三老[⑨]；山水列八家[⑩]。

注释：

①汉代名人龚胜的事典。龚胜，彭城人。他曾三次被任为孝廉，辞而不就。

②汉代水衡都尉龚遂的事典。龚遂，字少卿，刚毅有大节。宣帝初，渤海盗贼并起。帝以遂为渤海太守。遂劝民务农桑。有带刀剑者，使卖剑买牛，卖刀买犊，郡遂大治。

③清代思想家、文学家龚自珍(1792—1841)诗文句联。龚自珍，一名巩祚，字璱人。号定盦，浙江仁和(今杭州)人。道光进士，官礼部主事。学识渊博，他提倡"通经致用"，强调万事万物都处在变化之中。散文自成一家；诗瑰丽奇肆、有"龚派"

之称。

④见注③。

⑤参见注②。

⑥指宋代学才龚郯。龚郯，字墨伯，著名理学家朱熹的弟子。

⑦清代画家龚贤（1618—1689）撰书联。龚贤，号半亩等，又名岂贤，昆山人。能诗，善画山水，为八家之一。有《画诀》、《香草堂集》。

⑧龚自珍《秋心》诗句联。见注③。

⑨宋代都官员外郎龚宗元，与程道、程之奇，皆以德高望重著称于世，吴人谓之“三老”。

⑩见注⑦。

龚氏名人集粹

龚景瀚　（1747—1802）清福建闽县（今闽侯）人，字惟广，一字海寿，号海峰。乾隆进士。著有《澹静斋文钞·外集·诗钞》等。

龚午亭　清江苏东台人。咸丰、同治年间扬州评话演员。初在东台说书，后在扬州演出达三十年。以演说《清风闸》著名。

龚裕　清江苏清河（今清江）人，字惇夫，号月舫。嘉庆进士。道光二十七年（1847）由清河道迁直隶按察使，后升山西巡抚。改调湖北，兼署湖广总督。咸丰二年（1852）洪秀全率太平军攻下武昌，他因镇压失败，褫职。仍留湖北差委，旋遣戍新疆军。

龚积柄　（1876—?）安徽合肥人，字伯衡。清末举人。

龚得树　（?—1861）即龚得、龚德树。清安徽亳州雉河集（今属涡阳）人。外号龚瞎子。咸丰初与张乐行等结捻起事。后聚众万余人，占河南永城。五年（1855）捻军集会盟，他领白旗。足智多谋，屡败清军。七年，同张乐行率捻军与太平军会师于霍丘、六安间，接受太平天国领导。十年，随陈玉成部西征，在湖北罗田松子关战斗中牺牲。

龚翔麟　（1643—1704）清仁和（今浙江杭州）人，清代著名诗人。字天石，号蘅圃，晚号田居。康熙副贡生。由工部主事历迁至御史。工诗词，与朱彝尊、李良年、李符、沈皞日、沈岸登称“浙西六家”。著有《田居诗稿》、《红藕山庄词》。

龚贤　今江苏昆山人，寓居南京，著名画家，工山水，兼工诗文、书法。其画浓郁苍润，行草雄奇奔放。为“金陵八家”之一。

龚得　安徽亳州（今亳县）人，清末捻军将领，1855年（咸丰五年）与张乐行在雉河集会盟，领白旗。后与太平军陈玉成、吴如孝等联合作战，智勇兼备，屡破清军。1861年从陈玉成西征，在罗田松子关战斗中牺牲。

龚琴徽　武进（今属江苏）人，著名女画家，以工画蛱蝶著称。

龚自珍　浙江仁和（今杭州）人，龚姓历史上最杰出的人物，著名的思想家、文学家，12岁从外祖父、著名文字训诂学家和经学家段玉裁受《说文》之学。后又博览群书，通晓经学、文字学、历史、地理等各方面学识。为今文经学派的重要人物。道光年间举为进士，官至礼部主事。当林则徐赴广东查禁鸦片时，他曾预见英国可能侵犯，建议加强战备。在哲学上强调事物的发展变化，极力倡导变革。其诗、文都有较高的成就。

龚春台　湖南浏阳人，哥老会首领、反清英雄1900年（光绪二十六年）参加自立军，后在同盟会的推动下，将所属哥老会改名洪江会。1906年在萍乡、浏阳等地发动了矿工、农民起义，称中华国民军南军革命先锋队都督，发布檄文，揭举清政府十大罪恶，提出“平均地权”。1911年武昌起义，率众呼应，自称“北伐义军”，旋病死。

龚廷贤　今江西金溪人，明代著名医学家。

龚之尹　澧州（今湖南澧）人，明代著名史学家。

龚开　淮阴（今属江苏）人，宋末元初著名的画家擅画人物，用笔雄健简练，尤画钟馗著名。工画马，兼善山水，亦能诗文。

龚茂良　兴化军（治今福建莆田）人，南宋时莆田龚氏的代表人物，南宋淳熙年间参知政事（副宰相），是孝宗时的名臣。福建、广东的龚氏族人大多以龚茂良为始祖。

龚原　北宋处州遂昌（今属浙江）人，字深之（一作深父）。嘉祐进士。少与陆佃同师王安石。元丰中，为国子直讲，助安石改革学校法，颇为尽力。哲宗即位，历国子丞、太学博士。绍圣初，为国子司业，请刊刻安石《字说》、《洪范传》等，为学校举子所尊从。又自著《周易新讲义》，并行场屋。徽宗时官至兵部、工部侍郎。后与陆佃同入元祐党籍，卒年六十七。

龚鼎臣　（1010—1087）北宋郓州须城（今山东东平）人，字辅之，号东原。景祐进士。知渠州，倡文教，兴郡学。擢起居舍人、同知谏院，多所谏正。为户部员外郎兼侍御史知杂事，上书建议减汰滥官，销弥冗兵，节省财用，禁止奢靡。英宗初立，屡请曹太后还政。熙宁初，知兖州，八岁不迁。后判太常寺，元丰末致仕。著有《东原录》等。

龚颐正　南宋处州遂昌（今属浙江）人，原名惇颐，避光宗讳改，字养正。嘉泰间，曾为秘书丞、实录院检讨官，预修孝宗、光宗实录。著有《芥隐笔记》、《续释常谈》。

龚明之　（1091—1182）南宋苏州昆山（今属江苏）人，字希仲（一作熙仲），号五休居士。年六十始举乡贡，以荐监南岳庙。年八十致仕。以孝行著名于乡里。淳熙五年（1178），乡人请于朝，授宣教郎。著有《中吴纪闻》。

龚慎仪　邵武（今属福建）人，初仕南唐，后随南唐后主李煜归北宋，其后子孙几代都为宋代有名的人物。唐宋时，龚氏因主要在江南发展，故此时名人也多出于此地。

龚胜　彭城（今江苏徐州市）人，西汉末年时以好学明经与崇高名节而见称的，汉哀帝时，曾三举孝廉，任谏官时数次上书议论朝政，后因王莽篡权而归隐乡里。王莽数次遣使找他，要拜他为上卿，而他却在“吾受汉厚恩，岂以一身事二姓哉”的感叹中，

绝食而死。

龚舍 武原（今江苏邳县）人，官至谏议大夫哀帝时为龚胜推荐，任谏议大夫。通五经，以《鲁诗》教授门人。后与龚胜一同归里。龚胜与龚舍均以名节著称，也谓之“楚两龚”。《汉羽》有《两龚传》。

龚宽 洛阳（今属河南）人，西汉时著名画家，能画人物，尤工牛马飞鸟。

龚遂 山阳南平阳（今山东邹县）人，是见于史籍记载的第一位很有名望的龚姓人士，西汉时任渤海太守，敢于谏诤。在任渤海太守时，因附近各郡遭饥荒而激起农民纷起反抗，他开仓借粮，奖励农桑，狱讼减少，农民归田。后世把他与黄霸作为封建“循吏”代表，合称“龚黄”。

龚氏风流撷英

望出武陵本姓宗，
共氏避难始为龚。[①]
荆楚梦道称仙范，[②]
渤海亦卿遗清风。[③]
抚循异迹政绩显，[④]
龚郏学理修谊行。[⑤]
大汉遗民甘就死，[⑥]
横波侍史画亦闻。[⑦]
淮阳翠岩笔健雄，
喜作墨鬼扫邪凶。[⑧]
半亩园中创一格，
金陵八家柴丈人。[⑨]
结捻起事龚德树，
雉河军师立奇功。[⑩]
通经致用璱人倡，
万马齐喑时不逢。[⑪]

注释：

①据《古今姓氏书辨证》所载：其先共氏，避难，加龙为龚。其时约在战国末年秦汉之际。《郡望百家姓》云：龚氏望出武陵郡。汉高帝初置。治所义陵，在今湖南省溆浦县南。

②龚祈，字孟道，南朝宋汉寿县人，风度翩翩，英俊潇洒，中书郎范述见了，说：“此荆楚之仙人也。”荆楚：指楚国。楚国最早的疆域相当于古荆州地区，故称荆楚。

③④龚遂，字少卿，西汉南平阳县（今山东邹县）人。初任昌邑王刘贺的郎中令。刘贺行为多有不端，龚遂引经据典，陈述福祸，谏争忘己。宣帝时任渤海太守，正逢饥荒，龚遂单车到渤海郡，开仓济贫，劝民务农。百姓纷纷卖剑买牛，卖刀买犊，郡内治安大为好转。清风：良好的风气。抚循：安抚；异迹：优异的成绩。

⑤龚郏，字昙伯，南宋宁德人，拜朱熹为师，很注重身体力行。晚年与杨复辩论理与气先后之学，尤其有造诣。自号南峰居士。

⑥龚胜（公元前68—前11年）字君宾，西汉彭城人。哀帝时征召为谏议大夫，多次上书，论议朝政。后任渤海太守。王莽篡政后，他隐居乡里。王莽数次派人征召，拜他为上卿，坚持不受，对门人高晖等说：“早晚是要入土的，怎么能一身给两个姓的人当

官呢!”绝食十四日而死。

⑦龚鼎孳，字孝升，明末安徽合肥人，崇祯七年进士，官兵科给事中。清军入京后，历任左都御史、刑部尚书，为人旷达不拘礼俗，博学多闻，能诗善文，与吴伟业、钱谦益齐名，称清初江左三大家。他的侍妾顾横波善画墨兰，别具一格。侍史：古代犯人的家属没入官府当奴，年轻能干的为奚（奴）。汉代叫侍史。

⑧龚平（1222—1304）字圣予，号翠岩，宋末元初淮阴人。擅画人物，喜作墨鬼，尤以画钟馗著名，寓“扫荡凶邪”意。

⑨龚贤（1618—1689），一名岂贤，字半千，号野遗，柴丈人，清初昆山人，寓南京筑半亩园，与樊圻、高岑、邹喆等人合称“金陵八家”。

⑩龚德树（？—1861）清安徽雉河集人。1852 年结捻起事，1855 年参加“雉河集会盟”，任军事，屡破清军，后战死。

⑪龚自珍（1792—1841）一名巩祚，字璱人，号定盦，清末仁和人，思想家、文学家。提倡“通经致用”，开“慷慨论天下事”之风。有“万马喑究可哀”诗句。

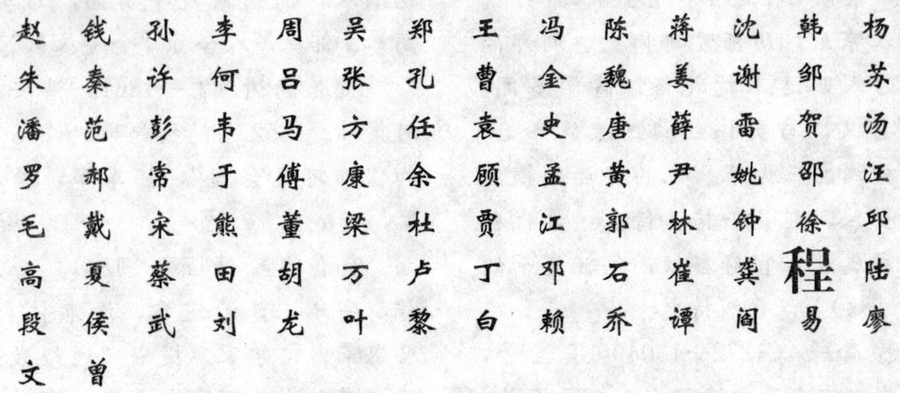

程 姓

——程婴存孤全忠义，程本倾盖博识闻

程氏解密寻踪

（一） 姓氏字源

《说文》：“程，品也。十发为程，十程为分，十分为寸。从禾，呈声。”程为古代量词，为寸之百分之一，因禾秒即稻芒细如毫发，故程从禾。

（二） 寻根溯祖

程姓来源有四：

1. 出自风姓，以国为氏，为重黎之后。据《通志·氏族略》、《广韵》等所载，相传上古时民间祭祀很乱，社会秩序很不安定。颛顼高阳氏时就委派其孙重为南正之官，掌管祭祀神灵；重弟黎为火正之官，掌管民事，这样就使百姓从杂乱无章的祭祀活动中解脱出来，能够安心从事农业生产。重和黎的子孙世袭这个职务。商时封重黎之裔孙于程（今河南洛阳市东，一说在今陕西咸阳市东），建立程国，称程伯。其子孙后以国为氏，称程氏。史称程姓正宗。是为河南或陕西程氏。

2. 出自商、周之际的伯符之后。据有关资料所载，程姓的鼻祖是伯符，他曾向周王献“三异之端”，即“泰山之车、井中之玉和双穗之禾”，于是被封在广平的程地，后世子孙以邑为氏，称程氏。伯符乃重黎之后。是为河北程氏。

3. 以地为氏。据《万姓统谱》、《元和姓纂》等所载，周宣王时有重黎的裔孙程伯休父失其官守，入朝为大司马，又因克平徐方（即周之薛城，故址在今山东滕县东南薛故城）之地，立有军功，被封于程邑（一作郢、毕郢，今陕西咸阳市东，一说在今河南洛阳市东），其后子孙有以官名为氏，称司马氏；又有以地为氏，称程氏。程、郢，古字相通。望出广平、安定。

4. 出自姬姓，为荀氏后裔所改，以邑为氏。据《元和姓纂》及《通志·氏族略》所载，公元前11世纪时，周公旦公封诸侯，周文王第10子（一说第17子）受封于郇（今山西省临猗县），史称郇伯、郇侯。春秋时，郇国被晋国所兼并，其子孙以原国名“郇”为氏，后来去邑旁、加草头为“荀”氏，春秋时，晋国公族隰叔受封于荀邑（在今山西省正平县西），其后以邑名“荀”为氏。又据《左传·杜预注》所载，春秋时，晋国荀氏的支子（非正妻长子或妾生子）食采于程邑（今山西新绛县东北），其后以邑为氏，称程氏。是为山西程氏。此支程氏，后也成为程氏家族在迁徙繁衍过程中的主要组成部分。

（三） 宗堂郡望

堂号 “明道堂”、“伊川堂”、“立雪堂”：都是根据宋时程颐、程颢说的。程颐、程颢兄弟二人都是大儒周敦颐的学生。程颐人称“伊川先生”；程颢，人称“孟子以后一人而已”。因为他兄弟二人能继承孔孟的道统，所以叫“明道堂”。程颐的学生杨时向程颐求教，他到时程颐刚好在打瞌睡。杨时就与同来的游酢在门外侍立，程颐醒来时，雪已经下了一尺多厚了。有成语“程门立雪”，故名“立雪堂”。

程姓又以“安定”、“广平”为其堂号。

郡望 程姓郡望主要有广平郡、河南郡、安定郡等。

1. 广平郡。汉景帝中元元年（前149年）分邯郸郡置郡，治所在广平（今河北鸡泽东南）。相当今河北任县、南和、鸡泽、曲周、永年及平乡西北肥乡东北一部分地。东汉废人巨鹿郡。三国魏初复置郡。

2. 河南郡。汉高帝二年（公元前205年）改秦三川郡置郡，治所在雒阳（今河南洛阳市东北）。相当今河南黄河以南洛水、伊水下游，双洎河、贾鲁河上游地区及黄河以北原阳县。

3. 安定郡。西汉元鼎三年（公元前114年）置郡。治所在高平（今宁夏固原）。相当今某肃景泰、靖远、会宁、平凉、泾川、镇原及宁夏中宁、中卫、同心、固原等县地。隋初废。

（四） 家谱寻踪

全国·十万程氏会谱十卷

藏地：国家图书馆　中国社会科学院历史研究所图书馆

（明）程烰纂修

明嘉靖二十八年（1549）刻本

河北·怀来县程氏族谱一卷

藏地：河北怀来县档案馆

1928年木刻本

江苏丰县·程氏族谱三卷

藏地：江苏丰县孙娄乡孙娄村

钞本

江苏丹徒·程氏迁吴支谱四卷首一卷末一卷

藏地：国家图书馆

（清）程宣博纂

清道光二十四年（1844）承绪堂刻本　五册

江苏丹阳·云阳程氏家乘四卷

藏地：国家图书馆　辽宁省图书馆　上海图书馆　南京市博物馆

程德全纂修

1919年铅印本　四册

江苏·溧阳程氏宗谱二十卷

藏地：吉林大学

（清）程恩普续修

清咸丰二年（1852）世忠堂活字印本　八册

江苏·溧阳程氏宗谱二十二卷首一卷末一卷

藏地：吉林大学

（清）程云骥续修

清光绪二十二年（1896）稿本十二册

江苏·溧阳程氏宗谱二十二卷首一卷末一卷

藏地：杭州大学

（清）程云骥续修

清光绪二十二年（1896）木活字本　十二册

江苏宜兴·和桥程氏正义宗谱十四卷

藏地：日本　美国

（清）程维俊　程孝商等续修

清光绪二十七年（1901）正义堂木活字本　十六册

江苏苏州·程氏支谱不分卷

藏地：江苏苏州市图书馆

（清）程植义纂修

清咸丰元年（1851）资敬义庄刻本　二册

江苏苏州·程氏支谱四卷

藏地：日本　美国

（清）程为烜等续修

清光绪三年（1877）木活字本

江苏苏州·吴郡程氏支谱六卷

藏地：中国科学院图书馆　中国社会科学院历史研究所图书馆　吉林大学（二部）　日本　美国（二部）

（清）程增瑞　程昽纂

清光绪三十一年（1905）成训义庄刻本

江苏苏州·程氏支谱四卷

藏地：江苏苏州市图书馆

（清）程为烜　程昽等纂修

清光绪三十一年（1905）资敬义庄活字印本　五册

江苏吴县·新安篁墩程氏族谱不分卷

藏地：日本　美国

（清）程熙重修

清光绪三十年（1904）钞本一册

江苏吴县·新安篁墩程氏族谱四卷

藏地：日本　美国

清光绪三十四年（1908）钞本四册

江苏昆山·广平程氏谱略不分卷

藏地：国家图书馆　中国社会科

学院历史研究所图书馆　中央民族大学　上海图书馆（二部）　上海师大　江苏苏州市图书馆　江苏昆山县档案馆　河南省图书馆　日本　美国

（民国）程廷泰　程廷恒纂修

1930年苏州大苏铅印本　一册

浙江奉化·程氏宗谱四卷首一卷

藏地：浙江奉华县文管会

（民国）石华亭修

1927年木活字本

浙江·东阳玉溪程氏宗谱十六卷

藏地：浙江东阳县虎鹿乡东冈头（有残）

（民国）程文远纂

1915年木活字本

浙江常山·傅严程氏宗谱二十一卷

藏地：浙江常山县新昌乡岩前村（存三卷）

（清）曾涌重修

清光绪五年（1879）木刻本

浙江常山·傅严程氏宗谱□□卷

藏地：浙江常山县龙尧乡常周村（存三卷）

浙江常山·旗峰程氏宗谱□□卷

藏地：浙江常山县大桥头乡濛圩村流泉坞（存一卷）

浙江临海·石塘程氏宗谱□□卷

藏地：浙江临海县博物馆（存卷1）

清光绪十七年（1891）木活字本

浙江松阳·安定程氏宗谱四卷

藏地：浙江松阳县裕溪乡徐山村

（民国）程时雍撰序

1941年木刻本

安徽·程氏谱书四种初编

藏地：日本　美国

（清）程绍薪等编

清光绪二十年（1894）世忠堂木活字本　十六册

安徽·皖江程氏宗谱四十一卷首一卷

藏地：国家图书馆

（清）程翰愚等续修

清光绪三十一年（1905）四箴堂活字本　四十四册

安徽·晋熙程氏江修宗谱十五卷首一卷

藏地：国家图书馆

1946年世忠堂活字本　十五册

安徽·安庆程氏大成宗谱三十一卷

藏地：北京大学　安徽安庆市图书馆（残存四卷）

（清）程世贞修　程显阁纂

清光绪十二年（1886）重修刻本　三十册

安徽·安庆程氏大成宗谱五卷首一卷格言一卷文集一卷

藏地：安徽安庆市（存三卷）

（清）程嘉柱修

清嘉庆二年（1797）木活字本

安徽·安庆程氏大成宗谱□□卷

藏地：安徽省图书馆（存卷2）

清刻本　一册

安徽泾川秦峰程氏宗谱十四卷

藏地：国家图书馆　河北大学

（清）程家恭　程名包修

清乾隆四十二年（1777）木刻本　四册

安徽徽州·新安程氏诸谱会通十四卷

藏地：安徽博物馆

（明）程孟纂修

明景泰二年（1451）刻本

安徽徽州·程氏世谱

藏地：国家图书馆

（明）程孟辑修

彝本堂旧钞本　一册

（五）　字行辈份

1935年程介三编修《程氏族谱》，湖北江夏（今属武昌）程姓一支字行为：“敦仁广义，远绍显谟，培基振绪，愈奋伟烈，德泽绵延，时久弥芳，和霭充盈，毓秀钟炎。”1924年程兰纂修《程氏宗谱》，安徽绩溪程姓一支字行为：“有明之士，定昭宗礼，必叙伦常，名正言顺，敦本发祥。”

（六）　迁徙繁衍

程姓最早主要发源于今河南、山西两地。其具体播迁，大致上，春秋时，程姓主要繁衍于晋国，即今山西省境。秦汉之际，程氏除在今山西、河北、河南、陕西进一步繁衍外，已有程姓迁人蜀郡（今属四川省境）之地，以及今浙江乌程县和今江西南昌。其繁衍于河南洛阳一带的程氏，后形成当地一大郡望。其间，又有程氏不断地向四周邻近的省境——如陕西、山西、河北、山东等省迁移。此时，河北西南部的程姓也繁衍得昌盛，于是，在广平也形成了一大望族，故程姓又增“广平”一堂号。总之，至汉代，程姓主要称盛于我国的北方各地，主要分布于今山西、河南、河北、陕西等省地，并有程氏南迁于今四川、浙江、江西等地。程姓大举南迁始于魏晋之际，特别是晋末，因北方连年战乱多事，中原士族大举南迁，程姓也随之南迁。其中安徽、江苏等省是程姓首先南迁的主要地区，其后再繁衍于湖南、江西省境。与此同时，程氏在我国西北部又有了新的发展，故又有“安定”一大郡望的形成。到了唐宋时期，程姓人士已散居全国大部分地区。其中，据有关学者考证，在北宋年间，在河南又形成了一支影响巨大的伊洛程氏。这支程氏的形成起始于五代后晋时的深州陆泽（今河北深县南）人程羽，到程颢、程颐兄弟开创宋明理学，而闻名全国，因而伊洛程氏也被后世称为程氏正宗。关于这一支系程氏的形成和迁徙，引据《中原寻根》所载的有关史料，其大致繁衍的情形是这样的：始于五代后晋时深州陆泽人程羽，天福年间擢进士第，为避战乱迁居醴泉（今陕西省礼泉东）。北宋时任醴泉县令、成都知府。赵匡义即位，擢兵部侍郎，并赐第宅于京师，后迁文明殿学士。其子程希振，官至虞部员外郎。至曾孙程珦，官至太中大夫，封永年县伯。嘉祐元年（1056年），程珦将其祖父程希振、父亲程遹迁葬于伊川，把家从开封搬到洛阳。这就是伊洛程氏之始。程颢、程颐便分别是程珦的长子、次子。至宋高宗赵构南迁，程颐长子程端中随高宗南渡，携族人迁池州（今安徽贵池县）；次子程辅迁居金城（今广西洁池县东）及丰县（今属江苏）。再传至6世孙程叔浩迁孝感（今属湖北）；7世孙程植迁山东菏泽马岭岗；9

世孙程九公居池州，因避乱迁河南鲁山，是为鲁山程氏始祖；元末程颐9世孙程德用复迁回河南洛阳。其长子程光祖子孙有的迁河南太康，有的留居安徽休宁；次子程绍祖子孙有的迁山东单县，有的迁河南兰考；三子程敬祖进士及第，出任广东按察使司。由上见得伊洛程氏地河南省江南地区繁衍的盛况，从而也使得河南程氏自南宋开始，成为了我国江南程氏繁衍的主要来源之一。程姓南迁于福建、广东等省，则始于元末。据《台湾程氏族谱》所载，先世为河南开封府祥符县太守坊人，元末，程文智因官入闽，为福建清州知事，为开闽始祖。其弟文惠居漳浦，封迪功郎，明世宗时，文惠之后程渠爵，携二子惟山、惟海，自漳浦梁山居诏安后门山，是为诏安始祖。之后再迁入广东等地。明、清之际，程氏便广布于我国广大地区。总之，历史上，程姓的分布是北方以河南、河北、山西、陕西、山东等省为主；南方是以安徽、浙江、江苏、广东等省为主。

（七） 适用楹联

□姓启程国源流远；
望出安定派系长。

□玉色金声，祥云瑞日；[①]
重黎聪哲，休父疏支。[②]

□家绍真儒，襟度光风霁月；[③]
才夸人杰，文章瑞日祥云。[④]

□桐云影淡；梧月光清。[⑤]

□爱物为心，一命于人亦有济；
得民以道，千秋斯统不虚传。[⑥]

□首创隶书苦十载；[⑦]
善酿美酒传千秋。[⑧]

□揉春为酒；剪雪成诗。[⑨]

□但愿人皆健；何妨我独贫。[⑩]

□洛水溯渊源，诚意正心，一代师宗推北宋；
涪江汇薮泽，承先启后，千秋俎豆焕西川。[⑪]

注释：

①指北宋哲学家程颢（1032—1085），程颐（1033—1107）兄弟二人即“二程”的事典。相传程颢举进士后，调鄠县任主簿。鄠县时有玉石佛像。谣传佛首要放光，远近聚观的人很多。程颢向传谣的僧人说，我有公事，不能前往观看，你替我把佛首取来给我看看。从此这佛首就不发光了。只是天上时有祥云瑞日出现。

②指程姓祖先重、黎和休父的事典。据《百家姓考略》载，颛顼孙重、黎为尧南正、火正等官，世封程伯，周有程伯休父，晋有程婴。

③、④指北宋哲学家程颢、程颐兄弟二人。

⑤程家厅堂联。

⑥清代林则徐题南京程颢祠联。祠祀北宋哲学家程颢。

⑦秦代名人程邈，始为狱吏，下邽人，传为隶书创始人。他因得罪秦始皇入狱，苦思十年，变大小篆创隶书三千字，受到秦始皇称赞，用为御史。

⑧秦代佳酿发明者程林，以善酿美酒闻名，他与乌巾同时。今浙江乌程县之名，就是来源于此。

⑨当代诗人，书法家程颂万

(1865—1932）集姜夔词句自题联。程颂万，字子大，号十发居士，湖南宁乡人。

⑩近代医师程道周自题联。此联自题医室。

⑪北宋哲学家程颐涪州（今四川涪陵）北岩点易洞联。

程氏名人集粹

程邃 安徽歙县人，清代时著名篆刻家、画家，篆刻取法秦汉，喜用大篆入印，朴厚苍浑，为“皖派”代表作家之一。画工山水，善用干笔渴墨，苍茫简远，自成风格。

程伟元 江苏苏州人，清代文学家、书画家。曾与高鹗共同修改增补《红楼梦》，又指画罗汉一册，人物神采飞动。

程瑶田 安徽歙县人，清代著名经学家。

程蕙英 江苏常州人，清代著名女作家。

程长庚 安徽潜山人，清代著名京剧演员，演老生，艺术上融化徽调、汉调、昆腔于一炉，对京剧老生唱腔和表演艺术的形成，贡献很大。

程正揆 湖北孝感人，明末清初著名画家，能诗文，擅书画，所画山水多用秃笔，而设色秾湛。

程敏政 休宁（今安徽）人，明代文学家，其文与李东阳齐名，官曾至礼部右侍郎。

程嘉燧 休宁（今安徽）人，明代著名诗人、画家。

程钜夫 元代著名学者，曾主修《成宗实录》、《武宗实录》。

程颐、程颢 北宋时期宋明理学的奠基者，世有“二程”之称。又因他们都是今河南洛阳人，其学派被称为“洛学”。其学说后为大理学家朱熹继承和发展，创立了程朱理学体系，世称“程朱理学”。

程昉 今河南开封人，北宋时河北屯田都监，曾治理黄河、漳河，通漕运水路很有成效。

程元振 京光三原（今属陕西）人，唐代宦官，因拥立代宗，得其宠信，官至骠骑大将军，判元帅行军司马，总率禁兵。

程知节 隋朝济州东阿人，隋末参加李密领导的瓦岗起义军。后归唐，任岐州刺史等职。

程遐 十六国时后赵石勒的谋士。曾历长乐太守、右司马、宁朔将军、监冀州七郡军事。代张宾为右长史，总执朝政。

程咸 三国高贵乡公时被举为博士。历任司隶校尉（治洛阳）主簿、侍中，被封为上程侯，封地在洛阳城郊。

程昱 东郡东阿（今山东阳谷东北）人，三国时曹操的谋士，官至东平相、尚书卫尉，封安乡侯。曹操称“程昱之胆，过于贲、育”。曾为消除割据，实现北方的统一作出了贡献。

程普 右北平土根（今河北丰润东）人，三国时吴国荡寇将军，初从孙坚，后助孙权经营江南。为讨伐董卓，平定江东立下了汗马功劳。公元208年，曾与周瑜大破曹操于赤壁，又曾被封为江夏（今湖北鄂城）太守。

程秉 三国时南顿（今河南项城西南）人，曾师事名儒郑玄，博通五经，仕孙吴官至太子太傅。

程曾 东汉豫章南昌（今属江西）人，习《严氏春秋》，教授数百人。著书百余篇，作《孟子章句》。

程郑 西汉初时的大工商主，他本战国时关东人，其祖先于秦始皇时被迁至蜀郡临邛（今四川邛崃）。因鼓铸铁器致富，有家僮数百人，产品远销越居地区。

程嘉 汉景帝时曾任将军，因领兵与吴、楚叛军作战有功，拜江都相，封沛郡建平侯。子孙承袭爵位。

程不识 汉景帝时名将，曾任边郡太守。屯兵雁门。历任长乐卫尉、太中大夫。与李广同为当时的名将。

程邈 秦代下杜（今陕西西安南）人，隶书的创造人，曾任狱吏、御史等职。他曾积10年之久，将大小篆隶定而成隶书300字，使得中国的文字自此得以定型，文化得以传播和发展。贡献显然是巨大的。

程郑 春秋时期晋国（今属山西）人，为荀氏改程姓的后裔。他先任晋公的乘马御，深受晋公垂爱，后竟成为晋国的"六卿"之一。

程婴 春秋时期晋国著名义士。剧目《赵氏孤儿》所写的就是他的事迹。

程本 春秋末年晋国人。以博学善议论，聚徒讲学著名而名闻诸侯。还曾与孔子会晤过，著有《子华子》。

程氏风流撷英

程婴存孤全忠义，①
程本倾盖博识闻。②
博通五经尊周南，
太傅进训重人伦。③
荡寇将军镇吴中，
德谋赤壁显威名。④
衡阳主薄仰理学，⑤
河洛渊源有二程。⑥
孟阳论诗亦有格，
嘉定山水四先生。⑦
江山卧游秾秀美，
青谿道人遗诗文。⑧
小泉不仕为教授，
甲工本叹红楼存。⑨
玉珊从艺激汉昆，
老生三杰余张程。⑩

注释：

①程婴，春秋时晋国人，与晋卿赵盾子赵朔友善，司寇屠岸贾杀赵氏全家，追捕孤儿赵武。程婴与公孙杵臼设计救孤，扶养成人，终报仇雪恨。

②程本，春秋时晋国人，博学，善出主意，名闻于诸侯。曾与孔子相遇于途，倾盖与语。盖，车盖；倾盖，谓路途相遇，停车而谈。

③程秉，字德枢，三国时吴国南顿人。曾事经学家郑玄，博通五经，官至太子太傅。时吴太子孙登（孙权长子）聘周瑜女为妻。程秉谓孙登曰：

“婚姻人伦之始，王教之基……愿太子尊礼教于闺房，存《周南》之所咏，则道化隆于上，颂声作于下矣。”《诗经》分风、雅、颂；《风》有十五国风，以《周南》为首。

④程普，字德谋，三国右北平土垠（今河北丰润）人，助孙策经营江南。208年，与周瑜火破曹操于赤壁。官至江夏太守，荡寇将军。

⑤程洵，字允夫，南宋婺源人。进士出身，历官衡阳主簿，庐陵录参，与朱熹交往甚密。

⑥程珦，字伯温，南宋洛阳人，祖籍陆泽。官至中大夫。其二子程颐、程颢从学于南宋大儒周敦颐，世称“二程”，为程朱理学洛派代表人物。河洛，即黄河与洛水，洛阳位于河洛之间，理学渊源于此。

⑦程嘉燧（1565～1644），字孟阳，号松圆，明时休宁人。论诗主张先立人格，然后有诗格。工山水，与唐时升，娄坚，李流芳合称为“嘉定四先生”。

⑧程正揆，字端伯，号鞠陵，又号青谿道人，明末清初孝感人。能诗文，擅山水，多用秃笔，而设色秾湛。有《江山卧游图》卷甚多，著《青溪遗稿》。

⑨程伟元，字小泉，清苏州人。科场失意，一生未仕。寓居京师，为晋昌幕僚，兼任教沈阳书院。与高鹗相识，自述曾与之修补曹雪芹《石头记》，成一百二十回本《红楼梦》，称“程甲本”，“程乙本”。

⑩程长庚（1811～1880），名椿，字玉珊，清安徽潜山人，擅演老生，功融徽调、汉调、昆曲三家，时同余三胜、张二奎并称“老生三杰”。

中华百家姓

赵	钱	孙	李	周	吴	郑	王	冯	陈	蒋	沈	韩	杨
朱	秦	许	何	吕	张	孔	曹	金	魏	姜	谢	邹	苏
潘	范	彭	韦	马	方	任	袁	史	唐	薛	雷	贺	汤
罗	郝	常	于	傅	康	余	顾	孟	黄	尹	姚	邵	汪
毛	戴	宋	熊	董	梁	杜	贾	江	郭	林	钟	徐	邱
高	夏	蔡	田	胡	万	卢	丁	邓	石	崔	龚	程	陆
段	侯	武	刘	龙	叶	黎	白	赖	乔	谭	阎	易	廖
文	曾												

陆姓

——脚踩陆地踏出路，人走高处趋势定

陆氏解密寻踪

（一） 姓氏字源

《说文》：“陆，高平地。从阜，从坴。坴亦声。”陆之本义即陆地。《尔雅·释地》云：“高平曰陆。”

（二） 寻根溯祖

陆姓来源有四：

1. 相传帝颛顼的孙子吴回在帝尧时任火神祝融，他有个儿子名终，因为封在陆乡（在今山东平原县一带），所以叫陆终。他的后世子孙有以陆为姓的，称陆氏。是为山东陆氏。

2. 出自妫姓。相传上古五帝之一的舜是颛顼的后代，因生在姚墟（在今山东菏泽县东北）而得姚姓。他又曾住在妫汭河（在今山西永济南，源出厉山，西流入黄河）边，所以后代又有妫姓。周初，有妫满，建立陈国（都今河南淮阳），传至第10代孙有叫陈完的，受封于田（一说田与陈古单相同，故可互称），后陈完因逃到了齐国，不源用原来的国名为氏，遂以采地为氏。据《新唐书·宰相世系表》所载，战国时，田完裔孙齐（在今山东北部，建都营丘〈今山东淄博东北》）宣王有个儿子名叫通，字季达，受封于平原县陆乡（今山东平原县陆乡），即陆终故地，因以为氏，称陆氏。史称陆姓正宗。是为山东陆氏。

3. 出自陆浑国。据《陈留风俗传》及《风俗通义》所载，春秋时陆浑国（古城在今河南嵩县东北）之后，亦有陆氏。据有关学者考证，春秋时期的陆浑国，是由一支名为陆浑之戎居于伊川（今属河南境）而得名。这支陆浑戎，是允姓戎的别部，他们最早活动在今陕、甘、川三省交界的若水流域，西周初年迁到陕西秦岭以北，西周末年乘周王室东迁之机，东迁到今陕、豫交界的崤山、熊耳山一带。至公元前638年，他们又被秦、晋两国强行迁到今河南洛阳以南的伊河流域，公元前525年被晋所灭。亡国后的陆浑之遗民依照汉人的习惯，以国为氏，称陆氏。其后裔除大部分被迁到今山西南部，一部分南奔楚国，今湖北安陆县一带，又有一部分迁居今河南开封等地。

4. 出自他族改姓。据《魏书·官氏志》所载，南北朝时后魏有代北（今内蒙古南部一带）鲜卑族复姓步陆孤氏，随魏孝文帝迁都洛阳，改为陆氏，与穆、奚、于、贺、刘、娄、（尉）为北人八族。这一支陆氏发源应在今河南洛阳一带，后也形成当地一大望族。

（三） 宗堂郡望

堂号 1.“忠烈堂”：南宋左丞相陆秀夫，誓不降元，立益王于福州。元兵破崖山，秀夫从容仗剑驱妻、子蹈海死。然后负帝投海殉国。

2.“黜霸堂”：汉代陆贾，从刘邦灭秦建汉。有辩才，两次出使南越，招谕尉佗。授大中大夫。劝丞相陈平深结太尉周勃，合谋诛诸吕，立文帝。著《新语》一书，献给高祖，大意是崇王黜霸。

陆姓又以“河南”、“平原”、“河内”、“吴郡”为其堂号。

郡望 陆姓郡望主要有吴郡、河南郡、颍川郡、平原郡、河内郡等。

1. 吴　郡。三国吴宝鼎元年（公元266年）置郡，治所在乌程（今浙江吴兴南，晋义熙初移今吴兴）。相当今浙江临安，余杭、德清一线西北，兼有江苏宜兴县地。此支陆氏为陆通的直系后裔，其开基始祖为西汉时陆烈。

2. 河南郡。汉高帝二年（公元前205年）改秦三川郡置郡，治所在雒阳（今河南洛阳东北）。相当于今河南黄河以南洛水、伊水下游，双洎河、贾鲁河上游地区及黄河以北原阳县。

3. 颍川郡。秦王政十七年（公元前230年）置郡，治所在阳翟（今禹县）。相当今河南登封、宝丰以东，尉氏、郾城以西，密县以南，叶县、舞阳以北县地。此支陆氏为吴郡陆氏分支，其开基始祖为东汉颍川太守陆闳。

4. 平原郡。西汉置郡，治所在平原（今山东平原县南）。相当今山东平原、陵县、禹城、齐河、临河、商河、惠民、阳信等县。

5. 河内郡。楚汉之际置郡，治所在怀县（今河南武陟县西南）。相当今河南黄河以北，京汉铁路（包括汲县）

以西地区。西晋移治野王（今河南沁阳）。

（四）　家谱寻踪

上海·云间陆氏家乘四卷首一卷

藏地：上海松江县抄家物资办公室（存卷首卷1）

（清）陆昌耀续纂

清道光十二年（1832）刊本

上海·云间珠溪陆氏谱牒不分卷

藏地：人民大学　上海文管会　美国

（民国）陆守先等修

1924年石印本　四册

上海·云间珠溪陆氏谱不分卷

藏地：上海图书馆

民国间石印本　六册

上海崇明·陆氏大宗世谱不分卷

藏地：中国社会科学院历史研究所图书馆

（清）陆菊亭重修

清光绪十四年（1888）刻本　四十册

上海·陆氏世系表不分卷

藏地：上海嘉定县博物馆

（清）陆咏荃修

清光绪二十五年（1899）稿本

江苏淮安·山阳陆氏族谱八卷

藏地：国家图书馆

（清）陆求可　陆志谨纂修

清康熙二十五年（1686）陆氏思过堂刻本

江苏泰县·海陵陆氏族谱十四卷首一卷

藏地：中国社会科学院历史研究所图书馆

（清）陆恩荣纂修

清光绪二十四年（1898）三德堂活字本

江苏丹阳·云阳陆氏族谱十卷

藏地：美国

（清）陆学山主修

清同治四年（1865）木活字本　十册

江苏丹阳·云阳陆氏族谱八卷

藏地：美国

（清）陆恒泰主修

清道光二十四年（1844）木活字本　八册

江苏武进·晋陵茅庄陆氏宗谱八卷

藏地：中国社会科学院历史研究所图书馆

（清）陆南昌纂修

清同治十一年（1872）怀忠堂活字本　八册

江苏武进·樟村陆氏宗谱十六卷

藏地：辽宁省图书馆

（清）陆德秉　陆裕善等重修

清光绪六年（1880）继述堂木活字本

江苏武进·樟村陆氏宗谱十八卷

藏地：江苏常州市图书馆书馆（存卷1—3、8、9、11、13、38）

（民国）陆兰亭纂修　陆应叙主修

1920年继述堂本活字本

江苏常州·白云湾支陆氏汇修宗谱一卷

藏地：江苏常州市图书馆书馆（1889）

（清）陆尔隽纂辑

清光绪十五年（1889）常州陆氏

怀忠堂木活字本

江苏武进·陆庄陆氏宗谱二十七卷首一卷

藏地：美国

（清）毛羽丰等序

清光绪十五年（1889）怀忠堂活字本二十八

江苏武进·陆庄陆氏宗谱二十九卷首一卷

藏地：美国

（民国）陆鹤舟等修

1919 年怀忠堂木活字本　三十二册

江苏武进·陆庄陆氏世谱二十九卷首一卷

藏地：日本

（民国）陆鹤舟　陆润生等重修

1929 年木活字本　三十二册

江苏武进·晋陵陆氏宗谱十二卷

藏地：河北大学

（民国）陆世法　陆懋生修

1920 年木刻本　十二册

江苏武进·下浦陆氏本支谱十二卷附艺文志

藏地：美国

（民国）陆耀科等修

1932 年善庆堂刊本

江苏无锡·锡山青圻陆氏世谱八卷

藏地：上海图书馆

（清）陆熊祥编

清同治十二年（1873）刻本　十册

江苏无锡·陆氏世谱摘录不分卷

藏地：中国社会科学院历史研究所图书馆

（民国）陆熊祥录

1931 年钞本　五册

（五）　字行辈份

清道光十一年陆乃普编《陆氏宗谱》，江苏吴江陆姓一支老派辈字为："传家惟孝友，华国本诗书。"新续辈字为："鼎亨延世祚，恒业守丕基"。

（六）　迁徙繁衍

陆姓虽发源多处，但历史上，发源于今山东省境的陆氏及由鲜卑族复姓步陆孤氏所改单字汉姓陆氏成了后来陆姓发展的主流。其中鲜卑族复姓步陆孤氏在北魏孝文帝时改姓陆氏后，遂以河南洛阳为郡望。魏晋以至隋唐，自陆俟起逐渐成为北方一个累世显贵的大族。从陆姓大致繁衍的情况看，历代陆姓是以今山东、河南、江苏、浙江、江西、湖北六省为其主要分布地区。其分布于这些地区的陆姓族人，也多为陆通之后。陆姓很早就称盛于江、浙一带。据《新唐书·宰相世系表》等所载，陆通有子陆发，仕齐为大夫，死后谥恭侯；陆发有二子：陆万、陆皋。陆万生陆烈，字伯元，西汉时为吴令、豫章都尉，深得吴人爱戴，死后葬于胥屏亭，子孙遂为吴郡吴县人。其后子孙不断繁衍，至陆闳时，在东汉初年任颍川太守、尚书令，有三子：印、温、桓，号颍川（治所在阳翟〈今禹县〉）支；陆桓，字叔文，生陆续，陆续有三子：陆稠、陆逢、陆褒。陆稠后任荆州刺史，子孙因官为望，另分荆州（汉武帝所置十三刺史部之一，相当今湖北、湖南两省及河南、贵州、广东、广西的一部，东汉治所在汉寿〈今湖南常德市东北〉）支；陆稠次子陆肃任丹徒令，子孙又分为丹徒（今属江苏）支；陆稠之弟陆逢，汉尚书仆射，乐安侯，有五子：涉、表、琼、吴、招。后衍分为陆氏乐安（东汉时置郡，治所在临济〈今高青县高苑镇西北〉，相当今山东博兴、高青、桓台、广饶、寿光等县地）支，陆逢之子陆表，生陆穰，陆穰生陆恢，西晋谏议大夫，又分谏议支；陆褒第3子陆纡，字叔，吴城门校尉，有五子。其后再分为鱼圻支、太尉支等。又长沙太守陆英次子陆纡，晋中书侍郎，号侍郎支。汉末三国鼎立时对位于江东的东吴来说，陆氏人才辈出。自孙权麾下那位大将陆逊开始，他的儿子陆抗、两个孙子陆机和陆云，都是当时显赫的人物，可见陆姓在此地的昌盛。到了南北朝时期，南北方各地的陆姓阵容都得到了更大规模的发展。这一点也可从历代陆姓名人的分布状况略见一斑。宋元以后，陆姓遍布全国各地。

（七） 适用楹联

□望出河南；源自陆乡。

□剑南万卷；①云间二龙。②

□烟波一叟；③桑苎半旗。④

□养心虽若冰将释；
　忧国犹虞火未然。⑤

□位卑未敢忘忧国；
　事定犹须待阖棺。⑥

□身为野老已无责；
　路有流民终动心。⑦

□万卷古今消永日；
　一窗昏晓送流年。⑧

□顾渚一瓯春有味；
　东风百里雪初晴。⑨

□渴不饮盗泉水，
　热不息恶木阴。⑩

□玉管漫吹秋月白；
　红牙曾对绮筵新。⑪

□书目藏三洞；⑫文苑号二陆。⑬

□新语称善论；⑭伯言拜将军。⑮

□赠梅明友爱；⑯怀橘表孝心。⑰

注释：

①南宋最杰出的诗人陆游（1125—1210），有《剑南诗稿》，存诗近万首。万卷，言其著作和藏书颇丰。陆游，字务观，号放翁，山阴（今浙江绍兴）人。官至宝章阁待制。

②指西晋文学家陆机及其弟陆云。陆机，字士衡，吴县华亭人，曾官平原内史。其《文赋》为古代重要文学论文。陆云，字士龙，曾官清河内史，以文才与兄陆机齐名，时称“二陆”亦称“二龙”。

③指唐末文学家陆龟蒙（？—约881）。陆龟蒙，字鲁望，吴郡（今苏州）人。曾任苏、湖二郡从事，退隐松江甫里，自号江湖散人。有《耒耜经》等。

④唐代茶道专家陆羽，字鸿渐，一名疾，竟陵（今湖北天门）人。自称桑苎翁。有《茶经》三篇。他是当时品茶的最高权威，被奉为“茶神”。

⑤南宋最杰出的诗人陆游诗句联。

⑥见注⑤。

⑦见注⑤。

⑧见注⑤。

⑨清代同治状元陆润庠自题联。陆润庠（1841—1915），字凤石，江苏元和人。傅仪的师傅。

⑩西晋文学家陆机《猛虎行》诗联句。

⑪明代诗人陆圻《与歌者陈郎》诗联句。

⑫南朝宋道士陆静修，字元德，吴兴人。曾在庐山修道，有《三洞经书目录》，为最古的道藏书目。

⑬见注②。

⑭西汉初大臣陆贾，有《新语》十二篇，高祖称"善"。

⑮三国时吴国青年军事家陆逊，字伯言。于陆口大败关羽，破刘备连营，拜辅国将军。

⑯六朝时陆凯与范晔友善，陆给范有《赠梅》诗一首。

⑰三国时陆绩年六岁，在做客中怀橘遗母，袁术奇之。

陆氏名人集粹

在我国历史上，陆氏族人确实可谓名人辈出、交相辉映。

陆陇其 平湖（今属浙江）人，清初著名学者，与陆世仪并称"二陆"，学宗程朱，以"居敬穷理"为主，反对王守仁"致良知"说。

陆心源 浙江吴兴人，清代藏书家。光绪时官至福建盐运使，其藏书处有三：一名皕宋楼，藏宋元刻本及名人手钞本；一名守先阁，藏明清刻本；一名十万卷楼，藏普通书。著有《潜园总集》。

陆次云 钱塘（今浙江杭州）人，清代著名文学家。

陆建瀛 湖北沔阳人，清末两江总督，道光进士，历任云南、江苏巡抚，后擢两江总督。1843 年任钦差大臣。太平军攻克南京时，被杀。

陆世仪 太仓（今属江苏）人，明清之际著名学者。

陆炳 今浙江平湖人，明代时官至太保兼少傅，嘉靖八年（1529 年）任锦衣副千户，后升至指挥同知掌锦衣卫，积财数百万，庄园遍四方。

陆治 吴县（今属江苏）人，明代著名画家，擅画花鸟，工笔、写意俱有生趣，也工画山水，用焦墨皴擦，风骨峻削。

陆采 长洲（今江苏吴县）人，明代戏曲家，作有传奇五种，今存《明珠记》、《南西厢记》、《怀香记》三种，多写爱情故事。

陆广 吴（治今江苏苏州）人，元代著名画家。

陆友 平江（路治今江苏苏州）人，元代文学家。

陆游 山阴（今浙江绍兴）人，南宋时杰出的诗人，孝宗即位时，赐进士出身。曾任镇江、隆兴通判。乾道六年（1170 年）人蜀，任夔州通判。乾道八年，入四川宣抚使王炎幕府，投身军旅生活。后官至宝章阁待制。在政治上，主张坚决抗金，充实军备。晚年退居家乡，但收复中原的信念始终不渝。一生创作诗歌很多，今存 9000 多首，内容极为丰富，抒发政治抱负，反映人民疾苦，批判当时统治集团屈辱求和，风格雄浑豪放，表现出渴望恢复国家统一的强烈感情。《关山月》、《书愤》、《农家叹》、《示儿》等篇均为世所传诵。

陆九渊 抚州金溪（今属江西）人，南宋时著名的哲学家、教育家，又称象山先生，官至奉议郎知荆门军。为陆王学派的鼻祖，其学与兄陆九韶、陆九龄并称“三陆子之学”。在哲学上提出“宇宙便是吾心，吾心便是宇宙”的著名命题，主张书不必多读，只要悟得本心。他的学说由王守仁继承，成为陆王学派。

陆秀夫 楚州盐城（今属江苏）人，南宋时左丞相。进士出身，临安陷落后，任礼部侍郎，率军抗元，拥赵昺为帝，被元军逼至厓山后，背负幼主投入海中。有《陆忠烈集》。

陆柬之 吴县（今属江苏）人，唐代时著名书法家，其人善书，尤善行、隶，自成一格。有《临兰亭诗帖》，风格朴质俊逸，墨迹传世，后人学习者甚众。

陆羽 复州竟陵（今湖北天门）人，唐代著名的茶道专家，此人诙谐风趣，闭门著书，不愿为官，一度靠做零工维持生计，与女诗人李季兰友谊颇深。一生的嗜好是喝茶，对茶道很有研究，是当时品茶的最高权威，人称“茶神”。

陆贽 苏州嘉兴（今属浙江）人，唐代著名政论家、学者。曾官至中书侍郎、同平章事，勇于指陈弊政。著有《翰苑集》。

陆淳 吴郡（郡治今江苏吴县）人，唐代经学家，曾历任信、台二州刺史。治传春秋学，开宋儒怀疑经传之风气。

陆龟蒙 长洲（今江苏吴县）人，唐代文学家，与皮日休齐名，人称“皮陆”。散文有《野庙碑》等，诗有《甫里集》。

陆德明 苏州吴（今江苏吴县）人，唐代经学家、训诂学家，隋炀帝时，擢秘书学士，迁国子助教。入唐，任国子博士。陈至德初（公元583年），曾采集汉、魏、六朝音切，凡230余家，又兼采诸儒训诂，考证各本异同，撰《经典释文》，是研究中国文字、音韵及经籍版本等的重要参考书。

陆法言 临章（今属河北）人，隋代时音韵学家，编有《切韵》，唐宋韵书多以此为蓝本。

陆探微 吴（郡治今江苏苏州）人，南朝宋时著名画家，他以画肖像画著称，其画骨秀神清，严正生动。后人论述其画，笔迹周密劲利，如锥刀刻划。画史上常与顾恺之并称“顾陆”，号为“密体”，以别于南朝梁张僧繇、唐吴道子的“疏体”。又因笔势连绵不断，人称“一笔画”。对后世影响较大。

陆修静 吴兴东迁（今浙江吴兴东）人，南朝宋时著名道士，所撰《三洞经书目录》，为最古的一部道藏书目。又编著斋戒仪范，道教仪式因而完备。

陆突 洛阳（今属河南）人，南北朝北魏时官拜厉威将军、关内侯，其子陆俟，曾先后从魏明元帝、魏道武帝征战，屡见奇功。官至冀州刺史、安定镇大将、怀荒镇大将、征西大将军、东平郡王等。他有子12人，曾孙数十人，历北魏、东魏、西魏、北齐、北周等，无一不仕朝为显官。

陆机、陆云 西晋时著名文学家，兄弟俩都是陆逊之孙。太康末，兄弟俩同至洛阳，文才倾动一时，时称“二陆”。陆机曾官至平原内史，世称陆平原，及成都王（司马颖）讨长沙王（司马乂），任陆机为后将军、河北大都督，兵败被谗，被司马颖所杀，陆云同时遇害。陆云曾官至清河内史等职。兄弟俩诗文均颇重藻饰，且多拟古之作，分别有《陆士衡集》和《陆士龙集》。

陆逊 三国吴国名将，善谋略，出谋击败关羽，后水攻大败刘备，因战功卓著官至丞相。

陆抗 陆逊之子，吴郡吴县华亭（今上海松江）人，年方 20 时就为建武校尉，领其父众 5000 人，孙皓为帝时，曾任镇军大将军，都督西陵、信陵、夷道、乐乡、公安诸军事，不减当年父亲威武之雄风。

陆绩 吴郡吴县（今属江苏）人，三国时天文学家，曾官至郁林太守。

陆贾 楚（今属河北）人，西汉初著名政论家、赋辞家，他自从汉高祖定天下以后，常使诸侯为说客。曾官至太中大夫。曾向高祖提出：“居马上得之，宁可以马上治之乎?”意即武力可以夺取政权，却不能单靠它来维持政权。力主提倡儒学，“行仁义，法先圣”，并辅以黄老的“无为而治”思想作为巩固地主阶级政权和工具，对汉初政治曾发生较大的影响。

陆氏风流撷英

战国陆乡封田通，
以地为氏出陆姓。①
能言善辩有陆贾，
词赋一派扬名声。②
西晋评论唯文赋，
法言切韵显才能。③
经典释文作贡献，
唐朝陆羽是茶圣。④
扶正朝纲一能人，
史称陆贽资政星。⑤
南宋诗人看陆游，
忧民爱国正身形。⑥
开创心学三陆子，
出类拔萃是九龄。⑦
脚踩陆地踏出路，
人走高处趋势定。⑧

注释：

①依据《百家姓》可知，陆氏郡望为河南郡，在今河南洛阳市东北，此乃陆氏发祥之地。战国时，齐宣王（田辟疆）少子田通，受封于陆乡，在今山东省平原县内，后世以地名为氏，于是便有了陆姓。出自姚姓。

②陆贾（生卒不详），西汉大臣，原楚国人。从汉高祖定天下，常使诸侯为说客，能言善辩。此人还擅长作赋，当时汉赋分为四派，他为一派之首，远近闻名，今存《新语》十二篇。

③陆机（公元 261—303 年），上

海松江人，西晋文学家。所作《文赋》在文学批评史上有重要地位。陆法言（生卒不详），河北临漳人，隋朝音韵学家。作《切韵》五卷，对我国考订古音及作诗文有重要参考价值。

④陆德明（约公元 550—630 年），江苏苏州人，隋唐间的经学家。撰《经典释文》三十卷，为我国后世学者研究文字音韵及经籍版本作出重要贡献。陆羽（公元 733—804 年），唐朝人，湖北天门人。他拒绝政府征召，以著书嗜茶为事。是我国茶文化的奠基人，著《茶经》三篇，对茶之源流、饮法及茶具论述特详，被后世奉为“茶圣”。

⑤陆贽（公元 754—805 年）浙江嘉兴人，唐朝中期政论家。唐朝中期，德宗政权岌岌可危，陆贽以清醒的头脑，洞悉危害产生的根源，并提出相应的解决方案，使唐王朝转危为安，史称他为政治智星。

⑥陆游（公元 1125—1210 年），浙江绍兴人，南宋爱国诗人。在许多地方作过官，晚年隐居家乡，作诗九千余首，内容爱国，反映人民疾苦，为人清廉正直，堪称学习典范。

⑦陆九龄（公元 1132—1180 年），南宋学者，兄弟三人，其兄陆九韶，学者；其弟陆九渊，哲学家，史称“三陆子”，其中陆九龄的才学名气都要高出一筹。

⑧陆，是人类居住的地球表面的陆地部分。人在陆地上用脚踏出了路。陆与路相通，路从足从各，沿着正确的道路，实现美好的理想，每个人的道路都是不同的，但人往高处走，这是总趋势。

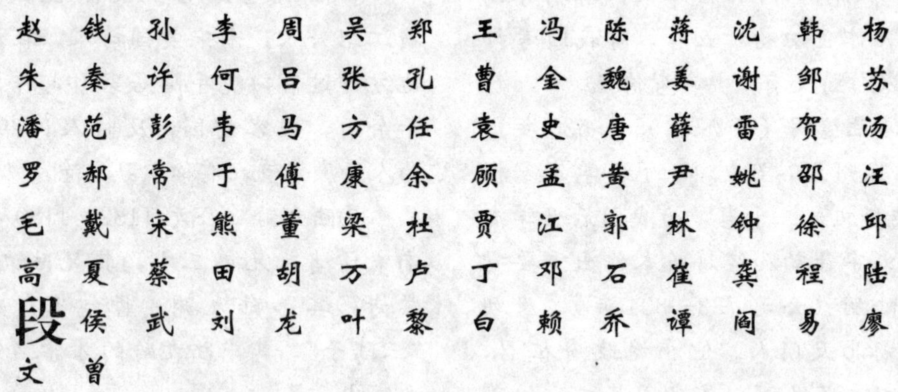
中华百家姓

赵 钱 孙 李 周 吴 郑 王 冯 陈 蒋 沈 韩 杨
朱 秦 许 何 吕 张 孔 曹 金 魏 姜 谢 邹 苏
潘 范 彭 韦 马 方 任 袁 史 唐 薛 雷 贺 汤
罗 郝 常 于 傅 康 余 顾 孟 黄 尹 姚 邵 汪
毛 戴 宋 熊 董 梁 杜 贾 江 郭 林 钟 徐 邱
高 夏 蔡 田 胡 万 卢 丁 邓 石 崔 龚 程 陆
段 侯 武 刘 龙 叶 黎 白 赖 乔 谭 阎 易 廖
文 曾

段姓

——多谋善断段通断，当机立断果敢风

段氏解密寻踪

（一） 姓氏字源

《说文》：“段，椎物也。从殳，耑省声。”朱芳圃《殷周文字释丛》云：“金文段象手持椎于厂中捶石之形。许君训椎物，引申之义也。云耑省声，误象形为形声矣。”段之本义当作锤炼、锤击之意，后作“锻”。

（二） 寻根溯祖

段姓来源有三：

1. 出自姬姓，是春秋时郑武公的儿子共叔段的后代。据《左传·隐公元年》、《元和姓纂》及《史记·郑世家》等所载，春秋时，郑武公的妻子武姜生大儿子（即庄公）时难产，所以武姜不喜欢庄公；后来生小儿子叔段时很顺利，因此就特别喜欢叔段。郑武公病重时，武姜想让叔段继承王位，于是就请求郑武公废长立幼，武公没有答应，还是让他继位为郑庄公，当了郑国国君。武姜又请求把制（今河南汜水）作为叔段的封地，庄公不答应。后来就把京城（今河南荥阳）封给了叔段，号称京城太叔。叔段在自己的封地上不断扩充势力，并与姜氏内外勾结，企图夺取政权。庄公对弟弟的行为看在眼里，却不动声色。叔段以为哥哥软弱可欺，便同母亲约好日子，准备起兵袭击庄公。庄公得到消息后，便命子封率兵车 200 乘讨伐叔段，在鄢（今河南鄢陵）把叔段打得大败。叔段逃到共（今河南辉县，当时在郑国国境以外），称为共叔段。共叔段的支庶子孙也分散到各地，他们以王父的字为氏，有的以“段”作为姓氏，有的以“共叔”为姓氏，也有的以“共”作为姓氏。如战国韩（建都阳翟〈今河南禹县〉）相段规等。可见，段、共姓氏中有一部分原本就是一家。是为河南段氏。

2. 出自复姓段干木的后代。据《风俗通》等所载，战国初期魏国有复姓段干木，他原是晋国人，后来到魏国（建都安邑〈今山西夏县西北〉），守道仕，住在魏国的城邑段干，人称段干木，他的后代有以单姓“段”作为姓氏，又《唐书·宰相世系表》云：封段为干木大夫。是为山西段氏。

3. 出自辽西鲜卑族之后裔。据《辞海》所载，西晋时，鲜卑族的一个部落首领叫段务目尘，被封为“辽西公”。他的领地内有 3 万家，分布在今辽宁西部。辽西公的领地后来被后赵皇帝石虎所占领，部落中的人大都与汉人杂居，后来他们大多以“段”作为自己的姓氏。是为辽西段氏。又据《姓氏寻源》所载，段氏有出辽西者，本鲜卑檀石槐之后，普将段匹磾是也。云南蛮段氏，魏末段延没蛮代为酋帅，裔孙凭入朝拜为云南刺史，本出武威（今属甘肃）。

（三） 宗堂郡望

堂号 “君轼堂”：战国时魏段干木，不肯做官。魏文侯亲自登门拜访，他跳墙躲避起来，不与之相见。文侯对他很尊敬，每次从他门前过，一定站起伏在车前横木上，表示对他的尊敬（君轼，就是国君扶着车横木站起来），并且说：“段干木是贤人，我怎能不轼（伏轼起身）呢?”

段氏又以“武威”“京兆”等为其堂号。

郡望 段姓郡望主要有京兆郡、武威郡、扶风郡等。

1. 京兆郡。汉太初元年（公元前 104 年），改右内史置京兆尹，治所在长安（今西安市西北）。相当今陕西秦岭以北、西安市以东、渭河以南、华县以西地。三国魏将辖区改称京兆郡。

2. 武威郡。汉元狩二年（公元前 121 年）以原匈奴休屠王地置郡，治所在武威（今甘肃民勤东北）。元鼎后相当今甘肃黄河以西，武威以东及大东河、大西河流域地区。东汉移治姑臧（今甘肃武威）。此支段氏，其开基始祖为西汉段印玄孙段贞。

3. 扶风郡。汉武帝太初元年（公元前 104 年）置右扶风，为三辅之一。三国魏时改为扶风郡，治所在槐里（今陕西兴平市东南）。相当今陕西麟游、乾县以西，秦岭以北地区。东晋移治池阳（今陕西泾阳西北）。

（四） 家谱寻踪

全国·段氏宗谱□□卷
藏地：浙江省图书馆

清光绪十四年（1888）木活字本　八册

全国·段氏族谱二十卷首一卷

藏地：湖北监利县档案馆

（民国）段伯清　段大华等续修

1917年木刻本

山西洪洞·晋洪洞冯张村段氏家谱一卷

藏地：山西洪洞县档案馆

（清）段成鸾纂

1942年段殿甲钞本

江苏丰县·段氏族谱四卷

藏地：江苏丰县赵庄乡段堤口村

（民国）段文德纂

1936年钞本

江苏金坛·段氏家乘十卷首一卷

藏地：南京大学

（清）段濬源纂

清光绪七年（1881）刻本　九册

江苏句容·句曲段氏重修宗谱八卷

藏地：江苏档案馆（存卷1）

（清）段雍梧　段纯宽重修

清光绪四年（1878）富义堂刻本

浙江常山·段氏宗谱不分卷

藏地：江苏常山县芙蓉乡西岭足村岭甲洞（共二部）

1926年木刻本

浙江常山·段氏宗谱二十八卷

藏地：浙江常山县芳村镇雅塘村

（民国）段小根重修

1944年木刻本

浙江常山·段氏宗谱不分卷

藏地：浙江常山县芙蓉乡西岭足村岭甲洞

1947年木刻本

安徽寿县·段氏宗谱四卷首一卷

藏地：美国

（民国）段传鼎等修

1925年京华印书局铅印本　四册

福建建阳·兴田段氏族谱二十一卷

藏地：浙江省图书馆（存三册）

浙江常山县毛良坞乡西岭冈村　浙江常山县狮子口乡占家山村

（民国）段文铿重修

1916年木刻本

江西萍乡·萍西段氏族谱□□卷

藏地：江西省图书馆（存卷6、10）

木活字本

江西波阳·鄱阳段氏宗谱十卷

藏地：上海图书馆

（清）段绍洛编

清光绪八年（1882）刻本　十册

湖北新洲·段氏宗谱四卷首五卷

藏地：湖北新洲县三店镇沙畈村

（清）段光裕　段清海创修

清光绪三十年（1904）木刻本

湖北·沔阳段氏宗谱前集二卷後集二卷首一卷正编四十三卷卷末补遗书后共一卷

藏地：武汉市图书馆（在前集一，后集之二）

（民国）段世芳主修　段镜元　段华钊协同修

1918年崇阳集注书屋梓行木活字本

湖北利川·厚坝段氏族谱四卷

藏地：四川重庆市图书馆

（民国）段子钦纂

1921修1949年湖北利川段氏宗祠

排印本　一册

湖南·宁益段氏五修宗谱十二卷首一卷

藏地：湖南省图书馆（存卷首）

（民国）段万醇修　段敉生纂

1930年京兆堂铅印本

湖南宁乡·沩宁段氏三修支谱□□卷

藏地：湖南省图书馆（存卷1）

清光绪二年（1876）活字本

湖南·湘潭城北段氏宗谱不分卷

藏地：美国

（民国）段盛骐等修

1920年瑞山堂铅印本　四册

湖南湘潭·中湘拗柴段氏五修族谱二十八卷首一卷末一卷

藏地：广东省中山市图书馆

（民国）段世晖纂修

1928年敦本堂刻本　三十二册

湖南湘乡·段氏四修族谱二十卷首一卷末一卷

藏地：湖南省图书馆

（民国）段其选修　段为旸纂

1927年活字本　二十三册

湖南邵阳·段氏族谱三十二卷首二卷

藏地：湖南省图书馆（存卷首）

（清）段祥习　段乾定等纂修

清同治十年（1871）活字本

四川江北·段氏宗谱十九卷

藏地：四川重庆市图（缺三卷）

（民国）段平福等纂

1913年江北段氏家祠刻本

四川内江·段氏家乘四卷

藏地：四川省图书馆

（清）段正颜　段正钫等纂修

清咸丰七年（1857）刻本　一册

四川内江·段氏家乘二卷

藏地：四川内江县永远乡

（清）段嘉令续修

清光绪二十九年（1903）木刻本

（五）字行辈份

1919年段静朗修《段氏宗谱》，安徽芜湖段姓一支辈份字行为：“承宗祖绪，光宜庆昌。”

（六）迁徙繁衍

段姓的发祥地应当有三处：一是出自于共叔段的一支，发源于今河南北部的辉县一带；二是出自段干木的一支，段干木所居的段干邑，现已不得确知，不过，当时魏国的位置，主要是在今山西省丁南部及河南省北部一带，故此，这一支段氏最初的发源地，也不离这一带地方。三是出自鲜卑族的一个部落，因分布在今辽宁西部，故此地应当是这一支段氏的最初发源地。段姓具体播衍情形今已难详知，但大致上来说，段姓在我国姓氏发展史上，应当说是一个比较典型的北方姓氏，它发源于北方，并大举繁衍于北方，尤其是以我国西北地区的陕西、甘肃两省地繁衍最旺盛，后也成为了我国段姓繁衍发展的主要来源，故段姓家族史上所形成的三大郡望均分布于这一地区。据《元和姓纂》等有关资料所载，西汉文帝时有段卬，任北地都督；其玄孙段贞，任武威太守，子孙始居武威（今属甘肃）。传至9世孙段颎（武威姑臧人），东汉桓帝时为中郎将。段颎7世孙段信，其孙段荣，北魏时任定、秦二州刺史。段荣之子段诏，北齐时任太宰左丞相，封平原忠武王。段诏之长孙段嗣元，任地官侍郎、郑州刺史。三孙段嗣基，任东光令，有子段崇简，任右卫将军、郑州刺史。段诏5世孙段楹，任大理司直，隋、朔二州刺史。又段印的19世孙段纷，任后魏晋兴太守。段纷的5世孙段偃师，为唐太子家令，徙居河南，其子段志玄，任唐左骁卫大将军。段志玄之玄孙段文昌，唐穆宗时任宰相。段文昌之子段成式，为宣州长史；孙段怀本，历任洛州太守、礼部郎中、苏州刺史，同居荥阳中牟（今河南中牟）。可见，自段印之后，其后世代为官，在汉至隋唐之时，由西向东，或迁陕西，或迁河南，或迁河北，或迁居云南大理等地。显然，汉至隋唐这段时期，段姓是以我国北方为其主要繁衍地区，就是在隋唐以后，从段姓的分布地区看，段姓仍我是以北方迁居为主。

（七） 适用楹联

□忠留册笏；[①]学博酉阳。[②]

□旷览江天，包罗海岳；
长养花木，位置鼎彝。[③]

□好溪呼于百姓；[④]
开谕胜过三军。[⑤]

□远岫林端出；清波城下回。[⑥]

□水暗余霞外；山明落照中。[⑦]

□独存一夫，坚守学道；[⑧]
尚有二人，拥为君王。[⑨]

□句饶方外趣；游惬社中朋。[⑩]

注释：

①唐代司农卿段秀实，字成公，汧阳人。朱泚反叛，认为他能孚众望，胁迫到军中计事。他乘机用象笏猛击朱泚，遂被杀害。后追赠太尉，谥中烈。

②唐代太常少卿段成式，字柯古，临淄人。他博闻强记，藏书丰富，尤多奇篇秘籍，撰有《酉阳杂俎》，清人辑有《段成式诗》。

③清代咸丰进士薛慰农赠清代文人段小湖联（节录）。

④唐代太常少卿段成式的事典。

⑤唐代翰林学士段文昌的事典。段文昌，字墨卿，一字景初，临淄人。穆宗时入相，出为剑南西川节度。治尚宽静。文宗立，拜御史大夫，封邹平郡公。后复节度西川卒。

⑥唐代翰林学士段文昌《晚夏登张仪楼呈现院中诸公》诗中联句。

⑦段文昌《题武担寺西台》诗中联句。

⑧战国时魏国人段干木，与田子方、李克、翟璜、吴起俱为魏国才士，诸人都当了将军，只有他独潜学守道，不事诸侯，为天下所重。

⑨段姓称帝者有二人。即：十六国时西燕内乱，众推大将段随为王，改元昌平，旋被杀；十六国时，又有西安人段业，被匈奴人拥立为北京国君，在位三年被杀。

⑩唐代太常少卿段成式《书事联句》。

段氏名人集粹

段玉裁 （1735—1815）清著名学者。江苏金坛人，字若膺，号茂堂。乾隆举人。出任贵州玉屏知县、署四川富顺及南溪县事、巫山知县。师事戴震。治学广泛，尤精小学、考据，亦通经学、音韵。积数十年精力，写成《说文解字注》，另著有《经诗小学》、《古文尚书撰异》、《六书音韵表》、《经韵楼集》等。

段坚 （1419—1484）明兰州（今属甘肃）人，字可大，号柏轩，更号容思。景泰进士。历官福山知县、莱州知府、南阳知府。建志学书院，讲心濂洛。倡言主敬为格物致知途径，“吾之心即天才之心，吾之理即天地之理”。门人私谥文毅。有《容思集》。

段克己 （1196—1254）金绛州稷山（今属山西）人，字复之。金末进士。入元后，与弟成己避居龙门山，人称“遁庵先生”。兄弟均以文章著名，赵秉文称之为“二妙”。后人汇集其兄弟诗词为《二妙集》。

段凝 （？—928）五代时开封（今属河南）人，初名明远。从朱温为军巡使。以妹献朱温，又善迎合人意，遂常被用为监军，任怀、郑二州刺史。末帝时，为北面副招讨使，从王彦章御后唐军，与赵岩、张汉杰等勾结，谮彦章，得代为招讨使，率全军渡黄河攻掠澶州。后唐庄宗入汴，梁亡，他以全军投降。被赐姓名为李绍钦，任泰宁军节度使，迁武胜军。明宗即位后，流放赐死。

段常 （？—约963）五代人。事北汉睿宗刘钧为内客省使，后擢枢密使。因牵涉宿卫人员谋反事，出为汾州刺史，后被缢杀。

段思平 五代时南方大理（今属云南）第一世王，他出自白蛮大姓，原通海节度使，世为南诏贵族。公元937年，建大理国。

段文昌 唐代著名宰相。

段成式 （？—863）唐临淄（今山东淄博东北）人，字柯古。家于荆州。以父（文昌）荫为秘书省校书郎，历任吉州刺史、太常少卿、江州刺史。大中末，因故免官，居襄阳。与温庭筠、余知古等相交往。卒年约六十。著有《酉阳杂俎》。

段安节 唐齐州临淄（今山东淄博东北）人。成式子。昭宗时任国子司业。自幼喜爱音乐，能唱曲，对音律也颇有研究。著有《乐府杂录》，记载开元以后的乐部、乐器、乐舞节目、演员轶事等。

段志玄 （？—642）唐齐州临淄（今山东淄博东北）人。少时无赖，屡犯法。隋末客居太原，为李世民所识，遂从李渊父子起兵。潼关之战，中箭不退，击败屈突通。后从世民讨王世充，破窦建德，迁秦王府右二护军。世民即位，累迁左骁卫大将军，封樊国公，改褒国公。

段文振 （？—612）隋北海（治今山东益都）期原人。少有膂力胆气。北周时为宇文护亲信，后从武帝攻北齐晋州，与崔仲方等先登。又从平邺都。历相州别驾、扬州总管长史。旋

从杨坚为丞相掾。入隋，屡为行军部管，御突厥。炀帝即位，征为兵部尚书，从帝进攻吐谷浑。辽东之役，授左候卫大将军，病死途中。

段达 （？—621）隋武威姑臧（今甘肃武威）人。北周末，杨坚为丞相时，以大都督领亲兵，常在左右。及杨坚代周称帝，累迁车骑将军，兼晋王杨广参军。炀帝时，任左翊卫将军。在镇压农民起义军时屡战屡败，人称“段姥”。后受命留守东都。大业十四年（618），闻炀帝被杀，与太府卿元文都奉越王杨侗即位。旋附王世充，拥世充称郑帝，授为司徒。世充败后，为唐人所杀。

段韶 （？—571）北齐姑臧武威（今属甘肃）人，字孝先，小名铁伐。工骑射，有谋略，善治军。受高欢器重，领亲信都督。人北齐，累迁尚书右仆射、尚书令、录尚书事、并州刺史，屡立军功。河清二年（563）北周引突厥兵攻齐，逼晋阳。次年，他总督齐军大破周师。旋周兵复围洛阳，他与兰陵王高长恭、斛律光再败之。卒于军中。

段业 京兆（今陕西西安）人，十六国时期凉州地方政权首领，他曾初任后凉建康（今甘肃高台南）太守，公元397年沮渠蒙逊脱离后凉，推他为凉州牧，年号神玺，三年后改称凉王。

段颎 （？—179）东汉武威姑臧（今甘肃武威）人，字纪明。桓帝时，为中郎将，以镇压公孙举、东郭窦起义封列侯。后任护羌校尉，残酷镇压羌人起义。官至太尉。为宦官王甫党羽，王甫被诛，他亦下狱自杀。

段会宗 天水上邽（今甘肃天水）人，西汉时官至西域都护。在任职期间，深受各族敬畏。还曾以左曹中郎将、光禄大夫率兵安定乌孙贵族的内争，加强了中原和乌孙的联系。后死于乌孙。

段干木 战国初魏国人。姓段干，名木。原为晋之大驵（市侩），求学于子夏，因魏成子推荐，受到魏文侯的礼敬。（《史记·魏世家》）文侯乘车过闾必伏轼致敬，欲以为相，不肯受。

段规 先秦时期曾以崇高的声誉而被韩康子礼聘为相。

段氏风流撷英

段氏先祖源叔段，
反兄失败出走共。[①]
河南浑县发祥地，
段共一家本同宗。[②]
雁门太守段会宗，
西域友好立大功。[③]
刺史秀实严军纪，
威慑吐蕃岂妄动。[④]
唐末成式求学问，
商隐庭筠共齐名。[⑤]
牧羊山童成霸业，
大理之王段思平。[⑥]
文学考据皆玉裁，
汉字学界广传颂。[⑦]
多谋善断段通断，
当机立断果敢风。[⑧]

注释：

①依据《左传·隐公元年》及《元和姓纂》可知，段氏先祖为叔段，他是姬友孙子郑庄公的弟弟。因反兄失败，出走至共。

②叔段到共（古共的遗址在今河南辉县，此乃段、共氏的祖籍所在地），其后支孙，一支姓共，一支姓段，故有“段共一家”之说。

③段会宗（前84—前10年），甘肃天水人，西汉大臣。任雁门太守，他为人讲义气，重功名，加强了汉朝与乌孙的友好关系，对边防的安全和生产起到一定作用。

④段秀实（公元719—783年），陕西千阳人，唐朝官员。官任泾州刺史，他严明军纪，屡立战功，威慑边塞，吐蕃不敢妄动，实现防区安定。

⑤段成式（？—公元863年），山东淄博人，唐末文学家。官至尚书郎、太常少卿。有《酉阳杂俎》传于世。晚年寓居襄阳，诗与李商隐、温庭筠齐名，因三人排行都是十六，故号为：“三十六体”。

⑥段思平（公元893—944年），幼时家贫，牧羊山中。公元1937年攻克大理，终成霸业，建立大理国。

⑦段玉裁（公元1735—1815年），江苏金坛人，清朝文学家、考据学家。有全面阐述汉字构造原则，堪称我国文字学重要著作的《说文解字注》。此书费时数十年之久，仅此功力便值得人称颂。

⑧段（duàn），段音通断，多谋善断，当机立断是我们应有的优良作风。

中华百家姓

赵	钱	孙	李	周	吴	郑	王	冯	陈	蒋	沈	韩	杨
朱	秦	许	何	吕	张	孔	曹	金	魏	姜	谢	邹	苏
潘	范	彭	韦	马	方	任	袁	史	唐	薛	雷	贺	汤
罗	郝	常	于	傅	康	余	顾	孟	黄	尹	姚	邵	汪
毛	戴	宋	熊	董	梁	杜	贾	江	郭	林	钟	徐	邱
高	夏	蔡	田	胡	万	卢	丁	邓	石	崔	龚	程	陆
段	侯	武	刘	龙	叶	黎	白	赖	乔	谭	阎	易	廖
文	曾												

侯 姓

——秦时上谷设郡望，侯氏一族始发祥

侯氏解密寻踪

（一） 姓氏字源

姓氏字源《说文》：“侯，春飨所射侯也。从人，从厂，象张布，矢在其下。”清徐灏注笺云：“侯制以布为之，其中设鹄，以革为之，所射之的也。”所谓侯，即古时射礼所用的射布、箭靶。后引申为有本事者，称侯，再引申为爵位等级之侯。

（二） 寻根溯祖

侯姓来源有四：

1. 出自姒姓。源自夏禹（夏禹是上古颛顼帝高阳氏之孙，又为夏后氏部落领袖，姓姒，其子启建立了我国历史上第一个奴隶制国家——夏朝）的后裔。据《姓氏考略》及《姓氏急就篇》所载，相传夏后氏的后裔，有被封于侯，子孙以地为氏，称侯氏。

2. 是直接传自黄帝轩辕氏姬姓的后裔。在中国历史上，三千年前始建的晋国，是周成王小弟唐叔虞的封国，在今山东西南部，建都于唐（今山西翼城西）。而侯氏正是出自晋国的公族。春秋初期晋昭侯分封叔父成师于曲沃（今山西闻喜东北），造成分裂局面，后为曲沃武公所统一。据《元和姓纂》及《唐书·宰相世系表》等所载，春秋初期，晋哀侯和他的弟弟晋湣侯相继为晋武公所杀，其子孙便迁居他国，就以先人的爵位“侯”为姓，称侯氏。战国时，郑国（开国君主是周宣五弟郑桓公，姬姓，公元前806年分封于郑〈今陕西华县东〉，后武公重建郑国，都新郑〈今属河南〉）有侯宣多、侯多羽；鲁国（周分封的诸侯国，在今山东西南部）有侯叔下、侯妃；齐国（周分封的诸侯国，建都营丘〈今山东淄博东北〉）有侯朝；魏国（周分封的诸侯国，在今山西夏县一带）有侯嬴，皆为他们的后代。

3. 据《姓觿》所载，春秋时，郑（郑武公所重建的郑国，都新郑〈今属河南〉，武公死后，由庄公继位）庄公的弟弟叔段逃到共（在今河南辉县），称共叔段，他死后，郑庄公赐其子共仲为侯氏。

4. 魏晋南北朝时有其他族复姓改侯氏。①据《魏书·官氏志》、《路史》及《北史》所载，北魏代北鲜卑族复姓古口引氏、侯奴氏、侯伏侯氏、古引氏、渴侯氏等，随魏孝文帝南迁洛阳（今属河南）后，改为汉字单姓侯氏。②北魏有侯植，先赐姓侯伏，继而赐姓贺屯，最后仍恢复旧姓侯氏。③据《通志·氏族略》载，有世居库斛真水部落的侯莫陈氏，曾随魏孝文帝南迁洛阳，其后裔有被汉族同化改三字的复姓为单姓侯氏。是为河南侯氏。

（三） 宗堂郡望

堂号“却币堂”、“救赵堂”：战国时候，秦攻赵，赵向魏国信陵君求救。信陵君没有兵符，无法发兵，拿着金币向侯嬴求计。侯嬴是一位71岁的隐士，当时是魏国大梁看城门的小卒。家里一贫如洗，但坚决不受金币。给信陵君出了一计，使如姬偷来了兵符。侯嬴又介绍自己一个朋友，也是一个隐士，当时隐居以杀猪为业，名叫朱亥，很会用兵。侯嬴请他参加了魏军，击杀了不愿出兵的魏将晋鄙。信陵军夺得晋鄙的兵马，带着去救赵，终于打败了秦军，救了赵国。

侯姓又以“上谷”为其堂号。

郡望 侯姓郡望主要有上谷郡、丹徒县、河南郡等。

1. 上谷郡。战国燕时始置郡，秦代治所在沮阳（今河北怀来东南）。相当今河北保定、易州、宣化一带。

2. 丹徒县。秦置丹徒县，今江苏省丹徒县。此支侯氏为上谷郡分支，其开基始祖为东汉大司徒侯霸的后裔。

3. 河南郡。汉高帝二年（公元前205年）改秦三川郡置郡，治所在雒阳（今河南洛阳市东北）。相当今河南黄河以南洛水、伊水下游，双洎河、贾鲁河上游地区及黄河以北原阳县。此支侯氏，多为北魏时鲜卑族侯奴氏、古口引氏等后裔形成。

（四） 家谱寻踪

天津·侯氏谱不分卷

藏地：美国

（清）侯洵等修

清乾隆四十九年（1784）钞本　四册

河北南皮·侯氏族谱不分卷

藏地：国家图书馆　南开大学　吉林大学

侯光藜编辑

1918年重修石印本　五册

江苏·侯氏宗谱三十一卷首一卷

藏地：吉林大学

（清）侯应烜重修

清宣统二年（1910）清忠堂活字本　三十九册

江苏无锡锡山东里侯氏宗谱十二卷

藏地：日本　美国

（清）侯守廉等六修

清道光二十二年（1842）活字本　八册

江苏无锡·锡山东里侯氏八修宗谱二十卷

藏地：中国社会科学院历史研究所图书馆　美国（附二卷、二十一册）

（民国）侯学愈纂修

1919年铅印本　十八册

浙江鄞县侯氏支谱不分卷

藏地：浙江宁波天一阁文物保管所

民国间木活字本一册

浙江临海夏馆·侯氏宗谱□□卷

藏地：浙江临海县博物馆（存卷3）

（清）洪枰序

清乾隆五十一年（1786）序刻本

浙江临海夏馆·侯氏宗谱□□卷

藏地：浙江临海县博物馆（存卷1、2）

（清）周来宝序

清道光二十九年（1849）序刻本

浙江临海夏馆·侯氏宗谱

藏地：浙江临海县博物馆（存卷1—7）

（清）陈甫序

清同治十一年（1872）刻本

浙江临海县邵东乡山下坦村朱家岙临海夏馆侯氏宗谱十二卷

藏地：浙江临海县博物馆（存卷1、3、6—10）

1947　年木活字本

福建南安·太溪侯氏宗谱不分卷

藏地：浙江省图书馆

（清）胡朝翰　五世昌修纂

清嘉庆十年（1806）木活字本　一册

福建南安·太溪侯氏宗谱不分卷

藏地：浙江省图书馆

（清）侯宝九　侯允晚修纂

清道光二十九年（1849）木活字本　二册

福建南安·太溪侯氏宗谱不分卷

藏地：浙江省图书馆

（清）侯千扶　侯千瓜修纂

清同治十三年（1874）木活字本　三册

福建南安·太溪侯氏宗谱不分卷

藏地：浙江省图书馆

（清）夏增荣辑

清光绪二十六年（1900）木活字本　三册

福建南安·太溪侯氏宗谱不分卷

藏地：浙江省图书馆

（民国）侯载元　侯载绘修纂

1922年木活字本　四册

湖南大庸·永定侯氏初谱不分卷

藏地：河南省图书馆　日本美国

（清）侯昌铭　侯鸣珂等修

清光绪十一年（1885）木刻本

湖南湘乡湘西侯氏三修谱□□卷

藏地：湖南省图书馆（存卷13—16）

清光绪二十六年（1900）活字本

湖南衡山·若驿侯氏三修谱十六卷

藏地：湖南省图书馆

（民国）侯业绍　侯声洋等修　侯家麟纂

1922年活字本　十二册

藏地：湖南省图书馆

广东·侯善行堂族本不分卷

藏地：美国

1918年写本　一册

广东番禺·金钱村侯氏族谱不分卷

藏地：美国

（清）侯子城志

清道光十二年（1832）写本　一册

广东·南海亨田乡侯谱不分卷

藏地：广东省中山市图书馆

（民国）侯恒钟修

1933年钞本　一册

四川简阳·侯氏族谱八卷首一卷末一卷

藏地：国家图书馆　四川省图书馆

（民国）严正相编辑

1941年石印本　二册

四川高县上启侯氏话谱一卷

藏地：四川高县落润乡红星村晒坝生产队

（民国）侯泽金纂

云南洱源邓川侯氏族不分卷

藏地：云南图书馆

（清）侯钧瑞撰

民国钞本　一册

香港新界丙冈侯氏族谱不分卷

藏地：美国

1935年写本　一册

侯氏家乘

藏地：国家图书馆

（清）侯鹏著

清嘉十五年（1810）刻本　五册

（五）　字行辈份

清光绪二十一年侯捷生撰《侯氏家谱》，安徽凤台侯姓一支辈份字行为：“承训继先泽，齐家宜正伦。”

（六）　迁徙繁衍

关于侯姓的具体播迁情形，因缺乏有关史料，今已难详考。大体上，发源于我国山西境内的侯姓，在秦汉之际；已称盛于我国北方的大部分地区，主要分布在今天的山西、河北、河南、山东、宁夏等省。其中以河北中部、西部一带繁衍得最为旺盛，也表现得最为优异。故此，长久以来的侯姓族人都沿袭着“上谷”的堂号。另外，汉末，有侯氏裔孙侯恕为北地（治今宁夏吴忠西南）太守，举家迁居北地三水（今陕西旬邑），遂也成为当地一大望族。魏晋南北朝时期，侯姓又有许多新的生力军加入，使侯姓迅速壮大，成为一个支派庞大的家族。

其中在河南省境又形成一大郡望，即河南郡。西晋末年，因北方战乱侯姓也与其他一些姓氏家族一样，大举南迁，后遍及长江中下游广大地区，并在今江苏丹徒一带形成一大望族。据有关资料所载，此支侯氏出自上谷侯氏，为东汉大司徒侯霸的后代。唐代，侯姓开始迁入福建、广东等地。如唐太和年间（827—835年）有闽县（今属福建）人侯固，以进士登第，官至鄜坊、灵武节度使同平章事。宋代以后，已遍及全国各地。

（七）适用楹联

□蜿龙节度；[1]松鹤仙郎。[2]

□功臣着美凌烟阁；[3]
学士流芳含象亭。[4]

□方域雅号公子；[5]
侯景自称帝王。[6]

□花发三阳盛；香飘五柞深。[7]

□琼阁出高艳；玉辇驻浓阴。[8]

□直谅喜来三径友；
纵横富有百城书。[9]。

□月照琴棋桐院坐；
舫名书画米家来。[10]

注释：

①唐代节度使弘实的事典。

②唐代道士侯道华的事典。侯道华，芮城人。初在道净院任供给使。好子史，手不释卷。一日入市醉归。悉斫其院前松枝曰："勿碍我上升处也。"后七日，松上有云鹤签歌。道华飞坐松顶，挥手谢去。

③唐代吏部尚书侯君集，三水人。从太宗征伐有功，像列凌烟阁。

④唐代学士侯行果的事典。

⑤明末清初才子侯方域，学朝宗，与方以智、冒襄、陈贞慧合称"四公子"。

⑥南朝梁大将侯景，羯人。代梁自立汉朝称帝五，不久被杀。

⑦唐代诗人侯列《花发上林》诗中联句。

⑧同注⑦。侯列，亦作侯冽，元和六年进士。

⑨清代成贤亲王师傅侯荫桥自题联。

⑩侯禅甫题联。见《中国对联大辞典》。

侯氏名人集粹

侯方域　今河南商丘人，清代著名文学家，曾与方以智、陈贞存慧、冒襄齐名，合称为明末"四公子"。入清后应河南乡试，中副榜。工诗、古文，字学韩愈、欧阳修。清孔尚任的名剧《桃花扇》即以侯方域与李香君的恋爱故事为题材。

侯芝　江苏上元（今南京）人，清代著名女文学家，侯学诗之女。有许多她写的弹词流传于世，其中《再生缘》最为知名。

侯大苟　（？—1465）明广西浔州（今桂平）人。瑶族。正统七年（1442）与蓝受贰领导大藤峡瑶、壮各族人民起义。不久，蓝受贰遇害，他继续坚持斗争。曾进攻桂平附近州县，发展至万余人。景泰中，一度攻人高（今广东茂名）、廉（今广西合浦）、雷

（今广东海康）等州境内。成化元年（1465），被佥都御史韩雍击败，兵败被执杀。

侯显 明朝名望仅次于郑和的航海家，曾多次下过西洋的当朝宦官，曾两次代明入藏访问，并参加过郑和第二、三次的航行。

侯恂 今河南商丘人，明代时历任御史、兵部侍郎等职，万历进士，曾任御史、兵部侍郎等职。为温体仁所排斥，下狱论死。李自成围攻开封时，明政府因他于大将军左良玉有恩，用为都督。不久朝议中变，又下狱。李自成攻破北京，对三品以上明官，只用他一人。李自成失败后，他逃回家乡。10余年后死。

侯峒曾 明代苏州嘉定（今属上海市）人，天启进士，崇祯时曾任浙江参政，是著名的忠臣，1645年率领嘉定城军民英勇抗清，坚守10余日，城池攻破后，与两个儿子投水自尽。

侯槩 辽末时在辽东中京（今辽宁宁城西大明城）一带率民起义。

侯叔献 抚州宜黄（今江西）人，北宋时任权都水监丞，北宋进士。长于治水，曾多次防止黄河、汴河洪泛，主持引汴水入蔡的工程。

侯仲庄 唐蔚州（今河北蔚县）人。安史之乱时，为河东节度使李光弼先锋，授忠武将军。后从郭子仪，以功封上谷郡王，为神策京西将。建中四年（783）泾原兵变，朱泚占领长安，德宗逃往奉天（今陕西乾县），他任左卫将军，为防城使，昼夜防守不懈。德宗回京后，继续镇守奉天凡二十年。

侯君集 豳州三水（今陕西旬邑）人，唐代著名宰相，为当朝最显赫的人物之一。为侯恕之裔孙。曾从李世民作战。累迁至左虞侯、车骑将军。太宗即位后历任右卫大将军、兵部尚书等职。

侯希逸 （720—781）唐营州（治今辽宁朝阳）人。天宝末，为平卢裨将，与安东都护王玄志斩安禄山所派节度使，拒绝参加叛乱。朝廷以王玄志为平卢节度使，王玄志死，副将李正己推他为首，因得朝廷任命。以孤军无援，乃渡海南下入青州。宝应元年（762），被任为平卢淄青节度使。永泰元年（765），为李正己所逐。入朝为检校尚书右仆射。

侯白 隋代著名幽默家。

侯景 怀朔镇（今内蒙古包头东北）人，北魏大将，初为北魏镇守河南的大将，后降南朝梁，受封河南王。次年举兵叛变，攻破建康（今南京），武帝愤恨而死。侯景改立简文帝，分兵破广陵、吴郡、吴兴、会稽等地。长江下游地区受到极大破坏。大宝二年（公元551年），侯景废简文帝，立萧栋为梁帝，不久又废梁帝自立，国号汉，建元太始。次年被梁将陈霸先、王僧辩所破，侯景被部下杀死。这就是历史上的“侯景之乱”。

侯霸 东汉河南密县（今属河南）人，曾师事九江太守房元。治《穀梁春秋》。新朝王莽时，任淮平大尹（太守）。东汉初，为尚书令。他熟知旧制，收录遗文，条奏前代法令制度，多被采行，后升大司徒，封关内侯。

侯览 东汉时宦官。山阳防东

（今山东金乡西南）人，桓帝初，为中常侍，后封高乡侯。受贿巨万，前后夺人田地 180 顷，房屋 381 所；自建住宅 16 区，皆有高楼池苑，模仿皇宫制度；并放纵仆人、宾客欺凌人民。后被告发，自杀。

侯恕 北地（治今宁夏吴忠西南）太守，为上谷（今河北易县）侯氏裔孙。

侯谨 东汉敦煌（今甘肃敦煌西）人，字子瑜。少时孤贫笃学，以佣作为生，常于晚间燃柴读书。州郡和朝廷屡召，皆托病谢绝。后徙居山中，专心著述。曾作《矫世论》，讥刺当世。又撰《皇德传》三十篇，记述当朝史事。河西人敬称他为“侯君”。

侯嬴 战国魏（建都今山西夏县西北）著名隐士，晚年曾被信陵君（即魏无忌，魏国贵族。魏安釐王之弟）迎为上客。以献计信陵君窃兵符胜秦救赵而闻名。

侯氏风流撷英

公侯本是禄爵制，
后人作姓源二侯。[1]
秦时上谷设郡望，
侯氏一族始发祥。[2]
东汉良臣有侯霸，
进谏有据堪榜样。[3]
侯显立功在外交，
促进交流下西洋。[4]
明末峒曾真气节，
灭清复明奋抵抗。[5]
组织复社是方域，
尊为社首传四方。[6]
天国官员侯谦芳，
能谋善断封丞相。[7]
勤学苦练多努力，
功成名就美名扬。[8]

注释：

①《礼记·王制》记载：“王者之制禄爵，公、侯、伯、子、男、凡五等”。可见，侯是一种官职。据《唐书·宰相世系表》，春秋时，晋国哀侯和弟弟闵侯为晋武公所害，其孙逃出晋国，侯氏由此而得。

②据《百家姓》，侯氏郡望为上谷郡，即今天的河北怀来县，是公元前 222 年秦灭赵后设置的，此为侯氏的发祥地。

③侯霸（？—公元 37 年），河南密县人，东汉初大臣。他笃志好学，矜严威容，明习旧制，收录遗文，表奏之前，先示前辈法令，有理有据，作风严谨，值得学习。

④侯显（生卒不详），明朝外交家（宦官），曾出使西藏；两次独使印度、孟加拉，为促进明朝与世界各国文化交流作出贡献。其名望仅次郑和，令人仰慕。

⑤侯峒曾（公元 1591—1645 年），上海嘉定人，明末抗清义军首领。为人忠贞正直有民族气节，顺治二年（1645 年），清兵南下，他作为嘉定人民推选的盟主，领导嘉定人民奋起抵抗，兵败投水而死。

⑥侯方域（公元 1618—1654 年），

河南商丘人，清初文人。明末，寓居南京，组织“复社”，与方以智、陈贞慧、冒襄共称“四公子”，当时文人推举他为社首，远近闻名。

⑦侯谦芳（？—公元 1856 年），广西人，太平天国官员。因自幼读书，能谋善断，太平天国建都天京后，被封为丞相。

⑧古时，侯可代表功名利禄，唯有努力学习，刻苦钻研，掌握本领，作出贡献，才能更加受人尊敬。

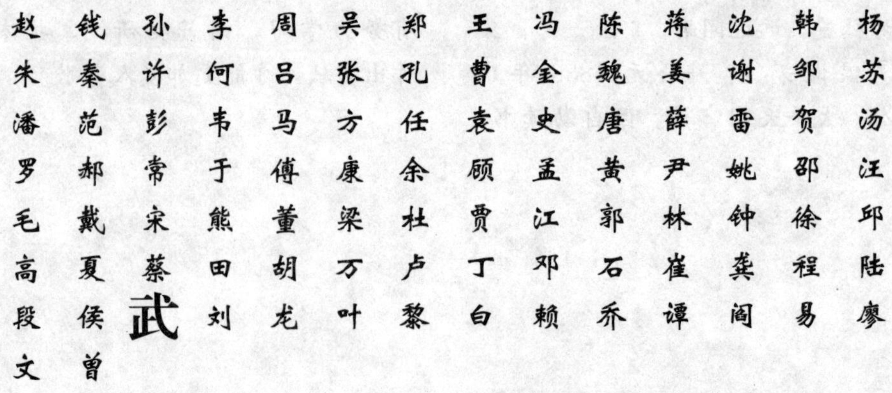
中华百家姓

赵 钱 孙 李 周 吴 郑 王 冯 陈 蒋 沈 韩 杨
朱 秦 许 何 吕 张 孔 曹 金 魏 姜 谢 邹 苏
潘 范 彭 韦 马 方 任 袁 史 唐 薛 雷 贺 汤
罗 郝 常 于 傅 康 余 顾 孟 黄 尹 姚 邵 汪
毛 戴 宋 熊 董 梁 杜 贾 江 郭 林 钟 徐 邱
高 夏 蔡 田 胡 万 卢 丁 邓 石 崔 龚 程 陆
段 侯 武 刘 龙 叶 黎 白 赖 乔 谭 阎 易 廖
文 曾

武 姓

——虚谷不畏豪门犬，范泉教授留勇名

武氏解密寻踪

（一） 姓氏字源

《说文》：“武，楚庄王曰：夫武，定功戢兵，故止戈为武。”武字本义当作征伐、示威，后泛指军事、强力等，与文相对。于省吾先生《释武》云：“武从戈、从止，本义为征伐示威。征伐者必有行。‘止’即示行也。征伐者必以武器，‘戈’即武器也。”

（二） 寻根溯祖

武姓来源有五：

1. 出自姬姓。据《新唐书·宰相世系表》等所载，公元前770年，犬戎入侵西周，周幽王被杀，周朝的京城镐京（今陕西省西安西南）也遭破坏。周幽王的儿子宜臼受申、许、鲁等部分诸侯拥戴，在申（今河南南阳北部）即位，不久又迁到雒邑（今河南洛阳），历史上称为东周。宜臼就是周平王。据传周平王的少子姬武，从一落娘胎手掌上便有一片特殊的纹路，形状就像个“武”字，周平王便赐为武氏，为周朝大夫，后来他的子孙，也因而以武为氏，史称武姓正宗。是为河南武氏。

2. 据《世本》所载，“出夏臣武罗”，其后子孙也称武氏。又据《万姓统谱》云：夏代有诸侯国武罗国，后来国亡，武罗子孙以国为姓氏，后简姓武氏。

3. 出自子姓。①据《武班碑》所载，为商王武丁之后，汉代武班即是。②据《风俗通义》所载，春秋时宋（宋国建于西周初期，建都于今河南商丘，君主是子姓商朝的后裔）戴公之子司空，在公元前 765 年继位，在位 18 年，死后溢号“武”，史称宋武公，他的后世子孙以其谥号为氏，亦称武氏。是为河南武氏。

4. 又据《风俗通义》所载，汉朝有武强王梁，封地在今河北省武强县（西汉称“武隧”，东汉时改为“武遂”，晋置武强县），其后代因封地为“武强”简为武氏。又为河南武氏。

5. 出自以“武”字开头的复姓——武安氏和武疆氏。①为秦大将白起之后。战国时，白起因功曾被封为武安君，其后子孙便以封爵“武安”两个字为氏，称武安氏。②为周顷王之孙姬满之后裔。因姬满的后裔曾被封于武疆（今河南郑州市一带），而以地为氏，称武疆氏。据有关学者考证，武安氏和武疆氏的后裔后陆续改姓了单字的武氏，故今这两个以“武”字开头的复姓也就不多见了。

6. 出自唐代的冒姓或被赐姓为武姓的。据有关资料所载，唐朝有贺兰敏，本为贺兰氏，后改姓武，此为冒姓者；武则天曾赐傅游艺、左玉钤、李楷固及契苾明之妻为武氏，此为赐姓武氏。

由上看来，武姓家族的组织情形是非常复杂的。既有周平王的后裔、夏代大臣武罗的后裔、殷代君王武丁的后裔、春秋时代宋武公的后裔。以及复姓改单姓和冒姓或被赐姓为武姓的后裔。武姓家族组织如此庞大，今天作为武姓人士的中国人，要追溯其本家族的历史渊源，恐怕就是一件非常困难的事了。

（三） 宗堂郡望

堂号 “鬻薪堂”：鬻薪是卖柴。宋朝武行德，相貌奇伟，家里很穷，以卖柴为生。晋祖镇守弁门，到郊外游玩，看到行德卖柴，对他的相貌很惊讶，又见他担的柴特别重，一般劳力担不动，就把他留在帐下当了虞侯。后来作战时行德被契丹俘虏，他杀了契丹的官，占据了河阳，不久归顺了汉，当了河南尹，入宋，官太子太傅。

武姓又以“太原”为其堂号。

郡望 武姓郡望主要有太原郡、沛郡等。

1. 太原郡。战国秦庄襄王四年（公元前 246 年）置郡，治所在晋阳（今山西太原西南）。秦时相当今山西五台山和管涔山以南、霍山以北地区。北魏复为郡，相当今阳曲、交城、平遥、和顺间的晋中地区。

2. 沛 郡。汉高帝改泗水郡置郡，治所在相县（今安徽濉溪县西北）。相当今安徽淮河以北、西淝河以东，河南夏邑、永城及江苏沛、丰等县地。东汉时改为国。

（四） 家谱寻踪

北京·武氏族谱

藏地：中央民族大学

（清）武继昌编

清咸丰四年（1854）辑钞本 二册

河北永年·武氏族支合编

藏地：中央民族大学

（民国）武敬绪编

1935年刊本 二册

山东·峄县武氏族谱四卷

藏地：吉林大学

（民国）武学勤续修 武章纂

1936年石刻本 四册

山东临沭·武氏族谱

藏地：山东临沭县南古镇白石官庄钞本

武氏家谱

藏地：山西图书馆

（清）武先慎编

清乾隆五十六年（1791）聚顺堂刻本 一册

（五） 字行辈份

1934年武懿民修《武氏家谱》，浙江杭县（今属余杭县）武姓一支辈份字行为："善德庆美，诚信斯国，"

（六） 迁徙繁衍

武姓最早的发祥地应在今河南省境，其后在此地得到不断繁衍，并迅速地向邻近的山东及江苏等省迁徙。如有武涉（盱眙〈今属江苏〉人），曾被项羽派去劝说韩信背汉；武娗（沛县〈今属江苏〉人），是汉高祖刘邦的同乡。至汉时，山东武氏一直是一个兴旺、显赫的家族。出自此地的武姓，后大举地繁衍至今河南、安徽、山西等。魏晋南北朝时期，因北方战乱，武姓也同中原的士族一起大举南迁，成为了江苏等省境内的一大望族，故武姓有"沛国"郡望。其中在北方有一支武氏迁入今山西省境。唐代武姓家族因出了一位武则天，使得武姓繁衍达到了极为昌盛的时期，武姓也正是始于唐代在北方各地再次得以大举播衍迁徙，族派不断扩大，在今山西太原一带发展成为一个大族，故武姓有以"太原"为其郡望。与此同时，武姓在我国南方也得到了进一步的发展。其后，遍及全国各地。总之，从历代武姓的发展情形看，武姓是以北方为其主要的繁衍地区。换言之，在我国历史上武姓是一个比较典型的北方姓氏。关于这一点，我们也可以从武姓历代名人的分布情况略知一二。

（七） 适用楹联

□祥开国胄；[①] 庆衍奇文。[②]

□开章卓识；[③] 补阙高风。[④]

□苦吟精著练湖集；[⑤]
　诚心饱领嵩岭霞。[⑥]

□六宫粉黛无颜色；
　万国良冠非冕旒。[⑦]

□立地顶天，巾帼胜操唐帝业；
　依山临水，利州留置武家庄。[⑧]

□掩映叶光含翡翠；
　参差石影带芙蓉。[⑨]

□孝子办义学，御赐武训；[⑩]
　巾帼操帝业，著名女皇。[⑪]

注释：

①指夏代武罗国。

②指东平王少子出生时，手心中有篆体“武”字手纹。

③唐代德宗时御史中丞武元衡，有卓识远见，刚直不阿，帝目之为“是真宰相器”。

④唐代户部尚书武儒衡，字廷硕，论议劲直有风节，且将大用，以兵部侍郎卒。

⑤宋代诗人武允蹈，字德由，自号练湖居士，高安人。两贡于乡，刻意苦吟，每一联出，就脍炙人口，有《练湖集》。

⑥唐代隐士武攸绪，武后兄子，恬淡寡欲，武后秉政，攸绪求去官隐于嵩山之阳，与民无异。

⑦武则天庙联。

⑧广元市皇泽寺联。武则天生于广元，后人为了纪念她，清代修皇泽寺，取“皇恩浩泽”之意。寺位于城西 0，5 公里处的嘉陵江西岸乌龙山麓。

⑨唐代诗人武三思《奉和圣制夏日游石淙山》诗联句。

⑩清代名人武训，山东堂邑人。排行第七，事母至孝，又称武七，“训”是清王朝嘉奖他兴办义学的赐名。他终身集资办教育，清廷授以“义学正”，赏穿黄马褂，他没有接受。1896 年死于临清义学中。陶行知也赞扬他的办学精神。

⑪中国第一位女皇帝武则天。唐代山西文水人。太宗时入宫为才女，高宗时为皇后。后临朝称制，改国号“大周”，称皇帝。有权略，善用人，名相辈出。年寿 81 岁，是武姓名人中的寿星之一。

武氏名人集粹

武亿 今河南偃师人，清代著名学者，乾隆进士，曾任博山知县。创办范泉书院，亲自讲学。治经史，精于考订金石文字。著有《经读考异》、《群经义证》、《偃师金石记》、《授堂诗钞》等。

武禹襄 今河北人，清代武式太极拳创始人，先从师杨福魁，后到河南温县从陈清萍学陈式新架太极拳，并钻研正宗岳的《太极拳论》，融会贯通，自成一派，称武式小架。

武训 （1838—1896）清末山东堂邑（今属聊城）人。初以排行称武七，“训”系清朝赐名。少孤贫，随母求乞。后以乞讨所得放债，置田二百三十余亩（或三百余亩），以之设义塾于柳林村。继在馆陶、临清资助书塾或设义塾。因行乞兴学，得清朝嘉奖，授“义学正”，赏穿黄马褂，他未接受。

武之望 （？—1629）明陕西关中人，字叔卿，号阳纡。据王肯堂《证治准绳》中的女科部分，编成《济阴纲目》，分门类别，有纲有目。其内容虽承袭王氏，而上加眉批颇有独到之处。另著有《济阳纲目》。

武棋 元太谷（今属山西）人，字子春。由掾史累迁桐城县尹，人为户部左司都事。至正十年（1350），与吏部尚书偰哲笃等建言更改钞法，铸

至正宝钱。丞相脱脱用其法，立宝泉提举司，铸宝钱，印造交钞，通行天下。致物价腾踊，钞法大坏。旋授中书参议，转户部尚书，出为甘肃行省参政，卒于官。有《宝钞通考》。

武汉臣 济南（今属山东）人，元代戏曲家，所作杂剧甚多，今知有10种。

武仙 （？—1234）金威州（治今河北井陉北）人。道士出身。贞祐二年（1214）组织地主武装，抵抗蒙古军。兴定四年（1220）封恒山公，拥有真定府（治今河北正定）等地。未几降蒙古。正大二年（1225）归金，后退往河南，屯兵顺阳（在今河南淅川）一带。天兴二年（1233）攻宋光化（今湊北光化西北），拟沿汉水人汉中、四川，为宋将孟珙击溃。次年逃往河北，至泽州（今山西晋城），为戍兵所杀。

武元直 金北京人，字善夫。明昌间名士。善画山水，能诗文。所作《莲峰小隐图》、《渔樵闲话图》、赵秉文均题之以诗。有《东坡游赤壁图》传世。

武宗元 河南白波（今河南孟津）人，北宋著名画家，擅画佛道鬼神，学吴道子，行笔流畅。曾在嵩山、洛阳、许昌等地寺观作壁画。

武漳 文水（今山西汾阳）人，五代后蜀著名将领，原仕后唐庄宗，从魏王继岌入蜀，留成都，因战功累升绵州刺史。后仕后蜀任山南节度使，在褒中凿大沟以导泉源，溉田数千顷，对当地的农田水利建设做出了贡献。

武元衡 （758—815）唐河南缑氏（今河南偃师南）人，字伯苍。建中进士。为华原县令，因无权惩治不法军官，称病去官。后德宗召为比部员外郎，迁左司郎中。贞元二十年（804）迁御史中丞。元和二年（807）升任为门下侍郎、同平章事，兼判户部事。出为剑南西川节度使。八年，再任宰相。主持讨伐吴元济事，为藩镇李师道所派刺客刺死。

武承嗣 （？—698）唐并州文水（今山西文水东）人。武则天之侄。袭祖爵周国公。光宅元年（684）由礼部尚书升为常卿、同凤阁鸾台平章事，参预国政。载初元年（689）迁文昌左相。后封魏王。欲尽诛唐宗室诸王及大臣中不附己者，要求则天立他为皇太子，遭狄仁杰，岑长倩等反对，不果，快快而死。

武三思 （？—707）唐并州文水（今山西文水东）人。武则天之侄。则天临朝后，任夏官尚书、春官尚书等职，封梁王，参预朝政。中宗复位后，官司空、同中书门下三品。他勾结韦后与上官婉儿。子崇训娶中宗女安乐公主，排斥张柬之、桓彦范等大臣。神龙三年（707）又谋废太子重俊，重俊矫制起兵，他与崇训都被杀。

武士彟 （577—635）唐并州文水（今山西文水东）人，字信。武则天之父。以经营木材致富。隋末任鹰扬府队正。李渊为太原留守时，任为行军司铠。唐初官光禄大夫，旋为工部尚书，封应国公。历任扬州都督府长史，利州、荆州都督。高宗时，以后父改封周国公，又赠太原王。

武惠妃 （？—738）唐并州文水

（今山东文水东）人。幼入宫。玄宗即位后，赐号惠妃，母、弟皆因而显贵。与李林甫勾结。生子李瑁，封寿王，宠冠诸子，她犹不足，欲立为太子，谮玄宗废太子瑛，被张九龄谏止。卒年四十余，追赠贞顺皇后。

武则天　武士彟之女，中国历史上第一位女皇帝，登基后改名武曌（zhào 照），关于她的事迹，早就为国人所熟知。她前后君临天下 21 年，虽然被后世批评为"恣为淫虐，任用酷吏，大杀唐氏宗室"等等，似乎所作所为一无是处。然而，也有不少忠于史实的学者对于她有比较公正的论断，认为她富于权略，知人善任，在她当朝时名相辈出，使得大汉的声威，如日中天，远夷慑服。

武陔　西晋沛国竹邑（今安徽宿县北）人，字元夏。魏明帝时任下邳太守，颇为司马师兄弟所重，累迁司隶校尉。入晋，以尚书掌吏部，迁左仆射。以逊让为当世所称。

武儒　西汉时以谒者从刘邦定诸侯，被封于梁邹（今属山东济南），有子武最；武最之子武婴，为顷侯；其孙武山柑，袭侯；武山柑之子武都，西汉时任陈留（今属河南）太守，封内黄侯；其孙武宣，任汝南（今属河南）太守，有二子：武尚、武浮；武浮任司徒、左长史，生武静，为临漳令；武静生武烈；武烈生武笃；武笃生武悌；武悌生武端，为九江（治今安徽定远县西北）太守、临颍侯；武端生武周，三国时任魏侍中，封南昌侯，生有三子：武陔、武韶、武茂。武陔任魏太仆卿，西晋武帝时官至左仆射，封薛定侯；武陔生武越，任太山太守；武越生武铺，为威远将军；武铺生武暇，为太子洗马；武暇生武念，为洛州长史；武念生武洽，为平北将军、五兵尚书，封晋阳公，别封大陵县（今山西文水县东北武陵村），赐田五十顷，因居之：武治生武神龟：武神龟生武克己；武克已生武居常，北齐时任镇远将军；武居常孙武俭，北周时任永昌王谘议参军；武居常曾孙武华，隋时任东都丞，有四子：武士棱、武士让、武士逸、武士彟。其中武士彟，家富有，经营木材等商业，喜结交，隋末为鹰扬府队正。唐高祖李渊初行军于汾晋，曾到过他家。他任太原（今属山西）留守时，引为行军司铠；攻下长安后，又拜其为光禄大夫，后转升为工部尚书，封应国公。武士彟有两兄武士棱、武士逸，均从李渊起义，士棱勤于农业劳动，官至司农少卿；士逸有战功，官终韶州（今广东韶关市南武水之西）刺史。

武臣　（？一前 208）秦末陈县（今河南淮阳）人。张楚政权建立后，陈胜任他为将军，张耳、陈徐为左右校尉，率军三千攻赵。由白马津（今河南滑县东）渡黄河，连续攻下赵地十余城，发展到几万人，旋又招降三十余城，进占邯郸（今河北邯郸西南）。经张耳、陈馀劝说，他自立为赵王，并违抗陈胜命令，拒绝援助周文。后为部将李良所杀。

武庚　周初分封的殷君。字禄父。商王纣之子。周武王克殷后，将原殷的王畿一部分封给他，并以管叔、蔡叔、霍叔监视，称为"三监"。武王去

世，成王年幼，周公旦摄政，他联合三监及东方夷族叛乱，终被周公平定，他被杀。一说他北奔。

武乙 商代国王。康丁之子。在位时，东夷渐强，移居淮岱，渐居中土。西部方国旨等反商。他率沚国等诸侯征伐，虏旨方民数千。曾接受周主季历朝见，赐予土地、玉、马等物。后在黄河、渭水之间打猎，被雷击死。

武丁 商代国君。盘庚弟小乙子。死后称为高宗。相传少时生活民间。即位后，选拔奴隶傅说执政，重用甘盘，勤于治理，使殷复兴，享国五十九年。先后对北方的𢀛方、土方、鬼方，西方的羌，东方的夷，南方的虎方用兵。对鬼方用兵，三年才得以攻克。

武氏风流撷英

敦煌长史人已渺，
武班遗墓草鱼新。[①]
廷硕忠直风节劲，
补阙毋用是分明。[②]
伯苍卓识官剑南，
蛮夷怀归颂政清。[③]
本是才人一朝帝，
皇后临政称圣神。[④]
寡欲无求攸绪贤，
弃官愿为嵩山隐。[⑤]
练湖刻意求新句，
语出惊人乐苦吟。[⑥]
景阳冈上显身手，
铁拳行者是武松。[⑦]
虚谷不畏豪门犬，
范泉教授留勇名。[⑧]

注释：

①武班，汉代人，官敦煌长史，武宅山有其墓，列代不知其名。清时黄易访得之，重加修葺。

②武儒衡，字廷硕，唐时太平人。宪宗时累官户部尚书，且补阙将用，因论议劲直有风节，嫉恶分明，不至大用。

③武元衡，字伯苍，唐时官检校吏部尚书，兼同平章事，为剑南西川节度使，绥靖约束，俭己宽民，三年后上下完实，蛮夷怀归。

④武则天（624—705），名曌，唐时并州文水人。14岁入宫为才人，高宗时立为后，代决政事，掌握国政，后称帝，改国号“周”，自称“圣神”。

⑤武攸绪，武则天之兄子，恬淡寡欲。武氏秉政时隐居嵩山。后独攸绪一人免祸。

⑥武允蹈，字德由，宋代高安人，自号练湖居士。刻意苦吟，每一联出则脍炙人口。著有《练湖集》。

⑦武松，《水浒》中人物，绰号行者，曾在景阳冈打虎。后入梁山农民起义军，是108条好汉之一。

⑧武亿，字虚谷，又字授堂，清时河南偃师人，学者，曾任博山知县。创办范泉书院，亲自讲授。和珅家奴扰民，他擒而杖之，为上司劾罢。治经史，精于考订金石文字。

中华百家姓

赵 钱 孙 李 周 吴 郑 王 冯 陈 蒋 沈 韩 杨
朱 秦 许 何 吕 张 孔 曹 金 魏 姜 谢 邹 苏
潘 范 彭 韦 马 方 任 袁 史 唐 薛 雷 贺 汤
罗 郝 常 于 傅 康 余 顾 孟 黄 尹 姚 邵 汪
毛 戴 宋 熊 董 梁 杜 贾 江 郭 林 钟 徐 邱
高 夏 蔡 田 胡 万 卢 丁 邓 石 崔 龚 程 陆
段 侯 武 **刘** 龙 叶 黎 白 赖 乔 谭 阎 易 廖
文 曾

刘 姓

——刘氏辉业自古垂，更有风流看今朝

刘氏解密寻踪

(一) 姓氏字源

《广雅·释器》云："刘，刀也。"《说文》无刘字，南唐徐铉注《说文》，以为"镏"即刘字。刘字本义当作兵器。清俞樾《曲园杂纂·五》云："当以'一个冕执刘'之刘为刘字本义，盖兵器也。周有公刘，犹唐虞有殳斨，皆以器为名。"

(二) 寻根溯祖

刘姓来源主要有三：

1. 出自祁姓，为帝尧陶唐氏之后裔。据《元和姓纂》、《新唐书·宰相世系表》及《泰和刘氏先得录》所载，相传帝尧（陶唐氏）姓祁（中国最古老的姓氏之一，为黄帝之后裔所分得的姓氏之一〈黄帝有 25 个儿子，分别得 12 个姓〉），其后子孙有一支以祁为姓，被封在刘国（今河北省唐县）。夏时，在河北刘国有一刘氏因生有一子手有纹样便叫刘累，其人有养龙的本领，在夏朝第 13 帝孔甲时为官，被孔甲封为"御龙氏"，负责驯养甲的 4 条龙。后因孔甲不满，刘累便举家逃到鲁县（今河南鲁山县）。其子孙在商时更为豕韦氏（因封于豕韦〈今河南滑县东南〉，以地名为氏），又更为唐代（因徙封唐地〈今山西翼城西〉建唐国，以国名为氏），至周又更为杜氏周成王时灭唐，改唐国遗族于杜〈今陕西西安市南杜陵〉，建杜国，以国名为氏），其始祖为杜伯，后杜国被西周所灭，其子孙奔逃四处。其中杜伯的一个儿子隰督逃到晋国，后其子杜芳因在晋国任狱讼的官，称士师，其孙士会因官使氏，称士氏。士会于晋襄公时任大夫，因才智过人，处事有方，深得同僚和晋王的赏识。晋王先封他食邑于随，后又封他食邑于范，故士会又名随会、范会。公元前621年，晋襄公死后，太子夷皋还小，大臣们都主张立晋襄公的弟弟公子雍为晋君，而公子雍此时正在秦国作人质，于是便派士会等人到秦国去接公子雍回国继位。士会去后，晋国大臣们又迫于襄公夫人的哭闹，只好立夷皋为晋君。秦人见晋国出尔反尔，双方就交战，结果秦军败北，士会便也逃到秦国。后再返回晋国任职，但他的子孙有一部分仍留在秦国，其后代便称为刘氏——取其“留”之意，或稽远祖刘累之名别姓刘氏。像汉代刘邦（汉高祖），即是由这一支发展而来的。这一支刘氏，通常被刘氏本族认为是帝尧陶唐氏之苗裔，至汉代演变为巨族。史称刘姓正宗，是为陕西刘氏。

2. 出自姬姓（也为黄帝时所分的姓氏之一，其远祖为后稷），为周太王的后裔。相传，后稷承袭姬姓，传12世孙古公亶父因由豳迁到周原（今陕西岐县北），称周族，古公亶父二传于姬昌（周文王），三传于姬发（周武王），建立周朝，建都今陕西长安沣水以东。武王继位后，追封古公亶父为太王，姬昌之父季历（公季）为王季。武王去世后，其子姬诵继位，是为周成王。据《名贤氏族言行类稿》等所载，西周时，周成王封王季的儿子于刘邑（今河南偃师县西南刘聚，相传是刘累御龙氏故居，故得名），其后裔以邑为氏。这一支姬姓刘氏的后代均无显族，后融入到各刘姓大族之中。是为河南刘氏。

3. 出自他姓，为他族、他姓改姓或赐姓刘。①据《史记》所载，西汉初年，汉高祖刘邦实行和亲政策，以皇室宗女嫁匈奴单于冒顿为妻。匈奴习俗，贵者皆从母姓，冒顿子遂姓刘氏。再如“五胡十六国”时匈奴贵族刘渊，即出于此支刘氏。②据《汉书》等所载，齐人娄敬在洛阳向刘邦献入关中建都之策，被刘邦重用，刘邦称帝后，赐姓刘氏，封关内侯，遂改作刘敬，其后亦为刘氏；又项羽之伯父项伯曾在鸿门宴保护刘邦有功，刘邦称帝后，为感谢项伯救命之恩，封他为射阳侯，赐姓刘，并赐项氏家族姓刘氏。还封侯3人，即桃侯（封地在今山东汶上县）项襄，平皋侯（封地在今河南温县）项它，玄武侯（佚名）。其后分别成为刘氏的又一大支脉。另外，其后又有王、冠、龚、薛、何等姓人士也分别改姓刘。③据《魏书·官氏志》所载，北魏孝文帝迁都洛阳后，将鲜卑族的复姓独孤氏改为汉姓单字刘氏，成为当时鲜卑族最显赫的九姓（即穆、陆、贺、刘、楼、于、稽、尉、奚）之一。另外，还有乌桓、羌、氐、突厥、蒙古、维吾尔、回、满等族，先后进入中原，也有不少改为刘姓。

（三） 宗堂郡望

堂号 1. 彭城堂：使用最普遍的堂号，这是因为彭城刘氏其源出西汉皇族，时间较早，支脉繁多，历代人才济济，影响巨大，因而被天下刘氏视为郡望堂号正宗。

2. “豢龙堂”：夏相刘累，善养龙，封豢龙氏。

3. “藜照堂”：汉代刘向，应宣帝诏选俊才。元帝时校书天禄阁，有一老翁，穿黄衣，拿藜（灰灰菜）杖，吹着拐杖上头的火焰，拿出天文、地理书给刘向。刘向问：“你是谁?”他说：“我是太乙之精，听说你好学，特地来看你。”刘向一生著书很多，见了老翁后，才思更敏。

据有关资料查知，刘姓的堂号除了以上所列举的以外，还有自立的堂号，名目也很多，如有“藜照”、“敦睦”、“敦伦”、“敦本”、“天录”、“再思”、“树德”、“守三”、“青云”、“传经”、“五忠”、“恒德”、“庆元”、“怀贤”、“墨庄”等。

郡望 据有关史料所载，刘姓郡望多达25个，其著名的郡望有18处，即彭城郡、沛郡、弘农郡、河间郡、中山郡、梁郡、顿丘郡、南阳郡、东平郡、高密国、竟陵郡、河南郡、尉氏县、广平郡、丹阳郡、广陵郡、长沙郡、临淮郡等。其具体相当地域大体如下：

1. 彭城郡。西汉地节六年（公元前69年）将楚国改为彭城郡，东汉章和二年（公元88年）又改为彭城国，治所在彭城（今江苏徐州市）。相当今山东微山县，江苏徐州市、铜山县、沛县东南部、邳县西北部及安徽濉溪县东部。此支刘氏，为汉高祖刘邦少弟楚元王刘交之后及汉宣帝刘询（高宜7世孙）之子、楚孝王刘嚣所开基。

2. 沛　郡。西汉时置郡，治所在相县（今安徽濉溪县西北）。相当今安徽淮河以北、西淝河以东，河南夏邑、永城及江苏市、丰等县地。

3. 弘农郡。西汉置郡，治所在弘农（今河南灵宝北）。相当今河南黄河以南，宜阳以西的洛、伊、淅川等流域和陕西洛水、社川河上游、丹江流域。此支刘氏，其开基始祖为汉桓帝时太尉刘贾（华阴〈今属陕西〉人）。

4. 河间郡。汉初置郡，治所在乐城（今河北献县东南）。相当今河北献县、交河、东光、阜城、武强各一部分地。此支刘氏，其开基始祖为东汉章帝之子河间王刘开。

5. 中山郡。汉时置郡，治所在卢奴（今河北定县）。相当今河北狼牙山以南，保安市安国以西，唐县新乐以东和滹沱河以北地区。此支刘氏，多出自汉景帝之子中山靖王刘胜。

6. 梁　郡。汉高帝时置国，治所在睢阳（今商丘南）。相当今河南商丘市和商丘、虞城、民权、安徽砀山等县地。此支刘氏，为汉文帝之子刘武所开基。

7. 顿丘郡。西汉置县，今河南清丰西南一带；西晋置郡。相当今河南清丰、濮阳、内黄、南乐、范县等县地。此支刘氏，出自匈奴族刘氏。

8. 南阳郡。战国秦置郡，治所在宛县（今河南南阳市）。汉时相当今河南熊耳山以南叶县、内乡间和湖北大洪山以北应山、郧县间地。此支刘氏，其开基始祖为西汉长沙定王刘发。

9. 东平郡。汉晋置国，治所在无盐（今山东东平东）。南朝宋改称东平郡。相当今山东济宁市、汶上、东平街县地。此支刘氏，其开基始祖为汉宣帝第四子东平王刘宇。

10. 高密国，西汉置国，治所在高密（今山东高密县）。相当今山东高密一带。此支刘氏，为西汉广陵王之子刘弘所开基。

11. 竟陵郡。西晋置郡，治所在石城（今湖北钟祥），南朝宋相当今湖北钟祥、天门、京山、潜江、沔阳等县地。此支刘氏，为后汉刘焉（即鲁恭王后裔）所开基。

12. 河南郡。汉置郡，治所在雒阳（今河南洛阳市东北）。相当今河南黄河以南，洛水、伊水下游，双洎河、贾鲁河上游地区及黄河以北原阳县。此支刘氏，出自匈奴族刘氏。

13. 尉氏县。春秋时郑国尉氏邑，秦时置县，今河南尉氏县。此支刘氏，其开基始祖为东汉章帝（其子河间孝王开世居东城）11世孙刘通。

14. 广平郡。汉置郡，治所在广平（今河北鸡泽东南）。相当今河北任县、南和、鸡泽、曲周、永年及平乡西北、肥乡东北一部分地。此支刘氏，出自西汉景帝之孙阴城思侯刘苍之后。

15. 丹阳郡。西汉置郡，治所在宛陵（今安徽宣城）。相当今安徽长江以南，江苏大茅山及浙江天目山脉以西及浙江新安江支流武强溪以北地区。此支刘氏为临淮刘氏分支，其开基始祖东汉光武帝刘秀7世孙琅邪内史刘会（刘建之子），以民居句容著称。

16. 广陵郡。西汉元狩三年（公元前120年）改江都国置广陵国，治所在广陵（今江苏扬州市）。东汉改为郡。相当今江苏、安徽交界的洪泽湖和六合以东，泗阳、宝应、灌南以南，串场河以西，长江以北地区。此支刘氏，多出自汉宣帝广陵王刘胥。

17. 长沙郡。战国秦置郡，治所在临湘（今湖南长沙市）。相当今湖南东部、南部和广西全州，广东连县、阳山等地。此支刘氏，为汉景帝之子长沙定王刘发所开基。

18. 临淮郡。汉武帝时置郡，治所在今安徽盱眙县西北。相当今安徽西部淮河流域一带，此支刘氏，其开基始祖东汉光武帝刘秀6世孙晋永城令刘建。

在以上所列举的刘姓郡望中，其中以彭城、沛国为最大望族。

（四） 家谱寻踪

河北沧州·刘氏家谱三卷首一卷

藏地：人民大学　河北大学　辽宁省图书馆

（清）刘涛　刘玉策修

清乾隆三十二年（1767）刻本

河北南皮·刘氏族谱

藏地：国家图书馆

（民国）刘廷樾等修
1928 年天津铅印本　三册
河北·上元刘氏家谱六卷
藏地：国家图书馆
（民国）刘文耀纂
民国间朱丝栏稿本　八册
山西·洪洞刘氏宗谱八卷首一卷末一卷
藏地：人民大学　美国
（清）刘镇　刘志纂辑
清康熙五十四年（1715）刻本　四册
山西·洪洞刘氏族谱五卷
藏地：日本　美国
（清）刘周颂　刘业长等重修
清雍正七年（1729）刻本　四册
山西·洪沿刘氏宗谱六卷
藏地：河北大学
清乾隆五年（1740）木刻本　六册
山西·洪洞刘氏族谱
藏地：中国科学院图书馆
（清）刘日宷　刘燕霮修
清乾隆三十年（1765）刻本　八册
山西·洪洞刘氏族谱不分卷
藏地：北京大学
清钞本
山西·洪洞刘氏族谱十七卷首一卷
藏地：辽宁大连市图书馆　山西洪洞县档案馆
（民国）刘钟英纂辑
1914 年刻本
山西平定·刘氏族谱不分卷
藏地：人民大学　美国
（清）刘灿　刘得义等修
清嘉庆十年（1805）刻本　五册
山西平定·刘氏族谱附合谱分谱不分卷
美国
清咸丰六年（1856）刻本　十二册
辽宁沈阳·刘氏家族谱不分卷
藏地：美国
（清）刘安国等修
清康熙二十三年（1684）刻本　一册
辽宁沈阳·刘氏家谱
藏地：日本　美国
（清）刘德懋重修
清乾隆二十六年（1751）刻本
辽宁·锦州白官河刘氏宗谱一卷
藏地：辽宁辽阳市吉洞乡亚沟村
辽宁辽阳·刘氏宗谱一卷
藏地：辽宁辽阳市水泉乡尚头村
旧抄本
辽宁凌源·刘氏宗谱十卷
藏地：辽宁凌源县河坎子乡大河东村
1921 年木刻本
江苏南京·刘氏家谱
藏地：台湾
（民国）刘泗英增修
1945 年抄本
江苏沛县·彭城堂刘氏族谱
藏地：台湾
清道光十年（1830）抄本　一册
江苏丰县·刘氏家谱十卷
藏地：江苏丰县顺河乡裴庄村（存五卷）
清光绪间抄本

江苏丰县·刘氏家谱十卷

藏地：江苏丰县欢口乡大前营

1928年石印本

江苏丰县·刘氏家谱十三卷

藏地：江苏丰县顺河乡

（民国）刘学文纂

1934年抄本

江苏·泗阳橡树刘氏宗谱四卷

藏地：江苏泗阳县葛集乡翁庄村刘老庄

（民国）刘鉴清三修

9126年石印本

江苏·泰县姜堰镇刘氏续修家乘□□卷

藏地：江苏泰县（存卷3、4）

1933年重编木活字本

江苏靖江·梓溪刘氏支谱六卷

藏地：人民大学

（清）刘松久等重修

清道光七年（1827）敦本堂活字本　六册

江苏靖江·戏鱼墩刘氏家谱二十八卷

藏地：日本　美国

（清）刘楚宝等续修

清光绪三十三年（1907）序五忠堂木活字本　二十八册

江苏·靖江梓溪刘氏巽簃公直系支谱四卷

藏地：江苏苏州市图书馆

（民国）刘岳镇修

民国抄本　一册

江苏·宝应刘氏家谱六卷首一卷

藏地：中国科学院图书馆　江苏宝应县图书馆　美国

（清）刘秉钧等重修

清道光三十年（1850）世德堂刻本

江苏·宝应刘氏家谱□□卷

藏地：江苏宝应县图书馆（存卷5）

清宣统三年（1911）续修本

（五）　字行辈份

清光绪二十二年刘祥澍修《刘氏族谱》，江苏镇江刘姓一支辈份字行为："祥瑞肇英贤，明良继仁孝。"又清光绪三十年刘一诚修《刘氏宗谱》，彭城（今徐州）刘姓仲执公一支派语为："福永彦仲伯，仁义尚若余，前庆从斯启，后昌尊荣书。"仲盛公一支派语为："寿福永彦仲，伯仁义尚若，余洪继应一，启世道昌从。"又合谱新修辈份派语为："寿福惟敦本，因之象著祥，垂型居孔固，植业训多方，盛会和同肇，纯儒达远扬，存真宣性理，立法重伦常，茂毓增其吉，加培笃尔廉，万年绳祖武，高第耀朝堂。"

（六）　迁徙繁衍

刘姓最初发源于今河北唐县，而始姓刘氏却在今天的陕西省境。到公元前300年前，也就是周朝赧王的时代，开始向河南及江苏播迁。据《新唐书·宰相世系表》等有关资料所载，晋大夫士会有子留居秦国，因以为氏，称刘氏，其后有刘明，刘明生刘远，刘远生刘阳。战国时，10世孙（佚名）在魏国任大夫，在秦灭魏国之后，迁至大梁（今河南开封一带），生子刘清，辗转迁移到今江苏丰、沛之地。刘清生刘仁，号丰公，刘仁生刘煓，字执嘉。执嘉有4子：伯、仲、邦、交。三子即汉高帝刘邦，他建立大汉后，大封同姓王族，有30余人，被封为侯者，有400人。也正因为刘姓建立东、西汉两朝，历18世，24帝，得天下208年之久，并大封同姓诸侯，以统治天下，于是仅汉代，刘氏的皇亲国戚已分布于古时的彭城、沛国、弘农、中山、南阳、东平、天水等14处之多，并已形成了全国第一大姓氏。汉末三国之际，中原的刘姓为避"董卓之乱"而不断向四方迁徙，其主要是向东南投奔孙吴和向西南进入四川投靠蜀汉（刘备所建立的政权，为刘氏94世孙）。魏晋南北朝之时，刘氏除大举南迁外，又有许多少数民族刘氏加入到汉族刘姓之中，刘姓人口大增。与此同时，刘交的后裔刘裕至晋末时，代晋称帝，建立宋国，史称南朝宋，先后历9帝，60年。其族在江南最为显赫，子孙封王侯者，遍及江南各处，影响很大。隋唐时期，刘姓支脉遍布大江南北，形成的郡望多达25个，其中较有名的为以上所列举的18个。宋代以后，刘姓遍布全国各地。以下我们再引据一则资料，以作刘氏迁徙情形的补充。据《兴宁刘氏族谱》所载："汉兴，大封同姓，以镇天下。综西汉之室，皇子而封王者，三十余人，封为诸侯者四百余人，卯金之裔，由是遍及天下矣。文帝、景帝继承大统，景帝八子中山靖王胜，出郡彭城（今江苏徐州），胜五子贞，封涿县（今河北涿县）……传十世而生昭烈皇帝，定鼎西蜀，……先主次子永公……魏咸丰元年（公元264年）东迁洛邑，遂家焉。……晋祚播迁，衣冠南徙，永公之后，亦迁江南……唐僖公乾符间（公元874－879年）……南北骚扰，居民流离转徙，斯时有翰林学士视察使天锡公，弃官奉父祥公避居福建汀州府宁化县之石壁洞，后世遂以祥公为宁化始迁之祖。由是枝叶繁衍，蔚成汀闽望族……迨宋宁宗嘉定间（1208—1224年），河南宣抚使龙公之第七子讳开七公，官于广潮……子孙遂居于兴邑，七公子瑞金令广传，生子十有四，孙八十有三，瓜绵椒衍，支派益繁，几遍天下。"纵观刘姓繁衍的情形，历史上可分为三大时期，即汉代，魏晋南北朝和唐五代。刘氏家族经过长期不断地蕃衍，其支派甚繁，很自然地到处为刘氏家族扎下了稳固的基础，形成了两千多年以来刘姓在全国每一处地方的盛况。

（七）适用楹联

□姓启刘国；望出彭城。

□纵观古代，执政将近七百载；①
累计先君，为王已逾六十人。②

□一等官人，荣秘丞声外；③
五行尊敬，高兴士文章。④

□敷政南阳，太守蒲鞭示辱；⑤
校书天禄，老人藜杖炊光。⑥

□孔氏弦歌，鲁国新声闻壁内；
汉家箫鼓，祖庭余韵在人间。⑦

□藜阁启书香，人文奕慧源流远；
蒲鞭留惠政，世胄云礽似续长。⑧

□三章早沛秦川雨；⑨
五夜长明书室灯。⑩

□禄阁校书，藜焰照十行之简；⑪
玄都种树，桃花赋千植之诗。⑫

□谈笑有鸿儒；往来无白丁。⑬
□无欲常教心似水；
有言自觉气如霜。⑭

注释：

①在中国历史上，刘姓称帝者先后有66人，执政共历650多年。

②见注①。

③梁代秘书丞刘孝绰，七岁能为文，称为神童。他的辞藻，为世所宗。每作一篇，好事者咸讽诵传写。有文集数十万言。

④唐代文学家、哲学家刘禹锡(772—842)的事典。

⑤东汉逯乡侯刘宽，字文饶，华阴人。桓帝时为南阳太守，典历三郡，温仁多恕，吏民有过，但用蒲鞭示辱而已。

⑥西汉经学家、目录学家刘向(前77—前6)的事典。刘向，博学多识，著有中国历史最早分类目录《别录》，还有《新序》、《说苑》等。

⑦刘氏祠堂联。

⑧同注⑦。

⑨秦末农民起义领袖，西汉开国皇帝刘邦（前256—前195），字季，沛人。公元前206年，率军攻入秦都咸阳，推翻秦朝的统治。废除秦的严刑苛法，约法三章："杀人者死，伤人及盗抵罪。"深得民心。

⑩西汉经学家、目录学家刘向的事典。

⑪见注⑩。

⑫唐代文学家、哲学家刘禹锡的事典。

⑬刘禹锡《陋室铭》句联。

⑭明代天启初礼部主事刘宗周自题联。刘宗周，山阴人。

刘氏名人集粹

刘步蟾 （1852—1895）清末福建侯官（今闽侯）人，字子香。早年入福州船政学堂学习。同治二十年黄海海战爆发，他移舰抗击，见局势无可挽回，沉舰自杀。

刘坤一 （1830—1902）清末湖南新宁人，字岘庄。廪生出身。曾提出育才兴学、整顿朝政、兼采西法。被称为"江楚三折"。有《刘坤一遗集》。

刘纶 清代江苏武进人，乾隆十五年（1750）以工部侍郎兼军机大臣，前后近20年。后累官至文渊阁大学士兼军机大臣。

刘熙载 今江苏兴化人，清代文学家，一生以研究经学为主，特别精通声韵和算术，其著书甚多。

刘鹗 今江苏丹徒人，清代小说家，喜好收藏金石甲骨，著有小说《老残游记》。

刘墉 今山东诸城人，清代书法家，曾官至东阁大学士。与同时的翁方纲、梁同书、王文治齐名。

刘光第 清代四川富顺人，戊戌变法时被提升为四品卿衔军机章京，参预变法。戊戌政变时被捕遇害，为"戊戌六君子"之一。

刘基 今浙江青田人，为明朝的开国大臣，曾官至御史中丞兼太史令，封诚意伯。

刘宗周 山阴（今浙江绍兴）人，

明代哲学家，曾官至南京左都御史。

刘致 石州宁乡（今山西离石）人，元代著名散曲家。

刘元 河北宝坻（今天津）人，元代著名雕塑家，曾为京城许多著名庙宇塑铸过佛像。

刘攽 临江新喻（今江西新余）人，北宋著名史学家。

刘恕 北宋筠州（治今江西高安）人。曾助司马光撰修《资治通鉴》，凡史实纷杂的，多由他处理。

刘敞 北宋经学家，临江新喻人。

刘过 太和（今江西泰和）人，南宋著名诗人、词人。

刘松年 钱塘（今浙江杭州）人，画家，擅山水，笔墨精严，着色妍丽；又兼精人物，神情生动，衣褶清劲。与李唐、马远、夏圭合称为“南宋四家”。

刘义庆 彭城（今江苏徐州）人，宋代著名的文学家，属皇宗亲，由他主持编纂而成的著名笔记小说集《世说新语》，许多故事广为流传。

刘迎 东莱（郡治今山东掖县）人，金代著名文学家，大定进士，官太子司经。

刘知远 沙陀部人，五代后汉王朝立者，初从晋高祖起兵，因功拜中书令，封太原王。后晋时为河东节度使，累封至北平王。公元974年，契丹灭后晋，他乘机在太原称帝。后建都汴（今河南开封），国号汉，史称后汉，在位3年。后其弟刘旻在今山西太原建立北汉王朝。

刘晏 唐代曹州南华（今山东东明）人，在肃宗、代宗两朝任相。疏浚汴水，用分段转运法解决了关中缺粮问题。他还整顿盐税，行平准法，改善了“安史之乱”造成的财政紊乱局面，是著名的理财家。

刘知几 彭城（今江苏徐州）人，唐代杰出史学家，生平专攻史学，曾参与编修《则天皇后实录》。其所著《史通》为我国第一部史学评论的专书，对历代史书及其体例的评论尤为详尽。

刘禹锡 中山（治今河北定县）人，唐代著名文学家、哲学家、诗人，汉中山靖王刘胜裔孙。其哲学上突出的贡献在于提出了“天人交相胜”的学说。著作有《天论》等。

刘炫 河间（今河北献县东北）人，隋代著名经学家，一生著书甚丰。其思想，在当时也颇有些影响。

刘焯 信都（今河北冀县）人，隋代经学家、天文学家。

刘裕 祖彭城（今江苏徐州）人，南朝宋的建立者，后居今江苏镇江，其子孙共传8代，历时60年。

刘龑 南北朝时南汉国（建都今广州）建立者，南海王刘隐之弟。据有今广东及广西之地。

刘献之 河间饶阳（今河北献县西）人，北魏著名经学家。

刘昼 渤海阜城（今河北交河）人，北齐文学家。

刘勰 原籍东莞莒县（今属山东）人，南北朝时杰出的文学家、理论批评家，后世居京口（今江苏镇江），终生不婚，博通佛教经论。30多岁时便完成了文学理论批评史上的巨著《文心雕龙》，此书对后世影响甚大。

刘渊 匈奴人，十六国时汉国建立者，西晋末年，在北方民族矛盾尖锐之际，在离石（今属山西）起兵反晋，称大单于，后改称汉王。永嘉二年（公元 308 年）称汉帝，建都平阳（今山西临汾西北）。后其侄刘曜即位。迁都长安（今陕西西安），改汉为赵，史称前赵。

刘伶 沛郡（今安徽宿县）人，西晋时号称“竹林七贤”之一，曾官至建威将军。

刘琨 中山魏昌（今河北无极）人，西晋诗人、将领，永嘉元年（公元 307 年）任并州刺史。愍帝初，任大将，都督并州军事。

刘备 中山（今河北涿县）人，三国时蜀汉（都在成都）的建立者，汉中山靖王刘胜裔孙。东汉末年，曾先后投靠孙瓒、陶谦、曹操、袁绍、刘表。后得诸葛亮辅佐，采用联吴抗曹策略。于建安十三年（公元 208 年），大败曹操于赤壁，占领荆州，夺取益州和汉中。公元 221 年称帝，都成都。国号汉，与曹魏、孙吴成鼎足之势。其父子两代称帝达 43 年之久。

刘表 山阳高平（今山东鱼台东北）人，汉远支皇族。190 年任荆州刺史，据有湖南、湖北地方，后为荆州牧。死后，其子琮降于曹操。

刘劭 广平邯郸（今属河北）人，三国时魏国著名哲学家，官至尚书郎、散骑待郎，赐爵关内侯。受诏搜集五经群书，分门别类作成《皇览》一书，又著《律略论》。所著《人物志》，开启了魏晋士大夫品鉴人物的清谈风气。

刘恺 东汉时彭城（今江苏徐州）人，为刘嚣玄孙。安帝时官至司空、太尉，执掌朝政。

刘桢 东汉时东平（今属山东）人，“建安七子”之一。

刘洪 今山东蒙阴人，东汉时天文学家，所著《乾象历》，是我国考虑了月球运动不均匀性的第一部历法。

刘秀 南阳蔡阳（今湖北枣阳西南）人，东汉开国君主，史称光武帝。公元 22 年，乘绿林、赤眉起义，他和兄刘缜在舂陵（今湖北随县东北）起兵。加入绿林军，大破王莽主力军于昆阳。次年，以恢复汉室制度为号召，联合贵族势力，击败赤眉起义军。建武元年（公元 25 年）称帝，定都洛阳，史称东汉。后消除各地割据势力统一了全国。

刘邦 也即汉高祖，沛县丰邑（今江苏沛县）人。秦末时，陈胜起义，他在沛地聚众三千人起兵响应。后受楚怀王之命，与项羽分兵入关，公元前 206 年，攻占咸阳，秦王子婴投降。后被项羽封为汉王，据巴蜀汉中 41 县，都南郑（今陕西郑县）。曾用“明修栈道，暗渡陈仓”之策，与项羽展开 5 年之久的楚汉斗争，项羽兵败乌江自刎。同年二月，即位称帝，国号汉，定都洛阳，后不久又迁都长安，史称西汉。在位期间，实行中央集权制，并实行重农轻商、轻徭薄赋等政策。到汉武帝刘彻时，采纳董仲舒“罢黜百家，独尊儒术”的建议，建立太学，培养人才。从此，儒学成为封建统治阶级的正统思想。他在位 55 年，以其雄才大略，使汉王朝的国力达到了最强盛时期。

刘向 沛（今江苏沛县）人，西汉经学家、目录学家、文学家，汉皇族楚元王刘交4世孙。曾官至谏大夫、正宗等。所治《春秋穀梁传》，对后世影响甚大。又撰《别录》，为我国目录学之祖。

刘歆 刘向子，古文学派的开创者。继承父业，总校群书，所撰《七略》，保存在《汉书·艺文志》中，对中国目录学的建立有一定贡献。他还是我国最早研求圆周率的人之一。所计算出的圆周率为3.1547，也是“刘歆率”之称。

刘安 沛群丰（今江苏丰县）人，西汉思想家、文学家，为汉高祖刘邦之孙，袭父爵为淮南王。才思敏捷，善为文辞。在政治上主张“无为而治”。曾招募宾客方术之士数千人，集体编写了《淮南子》。《汉书·艺文志》列为杂家。

刘熙 北海（郡治今山东潍坊西南）人，西汉训诂学家。

刘氏风流撷英

传说尧裔居于刘，
刘累夏朝御龙氏。①
汉朝帝业刘邦启，
刘安著有淮南子。②
刘向撰写战国策，
刘备结义万古传。③
世说新语义庆创，
文论泰斗出刘勰。④
刘焯皇极天文举，
知几史倡才学识。⑤
禹锡文学齐名柳，
刘因元朝理学家。⑥
伯温军师比诸葛，
光第史誉六君子。⑦
刘氏辉业自古垂，
更有风流看今朝。⑧

注释：

①据《通志·氏族略·以邑为氏》记载，传说上古帝尧的后裔陶唐氏（伊祁氏）居于刘，今河北唐县，后世以邑为氏，于是这里就成为刘姓的发祥地。刘累（生卒不详），夏朝人，传说他有御龙之术，被夏朝第十三世王孔甲赐为御龙氏。

②刘邦（公元前256—前195年），汉朝开国皇帝，江苏沛县人。他从泗水亭长到大汉皇帝，公元前195年返归故里，慷慨作歌：“大风起兮云飞扬，威加海内兮归故乡，安得猛士兮守四方。”刘安（公元前179—前122年），西汉文士，江苏沛县人。文才出众，招幕宾客数千人，集体撰写《淮南子》，是杂家的重要著作。

③刘向（公元前77—前6年），西汉经学家，江苏沛县人。他将战国时游士的言论、谋略汇编成《战国策》三十三篇，又撰《别录》，为我国目录学之祖。刘备（公元161—223年），三国时，蜀汉建立者，河北涿县人。他与关羽、张飞桃园三结义和三顾茅庐请诸葛亮出山的故事，传为千古佳话。

④刘义庆（公元403—444年），

南朝宋文学家，江苏镇江人。所著《世说新语》八卷，是中国文学史上的重要著作。刘勰（约465—约532年），家，所撰《文心雕龙》五十篇，为我国第一部系统的文学批评理论著作，他提出了“风骨”、“文采”、“六观”的文学评论标准，被后人誉为“文论泰斗”。

⑤刘焯（公元544—610年），隋朝经学家，河北冀县人。他与刘炫考定洛阳石经，创立了天文上的三次差内插法，以计算日月视运的速度，并创出《皇极历》。刘知几（公元661—721年），唐朝史学家，江苏徐州人。他撰著《史通》，提出史学家要具备“才、学、识”三长和秉笔不阿的史德，是我国史学评论的开山祖。

⑥刘禹锡（公元772—842年），著名唐朝河南洛阳人，文学家、哲学家。与柳宗元齐名，人称“刘柳”。刘因（公元1249—1293年），元朝理学家，河北容城人。他与许衡、吴澄并称为元朝理学三大家。

⑦刘伯温（公元1311—1375年），明初军师，浙江青田人。人称“前世军事诸葛亮，后世军师刘伯温”。刘光弟（公元1859—1898年），清末维新派人物，四川富顺人。他参加戊戌变法失败后遇害，是“六君子”之一。

⑧刘氏家族的辉煌业绩，早已留下先辈们不朽的英名。然而要继承和发扬先辈位的光辉史业，还要看当今的英雄一辈！

中华百家姓

赵	钱	孙	李	周	吴	郑	王	冯	陈	蒋	沈	韩	杨
朱	秦	许	何	吕	张	孔	曹	金	魏	姜	谢	邹	苏
潘	范	彭	韦	马	方	任	袁	史	唐	薛	雷	贺	汤
罗	郝	常	于	傅	康	余	顾	孟	黄	尹	姚	邵	汪
毛	戴	宋	熊	董	梁	杜	贾	江	郭	林	钟	徐	邱
高	夏	蔡	田	胡	万	卢	丁	邓	石	崔	龚	程	陆
段	侯	武	刘	龙	叶	黎	白	赖	乔	谭	阎	易	廖
文	曾												

龙 姓

——源自舜臣龙氏后，望归武阳宗祀延

龙氏解密寻踪

（一） 姓氏字源

《说文》："龙，鳞虫之长。能幽能明，能细能巨，能短能长，春分而登天，秋分而潜渊。从肉，𦚏，肉飞之形，童省声。"所谓龙，即指古代传说中的神异动物，相传能唤风呼雨。《广韵·钟韵》云："龙，灵虫之长也。"

（二） 寻根溯祖

龙氏的来源因多涉及神话，故不可详考。大致有六：

1. 出自黄帝时龙行之后。据《姓氏录源》及《竹书纪年》所载，黄帝臣有龙行，黄帝居有熊（今河南新郑）。是为河南龙氏。

2. 出自舜时纳言龙之后。据《通志·氏族略》所载，龙氏，舜臣也，龙也纳言（一种专司出纳帝命的官职），子孙以名为氏。因舜的活动地域在晋南地区，故此支龙姓出自今山西省境。是为山西龙氏。

3. 出自御龙氏之后。据《姓氏考略》所载，龙姓出于御龙氏，望出武陵、天水。如夏朝御龙氏刘累（为尧的后裔，因有驯化龙的本领，被夏帝孔甲赐为御龙氏）的后裔之中，就有以龙为氏的。刘累，后世刘氏家庭的始祖。看来，龙、刘二氏，当初根本就是一家人。刘累的故城在今河南偃师县南。是为河南龙氏。

4. 出自豢龙氏。据《通志·氏族略》及《名贤氏族言行类稿》所载，相传董父，己姓，以畜养龙而被舜赐姓豢龙氏。其后有以龙为氏的。如龙且、龙未央等皆为楚（今属湖北）人。是为湖北龙氏。

5. 据《华阳国志》所载，西汉时的牂牁大姓中有龙氏。牂牁郡，治今贵州省凯里县西北。

6. 据《北史》所载，且弥王、焉耆国（今属新疆）王皆为龙氏。

（三） 宗堂郡望

堂号 1. "世师堂"。

2. "八德堂"：后汉龙述，字伯高，为山都长官。马援给他侄子一封信，劝他侄子学习龙述的两句话："敦厚周慎，口无择言，谨约节俭，廉公有威。"马援称这是龙述的八德。皇帝知道了，提拔龙述做太守，说他"堪为世人师。"

3. "经德堂"：清朝龙启端著《经德堂文集》，他的书房叫"经德堂"。

龙姓又以"武陵"、"天水"为其堂号。

郡望 龙姓郡望主要有武陵郡、天水郡、武阳郡、太原郡、武昌郡等。

1. 武陵郡。汉高帝时置郡，治所在义陵（今湖南溆浦南）。相当今湖北长阳、五峰、鹤峰、来凤等县，湖南沅江流域以西，贵州东部及广西三江、龙胜等地。东汉移治临元（今湖南常德市西）。

2. 天水郡。西汉元鼎三年（公元前 114 年）置郡，治所在平襄（今甘肃通渭西北），西晋时移治上邽（今天水市），北魏时相当于今天水、秦安、甘谷等市县地。

3. 武阳郡。隋代将魏州改为武阳郡，治所在贵乡（今河北大名东北），唐代又改为魏州。相当今河北大名、磁县、涉县、武安、临漳、肥乡、魏县、丘县、成安、广平、馆陶，河南滑县、浚县、内黄及山东冠县等县地。

4. 太原郡。战国秦庄襄王四年（公元年 246 年）置郡，治所在晋阳（今太原市西南）。北魏时相当今阳曲、交城、平遥、和顺间的晋中地区。

5. 武昌郡。公元 221 年孙权分江夏、豫章、庐陵三郡置郡，治所在武昌。西晋有今湖北长江以南，嘉鱼、咸宁、通山等县以东和江西九江、瑞县等市县地。

（四） 家谱寻踪

全国·福建泉州龙氏族谱不分卷

藏地：中山大学

（清）湘乡龙氏修

清抄本　二册

浙江兰溪·龙舒宗谱六卷

藏地：浙江兰溪县高潮乡寺前

1931 年木刻本

江西万载·龙氏族谱□□卷

藏地：江西省图书馆（存卷 1，又一部存卷 1）

（清）龙学川等纂修

清乾隆四十七年（1782）木活

字本

江西万载·江塘龙氏族谱□□卷

藏地：江西省图书馆（存卷 2、18—20 卷末）

清乾隆间木活字本

江西万载·龙氏族谱□□卷

藏地：江西省图书馆（存卷 13、14、16、18、20、21、23、25、26、29、末三卷。又一部存卷 13）

（清）龙文等纂修

清嘉庆十七年（1812）木活字本

江西万载·龙氏族谱不分卷

藏地：江西省图书馆（存目录、临支、韶支、伟支等世系。又一部存目录、临支、韶支、伟支、哲支、安仁等世系。）

（清）龙琇等纂修

清道光十九年（1839）木活字本 四册

江西万载·龙氏族谱不分卷

藏地：江西省图书馆（存目录、善支、临支、西房、东继等世系。又一部存临支、韶支、东继等世系）

（清）龙凤斌等纂修

清光绪二年（1876）木活字本

江西万载·康乐坊龙氏族谱

藏地：江西省图书馆

（清）龙发祥等纂修

清光绪四年（1878）重修木活字本 四册

江西万载·龙氏族谱三十九卷首二卷末四卷

藏地：江西省图书馆（存卷 2 上下、18、30、32—34、末 1、3、4）

（清）龙友松等纂修

清光绪二十一年（1895）周珧琳木活字本

江西万载·龙氏族谱二十卷

藏地：江西省图书馆（缺卷 2。又一部存卷 3—9、11、13—17、19。又一部存卷 7、8、13—17、19。又一部存卷 5、7、8）

（民国）龙景召纂修

1925 年木活字本 十九册

江西万载·龙氏族谱十二卷首二卷末四卷

藏地：江西省图书馆（存卷首上、下、1、2、4、5、6 下 7、8 上下、12 末 1、3。又一部存卷 8）

（民国）龙兆昇等纂修

1927 年周富贵木活字本

江西万载·义井龙氏族谱

藏地：江西省图书馆（存卷首上 2—4、9—10、13—15、17—18、21、末一卷）

（民国）龙赓荛等纂修

1938 年忠孝堂木活字本 十二册

湖南·配西高桥龙氏五修族谱三十七卷

藏地：河北大学

（民国）龙纪官 龙起清等纂修

1925 年武陵堂木刻本 三十五册

湖南长沙·龙氏族谱十六卷

藏地：中央民族大学 湖南省图书馆

（民国）龙佩璋修 龙翰青 龙鹤龄等纂

1935 年武陵堂活字本 十六册

湖南茶陵·云杨龙氏族谱不分卷

藏地：广东省中山市图书馆

（清）龙宪章撰

清末稿本 一册

湖南湘乡·上湘城南龙氏续修族谱十八卷

藏地：湖南省图书馆（存卷1—3、6）

（清）龙弼盛　龙德恪修　龙祖昌　龙德恮纂

清乾隆三十六年（1771）纳言堂活字本

湖南湘乡·龙氏族谱四卷首一卷

藏地：湖南省图书馆（存卷1、2、3、首）

（清）龙浤祥　龙浤琬纂修

清嘉庆三年（1798）敦周堂刻本

湖南湘乡·城南龙氏族谱八卷首一卷

藏地：中国社会科学院历史研究所图书馆　湖南省图书馆

（清）龙德泰修纂

清嘉庆十三年（1808）重修讷吉堂活字本　九册

湖南湘乡·城南龙氏四修族谱五十二卷首四卷

藏地：中国社会科学院历史研究所图书馆　中央民族大学　湖南省图书馆

（清）龙汝冀　龙汝弼编

清同治四年（1865）纳言堂活字本　二十四册

（五）　字行辈份

据民国抄本《龙氏家谱》，江苏泰州龙姓一支辈份字行为："兆升元吉，宗业克昌，富大希廷，厚诚守方。"

（六）　迁徙繁衍

龙氏姓源因多涉及神话，故今难以确定其始祖和具体的发源地。换言之，龙姓的具体播迁情形今已难详考。大致上所能得知的是，约在汉代，龙姓已形成了三大繁衍中心，即一为甘肃省境；二为湖北、湖南省境；三为河南、山西、河北、山东之间地。故龙姓有以此三地为其堂号郡望。由于龙姓支派繁多，故从一开始就分布很广，这也是龙姓得以迅速向四周地区繁衍的一个很重要的因素。像汉代以前已有龙姓迁入蜀中之地，并再由蜀中南迁于贵州。今酉阳城东有龙家山。西汉时已形成牂牁大姓龙、傅、尹、董。唐宋时形成八番中的龙番，其酋长皆龙姓。跟我国的其他姓氏一样，到了魏晋南北朝时期，龙氏家族也输入了许多新的支派。正如《北史》所记载的："且弥王、焉耆国王皆龙姓。"焉者，是当时称霸西域的一个国，尤其在龙会当国王时，曾经击败龟兹王白王，一时葱岭以东，莫不率服，声威远播。后来，其子龙熙嗣立，投降后凉（十六国之一，氐族吕光于公元386年据凉州，称酒泉公，国号凉，建都姑臧〈今甘肃武威〉，史称后凉。有今甘肃西部和宁夏、青海、新疆的一部分）之主吕光，并且遣子入侍，结果，就逐渐与汉人融合，不再分得出彼此。龙氏家庭新的支派的加入，使得龙姓分布很广，家庭更加庞大。与此同时，分布于中原一带龙姓人的也同其他士族一样，因北方战乱大举南迁，这样也使得南方各地的龙姓人士人数有了急剧的增长，为后来江南一带的龙姓繁衍打下了坚实的基础。

（七） 适用楹联

□源自上古；望出武陵。

□风篆日星，功父搁吟哦之笔；[①]
　敦厚周慎，伏波示愿效之书。[②]

□兄弟两诗伯；[③]父子三画家。[④]

□茫茫黄出塞；漠漠白沙汀。[⑤]

□反帝反封建；新年新国家。[⑥]

注释：

①宋代诗人龙太初的事典。龙太初以诗人名义谒王安石，安石与郭功父坐。功父叱曰："相公前敢称诗人？"令赋《沙》诗。龙答曰：茫茫黄出塞，漠漠白铺汀。鸟去风平篆，潮回日射星。"郭惊为搁笔。

②汉代名人龙伯高的事典。

③明龙襄、龙膺兄弟二人，均善诗赋，有《九芝集选》。龙襄、龙膺，武陵人。龙膺官太常侍卿。

④宋代龙章及其子龙显、龙渊，父子三人均善画虎。是当时有名的画家。龙章栎阳人。画虎，"命笔成于一挥，识者惊赏之"。相传，他平生所画，止有六虎。其二子皆有父风。

⑤见注①。

⑥龙生书春联。见《中国对联大辞典》。

龙氏名人集粹

龙文彬 （1821—1893）清江西永新人，字筠圃。同治进士。著有《周易绎说》、《明会要》、《永怀堂诗文钞》等。

龙汝元 （？—1859）清直隶宛平（一作大兴，今均属北京市）人，字春舫。行伍出身。曾从河南巡抚英桂镇压太平军，历任游击、参将。咸丰八年（1858）升大沽协副将，助僧格林沁加强天津海防。次年英法联军挑起第二次大沽之战，他坚守北岸前炮台，手燃巨炮，重创敌舰，卒中炮阵亡。

龙启瑞 （1814—1858）清广西临桂（今桂林）人，字辑五，号翰臣。道光状元，授翰林院修撰。太平天国起义爆发后，在籍开办团练。后历任江西学政、江西布政使。著有《经德堂诗文集》、《小学高注补正》等。

龙泽厚 清末广西临桂人，字积之。光绪优贡。以知县引见，在广州从康有为学，为万木草堂学长。曾参加桂林圣学会、上海强学会、上海不缠足会、上海中国国会和自立军起义。光绪二十九年（1903），因参加《苏报》工作，被清政府勾结上海公共租界巡捕房逮捕。曾主持旧金山《文兴报》。后为上海天游学院教务长。编有《南海先生上书记》。

龙建章 （1872—?）广东顺德人，字伯敫。清末进士。历任户部主事、出国考察宪政大臣参赞等职。1913年任交通部电政司司长、邮传局局长。次年为袁世凯约法会议议员。旋调任贵州省黔中道尹，同年升贵州巡按使，1916年被迫离职。次年署交通总长，不久免职。

龙燮 望江（今属安徽）人，清代著名戏曲家，著有《琼华梦》、《芙蓉城》等，颇称于时；内阁中书龙汝言，著有《赐砚斋集》。

龙文光 马平人，明代时四川巡抚。

龙许保 （？—1551）明贵州人。苗族。嘉靖中在湖广、贵州间蜡尔山（在今湖南花垣西南）与官军对抗达十余年之久。明廷重兵围攻无效，封官许愿诱降亦告失败。起义军则连破印江、思州、石阡等城。嘉靖三十年（1551）遭明军镇压，起义失败，被俘遇害。

龙晋 明代吉水（今属江西）人，官任御史、嘉定令。

龙迁奇 明代吉安（今属江西）人，官任监察御史。

龙仁夫 吉安（今属江西）人，元代时浙江儒学副提举，曾著有《周易传》。

龙景昭 奉节（今属四川）人，宋代时刺史、名将军。

龙敏 五代后晋时太常卿、工部侍郎。

龙伯高、龙述 京光（今属陕西）人，东汉时零陵太守。

龙且 楚（今属湖北）人，秦末项羽大将。

龙子 最早见于史籍的龙姓名人，据说，这位贤人又被称为龙叔，由于主张“治地莫善于助，莫不善于贡”而被孟子引用以告滕文公，因而青史垂名。

龙氏风流撷英

源自舜臣龙氏后，①
望归武阳宗祀延。②
龙子曾作警世语，
贤人因孟氏始传。③
伯高位重为太守，
为人敦厚马援赞。④
龙起经世伟业习，
梦中乘龙驼作伴。⑤
郤德太守引来鹤，
惠政恤民德名传。⑥
星交龙字证异兆，⑦
日射风平诗人还。⑧
翰臣著书穷音韵，
经德文章留美谈。⑨
一生戎马龙虎胆，
威震边陲踞云南。⑩

注释：

①《通志·氏族略》云：龙氏，舜臣也。龙为纳言，子孙以名为氏。

②《郡望百家姓》云：龙氏望出武阳郡。

③龙子，古代贤人，曾曰：“治地莫善于助，莫不善于贡。”意为：治理环境不在于帮助它，但要善于推荐人才。孟子将此言告知滕文公，乃得传于后世。

④龙述，字伯高。东汉京兆郡人。光武帝时官至零陵太守。曾任山都长，陇西太守马援称其为人敦厚。

⑤龙起，唐代人，曾梦乘龙腾空而起，回首见有骆驼立身后。后中榜，排其后者名驼起。

⑥龙镯，字琢成，宋代人，乾德年间（963—967）任郤州太守，有惠政，州中百姓视其为父母。一日，一

群白鹤飞至，从早到晚不去。州人绘《来鹤图》颂其德。

⑦龙澄，宋代人。相传游玩于瀼水，见水中一石盒，得玉印五枚，印上文字如星霞，旁有人，形貌奇特。印上人曰：“我乃九天使者，上帝之宝物。可投放原处。”澄依言，再看，已无踪影。按：科名，科举名目。“龙”与“星”皆为科目名。

⑧龙太初，宋代人。曾以诗人名义拜见王安石。时郭功父在坐，叱曰：“相公面前，怎敢自称诗人!”太初乃写《沙诗》：“茫茫黄山塞，漠漠白铺汀；鸟去风平篆，潮回日射星。”

⑨龙启瑞（1814—1858），字翰臣，清代广西临桂人。进士出身，官至江西布政使。精通音韵学，著《经德堂诗文集》、《古韵通说》等。

⑩龙云（1884—1962），云南昭通人，字志舟。1927 年任国民党云南政府主席兼第十三路军总指挥，抗战时兼任陆军副总司令。人称“云南王”。后投向人民。

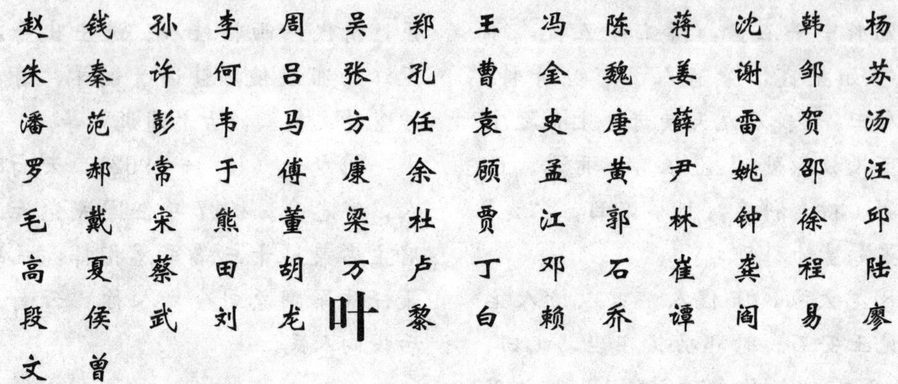

叶 姓

——名流辈出叶业繁，绿树成前言根深

叶氏解密寻踪

（一） 姓氏字源

《说文》："叶，草木之叶也。从艸，枼声。"所谓叶，即指植物生长的叶子。

（二） 寻根溯祖

叶姓来源有二：

1. 出自芈姓沈氏，为帝颛顼的后裔。据《风俗通义》及《通志·氏族略·以邑为氏》等所载，传说帝颛顼的后裔陆终娶鬼方氏女嬇为妻，生下6个儿子，其中第6个儿子叫季连，赐姓芈。季连的后裔鬻熊很有学问，做过周文王的老师。后来周成王追封前代功臣的后代，封鬻熊的曾孙熊绎在荆山（今湖北西部）一带建立荆国，定都丹阳（今湖北秭归），后迁都于郢（今湖北江陵，改国号为楚。春秋时，楚庄王有个曾孙名叫戌，在楚平王时任沈县（今安徽临泉县）尹，又称沈尹戌。其后代就有人以沈为氏。沈尹戌后来任楚国左司马，他为人正直，疾恶如仇，深得楚人的敬重。楚昭王十八年（公元前498年）在与吴军打仗时战死，楚昭王封他的儿子沈诸梁在叶（今河南叶县南旧城，汉时置县名），称为叶公。叶公曾平定白公胜的叛乱以复惠王，有功于楚，得封南阳，更获赐爵为公，后委其事于子，而退休于叶。其后人便以邑地为姓氏，称叶氏。由上可见，沈、叶本同宗。是为河南叶氏。

2. 据《姓氏考略》所载，在我国古代的所谓南蛮（我国南方少数民族的泛称）之中，也有以叶为姓的。如春秋时吴国的叶雄即其后代。

（三） 宗堂郡望

堂号 "崇信堂"：宋朝翰林学士叶梦得，在朝廷南渡的时候，为江东安抚使，以兵分据江津，使金兵不得渡江。朝廷升他为观文殿学士，调他担任福建安抚使。他打败金兵50多群，最后任崇信节度使。一生著作很多。

叶姓堂号还有"南阳"堂。

郡望 主要有南阳郡、下邳郡等。

1. 南阳郡。战国秦昭王三十五年（公元前272年）置郡。治所在宛县（今河南南阳市）。汉时相当今河南熊耳山以南叶县、内乡间和湖北大洪山以北应山、郧县间地。

2. 下邳郡。东汉永平十五年（公元72年）改临淮郡置国。治所在下邳（今江苏睢宁西北）。辖地北至江苏新沂、邳县，南至盱眙和安徽嘉山，东至江苏涟水、淮安和清江市。南朝宋改为郡。

（四） 家谱寻踪

全国·叶氏宗族全谱不分卷

藏地：南京图书馆

（清）叶正寿　叶宗诗等总理　叶宗古叶祖绵等纂修

清刻本　八册

上海·叶氏支谱十卷

藏地：上海文化管理委员会

（清）叶茂春续修　叶永学编辑

清光绪间钞本

江苏武进·毗陵叶氏世谱十二卷

藏地：美国

（民国）叶之三等修

1917年树滋堂刊本　十四册

江苏无锡·圻里叶氏宗谱十二卷

藏地：江苏苏州市图书馆

（民国）叶春潮　叶浩林等纂修

1922年叶氏点易堂活字本　十二册

江苏无锡·圻里叶氏宗谱十二卷

藏地：江苏苏州市图书馆

（民国）叶春茂　叶关宝等纂修

1947年叶氏点易堂活字本　十二册

江苏·江阴东叶家桥叶氏宗谱八卷

藏地：中国社会科学院历史研究所图书馆

（民国）叶秋庭主修　叶企贤纂修

1929年续古堂活字本　八册

江苏苏州·续修吴中叶氏族谱十卷

藏地：国家图书馆　中国社会科学院历史研究所图书馆（钞本）　江苏苏州市图书馆　江苏苏州市博物馆（钞本）　安徽博物馆

（清）叶长馥等重修

明万历刻　清康熙修补印本

江苏苏州·石林叶氏宗谱十二卷
藏地：河北大学（缺卷3—9）
（清）叶兰芬续修
清光绪十八年（1892）木刻本

江苏苏州·叶氏宗谱
藏地：国家图书馆
（清）叶尧蓂等修
清乾嘉间钞本　六册

江苏苏州·吴中叶氏族谱
藏地：浙江图书馆
（民国）叶以鉴纂
民国叶念祖钞本　一册

江苏苏州·叶氏家谱一卷
藏地：江西师大
铅印本

江苏苏州·吴中叶氏族谱五集附大湖头北叶河支谱
藏地：中央民族大学
（清）叶淳等修
钞本　八册

江苏苏州·吴中叶氏族谱不分卷
藏地：南京市博物馆
（清）叶璇辑
钞本　一册

江苏吴县·洞庭东山叶氏大湖头宗谱不分卷
藏地：吉林大学
（清）叶仁鉴修
清钞本　一册

江苏吴县·大湖头北叶河叶氏支谱二卷
藏地：中国社会科学院历史研究所图书馆　河北大学
（清）叶铨辑
清光绪七年（1881）敦睦堂刻本　二册

江苏吴县·吴中叶氏家谱六十六卷末一卷
藏地：国家图书馆　中国社会科学院历史研究所图书馆　中国历史博物馆　上海图书馆　南京大学　江苏苏州图书馆　河北大学　吉林大学　哈尔滨师大　苏州大学　四川图书馆　日本　美国
（清）叶德辉等修
清宣统三年（1911）活字本

江苏吴江·叶氏略谱不分卷
藏地：江苏吴江县图书馆
（清）叶文熙辑
清光绪十年（1884）吴江希古堂钞本　一册

江苏吴江·松陵叶氏之谱不分卷
藏地：江苏苏州市图书馆
（清）叶淮　叶兆荣纂修
清光绪十九年叶奎元稿本　一册

浙江余姚·叶氏宗谱十卷
藏地：河北大学
（清）叶宗灏　叶炜纂修清道光十五年（1835）继美堂木刻本　四册

浙江余姚姚江叶氏再续谱十四卷首一卷末一卷
藏地：中国社会科学院历史研究所图书馆　河北大学
（清）叶广洞主修
清同治十年（1871）继美堂活字本

安徽歙县·新州叶氏家乘七卷
藏地：浙江图书馆　云南图书馆　日本　美国
（民国）叶希明辑
1925年铅本　十册

安徽歙县·新州叶氏家乘不分卷

藏地：上海图书馆
(民国) 叶为铭禄
稿本　七册

安徽歙县·叶氏宗祠祭簿

藏地：安徽博物馆
写本　一册

安徽·黟县南屏叶氏族谱八卷

藏地：国家图书馆　北京师大　河北大学　安徽图书馆　安徽博物馆
(清) 叶有广　叶邦光修
清嘉庆十七年（1812）木刻本　四册

安徽·黟县叶氏世系表不分卷

藏地：安徽博物馆
钞本　一册

安徽桐城·南阳叶氏宗谱四十八卷

藏地：南京图书馆　日本　美国
(清) 叶鸿业等重修
清光绪十七年（1891）活字本　十册

安徽桐城·叶氏宗谱十卷

藏地：河北大学
(清) 叶宗傅修
清光绪三十年（1904）青枝堂重刻本　十册

安徽怀宁·大缘叶氏族谱六卷首一卷末一卷

藏地：美国
(清) 叶春埜等修清嘉庆十三年（1808）开端堂刊本　六册

安徽怀宁·大缘叶氏族谱六卷首一卷末一卷

藏地：美国
(清) 叶湘等修
清同治六年（1867）开端堂刊本　十册

(五)　字行辈份

清宣统二年叶德辉撰《叶氏族谱》，吴中叶姓一支辈份字行为："祥庆奕世，肇禖永昌，居仁由义，扶纲植常，诒谋燕翼，继序元良，式遵懿范，维德乃香。"又清光绪十七年叶成忠修《叶氏宗谱》，浙江镇海（今属宁波市镇海区）叶姓老辈份派语为："茂盛宗世万，嗣继启志成。"续修派语为："贻谋惟善保，积德在修明，道学文章美，荣华富贵名。"又1929年叶秋庭主修《叶氏家谱》，江苏江阴叶姓一支字行为："硕德缅先哲，宏谟发远枝，祯祥开南国，伟烈绍西岐，孝悌绳其祖。"

(六)　迁徙繁衍

提起叶姓，人们很可能会联想到"叶公好龙"的典故。"叶公好龙"出自汉人刘向《新序·杂事》，是一篇传说故事。其实，历史上的叶公，是一位勤政爱民、靖难救危、颇有作为的人。中国的叶姓，就源于这位叶公。

叶公姓沈，名诸梁，字子高，是春秋时楚国左司马沈尹戌的儿子。沈尹戌在与吴国军队打仗时战死，楚昭王封沈诸梁为叶邑尹，食采于叶（今河南叶县南）。《史记·楚世家·集解》云："楚邑大夫皆称公。"所以沈诸梁被称为"叶公"。叶公关心民众疾苦，曾带领民众开山凿渠，发展农业生产。公元前481年，楚国王族白公胜发动政变，劫楚惠王，欲弑之。叶公闻讯，立即领兵进入楚郡，与楚惠王的人马

一起打败白公胜，救出楚惠王，安定了楚国的局势，然后又到叶，直到老。沈诸梁的子孙以他的封邑为姓氏，就是叶氏。对此，东汉应劭《风俗通义·姓氏篇》概述为："沈尹戌生诸梁，字子高，食采于叶，因氏焉。"宋人邓名世《古今姓氏书辨证》注音为："叶，失涉切，今音枝叶之叶，盖摄、叶音变也。"这是说，"叶"旧读摄（shè 音涉），今读如枝叶之叶（yè 音页）。邓名世还说："后汉日南徼外蛮叶调，赐金印紫绶。《吴志》孙坚有都尉叶雄，即其后也。"此言东汉时日南郡边界外有一个叶调国，曾被东汉朝廷赐给黄金铸造的、系有紫色丝带的官印；三国时吴国孙坚有个都尉叫叶雄的，就是叶调国的子孙。日南，郡名。西汉元鼎六年（公元前 111 年）置，治所在西卷（今越南广治省广治河与甘露河合流处），辖境约当今越南中部北起横山南抵大岭地区；东汉末以后，郡境渐为林邑国所有。叶调国，故地在今印度尼西亚爪哇岛或苏门答腊岛，东汉永建六年（131 年）曾遣使至中国，建立友好关系。由此可见。叶调国人有来中国定居者，就以"叶"为姓。

《叶氏族谱》列始祖为诸梁；世叶重，战国时楚邑令；3 世叶凝，楚大夫；14 世叶淑和，秦长沙太守；20 世叶崇，西汉颍川太守、骠骑将军；47 世叶尤，汉太尉，"起于南阳，分为六族"；53 世叶望，东汉光禄大夫，灵帝时弃官隐居，创修了第一部"叶氏宗谱源流"，并由当时文学家、书法家蔡邕为之作序，后于献帝建安二年（197 年）渡江徙居丹阳（今安徽当涂县东北）。55 世叶琚，因任钱塘（今浙江杭州）令而在当地安家，后发成为当地望族。57 世分为三支：叶游，礼部侍郎，徙福建建宁府建安县；叶愿，工部员外郎，徙河南新安；叶俭，苍梧太守，徙浙江缙云。77 世叶逵，赠刑部侍郎，自缙云迁湖州（今属浙江）；79 世叶纲，赠金紫光禄大夫，徙居江苏苏州；82 世叶庄，开封丞，居汴梁（今河南开封）；85 世叶大经，汴梁人，南宋理宗宝庆进士，咸淳年间任福建制置使，因元兵大举南下，于德祐二年（1276 年）流寓广东梅州曾井，为梅州叶氏始祖，其子孙散居广东、福建的许多地方。福建叶氏，主要有两支：一派为仙游古濑叶氏，"始祖叶谌，世居雍州，五季之乱，举族流徙莫定，至宋，卜居光州固始，祖有叶炎会者，随宋南渡，卜居仙游之古濑"；一派为漳州莲溪叶氏，"始祖文炳，为河间（今属河北）名望，有子三：曰颜、曰颉、曰颙，避金人之乱南渡，居漳州之莲溪，故曰莲溪叶氏"。自清康熙末年开始，闽、粤叶氏陆续有移居台湾者，后又有不少人徙居海外。叶姓望出南阳，故各地叶姓人大都以"南阳"为堂号。

叶姓在当今中国姓氏中居于第 49 位。

（七） 适用楹联

□著述成一家，共仰泰山北斗[①]；
生死无二志，足征赤胆忠心[②]。

□家藏万卷云樵录[③]；
锦绮四时畅春园[④]。

□水心文集中原论[5]；

金石小笺半茧园[6]。

□建阳状元府第[7]；

水心博士人家[8]。

□事为名教用；理以精神通[9]。

□万户人烟团曙色；

千林鸟鹊变春声[10]。

□舞随柳絮诗吟雪；

弹到梅花月满琴[11]。

□浣花旧事谁能继；

桃花新诗手自题[12]。

□月光生碧海；素色满瑶池[13]。

注释：

①南宋哲学家、文学家叶适(1150—1223)，字正刚，温州永嘉(今浙江温州)人。淳熙进士，召为太学正，迁博士。官至宝文阁待制，兼江淮制置使。在哲学上有唯物主义倾向，是南宋"永嘉学派"集大成者。其著述自成一家，学者称水心先生。

②宋代咸淳中参知政事叶梦鼎的事典。

③指清代校勘家叶云樵。

④清代画家叶洮有《畅春园》等传世。

⑤南宋哲学家、文学家叶适，著有《水心文集》。

⑥清代诗人叶奕苞，终身隐居，不愿为官，建"半茧园"，著有《金石小笺》等。

⑦宋代状元叶齐，字思可，建阳人。

⑧见注①。

⑨清代金石学家叶东卿书赠联。

⑩叶仲英题联。见《中国对联大辞典》。

⑪叶仲英书春联。见《中国对联大辞典》。

⑫明末进士叶方蔼书赠联。

⑬唐代贞元进士、诗人叶季良《赋得月照冰池》诗联句。

叶氏名人集粹

叶芸来　广西人，近代太平天国将领。

叶志超　安徽庐州（今合肥）人。清末淮军将领。

叶名琛　湖北汉阳人。历任广东巡抚、两广总督。

叶欣　上海松江人，流寓金陵，清代著名画家为金陵八家之一。

叶燮　吴江（今属江苏）人，清代文学家，以诗论见称，所作《原诗》，论述"数千年诗之正变、盛衰之所以然"，及诗歌创作各方面的问题，自成一家之言。

叶堂　江苏吴县人，清代戏曲音乐家。

叶稚斐　江苏吴县人，清代戏曲作家。

叶天士　江苏吴县人，医学家。

叶向高　今福建福清人，明代宰相，出仕后多次上书反对矿监、税监。万历年间任礼部尚书、东阁大学士等职。著有《说类》。

叶宪祖　今浙江余姚人，明代戏曲家。作品有传奇7种，杂剧24种。

叶子奇　龙泉（今属浙江）人，明代学者，反对佛、道思想，著有

《草木子》4 卷，其中记载元末红军起义事迹颇详。

叶绍袁 吴江（今属江苏）人，明代文学家，早负才名，著作有《叶天寥四种》等。

叶宗留 今浙江人，明代浙、闽、赣边区农民起义首领。

叶琛 今浙江丽水人，元明之际官至行省元帅。

叶李 杭州（今属浙江）人，元代宰相。

叶适 温州永嘉（今属浙江）人，宋代著名的唯物主义哲学家、思想家。官至礼部侍郎。在哲学、史学、文学方面都有成就和贡献。散文议论风发，自成一家。主张“通商惠工，以国家之力扶持商贾，流通货币”，反对传统的“重本抑末”，即只重农业、轻视工商的政策。强调“道”存在于事物本身之中，“物之所在，道则在焉”。反对当时性理空谈。著有《习学记言》、《水心先生文集》等。

叶梦得 原籍吴县（今属江苏），后居乌程（今浙江吴兴）。宋代著名文学家，学问渊博，精熟掌故，工词能诗。

叶仁遇 宋代名画家工画，多状江南市肆风俗田家景物。

叶京 唐代建安南区人，累官至太常博士，因才华超群，后人将其家乡南区改名为“南才里”。

叶延 晋代鲜卑王，在位 23 年。

叶子韶 建昌人，有道术。

叶望 先为青州（治今山东东阳县）人，汉代光禄大夫，后侨居丹阳句容（今江苏句容）。

叶氏风流撷英

子高得封于中邑，
叶公叶县始有称。①
南宋梦得擅诗词，
文同苏轼著集留。②
叶适南宋哲学家，
永嘉学派倡功利。③
叶兑事如隆中对，
一目三纲天下平。④
明朝学者叶子奇，
草木史传狱中撰。⑤
明官茂才八君子，
向高归故告明廷。⑥
清末仁人叶澄衷，
不惜百万奉公益。⑦
名流辈出叶业繁，
绿树成荫言根深。⑧

注释：

①据《通志·氏族略·以邑为氏》记载，叶氏古音摄，后世以树叶的叶同音。《风俗通》记载，春秋末期，楚庄王的曾孙沈尹戌，在楚平王时为左司马，其子，字子高，受封于叶邑，史称叶公，在今河南省叶县。省后遂为叶氏。

②叶梦得（公元 1077—1148 年），南宋文学家，江苏苏州人。他擅于写诗词，文笔风格与苏东坡大有相似之处，有《建康集》、《石林词》、《石林诗话》、《避暑录话》等著作留传于世。

③叶适（公元1150—1225），南宋哲学家，浙江温州人。他是南宋“永嘉学派”集大成者，主张功利之学。

④叶兑（生卒不详）元末明初名儒，浙江宁海人。他以平民身份向朱元璋献计，建议“北绝察罕，南并张士诚，抚温台，取闽越，都金陵”之方略，称“一纲三目之天下大计”，数年之后，朱元璋削平天下，其攻取次第略如其计。事如当年诸葛亮隆中对一样。

⑤叶子奇（生卒不详），明初学者，浙江龙泉人。洪武十一年（1378年），因事下狱，在狱中撰《草木子》四卷，内容丰富，是研究元末农民战争史实的宝贵资料。

⑥叶茂才（公元1558—1629年），明朝官吏，江苏无锡人。他与顾宪成、顾允成、高攀龙、安希范、刘元珍、钱一本、薛敷教并称“东林八君子”。叶向高（公元1559—1627年），明朝大臣，福建福清人。他为朝廷首辅，但因魏忠贤擅权，迫害东林党，他知事不可为，因此告别朝廷归还故里。

⑦叶澄衷（公元1840—1899年），清末资本家，浙江镇海人。家产数百万，捐资遭灭衔，开办上海缫丝厂，创办澄衷学堂等公益事业。

⑧叶（yè）音通业，叶氏的名人层出不穷，如同树木繁华的枝叶，即使成荫的绿树（胸怀有志者）也离不开发达的根系。作为功成名就的英雄后辈，又怎能忘记先辈之功呢？

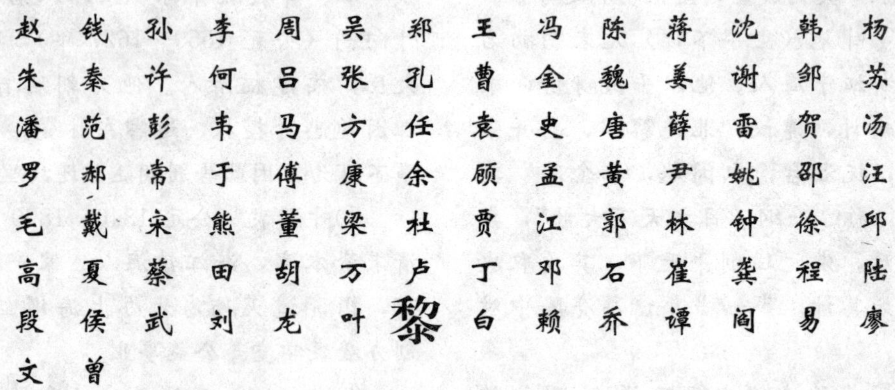
中华百家姓

赵 钱 孙 李 周 吴 郑 王 冯 陈 蒋 沈 韩 杨
朱 秦 许 何 吕 张 孔 曹 金 魏 姜 谢 邹 苏
潘 范 彭 韦 马 方 任 袁 史 唐 薛 雷 贺 汤
罗 郝 常 于 傅 康 余 顾 孟 黄 尹 姚 邵 汪
毛 戴 宋 熊 董 梁 杜 贾 江 郭 林 钟 徐 邱
高 夏 蔡 田 胡 万 卢 丁 邓 石 崔 龚 程 陆
段 侯 武 刘 龙 叶 **黎** 白 赖 乔 谭 阎 易 廖
文 曾

黎　姓

——文可辅国武卫疆，莼斋颖然立曾门

黎氏解密寻踪

（一）　姓氏字源

《说文》：“黎，履粘也。从黍，犁省声。犁，古文利。作履粘以黍米。”黎之本义即古时用黍米作浆糊，用来粘鞋。宋罗愿《尔雅翼·释草一》云：“古人作履，粘以黍米谓之黎。”

（二）　寻根溯祖

黎姓来源有四：

1. 出自九黎的后裔。据《风俗通义》等所载，九黎，古时为我国南方土生土长的庞大种族之一，相传为少皞（一作少昊，传说中古代东夷首领）金天氏之时的诸侯，颛顼代少皞得天下时，曾命黎为北正（一作火正）官，掌官民事，其后裔有以字为氏，称黎氏。

2. 出自黎国后裔。据《元和姓纂》等所载，商时有诸侯国——黎国，一个在今山西长治县西南，商末被周文王（商末周族领袖）所灭；另一个在今山东郓城县西。这两个黎国的子孙，后以国为氏，姓黎。又据《风俗通义》所载，这两个黎国均为古部落“九黎之后”。

3. 出自帝尧的后裔。据《元和姓纂》等所载，商末被周文王所灭的黎国，在周武王分封诸侯时，就把这个地方分封给帝尧（传说中父系氏族社会后期部落联盟领袖，史称唐尧）的后裔，赐爵为侯，并且仍然沿用黎国的名称。春秋时黎国迁都于山西黎城县东北的黎侯城，后来被晋国（公元前11世纪周分封的同姓诸侯国。在今山西西南部，建都于唐〈今山西翼城西〉）灭掉，其子孙后来也就以国为氏而姓黎了。又据《路史》所载，古黎国被周文王勘平，武王克商后，封商汤后裔于黎国，后有黎侯丰舒，其子孙有黎氏、犁氏。这一支出自帝尧后裔的黎姓人家，史称黎姓正宗，后来成了整个黎氏家族中最为主要的组成部分。是为山西黎氏。

4. 少数民族改姓为黎。据《魏书·官氏志》所载，南北朝时后魏有代北鲜卑族复姓素黎氏，随魏孝文帝迁都洛阳后，改为汉字单姓黎氏。是为河南洛阳黎氏。

（三） 宗堂郡望

堂号 黎氏堂号主要有："载酒堂"：宋朝时候，黎子云兄弟家贫好学，他所在的地方多林木水竹。苏东坡曾去拜访他兄弟，对他兄弟很尊重。子云和弟弟也经常载酒（带着酒）去拜苏轼，向他请教。东坡在他兄弟的大门上题了一块匾叫"载酒堂"。

另外还有："京兆"、"九真"、"宋城"等堂号。

郡望 黎姓郡望主要有京兆郡、九真郡、宋城等。

1. 京兆郡。汉太初元年（公元前104年）改右内史置京兆尹，职掌相当于郡太守，为三辅之一，治所在长安（今西安市西北）。相当今陕西秦岭以北、西安市以东、渭河以南地。三国魏辖区改称京兆郡，改官名为太守。此支黎氏，其开基始祖为唐京兆尹黎干。

2. 九真郡。公元前三世纪末，南越赵佗置郡。公元前111年人汉。相当今越南清化、河静两省及义安省东部地区。隋平陈废。

3. 宋城。隋时此地为睢阳，是宋州的治所，宋时改睢阳为宋城。为今河南省商丘县南。

（四） 家谱寻踪

江苏句容·黎氏宗谱

藏地：江苏句容县春城乡袁相大队黎甲村

1920年木活字本　二十一册

江苏·江都黎氏家乘二卷

藏地：河北大学

（民国）黎常寿　黎志骧续修

1943年木刻本　二册

浙江·兰溪黎氏宗谱七卷

藏地：浙江兰溪县游埠区祝家村

（民国）黎平祉纂修

1938年木刻本

浙江象山·石浦黎氏宗谱一卷

藏地：浙江象山文化管理委员会

（清）吴超重修

清道光二年（1822）修　钞本

江西清江·版城黎氏八修族谱不分卷

藏地：武汉市图书馆（存三册）

（清）黎□□撰

约清道光间黎氏礼序堂木活字本

安徽广德·广阳黎氏宗谱八卷

藏地：河北大学

（清）黎怀民　黎占元纂修

清光绪三十四年（1908）崇本堂木刻本　八册

湖北新洲·黎氏宗谱十八卷首二卷

藏地：湖北新洲县孔埠乡罗泊村

（清）黎华彩　黎封洛等续修

清光绪十八年（1892）木刻本

湖南长沙·黎氏续修支谱十卷

藏地：广东中山图书馆

（清）黎祚融　黎大纯纂修

清嘉庆五年（1800）敦本堂刻本　十册

湖南宁乡·沩宁大田坊黎氏续修支谱十三卷

藏地：湖南省图书馆（存卷1）

（清）黎大器修　黎大宾　黎云瑞纂

清嘉庆二十三年（1818）经述堂活字本

湖南宁乡·大田坊黎氏续修家谱十七卷

藏地：湖南省图书馆（存卷1、16—18）

（清）黎培坚等纂

清咸丰元年（1851）活字本　二册

湖南宁乡·鱼潭黎氏五修族谱□□卷

藏地：湖南省图书馆（存卷2，又一部存卷2）

清光绪二十九年（1903）活字本

湖南湘潭·湘潭黎氏四修家谱十五卷首一卷末一卷

藏地：中国社会科学院历史研究所图书馆

（清）黎锦鑫纂修

清光绪十四年（1888）敦本常刻本　十二册

湖南湘潭·黎氏续修族谱□□卷

藏地：湖南省图书馆（存卷首，又一部存卷首）

（民国）黎静山纂（序）

1919年经木堂活字本

湖南湘潭·黎氏绪周五修支谱六卷

藏地：吉林大学

（民国）黎锦熙等纂修

1922年敦本堂活字本　六册

湖南汉寿·龙阳黎氏族谱□□卷

藏地：湖南省图书馆（存卷首）

清光绪九年（1833）经术堂活字本

广东中山·圆榄黎氏宗谱□□卷

藏地：中山图书馆（存卷5、6）

刻本

广东南海·黎氏家谱不分卷

藏地：广东中山图书馆

（清）黎斯元纂修

清宣统三年（1911）钞本　一册

广东南海·黎氏族谱不分卷

藏地：广东中山图书馆

（民国）黎秉志　黎兆球重修

1932年抄本　一册

广东顺德·黎桂泽堂族谱不分卷

藏地：广东中山图书馆

清光绪二十三年（1897）刻本

广东顺德·东岸房黎氏家谱四卷

藏地：上海图书馆　广东中山图书馆

（清）黎镇纂修

清宣统二年（1910）刻本　六册

广东顺德·黎氏族谱不分卷

藏地：广东中山图书馆

（民国）黎景义纂修

抄本　一册

广东东莞·黎氏宗谱不分卷

藏地：广东中山图书馆

（清）黎以训　黎士昌纂修

清康熙四十五年修（1706）抄本一册

广东梅县·黎氏族谱不分卷

藏地：台湾

（清）黎国佐修

清乾隆十二年（1747）刻本一册

贵州·遵义沙滩黎氏家谱一卷

藏地：国家图书馆

（清）黎庶昌纂修

贵州·遵义沙滩黎氏家谱不分卷

藏地：国家图书馆（二部）　辽宁图书馆　南京大学　四川图书馆

（清）黎庶昌编

清光绪二年（1876）遵义黎氏刻本　一册

贵州遵义·黎汝谦家乘文□□卷

藏地：东北师大（存卷1）

（清）黎汝谦著

清刻本

黎氏宗谱三十卷首一卷

藏地：国家图书馆

（清）黎佐禹等纂修

清光绪十八年（1892）经术堂五修活字本　三十册

黎氏宗谱十三卷

藏地：湖南临沣县档案馆

（民国）黎国桢五修

1949年木刻本

黎氏族谱□□卷

藏地：广东海南行政区档案馆（存一卷）

民国间铅印本

（五）　字行辈份

清宣统二年黎宣生纂《黎氏家谱》，广东东莞县黎姓一支辈份字行为：“世笃忠贞，声和韵远，家传孝友，泽浚源长。”

（六）　迁徙繁衍

黎姓最早成长应该是在古时的黎国之地，即今山西省黎城县东北一带。也就是说，今天中国黎姓人士大多是由此地蕃迁去的。据《黎氏族谱》所载，早在战国时，“黎氏之族或因官而处，或避难而居，于是西人梁（今属陕西境）、益（今云南晋宁县），东向青、徐（今属山东、江苏省境），南迁交、广（今属广西、广东二省及越南北部一带），北徙燕、冀（今属河北省境）。”又有战国梁相黎项之弟黎喁迁居江右（今江西省）；汉有黎朱苍因官长沙相，其后代在湖南发展繁衍。可见，自汉代开始黎姓就已开始南迁，后在南方得到了迅速的繁衍。至魏晋南北朝时，因北方战乱，黎姓家族人士再度大举南迁，并在以后的时间里也主要繁衍迁徙于南方各地。又据《黎氏族谱》等所载，南北朝齐明帝建武元年，黎侨因功封永乐侯，为明州

（治今浙江宁波市）始祖；唐德宗时，传至黎干，官京兆尹，其后传衍，在京兆（今陕西西安市）发展成为望族，于是黎姓便以"京兆"为其郡号。黎干生黎度，官虔化（今江西宁都）县令，以官为家，在宁都（今江西宁都）东韶开基，是为宁都始祖，其后有徙居福建宁化；黎度之孙黎祚，后晋时任河南（治今河南洛阳）太守。北宋时，黎氏族人有徙居福建上杭、宁化。宋末元初，又有黎天麟自福建迁居广东梅州程乡（今梅县），是为人粤始祖，子孙繁衍，又分出许多支脉，散居广东丰顺、陆丰等地。黎天麟生文举等六兄弟；文举生逸士等七兄弟，逸士子乐信，由梅县迁丰顺；后曾孙良生又由丰顺迁居陆丰。总之，今天中国的黎姓，是以南方分布为最多。这一点，可以从历代黎姓名人的分布情况也可以见得。宋、明以后，黎姓逐渐遍及全国各地，但仍以我国的南方为其主要分布地区。换言之，黎姓是我国历史上较典型的一个南方姓氏。

（七） 适用楹联

□泝家学以紫阳白鹿为宗，若论显扬，何必数东汉科中千八百室弟子；
登此堂发春露秋霜之感，是谁瞻拜，独无惭南安迁后二十一传贤孙①。

□经术传家钦北宋；
文章华国耀西川②。

□气压英雄，丕振状元令誉③；
学通经史，堪称直讲才华④。

□上苑笑看花，喜称人物杰出⑤；
高堂题载酒，欢迎长者车来⑥。

□仗节三奏⑦，远景之登楼有赋⑧；
簪缨奕世⑨，黎阳之信史堪传⑩。

□文章惟读周秦汉；
儒术兼通天地人⑪。

□碧山画人神品；
简民诗刊草堂⑫。

□三风传名远⑬；二刘享誉高⑭。

注释：

①黎氏祠堂联。

②黎氏家祠联。

③明代状元黎淳，字太朴，华容人。天顺进士第一。官至礼部尚书。

④北宋朝议大夫黎錞的事典。黎錞，字希声，广安人。庆历进士，英宗以蜀士为问，欧阳修对曰："文行苏洵，经术黎錞。"尝知眉州，苏轼作《远景楼记》，称其"简而文，刚而仁明，正而不阿"，时间一长，便得到了人们的公认。

⑤宋代名人黎治的事典。

⑥宋代学者黎子云的事典。黎子云，儋州人。他们兄弟虽然家境贫困但非常好学。苏轼曾经造访子云兄弟，执礼甚恭，每次与他弟弟运酒都要从子云家门前经过。轼因题其别墅曰"载酒堂"。

⑦唐代谏议大夫黎干，戎州人。善星纬术。玄宗时待诏翰林。

⑧黎希声有《登远景楼赋》。

⑨、⑩北周车骑大将军黎景熙的事典。黎景熙，字季明，曾官著作佐郎，工作非常勤奋，著述不怠。

⑪北洋军阀政府总统黎元洪自题联。

⑫指元代画家黎仲瑾与清代诗人黎简二人做的业绩。

⑬明代有黎民表、民衷、民怀三兄弟，从化人，有“三凤”之称。

⑭明代诗人黎慎，字潜辉，与兄慎有唱和诗。明人比之“二刘”。

黎氏名人集粹

黎庶昌 贵州遵义人，清末散文家，曾为曾国藩僚属，与张裕钊、吴汝纶、薛福成称“曾门四弟子”。历任驻英、法、德、日四国参赞，又为出使日本大臣。论文推衍曾国藩之说，尊崇桐城派，作有《拙尊园丛稿》，编有《读古文辞类纂》。

黎恂 贵州遵义人，清代文学家，淡于荣利，专心治学，尤长于诗。

黎贞 新会（今属广东）人，明代诗人。

黎遂球 明代番禺（今广东广州）人，以诗文著称，并擅画山水。

黎民怀 从化（今属广东）人，明代诗画家，其诗、书、画，时称“三绝”。

黎公真 元代甘泉令黎公真，有仁政，民画其像于学舍，以表思念之情。

黎立武 新喻（今属江西）人，南宋经学家。

黎仲志 宁都（今属江西）人，宋太祖时称“方处高人”。

黎镦 广安（今属四川）人，宋英宗时庆历进士，被苏轼称为“刚而仁明，正而不阿”。

黎明 长沙（今属湖南）人，宋高宗时以孝友信义著称。

黎平 唐玄宗时官拜京兆尹、名显当时，其子黎度，任虔化（今江西宁都）县令，以官为家，在此开基。

黎景熙 北周（建都长安〈今陕西西安〉）官至车骑大将军，并以雅好读书、著述颇丰。

黎侨 明州（治今浙江宁波市）人，齐时因功封为永乐侯。

黎嶷 南北朝北魏加鹰将军，曾因随魏太武帝破平凉（今属甘肃）有功，被赐爵容城县男，加鹰将军。

黎朱苍 汉代长沙人（今属湖南），宰相。

黎项 战国梁（今属陕西）人相国。

黎弥、黎旦 春秋齐国（建都营丘〈今山东淄博东北〉）大夫。

黎氏风流撷英

黎干为官通星术，
仗节而行震三秦。①
季明簪缨堪奕世，
东阁文字定古今。②
靖德谨修沙阳志，③
黎宿广开孝义门。④
登楼望远为新赋，⑤
黎阳信史堪传颂。⑥
从化县中出三凤，
文采出众德行馨。⑦
刻意二樵画山水，⑧
落魄弟兄载酒行。⑨

石鼎道人有清气，
药烟香居百花村。[10]
文可辅国武卫疆，
莼斋颖然立曾门。[11]

注释：

①黎干，唐代戎州人。通晓星纬术，官至京兆尹兼御史大夫。仗节，代表权势。

②黎景熙，字季明，北周河间郡鄚县人。善书法，知玄象，永安年间入仕，官至车骑大将军。曾正定古今文字于东阁。曾祖嶷，北魏时因功赐爵容城县男，加鹰扬将军。其祖镇、父琼袭爵，世代高官。

③黎靖德，宋代永嘉县人。嘉祐年间（1056—1063）任沙阳主簿，代理政事，廉洁谨慎，善理杂务。博学能文，主持编修《沙阳县志》。著《朱子语类》。

④黎宿，宋代东莞县人。敦厚，重礼义，乡人深得教育感化。曾割股为亲人治病，受朝廷表彰。

⑤黎希声，宋代人。与苏洵为友，著《远景楼赋》。

⑥见注②。按：黎阳，今河南省浚县。相传颛顼孙北征黎国，封于黎阳，建黎国。后失国，子孙以国名为姓。

⑦明代有黎民表、黎民衷、称民怀三兄弟，皆从化人，有“三凤”之称。

⑧黎简，字简民，清代广东顺德县人。善书能画，画法得元代四大家之妙。号二樵，画擅山水。

⑨黎子云，宋代儋州人。兄弟二人贫而好学，所居多林木水竹。苏轼在儋耳（今海南岛西部）时曾造访子云兄弟，礼遇甚恭。常与弟载酒见轼，轼题其别墅名曰“载酒堂”。

⑩见注⑧。黎简又号石鼎道士，所居地曰“百花村”，亭曰“众香”，阁曰“药烟”。

⑪黎庶昌（1837—1897），清末遵义人。字莼斋。与张裕钊、吴汝伦、薛福成称“曾（国藩）门四弟子”。历任驻外使臣，官至川工兵备道。

中华百家姓

赵	钱	孙	李	周	吴	郑	王	冯	陈	蒋	沈	韩	杨
朱	秦	许	何	吕	张	孔	曹	金	魏	姜	谢	邹	苏
潘	范	彭	韦	马	方	任	袁	史	唐	薛	雷	贺	汤
罗	郝	常	于	傅	康	余	顾	孟	黄	尹	姚	邵	汪
毛	戴	宋	熊	董	梁	杜	贾	江	郭	林	钟	徐	邱
高	夏	蔡	田	胡	万	卢	丁	邓	石	崔	龚	程	陆
段	侯	武	刘	龙	叶	黎	白	赖	乔	谭	阎	易	廖
文	曾												

白姓

——居易倡文合时事，长庆集中载功德

白氏解密寻踪

（一） 姓氏字源

《说文》：“白，西方色也。阴用事，物色白。从人合二。”商承祚先生《说文中之古文考》：“（白）甲骨文、金文、钵文皆从日锐顶，象日始出地面，光闪耀如尖税，天色已白，故曰白也。”

（二） 寻根溯祖

白姓来源有四：

1. 出自颛顼帝芈姓后裔。相传颛顼帝的后裔陆终娶鬼方氏女嬇为妻，生下 6 个儿子，其中第 6 个儿子叫季连，赐姓芈。季连的后裔鬻熊很有学问，做过周文王的老师。后来周成王追封前代功臣的后代，封鬻熊的曾孙熊绎在荆山（今湖北西部）一带建立诸侯国，定都丹阳（今湖北秭归东南）。公元前 740 年，荆君熊通自封为武王，他的儿子于公元前 689 年迁都郢（今湖北江陵），改国号为楚。据《元和姓纂》及《尚龙录》等所载，传至楚平王时，其儿子太子建，因遭费无极（楚平王的宠臣）诬告，出走到郑国，太子建后因做晋军袭郑国的内应，结果事泄被杀，太子建的儿子熊胜便逃到吴国，投奔了在那里执政的伍子胥。熊胜在吴国颇有贤名。楚平工的孙子惠王即位以后，楚令尹子西慕名把熊胜召回国来，任巢大夫，封在白邑（在今河南息县包信东南），称为白公胜。白公胜一心想为父报仇，几次要求子西出兵攻打郑国，子西也答应了却没有发兵。可是不久晋国（立国于今山西西南部一带）伐郑（建都今河南新郑），子西为了同晋国争霸，就出兵救郑，白公胜认为子西言而无信，就发动了政变，杀死了子西，囚禁楚惠王，并着手改革朝政以争取人心。可最终被镇守在北部边境上的叶公高回师楚都打败了，他便逃到山里自杀，其子孙便以祖辈封邑为氏，称白氏，也有以“白公”、“白侯”为氏的。白公胜死后，其子逃到秦国（为春秋战国时的秦国），在今陕西发展繁衍，其裔孙白仲在秦代时封于山西太原，后发展成为太原一大郡望。史称白姓正宗。是为河南白氏。

2. 出自姬姓。据《元和姓纂》、《唐书·宰相世系表》所载，周太王5世孙虞仲的后人百里奚（事虞公为大夫，很有政绩，谥号五羖大夫），生子孟明视。孟明视有二子，一曰西乞术，一曰白乙丙（名丙，字白乙）。白乙丙官拜秦国大夫，其后人以字为氏，就是秦国的白氏。这一支白氏最早的发源地应当在今陕西关中一带。

3. 他族改姓或又改他姓。据①《台北县氏族略》所载，唐时，有白元光本为突厥人，后封为南阳郡（治所在穰县〈今河南邓县〉）王，其后裔为白氏。望出南阳。②据《万姓统谱》所载，五代，吐谷浑（原鲜卑的一支，游牧于今辽宁锦县西北。西晋末公元4世纪初，西迁今甘肃、青海间。五代时余部散处蔚州〈今属河北省境大部〉）酋长有白承福，庄宗时赐姓李。又有吐谷浑宁、朔两府留李可久，本姓白氏，赐姓李。

4. 据《姓氏寻源》及《春秋元命苞》所载，远古时期，我国北部的姜姓部落首领炎帝有一个大臣叫白阜，精通水脉，为疏通水道做出了贡献。他的子孙便以“白”为姓，称白氏。

由上看来，白氏家族的组织情形的确是相当复杂和庞大的，除非拥有完整的族谱，否则，恐怕是很难找出其家庭血缘的真正所出。

（三） 宗堂郡望

堂号 “治生堂”：战国时白圭乐观时变，他曾经说：“人弃我取（别人放弃的我取过来），人取我予（别人要的我给他），吾治生犹伊、吕之治国（我治理生计像伊尹、姜子牙治理国家一样），孙吴之用兵（又像孙膑、吴起用兵）。”所有天下论治生的，推白圭做祖师。

另外还有“南阳”堂号。

郡望 主要有太原郡、南阳郡等。

1. 太原郡。战国秦庄襄王四年（公元前246年）置郡，治所在晋阳（今山西太阳市西南）。秦时相当今山西五台山和管涔山以南、霍山以北地区。

2. 南阳郡。战国秦昭王三十五年（公元前272年）始置郡。治所在宛县

（今河南南阳市）。汉时相当今河南熊耳山以南叶县、内乡间和湖北大洪山以北应山、郧县间地。

（四） 家谱寻踪

北京昌平·五瑞堂白氏族谱六卷

藏地：中国社会科学院历史研究所图书馆

（清）刘廷遴纂修　白劭娗主修

清宣统三年（1911）写本　五册

山西平定·白氏家乘六卷

藏地：人民大学　日本　美国

（民国）白凤章编辑

1916年石印本

山西平定·白氏家乘续编二卷

藏地：人民大学　日本　美国

（民国）白凤章编辑

1916年石印本

江苏武进·晋陵白氏宗谱二十三卷首一卷外编六卷末一卷

藏地：日本　美国

（清）白兰昌　白麟昌等六修

清光绪元年（1875）仁荣堂木活字本

江苏武进·晋陵白氏宗谱二十二卷外篇六卷末一卷

藏地：南开大学　江苏常州市图书馆

（民国）白沂春主修

1916年仁荣堂刊本　二十八册

安徽·白氏族谱

藏地：安徽安庆市图书馆（存卷4—8、12、13）

香山堂木活字本

山东·即墨白梅安梁四氏合谱六卷

藏地：山东即墨县博物馆

（清）梁义礼　梅泽汉　安保元白光剑纂

清宣统二年（1910）刻本

广东台山·鹤仪白公家谱不分卷

藏地：日本　美国

1922年峻德堂写本

四川成都·白氏乐阳祠族谱八卷首一卷

藏地：国家图书馆　中国社会科学院历史研究所图书馆　南京大学

（清）白登顺等纂

清光绪二十二年（1896）成都白氏刻本　八册

四川成都·乐阳祠白氏族谱不分卷

藏地：南京大学

清刻本　一册

四川·涪陵北里白氏族谱二卷

藏地：四川长寿县乐温乡宝珠村

（民国）白润斋编

1925年写本

白氏宗谱六卷

藏地：江苏南通市图书馆

（清）白为兰续辑

清嘉庆十年（1805）刻本　六册

（五） 字行辈份

1919年白方坚撰《白氏家谱》，河北沧州白姓一支辈份字行为：“玉寿克显，云亭松平，品宏茂令。”

（六） 迁徙繁衍

清人张澍《姓氏寻源》说：“《元命苞》云：炎帝臣有白阜怪义之子，为神农通水脉，当为白姓之始。”按张

澍之言，则远古炎帝神农氏之时已有白姓。但由于白阜之后无世系资料可考，所以，古人对白姓起源又有另外一些解释。

《新唐书·宰相世系》说："白氏出自姬姓。周太王五世孙虞仲封于虞，为晋所灭。虞之公族井伯奚媵伯姬于秦，受邑于百里，因号百里奚。奚生视，字孟明，古人皆先字后名，故称孟明视。孟明视二子：一曰西乞术，二曰白乙丙，其后以为氏。"奚一作傒。但是，据《史记·秦本纪》"使百里傒子孟明视，蹇叔子西乞术及白乙丙将兵"，西乞术、白乙丙并非孟明视之子，而是蹇叔之子。蹇叔是百里奚的好朋友，经百里奚大力推荐，秦穆公派人用重金从齐国请到秦国，封为上大夫，与百里奚同掌国政。蹇叔的两个儿子都是春秋时秦国名将，其小儿子名丙字白乙。白乙丙的后代以他的字命氏，就是白氏。于此可见，这支白氏源于蹇叔之子白乙丙，出自蹇氏，而不是"出自姬姓"。因春秋时的秦国建都于雍（今陕西凤翔东南），故这支白氏形成于今陕西。

白居易自述白氏先祖世系的《太原白氏家状二道》说："白氏芈姓，楚公族也。楚熊居太子建奔郑。建之子胜，居于吴楚间，号白公，因氏焉。"宋人郑樵《通志·氏族略》将"白氏"列入"以邑为氏"类，说："芈姓，楚白公胜之后也。楚有白邑，其地在蔡州褒信。"此言白氏出自芈姓，是春秋时楚国公族的后代。据《史记·楚世家》载，公元前527年，楚平王（即熊居）派大夫费无忌（《左传》作无极）到秦国为太子建娶媳妇。费无忌见秦女美，便先行回国劝楚平王自娶秦女，因怕太子建发觉，又请平王派太子建去城父（今河南宝丰）守边，不久又诬告太子建与师傅伍奢合谋反叛。平王听信谗言，囚禁伍奢，并准备杀太子建。太子建闻讯，逃奔宋国，后又到郑国，做晋国袭郑的内应，事泄被杀。他的儿子胜，由伍奢的儿子伍子胥带着逃到吴国，至平王的孙子惠王即位后，令尹子西（平王之庶弟）于公元前487年将胜召回，任为大夫，封在白邑（今河南息县包信镇西南），因楚邑大夫皆称公，故称为白公。白公胜好兵而下士，为报杀父之仇，几次要求子西出兵打郑国，子西答应而未几发兵。二年后，晋国伐郑，郑向楚求援，楚国派子西救郑，子西受赂而去。白公胜怒，于公元前479年发动政变，杀死了子西，囚禁惠王。镇守在楚国北部边境的叶公沈诸梁闻讯后，领兵进入楚都，与楚惠王的部队一同攻杀白公胜，救出楚惠王。白公胜的子孙以他的封邑为氏，这就是形成于楚国的白氏。

又，传说古代的南方有个白民国，唐代在其地置白州（治所为今广西博白县），当地人以地为氏，也称白氏。此即《姓氏寻源》所云"《逸周书》白民之国，今之白州，或有以地为氏者"。

白氏早期主要分布于秦、楚、魏等地。战国时，秦国有名将白起，郿（今陕西眉县）人，屡战获胜，公元前278年攻克楚都郢，因功封武安君，后为相国范雎所妒忌，意见不合，被逼自杀。秦始皇统一国六后，因思其功，封其子白仲于太原（今属山西），故子孙世为太原人。《新唐书》说白起是白乙丙的裔孙，而《太原白氏家状二道》则说白起是白公胜的裔孙。白仲23世孙白邕，任北魏太原太守，邕5世孙白建，北齐五兵尚书，因功赐田韩城，因为以家。白建曾孙白温，任唐朝检校都官郎中，迁华州下邽（今陕西渭南东北），第六子白锽，任巩县令，居郑州（今属河南），生5子，各以其官散居四方。白锽长子白季庚，任襄州别驾，生4子，次子就是唐代大诗人白居易。白居易晚年居洛阳（今属河南）香山，成为白氏迁洛始祖，其后代分衍今河南偃师、伊川、宜阳、巩义、郑州、新郑、沁阳等地，枝繁叶茂。此外，白氏在秦汉时期有迁至今山东者，如西汉白光为东海兰陵（今山东苍山县西南）人；隋唐时期有迁至今宁夏、甘肃、广西者，如唐代白孝德为安西（府治今甘肃临潭县东）人，白耸为马平（今广西柳州）人；宋、明时期还分布于今浙江、安徽、江西、江苏、广东、福建、河北以及东北、西北的一些地方。自清初开始，闽、粤白氏陆续有人迁至台湾，后又有移居新加坡等国者。

如今，白姓在中国姓氏中居于第73位，不仅是汉族大姓，而且在回、蒙古等民族中也有较多人口。

（七） 适用楹联

□名标甲鼎；宴饮琼林[①]。

□栖真笔洞[②]；结社香山[③]。

□执法不避权贵[④]；
出奇善用兵机[⑤]。

□立身有则惟勤勉；
处世无能但率真[⑥]。

□但是人家有遗爱；
曾将诗句结风流[⑦]。

□两州刺史千秋业；
万首歌行八斗才[⑧]。

□六根清静林泉好；
七情无牵果木新[⑨]。

注释：

①明代太子少保白钺，字秉德，成化进士，历官礼部尚书。习典故，以词翰称。

②宋代名士白玉蟾，闽清人，家琼州，字如晦；号海琼子，后隐于武夷山。初至雷州，继为白氏子。博洽群书，善书，工画。诏封紫清真人。有《海琼集》等。

③晚唐诗人白居易（772—846），字乐天，祖籍太原，曾祖时，迁居下邽（今陕西渭南北）。贞元进士。曾任翰林学士、左拾遗、赞善大夫等职。后以得罪权贵，以“越职言事”罪，贬为江州司马。穆宗时，召回长安，目击宦官擅政，朋党倾扎，政治混乱，自请外出，历任杭州、苏州刺史。后官太子少傅，以刑部尚书致仕。与香山僧如满结香火社，自称香山居士。初与元稹酬咏，二人齐名，号“元白”；又与刘禹锡齐名，号“刘白”。著有《白氏长庆集》七十一卷，《白氏六帖》三十卷。

④白姓名人白一清的事典。

⑤战国时秦国大将白起（？—257），郿（今陕西眉县）人。昭襄王

时，屡立战功，由左庶长连升左更、国尉、大良造，为一时名将。

⑥白启寰自题联。

⑦江西白公祠联。祠在江西九江市，祀唐代诗人白居易，他曾在江州任司马。

⑧白居易墓联。八斗才：比喻才华出众。见注③。

⑨白居萍家厅堂联，见《中国对联大辞典》。

白氏名人集粹

白云上　今山西永济人，清代书法家，官至刑部尚书。

白之选　明清之际张献忠起义军，前军都督。

白英　今山东汶上县人，明代杰出的水利专家，曾为当时礼部尚书宋礼疏通河道出谋献策，特别为大运河畅通做出了贡献。

白不信　元末红巾军刘福通部将，转战于今陕西、四川等地。

白朴　隩州（今山西河曲）人，居真定（今河北正安），元代著名的戏曲家，其父白华曾为金翰枢密使判官。蒙古灭金以后，白朴终身不仕。后移居金陵（今江苏南京），随诸遗老度诗酒生活，暮年北返。所作杂剧今知有16种，现存《墙头马上》、《梧桐雨》、《东墙记》3种，都是描写爱情的作品，其中前2种最为有名。

白文珂　五代后周（建都今河南开封）宰相。

白居易　其先太原（今属山西）人，后迁居下邽（今陕西渭南东北），又为白氏迁洛阳之始祖，代杰出的诗人，贞元进士，历任秘书省校书郎、左拾遗及左赞善大夫。后因得罪权贵，被贬为江州司马，不久改任杭州刺史、苏州刺史、刑部尚书等。在文学上他积极倡导现实主义和朴素文风。所著《与元九书》诗论，为我国文学批评史上的重要文献。诗文朴实无华，广为流传。

白行简　下邽（今陕西渭南东北）人，白居易弟，也为当时有名的文学家。他长于辞赋，但没有流传下来，现存传奇小说《李娃传》是他的代表作。《三梦记》近于杂录。

白邕　为白起之子白仲之23世孙，太原人，南北朝后魏太原太守。

白建　白邕5世孙，初人北齐太丞府。任骑兵曹，典执文帐，明解书计。武平末年，历官进侍中、中书令等，并赐田韩城（今陕西东北部），始移籍同州。

白广平　西域（今属新疆、甘肃一带）胡人，盖吴起义军将领，曾率起义军一支西进新平（治今陕西彬县），安定（治今甘肃泾川）的屠各、氐等少数民族纷起响应。

白生　鲁（今山东泰山以南的汶、泗、沂、沭水流域）人，汉代诗人。

白起　郿（今陕西眉县）人，战国时秦名将，白公胜裔孙。秦昭王时从左庶长官至大良造。善用兵，屡战屡胜，夺得韩、魏、赵、楚的很多土地。后因军功卓著被昭王封为武安君，在长平之战中大胜赵军，坑杀俘虏40多万，后被相国范雎妒忌，意见不合，被逼自杀。秦人怜之，立庙咸阳祭拜，该庙至今犹在。后秦始皇思武安君白起之功，封其子白仲于山西太原。

白圭　周朝魏（今属山西）人，著名的商人，为历史上最早提出贸易致富理论的人物之一。主张采用“人弃我取，人取我与”的办法经商。认为经商必须把握时机，运用智谋，犹如用兵理政。对后秦时的“商鞅变法”有一定的直接影响。

白氏风流撷英

五羖大夫封百里，
次子名丙字白乙。①
后裔白氏因以出，
祖籍居于南阳郡。②
战国白丹经济家，
轻税时变莫失机。③
先秦名将白起出，
连取城邑战功多。④
隋末瑜娑夺马起，
甘作奴贼取奴隶。⑤
居易倡文合时事，
长庆集中载功德。⑥
元曲四家白朴一，
白英欢利畅南北。⑦
白译纯洁亦空白，
莫留后者于心上。⑧

注释：

①传说炎帝的大臣白阜是白姓之始。百里，指百里奚据《唐书·宰相世系表》记载，周太王的后人百里奚（姬姓），为楚人所执，秦穆公用五张黑牡羊皮赎回，后拜为大夫，故号“五羖大夫”。他有两个儿子，次子名丙字白乙。

②白乙的后人，以字为氏，遂有白氏。《百家姓》注白氏郡望为南阳郡，可见，河南南阳地区是白氏的发祥地。

③白丹（生卒不详），战国时的水利家、经济思想家，河南洛阳人。他主张减轻税敛，叫“二十而取一”，兴办水利，闻名各诸侯。在经济上，他主张“乐观时变”，“人弃我取，人取我与”，贵在不失时机。

④白起（？—前 257），战国时，秦国大将，陕西眉县人。屡立战功，为秦国连连夺取许多城池，扩大了地盘，为一时名将。

⑤白瑜娑（生卒不详），隋末农奴起义首领，宁夏灵武人。他奴隶出身，夺官府牧马起义，起义军多至数万人，豪绅呼之“奴贼”，表现了人民不甘做奴隶的反抗精神。

⑥白居易（公元 772—846 年），唐朝诗人，山西太原人。他提倡“文章合为时而著，歌诗合为事而作”，并用诗歌来“补察时政”、“泄导人情”，无情地揭露统治者的腐朽与残酷。有《白氏长庆集》。

⑦白朴（公元 1226—约 1306 年），元朝戏剧家，山西河曲人。他的作品歌颂自由恋爱，反对封建礼教，以《墙头马上》为代表作，他与关汉卿、马致远、王实甫并称“元曲四大家”。

白英（生卒不详），明朝水利家，山东汶上人。他奉命率民工三十万人，疏浚会通河，建河闸三十八座，长年蓄水，大运河南北畅通。

⑧“白”可解释成纯洁，像征着一种品德的高洁；空白是它的另一种解释，引申为没有效果或不付代价。

中华百家姓

赵	钱	孙	李	周	吴	郑	王	冯	陈	蒋	沈	韩	杨
朱	秦	许	何	吕	张	孔	曹	金	魏	姜	谢	邹	苏
潘	范	彭	韦	马	方	任	袁	史	唐	薛	雷	贺	汤
罗	郝	常	于	傅	康	余	顾	孟	黄	尹	姚	邵	汪
毛	戴	宋	熊	董	梁	杜	贾	江	郭	林	钟	徐	邱
高	夏	蔡	田	胡	万	卢	丁	邓	石	崔	龚	程	陆
段	侯	武	刘	龙	叶	黎	白	赖	乔	谭	阎	易	廖
文	曾												

赖 姓

——一县两代人才多，江西万安赖氏兴

赖氏解密寻踪

（一） 姓氏字源

《说文》：“赖，赢也。从贝，剌声。”赖字本义当作赢利。《广韵·泰韵》云：“赖，利也。”

（二） 寻根溯祖

赖姓来源有二：

1. 出自姬姓，为周文王姬昌的后代。据《风俗通义》、《通志·氏族略》及《文献通考》等所载，周武王（西周王朝的建立者，姬姓，公元前 11 世纪建都于镐〈今陕西长安沣水以东〉）有弟叔颖被封于赖（在今河南省境），至鲁昭公四年（公元前 538 年）为楚灵王所灭，其后以国为氏，望出颍川、南康、河南。赖国旧址，即秦时颍川郡。史称赖姓正宗。是为河南赖氏。

2. 出自姜姓，为炎帝神农氏的后裔。据郭沫若主编《中国史稿》、《康熙字典》及《炎黄源流史》等所载，相传炎帝后裔有四支，是属于古羌人的四个氏族部落。其中一支是烈山氏，其子名柱，会种谷物和蔬菜，从夏代以上被奉为稷神。古时烈与厉通，又音赖、故烈山氏、厉山氏、赖山氏皆同。古时的烈山氏居住在山西汾水流域，后来有一支向东迁徙，约于商代在今河南鹿邑县东的厉乡建立赖国，依附于商朝。周武王姬发伐商时，赖人被迫南迁，后来接受周武王的子爵封号，为赖子国（今河南息县包信镇）。春秋鲁昭公四年（前538）楚灵王灭之，其族人被迫迁往鄢地（今湖北随县东北，一说今河南鄢陵），其后裔以国为氏，称赖氏。是为湖北或河南赖氏。

（三） 宗堂郡望

堂号 主要有“秘书堂”：唐代赖棐，从小聪明，7岁会写文章。20岁通九经百家之言。乾元中，中了进士，拜崇文馆校书郎。他不愿干，退居乡里，人们把他的家叫作“秘书里”。

另外还有：“颍川”、“南康”、“河南”、“四川”、“松阳”等堂号。

郡望 主要有颍川郡、南康郡、河南郡、河内郡、松阳县等。

1. 颍川郡。秦王政十七年（公元前230年）置郡，以颍水得名，治所在阳翟（今河南禹县）。相当今河南登封、宝丰以东，尉氏、郾城以西，密县以南，叶县、舞阳以北县地。此支赖氏，其开基始祖为叔颖。

2. 南康郡。晋太康三年（公元282年）置郡，治所在雩都（今江西于都东北），东晋移治赣县（今江西赣州市）。相当今江西南康、赣县、兴国、宁都以南地。此支赖氏，为赖光之后。

3. 河南郡。汉高帝二年（公元前205年）改秦三川郡置郡，治所在雒阳（今河南洛阳市东北）。相当今河南省黄河以南洛水、伊水下游，双洎河、贾鲁河上游地区及黄河以北原阳县。

4. 河内郡。楚汉置郡，治所在怀县（今河南武陟西南）。相当今河南黄河以北，京汉铁路（包括汲县）以西地区。西晋移治野王（今河南沁阳）。

5. 松阳县。旧县名，在今浙江西南部，1958年撤销，并入遂昌县。此支赖氏，其开基始祖为晋代的赖光。

（四） 家谱寻踪

浙江·松阳郡赖氏宗谱三卷
藏地：浙江缙云县档案馆
（民国）赖马钱等总理　徐维熊撰
1947　年木活字本

浙江象山·赖氏宗谱十卷首一卷
藏地：浙江象山文化管理委员会
（清）赖有益重修
清嘉庆十八年（1813）木刻本

浙江象山·赖氏宗谱十卷首一卷
藏地：浙江象山文化管理委员会
（清）赖善崧重修
清道光二十九年（1849）木刻本

浙江象山·赖氏宗谱八卷首一卷
藏地：浙江象山文化管理委员会
清光绪十一年（1885）木刻本

浙江象山·赖氏宗谱十二卷
藏地：浙江象山文化管理委员会
清光绪十五年（1889）木刻本

浙江象山·赖氏宗谱十二卷
藏地：浙江象山文化管理委员会
（民国）赖凤鸣重修
1922年木刻本

浙江象山·赖氏宗谱十二卷
藏地：浙江象山文化管理委员会
（民国）赖凤鸣续修

1925年木刻木

浙江象山·台西赖氏宗谱□□卷

藏地：浙江象山文化管理委员会（存卷2—5）

（民国）赖凤翔重修

1940年木刻本

浙江兰溪·赖氏宗谱二卷

藏地：浙江兰溪县高潮乡大洋畈上樟林

1937年木刻本

浙江·武义赖氏宗谱三卷

藏地：浙江缙云县档案馆

（民国）赖叶朝总理　赖汉钦等董事

1925年木活字本

浙江·颍川赖氏宗谱三卷

藏地：浙江衢市文化管理委员会处

（清）赖溶琛　赖琅琛等修

清光绪间宝善堂木活字本　二册

浙江常山·赖氏宗谱四卷

藏地：浙江常山县毛良坞乡严背村（存卷1、3）

（民国）赖炳山续修

1947年木刻本

安徽怀宁·赖氏族谱

藏地：美国

（清）赖煌编

清道光十二年（1832）写本　一册

福建·福州洋坞颍川赖氏家谱二卷

藏地：中国科学院图书馆　福建省图书馆　福建师大　美国

（民国）赖丰烈续修

1914年长乐赖铅印本　二册

福建南靖·罗山赖氏家谱

藏地：台湾

（清）赖廷辉修

清乾隆二十一年（1756）抄本　一册

福建南靖·罗山赖氏家谱

藏地：台湾

（清）赖廷辉编

清乾隆二十一年（1756）抄　1933年增修本

福建平和·山莲赖氏宗谱

藏地：美国

（民国）赖顺享等修

影印1926年写本　一册

福建龙岩·横坑赖氏家谱

藏地：台湾　美国

（清）赖廷辉修

清乾隆二十一年（1756）抄本　一册

福建永定·敦厚居赖氏族谱三卷

藏地：台湾

清光绪二十五年（1899）本　三册

福建永定·社前赖氏宗谱首一卷

藏地：中国社会科学院历史研究所图书馆

（清）赖宏纂修

清宣统二年（1910）活字本　十一册

江西铜鼓·赖氏宗谱一乘

藏地：江西铜鼓县带溪伍溪村棉花脑

江西·龙南县赖姓族谱

藏地：台湾

（清）赖庆编　赖岭荣补

清嘉庆二十三年（1818）刻本

一册

湖南·赖氏族谱十五卷首二卷

藏地：湖南省图书馆（存卷12首上）

清光绪六年（1880）松阳堂活字本

广东番禺·赖氏族谱

藏地：美国

（民国）赖端甫重修

影印1923年写本　一册

广东饶平·赖氏族谱

藏地：台湾

清道光二十六年（1846）抄本一册

广东普宁·赖氏族谱不分卷

藏地：广东中山图书馆

（民国）赖连三修

1941年石印本　一册

广东廉江·遂海合博赖谱三卷

藏地：广东中山图书馆

（民国）赖鸿图编辑

1933年雷阳印书馆铅印本　二册

广东蕉岭·桂岭赖氏族谱

藏地：台湾

（清）赖璿修录

清咸丰八年（1858）抄本　一册

广东蕉岭·桂岭赖氏笃行公房族谱

藏地：台湾

清光绪间（1897）抄本

广东大埔·车楼乡赖氏族谱三卷

藏地：广东中山图书馆

（清）赖全濡撰

清光绪二十五年（1899）抄本一册

四川遂宁·赖氏家谱不分卷

藏地：四川遂宁县文化管理委员会

抄本

台湾·敦厚居赖氏族谱三卷

藏地：美国

（清）嘉应州东楼合族修

影印　清光绪二十五年（1899）刻本　三册

台湾台中·重修九德派家谱

藏地：美国

（民国）赖姓九德派下同编

影印1931年刻本　一册

赖文辉派下家谱

藏地：台湾

（清）赖应扬　赖赓扬总修

清嘉庆二十三年（1818）抄本一册

（五）　字行辈份

据民国抄本《赖氏家谱》，福建清流赖姓一支辈份字行为："寿福承祖泽，光宗寄昆贤。"

（六）　迁徙繁衍

南宋郑樵《通志·氏族略》云："赖氏，子爵，今蔡州褒信有赖亭，即其地也，昭四年为楚所灭，子孙以国为氏。"这里所说的"赖"，系古代诸侯国，为子爵，故称赖子国，"褒信"，东汉置县，属汝南郡，宋代属蔡州，即今河南息县包信镇，位于息县城东北35公里处；"（鲁昭公）四年"即公元前538年。《左传·昭公四年》对楚国灭赖有明确记载：楚灵王"遂以诸侯来赖。赖子面缚衔璧，士袒舆榇从之，造于中军。王问诸椒举。对曰：

‘成王克许，许僖公如是。王亲释其缚，受其璧，焚其榇。’王从之，迁赖于鄢。”引文中的“舆榇”，为置棺材于车，表示有罪当死或以死自誓；“椒举”即伍举，楚国大夫，伍参之子，伍奢之父；“鄢”，在今河南鄢陵西北。赖国灭亡后，子孙以国为氏，就是赖氏。

赖氏系出何处，有两种说法：一说出自姜姓，是炎帝神农氏的后裔；一说出自黄帝世系，是周文王姬昌的后代。前者的基本出发点是认为古代的厉国与赖国为同一诸侯国。厉国是楚国的结盟国，在今湖北随县北厉乡。《通典》、《通考》、《通鉴地理通释》、《春秋地名考》、《方舆纪要》等书，皆说赖与厉为两国。清人张澍更加明确地说；“汝南褒信”之赖国，“非炎帝后之赖。春秋灭赖，古本作厉，世以为即厉，非也。《晋志》云：厉、赖二国。”清人顾栋高《春秋大事表》则谓厉与赖通，实为一国。《康熙字典》释“烈”字云：“与厉通”，“又音赖”，并引《礼·祭法》注云：“厉山氏，炎帝也，起于厉山，或曰烈山氏。”郭沫若主编的《中国史稿》称：“传说中的炎帝后裔有四支，可能是属于古羌人的四个氏族部落。一支是烈山氏，其子名柱，会种谷物和蔬菜，从夏代以上被奉为稷神。据说，烈山氏在今湖北的一些地方。烈山氏就是烧山种田的意思。”所谓“烧山种田”，即放火烧山，将草木焚为灰烬当作肥料，进行原始的农业生产（刀耕火种）。何光岳《炎黄源流史》说“赖又作厉、列、烈”；赖国源于烈山氏，“居于山西介休之烈山，商周时立国于今河南鹿邑之赖乡，的被周所伐，前南迁到（河南）商城赖乡。春秋时赖国服属于楚，后被楚强迁至湖北随州之厉乡”。

后一种说法见于南海公司1990年出版的《中国文化大博览》。该书称：“周武王弟叔颖，受封于赖（在今河南省），鲁昭公四年，为楚灵王所灭，其后以国为氏。”此说明确赖国开国君主是周文王之子、周武王之弟叔颖，其余与《通志》所说相同。该书还说：赖国旧址，即秦时颍川郡，亦即今河南原许州、陈州、汝宁、汝州诸府州之地。赖氏发祥于此，族人遂（以）‘颍川’为郡号。”又说：清康熙年间的《御制百家姓》，“以周文王迁于岐山，即西岐，叔颖为文王之子，追本溯源”，将赖氏列为西川郡，称其堂号为“西川堂”。该书将赖国旧址说成“颍川郡”是错误的，对颍川郡辖境的叙述亦有误。“颍川”是赖氏的郡望，而不是赖氏的发祥地。

赖氏早期聚居地在鄢陵一带，主要是在今河南境内繁衍发展，后在颍川郡（治所在今禹州）、河南郡（治今洛阳）、河内郡（治今武陟）形成望族。由于任官、战乱等原因，颍川赖氏有一支播迁于江南，分布于今江西、福建、湖南、浙江、江苏、广东等省的一些地方，还有一支徙居陕西，唐人林宝《元和姓纂》说：汉有交趾太守赖先，蜀零陵太守赖文”。交趾郡治所在今越南河内市西北，零陵今属湖南。可见早在汉代已有赖氏人物活动于最南部地区。广东蕉岭《赖氏族谱》及兴宁《赖氏源流》尊叔颖为赖氏始祖，称赖先为叔颖的14世孙。叔颖22世孙赖深，初任贵州知府，后升陕西道监察御史，卜居丰宁（今陕西西乡）。叔颖25世孙赖忠诚，东晋兴宁元年（363年）任虔州知府，因见松阳（今浙江遂昌）山清水秀，遂在当地安家。其曾孙赖遇，任江东知府，奏请以所居松阳为府郡，晋安帝亲题“松阳郡”三字赐之，赖氏复以“松阳”为郡号，叔颖30世孙赖硕，于南朝宋元嘉末年迁江西宁都，其第三子赖灿，娶丘氏，生7子，分枝湘、闽、赣、苏等省，双形成一些支派：长子赖昭徙居会同（今属湖南）武村，次子赖德徙居福建上杭古田，三子赖明徙居江西宜黄乐安，四子赖庆及其后代分衍于江西龙南、上犹等地，五子赖思及其后代分衍于江西石城、秋溪、建昌、广昌及福建岩前等地，六子赖永及其后代分衍于江西信丰、瑞金、南康等地，七子赖彦任江苏扬州通判，在当地安家。赖硕还有一孙叫赖定，因在潭州（今湖南长沙）做官而在当地安家。赖德的长了赖标，自上杭古田迁福建宁化县石壁村，其11世孙赖朝美徙居福建永定汤湖；另两个11世孙赖祖华、赖祖三于明初由宁化石壁迁至程乡（今广东梅州），后又他衍出蕉岭、平远等支派。赖氏谱牒资料还记载：赖氏族人为避楚灵王之害，有改为罗、傅二氏者，以其比邻，兼有姻戚关系，因有赖、罗、傅联宗之说。又据道光《云南志钞·土司志》载，明代有四川巴县人赖罗义守户撒（在今云南陇川县境）；川、滇一带的赖氏多数人融入阿昌族。

清朝乾隆年间，有赖云从自福建漳州渡海至台中开基，此后，闽、粤赖氏陆续有人迁往台湾，有的进而移居海外，去新加坡等国谋生。

（七） 适用楹联

□姓启赖国；望出南康。

□志匡王室；[①]名噪秘书。[②]

□草茅上疏，共言颇为有礼；[③]
科甲不仕，所居号曰秘书。[④]

□容有三绝，笔力遒劲；[⑤]
礼知二县，廉介不阿[⑥]。

注释：

①宋代名人赖好古的事典。

②唐代名人赖棐，字忱甫，雩都人，七岁能文，弱冠通九经百氏。乾元中举进士，官拜为崇文馆校书郎，他不愿做官。退居田里，人称他住的地方叫秘书里。

③见注①。

④见注②。

⑤诗书画家赖镜，字孟容，城西人。号白水山人。工画山水，笔力遒劲，作诗清削幽异，兼工书，时称三绝。

⑥明代永进士赖礼，字同文，南康人。历武功、沅江知县，为官清廉、刚正不阿，每到一个地方便得到人们的一致称颂。

赖氏名人集粹

赖裕新 （？—1863）早年参加太平军，隶石达开部。1855年任检点，随石达开转战湖北、浙江、福建、江西、广西等地。1860年8月围南宁。1861年6月自宾州（今宾阳）至兴业（今石南），任天吕左宰辅中旗大军略，并率部为先锋。1862年4月围四川涪州（今涪陵），后转战贵州、云南，渡金沙江。1863年在四川越嶲（今越西）中州坝战败牺牲。

赖文光　今广西人，清末太平天国著名将领1851年1月（道光三十年底）参加金田起义。1858年随英王陈玉成转战皖鄂，1861年镇守黄州（今湖北黄冈），封遵王。1862年与陈得士西征，攻占陕西汉中。1865年5月在山东曹州（今菏泽）高楼歼灭僧格林沁及所部骑兵。1868年1月在江苏扬州瓦窑铺被俘，英勇就义。

赖汉英　太平天国时期杰出将领，在太平天国运动中立下大功。广东嘉应州（今梅州市）人，洪秀全妻弟，参加金田起义。1853年4月，擢升夏官副丞相，5月率林启容、白晖怀等西征，攻克安庆，包围南昌，斩清总兵马济美、连克丰城、瑞州（今高安）、饶州（今波阳）、乐平、景德镇各地。12月奉命援扬州，大破三叉河清营。后任东殿尚书，旋死于杨韦事件。

赖镜　清代画家。

赖瑛　明代御史。

另外，据有资料所载，宋、明时代，江西万安县赖氏人才辈出，赖应祥、赖延简、赖文美、赖尹宣等先后举进士，赖朝阳、赖惟惰、赖鼎、赖文衡、赖文徽、赖谟录、赖宏育均为举人，还有在外为官者，如赖魁标任浏阳知县、赖济任慈利知县、赖廉任庐州府训导、赖维祯任光禄寺丞，一县之地，两代之际，出现这么多人才，可见赖氏在此县繁衍的盛况。

赖良　元代文学家。

赖文正　南宋淳熙初年领导了江西、湖北、湖南等地的茶贩、茶农起义的，荆南（治今湖北江陵）人。

赖文俊　宋代地理学家。

赖文雅　唐代光禄大夫。

赖棐　唐肃宗乾元间，江西雩都（今于都县），他以7岁便能文并弱冠通九经百氏而远近知名，据说，他也是一位金榜题名的进士，曾被唐朝皇帝任命为崇文馆校书郎。不过，他还是悄然引退了，这种行为，在当时深受人们的敬仰，所以，不但赖棐本人长久以来在江西雩都享有大名，连当年他所住的地方，也一直被称为“秘书里”。

赖文　三国时蜀有零陵（今属湖北）太守。

赖先　交趾（今越南河内一带）太守。

赖氏风流撷英

忱甫通经能百家，
不羡高堂归田里。[①]
处州文俊擅相地，[②]
宁化禄孙是孝子。[③]
荆南揭旗震朝野，
江州遗恨文政死。[④]
参政敢言显本色，
世杰刚直一御史。[⑤]

揭竿聚捻非为己，
文光杰在匡天室。[⑥]
杨州城下敢酣战，
金田内医亦将帅。[⑦]
懒云文学为人生，
为国为民死不惜。[⑧]
一县两代人才多，
江西万安赖氏兴。[⑨]

注释：

①赖棐，字忱甫，唐代雩都人。年十五通《九经》及诸子百家。乾元年间（758—759）进士，拜崇文馆校书郎，未赴，退居田里，人称所居为“秘书里”。

②宋代有赖文俊，处州人，好相地之术。

③元代有赖禄孙，宁化人，孝子。

④赖文政，又名赖五，南宋荆南人，曾两次领导湖北茶贩起义，并转战湖南、江西。后因被诱降，死于江州。

⑤赖瑛，字世杰，明代广昌人。永乐年间（1403—1423）进士，官至参政。刚直坦白，遇事敢言，抑恶扬善，重民意。

⑥赖文光，清代人，同治年间（1862—1874）为农民起义军东捻军首领，称遵王，作战于湖北、河南等地，后在扬州被杀。志匡王室，志在推翻腐败王朝。

⑦赖汉英（1816—1856），广东花县人，洪秀全妻弟，参加金田起义，任内医。后累升到夏官副丞相。1853年12月奉命援扬州，直抵城下，将守城军民撤出，大战数日。

⑧赖和（1894—1943），原名赖河，字懒云，台湾彰化人，作家。1919年发起白话文学运动，反殖民主义、反封建倾向鲜明，坚持“为人生”的写实主义道路。后被日本当局迫害，病死。

⑨宋、明时代，江西省万安县赖氏人才辈出。繁衍兴盛。

中华百家姓

赵 钱 孙 李 周 吴 郑 王 冯 陈 蒋 沈 韩 杨
朱 秦 许 何 吕 张 孔 曹 金 魏 姜 谢 邹 苏
潘 范 彭 韦 马 方 任 袁 史 唐 薛 雷 贺 汤
罗 郝 常 于 傅 康 余 顾 孟 黄 尹 姚 邵 汪
毛 戴 宋 熊 董 梁 杜 贾 江 郭 林 钟 徐 邱
高 夏 蔡 田 胡 万 卢 丁 邓 石 崔 龚 程 陆
段 侯 武 刘 龙 叶 黎 白 赖 乔 谭 阎 易 廖
文 曾

乔 姓

——自古良相推文惠，寿朋老成封国公

乔氏解密寻踪

（一） 姓氏字源

《说文》：“乔，高而曲也。从天，从高省。《诗》曰：南有乔木。”乔之本义当作高而上曲。

（二） 寻根溯祖

乔姓来源有三：

1. 出自姬姓，为桥姓所改，是以山名命名的姓氏。据汉代蔡邕《桥公庙碑》、《元和姓纂》及《万姓统谱》所载，相传中原各族共同祖先黄帝死后葬于桥山（亦称子午山，在陕西省黄陵县城北，沮水穿山而过，山如桥形，故名桥山。山上有轩辕黄帝陵，现为全国重点文物保护单位），子孙中有留桥山看陵的，遂以山名为姓氏，称为桥氏。至于桥氏改为乔氏，是始于南北朝时的魏。据桑君编著的《新百家姓》所载，东汉时有太尉桥玄（梁国人），桥玄的 6 世孙桥勤在北魏任平原（今属山东）内史。北魏末年丞相高欢擅权，魏孝武帝不堪忍受高欢的欺凌，逃出洛阳投奔宇文泰建立的西魏。桥勤跟随孝武帝入关，成为西魏相宇文泰的臣属。有一天宇文泰心血来潮，叫桥勤去掉桥姓的木旁改为乔姓，说是取乔字的“高远”之义。

桥勤不敢不从，从此改称乔姓，子孙后代沿袭下去，称为乔氏。是为陕西乔氏。又据《通志·氏族略》："所载，乔氏即桥氏也，后周文帝为相，命桥氏去木，义取高远。"以此记载看，桥改乔姓应当是始于唐朝以后的五代时期。但据有关史料看，前一种说法更趋合理。因为五代之前，已有以乔为姓的，五代以后，只能说明是乔姓"大批出笼"的时期。桥勤显然是乔氏族人的始祖。史称乔姓正宗。

2. 出自匈奴贵姓。据《通志·氏族略》所载，汉代匈奴贵族有四姓（兰、乔、呼衍、须卜），内有乔氏。后与汉族乔代融为一体。

3. 出自鲜卑之后。据有关史书所载，晋南北朝时期，也有乔姓的鲜卑人出现。当时，有一位仕晋（应为西晋，都在今河南洛阳）为隆虑公，以德行而被老百姓号为"神君"的乔智朗，便是鲜卑前部人。其后代也仍以乔为姓。

（三） 宗堂郡望

堂号 主要有"文惠堂"：宋朝乔行简，历官淮西转运官、参知政事。多次向朝廷上疏论时政。因拜右丞相，参知军国重事，加少师，封鲁国公，死后谥"文惠"。

另外还有："梁国"堂号。

郡望 主要有梁国、冯丘等。

1. 梁国。汉高帝五年（公元前202年）改砀郡为梁国，治所在睢阳（今河南商丘南）。相当今河南商丘市和商丘、虞城、民权、安徽砀山等县地。南朝宋改为梁郡，移治不邑（今安徽砀山县），北魏又复还故治。

2. 冯丘。出处不详。

（四） 家谱寻踪

山西介休·乔氏家传九篇

藏地：云南大学

（清）乔元椿等撰

木刻本

河南孟津·续纂乔氏族谱二十二卷

藏地：中国社会科学院历史研究所图书馆（存卷1）

（清）乔心田纂修

清光绪七年（1881）石印本

湖北孝感·乔氏族谱

藏地：河北大学　南京大学

（清）乔用迁修

清道光十九年（1839）印本　一册

四川新都·乔氏家乘

藏地：南开大学

（民国）乔明晰编纂

1934年石印本　一册

乔氏载记二卷

藏地：国家图书馆

（清）乔松年辑

清同治十一年（1872）涂水乔氏显月斋刻本　一册

乔氏支谱续修

藏地：国家图书馆

（清）乔阶续修

清光绪十二年（1886）刻本　一册

乔氏家谱三卷

藏地：山东淄博市博山区图书馆

（民国）乔廷权　乔廷恒重修

1936年博山三友堂石印本

(五) 字行辈份

清宣统二年乔远谋修《乔氏家谱》，江苏盐城乔姓一支辈份字行为："庆远荣华泽，康定宗祖贤。"

(六) 迁徙繁衍

乔氏是黄帝子孙，而且其起源与黄帝的葬地有关。《史记·五帝本纪》有"黄帝崩，葬桥山"的记载，后人对黄帝葬地虽然有不同说法，但大都从《史记》之言。桥山在今陕西黄陵县城北，有沮水穿山而过，山呈桥形，因以为名。上有黄帝冢，碑刻曰"古轩辕黄帝桥陵"，现为全国重点文物保护单位。相传黄帝的姬姓子孙有一部分在桥山守陵，以山名命氏，称为桥氏。此即宋人郑樵《通志·氏族略》所云："黄帝葬桥山，子孙守冢，因为桥氏。"东汉时有睢阳（今河南商丘县南）人桥玄，官至太尉，他的6世孙桥勤，在北魏任平原内史。北魏末年，丞相高欢擅权，孝武帝元修受高欢之逼，西奔长安，依靠将领宇文泰，桥勤跟随孝武帝入关中，居同州（今陕西大荔县）。535年，宇文泰杀孝武帝，立元宝炬为帝，都长安（今陕西西安西北），史称西魏。宇文泰任大丞相，专制西魏朝政，556年死，其子宇文觉袭位，次年代魏，国号周。史称北周，追尊其为文帝，故有"后（北）周文帝"之称。桥勤之孙桥达，曾为宇文泰臣属，宇文泰命他去掉"桥"字的"木"旁，改姓乔，说是取乔字的"高远"之义，于是，桥氏从此改称乔氏。对此，《新唐书·宰相世系》简要记述为："乔氏出自姬姓，本桥氏也。汉太尉玄六世孙勤，后魏平原内史，从孝武入关，居同州，生朗，朗生达，后周文帝命桥氏去'木'，义取高远也。"

关于桥氏改为乔氏的时间，清人张澍认为不始于北朝的西魏、北周时期，而是早在周朝末期已改。他在《姓氏寻源》中引东汉文学家蔡邕所云"黄帝子孙不在十二姓者，以（桥）为氏，周末始去木"之后，强调说："蔡所云周，乃姬周。"

此外，据《前代录》载，匈奴贵姓有乔氏，代有辅相（即宰相）。匈奴，中国古族名，又称"胡"，战国时游牧于燕、赵、秦以交地区，东汉建武二十四年（48年）后，一部分南下依附汉朝，渐习农耕。

从史书上看，桥姓和乔姓人物基本上没有在同一时期出现的现象，十六国、南北朝以前有桥姓人物而无乔姓人物，以后则相反，即有乔姓人物而无桥姓人物。战国时鲁国（在今山东西南部）有桥庇，受《易》于商瞿，以授江东馯臂子弓，其后传授不绝。西汉有桥仁，梁（今河南商丘县南）人，与杨荣并受《礼》于戴圣，桥仁著《礼记章句》49篇，成帝时为大鸿胪，家世传业，由是小戴礼记有桥杨氏之学。桥仁5世孙桥基，任广陵太守，生肃，为东莱太守。东汉太尉桥玄，就是桥肃之子。桥玄族子桥瑁，东汉时官东郡太守。由此可见，汉代梁国睢阳桥氏已形成望族。又据《古今姓氏书辨证》载，晋代有蜀（今四川）人桥赞。

以上零星资料表明，乔氏在宋代以前主要分布于今陕西、湖南、山西、江苏等省，宋、元时期有迁至今河南、浙江、云南者。明、清时期又有迁至今江西、山东、上海、河北、湖北者。至近现代，东北的一些地方也有乔氏的聚居点。

据《人民日报》报道的中国科学院遗传研究所的研究结果，乔姓是当今中国第 96 大姓。此外，今新加坡等国也有乔姓华侨。

（七） 适用楹联

□为官厚宽有仁①；

铃政声望犹高②。

□壮士同偕小凤③；

淑女俱配乘龙④。

□居官卅年，天下清正⑤；

历令二县，郡邑爱深⑥。

□已漏风声罢；持绳也不禁⑦。

注释：

①宋代进士乔执中，字希圣，高邮人。王安石执政的时候，被任命编修《熙宁条例》。绍圣初，以宝文阁待制和郓州。他宽厚有仁，多次修改刑法典，让很多人得到重生。

②明代尚书乔宇，字希大，乐平人。成化进士。武宗时官住南京兵部尚书，宸濠反叛，宇严加警备，宸濠遂不敢东进。世宗初为吏部尚书，清正廉明，有很高的声望。

③、④指三国时吴国名人乔公之女大乔、小乔。《三国志·吴志·周瑜传》："时得乔公两女，皆国色也。策自纳大乔，瑜纳小乔。"乔，原作桥。

⑤清代封疆大吏乔光烈，上海人，被任宝鸡令，修成惠民渠，劝民蚕桑，后人称"乔公桑"，累官湖南巡抚，居官三十年，洁己奉公，誉为天下清正吏。

⑥前赵折冲将军乔智明，鲜卑前部人，字元达，长以德行著称，晋成都王颖辟为辅国将军，历隆虑、共二县令，深得人民爱戴，号为"神君"。

⑦唐代女诗人乔氏《咏破帘》诗联句。

乔氏名人集粹

乔用迁 （？—1851），湖北孝感人。字见斋。嘉庆进士。授内阁中书。充军机章京。后历任广西南宁知府、道员，广东按察使。1840 年，林则徐在广州禁烟时，曾率军在穿鼻洋、尖沙角轰击入侵的英国军舰和走私船。同年任山西布政使。1845 年升贵州巡抚。1851 年卒。

乔松年 清代陕西巡抚，徐满人。

乔世植 上海人，著名诗人。

乔林 画家、篆刻家如皋（今属江苏）人。

乔允升 明代刑部尚书，洛阳（今属河南）人。

乔宇 著名大臣，乐平（今山西昔阳）人。

乔中和 太原通判，丘（今属河

北）人。

乔吉 元代散曲家、戏曲作家，太原（今属山西）人，后居杭州（今属浙江），散曲风格清丽，内容则多消极颓废，明清人多以他同张可久并称为元散曲两大家。

乔达 山水画家，燕（今属省）人。

乔行简 南宋大臣婺州东阳（今属浙江）人，光宗绍熙进士，理宗时曾任参知政事、兼同知枢密院事，进知枢密院事、右丞相、左丞相，晚年至平章军国重事，并被封为鲁国公。著有《周礼总说》、《孔山文集》。

乔林 唐代宰相，太原（今属山西）人。

乔知之 左司郎中冯翊，今属陕西人。

乔维岳 官至太常少卿、寿州刺史，南顿（治所在今河南项城西）人。

乔氏风流撷英

自古良相推文惠，
寿朋老成封国公。①
立达德行动二县，
民多爱之称神君。②
国色天香有二乔，
铜雀宫中春色深。③
缘珠寄情才子怨，
碧玉奴死报主恩。④
学先泾求能宽厚，
希圣为官有仁心。⑤
散曲两家张与乔，
梦符记取笙鹤翁。⑥
乔宇望重震江左，
敢叫反众不敢东。⑦
珠落玉盘晓莺啼，
清秀一曲玉堂春。⑧

注释：

①乔行简，字寿朋，宋代东阳人。绍兴年间（1131—1162）进士。官至右丞相。历练老成，知无不言，好荐士，多至显达。封鲁国公，卒谥文惠。

②乔智明，字元达，前赵鲜卑前部人。以德行著称，历隆、虑二县令，民多爱之，称神君。死于永嘉（307—312）之乱。

③乔公，东汉末年人，有二女，国色天香，大乔嫁于孙策，小乔嫁给周瑜。杜牧咏赤壁之战事，曾有“铜雀春深锁二乔”诗句。

④乔吞之，唐代冯翊郡人，有俊才，武后时官至左司郎中。有婢女名窈娘（一作碧玉），美丽善歌舞，为武承嗣所夺。知之怨惜，作《缘珠篇》以寄情，密送与窈娘，后者感愤而自杀。

⑤乔执中，字希圣，宋代高邮人。通经术，擢进士，官须城主簿。绍圣初年（1095）以宝文阁待制知郓州。宽厚有仁心，屡典刑狱，雪活甚众。

⑥乔吉（？～1345），一作乔吉甫，字梦符，号笙鹤翁，惺惺道人，立时太原人，散曲家、戏曲作家。明清人多以之与张可久并称为元散曲两大家。今人辑有《梦符散曲》。

⑦乔宇，字希大，明代乐平人，

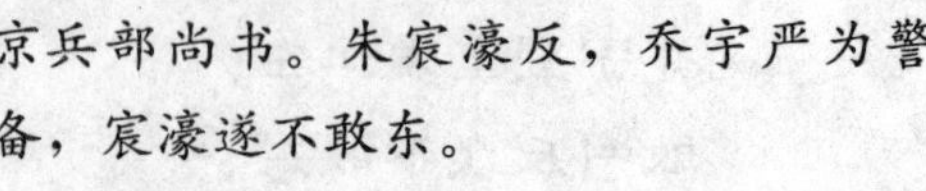

成化年间（1465—1487）进士，官南京兵部尚书。朱宸濠反，乔宇严为警备，宸濠遂不敢东。

⑧乔清秀（1910～1944），原名李金秀，河南内黄人，曲艺河南坠子女演员。随乔利元学艺，并得潘春聚、张金忠教益。唱腔轻快流畅，称“乔派”。擅长《玉堂春》。

中华百家姓

赵 钱 孙 李 周 吴 郑 王 冯 陈 蒋 沈 韩 杨
朱 秦 许 何 吕 张 孔 曹 金 魏 姜 谢 邹 苏
潘 范 彭 韦 马 方 任 袁 史 唐 薛 雷 贺 汤
罗 郝 常 于 傅 康 余 顾 孟 黄 尹 姚 邵 汪
毛 戴 宋 熊 董 梁 杜 贾 江 郭 林 钟 徐 邱
高 夏 蔡 田 胡 万 卢 丁 邓 石 崔 龚 程 陆
段 侯 武 刘 龙 叶 黎 白 赖 乔 谭 阎 易 廖
文 曾

谭 姓

——周有谭国国为氏，山东莒县是祖籍

谭氏解密寻踪

（一） 姓氏字源

《玉篇·言部》：“谭，大也，诞也。”谭字本义当指广大、宏大。《广韵·覃韵》云：“谭，大也。”

（二） 寻根溯祖

谭姓来源有三：

1. 出自姒姓。相传帝尧时中原洪水泛滥，尧先是用颛顼的孙子崇伯鲧治理水患，鲧采用堵的方式，结果失败了，帝舜即位后改用鲧的儿子禹来治水。相传鲧的妻子女志曾梦见流星陨地变成神珠薏苡，她吃了薏苡，醒来便有身孕，生下了禹，因此禹得姒姓。我国谭氏家族的祖先，正是出自圣君夏禹的姒姓后裔。据《元和姓纂》及《谭氏家谱序》所载，周朝初年大封诸侯时，把他们封于谭国（在今山东省章丘县西），爵位为子，由于国势一直不强盛，所以不久之后就沦为强邻齐国的附庸地位。到了春秋初期，齐桓公称霸于诸侯，就于周庄王四年（公元前 683 年），干脆吞并了谭国。谭国国君之子便逃亡到莒（音 jǔ 举，今山东莒县）国，而留在故国未走的子孙，只好以国为氏，称谭氏。史称谭姓正宗，是为山东谭氏。

2. 出自古代西南少数民族。据《万姓统谱》的考证，巴南（今云南、贵州一带）六姓有谭氏，自称盘瓠（盘古氏）之后，望出弘农。是为云南、贵州谭氏。

3. 谈氏有避讳改姓谭者。又据《万姓统谱》所载，谭氏有避仇去言旁为覃，今岭南多此姓。岭南，泛指五岭以南地区，大致相当今山东、广西大部分地区。

（三） 宗堂郡望

堂号 主要有“善断堂”：唐宪宗时候，谭忠为燕的牙将。受燕的派遣出使魏。恰巧这时朝廷派大军越过魏国去伐赵。魏牧田季安要兴兵。谭忠说：“不可！如果兴兵，就是对抗朝廷，魏的罪就大了！”季安采纳了他的话，没有动。谭忠又说服燕牧刘济出兵帮朝廷伐赵，连克赵城饶阳、束鹿。魏和燕都受到朝廷表扬。大家都佩服谭忠善断。

另外还有：“济南”、“弘农”等堂号。

郡望 主要有济阳郡、齐郡、弘农郡等。

1. 济阳郡。晋惠帝时分陈留郡置郡，治所在济阳。相当今河南兰考东境、山东东明南境。

2. 齐郡。西汉时改临淄郡置郡，治所在临淄（今属淄博市）。相当今山东淄博市和益都、广饶、临朐等县地。

3. 弘农郡。西汉元鼎四年（公元前113年）置郡。治所在弘农（今河南灵宝北）。相当今河南以南，宜阳以西的洛、伊、淅川等流域和陕西洛水、社川河上游、丹江流域。

（四） 家谱寻踪

江苏武进·毗陵缸巷谭氏宗谱

藏地：美国

（清）谭廷魁等修

清光绪十年（1883）雷昧堂刻本 四册

浙江萧山·萧邑谭氏宗谱十二卷

藏地：美国

（清）谭鸣春等修

清光绪三十二年（1906）敬爱堂木活字本

浙江嘉兴·嘉兴谭氏宗谱十卷

藏地：日本 美国

（清）谭子性 谭光熙等重修

清咸丰九年（1859）抄本 四册

浙江·嘉兴谭氏家乘十卷首一卷

藏地：国家图书馆 天津图书馆 辽宁图书馆 吉林大学 上海图书馆 浙江嘉兴图书馆 日本 美国

（清）谭新嘉 谭之梁等编纂

清光绪三十一年（1905）慎远义庄刻本六册

湖北新洲·谭氏宗谱四卷

藏地：湖北新洲县三店镇沙畈村

（民国）谭仁恺 谭仁良等创修

1947年木刻本

江西·南丰谭氏续修族谱二十卷首一卷

藏地：美国

（民国）谭承元等修

1921年木活字本 十四册

湖南长沙·谭氏续修族谱二十卷

藏地：湖南省图书馆

（民国）谭修功　谭修龄纂序

1917 年宏农堂活字本　二十册

湖南长沙·硃塘茅园峙谭氏九修族谱二十四卷

藏地：中国社会科学院历史研究所图书馆

（民国）谭善铧纂修

1929 年思亲堂活字本　十六册

湖南宁乡·谭氏族谱十卷

藏地：河北大学　湖南省图书馆（存卷 2）

（清）谭明谧　谭显谟纂

清同治五年（1866）湖南宁乡双桂堂木刻本　十册

湖南宁乡·谭氏家谱二十五卷

藏地：湖北图书馆（缺卷 25）

（民国）谭汉泉　谭贡山主修　谭显节纂修

1923 年敦伦堂刻木　二十四册

湖南攸县·泽田谭氏七修族谱二十二部

藏地：中国社会科学院历史研究所图书馆

（清）谭祖陶等纂修

清宣统三年（1911）源本堂活字本　二十四册

湖南酃县·白沙谭氏八修族谱二十五卷

藏地：湖南酃县档案馆

（民国）谭步熹　谭怀堂等

1943 年刻本

湖南茶陵·谭氏续修支谱六卷

藏地：湖南省图书馆（存卷 1）

（清）谭万隆　谭致声修　谭元泰纂

清同治十年（1871）活字本　一册

湖南湘潭·湘西谭氏六升堂支谱十六卷

藏地：中国社会科学院历史研究所图书馆

（清）谭继樠　谭作州纂修

清道光二十八年（1848）六升堂活字本　四册

湖南·湘潭学前谭氏三修支谱十一卷首一卷

藏地：湖南省图书馆（存卷首）

（清）谭鹤亭　谭哲堂修　谭襄甫　谭慎堂纂

清光绪四年（1878）活字本　一册

湖南湘潭·湘潭学前谭氏支谱十五卷

藏地：广东中山图书馆

（民国）谭修晟　谭成意等纂修

1922 年笃亲堂铅印本　十五册

湖南湘潭·中湘段西塘谭氏续修支谱六卷

藏地：国家图书馆

（清）谭学知纂修

清光绪十年（1884）焕荣堂活字本　六册

湖南湘潭·谭氏家谱十六卷

藏地：广东中山图书馆

（清）谭系均　谭系莹纂修

清光绪十年（1884）敦本堂刻本　十六册

湖南湘潭·涧子塘谭氏七修族谱十六卷

藏地：中国社会科学院历史研究所图书馆

(民国）谭艾莅墀等纂修　谭曙峰等主修

1924年敦本堂活字本　十六册

湖南湘潭·中湘谭氏续修族谱七卷

藏地：国家图书馆　中国社会科学院历史研究所图书馆　广东中山图书馆

（民国）谭本芳　谭本杰主修　谭本琪总纂

1924年济美堂活字本　七册

湖南·湘潭青山谭氏五修族谱三十二卷

藏地：湖南省图书馆

（民国）谭华镃修　谭华祝　谭国殷纂

1936年活字本　三十册

湖南湘乡·湘西七星桥谭氏族谱七卷首四卷

藏地：湖南省图书馆（存首1—4）

（清）谭兴平纂修

清乾隆五十六年（1791）刻本　一册

湖南湘潭·湘西谭氏四修族谱十卷

藏地：河北大学　湖南省图书馆（存卷1、2）

（清）谭作唤　谭作椁等纂修

清同治十一年（1872）壹本堂木刻本　十册

湖南湘乡·田乐堂谭氏族谱□□卷

藏地：湖南省图书馆（存卷2、3）

清同治元年（1862）敦睦堂刻本　二册

望仙谭氏宗谱□□卷

藏地：国家图书馆（存二卷）

明万历间刻本

谭氏族谱不分卷

藏地：北京大学

（清）罗孔志等纂修清

乾隆间刻本

仁源谭氏续修支谱不分卷

藏地：人民大学

（清）谭福保修

清同治十二年（1873）敬爱堂活字本　四册

富溪谭氏族谱残不分卷

藏地：美国

（清）谭兆连

清抄本

天河谭万庄长房系谱不分卷

藏地：美国

（民国）谭永就

1931年写本　一册

（五）　字行辈份

清贡文斌修《贡氏族谱》，江苏江阴贡姓一支辈份字行为："祖传仁孝，嗣承纲常，敦崇儒业，国裕家昌。"

（六）　迁徙繁衍

在西周分封的诸侯国中，有一个谭国，为子爵，在今山东章丘县西城子崖（一说故地在今山东历城县东），公元前684年为齐桓公所灭，即《春秋·庄公十年》所云"齐师灭谭"。谭国国君逃到莒国（今山东莒县），子孙以国为氏，就是谭氏。宋人邓名世《古今姓氏书辨证》记有一个小故事，说南朝齐时，有一个姓谭的人向尚书吏部郎谢朓乞求做官，谢朓说："齐侯灭谭，那得有卿?”姓谭的人回答说：“谭侯奔莒，所以有仆。”谢朓以为是佳对。这个故事，有助于说明谭姓的起源。此外，汉代巴南（今川东、鄂西南部）少数民族中也有谭氏。

对于上述谭姓来源，宋人郑樵《通志·氏族略》将其列入“以国为氏”类，说：“谭氏，子爵，庄十年齐来之，今齐州历城有古谭城，子孙以国为氏。《急就章》：“汉有谭平，定巴南六姓，有谭氏，盘瓠之后也。”关于盘瓠的传说有多种，大都与图腾崇拜有关。巴南谭氏也可能是有谭国遗民逃到巴南，融人当地民族而形成。

谭氏早期主要是在今山东省境内发展繁衍，后因战乱，自然灾害、官职调迁等原因，离开故土，向各地迁徙。汉代有河南尹谭闳，还有隐士谭贤，太原（今属山西）人，守节不仕王莽，东汉初亦拒绝做官。南朝陈有始兴（今属广东人谭瑱，好学，有勇力，以功升为本郡太守。唐末，虔州南康（今属江西）人谭全播，拥戴卢光稠起兵，连下虔，韶、潮三州，后附五代后梁，任虔、韶二州节度开通使。五代时有道教学者谭峭，泉州（今属福建）人，居嵩山、南后，从事辟谷养气炼丹之术，他对当时统治者有所不满，指出人民的劳动成果都被王、卿士、兵吏、商贾等侵夺，提出要“均其食”，幻想一种“无亲、无疏、无爱、无恶”的“太和”社会。

从宋代开始，谭姓人物被载人史册者增多，分布地更广，主要聚居于江南的一些地方。例如：宋代的谭申为长沙（今属湖南）人，谭宏为成都（今属四川）人，谭知柔为金坛（今属江苏）人。元代的谭处端为宁海（今属浙江）人，谭资荣为怀来（今属湖北）人。明代的谭德化为黄陂（今属湖北）人，谭守真为镇远卫（今贵州镇远县）人，谭性教为莱芜（今属山东）人，谭姓为滁州（今属安徽）人。清代的太平天国将领谭绍光为广西桂平人。大约从清代开始，闽、粤谭氏部分人迁徙至东南亚，侨居于新加坡等国家。

（七） 适用楹联

□七龄登第[①]；三策摅奇[②]。

□士茅锡券[③]；边塞宣猷[④]。

□十载父子双进士[⑤]；
一时兄弟两将军[⑥]。

□勋名炳炳，荣列戊戌六君子[⑦]；
伟绩昭昭，号称关陇一文人[⑧]。

□终南山上神人，涉猎文史[⑨]；
栖隐洞中道士，出入金门[⑩]。

□为人树起脊梁铁；
把卷撑开眼海银[⑪]。

□揽湖海英豪，力维时局；
勖沅湘子弟，共赞中华[⑫]。

□颇有清香留画戟；
翩然彩服效扁舟[⑬]。

□吟看桂生溪月上；
醉听鲲化海涛翻[⑭]。

注释：

①指古代“神童”谭昭宝的事典。

②指宋代郴州教授谭世勋（字彦成，长沙人）的事典。

③明代副千户谭渊的事典。谭渊，滁州人。

④见注②。

⑤指宋代元符进士谭世勋与其父谭申政和进士，其间时隔约十年。本联可作谭姓家祠联。

⑥指元代元帅左都监谭资荣，以其弟资用攻汴梁有功，举荐资用代替他的职位。

⑦清末维新派谭嗣同（1865—1898），字复生，号壮飞，湖南浏阳人。曾设立算学会，结合维新志士讲求变法救亡之道。1896年至南京任候补知府。1898年授四品卿衔军机章京，参与新政。戊戌政变时为袁世凯出卖，遇害。为“戊戌六君子”之一，有《谭嗣同全集》。

⑧清代洮州训导谭咏昭，字仲回，武成人。制行坚洁，擅诗文，为同光间“关陇文人第一”。有《看云书屋诗文集》。

⑨南唐国子司业谭峭，泉州人。好仙术，居嵩山十余年，后登青城山，相传仙去。亦称紫霄真人。

⑩见注⑨。

⑪谭嗣同自题联。

⑫1897年谭嗣同自撰联。

⑬清光绪进士谭延闿（1896—1930）自题联。谭延闿，字组庵，号畏三，湖南茶陵人。

⑭五代诗人谭用之《送友人归青社》诗联句。

谭氏名人集粹

谭嗣同　（1865—1898）改良派政治家、思想家，湖南浏阳人，其父为巡抚，他曾游历西北、东南各省。甲午战争后，愤中国积弱不振，在浏阳倡立学社。遍历北京、上海、南京，吸收新学知识。1896年人资为候初知府，在南京候缺，著《仁学》成稿。1897年，协助湖南巡抚陈宝箴、按察使黄遵宪等设立时务学堂，筹办内河轮船、开矿、修铁路等新政。次年又倡设南学会，办《湘报》，宣传变法。8月以徐致靖荐，被征人京，任四品衔军机章京，参与戊戌变法。9月政变发生，与林旭、杨锐、刘光第、杨深秀、康广仁等同时遇害，史称“戊戌六君子”。著作编入《谭嗣同全集》。

谭延襄　清代直隶总督浙江山阴（今绍兴）人，官至上隶总方、刑部尚书。

谭绍光　太平天国慕王，广西桂平人，1855年1月参加金田起义，英勇善战，隶李秀成部。1860年因破江南大营和攻克苏杭有功，封为慕王。1862年率军围攻上海，打败英法联合军、华尔洋枪队，后又统率各军在太仓、昆山等城，协同李鸿章对戈登作战，屡创敌军。1863年在苏州被叛徒刺死。

谭纶　明代抗倭名将江西宜黄人，嘉靖进士，初任台州（今浙江临海）知府，练兵防倭。嘉靖四十二年（1563年）巡抚福建，率戚继光、俞大猷等，平定境内倭冠。隆庆元年（1567年）总督蓟辽，与戚继光训练军队，加强北方防务。官至兵部尚书、太子太保，主持兵事30余年，与戚继光共事齐名，合称“谭戚”。

谭元春　文学家，湖广竟陵（今

湖北天门）人，与钟惺同为“竟陵派”创始者。论文强调性灵，提倡幽深孤峭的风格。著有《谭友夏合集》。

谭延美 宋代左领军卫上将。

谭峭 五代道教学者泉州（今属福建）人，从事辟谷养气炼丹之术，认为世界起源于“虚”，“虚化神，神化气，气化形”，于是形成万物，而最后又复归于“虚”。著有《化书》6卷。

谭全播 五代后梁虔韶二州节度开通使，虔州南康（今属江西）人。

谭闲 汉代河南尹。

谭夫吾 战国时期人物，曾以无比崇高的言行而名垂青史。

谭氏风流撷英

周有谭国国为氏，
山东莒县是祖籍。①
操练乡兵御倭寇，
谭纶功进兵尚书。②
共编唐诗隋前诗，
钟谭声名满天下。③
天国将领谭绍光，
挫败洋枪显神威。④
谭献工诗词骈文，
选词编成箧中词。⑤
戊戌变法真君子，
百日维新载青史。⑥
覃谭本为同一宗，
中因避难两分离。⑦
谭谈两字音意同，
深大炎黄永屹立。

注释：

①相传周代有谭国，在今山东省章丘以西。据《元和姓纂》记载公元前684年，谭国被齐桓公所灭，谭子逃至莒（jǔ），今山东省的莒县。其后人以原国名为氏，遂有谭氏，莒县系谭氏祖籍。

②谭纶（公元1520—1577年），明朝抗倭将领，江西宜黄人。当时，东南倭寇为患，他在台州练乡兵千人，屡败倭寇。后与戚继光镇守居庸关至山海关，功进兵部尚书。

③谭元春（公元1586—1637年），湖北天门人，明朝末年文学家。与钟惺共选编唐诗，成《唐诗归》，又选隋前诗，成《古诗归》，流传甚广。

④谭绍光（？—1863年），太平天国将领，广西桂平人。他在苏州等地多次挫败洋枪队和淮军。

⑤谭献（公元1830—1901年），清末词人，浙江杭州人。举人出身，官任知县；善工诗词和骈文，又选清人词，编辑《箧中词》。

⑥谭嗣同（公元1865—1898年），清末维新派的杰出代表，湖南浏阳人。撰写《仁学》，创办《湘学新报》、《湘报》参加“戊戌变法”，为“六君子”之一。

⑦据《古今姓氏书辨证》云：覃（qín）和谭本一姓，中因避难而改。

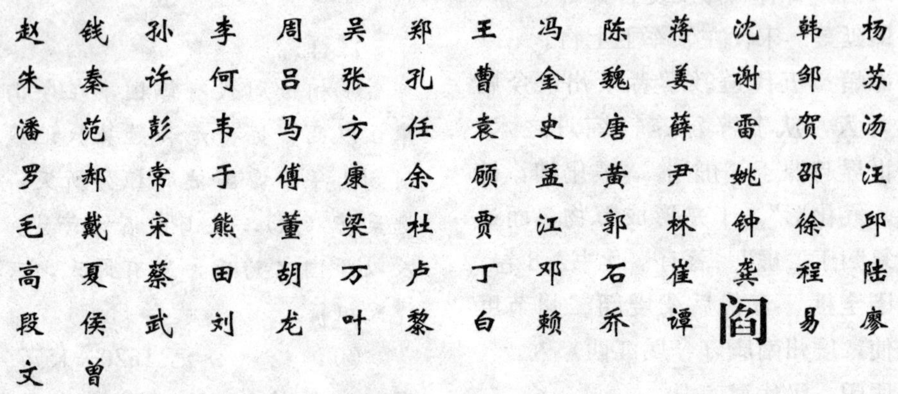

中华百家姓

赵 钱 孙 李 周 吴 郑 王 冯 陈 蒋 沈 韩 杨
朱 秦 许 何 吕 张 孔 曹 金 魏 姜 谢 邹 苏
潘 范 彭 韦 马 方 任 袁 史 唐 薛 雷 贺 汤
罗 郝 常 于 傅 康 余 顾 孟 黄 尹 姚 邵 汪
毛 戴 宋 熊 董 梁 杜 贾 江 郭 林 钟 徐 邱
高 夏 蔡 田 胡 万 卢 丁 邓 石 崔 龚 程 陆
段 侯 武 刘 龙 叶 黎 白 赖 乔 谭 阎 易 廖
文 曾

阎 姓

——清涧一呼勇揭竿，军中雄鹰号红彦

阎氏解密寻踪

（一） 姓氏字源

《说文》：“阎，里中门也。从门，臽声。”段玉裁注：“别于闾闬，为里外门也。”阎之本义当作里中门。

（二） 寻根溯祖

阎姓来源有三：

1. 出自姬姓，为黄帝裔孙后稷之后。相传黄帝有裔孙后稷，承袭姬姓，被周人尊为始祖。传至12世孙古公亶父，因由豳（今陕西彬县东北）迁岐山下的周原（今陕西岐山北），称周族，古公亶父也因此称太王。太王有三子：太（泰）伯、仲雍和季历。据说太王的小儿子季历颇有才干，生一子姬昌。当姬昌出世的时候，就有圣瑞出现，古公就殷切地说：“我世当有兴者，其在昌乎！”身为长子太伯和仲雍立刻明白，父亲的心意是打算让季历继位，以便将来再传位给姬昌（即后来的周文王），就自动让贤，便一起由岐山南下于荆蛮的今江苏无锡县一带。他们改从当地风俗，成为那里的君长。其后人建立吴国，建都今江苏吴县。周武王时，封太伯的曾孙仲奕于阎乡。仲奕的后代遂以封地“阎”作为姓氏。

2. 出自姬姓，为周康王之后。周成王的儿子姬钊（即周康王）继位以后，曾发动对鬼方（今陕西省北部）及对东南各地的战争，并把掠夺的奴隶和土地分赏给各级贵族。据《新唐书·宰相世系表》所载，周昭王姬瑕的小儿子生下后，手上即有一个“阎”字。于是，康王便封他于阎城，其后世子孙也就用“阎”作为自己的姓氏。应为陕西阎氏。

3. 出自姬姓，为唐叔虞之后。据《通志·氏族略》所载，春秋时，晋成公的儿子懿，被封于阎（今山西省安邑县西部），后来被晋国所灭。懿的后代于是大都散处于河洛（即黄河与洛水一带），汉末居荥阳，其子孙就以封地名称阎氏。是为山西或河南阎氏。

由上看来，阎姓虽出自三源，但对于每一个阎姓的中国人而言，实际上并没有什么区别，追本溯源，统统都是周文王姬姓的子孙。

（三） 宗堂郡望

堂号 主要有：1.“丹青堂”。

2.“右相堂”：唐朝阎立本善丹青（画画），拜右丞相。当时姜恪因战功封左丞相。时人有“左相宣威沙漠，右相驰誉丹青”之赞叹。

阎姓又以“天水”、“河南”为其堂号。

郡望 主要有天水郡、河南郡、太原郡等。

1. 天水郡。西汉元鼎三年（公元前 114 年）置郡，治所在平襄（今甘肃通渭西北）。相当今甘肃通渭、静宁、秦安、定西、清水、庄浪、甘谷、张家川等县及天水市西北部、陇西东部、榆中东北部地。西晋移治上邽（今天水市），北魏时相当今天水、秦安、甘谷等市县地。此支阎氏，大概出自周康王之后。

2. 河南郡。汉高帝二年（公元前 205 年）改秦三川郡置郡，治所在雒阳（今河南洛阳市东北）。相当今河南省黄河以南洛水、伊水下游，双洎河、贾鲁河上游地区及黄河以北原阳县。此支阎氏，应为唐叔虞之后。

3. 太原郡。战国秦庄襄王四年（公元前 246 年）置郡，治所在晋阳（今山西太原市西南）。北魏复为郡，相当今阳曲、交城、平遥、和顺间的晋中地区。此支阎氏，亦为唐叔虞之后。

（四） 家谱寻踪

江苏赣榆·阎氏家谱三幅

藏地：江苏赣榆档案馆

油布写本

山东·昌乐阎氏家乘五卷

藏地：辽宁图书馆

（清）阎世绳编　阎愉补编

清康熙五十三年（1714）树滋堂刻本

山东栖霞·阎氏谱书一卷

藏地：山东栖霞栖霞镇小寨子夼村

（清）阎一侯　阎一昌同修

清康熙十九年（1680）抄本

河南林县·林虑阎氏族谱三卷

藏地：人民大学

（清）阎典唐续修

清道光十八年（1838）刻本四册

河南项城·阎氏族谱四卷

藏地：河南项城档案馆

（清）阎培德纂

清光绪三十三年（1907）刻本

湖北宜昌·紫阳村阎氏族谱四卷

藏地：人民大学 美国

（清）阎大镛续修

清同治十一年（1872）雅望堂刻本

（五） 迁徙繁衍

记述阎姓起源最详细的古籍是《新唐书·宰相世系表》。该书云：“阎氏出自姬姓。周武王封太伯曾孙仲弈于阎乡，因以为氏。又云，昭王少子生而手文曰‘阎’，康王封于阎城。又云，唐叔虞之后晋成公子懿，食采于阎邑，晋灭，子孙散处河、洛，前汉末，居荥阳。”按此说，阎氏系由姬姓所衍生，具体来源有三，均与带“阎”的地名有关。其一是说出自太伯曾孙仲弈。此说显然有误。太伯、仲雍系周文王姬昌的伯父，是吴国的始祖。《史记·吴太伯世家》明确记载：“太伯卒，无子，弟仲雍立，是为吴仲雍。仲雍卒，子季简立。季简卒，子叔达立。叔达卒，子周章立。是时周武王克殷，求太伯、仲雍之后，得周章。周章已君吴，因而封之。乃封周章弟虞仲于周之北故夏虚，是为虞仲，列为诸侯。”关于“夏虚”，《集解》徐广曰：“在河东大阳县。”大阳县，治所即今山西平陆县西南平陆城。于此可见，“太伯曾孙仲弈”应为“仲雍曾孙虞仲”，“阎乡”很可能就是“夏虚”。

第二说提到的“昭王”叫姬瑕，是周康王姬钊的儿子，其小儿子“生而手文曰‘阎’”，被“康王封于阎城”，因而得阎姓。这种说法，理由有些牵强，似难成立，难怪宋人郑樵《通志·氏族略》说：“有文在手之言多为迂诞。”

第三说比较可信。文中提到的“唐叔虞”，系周武王姬发之子，晋国的始祖；“晋成公”系晋文公重耳的小儿子；“阎邑”，有关辞书无载，但既是晋成公之子懿的封邑，必在晋国疆域内，亦即在今山西西南部，当代有人注为山西安邑县西（今属山西运城）；“河洛”，即今河南省境内黄河、洛河流域的洛阳、偃师、巩义、荥阳一带。这一条是说，春秋时，晋成公的儿子懿被封于阎邑，晋国灭亡后，懿的子孙散处于河、洛一带，以原封邑为氏，就是阎氏，至西汉末定居于荥阳。

春秋时，楚国有大夫阎敖，这说明此期已有阎氏居于今湖北省境。东汉有尚书阎章，荥阳人，其子阎畅，官侍中，封北宜春侯，有三子：显、景、晏，女为官帝皇后。阎显以其妹为皇后，安帝时封长社侯，掌管禁兵。安帝死，太后临朝，他任车骑将军，定策立年幼的北乡侯为帝，专断朝政。不久，北乡侯死，宦官孙程等19人拥立济阴王为帝（即顺帝），他被杀，其子阎穆，避难徙于巴西之安汉（今四川南充市北）。阎显之孙阎甫，被曹操封为平乐乡侯，复居河南新安，其子阎璞，任牂柯太守，孙阎赞，西晋殿中将军、汉中太守。东晋以前，阎氏还有迁至今陕西、甘肃等省者，如三国魏有阎温，为西城（今陕西安康县西北）人，西晋有阎鼎，天水（今属甘肃）人。阎赞之曾孙阎昌，因父难，奔居马邑（今山西朔县），其孙阎满，任北魏诸曹大夫，自马邑又迁回河南。还有阎显裔孙，北魏户牖侯，居武阳（今山东莘县西南）。阎满之孙阎善，龙骧将军、云中镇将，因居云州盛乐（今内蒙古和林格尔县西北土城子）。唐代，贞观年间所定太原郡10姓有阎氏。《元和姓纂》所列阎氏郡望有：天水、常山（郡治今河北正定）、广平（郡治在今河北鸡泽县东南）、河南。明、清时期，南方的江苏、湖南等省已有阎姓居住。清代以后，阎氏部分人徙居海外。

（六） 适用楹联

□望出天水；源自阎乡。

□右相丹青驰誉；[①]
　洪都棨戟遥临。[②]

□识沧海遗珠，洵称哲士；[③]
　还夜途拾锦，不负神君。[④]

□一物不知，以为涤耻；
　遭人而问，少有宁时。[⑤]

□七十日带发效忠，
　表太祖十六朝人物；
　三千人同心赴义，
　存大明一百里江山。[⑥]

□湖水经霜碧；树光翠初匀。[⑦]

注释：

①唐初大臣、画家阎立本（？—673），雍州万年（今陕西西安）人。善图画，继承家学，并师法张僧繇、郑法士，而能“变古象今”、工人物、车马、台阁，尤擅写真；笔力圆劲雄浑，兼能书法。所画《太宗像》、《凌烟阁功臣图》等，誉称当时。世传《步辇图》，描绘唐太宗会见吐蕃派来迎接公主使臣情景。此外，传世《历代帝王图》，现藏美国波士顿艺术博物馆。

②唐代天宝中起居舍人阎伯屿的事典。

③唐初大臣、画家阎立本的事典。

④三国时蜀汉绵竹令阎宪的事典。阎宪在任时，邑人有夜行得遗锦者，平明送县。宪曰：“夜行得锦，天赐也。”对曰：“县有明府，犯此则惭。”

⑤清代考据学家阎若璩（1636—1704）自题联。阎若璩，字百诗，号潜丘，山西太原人。有《日知录补正》等。

⑥江苏江阴市阎典史祠联。祀明末江阴典史阎应元。阎应元（？—1645），字丽亨，通州（今北京通县）人。为抗清名将。弘光元年（1645），清兵破南京，重颁剃发令，江阴人民纷起抗清。新典史陈明遇知他知兵事，遂请入城，以战守相嘱。清军围攻，他与军民坚守城池达八十一天，明降将劝降，他以“有降将军，无降典史”为词拒降。及城破，投水不成，被俘，不屈死。本联系阎应元临难前自题。十六朝，指明代十六朝皇帝。

⑦清代诗人阎尔梅《绝贼臣胡谦光》诗联句。

阎氏名人集粹

阎若璩 著名的学者、考据家，山西太原人，他曾参加《大清一统志》的编写，长于考据，确证了东晋梅赜所献的《古文尚书》为伪书。

阎敬铭 著名大臣，陕西人，曾历任按察使、布政使、巡抚、户部尚书、军机大臣等要职。因反对修圆明园被革职，以善理财著称。

阎书勤 （？—1900）农民出身。习"红拳"，精刀术。1893年，在山东冠县梨园屯联合高元祥等18人，反对洋教，号称"十八魁"，被推为首领。1897年4月，拜赵三多为师，与梅花拳联合，聚众达三千人。1898年10月3日，在冠县蒋家庄（今河北南宫蒋庄）起义，遭清军镇压，分散隐蔽。1900年5月，参加赵三多领导的枣强卷子镇起义，聚众万余，攻打教堂，仇杀教士。8月，于梨园屯战役中被俘，在临清被清政府处死。

阎得胜 （？—1895）清末山东河防营副将。1894年11月，奉调驻守荣成。1895年1月20日，率军增援龙须岛途中惧死西逃，后遇孙万龄军，与之合一。以后又多次临阵脱逃。2月初，被军法处决。

阎应元 南明抗清义军首领，顺天通州（今北京市通县）人，曾任江阴（今属江苏）典史。

阎公贞 大定进士、大理卿，宛平（治所在今北京城西南）人。

阎次平 宋代画家，曾官至将仕郎、画院祇候。擅山水、人物，尤工画牛，颇为生动。评者谓其"仿佛李唐，而迹不逮意"。存世作品有《牧牛图》等。

阎立德 唐代画家、工程家，雍州万年（今陕西西安）人，与其父皆擅工艺、绘画，驰名隋唐间。

阎立本 阎立德之弟。当时最著名的画家，显庆中（约公元658年）官将作大匠，兄殁，代任工部尚书，后任右相，改中书令。他继承家学，并师法张僧繇、郑法士，而能"变古象今"。擅画人物，尤精写真，善刻画性格神情，兼能书法。所画太宗像及《秦府十八学士》、《凌烟阁功臣二十四人图》、《外国图》等，为当时称誉。存世《历代帝王》、《萧翼赚兰亭》、《步辇》、《职贡》等图。又有袁州刺史阎瑜，胜州刺史、邠宁节度使阎巨源。

阎思光 隋代画家。

阎元明 南北朝时，北魏随郡太守，安邑（治所在今山西夏县西北）人。

阎庆 北周河州刺史，河阴（治所在今河南孟津东北）人。

阎姬 汉代河南荥阳（今属河南）女子，于东汉安帝时贵为皇后，统御六宫。还于安帝驾崩后与其弟阎显废立太子，她临朝听政，其兄阎显任车骑将军，共掌国家大权。阎氏临朝的日子虽然并不很长，但是当时阎氏声威之盛，实在不难想见。

阎教 齐国公孙大夫，楚国（西周时立国于荆山一带，建都丹阳〈今湖北秭归东南〉，春秋时，疆域北到今河南南阳）人。

阎没　春秋时代晋国（今山西南部一带，建都于唐〈今山西翼城西〉）人，是魏舒所属的大夫。

阎氏风流撷英

刺史抚士得死力，①
阎曾慰民肯夜谏。②
变古象今呈力雄，
凌烟阁中功臣传。③
洪都遥临伯屿任，④
绵竹遗锦发不惭。⑤
参抚清平能裁士，
军民难别泣相挽。⑥
阎宪礼让可化民，
夜行得锦不敢犯。⑦
江阳典史节与勇，
城破身死敌犹寒。⑧
白耷山人多感怀，
匹夫忧国晚始还。⑨
清涧一呼勇揭竿，
军中雄鹰号红彦。⑩

注释：

①阎庆，字仁庆，北周河阴人，历河、云、宁三州刺史。善抚士卒，能得其死力。

②阎曾，晋代武陵人。避地凉州，州牧筑灵钧台，人苦其役。阎曾夜叩门谏之，遂罢役，凉人大悦。

③阎立本（？～673），唐雍州万年（陕西西安）人，工书法，能“变古象今”，尤精肖像，曾画《凌烟阁功臣二十四人图》等，称誉当时。其父、兄皆擅工艺。

④阎伯屿，唐代人。天宝年间任起居舍人，历官洪州都督兼洪州刺史。洪都，江西南昌的别称；遥临，从远道前来镇守。

⑤阎宪，三国时蜀汉人。官绵竹令，以德化民。邑有夜行得遗锦者，天明送县。宪曰：“夜行得锦，是天赐也。”对曰：“县有明府，犯此则惭。”

⑥阎仲宇，字参甫，明代陇州人。成化（1465—1487）进士，官至兵部尚书。为官素节清廉。曾以副按察使备兵临清，临行时，军民号泣者数千人。清平，清廉公平；裁士，识别人才。

⑦是注①。

⑧阎应元（1607～1645），字丽亨，南明顺天通州人，曾任江阴典史。1645年，被推为拉清看领，守城八十一日，拒降。城破后投水被执，不屈就死。

⑨阎尔梅（1603～1662），字用卿，号古古，又号白耷山人，蹈东和尚，清初沛县人。因拉清溢之各地，晚年始归家乡。其诗多志怀时事。

⑩阎红彦（1909～1967），义名候雁，陕西安定人。红军将领。1927年清涧起义后历任重任。1955年授上将衔。

中华百家姓

赵	钱	孙	李	周	吴	郑	王	冯	陈	蒋	沈	韩	杨
朱	秦	许	何	吕	张	孔	曹	金	魏	姜	谢	邹	苏
潘	范	彭	韦	马	方	任	袁	史	唐	薛	雷	贺	汤
罗	郝	常	于	傅	康	余	顾	孟	黄	尹	姚	邵	汪
毛	戴	宋	熊	董	梁	杜	贾	江	郭	林	钟	徐	邱
高	夏	蔡	田	胡	万	卢	丁	邓	石	崔	龚	程	陆
段	侯	武	刘	龙	叶	黎	白	赖	乔	谭	阎	**易**	廖
文	曾												

易姓

——雍巫食采称易氏，太原为望延宗祀

易氏解密寻踪

（一） 姓氏字源

《说文》：“易，蜥蜴，蝘蜓，守宫也。象形。《秘书》说，日月为易，象阴阳也。一曰从勿。”段玉裁注：“《虫部》蜥下曰：‘蜥，易也。’蝘下曰：‘在壁曰蝘蜓，在草曰蜥易。’”徐灏注笺：“蜥蜴连名，单呼之或谓之蜥，或谓之蜴。易，即蜴之本字。”易当作蜥蜴，一种爬行动物，后作“蜴”。但郭沫若先生有新说。其《文史论集》云：“甲文、金文可以看出易字是益字的简化”，“益乃溢之初文，象杯中盛水满出之形。”

（二） 寻根溯祖

易姓来源有二：

1. 出自姜姓，以邑为氏。据《姓氏考略》等载，周朝初年，姜尚为姜姓部族长，字望，一说字子牙。武王伐纣时，姜尚任统兵的师氏，被尊为师尚父。在牧野（今河南省淇县西南）会战中，他受命向商纣王挑战，歼敌立功。成王时封他于齐，建都营丘（今山东省淄博东），授以征讨五侯九伯的物权，地位在其它封国之上。姜太公的后裔有封于易地（今河北省易县一带）者，以封地名作为姓氏，遂为易氏。史称易姓正宗。是为河北易氏。

2. 出自齐大夫易牙之后，以先人的名字为姓。据《尚友录》及《名贤氏族言行类稿》所载，春秋时，齐桓公有宠臣雍巫，字牙，因食采于易邑，世称易牙，一作狄牙。此人精于烹调技术，但生性善逢迎，存有野心。齐国谋臣管仲临死前，曾说过易牙“杀子适君”，违反人情，不可信任和重用，桓公不听。管仲死后，他与竖刁、开方共同专权。两年后，桓公病重，易牙即伙同竖刁等乘机作乱，杀掉大批官吏，并把太子昭赶出宫去，立公子无亏为国君。后被群臣所杀。易牙的子孙以易为氏，称易氏。魏（今山西芮城北）有易懂，晋（今山西西南部）有易雄，均为其后。是为山东易氏。

（三） 宗堂郡望

堂号 主要有“纯孝堂”、“植栗堂”：宋朝时，易延庆为奉礼郎，出任临淮县知县。后因父丧庐墓，辞官。服满，升大理丞。又因母丧回家葬母。他母亲生时爱吃栗子，延庆守墓时，在母亲墓旁栽了两棵栗树。后来这两棵栗树竟长在一起，成了连理。墓前又生出两棵灵芝。人们都说是易延庆先生孝感动天，称他为“纯孝先生”。

另外还有“济阳”堂号。

郡望 主要有济阳郡、太原郡等。

1. 济阳郡。晋惠帝时分陈留郡置郡，治所在济阳。相当今河南兰考东境、山东东明南境（主要包括今山东菏泽、定陶、濮城、武、曹、钜野诸县地）。

2. 太原郡。战国秦庄襄王四年（公元前 246 年）置郡，治所在晋阳（今太原市西南）。秦时相当今山西五台山和管涔山以南、霍山以北地区。北魏时相当今阳曲、交城、平遥、和顺间的晋中地区。

（四） 家谱寻踪

江苏南通·易氏三修宗谱四卷首一卷

藏地：江苏南通市博物馆

（民国）易鸣镛　易乾等主修　易荣堃纂

1929 年石印本

江西·宜春霖田易氏宗谱七卷末一卷

藏地：江西省图书馆

（民国）易国祚等纂修

1920 年亲睦堂木活字本　八册

江西·宜春赤溪塘下易氏宗谱□□卷

藏地：江西省图书馆（存卷 1）

清光绪元年（1875）重桂堂活字本

湖北浠水·易氏宗谱□□卷

藏地：武汉市图书馆（存卷 7）

清末易氏瑞芝堂刻本

湖北·宜昌县晓峰易氏家乘一卷

藏地：湖北长阳县档案馆

清代钞本

湖南长沙·易氏重修族谱九卷

藏地：湖南省图书馆

（清）易维棋纂修

清嘉庆二十二年（1817）庆源堂刻本　八册

湖南·长沙易氏家谱十七卷

藏地：中央民族大学

（民国）易为棻等修

民国间绥福堂易氏刻本　十七册

湖南·长沙小咎竹坳易氏族谱□□卷

藏地：湖南省图书馆（存卷34—37）

1937年木活字本

湖南宁乡·易氏族谱□□卷

藏地：湖南省图书馆

（清）易承纶　易洸纂

清乾隆间刻本

湖南宁乡·沩源易氏支谱□□卷

藏地：湖南省图书馆（存卷2）

（清）易自卑　易荣庭修　易召南等纂

湖南宁乡·沩宁易氏支谱七卷

藏地：湖南省图书馆（存卷1、2）

（清）易振翔　易振材等修　易培相等纂

清同治八年（1869）庆源堂活字本

湖南·宁乡玉堂铺易氏四修支谱十卷首一卷

藏地：湖南省图书馆（存卷首、卷3）

（民国）易玉甫修　易楙荪纂

1922年活字本

湖南攸县·鸾山易氏三修族谱六卷

藏地：广东中山图书馆（缺卷4、5）

（清）易圣文　易楚书等纂修

清道光五年（1825）忠裔堂刻本

湖南攸县·鸾山易氏四修谱八卷

藏地：北京大学

（清）易士礼修

清光绪二年（1876）忠裔堂刻本　八册

湖南·湘潭易家塘易氏家谱十卷首一卷

藏地：中国社会科学院历史研究所图书馆

（民国）易登阅综纂

1932年忠裔堂活字本　十四册

湖南湘乡·易氏族谱不分卷

藏地：湖南省图书馆

（清）易宗涒纂修

清雍正二年（1724）刻本　一册

湖南·湘乡易氏支谱六卷

藏地：辽宁图书馆

（清）易大裕　易盛公等修

清同治六年（1867）敦本堂木活字本

湖南新化·易氏四修宗谱□□卷

藏地：湖南省图书馆（存卷首）

（清）易鋆纂修

清光绪二十二年（1896）活字本

广东·古冈易氏世谱不分卷

藏地：广东中山图书馆　日本　美国

（清）易学清　易鸿銮等修

清宣统三年（1911）铅印本　一册

广东鹤山·易氏前谱考证一卷

藏地：上海图书馆

（清）易其霈撰

清光绪十三年（1887）鹤山四益辰楼刊本

广东·新会玉桥易氏族谱二十三卷

藏地：美国

（清）易道藩等修

清同治十二年（1873）刊本　三十二册

钟山易氏·置谱牒不分卷

藏地：台湾

（清）林森泰撰

清同治十二年（1873）钞本　一册

瓦锡田易氏家谱十卷首一卷

藏地：国家图书馆　吉林大学

（清）易宗藩等纂修

清光绪三十二年（1906）添裔堂活字本　十册

瓦锡田易氏续修家谱十四卷首一卷

藏地：国家图书馆

（民国）易润泉主修　易瑞麟等纂修

1942年添裔堂活字本　十四册

（五）　迁徙繁衍

关于易姓起源，有三种说法：一说为太公之后，一说为易牙之后，又一说以地为氏。唐、宋时期的姓氏书，如《元和姓纂》、《通志·氏族略》、《古今姓氏书辨证》等，皆主第二说，即认为易氏是"齐大夫易牙之后"。据《史记·齐太公世家》记载，易牙是春秋时齐桓公宠幸的近臣，长于调味，善逢迎，曾烹其子为羹以献齐桓公。齐相管仲死，他与竖刁、开方共同专政；桓公死，诸子争立，他与竖刁等杀害群吏，立公子无亏，太子昭奔宋，齐国因此发生内乱。《史记·正义》说，易牙"即雍巫也"。《史记·集解》贾逵曰："雍巫，雍人，名巫，易牙字。"由此可知，易姓产生于春秋时期，是易牙的后代用他的字作姓氏的。因齐国建都于临淄（今山东淄博市东北临淄北），故此支易氏出自今山东。

第一说即"太公后有易氏"，见《卢若虚录》。"太公"即齐太公吕尚，是西周初建立的齐国的始祖。《史记·齐太公世家》说他"本姓姜氏，从其封姓，古曰吕尚"。吕尚的后代何人为易氏，因何而得氏，未见史书记载，故此说尚待进一步考证。

第三说见于清人张澍《姓氏寻源》。该书说："易即朔易（按：指朔方易水之地），商上甲微伐有易，即今之易州……《燕赵记》云有三易，易姓盖以地为氏。"这里所说的"易州"，隋置，治今河北易县，"三易"可能指易水之地，因河北省西部之易水，有北、中、南三支，均源出易县境。因此，"以地为氏"之易姓，当出自今河北易县一带。

易氏早期活动情况，缺乏资料，从三国时开始才有一些零星记载：三国魏有雍州刺史易恺，魏郡（治所在今河北临漳西南邺镇）人；西晋有春陵令易雄，浏阳（今属湖南）人；前凉（都今甘肃武威）有将军易挺；唐代有大理评事易重，游宦筠州上高（今属江西），在当地安家。于此可知，易氏在三国至唐代分布于今河北、湖南、甘肃、江西的一些地方。

从宋代开始，见于史册的易姓人物逐渐增多。北宋有画家易元吉，长沙（今属湖南）人，初攻花鸟、草虫、果品，擅画獐猿，曾游荆、湖间（今湖南、湖北一带），深入山区，观察景物，并在长沙屋后开凿池沼，种植花木竹石，养水禽，窥其动静游息之态，故其作品富有生趣。治平元年（1064年）召入宫廷，不久死去。存世作品有《聚猿》、《猴猫》等。还有宋太宗时大理丞易延庆，上高人，易重之孙。南宋有大臣易祓，宁乡（今属湖南）人，淳熙进士第一，官至礼部尚书兼直学院士，有《周易总义》20卷。宋代的《通志·氏族略》说，易氏“望出太原（今属山西）、济阳（今山东邹平）。今江东多此姓”。又，宋代有易青，归善（今广东惠阳）人；元代有易炳文，襄阳（今属湖北）人。可见易氏在宋、元时期还分布于今山西、山东、广东、湖北等省。

明代有易节，万载（今属江西）人，永乐进士，以才能著称，累官至贵州左布政使卒；学者易翼之，腾越（今云南腾冲）人，正德中知长寿县，因与上司不合而归隐，著有《四书音义会编》、《春秋经传会编》、《古今诗评》等；易元贞，桂林（今属广西）人，官崇阳令、平县令，为官清廉，死后贫无以殓，邑民为营殓具，罢市相送；易时中，晋江（今福建泉州）人。知夏津县，有惠政。这说明易氏至迟在明代已有迁入今贵州、云南、广西、福建者。

清朝至近现代，易氏仍主要是在江南发展繁衍。近代有诗人易顺鼎。

据《人民日报》报道的中国科学院遗传研究所的研究成果，易姓是当今中国第93大姓。新加坡等国有易姓华侨。

(六) 适用楹联

□宗开易地；秀毓太原。

□德行称产芝之孝子；[①]
诗词为释褐之状元。[②]

□周易讲义留芳远；[③]
性理精微播誉长。[④]

□纯孝先生望重；[⑤]
工诗状元名香。[⑥]

□三经处士传名远；[⑦]
二栗礼郎享誉高。[⑧]

□释褐本先声，遐溯名元理学；
产芝垂世德，勿忘孝子忠臣。[⑨]

注释：

①宋代大理丞易延庆，上高人。以荫为奉礼郎，知临淮县。太宗时擢大理丞，以葬母去官，母生平嗜栗，乃植二栗于墓前，树长而连理。时称纯孝先生。

②宋代状元易祓，字彦章，宁乡人。著述颇丰。

③清代康熙间诸生易贞言，字内美，湘乡人。有《周易讲义》等。

④清代学者易宗涒，字公申，乾隆间举鸿博，名动京师。有《性理精微》等。

⑤见注①。

⑥见注②。

⑦宋代学者易充，字正翁，分宜人。年十六、七，博通易、书、诗，号“三经处士”。有《中洲文集》。

⑧见注①。

⑨易氏祠堂联。

易氏名人集粹

易佩绅　清代江苏布政使，龙阳（今湖南汉寿）人。

易翼之　明代学者，腾越（今云南腾冲）人。

易之贞　户部郎中，蕲水（今湖北浠水）人。

易英　浙江布政司参政，澧（今属湖北澧县）人。

易祓　南宋礼部尚书，长沙（今属湖南）人。

易元吉　北宋著名画家，长沙（今属湖南）人，初攻花鸟、草虫、果品，擅画獐猿。曾游荆湖间（今湖南、湖北一带），深入山区，观察野兽的自然生活和森林、岩石等景物，并在长沙屋后开凿池沼，种植花木竹石，养水禽，窥其动静、游息之态，故所作富有生趣。治平元年（1064年）召入宫廷，画花、石、禽、獐等屏风。其花鸟瓜果，也极臻精妙，是徐熙、唐希雅的继承者。存世作品有《聚猿图》、《猴猫图》、《花石珍禽图》等。

易延庆　大理事，上高（今属江西）人。

易氏风流撷英

雍巫食采称易氏，①
太原为望延宗祀。②
草木感孝结连理，
父墓因予生灵芝。③
鼎臣不甘居第二，
一年二桂动京畿。④
正翁弱冠通三经，⑤
易重攀桂真仙才。⑥
彦章释谒为榜首，⑦
兴长不屈堪义吏。⑧
绍宗逐倭神威凛，⑨
元吉遗画世人唏。⑩
曾为革命赋新乐，
廷嘉堪称一通才。⑪
实甫哭庵只为袁，⑫
汉文捐躯奠国基。⑬

注释：

①据《尚友录》记载：春秋时齐桓公宠臣雍巫，字牙，食采于易邑，称为易牙，其后有易氏。

②《郡望百家姓》记载：易氏望出太原郡。

③易延庆，字余庆，宋代上商人。性至孝。以父丧庐墓，墓侧生灵芝。其母平生嗜栗，母丧后延庆植二栗于墓前，树长而连理，人皆谓孝盛防至，时称纯孝先生。

④易重，字鼎臣，唐时人。会昌间（841～846）榜第二，输林再考升第一，时云："放里仙才若相问，一年攀折两重枝"。官至大理评事。

⑤易充，字正翁，宋代分宜人。聪慧超群，弱冠时即通《易》、《书》、《诗》，号三经处士。

⑥见注④。

⑦易祓，字彦章，宋代宁乡人。淳熙间（1174—1189）进士第一。释

褐，即脱去布衣换官服，指做官。

⑧易雄，字兴长，东晋长沙浏阳人。以不畏死难知名，为春陵令。从湘州制史司马承起兵讨王敦，兵败被俘，不屈而死。

⑨易绍宗（？～1401），明代湖广攸县人，洪武中因军功授象山县钱仓防千户。建文三年（1401）与倭寇力战死。

⑩易元吉（1001～1065），字庆之，北宋长沙人，善画獐猿。治平元年（1064）奉旨入宫画屏风。作《百猿图》未完，染疾而卒。

⑪易孺（1874～1941），原名廷嘉，字季复，广东鹤山人，与萧友梅合作新体乐歌，工诗、词、书、画，尤精篆刻。

⑫易顺鼎（1858～1920），字实甫，又字实父，仲硕，号眉枷，晚号哭庵，湖南龙阳人。事袁世凯子袁克文。

⑬易汉文（1907～1936），湖北礼山人，红军领导人，在甘肃古浪战斗中牺牲。

中华百家姓

赵 钱 孙 李 周 吴 郑 王 冯 陈 蒋 沈 韩 杨
朱 秦 许 何 吕 张 孔 曹 金 魏 姜 谢 邹 苏
潘 范 彭 韦 马 方 任 袁 史 唐 薛 雷 贺 汤
罗 郝 常 于 傅 康 余 顾 孟 黄 尹 姚 邵 汪
毛 戴 宋 熊 董 梁 杜 贾 江 郭 林 钟 徐 邱
高 夏 蔡 田 胡 万 卢 丁 邓 石 崔 龚 程 陆
段 侯 武 刘 龙 叶 黎 白 赖 乔 谭 阎 易 廖
文 曾

廖 姓

——万石廖氏忠义在，世彩名堂传玉陈

廖氏解密寻踪

（一） 姓氏字源

《说文》：“廖，人姓。从广，未详。”郑珍《新附考》：“《说文》：‘寥空虚也。’后省作瘳，又改作寥，因有以瘳为姓者。后汉《方术传》有廖扶，非廖之本义也。”廖为姓名用字，本义不详。《集韵·萧韵》：“廖，人名。”《左传·庄公二十七年》：“王使召伯廖赐齐侯命。”

（二） 寻根溯祖

廖姓来源有四：

1. 出自己姓，为上古时期廖叔安之后裔。据《左传·昭公二九年》及《风俗通》等所载，相传帝颛顼（传说古代部族首领。相传生于若水，居于帝丘〈今河南濮阳东南〉，为南方楚国的先祖。其后祝鬲又发展为：已、董、彭、秃、曹、斟、芈几姓）有个后裔叫叔安，夏时，因封于廖国（又写作蓼，在今河南唐河县南），故又称廖叔安，其后代便以国为氏，称廖氏。

2. 出自姬姓，为周文王之子伯廖之后裔。据《广韵》及《姓氏考略》

所载，周文王有个儿子叫伯廖，因受封于廖，其后裔也有以廖为氏，称廖氏。这一支廖氏，望出巨鹿。

3. 出自偃姓。尧、舜的贤臣皋陶（传说中我国古代东夷的首领一作咎繇，偃姓，生于曲阜〈今属山东〉，曾被舜任用为掌管刑法的官）的后裔夏时受封于蓼而得姓。据《潜夫论》所载，皋陶庭坚之后，封于蓼（今河南固始县），子孙以国为氏。春秋时，英、六等小国就是皋陶的后裔建立的。据唐张守节的《史记正义》所云："英盖蓼也"。可见，英地就是当时的蓼国。楚穆王四年（前 622 年）灭英、六二国，其后子孙有以国为氏，称廖氏；或以姓为氏，即为偃氏。

4. 为缪、颜二姓所改。据《小溪廖姓祖祠房谱廖姓考源》所载，缪、颜二姓，皆皇帝所赐，殷纣王（商朝最后一个君主，都在殷〈今河南安阳小屯村〉。公元前 11 世纪被周武王所灭，建立的就是西周王朝）执政时，残酷无道，缪、颜二姓有隐居于黄河西北（大致在今陕西与山西交界的黄河段），改姓为廖。

据有关学者考证，古代有两个蓼国，均在今河南境，即一作廖国，在今河南唐河县南湖阳镇；一作蓼国，西周封置，在今河南固始县东北，皆被楚国所灭。因古代蓼又读作廖，亦作寥，蓼国亡后，子孙以国为氏，就是廖氏。

（三） 宗堂郡望

堂号 1. "果烈堂"：蜀汉廖化，为关羽主簿。关羽败亡，廖化在战场上假装已死，得逃回蜀。拜宜都太守，迁右军车骑将军，领并州刺史，封中乡侯，所以叫"中乡堂"。又因他做事果敢刚烈，又叫"果烈堂"。

2. "紫桂堂"：宋朝时候，廖君玉以朝清郎兼英州知州。他一生好学，在桂山建了一个书房叫"紫桂堂"，因此廖氏有称"紫桂堂"的。

另外还有："汝南"堂号，"中乡"堂号。

郡望 主要有汝南郡、巨鹿郡等。

1. 汝南郡。汉高帝四年（公元前 203 年）置，治所在上蔡（今河南上蔡西南）。相当今河南颍河、淮河之间、京广铁路西侧一线以东，安徽茨河、西淝河以西、淮河以北地区。东汉时移治平舆（今河南平舆北）。

2. 巨鹿郡。秦始皇二十五年（公元前 222 年）置郡，治所在巨鹿（今河北平乡西南）。汉时相当今滹沱河以南、平乡以北、柏乡以东，束鹿、新河以西地。东汉移治今宁晋西南。

（四） 家谱寻踪

全国·闽粤赣武威廖氏族谱不分卷

藏地：广东中山图书馆

（民国）廖氏宵纂

1935 年铅印本　一册

上海·嘉定氏宗谱六卷

藏地：北京师范大学　上海文化管理委员会处　上海嘉定县博物馆

（民国）廖寿图续修

1927 年铅印本

江苏扬州·雒扬廖氏家谱二卷

藏地：上海图书馆

清光绪元年（1875）敦化堂刊本　二册

浙江兰溪·廖氏宗谱

藏地：浙江兰溪县文化管理委员会

1932年刊本　一册

浙江兰溪·武威郡廖氏宗谱一卷

藏地：浙江兰溪高潮乡

1932年木刻本

浙江常山·廖氏宗谱不分卷

藏地：浙江常山县金源乡（二部）

（清）绕文重修

清光绪三十年（1904）木刻本

浙江常山·武威廖氏宗谱□□卷

藏地：浙江常山县球川镇金荷村（存卷首、1、3—7、9）

1920年木刻本

浙江常山·廖氏宗谱不分卷

藏地：浙江常山县金源乡

1923年木刻本

浙江常山·西恒廖氏宗谱六卷

藏地：浙江常山县何家乡黄岗村

（民国）廖继文修

1933年木刻本

浙江常山·定阳廖氏宗谱四卷

藏地：浙江常山县芙蓉乡修书村

（民国）王广楫重修

1942年木刻本

浙江常山·武威廖氏宗谱八卷首一卷

藏地：浙江常山县球川镇西村

清光绪五年（1879）刊本

安徽续溪·廖氏族谱不分卷

藏地：南京大学

（清）廖忱道等修

清光绪十二年（1886）华阳廖氏刻本　二册

福建福州·武威廖氏家谱

藏地：福建省图书馆

（民国）廖毓英等修

1922年石印本　一册

福建将乐·廖氏族谱十一卷

藏地：福建将乐县档案馆

（清）廖伟傅纂

清嘉庆二十年（1815）木刻本

福建上杭·梅川廖氏族谱藏地：美国

（宋）廖绍洙序

福建龙岩·京源廖氏族谱十卷

藏地：辽宁图书馆

（清）廖自芳　廖永坦等修

清乾隆二十二年（1757）廖正柯写本

江西·宁都稀田廖氏族谱四十九卷

藏地：国家图书馆

（民国）廖灿蘅纂修

1914年桂馨堂活字本　十六册

江西宁都·廖氏族谱六卷

藏地：国家图书馆

（民国）廖萱荣纂

1924年石印本　六册

湖北新洲·廖氏宗谱二十六卷首四卷

藏地：湖北新洲县红旗乡七里村

（民国）廖朗阶　廖一楷等三修

1912年木刻本

湖北崇阳·廖氏宗谱

藏地：湖北崇阳县高见乡石嘴村（不全）

（民国）廖绍夫综修

1933年刊本

湖南·湛田廖氏家乘二十六卷首二卷

藏地：河北大学

（清）廖世清　廖元吉三修

湖南长沙·廖氏三修支谱七卷首一卷

藏地：湖南省图书馆

（清）廖光泽　廖光芬等修

清光绪三十三年（1907）武威堂木活字本　八册

湖南宁乡·沩宁廖氏重修支谱十二卷首一卷

藏地：湖南省图书馆（存卷首、1、2、8—12）

（清）廖章富　廖新敬等修　廖烂珍纂

清道光二十四年（1844）万春堂活字本

湖南宁乡·沩宁廖氏重修族谱二十三卷首一卷

藏地：湖南省图书馆（存卷首、1、2、16、末，又一部存卷首）

（清）廖章煦　廖镇礼等纂

湖南茶陵·宜阳廖氏族谱不分卷

藏地：吉林大学

（清）廖文恩等修

清光绪十九年（1893）德庆堂活字本　三册

湖南湘乡·青陂廖氏四修族谱十卷首一卷

藏地：湖南（存卷首、2、6）

（清）廖必定等修

清道光十一年（1831）活字本

湖南邵阳·楚南邵辰廖氏宗谱

藏地：国家图书馆　日本　美国

（民国）廖名缙纂

1924年铅印本

湖南宜章·宜邑廖氏五修族谱一卷

藏地：中国社会科学院历史研究所图书馆　北京大学

（清）廖大授编修

清光绪二十四年（1899）活字本一册

湖南永兴·廖氏族谱

藏地：河北大学

（民国）廖必大　廖辉纂

1915年世惇堂木刻本　九册

（五）　字行辈份

1919年廖春生纂《廖氏族谱》，江苏嘉定（今为上海市区）廖姓一支辈份字行为：“清善正坚，明良式发，和平希廷，兴家昌国。”

（六）　迁徙繁衍

关于廖姓起源，姓氏古籍记载比较简单。东汉应劭《风俗通义·姓氏篇》说：“古有廖叔安，盖其后也。”宋代的《广韵》说：“周文王子伯廖之后。”按此二说，廖姓有以国为氏和以人名为氏两支，但是，据有关古籍分析，以国为氏之廖并非只出自廖叔安，而是还有另外一支，均与古蓼国有关。

以人名为氏之廖，出自周文王姬昌的儿子伯廖，伯廖的后代以他的名字为氏，从姬姓中衍生出一支廖氏。但是，此去廖氏形成于何地，未见文献记载，尚待进一步考证。

廖氏早期主要是在今河南南部的蔡、平舆、汝南等县发展繁衍，因这一带西汉初属汝南郡，故廖氏族人皆称“先世居汝南”，并以“汝南”为堂号。据《古今姓氏书辨证》记载：“秦昭王时，巴夷廖仲作白竹之弩，射杀白虎。”这说明战国时期四川一带少数民族中已有廖氏。汉代有廖姓，为巨鹿（治所在今河北平乡西南）太守，其子孙有的留居当地。新莽末年有绿林起义军将领廖湛，为平林（今湖北随县东北）人。三国时，襄阳（治今湖北襄樊）人廖化，任蜀汉右车骑将军，其子孙有的在四川定居；临沅（今湖南常德）人廖立，蜀汉后主时为长水校尉，后被废为民，徙汶山郡（治所在今四川汶川县西南）。晋代有隐士廖棠，为将乐（今属福建）人。南朝梁有以儒术知名的廖冲，为桂阳（今广东连县）。于此可见，廖氏在隋代以前已有族人迁至今河北、湖北、湖南、四川、福建、广东等省。又据《廖氏源流序》载，廖化的4世孙廖子璋，西晋武帝咸宁二年（276年）任左卫镇国大将军，定居江苏南京，其长子廖原宪居洛阳，次子廖松宽居浙江永嘉。廖子的11世孙廖延龄任武威（今属甘肃）太守，其后代有人留居当地。延龄之子廖崇德，唐贞观年间任江西虔化令，在当地定居。唐代，中原廖氏又曾两次向福建迁徙：一次是唐初随陈政、陈元光父子入闽开辟漳州，一次是唐末随王潮、王审知入闽，均在福建定居。至宋代，福建廖氏已发展成为大族，分布于宁化、顺昌、建宁、邵武、上杭、永定等许多地方，同时又有许多人徙居广东，分为大埔、梅州、兴宁、蕉岭、五华等支派。从清初开始，闽粤廖氏陆续有人迁至台湾，还有一些人移居泰国、新加坡等国家。

（七） 适用楹联

□宗开廖国；望出汝南。

□肇侯封于德庆；[①]
倡节义于南宫。[②]

□惠政弘布西安，忭归田里；[③]
文教尊称北郭，胸富诗书。[④]

□兄弟双进士；[⑤]父子两画家。[⑥]

□浓翠自知千古在；
清声谁道四时无。[⑦]

注释：

①明代征南将军廖永忠，巢县人。洪武中，进平两广，从徐达北征还，封德庆侯。

②明代宣德进士廖庄的事典。廖庄，字安止，吉水人。历刑科给事中，有直声。迁南大理少卿。

③宋代西安知县廖正古，字明远，将乐人。治平进士。有惠政。有《归田集》。

④东汉学者廖扶，字文起，平舆人。习韩诗、欧阳尚书，教授常教百人。州郡公府辟召皆不就。时人号为北郭先生。

⑤清代廖寿丰、寿恒兄弟二人均为同治进士。嘉定人。

⑥清代廖云槎及其第三子寿彭，均是著名画家。说者谓云槎画，“点染华妙，得者宝之”。“彭寿承其家学，亦好写生。”

⑦唐代天策府学士廖匡图《松》诗联句。廖匡图，字赞禹，虔州人。以文藻知名。

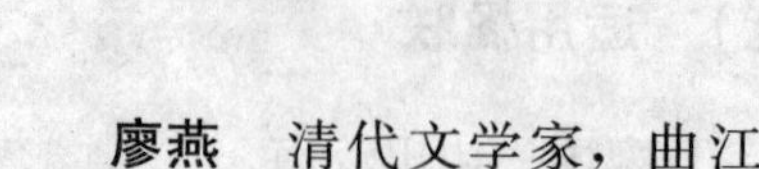

廖氏名人集粹

廖燕　清代文学家，曲江（今属广东）人，其文恣肆犀利。工草书，状如古木寒石。又能戏曲。著有《二十七松堂集》等。

廖鸿荃　工部尚书今福建人。

廖寿恒　吏部尚书、军机大臣，今江苏人，其兄丰官至浙江巡抚。以儒学著称，谙史事，通算经，推行新政尤力。

廖永安　明代今安徽人，因战功被朱元璋封为郧国公。弟永忠封德庆侯，孙廖镛官至都督。

廖谨　今浙江人，亦号“廖五经”。

廖惠　四川农民起义首领，四川保宁（治今阆中）人，正德初年，四川各地农民纷纷起义。他和蓝廷瑞、鄢本恕等于正德四年（1509 年）率领川东北群众起义，众至 10 万人，他称扫地王，蓝廷称顺天王，鄢本恕称括地王，设四十八总管。

廖纪　吏部尚书，东光（今河北东光）人。

廖行之　南宋文学家，延平（今属福建）人。

廖刚　北宋时官至工部尚书，顺昌（今属福建）人，其后人号称“万石廖氏”。

廖正一　文学家，安陆（今属湖北）人。

廖忠　万年（今江西万年）人，是赣境（今属江西）最先见于史籍廖氏人士。

廖冲　南北朝梁国湘（今属湖南）籍儒士。

廖棠　将乐今福建将乐县之名人，为人闽最早者。

廖化　三国时蜀汉右车骑将军，襄阳（治今湖北襄樊）人。

廖立　长水校尉，临沅（今湖南常德）人。

廖抉　东汉学者，襄阳（今属湖北）人，此人不但习诗画，满腹经纶，而且精通天文、谶纬风角推考之术，在当时的学术界享有盛誉。

廖湛　新王莽末年绿林起义军将领，平林（今湖北随县东北）人，地皇三年（公元 22 年）与陈牧等在平林起兵，称“平林兵”，后合于绿林军。王莽政权被推翻后，刘玄封他为穰王。建武二年（公元 26 年）率领赤眉军 18 万进攻刘玄所封的汉中王刘嘉，失败被害。

廖氏风流撷英

明远慎著归田集，
位居高堂心在民。[1]
逊父弱冠能文章，
尘世难居谪仙人。[2]
致平庭中栽缪荔，[3]
国华书堂紫桂荣。[4]
万石廖氏忠义在，[5]
世彩名堂佳玉陈。[6]
廖衡六龄咏奇诗，
泿聪性慧乃神童。[7]

德庆封侯战功赫，
征南将军扬威名。⑧
南宫上书刺君过，
谪迁只为尽义忠。⑨
感念恩深姑泣血，⑩
伤心春尽嫠妇吟。⑪

注释：

①廖正古，字明远，宋代将乐人，官西安知县，屡提王安石“青苗法”不便于民，著《归田集》。

②廖执象，字逊父，宋代顺昌人。七岁能写，陈持（隐士）是之曰：“余乃谪仙人，但不能久留尘世。”年二十入京献诗，太宗甚为欣赏。后赴省会考，病殁。

③廖有衡，字致平，宋代宜宾人。庭中二荔，果绿味甘。好友黄庭坚为其起号为“绿荔廖氏。”

④廖君玉，字国华，宋代荆州人，玄估进士，官至英州知州。建书堂于桂山，名“紫桂堂”。

⑤廖刚，字用中，宋代顺昌人。崇宗时官至工部尚书，时秦桧、蔡京当权，仍敢直言。四子迟、过、遂、遽皆为将帅，年俸皆二千石谷以上，且五人皆忠义，人称“万石廖氏”。

⑥同注④。

⑦廖衡，宋代顺昌人，六岁能文，颂《雨中山茶》诗，举座皆惊。年十三中乡举，官至转运判官。

⑧廖永忠，明时巢县人。袭呈职，多战功，升征南将军，封德庆侯。

⑨廖庄，字安止，明时吉水人，宣德进士。性直耿，曾上书讽劝代宗敬上皇、友皇储，遭廷杖，谪官。南宫，指尚书省。庄曾官至刑部左侍郎。

⑩廖忠臣，朝代不详。其妻欧阳氏扶养小姑，与亲女同哺乳，及长，后嫁之。小姑常曰：“嫂，吾母也。”嫂亡，小姑悲泣呕血，病岁余。

⑪廖云锦，字织云，清时华亭人。嫁马姬木，早年守寡，著《织云楼诗稿》，其中《咏秋燕诗》云：“伤心春雨香泥尽，美尔先归到故乡。”

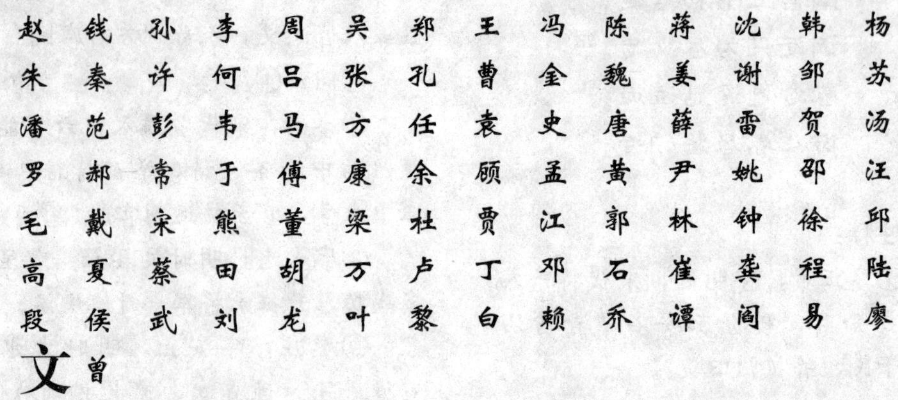

中华百家姓

赵 钱 孙 李 周 吴 郑 王 冯 陈 蒋 沈 韩 杨
朱 秦 许 何 吕 张 孔 曹 金 魏 姜 谢 邹 苏
潘 范 彭 韦 马 方 任 袁 史 唐 薛 雷 贺 汤
罗 郝 常 于 傅 康 余 顾 孟 黄 尹 姚 邵 汪
毛 戴 宋 熊 董 梁 杜 贾 江 郭 林 钟 徐 邱
高 夏 蔡 田 胡 万 卢 丁 邓 石 崔 龚 程 陆
段 侯 武 刘 龙 叶 黎 白 赖 乔 谭 阎 易 廖
文 曾

文姓

——西伯追谥周文王，庶孙以号文氏昌

文氏解密寻踪

（一） 姓氏字源

《说文》：“文，错画也。象交文。”朱芳圃《殷周文字释丛》：“文即文身之文，象人立正形，胸前之丿、乂……即刻画之文饰也……文训错画，引申之义也。”所谓文，即在身体肌肤上刻画花纹。王筠《句读》：“错者，交错也。错而画之，乃成文也。”

（二） 寻根溯祖

文姓来源有五：

1. 出自于姬姓，是以谥号命名的姓氏。据《风俗通义》等有关资料所载，商朝末年，居住在渭河流域的周族逐渐强盛起来，商王文丁感到了周的威胁，就找借口杀了周人（姬姓）的领袖季历。季历的儿子姬昌继位以后，励精图治，深得国人的拥戴，周围小国纷纷前来归附，被商纣王封为西伯，成为“三公”之一。因西伯昌声望太高，猜忌心理促使纣王又找借口把西伯囚禁于羑里（今河南汤阴北）。后又将他放了回去。西伯回周以后，以贤臣姜尚为辅佐，他先后解决了虞、芮两国的争端，使两国归附；又先后攻灭了黎（今山西长治西南）、邘（今河南沁阳西北）、崇（今河南嵩县北）等国，并建丰邑（今陕西长安沣水以西）作为国都。形成了“三分天下”的局面，其实力超过商王朝。西伯在位50年，他病逝后，其儿子周武王继承他的遗志，完成了灭商大业，于公元前11世纪建立了周朝，建都于镐（今陕西长安沣水以东），追谥父亲西伯为周文王。文王的支庶子孙中有以他的谥号“文”为姓氏的，称文氏。是为陕西文氏。

2. 出自周代卫国将军文子之后。据《姓氏考略》等所载，西周初年建立的卫国（周分封的姬姓诸侯国，初建都于朝歌〈今河南淇县〉，又迁都于楚丘〈今河南滑县〉，后又迁都帝丘〈今河南濮阳〉，前209年，为秦所灭），至春秋时期的卫献公时，有个将军叫孙文子，是个很有声望的人物，孙文子的子孙有以祖字为氏，称文氏。是为河南文氏。

3. 出自姜姓，为炎帝后裔姜文叔之后。据有关资料所载，西周初，周武王封炎帝裔孙太岳之苗裔文叔于许（在今河南省许昌市），建立许国。为姜姓诸侯国。春秋时，许国受郑楚所迫，经4次迁都，前576年迁叶（今河南叶县西南），前533年迁城父（今安徽亳县东南），前529年复迁叶，前524年迁白羽（今河南西峡），前506年迁至容城（在今河南鲁山县东南），战国初年被楚国所灭（一说灭于魏）。子孙四散，除有以原国名“许”为氏外，还有以许国开国君主文叔之字为氏，就是文姓。是为河南文氏。

4. 出自妫姓，为妫满之裔孙，是以谥号命名的姓氏。战国时，齐国（今属山东）有贵族田文，是齐威王的孙子，号称孟尝君，门下有食客数千，是当时有名的政治家。后来齐国贵族田甲叛乱，孟尝君逃到魏国（西周时分封的诸侯国，在今山西芮城北），在魏任相国，死后谥号文子。他的后人也有以“文”为氏的。是为山西文氏。

5. 出自敬姓避讳改姓。五代后晋时，为避晋高祖石敬瑭之名讳，“敬”姓改为“文”姓。如宋代文彦博、文天祥，其祖先（在唐五代时）皆为敬姓。

（三） 宗堂郡望

堂号 主要有：1.“信国堂”。

2.“正气堂”：宋代文天祥为左丞相，封信国侯。进屯潮阳，元将张弘范掩至，天祥被俘，拘燕3年，不屈，作《正气歌》就义。

郡望 主要有雁门郡。

雁门郡。战国赵武灵王置郡，秦、西汉治所在善无（今山西右玉南）。相当今山西河曲、五寨、宁武等县以北、恒山以西、内蒙古黄旗海、岱海以南地区，东汉移治阴馆（今山西代县西北）。

（四） 字行辈份

1929年文暖玉修《文氏宗谱》，山东莱阳文姓一支辈份字行为：“硕贵时恩，起丰玉同，洪献志瑞，林甫春荣。”

（五） 迁徙繁衍

文姓的起源有三，最早的一支形成于西周，即《风俗通义》所云："周文王支庶，以谥为氏。"周文王是商朝末年居住在岐山（在今陕西省岐山县城东北）的周族的领袖，姓姬，名昌，商纣时为西伯，亦称昌伯。他"笃仁，敬老，慈少，礼下贤者"，深受国人拥戴，许多贤士都前往投靠他。为此引起纣王猜忌，找借口把他囚禁在羑里（今河南汤阴县北）。他在被囚期间，潜心研究伏羲创造的八卦，将其演为64卦，并写了卦辞，历时七年才获释。他在位50年，曾解决虞、芮两国争端，使两国归附，还攻灭黎（在今山西长治西南）、邗（在今河南沁阳西北）、崇（在今河南嵩县北）等国，并建立丰邑（在今陕西西安西南沣水两岸），作为国都，后病逝。他的儿子周武王姬发继承他的遗志，完成灭商大业，建立了周朝，史称西周，按照"经纬天地曰文"之义，给姬昌追加谥号为"文王"。周文王的支庶子孙中，以他的溢号为姓氏的，称为文氏。

再一支出自炎帝后裔姜文叔之后，即《路史》所云"太岳后有文氏"。姜文叔是炎帝裔孙伯夷的裔孙，西周初期被封于许（今河南许昌东），建立许国，为男爵。因传说伯夷是四岳的始祖，所以《左传》隐公十一年云："许（指许国的国君），太岳之胤（后代）也。"春秋时，许国为郑、楚等国所逼，曾多次迁徙，于公元前506年迁至容城（今河南鲁山县东南），传至战国初期的许元公结时，为楚国所灭，子孙分散，除有以国名"许"为姓氏者外，还有一支以许国开国君王文叔之字为姓氏的，就是文氏。

此外，西周初期建立的卫国（先建都于朝歌，即今河南淇县，卫文公时迁都于楚丘，即今河南滑县；卫成公又迁都于帝丘，即今河南濮阳），至春秋时期的卫献公时，有个将军叫孙文子，是个举足轻重的人物。孙文子的后代有的以祖字为氏，也姓文，此即清人张澍《姓氏寻源》所云"出卫将军文子之后"者。

早在春秋战国时期，即有文氏族人播迁于江淮一带。春秋末年，楚国郢（今湖北江陵西北）人文种，在越国任大夫，与范蠡同事越王勾践，曾献计到吴行贿，得免亡国，后被授以国政，君臣刻苦图强，终于灭亡吴国。西汉庐江舒县（今安徽庐江西）人文翁，景帝末为蜀郡守，在成都设立官学，入学者得免除徭役，并以成绩优良者为郡县吏，对当地的文化发展很有促进，其后代有一支在四川发展繁衍。汉平帝时，梓潼（今属四川）人文齐，任益州太守，后以郡归东汉，被封为成义侯。西汉东海（治所在今山东郯城县西南）文氏为山东大姓，有文不识，家富多书，曾资助匡衡书籍，提供方便，后来匡衡成为经学家。西汉至三国时期，居住在河南的文氏，主要分布在开封、南阳、永城、固始等地，如三国时魏将文聘为南阳人、文钦为开封人，固始县东南21公里史河东岸黎集城一带有文古城遗址，出土有汉代文物，传为文姓族人世居之地。唐代以后，文氏在全国分布较为广泛，并称盛于山西和江南。

据中国科学院遗传研究所的专家考证，文姓在中国最常见的汉族姓氏中居于第100位。今新加坡等国有文姓华侨。

（六） 适用楹联

□经文风于邹鲁；①
　标逸致于吴兴。②
□兼八法丹青之胜；③
　擅一时丝竹之奇。④
　襟怀潇洒，浑如秋月晴云。
□忠孝昭明，奚啻青天白日；
□弹铗始知皆琐旅；
　枕戈方信是雄才。⑤
□犹留正气参天地；
　永剩丹心照汗青。⑥
□词书列四绝；⑦诗画第一名。⑧

注释：

①西汉官吏文翁，庐江舒县（今安徽庐江西南）人。景帝末，为蜀郡守，兴修农田水利，重视教育，曾派小吏至长安，就学于博士。又在成都兴办学校，入学者得免除徭役，并以成绩优异者为郡县吏。蜀地文学，比于齐鲁。武帝时令郡国皆立学校，自文翁始。卒后蜀人祀之。

②指宋代诗书画家文同。文同，字与可，梓潼人，号笑笑先生。又称石室先生，锦江道人。进士，官司封员外郎。善画竹及山水。元丰间，出守湖州，故亦称文湖州。有《丹渊集》。

③明代书画家文徵明（1470—1559），初名璧，又字徵仲，号衡山居士。长洲（今江苏苏州）人。与祝允明、唐寅、徐祯卿并称“吴中四才子”。官至翰林院待诏。擅诗文书画，尤胜书画，工行草，精小楷。他名重当代，学生甚多，形成了“吴门画派”。与沈周、唐寅、仇英，合称“明四家”。世称其画兼有赵孟頫、倪瓒、黄公望之长。

④明代书画家文徵明的事典。

⑤北宋大臣文彦博（1006—1097）《阅史有感》诗联句。

⑥南宋民族英雄文天祥（1236—1283）祠联。文天祥，江西吉安人。二十岁中进士第一名。曾组织义军抵抗元军入侵。1276年任南宋右丞相。被派往元军营中谈判被扣留，脱险后，南下福建与张世杰、陆秀夫联合抗元。1278年在广东海丰被元军所俘，期间作《过零丁洋》诗示以抗元之志。后被押送元大都，迭经威胁利诱，始终不屈。在大都狱中所作《正气歌》尤为世人传颂。1283年1月9日被害。

⑦宋代诗书画家文同。善诗、楚辞、草书、画，有“四绝”之称。

⑧明代诗书画家文元善，字子长，号虎丘，万历间卒，年三十有六。王穉登铭其墓曰：“画品第一，诗品第一。”

文氏名人集粹

文祥　清代洋务派首领之一，盛京（今辽宁沈阳市）正红旗人，他曾历任清朝工部右侍郎、史部右侍郎。1861年充总理衙门大臣，参加“棋祥

政变”。后官至武英殿大学士、军机大臣。奉行奕䜣的政治主张，竭力推行洋务“新政”。

文廷式 政治名人，江西萍乡人，光绪进士，曾任翰林院侍读学士。赞助光绪亲政，支持康有为发起强学会，因受慈禧太后的嫉视，被参革职。戊戌变法发生后，东渡日本。能诗词，也有慨叹时政之作。著有《云起轩词钞》、《闻尘偶记》等。

文康 小说家，满洲镶红旗人，曾官徽州知府，后改任驻藏大臣，以病未就任，卒于家中。晚年作有《儿女英雄传》。

文庆 首创重用汉人之议的大学士、军机大臣，满洲人，为八旗王所敬信。

文安之 南明大臣，湖广夷陵（今湖北宜昌）人，曾官至司业、东阁大学士等。

文徵明 明代书画家，长洲（今江苏吴县）人，诗文书画皆工，尤精于画，他与沈周、唐寅、仇英合称“明四家”，名重于时，子弟甚多，人称“吴门派”。

文彭 篆刻家、书画家，文徽明长子，继承家学，亦善书画，而精于篆刻，风格工稳，与何震并称“文何”。

文嘉 画家，文微明次子，工小楷书，擅画山水，笔墨秀润，兼能花卉。

文伯仁 山水画家，文徽明侄，文俶，文徽明之玄孙女，在当时的画坛上也是有些影响，真可谓书画世家。

文震孟 为文微明曾孙，官至礼部左侍郎兼东阁大学士。天启中殿试第一，福王时追谥文肃。

文忠 金吾卫将军，今山西盂县人，有胆略，所至多立奇功。

文球 蓟辽总督、兵部尚书，今河南固始黎集人。

文彦博 北宋宰相，汾州介休（今属山西）人，他前后任事约50年之久，名闻四夷，后被封为潞国公。

文同 著名画家，梓州永泰（今四川盐亭东）人，历官邛州（今属四川）、洋州（今陕西洋县）等知州。善诗文书画，擅画墨竹。画竹叶创深墨为面、淡墨为背之法。主张画竹必先“胸有成竹”，此说对后人创作构思有积极作用。有“湖州竹派”之称。

文天祥 吉州庐陵（今江西吉安）人，他20岁中进士第一名，曾在赣州组织义军抵抗元军入侵。1276年任南宋右丞相，被派往元军营中谈判，后被扣留。脱险后，南下福建与张世杰、陆秀夫联合抗元，恢复州县多处。1278年在广东海丰被元军俘获，期间作《过零丁洋》诗以示抗元之志。后被押送元大都，几经威胁利诱，始终不屈。1283年1月9日被害。其在大都狱中所作《正气歌》尤为世人传诵。元世祖称其为真男子。又有学者文及翁。

文聘 三国魏时大将，南阳（今属河南）人，文钦，开封人。三国至宋这段时间里，文姓显得是有些沉寂，仅有晋时的文立，曾官至尚书、校尉；唐长庆年间的俗讲僧文叙等。

文翁 西汉蜀郡太守，庐江舒县（今安徽庐江西）人，他是我国古代最早热心办学的人。在蜀任郡守期间，曾派手下到长安，就学于博士，并在成都设学校，入学者免除摇役，并以成绩优良者担任郡县官吏，促进了当地文化发展。其后代在四川发展繁衍，分布于四川的汉州、梓州、绵州、邛州、温江等地。像汉平帝时益州太守文齐（梓潼〈今属四川〉人），即为其后，以郡归东汉，被封为成义侯。又有家富多书的文不识（东海〈治今山东郯城县西南〉人），曾助匡衡书籍，提供方便，后来匡衡成为经学家。

文种 春秋时代勾践复国的大功臣，楚国郢（今湖北江陵西北）人，他在越国任大夫，与范蠡同事越王勾践。曾献计到吴行贿，得免亡国，后被授以国政。君臣刻苦图强，终于灭了吴国。后勾践听信谗言，赐剑命他自杀。

文氏风流撷英

西伯追谥周文王，
庶孙以号文氏昌。[①]
战国置郡东汉移，
祖籍山西雁门关。[②]
文种主持越国政，
伐吴七术终成功。[③]
兴修农田重教育，
成都创办文翁学。[④]
汉藏和亲关系密，
文同墨竹流世芳。[⑤]
天祥丹心照汗青，
过零丁洋拒招降。[⑥]
徵明吴中四才子，
吴门画派名当代。[⑦]
天文天象出文字，
外雅内明讲文明。[⑧]

注释：

①据《风俗通义》记载，西伯昌、以贤臣姜尚为辅佐，先后攻灭了黎、邘、崇等国，建丰邑。西伯病逝后，其子武王追谥父亲西伯为周文王。其庶子支孙以祖父号为氏，遂有文氏，出自姬姓，周文王之后人。

②文氏的发祥之地为雁门郡，是战国时赵武灵王设置的，东汉时，移治阴馆（今山西代县）。

③文种（生卒不详），春秋时越国大夫，原为楚国人。因范蠡推荐，由他主持国政，他向越王勾践陈述“伐吴七术”，为越王采纳，一举灭吴。

④文翁（生卒不详），西汉官吏，安徽庐江人。景帝末为蜀郡太守，他兴修农田水利，重视教育，在成都创办了文翁学校。

⑤贞观八年（634 年），吐蕃王松赞干布遣使求婚，唐太宗宗室之女文成公主带着中原文化与技术入藏，推动了汉藏友好关系的发展。文同（公元 1018—1083 年），北宋文学家、画家，四川梓潼人。善画墨竹，有《墨竹图》流传后世。

⑥文天祥（公元 1236—1283 年），南宋大臣，江西吉安人。1278 年，他在广东海丰北被元将张弘范俘获，命他下书招降，他以《过零丁洋》诗付之。“人生自古谁无死，留取丹心照汗

青”是脍炙人口的名句。

⑦文徵明（公元 1470—1559 年），明朝书画家，江苏苏州人。他与祝允明、唐寅、徐祯卿合称为“吴中四才子”。与沈周、唐寅、仇英合称“明四家”。他名重当代，学生甚多，形成了吴门画派。

⑧文（wén），文者，外雅内明矣。一点一横，是“玄”字头，玄，是天之色。爻，是阴阳交变的现象，所以，文字来自天文和天象。人类发明了文字，进入了文明的时代。

中华百家姓

赵 钱 孙 李 周 吴 郑 王 冯 陈 蒋 沈 韩 杨
朱 秦 许 何 吕 张 孔 曹 金 魏 姜 谢 邹 苏
潘 范 彭 韦 马 方 任 袁 史 唐 薛 雷 贺 汤
罗 郝 常 于 傅 康 余 顾 孟 黄 尹 姚 邵 汪
毛 戴 宋 熊 董 梁 杜 贾 江 郭 林 钟 徐 邱
高 夏 蔡 田 胡 万 卢 丁 邓 石 崔 龚 程 陆
段 侯 武 刘 龙 叶 黎 白 赖 乔 谭 阎 易 廖
文 **曾**

曾姓

——曾蒸音异意有同，喻作国门日日曾

曾氏解密寻踪

（一） 姓氏字源

《说文》：“曾，词之舒也。从八，从曰，囪声。”杨树达先生《释曾》云：“曾从日，从囪，从八，盖口气上出穿囪而散越也。”曾字本义不详。一般辞书释为副词，表示出乎意料，相当于“乃”、“竟”。《诗·卫风·河广》：“谁谓河广？曾不容刀。”

（二） 寻根溯祖

曾姓来源比较纯正，据有关史料查证，主要出自姒姓，为夏禹的后裔。相传帝舜时，鲧的妻子因梦里吃了薏苡而生禹，故帝舜便赐禹（禹的儿子启，后建立了中国历史上第一个奴隶制国家——夏朝）姒姓。据《世本》、《元和姓纂》及《姓氏考略》所载，相传夏禹的第 5 世孙少康中兴了夏室以后，曾把自己最小的儿子曲烈封于一个叫作“鄫”的地方，在今山东苍山县西北。少康的这一房子孙所建的鄫国历经夏、商、周三代，大约相袭了近两千年，一直到春秋时代，即公元前567年才被莒国所并灭。这时候，怀着亡国之痛的鄫国太子巫，就出奔到邻近的鲁国，并且在鲁国作了官，其后用原国名“鄫”为氏，后去邑旁，表示离开故城，称曾氏。就此世世代代承袭下来，一直留传到了两千多年的今天。曾氏家族长久以来未曾有被外族或外姓冒姓的记录。现在为曾姓的中国人，都是一脉传自春秋时代由鄫国太子巫，系出上古的圣君夏禹，名符其实的四千多年前就是一家。所以，对于同姓联婚的，在曾氏家庭之间是一向被严格禁止的。

（三）　宗堂郡望

堂号　曾姓堂号“三省堂”：孔子弟子曾参非常注意修身的工夫，每天从三个方面检查自己：（1）为人做事有没有尽到心呢？（2）和朋友交往，有没有失过信呢？（3）老师教的东西，有没有复习好呢？故而得名。

另外还有“鲁阳”堂号

郡望　曾姓郡望主要有鲁郡、天水郡、庐陵郡、鲁阳县等。

1. 鲁　郡。西汉改薛郡置鲁国，治所在鲁县（今山东曲阜）。相当今山东曲阜、滕县、泗水等县地。晋改为郡。

2. 天水郡。西汉元鼎三年（公元前114年）初置郡，治所在平襄（今甘肃通渭县西北）。相当于今甘肃省通渭、秦安、定西、清水、庄浪、甘谷、张家川等县及天水市西北部、陇西东部、榆中东北部地。西晋移上邽（今天水市）。北魏相当今天水、秦安、甘谷等市县地。

3. 庐陵郡。东汉时置郡，治所在石阳（今江西吉水东北），三国吴移治高昌（今江西泰和西北）。相当今江西永新、峡江、乐安、石城以南地区。

4. 鲁阳县。汉置县，治所在今河南鲁山县。

（四）　家谱寻踪

全国·武城曾氏全国通谱七卷

藏地：四川宣汉县档案馆（缺卷7）

（民国）曾贡三　曾介圭重修

1937年石印本

全国·武城曾氏重修族谱

藏地：广西容县文化管理委员会

全国·武城曾氏族谱二卷

藏地：湖南来凤县志办

木刻本

江苏南京·武城曾氏派衍金陵族谱□□卷

藏地：江苏南京市档案馆（存卷3、4）

木刻本

江苏常熟·海虞曾氏家谱不分卷

藏地：中国历史博物馆　上海图书馆江苏常熟市图书馆　江苏苏州市图书馆　日本　美国

（清）曾达文纂修

清光绪二十年（1894）常熟曾氏义庄活本　一册

江苏常熟·海虞曾氏家谱六卷

藏地：人民大学　南开大学　吉林大学　江苏江州市图书馆　江苏常熟市图书馆美国

（民国）曾达文等纂修

1924 年常熟曾氏义庄排印本　三册

江苏常熟·曾氏家乘不分卷

藏地：江苏常熟市图书馆

（清）曾彬文辑

民国钞本　一册

浙江兰溪·石坑曾氏宗谱三十八卷

藏地：浙江兰□县高潮乡

1926 年木刻本

浙江常山·曾氏续修曾文定公族谱十二卷

藏地：浙江常山县招贤乡箬谿村

（清）魏定国续修

清乾隆四年（1739）木刻本

浙江常山·曾氏族谱不分卷

藏地：浙江常山县招贤乡箬谿村

（清）符璋重修

清嘉庆十六年（1811）木刻本

浙江常山·定阳曾氏宗谱三卷

藏地：浙江常山县东鲁乡黄坞岭路底蓬

清同治十三年（1874）油印本

浙江常山·定阳桂岩曾氏宗谱九卷首一卷

藏地：浙江常山县大桥头乡连塘村老坞（不全）

（清）曾宗鲁纂修

清光绪二十年（1894）木刻本

浙江常山·定阳归严曾氏宗谱□□卷

藏地：浙江常山县五里乡山底村石冈（存卷首、7）；（浙江常山县大桥头乡水牛坞村（存四卷）

1923 年木刻本（序）

浙江常山·武城曾氏族谱十卷

藏地：浙江常县芙蓉乡古汗村

清宣统元年（1909）木刻本

浙江常山·曾氏宗谱□□卷

藏地：浙江常山县大桥头乡新村白壳塄（存卷 3）

1914 年木刻本

浙江常山·曾氏宗谱四卷

藏地：浙江常山县招贤乡游林村上东坑

（民国）曾职员　曾绍曾重修

1925 年木刻本（序）

浙江常山·前川曾氏宗谱□□卷

藏地：浙江常县毛良坞乡前庄坂（存卷 1、2）

（民国）王朝佐重修

1925 年木刻本

浙江常山·续修曾氏宗谱常山龙尧麦圹世系不分卷

藏地：浙江常县狮子口乡麦坞村长家塄

1927 年木刻本

浙江常山·武城曾氏重修族谱不分卷

藏地：浙江常山县招贤乡外方山村、箬谿村

（民国）郑凤池　曾繁仁续修

民国间刻本

浙江松阳·午岭曾氏宗谱五卷

藏地：浙江松阳县四都乡午岭村

1939 年木刻本

安徽黄山·太平曾氏重修族谱二十九卷首一卷

藏地：河北大学

（清）曾书之　曾高望纂修

清嘉庆二十三年（1818）守约堂木刻本　三十九册

（五）　字行辈份

今按，因曾姓著名人物曾参为孔子门人，世称宗圣，其后裔子孙亦圣裔，故曾氏家族辈份字行亦参照孔氏族人命字行辈："希言公彦承，宏闻贞尚衍，兴毓传继广，昭宪庆繁祥，令德维垂佑，钦绍念显扬，建道敦安定，懋修肇益常，裕文焕景瑞，永锡世绪昌。"

（六）　迁徙繁衍

中国记载姓氏的最早典籍《世本·氏姓篇》云："曾氏，夏少康封其少子曲烈于鄫，襄六年莒灭之，鄫太子巫仕鲁，去邑为曾氏。"少康是禹的后裔、夏朝第6代国王，为姒姓，相之子。寒浞攻杀相后，少康生在母家有仍氏，曾为有仍氏牧正和有虞氏庖正之时，后得同姓部落有鬲氏帮助，攻杀寒浞，恢复夏代统治，被旧史家称为"少康中兴"。少康的小儿子曲烈受封的鄫，在今山东苍山县西北。鄫国历夏、商、周三代，至春秋时的鲁襄公六年（公元前567年）为莒国所灭，太子巫逃到鲁国（都今山东曲阜），做了官，以国为氏并去掉邑字，成为曾氏。

据宋人邓名世《古今姓氏书辨证》记载，巫居住在鲁国南武城（今山东费县），"巫生夭，为季氏宰，夭生阜，为叔孙氏家臣，阜生点，字晰。点一作蒧，生参，字子兴，参生元、申"。曾参就是曾子，生于公元前505年，卒于公元前436年，与其父曾点，都是孔子的学生。曾参以孝著称，提出"吾日三省吾身"的修养方法，相传为《大学》的作者，被封建统治者尊为"宗圣"。曾参长子曾元8世孙曾乐，为西汉山阴县都乡侯。曾乐之了浼有二子：旃、光。光的曾孙曾子方，家于长沙（今属湖南），是为长沙房。旃的儿了嘉有二子：宝、项。项家于扶风（今陕西兴平东南），是为扶风房，其二子玉、昌分别徙居冀州（治今河北冀县）、青州（治所在今山东淄博市东北）。曾宝之孙曾据，因避王莽之乱，率宗族千余人自山东南迁至庐陵县（治所在今江西吉安市西南）之吉阳乡，是为吉阳房。曾据有二子：阐、玚。曾阐的5世孙曾丞有三子：珪、旧、略。略居抚州南丰（今江西广昌县东），为抚州（治所在今江西临川市西）房。曾阐的10世孙曾震忽徙居韶州（治所在今广东韶关市南），为韶州房。曾珪之子曾永，徙居虔州（今江西赣州市），为虔州房，其11世孙曾通，徙居交州（治今广东广州），是为交州房。西晋永嘉二年（308）年，曾氏有一支徙居会稽（今浙江绍兴）。此外，又有徙居蜀郡（治今四川成都）、豫章（今江西南昌）、吴郡（治今江苏功州）、河内（今河南沁阳）、南阳（今属河南）、江夏（今湖北鄂城）、襄阳（今属湖北）等地者。曾氏迁往福建，始于唐末。据《清源曾氏族谱序》载："唐僖宗光启间，王潮由光州固始入闽，中原士民避难者皆徙以从，曾姓亦随迁于漳、泉、福兴之间；晋江之曾，始祖延世，为光州刺史也。”又据《兴宁曾氏族谱》载：曾旧的 6 世孙曾惇，“官封鲁国公，宋政和壬辰年，由南丰徙福建宁化石壁下居焉。生子仲辉，辉子桢孙、佑孙，因宋、元兵扰，不能安居，由宁化徙广东长乐县家焉。现居兴宁、梅县、平远、镇平、五华、龙川、惠州、河源、和平、广州、新宁等县之曾姓，皆为此祖之后”。

清代，福建人曾振赐移居台南，此后，闽、粤曾氏不断有人迁至台湾，进而又有徙居海外者。目前，曾姓在台湾为第 16 大姓，在全国姓氏中被排在第 38 位。

（七） 适用楹联

□望居鲁郡；源起鄫国。

□道统绍一贯之传，师孔友颜，
　来者直开思孟；
　文章擅八家之誉，接韩步柳，
　同时并驾欧苏。①

□修省有三，当以身重；
　忠恕惟一，自出心传。②

□浴乎沂，风乎舞雩，襟怀阔达；③
　治其国，平其天下，学业贯通。④

□经讲武英，特赐三品章服；⑤
　文有正印，雄列八大名家。⑥

□宗传内无双学士；
　圣教中第一名贤。⑦

□三千上客纷纷至；
　百万财源滚滚来。⑧

□海客高谈惊四座；
　宗华芳讯报三千。⑨

□得体绍百年前辈；⑩
　精勤侈万卷藏书。⑪

注释：

①曾氏祠联。

②曾子祠联。

③春秋时鲁国名士曾点，字皙，南武城人。孔子弟子。尝侍孔子言志，曰：“春服既成，冠者五六人，童子六七人，浴乎沂，风乎舞雩，咏而归。”语见《论语》。

④春秋末鲁国宗圣曾参，即曾子，字子舆，鲁国南武城人。孔子的弟子。以孝著称。相传《大学》是他著的。其中阐述了治国、平天下之道。

⑤宋代端明殿学士曾公亮，字明仲，知郑州，为政有能声。至夜户不闭。嘉祐中拜同中书门下事。特赐三品章服。

⑥宋代文学家曾巩，字子固，南丰人。尝奉召编校史馆书籍，官至中书舍人。散文平易，为唐代散文八大家之一。

⑦台湾屏东市曾氏大宗祠联。名贤，指曾子。

⑧小说《孽海花》（曾朴著）诗联句。

⑨注同⑧。

⑩宋代翰林学士曾肇的事典。

⑪注同⑥。

曾氏名人集粹

曾姓在我国历史上有过不少名人，

也曾经一度沉寂，但大约从宋代起，曾姓家族名人辈出，代代相连，在各个领域大显神采。

曾运乾 音韵学家，今湖南益阳人，曾历任过东北大学、中山大学、湖南大学教授。一生撰有《切韵五声五十一纽考》、《喻母古读考》及《尚书正读》等。

曾国藩 （1811—1872）清末洋务派和湘军首领。原名子城，字伯涵，号涤生。湖面湘乡人。道光进士。曾任内阁学士等职、两江总督。后病死南京。有《曾文正公全集》。

曾纪泽 （1839—1890）清末外交官。字劼刚，湖南湘乡人。曾国藩长子。初以荫补户部员外郎。后袭侯爵。留心时事，博览群籍，通西文，好西学。1878年（光绪四年）出任驻英、法公使。1880年兼充驻俄公使，与沙俄谈判修改《里瓦几亚条约》，经反复折中，于次年签订《伊犁条约》，收回伊犁和特克斯河地区部分领土。中法战争爆发，力主抵抗。1885年任海军衙门帮办，旋为兵部左侍郎，兼总理各国事务大臣。1887年著《中国先睡后醒论》，主张“强兵”优先于“富国”。有《曾惠敏公遗集》（今校刻为《曾纪泽遗集》）。

曾国荃 （1824—1890年）湖南湘乡人。字沅甫，号叔纯。贡生出自。曾国藩弟。1856年率湘军3000人增援江西吉安，与太平军作战。1858年陷吉安，升知府。1860年5月起围安庆，屡败陈玉成等部援军，次年9月陷安庆。1862年5月进围天京（今南京），至1864年7月攻陷该城。受封一等伯爵。1866年调任湖北巡抚，旋因对捻军作战失败，称病退职。1875年又被提用，历任陕西、山西巡抚，署两广总督。1884年升任两江总督。

曾铣 明代，江苏江都人，曾氏族史上有影响的人物，嘉靖进士。以御史巡抚山东、山西，进兵部侍郎。嘉靖二十五年（1546年），以原官总督陕西军务。

曾鲸 明代杰出的画家，今福建莆田人，其人擅画人像，“如镜取影，妙得神情”。其画法曾风行一时，弟子多有超过他者。著名的有谢彬、沈韶、徐易、张远等，被时人称为“波臣派”。

曾几 南宋诗人，今江西赣州市人，曾历任江西、浙西提刑。其诗学江西派，风格清隽，陆游也曾从他学诗。

曾慥 北宋末南宋初人，字端伯，号至游居士。今福建晋江人，能诗文。曾编有《类说》60卷。又广辑有关道教的文献资料，编成《道枢》42卷，被收入到《道藏·太玄部》中。

曾公亮 今福建晋江人，此人以熟悉法令典故著称。王安石就是由他向神宗推荐的，他还曾主编过《武经总要》。

曾巩 （1019－1083）北宋文学家。字子固，南丰（今属江西）人，世称南丰先生。嘉祐进士，尝奉召编校史馆书籍，官至中书舍人。曾为王安石所推许。散文平易舒缓，长于叙事说理，讲究章法结构，为“唐宋八大家”之一，有些文章曾对当时在位者的因循苟且表示不满，提出“法者所以适变也，不必尽同：道者所以立本也，不可不一”，主张在“合乎先王之意”的前提下对“法制度数”进行一些改易更革。有《元丰类稿》。另《隆平集》也题为其作。

曾布 （1036－1107）北宋建昌军南丰（今属江西）人，字子宣。嘉祐进士。为王安石所任用，参加制定青苗、助役、保甲、农田水利等法，任三司使。因斥吕嘉问以市易法搜括，忤王安石。哲宗亲政，任同知枢密院事，赞助“绍述”甚力。徽宗即位，拜相，主张调和新旧两派，被蔡京排挤，放逐在外，死于润州（今江苏镇江）。

曾子 春秋末鲁国南武城（今山东费县）人，曾是圣师孔子的学生，以孝著称。相传《大学》是他所著，被后世儒家称为“宗圣”。其父曾皙也为孔子得意弟子。

曾氏风流撷英

曲列封邑于鄫国，
苍山鄫国今一地。[①]
鄫亡太子巫随鲁，
留曾去邑后裔氏。[②]
春秋曾参生鲁国，
孝经述圣后世称。[③]
唐宋八家巩一卒，
赫赫名声史有录。[④]
太平天国骁勇将，
天养立昌人敬仰。[⑤]
纪泽清末外交官，
洋药税厘国税曾。[⑥]
曾铸民族资本家，
博学识广商成家。[⑦]
曾蒸音异意有同，
喻作国门日日曾。[⑧]

注释：

①据《世本》记载，夏朝少康封他的小儿子曲列于鄫国，现在的山东省苍山县，就是古代鄫国的所在地。

②公元前567年，鄫国被莒国所灭，鄫国太子巫逃到鲁国，为卿士，其后以原国名为氏，去邑旁为“曾”氏。

③曾参（shēn）（约前505—前435年），春秋末鲁国人，孔子的得意门生，以孝行见称。他曾做过小官，禄不过钟釜，赖以乐道养亲。他严于律己，注重内省修养，一贯奉行忠恕之道。作《孝经》，后世称为“述圣”。

④曾巩（公元1019—1083年），北宋文学家，江西南丰人。做过地方官，颇有政绩。善于散文，为“唐宋八大家”之一。

⑤曾天养（公元1790—1854年），曾立昌（？—1854年）这两人都是太平天国将领，广西桂平人。官至丞相，作战骁勇，令人敬仰。

⑥曾纪泽（公元1839—1890年），清末外交官，湖南湘乡人。曾国藩长子，在中法战争时，主张抗法。后与英国人议定洋药税厘，为清政府每年增加几百万两白银收入。

⑦曾铸（公元 1849 年—1908 年），近代民族资本家，福建同安人。博览群书，喜作画，后经商，成为著名民族资本家。

⑧曾（zēn）与蒸同音，下为日为火，上为蒸烤的食物。像征着中华民族蒸蒸日上，世世代代发扬光大。

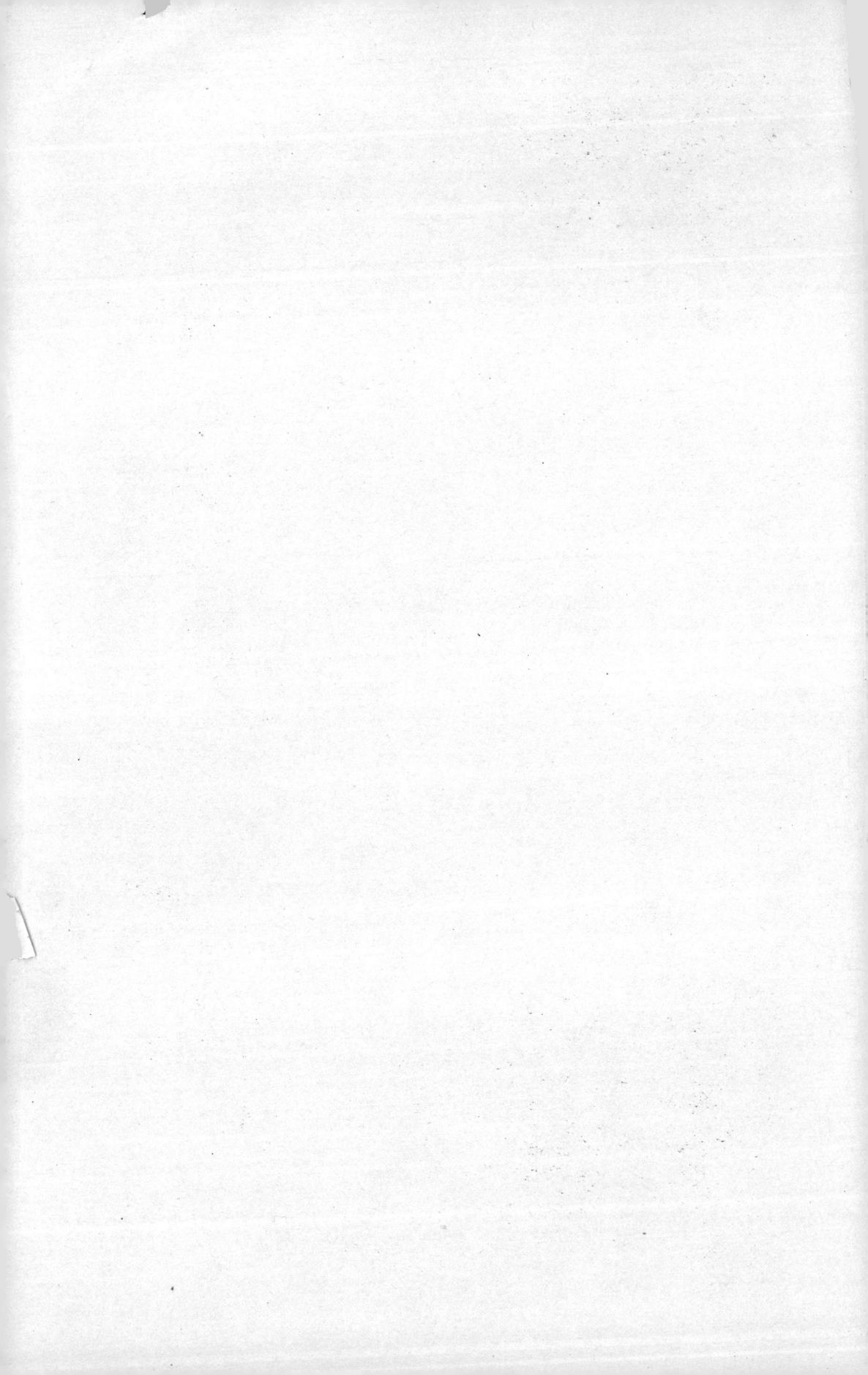